# Win-Q 스포츠지도사 2급 필기

## 초단기합격

시대에듀

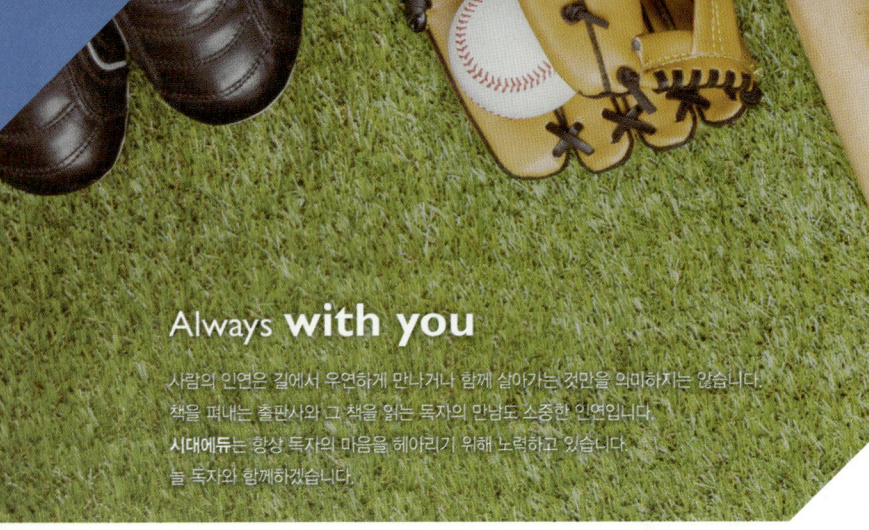

## Always with you

사람의 인연은 길에서 우연하게 만나거나 함께 살아가는 것만을 의미하지는 않습니다.
책을 펴내는 출판사와 그 책을 읽는 독자의 만남도 소중한 인연입니다.
**시대에듀**는 항상 독자의 마음을 헤아리기 위해 노력하고 있습니다.
늘 독자와 함께하겠습니다.

### 저 자

**시대스포츠연구소**

시대스포츠연구소는 국민체육공단에서 시행하는 스포츠지도사 시험에 대비하기 위해 조직하였습니다.
다양한 스포츠지도사 시험 대비 도서를 출간하여 수험생 여러분들의 합격에 기여하고 있습니다.

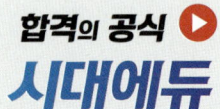 자격증·공무원·금융/보험·면허증·언어/외국어·검정고시/독학사·기업체/취업
이 시대의 모든 합격! 시대에듀에서 합격하세요!

# 머리말

최근 장애인, 노인, 유소년을 비롯한 모든 세대 국민의 스포츠 활동 참여가 증가하고 있습니다. 이에 따라 체계적인 스포츠 활동 관리의 필요성이 증대되었고 스포츠지도사의 역할이 어느 때보다 중요한 시기가 되었습니다.

스포츠지도사는 단순히 스포츠를 지도하는 것뿐만 아니라 프로그램 참가자들의 건강증진과 삶의 질 향상에 주력하고, 동기부여를 통해 스포츠 참여를 증진하기 위한 다양한 사업을 지도하고 관리합니다. 따라서 스포츠지도사는 스포츠의 활성화와 건강한 사회 발전에 기여하는 등 중요한 임무를 수행하고 있다고 할 수 있습니다.

이러한 스포츠지도사를 양성하기 위한 자격시험은 해마다 그 난도가 높아지고 있는 상황입니다. 또한 매년 과목별 난이도가 다르며 지엽적으로 출제되는 부분도 있습니다. 따라서 수험생들에게는 과목의 난이도를 고려하여 선택 과목을 결정하는 것보다 자신이 관심과 흥미를 갖는 분야를 선택하는 것이 권장됩니다.

다음은 수험생들의 효과적인 학습과 성공적인 합격을 위하여 본 도서에서 개정한 사항입니다.

❶ 2025년 최신 기출문제를 해설과 함께 수록하였습니다. 문제 바로 아래에 해설을 배치한 구성을 통해 문제를 풀고 바로 관련 개념을 즉시 학습할 수 있습니다.
❷ 최신 빈출문제를 중심으로 핵심이론에 수록된 문제를 최신화하였습니다.
❸ 2025년 1월 1일부터 시행된 「국민체육진흥법」과 2024년 3월 4일부터 시행된 「학교체육진흥법」 개정 사항을 반영하였습니다.

자격시험을 대비할 때 핵심이론 숙지와 기출문제 분석은 기본이자 필수입니다. 본 도서의 학습과정을 차근차근 밟아가며 필수 개념을 탄탄히 다지시고 기출문제를 통해 기존의 학습한 내용의 빈틈을 완벽히 보완하시기를 바랍니다.

본 도서가 스포츠지도사 자격시험을 준비하는 수험생들의 학습 길잡이자 든든한 동반자가 되기를 바라며, 모든 수험생의 건승을 기원합니다.

시대스포츠연구소 드림

# 자격시험 안내
INFORMATION

##  자격개요

① '스포츠지도사'란 학교·직장·지역사회 또는 체육단체 등에서 체육을 지도할 수 있도록 「국민체육진흥법」에 따라 해당 자격을 취득한 사람을 말합니다.

② 자격증 특성에 따라 아래와 같이 나뉘며, 전문/생활/장애인 스포츠지도사는 1급과 2급으로 세분됩니다.

##  자격요건

| 2급 생활스포츠지도사 | 18세 이상인 사람 |
|---|---|
| 2급 전문스포츠지도사 | • 18세 이상인 사람<br>• 해당 자격 종목에 대하여 4년 이상의 경기경력이 있는 사람<br>• 「고등교육법」 제2조에 따른 학교에서 체육분야에 관한 학문을 전공하고 졸업한 사람이거나 법령에 따라 이와 같은 수준의 학력(학점은행제 등)이 있다고 인정되는 사람<br>• 「고등교육법」 제2조에 따른 학교에서 체육분야에 관한 학문을 전공하고 졸업한 사람이거나 법령에 따라 이와 같은 수준의 학력이 있다고 인정되는 사람으로 그 경기경력 및 수업연한의 합산 기간이 4년 이상인 사람<br>• 문화체육관광부장관이 인정하는 「고등교육법」 제2조에 해당하는 외국의 학교(학제 또는 교육과정으로 보아 「고등교육법」 제2조에 따른 학교와 같은 수준이거나 그 이상인 학교)에서 체육분야에 관한 학문을 전공하고 졸업한 사람으로 그 경기경력 및 수업연한의 합산 기간이 4년 이상인 사람 |

※ 위 자격요건은 2급 전문·생활스포츠지도사를 기준으로 작성되었습니다. 구체적인 정보는 홈페이지(sqms.kspo.or.kr)의 [시험안내 → 자격제도안내]에서 확인하시기 바랍니다.

## 필기시험 개요

1. 일정 : 매년 1회 4~5월
2. 시험형식 : 객관식(과목당 20문항 출제)
3. 시험시간
   - 1급류(전문 · 생활 · 장애인) : 80분
   - 2급류(전문 · 생활 · 노인 · 유소년 · 장애인) : 100분
4. 응시료 : 18,000원
5. 합격자 결정 기준 : 과목마다 만점의 40% 이상, 전 과목 평균 60% 이상 득점

## 시험과목

| 구 분 | | 2급 전문 | 2급 생활 | 2급 장애인 | 유소년 | 노 인 |
|---|---|---|---|---|---|---|
| 선택과목 | 스포츠사회학 | 택5 | 택5 | 택4 | 택4 | 택4 |
| | 스포츠교육학 | | | | | |
| | 스포츠심리학 | | | | | |
| | 한국체육사 | | | | | |
| | 운동생리학 | | | | | |
| | 운동역학 | | | | | |
| | 스포츠윤리 | | | | | |
| 필수과목 | 특수체육론 | - | - | ○ | | |
| | 유아체육론 | | | | ○ | |
| | 노인체육론 | | | | | ○ |

## 필기시험 합격자수 통계

| 구 분 | 2급 전문 | 2급 생활 | 2급 장애인 | 유소년 | 노 인 |
|---|---|---|---|---|---|
| 2024년 | 1,441 | 16,315 | 1,598 | 212 | 835 |
| 2023년 | 3,212 | 26,107 | 1,395 | 383 | 1,111 |
| 2022년 | 1,592 | 13,683 | 1,354 | 219 | 816 |
| 2021년 | 1,779 | 14,378 | 1,740 | 320 | 938 |
| 2020년 | 2,305 | 14,750 | 1,666 | 196 | 1,111 |

※ 위 통계는 2025년 3월 기준으로 작성되었습니다. 구체적인 정보는 홈페이지(sqms.kspo.or.kr)의 [고객지원 → 자료실 → 자격시험 통계자료]에서 확인하시기 바랍니다.

# 출제경향 분석
ANALYSIS

**선택** 제1과목 ▶ 스포츠사회학

## 최근 기출 분석

스포츠사회학은 대부분의 문제가 도서에 설명되어 있고 과년도 기출 유형과 유사하게 출제되어 어렵지 않게 풀 수 있었을 것으로 생각한다. 스포츠사회학은 생소한 학자로 문제 난도를 조절하는 경향이 있는데, 2025년에는 스포츠 정책 및 엘리트 스포츠 시스템에 대한 비교 연구로 잘 알려진 학자인 J. Grix의 스포츠 육성 모델 관련 문제가 나왔다. 스포츠사회학은 대부분 중요 이론에서 파트별로 고루 출제되기 때문에 차기 시험을 위해 중요한 파트(스포츠사회학 이론, 정치, 일탈, 계층, 스포츠사회화) 위주로 중요 이론과 내용을 숙지하고, 각 세부 내용을 꼼꼼하게 확인하여 외울 것을 권장한다.

## 파트별 출제 비중(2019~2025년)

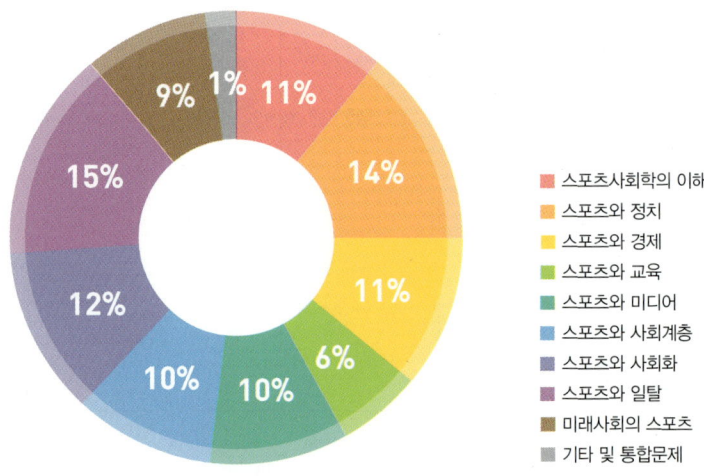

| 구 분 | 2025 | 2024 | 2023 | 2022 | 2021 | 2020 | 2019 | 합 계 |
|---|---|---|---|---|---|---|---|---|
| 스포츠사회학의 이해 | 3 | 3 | 1 | 2 | 2 | 2 | 3 | 16 |
| 스포츠와 정치 | 2 | 3 | 2 | 3 | 3 | 3 | 4 | 20 |
| 스포츠와 경제 | 2 | 1 | 2 | 2 | 2 | 1 | 5 | 15 |
| 스포츠와 교육 | 2 | 1 | 1 | 2 | 1 | 1 | 1 | 9 |
| 스포츠와 미디어 | 2 | 1 | 3 | 3 | 1 | 3 | 1 | 14 |
| 스포츠와 사회계층 | 2 | 2 | 2 | 2 | 2 | 2 | 2 | 14 |
| 스포츠와 사회화 | 3 | 2 | 3 | 2 | 2 | 3 | 2 | 17 |
| 스포츠와 일탈 | 2 | 3 | 4 | 2 | 4 | 4 | 2 | 21 |
| 미래사회의 스포츠 | 2 | 2 | 2 | 2 | 3 | 1 | – | 12 |
| 기타 및 통합문제 | – | 2 | – | – | – | – | – | 2 |

## 선택 제2과목 ▶ 스포츠교육학

### 최근 기출 분석

스포츠교육학은 예년처럼 [스포츠교육의 지도방법론] 파트에서 집중적으로 출제되었다. 그와 더불어 「생활체육진흥법」과 「국민체육진흥법」을 포함한 법령 문제가 두 문제 출제되고, 지도 방법 관련 문제 역시 실제 사례를 통하여 추론하는 방식으로 출제되어 높은 난도를 유지하였다. 특히 [스포츠교육의 평가론]에서 '게임수행평가(GPAI)'와 관련하여 새롭게 계산 문제가 출제되었으므로 앞으로 최신 이론까지 더욱 심도 있게 학습해야 할 것으로 보인다. 스포츠교육학은 대부분 [스포츠교육의 지도방법론]에서 출제되기 때문에 차기 시험을 위하여 수업모형·스타일·지도 전략을 깊게 공부할 것을 권장한다. 또한 기존에 출제되었던 법안(학교체육진흥법 등) 외에도 현재 스포츠교육학(스포츠기본법, 국민체육진흥법, 생활체육진흥법)에서 중시하는 주요 법안들의 내용을 숙지하는 것이 필요하다.

### 파트별 출제 비중(2019~2025년)

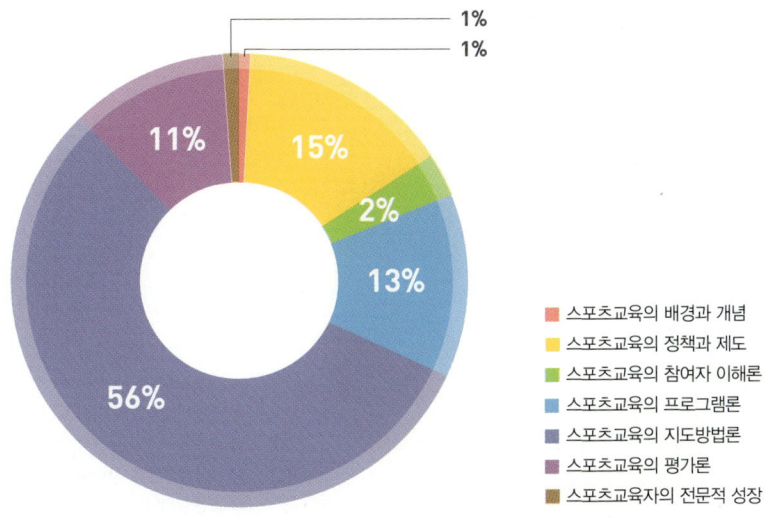

| 구 분 | 2025 | 2024 | 2023 | 2022 | 2021 | 2020 | 2019 | 합 계 |
|---|---|---|---|---|---|---|---|---|
| 스포츠교육의 배경과 개념 | – | – | – | – | 1 | – | 1 | 2 |
| 스포츠교육의 정책과 제도 | 2 | 4 | 3 | 5 | 2 | 2 | 3 | 21 |
| 스포츠교육의 참여자 이해론 | – | 1 | – | – | 2 | – | – | 3 |
| 스포츠교육의 프로그램론 | 3 | 1 | 3 | 3 | 4 | 1 | 3 | 18 |
| 스포츠교육의 지도방법론 | 12 | 12 | 11 | 10 | 9 | 14 | 10 | 78 |
| 스포츠교육의 평가론 | 3 | 1 | 2 | 2 | 2 | 3 | 3 | 16 |
| 스포츠교육자의 전문적 성장 | – | 1 | 1 | – | – | – | – | 2 |

# 출제경향 분석
ANALYSIS

**선택** 제3과목 ▶ 스포츠심리학

## 최근 기출 분석

스포츠심리학은 2024년과 달리 [인간운동행동의 이해] 파트가 눈에 띄게 줄어들었다. [스포츠수행의 심리적 요인] 파트에서 가장 많이 출제되기는 하였으나 그 편차가 크지 않아서 모든 파트에서 고르게 출제되었다고 볼 수 있다. 스포츠심리학의 학문적 발전에 이바지한 인물 관련 문제가 출제되었다는 것이 특징이다. 2024년과 같이 운동생리학이나 유아체육론(개방운동기술) 등에서 출제할 만한 내용도 출제되었다. 그러므로 출제영역이 겹치는 과목을 함께 학습하는 전략이 합격의 열쇠가 될 수 있으리라 생각된다.

## 파트별 출제 비중(2019~2025년)

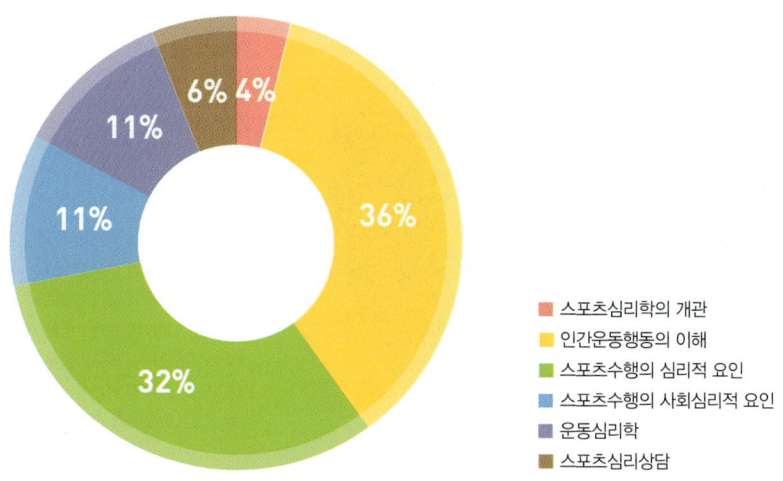

| 구 분 | 2025 | 2024 | 2023 | 2022 | 2021 | 2020 | 2019 | 합 계 |
|---|---|---|---|---|---|---|---|---|
| 스포츠심리학의 개관 | 2 | – | 1 | – | 1 | – | 1 | 5 |
| 인간운동행동의 이해 | 3 | 10 | 9 | 8 | 5 | 9 | 6 | 50 |
| 스포츠수행의 심리적 요인 | 7 | 4 | 6 | 5 | 7 | 7 | 9 | 45 |
| 스포츠수행의 사회심리적 요인 | 3 | 3 | 2 | 2 | 2 | 2 | 2 | 16 |
| 운동심리학 | 3 | 2 | 1 | 4 | 3 | 1 | 1 | 15 |
| 스포츠심리상담 | 2 | 1 | 1 | 1 | 2 | 1 | 1 | 9 |

### 선택 | 제4과목 ▶ 한국체육사

#### 최근 기출 분석

한국체육사는 2024년과 비슷하게 [고려·조선시대 체육], [한국 근·현대 체육] 파트에서 대다수 출제되었다. 체육사 문제가 한 문제 증가하였고, 고려·조선시대 체육에서 한 문제 감소하였다. 대체로 예년 기출문제를 꼼꼼하게 공부했다면 대부분 쉽게 풀 수 있었을 것이다. 다만 개화기 병식체조 개념을 묻는 내용과 광복 이후 1940년대 말까지 체육의 내용 등은 새롭게 출제되었으므로 관련 내용을 숙지하는 것이 필요하다. 차기 시험을 위해 출제 비중이 높은 [고려·조선시대 체육], [한국 근·현대 체육] 파트 위주로 공부하되, 기출문제들을 깊이 있게 공부할 것을 권유한다.

#### 파트별 출제 비중(2019~2025년)

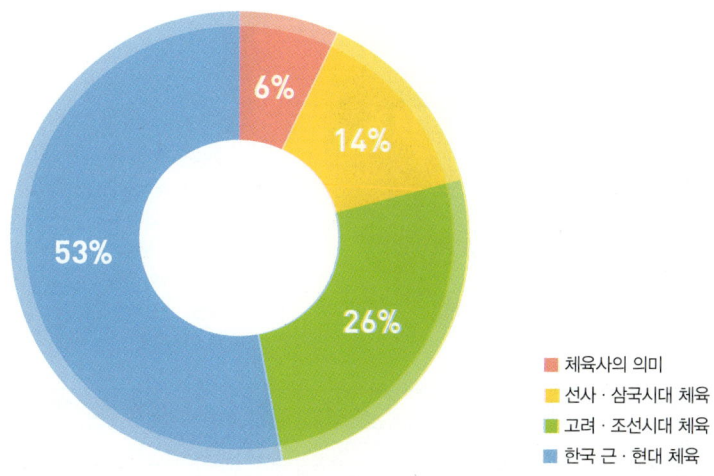

| 구 분 | 2025 | 2024 | 2023 | 2022 | 2021 | 2020 | 2019 | 합 계 |
|---|---|---|---|---|---|---|---|---|
| 체육사의 의미 | 2 | 1 | 1 | 2 | 2 | - | 1 | 9 |
| 선사·삼국시대 체육 | 3 | 3 | 4 | 3 | 3 | 2 | 2 | 20 |
| 고려·조선시대 체육 | 5 | 6 | 5 | 5 | 5 | 6 | 5 | 37 |
| 한국 근·현대 체육 | 10 | 10 | 10 | 10 | 10 | 12 | 12 | 74 |

# 출제경향 분석
ANALYSIS

**선택** 제5과목 ▶ 운동생리학

## 최근 기출 분석

운동생리학은 생소한 용어가 다수 등장하기 때문에 체감 난도가 높지만 효과적인 트레이닝을 위해서는 반드시 학습해야 하는 과목이기도 하다. 꽤 어렵게 출제되었던 2024년에 비해 2025년은 비교적 무난한 난이도로 출제되었다. 다만, 그림자료를 제시한 문제가 다수 출제되어 익숙하지 않은 수험생에게는 다소 어렵게 느껴졌을 수도 있다. 또한 [에너지 대사와 운동], [골격근과 운동], [호흡·순환계와 운동] 파트가 비중 있게 출제되었다. 고득점을 위해서는 무산소 및 유산소 에너지 대사 경로에 대한 내용을 반드시 이해하고 넘어가야 한다.

## 파트별 출제 비중(2019~2025년)

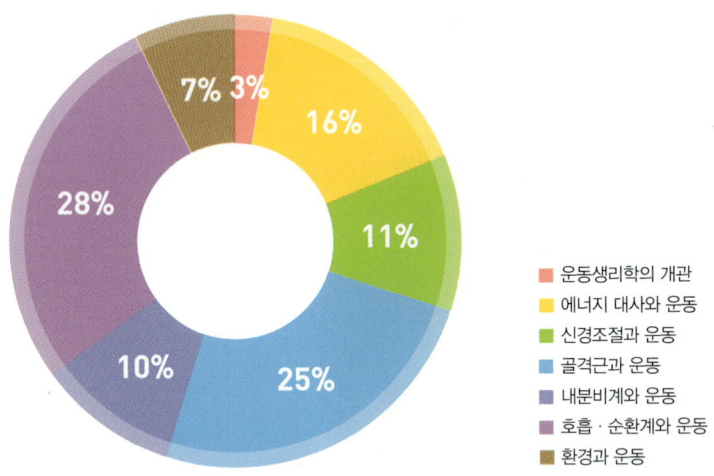

| 구 분 | 2025 | 2024 | 2023 | 2022 | 2021 | 2020 | 2019 | 합 계 |
|---|---|---|---|---|---|---|---|---|
| 운동생리학의 개관 | – | – | 1 | 2 | – | – | 2 | 5 |
| 에너지 대사와 운동 | 5 | 3 | 5 | 2 | 2 | 2 | 3 | 22 |
| 신경조절과 운동 | 1 | 2 | 3 | 2 | 4 | 2 | 1 | 15 |
| 골격근과 운동 | 5 | 6 | 4 | 4 | 4 | 7 | 5 | 35 |
| 내분비계와 운동 | 1 | 4 | 1 | 2 | 2 | 2 | 2 | 14 |
| 호흡·순환계와 운동 | 6 | 4 | 4 | 7 | 5 | 7 | 6 | 39 |
| 환경과 운동 | 2 | 1 | 2 | 1 | 3 | – | 1 | 10 |

**선택 제6과목 ▶ 운동역학**

## 최근 기출 분석

운동역학은 계산 문제가 있어 수험생들이 기피하는 과목이다. 올해도 간단한 계산 문제와 함께 선운동량 보존의 법칙에 따른 복합적인 문제와 반발계수를 직접 계산하는 다소 생소한 문제가 출제되어 어렵게 느껴질 수 있었을 것이다. 그밖에 관성모멘트에 대한 문제도 공식이나 그에 대한 이해도를 묻는 문제가 출제되었으므로 공식을 이해하며 암기하고 계산 문제의 포인트를 파악하며 문제를 풀어야 한다. [운동역학의 스포츠 적용]과 [운동학의 스포츠 적용] 파트에서 과반의 문제가 출제되었고 매년 출제 비중이 높으므로 집중적으로 공부해야 한다.

## 파트별 출제 비중(2019~2025년)

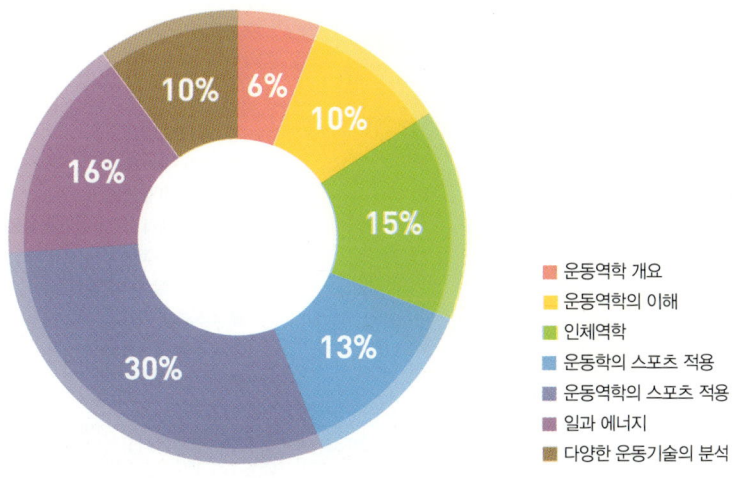

| 구 분 | 2025 | 2024 | 2023 | 2022 | 2021 | 2020 | 2019 | 합 계 |
|---|---|---|---|---|---|---|---|---|
| 운동역학 개요 | 2 | 2 | 1 | 1 | 1 | – | 2 | 9 |
| 운동역학의 이해 | 3 | 1 | 2 | 1 | 2 | 1 | 4 | 14 |
| 인체역학 | 2 | 4 | 4 | 2 | 3 | 3 | 3 | 21 |
| 운동학의 스포츠 적용 | 4 | 1 | 3 | 2 | 2 | 4 | 2 | 18 |
| 운동역학의 스포츠 적용 | 6 | 10 | 5 | 8 | 3 | 6 | 4 | 42 |
| 일과 에너지 | 3 | 1 | 4 | 3 | 6 | 3 | 2 | 22 |
| 다양한 운동기술의 분석 | – | 1 | 1 | 3 | 3 | 3 | 3 | 14 |

# 출제경향 분석
## ANALYSIS

**선택** 제7과목 ▶ 스포츠윤리

### 최근 기출 분석

스포츠윤리는 2024년에 비해 [스포츠와 윤리] 파트가 줄고 [스포츠와 불평등] 파트가 늘었으며, 그 외에는 전반적으로 골고루 출제되었다. 한편 직접적인 개념을 묻는 문제보다 예시를 제시하고 이에 부합하는 개념을 찾는 문제가 많이 출제되었다. 기존에 출제되지 않았던 새로운 용어(게발트, 탈리오 법칙)와 개념['칸트의 의무에서 나온(aus Pflicht) 행위', '뒤르켐의 도덕 교육론' 등]이 여러 문제 출제되어 체감 난도가 높았을 것으로 예상된다. 스포츠윤리는 어려운 용어나 개념이 출제되더라도 기본적인 윤리이론과 개념을 숙지하고 있다면 유추해서 연상할 수 있으므로 기본 개념을 확실하게 공부해야 한다.

### 파트별 출제 비중(2019~2025년)

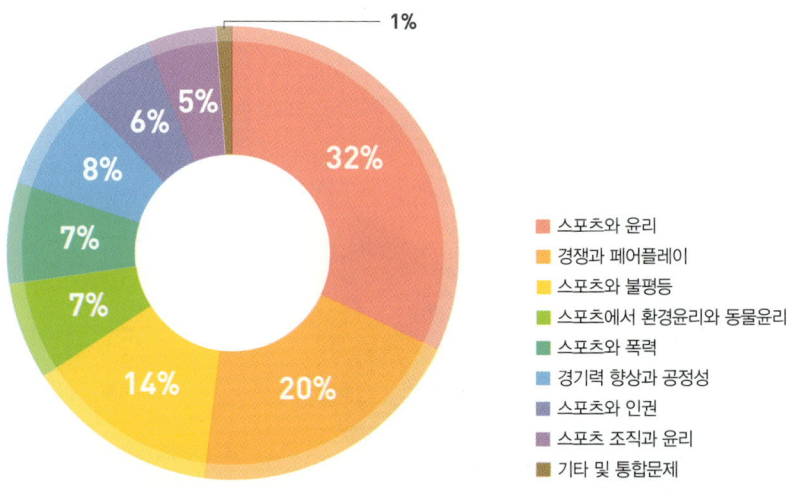

| 구 분 | 2025 | 2024 | 2023 | 2022 | 2021 | 2020 | 2019 | 합 계 |
|---|---|---|---|---|---|---|---|---|
| 스포츠와 윤리 | 5 | 8 | 5 | 5 | 7 | 8 | 7 | 45 |
| 경쟁과 페어플레이 | 3 | 4 | 5 | 6 | 6 | 2 | 3 | 29 |
| 스포츠와 불평등 | 4 | 2 | 3 | 3 | 2 | 4 | 1 | 19 |
| 스포츠에서 환경윤리와 동물윤리 | 2 | 2 | 1 | 1 | - | 2 | 2 | 10 |
| 스포츠와 폭력 | 2 | 1 | 1 | 1 | 2 | 1 | 2 | 10 |
| 경기력 향상과 공정성 | 1 | 1 | 3 | 1 | 1 | 2 | 2 | 11 |
| 스포츠와 인권 | 1 | 1 | - | 2 | 2 | - | 2 | 8 |
| 스포츠 조직과 윤리 | 2 | - | 2 | 1 | - | 1 | 1 | 7 |
| 기타 및 통합문제 | - | 1 | - | - | - | - | - | 1 |

## 필수 제1과목 ▶ 특수체육론

### 최근 기출 분석

2025년 특수체육론은 생소한 로고나 검사 도구 지침과 준거를 제시하여 이와 관련된 설명을 묻는 문제가 출제되었다. [장애유형별 지도전략]에서 다수 출제되기 때문에 고득점을 위해서는 지적 장애, 정서·행동 장애, 자폐성 장애, 시각 장애, 청각 장애, 지체 장애 및 뇌병변 장애의 정의와 장애 유형별 체육활동 지도 전략(방법)을 집중적으로 학습하여야 한다. 또한 매년 빈출되는 특수체육의 개념과 특수체육 검사 도구(TGMD, BPFT, PAPS-D, PDMS-2 등)의 특성, 개별화교육프로그램에 관한 내용을 학습해야 한다.

### 파트별 출제 비중(2019~2025년)

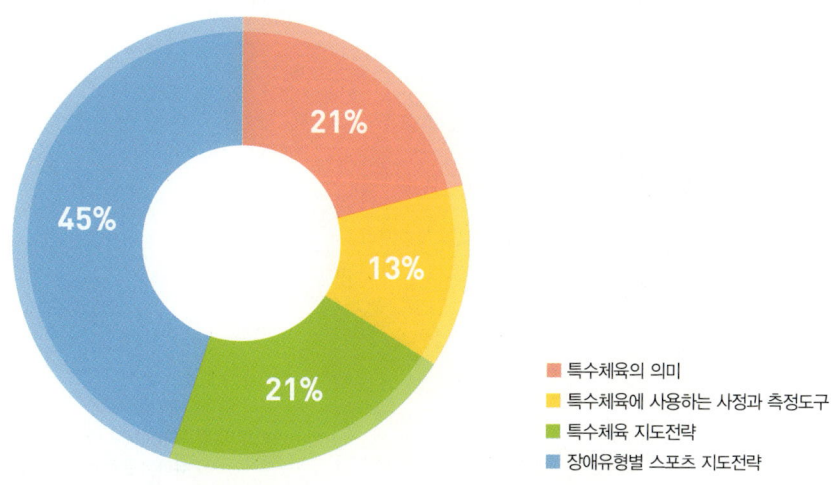

| 구 분 | 2025 | 2024 | 2023 | 2022 | 2021 | 2020 | 2019 | 합 계 |
|---|---|---|---|---|---|---|---|---|
| 특수체육의 의미 | 4 | 6 | 4 | 3 | 4 | 2 | 6 | 29 |
| 특수체육에 사용하는 사정과 측정도구 | 3 | 2 | 3 | 2 | 3 | 3 | 2 | 18 |
| 특수체육 지도전략 | 5 | 4 | 5 | 6 | 4 | 3 | 2 | 29 |
| 장애유형별 스포츠 지도전략 | 8 | 8 | 8 | 9 | 9 | 12 | 10 | 64 |

# 출제경향 분석
ANALYSIS

### 필수 제2과목 ▶ 유아체육론

#### 최근 기출 분석

유아체육론은 2024년에 이어 [유아체육의 이해] 파트가 비중 있게 출제되었다. '영유아기 발달 특징'에서는 특수체육론과 연계되고, '유아체육 프로그램 교수법'에서는 스포츠교육학과 연계되는 개념이 출제되기도 했다. 유아체육은 일반 성인체육과 비교했을 때 프로그램 구성 원리와 지도 원리의 결이 다르기 때문에 유아기의 신체적·발달적 특성에 초점을 둔 문제가 출제될 가능성이 있다. 비장애인·장애인 모두를 대상으로 하는 검사도구(TGMD-2·3, BOTMP-2, K-DST, PDMS-2)도 한두 문항씩 출제되고 있으므로 숙지하고 있어야 한다. '유아의 기본움직임 기술 및 발달단계', '유아체육 프로그램 구성' 그리고 '유아의 발달이론'은 매년 출제되고 있으며, '에릭슨의 심리사회 발달단계', '피아제의 인지발달 이론'도 출제빈도가 높다. 특히 '갤러휴의 운동발달단계'에서는 단계별 특징을 확실히 구분할 수 있어야 풀 수 있는 문제가 출제되는 등 출제 빈도가 매우 높아 반드시 학습해 두어야 한다.

#### 파트별 출제 비중(2019~2025년)

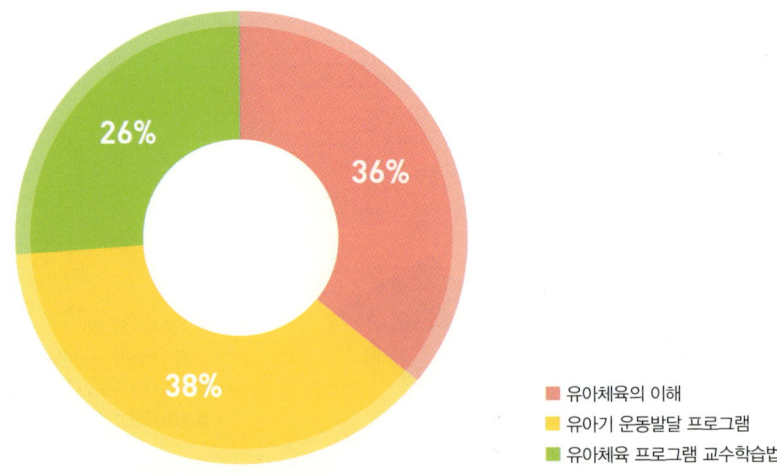

| 구 분 | 2025 | 2024 | 2023 | 2022 | 2021 | 2020 | 2019 | 합 계 |
|---|---|---|---|---|---|---|---|---|
| 유아체육의 이해 | 11 | 11 | 3 | 8 | 5 | 7 | 5 | 50 |
| 유아기 운동발달 프로그램 | 6 | 4 | 12 | 6 | 8 | 8 | 10 | 54 |
| 유아체육 프로그램 교수학습법 | 3 | 5 | 5 | 6 | 7 | 5 | 5 | 36 |

## 필수 제3과목 ▶ 노인체육론

### 최근 기출 분석

2025년 노인체육론은 전 분야에 걸쳐 고르고 평이하게 출제되었지만, [노인운동의 효과], [질환별 프로그램의 설계] 등에서 사례 중심별 문제가 출제되어 단순 이론의 숙지보다 사례별 단계를 이해하고 응용하는 학습방법이 요구된다. 특히, 근감소증·뇌졸중·관절·만성질환 등을 지닌 노인들에게 적합한 운동방법이나 운동빈도를 묻는 실생활과 연결된 문제 등이 다수 출제되는 경향이 있으므로 사례별 질환 운동법에 대한 구체적인 학습을 해야 한다. 또한 지도사의 주의사항, 응급상황처리, 안전관리지침 준수의 효과 등의 내용도 매년 출제되므로 반드시 정리해야 하며, 노화의 특성에 대한 기본적인 학습과 노화 이론에 내용도 꼼꼼히 살펴 학습해야 한다.

### 파트별 출제 비중(2019~2025년)

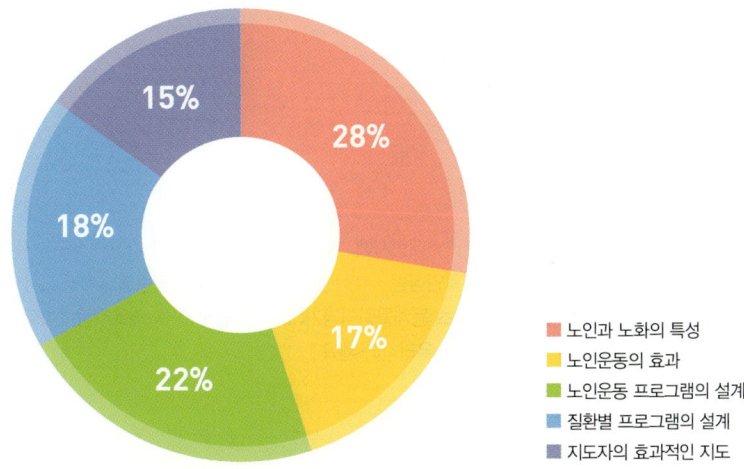

| 구 분 | 2025 | 2024 | 2023 | 2022 | 2021 | 2020 | 2019 | 합 계 |
| --- | --- | --- | --- | --- | --- | --- | --- | --- |
| 노인과 노화의 특성 | 4 | 8 | 6 | 6 | 7 | 5 | 3 | 39 |
| 노인운동의 효과 | 5 | 1 | 3 | 5 | 3 | 4 | 3 | 24 |
| 노인운동 프로그램의 설계 | 2 | 4 | 4 | 4 | 5 | 5 | 7 | 31 |
| 질환별 프로그램의 설계 | 5 | 7 | 3 | 2 | 2 | 2 | 4 | 25 |
| 지도자의 효과적인 지도 | 4 | – | 4 | 3 | 3 | 4 | 3 | 21 |

# 2025 최신 기출 키워드

KEYWORDS

※ 2025년 시험에 출제된 문항들의 키워드를 수록했습니다.
※ 본 기출 키워드는 학습을 돕기 위해 이론별 관련 개념을 표시한 것이며, 개념 간 관계성이나 하위개념을 명시한 것이 아니므로 자세한 포함관계는 본문에서 확인하시기 바랍니다.

## 선택 제1과목 스포츠사회학

#스포츠사회학 연구영역  #교육적 기능  #미디어스포츠 수용자 욕구유형  #국제스포츠 이벤트  #미래스포츠  #사회계층  #미디어의 영향  #상징적 상호작용론  #국제정치 스포츠  #일탈행동  #계층이동  #스포츠사회화이론  #선순환모델  #근대스포츠  #스포츠 노동이주  #낙인이론  #상업주의스포츠  #정치의 스포츠이용  #스포츠사회화 주관자(주요타자)  #스포츠사회화

## 선택 제2과목 스포츠교육학

#내용선정원리  #지도과제전달방법  #진단평가  #지도원리  #학습과제발달단계  #STAD  #GPAI  #상호작용 교수  #모스턴 교수스타일  #포괄형 교수스타일  #이해중심게임수업모형  #싱글엘리미네이션  #학교체육 진흥을 위한 조치(국민체육진흥법)  #사건기록법  #수업운영시간  #직접교수모형 학습영역 우선순위  #신호간섭  #전문체육프로그램개발단계  #과제전달질문유형  #생활체육진흥기본계획 수립(생활체육진흥법)

## 선택 제3과목 스포츠심리학

#스포츠심리학자  #심상  #내적 동기  #목표설정원리  #모노아민가설  #콜먼그리피스  #고원현상  #루틴  #반응시간  #체계적 둔감화  #상담윤리  #추동이론  #질문지측정법  #운동변화단계이론  #본능이론  #스포츠자신감이론  #주의집중  #처벌행동지침  #맥락간섭  #링겔만효과-사회적 태만현상

## 선택 제4과목 한국체육사

#각저총  #체육사관  #대향사례  #화랑도의 체육활동과 사상  #구당서  #고려 민속놀이  #방응  #훈련원  #활인심방  #식년무과  #체조  #민족말살기  #서상천  #남북한단일팀  #제5공화국  #생모리츠 동계올림픽경기대회  #광복 이후 체육사상  #국민생활체육진흥종합계획  #원산학사  #광복 이후 우리나라 체육

## 선택 제5과목 운동생리학

#글루코스  #혈중알부민  #장기간 무산소 트레이닝에 대한 적응  #해당과정  #골지건기관  #동방결절  #골격근수축과정  #동-정맥산소 차이  #건강관련체력요인  #1회박출량  #연수  #근육수축  #속근섬유  #판막  #글루카곤  #운동단위  #마이오글로빈  #세동맥  #장기간 유산소 트레이닝에 대한 적응  #고지대 장기간 노출로 인한 인체의 변화

## 선택 제6과목
## 운동역학

#운동역학 연구목적  #정성적 분석  #병진운동  #운동역학 사슬  #전단응력  #내력 외력
#평균속도  #각가속도  #충격량  #선운동량 보존의 법칙  #각속도  #근육수축  #관성모멘트
#반발계수  #에너지  #압력중심점  #이동거리  #일 일률  #안정성을 높이는 요인  #마찰력

## 선택 제7과목
## 스포츠윤리

#스포츠윤리센터 사업(국민체육진흥법)  #가치판단  #게발트  #타이틀 나인  #동물권리론
#정의의 유형  #규칙위반유형  #스포츠환경 3가지 범주  #도덕사회화론  #맹자 사단  #의무론
#스포츠조직의 윤리경영  #인종차별  #공리주의윤리규범  #도핑금지방법 분류  #악의 평범성
#의무주의윤리규범  #스포츠불평등  #탈리오법칙  #체육활동의 차별금지(장애인차별금지법)

## 필수 제1과목
## 특수체육론

#특수체육  #지적 장애인을 위한 체육활동지도  #역주류화수업  #쇼다운  #휠체어스포츠
#체력운동 원리  #특수체육 평가도구  #용암법  #TGMD-3  #뇌성마비  #갤러핑  #패럴림픽
#개별화교육프로그램  #청각 장애인 신체활동 지도 주의사항  #지적 장애인 체육활동 변형
#특수체육 서비스 전달체계  #장애인 체육활동 변형  #시각 장애인 지도전략
#지체장애인 운동 지도 주의사항  #정서-행동장애 학생의 특성을 고려한 체육활동지도전략

## 필수 제2과목
## 유아체육론

#안정성기술  #운동기술 일차원적 분류  #건강 수행 관련 체력요소  #원시반사  #조작운동
#심리사회발달단계  #발달과업이론  #공 치기 동작의 시작단계  #정보부호화단계  #PDSM-2
#유아체육 프로그램 기본원리  #대근운동발달의 시기와 단계  #유아주도적 교수방법
#스테이션 교수  #이해중심 게임수업  #인지발달 4단계  #유아발달 프로그램 기본원리
#유아기 걷기 동작단계  #사회학습이론  #유소년 스포츠지도사 정의(국민체육진흥법)

## 필수 제3과목
## 노인체육론

#활동이론  #근감소증  #생물학적 노화  #체중부하운동  #노인 운동빈도  #노화의 이론
#텔로미어  #뇌졸중 노인 운동 고려사항  #관절염 노인 운동방법  #노인 준비운동 효과
#청각 문제 운동 안전관리지침  #만성질환 노인 운동효과  #전 생애적 발달  #노인 평형성 운동
#노인 저항성 운동효과  #노인 운동참여 사회 효과  #노인 운동 목표설정  #노인 운동 주의사항
#노인스포츠지도사 마음가짐  #노인 운동지도 손상방지 응급상황 안전관리예방지침

# 이 책의 구성

FEATURES

## 핵심이론

▶ 최신 기출 경향을 반영한 핵심이론을 담았습니다.

▶ 방대한 분량의 내용 중 중요한 내용만 담아 학습 시간을 단축할 수 있습니다.

## 핵심예제

▶ 핵심이론별 중요 기출문제를 선정하여 수록하였습니다.

▶ 핵심예제 관련 꼭 기억해야 할 요소를 담은 꼼꼼한 해설로 효율적인 학습이 가능합니다.

## 최신 + 과년도 기출문제

▶ 2021년부터 2025년까지 5개년 기출문제를 수록하였습니다.

## 문제 – 해설 구성

▶ 문제 바로 아래 해설을 배치한 구성을 통해 문제를 풀며 관련 이론을 자연스럽게 복습할 수 있습니다.

## 과거 기출연도 표시

▶ 문제 기출연도를 표시하여 최신 출제 경향을 파악할 수 있습니다.

# 이 책의 목차
CONTENTS

## PART 01 핵심이론 + 핵심예제

- CHAPTER 01 스포츠사회학 ········· 4
- CHAPTER 02 스포츠교육학 ········· 52
- CHAPTER 03 스포츠심리학 ········· 97
- CHAPTER 04 한국체육사 ········· 140
- CHAPTER 05 운동생리학 ········· 173
- CHAPTER 06 운동역학 ········· 216
- CHAPTER 07 스포츠윤리 ········· 250
- CHAPTER 08 특수체육론 ········· 284
- CHAPTER 09 유아체육론 ········· 326
- CHAPTER 10 노인체육론 ········· 368

## PART 02 과년도 + 최근 기출문제

- 2025년 기출문제 ········· 402
- 2024년 기출문제 ········· 478
- 2023년 기출문제 ········· 553
- 2022년 기출문제 ········· 625
- 2021년 기출문제 ········· 692

## 시험장에서 일순위로 당연히 백퍼센트 출제되는 공식

## 운동생리학

### 02 에너지 대사와 운동

**① 휴식대사량**

- 남자 : 66.4 + (13.7 × 체중) + (5.0 × 신장) − (6.8 × 나이)
- 여자 : 655 + (9.6 × 체중) + (1.8 × 신장) − (4.7 × 나이)

**② MET 운동 계산법**

운동강도(METs) × 3.5㎖(1분당 필요한 산소량) × 체중 × 시간(분)

**③ 호흡교환율(PER)**

$$\frac{VCO_2}{VO_2}$$

### 06 호흡·순환계와 운동

**① (심)박출량**

심박수 × 1회박출량

**② 최대산소섭취량**

최대심박출량 × 동−정맥 산소차

**③ 심근산소소비량** 심장의 일률

심박수 × 수축기 혈압

**④ 구축량**

$$\frac{1회박출량}{이완기말 혈액량} \times 100$$

**⑤ 혈류**

$$\frac{압력}{저항}$$

**⑥ 혈관저항**

$$\frac{혈관의 길이 \times 혈액의 점도}{혈관의 반지름^4}$$

**⑦ 맥압**

수축기 혈압 − 이완기 혈압

**⑧ 평균동맥혈압**

이완기 혈압 + ⅓ 맥압

## 운동역학

### 04 운동학의 스포츠 적용

**① 속력과 속도**

$$속력(Speed) = \frac{이동거리(d)}{소요된 시간(t)}$$

$$속도(Velocity) = \frac{변위(D)}{소요된 시간(t)}$$

※ 각속도와 비교해 선속도라고 하기도 함

**② 가속도(Acceleration)**

$$가속도(a) = \frac{나중 속도(v') - 처음 속도(v_0)}{소요된 시간(t)}$$

**③ 각속도와 각가속도**

$$각속도(\omega) = \frac{각변위(\theta)}{소요된 시간(t)}$$

$$각가속도 = \frac{나중 각속도(\omega') - 처음 각속도(\omega_0)}{소요된 시간(t)}$$

**④ 선속도와 각속도의 관계**

$$선속도(\omega) = 각속도(\omega) \times 회전 반지름(r)$$
$$= \frac{각변위(\theta)}{이동 시간(t) \times 회전 반지름(r)}$$

**⑤ 가속도의 법칙**

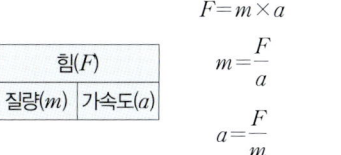

$$F = m \times a$$
$$m = \frac{F}{a}$$
$$a = \frac{F}{m}$$

| 힘(F) | |
|---|---|
| 질량(m) | 가속도(a) |

**⑥ 탄성계수(k)**

$$\frac{응력}{변형률}$$

**⑦ 반발계수·복원계수(e)**

$$\sqrt{\frac{h'}{h}}$$

$h'$ = 튕겨져 올라간 높이
$h$ = 떨어진 높이

**⑧ 운동량**

$$운동량(p) = 질량(m) \times 속도(v)$$

※ 각운동량과 비교해 선운동량이라고 하기도 함

## 시험장에서 일순위로 당연히 백퍼센트 출제되는 공식

### ❾ 충격량

충격량($I$) = 충격력($f$) × 작용한 시간($t$)
$= \dfrac{m(v'-v_0)}{\text{작용한 시간}(t)} \times \text{작용한 시간}(t)$
$= mv'(\text{나중 운동량}) - mv_0(\text{처음 운동량})$
$= $ 운동량의 변화량

### ❿ 토크(돌림힘)

편심력($F$) × 회전축(팔·모멘트)에서 힘의 작용점까지의 거리($d$)

### ⓫ 관성모멘트

질량($m$) × 회전 반지름($r$)$^2$

### ⓬ 각가속도의 법칙

| 가해진 토크($T$) |  |
|---|---|
| 관성모멘트($I$) | 각가속도($a$) |

$T = I \times a$
$I = \dfrac{T}{a}$
$a = \dfrac{T}{I}$

### ⓭ 각운동량

각운동량 = 관성모멘트 × 각속도
= (질량 × 회전 반지름$^2$) × 각속도

### ⓮ 구심력과 원심력

- 구심력 = 질량($m$) × 회전 반지름($r$) × 각속도($\omega$)$^2$
- 원심력 = 질량($m$) × $\dfrac{\text{각변위}(v)^2}{\text{회전 반지름}(r)}$

## 06 일과 에너지

### ❶ 일

일($W$) = 힘($F$) × 이동 거리($S$)

※ 중력에 대한 일을 할 때는 $F$에 무게(9.8×질량), 이동 거리에 높이를 대입할 수 있음

※ 마찰력에 대한 일을 할 때는 $F$에 마찰력을 대입할 수 있음

### ❷ 일률

일률($P$) = $\dfrac{\text{일의 양}(W)}{\text{일에 소요된 시간}(t)}$
$= $ 힘($F$) × $\dfrac{\text{이동 거리}(S)}{\text{일에 소요된 시간}(t)}$
$= $ 힘($F$) × 속도($v$)

### ❸ 일과 에너지의 관계

일($W$) = 힘($F$) × 이동 거리($S$) = 에너지($E$)

### ❹ 여러 가지 에너지

- 위치에너지($E_p$) = 질량($m$) × $g$(중력가속도 9.8) × $h$(높이)
- 운동에너지($E_k$) = $\dfrac{1}{2}$ × $m$(질량) × $v$(속도)$^2$

### ❺ 역학적 에너지 보존의 법칙

$E = E_p(\text{위치에너지}) + E_k(\text{운동에너지}) + \cdots$

## 자주 사용되는 단위 모음

| 단위 | 독음 | 나타내는 것 |
|---|---|---|
| $kcal$ | 킬로칼로리 | 열량 |
| $mV$ | 밀리볼트 | 막전압 |
| $dL$ | 데시리터 | 혈중농도의 단위 혈액량 |
| $L/min$ | 리터 퍼 미닛 | 박출량 |
| $mmHg$ | 수은주 밀리미터 | 혈압 |
| $kgf$ | 킬로그램힘 | 무게·힘 |
| $N$ | 뉴턴 | 무게·힘 |
| $m/s$ | 미터 퍼 세크 | 속력·속도 |
| $m/s^2$ | 미터 퍼 세크 제곱 | 가속도 |
| $rad/s$ | 라디안 퍼 세크 | 각속도 |
| $rad/s^2$ | 라디안 퍼 세크 제곱 | 각가속도 |
| $kg \cdot m/s$ | 킬로그램 미터 퍼 세크 | 운동량·충격량 |
| $N \cdot s$ | 뉴턴세크 | 충격량 |
| $J$ | 줄 | 일·에너지 |
| $N \cdot m$ | 뉴턴미터 | 일·에너지 |
| $W$ | 와트 | 일률 |
| $J/s$ | 줄 퍼 세크 | 일률 |
| $kgf \cdot m/s$ | 킬로그램힘 미터 퍼 세크 | 일률 |

# 스포츠지도사 2급
## [필기 초단기 합격]

# Win-Q

## 스포츠지도사 2급 [필기]

**끝까지 책임진다! 시대에듀!**

QR코드를 통해 도서 출간 이후 발견된 오류나 개정법령, 변경된 시험 정보, 최신기출문제, 도서 업데이트 자료 등이 있는지 확인해 보세요! 시대에듀 합격 스마트 앱을 통해서도 알려 드리고 있으니 구글 플레이나 앱 스토어에서 다운받아 사용하세요. 또한, 파본 도서인 경우에는 구입하신 곳에서 교환해 드립니다.

# PART 1

# 핵심이론+핵심예제

CHAPTER 01　스포츠사회학
CHAPTER 02　스포츠교육학
CHAPTER 03　스포츠심리학
CHAPTER 04　한국체육사
CHAPTER 05　운동생리학
CHAPTER 06　운동역학
CHAPTER 07　스포츠윤리
CHAPTER 08　특수체육론
CHAPTER 09　유아체육론
CHAPTER 10　노인체육론

# 스포츠사회학

## 제1절 | 스포츠사회학의 이해

### 핵심이론 01 스포츠사회학의 개념

① 스포츠사회학의 정의
  ㉠ 스포츠 현장의 사회구조와 사회과정을 설명하는 학문이다.
  ㉡ 사회학의 하위 분야로 스포츠 현장의 인간 행동을 예측하고 이해한다.
  ㉢ 사회행동의 과정과 유형을 스포츠 맥락에서 설명하는 학문이다.
  ㉣ 사회적 현상으로서의 스포츠의 사회적, 문화적, 경제적, 정치적 관계를 연구한다.
  ㉤ 스포츠에서 나타나는 행동 유형과 사회과정에 초점을 두고, 이를 스포츠 활동이 존재하는 일반 사회구조의 측면에서 설명한다.
  ㉥ 연구 사례 : 종교가 스포츠 보급에 미치는 영향 분석, 운동선수의 은퇴 후 사회 적응 과정 분석, 스포츠 활동과 생활 만족도 간 관계 연구 등

② 스포츠사회학의 영역
  ㉠ 거시적 영역
    • 사회 전반, 대규모 집단, 사회제도와 스포츠 간 관계 연구
    • 사회적 불평등, 정치, 경제, 종교, 교육, 사회계층, 미디어, 성역할 등
  ㉡ 미시적 영역
    • 개인과 소규모 단체 내 사회현상과 스포츠 간 관계 연구
    • 소집단 내 상호작용, 리더십, 정체성, 동기, 사회화, 공격성, 비행 등

> **스포츠사회학의 연구영역**
> • 사회적 불평등 : 스포츠에서 성별, 인종, 종교, 계층 간 불평등 문제 연구
> • 사회화 과정 : 스포츠가 사회화 과정에 미치는 영향 연구
> • 사회제도 : 스포츠와 사회제도와의 상호 작용 연구
> • 문화적 역할 : 스포츠의 문화적, 상징적 영향력 연구

### 핵심예제

**1-1. 스포츠사회학에 관한 설명으로 옳지 않은 것은?** [2021]

① 스포츠 현장의 사회구조와 사회과정을 설명하는 학문이다.
② 운동 참여자의 운동 수행 능력과 관련된 직접적인 원인을 설명한다.
③ 사회학의 하위 분야로 스포츠 현장의 인간 행동을 예측하고 이해한다.
④ 스포츠는 사회영역과 밀접한 관계를 맺고 있어 통찰과 분석이 필요하다.

**1-2. 스포츠사회학의 연구영역과 주제 중 거시 영역의 사회제도와 관련된 연구 내용이 아닌 것은?** [2019]

① 정 치         ② 경 제
③ 교 육         ④ 조 직

| 해설 |

**1-1**
스포츠사회학은 스포츠 장면에서 일어나는 행동 유형과 사회과정을 일반 사회구조의 측면에서 설명하는 학문이다. 운동 참여자의 운동 능력과 관련된 직접적인 원인을 설명하는 학문은 운동역학에 가깝다.

**1-2**
**스포츠사회학의 연구영역**
- 거시적 영역 : 정치, 경제, 종교, 교육, 사회계층, 성역할 등
- 미시적 영역 : 소집단의 상호작용, 지도자론, 사회화, 사기, 공격성, 비행 등

정답 1-1 ② 1-2 ④

## 핵심이론 02 스포츠의 사회적 기능

① 사회성 함양 기능
  ㉠ 바람직한 성격 형성, 자기 수양, 도덕성 발달, 훌륭한 시민정신의 함양 등의 결과를 얻을 수 있다.
  ㉡ 여러 가지 사회적 경험을 쌓을 수 있는 사회화의 장으로서 긍정적 정서를 형성한다.

② 사회통합 기능
  ㉠ 개인을 공통의 관점과 결집력을 갖춘 집단으로 통합하는 데 중점을 둔다.
  ㉡ 상이한 개인들 사이의 유대성과 통일성을 형성·유지하고 분열을 방지하며, 한편으로는 통제하는 요소를 포함한다.
  ㉢ 성별, 연령, 계층을 아우르는 사회적 소통을 촉진한다.
  ㉣ 2002년 한일 월드컵에서 한국 축구 대표팀이 4강 신화를 만드는 과정에서 성별, 연령에 관계없이 많은 국민들이 길거리 응원에 참가하며 국가에 대한 애착심과 소속감을 되새겼는데, 이는 사회통합의 사례로 볼 수 있다.

③ 사회정서 기능
  ㉠ 참가자뿐만 아니라 관람하는 관중들에게도 에너지를 발산시킬 수 있는 배출구를 제공한다.
  ㉡ 현대 사회의 갈등과 욕구 불만으로 누적된 감정 및 공격성을 정화시켜 분출할 수 있도록 한다.

④ 사회통제 기능
  ㉠ 지배 집단이 자기 이익이나 권력을 위해 스포츠를 도구로 이용하여 구성원을 통제한다.
  ㉡ 정치인들이 국민의 스포츠에 대한 관심을 증대시켜 정치적 무관심을 유도하기도 한다.

⑤ 스포츠의 사회적 순기능과 역기능

| | |
|---|---|
| 순기능 | 사회 통합, 사회계층 이동, 신체[정신] 건강 증진, 사회규범 내재화, 오락 및 여가 활동, 경제적 가치 창출, 국제 친선 및 평화 증진, 소속감, 문화 교류 |
| 역기능 | 사회적 불평등(성별·인종·계층), 사회통제, 승리 지상주의, 상업주의, 국수주의, 정치적 갈등 |

| 스포츠의 사회적 기능(Stevenson & Nixon) | |
|---|---|
| 사회·정서적 기능 | • 스트레스와 긴장을 해소할 수 있는 안전한 배출구 역할<br>• 사회구성원의 정서적 안정과 사회 질서 유지에 기여 |
| 사회 통합 기능 | • 다양한 사회계층, 인종, 지역을 초월하여 공동체 의식 형성<br>예 2002 한일월드컵의 국민적 단결, 올림픽 응원 등 |
| 사회통제 기능 | • 지배 집단이 스포츠를 정치적 이익이나 권력 유지에 이용<br>• 정치도구로 이용 예 모스크바 올림픽에서 미국의 보이콧 |
| 사회화 기능 | • 스포츠는 개인이 사회규범, 가치, 태도를 학습하는 장을 제공<br>• 청소년은 스포츠를 통해 협동, 규칙 준수, 경쟁 등의 사회적 기술을 배우며, 이는 사회 구성원으로 통합되는 데 기여 |
| 사회계층 이동 기능 | 스포츠를 통한 사회적 상승이동의 기회 제공 |
| 경제적 기능 | • 고용 창출, 소비 진작 등 경제 전반에 긍정적 영향<br>• 지역경제 활성화에 기여 |
| 규범 유지 기능 | 스포츠의 규칙, 페어플레이, 도덕성은 사회 규범과 가치체계 강화에 기여 |

| 해설 |

2-1
'사회갈등 유발 기능'은 갈등론적 관점에서 스포츠의 사회적 기능을 논하였을 때의 사항이다. 갈등론에서는 스포츠가 갈등, 대립, 경쟁, 투쟁의 도구로서, 사회가 변화 또는 발전하게 하는 원동력이라고 논한다.

2-2
스포츠의 사회적 순기능은 사회공동체의 유지·변화·발전을 위한 긍정적 영향을, 스포츠의 사회적 역기능은 사회공동체의 유지·변화·발전에 장애가 되는 부정적 영향을 의미한다. 사회 통제 기능은 지배 집단의 이익을 위해 구성원들을 통제하는 것이므로 스포츠의 사회적 역기능에 해당한다.

정답 2-1 ④  2-2 ②

### 핵심예제

**2-1.** 〈보기〉에서 스티븐슨(C. Stevenson)과 닉슨(J. Nixon)이 구조기능주의 관점으로 설명한 스포츠의 사회적 기능 중 옳은 것만을 모두 고른 것은? [2024]

┌ 보기 ┐
ⓐ 사회·정서적 기능
ⓑ 사회갈등 유발 기능
ⓒ 사회 통합 기능
ⓓ 사회계층 이동 기능

① ㉠, ㉡　　　② ㉠, ㉢
③ ㉡, ㉣　　　④ ㉠, ㉢, ㉣

**2-2.** 스포츠의 사회적 순기능으로 옳지 않은 것은? [2020]

① 사회화 기능　　② 사회통제 기능
③ 사회통합 기능　④ 사회정서적 기능

**핵심이론 03** 스포츠사회학 관련 이론

① 구조기능주의이론
  ㉠ 사회를 유기체에 비유하면서 사회는 본질적으로 상호 관련되어 있다고 보는 기능론적 관점에 해당한다.
  ㉡ 스포츠는 대중에게 사회의 기본적 가치와 규범을 가르쳐 사회의 체제유지 및 사회적 긴장을 처리하는 기능을 한다는 것에 중점을 둔다.

② 갈등이론
  ㉠ 지배 계급은 피지배 계급을 억압하고 착취하며, 재화의 불평등한 분배는 사회의 본질적 속성이라고 보는 이론이다.
  ㉡ 스포츠는 자본주의 사회에서 일부 지배 집단에 의해 조작되고 그들의 이익을 증진시키는 데 이용된다고 본다.
  ㉢ 대중을 스포츠 소비자로 전락시키고 운동 선수의 재능과 능력의 착취를 통하여 권력과 이익을 보존하는 수단으로 활용한다고 본다.

  > **스포츠의 신체소외 기능**
  > • 운동 선수의 재능·능력 착취와 관련이 있다.
  > • 스포츠 선수의 신체가 이윤 추구를 위한 수단이나 대중오락을 위한 도구로 전락하는 것을 의미한다.

③ 상징적 상호작용론
  ㉠ 미시적 관점의 이론으로, 구조보다 개인의 역량을 높이 평가한다.
  ㉡ 인간은 사회제도나 규칙에 대해 능동적으로 사고하고 의미를 부여하며 행동한다.
  ㉢ 인간은 자신의 행위를 능동적으로 구성해 나가는 존재이기 때문에 비행, 공격성, 낙인 등과 같이 주어진 상황에 대한 개인의 경험의 해석을 강조한다.
  ㉣ 이론의 요소 : 일반화된 타자, 스포츠 의식, 팀 문화
  ㉤ 일반화된 타자 : 스포츠팀 주장은 리더십이 필요하기 때문에 점차 그 역할에 맞는 리더십을 발휘한다.

④ 파슨즈(T. Parsons)의 사회적 기능(AGIL) 이론
  ㉠ 상징적 상호작용론 관점의 이론으로, 사회 시스템의 균형을 위하여 적응, 목표 성취, 통합, 체제 유지의 4가지 기능을 제시한다.
  ㉡ AGIL은 4가지 기능인 '적응(Adaptation)-목표 성취(Goal attainment)-통합(Integration)-체제 유지(Latency)'의 앞 글자를 딴 약어이다.
  ㉢ AGIL 모형에 근거한 스포츠의 사회적 기능

| 사회적 기능 | 세부 내용 |
| --- | --- |
| 적응<br>(Adaptation) | • 스포츠는 사회구성원이 사회체제에 적응하게 하는 기능을 수행<br>• 스포츠는 사회구성원에게 현실에 적합한 사고, 감정, 행동양식 등을 학습할 수 있는 장을 마련해 줌<br>• 스포츠는 개인의 체력 및 건강증진을 도모하여 효율적으로 사회활동에 참여할 수 있게 함 |
| 목표 성취<br>(Goal attainment) | • 스포츠는 사회적 목표와 가치를 결정하고, 사회자원을 동원하여 목표를 달성하는 역할을 수행 |
| 통합<br>(Integration) | • 스포츠는 사회구성원을 통합시키고, 사회구성원 간의 갈등을 해소하는 역할을 수행함 |
| 체제 유지<br>(Latency) | • 스포츠는 체제 유지 및 긴장 처리 기능을 수행함 |

⑤ 비판이론
  ㉠ 사회적 권력이 이데올로기에 의해 구성되며, 이데올로기가 사회를 어떻게 재생산하거나 변화시키는지에 관심을 가진다.
  ㉡ 스포츠가 사회 불평등과 억압을 재생산한다고 보았으며, 그 과정을 비판적으로 분석한다.
  ㉢ 스포츠 시설 접근성, 스포츠 참여 기회, 스포츠 관련 직업의 불평등 등을 통해 사회적 불평등이 드러나고 재생산된다는 것이다.

## 핵심예제

**3-1.** 파슨즈(T. Parsons)의 AGIL이론에 관한 설명으로 옳지 않은 것은? [2024]
① 상징적 상호작용론 관점의 이론이다.
② 스포츠는 체제 유지 및 긴장 처리 기능을 한다.
③ 스포츠는 사회구성원을 통합시키는 기능을 한다.
④ 스포츠는 사회구성원이 사회체제에 적응하게 하는 기능을 한다.

**3-2.** 〈보기〉에서 설명하는 이론으로 옳은 것은? [2020]

|보기|
- 지배 계급은 피지배 계급을 억압하고 착취한다.
- 재화의 불평등한 분배는 사회의 본질적 속성이다.
- 스포츠는 일부 지배 계급에 의해 그들의 이익을 증대시키는 데 이용된다.

① 갈등이론
② 비판이론
③ 상징적 상호작용론
④ 구조기능주의이론

|해설|
**3-1**
파슨즈의 AGIL 이론은 거시적 관점 중 구조기능주의적 관점에서 스포츠를 조망한 이론이다.

**3-2**
스포츠가 자본주의 사회에서 일부 지배 집단에 의해 조작되고, 지배 집단의 이익을 증진시키는 데 이용되며, 운동 선수의 재능과 능력을 착취하여 권력과 이익을 보존하는 수단으로 활용된다는 이론은 '갈등이론'이다.

정답 3-1 ① 3-2 ①

## 핵심이론 04 스포츠의 특징

① 놀이와 스포츠의 구분
   ㉠ 놀이(Play) : 자유성, 쾌락성 등 예 인형놀이, 소꿉놀이 등
   ㉡ 스포츠(Sport) : 규칙성, 경쟁성, 전술, 제도화 등 예 농구, 배드민턴 등

② 코클리(J. Coakley)의 스포츠 제도화
   ㉠ 경기 규칙의 표준화
   ㉡ 활동의 조직적·합리적 측면 강조
   ㉢ 경기 기술의 정형화
   ㉣ 공식규정 위원회의 규칙 집행

③ 거트만(A. Guttmann)의 근대 스포츠 특징
   ㉠ 세속화 : 즐거움, 건강, 경제적 이익, 명예 등 세속적 관심 충족을 추구한다.
   ㉡ 평등화 : 자산, 지위, 계층과 관계없이 동일한 조건에서 참여한다.
   ㉢ 전문화 : 포지션의 분화와 리그의 세분화를 촉진한다.
   ㉣ 합리화 : 명시된 규칙에 의해 규제된다.
   ㉤ 관료화 : 규칙을 제정하고 경기를 조직적으로 운영한다.
   ㉥ 수량화 : 시간, 거리, 점수 등 측정 가능한 숫자로 표현한다.
   ㉦ 기록화 : 기록을 세우고 깨뜨리는 것을 중요시한다.

## 핵심예제

**4-1.** 〈보기〉의 ㉠, ㉡에 알맞은 용어는? [2018]

| 보기 |
친구들과 개울가에서 물장구를 치면서 장난을 하는 경우 ( ㉠ )의 한 형태가 되지만, 제도화된 규칙하에서 상대방과 경쟁하는 수영은 ( ㉡ )(이)라고 할 수 있다.

|   | ㉠ | ㉡ |
|---|---|---|
| ① | 놀이 | 스포츠 |
| ② | 놀이 | 게임 |
| ③ | 게임 | 놀이 |
| ④ | 스포츠 | 게임 |

**4-2.** 코클리(J. Coakley)가 제시한 스포츠 제도화의 특성에 해당하지 않는 것은? [2017]

① 경기 규칙의 표준화
② 경기 기록의 계량화
③ 활동의 조직적·합리적 측면 강조
④ 경기 기술의 정형화

**4-3.** 〈보기〉의 ㉠, ㉡에 해당하는 거트만(A. Guttmann)의 근대 스포츠 특징은? [2023]

| 보기 |
- ( ㉠ ) – 국제 스포츠 조직은 규칙의 제정, 대회의 운영, 종목 진흥 등의 역할을 담당한다.
- ( ㉡ ) – 투수라는 같은 포지션 내에서도 선발, 중간, 마무리 등으로 구분된다.

|   | ㉠ | ㉡ |
|---|---|---|
| ① | 관료화 | 평등성 |
| ② | 합리화 | 평등성 |
| ③ | 관료화 | 전문화 |
| ④ | 합리화 | 전문화 |

| 해설 |

**4-1**
친구들과 물장구를 치면서 장난을 하는 것은 자율적으로 즐거움을 추구하는 '놀이'이다. '스포츠'는 제도화된 규칙하에서 상대방과 경쟁하는 신체 활동이다.

**4-2**
코클리의 제도화 특성에는 경기규칙의 표준화, 경기기술의 정형화, 활동의 조직적·합리적 측면 강조, 공식 규정 위원회의 규칙 집행 등이 있다. 경기 기록의 계량화는 거트만의 근대 스포츠 특징에 해당한다.

**4-3**
**근대 스포츠의 특징(A. Guttmann, 1978)**
- 관료화 : 규칙을 정하고 경기를 조직적으로 운영함 – ㉠
- 전문화 : 포지션 분화와 리그의 세분화를 촉진함 – ㉡
- 세속화 : 경제적·사회적 가치와 같은 세속적 관심의 충족을 추구함
- 평등화(평등성) : 참가 대상, 게임 규칙, 경쟁 조건의 측면에서 평등함을 추구함
- 합리화 : 규칙·전략과 같은 합리적인 수단으로 구성됨
- 수량화(계량화) : 시간, 기록, 거리 등 경기에 수반되는 모든 것을 측정할 수 있는 수치로 표현함
- 기록화 : 기록을 수립하고 경신하는 것을 추구함

**정답** 4-1 ① 4-2 ② 4-3 ③

## 제2절 | 스포츠와 정치

### 핵심이론 05 스포츠와 정치의 결합

① **스포츠의 정치적 속성** : 에티즌(D. Eitzen)과 세이지(G. Sage)
  ㉠ 대표성
    - 스포츠 경기 참가자는 조직을 대표하며, 조직에 대해 강한 충성심을 갖는다.
    - 스포츠 경기에 수반되는 의식과 행동은 선수의 충성심을 상징적으로 재확인하는 것에 목적이 있다.
    - 스포츠 조직은 구호, 응원가, 유니폼, 마스코트 등의 상징을 통해 조직에 대한 선수의 충성심을 지속시키거나 강화한다.
  ㉡ 보수성 : 스포츠는 기존 질서와 권력구조 유지에 기여하며 변화를 지양한다.
  ㉢ 권력 투쟁
    - 스포츠는 정치적 이익의 권력 증대를 위한 장으로 활용된다.
    - 스포츠 조직에서 불평등하게 배분된 자원과 권한으로 인하여 대립적 갈등이 발생한다.
  ㉣ 상호의존성 : 스포츠는 국가와 제도 간 밀접한 관계를 형성하며, 국위 선양에 활용된다.

  > **스포츠와 정치의 상호의존성 사례**
  > - 국가대표 선수는 스포츠를 통해 국위를 선양하고 국가는 선수에게 혜택을 준다.
  > - 국가대표 선수가 올림픽에 출전하여 메달을 획득하면 군복무 면제의 혜택을 준다.

② **스포츠의 정치적 기능**
  ㉠ 스포츠의 정치적 순기능
    - 국가 인지도 향상
    - 사회 통합과 조직의 일체감 형성
    - 외교적 수단
    - 긍정적 사례 : 1991년 지바 세계 탁구선수권 대회 최초 남북 단일팀 구성
  ㉡ 스포츠의 정치적 역기능
    - 대립국가 간 대결 및 국제적 갈등 심화
    - 권력 형성과 유지의 도구로 악용
    - 사회통제 기능
    - 국수주의 강화

③ **정부가 스포츠에 개입하는 목적**(B. Houlihan)
  ㉠ 공공질서 보호
  ㉡ 시민들의 건강 및 체력 유지
  ㉢ 스포츠 현장에서 인종차별 해소
  ㉣ 지역사회와 국가적 명성 고취
  ㉤ 정체성과 소속감 증진
  ㉥ 지배적인 정치 이데올로기와 관련된 가치 재생산
  ㉦ 정치 지도자와 정부에 대한 시민 지지 증대

④ **스포츠와 정치의 결합 방식**
  ㉠ 상 징
    - 직접 자각할 수 없는 의미나 가치 등을 유사적인 표현을 사용해 구상화하는 것을 의미한다.
    - 스포츠에 참여하는 선수나 팀이 스포츠 경기 자체를 뛰어넘어 특정 집단을 대리 또는 대표하는 것으로 의미가 확장되는 과정이다.
    - 스포츠는 정치적 이념과 메시지를 상징적으로 전달한다.
    - 스포츠 경기의 승리를 국가의 승리로 상징적 의미를 부여하여 국가 위상을 강화한다.
    - 국기, 국가, 유니폼이 애국심과 자부심을 고취하는 정치적 상징으로 활용된다.
  ㉡ 동일화
    - 동일화는 자아가 역할을 수행하기 원하는 타자에게 감정을 이입시키거나 타자와 일체가 되어 동화하는 것이다.
    - 스포츠와 국가 정치 체제가 동일시된다.
    - 동일화 과정을 통해 대중은 선수나 팀을 자신과 일치시킨다.
    - 국가대표의 승리를 개인의 승리로 동일시하여 자부심을 느낀다.

- 사례 : 2002년 한일 월드컵, 프로스포츠의 지역연고제
ⓒ 조작
  - 조작은 상징과 동일화 효과를 극대화시키기 위해 정치권력이 인위적으로 개입하는 것이다.
  - 스포츠는 정치적 목적을 위해 의도적으로 조작될 수 있다.
  - 정치적 이익을 위해 대중의 관심을 스포츠로 전환하는 목적으로 사용한다.
  - 정치적 정당성 강화 또는 국민 통제 수단의 목적으로 사용되기도 한다.

### 핵심예제

**5-1. 〈보기〉에서 훌리한(B. Houlihan)이 제시한 '정부(정치)의 스포츠 개입 목적'에 관한 사례인 것을 모두 고른 것은?** [2024]

┤보기├
- ㉠ 시민들의 건강 및 체력유지를 위해 체육단체에 재원을 지원한다.
- ㉡ 체육을 포함한 교육 현장의 양성평등을 위해 Title IX을 제정했다.
- ㉢ 공공질서를 보호하기 위해 공원에서 스케이트보드 금지, 헬멧 착용 등의 도시 조례가 제정되었다.

① ㉠
② ㉠, ㉢
③ ㉡, ㉢
④ ㉠, ㉡, ㉢

**5-2. 〈보기〉에서 설명하는 스포츠의 정치적 속성은?** [2023]

┤보기├
에티즌(D. Eitzen)과 세이지(G. Sage)에 의하면 다양한 팀, 리그, 선수 단체 및 행정 기구는 각각의 특성에 따라 불평등하게 배분된 자원과 권한을 갖게 되고, 더 많은 권한을 갖기 위해 대립적 갈등을 겪게 된다.

① 보수성           ② 긴장 관계
③ 권력 투쟁        ④ 상호의존성

|해설|
**5-1**
〈보기〉의 내용 모두 정치적·경제적, 사회·문화적 목적에 대한 정부의 스포츠 개입에 대한 예시이다.

**정부가 스포츠에 개입하는 목적(B. Houlihan)**
- 공공질서 보호
- 시민들의 건강 및 체력 유지
- 지역사회와 국가적 명성 고취
- 정체성과 소속감 증진
- 지배적인 정치 이데올로기와 관련된 가치 재생산
- 정치 지도자와 정부에 대한 시민 지지 증대

**5-2**
**스포츠의 정치적 속성 : 권력투쟁**
스포츠 조직 내에서 불평등하게 배분된 자원과 권한 때문에 더 많은 권한과 자원을 차지하기 위해 대립과 갈등을 겪는 것을 권력투쟁이라고 한다.

정답 5-1 ④ 5-2 ③

## 핵심이론 06 국제정치에서 스포츠의 기능

① 외교적 항의
  ㉠ 특정 국가가 자국의 이익에 위배되는 행동을 하거나 위협을 가한 국가에 대하여 스포츠를 통하여 외교적 항의를 전달할 경우, 직접적인 피해나 손해 없이 외교적 목적을 달성할 수도 있다.
  ㉡ 남아프리카공화국의 인종차별정책에 반대하는 많은 국가들이 남아프리카공화국에서 개최된 국제대회에 불참하기도 했다.
  ㉢ 미국을 비롯한 서방국가들은 구소련의 아프가니스탄 침공을 문제 삼아 1980년 모스크바 올림픽 경기대회에 불참하였다.

② 국제 이해와 평화
  ㉠ 스포츠는 상호 교류 및 신뢰를 증진시킴으로써 모든 인류를 한 곳으로 모을 수 있는 세계 공통어이다.
  ㉡ 광범위한 세계관을 형성하여 자국우월주의나 민족중심주의와 같은 배타적 적대사상에서 벗어날 수 있다.
  ㉢ 국가 간 상호작용을 통하여 국제 이해, 친선 및 평화를 증진할 수 있다.
  ㉣ 평창 동계올림픽에서 남북한 여자 아이스하키 단일팀이 구성되었고, 이를 계기로 남북 정상회담이 성사되는 등 그동안 중단되었던 남북교류가 다시 활성화되었다.

③ 국위 선양
  ㉠ 운동 선수와 국가 간의 동일시는 세계의 매스컴에 자연스럽게 특정 국가의 명성을 떨칠 수 있는 기회를 제공한다.
  ㉡ 올림픽과 국제대회에서의 승리는 즉각적인 갈채와 국제적 신망 그리고 지위를 보장한다.
  ㉢ 2002년 한일 월드컵을 일본과 공동 개최하여 아시아 축구의 위상을 높이고 4강 진출로 대한민국이 축구 강국으로 인식되었다.

④ 정치 이념 선전의 수단
  ㉠ 국제 스포츠에서의 경쟁은 승자와 패자를 가늠하는 스포츠의 경쟁 원리에 입각하고 있다는 점에서, 특정 정치 체제의 입지를 강화하기 위한 대리전적 성격을 지닌다.
  ㉡ 국제 경기에서의 승리는 특정 정치 체제의 우월성을 입증하는 증거가 되기도 한다.
  ㉢ 1936년 베를린 올림픽에서 나치독일이 아리아 인종의 우월성을 주장하는 나치즘의 정당성을 과시했다.

---

**스트랭크(A. Strenk)가 제시한 국제정치에서 스포츠의 기능**

- 정치이념 선전 : 1936년 베를린 올림픽에서 나치즘의 정당성과 우월성 과시
- 외교적 도구 : 1971년 미국 탁구팀의 중화인민공화국 방문
- 국위 선양 : 2002년 한일 월드컵 4강 진출로 대한민국이 축구 강국으로 인식
- 갈등 및 적대감 표출
  - 1972년 뮌헨올림픽에서의 검은 구월단 사건
  - 1969년 월드컵 중남미 지역 예선 경기에서 온두라스와 엘살바도르 간의 갈등이 심화되어 전쟁 발발
- 외교적 항의
  - 남아프리카공화국의 아파르트헤이트에 대한 국제사회의 대응
  - 1980년 모스크바 올림픽에 대한 서방 국가들의 보이콧 선언
  - 1984년 LA 올림픽에 대한 소련 및 공산 진영 13개국의 보이콧 선언
- 국제 이해와 평화 증진 : 2018년 평창 동계올림픽 여자 아이스하키 종목의 남북한 단일팀 결성으로, 한반도 긴장 완화를 위한 정치적 메시지 전달

## 핵심예제

**6-1.** 〈보기〉는 스트랭크(A. Strenk)가 제시한 국제정치에서 스포츠의 기능에 관한 설명이다. ㉠~㉢에 해당하는 내용이 바르게 연결된 것은? [2023]

┌ 보기 ┐
- ( ㉠ ) : 2002년 한일월드컵 4강 진출로 대한민국이 축구 강국으로 인식
- ( ㉡ ) : 1980년 모스크바올림픽에서 서방 국가들의 보이콧 선언
- ( ㉢ ) : 1936년 베를린올림픽에서 나치즘의 정당성과 우월성 과시

| | ㉠ | ㉡ | ㉢ |
|---|---|---|---|
| ① | 외교적 도구 | 정치이념 선전 | 국위선양 |
| ② | 국위선양 | 외교적 항의 | 정치이념 선전 |
| ③ | 국위선양 | 외교적 도구 | 외교적 항의 |
| ④ | 외교적 도구 | 외교적 항의 | 정치이념 선전 |

**6-2.** 국제사회에서 발생한 스포츠 사건에 관한 설명으로 옳은 것은? [2022]

① 남아프리카공화국은 아파르트헤이트(Apartheid)로 인해 국제대회 참여가 거부되었다.
② 구소련의 아프가니스탄 침공을 이유로 1984년 LA올림픽경기대회에 많은 자유 진영 국가가 불참하였다.
③ 2018년 평창동계올림픽경기대회에서 메달 획득을 위해 여자아이스하키 남북 단일팀이 결성되었다.
④ 1936년 베를린올림픽경기대회에서 검은구월단 무장단체가 선수촌에 침입하여 이스라엘 선수를 살해하였다.

**6-3.** 〈보기〉에서 설명하는 스포츠의 국제 정치적 사건으로 옳은 것은? [2021]

┌ 보기 ┐
- 온두라스와 엘살바도르 간의 갈등 심화
- 1969년 중남미 월드컵 지역 예선 경기에서 발생

① 축구전쟁  ② 헤이젤 참사
③ 검은 구월단  ④ 핑퐁외교

---

|해설|

**6-1**
**스포츠의 정치적 기능**
㉠ 월드컵 4강 진출로 대한민국이 축구 강국으로 인식된 것은 스포츠가 국위 선양의 수단으로 기능한 사례이다.
㉡ 구소련의 아프가니스탄 침공을 문제 삼아 서방 국가들이 모스크바 올림픽 보이콧을 선언한 것은 스포츠가 외교적 항의 수단으로 기능한 사례이다.
㉢ 베를린 올림픽에서 스포츠를 나치즘의 정당성과 우월성을 과시하기 위한 수단으로 이용한 것은 스포츠가 정치이념 선전의 수단으로 기능한 사례이다.

**6-2**
아파르트헤이트는 1990년대까지 지속된 남아프리카공화국의 인종차별 정책이다. 이 정책으로 인해 남아프리카공화국은 IOC와 FIFA에서 추방당하여 1960년대부터 30여 년간 국제대회 참가가 금지되었다.

**6-3**
축구전쟁은 1969년 6월 15일 열린 멕시코 월드컵 중남미 예선전을 계기로 발생한 엘살바도르와 온두라스 간의 전쟁이다. 헤이젤 참사는 1985년 벨기에 브뤼셀에서 축구 팬들 간의 충돌로 발생한 사망사건, 검은 구월단은 1972년 뮌헨 올림픽에서 발생한 테러사건, 핑퐁외교는 탁구를 통해 미국과 중국의 관계가 개선된 스포츠 외교를 말한다.

**정답** 6-1 ② 6-2 ① 6-3 ①

## 핵심이론 07 올림픽과 정치

① 올림픽 경기의 정치화 요인
  ㉠ 민족주의의 심화(국가 간 경쟁 심화)
    - 민족주의는 국가 간의 경쟁을 심화시키고 나아가 올림픽 경기에서의 정치화 현상을 유발하는 요인이 된다.
    - 올림픽 경기에서 민족주의가 대두된 직접적 요인에는 국기 게양, 국가 연주, 메달 성적 발표, 팀 스포츠의 존재 등이 있다.
  ㉡ 상업주의의 팽창(자국의 이익만을 추구)
    - 올림픽 경기는 국가 경제규모의 확대를 위한 수단, 상업적 이익 추구를 위한 도구 등으로 이용되기도 한다.
    - 고도의 상업적 이익을 위해서 스포츠를 독점하고 이를 광고 대상물로 간주하려는 상업주의 성향이 올림픽 경기를 통해서 두드러진다.
  ㉢ 정치 권력의 강화·보상(외교수단 달성)
    - 스포츠는 국력의 과시 및 외교수단으로서 효용 가치가 크다.
    - 정치적 차원에서 정치가 스포츠를 이용하게 된 동기에는 강력한 군사력의 육성, 이데올로기나 정치 체제의 강화, 외교 수단 그리고 국민통합 등과의 연계성이 있다.

② 역대 올림픽 경기에서 정치가 영향을 미친 사례
  ㉠ 1936년 베를린 올림픽 : 히틀러 정권이 올림픽을 나치 선전의 장으로 이용했다.
  ㉡ 1956년 멜버른 올림픽 : 소련의 헝가리 침공에 대한 항의로 스페인, 네덜란드, 스위스 등 서방국가가 불참했다.
  ㉢ 1972년 뮌헨 올림픽 : 팔레스타인 테러리스트들이 이스라엘이 억류하고 있는 팔레스타인 포로를 석방할 것을 요구하며 이스라엘 선수들을 인질로 납치하는 사건이 발생하였다(검은 구월단 사건).
  ㉣ 1980년 모스크바 올림픽 : 소련의 아프가니스탄 침공에 대한 미국의 정치적 대응으로 미국을 비롯한 서방국가들이 대회에 불참했다.
  ㉤ 1984년 LA 올림픽 : 소련의 보이콧 주장에 동조한 공산진영 13개국이 대회에 불참했다.

| 정치가 올림픽에 미치는 영향 | |
| --- | --- |
| 긍정적인 영향 | 부정적인 영향 |
| · 국위 선양<br>· 외교적 소통<br>· 국제 평화와 통합<br>· 국제적 영향력 확대<br>· 경제 발전 촉진<br>· 민족주의 심화(애국심과 자긍심 고취) | · 정치적 대립 심화<br>· 상업주의 팽배(자국의 이익만을 추구)<br>· 국수주의<br>· 정치이념 선전(정치권력의 강화·보상)<br>· 인권 및 사회 문제 악화<br>· 경제적 부담 |

### 핵심예제

**7-1.** 〈보기〉에서 올림픽 경기가 정치화된 요인을 모두 고른 것은?   [2017]

┌ 보기 ─────────────────────┐
│ ㉠ 민족주의 심화    ㉡ 정치 권력 강화 │
│ ㉢ 상업주의 팽창    ㉣ 페어플레이 강화 │
└──────────────────────────┘

① ㉠
② ㉠, ㉡
③ ㉠, ㉡, ㉢
④ ㉠, ㉡, ㉢, ㉣

**7-2.** 〈보기〉에서 설명하는 사건으로 옳은 것은?   [2020]

┌ 보기 ─────────────────────┐
│ • 1972년 제20회 뮌헨 올림픽에서 발생
│ • 팔레스타인 테러 조직에 의한 이스라엘 선수단 인질 사건
│ • 국가 간 갈등이 올림픽을 통해 표출된 테러 사건
└──────────────────────────┘

① 검은 구월단 사건
② 축구전쟁(100시간 전쟁) 사건
③ 보스턴 마라톤 폭탄 테러 사건
④ IRA 연쇄 폭탄 테러 사건

|해설|

**7-1**
올림픽이 정치화된 요인에는 국가 간 경쟁 심화로 인한 민족주의의 심화, 이익 추구를 목적으로 한 상업주의의 만연, 외교수단 달성을 위한 정치권력 강화 등이 있다. 페어플레이 강화는 스포츠의 정치적 순기능인 준법정신 강조와 일맥상통하나, 올림픽이 정치화된 요인과는 거리가 멀다.

**7-2**
② 축구전쟁(100시간 전쟁) 사건 : 1969년에 발생한 엘살바도르와 온두라스 사이의 전쟁
③ 보스턴 마라톤 폭탄 테러 사건 : 2013년 미국 보스턴 마라톤 대회 결승점 근처에서 발생한 폭탄 테러 사건
④ IRA 연쇄 폭탄 테러 사건 : 1997년 북아일랜드 분리독립운동을 벌이던 아일랜드 공화국군(IRA)이 일으킨 연쇄 폭탄 테러 사건

정답 7-1 ③  7-2 ①

## 제3절 | 스포츠와 경제

### 핵심이론 08 상업주의와 스포츠

① 상업주의 스포츠 출현의 사회적 조건
  - ㉠ 자본주의적 시장 경제 체계 : 스포츠와 관련된 경제적 보상 체계가 발달하였다.
  - ㉡ 인구 밀도가 높은 대도시 : 스포츠와 관련하여 흥행 가능성이 높아졌다.
  - ㉢ 자본의 집중 : 대단위 체육시설의 유치 및 유지가 용이해졌다.
  - ㉣ 소비문화의 발전 : 스포츠를 통한 소비가 촉진되었다.
  - ㉤ 교통의 발달 : 수송체계가 원활해지면서 다양한 스포츠 행사가 열릴 수 있게 되었다.
  - ㉥ 통신의 발달 : 정보 유통이 원활해져 스포츠저널리즘이 발달하게 되었다.
  - ㉦ 산업의 고도화 : 스포츠 용품의 대량 생산체계가 갖춰지고 용기구가 표준화되었다.

② 코클리(J. Coakley)의 상업주의에 따른 스포츠의 변화
  - ㉠ 스포츠 조직의 변화 : 대중매체, 팀 구단주, 후원자 등의 지원으로 스포츠 이벤트가 개최되어, 스포츠 경기의 쇼(Show)화가 발생한다.
  - ㉡ 스포츠 구조의 변화 : 결승전 경기시간 조정, 광고 시간 삽입, 경기팀 조정, 규칙개정 등 스포츠의 규칙이 변화되었다.

    ┌─────────────────────────┐
    │ **스포츠 규칙 변화에 따른 결과**
    │ • 극적인 요소가 늘어났다.
    │ • 득점 요소가 다양화되었다.
    │ • 상업 광고 시간이 늘어났다.
    │ • 경기의 진행 속도가 빨라졌다.
    └─────────────────────────┘

  - ㉢ 스포츠 목적의 변화
    - 아마추어리즘보다 흥행에 입각한 프로페셔널리즘을 추구하게 되었다.
    - 자본주의의 발달로 스포츠를 생계유지의 방편으로 선택하는 스포츠의 직업화가 이루어졌다.

ⓔ 스포츠 내용의 변화 : 심미적 가치보다는 영웅적 가치를 추구하는 내용으로 변화한다.

### 핵심예제

**8-1. 현대 스포츠의 발전에 영향을 미친 요소에 대한 설명으로 옳지 않은 것은?** [2019]

① 산업의 고도화 – 스포츠 용품의 대량 생산체계가 갖춰지고 용구가 표준화되었다.
② 인구의 저밀도화 – 쾌적한 생활환경으로 인해 스포츠 참가가 증가하였다.
③ 교통의 발달 – 수송체계가 원활해지면서 다양한 스포츠 행사가 열릴 수 있게 되었다.
④ 통신의 발달 – 정보 유통이 원활해져 스포츠저널리즘이 발달하게 되었다.

**8-2. 〈보기〉에서 코클리(J. Coakley)의 상업주의에 따른 스포츠의 변화에 관한 설명으로 옳은 것을 모두 고른 것은?** [2023]

┌ 보기 ┐
ⓐ 스포츠 조직의 변화 – 스포츠 조직은 경품 추첨, 연예인의 시구와 같은 의전행사에 관심을 갖게 되었다.
ⓑ 스포츠 구조의 변화 – 스포츠의 심미적 가치보다 영웅적 가치를 중시하게 되었다.
ⓒ 스포츠 목적의 변화 – 아마추어리즘보다 흥행에 입각한 프로페셔널리즘을 추구하게 되었다.
ⓓ 스포츠 내용의 변화 – 프로 농구의 경우, 전·후반제에서 쿼터제로 변경되었다.

① ⓐ, ⓑ          ② ⓐ, ⓒ
③ ⓑ, ⓒ, ⓓ        ④ ⓐ, ⓒ, ⓓ

|해설|

**8-1**
도시화로 인구가 증가하면서 인구 밀도가 높아졌고, 이는 흥행이 중요한 프로스포츠의 형성에 크게 기여하였다.

**8-2**
**상업주의에 따른 스포츠의 변화**
ⓑ 스포츠의 심미적 가치보다 영웅적 가치를 중시하는 것은 스포츠 내용의 변화에 해당한다.
ⓓ 전·후반제에서 쿼터제로 변경하는 것과 같이 경기의 방식 또는 구성을 변경하는 것은 스포츠 구조의 변화에 해당한다.

정답 8-1 ② 8-2 ②

### 핵심이론 09 프로스포츠와 상업주의

① **프로스포츠에서 시행되는 제도**

ⓐ **보류조항(Reserve Clause)** : 구단이 소속팀 선수에 대한 다음 시즌 연봉계약 우선권을 가질 수 있도록 규정한 것으로, 일정 기간 선수들의 자유로운 계약과 이적을 막아 선수단 운영비를 줄이기 위한 목적으로 도입되었다.

ⓑ **최저연봉제(Minimum Salary)** : 선수들의 기본적인 생활권을 보장하기 위하여 선수의 연봉에 하한선을 둔 것으로, 선수를 보호하기 위한 제도이다.

ⓒ **샐러리 캡(Salary Cap)** : 한 팀 선수들의 연봉 총액이 일정액을 넘지 못하도록 제한하는 제도이다. 구단의 적자 운영을 방지하고, 스타 선수들이 한 팀에 모두 모이는 것을 방지하여 전체적인 리그의 질 향상에 기여한다.

ⓓ **트레이드(Trade)** : 구단 사이에서 계약을 양도·양수하는 상행위로, 구단끼리 선수를 바꾸는 행위 또는 선수를 사고파는 행위를 모두 포함한다.

ⓔ **자유계약 제도(FA)** : 정해진 계약 기간이 지나면 다른 팀과 자유롭게 계약을 맺어 이적할 수 있게 하는 제도이다.

ⓕ **드래프트(Draft) 제도** : 프로스포츠리그의 신인 선수 선발 제도 중 하나로 신인 선수 쟁탈에 따른 폐단을 막기 위해 만들어졌다.

ⓖ **보스만 룰(Bosman Ruling)** : 선수 보호 관련 규정으로 선수가 계약기간의 만료를 앞둔 6개월 시점부터 타 구단과 사전 계약을 체결하는 것을 허용하는 제도이다.

ⓗ **바이아웃 조항(Buyout Clause)** : 규정에 의해 명시된 만큼 비용을 지불하게 될 경우 상대방이 행사할 수 있는 권리를 포기하게 만들 수 있는 조항이다.

ⓩ 웨이버 조항(Waiver Rule, 웨이버 공시) : 구단이 소속 선수와 계약을 해지하고 타 구단에 선수를 양도받을 의향이 있는지 공개적으로 묻는 제도이다.
ⓩ 선수 대리인 제도 : 선수와 대리인 계약을 체결하여 구단과 선수계약 체결을 위해 협상하고, 선수로부터 위임받은 권리를 행사하는 업무를 수행하는 제도이다.

② 스폰서십(Sponsorship)
㉠ 금전 및 물자를 제공한 기업이 광고 및 홍보의 권한을 얻게 되는 것을 의미한다.
㉡ 올림픽에서 스폰서십(Sponsorship)을 시행함으로써 IOC는 기업으로부터 금전 및 물자를 제공받고, 기업은 자사제품 광고 및 홍보에 올림픽 공식 로고와 휘장을 사용할 수 있는 권한을 얻는다.

**프로스포츠의 상업화**
- 스포츠가 자본주의 경제 체제에서 큰 비중을 차지하여 스포츠가 경제적 이익 창출의 중요한 수단이 된다.
- 프로스포츠 상업화 사례 : TV 중계권 판매, 스폰서십과 광고, 팬 기반 소비, 글로벌 팬덤

**핵심예제**

9-1. 〈보기〉에서 설명하는 프로스포츠의 제도로 옳은 것은? [2022]

┤보기├
- 프로스포츠리그의 신인 선수 선발 방식 중 하나이다.
- 신인 선수 쟁탈에 따른 폐단을 막기 위해 도입되었다.
- 계약금 인상 경쟁을 막기 위한 방법으로 고안되었다.

① FA(Free Agent)
② 샐러리 캡(Salary Cap)
③ 드래프트(Draft)
④ 최저연봉(Minimum Salary)

9-2. 〈보기〉에서 빈칸 안에 적합한 용어는? [2016]

┤보기├
올림픽에서 ( )을(를) 시행함으로써 IOC는 기업으로부터 금전 및 물자를 제공받고, 기업은 자사제품 광고 및 홍보에 올림픽 공식 로고와 휘장을 사용할 수 있는 권한을 얻는다.

① 독점방영권
② 자유계약 제도
③ 스폰서십(Sponsorship)
④ 드래프트(Draft) 제도

9-3. 〈보기〉에서 설명하는 프로스포츠의 제도는? [2023]

┤보기├
- 프로스포츠 구단이 소속 선수와의 계약을 해지하고 다른 구단에게 해당 선수를 양도받을 의향이 있는지 공개적으로 묻는 제도이다.
- 기량이 떨어지거나 심각한 부상을 당한 선수를 방출하는 수단으로 이용하고 있다.

① 보류 조항(Reserve Clause)
② 웨이버 조항(Waiver Rule)
③ 선수대리인(Agent)
④ 자유계약(Free Agent)

| 해설 |

**9-1**
드래프트(Draft)는 구단들이 정해진 순서대로 신인선수를 지명하는 선수 선발방법이다.

**9-2**
① 독점방영권 : 특정 방송사가 경기를 독점 중계할 수 있는 권리이다.
② 자유계약 제도(FA) : 정해진 계약 기간이 지나면 다른 팀과 자유롭게 계약을 맺어 이적할 수 있게 하는 제도이다.
④ 드래프트(Draft) 제도 : 프로스포츠 리그에서 신인 선수를 선발하는 제도 중 하나로 신인 선수 쟁탈에 따른 폐단을 막기 위해 만들어졌다.

**9-3**
웨이버 조항(웨이버 공시)
프로스포츠 구단이 소속 선수와 계약을 일방적으로 해지하고, 다른 구단에 해당 선수를 양도받을 의향이 있는지 공개적으로 묻는 제도

정답 9-1 ③  9-2 ③  9-3 ②

## 핵심이론 10 프로스포츠의 기능

① 프로스포츠의 순기능
  ㉠ 개인의 여가 선용 및 생활의 활력소
  ㉡ 지역사회 연대감 증대
  ㉢ 지역 경제 활성화
  ㉣ 스포츠의 대중화
  ㉤ 아마추어 스포츠의 활성화
  ㉥ 진로개척
  ㉦ 선수의 사기 앙양
  ㉧ 사회적 긴장감 해소
  ㉨ 스포츠 참여 증가

② 프로스포츠의 역기능
  ㉠ 스포츠의 물질만능주의 확대
  ㉡ 아마추어리즘의 퇴색
  ㉢ 인기종목과 비인기종목의 불균형 초래
  ㉣ 우수선수의 스카우트 경쟁 심화
  ㉤ 국민의 사행심 조장
  ㉥ 내연적 만족보다 외형적 이익 중시

**핵심예제**

〈보기〉에서 프로스포츠의 순기능으로 옳은 것을 모두 고른 것은?
[2021]

┌ 보기 ┐
㉠ 스포츠의 대중화
㉡ 생활의 활력소 역할
㉢ 지역사회 연대감 증대
㉣ 아마추어스포츠의 활성화

① ㉠
② ㉠, ㉡
③ ㉠, ㉡, ㉢
④ ㉠, ㉡, ㉢, ㉣

| 해설 |
그 밖에 프로스포츠의 순기능으로는 지역경제 활성화, 개인의 여가 선용, 사회적 긴장감 해소 등이 있다.

정답 ④

## 제4절 | 스포츠와 교육

**핵심이론 11** 스포츠의 교육적 기능

① 스포츠의 교육적 순기능
  ㉠ 전인 교육
   - 학업 활동 격려 : 학업 활동에 충실해지거나 흥미를 유발할 수 있다.
   - 사회화 촉진 : 사회화를 주관한다(목표 도전, 스포츠맨십, 팀워크 등 학습).
   - 사회 적응력 향상 : 스포츠 경쟁에서의 성공 경험은 사회 적응력에 큰 영향을 미친다.
  ㉡ 사회 통합
   - 학교 내 통합 : 학교에 대한 소속감을 주어 '우리'라는 공동체 의식을 형성시킨다.
   - 학교와 지역사회 통합 : 스포츠를 통해 학교는 지역사회 생활의 일부가 된다.
  ㉢ 사회 선도
   - 사회 진출 기회를 통한 여권 신장 : 남녀평등의 가치를 실현시킬 수 있도록 사회 전반에 대한 관심과 기회를 증대시킨다.
   - 장애인의 적응력 배양 및 삶의 질 향상 : 장애인의 스포츠 활동은 국민으로서 보장된 기본 권리이며, 스포츠는 이들이 원만한 사회생활을 영위할 수 있게 한다.
   - 평생체육과 연계 : 스포츠 참여를 통해 생애주기에 적합한 스포츠를 즐길 수 있는 습관을 형성할 수 있다. 평생 동안 즐길 수 있는 신체 활동의 유형이나 실천 방법과 더불어 기능, 지식, 태도 등을 전수한다.

② 스포츠의 교육적 역기능
  ㉠ 교육목표의 훼손
   - 학문적 성취 저하 : 교육목표가 훼손되어 균형 잡힌 교육의 결핍에 이르게 된다.
   - 승리 지상주의 : 스포츠의 가치가 변질되고 과도한 경쟁이 유발된다.
   - 참여기회의 제한 : 엘리트 의식이 조장되고 일반 학생들의 참여가 제한된다.
  ㉡ 부정행위 조장
   - 학원 스포츠의 상업화 : 운동선수의 숙식비, 학비를 지원하면서 학교 명성과 경제적 이익을 창출한다.
   - 위선과 착취 : 학교 경영 수단으로 운동선수를 이용하면서 선수 스스로가 제도에 대한 개인적 무기력을 경험하게 된다.
   - 학업에 대한 편법과 관행 : 학생 선수의 의도적 유급, 성적 위조 등을 조장한다.
   - 일탈과 부정행위 : 승리 지상주의로 인해서 선수의 부정 출전과 약물 복용 등이 발생한다.
  ㉢ 편향된 인재 양성
   - 비인간적 훈련 : 비과학적 훈련 방법으로 학생 선수를 혹사하고, 선수가 학교의 목적 달성을 위한 도구로 전락하여 인간성 상실에 이른다.
   - 독재적 코치 : 코치의 무조건적 복종 강요로 인하여, 선수들은 독립된 성인으로 성장할 수 있는 기회를 박탈당한다.

핵심예제

**11-1.** 〈보기〉에서 스포츠의 교육적 순기능으로만 묶인 것은?
[2023]

┌─보기─────────────────────────┐
│ ㉠ 학교와 지역 사회의 통합   ㉡ 평생체육의 연계 │
│ ㉢ 스포츠의 상업화           ㉣ 학업활동의 격려 │
│ ㉤ 참여기회의 제한           ㉥ 승리 지상주의   │
└──────────────────────────────┘

① ㉠, ㉡, ㉣
② ㉠, ㉢, ㉤
③ ㉡, ㉢, ㉣
④ ㉡, ㉤, ㉥

**11-2.** 아래 내용에서 나타나는 스포츠의 교육적 역기능으로 옳은 것은?
[2018]

┌──────────────────────────────────────────┐
│ ○○이는 초등학교에서 씨름선수로 활약하면서 늘 좋은 │
│ 성적을 내는 상위권 선수였다. 학교의 명성을 높이려는 │
│ A중학교에서 메달을 따는 조건으로 ○○이에게 장학금 │
│ 형태의 학비 보조, 숙식 제공 및 학업 성적 보장을 해주겠다 │
│ 며 스카우트 제의가 들어왔다. 그래서 ○○이는 A중학교로 │
│ 진학하기로 결정했다.                                │
└──────────────────────────────────────────┘

┌─보기─────────────────────────┐
│ ㉠ 승리 지상주의      ㉡ 학원 스포츠의 상업화 │
│ ㉢ 일탈과 부정행위    ㉣ 참여기회의 제한     │
│ ㉤ 학업에 대한 편법과 관행   ㉥ 비인간적 훈련 │
└──────────────────────────────┘

① ㉠, ㉢, ㉤, ㉥   ② ㉠, ㉡, ㉢, ㉤
③ ㉡, ㉢, ㉣, ㉤   ④ ㉡, ㉢, ㉤, ㉥

|해설|

**11-1**
**스포츠의 교육적 순기능**
㉠·㉡·㉣ 스포츠의 교육적 순기능으로 각각 사회통합, 사회선도, 전인교육에 해당한다.

**11-2**
승리 지상주의, 학원 스포츠의 상업화, 일탈과 부정행위, 학업에 대한 편법과 관행에 해당된다. 〈보기〉에는 참여기회의 제한과 비인간적 훈련에 대한 내용은 없다.

**정답** 11-1 ① 11-2 ②

---

**핵심이론 12** 학원 스포츠

① 학원 스포츠의 문화적 특성
  ㉠ 섬 문화 : 학생 선수들은 합숙소와 운동장에서 주로 생활하며 그들만의 공동체 문화를 바탕으로 인간관계를 맺지만, 일반 학생들과는 이질화되고 있다.
  ㉡ 승리 지상주의 문화 : 스포츠 참여의 즐거움보다 승리만을 중요시하여 과도한 훈련으로 선수의 인권이 무시되고, 신체소외 현상이 나타나는 등의 부작용을 유발한다.
  ㉢ 군사주의 문화 : 코치에게 절대적인 권한이 부여되고 정해진 엄격한 규율에 따라 개인의 자율성이 제한된다.
  ㉣ 신체소외 현상 : 선수의 신체를 이윤추구와 승리를 위한 수단으로 생각하여 무자비하게 훈련시키는 특성이다.

② 학원 엘리트스포츠의 순기능과 역기능
  ㉠ 순기능 : 애교심 강화, 지위 창출의 수단, 사회이동의 기제로 작용, 전문 선수 양성, 인성 교육, 학교 명성 강화
  ㉡ 역기능 : 학교 자원 및 교육시설의 독점, 과도한 성적 지향, 학업 소홀, 부상 위험, 불공정한 경쟁, 엘리트 중심 교육

③ 학원 스포츠의 문제점과 개선방안
  ㉠ 학원 스포츠의 문제점
    • 소수 엘리트 운동선수 육성 중심 구조로 일반 학생의 참여기회가 제한된다.
    • 학생 선수의 학업과 운동 간 불균형, 외부와의 단절이 큰 문제점으로 지적된다.
    • 운동선수의 학습권이 박탈되어, 학생 선수의 학업 성취가 저조하다.

- 최고의 운동 실적을 요구하는 특기생제도로 학업에 충실할 수 없게 된다.
- 승리 지상주의로 인하여 과도한 훈련을 하게 되어, 전인 교육이 도외시된다.
- 예산과 시설 부족, 우수 지도자의 부재 등으로 학교 운동부 운영의 질이 저하된다.

ⓒ 학원 스포츠의 문제점 개선방안
- 학생 선수의 학습권 보장
- 최저학력기준 설정
- 학력증진 프로그램 운영
- 공부하는 학생 선수 육성
- 학교스포츠클럽 육성
- 주말리그제 시행
- 학교운동부의 운영 투명화
- 운동부 지도자의 처우 개선
- 체육 수업 관련 예산과 체육 시설 확충

### 핵심예제

**12-1. 우리나라 학원 스포츠의 문화적 특성 중 〈보기〉의 설명에 해당하는 것은?** [2019]

┤보기├
학생 선수들은 교실 공간과 분리되어 합숙소와 운동장에서 주로 생활하며 그들만의 공동체 문화를 만들어 간다. 또한 그들만의 동질감을 바탕으로 끈끈한 인간관계를 맺지만, 일반 학생들과는 이질화되고 있다.

① 승리 지상주의 문화
② 군사주의 문화
③ 섬 문화
④ 신체소외 문화

**12-2. 학원 엘리트 스포츠를 지지하는 입장으로 옳지 않은 것은?** [2022]

① 애교심을 강화시킬 수 있다.
② 학교의 자원 및 교육시설을 독점할 수 있다.
③ 지위 창출의 수단, 사회이동의 기제로 작용할 수 있다.
④ 사회에서 요구되는 책임감, 성취감, 적응력 등을 배양시킬 수 있다.

|해설|

**12-1**
① 스포츠에 참가하며 얻는 다양한 가치가 경시되고, 오직 승리만이 강조되는 현상을 '승리 지상주의'라고 한다. 노력의 과정보다 결과가 중요시되며, 선수의 인권이 무시되고, 신체소외 현상이 나타나는 등의 부작용을 유발한다.
② 정해진 엄격한 규율에 따라 개인의 자율성이 제한되어 타율적으로 살게 되는 경우를 '군사주의 문화'라고 한다. 일부 스포츠 클럽은 잦은 합숙과 권위를 중시하는 코치로 인해 군사주의 문화의 특성을 보이기도 한다.
④ 스포츠 선수의 신체가 이윤추구와 승리를 위한 수단으로 전락해버리는 현상을 '신체소외 문화'라고 한다.

**12-2**
학교의 자원 및 교육 시설을 독점할 수 있는 것은 학원 엘리트 스포츠의 단점에 해당한다.

정답 12-1 ③  12-2 ②

## 제5절 | 스포츠와 미디어

**핵심이론 13** 맥루한(M. McLuhan)의 매체 이론

① 매체의 유형
  ㉠ 핫 매체
    - 명확한 정보를 제공하며 수용자의 수동적 참여를 요구하는 매체이다.
    - 논리적, 사전계획적, 직접적 전달로 정의성이 높다.
    - 수용자의 낮은 감각 참여와 낮은 감각 몰입성으로 수용되는 매체이다.
    - 문자 시대에 적합하다.
    - 일시적 전달보다 장시간 개별적 수용에 적절하다.
    - 신문, 잡지, 화보 등
  ㉡ 쿨 매체
    - 불완전한 정보를 제공하고 수용자에게 능동적 참여와 해석을 요구하는 매체이다.
    - 즉흥적, 일시적, 빠른 전개, 비논리적, 정보제공량이 적어 정의성이 낮다.
    - 수용자의 높은 감각 참여와 높은 감각 몰입성으로 수용되는 매체이다.
    - 전자 시대에 적합하다.
    - 복잡한 정보의 제한적 제공이 이루어진다.
    - TV, 인터넷 등

  - 정의성(정세도, 정밀도) : 미디어가 담고 있는 정보의 밀도
  - 감각 참여성 : 수용자가 미디어 속의 정보를 해석하는 데 사용되는 감각(시각·청각 등)의 수, 소요해야 하는 정신적인 에너지의 정도
  - 감각 몰입성 : 수용자가 미디어 속의 정보를 해석하는 데 몰입하는 정도
  - 경기진행 속도 : 수용자가 해석해야 할 미디어나 경기가 전개·진행되는 속도

② 매체 스포츠의 유형
  ㉠ 핫 매체 스포츠
    - 정적인 스포츠이며, 선수의 행동 반경이 좁다.
    - 경기의 정의도가 높으며, 수비와 공격의 구분이 쉽다.
    - 낮은 몰입 수준을 요구한다.
    - 수영, 야구, 테니스 등
  ㉡ 쿨 매체 스포츠
    - 동적인 스포츠이며, 선수의 행동 반경이 넓다.
    - 경기의 정의도가 낮으며, 수비와 공격의 구분이 어렵다.
    - 높은 몰입 수준을 요구한다.
    - 농구, 축구, 핸드볼 등

**핵심예제**

맥루한(M. McLuhan)의 미디어 이론에 따른 구분 및 특성으로 옳은 것은? [2020]

| 구 분 | 정의성 | 감각 참여성 | 감각 몰입성 | 경기진행 속도 |
|---|---|---|---|---|
| ① 핫 미디어 스포츠 | 높음 | 낮음 | 높음 | 빠름 |
| ② 쿨 미디어 스포츠 | 낮음 | 낮음 | 낮음 | 느림 |
| ③ 핫 미디어 스포츠 | 높음 | 높음 | 낮음 | 느림 |
| ④ 쿨 미디어 스포츠 | 낮음 | 높음 | 높음 | 빠름 |

|해설|

| 구 분 | 정의성 | 감각 참여성 | 감각 몰입성 | 경기진행 속도 |
|---|---|---|---|---|
| 핫 미디어 스포츠 | 높음 | 낮음 | 낮음 | 느림 |
| 쿨 미디어 스포츠 | 낮음 | 높음 | 높음 | 빠름 |

정답 ④

## 핵심이론 14 대중매체 이론

① 개인차이론
  ㉠ 대중매체가 관람자의 개인적 특성에 호소하는 메시지를 제공하여 개인의 욕구 충족을 제공한다.
  ㉡ 버렐과 로이의 스포츠 미디어를 통해 충족할 수 있는 욕구 유형
    • 인지적 욕구 : 스포츠 경기의 과정과 결과에 대한 지식, 경기자와 팀에 대한 통계적 지식 등을 제공해 준다.
    • 정의적 욕구 : 스포츠에 대한 흥미와 흥분을 제공해 준다.
    • 통합적 욕구 : 다른 사회집단과 친화할 수 있도록 하고, 다른 관중과 사회적 경험을 공유하게 하며, 공동체 의식을 갖게 한다.
    • 도피적 욕구 : 스포츠를 통해 불안, 초조, 욕구불만, 좌절 등의 감정을 해소하게 해준다.

② 사회범주이론
  ㉠ 미디어의 영향력이 서로 다른 하위집단의 구성원에게 획일적으로 미치지 않을 수 있다는 것을 가정하는 이론이다.
  ㉡ 스포츠 소비 형태 및 변화가 연령, 성, 사회계층, 교육수준, 결혼여부 등에 따라 차이가 있다.

③ 사회관계이론
  ㉠ 비공식적 사회관계는 개인이 대중매체의 메시지에 대해 반응하는 태도를 수정하게 하는 데 중요한 역할을 한다.
  ㉡ 개인의 대중매체 스포츠 소비 유형은 다른 사람의 가치와 행동에 의해 다양하게 영향을 받는다.

④ 문화규범이론
  ㉠ 대중매체는 현존하는 사상이나 가치를 선택적으로 제시하며 강조한다.
  ㉡ 개인의 대중매체 스포츠 소비 유형은 스포츠 취급 양태에 따라서 다양하게 영향을 받는다.

### 핵심예제

**14-1.** 〈보기〉는 버렐(S. Birrell)과 로이(J. Loy)의 스포츠 미디어를 통해 충족할 수 있는 욕구에 관한 설명이다. ㉠~㉢에 해당하는 용어가 바르게 연결된 것은? [2023]

┤보기├
• ( ㉠ ) 욕구 – 스포츠 경기의 결과, 선수와 팀에 대한 통계적 지식을 제공해 준다.
• ( ㉡ ) 욕구 – 스포츠에 대한 흥미와 흥분을 제공해 준다.
• ( ㉢ ) 욕구 – 다른 사회집단과 경험을 공유하게 하며 공동체 의식을 갖게 한다.

|   | ㉠ | ㉡ | ㉢ |
|---|---|---|---|
| ① | 정의적 | 인지적 | 통합적 |
| ② | 인지적 | 통합적 | 정의적 |
| ③ | 정의적 | 통합적 | 인지적 |
| ④ | 인지적 | 정의적 | 통합적 |

**14-2.** 〈보기〉에서 설명하는 맥퍼슨(B. McPherson)의 스포츠 미디어 이론은? [2023]

┤보기├
• 대중매체를 통한 개인의 스포츠 소비 형태는 중요 타자의 가치와 소비행동에 의해 영향을 받는다.
• 스포츠 수용자 역할로의 사회화는 스포츠에 참여하는 가족 구성원으로부터 받은 스포츠 소비에 대한 승인 정도가 중요하게 작용한다.

① 개인차이론
② 사회범주이론
③ 문화규범이론
④ 사회관계이론

| 해설 |

**14-1**
㉠ 인지적 욕구 : 경기의 결과, 선수와 팀에 대한 통계적 지식과 같이 스포츠에 대한 정보와 지식을 제공하는 욕구
㉡ 정의적 욕구 : 스포츠에서 느낄 수 있는 재미와 흥분을 통해 각성적 기능을 제공하는 욕구
㉢ 통합적 욕구 : 스포츠를 매개로 해 타인 및 사회집단과 경험을 공유하며, 친밀감을 형성케 하는 욕구

**14-2**
**사회관계이론(B. McPherson)**
사회관계이론은 대중매체를 통한 개인의 스포츠 소비 형태가 중요 타자의 가치관과 행동에 의해 다양하게 영향을 받는다는 이론이다. 가족, 친구, 동료 등과 같은 비공식적 사회관계는 개인이 대중매체의 메시지에 대해 반응하는 태도를 수정하게 하는 중요한 역할을 한다.

정답 14-1 ④ 14-2 ④

## 핵심이론 15 스포츠 이데올로기와 스포츠 저널리즘

① 스포츠미디어에 내포된 이데올로기
  ㉠ 국가주의 이데올로기 : 민족주의나 국민적 일체감을 강조하는 것으로, 국수주의에 빠질 수 있다.
  ㉡ 젠더 이데올로기: 미디어가 남성 스포츠 경기만이 역사적 중요성을 가진 것처럼 묘사하며, 여성 스포츠는 실력보다 외모를 부각시키는 등 성차별 이데올로기를 생산한다.
  ㉢ 자본주의 이데올로기 : 미디어가 스포츠 중계를 통해 시청자들의 상품 소비를 촉진시킨다.
  ㉣ 개인주의 이데올로기 : 선수의 개인적 노력을 강조함으로써 사회적 모순을 개인의 노력에 의해 극복할 수 있다는 심리를 조장한다.

② 스포츠 저널리즘 관련 용어
  ㉠ 옐로 저널리즘(Yellow Journalism) : 상업적인 목적으로 자극적이고 선정적인 내용으로 대중의 관심을 끈다.
  ㉡ 팩 저널리즘(Pack Journalism) : 보도에 독창성과 개성이 없고 단조롭다.
  ㉢ 하이에나 저널리즘(Hyena Journalism) : 힘 있는 사람보다 힘없는 사람을 공격적으로 매도한다.
  ㉣ 뉴 저널리즘(New Journalism) : 전통적인 저널리즘의 속보성·객관성을 거부하고, 문학적 기법을 적용하여 사건과 상황을 독자에게 실감나게 전달한다.

### 핵심예제

**15-1. 스포츠미디어가 생산하는 성차별 이데올로기에 관한 설명으로 옳지 않은 것은?** [2024]

① 경기의 내용보다는 성(性)적인 측면을 강조한다.
② 여성 선수를 불안하고 취약한 존재로 묘사한다.
③ 여성들이 참여하는 경기를 '여성 경기'로 부른다.
④ 여성성보다 그들의 성과에 더 많은 관심을 보인다.

**15-2. 〈보기〉의 ㉠, ㉡에 해당하는 용어가 바르게 연결된 것은?** [2023]

┌ 보기 ┐
- ( ㉠ ) – 국민의 관심이 높은 스포츠 경기를 무료 혹은 저렴한 비용으로 시청할 수 있는 권리를 말한다.
- ( ㉡ ) – 선수 개인의 사생활을 중심으로 대중을 자극하고 호기심에 호소하는 흥미 위주의 스포츠 관련 보도를 지칭한다.

|   | ㉠ | ㉡ |
|---|---|---|
| ① | 독점 중계권 | 뉴 저널리즘 (New Journalism) |
| ② | 보편적 접근권 | 옐로 저널리즘 (Yellow Journalism) |
| ③ | 독점 중계권 | 옐로 저널리즘 (Yellow Journalism) |
| ④ | 보편적 접근권 | 뉴 저널리즘 (New Journalism) |

### 해설

**15-1**
선수의 여성성보다 성과에 초점을 두는 것은 오히려 성차별 이데올로기에 반하는 사례이다.

**15-2**
**스포츠 미디어 이론, 스포츠 저널리즘**
- 보편적 접근권 : 정보를 누구나 평등하게 누릴 수 있는 환경을 제공하는 것 – ㉠
- 독점 중계권 : 스포츠 경기에 대한 방송권을 한 방송사에서 독점하는 것
- 옐로 저널리즘(황색 언론) : 상업적인 목적으로 선수의 사생활과 같은 흥미 위주의 보도를 하는 저널리즘의 양식 – ㉡
- 뉴 저널리즘 : 전통적인 저널리즘의 객관성과 단편성을 거부하고, 언론사의 의견을 더하거나 문학적인 기법을 사용해 심층적이고 해설적인 보도를 추구하는 저널리즘의 양식

**정답** 15-1 ④ 15-2 ②

## 핵심이론 16 스포츠와 미디어의 관계

① 스포츠가 미디어에 미치는 영향
  ㉠ 매체의 스포츠 의존도 증대
  ㉡ 스포츠 보도의 위상 향상
  ㉢ 방송 기술의 발달
  ㉣ 미디어 콘텐츠를 제공
  ㉤ 미디어의 보급 및 확산에 기여
  ㉥ 스포츠 관련 방송 시장 확대

② 미디어가 스포츠에 미치는 영향
  ㉠ 긍정적 영향 : 스포츠 인구의 증가, 스포츠용 기구의 변화, 스포츠 기술의 향상, 경기 규칙 및 환경 개선, 새로운 종목의 창출, 스포츠에 대한 관심과 인기 증가
  ㉡ 부정적 영향 : 스포츠의 상품화, 경기 일정 과부하, 옐로 저널리즘으로 인한 선수의 프라이버시 침해, 규칙 변경의 부작용, 비인기 종목의 소외 현상

③ 스포츠와 미디어의 공생관계
  ㉠ 관람 스포츠의 발달과 미디어 중계의 발달로 스포츠 조직을 운영하는 데 필요한 재정을 창출할 수 있다.
  ㉡ 미디어 중계의 영향으로 스포츠에서 제대로 된 경기 규칙이 제정되고, 일반 대중들이 좋아할 만한 새로운 종목이 신설되기도 한다.
  ㉢ 미디어를 통한 운동 기술 분석의 발달로, 운동 선수들의 전체적인 평균 기량이 향상된다.
  ㉣ 미디어 기술과 스포츠 중계의 편집 기법 발달로 인하여, 스포츠의 인기와 위상이 올라간다.

### 핵심예제

**16-1.** 스포츠가 대중매체에 미친 영향으로 옳은 것은? [2016]
① 흥미 위주의 스포츠 규칙 개정
② 미디어 테크놀로지 발전과 콘텐츠 제공
③ 스포츠에 대한 관심과 참여 증대
④ 경기 기술의 전문화와 표준화

**16-2.** 〈보기〉에서 대중매체가 스포츠에 미치는 영향에 해당되는 것으로 옳은 것을 모두 고른 것은? [2022]

|보기|
㉠ 대중매체의 기술이 발전한다.
㉡ 스포츠 인구가 증가한다.
㉢ 새로운 스포츠 종목이 창출된다.
㉣ 미디어 콘텐츠를 제공한다.
㉤ 경기 규칙과 경기 일정이 변경된다.
㉥ 스포츠 용구가 변화한다.

① ㉠, ㉡, ㉢
② ㉠, ㉢, ㉣
③ ㉡, ㉢, ㉣, ㉤
④ ㉡, ㉢, ㉤, ㉥

|해설|
**16-1**
스포츠가 대중매체에 미친 영향에는 미디어 테크놀로지 발전과 콘텐츠 제공, 매체의 스포츠 의존도 증대, 스포츠 보도의 위상 향상, 방송 기술의 발달, 미디어의 보급 및 확산에 기여 등이 있다.

**16-2**
㉠·㉣은 스포츠가 대중매체에 미치는 영향에 해당한다.

정답 16-1 ② 16-2 ④

## 제6절 | 스포츠와 사회계층

**핵심이론 17** 스포츠에서의 사회계층

① 스포츠 사회계층의 의미
  ㉠ 스포츠라는 사회체계 내에서 계층이 형성되는 것을 의미한다.
  ㉡ 스포츠라는 특정 사회 제도 내에서 나타난다.
  ㉢ 개인의 사회적, 문화적, 생물학적 특성에 따라 권력, 부, 사회적 평가, 심리적 만족 등이 특정 집단이나 개인 및 종목에 차별적으로 배분된다.
  ㉣ 상호 서열의 위계적 체계를 나타낸다.
  ㉤ 스포츠는 상이한 계층 간의 사회적 상호작용을 가능하게 한다.
  ㉥ 사회계층은 선호하는 스포츠 종목에 영향을 끼친다.

② 투민(M. Tumin)이 제시한 스포츠계층의 특성
  ㉠ 사회성 : 스포츠계층은 다양한 사회문화적 현상을 반영한다.
  ㉡ 역사성 : 스포츠계층은 오랜 시간을 거쳐 변천한다.
  ㉢ 다양성 : 스포츠계층은 소득, 교육, 직업 등 다양한 기준으로 나뉜다.
  ㉣ 영향성 : 스포츠계층은 개인의 생활기회와 생활양식의 변화에 영향을 미친다.
  ㉤ 보편성 : 대부분의 스포츠 형상에는 계층 불평등이 나타나며, 스포츠계층은 종목 간이나 종목 내에서도 나타난다.

> **보편성(편재성)의 사례**
> - 스포츠는 인기종목과 비인기종목으로 구분된다.
> - 태권도, 유도는 승단체계에 따라 종목 내 계층이 형성된다.
> - 종합격투기는 체급에 따라 대전료와 중계권료 등에 차등이 있다.

③ 투민(M. Tumin)의 스포츠계층 형성 과정
  ㉠ 지위의 분화
    • 사회적 지위에 따라 특정한 역할이 주어진다.
    • 타 지위와 구별되는 과정을 의미한다.
    • 분명한 업무의 한정, 명확한 권한과 책임, 충분한 인재 모집, 훈련을 위한 효과적인 구조 등이 존재할 때 지위의 분화가 발생한다.
    • 성실히 근무하고 조직에서 이탈하지 않도록 보수를 포함한 상벌을 지닐 때 지위의 분화가 효율적으로 발휘된다.
  ㉡ 지위의 서열화
    • 서열화의 중요한 목적은 각 지위를 적재적소에 배치하는 것이다.
    • 지위의 서열화는 개인적 특성, 개인의 기능이나 능력, 역할의 사회적 기능에 의해 이루어진다.
    • 특정 스포츠 종목에서 요구되는 우수한 운동 수행 능력을 갖추어야 한다.
    • 뛰어난 경기력뿐만 아니라 탁월한 개인적 특성을 갖추어야 한다.
    • 스포츠 팀 구성원으로 자신의 능력이 팀 승리에 미치는 영향력이 커야 한다.

> **지위의 서열화 사례**
> 축구에서 우수한 미드필더 자원이 되기 위해서는 체격, 체력, 순발력 등의 뛰어난 신체적 능력뿐 아니라 경기의 흐름을 읽고 조율할 수 있는 통찰력 등 탁월한 개인적 특성을 갖추고 있어야 한다.

  ㉢ 평가
    • 가치 유용성 정도에 따라 상이한 각 위치에 지위를 적절하게 배열하는 일이다.
    • 평가적 판단의 요소는 권위(감독이나 코치 등에 대한 명예와 존경), 호감(특정 역할의 모델, 위광과 호감), 인기(대중의 주목 정도)이다.
    • 평가는 스포츠에서는 흔히 연령, 성, 민족 집단, 사회계급을 대표하는 사회범주 사이에 불쾌한 차별이 존재하는 원인이 된다.

② 보수부여
- 서열화된 각 지위에 대해서 사회적 희소가치의 자원이 차별적으로 배분되는 과정이다.
- 보수는 다음의 세 가지로 구분된다.
  - 선수나 감독의 급여나 상금과 같이 재화나 용역에 관한 권리 또는 책임을 의미하는 재산
  - 주장의 팀 대표 권한이나 감독의 선수 선발 등과 같이 자신의 목적을 타인의 반대에도 불구하고 실현시킬 수 있는 능력
  - 명성이나 인기 등과 같이 비물질적 보수로서, 만족 또는 행복이나 기쁨을 가져오는 타인으로부터의 반응

> **투민(M. Tumin)의 스포츠계층 형성 과정 사례**
> - 지위의 분화 : 테니스는 선수, 코치, 감독, 트레이너 등으로 역할이 구분되어 있다.
> - 지위의 서열화 : 세계랭킹에 따라 참가할 수 있는 테니스 대회가 나누어져 있다.
> - 평가 : 국제 테니스 대회에서 우승하면 사회적 명성이 높아진다.
> - 보수부여 : 세계적인 테니스 선수는 기업으로부터 많은 후원금을 받고 있다.

## 핵심예제

**17-1.** 〈보기〉에서 투민(M. Tumin)이 제시한 스포츠계층의 특성 중 보편성(편재성)에 해당하는 것으로만 묶인 것은?
[2023]

┤보기├
㉠ 스포츠는 인기 종목과 비인기 종목으로 구분된다.
㉡ 과거에 비해 운동 선수들의 지위가 향상되고 있다.
㉢ 종합격투기는 체급에 따라 대전료와 중계권료 등에 차등이 있다.
㉣ 계층에 따라 스포츠 참여 빈도, 유형, 종목이 달라지며, 이러한 차이는 개인의 삶에 영향을 미친다.

① ㉠, ㉡  
② ㉠, ㉢  
③ ㉡, ㉣  
④ ㉢, ㉣

**17-2.** 〈보기〉에서 설명하는 투민(M. Tumin)의 스포츠계층 형성 과정으로 옳은 것은?
[2022]

┤보기├
- 스포츠 종목에서 요구되는 우수한 운동 수행 능력을 갖추어야 한다.
- 뛰어난 경기력뿐만 아니라 탁월한 개인적 특성을 갖추어야 한다.
- 스포츠 팀 구성원으로 자신의 능력이 팀 승리에 미치는 영향력이 커야 한다.

① 평가  
② 지위의 분화  
③ 보수부여  
④ 지위의 서열화

|해설|

**17-1**
**스포츠 계층의 특성**
- 보편성(편재성) : 대부분의 스포츠 현상에는 계층 불평등이 나타나며, 스포츠계층은 종목 간이나 종목 내에서도 나타남 – ㉠·㉢
- 역사성 : 스포츠계층은 역사발전 과정을 거치며 변천해 왔음 – ㉡
- 영향성 : 스포츠계층은 생활기회와 생활양식의 변화에 영향을 미침 – ㉣
- 사회성 : 스포츠계층은 다양한 사회문화적 현상을 반영함
- 다양성 : 스포츠계층은 소득, 교육, 직업 등 다양한 기준으로 나뉨

**17-2**
지위의 서열화는 분화된 지위를 상호 비교하는 것이다. 지위의 서열화는 개인적 특성, 개인의 기능이나 능력, 역할의 사회적 기능에 의해 이루어진다.

정답 17-1 ② 17-2 ④

### 핵심이론 18 사회계층과 스포츠 참가

① 계층별 스포츠 참가 유형
  ㉠ 상류계층의 스포츠 참가
    - 과시적 소비 성향의 개인적 스포츠를 선호한다.
    - 요트, 승마와 같은 자연 친화적 개인 스포츠 선호한다.
    - 엘리트 스포츠 네트워킹을 통해 사회적 지위 유지 수단으로 활용한다.
    - 사생활이 보호되는 장소에서 소수 인원이 즐기는 스포츠 참여를 선호한다.
  ㉡ 하류계층의 스포츠 참가
    - 축구, 농구, 달리기, 배구와 같은 대중 스포츠에 참여한다.
    - 엘리트 선수가 되어 사회적 상승을 목표로 스포츠를 계층 이동 수단으로 활용한다.
    - 공공 체육관, 학교 운동장과 같은 무료 또는 저렴한 스포츠 시설을 주로 이용한다.

    > **하류계층의 스포츠 참가 제약 요인**
    > 경제적 제약, 시간 부족, 교육 및 훈련 기회 부족, 문화적 자원 부족

② 스포츠와 계층과의 관계 이론
  ㉠ 부르디외(P. Bourdieu)의 문화자본론(1986)
    - 부르디외는 문화자본을 세 가지 유형으로 구분했다.
      – 체화된 문화자본 : 개인이 습득한 지식, 기술, 언어, 취향 등
      – 객관화된 문화자본 : 책, 예술품 등 물질적 문화재 등
      – 제도화된 문화자본 : 학위나 자격증 같은 공식 인증
    - 스포츠는 체화된 문화자본의 한 형태로서 사회의 계층구조에 관여한다.
    - 상류층은 테니스와 골프 같은 스포츠를 즐기며, 하류층은 관람 스포츠의 비중이 높게 나타난다.
  ㉡ 베블런(T. Veblen)의 유한계급론
    - 경제학자인 베블런은 저서인 『유한계급론』에서 유한계급의 '과시적' 소비와 여가를 비판하고 이를 통해 자본주의를 풍자하였다.
    - 일상에서 특정 물건을 소비하는 것은 자신의 계급 위치를 상징화하는 행위이다.
    - 자원과 시간의 소비가 요구되는 스포츠에 참여하는 것은 계급 표식 행위이다.
    - 고가의 스포츠 용품, 골프 회원권 등의 과시적 소비 양상이 나타난다.
    - 상류계급이 골프와 같은 스포츠에 참가하는 것은 자신의 지위를 과시하기 위함이다.
  ㉢ 마르크스(K. Marx)의 계급론
    - 스포츠가 자본주의 사회에서 일부 지배 집단에 의해 조작된다고 주장하였다.
    - 지배 집단 이익을 증진시키는 데 스포츠가 이용된다.
    - 운동 선수는 기득권의 권력 유지를 위해 이용되는 피지배 계급에 속한다.
  ㉣ 베버(M. Weber)의 계층론
    - 사회계층을 분석할 때 단일 요인이 아닌, 다차원적 요인을 고려해야 한다고 주장하였다.
    - 감독과 선수의 사회계층 수준은 연봉 액수의 단일 요인이 아닌, 다양한 요인을 함께 평가해야 한다.

**핵심예제**

**18-1. 상류계급의 스포츠 참가 특징에 대한 설명으로 옳지 않은 것은?**　　　　　　　　　　　　　　　　[2020]

① 과시적 소비성향의 스포츠를 선호한다.
② 요트, 승마와 같은 자연친화적 개인 스포츠를 선호한다.
③ 직접 참여보다는 TV시청을 통한 관람 스포츠를 소비하는 경향이 높다.
④ 사생활이 보호되는 장소에서 소수 인원이 즐기는 스포츠 참여를 선호한다.

**18-2. 〈보기〉에서 설명하는 부르디외(P. Bourdieu)의 문화자본 유형은?**　　　　　　　　　　　　　　[2023]

┌─보기─────────────────────┐
• 테니스의 경기 기술뿐만 아니라 경기 매너도 습득하게 된다.
• 스포츠 활동처럼 몸으로 체득하게 되는 성향을 의미한다.
• 획득하는 데 시간이 오래 걸리고, 타인에게 양도나 전이, 교환이 어렵다.
└─────────────────────────┘

① 체화된(Embodied) 문화자본
② 객체화된(Objectified) 문화자본
③ 제도화된(Institutionalized) 문화자본
④ 주체화된(Subjectified) 문화자본

**18-3. 스포츠와 계급·계층에 대한 설명으로 옳지 않은 것은?**　　　　　　　　　　　　　　　　　　　[2019]

① 부르디외(P. Bourdieu)의 계급론에 따르면, 골프는 상류계급의 스포츠로 분류된다.
② 베블런(T. Veblen)의 계급론에 따르면, 상류계급이 스포츠에 참가하는 이유는 자신의 지위를 과시하기 위해서이다.
③ 마르크스(Marx)의 계급론에 따르면, 운동 선수는 생산수단을 소유한 지배 계급에 속한다.
④ 베버(M. Weber)의 계층론에 따르면, 프로스포츠에서 감독과 선수의 사회계층 수준은 연봉 액수만으로 평가되지 않는다.

|해설|

**18-1**
계층별 사회적 조건에 따라 스포츠 참가 유형에 차이가 있는데, 상류계급은 스포츠의 직접 참여를 선호하는 경향이 나타난다.

**18-2**
〈보기〉의 설명과 같이 체득과 체화, 개인의 특성 키워드로 설명할 수 있는 것은 체화된 문화자본이다. 체화된 문화자본은 말 그대로 '체화(몸에 배어서 자기 것이 됨)'되어서 타인에게 양도 및 전이될 수 없고, 타인과 교환하기 어렵다.

**18-3**
마르크스(Marx)는 스포츠가 자본주의 사회에서 일부 지배집단에 의해 조작되고, 그들의 이익을 증진시키는 데 이용된다고 주장하였다. 이 이론에 따르면 운동 선수는 기득권의 권력 유지를 위해 이용되는 피지배계급에 속한다.

**정답** 18-1 ③　18-2 ①　18-3 ③

## 핵심이론 19 스포츠와 계층이동

① 스포츠 계층이동의 유형

㉠ 수직이동과 수평이동

| 수직이동 | 상승이동 | 지위의 변화가 발생할 때, 높은 위치로 계층이 이동하는 경우(운동 선수가 코치나 감독이 되는 경우, 후보선수로 있다가 주전선수가 되는 경우) |
|---|---|---|
| | 하강이동 | 지위의 변화가 발생할 때, 낮은 위치로 계층이 이동하는 경우(주전선수가 실수를 연발하여 후보선수가 되는 경우) |
| 수평이동 | | 지위의 변화 없는 경우의 계층이동(A팀의 주전선수로 있다가 비슷한 수준에 있는 B팀으로 동일한 대우를 받고 이동하는 경우) |

㉡ 세대 간 이동과 세대 내 이동

| 세대 간 이동 | 둘 이상의 세대를 거쳐 이루어지는 계층이동 |
|---|---|
| 세대 내 이동 | 개인의 생애 내에서 발생하는 계층이동 |

㉢ 개인이동과 집단이동

| 개인이동 | 개인의 능력과 노력에 기인하여 개인의 이동이 발생하는 경우의 계층이동 |
|---|---|
| 집단이동 | 어떠한 계기를 통해 팀 전체나 집단의 이동이 발생하는 경우의 계층이동 |

② 로이(J. Loy)와 레오나르드(G. Leonard)가 제시한 사회이동 기제로서 스포츠의 역할

㉠ 긍정적 역할
- 스포츠 참가가 사회적 상승이동을 촉진하는 매개체 역할을 한다.
- 프로스포츠와 같은 전문 직종에 입문할 수 있는 신체적 기량 및 능력이 발달한다.
- 프로스포츠 선수들은 다양한 형태의 후원 및 광고 출연의 기회가 있다.
- 조직적인 스포츠 참가는 직·간접적으로 교육적 성취도를 향상시킨다.
- 사회생활을 하는 데에 가치가 있다고 여겨지는 태도 및 행동양식을 학습시킨다.

㉡ 부정적 역할
- 불평등한 사회현실을 은폐하기 위해 스포츠를 이용한다.
- 누구나 노력하면 성공할 수 있다는 일종의 성공 이데올로기를 대중에게 확신시킨다.

### 핵심예제

**19-1.** 〈보기〉의 스포츠 계층 이동 유형과 사례에 관한 설명으로 옳은 것을 모두 고른 것은? [2025]

┤보기├

㉠ 프로야구 선수가 대회에서 부진한 모습을 보여 2군으로 강등된 것은 수직이동의 사례이다.
㉡ 1980년대 프로스포츠 출범 후 운동선수의 지위가 전반적으로 높게 평가받게 된 것은 집단이동의 사례이다.
㉢ 프로배구 선수가 되면서 일용직 노동자였던 부모님에 비해 많은 수입과 높은 명성을 얻게 된 것은 세대 내 이동의 사례이다.
㉣ 고등학교 배구 선수가 전학 간 후에도 같은 포지션으로 활동한 것은 수평이동의 사례이다.

① ㉠, ㉡
② ㉢, ㉣
③ ㉠, ㉡, ㉣
④ ㉡, ㉢, ㉣

**19-2.** 스포츠에서 나타나는 사회계층 이동에 대한 설명으로 옳지 않은 것은? [2024]

① 스포츠는 계층 이동을 위한 수단으로 활용된다.
② 사회계층의 이동은 사회적 상황과 개인적 상황을 반영한다.
③ 사회 지위나 보상 체계에 차이가 뚜렷하게 발생하는 계층이동은 '수직 이동'이다.
④ 사회계층의 이동 유형은 이동 방향에 따라 '세대 내 이동', '세대 간 이동'으로 구분한다.

|해설|

19-1
㉢은 세대 간 이동의 사례이다.

19-2
세대 간·세대 내 이동은 시간적 거리에 따라 구분한 것이다. 한편, 사회계층을 이동 방향에 따라 구분하면 수직 이동과 수평 이동으로 구분할 수 있다.

정답 19-1 ③ 19-2 ④

## 제7절 | 스포츠와 사회화

### 핵심이론 20 스포츠사회화 이론

① 레오나르드(W. Leonard II)의 사회학습이론
  ㉠ 개인이 사회적 행동을 어떻게 습득하고 수행하는지 분석하고 밝힌다.
  ㉡ 코칭, 강화, 관찰학습을 통해 사회화가 이루어진다고 본다.
    • 강화 : 상과 벌 같은 외적보상으로 사회적 역할을 습득한다.
    • 코칭 : 사회화 주관자에 의하여 새로운 지식과 기능을 학습한다.
    • 관찰학습 : 타인의 행동을 관찰하여 개인의 과제를 학습하고 수행한다.
  ㉢ 사회학습이론의 사례
    • 강화 : A고교 농구 감독은 팀 훈련 과정에서 학생선수들의 운동 수행 능력을 향상시키기 위하여 상과 벌을 활용한다.
    • 관찰학습 : B선수는 다른 팀 선수가 독특한 타격 자세로 최다 안타상을 획득하자 그 선수의 타격 자세를 관찰하여 자신만의 것으로 발전시켰다.

② 역할이론
  ㉠ 개인이 사회구조 속에서 자기 역할을 수행하는 과정에서 사회화가 이루어진다.
  ㉡ 개인이 사회화 과정을 통해 집단에 소속되어 구성원으로 적응해가는 사실을 설명한다.

③ 준거집단이론
  ㉠ 타인이나 어떤 준거가 되는 집단의 행동, 감정, 태도 등을 자신의 준거 척도로 삼는다.
  ㉡ 준거집단은 규범집단, 비교집단, 청중집단 등으로 구성된다.
    • 규범집단 : 규범의 설정과 가치관 형성을 위한 개인 행동지침을 제공한다.
    • 비교집단 : 특정한 역할수행의 기능적 의미를 제시하는 역할 모형 집단이다.
    • 청중집단 : 타 집단의 가치와 태도에 부합되게 행동하려는 집단이다.

> **스포츠사회화의 의미**
> 스포츠사회화는 스포츠라는 영역에서 일어나는 사회화를 의미하며, 스포츠 참여를 통해 스포츠 집단이 가지는 가치관, 신념, 태도 등을 체득하는 과정을 의미한다.

### 핵심예제

**20-1.** 〈보기〉에서 설명하는 사회학습이론의 구성요소로 옳은 것은? [2022]

> **보기**
> 상과 벌은 행동의 학습과 수행에 긍정적·부정적 영향을 미친다. 스포츠 현장에서 스포츠에 내재된 가치, 태도, 규범에 그릇된 행위는 벌을 통해 중단되거나 회피된다.

① 강 화  ② 코 칭
③ 관찰학습  ④ 역할학습

**20-2.** 스포츠사회화를 이해하기 위한 사회학습이론의 관점으로 적절하지 않은 것은? [2023]

① 상과 벌을 통해 행동이 변화한다.
② 다른 사람의 행동을 관찰하여 모방이 일어난다.
③ 사회화 주관자의 가르침을 통해 행동이 변화한다.
④ 개인은 자신이 처해 있는 상황을 스스로 학습하고 변화한다.

|해설|

**20-1**
레오나르드(W. Leonard Ⅱ)의 사회학습이론은 코칭, 강화, 관찰학습을 통해 사회화가 이루어진다고 보았다. 그 중 강화는 상과 벌 같은 외적 보상으로 인해 사회적 역할을 습득하는 것을 의미한다.

**20-2**
④ 역할이론에 관한 설명이다. 역할이론은 개인이 처한 환경에 스스로를 맞추기 위해 변화하는 과정에서 사회화가 이루어짐을 강조한다.

**정답 20-1 ① 20-2 ④**

---

## 핵심이론 21 스포츠사회화의 과정 (1) 스포츠로의 사회화

① **스포츠로의 사회화**
 ㉠ 참가 그 자체(참여하는 과정 그 자체)를 전제로 한다.
 ㉡ 다른 사람 또는 준거집단의 가치관에 결정적 영향을 받는다.
 ㉢ 경기에서 본 선수들의 모습이 멋있어서 리틀 야구단에 입단한 것은 스포츠로의 사회화라고 할 수 있다.

② **스포츠사회화의 요인**
 ㉠ 개인적 특성 : 한 개인의 성별, 연령, 사회·경제적 지위 등의 개인적 특성은 스포츠사회화에 영향을 준다.
 ㉡ 스포츠사회화 주관자(주요 타자) : 가정, 동료집단, 학교, 지역사회, 대중매체 등을 말하며, 개인의 스포츠사회화에 큰 영향을 미친다.
 ㉢ 사회적 상황 : 개인은 자신이 속한 사회의 역사, 정치, 경제, 종교, 국민성 등의 사회적 상황의 영향을 받아 스포츠사회화 양상이 다르게 나타난다.

③ **스포츠사회화의 주관자**
 ㉠ 가정 : 가정은 사회화의 가장 중요한 주관자로, 가정의 스포츠에 대한 인식 차이에 따라 아동의 스포츠 참가가 결정된다.
 ㉡ 친구(동료)집단 : 또래집단으로 이루어진 스포츠 활동에 참가하면서 대등한 관계 속에서 페어플레이, 협력 등을 배우며 사회화 과정을 거친다. 청소년기에는 또래집단이 가장 영향력이 큰 사회화 주관자에 속한다.
 ㉢ 학교 : 다양한 체육 프로그램을 통해 체력을 향상시키고 스포츠 기능을 학습하면서, 사회가 요구하는 가치관을 수용하고 인격을 형성하게 된다.
 ㉣ 지역사회 : 다양한 스포츠 시설을 통해 지역 주민의 스포츠사회화 주관자 역할을 담당하게 된다.
 ㉤ 대중매체 : 각종 경기의 방영을 통해 스포츠에 대한 간접경험을 제공한다.

### 핵심예제

**21-1.** 〈보기〉에서 설명하는 스포츠사회화 과정으로 옳은 것은?
[2020]

― 보기 ―
- 이용대 선수의 경기 보도 증가는 대중들의 배드민턴 참여를 촉진한다.
- 부모의 스포츠에 대한 긍정적인 태도는 자녀의 스포츠 참여 가능성을 높인다.
- 학생들은 교내에서 체육 교과와 다양한 프로그램을 통해 스포츠에 참여하고 있다.

① 스포츠로의 사회화
② 스포츠로의 재사회화
③ 스포츠를 통한 사회화
④ 스포츠로부터의 탈사회화

**21-2.** 스포츠로의 사회화(Socialization into Sport) 요인 중 〈보기〉의 설명에 해당하는 것은?
[2019]

― 보기 ―
여성의 신체 노출을 금기시 하는 일부 중동국가의 문화는 여성의 스포츠 참가를 불가능하게 하며 스포츠 경기관람조차 허용하지 않고 있다.

① 개인적 특성
② 사회적 상황
③ 스포츠 개입
④ 스포츠사회화 주관자

**21-3.** 〈보기〉의 내용에 해당하는 스포츠사회화의 주관자로 옳은 것은?
[2018]

― 보기 ―
박태환 선수의 올림픽 금메달 획득 장면이 언론에 집중적으로 보도되자 국내 수영장에는 많은 어린이들의 수영강습 신청에 대한 문의가 증가했다.

① 지역사회
② 또래친구
③ 대중매체
④ 학 교

|해설|

**21-1**
스포츠로의 사회화는 참가 그 자체(참여하는 과정 그 자체)를 전제로 하는 것으로, 다른 사람 또는 준거집단의 가치관에 결정적 영향을 받는다.

**21-2**
〈보기〉는 국가의 전통으로 인하여 여성 개인의 스포츠 참가가 불가능한 경우로, 이는 사회적 상황의 영향을 받은 사례이다.

**21-3**
박태환 선수의 올림픽 금메달 획득 장면이 언론에 집중적으로 보도되면서 스포츠 참가가 늘어난 것은, 대중매체가 스포츠사회화의 주관자 역할을 담당한 것으로 볼 수 있다.

정답 21-1 ① 21-2 ② 21-2 ③

**핵심이론 22** 스포츠사회화의 과정
(2) 스포츠를 통한 사회화

① 스포츠를 통한 사회화
  ㉠ 스포츠 참가를 통해 결과가 나타나는 것을 말한다.
  ㉡ 스포츠 장면에서 학습된 기능, 특성, 가치, 태도, 지식, 성향 등이 다른 사회현상으로 전이 또는 일반화되는 과정이다.
  ㉢ 학교스포츠클럽에 참가하면서 교우관계가 원만해진 것이 대표적인 예이다.

② 케년(Kenyon)과 슈츠(Schutz)의 스포츠 참가의 유형
  ㉠ 행동적 참가
    • 스포츠 상황 내에서 다양한 지위와 규범을 이행함으로써 스포츠에 실질적으로 참가하는 형태이다.
    • 경기자로 참가하는 1차적 참여와 코치, 심판, 방송원, 팬(Fan) 등으로 참가하는 2차적 참여가 있다.
  ㉡ 인지적 참가
    • 학교, 사회기관, 미디어 등을 통해 정보를 수용함으로써 이루어지는 참가이다.
    • 정보에는 스포츠 역사, 규칙, 기술, 전술 등에 관한 지식이 포함된다.
  ㉢ 정의적 참가
    • 실제 스포츠 상황에 참가하지는 않지만, 간접적으로 특정 선수나 팀 또는 경기 상황에 대해 감성적 성향을 표출하는 행동을 의미한다.
    • 열광적으로 응원하는 스포츠팬 등이 그 예이다.
  ㉣ 일상적 참가
    • 스포츠 활동을 꾸준히 규칙적으로 행하여 일상을 이룬다.
    • 스포츠 활동이 개인의 생활과 잘 조화를 이루는 상태이다.
  ㉤ 주기적 참가 : 일정 간격을 유지하면서 스포츠에 지속적으로 참가하는 상태이다.
  ㉥ 일탈적 참가
    • 1차적 일탈 참가 : 자기 직업을 등한시하고 시간 대부분을 스포츠 참가에 할애한다.
    • 2차적 일탈 참가 : 경기 결과에 거액의 금전을 걸고 도박을 할 정도로 스포츠 관람을 탐닉하는 상태를 의미한다.

③ 스나이더(Snyder)의 스포츠사회화 전이 조건
  ㉠ 참여의 정도 : 빈도, 기간, 강도가 클수록 전이가 잘 발생한다.
  ㉡ 참가의 자발성 여부 : 스스로 스포츠에 참여한 경우 전이가 잘 발생한다.
  ㉢ 스포츠 조직 내의 사회적 관계 : 스포츠 조직원들이 서로 친밀한 관계인 경우 전이가 잘 발생한다.
  ㉣ 사회화 주관자의 영향력 : 주관자의 위상과 영향력이 클수록 전이가 잘 발생한다.
  ㉤ 참가자의 개인적·사회적 특성 : 개인의 다양한 특성도 전이에 영향을 미친다.

### 핵심예제

**22-1.** 〈보기〉에 해당하는 케년(G. Kenyon)의 스포츠 참가유형은? [2023]

┌ 보기 ─────────────────────────┐
• 특정 선수의 사인 볼 수집
• 특정 스포츠 관련 SNS 활동
• 특정 스포츠 물품에 대한 애착
└──────────────────────────────┘

① 일탈적 참가  ② 행동적 참가
③ 정의적 참가  ④ 인지적 참가

**22-2.** 스나이더(E. Snyder)가 제시한 스포츠 사회화의 전이 조건이 아닌 것은? [2023]

① 참가의 가치
② 참가의 정도
③ 참가의 자발성 여부
④ 사회화 주관자의 위신과 위력

|해설|
**22-1**
② 행동적 참가 → 특정 선수의 사인 볼 수집
③ 정의적 참가 → 특정 스포츠 물품에 대한 애착
④ 인지적 참가 → 특정 스포츠 관련 SNS 활동

**22-2**
**스포츠 사회화의 전이 조건**
스포츠를 통한 사회화의 전이의 요인(E. Snyder, 1970)에는 참가의 정도, 참가의 자발성, 사회화 주관자의 위신, 스포츠 조직 내 사회적 관계, 참가자의 개인적·사회적 특성이 있다.

**정답** 22-1 ②, ③, ④  22-2 ①

---

## 핵심이론 23  스포츠사회화의 과정
### (3) 스포츠로부터의 탈사회화

① 스포츠로부터의 탈사회화
  ㉠ 참여 중단, 중도 탈락, 은퇴(자발적·비자발적) 등이 있다.
  ㉡ 운동 선수의 스포츠 탈사회화는 선수 은퇴를 의미한다.
  ㉢ 운동 선수의 교육 수준, 현재와 미래의 재정적 상황, 새로운 직업에 대한 기회, 신체 능력의 저하 등에 의해 영향을 받는다.
  ㉣ 새로운 직업에 대한 기회가 많고 교육 수준이 높을수록 자발적 은퇴를 선택한다.
  ㉤ 부상이나 해임과 같이 본인의 의사와 관계없이 예기치 않게 갑자기 일어나기도 한다.
  ㉥ 예상 밖의 일로서 심리적 스트레스와 적응 문제들을 경험하게 되는 경우가 많다.
  ㉦ 스포츠로부터의 탈사회화 과정을 거친 운동 선수가 모두 재사회화 과정을 겪지는 않는다.

② 탈사회화에 영향을 미치는 요인
  ㉠ 환경 변인 : 성별, 연령, 계층 및 교육 정도를 뜻한다.
  ㉡ 취업 변인 : 채용 가능한 잠재적 노동력 보유 여부에 의한 스포츠 이외의 취업 기회를 뜻한다.
  ㉢ 정서 변인 : 스포츠가 개인의 자아정체 중심부를 차지한 정도를 뜻한다.
  ㉣ 역할 사회화 변인 : 스포츠 이외의 선택 가능한 타 역할에 대한 사전 계획이나 사회화의 정도를 뜻한다.
  ㉤ 인간관계 변인 : 스포츠로부터 탈사회화 하는 과정에 대한 가족이나 친우로부터의 지원 체계를 뜻한다.

**핵심예제**

**23-1. 스포츠 탈사회화와 재사회화 과정에 대한 설명으로 옳지 않은 것은?** [2017]

① 운동 선수의 스포츠 탈사회화는 선수 은퇴를 의미한다.
② 환경, 취업, 정서 등의 요인은 운동 선수의 스포츠 탈사회화에 영향을 미친다.
③ 운동 선수는 스포츠 탈사회화 이후 모두 스포츠 재사회화의 과정을 겪게 된다.
④ 새로운 직업에 대한 기회가 많고 교육 수준이 높은 운동 선수일수록 자발적 은퇴를 선택할 가능성이 높다.

**23-2. 스포츠로부터의 탈사회화에 관한 설명으로 옳은 것은?** [2024]

① 부상, 방출 등의 자발적 은퇴로 탈사회화를 경험한다.
② 스포츠 참여를 통한 행동의 변화를 스포츠로부터의 탈사회화라고 한다.
③ 개인의 심리상태, 태도에 의해 참여가 제한되는 것을 내재적 제약이라고 한다.
④ 재정, 시간, 환경적 상황에 의해 참여가 제한되는 것을 대인적 제약이라고 한다.

| 해설 |

**23-1**
스포츠 참가를 중단한 모든 운동 선수가 재사회화 과정을 겪는 것은 아니다. 스포츠 현장으로 복귀할 수 있는 기회가 없거나, 스포츠와 관련 없는 사회 영역에서 새로운 일을 하는 경우에는 스포츠 재사회화가 이루어지지 않는다.

**23-2**
② 스포츠 참여를 통한 행동의 변화는 스포츠'로'의 사회화라고 한다.
④ 환경(재정, 시간, 성별, 계층, 교육수준, 직업 등)에 의한 제한은 외재적 제약이다. 대인적 제약은 말 그대로 물리적·심리적인 거리에 있는 사람들에 의한 제약으로 참가에 영향을 미친 중요한 사람이나 기관(주요 타자 : 가족, 좋아하는 운동 선수, 또래집단, 동료 등)을 대표적인 사례로 들 수 있다.
※ 출제오류로 최종정답에서 복수 정답 처리되었다.

정답 23-1 ③  23-2 ① · ③

**핵심이론 24  스포츠사회화의 과정 (4) 스포츠로의 재사회화**

① 스포츠로의 재사회화
  ㉠ 스포츠 참가를 중단하고 이탈해 있던 비참가자가 새롭게 스포츠 활동을 재개하게 되는 경우를 의미한다.
  ㉡ 운동 선수가 부상으로 은퇴한 후 해설가로 활동하면서 사회인 야구의 감독을 맡는 것은 스포츠로의 재사회화라고 할 수 있다.

② 스포츠로의 재사회화가 이루어지지 않는 경우
  ㉠ 스포츠와 관련된 현장으로 복귀할 수 있는 기회가 없는 경우
  ㉡ 스포츠와 관련이 없는 사회 영역에서 새로운 삶을 개척하기로 결정한 경우

③ 스포츠로의 재사회화 유형
  ㉠ 동일 종목 혹은 다른 종목으로의 재사회화
    예 체조 선수가 은퇴 후 골프 선수로 복귀
  ㉡ 직접 참가에서 간접 참가로의 재사회화
    예 축구 선수가 은퇴 후 코치나 감독으로 팀에 복귀
  ㉢ 관련된 직업으로의 재사회화
    예 야구 선수가 은퇴 후 TV 해설위원으로 복귀

### 핵심예제

〈보기〉의 ㉠~㉢에 해당하는 스포츠사회화 과정으로 옳은 것은?

[2021]

┌─보기─────────────────────────┐
│ ㉠ – 테니스 지도자가 되어 초등학교에서 테니스를 가르│
│     치게 되었다. │
│ ㉡ – 부모님의 권유로 테니스를 배우게 되었다. │
│ ㉢ – 테니스 참여를 통해 사회성, 준법정신이 강한 선수│
│     가 되었다. │
│ 스포츠 탈사회화 – 무릎인대 손상으로 테니스 선수 생활│
│ 을 그만두었다. │
└─────────────────────────────┘

|   | ㉠ | ㉡ | ㉢ |
|---|---|---|---|
| ① | 스포츠 재사회화 | 스포츠를 통한 사회화 | 스포츠로의 사회화 |
| ② | 스포츠로의 사회화 | 스포츠 재사회화 | 스포츠를 통한 사회화 |
| ③ | 스포츠를 통한 사회화 | 스포츠로의 사회화 | 스포츠 재사회화 |
| ④ | 스포츠 재사회화 | 스포츠로의 사회화 | 스포츠를 통한 사회화 |

|해설|
- 스포츠로의 사회화 : 스포츠에 참가하는 그 자체를 의미한다.
- 스포츠를 통한 사회화 : 스포츠 장면에서 학습된 기능·특성, 가치, 태도, 지식, 성향(인성, 도덕적 성향) 등이 다른 사회현상으로 전이·일반화되는 과정이다.
- 스포츠로부터의 탈사회화 : 참여 중단, 중도 탈락, 은퇴(자발적·비자발적) 등 스포츠 참가를 중단하는 것을 의미한다.
- 스포츠로의 재사회화 : 스포츠 참가를 중단하고 스포츠의 장으로부터 이탈해 있던 비참가자가 새롭게 흥미를 느끼는 종목이나 포지션 및 타 지역에서 다시 스포츠 활동을 재개하게 되는 경우를 의미한다.

정답 ④

## 제8절 | 스포츠와 일탈

### 핵심이론 25 스포츠 일탈의 개념과 접근 방법

① **스포츠 일탈의 개념**
  ㉠ 경기 규칙을 위반하는 행동이다.
  ㉡ 스포츠맨십과 페어플레이 정신 등 보편적 가치에서 벗어나는 행동이다.
  ㉢ 비합법적으로 사람, 용기구, 재산에 손해를 가하는 행동이다.
  ㉣ 시간, 장소, 사회적 상황, 평가하는 사람에 따라 다양하게 평가된다.
  ㉤ 스포츠 참가자의 사회화에 부정적인 영향을 미칠 수 있다.

② **스포츠 일탈의 유형과 원인을 규정하기 어려운 이유**
  ㉠ 스포츠 일탈은 규범에 대한 거부와 함께 무비판적 수용도 포함한다.
  ㉡ 스포츠에서 허용되는 행동이 사회의 다른 영역에서는 일탈이 될 수 있다.
  ㉢ 과학 기술의 급속한 발전과 새로운 스포츠 규범 사이에 시간적 차이가 발생한다.

③ **코클리(J. Coakley)의 스포츠 일탈의 접근 방법**
  ㉠ 절대론적 접근
    - 사회규범이 변화하지 않는다는 것에 근거하여, 스포츠 일탈은 사회가 요구하는 절대적 기준에서 벗어나는 것을 의미한다.
    - 개인의 특정 행동이 사회규범에 어긋난다면 이를 개인의 일탈행동으로 보았다.
  ㉡ 상대론적 접근
    - 사회는 서로 다른 이해관계를 가진 집단들로 이루어졌기 때문에 일탈 기준 역시 '누가 만드는가'에 따라 달라질 수 있다는 입장이다.

- 스포츠 일탈은 개인의 윤리적 문제가 아닌 사회 구조적인 문제이다.
- 사회의 문화, 제도, 시대, 장소 등에 따라 일탈 정도가 달라진다.
- 과잉동조 개념을 설명하는 데 유용하다.

### 핵심예제

**25-1. 스포츠 일탈에 관한 설명으로 옳지 않은 것은?** [2016]
① 페어플레이 정신과 스포츠맨십에 위반되는 행동이다.
② 스포츠 참가자의 사회화에 부정적인 영향을 미칠 수 있다.
③ 부정적 일탈은 규범 지향적이고, 긍정적 일탈은 반규범 지향적이다.
④ 시간, 장소, 사회적 상황, 평가하는 사람에 따라 다양하게 평가된다.

**25-2. 스포츠 일탈의 유형과 원인을 규정하기 어려운 이유로 옳지 않은 것은?** [2020]
① 스포츠 현장에서 발생하는 일탈 사례가 부족하기 때문이다.
② 스포츠 일탈은 규범에 대한 거부와 함께 무비판적 수용도 포함한다.
③ 스포츠에서 허용되는 행동이 사회의 다른 영역에서는 일탈이 될 수 있다.
④ 과학 기술의 급속한 발전과 새로운 스포츠 규범 사이에 시간적 차이가 발생한다.

|해설|
**25-1**
사회의 규범을 기반으로 하여 스포츠 규범의 범위를 벗어난 행동을 스포츠 일탈이라고 한다. 긍정적 일탈은 규범 지향적이고 부정적 일탈은 반규범 지향적이다.

**25-2**
스포츠 일탈이란 경기 규칙을 위반하는 행동으로, 스포츠맨십과 페어플레이 정신 등 보편적 가치에서 벗어나는 행동이다. 현대사회에는 스포츠 현장에서 발생하는 일탈 사례가 매우 다양하게 나타난다.

정답 25-1 ③ 25-2 ①

## 핵심이론 26 스포츠 일탈의 형태와 기능

① 스포츠 일탈의 형태
  ㉠ 부정적 일탈
    - 반규범적인 행동을 의미한다.
    - 대표적인 사례에는 금지 약물 복용, 구타, 폭력 등이 있다.
  ㉡ 긍정적 일탈
    - 반규범적 행동은 아니지만 일반적인 사회적 행동기준에서 벗어나는 행동을 의미한다.
    - 대표적인 사례에는 오버 트레이닝(Over-training), 운동중독 등이 있다.

② 스포츠 일탈의 기능
  ㉠ 스포츠 일탈의 역기능
    - 사회 조화와 질서에 대한 위협과 긴장을 초래한다.
    - 스포츠 체계 질서인 예측 가능성을 위협하여 긴장을 조성한다.
    - 일탈행동(폭력, 공격, 규칙위반)의 내면화로 스포츠 참가자의 사회화에 부정적 영향을 초래한다.
    - 스포츠의 공정성을 훼손하고, 선수의 건강 및 안전을 위협한다.
  ㉡ 스포츠 일탈의 순기능
    - 규범의 존재가 재확인되어 규범에 대한 동조를 강화한다.
    - 부분적인 스포츠 일탈은 사회적 안전판 역할을 수행한다.
    - 고정관념에서 벗어나는 창의적 기회를 갖기도 한다.
    - 사회개혁과 창의성의 발생 계기가 되어 현재의 일탈이 다음 세대의 규범으로 확립될 수도 있다.

> **스포츠 일탈의 순기능 사례**
> 1966년 보스턴 마라톤 대회에서 여성의 신분을 속이고 참가한 로베르타 깁은 600명이 넘는 남자들과 겨루어 135등을 차지하면서 완주하였다. 당시 여성의 마라톤 경기는 허용되지 않았기 때문에 매스컴에서도 그녀의 완주를 경이로운 시각에서 다루었으며, 이는 여성 마라톤의 시발점이 되었다.

### 핵심예제

**26-1. 스포츠 일탈에 관한 설명으로 적절하지 않은 것은?**

[2020]

① 부정적 일탈 사례로는 금지 약물 복용, 구타 및 폭력 등이 있다.
② 부정적 일탈은 스포츠 규범체계에 대한 과잉동조 성향을 의미한다.
③ 긍정적 일탈 사례로는 오버 트레이닝(Over-training), 운동중독 등이 있다.
④ 긍정적 일탈은 정상적으로 받아들여지는 행동에 대한 무비판적 수용을 의미한다.

**26-2. 스포츠 일탈의 순기능에 관한 사례로 적절하지 않은 것은?**

[2023]

① 승부조작 사례를 보고 많은 선수들이 경각심을 갖는다.
② 아이스하키 경기에서 허용된 주먹다짐은 잠재된 공격성을 해소시켜 준다.
③ 스포츠에서 선수들의 약물 복용이 지속되면 경기의 공정성이 훼손된다.
④ 높이뛰기에서 배면뛰기 기술의 창안은 기록 경신에 기여하고 있다.

|해설|

**26-1**
**스포츠 일탈의 형태**
- 부정적 일탈 : 반규범적인 행동으로, 폭력, 약물복용 등이 여기에 속한다.
- 긍정적 일탈 : 반규범적 행동은 아니지만 일반적인 사회적 행동 기준에서 벗어나는 행동으로, 규범에 대한 과잉동조 현상, 운동중독 등이 여기에 속한다.

**26-2**
**스포츠 일탈의 기능**
선수들의 도핑으로 인해 경기에서의 공정성이 훼손되는 것은 스포츠 일탈의 역기능에 해당하는 사례이다.

정답 26-1 ② 26-2 ③

### 핵심이론 27 스포츠 일탈 관련 이론

① **구조기능이론** : 일탈을 가치관의 혼란으로 인해 발생한다고 보는 한편, 일탈이 규범을 재확인하는 기회가 되어 사회 기능 유지에 긍정적인 영향을 미친다고 본다.

② **갈등이론** : 사회구조나 제도의 불합리함과 불평등으로 인하여 일탈이 발생한다고 주장한다.

③ **차별교제이론**
  ㉠ 스포츠 일탈을 상호작용론 관점으로 설명한다.
  ㉡ 일탈 규범을 내면화하는 사회화 과정이 존재한다.
  ㉢ 다른 사람과 상호작용을 통해 스포츠 일탈 행동을 학습한다.
  ㉣ 문제를 일으키는 집단과의 교류를 통해 일탈적 행위를 학습할 수 있다는 이론이다.
  ㉤ 일탈 행동은 개인의 심리적 차이가 아닌, 일탈적 행동을 장려하는 환경적 요인을 통해 학습된다고 주장한다.

④ **낙인이론** : 특정인의 우연적이고 일시적인 일탈 행위(1차적 일탈)를 다른 사람들이 일탈자로 낙인찍었기 때문에 일탈자로서의 자아정체성이 형성되고, 이로 인해 의도적이고 지속적인 일탈(2차적 일탈)이 발생하게 된다는 이론이다.

⑤ **사회통제이론** : 왜 일탈을 하지 않는가에 대해 관심을 가지는 일탈 이론으로, 사회규범의 내면화(내적통제)와 사회적 처벌에 대한 두려움(외적 통제)으로 인해 일탈이 억제된다고 주장한다.

⑥ **문화전달이론** : 사회구성원이 주위의 일탈적 문화양식을 습득하여 일탈이 발생한다고 주장한다.

⑦ 머튼(Merton)의 아노미(Anomie)이론
  ㉠ 아노미의 의미 : 사회가 빠르게 변동함에 따라 사회의 지배적 규범이 붕괴되고, 이를 대체할 만한 규범이 정립되지 않은 상태를 말한다.
  ㉡ 아노미이론의 적응모형

| | |
|---|---|
| 동조주의 | • 목표와 수단을 모두 인정하는 행위<br>• 스포츠 규칙을 준수하면서 이기는 것이 중요하다고 생각<br>• 전략적 시간 끌기 작전, 경기 규칙이 허용하는 범위 내에서의 파울 행위 등 |
| 혁신주의 | • 목표는 수용하지만 수단은 거부하는 행위<br>• 승리하기 위해서 수단과 방법을 가리지 않음<br>• 불법 스카우트, 금지 약물 복용, 경기장 폭력, 승부조작 등 |
| 도피주의 | • 목표와 수단을 모두 거부하는 행위<br>• 스포츠에 내재된 비인간성, 승리 지상주의, 상업주의, 학업 결손 등에 염증을 느껴 스포츠 참가 포기 |
| 의례주의 | • 목표는 거부하지만 수단은 수용하는 행위<br>• 경기의 승패보다 규칙을 지키는 것이 중요하다고 생각<br>• 승패에 집착하지 않고 참가에 의의를 두는 것, 결과보다는 경기 내용 중시 |
| 반역주의 | • 목표와 수단을 모두 거부하고, 새로운 목표와 방법을 모색하는 행위<br>• 기존 스포츠를 거부하고 새로운 스포츠를 개발해야 한다고 생각 |

**핵심예제**

**27-1.** ㉠~㉣에 해당하는 머튼의 아노미이론에서 제시한 일탈 행동 유형으로 옳은 것은? [2021]

┤보기├
㉠ - 벤 존슨은 불법약물 복용으로 올림픽 금메달을 박탈 당했다.
㉡ - 승리에 대한 집념보다는 규칙을 지키며 최선을 다해 경기에 참여한다.
㉢ - 스스로 실력의 한계를 느끼고 운동부에서 탈퇴한다.
㉣ - 학생 선수의 학습권을 보장하기 위해 최저학력제를 도입하였다.

| | ㉠ | ㉡ | ㉢ | ㉣ |
|---|---|---|---|---|
| ① | 혁신주의 | 반역주의 | 도피주의 | 의례주의 |
| ② | 반역주의 | 혁신주의 | 의례주의 | 도피주의 |
| ③ | 혁신주의 | 의례주의 | 도피주의 | 반역주의 |
| ④ | 의례주의 | 반역주의 | 혁신주의 | 도피주의 |

**27-2.** 〈보기〉에서 설명하는 스포츠 일탈과 관련된 이론은? [2024]

┤보기├
• 스포츠 일탈을 상호작용론 관점으로 설명한다.
• 일탈 규범을 내면화하는 사회화 과정이 존재한다.
• 다른 사람과 상호작용을 통해 스포츠 일탈 행동을 학습한다.

① 문화규범이론
② 차별교제이론
③ 개인차이론
④ 아노미이론

| 해설 |

**27-1**
- 혁신주의 : 목표는 수용하지만 수단은 거부하는 행위로, 승리하기 위해서 수단과 방법을 가리지 않는다.
- 의례주의 : 목표는 거부하지만 수단은 수용하는 행위로, 경기의 승패보다 규칙을 지키는 것이 중요하다고 생각한다.
- 도피주의 : 목표와 수단을 모두 거부하는 행위로, 스포츠 참가를 중단 또는 포기한다.
- 반역주의 : 목표와 수단을 모두 거부하고 새로운 목표와 방법을 모색하는 행위로, 기존 스포츠를 거부하고 새로운 스포츠를 개발해야 한다고 생각한다.
- 동조주의 : 목표와 수단을 모두 인정하는 행위로, 스포츠 규칙을 준수하면서 이기는 것이 중요하다고 생각한다.

**27-2**
②·④는 일탈이론에 속하지만, ①·③은 스포츠 미디어 이론에 속한다.
① 문화규범이론 : 미디어가 스포츠를 보도하는 형태에 따라서 스포츠에 대한 태도가 바뀐다는 이론이다.
③ 개인차이론 : 대중들은 능동적 수용자로서 특수한 심리적 욕구를 만족시키기 위해 매스 미디어를 적극 이용한다는 이론이다.
④ 아노미이론 : 목표와 수단 간의 괴리, 무규범·이중규범으로 인한 혼란 등으로 일탈을 설명하는 이론이다.

정답 27-1 ③  27-2 ②

## 핵심이론 28  스포츠 일탈의 유형
### (1) 스포츠 폭력, 관중 폭력

① 스포츠 폭력
  ㉠ 스포츠 폭력의 개념 : 스포츠 상업화와 스포츠 팀의 구조적 모순에 의하여 발생되는 폭력행위이다.
  ㉡ 스포츠 폭력의 유형
   - 적대적 공격 : 분노적 공격 행위, 상대에게 해를 가할 목적의 행위 등
   - 도구적 공격 : 승리·금전·사회적 지위 등 다른 외적 보상이나 목표를 획득하기 위한 행위, 농구에서 팔꿈치를 크게 휘두르는 행위, 유격수에게 과감한 슬라이딩을 감행해 더블플레이를 방해하는 행위 등
  ㉢ 크로젯(Crosset)의 여성에 대한 남성 선수의 폭력과 남성 스포츠 문화의 관련성 연구 : 크로젯은 자신의 논문에서 폭력이 남성다움을 확립하고 여성을 통제하는 데 효과적인 전략이라는 믿음이 존재한다고 지적했다.
  ㉣ 스미스(M. Smith)가 제시한 경기장 내 신체 폭력 유형
   - 단순한 신체 접촉 : 스포츠 규칙에 준하는 모든 신체 접촉
   - 경계 폭력 : 스포츠의 공식적 규칙에는 위반되지만, 일반적으로 용인되는 수준의 폭력
   - 유사 범죄 폭력 : 스포츠의 공식적·비공식적 규칙을 모두 위반하는 수준의 폭력
   - 격렬한 신체 접촉 : 부상을 유발할 수 있는 형태의 강한 신체 접촉

② 관중 폭력
  ㉠ 관중 폭력의 개념
   - 쟁점성 관중 폭력 : 사회적으로 내재된 갈등이 스포츠 경기에서 표출되어 관중의 집단 행동으로 나타나는 폭력행위이다.

- 우발적 관중 폭력 : 스포츠 경기 전후로 팀의 승리에 대한 축하의 의미 또는 패배·좌절에 대한 표출로, 집단적이고 자발적이며 비구조화되어 관중에 의해 나타나는 폭력행위이다.

ⓒ 드워(C. Dewar)가 제시한 관중 난동의 요인
- 관중이 많을수록 난동 발생 가능성이 높다.
- 경기 후반부일수록 난동 발생 가능성이 높다.
- 기온이 올라갈수록 난동 발생 가능성이 높다.
- 시즌이 막바지로 접어들수록 난동 발생 가능성이 높다.
- 경기의 중요도가 클수록 난동 발생 가능성이 높다.

> **집합행동**
> 스포츠와 관련된 특정 상황에 처한 다수의 관중이나 선수 또는 일반 대중이 공통의 자극에 충동적으로 반응할 때 발생한다.

ⓒ 관중 폭력을 설명하는 집합행동 이론
- 전염이론 : 군중심리로 개인의 행동이 타인에 영향을 주어 동조하게 만들고, 폭력적 성향이 전염되어 집단적 폭력행위로 이어진다는 이론이다.
- 수렴이론 : 군중 속 개인의 잠재적 본성이 익명성을 바탕으로 표출된다는 이론으로 비사회적·반사회적 기질이 표출된다.
- 규범생성이론 : 군중 속에서 개인의 차이와 군중의 이질성을 인정하는 것이다. 군중 폭력 행위의 전염성과 모방성을 동조하지 않고 이성적으로 판단할 수 있다는 이론이다.
- 부가가치이론 : 집단행동을 야기하는 요인들이 연속적 행동을 한계화·특성화한다고 보는 이론으로, 지역 대립, 만원 관중, 좌절, 갈등, 선수 간 충돌, 관중 난입, 심판의 판정 등은 가치의 부가 과정을 거친다고 본다.

**핵심예제**

**28-1.** 스미스(M. Smith)가 제시한 경기장 내 신체 폭력 유형 중 〈보기〉의 설명에 해당하는 것은? [2024]

┌보기┐
- 경기의 규칙을 위반하는 행위지만, 대부분의 선수나 지도자들이 용인하는 폭력 행위의 유형이다.
- 이 폭력 유형은 경기 전략의 하나로 활용되며, 상대방의 보복 행위를 유발할 수 있다.

① 경계 폭력
② 범죄 폭력
③ 유사 범죄 폭력
④ 격렬한 신체 접촉

**28-2.** 관중 폭력에 대한 설명으로 옳지 않은 것은? [2019]
① 선수나 심판에 대한 욕설이나 비방도 넓은 의미에서 관중 폭력에 해당한다.
② 신체적 폭행이 아닌 경기 시설물을 파괴하는 행위도 관중 폭력에 해당한다.
③ 군중으로 있을 때보다 선수와 단 둘이 있을 때, 상대적으로 발생하기 쉽다.
④ 축구 팬의 훌리거니즘(Hooliganism)은 관중 폭력의 실제 사례 중 하나이다.

**28-3.** 〈보기〉의 밑줄 친 ㉠, ㉡을 설명하는 집합행동 이론이 바르게 연결된 것은? [2023]

┌보기┐
- 이 코치 : 어제 축구 봤어? 경기 도중 관중 폭력이 발생했잖아.
- 김 코치 : ㉠ 나는 그 경기를 경기장에서 직접 봤는데 관중들의 야유 소리가 점점 커지면서 관중 폭력이 일어났어.
- 이 코치 : ㉡ 맞아! 그 경기 이전에 이미 관중의 인종차별 사건이 있었잖아. 만약 인종차별이 먼저 발생하지 않았다면, 어제 경기에서 그런 관중 폭력은 없었을 거야.

| | ㉠ | ㉡ |
|---|---|---|
| ① | 전염이론 | 규범생성이론 |
| ② | 수렴이론 | 부가가치이론 |
| ③ | 전염이론 | 부가가치이론 |
| ④ | 수렴이론 | 규범생성이론 |

| 해설 |

**28-1**
경계 폭력은 격렬한 신체 접촉보다 그 강도가 강한 폭력으로, 종목의 규칙에 위배되지만 스포츠 규범에는 부합한다는 특성 탓에 경기의 전략으로 사용되는 폭력의 유형 중 하나이다.

**28-2**
관중 폭력은 사람이 많아 밀도가 높을수록 더 잘 발생한다. 또한 개인으로 존재할 때보다 집단에 속해있을 때 더 잘 발생한다.

**28-3**
**관중 폭력을 설명하는 이론**
- 전염이론 : 특정 관중들의 행동에 전체 관중이 동조·전염되어 집단 폭력이 일어난다는 이론 – ㉠
- 부가가치이론 : 인종차별 사건에 부정적인 가치가 부가되어 집단적 폭력행위로 이어진다는 이론 – ㉡
- 수렴이론 : 군중 속 개인의 잠재적 본성(폭력성)이 익명성을 바탕으로 표출된다는 이론
- 규범생성이론 : 군중의 폭력 행위에 동조하지 않고 군중 속의 개인이 이성적으로 판단하여 행동할 수 있다는 이론

정답 28-1 ① 28-2 ③ 28-3 ③

## 핵심이론 29 스포츠 일탈의 유형 (2) 부정행위

① 부정행위의 정의 : 의도적 규칙 위반, 담합에 의한 승부 조작, 탈법적 선수 충원 등의 행위를 의미한다.

② 부정행위의 유형
  ㉠ 제도적 부정행위
   - 관례적으로 용인되는, 또는 경기 전략으로 발생되는 속임수를 말한다.
   - 계획적이고 이성적이며 전술적인 행동으로 제도화된 형태이다.
   - 심판에게 반칙 판정을 유도하는 헐리웃 액션 등이 해당된다.
  ㉡ 일탈적 부정행위
   - 일탈적 목적으로 실행되며, 사회적 비난을 받는 행위이다.
   - 용인되지 않고 엄격한 제재를 받는 행위이다
   - 금지 약물 복용, 승부 조작, 심판 매수, 금품 제공 등이 해당된다.

### 핵심예제

**29-1. 스포츠에 있어서 제도적 부정행위는?** [2016]

① 경주마에 약물 투여
② 상대편 경기 용구의 훼손
③ 담합에 의한 경기 성적의 조작
④ 심판에게 반칙 판정을 유도하는 헐리웃 액션

**29-2. 스포츠 현장에서 발생하는 일탈적 부정행위가 아닌 것은?**
[2018]

① 상대방의 심리적 불안을 초래하는 과도한 야유
② 경기력 향상을 위한 금지약물 복용
③ 상급 학교 진학을 위한 승부 조작
④ 승리를 위한 심판 매수 및 금품 제공

|해설|

**29-1**
제도화된 속임수와 관련된 경기 전략을 제도적 부정행위라고 한다. 관례적 일탈 또는 상대방 파울을 유도하기 위해 반칙을 당한 것처럼 가장하는 행위 등이 포함된다.

**29-2**
경기력 향상을 위한 금지약물 복용, 상급학교 진학을 위한 승부조작, 승리를 위한 심판 매수 및 금품제공 등은 용인되지 않고 엄격한 제재를 받는 일탈적 부정행위이다. 스포츠 현장에서 상대방의 심리적 불안을 초래하는 과도한 야유는 일탈적 부정행위가 아니며, 선수들이 심리적으로 극복해야 할 과제라고 볼 수 있다.

**정답** 29-1 ④  29-2 ①

---

### 핵심이론 30 스포츠 일탈의 유형 (3) 과잉동조

① 과잉동조의 의미
  ㉠ 과잉동조란 규범의 무비판적 수용을 말한다.
  ㉡ 선수들은 폭력을 사용하면서까지 조직의 목표에 헌신하는 모습을 보임으로써 동료들로부터 지지를 얻으며 자존감을 획득한다.

② 과잉동조의 문제점
  ㉠ 과잉동조를 중단하는 것은 자신의 존재 가치를 약화시키고 집단에서 낙오되는 결과를 초래한다.
  ㉡ 과잉동조는 지나친 경쟁 상황을 무비판적으로 수용하고 동조하는 경향으로 발전되어 범죄행위로 이어질 수도 있다.

③ 과잉동조의 사례
  ㉠ 지도자의 지시에 따라 상대팀 선수에게 부상을 입히기 위해 태클을 거는 행위
  ㉡ 상대팀 투수가 빈 볼을 던지자 벤치에서 뛰어나가 그 투수에게 주먹을 휘두르는 행위
  ㉢ 2002년 한일월드컵 당시 황선홍 선수, 김태영 선수의 부상 투혼
  ㉣ 2022년 카타르 월드컵에서 손흥민 선수의 마스크 투혼

④ 코클리(Coakley)의 일탈적 과잉동조를 유발하는 스포츠 윤리 규범 유형
  ㉠ 몰입 규범 : 운동 선수는 경기에 헌신하여야 한다는 규범이다.
  ㉡ 구분짓기 규범 : 운동 선수는 다른 선수들보다 뛰어난 모습을 보이기 위하여 노력해야 한다는 규범이다.
  ㉢ 인내 규범 : 운동 선수는 스포츠 상황에서 발생하는 다양한 위험과 고통을 감내하고 경기에 임해야 한다는 규범이다.
  ㉣ 도전 규범(가능성 규범) : 운동 선수는 불가능은 없다는 긍정적인 마음가짐으로, 역경과 장애물을 극복하기 위해 도전해야 한다는 규범이다.

## 핵심예제

**30-1.** 〈보기〉는 코클리(J. Coakley)가 제시한 스포츠 일탈에 관한 설명이다. ㉠, ㉡에 해당하는 용어가 바르게 연결된 것은? [2023]

┤보기├
- ( ㉠ )에 따르면 스포츠 일탈이 용인되는 범위는 사회적으로 타협하는 과정을 통해 구성된다.
- ( ㉡ )는 과훈련(Over-training), 부상 투혼 등을 거부감 없이 무비판적으로 수용하는 것이다.

|   | ㉠ | ㉡ |
|---|---|---|
| ① | 상대론적 접근 | 과소동조 |
| ② | 절대론적 접근 | 과잉동조 |
| ③ | 절대론적 접근 | 과소동조 |
| ④ | 상대론적 접근 | 과잉동조 |

**30-2.** 코클리(J. Coakley)가 제시한 일탈적 과잉동조를 유발하는 스포츠 윤리 규범의 유형과 특징으로 옳은 것을 모두 고른 것은? [2022]

┤보기├
㉠ 구분짓기 규범 – 다른 선수와 구별되기 위해 탁월성을 추구해야 한다.
㉡ 인내 규범 – 위험을 받아들이고 고통 속에서도 경기에 참여해야 한다.
㉢ 몰입 규범 – 경기에 헌신해야 하며 이를 그들의 삶에서 우선순위에 두어야 한다.
㉣ 도전 규범 – 스포츠에서 성공을 위해 장애를 극복하고 역경을 헤쳐 나가야 한다.

① ㉠, ㉡
② ㉡, ㉢
③ ㉠, ㉢, ㉣
④ ㉠, ㉡, ㉢, ㉣

|해설|

**30-1**
코클리(J. Coakley)의 스포츠 일탈
- 상대론적 접근 : 특정 행위가 사회구조에서 바라보는 인간관계의 상호작용을 기반으로 일탈의 범위가 결정되는 것을 말하며, 이를 통해 과잉동조를 설명할 수 있다. 상대론적 접근에 따르면 스포츠 일탈은 개인의 윤리적 문제가 아닌 사회 구조적인 문제이다. – ㉠
- 절대론적 접근 : 사회규범은 불변한다는 주장에 근거하여 사회가 요구하는 절대적 기준에서 벗어나는 것을 일탈로 보는 것이다. 개인의 특정 행동이 일탈이냐 아니냐 하는 것은 사회적으로 보편타당한, 절대 불변한 가치 체계·규범에 따라 판단되는 것이다. 코클리는 개인의 특정 행동이 이러한 사회규범에 어긋난다면, 이는 개인의 일탈행동에 해당된다고 본다.
- 과잉동조 : 집단에서 만들어진 규범, 관습, 목표에 무비판적으로 동조하는 행위이다. – ㉡
- 과소동조 : 집단에서 만들어진 규범, 관습, 목표를 무시·거부하는 행위이다.

**30-2**
㉠·㉡·㉢·㉣은 코클리(J. Coakley)의 일탈적 과잉동조를 일으키는 스포츠 윤리규범 유형으로 모두 옳다.

정답 30-1 ④  30-2 ④

## 제9절 | 미래사회의 스포츠

**핵심이론 31** 스포츠 세계화의 개념

① 스포츠 세계화의 의미
  ㉠ 스포츠 세계화는 스포츠의 탈영토화를 의미한다.
  ㉡ 스포츠 산업의 발달로 스포츠 세계화가 가속화되고 있다.
  ㉢ 교통, 통신 등 첨단 기술의 발달은 스포츠가 행해지는 공간적 거리를 무의미하게 만든다.
  ㉣ 스포츠 세계화는 스포츠가 내재하고 있는 가치를 전 세계에 전파하는 데 기여하였다.

  > **스포츠 세계화의 동인**
  > 제국주의 확대, 민족주의, 국수주의, 신자유주의, 종교 전파, 과학기술의 발전, 인종차별 및 편견 완화, 미디어와 상업화, 국제 스포츠 이벤트, 문화적 융합, 스포츠 노동이주

② 스포츠 세계화의 사례
  ㉠ 외국 선수의 국내 유입과 자국 선수의 해외 진출이 자유롭게 이루어지고 있다.
  ㉡ 나이키와 아디다스 같은 스포츠 기업이 다국적 기업으로 성장하고 있다.
  ㉢ 태권도가 올림픽 정식 종목으로 채택되면서 많은 국가에 보급되고 있다.

  > **세방화(Glocalization)**
  > 어떤 지역이 지닌 고유한 전통이 경쟁력을 높여서 세계적인 보편성을 획득하는 현상을 의미한다.

③ 매기(J. Magce)와 서덴(J. Sugden)의 스포츠 노동이주 유형
  ㉠ 유목민형 : 종목의 특성이나 개인의 취향에 의해 이주하는 유형으로, 흥미로운 장소를 돌면서 스포츠를 즐긴다.
  ㉡ 정착민형 : 경제적 보상 이외의 다른 요인으로 의하여 영구적으로 정착할 수 있는 곳을 찾는 유형으로, 보다 나은 사회적·교육적 환경에서 거주하고자 한다.
  ㉢ 개척자형 : 경제적 보상을 최고의 가치로 생각하지 않고, 새로운 스포츠 기회를 찾아 미개발 지역으로 이주하는 유형이다.
  ㉣ 귀향민형 : 다른 나라로 이주했다가 다시 자국으로 귀향하는 유형이다.
  ㉤ 용병형 : 스포츠 보급을 통해 경제적 보상을 추구하는 유형이다.

### 핵심예제

**31-1. 스포츠 세계화에 대한 설명으로 옳지 않은 것은?** [2017]
① 스포츠 세계화는 근대 스포츠의 태동 이전부터 나타났다.
② 스포츠 세계화는 스포츠의 탈영토화를 의미한다.
③ 스포츠 세계화는 스포츠 소비 문화의 측면에서도 이루어지고 있다.
④ 스포츠 세계화는 스포츠가 내재하고 있는 가치를 전 세계에 전파하는 데 기여하였다.

**31-2. 매기(J. Magee)와 서덴(J. Sugden)이 제시한 스포츠 노동이주의 유형에 관한 설명 중 적절하지 않은 것은?** [2023]
① 개척자형 – 스포츠 보급을 통해 금전적 보상을 추구하는 유형
② 정착민형 – 영구적으로 정착할 수 있는 곳을 찾는 유형
③ 귀향민형 – 해외에서의 스포츠 경험을 바탕으로 자국으로 복귀하는 유형
④ 유목민형 – 개인의 취향대로 흥미로운 장소를 돌아다니면서 스포츠에 참여하는 유형

**31-3. 〈보기〉의 내용과 관련 있는 용어로 옳은 것은?** [2022]

> **보기**
> • 로버트슨(R. Robertson)이 제시한 용어이다.
> • LA 다저스팀이 박찬호 선수를 영입하여 좋은 경기력을 펼치면서 메이저리그 경기가 한국에서 인기가 높아졌다.
> • 맨체스터 유나이티드팀이 박지성 선수를 영입하면서 프리미어리그 경기가 한국에서 인기가 높아졌다.

① 세방화(Glocalization)
② 스포츠화(Sportization)
③ 미국화(Americanization)
④ 세계표준화(Global Standardization)

**31-4.** 베일(J. Bale)이 제시한 스포츠 세계화의 특징에 관한 설명으로 옳지 않은 것은? [2024]

① IOC, FIFA 등 국제스포츠 기구가 성장하였다.
② 다국적 기업의 국제적 스폰서십 및 마케팅이 증가하였다.
③ 글로벌 미디어 기업의 스포츠에 관한 개입이 증가하였다.
④ 외국인 선수 증가로 팀, 스폰서보다 국가의 정체성이 강화되었다.

|해설|

**31-1**
스포츠 세계화는 제국주의 시대에 서구 근대 스포츠가 식민지에 전파되면서 나타나기 시작했다.

**31-2**
스포츠 노동이주를 통해 경제적인 보상을 꾀하는 유형은 용병형이다.

**31-3**
세방화(Glocalization)는 어떤 지역이 지닌 고유한 전통이 경쟁력을 높여서 세계적인 보편성을 획득하는 현상을 의미한다. 〈보기〉에서는 미국의 메이저리그와 영국의 프리미어리그가 한국에서 인기가 높아지는 사례를 세방화의 예시로 들었다.

**31-4**
스포츠 세계화로 인해 스포츠 노동 이주가 증가하면, 선수의 국적(국가)보다는 스폰서에 초점이 이동하게 되고, 정체성보다는 다양성이 더욱 강화하게 된다.

정답 31-1 ① 31-2 ① 31-3 ① 31-4 ④

---

## 핵심이론 32 스포츠 세계화의 원인
### (1) 제국주의, 민족주의, 국수주의

① 제국주의
　㉠ 문화적 수단을 활용하여 체제의 지배를 정당화한다.
　㉡ 식민지 체제의 지배를 정당화하는 동화 정책의 일환으로 사용되었다.
　㉢ 스포츠를 통한 동화 정책은 강압보다 동의를 획득하는 방식으로 이루어졌다.
　㉣ 제국주의 시대는 문화적 헤게모니(Cultural Hegemony)라 말할 수 있다.
　㉤ 제국주의 시대에 스포츠를 통한 동화 정책은 식민지 주민의 민족주의적 감정을 유발하는 데 기여했다.

② 민족주의
　㉠ 스포츠는 같은 민족이란 집단에 속한 사람들을 결집시킨다.
　㉡ '하나'라는 정체성을 부여하고 '민족형성'에 결정적 영향을 미쳤다.

③ 국수주의
　㉠ 국수주의는 민족주의와 맥락은 같다.
　㉡ 타 민족, 타 국가에 대하여 배타적·초월적 성격을 지니는 것이 특징이다.
　㉢ 다른 문화에 대해 극히 폐쇄적 성향을 보인다.

### 핵심예제

**32-1.** 〈보기〉에서 스포츠 세계화의 과정에 대한 설명으로 옳은 것을 모두 고른 것은? [2017]

┌보기┐
㉠ 제국주의 시대에 스포츠를 통한 동화 정책은 식민지체제의 지배를 정당화하는 데 기여하였다.
㉡ 19세기 기독교는 아시아와 아프리카 원주민의 종교적 거부감을 해소하는 데 스포츠를 활용하였다.
㉢ 과학 기술의 진보는 스포츠의 시·공간적 제약을 극복하는 데 기여하였다.
㉣ 제국주의 시대 스포츠는 결과적으로 피식민지 주민의 민족주의적 감정을 억제하는 데 기여하였다.

① ㉠
② ㉠, ㉡
③ ㉠, ㉡, ㉢
④ ㉠, ㉡, ㉢, ㉣

**32-2.** 〈보기〉에서 설명하는 스포츠 세계화의 원인은? [2023]

┌─보기─────────────────────────┐
│ '코먼웰스 게임(Commonwealth Games)'은 영연방 국가 │
│ 들이 참가하는 스포츠 메가 이벤트로, 영연방 국가의 통합 │
│ 에 기여하는 측면이 있다. 영국의 스포츠로 알려진 크리켓 │
│ 과 럭비는 대부분 영국의 식민지였던 영연방 국가에서 │
│ 인기가 있다. │
└──────────────────────────┘

① 제국주의
② 민족주의
③ 다문화주의
④ 문화적 상대주의

|해설|

**32-1**
제국주의 시대의 스포츠는 식민지 주민을 식민화할 수 있는 동화 정책의 일환으로 사용되었는데, 결과적으로 식민지 주민의 민족 주의적 감정을 유발하는 데 기여했다.

**32-2**
**스포츠 세계화 : 제국주의**
〈보기〉는 영국이 식민 지배를 강화하기 위해 크리켓과 럭비를 활용했다는 내용이다. 이는 스포츠 세계화의 원인 중 하나인 제국 주의의 사례이다. 과거 영국과 같은 제국주의 국가들은 자국 식민 지의 국민을 자국민으로 동화시키기 위해 스포츠를 이용했다. 이런 접근은 스포츠의 세계화에도 영향을 미쳤다. 오늘날에도 영연방 국가에서 크리켓과 럭비가 여전한 인기를 누리는 것은 바로 이러한 제국주의의 영향이라고 볼 수 있다.

정답 32-1 ③ 32-2 ①

## 핵심이론 33 스포츠 세계화의 원인 (2) 신자유주의, 과학 기술의 진보, 종교

① **신자유주의**
  ㉠ 시장 경제에 대한 국가의 개입을 최소화하여 민간 의 자유로운 활동을 중시하는 경제이론이다.
  ㉡ 자유경쟁을 주장하며 자유 시장의 건전한 발전을 위해 정부의 역할이 축소되는 결과를 가져왔다.
  ㉢ 프로스포츠의 이윤 극대화에 기여하였다.
  ㉣ 이윤의 극대화가 어려운 전통 스포츠보다 이윤 추 구가 용이한 인기 스포츠들의 보급이 뚜렷하게 나 타난다.
  ㉤ 스포츠 시장의 경계가 국경을 초월해 전 세계로 확대되었다.
  ㉥ 스포츠 시장의 크기가 커지면서 프로스포츠의 이 윤이 극대화될 수 있었다.
  ㉦ 세계인들에게 표준화된 스포츠 상품을 소비하도 록 만들었다.
  ㉧ 다국적 기업과 자본의 힘이 매우 중요하며, 스포츠 가 상업적인 성향을 크게 지니게 된다.
  ㉨ 다국적 기업의 개입과 산업의 고도화를 통해 표준화 된 상품을 다양한 국가에서 판매할 수 있게 되었다.

② **과학 기술의 진보**
  ㉠ 교통, 통신, 미디어 등 과학 기술의 진보는 스포츠 의 세계화에 결정적 영향을 미쳤다.
  ㉡ 과학 기술의 진보는 스포츠의 시공간적 제약을 극 복하는 데 기여하였다.

③ **종 교**
  ㉠ 19세기 기독교는 아시아와 아프리카 원주민의 종 교적 거부감을 해소하는 데 스포츠를 활용하였다.
  ㉡ 빅토리아 시대의 스포츠는 기독교 신앙과 연계되 어 협동, 희생, 건강, 페어플레이 등을 강조했다.
  ㉢ 근대에 이르러 YMCA는 어린이부터 노인 그리고 여 성에 이르기까지 다양한 스포츠 프로그램을 소개함 으로써, 생활체육의 기틀을 마련하는 데 기여했다.

## 핵심예제

**33-1.** 신자유주의 시대 스포츠 세계화의 특징에 해당하는 것 중 옳은 것을 모두 고른 것은? [2021]

┌─ 보기 ─────────────────────────────┐
│ ㉠ 스포츠 시장의 경계가 국경을 초월해 전 세계로 확대되 │
│    었다. │
│ ㉡ 프로스포츠의 이윤 극대화로 인해 빈익빈 부익부 현상 │
│    이 해소되었다. │
│ ㉢ 세계인들에게 표준화된 스포츠 상품과 스포츠 문화를 │
│    소비하게 만들었다. │
│ ㉣ 각 나라의 전통 스포츠가 전 세계로 보급되어 새로운 │
│    스포츠 시장을 개척할 수 있게 되었다. │
└───────────────────────────────────┘

① ㉠, ㉡    ② ㉠, ㉢
③ ㉡, ㉢    ④ ㉡, ㉣

**33-2.** 과학기술의 발전에 따른 스포츠의 변화에 관한 설명으로 옳지 않은 것은? [2024]

① IoT, 웨어러블 디바이스 발전으로 경기력 측정의 혁신을 가져왔다.
② 프로야구 경기에서 VAR 시스템 적용은 인간심판의 역할을 강화시켰다.
③ 4차 산업혁명에 따른 초지능, 초연결은 스포츠 빅데이터의 활용을 확대시켰다.
④ VR, XR 디바이스의 발전으로 가상현실 공간을 활용한 트레이닝이 가능해졌다.

|해설|

**33-1**
㉡ 스포츠 시장의 크기가 커지면서 프로스포츠 시장의 이윤이 극대화되고, 자유경쟁을 통해 빈익빈 부익부 현상이 심화되었다.
㉣ 신자유주의의 가장 중요한 가치관은 이윤 추구이므로, 이윤의 극대화가 어려운 전통 스포츠보다 이윤 추구가 용이한 인기 스포츠들의 보급이 뚜렷하게 나타난다.

**33-2**
VAR 시스템의 적용은 심판의 객관성과 공정성의 향상을 기할 뿐이지, 스포츠 자체에 변화를 기한 것이 아니기 때문에, 과학의 기술적 발전에 따른 스포츠 변화의 사례로 적절하지 않다.

정답 33-1 ② 33-2 ②

## 핵심이론 34 미래 스포츠의 변화와 전망

① 미래 스포츠의 변화
  ㉠ 건강에 대한 관심과 환경에 대한 책임감으로 자연친화적인 스포츠에 대한 관심이 증가한다.
  ㉡ 개방적이고 즉흥적인 활동으로 경기의 승리보다 내재적 만족이 강조된다.
  ㉢ 용품, 장비, 시설 등 스포츠 환경이 개선된다.
  ㉣ 전자 매체 발달로 관람스포츠 형태로 변화한다.
  ㉤ 새로운 형태의 스포츠가 지속적으로 발생한다.
  ㉥ 노인, 여성 등 스포츠 참여계층이 다양해진다.

② 정보화 시대 스포츠의 특징
  ㉠ 스포츠 교육 서비스에 대한 요구가 증대된다.
  ㉡ 스포츠 과학이 획기적으로 발전한다.
  ㉢ 다양한 경기 전략에 대한 정보를 신속하게 제공받는다.
  ㉣ 생활체육 정보가 급증하여 일반 대중의 생활체육에 대한 선택 가능성을 잠재적으로 확대시켜 나간다.
  ㉤ 일반 대중의 여가 시간이 증대되어 생활체육의 수요가 확대된다.

③ 스포츠 참여 계층의 다양화
  ㉠ 여성 계층의 스포츠 참여 확대
    • 여성이 자원과 권력을 획득하면서 스포츠 참여의 기회가 증가한다.
    • 여성이 선호하는 새로운 스포츠 형태가 구축된다.
  ㉡ 노인 계층의 스포츠 참여 확대
    • 평균 수명의 증가로 고령층의 스포츠 활동 참여가 증가한다.
    • 스포츠를 사회 활동으로 인식하며, 경쟁이 아닌 즐거움이 강조된다.
    • 건강, 체형 관리, 사회적 관계 등에 중점을 둔 스포츠를 선호한다.
    • 게이트볼, 볼링 등 신체 접촉이 배제된 스포츠를 선호한다.
    • 체력과 집중력이 약하므로 위험하지 않은 스포츠를 선호한다.

### 핵심예제

**34-1. 미래 스포츠의 변화와 전망에 관한 설명으로 옳지 않은 것은?**
[2021]

① 정보 통신 기술의 발달로 스포츠 관람 형태가 다양해진다.
② '기술 도핑(Technical Doping)'은 스포츠의 공정성을 훼손한다.
③ 다양한 신소재의 개발은 스포츠의 용품 및 장비 개발에 활용된다.
④ 통신 및 전자 매체의 발달로 스포츠에서 미디어의 영향력이 감소된다.

**34-2. 정보화 시대의 스포츠 특징으로 적합하지 않은 것은?**
[2016]

① 스포츠가 젊은 세대의 전유물로 자리 잡는다.
② 스포츠 교육 서비스에 대한 요구가 증대된다.
③ 스포츠 과학이 획기적으로 발전한다.
④ 다양한 경기 전략에 대한 정보를 신속하게 제공받는다.

|해설|

**34-1**
텔레비전, 컴퓨터, 인터넷, 무선 전화 등과 같은 통신 및 전자 매체의 발달로 스포츠 보급이 확산되고, 스포츠 기술이 발달하게 되었으며, 스포츠에서 미디어의 영향력이 증가하고 있다.

**34-2**
정보화 시대에는 스포츠가 젊은 세대의 전유물로 자리를 잡는 것이 아니라, 정보화로 인해 복지를 위한 스포츠가 발달하고 모든 세대가 함께 스포츠를 즐길 수 있는 사회로 발전한다.

**정답** 34-1 ④ 34-2 ①

# CHAPTER 02 스포츠교육학

PART 01 핵심이론+핵심예제

## 제1절 | 스포츠교육의 배경과 개념

### 핵심이론 01 스포츠교육의 주요 개념

① 스포츠교육학의 개념
  ㉠ 스포츠를 통해 삶의 의미를 추구하는 신체 활동을 모두 포괄한다.
  ㉡ 다양한 스포츠 활동의 참여 과정 내에서 일어나는 여러 교육적 현상을 분석·기술하는 과학적 학문이다.
  ㉢ 학교체육, 생활체육, 전문체육을 모두 포괄한다.
  ㉣ 체육교과과정, 체육수업, 체육교사 교육 등을 연구영역으로 한다.
  ㉤ 교육적 관점에서 모든 연령층의 신체 활동을 다룬다.

② 스포츠교육의 지향점
  ㉠ 활동 목표와 내용, 방법의 통합화와 다양화를 추진한다.
  ㉡ 훈련 과정에서 학습자의 개인적 특성과 현재 수준을 종합적으로 고려하여 지도해야 한다.
  ㉢ 유아, 청소년, 성인, 노인, 장애인 등 다양한 학습자를 대상으로 한다.
  ㉣ 학교체육-생활체육-전문체육을 연계적으로 발전시키고자 한다.

③ 스포츠교육 이론의 변천
  ㉠ 진보주의 교육이론 : '체조 중심의 체육'에서 '신체를 통한 교육'으로 전환되는 철학적 근거를 마련해 주었으며, 신체육의 철학적 근거를 마련하여 신체를 통한 교육으로서의 체육을 강조하였다. 루소와 존 듀이 사상의 영향으로 놀이, 게임, 레크리에이션의 의미가 부각되었다.
  ㉡ 체력 중심의 교육 : 스포츠교육의 발전 과정에서 체조 중심의 체육으로 건강 중심적, 이상적인 남성상, 아마추어리즘과 페어플레이 정신이 강조되었다.
  ㉢ 신체의 교육 : 20세기 초까지의 스포츠교육은 당시 학교교육의 이론적 기반이었던 '신체의 교육'에 바탕을 두고, 신체의 발달과 건강을 위한 '신체 기능 교육'을 위한 교과로서 편성되었다.
  ㉣ 움직임 교육 : 1950년대 이후, 교육 체조, 교육 무용, 교육 게임으로 구분되며, 탐색과 발견을 교육 방법으로 활용하였다.

### 핵심예제

**스포츠교육이 지향하고 있는 내용으로 옳지 않은 것은?** [2019]

① 활동 목표와 내용, 방법에 있어 통합화와 다양화를 추진하고 있다.
② 훈련 과정에서 지도자 자신의 직관에만 근거하여 지도한다.
③ 유아, 청소년, 성인, 노인, 장애인 등 다양한 학습자를 대상으로 한다.
④ 학교체육-생활체육-전문체육을 연계적으로 발전시키고자 한다.

|해설|

훈련 과정에서 지도자 자신의 직관에만 근거하여 지도해서는 안 되며, 학습자의 개인적 특성, 수준 등을 고려하여 체계적이고 과학적인 방법을 적용하여 지도해야 한다.

정답 ②

# 제2절 | 스포츠교육의 정책과 제도

### 핵심이론 02 체육과 교과과정 현황

① 2011 개정 체육과 교육과정
  ㉠ 학년군 개념이 도입되어 초등학교는 3~4학년군, 5~6학년군, 중학교는 1~3학년 군으로 교육과정 내용체계가 변화되었다.
  ㉡ '신체 활동 가치 중심'의 교육과정에 '창의·인성'을 더욱 가중하는 형태로 변화하였다.

② 2015 개정 체육과 교육과정
  ㉠ 미래사회의 인재를 위한 '역량기반 교육과정'으로 개편되었다.
  ㉡ 체육교과 성격이 '체육교과의 본질과 역할', '체육교과 역량', '체육교과 영역'으로 구분되었다.
  ㉢ '체육교과 역량'은 신체 활동을 체험하고 그 가치를 내면화하는 과정을 통해 습득되는 지식, 기능, 태도를 포괄하는 총체적 능력이다.

③ 2022 개정 체육과 교육과정
  ㉠ 초등학교 1~2학년 학생 대상, 신체활동 영역을 즐거운 생활 교과에서 체육교과로 분리하였다.
  ㉡ 주 1시간 총 90시간에서 주 2시간 총 144시간
  ㉢ 2015 체육교과의 영역인 '건강', '도전', '경쟁', '안전' → 2022 체육교과에서는 '운동', '스포츠', '표현'으로 변경하였다.
  ㉣ 디지털 기술을 활용한 효율적 교수 학습을 강조하였다.

### 핵심예제

㉠, ㉡에 들어갈 용어로 옳은 것은? [2018]

|보기|
2015 초·중등학교 교육과정 총론에 의하면, 중학교 '학교스포츠클럽 활동'은 정규교육과정의 ( ㉠ )에 편제되어 있지 않으며, ( ㉡ )의 동아리활동에 매 학기 편성하도록 하고 있다.

|   | ㉠ | ㉡ |
|---|---|---|
| ① | 교과 활동 | 재량활동 |
| ② | 비교과 활동 | 창의적 체험활동 |
| ③ | 비교과 활동 | 재량활동 |
| ④ | 교과 활동 | 창의적 체험활동 |

|해설|
2015 초·중등학교 교육과정 총론에 의하면, 중학교 '학교스포츠클럽 활동'은 정규 교육과정의 (교과 활동)에 편제되어 있지 않으며, (창의적 체험활동)의 동아리활동에 매 학기 편성하도록 하고 있다.

정답 ④

## 핵심이론 03 학교체육진흥법(시행 2024. 12. 20)

① 목적 : 학생의 체육 활동 강화 및 학교운동부 육성 등 학교체육 활성화에 필요한 사항을 정함으로써 학생들이 건강하고 균형 잡힌 신체와 정신을 가질 수 있도록 하는 데 기여함을 목적으로 한다.

② 학교체육진흥법의 주요 내용

| 항 목 | 내 용 |
| --- | --- |
| 제3조 학교체육진흥 시책과 권장 | 국가 및 지방자치단체(교육감을 포함한다)는 학교체육진흥에 필요한 시책을 마련하고 학생의 자발적인 체육 활동을 권장·보호 및 육성하여야 한다. |
| 제6조 학교체육진흥의 조치 등 | ① 학교의 장은 학생의 체력증진과 체육 활동 활성화를 위하여 다음 아래의 조치를 취하여야 한다.<br>• 체육교육과정 운영 충실 및 체육수업의 질 제고<br>• 학생건강체력 평가에서 비만 판정을 받은 학생에 대한 대책<br>• 학교스포츠클럽 및 학교운동부 운영<br>• 학생선수의 학습권 보장 및 인권보호<br>• 여학생 체육 활동 활성화<br>• 유아 및 장애학생의 체육 활동 활성화<br>• 학교체육행사의 정기적 개최<br>• 학교 간 경기대회 등 체육 교류활동 활성화<br>• 교원의 체육 관련 직무연수 강화 및 장려<br>• 그 밖에 학교체육 활성화를 위하여 필요한 사항<br>② 학교의 장은 ①에 따른 조치를 시행하기 위하여 필요한 경비를 학교 예산의 범위에서 확보하여야 한다. |
| 제7조 학교체육시설 설치 등 | ① 국가 및 지방자치단체는 학생의 체육 활동에 필요한 운동장, 체육관 등 기반시설을 확충하여야 한다.<br>② 학교의 장은 학생의 체육 활동 진흥에 필요한 체육 교재 및 기자재, 용품 등을 확보하여야 한다.<br>③ 학교의 장은 학생에 대한 폭력, 성폭력 등 인권침해의 우려가 있는 학교체육시설 관련 주요 지점에 「개인정보 보호법」에 따른 고정형 영상정보처리기기를 설치·관리할 수 있다. |
| 제8조 학생건강체력평가 실시계획의 수립 및 실시 | ① 국가는 학생의 건강체력 상태를 측정하기 위해 매년 3월 31일까지 학생건강체력평가 실시계획을 수립하고, 학교의 장은 실시계획에 따라 학생건강체력평가를 실시해야 한다. |
| 제9조 건강체력교실 등 운영 | ① 학교의 장은 제8조에 따른 학생건강체력평가에서 저체력 또는 비만 판정을 받은 학생을 대상으로 건강체력증진을 위한 정규 또는 비정규 프로그램을 운영해야 한다. |
| 제10조 학교스포츠클럽 운영 | ① 학교의 장은 학생들이 신체 활동 프로그램에 참여할 수 있도록 학교스포츠클럽을 운영하여 학생들의 체육 활동 참여기회를 확대해야 한다.<br>② 학교의 장은 학교스포츠클럽을 운영하는 경우 학교스포츠클럽 전담교사를 지정해야 한다.<br>③ 학교스포츠클럽 전담교사에게는 학교 예산 범위에서 소정의 지도 수당을 지급한다.<br>④ 학교의 장은 학교스포츠클럽 활동내용을 학교생활기록부에 기록해 상급학교 진학 자료로 활용할 수 있도록 하여야 한다.<br>⑤ 학교의 장은 일정 비율 이상의 학교스포츠클럽을 해당 학교의 여학생들이 선호하는 종목의 학교스포츠클럽으로 운영해야 한다. |
| 제11조 학교운동부 운영 등 | ① 학교의 장은 학생선수가 일정 수준의 학력기준(이하 "최저학력"이라 한다)에 도달하지 못한 경우에는 교육부령으로 정하는 경기대회의 참가를 허용하여서는 아니 된다. 다만, 학생선수가 제2항에 따른 기초학력보장 프로그램을 이수한 경우에는 그 참가를 허용하여야 한다.<br>② 학교의 장은 최저학력에 도달하지 못한 학생선수에게 별도의 기초학력보장 프로그램을 제공하여야 한다.<br>③ 최저학력의 기준 및 실시 시기에 필요한 사항과 기초학력보장 프로그램의 운영 등에 필요한 사항은 교육부령으로 정한다.<br>④ 학교의 장은 학생선수의 학습권 보장 및 신체적·정서적 발달을 위하여 학기 중의 상시 합숙훈련이 근절될 수 있도록 노력하여야 한다. 다만, 경기대회 참가 등을 위하여 불가피하게 합숙훈련을 실시하는 경우에는 학생선수의 안전 및 인권보호를 위하여 필요한 조치를 하여야 한다.<br>⑤ 학교의 장은 원거리에서 통학하는 학생선수를 위하여 기숙사를 운영할 수 있다. 이 경우 필요한 사항은 교육부령으로 정한다.<br>⑦ 국가 및 지방자치단체는 예산의 범위에서 학교운동부 운영과 관련된 경비를 지원할 수 있다. |

| | |
|---|---|
| 제12조<br>학교운동부<br>지도자 | ① 학교의 장은 학생선수의 훈련과 지도를 위하여 학교운동부에 지도자를 둘 수 있다.<br>② 국가는 학교운동부지도자의 자질 향상 및 전문성 강화를 위하여 연수교육 계획을 수립하고, 이를 실시하여야 한다. 이 경우 연수교육을 관련 단체에 위탁할 수 있다.<br>④ 학교의 장은 학교운동부지도자가 학생선수의 학습권을 박탈하거나 폭력, 금품·향응 수수 등의 부적절한 행위를 하였을 경우 학교운영위원회의 심의를 거쳐 계약을 해지할 수 있다.<br>⑦ 그 밖에 학교운동부지도자의 자격기준, 임용, 급여, 신분, 직무 등에 필요한 사항은 대통령령으로 정한다. |
| 제12조의3<br>스포츠 분야<br>인권교육 등 | ① 국가와 지방자치단체는 학생선수의 인권보호를 위하여 학생선수와 학교운동부지도자를 대상으로 스포츠 분야 인권교육을 실시하여야 한다.<br>② 국가와 지방자치단체는 학생선수에 대한 폭력, 성폭력 등 인권침해가 발생한 때에는 학생선수와 학교운동부지도자를 대상으로 심리치료 및 안전조치를 하여야 한다. |
| 제13조<br>스포츠강사의<br>배치 | ① 국가 및 지방자치단체는 학생의 체육수업 흥미 제고 및 체육 활동 활성화를 위해 초등학교에 스포츠강사를 배치할 수 있다. |
| 제14조<br>유아 및 장애학생<br>체육 활동 지원 | ① 국가 및 지방자치단체는 유치원에 재원 중인 유아 및 일반학교·특수학교에 배치된 특수교육대상자에 대하여 적절한 체육 활동 프로그램을 운영해야 한다. |

**핵심예제**

**3-1.**「학교체육진흥법」제10조 '학교스포츠클럽 운영'의 내용에 해당하지 않는 것은? [2024]

① 학교스포츠클럽을 운영하는 경우 전담교사를 지정해야 한다.
② 전담교사에게 학교 예산의 범위에서 소정의 지도수당을 지급한다.
③ 활동 내용은 학교생활기록부에 기록하지만, 상급학교 진학 자료로 활용할 수 없다.
④ 학교의 장은 학교스포츠클럽을 운영하여 학생들의 체육활동 참여 기회를 확대해야 한다.

**3-2.** 학교체육진흥법의 제12조에서 규정하고 있는 내용으로 옳지 않은 것은? [2021]

① 교육감은 학교운동부지도자의 자질 향상 및 전문성 강화를 위하여 연수교육 계획을 수립하고, 이를 실시하여야 한다.
② 학교의 장은 학교운동부지도자가 학생선수의 학습권을 박탈하거나 폭력, 금품·향응 수수 등의 부적절한 행위를 하였을 경우 학교운영위원회의 심의를 거쳐 계약을 해지할 수 있다.
③ 국가 및 지방자치단체는 학교운동부지도자의 급여에 필요한 경비를 지원하도록 노력해야 한다.
④ 학교운동부지도자의 자격기준, 임용, 급여, 신분, 직무 등에 필요한 사항은 대통령령으로 정한다.

**3-3.** 학교체육진흥법의 제10조에서 규정하고 있는 학교장의 역할에 관한 내용으로 옳지 않은 것은? [2022]

① 학생들이 신체 활동 프로그램에 참여할 수 있도록 학교스포츠클럽을 운영하여 학생들의 체육 활동 참여기회를 확대하여야 한다.
② 학교스포츠클럽을 운영하는 경우 전문코치를 지정하여야 한다.
③ 학교스포츠클럽 활동 내용을 학교생활기록부에 기록하여 상급학교 진학자료로 활용할 수 있도록 하여야 한다.
④ 교육부령으로 정하는 바에 따라 일정 비율 이상의 학교스포츠클럽을 해당 학교의 여학생들이 선호하는 종목으로 운영하여야 한다.

| 해설 |

**3-1**
**학교스포츠클럽의 운영(「학교체육진흥법」 제10조 제4항)**
학교의 장은 학교스포츠클럽 활동내용을 학교생활기록부에 기록하여 상급학교 진학자료로 활용할 수 있도록 하여야 한다.

**3-2**
**학교운동부지도자(「학교체육진흥법」 제12조 제2항)**
국가는 학교운동부지도자의 자질 향상 및 전문성 강화를 위하여 연수교육 계획을 수립하고, 이를 실시하여야 한다. 이 경우 연수교육을 관련 단체에 위탁할 수 있다.

**3-3**
**학교스포츠클럽 운영(「학교체육진흥법」 제10조 제2항)**
학교의 장은 학교스포츠클럽을 운영하는 경우 학교스포츠클럽 전담교사를 지정하여야 한다.

정답 3-1 ③  3-2 ①  3-3 ②

## 핵심이론 04 국민체육진흥법(시행 2025. 9. 26)

① 목적 : 국민체육을 진흥하여 국민의 체력을 증진하고, 체육 활동으로 연대감을 높이며, 공정한 스포츠 정신으로 체육인 인권을 보호하고, 국민의 행복과 자긍심을 높여 건강한 공동체의 실현에 이바지함을 목적으로 한다.

② 주요 용어

| 구 분 | 내 용 |
|---|---|
| 체 육 | 운동경기·야외 운동 등 신체 활동을 통하여 건전한 신체와 정신을 기르고 여가를 선용하는 것 |
| 전문체육 | 선수들이 행하는 운동경기 활동 |
| 생활체육 | 건강과 체력 증진을 위하여 행하는 자발적이고 일상적인 체육 활동 |
| 선 수 | • 경기단체에 선수로 등록된 자<br>• 국가대표선수는 대한체육회, 대한장애인체육회 또는 경기단체가 국제경기대회(친선 경기대회 제외)에 우리나라의 대표로 파견하기 위하여 선발·확정한 사람 |
| 학 교 | 「초·중등교육법」 제2조 및 「고등교육법」 제2조에 따른 학교 |
| 체육지도자 | 학교·직장·지역사회 또는 체육단체 등에서 체육을 지도할 수 있도록 다음 어느 하나에 해당하는 자격을 취득한 사람<br>• 스포츠지도사 : 「국민체육진흥법」과 동 시행령에서 규정하고 있는 자격 종목에 대하여 전문체육이나 생활체육을 지도하는 사람<br>• 건강운동관리사 : 개인의 체력적 특성에 적합한 운동 형태, 강도, 빈도 및 시간 등 운동 수행 방법에 대해 지도·관리하는 사람<br>• 장애인스포츠지도사 : 장애 유형에 따른 운동방법 등에 대한 지식을 갖추고 … (중략) … 장애인을 대상으로 전문체육이나 생활체육을 지도하는 사람<br>• 유소년스포츠지도사 : 유소년의 행동양식, 신체발달 등에 대한 지식을 갖추고 … (중략) … 유소년을 대상으로 체육을 지도하는 사람<br>• 노인스포츠지도사 : 노인의 신체적·정신적 변화 등에 대한 지식을 갖추고 … (중략) … 노인을 대상으로 생활체육을 지도하는 사람 |
| 체육동호인 조직 | 같은 생활체육 활동에 지속적으로 참여하는 자의 모임 |
| 운동 경기부 | 선수로 구성된 국가, 지방자치단체, 학교나 직장 등의 운동부 |

| 항목 | 내용 |
|---|---|
| 체육단체 | 체육에 관한 활동이나 사업을 목적으로 설립된 법인이나 단체 |
| 도 핑 | 선수의 운동 능력을 강화시키기 위하여 문화체육관광부장관이 고시하는 금지 목록에 포함된 약물 또는 방법을 복용하거나 사용하는 것 |
| 경기단체 | 특정 경기 종목에 관한 활동과 사업을 목적으로 설립되고 대한체육회나 대한장애인체육회에 가맹된 법인이나 단체 또는 문화체육관광부장관이 지정하는 프로스포츠 단체 |
| 스포츠 비리 | • 회계부정, 배임, 횡령 및 뇌물수수 등 체육단체의 투명하고 민주적인 운영을 저해하는 행위<br>• 승부조작, 편파판정 등 운동경기의 공정한 운영을 저해하는 행위 |
| 체육진흥 투표권 | 운동경기 결과를 적중시킨 자에게 환급금을 내주는 표(票)으로서 투표 방법과 금액, 그 밖에 대통령령으로 정하는 사항이 적혀 있는 것 |

③ 국민체육진흥법 중 생활체육 관련 내용

| 항 목 | 내 용 |
|---|---|
| 제10조 직장체육의 진흥 | ① 국가와 지방자치단체는 직장체육 진흥에 필요한 시책을 마련하여야 한다.<br>② 직장의 장은 대통령령으로 정하는 바에 따라 체육동호인조직과 체육진흥관리위원회를 설치하는 등 직장인의 체력 증진과 체육 활동 육성에 필요한 조치를 마련하여야 한다.<br>③ 대통령령으로 정하는 직장에는 직장인의 체력 증진과 체육 활동 지도·육성을 위하여 체육지도자를 두어야 한다.<br>④ 「공공기관의 운영에 관한 법률」에 따른 공공기관 중 대통령령으로 정하는 기관과 대통령령으로 정하는 직장에는 한 종목 이상의 운동경기부를 설치·운영하고 체육지도자를 두어야 한다.<br>⑤ 직장체육에 관한 업무는 시장·군수·구청장(자치구의 구청장을 말한다)이 지도·감독한다. |
| 제11조 체육지도자의 양성 | ① 국가는 국민체육진흥을 위한 체육지도자의 양성과 자질 향상을 위하여 필요한 시책을 마련하여야 한다.<br>② 문화체육관광부장관은 대통령령으로 정하는 자격 요건을 갖춘 사람으로서 체육지도자 자격검정에 합격하고 체육지도자 연수과정을 이수한 사람에게 문화체육관광부령으로 정하는 바에 따라 체육지도자의 자격증을 발급한다. 다만, 학교체육교사 및 선수 등 대통령령으로 정하는 사람에게는 대통령령으로 정하는 바에 따라 자격검정이나 연수과정의 일부(성폭력 등 폭력 예방교육은 제외한다)를 면제할 수 있다. |
| 제12조 체육지도자의 자격취소 등 | ① 문화체육관광부장관은 체육지도자가 다음 각 호의 어느 하나에 해당하면 체육지도자 자격 운영위원회의 의결에 따라 그 자격을 취소하거나 5년의 범위에서 자격을 정지할 수 있다. 다만, 제1호부터 제4호까지의 어느 하나에 해당하면 그 자격을 취소하여야 한다.<br>1. 거짓이나 그 밖의 부정한 방법으로 체육지도자의 자격을 취득한 경우<br>2. 자격정지 기간 중에 업무를 수행한 경우<br>3. 체육지도자 자격증을 타인에게 대여한 경우<br>4. 제11조의5 각 호의 어느 하나에 해당하는 경우<br>5. 선수의 신체에 폭행을 가하거나 상해를 입히는 행위를 한 경우<br>6. 선수에게 성희롱 또는 성폭력에 해당하는 행위를 한 경우<br>7. 윤리 및 인권의식 향상을 위하여 매 2년마다 성폭력 등 폭력 예방교육 등의 내용이 포함된 재교육을 받지 아니한 경우<br>8. 그 밖에 직무수행 중 부정이나 비위 사실이 있는 경우 |
| 제12조의3 체육계 인권침해 및 스포츠비리 관련 명단 공개 | ① 문화체육관광부장관은 체육지도자 및 체육단체의 책임이 있는 자가 체육계 인권침해 및 스포츠비리와 관련하여 유죄판결이 확정되는 경우에는 운영위원회의 심의·의결을 거쳐 그 인적사항 및 비위 사실 등을 공개할 수 있다.<br>② 제1항에 따른 공개의 구체적인 내용 및 절차 등에 관하여 필요한 사항은 대통령령으로 정한다. |
| 제13조 체육시설의 설치 등 | ① 국가와 지방자치단체는 국민의 체육 활동에 필요한 시설의 적정한 확보와 이용에 필요한 시책을 마련하여야 한다.<br>② 국가와 지방자치단체는 장애인 체육 활동에 필요한 시설의 설치와 운영에 필요한 시책을 마련하여야 하며, 장애인이 체육시설을 우선적으로 이용할 수 있도록 필요한 조치를 할 수 있다.<br>③ 국가와 지방자치단체는 노인 체육 활동에 필요한 시설의 적정한 확보와 그 운영에 필요한 시책을 마련하여야 한다.<br>④ 직장의 장은 종업원의 체육 활동에 필요한 시설을 설치·운영하여야 하며, 학교의 체육시설은 학교 교육에 지장이 없는 범위에서 지역 주민에게 개방·이용되어야 한다.<br>⑤ 국가와 지방자치단체는 민간의 체육시설 설치를 권장하고 건전하게 운영되도록 하여야 한다.<br>⑥ 제1항부터 제5항까지에 따른 체육시설의 설치·이용 등에 필요한 사항은 따로 법률로 정한다. |

### 핵심예제

**4-1. 국민체육진흥법과 동 시행령 제2조에서 규정한 체육지도자의 명칭과 역할에 대한 설명이 적절하지 않은 것은?**

[2019]

① 스포츠지도사 – 초·중등학교 정규수업 보조 및 학교스포츠클럽을 지도하는 체육전문강사를 말한다.
② 노인스포츠지도사 – 노인의 신체적·정신적 변화 등에 대한 지식을 갖추고 … (중략) … 노인을 대상으로 생활체육을 지도하는 사람을 말한다.
③ 유소년스포츠지도사 – 유소년의 행동양식, 신체발달 등에 대한 지식을 갖추고 … (중략) … 유소년을 대상으로 체육을 지도하는 사람을 말한다.
④ 장애인스포츠지도사 – 장애 유형에 따른 운동방법 등에 대한 지식을 갖추고 … (중략) … 장애인을 대상으로 전문체육이나 생활체육을 지도하는 사람을 말한다.

**4-2. 국민체육진흥법 제12조의3의 내용 중 ㉠, ㉡에 해당하는 용어로 옳은 것은?**

[2021]

| 보기 |
| --- |
| 문화체육관광부장관은 체육지도자 및 체육단체의 책임이 있는 자가 체육계 인권침해 및 ( ㉠ )와/과 관련하여 ( ㉡ )이/가 확정되는 경우에는 운영위원회의 심의·의결을 거쳐 그 인적사항 및 비위 사실 등을 공개할 수 있다. |

|   | ㉠ | ㉡ |
| --- | --- | --- |
| ① | 폭 행 | 자격정지 |
| ② | 스포츠비리 | 유죄판결 |
| ③ | 폭 행 | 행정처분 |
| ④ | 스포츠비리 | 자격취소 |

### 해설

**4-1**
해당 설명은 '스포츠강사'에 대한 설명이다. '스포츠강사'란 「초·중등교육법」 제2조 제2호에 따른 초등학교에서 정규체육 수업 보조 및 학교스포츠클럽을 지도하는 체육전문강사를 말한다(학교체육진흥법 제2조 제7호).

**4-2**
**체육계 인권침해 및 스포츠비리 관련 명단 공개(「국민체육진흥법」 제12조의3 제1항)**
문화체육관광부장관은 체육지도자 및 체육단체의 책임이 있는 자가 체육계 인권침해 및 스포츠비리와 관련하여 유죄판결이 확정되는 경우에는 운영위원회의 심의·의결을 거쳐 그 인적사항 및 비위 사실 등을 공개할 수 있다.

**정답** 4-1 ① 4-2 ②

## 핵심이론 05 국민체육진흥정책

① 국민체육진흥에 관한 기본 시책(국민체육진흥법 시행령 제3조)(시행 2025. 4. 22.)
  ㉠ 생활체육의 진흥
  ㉡ 선수와 체육지도자의 보호·육성
  ㉢ 체육시설의 설치와 유지·보수 및 관리
  ㉣ 체육과학의 진흥
  ㉤ 여가 체육 활동의 육성·지원
  ㉥ 그 밖에 국민체육진흥에 관한 사항

② 체육진흥 정책과 계획의 수립
  ㉠ 문화체육관광부장관은 기본시책을 수립한 때에는 시·도지사에게 알려야 한다.
  ㉡ 문화체육관광부장관은 기본시책에 따라 연도별 국민체육진흥 시행계획을 수립하여 시행하여야 한다.
  ㉢ 시·도지사는 기본시책에 따라 체육 진흥 계획을 수립하여야 하며, 이를 자치구의 구청장에게 알려야 한다.
  ㉣ 자치구의 구청장은 체육 진흥 계획에 따라 자치구의 체육 진흥 계획을 수립하여 시행하여야 한다.
  ㉤ 지방자치단체의 장은 체육 진흥 계획과 그 추진 실적을 문화체육관광부령으로 정하는 바에 따라 문화체육관광부장관에게 제출하여야 한다.

③ 생활체육 활성화정책
  ㉠ 소외계층 체육 진흥정책 : 행복 나눔 스포츠 교실, 스포츠강좌이용권 사업, 스포츠 버스를 활용한 움직이는 체육관 및 작은 운동회 등
  ㉡ 동호인 체육 진흥정책 : 계층별 동호회 육성 및 리그 지원을 지속적으로 확대, 여성동호회 활동 지원 및 종목별 여성동호회 리그를 개최, 복합체육 프로그램을 운영·지원
  ㉢ 직장체육 진흥정책 : 직장인의 체력 및 건강진단, 운동 상담·지도 등을 지원, 생활체육친화형 우수 직장 인증제 운영
  ㉣ 유아체육 진흥정책 : 신체 활동 영역별 성취 기준을 활용 '체육 활동 성취 인증제' 도입, 유소년기 운동발달 측정시스템 개발을 통해 정상적 발육 발달 판단 근거를 제공

### 핵심예제

〈보기〉의 ㉠, ㉡에 해당하는 취약계층 생활스포츠 지원사업으로 옳은 것은? [2022]

├보기┤
㉠ 스포츠복지 사회 구현의 일환으로 저소득층 유·청소년(만5~18세)과 장애인(만12~23세)에게 스포츠강좌 혜택을 받을 수 있는 일정 금액의 이용권을 제공하는 사업이다.
㉡ 소외계층 청소년을 대상으로 다양한 체육 활동 참여기회를 제공함으로써 참여 형평성을 높이고 사회 적응력을 배양하는 것을 목적으로 시행되는 사업이다.

|   | ㉠ | ㉡ |
|---|---|---|
| ① | 여성체육 활동 지원 | 국민체력100 |
| ② | 국민체력100 | 스포츠강좌이용권 지원 |
| ③ | 스포츠강좌이용권 지원 | 행복나눔스포츠교실 운영 |
| ④ | 행복나눔스포츠교실 운영 | 여성체육 활동 지원 |

|해설|

㉠ 스포츠강좌이용권 지원 : 기초생활수급가정 유·청소년들에게 스포츠강좌이용권 카드(체크카드)를 지급하여 이용권 지정 시설에서 강좌비를 일정 부분 지원 받을 수 있도록 하는 복지사업이다.
㉡ 행복나눔생활체육교실 운영 : 소외계층 청소년을 대상으로 한 스포츠 체험기회를 제공하며 건전한 여가활동 환경 조성과 다양한 종목을 대상으로 하는 체험 교실을 운영한다.

정답 ③

## 제3절 | 스포츠교육의 참여자 이해론

### 핵심이론 06 스포츠교육 지도자의 구분과 역할

① 체육교육 전문가
  ㉠ 체육교사
  - 정규 체육 및 방과 후 체육을 포함한 학교체육 전반에 걸쳐 학생들이 신체 활동을 매개로 신체적·정신적·사회적·영적인 삶의 유기적인 조화를 이루며 성장할 수 있도록 조력하는 사람이다.
  - 체육학과 교육학은 물론 스포츠교육학에 대한 전문 지식과 교육자적 인격·자질이 요구된다.
  - 행정 업무, 운동부 업무, 교과 업무뿐만 아니라 학교체육 활성화를 위해 프로그램 계획, 조직, 조정, 예산, 관리 등의 업무를 관장한다.

  ㉡ 스포츠강사
  - 초등학교와 중학교에서 학교스포츠클럽 및 방과 후 체육 활동을 지도하거나 정규 체육수업의 보조 역할을 수행하는 체육지도자를 말한다.
  - 전문대학 및 대학에서 체육관련 학과를 이수한 자 중에서 초등학교 2급 정교사, 중등학교체육 2급 정교사, 실기교사 자격증, 생활스포츠지도사 2급 이상의 지도자 자격을 갖춘 사람을 말한다.
  - 학교스포츠클럽 리그 및 토너먼트 경기를 기획하고 운동프로그램을 개발한다.
  - 체육수업에 대한 흥미를 유발하고 즐거운 경험의 기회를 제공한다.

  > **스포츠강사의 재임용 평가사항(학교체육진흥법 시행령 제4조 스포츠강사의 자격기준 등)**
  > 스포츠강사 재임용 시에는 '강사로서의 자질, 복무 태도, 학생의 만족도'의 세 개 항목을 평가한 후 그 결과에 따라 재임용 여부를 결정하여야 한다.

② 스포츠지도전문인
  ㉠ 생활스포츠지도사
  - 다양한 스포츠 시설이나 체육 동호회 및 사회단체에서 자발적으로 운동에 참여하는 일반인들을 지도하는 체육전문가이다.
  - 해당 분야 실기 능력과 더불어 건강에 대한 지식과 책임감을 바탕으로 일반인들이 운동을 통해 행복과 삶의 질 향상을 꾀할 수 있도록 조력한다.
  - 생활체육 활동 목표 설정, 지도 기법 개발, 생활체육 프로그램 개발, 관련 재정 관리 등의 역할을 담당한다.

  ㉡ 전문스포츠지도사
  - 학교운동부, 실업팀이나 프로스포츠단 등에 소속된 코치나 감독 등의 지도자를 말한다.
  - 선수와 팀의 기량을 최대로 끌어올릴 수 있는 스포츠 과학 전문 지식과 종목에 대한 체계적이며 전문적인 지도 능력에 더해 리더십이 요구된다.
  - 각자의 숙련된 경기지도 경력과 연수기간 중 습득한 최신 스포츠과학 이론을 접목하여 경기력 향상을 도모한다.

  > **엘리트 선수 훈련을 위한 스포츠 과학 지원**
  > - 엘리트 선수를 위한 과학적 훈련 방법 연구 및 현장을 방문하여 기술훈련·체력훈련을 지원한다.
  > - 스포츠과학 교실 운영, 스포츠과학 세미나 개최, 연구발표회 등 훈련 과학화를 위한 정보를 제공한다.
  > - 정보 분석·제공을 위해 선수의 실전 적응력을 탐색하며, 종합적·입체적 기술분석 방법을 활용한다.

### 핵심예제

**6-1. 초등학교 스포츠강사의 역할에 대한 설명으로 옳지 않은 것은?** [2018]

① 학교스포츠클럽 및 방과 후 체육 활동 등을 지도한다.
② 담임교사의 보조를 받아 초등학교 정규 체육수업을 주도적으로 지도한다.
③ 체육수업에 대한 흥미를 유발하고 즐거운 경험의 기회를 제공한다.
④ 학교스포츠클럽 리그 및 토너먼트 경기를 기획하고 운동프로그램을 개발한다.

**6-2. 학교체육진흥법 시행령 제3조 '학교운동부지도자의 자격기준 등'에서 제시한 학교운동부지도자 재임용의 평가 내용이 아닌 것은?** [2023]

① 복무 태도
② 학교운동부 운영 성과
③ 인권교육 연 1회 이상 이수 여부
④ 학생선수의 학습권 및 인권 침해 여부

|해설|

**6-1**
초등학교 스포츠강사는 초등학교 정규 체육수업에서 보조 역할을 진행한다.

**6-2**
학교운동부지도자의 자격기준 등(학교체육진흥법 시행령 제3조 제4항)
학교의 장은 학교운동부지도자를 재임용할 때에는 다음 각 호의 사항을 평가한 후 그 결과에 따라 재임용 여부를 결정해야 한다.
• 직무수행 실적
  - 학생선수에 대한 훈련계획 작성, 지도 및 관리
  - 학생선수의 각종 대회 출전 지원 및 인솔
  - 훈련 및 각종 대회 출전 시 학생선수의 안전관리
  - 경기력 분석 및 훈련일지 작성
  - 훈련장의 안전관리
• 복무 태도
• 학교운동부 운영 성과
• 학생선수의 학습권 및 인권 침해 여부

정답 6-1 ② 6-2 ③

## 제4절 | 스포츠교육의 프로그램론

### 핵심이론 07 학교체육 프로그램과 슐만의 7가지 지식

① 학교체육 프로그램의 유형

  ㉠ 교과활동 : 체육교과의 체육수업으로, 정규교육과정의 교과 과목과 직접적으로 관련되어 있다.

  ㉡ 비교과활동 : 체육수업과 관계없이 학교에서 이루어지는 체육 활동으로 정규교육과정 이외에 개설되는 역량 강화 활동 프로그램을 말한다(창의적 체험활동 시간에 이루어지는 학교스포츠클럽, 방과 후에 이루어지는 학교스포츠클럽, 방과 후 체육활동, 운동부 활동 등 내신성적을 제외한 활동).

  • 재량활동 : 교육과정 결정 운영의 자율화로서 학습자와 지역사회의 요구, 학교의 상황과 학교장 및 교사들의 교육관에 따라 나름대로 전개할 수 있는 교육활동이다.

  • 창의적 체험활동 : 소질과 잠재력의 개발 및 신장, 공동체 의식 함양을 목표로 하며, 학교의 자율성을 강조하고 평가의 주안점도 각 학교에서 결정한다.

  • 중학교 '학교스포츠 클럽활동' : 정규교육과정의 교과활동에 편제되어 있지 않으며, 창의적 체험활동의 동아리활동에 매학기 편성하도록 하고 있다.

② 체육수업 프로그램

  ㉠ 체육수업의 개념

  • 학교에서 이루어지는 대표적인 학교체육 프로그램으로, '정과 체육수업' 또는 '체육수업'이라 일컫는다.

  • 체육과 교육과정에 근거해서 체계적인 계획을 통해 학습자들의 특성 및 요구를 반영하고 심동적·인지적·정의적 영역의 학습 내용을 통합적으로 조직하여 제공된다.

- 좋은 체육수업 프로그램은 학습자의 요구와 발달 상태, 흥미 등을 정확히 이해하여 수업의 주제를 선정하고, 이에 맞게 활동과 수업내용, 이용할 용기구, 평가방법 등을 결정해야 한다.

ⓒ 체육수업 프로그램 결정을 위한 슐만의 7가지 지식

| 교육과정 지식 | 참여자 발달단계에 적합한 내용과 프로그램에 대한 지식 |
|---|---|
| 교육환경 지식 | 수업에 영향을 미치는 환경에 대한 지식 |
| 교육목적 지식 | 교육목적·목표·교육시스템 구조에 대한 지식 |
| 내용 지식 | 교과내용에 대한 지식 |
| 내용교수법 지식 | 교과나 주제를 참여자 특성에 맞게 지도할 수 있는 방법에 대한 지식 |
| 지도방법 지식 | 모든 교과에 적용되는 지도법에 대한 지식 |
| 학습자와 학습자 특성 지식 | 수업에 참여하는 학습자에 대한 지식 |

ⓒ 메츨러(M. Metzler)의 교사 지식 3가지
- 명제적 지식 : 수업시간에 필요한 개념 지식으로, 교사가 글이나 말로 표현할 수 있는 지식
- 절차적 지식 : 명제적 지식을 활용하는 것으로 실제로 체육 프로그램 전·중·후에 교사가 적용할 수 있는 지식, 교사가 학습자에게 움직임 패턴을 연습할 수 있게 하고 이를 경기에 적용할 수 있는 지식, 학습자가 과제를 연습하는 동안 이를 관찰하고 정확한 피드백을 제공할 수 있는 지식
- 상황적 지식 : 교사가 특수한 상황에서 내리는 의사결정에 대한 지식으로, 왜·언제 등에 대한 정보를 제공

### 핵심예제

**7-1.** 〈보기〉에서 설명하는 슐만의 교사 지식으로 옳은 것은? [2021]

┤보기├
- 노인의 신체적·정신적 변화 등에 관한 지식
- 장애 유형에 따른 운동방법 등에 관한 지식
- 유소년의 행동양식, 신체발달 등에 관한 지식

① 교육과정 지식
② 교육환경 지식
③ 지도방법 지식
④ 학습자와 학습자 특성 지식

**7-2.** 〈보기〉에서 정 코치의 질문에 대한 각 지도자의 답변으로 적절하지 않은 것은? [2020]

┤보기├
- 정 코치 : 메츨러(M. Metzler)의 절차적 지식에 대해 간단히 설명해 주시기 바랍니다.
- 박 코치 : 지도자가 학습자에게 움직임 패턴을 연습할 수 있게 하고 이를 경기에 적용할 수 있는 지식입니다.
- 김 코치 : 학습자가 과제를 연습하는 동안 이를 관찰하고 정확한 피드백을 제공할 수 있는 지식입니다.
- 한 코치 : 지도자가 실제로 체육 프로그램 전, 중, 후에 적용할 수 있는 지식입니다.
- 이 코치 : 지도자가 개념을 설명할 수 있는 지식입니다.

① 박 코치
② 김 코치
③ 한 코치
④ 이 코치

|해설|

7-1
〈보기〉의 내용은 슐만의 교사 지식 중 수업에 참여하는 학습자에 대한 지식이다.

7-2
'이 코치'의 답변은 메츨러(M. Metzler)의 '명제적 지식'에 대한 설명이다.

정답 7-1 ④ 7-2 ④

**핵심이론 08** 학교스포츠클럽 프로그램

① 학교스포츠클럽의 개념
  ㉠ 정의 : 스포츠 활동에 취미를 가진 동일 학교의 일반 학생들로 구성되어 자율적으로 운영되는 스포츠클럽 또는 체육동아리를 의미한다.
  ㉡ 운 영
   • 운동 시간 및 경기 일정 등을 다양화하기 위해 방과 후 시간, 점심시간, 토요일 등을 활용하여 학급 및 학교스포츠클럽 대항 교내 스포츠 리그를 활성화하도록 한다.
   • 학교스포츠클럽의 리그는 교내 리그, 지역 교육청 리그 및 본선 대회, 학교스포츠클럽 전국대회로 분류된다.
   • 리그 유형에는 통합리그, 조별리그, 스플릿 리그 등이 있다.
   • 학교스포츠클럽의 활성화를 위해 단위학교는 학교스포츠클럽 리그를 운영한다.
   • 정규 교육 과정의 교과 활동에 편제되어 있지 않으며, 창의적 체험 활동의 동아리 활동에 매학기 편성하도록 하고 있다.
  ㉢ 활용 목적
   • 체력 저하가 심화된 학생들에게 정기적인 체육 활동의 기회를 제공한다.
   • 학생들의 자율체육 활동을 활성화하고 건강체력 증진과 활기찬 학교분위기를 조성한다.
   • 학생들의 체육 활동 및 체육 경기 참여 기회를 확대한다.

② 학교스포츠클럽의 교육적 가치
  ㉠ 신체적 가치 : 건강, 체력 등 신체 기능과 관련된 가치
  ㉡ 인지적 가치 : 학업 성적, 독해력과 수리력 등 지적 기능과 관련된 가치
  ㉢ 정의적 가치 : 성실과 정직, 협동심과 배려심 등 심리적 건강, 사회적 기술, 도덕적 인격과 관련된 가치
  ㉣ 기능적 가치 : 좋은 결과, 만족, 목표 성취 등을 만들어 내는 움직임에 대한 가치

③ 학교스포츠클럽 지도계획 시 고려사항
  ㉠ 학생의 운동 경험에 따른 자발적 참여를 유도한다.
  ㉡ 다양한 활동 시간을 고려하여 운영한다.
  ㉢ 스포츠와 관련된 문화 체험 기회를 제공한다.

---

**핵심예제**

현행 학교스포츠클럽에 대한 설명으로 적절하지 않은 것은?
[2018]

① 학교스포츠클럽은 방과 후, 점심시간, 토요일 등에 실시한다.
② 학교스포츠클럽 대회의 리그 유형에는 통합리그, 조별리그, 스플릿 리그 등이 있다.
③ 학교스포츠클럽의 활성화를 위해 단위학교는 학교스포츠 클럽 리그를 운영한다.
④ 학교스포츠클럽은 국가수준 교육과정 편성·운영 지침에 근거하여 운영된다.

|해설|
학교스포츠클럽이란 체육 활동에 취미를 가진 같은 학교의 학생으로 구성되어 학교가 운영하는 스포츠클럽을 말한다(「학교체육진흥법」 제2조 제5호).

정답 ④

**핵심이론 09** 생활체육 프로그램

① 생활체육 프로그램의 개념
  ㉠ 국민체육, 평생체육, 사회체육이란 용어와 함께 사용되어 왔다.
  ㉡ 생활체육은 시설, 전문스포츠지도사, 생활체육 프로그램, 생활체육 참여자로 구성된다.
  ㉢ 전문스포츠지도사와 생활체육 참여자를 연결시켜 주고 참여자의 요구를 충족시켜 줄 수 있는 효과적인 생활체육 프로그램이 중요하다.

② 생활체육 프로그램의 개발 기획
  ㉠ 생애주기별 참여자 선정과 프로그램 유형 선정을 바탕으로 생활체육 프로그램을 체계적으로 계획하는 작업을 말한다.
  ㉡ 체계적인 기획을 위해 기관의 철학적 이해, 요구조사, 프로그램 목적 및 목표 설정, 프로그램 계획, 프로그램 실행, 프로그램 평가절차가 바탕이 되어야 한다.

③ 생활체육 프로그램의 요구분석
  ㉠ 요구분석 : 생활체육 프로그램 개발에 필요한 자료를 얻기 위해 사전에 프로그램을 필요로 하는 지역사회와 참여자의 요구에 대한 분석 절차를 말한다.
  ㉡ 요구조사 : 연령·성별·선호도·경제 수준 등을 조사하는 등 인구통계학적 특성을 고려하여, 생활체육 참여도·기존 프로그램 만족도·지도자에 대한 만족도 등 다양한 내용을 질문하는 것이다.
  ㉢ 요구분석 결과 : 기존의 생활체육 프로그램을 개선하고 새로운 프로그램을 개발하는 데 활용한다. 해석의 타당도가 중요하다.

④ 스포츠 프로그램의 유형과 경기 운영 방식
  ㉠ 프로그램의 유형
    • 개인운동형 : 개인의 운동 동작 습득 및 움직임 놀이
    • 집단운동형 : 집단운동 및 놀이
    • 지도형 : 개인운동, 대인운동, 집단운동 등 다양한 스포츠 활동에 대한 지도
    • 경기대회형 : 동호인 리그전, 종목별 연합회 대회 등(스포츠 종목별 경기방법과 규칙을 적용한 프로그램 운영)
    • 축제형 : 가족체육대회, 스포츠체험 축제 등
  ㉡ 대회의 경기운영 방식
    • 통합리그 : 참가한 팀이 다른 팀과 모두 최소 한 번씩 경기를 치르는 방식으로, 승패 결과를 누적 기록하여 순위를 산정한다. 순위가 고착화될 가능성이 높다.
    • 조별리그 : 복수의 조를 편성하여 조별로 경기하고 그 결과에 따라 순위를 산정한다. 패배한 팀이 즉각 탈락하는 토너먼트 대회보다 늦게 진행된다.
    • 녹다운 토너먼트 : 패배한 팀은 탈락하고 승리한 팀끼리 다음 경기를 진행하여 최종 우승팀을 가리는 방식이다. 패배한 팀의 순위를 산정하기 어렵다.
    • 스플릿 토너먼트 : 단일 리그로 순위를 산정하여 상위 50% 팀과 하위 50% 팀을 각각 다른 조에 편성하여 조별 리그를 진행하는 방식이다. 동일한 경기 수를 보장한다.

⑤ 생활체육 프로그램 목표 설정 시 고려사항
  ㉠ 프로그램 시행 이후에 달성하고자 하는 상태 및 능력을 제시해야 한다.
  ㉡ 프로그램을 구성하는 구체적인 활동 내용을 세부적으로 명확하게 기술해야 한다.
  ㉢ 프로그램을 전개하는 과정에서 일관된 기본 지침의 역할을 하도록 설정한다.
  ㉣ 프로그램 목표 달성 정도를 평가할 수 있는 기준을 설정한다.
  ㉤ 프로그램 목표는 목적과 일관성을 유지하고 단일 목표보다 복합적인 목표를 동시에 수립하여야 하며, 목표 간 우선순위와 실현 가능성을 고려해야 한다.

### 핵심예제

**9-1.** 〈보기〉에서 생활스포츠 프로그램의 교육목표 진술에 관한 설명으로 옳은 것을 모두 고른 것은? [2022]

┌─ 보기 ─────────────────────────┐
㉠ 프로그램의 목표는 추상적으로 진술한다.
㉡ 학습 내용과 기대되는 행동을 동시에 진술한다.
㉢ 스포츠 참여자에게 기대하는 행동의 변화에 따라 동사를 다르게 진술한다.
㉣ 해당 스포츠 활동이 끝났을 때 참여자에게 나타난 최종 행동 변화 용어로 진술한다.
└───────────────────────────────┘

① ㉠, ㉡
② ㉢, ㉣
③ ㉠, ㉡, ㉢
④ ㉡, ㉢, ㉣

**9-2.** 지역 스포츠클럽 대회의 경기 운영 방식에 관한 설명으로 옳은 것은? [2017]

① 통합리그는 순위가 고착화될 가능성이 높다.
② 조별리그는 토너먼트 대회보다 빠르게 진행된다.
③ 녹다운 토너먼트는 우승팀 이외의 순위를 산정하기 쉽다.
④ 스플릿 토너먼트는 모든 팀에게 동일한 경기 수를 보장하지 않는다.

|해설|

**9-1**
생활스포츠 프로그램 교육 목표 진술 시 목표는 구체적·세부적으로 진술해야 한다.

**9-2**
통합리그는 참가한 팀이 다른 팀과 모두 최소 한 번씩 경기를 치르는 방식으로, 승패 결과를 누적 기록하여 순위를 산정하여 순위가 고착화될 가능성이 높다.

정답 9-1 ④  9-2 ①

---

### 핵심이론 10 마튼스(R. Martens)의 전문체육 프로그램 지도 개발 단계

① **1단계 - 선수에게 필요한 기술 파악**
코치는 스포츠기술 지도와 더불어, 선수들이 스포츠를 통해 훌륭한 선수로 성장할 수 있도록 바람직한 인성을 함양시킬 수 있도록 지도해야 한다.

② **2단계 - 선수 이해**
선수들의 신체적·심리적·사회적 발달단계를 파악해야 한다. 현재 체력, 건강 상태 등에 대한 면밀한 분석, 사전 운동 경험, 기술 수준, 운동에 대한 열정 및 동기, 개인의 성격 및 팀 내에서의 동료와의 관계 등 선수 개개인에 대한 충분한 이해가 필요하다.

③ **3단계 - 상황 분석**
팀 안팎의 상황은 훈련 기간 동안 직·간접적인 영향을 미치기 때문에 지도계획 수립을 위해 먼저 주변 상황에 대한 분석이 필요하다. 선수의 수, 연습 및 훈련 공간, 기자재, 보조 지도자의 활용 가능 여부, 팀의 분위기, 학부모와의 관계, 학교 또는 학부모의 지원 여부 등을 파악하여 계획의 수립 및 실행에 부정적인 영향을 미치는 요소들을 개선해야 한다.

④ **4단계 - 우선순위 결정 및 목표 설정**
현재 상황에서 언제, 무엇을, 어떻게 해야 할지에 대한 확실한 순서가 결정되면 스포츠 지도를 위한 목표가 정해진다. 우선순위를 결정하기 전에 지도해야 할 기술을 구체적으로 나열한 체크리스트를 만들어 중요도를 표시해 나가면 도움이 된다. 목표는 단기, 중기, 장기 목표를 설정한다. 목표는 구체적이고 성취 가능한 것이어야 한다.

⑤ **5단계 - 지도 방법 선택**
우선순위와 목표가 정해졌으면 지도 방법을 선택해야 한다. 지도 방법은 성공적인 기술 수행을 위한 전술이 아니라 기술 및 연습에서 효율적이고 효과적으로 지식, 기능, 태도 등을 전달하는 과정이다. 그렇기 때문에 목표에 따라 다양한 지도 방법이 사용될 수 있다.

지도 방법에는 직접형, 과제형, 상호형, 유도발견형, 문제해결형 등이 있다.

⑥ 6단계 – 연습계획 수립

무엇을 가르치고 무엇을 연습해야 할지에 대한 내용이 결정되면 시즌 계획과 일일 지도 계획을 수립해야 한다. 지도의 수준과 범위를 어떻게 결정할지에 대한 우선순위와 목표가 정해졌으면, 체계적으로 지도할 수 있는 연습 계획을 수립해야 한다.

### 스포츠 인성교육의 조건
- 스포츠 활동에서 바람직한 행동을 지속적으로 반복하도록 한다.
- 학습자가 올바른 도덕적 의식을 가지고 자율적으로 실천하도록 한다.
- 지도자가 바람직한 인성의 역할 모델로서 스포츠맨십의 모범을 보여 준다.
- 스포츠 활동을 통해 규칙준수, 존중, 자기절제, 협동 등을 배우며 인간의 도덕적·사회적 인성을 기르도록 지도한다.

#### 핵심예제

〈보기〉의 ㉠, ㉡에 들어갈 말로 옳은 것은? [2022]

| 보기 |
마튼스(R. Martens)가 제시한 전문체육 프로그램 개발 6단계는 ( ㉠ ), 선수 이해, 상황 분석, 우선순위 결정 및 목표 설정, ( ㉡ ), 연습계획 수립이다.

| | ㉠ | ㉡ |
|---|---|---|
| ① | 스포츠에 대한 이해 | 공간적 맥락 고려 |
| ② | 선수 발달단계에 대한 이해 | 전술 선택 |
| ③ | 선수단(훈련)규모 설정 | 체력 상태의 이해 |
| ④ | 선수에게 필요한 기술 파악 | 지도 방법 선택 |

|해설|
선수에게 필요한 기술 파악 → 선수 이해 → 상황 분석 → 우선순위 결정 및 목표 설정 → 지도 방법 선택 → 연습계획 수립

정답 ④

## 제5절 | 스포츠교육의 지도방법론

### 핵심이론 11 직접교수모형

① 개 요
  ㉠ 교사가 수업의 리더 역할을 한다.
  ㉡ 교사가 주도하는 참여 형태로 교사 중심의 의사결정이 이루어진다.
  ㉢ 긍정적 피드백과 교정적 피드백을 선호하며, 강화는 높은 비율로 제공된다.
  ㉣ 교사는 학습자에게 명확한 학습 목표를 제시하고, 높은 비율로 피드백을 제시한다.

② 학습 영역의 우선순위 : 심동적 영역(1순위) – 인지적 영역(2순위) – 정의적 영역(3순위)

- 체육교육의 영역
  - 정의적 영역 : 감정이나 가치, 태도, 인성 등의 보이지 않는 것들이 포함된 영역이다.
  - 인지적 영역 : 논리, 지식, 개념, 이론적 원리 등을 포함하는 영역이다.
  - 심동적 영역 : 근육의 발달과 사용 그리고 신체의 운동을 조절하는 신체능력에 관한 인간행동을 포함하는 영역이다.
- 블룸(B. Bloom)의 인지적 영역 수준
  - 지식(기억) : 사전에 학습된 정보를 의식 속에 간직하거나 회상해 내는 능력
  - 이해 : 의사전달 내용을 알게 되고, 또 거기에 포함된 자료나 아이디어의 의미를 파악하는 능력
  - 적용 : 정보를 구체적으로 적용하는 능력
  - 분석 : 어떤 사실이나 현상을 하위 구성요소로 분류하고, 요소들 간의 상호관계를 이해하는 능력으로, 경기 상황에 따라 적절한 전략을 세우는 것
  - 종합 : 부분을 전체로 통합할 수 있는 능력
  - 평가 : 가치판단을 하는 능력

③ 교수·학습의 주도성을 결정하는 요인 : 내용 선정, 수업 운영, 과제 제시, 참여 형태, 교수적 상호작용, 학습 진도, 과제 전개

④ 지도계획 시 주안점
  ㉠ 시간에 구애받지 않고 전체 단원 내용을 계획하고 내용 범위와 결과에 대한 초안을 작성한다.
  ㉡ 단원 계획을 미리 세우면 그 단원에서 앞으로 배워야 할 내용과 남아 있는 시간에 따라 수업을 조정할 수 있다.
  ㉢ 학습자에게 다양한 방법으로 과제를 제시하고, 가능하면 교수 매체를 사용한다.
  ㉣ 학습자 중심 평가를 수시로 실시하고, 학습자 스스로 가능한 학습 과제를 정하게 된다.
  ㉤ 학습자가 기다리는 시간이 없도록 충분한 학습 스테이션을 마련한다.
  ㉥ 단순히 계획된 학습 내용만 가르치려고 하지 말고, 단원에 있는 각 기능 또는 지식 영역의 도달 기준을 학습자들이 시연해 볼 수 있도록 방법을 제공한다.
⑤ 수업의 단계 : 로젠샤인(B. Rosenshine)
  ㉠ 전시 과제 복습 : 이전 수업 내용을 간단히 복습한다. 이전에 배웠던 가장 핵심적인 기능이나 개념들을 다루어야 한다.
  ㉡ 새로운 과제 제시 : 수업 도입단계가 끝나면 교사는 바로 학생이 배우게 될 새로운 내용(개념, 지식, 기능)을 제시한다.
  ㉢ 초기 과제 연습 : 구조화된 연습으로 이어지고, 학생은 주어진 과제를 능숙하게 수행하기 위해서 연습을 시작한다.
  ㉣ 피드백 및 교정 : 학습자에게 초기 학습 과제와 함께 순차적으로 과제 연습이 이루어지는 과정이다. 교사는 다음 과제로 이동할 준비가 되었는지를 확인하기 위해 몇 가지 주요 운동 수행 단서를 다시 가르치거나 몇 가지 이전 학습 과제를 되풀이할 수 있다.
  ㉤ 독자적인 연습 : 교사는 여전히 학습 활동을 설계하고 그들을 위해 과제를 제시하지만, 진도에 대해서는 학생 스스로 결정할 수 있도록 한다.
  ㉥ 본시 복습 : 교사는 학생이 이전의 수업 내용을 얼마나 기억하고 있는지를 확인하고, 학생에게 새로운 내용은 이전의 내용을 토대로 형성됨을 알려준다.

**핵심예제**

11-1. 체육 활동에서 지도자와 학생 간 교수·학습의 주도성(Directiveness)을 결정하는 요인으로 옳지 않은 것은?
[2017]

① 학습 목표  ② 내용 선정
③ 수업 운영  ④ 과제 전개

11-2. 〈보기〉에서 설명하는 로젠샤인의 직접교수모형 단계로 옳은 것은?
[2020]

┤보기├
• 이 단계는 학습자에게 초기 학습 과제와 함께 순차적으로 과제 연습이 이루어지는 과정이다.
• 지도자는 학습자에게 다음 과제를 제시하기 위해 핵심 단서(Cue)를 다시 가르치거나 이전 학습 과제를 되풀이할 수 있다.

① 피드백 및 교정
② 비공식적 평가
③ 새로운 과제 제시
④ 독자적인 연습

11-3. 직접교수모형에 관한 설명으로 적절하지 않은 것은?
[2023]

① 학습 영역의 우선순위는 심동적 영역이다.
② 스키너(B. Skinner)의 조작적 조건화 이론에 근거한다.
③ 지도자 중심으로 의사결정이 이루어져 학습자의 과제 참여 비율이 감소한다.
④ 수업의 단계는 전시 과제 복습, 새 과제 제시, 초기 과제 연습, 피드백과 교정, 독자적 연습, 본시 복습의 순으로 진행된다.

| 해설 |

**11-1**
내용 선정, 수업 운영, 과제 제시, 참여 형태, 교사-학습자와의 상호작용, 학습 진도, 과제 전개의 총 7가지 요인이 학습 주도성을 결정하는 요인이다. 학습 목표는 학습의 주도성을 결정하는 요인과 가장 거리가 멀다.

**11-2**
핵심 단서를 다시 가르치거나 이전 학습 과제를 되풀이한다는 것은 피드백한다는 것을 의미한다.

**11-3**
**직접교수모형**
직접교수모형에서는 지도자 중심으로 의사결정이 이루어지므로 수업 시간을 효과적으로 이용할 수 있다. 이때, 교사는 학습자가 연습 과제와 기능 연습에 많이 참여토록 안내하며, 학습자가 연습하는 것을 관찰하고 피드백을 제공하기 때문에 학습자의 과제 참여 비율이 높다.

정답 11-1 ① 11-2 ① 11-3 ③

## 핵심이론 12 개별화지도모형

① 개 요
  ㉠ 수업 진도는 학습자가 결정한다.
  ㉡ 학습자는 학습 과제를 계열성에 따라 자신에게 맞는 속도로 배운다.
  ㉢ 학습 과제는 전체 단원의 내용 목록을 결정할 때 설정되며, 가르칠 기능 및 지식 영역에 대한 과제 분석을 통해 이루어진다.
  ㉣ 학습자에게 주어지는 학습 과제 모듈은 과제 제시, 과제 구조, 오류 분석, 수행 기준에 대한 정보를 포함한다.
② 학습 영역의 우선순위 : 심동적 영역(1순위) - 인지적 영역(2순위) - 정의적 영역(3순위)
③ 지도 계획 시 주안점
  ㉠ 사전에 전체 단원 내용을 계획하고 범위와 계열을 설정한다. 그 후에 각 기능과 지식 영역에서 학생이 과제를 완수하는 데 걸리는 소요 시간을 결정한다. 소요 시간을 결정할 때 명심해야 할 것은 교사의 입장이 아닌 학습자의 입장을 고려해야 한다는 것이다.
  ㉡ 개별 학습지에서 답을 찾을 수 있는 질문에는 답하지 않는다는 것을 명심한다. 그 시간은 다른 학습자와의 상호작용에 활용한다.
  ㉢ 과제 제시에는 CD, 과제 카드 등 다양한 방법을 모색하고 가능하면 교수 매체를 활용한다.
  ㉣ 충분한 스테이션을 확보하여 학생들의 대기 시간을 최소화한다.
  ㉤ 매 시간 후 학습자의 개인 학습지를 수거한다. 이렇게 하면 다음 시간에 잊고 두고 오거나 분실하는 것을 예방할 수 있다.

④ 수업의 설계
　㉠ 개별화지도모형의 기본적인 설계는 각 학생들에게 수업 관리 정보, 과제 제시, 과제 구조, 수행 기준과 오류 분석이 포함된 학습 활동 및 평가를 하나의 묶음으로 구성하여 수업자료로 제공하는 것이다.
　㉡ 학습자들은 학습 활동의 계열에 따라 각 단계에서 정해진 수행 기준을 충족하면 다음 단계로 넘어가게 된다.

### 핵심예제

**12-1.** 〈보기〉에서 설명하는 수업 주도성 프로파일의 특성을 나타내는 체육수업 모형으로 옳은 것은? [2021]

┌─ 보기 ─────────────────────────┐
- 학습자는 각 과제의 수행 기준에 도달할 책임이 있다.
- 학습자는 많은 피드백과 높은 수준의 언어적 상호작용의 기회를 갖는다.
- 지도자는 내용선정과 과제제시를 주도하고, 학습자는 수업 진도를 결정한다.
└──────────────────────────────┘

① 전술게임모형
② 협동학습모형
③ 개별화지도모형
④ 개인적·사회적 책임감지도모형

**12-2.** 메츨러(M. Metzler)의 개별화지도모형의 주제로 적절한 것은? [2023]

① 지도자가 수업 리더 역할을 한다.
② 나는 너를, 너는 나를 가르친다.
③ 유능하고, 박식하며, 열정적인 스포츠인으로 성장한다.
④ 학습자가 가능한 한 빨리, 필요한 만큼 천천히 학습 속도를 조절한다.

|해설|

**12-1**
개별화지도모형에서는 학습자가 수업 진도를 결정한다. 지도자는 과제 제시 및 학습과 동기유발을 위해 학습자들과 상호작용하는 역할을 하고, 학습자는 교사 도움 없이 자율적으로 학습하며 학습 과제를 계열성에 따라 자신에게 맞는 속도로 배운다.

**12-2**
**개별화지도모형**
메츨러의 개별화지도모형은 '수업 진도는 학생이 결정한다'를 주제로 교수학습이 진행되며, 해당 모형에서는 학습자가 가능한 한 빨리, 필요한 만큼 천천히 자기주도적 연습을 수행할 수 있다.

정답 12-1 ③  12-2 ④

### 핵심이론 13 협동학습모형

① 개 요
- ㉠ 서로를 위해 서로 함께 배우기
- ㉡ 귀인이론에 기초한 교수 전략이다.
- ㉢ 책임감 있는 팀원이 되고, 자신의 잠재 능력을 최대로 개발하며, 팀의 성공을 위해서 자신의 능력에 맞게 공헌하는 것에 의미를 둔다.

② 학습 영역의 우선순위
- ㉠ 인지적 학습에 초점을 둘 때 : 정의적 영역(1순위) = 인지적 영역(1순위), 심동적 영역(2순위)
- ㉡ 심동적 학습에 초점을 둘 때 : 정의적 영역(1순위) = 심동적 영역(1순위), 인지적 영역(2순위)

③ 협동학습모형의 지도 목표
- ㉠ 긍정적인 팀 관계 격려
- ㉡ 상호작용을 기반으로 개인의 책임감 증진
- ㉢ 자아존중감 개발

④ 협동학습모형의 세 가지 개념
- ㉠ 팀 보상 : 교사에 의해 제시된 기준에 도달하는 팀에게는 누적 점수, 특혜, 공개적인 인정 또는 점수 등의 보상이 제공된다.
- ㉡ 개인 책무성 : 모든 팀원의 수행이 팀 점수 또는 평가에 포함되기 때문에 모든 학습자는 팀의 과제 수행을 위해 노력해야 한다.
- ㉢ 학습 성공에 대한 평등한 기회 제공 : 가능한 이질적인 소집단으로 구성하며 전체 팀의 운동 수행 능력이 평등하도록 구성해야 한다.

⑤ 지도 계획 시 주안점
- ㉠ 운동 기능 수준, 성, 인종, 지적 능력, 창의성, 리더십 등과 같은 특성을 고려하여 가능한 한 이질적으로 팀을 선정한다.
- ㉡ 팀이 선정되면 팀이 무엇이 부족한지를 생각하지 않도록 한다.
- ㉢ 해당 단원이 추구하는 목표를 가장 잘 촉진시킬 수 있는 협동학습 전략을 신중하게 선택한다.
- ㉣ 높은 수준의 학습 도전을 제공하고 문제 해결을 위해 학습자들의 다양한 능력이 요구되는 학습 과제와 문제를 설계한다.
- ㉤ 학습 과제와 문제를 명확하게 계획하고, 학습자들이 명료하게 이해할 수 있는 많은 기회를 제공한다.
- ㉥ 학습 과제와 문제를 계획할 때 루브릭 또는 다른 평가 방법을 포함한다.
- ㉦ 루브릭 또는 평가 전략은 운동 수행뿐만 아니라 학습자와 팀의 협동을 모니터할 수 있는 방법을 포함해야 한다.
- ㉧ 유념할 점은 학습 과제와 문제를 완성하는 방법을 학습자들에게 제공하는 것이 아니라, 학습과제와 문제를 수행할 수 있도록 충분한 정보와 자료를 제공하는 것이다.
- ㉨ 좋은 학생과 팀의 협력 사례를 찾아서 수업 종료 시간에 학습자들에게 알려 주어 강조한다.

> **루브릭**
> - 평가 기준을 명확하게 제시하여 학습자가 평가 과정에 적극적으로 참여할 수 있도록 하는 도구
> - 평가 기준을 세분화하여 학습자가 스스로 성취 기준을 이해하고 목표에 도달할 수 있도록 도움

⑥ 과제제시와 과제구조
- ㉠ 교사에 의한 과제 제시는 없고 대신 학습자 스스로 주어진 과제를 조직해서 문제를 해결해야 한다. 교사는 과제가 무엇인지만을 알려 주고, 과제를 완수하는 구체적인 방법은 알려 주지 않는다.
- ㉡ 과제구조는 학습자-팀 성취배분(STAD), 팀 경쟁학습(TGT), 팀 보조수업(TAI), 직소(Jigsaw), 집단연구(GI)가 있다.

> **직소(Jigsaw)**
> 교사는 팀을 나누고 기술, 지식 또는 게임 등의 여러 과제에 팀을 배정한다. 모든 팀원들은 자신의 팀에 할당된 과제를 익힌 후, 교사가 되어 다른 팀에게 그 내용을 가르쳐 준다. 평가는 다른 팀을 지도하는 지도 능력에 기초하여 이루어진다.

### 핵심예제

〈보기〉에 적힌 박 코치의 수업 일지 내용 중 ㉠, ㉡에 해당하는 용어로 옳은 것은? [2021]

┤보기├

골프 수업에 참여한 학습자들이 골프 규칙을 비롯해, 골프와 유사한 스포츠의 개념적 특징을 비교·분석할 수 있도록 ( ㉠ ) 목표를 제시하였다. … (중략) … 또한 각 팀의 1등은 다른 팀의 1등끼리, 2등은 다른 팀의 2등끼리 점수를 비교하여 같은 등수에서 높은 점수를 얻은 학습자에게 정해진 상점을 부여했다. 이와 같이 협동학습모형의 과제 구조 중 ( ㉡ )전략을 사용하였다.

|   | ㉠ | ㉡ |
|---|---|---|
| ① | 정의적 | 직 소 |
| ② | 정의적 | 팀-보조 수업 |
| ③ | 인지적 | 팀 게임 토너먼트 |
| ④ | 인지적 | 학생 팀-성취 배분 |

|해설|

㉠ 인지적 영역 : 논리, 지식, 개념, 이론적 원리 등을 포함하는 영역이다.
㉡ 팀 게임 토너먼트(팀 경쟁 학습, TGT) : 학생을 팀 별로 나누고, 할당된 학습 과제를 1차 연습하며 모든 팀의 팀원들은 1차 연습이 끝나면 팀 별로 시험을 본다. 각 팀에서 1등, 2등, 3등, 4등 점수를 받은 사람은 다른 팀에서 같은 등수인 학생의 점수와 비교한다. 같은 등수에서 높은 점수를 얻은 학생에게 일정한 상점을 부여한 후 2차 연습을 한다. 2차 연습을 한 후 1차 평가 때와 마찬가지로 같은 등수끼리 점수를 비교한다. 게임이 끝난 후에 가장 높은 점수를 받은 팀이 승리 팀이 된다.

정답 ③

### 핵심이론 14 스포츠교육모형

① 개 요
  ㉠ 참여자들이 스포츠에서 다양한 역할을 경험하여 유능하고 박식하며 열정적인 스포츠인으로 성장하도록 하기
  ㉡ 학습자에게 실제적이고 교육적으로 풍부한 스포츠 경험을 제공해야 한다.
  ㉢ 체육 프로그램에 참여한 학습자들이 스포츠, 무용, 신체 활동에서 실제로 즐거운 학습 경험을 가질 수 있도록 한다.

② 학습 영역의 우선순위 : 심동적·인지적·정의적 세 가지 영역의 균형을 이루며, 우선순위는 학습 영역에 따라 달라진다.

③ 지도 계획 시 주안점
  ㉠ 학습자가 감당할 수 있는 정도의 의사결정의 권한과 책임을 부여한다. 학습자 스스로 다양한 역할을 선택하고 수행하게 될 때 동기유발이 적극적으로 이루어지며, 더 많은 것을 학습하게 된다.
  ㉡ 학습자가 맡아야 할 의사결정의 권한과 책임이 어디까지인지 명확하게 규정한다.
  ㉢ 교사가 책임져야 할 권한과 학생이 책임져야 할 책임에서 권한의 경계를 명확하게 구분해야 한다.
  ㉣ 팀 선정을 비공개로 진행해야 한다. 주장들이 팀 구성원을 지명하는 방식은 많은 부작용을 초래할 수 있다.

④ 스포츠 교육모형의 6가지 핵심적인 특징
  ㉠ 시즌 : 연습 기간, 시즌 전 기간, 정규시즌 기간, 최종경기를 포함한다.
  ㉡ 팀 소속 : 시즌 동안 한 팀의 일원으로 참여한다.
  ㉢ 공식 경기 : 경기의 공정성과 더 나은 경기 참여를 위해 시즌을 조직하고 의사결정에 참여한다.
  ㉣ 결승전 행사 : 시즌은 팀 경쟁, 개인 경쟁 등 다양한 형태로 마무리한다.

ⓜ 기록 보존 : 경기 수행에 대해 기록하고 분석한다.
ⓑ 축제화 : 시즌 동안 경기는 축제 분위기 속에서 진행된다.

### 핵심예제

**14-1.** 참여자들이 스포츠에서 다양한 역할을 경험하여 '유능하고 박식하며 열정적인 스포츠인'으로 성장하는 데 목적을 두고 있는 체육수업 모형은? [2016]
① 직접교수모형
② 스포츠교육모형
③ 개별화지도모형
④ 전술게임모형

**14-2.** 시덴탑(Siedentop)이 제시한 스포츠교육모형의 6가지 핵심적인 특성으로 옳지 않은 것은? [2021]
① 축제화
② 팀 소속
③ 유도연습
④ 공식경기

|해설|

**14-1**
스포츠교육모형의 세 가지 주요 목적은 유능한 스포츠인, 박식한 스포츠인, 열정적인 스포츠인이며, 시즌, 팀 소속, 공식경기, 결승 전 행사, 기록 보존, 축제화라는 여섯 가지 특성이 있다.

**14-2**
스포츠교육모형의 6가지 요소는 '시즌, 팀 소속, 공식경기, 결승 전 행사, 기록 보존, 축제화'가 있다.

**정답** 14-1 ② 14-2 ③

---

### 핵심이론 15  동료교수모형

① 개 요
  ㉠ 나는 너를, 너는 나를 가르친다.
  ㉡ 몇몇 학습자가 학습 과정에서 다른 학습자를 보조하기 위해 많은 교수 기능을 담당하는 학습 환경을 의미한다.
  ㉢ 직접교수모형의 이론적 배경 및 근거에 기초하며 직접교수의 기본적인 운영 방식과 유사하지만, 수업에서 누가 교수 전략을 실행하는가에 따라 차이가 있다.
  ㉣ 사회성 학습을 강조한다(개인교사, 학습자, 조, 학생).

② 학습 영역의 우선순위
  ㉠ 개인교사일 경우 : 인지적 영역(1순위) - 정의적 영역(2순위) - 심동적 영역(3순위)
  ㉡ 학습자일 경우 : 심동적 영역(1순위) - 인지적 영역(2순위) - 정의적 영역(3순위)

③ 지도 계획 시 주안점
  ㉠ 개인교사의 역할은 교사의 눈, 귀, 목소리라는 것을 말하고 개인교사에 대한 기대를 분명하게 제시한다.
  ㉡ 교사는 개인교사에게 학생들의 학습을 돕기 위해 행하는 것을 보여 주고, 수업 계획에서 이를 위한 훈련 시간을 마련한다.
  ㉢ 개인교사는 평가 목적으로 가장 적합한 관찰 체크리스트를 활용하게 된다. 관찰 체크리스트는 교사가 심동적 영역에 해당하는 운동 수행을 관찰하고 정확하게 수행된 움직임 또는 기술을 기록하기 쉽다.
  ㉣ 학습자와 개인교사를 평가한다.

④ 주요 개념
  ㉠ 개인교사 : 수업 도중 교사의 역할을 담당하는 학습자
  ㉡ 학습자 : 개인교사의 관찰 및 평가하에서 수업에 참여하는 자

ⓒ 조 : 개인교사와 학습자의 짝으로 구성된 단위
ⓔ 학생 : 아직 개인교사나 학습자의 역할을 수행하지 않은 자

**핵심예제**

㉠, ㉡에 들어갈 말로 옳은 것은? [2022]

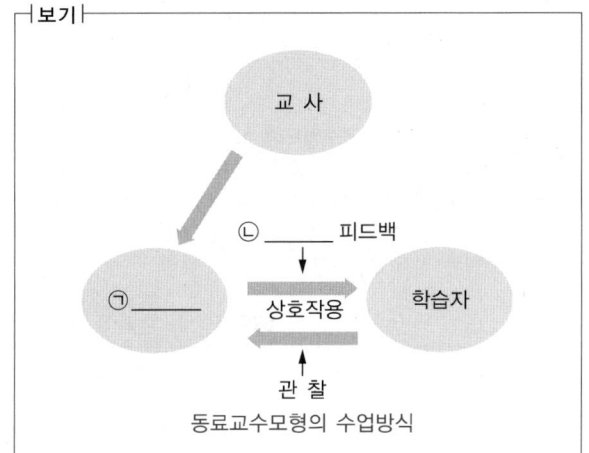

보기
동료교수모형의 수업방식

|  | ㉠ | ㉡ |
|---|---|---|
| ① | 관찰자 | 교정적 |
| ② | 개인교사 | 중립적 |
| ③ | 개인교사 | 교정적 |
| ④ | 교 사 | 가치적 |

|해설|
동료교수모형의 특징은 주기적으로 개인교사와 학습자의 역할이 바뀌는 것이다. 따라서 학습자와 상호작용하는 ㉠은 개인교사이다. 교사는 개인교사에게 간접적인 형태로만 상호작용하고 개인교사가 학습자에게 직접적인 교정적 피드백을 제공한다. 따라서 ㉡은 교정적 피드백이다.

정답 ③

## 핵심이론 16 탐구수업모형

① 개 요
  ㉠ 문제 해결자로서의 학습자
  ㉡ 교사의 질문이 지도 방법의 핵심으로, 체육수업 중 문제 해결 중심의 지도에 활용할 수 있는 모형이다.
  ㉢ 학습자들이 움직임을 통해 지식을 표현하기 전에 내용을 인지적으로 과정화할 필요가 있다.
  ㉣ 문제의 규명, 문제의 제시, 문제에 대한 유도 설명, 최종 해답의 규명 및 정교화, 분석 평가, 논의를 위한 발표 등이 이루어진다.
  ㉤ 심동적 영역에서 학생의 표현력, 창의력, 기능 숙달의 개발을 돕는다.

② 학습 영역의 우선순위 : 인지적 영역(1순위) – 심동적 영역(2순위) – 정의적 영역(3순위)

③ 지도 계획 시 주안점
  ㉠ 내용 전개는 학습자가 높은 수준의 신체적, 인지적 수행을 보일 때 행해야 한다.
  ㉡ 교사는 질문하되 가능한 한 답하지 말고, 학습자가 스스로 답을 찾도록 지도해야 한다.
  ㉢ 교사는 많은 시간을 들여 질문을 작성하고 수업 계획을 구성해야 한다.

④ 모형의 설계
  ㉠ 교사는 질문함으로써 문제를 구성하고 한 가지 이상의 가능한 해답을 찾아내도록 시간을 할당한다.
  ㉡ 일반적으로 문제는 인지적 영역에서 해결되어야 하는데, 그것은 학습자가 주요 개념을 이해하고 교사의 질문에 대한 해답을 찾아낸 증거로서 '움직임 대답'을 형성하기 전에 이루어진다.

### 핵심예제

**16-1. 문제해결 중심의 지도에 활용할 수 있는 체육수업 모형이나 방식으로 적절한 것은?** [2017]

① 적극적 교수
② 직접교수모형
③ 탐구수업모형
④ 상호학습형 스타일

**16-2. 탐구수업모형에서 학습 영역의 우선 순위로 옳은 것은?** [2017]

① 인지적 영역 → 심동적 영역 → 정의적 영역
② 인지적 영역 → 정의적 영역 → 심동적 영역
③ 심동적 영역 → 인지적 영역 → 정의적 영역
④ 심동적 영역 → 정의적 영역 → 인지적 영역

**16-3. 〈보기〉에서 메츨러(M. Metzler)의 탐구수업모형에 관한 설명으로 옳은 것을 모두 고른 것은?** [2023]

┤보기├
- ㉠ 모형의 주제는 '문제해결자로서의 학습자'이다.
- ㉡ 학습 영역의 우선순위는 심동적, 인지적, 정의적 순이다.
- ㉢ 지도자는 학습자가 '생각하고 움직이기'를 할 수 있도록 과제를 제시한다.
- ㉣ 지도자의 질문에 학습자가 바로 대답하지 못하는 경우 즉시 답을 알려준다.

① ㉠, ㉢
② ㉡, ㉢
③ ㉠, ㉡, ㉢
④ ㉠, ㉡, ㉣

| 해설 |

**16-1**
문제 해결 중심의 지도에 활용할 수 있는 체육수업 모형은 탐구수업모형이다. 교사는 질문함으로써 문제를 구성하고 한 가지 이상의 가능한 해답을 찾아내도록 시간을 할당한다. 일반적으로 문제는 인지적 영역에서 해결되어야 한다.

**16-2**
탐구수업모형은 질문 중심의 수업으로 인지적 → 심동적 → 정의적 영역 순서로 우선순위를 둔다.

**16-3**
**메츨러(M. Metzler)의 탐구수업모형**
- ㉡ 학습 영역의 우선순위는 인지적 〉심동적 〉정의적 순이다.
- ㉣ 학습자가 질문에 바로 대답하지 못할 경우, 즉시 답을 알려주기보다는 사고를 정교화할 수 있게 단서나 피드백을 제공하여 스스로 답을 찾을 수 있게 한다.

**정답** 16-1 ③  16-2 ①  16-3 ①

## 핵심이론 17 전술게임모형

① 개 요
  ㉠ 이해 중심 게임 지도 : 학습자는 자신이 이해한 것을 게임에 적용하여 수행한다.
  ㉡ 기술발달과 게임 수행에 필요한 전술 지식을 학습하기 위해 게임 구조에 대한 흥미를 활용한다.
  ㉢ 모의 활동은 반드시 정식 게임을 대표할 수 있어야 하며, 실제 게임을 수행하기 전에 전술 기능 개발에 초점을 둘 수 있도록 상황이 과장되어야 한다.

② 학습 영역의 우선순위 : 인지적 영역(1순위) – 심동적 영역(2순위) – 정의적 영역(3순위)

③ 전술게임모형에 따른 스포츠의 유형

| 구 분 | 내 용 |
| --- | --- |
| 필드형 스포츠 | • 넓은 공간에서 치고 달리기, 던지고 받기 등을 하면서 목표 지점을 많이 돌아오는가를 겨루는 경기 예 야구, 소프트볼, 티볼 등<br>• 공격과 수비가 번갈아 진행되므로 경기 상황에 맞는 자기 역할을 수행하도록 지도<br>• 자기 역할에 대한 책임감이 무엇보다 중요<br>• 공격하는 팀의 공격 기회가 일정하게 보장 |
| 영역형 스포츠 | • 상대 팀 영역을 침범하여 득점하거나 상대방 공격을 막아 내는 경기 예 축구, 농구, 핸드볼, 하키 등<br>• 공을 가진 팀이 공격하고 그렇지 않은 팀은 수비<br>• 잦은 신체 접촉과 거친 플레이를 이겨 낼 수 있는 강한 체력과 정신력, 지구력이 필요<br>• 공격과 수비가 수시로 바뀌기 때문에 경기 상황에 따른 자기 역할을 빠르게 인지·수행해야 하고, 공간을 효율적으로 사용할 줄 알아야 함 |
| 네트형 스포츠 | • 네트를 사이에 두고 공격 또는 수비하는 경기 예 배드민턴, 탁구, 테니스, 배구 등<br>• 공격수는 상대방이 받지 못할 공간으로 공을 보내는 전략을 습득하고, 수비수는 빈 공간을 주지 않고 공격을 막아 내는 기능과 전략을 습득해야 함<br>• 상대팀과의 신체 접촉이 없고, 공격과 수비가 수시로 바뀌기 때문에 다음 경기 상황을 예측하는 것이 필요 |
| 표적형 스포츠 | • 표적을 맞히는 것을 중점으로 두며, 경기 성적에서 정확도가 가장 중요한 경기 예 당구, 골프, 볼링, 크로켓 등 |

④ 지도 계획 시 주안점
  ㉠ 교육 내용은 항상 기술이 아닌 전술적 문제에 근거해야 한다.
  ㉡ 게임 형식을 가능한 한 단순하게 구성하되, 실제 게임과 유사하게 만든다.
  ㉢ 학생들이 너무 오랫동안 한 게임에 참여하지 않도록 유의한다.

⑤ 진행 단계 : 게임 소개 → 게임 이해 → 전술 인지 → 의사결정 → 기술 연습 → 실제 게임 수행

⑥ 전술게임모형에서 활용되는 변형 게임의 종류
  ㉠ 스크리미지(Scrimmage) : 전술 측면의 변형 게임으로, 티칭모멘트가 발생할 경우 게임을 멈출 수 있는 완전 게임의 형태이다. 점수를 기록하지 않거나 특정 규칙을 적용하지 않고, 게임의 특정 장면을 반복 수행하게 함으로써 게임 상황에 대한 또 다른 시각을 키우는 데 도움이 된다.
  ㉡ 리드-업 게임(Lead-up Game) : 기능 측면의 변형게임이다. 정식 게임을 단순화한 형태로 기능 측면에 초점을 맞추었기 때문에, 구기의 기초적 기능을 학습하는 데 용이하다.

> **변형 게임**
> • 학생의 발달단계에 적합하도록 규칙, 점수, 경기장 크기, 게임시간 등을 변경하여 전술과 기술의 반복 연습
> • 정규 농구 골대의 높이 낮추기, 반(Half)코트 경기 운영, 배구공 대신 소프트 배구공 사용 등

### 핵심예제

**17-1.** ⟨보기⟩에서 설명하는 알몬드(L. Almond)의 게임 유형으로 옳은 것은? [2021]

┤보기├
- 야구, 티볼, 크리켓, 소프트볼 등 팀 구성원 모두가 공격과 수비에 번갈아 참여한다.
- 개인의 역할 수행이 경기에 중요한 영향을 미치므로, 자신의 역할에 대한 이해와 책임감이 강조된다.

① 영역(침범)형
② 네트형
③ 필드형
④ 표적형

**17-2.** ⟨보기⟩와 같이 종목을 구분하는 근거로 옳은 것은? [2022]

┤보기├
- 영역형 – 농구, 축구, 하키, 풋볼
- 네트형 – 배드민턴, 배구, 탁구
- 필드형 – 야구, 소프트볼, 킥볼
- 표적형 – 당구, 볼링, 골프

① 포지션의 수
② 게임 전술의 전이 가능성
③ 기술(Skill)의 특성
④ 선수의 수

**17-3.** 배구 수업에서 운동기능이 낮은 학습자의 참여 증진을 위한 스포츠 지도 방법으로 적절하지 않은 것은? [2023]

① 네트 높이를 낮춘다.
② 소프트한 배구공을 사용한다.
③ 서비스 라인을 네트와 가깝게 위치시킨다.
④ 정식 게임(Full-sided Game)으로 운영한다.

|해설|

**17-1**
자기 역할에 대한 책임감이 무엇보다 중요하며 대표적인 스포츠로 야구, 티볼, 소프트볼 등이 있는 게임 유형은 필드형 스포츠이다.

**17-2**
전술게임모형에서는 게임 전술의 전이 가능성에 따라 종목을 구분한다.

**17-3**
**지도방법론**
운동 기능이 낮은 학습자의 참여 증진을 위해 학습자의 흥미를 이끌어내기 위한 게임에 참여시킬 수 있다. 이때, 정식 게임에 먼저 참여케 하기보다는 변형 게임에 먼저 참여케 하는 것이 적절하다. 선지의 ①·②·③은 ④의 정식 규칙을 변형한 규칙이다.

**정답** 17-1 ③  17-2 ②  17-3 ④

## 핵심이론 18 개인적 · 사회적 책임감지도모형

① 개 요
  ㉠ 통합, 전이, 권한 위임, 교사-학생의 관계
  ㉡ 체육에서 가르쳐야 하는 내용의 대부분이 학생 스스로와 타인에 대한 책임을 어떻게 져야 하는지 그 방법을 연습하고 배우는 기회들을 제공한다.
  ㉢ 책임감과 신체 활동이 별개의 학습 성과가 아니므로 동시에 추구하고 성취되어야 한다.
  ㉣ 교사는 책임감과 의사결정 학습을 체육 프로그램의 내용 학습과 별개로 취급해선 안 되며, 학생들은 적절한 의사결정과 행동을 통해 책임감 수준의 향상을 보여야 한다.

② 학습 영역의 우선순위 : 교사에 의해 학습 목표 및 우선순위가 결정된다.

③ 지도 계획 시 주안점
  ㉠ 항상 학생 개인의 현행 수준을 알고, 학급에서 가장 많이 일어나는 수준에 맞춰서 대부분의 수업활동을 계획한다.
  ㉡ 이 모형에서는 과정이 학습 향상으로 연결되므로, 전략을 활용하기 위해서는 충분한 시간이 필요하다.
  ㉢ 학생이 보다 낮은 수준에서 행동하고 결정할 때 '퇴보'를 예상하고 계획해야 예측이 가능하다.

④ 헬리슨(D. Hellison)의 책임감 수준 단계

| 구 분 | | 내 용 |
|---|---|---|
| 0단계 | 무책임감 | • 참여의지가 전혀 없음<br>• 다른 사람을 방해함 |
| 1단계 | 타인의 권리와 감정 존중 | • 타인을 고려하면서 참여<br>• 타인을 방해하지 않음 |
| 2단계 | 참여와 노력 | • 의무감이 없는 자발적 참여<br>• 자기동기부여 |
| 3단계 | 자기 방향 설정 | • 교사 없이 과제 완수<br>• 자기 목표 설정 및 자기 평가 가능 |
| 4단계 | 돌봄과 배려 | • 먼저 모범을 보이며 경청 · 대응<br>• 다른 사람의 요구와 감정 인정 |
| 5단계 | 전 이 | • 같은 상황에 처한 다른 사람에게 피드백 제공<br>• 학습한 배려를 일상 생활에서 실천하기<br>• 훌륭한 역할 본보기 |

### 핵심예제

헬리슨(D. Hellison)이 제시한 개인적 · 사회적 책임감 수준과 사례로 옳지 않은 것은? [2022]

① 타인의 권리와 감정 존중 - 타인에 대해 상호 협력적이고 다른 학생들을 돕고자 한다.
② 참여와 노력 - 새로운 과제에 도전하며 노력하면 성공할 수 있다고 여긴다.
③ 자기 방향 설정 - 지도자가 없는 상황에서도 자신이 수립한 목표를 달성한다.
④ 일상 생활로의 전이 - 체육 수업을 통해 학습한 배려를 일상 생활에 실천한다.

|해설|
헬리슨(D. Hellison)의 개인적 · 사회적 지도모형의 책임감 수준에서 '타인의 권리와 감정 존중'은 타인을 방해하지 않는 수준에 그친다. 타인에 대해 상호 협력적이고 다른 학생들을 돕고자 하는 것은 가장 높은 단계인 '전이'에 해당한다.

정답 ①

## 핵심이론 19 하나로수업모형

① 개 요
  ㉠ 운동의 안과 밖을 하나로, 동시에 겪는 것이다.
  ㉡ 배우는 교과 내용으로서의 스포츠를 그 스포츠의 본 모습에 가장 가까운 형태로 체험하기 위한 것이다.
  ㉢ 총체적 스포츠 체험을 통해서 나의 겉모습과 속모습이 하나가 되는 기회를 갖는 것이다.
  ㉣ 학교 내에서 배우는 내용들이 학교 밖 일상 생활에서도 실제적으로 활용되고, 학교 밖에서 배운 것들이 수업 시간에 배우는 내용에 구체적으로 적용되는 것이다.

② 활동 및 목표
  ㉠ 직접체험 활동(기법적 차원) : 스포츠를 잘하는 것(기능, 전술, 게임)
  ㉡ 간접체험 활동(심법적 차원) : 스포츠를 잘 아는 것(전통, 정신, 안목)

③ 수업내용
  ㉠ 학생들은 스포츠 기능을 습득하고 시합을 실시하는 것 이외의 수업 활동과 학습 과제를 진행한다. 이 다양한 활동과 과제들은 그 성격상 '직접적 체험을 겪게 하는 것'과 '간접적 체험을 도와주는 것'들로 크게 나눌 수 있으며, 수업을 위한 과제는 직접체험을 위한 것과 간접체험을 위한 것들로 구성된다.
  ㉡ 학생들은 작은 소집단으로 나뉘고, 그 안에서 각자의 역할을 담당한다. 특히 이 '패' 안에서는 각 구성원의 역할 분담이 기본적으로 이루어진다. 이는 조금 더 책임 있는 수업 활동의 참여와 자기주도적인 학습 활동을 원활히 하는 데 필수적인 요소라고 할 수 있다.

### 핵심예제

하나로수업모형에서 〈보기〉의 내용이 의미하는 학습 활동은?
[2017]

┌ 보기 ┐
• 스포츠의 심법적 차원(전통, 안목, 정신)을 가르친다.
• 스포츠를 잘 알 수 있도록 한다.
• 스포츠 문화에로의 입문을 도와준다.

① 기능체험  ② 예술체험
③ 직접체험  ④ 간접체험

|해설|
스포츠의 심법적 차원을 가르치고 잘 아는 것에 대한 도움을 제공해주는 것은 간접체험 활동이다.

정답 ④

## 핵심이론 20 링크(J. Rink)의 체육수업방식 유형

① 적극적 수업
   ㉠ 교사 중심으로 이루어지는 직접 교수방법이다.
   ㉡ 초급자에게 가장 효과적이다.
   ㉢ 구조화된 과제에 효과적인 수업 형태이다.

② 과제식 수업(스테이션 수업)
   ㉠ 둘 이상의 과제들이 한 학습 환경에서 동시에 진행되도록 구성한다.
   ㉡ 스테이션 교수 형태로, 수준별 학습이 가능하며 결과지향적인 과제를 선택한다.
   ㉢ 질적 과제에는 부적합하며, 새로운 학습보다 복습에 유리하다.

③ 동료 수업
   ㉠ 2~3명의 학생들로 수업단위를 구성한다.
   ㉡ 교사가 개발한 체크리스트를 바탕으로 개인교사 또는 보조교사가 개인지도를 하는 형태이다.
   ㉢ 사회성 부재 시에는 활용하기 어렵다.

④ 질문식 수업
   ㉠ 과제를 질문식의 형태로 제시한다.
   ㉡ 개념과 원리를 학습할 때 유리하다.
   ㉢ 개인차를 고려하기 때문에 내용의 개별화가 가능하다.

⑤ 협동학습
   ㉠ 5명 내외의 소모둠을 구성하여 진행한다.
   ㉡ 협동 및 협력을 통해 사회·정의적 영역 발달에 도움이 된다.
   ㉢ 교사가 제시한 과제에 대해 각 소집단은 과제 수행에 대한 모든 내용을 스스로 결정한다.

⑥ 팀 교수
   ㉠ 교사 그룹을 통해 이루어지는 학습자 지도 형태이다.
   ㉡ 수업의 흥미와 동기를 촉진하지만, 교사들 사이의 의견 조율이 중요하다.

⑦ 자기지도식 수업
   ㉠ 학습자 스스로 진도를 조절하여 학습하는 형태이다.
   ㉡ 자율학습이기 때문에 학습자의 책임감이 중요하다.
   ㉢ 동료교수와 함께 사용되기도 한다.

### 핵심예제

〈보기〉는 이 코치의 수업을 관찰한 일지의 일부이다. ㉠, ㉡에 알맞은 용어로 바르게 묶인 것은? [2019]

┌ 보기 ┐

관찰일지
2019년 5월 7일
이 코치는 학습자들에게 농구 드리블의 개념과 핵심단서를 가르쳐 주고, 시범을 보였다. 설명과 시범이 끝나고 "낮은 자세로 드리블을 5분 동안 연습하세요."라는 과제를 제시하였다. … (중략) … 이 코치는 ( ㉠ )을 활용했고, 과제 참여 시간의 비율이 높은 수업을 운영했다. 수업의 마지막에는 질문식 수업을 활용했다. "키가 큰 상대팀 선수에게 가로막혔을 경우 어떻게 해야 합니까?"라는 ( ㉡ ) 질문을 통해 학습자가 다양한 대안을 찾을 수 있도록 했다.

|   | ㉠ | ㉡ |
|---|---|---|
| ① | 적극적 수업 | 확산형 |
| ② | 과제식 수업 | 가치형 |
| ③ | 동료 수업 | 확산형 |
| ④ | 협동 수업 | 가치형 |

|해설|

㉠은 교수자가 직접 개념과 핵심단서를 가르쳐 주고 시범을 보였으므로 '적극적 수업'에 해당하며, ㉡의 학습자가 경험한 적 없는 상황에 대한 질문은 '확산형 질문'에 해당한다.

정답 ①

## 핵심이론 21 스포츠 지도를 위한 준비

① 스포츠 지도를 위한 준비 단계
  ㉠ 지도자는 자신이 가르칠 수 있는 내용의 수준이 어느 정도인지 고려한다.
  ㉡ 학습자의 성취 결과뿐만 아니라 향상 정도를 평가할 수 있는 방법을 계획한다.
  ㉢ 지도의 목표가 모방일 경우에는 지시자, 창조일 경우에는 촉진자의 역할이 필요하다.
  ㉣ 행동 목표는 운동 수행 조건, 성취 행동, 운동 수행 기준을 고려하여 설정한다.

② 스포츠 지도 계획
  ㉠ 가능한 시설과 용구, 시간, 참여자 수 등을 고려해야 한다.
  ㉡ 프로그램 목표가 명확하게 진술되어야 한다.
  ㉢ 내용의 범위와 계열성을 확인해야 한다.
  ㉣ 평가 절차가 포함되어야 한다.

③ 스포츠지도자의 전문성 구성 요소
  ㉠ 개인적 특성 : 배려심, 선천적인 기질, 열정, 믿음 등 심리적 측면의 전문성
  ㉡ 지식 : 교수 내용과 관련된 전문 지식
  ㉢ 철학 : 도덕성 및 가치관
  ㉣ 기술 : 교수 방법과 관련된 기술적 전문성

④ 지도 계획안 작성
  ㉠ 성공적인 학습 지도를 위해 반드시 해야 할 일로, 목적과 목표를 구체적인 학습 경험과 내용으로 전환하는 과정이다.
  ㉡ 진행할 학습 과제, 각 과제에 배정한 시간 등을 포함한다.
  ㉢ 과제 전달 방법 및 과제 수행 조건, 교수 단서 등을 포함한다.
  ㉣ 학습 목표는 학습자 특성을 중심으로 작성한다.
  ㉤ 예상치 못한 상황이 발생했을 때를 대비하여 대안적 계획을 수립한다.

### 핵심예제

메츨러의 스포츠지도를 위한 교수·학습 과정안(지도계획안) 작성 요소와 방법으로 옳은 것은? [2021]

| | 작성 요소 | 작성 방법 |
| --- | --- | --- |
| ① | 학습 목표 | 학습목표는 추상적으로 작성 |
| ② | 수업 정리 | 과제의 내용을 구조화하고, 제시 방법을 기술 |
| ③ | 학습 평가 | 평가 시기, 평가의 관리 및 절차상의 고려 사항을 제시 |
| ④ | 수업 맥락 기술 | 과제의 중요도에 따라 학습활동 목록을 작성 |

|해설|

교수·학습 과정안 작성 순서와 작성 요소는 다음과 같다.
- 수업 맥락의 간단한 작성 : 수업 맥락(학습자, 시간, 시수, 장소, 차시 등)에 대한 간단한 작성은 교사가 다음 시간에 그 내용을 지도할 때 수업을 상기할 수 있도록 도와준다.
- 학습 목표 : 구체적 목표(한 수업 당 1~3개의 목표)를 세워야 한다.
- 시간과 공간의 배정
- 학습 활동 목록 : 학생이 수행해야 하는 과제 순서로 만들어져야 한다.
- 과제 제시와 과제 구조 : 과제 제시에 적합한 모형과 단서를 사용해야 하고, 학생에게 방향을 제시할 과제 구조에 대한 설명이 있어야 한다.
- 평가 : 수업 목표를 평가할 수 있는 방법(평가 시간 배정, 평가 운영 방법)이 서술되어야 한다.
- 수업 정리 및 종료 : 교수자와 학습자에게 목표 달성과 성취감을 부여하면서 학습자의 해산이 신속하게 이루어져야 한다.

정답 ③

## 핵심이론 22 움직임기능에 적합한 학습 과제의 사례

① 비이동운동기능 : 공간 이동이 없고 물체 또는 도구를 사용하지 않는 운동기능을 말한다.
   예 균형 잡기, 팔굽혀펴기
② 이동운동기능 : 물체 또는 도구를 사용하지 않고 공간 이동을 포함한 신체 운동을 말한다.
   예 걷기, 두 발 뛰기, 한 발 뛰기
③ 물체조작기능
   ㉠ 손이나 몸에 고정시키지 않은 상태에서 도구를 조작하는 운동을 말한다.
   ㉡ 일반적인 물체는 공, 훌라후프, 배턴 등이다.
   예 훌라후프 던지고 받기, 배구 공 토스하기 등
④ 도구조작기능
   ㉠ 물체를 통제하기 위한 목적으로 용구나 기구를 한 손 또는 두 손으로 다루는 운동을 말한다.
   ㉡ 일반적인 도구는 배트, 라켓, 글러브, 클럽 등이다.
   예 골프에서 퍼팅하기, 배트로 공을 치기 등
⑤ 전략적 움직임과 기능
   ㉠ 역동적인 상황(일반적으로 게임)에 적용되는 움직임 형태를 말한다.
   ㉡ 어떤 특정한 결과를 산출하는 데 필요한 운동기능과 상황적 의사결정 과정이 결합된 형태이다.
   예 야구의 도루, 축구의 패스 패턴을 따라 달리는 활동
⑥ 움직임 주제
   ㉠ 복잡한 운동 패턴을 점진적으로 발달시키기 위해 기본 운동기능과 움직임 개념을 결합한 것을 말한다.
   ㉡ 기본 운동기능에는 비이동 운동, 이동 운동, 물체조작 운동, 도구조작 운동이 있다.
   ㉢ 움직임 개념이란 공간인지(어디로 몸을 움직이는가?), 노력(몸을 어떻게 움직이는가?), 관계(신체 일부와 다른 물체, 도구 등의 관계)에 대한 것이다.
⑦ 표현 및 해석적 움직임 : 능숙한 기술을 습득하나 어떤 성과를 거두기 위한 운동이 아닌, 느낌·개념·생각·주제를 표현하기 위해 이루어지는 움직임을 말한다.
   예 노래를 듣고 몸으로 표현하기

### 핵심예제

〈보기〉의 ㉠~㉢에 들어갈 기본 움직임 기술을 바르게 제시한 것은?    [2024]

| 기본 움직임 | 예시 |
| --- | --- |
| ( ㉠ ) | 걷기, 달리기, 뛰기, 피하기 등 |
| ( ㉡ ) | 서기, 앉기, 구부리기, 비틀기 등 |
| ( ㉢ ) | 치기, 잡기, 배팅하기 등 |

|   | ㉠ | ㉡ | ㉢ |
| --- | --- | --- | --- |
| ① | 이동 움직임 | 비이동 움직임 | 표현 움직임 |
| ② | 전략적 움직임 | 이동 움직임 | 표현 움직임 |
| ③ | 전략적 움직임 | 이동 움직임 | 조작 움직임 |
| ④ | 이동 움직임 | 비이동 움직임 | 조작 움직임 |

| 해설 |
**움직임 기술의 분류**

| 구 분 | | 내 용 |
| --- | --- | --- |
| 이동성 운동 | 이동 | • 공간상의 이동이 있고, 물체 및 도구를 사용하지 않는 운동기능<br>예 걷기, 달리기, 피하기 |
| | 비이동 | • 공간상의 이동이 없고, 물체 및 도구를 사용하지 않는 운동기능<br>예 균형 잡기, 구부리기, 비틀기 |
| 조작성 운동 | 물체조작 | • 물체 및 도구를 사용하나, 그것을 몸에 고정하지 않고 사용하는 운동기능<br>예 던지기, 토스하기, 차기 |
| | 도구조작 | • 물체 및 도구를 사용하나, 하나를 사용하여 다른 하나를 움직이게 만드는 운동기능<br>예 라켓 휘둘러 공 맞히기 |

정답 ④

## 핵심이론 23 과제의 조직과 전달

① 발달적 과제의 조직
  ㉠ 링크(J. Rink)의 학습 과제 발달단계
    - '시작형 – 확장형 – 세련형 – 적용형' 과제 순서로 전개
    - 시작형(전달) 과제 : 기초적인 단계의 학습 과제
    - 확장형 과제 : 난이도와 복잡성이 추가된 과제
    - 세련형(세련) 과제 : 기능의 질적 측면에 집중된 학습 과제
    - 적용형(응용) 과제 : 학습한 운동 기능을 실제 상황에 활용할 수 있도록 제작한 학습 과제
    - 확장형 과제는 난이도와 복잡성이 덧붙여진 형태의 과제이고, 세련형 과제는 폼이나 느낌과 같이 운동 기능의 질적인 측면에 초점이 맞춰진 과제이다.
  ㉡ 적절한 학습 과제의 기능
    - 폐쇄기능 과제 : 환경의 변화에 영향을 받지 않는 기능으로, 양궁, 사격, 볼링 등이 해당된다.
    - 개방기능 과제 : 환경의 변화에 영향을 받아 요구조건이 변화하는 기능으로, 팀 스포츠가 이에 해당된다.

② 과제의 전달
  ㉠ 학습 단서 : 어떤 학습 과제에서 가장 중요한 특징을 학생에게 전달하기 위해 지도자가 사용하는 단어나 문장
    - 정확성 : 학습 단서는 정확해야 효과적이다.
    - 간결성 : 학습 단서는 요점이 있고 간결해야 한다.
    - 적절성 : 학습자의 연령과 학습 단계에 적합해야 한다.

---

- 학습 단서의 형태
  - 언어 단서(Verbal Cue) : 말을 통한 정보(구두정보)
  - 비언어적 단서(Nonverbal Cue) : 지도자의 몸짓, 손짓, 시범동작, 표정, 시선, 자세 등
  - 조작 단서(Manipulative Cue) : 지도자가 의사전달을 위해 학습자의 신체를 올바른 자세로 직접 고쳐주는 방법
  - 시청각 단서(Audiovisual Cue) : 그림, 사진, 동영상 등 시청각 매체를 활용하는 방법
- IT 매체 활용의 효과
  - 학습자의 동기유발(흥미유발, 내적 동기 강화)
  - 과제에 대한 체계적 관찰의 효율성 증가
  - 피드백 제공(정확한 피드백, 많은 양의 피드백, 즉각적인 피드백)
  - 의사소통 향상(학습자와 지도자, 학습자와 학습자)

---

  ㉡ 질문의 활용
    - 회상형(회고적) 질문 : 기억 수준의 질문이다.
    - 수렴형(집중적) 질문 : 경험했던 내용을 분석·통합하는 데 필요한 질문이다.
    - 확산형(분산적) 질문 : 경험한 적 없는 문제 상황을 해결하는 데 필요한 질문이다.
    - 가치형(가치적) 질문 : 가치판단에 따른 선택·태도·의견을 표현하는 질문이다.

③ 학습자에게 지도 과제를 전달하는 방법
  ㉠ 스포츠 경험이 많지 않은 학습자에게는 구체적인 언어 전달이 필요하다.
  ㉡ 개방기능의 단서는 복잡한 환경을 폐쇄기능의 연습 조건 수준으로 단순화시켜 제공한다.
  ㉢ 집중력이 높지 않은 어린 학습자에게는 말이나 행동 정보 외에 매체를 활용하면 효과적이다.

## 핵심예제

**23-1.** 〈보기〉에 해당하는 링크의 내용 발달 과제로 옳은 것은?
[2021]

┌─보기─────────────────────────┐
• 과제의 난이도와 복잡성에 따른 점진적 발달에 관심을 갖는다.
• 복잡한 기술을 가르치기 전에 기능을 세분화한다.
└──────────────────────────────┘

① 세련 과제
② 정보(시작) 과제
③ 적용(평가) 과제
④ 확대(확장) 과제

**23-2.** 링크(J. Rink)의 내용발달 단계가 순서대로 연결된 것은?
[2022]

① 시작 과제 → 확대 과제 → 세련 과제 → 적용 과제
② 적용 과제 → 시작 과제 → 확대 과제 → 세련 과제
③ 세련 과제 → 적용 과제 → 시작 과제 → 확대 과제
④ 확대 과제 → 세련 과제 → 적용 과제 → 시작 과제

**23-3.** 지도자가 의사전달을 위해 학습자의 신체를 올바른 자세로 직접 고쳐 주는 지도 정보 단서로 적절한 것은?
[2020]

① 언어 단서(Verbal Cue)
② 조작 단서(Manipulative Cue)
③ 과제 단서(Task Cue)
④ 시청각 단서(Audiovisual Cue)

|해설|

**23-1**
난이도와 복잡성이 덧붙여진 형태의 과제는 확대(확장) 과제이다.

**23-2**
'시작 과제 → 확대 과제 → 세련 과제 → 적용 과제' 순서로 전개된다.

**23-3**
지도자가 의사전달을 위해 학습자의 신체 일부를 이동시키는 방법으로, 자세를 직접 고쳐 주는 방법은 '조작 단서'이다.

**정답** 23-1 ④  23-2 ①  23-3 ②

---

## 핵심이론 24 지도 전략 : 교수 전략과 모스턴의 피드백 유형

① 교수 전략

㉠ 1인 연습 : 혼자 거울을 보거나 비디오 녹화를 이용하는 방법이다.

㉡ 동료교수 : 소집단의 동료끼리 모의로 수업을 만들어 교수 기능을 연습하는 방법이다.

㉢ 마이크로티칭(축소 수업)
• 제한된 범주 안에서 한 가지 구체적인 내용으로 소수 학생을 대상으로 실제 수업을 해 보는 방법이다.
• 예비 지도자가 모의 상황에서 동료 또는 소수 참여자들을 대상으로 일정한 시간 내에 구체적인 내용으로 지도 기능을 연습한다.
• 자신의 지도 행동을 관찰하기 위해 비디오 촬영을 병행하기도 한다.

㉣ 스테이션 교수 : 둘 이상 과제를 동시에 진행하기 위한 교수방법으로, 학습 환경을 나누어 학생들이 스테이션을 이동하면서 학습하게 하는 방법이다.

㉤ 반성적 교수(현장 개선 연구) : 교사에 대한 평가를 통해 반성의 자료를 제공하는 방법이다.

㉥ 대집단 단시간 교수 : 실제 상황에서 전체 학생을 대상으로 10~20분이나 단위 수업을 해 보는 방법이다.

㉦ 소집단 단시간 교수 : 소수 집단을 대상으로 10~20분이나 단위 수업을 해 보는 방법이다.

㉧ 실제 교수(교생 실습) : 일정 기간 여러 학급에 대해 책임감을 갖고 실제로 수업하는 방법이다.

> **반성적 교수(현장 개선 연구)**
> - 체육지도자가 동료나 연구자의 도움을 받아 자신의 강좌를 반성적으로 탐구하여 개선하는 데 목적이 있다.
> - 집단적 협동 과정으로 자기 성찰을 중시한다.
> - 자신의 교수 행동을 지속적으로 조정·검토하고 평가하는, 연속되는 순환적·나선적 과정이다.
> - 수업 능력 발달 지원을 위해서 수업 탐구 능력이 요구된다.
> - 교육훈련에서 가지게 된 통찰과 자기 반성을 통해 부분적으로 형성된 교사 판단에 기초한다.
> - 교사의 개방성·책임감을 요구한다.
> - 더 나은 수업을 위한 반성적 교수의 과정은 연구의 과정과 흡사하여, 현장 개선 연구라고도 부른다.
> - 케미스(Kemmis)와 맥타거트(McTaggart)는 '계획 → 실행 → 관찰 → 반성 → 수정'의 순환 과정이라고 보았다.

② 모스턴(M. Mosston)의 피드백 유형
  ㉠ 가치적 피드백 : 긍정적이거나 부정적 내용의 피드백이다.
    - 부정적 피드백 : 수행 결과에 대해 불만족을 표시하는 피드백이다.
    - 긍정적 피드백 : 수행 결과에 대해 만족을 표시하는 피드백이다.
  ㉡ 중립적 피드백 : 행동 모니터링을 위한 판단을 유보한 피드백으로, 주관적 판단이 결여된 사실적인 규명이다.
  ㉢ 불분명 피드백 : 해석의 오류를 일으킬 수 있는 피드백 유형으로, 학습자에게 불분명한 단서를 제공하므로 지양해야 한다.
  ㉣ 교정적 피드백 : 긍정 또는 부정에 대한 가치 판단이 아닌, 문제점 규정과 동작 수정에 관련된 피드백이다.

---

**핵심예제**

**24-1.** 링크(J. Rink)가 제시한 교수 전략(Teaching Strategy) 중 한 명의 지도자가 수업에서 공간을 나누어 두 가지 이상의 과제를 동시에 진행하는 것은? [2023]

① 자기 교수(Self Teaching)
② 팀 티칭(Team Teaching)
③ 상호 교수(Interactive Teaching)
④ 스테이션 교수(Station Teaching)

**24-2** 〈보기〉의 설명에 해당하는 피드백 유형으로 옳은 것은? [2022]

┌ 보기 ┐
- 모스턴(M. Mosston)이 제시한 피드백 유형이며, 사실적으로 행동을 기술한다.
- 판단이나 수정 지시를 하지 않으나, 피드백 진술의 의미를 변경할 수 있다.
- 다른 피드백 형태로 옮겨가는 특징을 가지고 있다.

① 교정적 피드백(Corrective Statements)
② 가치적 피드백(Value Statements)
③ 중립적 피드백(Neutral Statements)
④ 불분명한 피드백(Ambiguous Statements)

| 해설 |

**24-1**
**스테이션 교수**
스테이션 교수(Station Teaching)는 교사 한 명이 둘 이상의 과제가 동시에 진행되도록 스테이션(학습 환경)을 설계하여 지도하는 수업 방법이다. 기구가 부족한 상황에서 적용할 수 있으며, 학습자가 자기가 수행할 수업 내용을 선택할 때 능동적으로 선택할 수 있다는 장점이 있다.

**24-2**
중립적 피드백은 주관적 판단이나 수정 지시가 결여된 사실적 행동 진술이다. 예를 들면 "모든 과제를 완료했으면 다음으로 넘어가라." 등이 있다.

**정답** 24-1 ④  24-2 ③

**핵심이론 25** 수업 관리 및 운영 전략

① 효율적 수업 운영 전략
  ㉠ 초기 활동 통제 : 수업을 시작할 때 초기 행동을 통제한다.
  ㉡ 수업 시간 엄수 : 모든 수업을 정시에 시작한다.
  ㉢ 출석 점검 시간 절약 : 출석 점검 시간을 줄이고 실제 학습 시간을 늘린다.
  ㉣ 적극적 수업진행 : 지시, 열의, 격려를 초기단계에 보여 학습자에게 동기부여한다.
  ㉤ 피드백과 상호작용 : 구체적 피드백과 긍정적 피드백으로 상호작용을 증진시킨다.
  ㉥ 주의 집중 : 박수, 구호, 호각 등을 이용하여 학습자가 집중하도록 한다.
  ㉦ 절차의 훈련 : 규칙과 절차를 인지시키고 지속적으로 강조한다.
  ㉧ 관리 행동 : 수업운영 시간 및 학생 관리 기록을 한다.

② 예방적(Proactive) 수업 관리
  ㉠ 효과적인 수업 운영을 위하여 수업에 방해되는 문제점들을 예방하는 전략
  ㉡ 예방적 관리를 위한 교사의 기능 : 상황 파악, 동시적 처리, 유연한 수업 전개, 여세 유지, 집단 경각, 학생의 책무성
  ㉢ 효과적인 수업 운영 방안 : 최초 활동의 통제, 수업 시간의 엄수, 출석 점검 시간의 절약, 주의 집중에 필요한 신호 체계의 활용, 피드백과 긍정적인 상호작용의 활용, 학생 수업 운영 시간의 기록 게시, 열정·격려·주의 환기의 활용, 즉각적인 성과를 위한 수업 운영 게임의 이용 등

③ 상규적 활동 시간 감소 전략
  ㉠ 최초 활동의 통제 : 집합 장소, 수업 시작 시간, 활동 내용 등을 포함하는 최초 활동을 게시판에 게시한다.
  ㉡ 수업 시간의 엄수 : 교사와 학생 모두 수업 시작 시간을 엄수한다.
  ㉢ 출석 점검 시간의 절약 : 출석 서명을 받거나, 보조 학생을 통해 대신 출석을 확인하여, 출석 점검에 소요되는 시간을 절약한다.
  ㉣ 주의집중에 필요한 신호 체계의 활용 : 학생들의 주의를 집중하기 위해서 호루라기와 같은 신호 체계를 활용한다.

  > **상규적 활동**
  > 출석 점검, 수업 준비 상태 확인, 화장실 출입 등 스포츠 지도 시간에 반복적으로 일어나는 활동을 말한다. 이러한 과정을 효율적으로 관리하면 학습자들의 과제참여 시간을 증가시키는 데 도움이 된다.

④ 스포츠 지도 시 주의 집중 전략
  ㉠ 주위가 소란할 때는 학습자와 사전에 약속된 신호를 사용하는 것이 필요하다.
  ㉡ 학습자의 주의가 기구에 집중되면, 기구를 정리한 후 집합하여 설명하는 것이 좋다.
  ㉢ 학습자의 주의를 집중하기 위해, 가능하면 지도자는 햇빛을 보고 학습자는 햇빛을 등지게 하여 설명한다.
  ㉣ 학습자가 설명을 정확하게 이해하도록 지도자는 학습자 가까이에서 설명하는 것이 좋다.

⑤ 체육지도자의 수업 중 기여행동
  ㉠ 직접기여행동
    • 지도 행동 : 과제를 직접 가르치는 행동이다.
    • 운영 행동 : 지도하는 데 필요한 환경을 조성하는 행동이다.
    예 동작 설명과 시범, 학생 관찰 및 피드백

ⓒ 간접기여행동
- 수업과 관련 있지만 수업에 직접 기여하지 않는 행동이다.
- 부상자 돌보기, 수업 중 화장실 가거나 물 마시는 학습자 지도하기 등이 있다.
  **예** 부상 학생의 처리, 과제 외 토론 참여, 시설 보수
ⓒ 비기여행동 : 수업 내용에 기여할 가능성이 없는 행동이다.
  **예** 학부모와의 면담
⑥ 학습자 관리 기술
  ㉠ 행동수정전략
  - 현재 수준에서 출발한다.
  - 학습자의 행동을 조금씩 변화시킨다.
  - 학습자의 행동을 단계적으로 변화시킨다.
  - 수반되는 행동 수정의 결과를 명시한다.
  - 적절한 행동에 대한 보상 체계를 마련한다.
  - 일관성을 유지한다.
  ㉡ 행동수정기법
  - 타임아웃(Time Out) : 문제 행동이 발생했을 때 부적절한 행동을 한 학습자를 일정 시간 동안 수업 활동에서 분리시키는 방법으로, 학습 현장에서 매우 빈번하게 사용되는 행동 관리 방법이다.
  - 토큰 수집(Token Economies) : 학습자가 적절한 행동을 할 때마다 지도자가 스티커, 점수, 쿠폰 등을 제공하여 행동을 수정하는 방법이다. 학습자의 바람직한 행동을 유도·지속시키는 데 매우 효과적인 방법이다.
  - 좋은 행동 게임(Good Behavior Game) : 학습자를 그룹으로 나누어, 각 그룹의 행동을 비교하여 평가표를 작성하고, 이긴 팀에게는 소정의 보상을 하는 방법이다.
  - 지도자-학습자 사이의 계약(Behavior Contracting) : 일정한 시간 동안 지도자와 학습자 사이에 계약을 하고, 계약 수행 완료 시 보상을 받는 방법이다.

ⓒ 학습자의 부적절한 행동을 감소시키는 전략
- 신호간섭 : 시선의 마주침, 손 움직임, 부주의한 행동을 감소시키는 그 밖의 교사행동을 이용하는 것이다.
- 접근통제 : 교사가 그 행동에 관심을 보이고 있다는 것을 전달하기 위하여 방해 행동을 하는 학생에게 가까이 접근하거나 그를 접촉하는 것이다.
- 삭제훈련 : 학습자가 부정적 행동을 하지 않았을 때 칭찬이나 보상을 하여 부정적 행동을 삭제한다.
- 보상손실 : 학습자가 잘못된 행동을 했을 때 좋아하는 것을 줄이는 것으로, 연습 시간에 계속 지각하는 학습자의 경기 출전권을 제한하는 것 등이 있다.
- 적극적 연습 : 학습자가 잘못된 행동을 할 때마다 바른 행동을 하도록 반복적으로 연습시킨다.
- 퇴장 : 학습자가 잘못된 행동을 했을 때 수업 현장에서 퇴장시킨다.

**핵심예제**

25-1. 〈보기〉에 해당하는 쿠닌(J. Kounin)의 교수 기능은?
[2023]

┌ 보기 ┐
- 지도자가 자신의 머리 뒤에도 눈이 있다는 듯이 학습자들의 행동을 파악하는 것
- 지도자가 학습자들 간에 발생하는 사건을 인지하는 것

① 접근통제(Proximity Control)
② 긴장 완화(Tension Release)
③ 상황이해(With-it-ness)
④ 타임아웃(Time-out)

**25-2.** 학습자의 부적절한 행동을 감소시키는 전략의 명칭과 사례가 옳은 것은? [2018]

① 신호간섭(Signal Interference) – 지도자가 옆 사람과 잡담하는 학습자에게 가까이 다가간다.
② 접근통제(Proximity Control) – 동료의 연습을 방해하는 학습자를 일정 시간 동안 연습에 참여시키지 않는다.
③ 삭제훈련(Omission Training) – 운동 기구 정리를 잘 하지 않는 학습자에게 기구 정리를 반복하여 연습시킨다.
④ 보상손실(Reward Cost) – 연습 시간에 계속 지각하는 학습자의 경기 출전권을 제한한다.

**25-3.** 〈보기〉에서 설명하는 알버노(P. Alberno)와 트라웃맨(A. Troutman)의 행동수정기법에 해당하는 것은? [2020]

―보기―
학습자가 적절한 행동을 할 때마다 지도자가 점수, 스티커, 쿠폰 등을 제공하는 기법이다.

① 타임아웃(Time Out)
② 토큰 수집(Token Economies)
③ 좋은 행동 게임(Good Behavior Game)
④ 지도자-학습자 사이의 계약(Behavior Contracting)

|해설|

**25-1**
쿠닌(J. Kounin)의 교수 기능 : 상황이해
상황이해(With-it-ness)는 지도자가 수업 환경에서 일어나는 모든 일을 알고 있는 것처럼 알리고 행동하는 것이다.

**25-2**
연습 시간에 계속 지각하는 학습자의 경기 출전권을 제한하는 것은 학습자가 잘못된 행동을 했을 때 좋아하는 것을 줄이는 보상손실(Reward Cost)에 해당한다.

**25-3**
① 타임아웃(Time Out) : 부적절한 행동을 한 학습자를 일정 시간 동안 수업활동에서 분리시키는 방법
③ 좋은 행동 게임(Good Behavior Game) : 두 그룹의 행동을 비교하여 이긴 팀에게 소정의 보상을 하는 방법
④ 지도자-학습자 사이의 계약(Behavior Contracting) : 지도자와 학습자 사이에 맺은 계약에 따라 보상하는 방법

정답 25-1 ③  25-2 ④  25-3 ②

## 핵심이론 26 모스턴(M. Mosston)의 교수 스타일

① 지시형 스타일(A)
　㉠ '정확한 수행'이다. 교사의 역할은 과제 활동 전·중·후의 모든 사항을 결정하는 것이며, 학습자의 역할은 교사가 내린 결정 사항들에 대하여 교사가 지시하는 대로 따르는 것이다.
　㉡ 지시형 스타일의 본질은 교사의 자극과 학생의 반응인데, 둘 사이는 직접적이고 즉각적으로 일어난다.
　㉢ 교사에 의한 자극은 학습자의 모방 행동에 앞서 미리 제시되며, 학습자는 교사가 제시한 모델을 모방한다.

② 연습형 스타일(B)
　㉠ 피드백이 주어진 기억·모방 과제를 학습자가 개별적으로 연습하는 것이다.
　㉡ 교사의 역할은 모든 교과 내용과 이에 따른 세부 운영 절차를 결정하고 피드백을 학습자에게 개별적으로 제공하는 것이다. 교사는 학습자가 모방 과제를 스스로 연습할 수 있도록 지도한다.
　㉢ 학습자의 역할은 9가지 특정 사항(수업 장소, 수업 운영, 시작 시간, 속도와 리듬, 정지 시간, 질문, 인터벌, 자세, 복장과 외모)을 결정하는 한편, 기억·모방 과제를 개별적으로 수행하는 것이다. 학습자는 숙련된 운동 수행이 과제의 반복 연습과 관련 있음을 이해한다.

③ 상호학습형 스타일(C)
　㉠ 특정 기준에 의하여 주어진 사회적 상호작용 및 피드백하는 것이다.
　㉡ 교사의 역할은 모든 교과 내용 및 기준을 정하고, 세부 운영 절차와 관련된 결정을 내리며, 관찰자에게 피드백을 제공하는 것이다.

ⓒ 학습자의 역할은 자기 동료와 함께 두 명이 짝을 이루며 움직임을 수행하는 것이다. 이때 한 명은 주어진 과제를 수행하고, 다른 한 명은 교사가 개발해 놓은 기준 용지를 사용하여 즉각적이고 지속적인 피드백을 제공하는 관찰자의 역할을 맡는다.

④ 자기점검형 스타일(D)
ⓐ 학습자가 과제를 수행하고 스스로 평가한다(개인 연습과 자가평가 두 측면을 강조).
ⓑ 교사는 교과 내용, 평가 기준, 수업 운영 절차 등을 결정하며, 학습자는 과제를 독립적으로 수행하고 교사가 마련한 평가 기준에 따라 자신의 과제수행을 점검하는 역할을 수행한다.
ⓒ 의사결정에서 학습자는 많은 책임감을 갖게 된다.

⑤ 포괄형 스타일(E)
ⓐ 다양한 기술 수준에 있는 학습자가 자신들이 수행할 수 있는 난도를 선택하면서 동일한 과제에 참여하는 것이다.
ⓑ 교사의 역할은 과제의 난이도 선정, 교과 내용과 수업운영 절차에 대한 의사결정을 하는 것이다.
ⓒ 학습자의 역할은 자신이 성취 가능한 수준을 조사하고, 출발점을 선택하여 과제를 연습하며 필요에 따라 과제 수준을 수정하며 평가기준을 맞추어 자신의 수행을 점검하는 것이다.

⑥ 유도발견형 스타일(F)
ⓐ 미리 설정되어 있는 해답을 학습자가 발견하도록 유도하는 일련의 계열적이며, 논리적인 질문을 설계하는 것이다.
ⓑ 교사의 역할은 학습자가 발견해야 할 목표 개념을 포함한 일련의 계열적인 질문의 설계와 교과와 관련된 의사결정을 하는 것이다.
ⓒ 학습자의 역할은 교사에 의해 주어진 질문에 대한 해답을 발견하는 것으로, 묻는 질문에 대답하면서 한 가지 개념적인 아이디어를 찾아낸다.
ⓓ 지도자는 질문(단서)에 대한 학습자의 해답(반응)을 검토하고 확인한다.
ⓔ 지도자는 미리 설정되어 있는 해답을 학생에게 직접적으로 전달해서는 안 되며, 학습자와 지속적으로 상호작용하며 의사결정을 내린다.

⑦ 수렴발견형 스타일(G)
ⓐ 미리 결정되어 있는 정확한 반응을 수렴적 과정을 통해 발견하는 것이다.
ⓑ 교사의 역할은 탐색되어야 할 목표 개념을 포함한 교과 내용을 결정하는 것이며, 학습자에게 던져 줄 질문을 계획하고 구성하는 것이다.
ⓒ 학습자의 역할은 추리력, 호기심, 논리적 사고를 동원해 문제에 대해 논리적으로 연결된 해답을 발견하는 것이다.

⑧ 확산발견형 스타일(H)
ⓐ 구체적인 인지 작용을 통해 어느 한 문제 혹은 상황에서 확산적인 반응을 발견하는 것이다.
ⓑ 수업 중 교사의 역할은 학습자에게 전달해야 할 교과에 대한 특정 문제와 주제를 결정하는 일이다.
ⓒ 학습자의 역할은 특정 문제에 대한 다양한 설계, 해답, 반응을 발견하는 것이다.

⑨ 자기설계형 스타일(I)
ⓐ 어떤 문제나 쟁점의 해결을 위한 학습 구조의 발견에 대한 독립성 확립이다.
ⓑ 교사의 역할은 학습자가 학습 주제를 결정하기 위한 세부적인 공통 교과 내용을 선정하는 것이다.
ⓒ 학습자의 역할은 공통 교과 내용에 따른 의사결정 과정을 결정하는 것으로 공통 교과 내용 안에서의 학습자 고유의 초점에 따른 질문 만들기, 학습 진행 방법 및 진행 절차를 확인할 수 있는 질문 만들기, 해답 및 움직임 발견하기, 학습을 위한 운동 수행 범위 설정하기 등이다.

⑩ 자기주도형 스타일(J)
  ㉠ 학습의 설계에 대한 책임과 학습 경험 등은 학습자의 주도에 있다.
  ㉡ 교사의 역할은 학습자들이 학습 경험을 통해서 자진하여 결정한 사항들을 가능한 한 최대한 수용하고 학습자를 지원하며, 학습자들의 요청이 있을 때에만 교수·학습 활동에 참여하는 것이다.
  ㉢ 학습자의 역할은 과제 활동 전 상황에서 모든 결정을 하며, 과제 활동 중의 교수·학습은 물론이고, 과제 활동 후 상황에서도 학습 평가 기준을 결정하는 것이다.

⑪ 자기학습형 스타일(K)
  ㉠ 자기학습형 스타일은 학습에 대한 학습자의 개인적 열망 및 개별적인 학습 집착력에 한정한다.
  ㉡ 개인이 교수·학습 활동에 교사나 학습자로 참여하여 모든 의사결정에 참여한다. 본 스타일의 교수 행동이 이루어지면, 개별별로 계획을 세운 교과 내용과 학습 행동 목표를 개개인이 스스로 성취하게 되는 것이다.
  ㉢ 이 교수 행동은 교사 한 사람에 의한 수업 상황에서는 시도하거나 배정할 수 없는 것으로서 학교 현장에서는 존재할 수 없는 교수 스타일로, 학습자 자신이 자기 자신을 가르치게 되는 상황에서 존재하는 것이다.

### 핵심예제

〈보기〉의 수업 장면에서 활용한 모스턴(M. Mosston)의 교수 스타일에 관한 설명으로 적절하지 않은 것은? [2023]

┌보기┐

| 신체 활동 | 축 구 |
|---|---|
| 학습 목표 | 인프런트킥으로 상대방 수비수를 넘겨 동료에게 패스할 수 있다. |

| 수업장면 |
|---|
| • 지도자 : 네 앞에 상대방 수비수가 있을 때, 수비수를 넘겨 동료에게 패스하려면 어떻게 공을 차야 할까?<br>• 학습자 : 상대방 수비수를 넘길 수 있을 정도의 높이로 공을 띄워야 해요.<br>• 지도자 : 그럼, 발의 어느 부분으로 공의 밑 부분을 차면 수비수를 넘길 수 있을까?<br>• 학습자 : 발등과 발 안쪽의 중간 지점이요. (손가락으로 엄지발가락을 가리킨다)<br>• 지도자 : 좋은 대답이야. 그럼, 우리 한 번 상대방 수비수를 넘기는 킥을 연습해 볼까? |

① 지도자는 논리적이며 계열적인 질문을 설계해야 한다.
② 지도자는 질문에 대한 학습자의 해답을 검토하고 확인한다.
③ 지도자는 학습자에게 예정된 해답을 즉시 알려준다.
④ 지도자는 학습자와 지속적으로 상호작용하며 의사결정을 한다.

|해설|

지도자는 학습자에게 해답을 즉시 알려주기보다는 학습자가 수업 내용에 대해 호기심이 생기게 하고 답변을 준비하는 데 추리력을 활용케 하기 위해 탐구 시간을 제공한다.

**모스턴(M. Mosston)의 교수 스타일 : 수렴발견형 교수 스타일**
〈보기〉에서 활용한 모스턴의 교수 스타일은 수렴발견형이다. 수렴발견형이 적용된 수업에서 지도자는 교과 내용을 결정하고 질문을 계획하여 학습자에게 예정된 해답을 발견하게 하고, 이와 같은 수렴적 과정을 통해 학습자는 지식을 깨치게 된다.

정답 ③

## 제6절 | 스포츠교육의 평가론

### 핵심이론 27 스포츠교육 평가의 개념과 목적, 양호도

① 평가의 개념
- ㉠ 측정 자료를 분석·판단하여 교수·학습의 의사결정에 도움을 주기 위한 활동이다.
- ㉡ 평가의 유사 개념에는 측정, 사정, 검사 등이 있다.
- ㉢ 측정이나 검사는 중립적인 활동이지만, 평가는 가치 지향적이다.

② 평가의 목적과 활용
- ㉠ 교수·학습의 효과성 및 교육과정의 적합성을 판단한다.
- ㉡ 학습자의 동기를 유발하고, 운동 수행을 향상시킨다.
- ㉢ 학습자의 학습 상태·수준과 학습 지도에 관한 정보를 제공한다.
- ㉣ 학습 목표와 관련된 학습 진행 상태를 평가하여 교수 활동을 조정한다.
- ㉤ 학습지도 및 관리 운영의 효율성을 위한 집단을 편성한다.
- ㉥ 학습자 역량 판단을 통한 이수 과정 정보를 제공한다.
- ㉦ 학습자의 미래 수행력을 예측한다.

③ 평가의 양호도
- ㉠ 타당도 : 목적에 맞게 정확하게 측정하는 정도(얼마나 제대로 측정되었는지)를 말한다.
  - 내용타당도 : 특정 내용을 정확하게 나타내는지 측정한다.
  - 준거타당도 : 평가하려는 내용을 척도와 비교하여 측정한다.
  - 구인타당도 : 특정 이론의 세부 요소나 특성을 측정한다.
- ㉡ 신뢰도 : 검사 도구가 측정 내용을 일관성 있게 측정하는 정도를 말한다. 타당도가 높으려면 신뢰도가 높아야 하지만, 신뢰도가 높다고 해서 타당도가 높은 것은 아니다.
- ㉢ 객관도 : 2명 이상의 채점자들의 평가가 일치된 정도를 말한다.
  - 도구신뢰도 : 정확히 측정할 수 있는 방법이 있을 때 신뢰도가 높다.
  - 채점자신뢰도 : 채점자가 정확하게 측정할 때 신뢰도가 높다.
- ㉣ 실용도 : 검사 실시에 드는 노력과 비용 대비 목적 달성 정도를 말한다.

#### 핵심예제

〈보기〉에서 이 감독이 고려하지 않은 평가의 양호도로 옳은 것은?

[2017]

| 보기 |
|---|
| • 준혁 : 서진아, 왜 이 감독님은 배구 스파이크를 평가할 때 공을 얼마나 멀리 보내는지를 가장 중요하게 평가하시는 걸까? |
| • 서진 : 그러게 말이야. 스파이크는 멀리 보내는 것이 중요한 게 아니라 코트 안으로 얼마나 정확하고 강하게 때리느냐가 중요한 것 같은데. |

① 신뢰도  ② 객관도
③ 타당도  ④ 실용도

|해설|
이 감독의 스파이크 평가는 코트 안에 정확하고 강하게 때리는 것에 대한 평가가 포함되어 있지 않기 때문에 타당도의 문제가 생기게 된다. 타당도는 목적에 맞게 정확하게 측정하는 정도를 말한다.

정답 ③

## 핵심이론 28 스포츠교육 평가 기준과 평가 기법

① 평가 기준
  ㉠ 준거지향평가(절대평가) : 스포츠지도사가 설정한 준거에 학습자가 도달했을 때 교육목표 달성, 완전학습을 위한 평가이다.
  ㉡ 규준지향평가(상대평가) : 학습자 상호간 상대적 비교 평가로, 경쟁이 과열된다.
  ㉢ 자기지향평가 : 개인이 자기 자신의 행동을 평가한다.

  > **학습자 간 동료평가**
  > • 짧은 시간에 신뢰성 높은 자료를 수집할 수 있다.
  > • 자기 평가보다 신뢰성이 높다.
  > • 평가 기준에 대한 학습자의 이해가 필요하다.

② 평가 기법
  ㉠ 관찰 : 객관적·지속적으로 관찰한다.
  ㉡ 면접 : 질문지나 대화를 통해 학습자에 대한 정보를 수집한다.
  ㉢ 학습자 일지 : 학습자가 학습 진행 및 학습 내용을 기록한다.
  ㉣ 프로젝트 : 소집단별로 과제 수행 정도를 평가한다.
  ㉤ 포트폴리오 : 특정 주제에 대한 지식을 나타내기 위해 여러 자료를 모아 만든 작품을 평가한다.
  ㉥ 루브릭 : 평가 기준을 학습자에게 제시하여 학습자가 평가 과정에 적극적으로 참여할 수 있도록 하고, 교사가 검토한다.
  ㉦ 체크리스트 : 자기 동작을 확인하기 위한 자기 평가를 한다.
  ㉧ 평정척도 : 상대적 가치에 따라 평가한다.

### 핵심예제

〈보기〉에서 해당하는 평가기법으로 적절한 것은? [2024]

┌보기┐
• 운동 수행을 평가하는 데 자주 사용하는 평가 방법이다.
• 운동 수행의 질적인 면을 파악하여 수준이나 숫자를 부여하는 평가 방법이다.

① 평정척도
② 사건기록법
③ 학생저널
④ 체크리스트

|해설|
평정척도는 질적인(정성적인, 수치화할 수 없는) 가치가 있는 정보를 양적인(정량적인, 수치화한) 점수로 기록하는 것으로, 운동 수행을 평가하는 데에 자주 사용하는 평가방법이다.

정답 ①

**핵심이론 29** 스포츠교육 평가 유형과 평가의 활용

① 평가 유형
  ㉠ 진단평가 : 체육 활동 지도 초기에 참여자의 수준과 상태를 파악하고, 효과적인 교수·학습 전략을 수립하기 위해 실시하는 평가이다. 즉, 계획된 학습의 목표를 달성하기 위하여 학습 지도와 학습 활동이 전개되기 이전에 그 학생들이 일정한 학습을 받아들이기에 어느 정도의 준비성을 가지고 있는가를 진단해 보는 평가라고 할 수 있다.
  ㉡ 형성평가 : 수업 과정에서 학생들의 수업 진행 상황을 파악하기 위한 평가 활동으로, 평가 결과는 교사들이 자신의 교수 활동을 수정하기 위한 기초 자료로서 활용된다. 형성평가는 학습이 진행되는 동안 수시로 학생들의 학습·미학습의 정도 또는 그것에 관련된 오류 등을 발견하여 시정할 수 있게 한다.
  ㉢ 총괄평가 : 주어진 일정한 기간 동안 학습과정을 끝마치고 학습 목표의 달성도를 개인별 또는 집단별로 평가하여 학생들의 성적을 작성, 기능과 능력의 점검, 다음 학습 과정에서의 성공 예측, 다음 학습 교수 활동의 출발점 결정, 완전 학습을 위한 학습의 피드백 유도, 그리고 개인의 집단 내 위치를 확인하는 평가를 말한다.
  ㉣ 임의평가 : 측정된 결과를 평가할 때 어떤 객관적인 기준에 의해서 측정치 또는 질적 기술을 해석하지 않고 교사의 주관적인 판단에 의해서 해석할 때 이를 임의평가라고 부른다.
  ㉤ 상대평가(규준지향평가) : 교육성취도를 평가할 때 집단 내의 상대적인 서열을 중심으로 이루어지는 평가 방식으로 선발, 분류, 배치 상황에서 유용하게 사용된다.
  ㉥ 절대평가(준거지향평가) : 학생들의 교과별 학업성취도를 평가할 때 집단 내의 다른 학생들의 성취 정도와 비교하여 평가하는 것이 아니라 사전에 설정된 교수·학습 목표를 준거로 하여 그 목표의 달성도를 평가하는 방식을 의미한다.
  ㉦ 개인내차 평가 : 타인과의 비교나 도달기준에 의한 판정이 이루어지는 것과는 달리 어떤 개인의 진보의 정도를 종단적·계속적으로 추적해가면서 조사하여 그 개인의 발전 상태를 알아보는 방법이다.
  ㉧ 수행평가 : 학생들로 하여금 학습 과제를 수행하도록 요구하고 그 과정과 결과를 통하여 보여 주는 지식, 기능, 태도를 관찰하고 판단하는 평가방식이다.

> **실제평가**
> 멕티게(J. McTighe)가 제시한 개념. 실제 상황 혹은 그와 유사한 상황에서 학습자의 과제 수행 능력을 측정하는 방법으로, 수행평가의 한 형태이다.

② 평가의 활용
  ㉠ 평가 자료는 학생에 대한 교사의 이해도를 높이고, 학생의 학습 성취도를 향상시키기 위한 유용한 도구로 적극적으로 활용하도록 한다.
  ㉡ 평가 결과는 학습 목표, 지도 방법, 지도 계획 등에 적용하여 전반적인 수업 방법을 수정하고 보완하는 교수–학습 자료로 활용함과 동시에 학생의 적성 파악과 진로 지도를 위한 자료로 활용하도록 한다.
  ㉢ 평가는 지도 활동에 대한 피드백이 될 수 있다.

**핵심예제**

**29-1. 체육 수행평가에 관한 설명으로 옳은 것은?** [2021]
① 학습의 과정보다 결과를 중시한다.
② 일시적이며 단편적인 관찰에 의존한다.
③ 개인보다 집단에 대한 평가를 강조한다.
④ 아는 것과 실제 적용 능력을 모두 강조한다.

**29-2. 멕티게(J. McTighe)가 제시한 개념으로 학습자가 배운 내용을 경기 상황에서 구현하는 정도를 평가하는 방법은?** [2020]
① 실제평가(Authentic Assessment)
② 총괄평가(Summative Assessment)
③ 규준지향평가(Norm-Referenced Assessment)
④ 준거지향평가(Criterion-Referenced Assessment)

|해설|

29-1
수행평가는 학생 개개인의 향상도와 발달과정을 모두 판단하며 지식, 기능, 태도 등 다양한 측면을 관찰한다.

29-2
실제평가는 실제 상황 혹은 그와 유사한 상황에서 학습자의 과제 수행 능력을 측정하는 방법으로, 수행평가의 한 형태이다.

**정답** 29-1 ④ 29-2 ①

## 제7절 | 스포츠교육자의 전문적 성장

### 핵심이론 30 스포츠교육 지도자의 자질

① 학교체육지도자
  ㉠ 인지적 자질
  • 스포츠생리학, 운동역학 등과 관련된 스포츠과학 지식을 완비해야 한다.
  • 학생의 발달과 차이, 학생의 선행학습 정도나 학습 동기, 요구를 파악해야 한다.
  • 정규 체육수업, 방과 후 학교체육 프로그램, 학교스포츠클럽의 목적 및 이에 참여하는 참여자의 동기와 요구에 대한 지식이 있어야 한다.
  • 참여자와의 상담을 위한 기본적인 상담 지식을 구비해야 한다.
  • 클럽 운영과 관련된 지식과 정책 및 법령에 대해 이해해야 한다.
  ㉡ 수행적 자질
  • 체육교사, 스포츠강사, 학부모들의 참여와 협력을 유도하여 가르침의 효과가 최대화되도록 노력해야 한다.
  • 학교라는 한정된 시설과 공간의 제약을 넘어 지역사회와 협력관계를 맺고 지역사회의 시설을 사용할 수 있도록 유관기관 등과도 협력관계를 유지할 수 있는 능력이 요구된다.

**체육지도자의 전문적 자질**
• 인성적 자질 : 교육자로서 갖추어야 할 바람직한 인성과 정서를 말한다.
• 인지적 자질 : 스포츠의 룰, 지도 방법, 관련 정책·법령 등에 대한 전문적 지식과 참가자에 대한 이해를 말한다.
• 기능적(수행적) 자질 : 운동을 수행할 수 있는 능력, 프로그램의 개발 및 관리, 관련 기관이나 참가자들에 대한 관리 능력을 말한다

② 생활체육지도자
  ㉠ 인지적 자질
    - 가장 큰 비중을 차지하는 것은 지도에 관련된 지식으로 지도 대상, 지도 내용, 지도 방법 지식으로 나눌 수 있다.
    - 유·청소년, 성인, 노인 등 다양한 참가자의 신체 발달 및 퇴행과 관련된 전문지식에 해박하여야 한다.
    - 다양한 참가자에 대한 이해가 필요하며, 그들의 다양한 요구사항(체중 감량, 스포츠기능 향상, 사회적 관계의 확장 등)을 파악할 수 있는 지식을 갖추어야 한다.
    - 참가자의 심리, 사회적 특성을 고려한 운동 수행 및 학습 성향에 대해 올바로 이해해야 한다.
    - 사회·문화적인 책임감을 갖고 스포츠 활동을 지도해야 한다.
    - 참여자가 지속적으로 스포츠 활동에 참여하도록 안내한다.
  ㉡ 기능적 자질
    - 유·청소년, 성인, 노인 등 다양한 연령층을 대상으로 하는 프로그램을 구성·지도할 수 있어야 한다.
    - 기능적 자질에서 가장 중요한 것은 지도 능력으로, 종목 지도 능력과 종목에 관계없이 통용되는 일반 지도 능력으로 구분된다.
      – 종목 지도 능력 : 가르치는 운동 종목의 기능을 능숙하게 구사할 수 있는 실기 능력과 종목 특성에 따른 단계별 지도 능력 등이 있다.
      – 일반 지도 능력 : 지도 장면에서 발휘되는 표현력, 언어적·비언어적 피드백 능력, 참여자에게 목표를 부여하고 동기를 유발하는 능력이 포함된다.
    - 생활체육동호회 및 클럽의 활성화로 관리 능력이 주목받고 있다. 관리 능력은 회원관리, 조직관리, 안전관리, 시설관리로 구분할 수 있다.

③ 전문체육지도자
  ㉠ 전문적 자질의 영역
    - 철학 및 윤리, 안전 및 상해예방
    - 신체적 컨디셔닝, 성장 및 발달, 지도법 및 커뮤니케이션
    - 운동 기능 및 전술, 조직과 운영, 평가
  ㉡ 전문적 자질의 개발
    - 엘리트 선수의 경기력에 영향을 미칠 수 있는 제 요인을 파악할 수 있는 능력과 이를 향상시킬 수 있는 지도 능력이 필요하다.
    - 다양한 경기 외적인 행정업무 수행 능력을 함양해야 한다.

---

**핵심예제**

**체육지도자의 '인지적 자질'에 해당되지 않는 것은?** [2016]

① 스포츠생리학, 운동역학 등과 관련된 스포츠 과학 지식이 요구된다.
② 참여자와의 상담을 위해 기본적인 상담지식을 갖추어야 한다.
③ 클럽 운영과 관련된 지식, 정책 및 법령에 대한 이해가 필요하다.
④ 스포츠맨십, 스포츠 인권 등과 같은 규범적 가치를 존중해야 한다.

|해설|
스포츠맨십, 스포츠 인권 등과 같은 규범적 가치를 존중하는 것은 인지적 자질이 아니라 인성적 자질에 해당한다.

정답 ④

**핵심이론 31** 스포츠교육 전문인으로서의 성장

① 형식적 성장
  ㉠ 형식적인 체육전문인 교육을 통하여 이루어진다.
  ㉡ 고도로 제도화되고 관료적이며, 교육과정에 의하여 조직된 교육으로 성적, 학위 또는 자격증을 부여하는 것이다.
  ㉢ 기관에 의하여 대규모로 이루어지는 특징을 가지고 있다.
  ㉣ 형식적 교육은 표준화된 교육과정을 통하여 코치들이 배워야 할 공통의 지식을 체계적으로 전달할 수 있으며, 평가가 용이하다는 장점이 있지만, 형식적 교육 프로그램이 체육전문인 교육에는 그다지 효과적이지 못하다는 비판도 있다.

② 무형식적 성장
  ㉠ 단기간의 세미나·워크숍·컨퍼런스 참여 같은 공식화된 교육기관 밖에서 행해지는 조직적인 학습의 기회인 무형식 교육을 통해 이루어진다.
  ㉡ 비교적 단기간에 자발적으로 이루어진다.
  ㉢ 형식성은 떨어진다고 할지라도 더 많은 지식을 가진 누군가에 의하여 배울 수 있는 포럼의 기회를 제공한다는 특징을 가지고 있다.
  ㉣ 형식적 교육, 무형식적 교육, 비형식적 교육이 연계선상에 있다고 할 때, 무형식적 교육은 형식적 교육에 더 가까운 선상에 있다고 볼 수 있다.
  ㉤ 지속적이면서 광범위하게 이루어질 수 있다.

③ 비형식적 성장
  ㉠ 일상적 경험으로부터 얻는 비형식적 학습
    • 과거의 선수 경험, 비형식적인 멘토링, 실제적인 코칭 경험, 동료 코치나 선수들과의 대화에서 얻을 수 있다.
    • 자기주도적 학습과 유사하다.
    • 인터넷을 검색하거나 코칭 매뉴얼 읽기, 독서, 저널이나 코칭 잡지 구독, 스포츠과학에 관련된 동영상 시청, 코칭 세션에 대한 비평, 자신 혹은 다른 사람의 코칭을 녹화하여 분석하는 것이 이에 해당된다.
    • 코칭의 경험이 전문성의 성장에 도움을 준다는 메커니즘은 경험에 대한 반성을 통해 이루어진다. 이러한 경험적 학습은 코칭을 하는 과정에 대한 반성, 코칭 후 곧바로 이루어지는 반성, 행위에 대한 회상적 반성에 의하여 이루어진다.
  ㉡ 과거의 선수 경험으로부터 얻는 비형식적 학습
    • 실제로 엘리트 코치든, 자발적인 청소년 스포츠 코치든 코치의 역할에 대한 학습은 주로 자신의 선수 경험에서부터 시작된다.
    • 이러한 경험은 스포츠의 규칙, 절차, 기술에 대한 지식을 갖게 하고 자신이 가르치는 선수들을 더욱더 공감을 갖고 이해하게 하는 장점이 있다.
    • 반면 이러한 경험의 유용성은 보다 면밀하게 점검될 필요가 있으며, 모든 경험이 긍정적인 학습을 가져온다고 할 수는 없다.
    • 경험은 문제를 발견하고 이러한 문제를 해결하기 위한 전략을 탐색하고, 이를 실행하여 평가해 나가는 반성의 과정을 통하여 학습으로 연결할 수 있다.

**핵심예제**

**31-1.** 체육전문인으로 성장하기 위한 방안 중 무형식적인 성장 방법이 아닌 것은? [2016]

① 세미나 참여  ② 워크숍 참여
③ 클리닉 참여  ④ 개인적 경험

**31-2.** 〈보기〉에서 최 코치가 추천한 스포츠 교육 전문인의 성장 방식은? [2017]

> ┌보기┐
> - 민　수 : 코치님, 어떻게 하면 저도 훌륭한 스포츠교육 전문가가 될 수 있을까요?
> - 최 코치 : 여러 가지가 있겠지만, 나는 네가 선수 시절 경험을 정리해 보거나, 코칭 관련 책과 잡지를 읽으면서 다양한 지식을 얻었으면 좋겠다.

① 경험적 성장
② 비형식적 성장
③ 의도적 성장
④ 무형식적 성장

|해설|

**31-1**
개인적 경험은 무형식적인 성장 방법이 아닌, 비형식적 성장 방법이다.

**31-2**
선수 시절 경험을 정리하는 것은 경험적 성장이다. 경험적 성장, 코칭 매뉴얼 읽기, 독서는 모두 비형식적 성장에 포함된다.

**정답** 31-1 ④　31-2 ①, ②

# 스포츠심리학

## 제1절 | 스포츠심리학의 개관

### 핵심이론 01 스포츠심리학의 하위 분야

① 운동제어
- ㉠ 인간의 움직임 생성·조절에 대한 신경 심리적 과정과 생물학적 기전을 밝히는 학문이다.
- ㉡ 연구영역 : 정보처리이론, 운동제어이론, 운동의 법칙, 반사와 운동, 협응 구조 등
- ㉢ 역할 : 여러 정보를 종합적으로 판단하여 개별적인 움직임을 어떻게 생성하고 조절하는지와 관련된 원리와 법칙을 밝힌다.
    - 예 야구에서 공을 잡은 외야수는 2루 주자의 주력과 경기상황을 고려하여 공을 홈으로 송구하기로 결정한다. 그리고 홈까지의 거리와 위치를 확인하고 공을 던진다. 이렇게 경기 상황에서의 여러 정보를 종합·판단하여 어떻게 동작을 생성하고 조절하는지와 관련된 원리와 법칙을 밝히는 데 관심이 있는 분야가 바로 운동제어 분야이다.

② 운동학습
- ㉠ 운동학습은 숙련된 운동 수행을 위한 개인 능력의 영구적 변화를 유도하는 일련의 내적 과정으로, 직접 관찰할 수 없으며 연습과 경험에 의해 나타난다.
- ㉡ 연구영역 : 운동행동모형, 운동학습과정, 운동기억, 전이, 피드백, 연습 이론 등
- ㉢ 역할 : 개인적 특성을 바탕으로 연습이나 경험을 통하여 과제와 환경적 변화에 부합하는 가장 효율적인 협응 동작을 형성시켜 나가는 과정을 연구한다.

③ 운동발달
- ㉠ 운동행동이 연령에 따라 계열적·연속적으로 변해가는 과정에 관한 연구 분야이다.
- ㉡ 연구영역 : 유전과 경험, 운동기능의 발달, 학습 및 수행 적정연령, 노령화 등
- ㉢ 역할 : 신체 및 신경·근육의 발달, 인지능력의 발달과 환경과의 상호작용을 통하여 인간의 운동 기능이 어떻게 변화하는가를 연구한다.

④ 건강운동심리학
- ㉠ 지속적인 운동 참여와 그것을 통해 얻을 수 있는 개인의 정신건강에 관한 연구 분야이다.
- ㉡ 연구영역 : 운동 참가 동기, 운동 수행 지속, 정신건강, 운동의 심리적 효과 등
- ㉢ 역할 : 스포츠 활동에 지속적으로 참여하기 위한 방법과 운동을 통한 사회·심리적 효과 등을 연구한다.

⑤ 협의의 스포츠심리학
- ㉠ 심리적 요인이 스포츠 수행에 미치는 영향을 규명하여 경기력 향상을 도모한다.
- ㉡ 심리적 요인은 불안, 동기 등 개인 내적 요인과 응집성, 리더십, 사회적 촉진 등과 같은 개인 외적 요인으로 분류할 수 있다.
- ㉢ 스포츠나 운동 수행이 개인과 팀의 심리적 기능에 미치는 영향을 규명한다.
- ㉣ 운동 수행과 사회적 요인과의 관계를 연구한다.

**핵심예제**

**1-1** 스포츠심리학의 주된 연구의 동향과 영역에 포함되지 않는 것은? [2023]

① 인지적 접근과 현장 연구
② 경험주의에 기초한 성격 연구
③ 생리학적 항상성에 관한 연구
④ 사회적 촉진 및 각성과 운동 수행의 관계 연구

**1-2** 〈보기〉의 빈칸 안에 들어갈 스포츠심리학의 하위영역이 바르게 나열된 것은? [2018]

┌─ 보기 ─────────────────────┐
• ( ㉠ )은 지속적인 운동 참여와 그것을 통해 얻을 수 있는 개인의 정신건강에 관한 연구 분야
• ( ㉡ )은 운동행동이 연령에 따라 계열적이고 연속적으로 변해가는 과정에 관한 연구 분야
└─────────────────────────┘

|   | ㉠ | ㉡ |
|---|---|---|
| ① | 응용스포츠심리학 | 운동발달 |
| ② | 건강운동심리학 | 운동발달 |
| ③ | 건강운동심리학 | 운동학습 |
| ④ | 응용스포츠심리학 | 운동학습 |

**|해설|**

**1-1**
③ 운동생리학의 연구영역이다.
**스포츠심리학의 연구 동향과 영역**
스포츠심리학은 심리적·사회적 요인이 경기력에 미치는 영향과 현상을 논하는 학문이다.

**1-2**
**스포츠심리학의 영역**
• 건강운동심리학 : 지속적인 운동 참여와 그것을 통해 얻을 수 있는 개인의 정신건강에 관해 연구하는 영역
• 운동발달 : 운동행동이 연령에 따라 계열적·연속적으로 변해가는 과정에 관해 연구하는 영역
• 운동제어 : 움직임 생성과 조절의 신경적·생리적 기전 등을 연구하는 영역
• 운동학습 : 개인적 특성을 바탕으로 연습과 경험을 통하여 협응 동작을 형성시켜 나가는 과정을 연구하는 영역
• 응용스포츠심리학 : 심리 이론적 지식을 현장에 적용하여 경기력 향상과 정신 회복을 지원하는 영역

**정답** 1-1 ③ 1-2 ②

---

## 제2절 | 인간운동행동의 이해

### 핵심이론 02 운동제어 체계

① **폐쇄회로이론** : 오류의 탐지와 수정을 위한 참조기제가 있기 때문에 정보가 피드백되어 참조 기제와 비교됨으로써 오류의 탐지와 수정이 이루어진다는 이론이다.

> 목표 설정 → 연속적인 피드백 → 참조기제와 비교 → 명령기관에서 오류 수정 지시

② **개방회로이론** : 지시(Instruction)가 미리 설정되어 있어, 그것이 환경에 미치는 영향에 관계없이 실행된다는 이론이다.

> 입력 → 지시 → 실행

③ **정보처리 3단계**
  ㉠ 감각지각 단계 : 자극을 확인하고 감각기관을 이용하여 자극을 지각하고 수용하는 단계
  ㉡ 반응선택 단계 : 자극을 확인한 후 환경 특성에 맞는 반응 유형을 선택하는 단계
  ㉢ 반응실행 단계 : 반응 실행을 위한 구체적인 체계를 생성하고 조직화하는 단계

> 정보처리 3단계의 관점에서 100m 달리기에서 스타트할 때의 반응 시간이 배구에서 서브 리시브를 하는 상황의 반응 시간보다 짧은 이유는 100m 달리기를 할 때 출발을 알리는 신호탄 소리를 인지하는 자극 확인의 단계가 배구에서 공을 인지한 후 서브 리시브 자세를 준비하는 시간보다 짧기 때문이다.

④ 운동결과의 측정-시간의 측정
  ㉠ 반응 시간(Reaction Time) : 자극 제시와 반응 시작 간의 시간 간격을 의미
    • 단순반응 시간(Simple Reaction Time) : 하나의 자극 신호가 주어지고, 하나의 반응을 요구하는 경우
      예 100m 달리기
    • 변별반응 시간(Discrimination Reaction Time) : 두 개 이상의 자극이 주어질 때, 어느 특정 자극에 반응하는 경우
      예 야구에서 직구만 노려 타격하는 경우
    • 선택반응 시간(Choice Reaction Time) : 두 개 이상의 자극이 주어졌을 때, 각 자극에 대한 서로 다른 반응을 요구하는 경우
      예 농구의 쓰리 맨(Three Man) 속공 상황
  ㉡ 움직임 시간(Movement Time)
    • 반응 시작과 반응 종료 간의 시간 간격을 의미
    • 움직임의 신속성과 정확성을 함께 요구하는 과제를 실행할 경우 운동의 속도와 정확성이 서로 반대되는 성향을 나타낸다.
    • 대개 속도와 정확성의 교환[상쇄(Speed-accuracy Trade-off)] 현상 해석에 쓰인다.
  ㉢ 전체 반응 시간(Response Time) : 자극 제시와 반응 종료 간의 시간 간격을 의미

  운동결과에서 시간 측정의 예 : 100m달리기
  • 반응 시간(Reaction Time) : 출발신호를 듣고 자극을 받아 발을 내딛는 시점까지
  • 움직임 시간(Movement Time) : 전력으로 질주하는 시간
  • 전체 반응 시간(Response Time) : 모두 합친 것, 즉 자극 제시와 반응 종료 간의 시간 간격

### 핵심예제

**2-1 정보처리단계 중 '반응실행 단계'에 해당하는 내용으로 옳은 것은?** [2019]
① 실제 움직임을 생성하기 위하여 움직임을 조직화한다.
② 받아들인 정보의 내용을 분석하여 의미를 부여한다.
③ 자극을 확인한 후, 환경 특성에 맞는 반응을 선택한다.
④ 환경 정보 자극에 대한 확인과 자극의 유형에 대해 인식한다.

**2-2 〈보기〉의 운동 수행에 관한 예시를 가장 잘 설명하는 이론은?** [2017]

┤보기├
테니스 서비스는 공을 서비스 코트에 떨어뜨려야 한다. 퍼스트 서비스가 너무 길어 폴트가 된 것을 본 후, 손목 조절을 위해 시각 및 운동감각적 피드백을 이용하여 세컨드 서비스에서 공이 서비스 코트를 이탈하지 않도록 한다.

① 폐쇄회로이론(Closed Loop Theory)
② 개방회로이론(Open Loop Theory)
③ 다이나믹시스템이론(Dynamic Systems Theory)
④ 생태학적이론(Ecological Theory)

**2-3 〈보기〉에서 설명하는 개념으로 옳은 것은?** [2022]

┤보기├
• 자극반응 대안 수가 증가할수록 선택반응 시간도 증가한다.
• 투수가 직구와 슬라이더 구종에 커브 구종을 추가하여 무작위로 섞어 던졌을 때 타자의 반응시간이 길어졌다.

① 피츠의 법칙(Fitts' Law)
② 파워 법칙(Power Law)
③ 임펄스가변성이론(Impulse Variability Theory)
④ 힉의 법칙(Hick's Law)

| 해설 |

**2-1**
운동학습이론에서 정보처리단계는 '감각지각 → 반응선택 → 반응실행' 단계를 거친다. 그 중 반응실행 단계는 반응의 실행을 위한 구체적인 체계를 생성하고 조직화하는 단계이다.

**2-2**
① 폐쇄회로이론은 기억 체계에 저장된 동작과 실제 동작 간의 오류에 대한 피드백 정보를 활용하여 운동 수행이 조절된다는 이론이다.
② 개방회로이론은 기억체계에 저장된 동작 프로그램에 의해서 인간의 모든 운동행동이 생성된다는 이론이다.
③ 다이나믹시스템이론은 유기체·환경·과제의 상호 작용으로 인간의 운동이 생성된다는 이론으로, 인간의 신체적 특성을 강조한다.
④ 생태학적이론은 개인이 처한 환경정보를 스스로 지각하고 동작을 수행한다는 이론이다.

**2-3**
자극반응 대안 수가 증가할수록 선택반응 시간도 증가하는 것은 힉의 법칙이다.
① 피츠의 법칙 : 목표물의 크기가 작고 움직이는 거리가 증가할수록 운동 시간이 증가한다.
② 파워 법칙(멱법칙) : 한 수가 다른 수의 거듭제곱으로 표현되는 두 수의 함수적 관계를 나타낸 법칙이다.
③ 임펄스가변성이론 : 운동 속도가 증가할수록 공간 가변성이 증가되어 운동 정확성이 감소한다.

정답 2-1 ① 2-2 ① 2-3 ④

## 핵심이론 03 운동제어 이론

① **운동프로그램이론 관점**
  ㉠ 특정 자극에 대한 반응이 대뇌피질 속에 미리 저장되어 있다고 보는데, 그 형태를 운동프로그램이라고 한다.
  ㉡ 기본적으로 하나의 운동프로그램은 운동이 하나의 반응과 1:1 대응관계를 갖는 운동 명령에 의하여 조절된다는 것을 전제로 한다.
  ㉢ 슈미트(Schmidt)의 도식이론
    • 폐쇄회로이론의 피드백과 개방회로이론의 운동프로그램 개념을 통합하여 운동행동의 원리를 설명하는 이론이다.
    • 일반화된 운동계획의 개념을 운동기능에 확장시켜 운동기능의 학습과 수행에 관여하는 두 독립된 메커니즘을 가정한다.
    • 회상도식 : 현재 수행하고자 하는 운동과 유사한 과거의 운동 결과를 근거로 새로운 운동을 계획할 수 있다.
    • 재인도식 : 피드백 정보를 통하여 잘못된 동작을 평가하고 수정한다.

② **다이나믹시스템이론 관점**
  ㉠ 인간이 가진 움직임 체계의 특징과 신체에 영향을 끼치는 내·외적 힘을 설명하는 데 초점을 둔 관점이다.
  ㉡ 일반화된 운동프로그램과 같은 기억표상의 구조가 필요하지 않다고 주장한다.
  ㉢ 켈소(Kelso)의 이론
    • 운동프로그램의 역할 대신 '지각-동작'의 연결관계를 중시한다.
    • 인간의 움직임이 갖는 협응구조를 강조한다.
    • 유기체, 환경, 과제의 상호작용 속에서 자기조직의 원리와 비선형성의 원리에 의해 인간의 운동이 생성되고 조절된다고 본다.

ⓔ 협응의 원리
- 자기조직(Self-organization)의 원리 : 제한요소(유기체·환경·과제)의 상호작용이 조건에 부합할 때 인간의 행동이 생성된다는 원리
- 비선형성(Nonlinearity)의 원리 : 인간의 행동은 결과를 예측할 수 없는 경향을 보인다는 원리
  - 질서변수 : 움직임의 특징과 유형을 설명하는 수단으로 쓰이므로 어떤 특정한 움직임의 유형을 밝히려면 그러한 움직임의 질서변수를 찾아야 한다.
  - 제어변수 : 질서변수를 변하게 하는 원인이 되는 것으로, 동작을 변하게 하는 무게·속도 등이 있다.

ⓜ 협응구조
- 기능하는 하나의 단위를 말한다.
- 다양한 관절에 걸쳐 있는 근육의 집합이다.
- 자기조직의 원리를 따라 만들어진다.

ⓗ 협응구조의 안정성과 변화
- 안정성은 바깥으로부터 어떠한 물리적인 작용을 받더라도 자신이 가진 동작 형태를 지속하려는 저항력을 말한다.
- 협응구조는 경험과 연습이 어느 정도인지에 따라 새롭게 변한다.
- 협응구조의 안정성은 상대적 위상의 표준편차로 측정할 수 있다.
- 상변이 현상
  - 안정성이 변하면서 협응구조의 형태가 변화하는 현상을 말한다.
  - 제한요소(유기체·환경·과제)의 형태가 변함에 따라 운동 형태가 갑자기 바뀌는 현상이다.
  - 비선형의 원리를 따른다.

③ 번스타인(N. Bernstein)의 운동제어이론
㉠ 신체 움직임의 특성, 환경, 신체에 작용하는 여러 가지 힘을 고려하여 운동체계를 설명한다.
㉡ 운동 등가 : 다른 근육군을 사용하여 같은 움직임을 수행할 수 있는 능력을 말한다.
㉢ 맥락 조건 가변성 : 근육의 활동이 동일해도 조건에 따라 운동결과가 달라질 수 있다는 것이다.

---

**핵심예제**

**3-1 다이나믹시스템 관점에서의 협응구조 형성에 대한 설명으로 옳지 않은 것은?** [2020]

① 협응구조는 하나의 기능적 단위로 자기조직의 원리에 따라 형성된다.
② 제어변수는 질서변수를 변화시키는 원인이 되는 것으로, 동작을 변화시키는 속도나 무게 등이 있다.
③ 상변이는 협응구조의 형태가 변화하는 현상이며 선형의 원리를 따른다.
④ 협응구조의 안정성은 상대적 위상의 표준편차로 측정할 수 있다.

**3-2 〈보기〉에서 설명하는 용어는?** [2023]

|보기|
번스타인(N. Bernstein)은 움직임의 효율적 제어를 위해 중추신경계가 자유도를 개별적으로 제어하지 않고, 의미 있는 단위로 묶어서 조절한다고 설명하였다.

① 공동작용(Synergy)
② 상변이(Phase Transition)
③ 임계요동(Critical Fluctuation)
④ 속도-정확성 상쇄 현상(Speed-accuracy Trade-off)

| 해설 |

**3-1**
상변이는 비선형의 원리를 따른다.

**다이나믹시스템 관점에서의 협응구조 형성**
- 협응구조는 기능하는 하나의 단위를 말하며, 다양한 관절에 걸쳐 있는 근육의 집합이고, 자기조직의 원리를 따라 만들어진다.
- 협응구조의 안정성은 바깥으로부터 어떠한 물리적인 작용을 받더라도 자신이 가진 동작 형태를 지속하려는 저항력을 말하는데, 협응구조는 경험과 연습이 어느 정도인지에 따라 새롭게 변하며 협응구조의 안정성은 상대적 위상의 표준편차로 측정할 수 있다.
- 상변이 현상
    - 안정성이 변하면서 협응구조의 형태가 변화하는 현상을 말한다.
    - 제한요소(유기체·환경·과제)의 형태가 변함에 따라 운동 형태가 갑자기 바뀌는 현상이다.
    - 비선형의 원리를 따른다.

**3-2**
**공동작용**
공동작용은 번스타인(N. Bernstein, 1967)이 제시한 용어로, 관절 및 골격근과 같은 신체 각부의 움직임을 효율적으로 제어하기 위해 중추신경계가 자유도를 개별적으로 제어하지 않고, 유의미한 단위로 묶어서 조절하는 것을 가리키는 말이다.

정답 3-1 ③ 3-2 ①

## 핵심이론 04 운동학습

① 운동학습의 정의 및 특성
  ㉠ 신경가소성(Neural Plasticity)의 특성을 나타낸다.
      ※ 신경가소성이란 경험이 신경계의 기능·구조를 변형시키는 현상을 의미한다.
  ㉡ 비교적 영구적인 운동 수행의 향상으로 나타나는 일련의 내적 과정이다.
  ㉢ 연습과 경험에 의해서 나타나는 현상이며, 성숙이나 동기 또는 훈련 등에 의해 일시적으로 변화하는 것은 포함하지 않는다.
  ㉣ 학습 과정을 직접 관찰하기 어렵다.

② 운동학습의 단계
  ㉠ 피츠(P. Fitts)와 포스너(M. Posner)의 단계

| 인지단계 | • 학습해야 할 운동기술의 특성을 이해하고 그 과제를 수행하기 위한 전략을 개발하는 단계<br>• 오류 수정 능력을 갖추지 못했기 때문에 운동 수행 시 일관성이 부족함 |
| --- | --- |
| 연합단계 | • 과제 수행을 위한 전략을 선택하고 잘못된 수행의 해결책을 찾는 단계<br>• 동작의 일관성이 점점 좋아지는 단계 |
| 자동화단계 | • 동작이 거의 자동으로 이루어지는 단계<br>• 동작 실행 시 의식적 주의가 거의 필요 없고 정확성과 일관성이 매우 높음<br>• 동작에 대한 오류를 탐지하고 수정할 수 있는 능력이 있음 |

  ㉡ 애덤스(J. A. Adams)의 단계 : 인지화 단계와 고정화 단계를 합친 언어-운동단계와 운동단계를 구분
  ㉢ 젠타일(A. Gentile)의 단계 : 움직임의 개념 습득, 고정화 및 다양화 단계로 구분
  ㉣ 번스타인(N. Bernstein)의 단계 : 자유도의 고정, 자유도의 풀림, 반작용의 활용 단계로 구분
  ㉤ 뉴웰(K. Newell)의 단계 : 협응, 제어 단계로 구분

### 핵심예제

〈보기〉에서 피츠와 포스너의 운동학습 단계와 설명이 바르게 제시된 것은? [2020]

┌ 보기 ┐
ⓘ 테니스 포핸드 스트로크 자세를 안정적이고 일관성 있게 수행할 수 있다.
ⓒ 학습자는 오류를 수정하기 위해서 연습하고, 스스로 오류를 탐지하여 그 오류의 일부를 수정할 수 있다.
ⓒ 학습자는 테니스 포핸드 스트로크의 개념을 이해한다.

|   | 자동화단계 | 인지단계 | 연합단계 |
|---|---|---|---|
| ① | ㉠ | ㉡ | ㉢ |
| ② | ㉠ | ㉢ | ㉡ |
| ③ | ㉡ | ㉢ | ㉠ |
| ④ | ㉡ | ㉠ | ㉢ |

|해설|
㉠ 자동화단계 : 동작 실행 시 의식적 주의가 거의 필요없고 정확성과 일관성이 높은 단계이다.
㉡ 연합단계 : 잘못된 수행의 해결책을 찾아가는 단계로 동작의 일관성이 완성되어 가는 단계이다.
㉢ 인지단계 : 운동기술의 특성을 이해하고 동작을 수행하기 위한 전략을 개발하는 단계이다.

정답 ②

## 핵심이론 05 기 억

① 기억은 시간의 흐름 속에서도 획득한 정보를 지속해서 보유하여 활용할 수 있는 역량이다.

② 기억의 유형
  ㉠ 감각기억
    • 환경으로부터의 자극이 인간의 기억체계로 들어오는 첫 단계는 감각정보이다.
    • 감각시스템을 통해서 들어온 정보가 병렬적으로 처리된다.
    • 아주 짧은 시간 동안에 많은 양의 정보가 감각기억에 저장된다.
    • 저장된 정보의 양, 즉 기억용량이 극히 제한적이다.
    • 새로운 정보가 유입되면 쉽게 손실된다.
    • 불필요한 외부 정보를 줄이고 집중할 수 있도록 지도한다.
  ㉡ 단기기억
    • 감각기억보다 다소 긴 시간 동안 정보를 보유할 수 있다.
    • 저장된 정보의 양, 즉 기억용량이 제한적이다.
    • 반복하거나 시연하지 않으면 사라진다.
    • 한 번에 너무 많은 정보를 제공하지 않고, 정보를 처리할 수 있는 시간을 제공한다.
    • 감각시스템으로부터 유입된 모든 정보를 처리할 수 없어 필요한 정보만 선택·처리한다.
  ㉢ 장기기억
    • 단기기억에 저장된 정보들은 자극의 수용자가 더 많은 주의를 기울이거나 특별한 조치를 할 때 장기기억으로 전환된다.
    • 저장된 정보의 양, 즉 기억용량이 비교적 무제한이다.
    • 정보가 기억의 체제 속에 그대로 머무는 기간이 장기적이며 비교적 영속적이다.
    • 반복과 시연을 통해 강화된다.
    • 연습을 통해 기억을 강화한다.

### 핵심예제

〈보기〉에서 ㉠, ㉡, ㉢에 해당하는 기억의 유형이 바르게 연결된 것은?                     [2020]

┌보기┐

| 유형 | ㉠ | ㉡ | ㉢ |
|---|---|---|---|
| 기억 용량 | 제 한 | 극히 제한 | 무제한 |
| 특 징 | 반복하거나 시연하지 않으면 사라진다. | 새로운 정보가 유입되면 쉽게 손실된다. | 반복과 시연을 통해 강화된다. |
| 지도 방법 | 한 번에 너무 많은 정보를 제공하지 않고, 정보를 처리할 수 있는 시간을 제공한다. | 불필요한 외부 정보를 줄이고 집중할 수 있도록 지도한다. | 연습을 통해 기억을 강화한다. |

|       | ㉠       | ㉡       | ㉢       |
|---|---|---|---|
| ① | 감각기억 | 단기기억 | 장기기억 |
| ② | 감각기억 | 장기기억 | 단기기억 |
| ③ | 단기기억 | 장기기억 | 감각기억 |
| ④ | 단기기억 | 감각기억 | 장기기억 |

|해설|

기억이란 시간의 흐름 속에서도 획득한 정보를 지속적으로 보유하여 활용할 수 있는 역량을 의미한다.

**기억의 유형**
- 감각기억 : 환경으로부터의 자극이 인간의 기억체계로 들어오는 첫 단계이며, 아주 짧은 시간 동안에 많은 양의 정보가 감각기억에 저장된다.
- 단기기억 : 감각시스템으로부터 유입된 모든 정보를 처리할 수 없어 필요한 정보만 선택·처리하며 감각기억보다 다소 긴 시간 동안 정보를 보유할 수 있다.
- 장기기억 : 단기기억에 저장된 정보들은 자극의 수용자가 더 많은 주의를 기울이거나 특별한 조치를 할 때 장기기억으로 전환되며 정보가 기억의 체제 속에 그대로 머무는 기간이 장기적이며 비교적 영속적이다.

정답 ④

### 핵심이론 06 운동학습의 전이

① 전이 : 과거의 수행 또는 학습 경험이 새로운 운동기술의 수행·학습에 영향을 미치는 것을 말한다.
② 정적 전이(Positive Transfer)
  ㉠ 한 가지 과제 수행이 다른 과제 수행을 돕거나 촉진하는 경우
  ㉡ 운동기술의 요소와 처리 과정이 유사하여 과거 학습이 새로운 학습에 도움이 된다.
③ 부적 전이(Negative Transfer) : 한 가지 과제 수행이 다른 과제 수행을 간섭하거나 제지하는 경우
  예 수현이는 오랫동안 배드민턴을 즐기다가 새롭게 테니스 교실에 등록했다. 테니스 코치는 포핸드 스트로크를 지도할 때, 수현이가 손목 스냅을 습관적으로 사용하는 것을 보고 손목을 고정하도록 지도했다.
④ 영의 전이(Zero Transfer) : 한 가지 과제 수행이 다른 과제 수행에 아무런 영향도 미치지 않는 경우
⑤ 양측 전이(Bilateral Transfer)
  ㉠ 한쪽 손이나 발로 특정 운동기술을 발전시키면, 반대편 혹은 대각선의 손발에 영향을 미친다.
  ㉡ 양측성 전이의 방향은 비대칭성 전이가 더 많은 지지를 받는다.
⑥ 과제 내 전이(Intratask Transfer) : 동일한 과제를 서로 다른 연습 조건에서 수행할 때 나타나는 수행 차이(이를 비교하는 검사를 '과제 내 전이 검사'라 함)를 말한다.
⑦ 전이에 영향을 미치는 요인
  ㉠ 과제 간 유사성
  ㉡ 선행 과제 연습
  ㉢ 훈련 방법

### 핵심예제

**〈보기〉에서 설명하는 개념으로 옳은 것은?** [2020]

┌ 보기 ┐
수현이는 오랫동안 배드민턴을 즐기다가 새롭게 테니스 교실에 등록했다. 테니스 코치는 포핸드 스트로크를 지도할 때, 수현이가 손목 스냅을 습관적으로 사용하는 것을 보고 손목을 고정하도록 지도했다.
└─────┘

① 과제 내 전이
② 양측 전이
③ 정적 전이
④ 부적 전이

|해설|
부적 전이란 한 가지 과제 수행이 다른 과제 수행을 간섭하거나 제지하는 경우를 말한다. 수현이는 배드민턴을 하던 경험 때문에 테니스를 할 때도 손목 스냅을 사용하고 있다.

정답 ④

## 핵심이론 07 운동학습과 피드백

① **피드백의 정의** : 목표 상태와 수행 간의 차이에 대한 정보를 되돌려서 운동 동작 자체 또는 운동 수행의 결과나 평가 정보를 제공하는 것을 말한다.

② **피드백의 분류**
  ㉠ 내재적 피드백 : 운동 수행자 자체에 내재하는 정보로서 반응 후에 스스로의 감각자극에 피드백의 정보가 생기는 것으로, 감각 피드백이라고도 한다.
  ㉡ 외재적 피드백 : 타인이나 지도자에게 받는 정보이며 보강 피드백이라고도 한다.

③ **피드백의 기능**
  ㉠ 정보 제공 : 효율적인 운동 수행에 필요한 정보를 학습자에게 제공한다.
  ㉡ 동기 유발 : 학습자의 기술 수행을 위한 동기를 유발시켜 지속적으로 목표를 성취할 수 있도록 유도한다.
  ㉢ 강화 : 현재의 수행을 유지하며 성공적인 운동 수행에 자신감을 갖게 해 준다.
    • 정적 강화 : 유쾌 자극을 제공하여 현재 수행을 지속적으로 유지할 수 있게 돕는 것이다.
    • 부적 강화 : 불쾌 자극을 제거함으로써 긍정적인 행동의 빈도를 높이는 것이다.

**핵심예제**

**7-1** 〈보기〉에서 설명하는 피드백 유형은? [2023]

┤보기├

높이뛰기 도약 스텝 기술을 연습하게 한 후에 지도자는 학습자의 정확한 도약 기술 습득을 위해 각 발의 스텝 번호(지점)을 바닥에 표시해주었다.

① 내적 피드백(Intrinsic Feedback)
② 부적 피드백(Negative Feedback)
③ 보강 피드백(Augmented Feedback)
④ 부적합 피드백(Incongruent Feedback)

**7-2** 피드백의 기능에 대한 설명으로 옳은 것은? [2015]

┤보기├

㉠ 학습자의 불필요한 행동을 줄여주고 무엇을 수정해야 하는지에 대한 정보를 제시해 준다.
㉡ 현재의 수행을 유지하며 성공적인 자신의 운동 수행에 대해 자신감을 갖도록 해준다.

① ㉠ - 동기 유발 기능  ㉡ - 정보 기능
② ㉠ - 정보 기능  ㉡ - 처방 기능
③ ㉠ - 처방 기능  ㉡ - 강화 기능
④ ㉠ - 정보 기능  ㉡ - 강화 기능

|해설|

**7-1**
외재적 피드백(보강 피드백)
보강 피드백(외재적 피드백)은 지도자나 동료의 충고에 의한 피드백으로, 운동의 기술과 같은 수행 지식이나 성적과 같은 결과 지식을 주고받을 수 있다. 〈보기〉는 운동기술과 같은 수행 지식에 대해 정보를 주고받은 것으로 보강 피드백의 사례에 해당한다.

**7-2**
피드백의 기능은 정보 제공, 동기 유발, 강화, 안내 등의 기능이 있다. 정보 제공 기능은 학습자에게 효율적인 운동 수행에 필요한 정보를 제시한다. 강화는 현재의 수행을 지속적으로 유지할 수 있도록 유쾌 자극을 제공하는 정적 강화와 불쾌 자극을 제거하는 부적 강화가 있다.

정답 7-1 ③  7-2 ④

### 핵심이론 08 보강적 피드백과 자기통제 피드백

① 보강적 피드백
  ㉠ 외부로부터 제공되는 정보를 의미한다.
  ㉡ 학습자의 기술 수행을 위한 동기를 유발시키는 것에 목표를 둔다.
  ㉢ 결과지식(Knowledge of Result ; KR) : 동작의 결과에 대한 정보를 학습자에게 제공하는 것이다.
    예 골프 스윙 정확성을 분석한 결과, 목표 지점에서 오른쪽으로 10m 벗어났고 거리도 20m 짧게 나왔다.
  ㉣ 수행지식(Knowledge of Performance ; KP)
    • 폼에 대한 질적 정보, 동작 패턴·속도와 관련된 운동학적 정보이다.
    • 동작의 유형에 대한 정보를 학습자에게 제공하는 것이다.
    예 정확한 골프 스윙을 하기 위해서는 백스윙에서 머리가 움직이지 않도록 하면서, 어깨의 회전과 함께 체중이 오른쪽으로 이동하도록 해야 한다. 이러한 골프 스윙이 비거리와 정확성을 높일 수 있다.

② 자기통제 피드백
  ㉠ 정보를 처리하는 대상자의 인지적 노력에 초점을 둔다.
  ㉡ 능동적인 인지적 처리 과정이 운동기술 학습에 절대적인 영향을 미친다는 것을 전제로 한다.
  ㉢ 대상자의 인지적 노력은 대상자 스스로가 필요하다고 생각하는 정보를 지도자에게 요구하여 획득하는 과정으로 나타난다.
  ㉣ 지도자가 미리 결정한 피드백 정보를 수동적으로 제공받는 것이 아니라, 학습자가 스스로 인지 전략을 세움으로써 능동적으로 학습에 참여할 수 있도록 학습자의 요구에 부합하는 정보를 제공한다.

#### 자기통제 피드백의 사례
농구수업에서 김 코치는 학습자가 자유투 동작과 관련된 피드백을 원할 때 정보를 제공하기로 하고, 각자 연습을 시작하였다. 김 코치는 연습 중 학습자가 피드백을 요구할 때마다 정확한 자유투 동작에 대해 알려주었다.

### 핵심예제

**보강적 피드백의 유형에 해당하는 것으로 옳은 것은?** [2021]
① 시각(Visual)
② 촉각(Tactile)
③ 청각(Auditory)
④ 결과지식(Knowledge of Result)

|해설|
보강적 피드백은 외부로부터 제공되는 정보를 의미하며 학습자의 기술수행을 위한 동기를 유발시키는 것에 목표를 두는 피드백으로, 그 유형으로는 결과지식과 수행지식이 있다.

정답 ④

### 핵심이론 09 운동기술의 연습

① 연습방법

㉠ 집중연습 : 연습 시간이 휴식 시간보다 상대적으로 긴 경우를 말한다.

㉡ 분산연습 : 휴식 시간을 충분히 갖고 여러 번에 걸쳐 연습하는 방법이다.

㉢ 분단(구획)연습
- 운동기술에 포함된 각 변인을 나눈 후 각각 주어진 시간 동안 연습하는 방법이다.
- 맥락간섭효과가 낮기 때문에 연습 수행에 효과적이다.

㉣ 무선연습
- 운동기술에 포함된 하위 요소들을 무작위로 연습하는 방법이다.
- 맥락간섭효과가 높기 때문에 파지와 전이에 효과적이다.

| 파지 | • 연습으로 향상된 운동기술의 수행력을 오랫동안 유지할 수 있는 능력<br>• 파지검사 : 학습자가 새로운 기술을 연습한 다음 특정한 시간이 지난 후, 연습한 기술의 수행력을 평가하는 검사 |
|---|---|
| 전이 | • 과거의 수행 또는 학습경험이 새로운 운동기술의 수행과 학습에 영향을 미치는 것<br>• 전이검사 : 연습한 기술을 다른 수행 상황에서도 발휘할 수 있는지를 평가하는 검사 |

㉤ 가변연습(Variable Practice) : 운동기술을 여러 가지 방법으로 순서에 상관없이 뒤섞어 연습하는 방법이다.

㉥ 일정(불변)연습(Constant Practice) : 운동기술을 한 가지 방법으로만 계속해서 연습하는 방법이다.

㉦ 전습법 : 한 가지 운동기술 과제를 구분 동작 없이 전체적으로 연습하는 방법이다.

㉧ 분습법 : 한 가지 운동기술 과제를 하위 단위로 나누어 연습하는 방법이다.
- 분절화 : 학습할 전체 기술을 특정 시·공간 영역으로 나누어 연습한 후, 각각의 기술이 특정 수준에 도달하면 전체 기술로 결합하여 연습하는 방법이다.
- 단순화 : 운동기술을 수행할 때 과제 요소를 줄여 기술 수행의 난이도나 복잡성을 낮추는 방법이다.
- 부분화 : 운동과제에 포함되는 하위 요소를 하나 또는 둘 이상으로 분리하여 각각 연습하는 방법이다.

② 연습의 맥락간섭효과

㉠ 연습 시 개입된 사건이나 경험으로 인하여 발생하는 문제 때문에 학습이나 기억이 방해받는 것을 말한다.

㉡ 맥락간섭효과 : 운동기술을 연습하는 상황에서 운동기술에 포함된 하위 요소 간에 간섭 현상이 발생하는 것을 말한다.

㉢ 분단(구획)연습과 무선연습에 의해 맥락간섭효과의 크기가 달라진다.

㉣ 맥락간섭이 높으면 운동 수행의 효과가 낮게 나타나지만, 운동 수행의 파지와 전이에 효과적이다.

> **맥락간섭효과의 적용사례**
> 야구수업에서 오버핸드(A), 사이드암(B), 언더핸드(C) 던지기 동작을 지도하기 위해 아래와 같이 2가지 연습방법을 계획하였다.
> - 분단연습은 ABC 던지기 동작을 각각 10분씩 할당하여 연습하게 하는 것이다.
>   예 AAAAA(10분) → BBBBB(10분) → CCCCC(10분)
> - 무선연습은 30분 동안 ABC 던지기 동작을 순서 없이 무작위로 연습하는 것이다.
>   예 ACBABACABCBACBC(30분)

### 핵심예제

**9-1.** 〈보기〉에서 설명하는 운동기능 연습법 내용으로 옳은 것은? [2021]

┌─보기├─────────────────────────────
│ 각 부분을 따로 연습한 후 전체 기술을 종합적으로 연습하
│ 는 순수 분습법과 전체 운동기술 중에 첫 번째와 두 번째
│ 요소를 각각 연습한 후 그 두 요소를 결합하고 이후 다음
│ 요소를 다시 연습하는 과정을 거쳐 전체 기술을 습득해
│ 가는 점진적 분습법으로 구분된다.
└──────────────────────────────────

① 분절화　　　　　② 부분화
③ 분산연습　　　　④ 집중연습

**9-2.** 골프 퍼팅 과제를 100회 연습한 뒤, 24시간 후에 동일 과제에 대해 수행하는 검사는? [2023]

① 속도검사(Speed Test)
② 파지검사(Retention Test)
③ 전이검사(Transfer Test)
④ 지능검사(Intelligence Test)

|해설|

**9-1**
분절화는 학습할 전체 기술을 특정 시·공간 영역으로 나누어 연습한 후, 각각의 기술이 특정 수준에 도달하면 전체 기술로 결합하여 연습하는 방법이다.

**9-2**
파지검사
한 과제를 연습한 뒤, 일정 시간 후에 동일 과제를 수행하는 것은 파지검사로, 연습으로 향상된 수행력이 일정 시간 후에도 유지되는가를 확인하기 위해 사용한다.

정답 9-1 ① 9-2 ②

## 핵심이론 10 운동기술의 일차원적 분류 체계

① 환경의 안정성
　㉠ 폐쇄 운동기술
　　• 환경 변화가 없는 운동이다.
　　• 자기 조절에 따라 운동 수행 시작점을 선택할 수 있다.
　　예 사격, 양궁, 체조 등
　㉡ 개방 운동기술 : 변화하는 환경 속에서 수행하는 운동이다.
　　예 농구, 축구 등 대부분의 운동 종목

② 움직임의 연속성
　㉠ 불연속적 운동기술
　　• 운동기술에 시작과 끝이 존재한다.
　　• 연속되지 않고 단발적인 특성이 있다.
　　예 던지기, 받기, 차기 등
　㉡ 계열적 운동기술 : 단계적 운동기술이 하나의 운동기술로 표현되는 특성이 있다.
　　예 체조, 연기, 야구의 수비기술 등
　㉢ 연속적 운동기술 : 특정 움직임이나 운동기술이 계속 반복되는 특성이 있다.
　　예 달리기, 수영, 사이클 등

③ 움직임에 동원되는 근육의 크기
　㉠ 운동 수행에 사용되는 근육의 크기에 따라 대근육·소근육 운동기술이 있다.
　㉡ 운동기술은 대근육, 소근육 운동기술이 복합적으로 어우러진다.

### 핵심예제

**10-1. 운동기술(Motor Skill)의 일차원적 분류 체계가 아닌 것은?**
[2019]

① 과제의 난이도에 따른 분류
② 환경의 안정성에 따른 분류
③ 움직임의 연속성에 따른 분류
④ 움직임에 동원되는 근육의 크기에 따른 분류

**10-2. 개방 운동기술(Open Motor Skills)에 해당하지 않는 것은?**
[2024]

① 농구 경기에서 자유투하기
② 야구 경기에서 투수가 던진 공을 타격하기
③ 자동차 경주에서 드라이버가 경쟁하면서 운전하기
④ 미식축구 경기에서 쿼터백이 같은 팀 선수에게 패스하기

|해설|

**10-1**
운동기술의 일차원적 분류
- 환경의 안정성 : 폐쇄/개방 운동기술
- 움직임의 연속성 : 불연속적/계열적/연속적 운동기술
- 움직임에 동원되는 근육의 크기 : 대근육/소근육 운동기술

**10-2**
개방 운동기술은 농구, 축구, 야구 등 대부분의 운동 종목처럼 변화하는 환경 속에서 수행하는 운동이다. 농구에서 반칙을 당했을 때 얻을 수 있는 공격 수단인 자유투와 같이 관중을 제외한 누구의 방해도 받지 않는, 변화가 없는 환경에서 공을 던지는 것은 폐쇄 운동기술에 해당한다.

정답 10-1 ① 10-2 ①

---

## 핵심이론 11 운동발달

① 운동발달의 개념
　㉠ 연령에 따라서 계열적·연속적으로 운동기능이 변화해 가는 과정이다.
　㉡ 기능적 분화와 복잡화·통합화를 이루어 환경에 잘 적응하고 하나의 상태에서 다른 상태로 변화하는 과정이다.

② 운동발달의 기본 가정
　㉠ 전 생애에 걸쳐 단계적·지속적으로 진행한다.
　㉡ 발달의 속도와 범위에 개인차가 존재한다.
　㉢ 민감기 또는 결정적 시기가 존재한다.
　㉣ 환경적 맥락의 영향을 받는다.

③ 운동발달의 원리
　㉠ 운동발달은 인체 성숙과 관련된 일정한 단계에 따라 이루어지며, 일정한 순서와 방향성을 띤다.
　㉡ 운동발달은 기능적 분화와 통합화의 과정에 의해 이루어진다.
　㉢ 신체는 머리에서 발끝, 몸통에서 말초부분 순서로 발달이 이루어진다.
　㉣ 유전과 환경의 상호작용을 통해 발달한다.

④ 운동발달의 사회·문화적 요인
　㉠ 인종과 문화적 배경은 성장과 운동발달에 영향을 미친다.
　㉡ 교사나 학교 사회에서의 성별 구분은 놀이 및 스포츠 사회화에 영향을 미친다.
　㉢ 놀이 공간은 스포츠 참여에 필요한 사회적 환경을 제공한다.
　㉣ 놀이 공간과 놀이 활동이 아동의 운동발달에 영향을 미친다.

> **성장과 성숙**
> - 성장 : 신체나 신체 부분의 크기 증가를 뜻하는 용어로, 신체 변화의 총체를 의미한다.
> - 성숙 : 기능을 더 높은 수준으로 발전할 수 있게 하는 질적 변화로, 정해진 순서에 따라 진행되는 특성이 있다.

### 핵심예제

**11-1. 운동발달 개념에 대한 설명으로 옳지 않은 것은?** [2015]

① 태아기에서 사망까지의 지속적인 과정이다.
② 발달은 연령에 의해서만 결정되지 않는다.
③ 발달은 운동 연습에 의해서만 결정된다.
④ 발달의 속도와 범위는 개인별로 과제의 특성에 의해 영향을 받는다.

**11-2. 운동발달에 관한 설명으로 옳지 않은 것은?** [2021]

① 운동발달에는 개인차가 존재한다.
② 운동발달 과정에는 민감기가 있다.
③ 운동발달은 운동행동이 연속적으로 변화하는 과정이다.
④ 운동발달 상황에서 공통적으로 나타나는 행동을 개체발생적 운동행동이라고 한다.

**11-3. 〈보기〉에서 설명하는 게셀(A. Gesell)과 에임스(L. Ames)의 운동발달의 원리가 아닌 것은?** [2023]

|보기|

- 머리에서 발 방향으로 발달한다.
- 운동발달은 일련의 방향성을 갖는다.
- 운동협응의 발달순서가 있다.
  양측 : 상지 혹은 하지의 양측을 동시에 움직이는 형태를 보인다.
  동측 : 상하지를 동시에 움직이는 형태를 보인다.
  교차 : 상하지를 동시에 움직이는 형태를 보인다.
- 운동기술의 습득 과정에서 몸통이나 어깨 근육을 조절하는 능력을 먼저 갖추고, 이후에 팔, 손목, 손, 그리고 손가락 근육을 조절하는 능력을 갖춘다.

① 머리-꼬리 원리(Cephalocaudal Principle)
② 중앙-말초 원리(Proximodistal Principle)
③ 개체발생적 발달 원리(Ontogenetic Development Principle)
④ 양측-동측-교차 운동협응의 원리(Bilateral-unilateral(Ipsilateral)-crossl ateral Principle)

|해설|

**11-1**
운동발달에 영향을 미치는 요인은 연습뿐만 아니라, 유전과 경험·운동기능의 발달·학습 및 수행 적정연령·노령화 등이 있다.

**11-2**
운동발달 상황에서 공통적으로 나타나는 행동은 계통발생적 운동행동이라 하며, 이는 성숙을 통하여 예측이 가능한 형태로 자동으로 이루어진다.

**11-3**
게셀과 에임스는 운동발달에서 학습보다는 성장과 성숙을 강조했다. 개체 발생적 발달 원리는 학습(연습, 경험 등)에 의한 운동행동에 의해 이루어지는 발달이므로 게셀과 에임스의 운동발달 원리로 볼 수 없다.

**게셀(A. Gesell)과 에임스(L. Ames)의 운동발달 원리**
① 머리-꼬리 원리(두미 발달경향) : 머리에서 발 방향으로 발달한다. 운동발달은 일련의 방향성을 갖는다.
② 중앙-말초 원리(근원 발달 경향) : 운동발달은 일련의 방향성을 갖는다.
④ 양측-동측-교차 운동협응의 원리(기능적 비대칭의 원리) : 운동협응의 발달순서가 있다.

**정답** 11-1 ③  11-2 ④  11-3 ③

### 핵심이론 12 운동발달의 단계

① 반사 움직임 단계 : 출생~1세의 신생아기
  ㉠ 반사란 신경계통의 체계가 완전히 성숙되지 않아 나타나는 불수의적인 움직임이다.
  ㉡ 반사는 자세반사와 이동반사로 분류된다.
  ㉢ 유아의 생존을 돕고 유아의 운동행동에 대한 진단의 역할을 한다.

② 기초(초기) 움직임 단계 : 1~2세의 영아기
  ㉠ 신경체계 성숙으로 반사 운동이 사라지고 수의적인 움직임이 나타나는 단계이다.
  ㉡ 기거나 걷는 이동운동이 발달하고 물체를 잡는 물체조작운동이 더욱 발달한다.

③ 기본 움직임 단계 : 2~7세의 유아기
  ㉠ 기본적인 움직임의 능력이 현저하게 나타나는 단계이다.
  ㉡ 자신의 신체에 대한 인식과 균형감이 발달하고, 이동운동이 더욱 발달한다.
  ㉢ 조작운동인 던지기와 차기 등의 운동기술이 나타난다.
  ㉣ 회전하기, 비틀기, 뻗기, 굽히기 등이 다양하게 나타나지만, 아직 운동기술은 어색하다.

④ 스포츠 기술 단계 : 7~14세의 아동기
  ㉠ 동작의 협응력이 발달한다.
  ㉡ 각각의 움직임 동작을 연관시켜 하나의 동작형성이 가능하다.
  ㉢ 레크리에이션 활동과 스포츠 참여가 가능하다.

⑤ 성장과 세련 단계 : 청소년 시기
  ㉠ 호르몬 분비의 증가로 인해 체격이 커진다.
  ㉡ 운동 능력이 현저하게 발달한다.

⑥ 최고 수행 단계 : 20~30세의 성인 초기
  ㉠ 근력과 심폐 기능, 정보 처리 능력이 최고조에 이른다.
  ㉡ 최상의 운동 수행력을 보인다.

⑦ 퇴보 단계 : 30세 이후
  ㉠ 심혈관 기능, 근력, 지구력, 신경 기능, 유연성 등이 서서히 감소한다.
  ㉡ 정보 처리 속도의 감소로 신체 반응속도가 떨어진다.

#### 핵심예제

**12-1. 시기별 운동발달 단계로 옳지 않은 것은?** [2018]

① 유아기 – 반사 움직임 단계
② 아동기 – 스포츠 기술 단계
③ 청소년기 – 성장과 세련 단계
④ 성인초기 – 최고수행 단계

**12-2. ㉠, ㉡, ㉢에 들어갈 운동발달의 단계를 나열한 것으로 옳은 것은?** [2021]

|보기|
반사 운동 단계 → ( ㉠ ) → ( ㉡ ) → 스포츠 기술 단계 → ( ㉢ ) → 최고 수행 단계 → 퇴보 단계

| | ㉠ | ㉡ | ㉢ |
|---|---|---|---|
| ① | 초기 움직임 단계 | 성장과 세련 단계 | 기본 움직임 단계 |
| ② | 초기 움직임 단계 | 기본 움직임 단계 | 성장과 세련 단계 |
| ③ | 기본 움직임 단계 | 성장과 세련 단계 | 초기 움직임 단계 |
| ④ | 기본 움직임 단계 | 초기 움직임 단계 | 성장과 세련 단계 |

|해설|

12-1
유아기는 반사 움직임 단계보다 기본 움직임 단계에 가깝다.

**반사 움직임 단계**
- 신경계통 체계가 완전히 성숙되지 않아 나타나는 불수의적인 움직임이다.
- 출생부터 1년까지의 신생아기에 나타난다.

12-2
운동발달의 단계는 '반사 움직임 단계 → 기초(초기) 움직임 단계 → 기본 움직임 단계 → 스포츠 기술 단계 → 성장과 세련 단계 → 최고 수행 단계 → 퇴보 단계'로 구성되어 있다.

정답 12-1 ① 12-2 ②

## 제3절 | 스포츠 수행의 심리적 요인

### 핵심이론 13 홀랜더(E. P. Hollander)의 성격 구조

① 심리적 핵
  ㉠ 성격의 가장 기초적 단계이며 기본적 수준을 의미한다.
  ㉡ 깊숙이 내재되어 있는 실제 이미지를 의미한다.
  ㉢ 개인의 자아, 태도, 가치, 흥미, 동기, 신념 등을 포함한다.
  ㉣ 성격의 가장 안정된 부분이고 장시간에 걸쳐 일정하게 유지되는 특성이 있다.
  ㉤ 일관성이 가장 높으며 외부 상황 변화에 영향을 거의 받지 않는다.

② 전형적 반응
  ㉠ 환경과의 상호작용을 통해서 외부세계에 반응하여 학습된 양식을 의미한다.
  ㉡ 심리적 핵을 예측하는 데 반영되는 지표가 된다.

③ 역할행동
  ㉠ 개인이 사회적 지위와 역할을 염두에 두고 이에 따른 행동을 취하는 것을 의미한다.
  ㉡ 성격의 가장 표면적이고 변화 가능한 부분을 나타낸다.
  ㉢ 역할과 관련된 행동은 상황에 따라 달라지기 때문에 전형적인 반응이 아니며 심리적 핵을 확실하게 반영하지 않는다.
  ㉣ 따라서 어떤 역할과 관련된 행동에 근거를 두고 한 사람의 성격 특성을 말하는 것은 옳지 않다.

---

**핵심예제**

〈보기〉에서 설명하는 홀랜더의 성격 구조로 옳은 것은?

[2018]

┤보기├
- 깊숙이 내재되어 있는 실제 이미지를 의미한다.
- 자아, 태도, 가치, 흥미, 동기 등을 포함한다.
- 일관성이 가장 높다.

① 심리적 핵             ② 전형적 역할
③ 역할행동              ④ 전형적 반응

|해설|
② 전형적 역할은 홀랜더의 성격 구조와 거리가 멀다.
③ 역할행동 : 개인이 사회적 지위와 역할을 염두에 두고 이에 따른 행동을 취하는 것을 의미한다. 성격의 가장 표면적이고 변화 가능한 부분을 나타낸다.
④ 전형적 반응 : 환경과의 상호작용을 통해 외부세계에 반응하여 학습된 양식을 의미하며 심리적 핵을 반영하는 지표가 된다.

정답 ①

### 핵심이론 14 매슬로우(A. Maslow)의 욕구위계이론

① 인간의 욕구는 위계적으로 조직되어 있으며 하위 단계 욕구의 충족이 상위 계층 욕구의 발현을 위한 조건이 된다는 동기이론이다.
② 인간의 기초적인 욕구를 다음과 같이 5단계로 도식화 하였다.

| 구 분 | 욕 구 | 내 용 |
| --- | --- | --- |
| 1단계 | 생리적 욕구 | 배고픔, 목마름, 수면, 성욕 등 본능적 욕구 |
| 2단계 | 안전의 욕구 | 정서적·신체적 위험으로부터 보호 받으려는 욕구 |
| 3단계 | 소속감과 사랑의 욕구 | 친밀과 애정 및 소속의 욕구 |
| 4단계 | 자기존중의 욕구 | 목표달성·권력·사회적 지위에 대한 욕구 |
| 5단계 | 자아실현의 욕구 | 자기만족을 위한 욕구 |

③ 이들 욕구는 위계적인 관계를 가지고 있다.

#### 핵심예제

매슬로우(A. Maslow)가 제안한 욕구위계이론에서 다른 욕구가 충족되었을 때 마지막에 나타나는 최상위 욕구는? [2017]
① 안전 욕구
② 생리적 욕구
③ 자아실현 욕구
④ 소속 욕구

|해설|
매슬로우(A. Maslow)의 욕구위계이론에서 욕구는 '생리적 욕구 → 안전의 욕구 → 소속감과 사랑의 욕구 → 자기존중의 욕구 → 자아실현의 욕구' 순으로 이루어진다.

정답 ③

### 핵심이론 15 불안의 유형

① 특성불안
  ㉠ 어떤 사람이 타고난 개인적 특성 및 기질과 관계된 불안이다.
  ㉡ 객관적으로 위협적이지 않은 상황에서도 그것을 위협적으로 지각하여, 객관적 위협의 정도와 관계없이 불안 반응을 나타내는 행동경향이다.
② 상태불안
  ㉠ 일시적·상황적 측면과 관계된 불안으로, 특정 상황에서 발행하는 불안이다.
  ㉡ 자율신경계의 활성화와 관련된 주관적이고 의식적으로 지각된 공포, 우려 및 긴장감을 느끼는 일시적으로 변화하는 정서 상태이다.
  ㉢ 인지적 상태불안과 신체적 상태불안으로 구분된다.
  예 피겨 스케이팅 경기에서 영희는 앞 선수가 완벽에 가까운 연기를 펼치자, 불안해지고 긴장되었다.
③ 인지불안 : 운동 수행에 관한 부정적 생각·걱정 등의 의식적 지각이다.
④ 신체불안 : 상황에 따라 변하는 지각된 심박수 증가, 땀 분비 등 생리적 반응이다.
⑤ 경쟁불안
  ㉠ 스포츠 경기상황에서 경쟁과정에 수반하여 나타나는 불안의 한 형태이다.
  ㉡ 개인 요인과 관련하여 외부 자극을 어떻게 받아들이느냐에 따라 경쟁불안의 수준이 결정된다.
  ㉢ 경쟁특성불안과 경쟁상태불안으로 분류되고, 경쟁상태불안은 인지적 상태불안과 신체적 상태불안으로 분류된다.
  ㉣ 경쟁불안이 일어나는 원인 : 실패에 대한 두려움, 승리에 대한 압박
  ㉤ 경쟁불안을 감소시키는 요소 : 적절한 목표 설정, 높은 성취목표성향

## 핵심예제

**〈보기〉에서 경쟁불안이 일어나는 원인으로만 나열된 것은?**

[2018]

┌─보기─────────────────┐
│ ㉠ 실패에 대한 두려움
│ ㉡ 적절한 목표 설정
│ ㉢ 높은 성취목표성향
│ ㉣ 승리에 대한 압박
└─────────────────────┘

① ㉠, ㉡  
② ㉢, ㉣  
③ ㉠, ㉣  
④ ㉡, ㉢

|해설|

경쟁불안의 원인으로는 실패에 대한 두려움, 승리에 대한 압박 등이 있다. 적절한 목표 설정과 높은 성취목표성향은 경쟁불안을 감소시킬 수 있는 요인이다.
㉠ 실패에 대한 두려움 : 운동 수행이 실패로 끝나는 것을 두려워하는 감정이다.
㉡ 적절한 목표 설정 : 행동의 동기와 방향을 결정하는 중요한 매개체 역할을 한다.
㉢ 높은 성취목표성향 : 개인이 성취상황에서 성공과 실패를 지각하는 정도나 개념의 차이를 반영한다.
㉣ 승리에 대한 압박 : 승리 지상주의로 인해 무조건 이겨야 성공할 수 있다는 데서 오는 불안감이다.

정답 ③

## 핵심이론 16 스트레스와 탈진

① 스트레스
  ㉠ 개념 : 내·외적 압력에 의하여 유기체 내에서 일어나는 모든 불특정한 반응의 총합이다.
  ㉡ 발생 원인 : 개인의 동기나 능력에 맞는 환경을 제공받지 못하거나 개인의 능력이 환경을 감당하기 어려울 때 스트레스가 발생한다.
  ㉢ 스트레스 반응 : 근육 긴장 증가, 주변 시각 협소화, 주의산만 증가
  ㉣ 운동과 스트레스
    • 유산소 운동은 스트레스를 극복하는 데 효과적인데, 유산소 운동을 하는 사람들이 심리적인 스트레스에 덜 민감하게 반응하며, 스트레스를 받은 후에도 평상시의 수준으로 빨리 회복한다.
    • 단기간 운동보다 장기간 운동이 스트레스 해소에 훨씬 더 큰 효과가 있다.
    • 운동으로 인한 체력의 증가는 스트레스 감소뿐만 아니라 신체 건강에도 긍정적인 영향을 미친다.

② 탈 진
  ㉠ 개 념
    • 과도한 신체 에너지 사용으로 기운이 다 빠져 없어진 상태이다.
    • 스트레스로 인한 정서적 소진 상태이다.
  ㉡ 스포츠 탈진
    • 개 념
      – 정서적 고갈, 스포츠의 가치 감소, 수행성취 감소 등의 심리적 증상을 보인다.
      – 스트레스에 지속적으로 노출될 경우 정서적 자원을 고갈시키는데, 이 고갈된 자원이 보충되지 못하는 심각성을 내포한다.
      – 과도하게 성취지향적인 선수나 완벽주의 성향의 선수들은 스포츠에 헌신적으로 집중하다가도 쉽게 탈진 증상을 경험한다.

- 능력 이상의 과제 요구에 부응하지 못할 경우 선수들은 쉽게 후회감이나 자괴감에 빠져 탈진을 경험한다.
• 원인 : 인간 소외, 개인적 성취감 감소, 스스로의 고립, 정서적·신체적 운동 탈진

### 핵심예제

**빈칸 안에 들어갈 용어로 옳은 것은?** [2017]

┌ 보기 ┐
- ( ㉠ )은 운동 수행에 관한 부정적 생각, 걱정 등의 의식적 지각이다.
- ( ㉡ )은/는 과도한 신체·심리에너지 사용으로 인한 심리생리적 피로의 결과이다.
- ( ㉢ )은 환경의 위협 정도와 무관하게 불안을 지각하는 잠재적 성향이다.
- ( ㉣ )에 따르면 각성 수준과 운동 수행 수준은 비례한다.

|   | ㉠ | ㉡ | ㉢ | ㉣ |
|---|---|---|---|---|
| ① | 신체불안 | 스트레스 | 상태불안 | 역U이론 |
| ② | 신체불안 | 탈진 | 특성불안 | 추동이론 |
| ③ | 인지불안 | 탈진 | 특성불안 | 추동이론 |
| ④ | 인지불안 | 스트레스 | 상태불안 | 역U이론 |

|해설|
㉠·㉢ 불안 : 신체 각성이 고조되는 부정적 정서 상태를 말하는데, 근심·걱정·우려 같은 부정적 생각과 관련된 요소를 인지불안이라 하고, 두근거리고 호흡이 빨라지는 등 신체 활성과 관련된 요소를 신체불안이라고 한다. 또한 개인이 타고난 기질로서 상황과 관계없이 불안 반응을 보이는 잠재적 성향을 특성불안이라고 하고, 특정 상황에서 일시적으로 느끼는 불안을 상태불안이라고 한다.
㉡ 탈진 : 지속적인 스트레스로 지쳐버린 상태를 말하는데, 선수들은 경기에 대한 후회·자괴감이나 과도한 훈련으로 스포츠 탈진을 경험한다.
㉣ 추동이론 : 경쟁불안과 운동 수행 관계 이론 중 하나로, 운동 수행의 결과가 경쟁불안의 정도인 각성 수준과 비례하여 증가한다고 본다.

**정답 ③**

### 핵심이론 17 경쟁불안과 운동 수행 관계 이론

① 욕구이론(추동이론)
  ㉠ 운동 수행의 결과가 경쟁불안의 정도인 각성수준과 비례하여 증가한다는 이론이다.
  ㉡ 단순한 운동과제나 학습이 잘된 운동과제의 수행을 설명하는 데는 어느 정도 적합하나, 복잡한 기술이 요구되는 운동과제의 수행은 설명하지 못한다는 단점이 있다.

② 적정각성수준이론(역U 가설)
  ㉠ 적정 수준의 각성이 최고의 운동 수행을 가져온다는 이론이다. 즉, 불안이 증가할수록 운동 수행이 증진되다가 적정 수준의 각성상태에서 운동 수행이 극대화되고, 각성 수준이 더욱 증가하여 과각성 상태가 되면 운동 수행이 저하된다는 이론이다.
  ㉡ 최적의 각성 수준에 영향을 미치는 요인에는 개인의 특성불안 수준, 수행자의 과제에 대한 학습단계, 과제의 난이도 등이 있다.

③ 최적수행지역이론(적정 기능 구역 이론)
  ㉠ 적정 수준의 각성은 개인차가 매우 크고, 최고 수행을 발휘하는 데 자기만의 고유한 불안수준이 있다는 이론이다.
  ㉡ 최고 수행은 한 점이 아닌 범위로 표시되며, 최고 수행을 했을 때 측정된 점수의 평균값 일정 범위에서 최적수행지역과 각성 수준의 측정이 가능하다.

④ 다차원적불안이론
  ㉠ 불안을 인지적 불안과 신체적 불안으로 나누어 설명하는 이론으로 인지적 불안은 초조·걱정과 같은 감정으로, 주로 운동 수행에 부정적인 영향을 주는 반면, 신체적 불안은 적정 수준이면 운동 수행에 긍정적인 영향을 준다.
  ㉡ 인지적 불안과 신체적 불안은 서로 독립적이고 운동 수행에서 서로 다른 영향을 미친다.

ⓒ 신체적 불안이 높은 경우에는 점진적 이완 기법을, 인지적 불안이 높은 경우에는 인지 재구성 훈련과 같은 인지적 기법으로 불안을 감소시켜야 한다.

⑤ 카타스트로피이론(격변이론)
  ㉠ 신체적 불안과 운동 수행의 관계가 인지적 불안이 낮을 경우에만 역 U자 형태를 이룬다고 본다. 즉, 인지적 불안이 높아지면 생리적 각성이 증가하여 운동 수행도 점차 증가하지만, 적정 수준을 넘어서면 운동 수행의 급격한 추락현상이 발생한다는 이론이다.
  ㉡ 운동 수행의 급격한 추락현상이 발생했을 경우 이전 상태로 회복하는 데 많은 시간이 필요하다.

⑥ 전환이론(반전이론)
  ㉠ 자신의 각성 수준을 어떻게 해석하느냐에 따라 각성수준과 정서의 관계가 달라진다는 이론이다.
  ㉡ 각성 수준에 대한 개인의 인지적 해석에 따라 정서 경험이 다를 수 있다.
  ㉢ 각성 수준이 높은 상태를 기분 좋은 흥분 상태나 불쾌한 정서로 해석할 수 있다.
  ㉣ 결정적 순간 발생하는 심판의 오심은 선수의 정서 상태를 순간적으로 변화시킬 수 있다.

⑦ 심리에너지이론
  ㉠ 각성을 긍정적으로 해석하면 긍정적 심리에너지가 발생하기 때문에 운동 수행에 긍정적인 영향을 미치는 반면, 각성을 부정적으로 해석한다면 부정적 심리에너지 때문에 각성과 운동 수행 사이에는 부정적인 관계가 성립한다.
  ㉡ 운동 선수는 긍정적인 심리에너지가 높고 부정적인 심리에너지가 낮을 때, 최고의 경기력을 발휘한다.
  ㉢ 시합이 다가오면 누구나 불안을 느끼지만, 불안을 어떻게 해석하느냐에 따라 경기 수행이 달라진다. 이때 시합을 좀 더 긍정적이고 희망적인 것으로 해석하는 것은 심리에너지 이론에 입각한 자세로 볼 수 있다.

**핵심예제**

**17-1.** 〈보기〉의 대화 내용 중 지도자의 설명과 관련된 불안 이론은? [2018]

┤보기├
- 선 수 : 감독님! 시합이 다가오니 초조하고 긴장이 되어 잠이 오질 않습니다.
- 지도자 : 영운아! 시합이 다가오면 누구나 불안을 느끼지만, 불안을 어떻게 해석하느냐에 따라 경기 수행이 달라지는 거야! 시합을 좀 더 긍정적이고 희망적인 것으로 해석하도록 노력하렴! 나는 너를 믿는다!

① 추동(욕구)이론(Drive Theory)
② 카타스트로피이론(Catastrophe Theory)
③ 심리에너지이론(Mental Energy Theory)
④ 최적수행지역이론(Zone Of Optimal Functioning Theory)

**17-2.** 개인차가 매우 크며, 최고의 수행을 발휘하는 데 자신만의 고유한 불안수준이 있다는 이론은? [2015]

① 최적수행지역이론
② 추동이론
③ 역U자 가설
④ 전환이론

**17-3.** 〈보기〉에 제시된 불안과 운동 수행의 관계를 설명하는 이론으로 옳은 것은? [2022]

┤보기├
- 선수가 불안을 어떻게 '해석'하느냐에 따라 운동 수행이 달라질 수 있다.
- 선수는 각성이 높은 상태를 기분 좋은 흥분상태로 해석할 수도 있지만 불쾌한 불안으로 해석할 수도 있다.

① 역U 가설(Inverted-U Hypothesis)
② 전환이론(Reversal Theory)
③ 격변이론(Catastrophe Theory)
④ 적정기능지역이론(Zone of Optimal Functioning Theory)

|해설|

**17-1**

③ 심리에너지이론은 불안을 어떻게 해석하느냐에 따라 경기 수행이 달라진다고 보는 이론이다. 각성을 긍정적으로 해석하면 긍정적 심리에너지가 발생하기 때문에 운동 수행에 긍정적인 영향을 미치는 반면, 각성을 부정적으로 해석한다면 부정적 심리에너지 때문에 각성과 운동 수행 사이에는 부정적인 관계가 성립한다. 운동 선수는 긍정적인 심리에너지가 높고 부정적인 심리에너지가 낮을 때, 최고의 경기력을 발휘한다.
① 추동이론(욕구이론) : 운동 수행의 결과가 경쟁불안의 정도인 각성수준에 비례하여 증가한다는 이론이다.
② 카타스트로피이론 : 인지적 불안이 높아지면 생리적 각성이 증가하여 운동 수행도 점차 증가하지만, 적정 수준을 넘어서면 운동 수행의 급격한 추락현상이 발생한다는 이론이다.
④ 최적수행지역이론 : 적정 수준의 각성은 개인차가 매우 크고, 최고 수행을 발휘하는 데 자기만의 고유한 불안 수준이 존재한다는 이론이다.

**17-2**

② 추동이론(욕구이론) : 운동 수행의 결과가 불안의 정도 또는 그 상관물로서의 각성 수준과 비례하여 증가한다는 이론이다.
③ 역U자 가설 : 적정각성수준이론이라고도 하는데, 운동 수행의 성과가 일정한 수준의 불안상태까지 향상되어 적정 수준의 각성 상태에서 운동 수행은 극대화되다가 각성 수준이 더욱 증가하여 과각성 상태가 되면 운동 수행의 결과는 저하된다는 것이다.
④ 전환이론 : 각성과 정서 간의 관계가 자신의 각성 수준에 대한 인지적 해석에 의해 결정된다는 것이다. 높은 각성은 흥분(유쾌함) 또는 불안(불쾌함)으로 해석되고, 낮은 각성은 이완(유쾌함) 또는 지루함(불쾌함)으로 해석된다.

**17-3**

반전이론(전환이론)은 자신의 각성 수준을 해석하는 방향에 따라 각성 수준과 정서의 관계가 달라진다는 이론이다.

정답 17-1 ③ 17-2 ① 17-3 ②

## 핵심이론 18 성취동기이론과 성취목표성향이론

① **성취동기이론** : 모든 인간은 기본적으로 성취하기 위해 행동한다는 가정하에 인간 행동을 설명함으로써 동기의 본질을 이해하려는 이론이다.
  ㉠ 성취 동기 = (성취 욕구 − 실패 회피 욕구) × (유인 가치 × 성공 확률) + 외적 동기
  ㉡ 성취 욕구가 높을수록, 실패 회피 욕구가 낮을수록 성취 동기는 커진다.
  ㉢ 유인 가치와 성공 확률이 각각 반반일 때 성취 동기가 가장 커진다.
  ㉣ 상금, 트로피, 칭찬 등과 같은 외적 동기도 성취 동기에 영향을 미친다.

② **성취목표성향이론**
  ㉠ 과제목표성향
    • 비교의 준거는 자기 자신이다.
    • 노력을 통해 자신의 기술이 향상되면 유능성을 느끼고 성공했다고 생각한다.
    • 실패하더라도 다시 도전할 확률이 높다.
    • 노력과 협동을 중시한다.
    • 실현 가능하면서 약간 어려운 과제를 선택한다.
  ㉡ 자기목표성향
    • 타인을 비교의 준거로 삼는다.
    • 성공감을 위해서는 타인보다 뛰어나야 한다.
    • 동일한 성과라면 노력을 덜한 사람이 뛰어나다고 생각한다.
    • 중도포기 가능성이 높고 노력하지 않는다.
    • 자기보호 성향으로 아주 쉽거나 아주 어려운 과제를 선택한다.
  ㉢ 과제목표성향과 자기목표성향이 동시에 나타나는 경우
    • 두 가지 목표 성향은 개인의 성격 특성이지만 환경의 영향을 받기도 한다.
    • 따라서 특정 상황에서는 과제목표성향과 자기목표성향이 모두 강하게 나타날 수도 있다.

### 핵심예제

<보기>는 성취목표성향이론에서 자기목표성향과 과제목표성향에 관한 예시이다. 이에 대한 해석이 옳은 것은? [2021]

┌ 보기 ┐
인호와 영찬이는 수업에서 테니스를 배운다. 이 둘은 실력이 비슷하다. 하지만 수업에서 인호는 테니스 기술을 배우는 것보다 다른 친구와 테니스 게임을 하여 이기는 것을 좋아한다. 반면에 영찬이는 테니스 기술에 중점을 두며 테니스 기술을 연마할 때마다 뿌듯해한다.
└─────┘

① 영찬이는 실현 불가능한 과제를 자주 선택할 것이다.
② 인호는 자신의 기술향상을 위하여 개인 노력을 중시한다.
③ 인호는 영찬이를 이겼을 때 자신이 잘해서 승리하였다고 생각한다.
④ 인호는 학습의 증진과 연관된 자기참고적인 목표를 가진 학생이다.

|해설|
인호는 게임을 하여 이기는 것을 좋아한다고 했으므로 비교 준거가 타인인 자기목표성향이며, 그러한 성향의 특성에 따라 영찬이를 이겼을 때 자신이 잘해서 승리하였다고 생각한다는 것을 알 수 있다.

정답 ③

## 핵심이론 19 인지평가이론과 자기결정성이론

① 인지평가이론
  ㉠ 행동을 일으키거나 조절하는 외적 사건이 동기 및 동기와 관련된 과정에 미치는 효과를 기술하는 이론이다.
  ㉡ 1980년 데시(E. L. Deci)에 의해 처음 제안되었다.
  ㉢ 인간에게는 유능성과 자결성(자기결정성)을 느끼려는 본능적인 욕구가 있다고 전제한다.
  ㉣ 개인의 유능성과 자결성을 높여주는 활동이나 사건이 바로 개인의 내적동기를 증가시킨다고 본다.
  ㉤ 유능성은 자신의 노력으로 스스로 바람직한 변화를 만들 수 있다는 일종의 자신감이다.
  ㉥ 따라서 자결성은 노력의 주체가 자신이며, 행동을 시작하고 그것을 조절하는 것이 자신이라는 감각이라고 할 수 있다.
  ㉦ 전 제
    • 제1전제 : 개인은 자결성의 욕구가 있음(내적 인과 소재를 부르는 사건은 내적 동기를 향상시키고, 외적 인과 소재를 조장하는 사건은 내적동기를 감소시킨다)
    • 제2전제 : 개인은 유능성의 욕구가 있음(유능성의 느낌을 높여주는 사건은 내적 동기를 향상시키며, 유능성의 느낌을 낮추는 사건은 내적 동기를 감소시킨다)
    • 제3전제 : 행동에 영향을 미치는 사건에는 정보 제공, 통제성 정도, 무동기 3가지가 있다.
    • 제4전제 : 내적으로 정보를 제공해 주는 사건은 내적 동기를 향상시킨다.

② 자기결정성이론
  ㉠ 자기결정성(Self-determination)은 어떻게 반응할 것인가를 스스로 결정하는 과정이다.
  ㉡ 인간의 행동을 자율성 정도에 따라 순전히 타율적인 행동(외재적으로 동기화된 행동)에서 완전히 자기결정된 행동(내재적으로 동기화된 행동)으로 개념화한다.

ⓒ 자기결정성이론의 동기 유형

| 내적동기 | 감각체험 | 운동할 때 느끼는 감각 체험이 즐거워 스포츠 활동에 참여 |
|---|---|---|
| | 과제성취 | 과제를 성취하는 만족감 때문에 스포츠 활동에 참여 |
| | 지식습득 | 새 지식을 획득하는 즐거움으로 인하여 스포츠 활동에 참여 |
| 외적동기 | 통합규제 | 외적 동기가 가장 내면화된 형태, 자결성 향상 상태에서 스포츠 활동에 참여 |
| | 확인규제 | 건강 증진 또는 다이어트 등의 자기설정 목표달성을 위해 스포츠 활동에 참여 |
| | 외적규제 | 외적 보상을 받으려는 욕구로 스포츠 활동에 참여 |
| | 내적(의무감)규제 | 죄책감·불안감 같은 심적 압박으로 스포츠 활동에 참여 |
| 무동기 | | 스포츠 활동을 하려는 의도나 동기가 없는 상태 |

## 핵심예제

**19-1.** 데시(E. L. Deci)의 인지평가이론에 대한 내용이 아닌 것은? [2018]

① 칭찬과 같은 긍정적 정보를 제공하면 유능성이 향상되어 내적 동기가 증가한다.
② 부정적 피드백을 제공하면 유능성이 낮아져 내적 동기가 감소된다.
③ 지도자의 일방적 지시는 자결성을 낮추어 내적 동기를 감소시킨다.
④ 선수들이 스스로 의사결정을 하게 되면 유능성이 향상되어 내적 동기가 증가한다.

**19-2.** 인지평가이론에서 내적 동기를 높일 수 있는 방법으로 옳지 않은 것은? [2021]

① 타인과의 관계성을 높여준다.
② 자신의 능력에 대해 유능감을 높여준다.
③ 행동을 결정하는 데 있어 자율성을 갖게 한다.
④ 행동 결과에 대한 보상의 연관성을 강조한다.

**19-3.** 데시(E. L. Deci)와 라이언(R. Ryan)이 제시한 자기결정이론(Self-determination Theory)에서 외적 동기 유형으로 분류되지 않는 것은? [2023]

① 무동기(Amotivation)
② 확인규제(Identified Regulation)
③ 통합규제(Integrated Regulation)
④ 의무감규제(Introjected Regulation)

|해설|

**19-1**
④는 자기결정이론에 대한 설명이다. 인지평가이론은 행동을 일으키거나 조절하는 외적 사건이 동기 및 동기와 관련된 과정에 미치는 효과를 기술하는 이론으로 데시에 의해 처음 제시되었다.

**19-2**
행동결과에 대한 보상의 연관성을 강조하면 내적 동기가 감소할 수도 있다.

**19-3**
**자기결정이론(자기결정성이론)**
자기결정이론은 동기 형태에 따라 인간의 성취 행동이 달라진다고 보는 관점으로, 인간의 행동을 자율성의 정도에 따라 개념화한다. 데시와 라이언이 분류한 여러 동기 중 외적 동기에는 확인규제, 통합규제, 의무감규제가 있다. 무동기는 외적 동기에 해당하지 않는다.

정답 19-1 ④  19-2 ④  19-3 ①

## 핵심이론 20 귀인이론

① 개 념
  ㉠ 행동의 지각된 원인과 의미에 대한 연구를 중요시한다.
  ㉡ 자신의 행동이나 타인의 행동에 관하여 인과적이고도 논리적인 해석을 내리는 방법을 강조하는 성취 동기에 대한 인지적 접근이다.

② 와이너(Weiner)의 귀인모형
  승리와 패배의 원인을 안정성, 내외 인과성, 통제성 차원으로 분석하였다.
  ㉠ 안정성 차원 : 미래 수행에 대한 기대가 안정적인지 불안정한지 결정한다.
  ㉡ 내·외 인과성 차원 : 수행 결과와 관련된 효과를 결정한다.
  ㉢ 통제성 차원 : 개인이 통제할 수 있는지 없는지 유·무로 결정한다.

③ 와이너(Weiner)의 귀인 요소에 대한 분류 구조

| 귀인 요소 | 안정성 차원 | 내·외 인과성 차원 | 통제성 차원 |
| --- | --- | --- | --- |
| 운 | 불안정 | 외 적 | 통제 불가능 |
| 노력 | 불안정 | 내 적 | 통제 가능 |
| 과제난이도 | 안 정 | 외 적 | 통제 불가능 |
| 능력 | 안 정 | 내 적 | 통제 불가능 |

④ 귀인의 사례
  ㉠ 과제난이도 귀인의 사례 : 탁구 선수 A는 경기에서 패배한 것을 상대 선수의 능력이 자신보다 더 우수하였기 때문이라고 생각한다.
  ㉡ 능력 귀인의 사례 : 수영 교실에 참가하는 A씨는 다른 참가자들보다 수영에 재능이 없어 기술 습득이 늦다고 생각한다.

⑤ 귀인 재훈련

| 구 분 | 수행 결과 | 원 인 | 정서 변화 |
| --- | --- | --- | --- |
| 바람직하지 못한 귀인 | 실 패 | 통제 불가능한 요인 (능력 부족과 같은 내적, 안정적, 총체적 요인에의 귀인) | 낮은 성공 기대, 포기, 무력감, 저조한 수행, 부정적 정서 |
| 바람직한 귀인 | 성 공 | 통제 가능한 요인 (높은 능력과 같은 내적, 안정적, 총체적 요인에의 귀인) | 높은 성공 기대, 적극적인 과제 행동, 높은 수행, 자신감, 긍정적 정서 |
| | 실 패 | 통제 가능한 요인 (노력 부족이나 잘못된 작전과 같은 내적, 불안정 요인에의 귀인) | 무력감 없음, 과제에 접근, 성공 기대, 노력과 수행 개선, 분발 |

### 핵심예제

학습된 무기력(Learned Helplessness) 상태에 있는 학습자에게 귀인 재훈련(Attribution Retraining)을 위한 적절한 전략은? [2023]

① 실패의 원인을 외적 요인에서 찾게 한다.
② 능력의 부족을 긍정적으로 받아들이게 한다.
③ 운이 따라 준다면 다음에 성공할 수 있다고 지도한다.
④ 실패의 원인을 노력 부족이나 전략의 미흡으로 받아들이게 한다.

|해설|

**귀인 (재)훈련**
귀인 (재)훈련은 성공의 원인을 자기 능력에서 찾고, 실패의 원인은 자기 노력 부족이나 전략적인 실수로 여기도록 학습자를 변화시키는 훈련이다. 학습된 무기력에 빠진 학습자는 실패를 능력 부족에 귀인하거나, 성공을 운이나 쉬운 과제 난이도에 귀인하게 된다. 따라서 ④ 실패의 원인을 노력 부족이나 전략의 미흡으로 수용케 해야 하며 미래에 성공할 수 있다는 기대감과 긍정적인 정서 체험을 통해 수행력을 향상시켜야 한다.

정답 ④

## 핵심이론 21 목표 설정

① 목표 설정의 개념
  ㉠ 목표란 정해진 기간까지의 특정 과제의 향상 기준을 의미한다.
  ㉡ 목표의 속성으로는 내용과 강도가 있다.
    • 목표의 내용 : 달성하고자 하는 목적이나 결과를 의미한다.
    • 목표의 강도 : 목표를 달성하기 위한 많은 노력과 시간의 투자를 의미한다.

② 목표 설정의 원리
  ㉠ 구체적이고 객관적인 목표를 설정한다.
  ㉡ 도전적이고 현실적인 목표를 설정한다.
  ㉢ 단기목표와 중기목표 그리고 장기목표를 연계하여 설정한다.
  ㉣ 결과목표보다는 수행목표를 설정한다.
  ㉤ 팀의 목표를 고려하여 개인의 목표를 설정한다.
  ㉥ 목표를 융통성 있게 설정하고 코치와 상의하여 설정한다.
  ㉦ 목표를 서면으로 작성하고 목표 성취 전략을 개발한다.

③ 스포츠에서 목표 설정 사례
  ㉠ 수행목표 : 운동 수행에서 성취할 수 있는 것을 기준으로 정하는 목표
    예 서브에서 팔꿈치를 완전히 펴서 스윙한다. 테니스 포핸드 발리에서 손목을 고정한다. 야구 타격에서 무게중심을 뒤에서 앞으로 이동한다. 골프 스윙에서 공을 끝까지 본다.
  ㉡ 결과목표 : 결과 즉, 성과를 기준으로 정하는 목표
    예 한국시리즈 우승, 올림픽 메달 획득, 20km 단축마라톤 1위

### 핵심예제

**21-1. 〈보기〉에서 설명하는 목표의 유형은?** [2023]

|보기|
- 운동기술을 잘 수행하기 위해서 필요한 핵심 행동에 중점을 둔다.
- 자기효능감과 자신감을 높이고 인지 불안을 낮추는 데 도움이 된다.
- 자신의 운동 수행에 대한 목표를 달성하는 데 중점을 두는 목표로 달성의 기준점이 자신의 과거 기록이 된다.

① 과정목표와 결과목표
② 수행목표와 과정목표
③ 수행목표와 객관적목표
④ 객관적목표와 주관적목표

**21-2. 목표 설정에서 수행목표로 적합하지 않은 것은?** [2020]
① 농구 대회에서 우승한다.
② 골프 스윙에서 공을 끝까지 본다.
③ 테니스 포핸드 발리에서 손목을 고정한다.
④ 야구 타격에서 무게중심을 뒤에서 앞으로 이동한다.

|해설|

**21-1**
목표 설정
- 수행목표 : 팔꿈치를 완전히 펴서 스윙하기, 자유투 성공률과 같이 운동 수행을 성취 기준으로 삼는 목표이다. 자신의 운동 수행에 대한 목표를 달성하는 데 중점을 두는 목표로 달성의 기준점이 자신의 과거 기록이 된다.
- 과정목표 : 배팅 연습 전에 사이드 플랭크를 15회 3세트 수행하기, 배팅 연습 후에 30분간 근막 이완 스트레칭하기처럼 어떻게 과제를 수행할 것인지를 나타내는 목표이다. 성과를 기준으로 삼는 목표로 운동기술을 잘 수행하기 위해 필요한 핵심 행동에 중점을 두며, 자기효능감과 자신감을 높이고 인지 불안을 낮추는 데 도움이 된다.

**21-2**
농구 대회에서 우승하는 것은 결과목표에 해당한다. 목표는 수행목표와 결과목표로 나뉘는데, 수행목표는 운동 수행에서 성취할 수 있는 것을 기준으로 정하는 목표이고 결과목표는 결과 즉, 성과를 기준으로 정하는 목표이다.

정답 21-1 ② 21-2 ①

**핵심이론 22** 반두라(A. Bandura)의 자기효능감이론

① 자기효능감의 개념 : 특수한 상황에서의 성공에 대한 기대감으로 당면한 과제를 해결하기 위해 다양한 지식과 기술을 상황에 맞게 조직하고 행동으로 옮기는 능력에 대한 믿음을 의미한다.

② 자기효능감이론의 선행요인
  ㉠ 대리 경험 : 타인의 수행으로부터 얻는 정보
  ㉡ 성공적 수행 : 최적의 수행을 성취한 경험을 떠올리는 것
  ㉢ 언어적 설득 : 수행자에게 과제를 성취할 수 있는 능력이 있다는 믿음을 주는 것
  ㉣ 생리적·정서적 각성 : 특정 과제를 수행할 때 생리적·정서적 각성 수준의 영향 받음

③ 주요 내용
  ㉠ 자기효능감이 높은 선수는 역경 상황에 잘 대처한다.
  ㉡ 타인의 수행에 대한 대리 경험 혹은 관찰은 자기효능감 향상에 도움이 된다.
  ㉢ 자기효능감은 농구 드리블과 같은 구체적인 기술을 수행할 수 있다는 믿음이다.
  ㉣ 경쟁 상황에서 각성상태에 대해 부정적으로 인식할 때 자기효능감이 하락할 수 있다.

④ 자기효능감 향상설의 사례
  ㉠ 정기적으로 운동하여 체지방의 감량과 체형의 변화를 확인하였다.
  ㉡ 피트니스센터에 가면 정서적 안정감을 느낀다.
  ㉢ 스포츠지도사로부터 칭찬을 자주 받는다.
  ㉣ 가족들로부터 운동 참여에 대한 지지를 받고 있다.

⑤ 성공경험을 통한 자기효능감 향상 사례
  ㉠ 자신이 판단하기에 기술적으로 과거보다 향상되었음을 느낀다.
  ㉡ 시합 전 우승 장면을 자주 떠올린다.
  ㉢ 결승골을 넣어 이겼던 적이 많음을 느낀다.

**핵심예제**

22-1. 반두라(A. Bandura)의 자기효능감(Self-efficacy)이론에 대한 설명으로 적절하지 않은 것은? [2019]
① 자기효능감이 높은 선수는 역경 상황에 잘 대처한다.
② 타인의 수행에 대한 관찰은 자기효능감에 영향을 주지 않는다.
③ 자기효능감은 농구 드리블과 같은 구체적인 기술을 수행할 수 있다는 믿음이다.
④ 경쟁 상황에서 각성상태에 대해 부정적으로 인식할 때 자기효능감은 떨어질 수 있다.

22-2. 반두라(A. Bandura)가 제시한 4가지 정보원에서 자기효능감에 가장 큰 영향력을 미치는 것은? [2024]
① 대리 경험
② 성취 경험
③ 언어적 설득
④ 정서적/신체적 상태

|해설|

22-1
자기효능감에 영향을 미치는 선행 요인에는 '타인의 수행에 대한 관찰을 통한 대리 경험'이 포함된다.

**반두라(A. Bandura)의 자기효능감이론의 선행요인**
• 대리 경험 : 타인의 수행으로부터 얻는 정보
• 성공적 수행 : 최적의 수행을 성취한 경험을 떠올리는 것
• 언어적 설득 : 수행자에게 과제를 성취할 수 있는 능력이 있다는 믿음을 주는 것
• 생리적·정서적 각성 : 특정 과제를 수행할 때 생리적·정서적 각성 수준에 영향 받음

22-2
반두라가 제안한 자기효능감 강화법 중 제일 중요한 것은 성공적인 경험을 통해 자신감을 얻는 것이다.

정답 22-1 ② 22-2 ②

## 핵심이론 23 심상

① 심상의 개념
  ㉠ 기억 속에 있는 감각 경험을 회상하며, 외적 자극 없이 내적으로 운동을 수행하는 과정을 상상하는 것을 심상이라고 한다.
  ㉡ 모든 감각을 활용하여 과거의 성공 경험을 회상하거나 미래의 성공적 운동 수행을 마음 속으로 상상함으로써 자신감을 향상시키고 집중력을 높인다.
  ㉢ 많은 선수들은 운동 수행 직전에 운동을 잘 해내었던 자신의 모습을 상상하는데, 이러한 심상은 운동 기능 향상에 많은 도움을 준다.
  ㉣ 심상은 근육 조직의 활동을 일으키며 실제 신체적 경쟁을 준비할 수 있게 해준다.
  ㉤ 운동 수행의 향상을 가져오는 심상의 매개 변인은 심상의 지향, 과제를 개념화시킬 수 있는 개인의 능력, 개인의 기술 수준이다.

② 심상(Imagery)의 요소
  ㉠ 선명도(Vividness) : 마음속 이미지와 실제 이미지를 거의 똑같은 정도로 시각화하는 것을 말하는데, 이때 경기장의 구체적인 모습 등 주변 환경은 물론 경기에서 느끼게 될 불안이나 흥분 등의 감정도 모두 시각화한다.
  ㉡ 조절력(Controllability) : 심상을 떠올릴 때 그 이미지를 자신이 원하는 모습으로 떠올릴 수 있게끔 조절하는 능력이다.
  ㉢ 주의 연합(Attentional Association) : 내적인 변화에 주의를 기울이는 방법이다.
  ㉣ 주의 분리(Attentional Dissociation) : 과거의 즐거웠던 일을 생각하거나 변화하는 생각에 주의를 기울이는 방법이다.
  ㉤ 내적 심상(Internal Imagery) : 심상자가 심상을 할 때 자신의 신체가 직접 운동을 수행하는 것처럼 느끼는 것이다.
  ㉥ 외적 심상(External Imagery) : 비디오에 찍힌 자신의 모습을 보는 것처럼, 자신이 성공적으로 운동을 수행하는 모습을 관찰자의 시점으로 상상하는 것이다.
  ㉦ 집중력(Concentration) : 심상으로 과제의 어느 부분에 집중해야 할지를 떠올리는 능력이다.
  ㉧ 통제적 처리(Controlled Processing) : 의도적·사색적으로 의식화하는 것이다.
  ㉨ 자동적 처리(Automatic Processing) : 의식하거나 노력하지 않아도 습관적으로 떠올려지는 것이다.

③ 심상의 활용
  ㉠ 기술의 학습과 연습 : 시간적·공간적·환경적 제약 없이 기술의 특정 연습을 반복 또는 창조한다.
  ㉡ 전략의 학습과 연습 : 가상 상대를 설정하고 수비나 공격 전략을 상상 속에서 연습한다.
  ㉢ 어려운 문제의 해결 : 문제 상황을 머릿속에 떠올리고 그 해결 방안을 심상한다.
  ㉣ 심리적 기술의 연습 : 심리적 기술을 연습할 때 심상 기법을 활용하여 이완한다.
  ㉤ 집중력의 향상 : 심상으로 과제의 어느 부분에 집중해야 할 것인지를 떠올림으로써 과제 관련 정보에 주의를 집중한다.
  ㉥ 자신감의 향상 : 자신이 성공적으로 수행하는 장면을 떠올리거나 상대방의 예상되는 전략에 대한 대안을 심상을 통하여 구상한다.
  ㉦ 부상의 회복 : 심상을 통하여 통증에 대한 지각을 완화시키고 병상에 누워서도 기능이나 전략을 연습한다.
  ㉧ 각성반응의 조절 : 심상을 통하여 성공적으로 수행하는 모습을 떠올림으로써 대처 방안을 구상하고, 과제에 집중함으로써 불안과 긴장을 조절한다.

**핵심예제**

**23-1. 심상에 관한 설명으로 옳지 않은 것은?** [2025]
① 동기를 유발하고 강화한다.
② 감정을 조절하는 데 도움이 된다.
③ 스포츠 전략을 습득하고 연습할 수 있다.
④ 통증과 부상을 대처하는 데 도움이 되지 않는다.

**23-2. 〈보기〉의 ㉠에 들어갈 용어는?** [2024]

| 보기 |
| --- |
| • 복싱선수가 상대의 펀치를 맞고 실점하는 장면이 계속해서 떠오른다.<br>• 이 선수는 ( ㉠ )을/를 높이는 훈련이 필요하다. |

① 내적 심상
② 외적 심상
③ 심상 조절력
④ 심상 선명도

|해설|

**23-1**
④ 심상이란 기억 속에 있는 감각 경험을 회상하며, 외적 자극 없이 내적으로 운동을 수행하는 과정을 상상하는 것을 말한다. 이러한 심상은 통증과 부상을 대처하는 데도 도움이 된다.

**23-2**
심상 조절력은 심상을 조정하여 내가 원하는 대로 심상이 이루어지도록 연습하는 것이다. 심상 조절력은 실패하는 것을 심상하는 대신에 성공적인 것을 심상할 수 있도록 돕는다.

**정답** 23-1 ④ 23-2 ③

---

## 핵심이론 24 심상 이론

① **심리신경근이론**
  ㉠ 심상을 하는 동안 뇌와 근육에 실제 동작을 할 때와 매우 유사한 전기자극이 발생한다.
  ㉡ 심상을 하면 실제 동작을 하는 것과 똑같은 순서로 근육에 자극이 전달되어 근육의 운동 기억을 강화한다.

② **상징학습이론**
  ㉠ 심상은 운동의 패턴을 이해하는 데 필요한 코딩 체계의 역할을 한다.
  ㉡ 심상은 어떤 동작을 뇌에 부호로 만들어 그 동작을 잘 이해하게 만들거나 자동화시키는 역할을 한다.

③ **심리적·생리적 정보처리이론**
  ㉠ 심상은 기능적으로 조직되어 뇌의 장기 기억에 저장되어 있다고 구체적으로 전제한다. 심상을 하게 되면 자극 전제와 반응 전제가 활성화된다.
  ㉡ 자극 전제는 무엇을 상상할 것인지에 관한 내용을 설명해주는 것이다. 게임 종료 몇 초를 남겨두고 자유투하는 것을 상상할 때, 손에 닿는 공의 느낌, 바스켓의 모습 그리고 관중의 소리는 자극 전제에 해당한다.
  ㉢ 반응 전제는 심상의 결과로 일어나는 반응을 나타내는 것이다. 슈팅 동작 시의 팔의 긴장감, 호흡수의 증가, 불안감, 바스켓 속으로 빨려 들어가는 공의 모습 등은 반응 전제에 해당한다.
  ㉣ 심상은 특정 상황뿐만 아니라 그 상황에 대한 행동반응, 심리 반응, 생리반응 등을 포함시켜야 한다. 이러한 반응을 포함시키면 심상의 이미지는 선명해지고, 그 결과 몸에 심리적·생리적 변화가 생겨 운동 수행 향상에 도움이 된다.

### 핵심예제

〈보기〉에 제시된 심상에 대한 이론과 설명이 옳게 묶인 것은?
[2022]

┌─ 보기 ├─────────────────────────────┐
│ ㉠ 심리신경근이론에 따르면 심상을 하는 동안에 실제 │
│   동작에서 발생하는 근육의 전기반응과 유사한 전기반 │
│   응이 근육에서 발생한다.                      │
│ ㉡ 상징학습이론에 따르면 심상은 인지 과제(바둑)보다 │
│   운동 과제(역도)에서 더 효과적이다.           │
│ ㉢ 생물정보이론에 따르면 심상은 상상해야 할 상황 조건 │
│   인 자극전제와 심상의 결과로 일어나는 반응 전제로 │
│   구성된다.                                  │
│ ㉣ 상징학습이론에 따르면 생리적 반응과 심리반응을 함 │
│   께하면 심상의 효과는 낮아진다.              │
└────────────────────────────────────┘

① ㉠, ㉡  
② ㉠, ㉢  
③ ㉡, ㉢  
④ ㉢, ㉣  

|해설|
㉡·㉣ 상징학습이론에 따르면 심상은 어떤 동작을 뇌에 부호로 만들어 그 동작을 잘 이해할 수 있도록 하거나 자동화시킨다. 따라서 인지적 요소가 거의 없는 운동 과제보다 인지적 요소가 많은 인지 과제를 대상으로 할 때 더욱 효과적이며, 생리적 반응과 심리 반응을 함께하면 심상의 효과는 높아진다.

**정답 ②**

---

### 핵심이론 25 주 의

① 개 념
  - ㉠ 개인이 관심을 기울이려는 대상을 선정하는 능력을 의미한다.
  - ㉡ 개인이 외부 세계를 지각하기 위해 자신의 감각을 이용하는 과정을 설명할 때 사용한다.

② 유 형
  - ㉠ 주의의 유형은 폭(범위)과 방향으로 구성된다.
  - ㉡ 나이데퍼(R. Nideffer)의 주의의 유형 4가지

| 구 분 | 내 용 | 사례(골프경기 상황별로 단계화한 주의 유형) |
|---|---|---|
| 넓은-외적 | 상황의 재빠른 평가 | 골프장의 바람, 코스 상황, 관중 |
| 넓은-내적 | 분석과 계획 | 정보 분석(경험 추출), 계획 수립, 클럽 선택 |
| 좁은-내적 | 수행에 대한 심리적 연습 및 정서조절 | 머릿속으로 퍼팅 연습, 깊은 숨 들이마시기 |
| 좁은-외적 | 한두 개의 외적 단서에 전적으로 주의 집중 | 공 자체를 보고 샷, 사격선수의 표적 조준 |

③ 주의 현상
  - ㉠ 지각 협소화(Perceptual Narrowing) : 각성수준이 상승하면서 주의를 기울일 수 있는 폭이 점점 좁아지는 현상
    - 예 농구를 처음 하는 사람이 공을 가지면 주변이 안 보이고 오직 앞만 보이는 현상
  - ㉡ 스트룹 효과(Stroop Effect) : 의미가 서로 다른 자극쌍이 동시에 제시된 후 어느 한쪽만의 반응을 요구할 때 두 개념 사이에서 갈등하는 것
    - 예 파란색 잉크로 적힌 '빨강'이라는 문자를 가지고 파란색을 말해야 할 때 색명만을 명명할 때보다 반응이 느려지는 현상

ⓒ 칵테일파티 효과(Cocktail Party Effect)
- 선택적 주의의 대표적 예로 음성의 선택적 청취를 이르는 말
- 여러 음성이 오가는 중에도 관심사·자신에 대한 언급 등을 선택해서 들을 수 있다.
- 많은 사람이 모인 곳에서 한 화자에 집중할 때 주위의 대화를 선택하고 걸러내는 능력

④ 주의 집중의 의미와 향상 기법
  ㉠ 주의 집중의 의미
   - 운동 수행 관련 단서나 정보에 정신을 집중하고 그것을 지속할 수 있는 능력을 말한다.
   - 연습이나 시합에 임할 때 수행해야 할 기술 또는 유의해야 할 경기 상황 외에 다른 어떤 것에도 신경쓰지 않고 집중하는 상태를 말한다.
    예 테니스 서브를 루틴에 따라 실행한다. 축구 경기에서 관중의 방해를 의식하지 않는다. 골프 경기에서 매 순간의 퍼팅이나 티샷에 집중한다. 야구 경기에서 지난 이닝의 수비 실책을 잊고 현재 수행에 몰입한다.
  ㉡ 주의 집중 향상 기법
   - 심상훈련, 참선훈련, 격자판훈련, 모의훈련 등
   - 적정 각성 수준 찾기
   - 수행 전 루틴 개발하기
   - 조절할 수 있는 것에 집중하기

**핵심예제**

**25-1. 빈칸 안에 들어갈 용어로 옳은 것은?** [2017]

┤보기├
- ( )은/는 관심을 기울일 대상의 선정이다.
- ( )유형은 폭과 방향으로 구성된다.
- 나이데퍼(R. Nideffer)는 ( )의 유형을 넓은-내적, 좁은-내적, 넓은-외적, 좁은-외적의 4가지로 구분해 설명한다.

① 주의(Attention)
② 관심(Interest)
③ 집중(Concentration)
④ 몰입(Flow)

**25-2. 〈보기〉의 상황에 해당하는 나이데퍼의 주의유형으로 가장 옳은 것은?** [2018]

┤보기├
사격 선수인 효운이는 시합에서 오로지 표적을 바라보며 조준하고 있다.

① 넓은-내적         ② 좁은-내적
③ 넓은-외적         ④ 좁은-외적

|해설|
25-1
② 관심 : 변화단계이론의 단계 중 하나로, 현재 운동은 하지 않고 있지만 6개월 이내에 운동을 시작할 의사가 있는 상태를 가리킨다.
③ 집중 : 어떤 특정한 대상에 의식의 초점을 맞추는 것을 말한다.
④ 몰입 : 스포츠 참가를 지속하려는 욕구와 결심을 표현하는 심리적 구조이자, 스포츠 참가에 대한 애착의 심리상태를 의미한다.

25-2
사격 선수 효운이는 '오로지 표적을 바라보며 조준하는' 하나의 단서에 전적으로 주의 집중하고 있으므로, '좁은-외적' 주의유형에 해당한다.

정답 25-1 ① 25-2 ④

## 핵심이론 26 루틴(Routine)

① 루틴의 개념
  ㉠ 선수들이 최상의 운동 수행을 발휘하는 데 필요한 이상적인 상태를 갖추기 위한 자신만의 고유한 동작이나 절차를 의미한다.
  ㉡ 선수들이 자주 수행하는 습관화된 동작이다.

② 루틴의 활용
  ㉠ 선수들이 부적절한 내적·외적 방해로 인해 정신이 산만해질 때 운동과 무관한 것을 차단한다.
  ㉡ 다음 수행에서 상기해야 할 과정을 촉진시키고 다음 상황에 대한 친근감을 제공한다.
  ㉢ 운동 수행에 앞서 사전에 설정된 수행 과정을 제공하여 일관된 운동 수행을 돕는다.

> **루틴의 사례**
> 메시는 페널티킥을 할 때 항상 같은 동작으로 준비한다. 우선 공을 양손으로 들고, 페널티마크에 공을 위치시키면서, 자기가 찰 곳을 보고, 골키퍼 위치를 보고, 다시 공을 본 후에, 뒤로 네 걸음 걷고 나서, 심호흡을 한다.

### 핵심예제

**스포츠 상황에서 루틴(Routine)에 대한 설명으로 옳지 않은 것은?** [2019]

① 시합 당일에 수정한다.
② 불안을 감소시키고 집중력을 증대시킨다.
③ 심상과 혼잣말이 포함될 수 있다.
④ 상황이 달라져도 편안함을 유지시킨다.

|해설|
루틴은 경기력의 일관성을 위해 개발된 습관화된 동작으로, 최상의 운동 수행을 위한 선수 자신만의 고유한 동작이나 절차를 말한다. 시합 당일에 수정하는 것은 의미가 없다.

정답 ①

## 핵심이론 27 인지재구성

① 인지재구성의 개념
  ㉠ 부정적인 생각을 긍정적인 생각으로 대체하는 방법과 관련된 인지적인 기법이다.
  ㉡ 걱정하는 것을 자신이 통제할 수 있는지를 인식한 다음, 자신이 통제할 수 있는 것에 대해서만 신경을 쓰고 그렇지 못한 것은 걱정을 하지 않는 것이다.

② 인지재구성의 활용
  ㉠ 엘리스(A. Ellis)의 ABC 모델
    • **A**ctivating Event : 선행사건
    • **B**elief System : 사고나 신념 체계
    • **C**onsequence : 결과
    • 비합리적인 사고 유형에서 합리적인 사고 유형으로 체계적인 인지재구성 발생
  ㉡ 인지재구성의 단계
    • 인지재구성의 일반적 원리를 설명한다.
    • 내담자 유형에 따라 각자의 비합리적인 사고를 탐구한다.
    • 내담자 스스로 문제를 분석하게 하고 해결 방법이 무엇인지를 탐구한다.
    • 행동의 실천 및 실제 연습을 통해 합리적인 대처 행동을 일으키는 방법을 습득한다.

## 핵심예제

**〈보기〉에서 설명하는 개념은?** [2020]

┌ 보기 ┐
양궁 선수 A는 첫 엔드에서 6점을 한 발 기록했다. 그러나 A는 바람 부는 상황으로 인해 총 36발의 슈팅 중에서 6점은 한 번 정도 나올 수 있는 점수이며, 첫 엔드에 나온 것이 다행이라고 긍정적으로 생각했다.

① 사고 정지(Thought Stopping)
② 자생훈련(Autogenic Training)
③ 점진적 이완(Progressive Relaxation)
④ 인지재구성(Cognitive Restructuring)

|해설|
④ 인지재구성(Cognitive Restructuring) : 부정적인 생각을 긍정적인 생각으로 대체하는 방법과 관련된 인지적인 기법이다.
① 사고 정지(Thought Stopping) : 부정적인 생각으로 인해 불안이나 긴장이 높아질 경우 부정적인 생각을 중단하는 것이다.
② 자생훈련(Autogenic Training) : 불안을 감소시키기 위해 자기최면을 사용하여 무거움과 따뜻함을 실제처럼 느끼도록 유도하는 훈련 방법이다.
③ 점진적 이완(Progressive Relaxation) : 몸 전체의 근육을 한 근육씩 순서대로 이완시키는 절차로, 신체 모든 부위를 인위적으로 긴장시키고 긴장 상태에서 이완시키는 과정을 통해 근육의 수축과 이완의 느낌을 체험하게 하는 기법이다.

**정답** ④

## 핵심이론 28 심리기술훈련

① **심상훈련(Imagery Training)**
  ㉠ 여러 감각을 동원하여 마음속으로 어떤 경험을 떠올리는 것을 '심상'이라 한다.
  ㉡ 심상을 스스로 통제하고 조절하여 효과적으로 이용할 수 있도록 연습하는 것을 '심상훈련'이라 한다.

② **자생훈련(Autogenic Training)**
  ㉠ 최면 상태가 될 때 일반적으로 체온이 상승하고 신체가 무거워지는 증상에서 착안한 훈련법으로, 불안을 감소시키기 위해 자기최면을 사용하여 무거움과 따뜻함을 실제처럼 느끼도록 유도하는 훈련 방법이다.
  ㉡ 근육에 대조되는 두 느낌을 느낀다는 점에서 점진적 이완과 유사하다.
  ㉢ 자생훈련의 단계
   • 1단계 : 무거움 훈련   • 2단계 : 따뜻함 훈련
   • 3단계 : 심박수 훈련   • 4단계 : 호흡수 훈련
   • 5단계 : 복부의 따뜻함  • 6단계 : 이마의 차가움

③ **바이오피드백훈련(Biofeedback Training)**
  ㉠ 신체 내에서 일어나는 각종 생리적 변화를 측정하여, 특정 부위의 반응을 학습에 의해 조절하는 과정을 의미한다.
  ㉡ 감지장치를 이용하여 인체의 자율 신경계의 반응을 조절하는 기법으로 근육의 활동, 피부온도, 심박수, 호흡수, 뇌파 등을 이용한다.
  ㉢ 불안을 느끼는 선수에게 가슴과 어깨 부분에 센서를 부착하여 불안감이 높아질 때 근육의 긴장도가 함께 증가한다는 것을 시각적으로 보여주어 각성 조절능력을 향상시키는 것이 그 예이다.

④ **점진적이완훈련(Progressive Relaxation Training)**
  ㉠ 몸 전체의 근육을 한 근육씩 순서대로 이완시키는 절차로, 신체 모든 부위를 인위적으로 긴장시키고 긴장 상태에서 이완시키는 과정을 통해 근육의 수축과 이완의 느낌을 체험하게 하는 기법이다.

ⓒ 일반적으로 몸의 중심에서 먼 근육부터 시작해 몸의 중심에 있는 근육의 순서로 이완시킨다.

**핵심예제**

〈보기〉의 ㉠과 ㉡에 들어갈 용어로 옳은 것은? [2022]

┌보기┐
- ( ㉠ )은 불안을 감소시키기 위해 자기최면을 사용하여 무거움과 따뜻함을 실제처럼 느끼도록 유도하는 방법이다.
- ( ㉡ )은/는 불안을 유발하는 자극의 목록을 작성한 후, 하나씩 차례로 적용하여 유발 감각 자극에 대한 민감도를 줄여 불안 수준을 감소시키는 방법이다.

|   | ㉠ | ㉡ |
|---|---|---|
| ① | 바이오피드백 | 체계적 둔감화 |
| ② | 자생훈련 | 바이오피드백 |
| ③ | 점진적 이완 | 바이오피드백 |
| ④ | 자생훈련 | 체계적 둔감화 |

|해설|
㉠ 자생훈련 : 최면 상태가 될 때 일반적으로 체온이 상승하고 신체가 무거워지는 증상에서 착안한 훈련법으로, 자신의 감각에 주의를 기울이면서 스스로 명상하는 기법이다.
㉡ 체계적 둔감화 : 불안이나 스트레스를 유발하는 자극에 노출될 때 불안 반응 대신 이완 반응을 보임으로써 불안이나 스트레스에 대해 점차 둔감하게 되는 훈련법이다.

정답 ④

## 제4절 | 스포츠 수행의 사회심리적 요인

### 핵심이론 29 집단응집력

① 집단응집력의 개념 : 집단 성원을 집단에 머무르도록 작용하는 힘들의 총합을 의미한다.
② 응집력의 결정 요인
  ㉠ 응집력은 상황 요인, 개인 요인, 리더십 요인, 팀 요인에 의해 결정된다. 이들 각각의 요인은 독립적으로 또는 통합적으로 팀의 성원을 단결시키는 역할을 한다.
  ㉡ 과제 측면과 사회 측면은 집단의 구성원이 어떤 이유 때문에 집단에 머무르려고 하는가를 구분하는 것이다.
    - 과제 측면 : 집단의 과제나 목표를 달성하기 위해 집단에서 활동하는 것
    - 사회 측면 : 집단의 과제 달성보다는 사회적인 유대관계가 더 큰 목적이 됨
③ 캐런(A. V. Carron)의 집단응집력 결정 요인
  ㉠ 환경적 요인 : 계약 책임, 조직의 성향
  ㉡ 개인적 요인 : 만족, 개인차, 개인의 성향
  ㉢ 리더십 요인 : 지도자의 행동, 리더십 유형, 코치-선수 대인관계, 코치-팀 관계
  ㉣ 팀 요인 : 집단과제, 성취욕망(팀의 승부욕), 팀의 능력, 팀의 안정성, 집단 지향성(팀의 목표), 집단의 성과 규범

④ 집단응집력과 운동 수행의 관계
  ㉠ 스포츠 종목에 따른 집단응집력의 요구 수준

| 집단분류 | 상호협력집단 | 상호협력-상호반응집단 | 상호반응집단 |
|---|---|---|---|
| 종목 | 양궁, 볼링, 골프, 사격, 스키, 레슬링 | 미식축구, 야구, 소프트볼, 피겨스케이팅, 조정, 수영 | 농구, 필드하키, 아이스하키, 럭비, 축구, 핸드볼, 배구 |
| 상호의존성 | 낮음 | 중간 | 높음 |
| 집단응집력 필요 정도 | 낮음 | 중간 | 높음 |

  ㉡ 집단응집력에 영향을 미치는 심리적 요인
  • 집단응집력은 개인의 만족도에 영향을 미친다.
  • 집단응집력이 높은 팀은 동조나 응종(명령이나 요구 따위에 응하여 그대로 따름) 수준이 높다.
  • 팀의 안정성이 높을수록 집단응집력이 강하다.
  • 집단응집력은 역할 수용 및 역할 명료성과 관계가 있다.
  ㉢ 팀 구축(Team Building) 중재전략 요인의 예
  • 환경요인 : 팀 구성원이 같은 유니폼을 입는다.
  • 구조요인 : 매주 한 번씩 팀 미팅을 열어 각자의 역할과 책임에 대해 논의한다.
  • 과정요인 : 팀 구성원 간 상호작용과 의사소통의 기회를 충분히 갖는다.
  ㉣ 팀 구축 프로그램의 모형

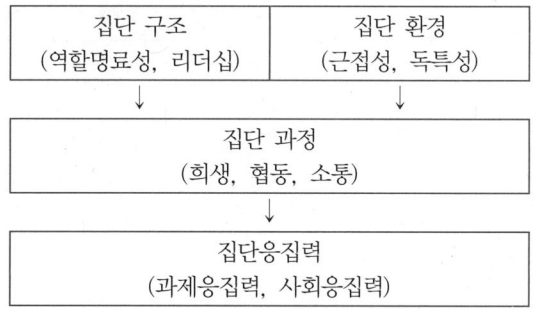

### 핵심예제

**29-1.** 캐런의 응집력 모형에서 응집력과 관련이 있는 팀 요소로 옳지 않은 것은? [2019]
① 팀의 능력
② 팀의 규모
③ 팀의 목표
④ 팀의 승부욕

**29-2.** 〈보기〉의 팀 구축(Team Building) 중재전략과 요인을 바르게 연결한 것은? [2016]

┌보기┐
㉠ 팀 구성원이 동일한 유니폼을 입는다.
㉡ 매주 한 번씩 팀 미팅을 열어 각자의 역할과 책임에 대해 논의한다.
㉢ 팀 구성원간 상호작용과 의사소통의 기회를 충분히 갖는다.

|   | ㉠ | ㉡ | ㉢ |
|---|---|---|---|
| ① | 환경요인 | 구조요인 | 과정요인 |
| ② | 환경요인 | 과정요인 | 구조요인 |
| ③ | 과정요인 | 환경요인 | 구조요인 |
| ④ | 과정요인 | 구조요인 | 환경요인 |

|해설|

**29-1**
팀의 능력·목표·승부욕 모두 캐런(A. V. Carron)의 응집력 모형중 팀 요인에 해당한다.

**29-2**
㉠ 환경요인 : 조직의 성향(독특성)을 나타내는 것으로 팀 구성원이 동일한 유니폼을 입는 것을 예로 들 수 있다.
㉡ 구조요인 : 역할명료성, 수용성, 팀 규범 순응, 팀 리더십이 해당하며, 팀 회의를 통해 서로의 역할과 책임감에 대해 이해하고 수용하도록 하는 것을 일컫는다.
㉢ 과정요인 : 개인적 희생, 목표, 목적, 협동, 상호작용, 의사소통이 해당하며, 매주 팀 구성원이 모여서 팀 수행 및 결과 목표를 설정하는 것을 일컫는다.

정답 29-1 ② 29-2 ①

## 핵심이론 30 링겔만 효과(사회적 태만)

① 링겔만 효과의 개념
  ㉠ 모일수록 책임감이 분산되는 현상으로 '나 하나쯤 이야'와 같은 심리를 의미한다.
  ㉡ 집단의 잠재 능력에 비해 실제 능력이 줄어드는 이유는 각자의 동기가 줄어들기(동기 손실) 때문이다.

② 사회적 태만 현상
  ㉠ 개념 : 혼자일 때보다 집단에 속해 있을 때 더 게을러지는 현상이다.
  ㉡ 사회적 태만 현상의 발생 원인
    • 할당 전략 : 혼자일 때 최대의 노력을 발휘하기 위해 집단에 속해 있을 때는 에너지를 절약하는 것이다.
    • 최소화 전략 : 가능한 한 최소의 노력을 들여 일을 성취하려는 것이다.
    • 무임승차 전략 : 집단 속에서 개인이 남들의 노력에 편승하여 혜택을 받기 위해 자신의 노력을 줄이는 것이다.
    • 반무임승차 전략 : 열심히 노력을 하지 않는 사람들이 무임승차를 하는 것도 원하지 않기 때문에, 자신의 노력을 줄이는 것이다.
  ㉢ 사회적 태만을 방지하는 방법
    • 누가 얼마나 노력했는지를 확인할 수 있도록 해야 한다.
    • 팀 내의 상호작용을 촉진시켜 개인의 책임감을 높여야 한다.
    • 목표를 설정할 때 집단 목표와 개인 목표를 모두 설정한다.

> **관중 효과(Audience Effect)**
> 어떠한 일을 수행할 때 타인이 본다는 사실에 영향을 받는 현상

### 핵심예제

**30-1.** 〈보기〉의 빈칸 안에 들어갈 용어로 옳은 것은? [2016]

| 보기 |
| 링겔만(M. Ringelmann)의 줄다리기 실험에 의하면, 줄을 당기는 힘은 혼자일 때 가장 크고, 줄을 당기는 인원이 증가할수록 개인이 쓰는 힘의 양은 줄어드는 것으로 나타났다. 이와 같이 집단 속에서 개인의 노력이 줄어드는 현상을 (　　)(이)라고 한다. |

① 사회적 태만　　② 정적강화
③ 사회적 지지　　④ 부적강화

**30-2.** 사회적 태만 현상을 극복하기 위한 지도전략으로 옳지 않은 것은? [2021]

① 사회적 태만 허용 상황을 미리 설정하지 않게 한다.
② 대집단보다는 소집단(포지션별)을 구성하여 훈련한다.
③ 지도자는 선수 개개인의 노력을 확인하고 이를 인정한다.
④ 선수들이 자신의 포지션뿐만 아니라 다른 역할도 경험하게 한다.

|해설|

30-1
사회적 태만은 집단에 속해있는 사람들이 공동의 목표를 달성하기 위해 노력하는 상황에서는 혼자 노력할 때보다 개인의 수행이 떨어지는 현상으로 링겔만 효과라고도 한다.

30-2
사회적 태만 허용 상황을 미리 설정해야 사회적 태만을 방지할 수 있다.

정답 30-1 ①　30-2 ①

## 핵심이론 31 첼라두라이(P. Chelladurai) 다차원 리더십 모형

① 리더십의 효율성이 특정 상황에서 코치에게 요구되는 규정된 행동, 코치가 실제로 행하는 행동, 선수들이 좋아하는 행동의 일치 여부에 달려 있다고 보는 이론이다.

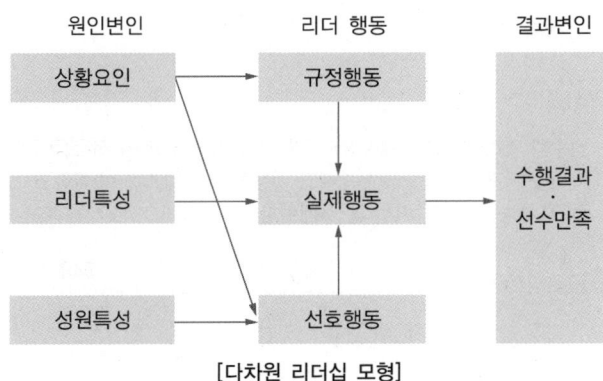

[다차원 리더십 모형]

② 세 가지 행동이 모두 일치할 때 리더십의 효율성이 극대화된다.
③ 세 가지 행동이 상반될 때는 원하는 결과를 얻을 수 없다.
④ 세 가지 행동은 각각 처한 상황의 특성, 지도자의 특성, 선수들의 특성이라는 선행요인에 달려있다.

**바람직한 코칭 행동**
- 팀 구성원을 인간적으로 이해
- 지도 종목에 대한 전문지식 배양
- 팀 구성원에게 차별·편애 없이 공정하게 대우
- 선수에게 개별 시간 할애
- 선수가 목표를 수립하도록 도와주기
- 선수의 주의산만 요인을 파악하고 지도

---

**핵심예제**

〈보기〉에 제시된 첼라두라이(P. Chelladurai)의 다차원리더십 모델에 관한 설명으로 옳게 묶인 것은? [2022]

┤보기├
㉠ 리더의 특성은 리더의 실제행동에 영향을 준다.
㉡ 규정행동은 선수에게 규정된 행동을 말한다.
㉢ 선호행동은 리더가 선호하거나 바라는 선수의 행동을 말한다.
㉣ 리더의 실제 행동과 선수의 선호행동이 다르면 선수의 만족도가 낮아진다.

① ㉠, ㉡   ② ㉠, ㉣
③ ㉡, ㉢   ④ ㉢, ㉣

|해설|
㉡ 규정행동은 조직 내에서 리더가 해야만 하는 행동 즉, 리더로서 기대되는 행동을 말한다.
㉢ 선호행동은 선수들이 선호하거나 바라는 리더의 행동을 말한다.

정답 ②

## 핵심이론 32 강화와 처벌

① 강 화
  ㉠ 개념 : 어떤 행동이 나타난 다음에 자극을 제시해 줌으로써 미래에 그 반응이 나타날 확률을 높여주는 것을 말하며, 정적 강화와 부적 강화로 분류된다.
    - 정적 강화 : 칭찬, 상, 표창, 금전적 보상 등과 같이 만족감을 주는 자극으로, 반응이나 행동발달을 촉진시킨다.
    - 부적 강화 : 청소를 면제해주는 등 불쾌한 자극을 제거해주어 긍정적인 반응이나 행동의 빈도를 높이는 것이다.
  ㉡ 강화의 전략
    - 효과적인 강화물을 선택한다.
    - 바람직한 행동을 찾아 강화하고, 결과보다는 수행과정에 관심을 가진다.
    - 초보자에게는 자주, 숙련자에게는 간헐적인 강화의 빈도를 적용한다.
    - 결과지식에 대해 제공한다.

② 처 벌
  ㉠ 개념 : 특정한 반응이나 행동이 일어날 확률을 줄이기 위하여 원치 않는 자극을 주거나(정적 처벌), 원하는 자극을 제거하는(부적 처벌) 것이다.
  ㉡ 처벌의 부정적 영향
    - 처벌은 강화에 비하여 장기적인 학습 효과는 낮은 것으로 알려져 있다.
    - 체벌을 포함한 처벌은 선수들에게 실패에 대한 공포를 불러일으킨다.
    - 처벌 위주의 지도는 기능의 향상을 오히려 방해할 수 있다.
    - 처벌의 효과에 대한 예측 가능성은 낮은 편이다.

### 핵심예제

〈보기〉에서 활용한 행동수정 전략으로 옳은 것은? [2019]

┌ 보기 ┐
선수들의 경기장 폭력을 감소시키기 위해 폭력 정도에 따라 출전 시간을 제한하는 제도를 시행합니다.
└──────┘

① 정적 강화  ② 부적 강화
③ 정적 처벌  ④ 부적 처벌

|해설|
선수의 경기출전권을 제한함으로써(유쾌 자극의 제거) 선수들이 폭력을 저지르지 않도록(부정적인 행동의 빈도 감소)하여 학습권을 보장하는 '부적 처벌'의 사례이다.

정답 ④

제5절 | 운동심리학

**핵심이론 33** 운동의 심리적 효과와 주요 가설

① 운동의 심리적 효과
  ㉠ 연령·성별과 관계없이 긍정적 효과
  ㉡ 유·무산소성 운동으로 우울증 감소 효과
    • 장기간 운동이 단기간 운동보다 우울증 개선 효과가 더 크다.
    • 웨이트트레이닝, 유산소 운동, 걷기 등 모든 운동이 우울증 감소에 효과가 있다.
  ㉢ 불안 및 스트레스 감소 효과
    • 특성불안을 위해서는 장기간의 유산소 운동이 효과적이지만 일회성 운동이라고 하여 특성불안을 증가시키지는 않는다.
    • 불안 감소에는 무산소 운동보다 유산소 운동이 효과가 크다.
  ㉣ 활력 수준이 높아지고 긍정적 정서를 체험
  ㉤ 자기개념과 자기존중감 및 자긍심 향상

② 주요 가설
  ㉠ 모노아민 가설
    • 운동의 심리적 효과 중 우울증 개선 효과의 근거를 설명한다.
    • 운동이 우울증에 긍정적 효과가 있는 이유는 세로토닌, 노르에피네프린, 도파민과 같은 뇌의 신경전달물질의 변화 때문이다.
    • 즉, 운동을 하면 신경원에 의한 신경전달물질의 분비와 수용이 촉진되어 신경원 간의 의사소통이 향상된다.
    • 세로토닌, 노르에피네프린, 도파민, 이 세 가지 신경전달물질을 모노아민이라 부르는데, 이 세 가지는 감정의 조절과 밀접한 관련이 있는 것으로 알려져 있다.

  ㉡ 그 밖의 가설
    • 열 발생 가설 : 운동 이후 편안함을 느끼는 현상을 설명한다.
    • 뇌 변화 가설 : 운동에 따른 인지적 능력의 개선을 설명한다.
    • 생리적 강인함 가설 : 운동이 스트레스에 효과가 있음을 설명한다.
    • 사회심리적 가설 : 운동에 대한 기대 자체가 효과가 있음을 설명한다.

> **러너스 하이(Runner's High)**
> 달리기를 시작하여 약 30~40분 사이에는 우울한 기분이 들지만 이후에는 가벼운 도취감이 오거나 기분이 황홀해질 수 있는데, 이러한 심리적 변화를 러너스 하이라고 한다.
> 예 철인 3종 선수 선우는 경기 중 힘이 들어 포기하려는 순간 예상치 않게 편안함, 통제감, 희열감을 느끼는 체험을 하였다. 선우는 그 순간에 시간과 공간의 장애를 초월한 느낌을 경험하였다.

### 핵심예제

〈보기〉에서 설명하는 가설로 옳은 것은? [2018]

┌ 보기 ┐
운동이 우울증에 긍정적 효과가 있는 이유는 세로토닌, 노르에피네프린, 도파민과 같은 뇌의 신경전달물질의 변화 때문이다. 즉, 운동을 하면 신경원에 의한 신경전달물질의 분비와 수용이 촉진되어 신경 간의 의사소통이 향상된다.
└─────┘

① 생리적 강인함 가설
② 모노아민 가설
③ 사회심리적 가설
④ 열발생 가설

|해설|

① 생리적 강인함 가설 : 운동이 상태불안과 특성불안을 감소시키는 이유를 심리·생리적 측면에서 설명한다. 스트레스에 자주 노출되면 대처 능력이 좋아지고 정서적으로 안정되기 때문에 불안이 낮아진다는 것이다.
③ 사회심리적 가설 : 첫째, 운동은 실제로 효과가 있다기보다는 효과가 있다는 믿음 때문에 효과가 나타나는 위약 효과로 본다. 둘째, 운동을 하면 다른 사람으로부터 받는 긍정적인 주의로 자신의 가치가 강화되고 자신이 중요한 인물이라는 생각을 갖게 되기 때문에 우울증이 개선된다는 설명이다. 셋째, 운동을 지속하면 신체적 자기개념이 좋아지고 자아존중감이 개선되므로 정신건강이 좋아진다는 설명이다. 넷째, 운동에 대해 통제력을 느끼면 삶의 다른 영역으로 확대되고 궁극적으로 희망이 생기게 된다는 설명이다.
④ 열 발생 가설 : 사우나 등 체온을 높이는 요법이 이완 효과가 있는 것처럼 운동을 하면 체온이 상승하게 되기 때문에 불안 감소의 심리적인 효과가 있다고 설명한다.

정답 ②

## 핵심이론 34 운동의 심리이론

① 합리적행동이론

  ㉠ 의 의
   • 의도는 행동을 예측하는 단 하나의 변인이다.
   • 의도는 행동에 대한 태도와 주관적 규범에 의해 형성된다.
   • 행동에 대한 태도는 특정 행동의 실천 결과에 대한 신념과 결과에 대한 평가에 영향을 받는다.
   • 주관적 규범은 타인의 기대에 대한 인식과 기대에 부응하려는 동기에 영향을 받는다.

  ㉡ 아이젠(I. Ajzen)과 피시바인(M. Fishbein)의 합리적 행동이론의 주요변인
   • 행동에 대한 태도(의도에 대한 변인)
   • 주관적 규범(의도에 대한 변인)
   • 의도(행동을 예측하는 변인)

② 계획행동이론

  ㉠ 행동에 대한 태도와 주관적 규범은 행동에 간접적인 영향을 주지만, (지각된) 행동통제 인식은 의도뿐만 아니라 행동에도 직접 영향을 준다.
  
  ㉡ 운동 방해 요인을 극복하고 자신이 계획한 운동을 통제할 수 있다는 생각은 운동의 지속적 실천에 꼭 필요하다.

③ 변화단계이론

  ㉠ 운동행동의 변화가 마음먹은 순간에 단번에 이루어지는 것이 아니라 여러 단계를 거치면서 점진적으로 변화한다고 본다.
  
  ㉡ 프로차스카(J. Prochaska)의 운동변화단계이론(Transtheoretical Model)
   • 인지 과정·행동 과정과 같은 변화 과정을 통해 이전 단계에서 다음 단계로 이동한다.
   • 의사결정 균형이란 운동할 때 기대할 수 있는 혜택과 손실을 평가하는 것을 의미한다.

- 운동변화단계와 자기효능감

| 운동변화단계 | 내 용 | 자기효능감 |
|---|---|---|
| 계획 전 단계 (무관심) | 현재 운동을 하지 않으며, 6개월 이내에 운동을 시작할 의도가 없다. | 가장 낮다. |
| 계획 단계 (관심) | 현재 운동을 하지 않지만, 6개월 이내에 운동을 시작할 의도가 있다. | 한 단계씩 단계가 높아짐에 따라 비례적으로 높아진다. |
| 준비 단계 | 현재 운동을 하지 않지만, 1개월 이내에 운동을 시작할 의도가 있다. | |
| 실천 단계 | 운동을 하고 있지만 6개월이 아직 안 되었다. | |
| 유지 단계 | 중간 정도 강도로 매일 30분씩 6개월 이상 운동을 지속하고 있다. | 가장 높다. |

### 핵심예제

**프로차스카의 운동변화단계이론에 대한 설명으로 옳지 않은 것은?** [2020]

① 준비 단계는 현재 운동에 참여하지 않지만, 6개월 이내에 운동을 시작할 의도가 있는 것을 의미한다.
② 의사결정 균형이란 운동을 할 때 기대할 수 있는 혜택과 손실을 평가하는 것을 의미한다.
③ 인지 과정과 행동 과정과 같은 변화 과정을 통해 이전 단계에서 다음 단계로 이동하게 된다.
④ 자기효능감은 관심 단계보다 유지 단계에서 더 높다.

**|해설|**

준비 단계는 규칙적으로 운동하지는 않으나, 1개월 이내에 할 의도가 있는 것을 의미한다. 현재 운동에 참여하지 않고 6개월 이내에 할 의도가 있는 것은 관심 단계이다.

정답 ①

### 핵심이론 35 운동실천의 중재전략

① 운동실천의 환경 요인(사회 요인)
  ㉠ 운동 지도자의 영향 : 리더십 스타일
  ㉡ 운동 집단의 영향 : 집단 응집력
  ㉢ 사회적 지지의 영향 : 도구적 지지, 정서적 지지, 정보적 지지, 동반자 지지, 비교확인 지지 등
  ㉣ 물리적 환경의 영향 : 날씨, 운동시설, 접근성 등
  ㉤ 사회와 문화의 영향 : 행동, 신념, 운동 규범의 변화 등

② 내적동기 전략
  ㉠ 운동의 의미와 목적 찾기 : 운동을 맹목적으로 하기보다는 운동에 의미를 부여해야 장기적인 운동실천이 가능하다.
  ㉡ 운동 체험의 과정 중시 : 운동에서 얻을 수 있는 결과보다 과정에 주목하는 것이 장기적인 운동실천에 유리하다.

③ 운동애착을 촉진하는 스포츠지도 전략
  ㉠ 개인적으로 적절한 피드백을 제공하여 참가에 대한 동기부여를 한다.
  ㉡ 스스로 원하는 운동을 자율적으로 선택하게 하여 동기부여를 한다.
  ㉢ 운동을 자극하는 긍정적인 표어나 포스터 혹은 유인물을 적극적으로 활용한다.
  ㉣ 친구 또는 가족과 함께 운동하는 것을 장려하는 등 그룹을 지어서 운동하도록 한다.
  ㉤ 운동의 빈도, 강도, 기간을 적절하게 설정한다.
  ㉥ 참가에 대한 보상을 제공하고 운동하기 편한 장소를 제공한다.
  ㉦ 음악 등을 활용하여 운동을 즐거운 것으로 인식하게 한다.

④ 사회적 지지 유형의 5가지 분류(Wills & Shinar, 2000)
  ㉠ 정서적 지지 : 다른 사람을 격려하고 걱정하는 과정에서 생기는 것이다.
  ㉡ 도구적 지지 : 유형의 실질적인 지지를 제공하는 것이다.
  ㉢ 정보적 지지 : 운동 방법에 대해 안내와 조언을 하고 진행 상황에 관한 피드백을 제시해 주는 것이다.
  ㉣ 동반 지지 : 운동할 때 동반자 역할을 하는 사람이 있는가의 여부(친구, 가족, 회원 등)
  ㉤ 비교확인 지지 : 다른 사람과의 비교를 통해 자신의 생각, 감정, 문제, 체험 등이 정상이라는 사실을 확인하는 것이다.

### 핵심예제

**운동실천을 위한 중재전략 중 내적동기 전략에 해당하는 것은?** [2017]
① 매월 운동참여율이 70% 이상인 회원에게 경품을 제공한다.
② 헬스클럽에서 출석상황과 운동 수행 정도를 그래프로 게시한다.
③ 에스컬레이터 대신 계단이용을 권장하는 포스터를 부착한다.
④ 운동 목표를 재미에 두어 즐거움과 몰입을 체험하게 한다.

|해설|
내적 동기 전략이란 순수하게 기쁨과 만족감을 추구하고자 스스로 스포츠 활동에 참여하는 것을 말하는데 감각체험, 과제성취, 지식 습득 등이 이에 해당한다.
① 출석행동을 강화하는 행동수정 전략(보상 제공)에 해당한다.
② 출석 상황과 운동 수행 정도를 공공장소에 게시하는 행동수정 전략(출석상황 게시)에 해당한다.
③ 행동을 권장하는 포스터는 행동수정 전략 중 의사결정 단서에 가깝다.

정답 ④

## 제6절 | 스포츠심리상담

### 핵심이론 36 스포츠심리상담

① 스포츠심리상담의 목표 : 상담과 스포츠심리기술을 적용하여 운동 선수들의 인간적 성장과 정서적 안정 및 운동 수행과 경기력을 향상시키는 것이 그 목표이다.
② 스포츠심리상담의 적용
  ㉠ 라포르 : 내담자와 상담자 사이의 공감적(상호신뢰) 관계
  ㉡ 경청 : 상담자가 내담자의 언어적·비언어적 메시지를 듣는 과정
  ㉢ 관심 보이기 : 내담자 향해 앉기, 개방적 자세, 적절한 눈 맞춤, 편안한 몸짓과 표정 등
  ㉣ 신뢰 형성 기술 : 적절한 고개 끄덕임, 적절한 반응, 관심어린 질문 등
③ 스포츠심리상담사가 갖춰야 할 역량과 태도
  ㉠ 스포츠에 관한 전문적 지식과 사회 전반에 대한 지식
  ㉡ 풍부한 대인관계의 기술
  ㉢ 선수들의 비언어적 메시지에도 주의를 기울이는 태도
④ 스포츠심리상담사의 역할
  ㉠ 상담의 전 과정을 상담 시작 전에 내담자에게 안내
  ㉡ 지속적인 심리훈련
  ㉢ 경기 시즌 전·중·후 지원
⑤ 미국 응용스포츠심리학회(AAASP)의 스포츠심리상담 윤리규정 주요 내용
  ㉠ 스포츠심리상담의 한계를 인식하고, 자신의 역량 범위 내에서만 상담해야 한다.
  ㉡ 나이, 성별, 인종, 민족성, 국적, 종교, 성적 지향, 언어 또는 사회경제적 지위 등의 요인으로 내담자를 차별해서는 안 된다.

ⓒ 자신의 상담 내용이 타인의 삶에 영향을 미칠 수 있다는 것을 깨닫고, 오용되지 않도록 경각심을 가져야 한다.
② 내담자와 부적절한 다중 관계를 맺어서는 안 되며, 가족, 친구와 같은 대상에 대한 전문적·과학적 상담을 지양해야 한다.
ⓜ 내담자의 이익을 최우선으로 두고 상담을 진행해야 하며, 필요한 경우 다른 전문가에게 의뢰해야 한다.

### 핵심예제

**36-1. 스포츠심리상담사에 관한 설명으로 옳지 않은 것은?**
[2020]

① 내담자와 공감하며 경청한다.
② 내담자와 라포르(Rapport)를 형성한다.
③ 내담자와 일상 생활에서 개인적 관계를 맺는다.
④ 내담자의 비언어적 메시지에도 관심을 가진다.

**36-2. 한국스포츠심리학회가 제시한 스포츠심리상담사 상담 윤리에 대한 설명으로 옳지 않은 것은?**
[2022]

① 스포츠심리상담사는 자신의 전문 영역과 한계 영역을 명확하게 인식해야 한다.
② 스포츠심리상담사는 상담 과정에서 얻은 정보를 이용할 때 고객과 미리 상의해야 한다.
③ 스포츠심리상담사는 상담 효과를 알리기 위해 상담에 참여한 사람으로부터 좋은 평가나 소감을 요구해야 한다.
④ 스포츠심리상담사는 타인에게 역할을 위임할 때는 전문성이 있는 사람에게만 위임하여야 하며 그 타인의 전문성을 확인해야 한다.

**36-3. 미국 응용스포츠심리학회(AAASP)의 스포츠심리상담 윤리 규정이 아닌 것은?**
[2024]

① 스포츠에 참여하는 모든 사람과 전문적인 상담을 진행한다.
② 직무수행상 자신의 한계를 인식하고 한계를 넘는 주장과 행동은 하지 않는다.
③ 회원 스스로 윤리적인 행동을 실천하고 남에게 윤리적 행동을 하도록 적극적으로 권장한다.
④ 다른 전문가에 의한 서비스 수행 촉진, 책무성 확보, 기관이나 법적 의무 완수 등의 목적을 위해 상담이나 연구 결과를 기록으로 남긴다.

|해설|

**36-1**
내담자와 일상 생활에서 개인적 관계를 맺어서는 안 된다.

**36-2**
한국스포츠심리학회에서 지시하는 스포츠심리상담사 윤리 규정에 따르면 스포츠심리상담사는 내담자와 주요타자, 수련생 등으로부터 좋은 평가나 소감(증언)을 요구하지 않는다.

**36-3**
**AAASP 윤리 원칙 및 표준**
① 정의된 전문적 또는 과학적 관계 또는 역할의 맥락에서만 진단, 치료, 교육, 교육, 감독, 멘토링 또는 기타 컨설팅 서비스를 제공한다(일반 윤리 기준 : 제1조 제a항).
② 자신의 과학적 작업의 한계를 인식하고 이러한 한계를 초과하는 주장을 하거나 조치를 취하지 않는다(일반 윤리 기준 : 제2조 제e항).
③ 학생, 멘티, 감독자, 직원 및 동료의 윤리적 행동을 적절하게 장려한다(전문 3문단).
④ 과학 및 연구 활동을 수행하는 사람은 다른 전문가와의 작업 공유를 촉진하고 책임을 보장하며 기관 또는 기관의 기타 요구 사항을 충족하기 위해 적절한 경우 기관 윤리 위원회의 승인을 포함하여 자신의 과학적 작업 및 연구를 적절하게 문서화해야 한다(일반 윤리 기준 : 제14조 제b항).

정답 36-1 ③ 36-2 ③ 36-3 ①

# CHAPTER 04 한국체육사

## 제1절 | 체육사의 의미

### 핵심이론 01 체육사의 의미와 이해

① 체육사의 의미
  ㉠ 체육과 스포츠를 역사적 방법으로 연구하는 학문이다.
  ㉡ 연구 대상으로는 시간, 인간, 공간이 고려된다.
  ㉢ 신체 활동의 여러 현상을 문화사 또는 교육사 측면으로 고찰한다.
  ㉣ 각 나라의 역사와 문화를 살펴보는 것이 중요하다.
  ㉤ 체육사 연구에서의 사관(史觀)은 역사가의 가치관에 따라 체육의 역사를 해석하는 것이다.
  ㉥ 신체 운동을 대상으로 이루어지는 역사적 연구이다.
  ㉦ '신체 운동 → 신체 수련 → 신체 교육 → 신체 문화'라는 유기적인 문제를 거시적으로 고찰한다.

② 체육사의 이해
  ㉠ 고대에서부터 오늘날까지 체육의 변천 모습을 살펴본다.
  ㉡ 각 시대의 체육관이나 그 방법 등에 관련된 시대적·사회적 배경 등을 역사적으로 연구하는 분야이다.
  ㉢ 현재의 체육 상황을 명확히 인식하여 이를 바탕으로 장래를 현명하게 통찰하기 위한 학문이다.

### 핵심예제

**1-1.** 〈보기〉에서 한국체육사에 관한 설명으로 옳은 것만을 모두 고른 것은? [2024]

┌─보기─────────────────────────┐
│ ㉠ 한국 체육과 스포츠의 시대별 양상을 연구한다. │
│ ㉡ 한국 체육과 스포츠를 역사학적 방법으로 연구한다. │
│ ㉢ 한국 체육과 스포츠에 관한 역사 기술은 사실 확인보다 가치평가가 우선한다. │
│ ㉣ 한국 체육과 스포츠의 과거를 살펴보고, 이를 통해 현재를 직시하고 미래를 조망한다. │
└─────────────────────────────┘

① ㉠, ㉡, ㉢
② ㉠, ㉡, ㉣
③ ㉠, ㉢, ㉣
④ ㉡, ㉢, ㉣

**1-2.** 체육사 연구에서 사관(史觀)에 관한 설명으로 적절하지 않은 것은? [2023]

① 유물사관, 관념사관, 진보사관, 순환사관 등이 있다.
② 체육 역사에 대한 견해, 해석, 관념, 사상 등을 의미한다.
③ 체육 역사가의 관점으로 다양한 과거의 역사적 사실을 해석한다.
④ 과거 체육과 관련된 사실을 담고 있는 역사 자료를 의미한다.

|해설|

**1-1**
역사 기술(記述, Description)의 1차적인 과정은 사실 확인이다. 이를 위해 가치 평가보다는 사료를 바탕으로 사실(史實)을 객관적으로 기술하는 것이 우선되어야 한다.

**1-2**
**사관과 사료**
과거의 체육과 관련된 사실을 담고 있는 역사자료는 사료이다. 이러한 사료를 바라보는 다양한 관점들을 사관이라 한다.

**정답** 1-1 ② 1-2 ④

## 핵심이론 02 체육사의 연구 내용

① 체육사의 연구 방법
  ㉠ 체육사는 사료(史料)를 통하여 재구성해야 한다.
  ㉡ 체육사 연구 방법의 중심은 사료의 분류와 평가이다.

② 체육사의 연구영역
  ㉠ 스포츠를 통해 시대별로 파생된 여러 문화 현상을 연구한다.
  ㉡ 스포츠의 기원 또는 발달 과정을 연구한다.
  ㉢ 스포츠 종목의 발생 원인 및 조건을 연구한다.
  ㉣ 체육사상가, 스포츠문화사, 스포츠종목사, 전통스포츠사 등을 포함한다.

③ 체육사 연구에서의 사료(史料)
  ㉠ 물적 사료 : 유물·유적 등의 유산, 각종 트로피, 우승기, 메달, 경기 복장 등
  ㉡ 기록 사료 : 문헌 등
  ㉢ 구술 사료 : 과거의 기억에 대한 증언 등

④ 체육사의 시대 구분
  ㉠ 체육사의 시대 구분은 역사가들의 임의적 수단이자 도구이다.
  ㉡ 체육사의 시대 구분은 기존 구분 방식을 따를 필요 없이 지역과 주제에 따라 시대 구분을 새롭게 할 수 있다.
  ㉢ 체육사 연구에서 시대를 구분하는 이유는 체육사의 종합적인 이해와 서술을 돕기 위함이다.
  ㉣ 체육사의 시대 구분은 철저한 고증을 바탕으로 역사적 사실을 철저히 탐구한 후에 이루어져야 한다.
  ㉤ 체육사만의 시대 구분으로 독자성과 정체성을 확립할 수 있다.
  ㉥ 나현성의 『한국체육사』에서는 갑오개혁(갑오경장) 이전은 무예를 중심으로 하는 전통 체육으로, 갑오개혁 이후는 교육입국조서를 중심으로 하는 근대 체육으로 시대 구분을 하였다.

⑤ 체육사의 연구 단계
  연구 문제의 선택 → 자료의 수집과 분류 → 가설 구성 → 새로운 사실 발견 → 풀이와 서술

### 핵심예제

**2-1. 체육 관련 사료 중 문헌 사료로 옳지 않은 것은?** [2021]
① 고구려 무용총 수렵도
② 무예도보통지
③ 조선체육계
④ 손기정 회고록

**2-2. 〈보기〉에서 체육사 연구의 사료(史料)에 관한 설명으로 옳은 것을 모두 고른 것은?** [2022]

┌ 보기 ┐
㉠ 기록 사료는 문헌 사료와 구전 사료가 있다.
㉡ 물적 사료는 물질적 유산인 유물과 유적이 있다.
㉢ 기록 사료 중 민요, 전설, 시가, 회고담 등은 문헌 사료이다.
㉣ 전통적인 분류 방식에 따르면, 물적 사료와 기록 사료로 구분된다.

① ㉠, ㉡
② ㉡, ㉢
③ ㉠, ㉡, ㉣
④ ㉡, ㉢, ㉣

|해설|

**2-1**
일반적으로 사료란 문헌에 나온 기록을 의미한다. 고구려 무용총 수렵도는 고구려 무용총에 그려진 고분 벽화로, 고구려인들의 역동적인 사냥 모습을 묘사한 그림이다.

**2-2**
사료의 종류
• 물적 사료 : 유물, 유적 등 현존하는 모든 물질적 유산
• 기록 사료
  - 문헌 사료 : 공문서, 사문서, 출판물 등 문서로 남은 사료
  - 구전 사료 : 민요, 시가 등 입에서 입으로 전해져 내려오는 사료

정답 2-1 ① 2-2 ③

# 제2절 | 선사·삼국 시대 체육

## 핵심이론 03  선사·부족 국가 시대의 체육 활동

① 선사 시대의 생활과 신체 문화
  ㉠ 식량 획득의 중요한 수단이자 신체 활동인 수렵이 있었다.
  ㉡ 활, 창, 돌도끼 등의 도구를 사용하는 방법이 하나의 기술로 인정되었다.
  ㉢ 식량을 얻는 생산 기술인 동시에 적으로부터 몸을 지키는 전투술이었다.
  ㉣ 애니미즘과 샤머니즘 같은 원시 신앙과 관련된 주술 활동과 성인식 등의 독특한 신체 문화가 나타났다.

② 부족 국가 시대의 생활과 신체 문화
  ㉠ 부족 국가 시대의 지배층들은 무예를 통하여 체력을 단련하였고, 무술 연마를 겸하여 사냥 등을 즐겼다.
  ㉡ 제천 행사와 민속놀이가 있었으며, 제천 행사는 고구려 동맹, 부여의 영고, 동예의 무천, 신라의 가배 등이 있었다.

> **제천 행사**
> 파종과 수확을 할 때에 모든 사람들이 하늘에 지내는 제사로 애니미즘(만물정령신앙)에 대한 믿음을 바탕으로 시행되었으며, 각종 무예, 유희, 음주가무 등이 실시되었다.

  ㉢ 정신적·육체적인 고통을 참고 이겨내야만 사회의 일원으로 인정하는 성인식은 부족 국가 사회에는 어디든지 있는 하나의 의식이었다.

> **부족 국가 성인식(성년 의식)**
> - 성인 사회로 입문하기 위한 신체적인 훈련과 곤경을 이겨내는 의식이었다.
> - 부족의 신화를 계승하는 춤을 익혔고, 식량 확보 활동(수렵, 채집)을 하였다.
> - 육체적 능력과 사회적 경험의 정도를 평가하였다.
> - 정신적·육체적 고통에 대한 인내심을 배양하였다.
> - 『삼국지』「위지동이전」에 '큰 사람'으로 부른 기록이 있다.

  ㉣ 각저, 저포 등의 신체 활동이 있었다.
   • 각저 : 두 사람이 맨손으로 허리의 띠를 맞잡고 힘과 기를 겨루어 넘어뜨리는 씨름의 일종이다.
   • 저포 : 여러 사람이 모여 즐기던 놀이 중 하나로 지금은 '윷놀이'로 행해지고 있으며, 다섯 개(현재 4개)의 나무 막대기를 이용하여 승부를 겨루었다.

### 핵심예제

**3-1. 부족 국가와 삼국 시대의 신체 활동이 포함된 제천 의식에 관한 설명으로 옳지 않은 것은?** [2022]

① 신라 - 가배
② 부여 - 동맹
③ 동예 - 무천
④ 마한 - 10월제

**3-2. 부족 국가 시대의 저포(樗蒲)에 관한 설명으로 옳은 것은?** [2021]

① 위기(圍棋)라는 용어로 불리기도 하였다.
② 제천 의식과 관련된 대표적인 민속놀이였다.
③ 두 사람이 서로 맞잡고 힘을 겨루는 경기였다.
④ 달리는 말 위에서 여러 가지 동작을 행하는 경기였다.

**3-3. 〈보기〉에서 설명하는 민속놀이는?** [2023]

┌─보기─
• 사희(柶戱)라고도 불리었다.
• 부여의 사출도(四出道)라는 관직명에서 유래되었다.
• 남녀노소 누구나 즐길 수 있으며, 장소에 크게 구애받지 않은 놀이였다.

① 바둑
② 장기
③ 윷놀이
④ 주사위

| 해설 |

**3-1**
부여의 제천 의식은 '영고'로 섣달에 지내던 추수감사제이다. '동맹'은 고구려의 제천 의식이다.

**3-2**
제천 의식과 관련된 놀이나 민속 스포츠로는 기마, 수박, 궁술, 격검, 저포(윷놀이) 등이 있었다. 그 중 가장 대표적인 민속놀이는 저포(윷놀이)였다.

**3-3**
**사 희**
사희는 윷가락(柶)을 가지고 노는 놀이(戲)라 하여 척사(擲柶)라고도 하는 민속놀이로, 오늘날의 윷놀이이다. 윷가락을 던져 그 결과에 따라 말을 놓아 승부를 겨루는 놀이이다. 도(돼지)·개(개)·걸(양)·윷(소)·모(말)의 명칭 중 도, 개, 윷, 모는 각각 부여의 사출도 이름인 저가, 구가, 우가, 마가에서 유래됐다고 한다.

**정답** 3-1 ② 3-2 ② 3-3 ③

## 핵심이론 04 삼국 시대의 사회와 교육

① 삼국 시대의 사회
  ㉠ 고대 부족 국가 체제를 갖추며 민족 의식을 성장시켜 통일신라 문화의 정신적인 기초에 기여하였다.
  ㉡ 삼국이 서로 대립하고 있었던 만큼 국방 체육으로서의 무술이 발달하였다.
  ㉢ 여러 가지 민속적 유희가 성립·발전하며 교육으로서의 신체 운동이 완성된 시기이다.
  ㉣ 유교와 불교가 도입되어 전통적인 무속 신앙과 조화를 이루었다.
  ㉤ 윤리 의식과 정치 제도가 발달하였다.

② 삼국 시대의 교육
  ㉠ 고구려 : 태학(귀족, 각종 무예 연마), 경당(평민, 경서 암송, 궁술), 대표적 무예는 기마술과 궁술
  ㉡ 백제 : 의박사, 역박사, 오경박사 등의 박사 제도
  ㉢ 신라 : 화랑도(궁술, 기마술, 검술, 사냥, 편력 등)

③ 삼국 시대의 생활
  ㉠ 전쟁으로 인한 국방 체육이 강조되었다.
  ㉡ 기마술, 활쏘기 등을 교육하였다.
  ㉢ 신체 단련과 군사 훈련을 목표로 한 상무적 무예가 중시되었다.

④ 고분 벽화 속 무예도
  ㉠ 수렵·기마도 : 말을 탄 상태에서 활을 쏘며 사냥하는 그림으로 무예의 모습을 추측할 수 있다(안악 3호분).
  ㉡ 각저도 : 씨름과 거의 비슷한 형태의 자세를 취하고 있는 그림으로 각저, 각희, 상박, 쟁교 등으로 불렸다.
  ㉢ 수박도 : 서로 거리를 둔 상태에서 때리거나 막는 동작을 하고 있는 그림이다.

## 핵심예제

**4-1.** 〈보기〉의 빈칸 안에 들어갈 용어는? [2016]

┌보기┐
삼국 시대에는 오늘날 체육의 한 유형인 각종 무예 교육이 시행되었다. 고구려의 대표적인 무예는 ( ㉠ )과 궁술이다. 평민층 교육기관인 경당의 주된 교육내용은 경서 암송과 ( ㉡ ) 이다.
└───┘

① ㉠ 기마술, ㉡ 궁술
② ㉠ 기창, ㉡ 수박
③ ㉠ 기창, ㉡ 축국
④ ㉠ 기마술, ㉡ 방응

**4-2.** 〈보기〉의 ㉠에 들어갈 말로 옳은 것은? [2022]

┌보기┐
『구당서(舊唐書)』에 따르면, "고구려의 풍속은 책 읽기를 좋아하며, 허름한 서민의 집에 이르기까지 거리에 큰 집을 지어 이를 ( ㉠ )이라고 하고, 미혼의 자제들이 여기에서 밤낮으로 독서하고 활쏘기를 익힌다."라고 되어 있다.
└───┘

① 태 학
② 경 당
③ 향 교
④ 학 당

|해설|
**4-1**
고구려의 대표적인 무예는 기마술과 궁술이었으며, 평민층 교육기관인 경당에서는 주로 경서와 궁술을 교육했다.

**4-2**
고구려의 교육 기관으로는 태학과 경당이 있었다. 태학은 귀족 자제들을 교육하는 관학이고 경당은 평민들의 교육 기관이었다. 경당에서는 경서와 활쏘기 교육을 진행하였다.

정답 4-1 ① 4-2 ②

## 핵심이론 05 삼국 시대의 무예와 민속 스포츠

① 궁술(활쏘기)
  ㉠ 삼국 시대에는 군사 훈련을 위해 기마술과 활쏘기(궁술)를 매우 중요시하였다.
  ㉡ 고구려의 경당에서는 활쏘기를 교육하였으며, 기사법(騎射法)이 통일되고 체계화되었다.
  ㉢ 백제 또한 활쏘기를 임금이나 백성이 갖춰야 할 중요한 자질의 하나로 취급하였다.
  ㉣ 궁술을 인재 등용에 활용하였다.
    • 백제 : 관사라는 군사적 행사에 의해 인재 등용
    • 고구려 : 봄·가을의 수렵 대회를 통해 궁술에 능한 인재 등용
    • 신라 : '궁전법'으로 인재 등용(기마와 궁술로써 시험하여 선발)

② 수렵(狩獵) : 삼국 시대의 수렵은 본질적으로 두 개의 다른 면을 갖고 있다. 하나는 왕에 의한 순행으로 군사 훈련을 목적으로, 다른 하나는 놀이로서의 수렵이 실시되었다.

③ 방응(放鷹) : 매사냥을 가리키며, 고구려, 백제, 신라 삼국이 모두 매사냥을 하였다.

④ 축국(蹴鞠) : 가죽 주머니로 공을 만들어 발로 차던 놀이이다. 흡사 오늘날의 축구 또는 제기차기와 유사한 형태의 놀이라고 할 수 있다.

⑤ 기사(騎射) : 말을 달리면서 하는 궁술을 말한다. 기사는 한반도에서 주로 체계화된 신체 운동이었다.

⑥ 석전(石戰) : 변전, 편전, 편쌈이라고도 한다. 변(邊)은 이 변, 저 변의 의미이고, 편(便)은 이 편, 저 편하는 양 편을 의미한다. 석전은 마을의 돌팔매 겨루기로, 전쟁에 대비하는 전투적 유희라고 할 수 있다.

⑦ 투호(投壺) : 일정한 거리에 항아리를 놓고 화살과 같은 것을 던져 넣는 오락이다.

⑧ 쌍륙(雙六) : 여러 사람이 편을 갈라 차례로 주사위 두 개를 던져서 나오는 대로 말을 써서 먼저 들여보내는 놀이이다.
⑨ 마상재(馬上才) : 말 위에서 여러 동작을 보이는 것으로, 곡마, 말놀음, 말광대라고도 한다.

**핵심예제**

**5-1.** 〈보기〉에서 삼국시대의 무예에 관한 설명으로 옳은 것만을 모두 고른 것은? [2024]

┌ 보기 ┐
⊙ 신라 : 궁전법(弓箭法)을 통해 인재를 등용하였다.
ⓒ 고구려 : 경당(扃堂)에서 활쏘기 교육이 이루어졌다.
ⓒ 백제 : 훈련원(訓鍊院)에서 무예 시험과 훈련이 행해졌다.

① ⊙, ⓒ　　② ⊙, ⓒ
③ ⓒ, ⓒ　　④ ⊙, ⓒ, ⓒ

**5-2.** 삼국 시대 민속놀이의 명칭으로 옳은 것은? [2021]
① 석전 – 제기차기　　② 마상재 – 널뛰기
③ 방응 – 매사냥　　④ 수박 – 장기

**5-3.** 〈보기〉에서 설명하는 신체 활동은? [2023]

┌ 보기 ┐
• 가죽 주머니로 공을 만들어 발로 차는 놀이였다.
• 한 명, 두 명, 열 명 등 다양한 형식으로 실시되었다.
• 〈삼국사기(三國史記)〉와 〈삼국유사(三國遺事)〉에 따르면 김유신과 김춘추가 이 신체 활동을 하였다.

① 석전(石戰)　　② 축국(蹴鞠)
③ 각저(角抵)　　④ 도판희(跳板戲)

|해설|

5-1
훈련원은 근세 조선시대에 등장한 교육기관이다. 고대 백제에서는 박사제도를 실시하였다.

5-2
방응은 매사냥을 뜻하며 고구려, 백제, 신라 모두 매사냥을 하였다. 고려 시대에는 귀족의 민속놀이로 분류되었다.

5-3
**축국**
가죽 공(鞠)을 발로 차고(蹴) 노는 놀이는 축국이다. 편을 나누어 돌을 던져 승부를 가르는 석전은 돌싸움, 각저는 씨름, 판자 위에서 번갈아 뛰어오르는 놀이인 도판희는 널뛰기이다.

정답 5-1 ①　5-2 ③　5-3 ②

## 핵심이론 06 신라의 화랑도 체육

① 화랑도의 특징
  ㉠ 귀족 자제들이 참여하였다.
  ㉡ 단체 생활을 통해 심신을 연마하였다.
  ㉢ 편력(遍歷), 입산수행(入山修行), 주행천하(周行天下) 등의 활동을 하였다.
  ㉣ 화랑도는 일명 풍류도, 국선도, 원화도라고도 한다.
  ㉤ 원광의 세속오계를 기본 정신으로 문무겸비의 인재를 양성하였다.
  ㉥ 무예수련을 통해 인재를 양성하였다.
  ㉦ 신체적 단련을 통한 강한 청소년 양성을 목적으로 하였다.
  ㉧ 집단 활동으로 도덕적 품성과 미적 측면을 함양하였다.
  ㉨ 입산 수행은 종교적 의미를 포함하였다.
  ㉩ 화랑도들을 중심으로 무술을 연마하기 위해 우리 고유의 검술인 본국검(本國劍)을 사용하였다.

> **편력**
> - 신라 화랑도의 교육 방식으로 명산 대천(名山大川)을 두루 돌아다니는 야외 활동
> - 시(詩)와 음악을 비롯한 각종 신체 수련 활동을 포함

② 화랑도의 세속오계
  ㉠ 사군이충(事君以忠) : 임금을 충성으로 섬긴다.
  ㉡ 사친이효(事親以孝) : 어버이에게 효도를 다한다.
  ㉢ 교우이신(交友以信) : 벗을 사귈 때는 믿음을 가진다.
  ㉣ 임전무퇴(臨戰無退) : 싸움에 임해서는 물러서지 않는다.
  ㉤ 살생유택(殺生有擇) : 산 것을 죽일 때는 가려서 한다.

③ 신라 화랑의 체육 사상
  ㉠ 신체미 숭배 사상
  ㉡ 심신 일체론적 체육관
  ㉢ 군사주의 체육 사상
  ㉣ 불국토 사상

### 핵심예제

**6-1. 화랑도의 교육 방법에 관한 설명으로 옳지 않은 것은?** [2021]

① 입산 수행은 화랑도 교육 활동의 하나였다.
② 심신일체론적 사상을 바탕으로 전인 교육을 지향하였다.
③ 편력은 명산대천을 돌아다니며 수련하는 야외 활동이었다.
④ 삼강오륜의 붕우유신을 바탕으로 도의 교육을 실시하였다.

**6-2. 〈보기〉에서 화랑도에 관한 설명으로 옳은 것을 모두 고른 것은?** [2022]

┤보기├
  ㉠ 법흥왕 때에 종래의 화랑도 제도를 개편하여 체계화되었다.
  ㉡ 한국의 전통사상과 세속오계를 근간으로 두었다.
  ㉢ 국선도, 풍류도, 원화도라고도 불리었다.
  ㉣ 편력, 입산수행, 주행천하 등의 활동을 했다.

① ㉠, ㉡
② ㉡, ㉢
③ ㉠, ㉡, ㉣
④ ㉡, ㉢, ㉣

**6-3. 화랑도에 관한 설명으로 옳지 않은 것은?** [2023]

① 진흥왕 때에 조직이 체계화되었다.
② 세속오계는 도의 교육(道義敎育)의 핵심이었다.
③ 신체미 숭배 사상, 국가주의 사상, 불국토 사상이 중시되었다.
④ 서민층만을 대상으로 한 청소년단체로서 문무겸전(文武兼全)을 추구하였다.

|해설|

6-1
원광의 '세속오계'를 바탕으로 충성보국할 수 있는 문무겸비의 인재를 양성하였다.

6-2
화랑도는 진흥왕 때에 종래의 제도를 개편하여 체계화되었는데, 이는 신라의 세력 확장에 따른 인재 양성의 필요성 때문이었다.

6-3
**화랑도**
화랑도는 신라의 청소년 조직으로 화랑과 낭도로 구성되었다. 진흥왕 때에 국가적 조직으로 체계화되었으며, 원광 법사의 세속오계를 정신적 기반으로 삼아 귀족 자제들에게 문무와 도의를 교육하였다.

정답 6-1 ④  6-2 ④  6-3 ④

## 제3절 | 고려 · 조선 시대 체육

### 핵심이론 07 고려 시대의 사회와 교육

① 고려 시대의 사회
  ㉠ 정치적으로는 유교, 종교적으로는 불교 중심 사회였다.
  ㉡ 체계적인 교육 기관이 설립되었고, 과거제도가 도입되었다.

② 고려 시대의 교육
  ㉠ 국자감
    - 고려 시대 대표적인 국립 교육 기관으로 7재에 강예재를 두어 무예를 실시하던 기관이다.
    - 귀족의 자제를 대상으로 문무를 겸비한 인재를 양성하는 것이 목적이었다.
    - 문학과 무학을 구분하여 교육하였으며, 7재 중 강예재에서 무학을 장려하였다.
  ㉡ 향 학
    - 고려 시대의 지방 교육 기관으로 귀족의 자제와 서민을 대상으로 하였다.
    - 유교 사상의 전파와 교육이 목적이었으며, 궁사, 음악 교육과 함께 수박희가 개최되었다.
  ㉢ 사학12도
    - 고려 시대 때 개경(開京)에 있었던 12개의 사립 교육 기관이다.
    - 국자감의 부실을 보완해주며 과거 시험의 준비도 하였다.
    - 사학12도는 설립자의 시호나 호, 벼슬 등을 따서 이름을 붙였다(최충의 문헌공도 등).
  ㉣ 동서학당
    - 고려 시대 중등 정도의 관리 교육 기관이다.
    - 유학의 진흥을 위하여 지방 향교를 대신하여 중앙의 동쪽과 서쪽에 설립되었다.
    - 국자감에 진학하지 못한 학생을 교육하였으며, 조선 시대 학당의 시초가 되었다.

③ 고려 시대의 체육 사상
  ㉠ 유교 사상의 도입과 시대적 상황과 맞물려, 삼국 시대에 비해 무예가 천시되었다.
  ㉡ 숭문천무 사상은 무신정변(1170)의 빌미가 되기도 하였다.
  ㉢ 충 · 효 · 의를 기반으로 하는 무인 정신으로 무예를 단련하였다.
  ㉣ 체육적 성격의 무예 활동으로는 말타기, 활쏘기, 수박 등이 있었다.

### 핵심예제

〈보기〉의 괄호 안에 들어갈 용어로 옳은 것은? [2021]

┤보기├
고려 시대 최고의 교육기관인 국자감에는 7재(七齋)를 두었는데, 그 중 무학을 공부하는 (    )가 있었다. 이를 통해 고려의 관학에서는 무예 교육이 중시되었음을 알 수 있다.

① 강예재  ② 대빙재
③ 경덕재  ④ 양정재

|해설|
국자감은 고려 시대의 대표적인 국립 교육 기관으로 귀족의 자제를 대상으로 문무를 겸비한 인재를 양성하는 것이 목적이었다. 문학과 무학을 구분하여 교육하였으며, 7재 중 강예재에서 무학을 가르쳤다.

정답 ①

## 핵심이론 08 고려 시대 주요 체육

① 무예체육
  ㉠ 수 박
    - 맨손과 맨발을 이용한 격투 기술이다.
    - 무신정권의 장기 집권기에 관리 채용과 출세를 위한 방법이었다.
    - '수박희'라는 형태의 무예 기술이 발달하였는데, 이는 무인 선발의 중요한 수단이었다. 그러나 무신정변의 주요 원인 중 하나가 되기도 하였다.
  ㉡ 궁술 : 문무를 겸비한 인재의 양성 목적으로, 국가에서도 병사나 관료들에게 궁술을 익히도록 장려하였다.
  ㉢ 마술 : 말을 타며 여러 가지 자세나 기예를 보여주는 것으로 무인의 덕목 중 하나로 장려되었다.

② 귀족체육
  ㉠ 격 구
    - 서양의 폴로 경기와 유사하며, 말을 타고 채를 이용하여 공을 치는 경기이다.
    - 귀족들 사이에서 성행한 대표적인 귀족 사회의 오락 및 여가 활동이다.
    - 군사 훈련의 수단으로도 사용되었다.
    - 사치성으로 인한 폐단이 발생하기도 하였다.
  ㉡ 방 응
    - 매를 놓아 사냥하는 것으로 고려 시대에 매우 성행한 왕과 귀족의 유희 활동이다.
    - 충렬왕 즉위 1년에 응방, 응방도감이 설치되는 등 체계적 관리가 이루어졌다.
    - 무예의 훈련, 체력 및 용맹성 증진의 수단이었다.
  ㉢ 투 호
    - 화살과 비슷한 모양의 긴 막대를 일정 거리에 있는 항아리 속에 던져 넣는 오락이다.
    - 왕실과 귀족사회에서 성행하였다.

③ 서민체육
  ㉠ 석전 : 세시풍속의 민속 스포츠이며 군사 훈련으로 활용되기도 했다. 귀족은 관람 스포츠의 형태로 참여하였다.
  ㉡ 추천 : 단오절 행사에 여성들의 놀이, 두 줄을 붙잡고 온몸을 흔들며, 발의 탄력을 이용해 온몸을 마음껏 날려 보내는 놀이다.
  ㉢ 각저 : 두 사람이 맞잡고 힘을 겨루는 오늘날의 씨름과 같은 형태의 놀이다.
  ㉣ 축국 : 가죽 주머니로 공을 만들어 발로 차던 공차기이다.

### 핵심예제

**8-1.** 〈보기〉에서 민속놀이와 주요 활동 계층이 바르게 연결된 것으로만 묶인 것은? [2023]

┌ 보기 ┐
㉠ 풍연(風鳶) - 귀족   ㉡ 격구(擊毬) - 서민
㉢ 방응(放鷹) - 귀족   ㉣ 추천(鞦韆) - 서민

① ㉠, ㉡
② ㉢, ㉣
③ ㉠, ㉣
④ ㉡, ㉢

**8-2.** 고려시대의 신체활동에 관한 설명으로 옳지 않은 것은? [2024]

① 기격구(騎擊毬) : 서민층이 유희로 즐겼다.
② 궁술(弓術) : 국난을 대비하여 장려되었다.
③ 마술(馬術) : 무인의 덕목 중 하나로 장려되었다.
④ 수박(手搏) : 무관이나 무예 인재의 선발에 활용되었다.

| 해설 |

8-1
**고려 시대의 계층별 민속놀이**
- 고려 시대 귀족의 민속놀이 : 격구, 방응(매 사냥), 투호
- 고려 시대 서민의 민속놀이 : 각저(씨름), 추천(그네 뛰기), 축국(발 공놀이), 석전(돌싸움), 풍연(연날리기)

8-2
**기격구(騎擊毬)**
- 서양의 폴로 경기와 유사하며, 말을 타고(기, 騎) 채를 이용하여 공(구, 毬)을 치는(격, 擊) 경기이다.
- 귀족들 사이에서 성행한 대표적인 오락 및 여가활동이다.
- 전시에는 보격구(步擊毬)와 더불어 군사훈련의 수단으로도 사용되었다.
- 사치성으로 인한 폐단이 발생하기도 하였다.

정답 8-1 ② 8-2 ①

## 핵심이론 09 조선 시대 사회와 교육

① 조선 시대의 사회
  ㉠ 유교를 국가 이념으로 하였고, 성리학이 발전하였다.
  ㉡ 신분제를 기반으로 한 계급사회이다.
  ㉢ 임진왜란, 병자호란과 같은 전쟁이 발생하였다.

② 조선 시대의 교육
  ㉠ 성균관
   - 조선 시대 유학 교육을 위해 한양에 설립된 국립 고등 교육 기관이다.
   - 유학의 주요 인물들에 대한 위패를 모시고 제향을 거행하였다.
   - 인재들을 선발하여 유학을 교육시켰다.
   - 교육 목표 중 덕의 함양을 위해 활쏘기를 실시하였다.
   - 육일각(六一閣)에서 대사례를 거행하였으며, 대사례에서 사용된 궁은 예궁(禮弓) 또는 각궁(角弓)이었다.
  ㉡ 4부 학당
   - 서울에 설치된 국립 중등 교육 기관이다(동학, 서학, 남학, 중학).
   - 유교적 덕목을 갖춘 인재를 양성하는 등 향교와 비슷하게 운영하였다.
   - 정기적인 시험으로 우수한 성적을 거둔 자에게는 성균관 입학 자격이나 진사시, 생원시 시험에 직접 응시할 자격을 부여했다.
  ㉢ 향 교
   - 유학 교육을 위해 지방에 설치한 관립 중등 교육 기관이다.
   - 유교적 덕목을 갖춘 인재를 양성하고 지방민 교육을 맡았다.
   - 고려 시대부터 계승되어 조선 시대 때 크게 발전하였다.
   - 지역 사족들의 결집 장소이기도 하였다.

② 훈련원
- 무예(활쏘기, 마상무예)의 수련을 담당하였다.
- 『무경칠서』 등 병서의 습득을 장려하였다.
- 군사의 시재(試才)를 담당하였다.
- 무인양성과 관련된 공식적인 교육기관이다.

③ 조선 시대 체육 사상
㉠ 숭문천무와 문무겸전의 대립
- 숭문천무 : 문존무비 사상으로 인하여 신체 문화가 활성화되지 못하였다.
- 문무겸전 : 문과 무를 함께 갖추어 군사력을 강화하였다.

㉡ 학사 사상
- 활쏘기를 심신 수련의 중요한 교육 수단으로 생각하였다.
- 인재 등용 수단으로 활용되기도 하였다.
- 공자로부터 유래되어, 조선 시대에도 유교 국가로서 활쏘기가 강조되었다.

---

### 핵심예제

**9-1.** 〈보기〉에서 조선 시대의 훈련원에 관한 설명으로 옳은 것을 모두 고른 것은? [2023]

┌ 보기 ┐
㉠ 성리학 교육을 담당하였다.
㉡ 활쏘기, 마상무예 등의 훈련을 실시하였다.
㉢ 무인 양성과 관련된 공식적인 교육기관이었다.
㉣ 〈무경칠서(武經七書)〉, 〈병장설(兵將說)〉 등의 병서 습득을 장려하였다.

① ㉠, ㉡
② ㉢, ㉣
③ ㉡, ㉢, ㉣
④ ㉠, ㉡, ㉢, ㉣

**9-2.** 〈보기〉에서 조선 시대 체육 사상에 관한 설명으로 옳은 것을 모두 고른 것은? [2022]

┌ 보기 ┐
㉠ 유교의 영향으로 숭문천무 사상이 만연했다.
㉡ 심신 수련으로 활쏘기가 중시되었고, 학사사상이 강조되었다.
㉢ 활쏘기를 통해서 문무겸전 혹은 문무겸일에 도달하고자 했다.
㉣ 국토 순례를 통해 조선에 대한 애국심을 가지게 하는 불국토 사상이 중시되었다.

① ㉠, ㉡
② ㉡, ㉢
③ ㉠, ㉡, ㉢
④ ㉡, ㉢, ㉣

---

|해설|

**9-1**
조선 시대에 성리학 교육을 담당한 교육 기관은 성균관, 향교, 서원이다.

**훈련원**
훈련원은 병조와 더불어 무예를 주관하는 국가기관으로, 무예의 시험과 훈련, 병서의 강습을 담당하던 공식 교육 기관이다. 활쏘기와 마상무예에 중점을 두고 훈련을 실시하였으며 전술을 연구하기도 하였다.

**9-2**
불국토 사상은 신라 화랑도와 연관된 사상으로 국토를 신성하고 존엄하게 여겨 목숨을 걸고 지켜야 한다는 뜻이다.

정답 9-1 ③  9-2 ③

## 핵심이론 10 조선 시대의 체육

① 조선 시대 무과시험
  ㉠ 과거제를 통해 탁월한 무인을 선발하였다(고등무관시험).
  ㉡ 무과는 정기 시험인 식년시와 부정기 시험인 각종 별시로 구분되었다.
  ㉢ 초시, 복시, 전시의 3단계로 이루어지고 소과와 대과의 구분이 없다.

| 초 시 | 원시(70명), 향시(120명)로 190명을 선출 |
|---|---|
| 복 시 | 병조와 훈련원에서 주관, 28명을 선출 |
| 전 시 | 기격구(騎擊毬)와 보격구(步擊毬)를 시행 |

  ㉣ 무과의 시험 종목에는 활쏘기, 기사, 기창, 격구 등이 있었다.

② 주요 체육으로서 무예
  ㉠ 궁술(활쏘기)
    • 군사 훈련의 수단으로 활용되었다.
    • 무과 시험에서 인재를 선발하는 필수 과목이다.
    • 심신 수련을 위한 학사사상(學射思想)이 강조되었다.
    • 대사례, 향사례 등으로 행해졌다.
    • 왕, 무관, 유학자 등 다양한 계층에서 실시하였다.
  ㉡ 편사(便射) : 무사 시험 과목의 하나로, 각 사정을 대표하는 궁수 5인 이상이 편을 나누어 활 실력을 겨루는 경기의 성격을 띤 단체 경기이다.
  ㉢ 기사(騎射) : 말을 타며 활을 쏘는 무술의 일종이다.
  ㉣ 기창(騎槍) : 조선 시대 병조에서 실시한 무술 시험으로, 말을 몰며 목표를 창으로 찌르는 동작으로 평가하였다.
  ㉤ 격구 : 넓은 의미의 귀족 스포츠로, 국방 훈련, 무인 교육에 필수적인 신체 활동이었다.
  ㉥ 수박희 : 조선 개국 초기부터 장려되어 조선 말기에 전국 민속 경기로 보급되었으며, 점차 스포츠의 성격으로 발달하였다.

③ 조선 시대의 무예서 및 활인심방
  ㉠ 무예서
    • 무예제보 : 선조 때 한교가 명나라 무예서 '기효신서'를 참고하여 펴낸 무예서로 6가지 무예를 포함하였다.
    • 무예신보 : 영조 때 사도세자가 '무예제보'를 보완하여 펴낸 무예서로 18기의 무예를 수록하였다.
    • 무예도보통지 : 정조 때 만들어진 무예서로서, 24가지 무(武)에 관한 기예를 그림으로 설명한 종합무예서이다.
  ㉡ 활인심방(活人心方) : 퇴계 이황이 만든 책으로 명나라 주권의 도가의서 '활인심'을 들여와 치료보다는 예방을 위한 보건체조(도인체조)의 기능을 하였다.

### 핵심예제

10-1. 조선 시대 무과 제도에 관한 설명으로 옳지 않은 것은?
[2022]

① 초시, 복시, 전시 3단계로 실시되었다.
② 무과는 강서와 무예 시험으로 구성되었다.
③ 증광시, 별시, 정시는 비정규적으로 실시되었다.
④ 선발 정원은 제한이 없었으며, 누구나 응시할 수 있었다.

10-2. 조선시대의 무예서에 관한 설명으로 옳지 않은 것은?
[2024]

① 『무예도보통지(武藝圖譜通志)』 : 정조의 명에 따라 24기의 무예가 수록, 간행되었다.
② 『무예신보(武藝新譜)』 : 사도세자의 주도 하에 18기의 무예가 수록, 간행되었다.
③ 『권보(拳譜)』 : 광해군의 명에 따라 『무예제보』에 수록되지 않은 4기의 무예가 수록, 간행되었다.
④ 『무예제보(武藝諸譜)』 : 선조의 명에 따라 전란 중에 긴급하게 필요했던 단병기 6기가 수록, 간행되었다.

## 10-3. 『활인심방(活人心方)』에 대한 설명으로 적절하지 않은 것은?
[2020]

① 이이(李珥)가 『활인심방』이라는 책을 펴냈다.
② 도인법(導引法)은 목 돌리기, 마찰, 다리의 굴신 등의 보건체조이다.
③ 사계양생가(四季養生歌)는 춘하추동으로 나누어 호흡하는 방법이다.
④ 활인심서(活人心序)는 기를 조절하고, 식욕을 줄이며, 욕망을 절제하는 방법이다.

| 해설 |

**10-1**
조선 시대 무과는 초시, 복시, 전시로 이루어져 있었으며 초시는 190명, 복시는 28명을 선발하였다. 마지막 전시는 복시 합격자 28명을 그대로 합격시키되 갑·을·병의 등급을 정하였다.

**10-2**
『무예제보』의 내용을 보충하여 편찬한 무예 실기서는 『무예제보 번역속집』이다.

**10-3**
『활인심방(活人心方)』은 퇴계 이황이 만든 책으로 명나라 주권의 도가의서 '활인심'을 들여와 치료보다는 예방을 위한 보건체조(도인체조)의 기능을 하였다.

정답 10-1 ④ 10-2 ③ 10-3 ①

## 핵심이론 11 조선 시대의 민속 스포츠와 민속놀이

① 특 징
 ㉠ 고려 시대 귀족 민속놀이가 대중화되었다.
 ㉡ 새로운 놀이의 형태가 출현하였다.
 ㉢ 일부 민속 스포츠가 연중행사로 정착되었다.

② 양반 사회 민속 스포츠와 오락
 ㉠ 궁도 : 활쏘기, 편사와 같은 경연 대회였다.
 ㉡ 봉희 : 골프와 유사한 유희의 한 종류로 주로 궁정에서 실시되었다.
 ㉢ 방응 : 매사냥으로, 매 사육과 사냥을 담당하는 응방 존재, 왕실과 상류층의 여가 문화였다.
 ㉣ 투호 : 궁중 오락으로 매우 성행, 덕성 교육의 수단이었다.
 ㉤ 승경도(종정도) : 귀족 층에서 즐기던 놀이로 조선 시대 관직 체계의 이해와 출세 동기 부여의 뜻이 담겨 있다.

③ 서민 사회 민속놀이와 오락
 ㉠ 세시풍속은 농경문화를 반영하고 있어 농경의례라고도 한다.
 ㉡ 서민들이 명절에 즐기던 축제 형식의 유희와 오락 : 윷놀이(사희·척사희, 설날·정월대보름), 다리밟기(정월대보름), 줄넘기(도색희, 단오), 널뛰기(초판희, 설날·단오·추석), 그네놀이(추천, 단오) 등
 ㉢ 단결력을 강조하는 형태의 놀이 : 줄다리기(삭전, 갈전, 조리지희), 석전(돌던지기, 변전, 편싸움) 등
 ㉣ 아이들의 유희와 오락 : 제기차기, 연날리기, 팽이, 썰매 등
 ㉤ 여성 중심의 민속놀이 : 도판희(널뛰기), 추천(그네놀이)

### 핵심예제

**11-1. 조선 시대 궁술(弓術)에 관한 설명으로 옳지 않은 것은?**
[2023]

① 육예(六藝) 중 어(御)에 해당하였다.
② 무관 선발을 위한 무과 시험의 한 과목이었다.
③ 대사례(大射禮), 향사례(鄕射禮) 등으로 행해졌다.
④ 왕, 무관, 유학자 등 다양한 계층에서 실시하였다.

**11-2. 조선 시대 줄다리기에 관한 설명으로 옳은 것은?** [2021]

① 동채싸움으로도 불리며, 동네별로 승부를 겨루는 경기였다.
② 상박으로도 불리며, 궁정과 귀족 사회의 유희 중 하나였다.
③ 추천으로도 불리며, 단오절에 많이 행해진 서민들의 민속놀이였다.
④ 삭전, 갈전으로도 불리며, 촌락 공동체의 의례적 연중행사로 성행했다.

**11-3. 조선시대 서민층이 주로 행했던 민속놀이와 설명으로 옳지 않은 것은?**
[2024]

① 추천(鞦韆) : 단오절이나 한가위에 즐겼다.
② 각저(角觝), 각력(角力) : 마을 간의 겨룸이 있었는데, 풍년 기원의 의미도 있었다.
③ 종정도(從政圖), 승경도(陞卿圖) : 관직 체계의 이해와 출세 동기 부여의 뜻이 담겨 있었다.
④ 삭전(朔奠), 갈전(葛戰) : 농경사회의 대표적인 민속놀이로서 농사의 풍흉(豐凶)을 점치는 의미도 있었다.

| 해설 |

**11-1**
**궁 술**
조선 시대의 육예에는 예(禮, 예법), 악(樂, 음악), 사(射, 궁술), 어(御, 말타기), 서(書, 서예), 수(數, 수학)이 있었다. 그 중에서 궁술은 무과의 한 과목이었으며, 성균관·향교·서원 등에서 의례로도 행해졌다. 또한 왕과 사대부들 사이에서 교양으로서 향유되던 스포츠이기도 했다.

**11-2**
동채싸움은 차전놀이, 상박은 씨름, 추천은 그네놀이를 뜻한다.

**11-3**
종정도·승경도는 오늘날의 보드게임과 유사한 놀이이다. 여러 관직의 이름을 높낮이 순서로 써 놓고 1~5의 숫자가 새겨진 윤목을 던져 나온 숫자에 따라 말을 놓아 하위직부터 차례로 승진하여 고위관직에 먼저 오르는 사람이 승리한다.

정답 11-1 ① 11-2 ④ 11-3 ③

## 제4절 | 한국 근·현대 체육

### 핵심이론 12 개화기의 교육 기관

① 동래 무예학교(1878)
  ㉠ 부산 동래부에 설치된 근대 학교이다.
  ㉡ 시대적 요구에 대한 무예 교육의 성향이 무예학교로 연결되었다.
  ㉢ 조선 후기 동래의 무관들이 신분 상승을 위해 무예 연습을 한 것이 무예학교로 이어졌다.
  ㉣ 원산학사 설립 목적에 직접적인 영향을 끼쳤다.

② 원산학사(1883)
  ㉠ 정현석, 어윤중 등이 추진했다.
  ㉡ 1883년에 정식으로 승인받고 설립한 최초의 근대식 학교이다.
  ㉢ 동래 무예학교에 영향을 받았다.
  ㉣ 무비자강(武備自强)을 강조하고 교과 과정에 전통 무예 포함했다.
  ㉤ 문사 양성을 위한 문예반(50명)과 무사 양성을 위한 무예반(200명)을 개설했다.
  ㉥ 무사 양성에 주력하여 무예반에서 별군관을 양성했다.

③ 대성학교
  ㉠ 1907년 국권 회복 운동의 일환으로 도산 안창호가 설립했다.
  ㉡ 구(舊) 한국군 출신이 체육 교사로 부임했다.
  ㉢ 일반 체조를 포함하여 군대식 조련을 실시했다.

④ 광혜원(제중원) 설립(1885)
  ㉠ 의료인 양성을 위한 학원 겸 병원이었다.
  ㉡ 미국인 호레이스 알렌이 설립했다.

⑤ 배재학당(1885)
  ㉠ 정기적으로 체조 수업을 실시했다.
  ㉡ 선교사 아펜젤러(H. Appenzeller)가 설립한 미션 스쿨이었다.
  ㉢ 1886년 고종황제가 배재학당 현판을 하사했다.
  ㉣ 한국 최초의 서양식 대학 기관으로 서구의 체조 및 근대 스포츠를 도입했다.
  ㉤ 특별 활동 및 과외 활동으로 서구 스포츠(야구, 축구, 정구, 농구)가 행해졌다.
⑥ 이화학당(1886)
  ㉠ 여성을 위한 최초의 여성 교육 기관이었다.
  ㉡ 선교사 스크랜턴이 창설했다.
  ㉢ 정규 수업으로 체조 수업을 실시했다.
⑦ 오산학교(1907)
  ㉠ 신민회의 이승훈이 평안북도 정주에 설립했다.
  ㉡ 민중 계몽과 교육이 목적이었다.

### 핵심예제

**12-1.** 〈보기〉에서 설명하는 사립 학교는? [2018]

┤보기├
- 1907년 국권 회복 운동의 일환으로 도산 안창호가 설립하였다.
- 구(舊)한국군 출신이 체육 교사로 부임하였다.
- 일반 체조를 포함하여 군대식 조련을 실시하였다.

① 대성학교  ② 오산학교
③ 배재학당  ④ 원산학사

**12-2.** 〈보기〉에서 설명하는 개화기의 기독교계 학교는? [2024]

┤보기├
- 헐벗(H.B. Hulbert)이 도수체조를 지도하였다.
- 1885년 아펜젤러(H.G. Appenzeller)가 설립하였다.
- 과외활동으로 야구, 축구, 농구 등의 스포츠를 실시하였다.

① 경신학당  ② 이화학당
③ 숭실학교  ④ 배재학당

**12-3.** 〈보기〉에서 설명하는 개화기 민족 사립 학교는? [2023]

┤보기├
- 1907년에 이승훈이 설립하였다.
- 대운동회를 매년 1회 실시하였다.
- 체육은 주로 군사 훈련의 성격을 띠었다.

① 오산학교  ② 대성학교
③ 원산학사  ④ 숭실학교

|해설|

**12-1**
미국에서 돌아온 도산 안창호는 위기에 처한 조국의 부흥을 위해서 먼저 산업을 일으키고, 자력으로 독립을 찾아 지킬 수 있는 지도자를 양성해야 한다는 신념으로 대성학교를 세웠다. 그는 특히 자아혁신·자기개조를 통한 민족혁신·민족개조를 강조하였다. 대성학교의 교육 방침은 건전한 인격의 함양, 애국정신이 투철한 민족 운동가의 양성, 실력을 구비한 인재의 육성, 건강한 체력의 단련 등이었다.

**12-2**
① 경신학당(1886) : 언더우드가 설립하였으며, 1891년 이후 체조를 정식교과목으로 편성하였다.
② 이화학당(1886) : 스크랜턴이 설립한 최초 여성교육기관으로, 1890년 이후 체조를 교과목으로 편성하였다.
③ 숭실학교(1897) : 윌리엄 베어드가 평양에 세운 중·고등교육기관이다.

**12-3**
**오산학교**
오산학교는 1907년 이승훈이 애국 계몽 운동 단체인 신민회의 민족 운동 노선에 따라 민족 운동의 인재를 양성할 목적으로 평안북도 정주에 세운 학교이다. 대운동회를 매년 1회 실시하였으며 이곳의 체육 활동은 주로 군사 훈련의 성격을 띠었다.

정답 12-1 ① 12-2 ④ 12-3 ①

## 핵심이론 13 개화기의 학교체육

① 개화기 학교체육의 구분
  ㉠ 제1기(1876~1884년) : 근대 체육의 태동기
    • 무예학교와 원산학사의 정규 교육과정에 무예체육을 포함했다.
    • 외세의 침입에 대응하기 위해 무사 입학생 수를 늘렸다.
    • 교육내용은 병서와 사격으로 구성되었다.
  ㉡ 제2기(1885~1904년) : 근대 체육의 수용기
    • 기독교계 사립 학교와 관립 학교의 정규 교과과정에 체조 과목을 편성했다.
    • 1903년 한국 YMCA가 조직되어 서구 스포츠가 본격적으로 유입되었다.
    • 관·공립 학교체육
      - 1895년 고종 교육입국조서 반포
      - 체육을 소학교 및 고등과에서 정식 교과목으로 채택
    • 운동회 및 체육구락부가 활성화되었다.
  ㉢ 제3기(1905~1910년) : 근대 체육의 정립기
    • 기독교계 사립 학교와 일반 학교 체계에서 학교 체조, 병식 체조, 유희 등 필수 교과로 지정했다.
    • 1906년 2월 일본은 대한제국의 교육 제도를 대대적으로 개편, 학교체육을 병식 체조 중심으로 전환했다.
    • 병식체조는 체력 증진보다는 군사적 단련과 충성심 함양을 목표로 하였다.

② 교육입국조서
  ㉠ 고종이 새로운 교육 제도의 필요성을 인식하고 1895년에 발표했다.
  ㉡ 교육의 기회가 전 국민으로 확대되는 데에 기여했다.
  ㉢ 전통적 유교 중심 교육에서 벗어나 지·덕·체 조화의 전인 교육 발전 계기가 되었다.
  ㉣ 소학교 및 고등 과정에서 체조가 정식 과목으로 채택되는 데 영향을 주었다.
  ㉤ 덕양, 체양, 지양 순으로 표기하여 3양에 힘쓸 것을 주장하였다.

③ 개화기 교육입국조서 반포 이후의 체육사적 사실
  ㉠ 한국 YMCA가 설립되어 서구 스포츠가 본격적으로 도입되었다.
  ㉡ 한국 최초의 운동회가 화류회(花柳會)라는 이름으로 개최되었다.
  ㉢ 우리나라 최초의 근대적인 체육 단체인 대한체육구락부 등 많은 체육 단체가 결성되었다.

### 핵심예제

**13-1.** 〈보기〉의 ㉠~㉢에 들어갈 용어가 바르게 연결된 것은? (단, 시대 구분은 나현성의 방식을 따름) [2023]

┌ 보기 ┐
- ( ㉠ ) 이전은 무예를 중심으로 한 무사 체육 등의 ( ㉡ ) 체육을 강조하였다.
- ( ㉠ ) 이후는 「교육입국조서(敎育立國詔書)」를 통한 학교 교육에 기반을 둔 ( ㉢ ) 체육을 강조하였다.

|   | ㉠ | ㉡ | ㉢ |
|---|---|---|---|
| ① | 갑오경장(1894) | 전 통 | 근 대 |
| ② | 갑오경장(1894) | 근 대 | 전 통 |
| ③ | 을사늑약(1905) | 전 통 | 근 대 |
| ④ | 을사늑약(1905) | 근 대 | 전 통 |

**13-2.** 개화기의 체육사적 사실에 관한 설명으로 옳은 것은? [2023]

① 동래무예학교는 문예반 50명, 무예반 200명을 선발하였다.
② 개화기 최초의 운동회는 일본인 학교에서 주관한 화류회(花柳會)였다.
③ 양반들이 주도하여 배재학당, 이화학당, 경신학당 등 미션스쿨을 설립하였다.
④ 고종은 「교육입국조서」를 반포하고, 덕양, 체양, 지양을 강조하였다.

### 해설

**13-1**
**개화기 체육의 특징**
갑오경장(갑오개혁, 1894) 이전에는 무예를 중심으로 한 무사 체육 등의 전통 체육을 강조하였고, 갑오경장 이후에는 교육입국조서(제2차 갑오경장, 1895)를 통해 학교 교육을 근간으로 한 근대 체육을 강조하였다.

**13-2**
**개화기의 체육사**
① 문예반 50명, 무예반 200명으로 운영된 학교는 원산학사이다.
② 화류회는 체육사상 첫 운동회로, 1896년 한성영어학교에서 개최하였다.
③ 기독교 선교 단체의 영향하에 배재학당, 이화학당, 경신학교 등과 같은 미션스쿨이 설립되었다.

**정답** 13-1 ① 13-2 ④

### 핵심이론 14 개화기의 스포츠 변화

① 운동회의 확산
  ㉠ 우리나라 최초의 운동회는 1896년 5월 2일 영어학교에서 개최한 화류회(花柳會)이다.
  ㉡ 운동회가 학생 대항, 마을 대항과 같은 단체전 중심으로 변화되었다.
  ㉢ 운동회가 점차 확산되어 학교 간 연합 운동회로 발전되었다.
  ㉣ 영어학교나 기독교계 학교를 중심으로 운동회가 확산, 이를 통해 학교 스포츠가 발달하였다.
  ㉤ 초창기 운동회에서 주로 실시된 종목은 육상(달리기)이었다.
  ㉥ 운동회는 학교와 사회가 어우러진 축제인 주민 향촌 축제였다.
  ㉦ 운동회는 사회 체육의 발달을 촉진하여 스포츠 사회화에 기여하였다.
  ㉧ 운동회는 민족주의에 의한 애국심을 고취시켰다.

② 근대 스포츠 도입과 보급
  ㉠ 체조 : 1895년 한성사범학교 설립 → 체조교과가 정식으로 채택되었다.
  ㉡ 육상 : 1896년 영어학교 화류회에서 경기 형태를 갖추어 발전하기 시작했다.
  ㉢ 수영 : 1898년 무관학교에서 근대적 수영의 면모를 드러냈으며, 한강에서 수영 연습을 했다.
  ㉣ 축구 : 1896년 외국어학교에서 운동회 종목으로 채택되었으며, 1899년 삼선평 황성기독교청년회와 오성학교의 경기가 최초의 경기였다.
  ㉤ 야구, 농구 : 야구(1905년), 농구(1907년)는 미국인 선교사 질레트에 의해 도입되었으며, 미국인 선교사 질레트는 황성기독교청년회원들에게 지도하였다.

---
**질레트(P. Gillett)**
• 1903년 황성기독교청년회 초대 총무를 역임
• 우리나라 최초로 야구와 농구 소개
• 개화기 YMCA를 통해서 우리나라 근대 스포츠의 발달에 큰 역할 담당

---

  ㉥ 테니스 : 1883년에 부임한 미국인 초대 공사 푸트에 의해 도입되었으며, 1908년 탁지부 일반 관리의 운동회 때 정구 경기 종목으로 채택되었다.
  ㉦ 검도 : 1896년 경무청에서 검도를 경찰 교습 과목으로 채택되었다.
  ㉧ 씨름 : 1898년 학부 주최 관립·사립 학교 운동회에서 경기 종목으로 채택되었다.
  ㉨ 유도 : 1906년 일본인 우치다에 의해 도입되었다.
  ㉩ 사이클 : 1906년 육군참위였던 권원식과 일본인 요시카와가 훈련원에서 경기 개최, 1913년 조선 자전거 경기 대회 개최(엄복동 우승)
  ㉪ 빙상 : 1890년 미국의 알렌 공사 부부에 의해 도입, 서유럽식의 스케이트가 빙족희라는 이름으로 전래되었고, 이후 1908년 평양의 대동강에서 일본인들이 빙상 운동회를 개최했다.

### 핵심예제

**개화기에 도입된 스포츠에 대한 설명으로 옳지 않은 것은?**
[2020]

① 조원희는 교육체조를 보급하였다.
② 우치다(內田)는 검도를 보급하였다.
③ 질레트(P. Gillett)는 야구와 농구를 보급하였다.
④ 푸트(L. Foote)는 연식 정구(척구)를 보급하였다.

|해설|
검도는 1896년 경무청에서 경찰 교습 과목으로 채택되면서 보급되었고, 우치다는 유도를 보급하였다.

정답 ②

## 핵심이론 15 개화기의 체육 단체

① 대한체육구락부
　㉠ 1906년 3월에 김기정, 현양운 등 30여 명에 의해 발족
　㉡ 우리나라 최초의 근대적 체육 단체
　㉢ 삼선평 등에서 축구 등 근대 스포츠 보급과 지도

② 황성기독교청년회
　㉠ 1903년 10월에 발족된 기독교 청년 단체로 개화기 선교사에 의해 조직
　㉡ 1906년 4월에 황성기독교청년회 운동부가 결성
　㉢ 개화기에 결성된 체육 단체 중 가장 왕성한 활동을 전개
　㉣ 회장 터너와 총무 질레트는 개화기 우리나라 근대 스포츠의 발달에 큰 역할을 담당

③ 대한국민체육회
　㉠ 1907년 10월에 발족, 체육을 질적으로 보급 및 향상하기 위함이다.
　㉡ 노백린이 설립 과정에서 발기인으로 참가

④ 대동체육구락부
　㉠ 1908년 권성연, 조상호, 이기환 등이 결성한 사회 체육 단체
　㉡ 사회진화론적 자강론 : 체육의 가치를 국가 부강과 존폐의 근간으로 인식
　㉢ 체육 계몽운동에 기여

⑤ 회동구락부 : 우리나라에서 연식 정구를 제일 먼저 행한 단체로 알려졌다.

⑥ 광학구락부 : 운동을 통한 정신과 육체의 배양을 목표로 하여 1908년에 발족된 단체로, 남상목 등에 의해 발기·조직되었다.

⑦ 무도기계체육부 : 1908년 당시 무관학교 교장이었던 이희두와 학무국장인 윤치오에 의하여 발기된 우리나라 최초 기계체조 단체로, 일반 국민의 체육을 발전시키고자 노력하였다.

⑧ 대한흥학회운동부 : 일본 유학생 단체를 모태로 1909년 도쿄에서 결성된 단체로 모국에 새로운 스포츠를 보급하고 체육계를 계몽하는 데 힘썼다.

⑨ 사궁회 : 이상필 등의 발기로 1909년 조직된 단체이며 우리의 전통 운동으로서 계층을 초월하여 숭상·실천되어오던 활쏘기에 대한 새로운 인식과 보급을 목적으로 창립되었다.

⑩ 소년광창체육회 : 1909년 청년의 신체를 건강하게 하기 위해 체조나 타구회를 연일 거행할 계획으로 조직된 단체이나, 자세한 활동상은 기록에 남아있지 않았다.

⑪ 체조연구회 : 1909년 체육 교사였던 조원희 등에 의해 보성중학교에서 조직된 단체이다. 우리나라 체육을 병식 체조에서 학교체육으로 개혁하는 데 크게 이바지하였다.

⑫ 청강체육부 : 중동학교 재학생인 최성희 등에 의해 1910년 조직된 단체로서, 교내 체육 활동의 성격을 띤 우리나라 최초의 학교체육부라고 할 수 있다.

⑬ 성계구락부 : 1910년 농·상공부의 유지 간에 친목을 도모하고 오락을 즐기기 위해 조직된 단체

### 핵심예제

**15-1. 개화기의 체육 단체에 관한 설명으로 옳은 것은?** [2023]

① 청강체육부 : 탁지부 관리들이 친목 도모를 위해 1902년에 조직하였고, 최초로 연식 정구를 도입하였다.
② 회동구락부 : 최성희, 신완식 등이 1910년에 조직하였고, 정례적으로 축구 시합을 하였다.
③ 무도기계체육부 : 우리나라 최초 기계체조 단체로서 이희두와 윤치오가 1908년에 조직하였다.
④ 대동체육구락부 : 체조 교사인 조원희, 김성집, 이기동 등이 주축이 되어 보성중학교에서 1909년에 조직하였고, 병식 체조를 강조하였다.

### 15-2. 〈보기〉에서 설명하는 단체는?  [2023]

┌─보기─────────────────────────────┐
- 외국인 선교사가 근대 스포츠인 야구, 농구, 배구를 도입하였다.
- 1916년에 실내 체육관을 준공하여, 다양한 실내 스포츠를 활성화하였다.
└──────────────────────────────┘

① 황성기독교청년회
② 대한체육구락부
③ 조선체육회
④ 조선체육협회

### 15-3. 다음 중 개화기에 설립된 체육단체가 아닌 것은?  [2024]

① 대한체육구락부
② 조선체육진흥회
③ 대동체육구락부
④ 황성기독교청년회운동부

|해설|

**15-1**
① 청강체육부 : 1910년 최성희를 주도로 중동학교 학생이 조직한 축구 클럽으로 최초의 교내 체육 단체이다.
② 회동구락부 : 탁지부(재경부)에서 관리한 최초의 직장체육 단체로, 최초로 연식 정구 경기를 진행하였다.
④ 대동체육구락부 : 권성연의 주도로 조직되었으며, 사회진화론적 자강론에 입각하여 체육의 가치를 국가 부강과 존폐의 근간으로 인식하여 체육 계몽운동을 주도하였다.

**15-2**
**황성기독교청년회**
황성기독교청년회는 1903년 서울에서 창설된 단체이다. 총무였던 YMCA 선교사 질레트를 주축으로 하여 서구 스포츠의 보급과 한국 민속 스포츠의 부활에 기여했다.

**15-3**
조선체육진흥회는 일제강점기인 1942년에 일본의 주관으로 설립된 단체이다.

정답 15-1 ③  15-2 ①  15-3 ②

---

## 핵심이론 16 개화기 체육 사상과 체육사적 의의

① 개화기의 체육 사상
  ㉠ 유교주의와 체육 : 성리학에 바탕을 둔 전통적 윤리는 체육과 스포츠문화의 확산을 저해하는 요인이 되었다.
  ㉡ 사회진화론적 민족주의 : 체육의 정규교과 수업과 과외 활동이 민족운동의 지도자 양성이라는 측면에서 운영되었기 때문에, 학교체육이 사회체육 단체 결성과 연합 및 개별 학교 운동회 활성화에 공헌하여 체육문화를 사회에 보급하는 계기가 되었다.
  ㉢ 대표적인 개화기 체육 사상가
    - 이기 : 대한자강회 조직, 지육, 덕육, 체육의 균형적인 교육과 체육의 필요성 강조
    - 문일평 : '체육론'에서 민족의 체육 발전을 위해 최초로 체육 학교(체조, 승마 과목 개설)를 설치할 것과 체육교사 양성, 체육 연구를 위해 해외에 유학생을 파견할 것을 주장
    - 조원희, 이기동 : 체조연구회 조직
    - 노백린 : 근대 체육의 선구자, 신민회 참여, 덕육 및 지육에 치우친 교육의 문제점과 병식 체조 일부에 국한된 학교체육 비판, 올바른 국민 교육의 일환으로 체육의 중요성 역설, 체조 강습회 개최, 광무학당 설립
    - 박은식 : 교육에서 학교체육의 중요성 강조, 전통교육의 폐단 지적

② 개화기 체육의 체육사적 의의
  ㉠ 체육의 개념 및 가치에 대한 근대적 각성이 이루어졌다.
  ㉡ 체육이 교육 체계 속에 포함되기 시작함으로써 학교체육의 교육과정론적으로 발전하였다.
  ㉢ 학교체육의 제도적 근대화와 체육 의식의 성장으로 근대적인 체육문화가 창출되었다.

### 핵심예제

**16-1.** 〈보기〉의 활동을 주도한 체육사상가는? [2024]

┌─ 보기 ─────────────────────────────┐
- 체조 강습회 개최
- 체육 활동의 저변 확대를 위해 대한국민체육회 창립
- 체육 활동을 통한 애국심 고취를 위해 광무학당 설립
└──────────────────────────────────┘

① 서재필　　　　② 문일평
③ 김종상　　　　④ 노백린

**16-2.** 개화기 체육의 역사적 의미에 대한 설명으로 옳지 않은 것은? [2016]
① 체육의 개념 및 가치에 한 근대적 각성이 이루어졌다.
② 각종 국제 스포츠 경기회 참가로 국가의 위상이 높아졌다.
③ 체육이 교육 체계 속에 포함되기 시작하였다.
④ 근대적인 체육문화가 창출되었다.

|해설|

**16-1**
① 서재필 : 이승만과 함께 구한말 체육언론인으로 활동하였으며 근대 스포츠를 도입하는 데 일조하였다.
② 문일평 : 태극학보에 '체육론'을 게재하였으며, 체육이 국가를 작동한다고 주장하였다.
③ 김종상 : YMCA의 초대 간사로, 회원들에게 체조·아령·곤봉을 지도하였다.

**16-2**
각종 국제 스포츠 경기 대회 참가로 국가의 위상이 높아진 것은 1980년 후반 제5공화국 이후의 시대이다.

정답 16-1 ④　16-2 ②

---

## 핵심이론 17 일제강점기 시기별 학교체육

① 조선교육령 공포기(1911~1914년)
　㉠ 근대적 체육 목적 설정 : 잠재적 의도는 체육의 자주성 박탈과 우민화 교육
　㉡ 학교 체조에서 보통 체조로 명칭 전환하고 유희, 수영, 스케이팅 등을 새롭게 추가
　㉢ 병식 체조는 서전 체조(스웨덴 체조)로 대치, 각종 유희의 도입
　㉣ 일본군 체조 교원을 채용하여 민족주의 체육을 규제

② 학교체조교수요목의 제정과 개정기(1914~1927년)
　㉠ 체조 교육의 내용이 유희, 병식 체조, 보통 체조에서 체조, 교련, 유희로 변경되었다.
　㉡ 한말 운동회에서 행해지던 전통적 유희와 함께 근대적 스포츠가 행해졌다.
　㉢ 일본식 유희가 도입되었다.
　㉣ 체조과 교수 시간 외에 여러 가지 운동을 실시하였다.
　㉤ 학생들의 신체 및 정신발달에 맞게 지도하고 교실을 청결하게 하였다.
　㉥ 학교체육이 모든 학교에서 필수 과목으로 정착되었다.
　㉦ 병식 체조·보통 체조에서 서전 체조로의 진전 전환을 이루어 근대 체육의 형식을 갖추게 되었지만 식민지 체육 교육을 정착시키고자 했다.
　㉧ 식민지 통치하 학교체육을 본격적 궤도에 올려놓았다.

③ 학교체조교수요목 개편기(1927~1941년)
  ㉠ 체조 중심에서 유희·스포츠 중심으로 변경되었다.
  ㉡ 학교 대항 각종 운동 경기 대회 성행과 국제 무대로 진출하였다.
  ㉢ '연고전'의 효시인 연희전문학교와 보성전문학교 간 경기가 개최되었다.
  ㉣ 육상, 축구, 야구, 농구 종목의 학교 대항전 경기가 활성화되었다.
  ㉤ 학교 경기는 사회체육으로 이어져 민족의식을 고취하였다.
  ㉥ 1938년 개정된 조선교육령에 따라 민족말살정책 본격화되었다.
  ㉦ 일제는 학교체육에 '황국신민체조'를 도입하였다.

  > **황국신민체조**
  > • 군국주의 함양을 위해 도입
  > • 일본의 무사도 정신을 고취하기 위한 것
  > • 식민지 통치 체제의 일환으로 실시
  > • 유희 중심 체조가 사라지고 군사적 일본식 체조 실시

④ 체육 통제기(1941~1945년)
  ㉠ 전시동원체제에 맞는 학제로 개편하여 체육의 군사화
  ㉡ 체조과를 체련과로 변경하고 체육을 점차 교련화하였다.
  ㉢ 각종 체육 경기가 완전히 통제되었다.

### 핵심예제

**17-1. 일제강점기 황국신민체조에 대한 설명으로 옳지 않은 것은?**
[2020]

① 군국주의 함양을 위한 것이다.
② 무사도 정신을 고취하기 위한 것이다.
③ 식민지 통치체제의 일환으로 실시되었다.
④ 유희 중심의 체조 지도원리에 따라 교육되었다

**17-2. 민족말살기(1931~1945) 학교체육에 대한 내용으로 옳은 것은?**
[2017]

① 보통 체조와 병식 체조 중심에서 스웨덴 체조로 전환되었다.
② 경쟁 유희, 발표 동작 유희, 행진 유희 등 일본식 유희가 도입되었다.
③ 일본에 의해 황국신민체조가 도입되었다.
④ 제2차 조선교육령을 통해 스포츠와 유희를 중심으로 전개되었다.

|해설|

17-1
황국신민체조는 기존 학교체육에다 검(劍)의 요소를 넣어 심신을 단련하는 형식으로 만든 체조로서, 일본의 무사도 정신을 고취하는 식민지 통치 체제의 일환으로 실시하였다. 그 결과 학교체육에서 유희 중심의 서구 체조가 사라지고 군사 훈련의 성격을 띤 일본식 체조가 행해졌다.

17-2
③ 1938년 개정된 '조선교육령'에 따라 민족말살정책을 본격화하고 황국신민양성을 목표로 한 황국신민체조를 도입하였다.
① 1905년 을사조약 이후, 사립 학교는 민족주의적으로 전환되어 병식 체조를 실시하고 운동회를 활성화했으나, 일제 관할 아래 있는 관립 학교는 자주성을 상실하고 스웨덴식 학교체조로 전환되었다.
② 1927년에 개정한 학교체육교수요목은 유희와 경기 중심이었다.
④ 제2차 조선교육령은 1922년에 공포한 일본의 식민지 교육 정책이다.

정답 17-1 ④  17-2 ③

## 핵심이론 18 일제강점기의 스포츠

① 근대 스포츠의 도입
- ㉠ 스키 : 1921년 일본인 체육 교사 나카무라에 의해 소개
- ㉡ 럭비 : 조선철도국 직원 사카구치에 의해 소개
- ㉢ 역도 : 1926년 서상천에 의해 소개
- ㉣ 배구 : YMCA 체육부에 의해 소개
- ㉤ 경식정구 : 1919년 조선철도국에 의해 소개
- ㉥ 권투 : 1912년 유각권구락부에서 소개

② 한국기독교청년회(YMCA)의 활동
- ㉠ 한국기독교청년회(YMCA)의 창설
  - 1903년 '황성기독교청년회'라는 이름으로 창설된 단체가 모태
  - 초대 체육부장은 영국 성공회의 신부인 터너와 질레트
  - 야구, 농구, 배구를 도입하는 등 서양 문화 유입에 커다란 역할
- ㉡ YMCA가 한국 체육에 미친 영향
  - 외국인 선교사를 주축으로 근대 스포츠를 도입·보급하여 한국 근대 스포츠 발전에 많은 기여를 하였다.
  - 특히 1910년 경술국치 이후에 스포츠 보급 활동에 많은 기여를 하였다.
  - 1916년 우리나라 최초의 체육관을 개관하여 스포츠 활동의 활기를 도모하였다.
  - YMCA의 조직망을 통해 스포츠를 전국으로 확산시키는데 기여하였다.
  - 스포츠지도자 양성·배출하였고, 체육과 스포츠 가치에 관한 계몽을 하였다.
  - 전통 스포츠인 씨름과 궁술의 현대화에도 힘썼다.

### 핵심예제

**18-1.** 〈보기〉에서 설명하는 인물로 옳은 것은? [2021]

┤보기├
- 조선체력증진법연구회를 설립하고, 전국의 역도 보급에 앞장섰다.
- 1926년 휘문고등학교 체육 교사로 부임해 역도부를 조직하고 지도했다.
- 대한체조협회 회장, 대한씨름협회 회장을 역임하며 한국 스포츠 발전에 공헌을 했다.

① 서상천　　② 백용기
③ 이원용　　④ 유억겸

**18-2.** 일제강점기 체육에 관한 사실로 옳지 않은 것은? [2023]
① 박승필은 1912년에 유각권구락부를 설립해 권투를 지도하였다.
② 조선체육협회는 1920년에 동아일보사 후원으로 설립되었다.
③ 서상천은 1926년에 일본체육회 체조학교를 졸업하고, 역도를 소개하였다.
④ 손기정은 1936년에 베를린 올림픽경기대회 마라톤 종목에서 우승하였다.

**18-3.** YMCA가 우리나라 체육에 끼친 영향으로 옳지 않은 것은? [2017]
① 전통 스포츠의 보급 및 확산을 통한 민족의식 고양에 힘썼다.
② 야구, 농구, 배구 등과 같은 서구 스포츠를 우리나라에 소개했다.
③ YMCA의 조직망을 통해 스포츠를 전국으로 확산시키는 데 기여했다.
④ 많은 스포츠 종목의 지도자를 배출하였다.

| 해설 |

**18-1**
백용기는 역도를 우리나라에 도입한 서상천의 제자, 이원용은 오성학교 출신의 야구선수, 유억겸은 조선체육회 회장이다.

**18-2**
② 조선체육협회는 일본인 주도로 설립된 체육 단체이다. 동아일보는 1920년 7월 13일 이에 대항하여 우리 민족의 체육 통합 단체인 조선체육회를 설립하였다.
③ 서상천은 1923년 일본체육회 체조학교를 졸업하고, 1926년 휘문고등보통학교에서 교편을 잡았다.
※ 출제오류로 최종정답에서 복수 정답 처리되었다.

**18-3**
YMCA는 전인주의적 체육론을 앞세워 야구, 농구, 축구, 육상, 체조, 배구, 권투 등 근대 스포츠 보급 및 확산에 기여했다.

정답 18-1 ① 18-2 ②, ③ 18-3 ①

## 핵심이론 19 일제강점기 체육 단체

① 조선체육회
  ㉠ 일본체육 단체(조선체육협회)에 대한 대응으로 1920년 7월 13일 조선인 중심으로 창립
  ㉡ 조선인의 체육을 지도·장려함을 목적으로 설립
  ㉢ 체육에 관한 조사, 연구 및 선전, 체육 도서의 발행 등을 진행
  ㉣ 첫 사업으로 제1회 전조선야구대회를 개최 → 오늘날 전국체전의 효시
  ㉤ 각종 경기 대회의 주최 및 후원, 기타 체육회 사업 활동 진행
  ㉥ 운동 경기에 관한 연구 활동뿐만 아니라 스포츠 보급의 일환으로 운동구점을 설치·운영
  ㉦ 1938년 조선체육회는 일제에 의해 강제 해산되어 조선체육협회로 통합
  ㉧ 1948년 9월 3일 대한체육회로 명칭 변경

② 관서체육회
  ㉠ 1925년 평양기독교청년회관에서 결성
  ㉡ 주요활동으로는 1월 전조선빙상경기대회, 5월 전조선축구대회, 6월 전조선씨름대회, 7월 전조선수상경기대회, 8월 전조선야구대회, 9월 관서체육회 체육대회, 10월 전평양농구연맹전, 11월 전조선탁구대회를 각각 개최
  ㉢ 1934년 총독부 축구 통제령에 반대 투쟁

③ 조선체육협회
  ㉠ 1919년 일본인 중심, 조선신문사의 적극적인 후원으로 창립
  ㉡ 경성정구회와 경성야구협회가 통합한 단체
  ㉢ 일본체육협회의 조선지부 역할 담당
  ㉣ 1925년 제1회 전조선신궁회 개최
  ㉤ 1920년 육상경기대회 개최, 1927년 우리나라 첫 마라톤 대회 개최
  ㉥ 일제 식민치하에서 사회체육을 주도해 나가는 체육 단체로 성장

**핵심예제**

**19-1.** ⟨보기⟩에 해당하는 체육 단체에 관한 설명으로 옳지 않은 것은? [2021]

┤보기├
- 고려구락부를 모체로 설립된 단체이다.
- 1920년 7월 동아일보사의 후원으로 일본 유학생과 국내 체육인들이 조선인의 체육을 장려할 목적으로 설립하였다.

① 1920년 전조선야구대회를 개최하였다.
② 스포츠 보급의 일환으로 운동구점을 설치하고 운영하였다.
③ 1925년 경성운동장 개장을 기념하기 위해 조선신궁경기대회를 개최하였다.
④ 육상경기의 연구를 위한 육상경기위원회 조직과 육상경기규칙을 편찬하였다.

**19-2.** ⟨보기⟩에서 대한체육회에 대한 옳은 설명을 모두 고른 것은? [2020]

┤보기├
㉠ 1920년-조선체육회가 창립되었다.
㉡ 1948년-대한체육회로 개칭되었다.
㉢ 1966년-태릉선수촌을 건립하였다.
㉣ 2016년-국민생활체육회와 통합되었다.

① ㉡, ㉢
② ㉡, ㉣
③ ㉠, ㉡, ㉢
④ ㉠, ㉡, ㉢, ㉣

|해설|

**19-1**
⟨보기⟩와 관련있는 체육 단체는 조선체육회이다. 조선체육회는 일본인이 중심이 되어 만들어진 조선체육협회에 대한 대응으로 1920년 7월 13일 창립되었다. 조선신궁경기대회를 개최한 것은 조선체육협회이다.

**19-2**
㉠ 일본 체육 단체(조선체육협회)에 대한 대응으로 1920년 7월 13일 조선인 중심으로 조선체육회가 창립되었다.
㉡ 1948년 국호인 대한민국에 따라 '조선체육회'를 '대한체육회'로 명칭을 변경하였다.
㉢ 1966년 동경올림픽 이후 대한체육회는 우수선수의 지속적인 강화훈련을 위해 서울 공릉동에 태릉선수촌을 건립하였다.
㉣ 2016년 대한체육회는 엘리트체육과 생애체육의 상호 유기적 발전이라는 목적으로 국민생활체육회와 통합되었다.

정답 19-1 ③ 19-2 ④

## 핵심이론 20 민족주의 체육 활동

① 민족주의 체육 활동의 특징
  ㉠ 전국적으로 조직된 청년회는 일제의 탄압에 대한 저항 문화 운동의 일부로 체육 활동이 장려되었다.
  ㉡ 일제의 학교체육 군사 훈련화에 대응하여 YMCA와 같은 단체를 중심으로 순수 체육을 지향하였다.
  ㉢ 민족 전통 경기(국궁, 씨름) 부활과 보급

② 민족주의 체육 활동의 결실
  ㉠ 근대 스포츠의 보급과 확산
  ㉡ 민속 스포츠의 계승과 발달
  ㉢ 민중 스포츠의 발달
  ㉣ 한국 체육의 민족주의 경향 강화

③ 운동 경기를 통한 저항 의식 표출
  ㉠ 1913년 경성일보·매일신보의 공동 주최로 전조선자전거경기대회 개최(엄복동 우승)
  ㉡ 1920년대부터 1930년대 중반까지 각종 운동 경기가 본격적으로 확산
  ㉢ 1936년 제11회 베를린 올림픽 마라톤에 출전한 손기정과 남승룡 입상 → 일장기 말소 사건 발생

④ 체육·스포츠 탄압
  ㉠ 체육 교련화와 연합 운동회 탄압
  ㉡ 1943년 학교체육은 군사 교육 체제로 전환
  ㉢ 조선체육회를 1938년 조선체육협회에 강제 통합
  ㉣ 조선인 무도 단체들을 일본인 단체에 흡수 통합
  ㉤ 조선체육협회 조선학생체육총연맹 흡수 통합

⑤ 체육 사상가
  ㉠ 서상천 : 1926년 역도 국내 도입, 휘문고 체육 교사, 조선체력증진법연구회 설립, 『현대체력증진법』,『현대철봉운동법』등 발간, 대한체조협회 회장, 대한씨름협회 회장 역임
  ㉡ 유억겸 : 조선기독교청년회 회장, 미군정청 문교부장, 조선체육회 회장 역임
  ㉢ 여운형 : '체육 조선의 건설' 글에서 체육을 강조, 조선체육회 회장 역임

> **일장기 말소 사건**
> • 1936년 베를린 올림픽 대회에서 우승한 손기정의 사진에 일장기가 지워진 사건
> • 체육을 통해 일제에 항거하는 민족주의적 투쟁 정신의 대표적 사례
> • 동아일보의 무기 정간과 일장기를 말소한 이길용 기자 등의 징역형

### 핵심예제

〈보기〉에서 설명하는 올림픽 경기 대회로 옳은 것은? [2022]

┌보기┐
• 우리 민족이 일장기를 달고 출전한 대회
• 마라톤의 손기정이 금메달, 남승룡이 동메달을 획득한 대회

① 1924년 제8회 파리 올림픽 경기 대회
② 1928년 제9회 암스테르담 올림픽 경기 대회
③ 1932년 제10회 로스앤젤레스 올림픽 경기 대회
④ 1936년 제11회 베를린 올림픽 경기 대회

|해설|
1936년 베를린 올림픽 경기 대회에서 손기정 선수가 마라톤 종목에서 금메달을 획득한 후 동아일보 이길용 기자에 의해 일장기 말소 사건이 발생하였다.

정답 ④

## 핵심이론 21 광복 이후의 체육 사상

① 건민주의 사상
  ㉠ 건민주의 : 건전한 정신과 강인한 체력 육성으로 강인한 국민성을 함양하자는 사상
  ㉡ 범국민적인 체육 활동을 위한 체육진흥운동
② 국가주의와 엘리트주의
  ㉠ 국가주의(민족주의)적 이데올로기가 내재된 체육 : 국민 통합의 수단
  ㉡ 국위선양을 위한 엘리트체육 육성
  ㉢ 국민 모두의 생활체육을 강조한 스포츠의 대중화 지향

### 핵심예제

**광복 이후 우리나라에 나타난 체육 사상이나 운동으로 옳지 않은 것은?** [2016]

① 엘리트 스포츠 육성을 통한 스포츠민족주의
② 체육진흥운동을 통해 강건한 국민성을 함양하는 건민체육사상
③ 서양 체육 사상과 전통 체육 사상이 융합된 양토체육사상
④ 국민 모두의 생활체육을 강조한 대중 스포츠운동

|해설|
광복 이후 학교체육을 중심으로 한 학교 스포츠, 사회 스포츠, 엘리트 스포츠 발전을 토대로 한 대중 스포츠가 발달하였다.

정답 ③

## 핵심이론 22 정권별 스포츠의 발달

① 미군정기 스포츠
  ㉠ 조선체육회 부활과 경기 단체 설립
  ㉡ 전국체전 실시 : 1947년 경성운동장에서 종합경기대회 개최
  ㉢ 1947년 대한올림픽위원회(KOC)가 IOC에 가입
  ㉣ 서윤복 제51회 보스턴마라톤 우승(1947)
② 이승만 정권 스포츠
  ㉠ 스포츠문화의 발흥기
  ㉡ 1948년 9월 3일에 국호인 대한민국에 따라 '조선체육회'를 '대한체육회'로 명칭을 변경
  ㉢ 런던 하계올림픽(1948) 공식적 참가, 제54회 보스턴 마라톤대회(1950) 석권
③ 박정희 정권 스포츠
  ㉠ 스포츠문화의 혁명기로 1960년대부터 사회 체육 기반 조성
  ㉡ 1961년 '체력은 국력' 슬로건 채택
  ㉢ 1961년 '국민재건체조' 제정
  ㉣ 1962년 국민체육진흥법 제정(10월 15일 체육의 날 제정과 매월 마지막 주 '체육주간' 지정) 및 1963년 국민체육진흥법 시행령 제정
  ㉤ 1966년 엘리트 스포츠 양성을 위한 태릉선수촌 설립
  ㉥ 1966년 대한체육회회관 개관
  ㉦ 1968년 정부의 체육 조직 일원화 방침
  ㉧ 1968년 대한체육회·대한올림픽위원회·대한학교체육회 3개 사단법인이 대한체육회로 통합
  ㉨ 1972년 대한체육회의 주최로 전국소년체육대회 창설
  ㉩ 1971년 학생들의 기초 체력을 향상시키기 위해 체력장 제도 실시
  ㉪ 1976년 사회 체육진흥 5개년 계획으로 지역사회와 직장체육 진흥 정책 시행
  ㉫ 1976년 국립 한국체육대학교 설립

㉣ 우수 선수 병역 면제 시행, 메달리스트 체육연금제도 도입 등 엘리트 체육 정책 시행
④ 전두환·노태우 정권 스포츠
  ㉠ '엘리트 스포츠' 중심에서 '대중 스포츠' 중심으로 전환
  ㉡ 전두환 정권 국군체육부대 창설과 '체육부' 신설
  ㉢ 'Sport for All Movement'의 '생활체육' 확산
  ㉣ 1982년 한국프로야구 출범과 1986년 아시안게임 개최
  ㉤ 1988년 하계 서울 올림픽 개최(공산국가 대거 참여, 생활체육 활성화 계기, 엘리트 스포츠 발전에 획기적 역할)
  ㉥ 1989년 국민체육진흥공단 설립
  ㉦ 1989년(노태우 정권) 국민생활체육진흥종합계획(호돌이 계획)수립 → 생활체육진흥을 위한 실질적인 정책 기반 마련, 서울 올림픽기념 생활관 건립
  ㉧ 1991년 국민생활체육협의회 설립
⑤ 2000년대 이후 스포츠
  ㉠ 2002년 FIFA월드컵 일본과 공동 개최
  ㉡ 2003년 생활체육 활성화를 위한 참여정부 '국민체육진흥 5개년 계획' 정책 추진
  ㉢ 2005년 대한장애인체육회 설립
  ㉣ 2009년 국민생활체육협의회가 국민생활체육회로 명칭 변경
  ㉤ 2016년 대한체육회와 국민생활체육회 통합
  ㉥ 2017년 진천선수촌 완공(노후화된 태릉선수촌 역할 대체)
  ㉦ 2018년 평창 동계 올림픽 대회 개최
  ㉧ 생애 주기별 맞춤형 프로그램 보급, 종합형 스포츠 클럽 육성
  ㉨ 스포츠비전 2018 : 행복 나눔 스포츠 교실 확대 사업 추진
  ㉩ 스포츠비전 2030 : 신나는 스포츠, 함께하는 스포츠, 자랑스러운 스포츠, 풀뿌리 스포츠의 4대 추진 전략을 바탕으로 전 생애에 걸친 스포츠 활동을 권장

### 핵심예제

**22-1.** '국민생활체육진흥종합계획(호돌이 계획)'의 내용으로 옳은 것은? [2025]
① 제24회 서울 올림픽경기대회를 대비하고자 추진되었다.
② 「국민체육진흥법」을 제정하여 스포츠 클럽을 체계적으로 관리하였다.
③ 국민생활체육협의회의 창설과 직장체육 프로그램의 보급이 이루어졌다.
④ 전문체육 육성을 위한 국가대표 연금과 우수선수 병역 혜택의 제도가 도입되었다.

**22-2.** 〈보기〉의 내용을 실시한 정권의 스포츠 정책으로 옳지 않은 것은? [2021]

├보기├
1982년 중앙정부행정조직에 체육부를 신설하고, 아시안게임과 올림픽 경기 대회의 준비, 우수 선수 육성 및 지도자의 양성 등 스포츠진흥운동을 전개하였다.

① 프로축구의 출범   ② 프로야구의 출범
③ 태릉선수촌의 건립  ④ 국군체육부대의 창설

|해설|
22-1
국민생활체육진흥종합계획(호돌이 계획)으로 국민생활체육협의회 창설과 서울올림픽기념생활관 건립 등 생활체육 진흥을 위한 실질적인 정책 기반을 마련하였다.

22-2
〈보기〉는 전두환 정권의 체육 정책에 해당되는데, 태릉선수촌의 건립은 1966년 박정희 정권 때의 일이다.

정답 22-1 ③  22-2 ③

## 핵심이론 23 각종 체육 시설

① 태릉선수촌 : 1966년 대한체육회가 스포츠를 통한 국위 선양 및 국민 통합 실현 목적으로 건축한 시설로, 국가 대표 선수들을 과학적으로 육성하는 기반이 되었다.

② 장충체육관 : 1955년 육군체육관으로 개관한 뒤 1963년 본격적인 경기장으로 개·보수되었다. 국내 설계로 건설한 한국 최초의 돔 경기장이며, 2015년에 리모델링되어 노후화된 시설이 개선되었다.

③ 경성운동장(동대문운동장) : 1925년 5월에 착공하여 1925년 10월에 준공한 종합 경기장으로, 축구장, 야구장, 정구장, 수영장 등이 있어 전국 규모의 대회와 올림픽 경기 대회 예선전 등이 열리기도 했다. 해방 후 서울운동장으로 명칭이 변경되었다가 1984년 동대문운동장으로 개칭되었으며, 2007년 철거를 시작하여 결국 폐장되었다.

④ 효창운동장 : 한국 최초의 축구 전용 운동장으로, 1960년에 문을 열었다. 축구장을 중심으로 외곽에는 육상 트랙이 있고, 테니스코트도 부설되어 있다. 1983년의 보수를 통해 인조 잔디, 등받이 의자 등이 설치되었고, 트랙이 우레탄으로 포장되었다.

⑤ 서울종합운동장 : 동대문운동장과 장충체육관 등의 기존 시설만으로 부족하여 1977년에 착공하여 1984년에 준공되었고, 주 경기장, 실내 체육관, 실내 수영장, 야구장 등이 있다.

⑥ 서울 월드컵 경기장 : 2002년 한일 월드컵축구대회가 열린 곳으로 2001년 개장하였으며 총 관람석이 66,704석이다. 월드컵 대회 이후에는 복합테마형 수익시설인 '월드컵 몰'을 운영하고 있다.

---

### 핵심예제

**23-1.** 〈보기〉에서 설명하는 장소는? [2019]

보기
- 대한체육회가 1966년 우수 선수의 육성을 위해 건립했다.
- 스포츠를 통한 국위 선양 및 국민 통합 실현의 목적이 있다.
- 국가 대표 선수들을 과학적으로 육성하는 기반이 되었다.

① 장충체육관　　② 태릉선수촌
③ 동대문운동장　④ 효창운동장

**23-2.** 〈보기〉에서 설명하는 일제강점기의 체육시설로 옳은 것은? [2020]

보기
- 축구장, 야구장, 정구장, 수영장 등이 있었다.
- 전국 규모의 대회와 올림픽 경기 대회 예선전 등이 열렸다.
- 1925년 건립되었고, 1984년 동대문운동장으로 개칭되었다.

① 경성운동장
② 효창운동장
③ 목동운동장
④ 잠실종합운동장

|해설|

**23-1**
태릉선수촌은 국가 대표 선수의 강화 훈련을 위하여 대한체육회가 설립한 종합 선수 합숙 훈련장으로 1966년 건립되었다. 자질 향상과 경기력 향상, 트레이닝의 과학화로 스포츠를 통한 국위 선양 및 국민 통합 실현이 설립 목적이었다.

**23-2**
경성운동장은 1925년 개장한 우리나라 최초의 종합 운동장으로 해방 후 서울운동장으로 명칭이 변경되었다가 이후 1984년 동대문운동장으로 개칭되었다. 2007년 철거되었다.

정답 23-1 ② 23-2 ①

## 핵심이론 24 우리나라와 관련된 하계 올림픽

① 1936년 베를린 올림픽
  ㉠ 손기정 선수가 일장기를 달고 마라톤 경기에 출전하여 우승
  ㉡ 마라톤에서 남승룡 선수 3위

② 1948년 런던 올림픽
  ㉠ 최초로 '코리아'라는 국가 명칭 사용
  ㉡ 김성집 선수가 역도에서 대한민국 국적으로 최초 메달(동) 획득

③ 1952년 헬싱키 올림픽
  ㉠ 우리나라는 6·25전쟁 중임에도 불구하고 육상·역도·복싱·사이클·레슬링·승마 6개 종목에 참가하여 올림픽에 대한 우리나라의 열정을 극명하게 보여준 대회
  ㉡ 복싱 밴텀급의 강준호 선수와 역도 미들급의 김성집 선수가 각각 동메달을 획득
  ㉢ 마라톤에서 최윤칠 선수 4위

④ 1976년 몬트리올 올림픽
  ㉠ 우리나라 최초로 금메달을 획득한 대회로, 금 1개, 은 1개, 동 4개로 종합 순위 19위를 차지
  ㉡ 레슬링에서 양정모 선수가 대한민국 최초로 금메달을 획득

⑤ 1988년 서울 올림픽
  ㉠ 태권도가 시범 종목으로 채택
  ㉡ 우리나라 종합 4위 성적 달성
  ㉢ 마스코트는 '호돌이'

⑥ 1992년 바르셀로나 올림픽
  ㉠ 올림픽 사상 처음 도입된 배드민턴 종목에서 우리나라 금메달 2개와 은메달, 동메달 획득
  ㉡ 마라톤에서 황영조 선수 우승

⑦ 2000년 시드니 올림픽
  ㉠ 최초로 남북 선수단이 동시 입장한 하계 올림픽
  ㉡ 태권도가 정식 종목으로 채택

### 핵심예제

**24-1.** 〈보기〉의 ㉠, ㉡에 알맞은 용어로 바르게 묶인 것은? [2018]

보기
- ( ㉠ ) 경기 대회는 한국전쟁 중 우리나라가 참가한 대회로, 올림픽에 대한 한국의 열정을 극명하게 보여 주었다.
- ( ㉡ ) 경기 대회는 우리나라가 최초로 금메달을 획득한 대회로, 금 1개, 은 1개, 동 4개로 종합 순위 19위를 차지하였다.

|   | ㉠ | ㉡ |
|---|---|---|
| ① | 헬싱키 올림픽 | 동경 올림픽 |
| ② | 헬싱키 올림픽 | 몬트리올 올림픽 |
| ③ | 뮌헨 올림픽 | 동경 올림픽 |
| ④ | 뮌헨 올림픽 | 몬트리올 올림픽 |

**24-2.** 〈보기〉에서 설명하는 올림픽 경기대회는? [2019]

보기
- 분단 후 남한과 북한의 선수가 최초로 동시에 입장한 대회였다.
- 남한과 북한의 대표 선수단은 Korea라는 표지판과 한반도기를 앞세우고 함께 입장하여 세계인의 박수를 받았다.
- 태권도가 올림픽 정식 종목으로 시행되었다.

① 1996년 제26회 애틀란타 올림픽 경기 대회
② 2000년 제27회 시드니 올림픽 경기 대회
③ 2004년 제28회 아테네 올림픽 경기 대회
④ 2008년 제29회 베이징 올림픽 경기 대회

**24-3.** 1936년 제11회 베를린 올림픽 경기 대회 마라톤에서 손기정과 함께 입상한 선수는?

① 권태하　　② 남승룡
③ 서윤복　　④ 함길용

| 해설 |

**24-1**
㉠ 헬싱키 올림픽 : 1952년 핀란드에서 개최된 15회 하계 올림픽, 패전국인 독일과 일본이 다시 참가한 올림픽이다. 대한민국은 한국전쟁 중이라 불참도 고려하였으나 결국 참가하게 되었으며, 이 대회에서 동메달 2개를 획득하였다.
㉡ 몬트리올 올림픽 : 1976년 캐나다에서 개최된 21회 하계 올림픽, 대한민국의 종합 성적은 금 1개 은 1개 동 4개로 종합순위 19위를 차지했으며 특히 레슬링종목에 출전한 양정모는 이 대회에서 한국 스포츠 역사상 첫 올림픽 금메달을 따내는 쾌거를 이룩했다.

**24-2**
2000년 시드니올림픽
- 최초로 남북 선수단 동시 입장한 하계 올림픽
- 태권도 정식 종목으로 채택

**24-3**
1936년 제11회 베를린 올림픽 마라톤에 출전한 손기정과 남승룡이 입상하였다. 손기정은 세계 신기록으로 1위를, 남승룡 선수는 3위를 차지하며, 각각 금메달, 동메달을 획득했다.

정답 24-1 ② 24-2 ② 24-3 ②

## 핵심이론 25 우리나라와 관련된 동계 올림픽

① 1948년 생모리츠 올림픽
   ㉠ 우리나라가 대한민국 국호와 태극기를 들고 최초로 참가한 동계 올림픽
   ㉡ 우리나라에서는 세 명의 선수가 출전
② 1952년 오슬로 올림픽
   ㉠ 6·25전쟁으로 인해 대한민국이 불참
   ㉡ 8·15 광복 이후 대한민국 선수단이 참가하지 못한 유일한 동계 올림픽
③ 1992년 알베르빌 올림픽
   ㉠ 스피드스케이팅 1,000m에 출전한 김윤만 선수가 대한민국 최초의 동계 올림픽 메달을 획득(은메달)
   ㉡ 쇼트트랙 남자 1,000m에 출전한 김기훈 선수가 대한민국 최초의 동계 올림픽 금메달을 획득
④ 1994년 릴레함메르 올림픽
   ㉠ 쇼트트랙 최강국으로 자리매김
   ㉡ 쇼트트랙 활약으로 종합 성적 세계 6위
⑤ 2006년 토리노 올림픽
   ㉠ 남북한 공동 입장이 성사된 최초의 동계 올림픽
   ㉡ 쇼트트랙에서 대거 메달 획득
⑥ 2010년 밴쿠버 올림픽
   ㉠ 동계 올림픽 참가 역사상 최고의 순위인 5위 기록
   ㉡ 김연아, 이상화, 모태범, 이승훈 등이 금메달 획득
⑦ 2018년 평창 올림픽
   ㉠ 우리나라에서 개최된 최초의 동계 올림픽
   ㉡ 여자 아이스하키팀이 남북 단일팀으로 참가
   ㉢ 마스코트 '수호랑', '반다비'

### 핵심예제

**25-1.** 1948년 제5회 동계 올림픽 경기 대회에 관한 설명으로 옳지 않은 것은? [2023]

① 개최지는 스위스 생모리츠였다.
② 제2차세계대전을 일으킨 독일과 일본도 출전하였다.
③ 광복 이후 최초로 태극기를 단 선수단이 파견되었다.
④ 이효창, 문동성, 이종국 선수는 스피드스케이팅 종목에 출전하였다.

**25-2.** 〈보기〉의 ㉠, ㉡에 들어갈 알맞은 국제대회의 명칭은? [2020]

┌ 보기 ┐
- 1988년 개최된 ( ㉠ )의 마스코트는 '호돌이'이다.
- 2018년 개최된 ( ㉡ )의 마스코트는 '수호랑'과 '반다비'이다.

| | ㉠ | ㉡ |
|---|---|---|
| ① | 서울 올림픽 경기 대회 | 서울 아시아 경기 대회 |
| ② | 서울 아시아 경기 대회 | 부산 아시아 경기 대회 |
| ③ | 서울 올림픽 경기 대회 | 평창 올림픽 경기 대회 |
| ④ | 부산 아시아 경기 대회 | 평창 올림픽 경기 대회 |

| 해설 |

**25-1**
**스위스 생모리츠 동계 올림픽**
② 스위스 생모리츠 동계 올림픽은 제2차 세계대전 이후 최초의 올림픽으로 독일과 일본은 전쟁을 일으킨 나라로 출전이 거부되었다.
④ 우리 나라에서는 최초로 태극기를 단 스피드스케이팅 이효창, 문동성, 이종국 선수 등이 참가하였다. 다만 문동성 선수가 경기 중 노르웨이 선수와 부딪혀 입은 부상으로 최용진 감독이 대신 500m 경기에 출전했다.
※ 출제오류로 최종정답에서 복수 정답 처리되었다.

**25-2**
- 서울 올림픽 경기 대회 : 우리나라에서 개최된 최초의 하계 올림픽, 태권도가 시범 종목으로 채택, 우리나라 종합 4위 성적 달성, 마스코트 '호돌이'
- 평창 올림픽 경기 대회 : 우리나라에서 개최된 최초의 동계 올림픽, 여자 아이스하키팀이 남북 단일팀으로 참가, 마스코트 '수호랑', '반다비'

정답 25-1 ②, ④  25-2 ③

---

### 핵심이론 26 국제 무대 주요 성적

① 육상 : 1992년 바르셀로나 올림픽 마라톤 황영조 1위
② 체조 : 1996년 애틀란타 올림픽 여홍철 2위, 2012년 런던 올림픽 양학선 1위
③ 축구 : 2002년 한일 월드컵 4강 진출
④ 야구 : 2008년 베이징 올림픽 1위
⑤ 배드민턴 : 2008년 베이징 올림픽 혼합복식 이용대, 이효정 1위
⑥ 핸드볼 : 1980년 모스크바 올림픽 첫 출전권 획득(불참)
⑦ 테니스 : 이형택 ATP 랭킹 40위 안으로 진입
⑧ 탁구 : 남북한 최초로 단일팀 구성(KOREA 명칭 참가), 1988년 서울 올림픽 남자 단식과 여자 복식에서 1위, 2004년 아테네 올림픽 유승민 남자단식 1위
⑨ 수영 : 2008년 베이징 올림픽 남자 자유형 박태환 1위
⑩ 복싱 : 광복 이후 올림픽에서 금메달 3개 획득
⑪ 유도 : 1984년 LA 올림픽에서 최초 금메달 획득
⑫ 양궁 : 1984년 LA 올림픽에서 서향순 첫 금메달 획득
⑬ 빙상 : 2010년 밴쿠버 올림픽에서 금메달 6개 획득
⑭ 농구 : 1967년 체코슬로바키아 FIBA 세계선수권대회에서 준우승, 박신자 대회 최우수선수 선정

### 핵심예제

남한과 북한이 최초로 단일팀을 구성하여 '코리아 (KOREA)'라는 명칭으로 참가한 종목은? [2018]

① 태권도  ② 축 구
③ 탁 구  ④ 농 구

| 해설 |

일본 지바에서 열리는 제41회 세계탁구선수권대회를 두 달 여를 앞둔 1991년 2월 12일, 판문점 평화의 집에서 열린 남북 체육회담에서 남북 단일팀 구성이 확정됐다. 1990년 베이징 아시안게임에서 공동응원을 펼친 데 이어 분단 이후 최초로 남북 단일팀 출전에 합의한 것이다. 탁구 단일팀의 명칭은 '코리아(KOREA)', 선수단은 남북 각각 31명씩, 62명으로 구성됐다.

정답 ③

### 핵심이론 27 남북 체육 교류

① 1960년대 남북 교류
  ㉠ 1963년 최초 남북체육회담 개최 : 1964년 로잔과 홍콩에서 '제18회 도쿄 올림픽경기대회 단일팀 출전 문제' 논의
  ㉡ 1964년 도쿄 올림픽 예선전에서 남북 교류 재개 : 배구 예선전 대결, 17년 만의 재개
② 1970~1980년대 남북 교류 : 남북 정부의 지원 부족으로 회담 결렬
③ 1990년대 남북 교류
  ㉠ 1990년 베이징 남북체육정상회담 : 남북통일체육대회 개최 결정, 최초의 '남북통일축구대회'가 평양과 서울에서 번갈아 열렸다.
  ㉡ 1991년 세계탁구선수권대회 남북 단일팀 구성
    • 일본 지바에서 열리는 제41회 세계탁구선수권대회에 남북 단일팀을 구성하여 참가한다.
    • 선수단 호칭 : 우리말로 '코리아'로, 영어로는 'KOREA'로 한다.
    • 선수단 단기 : 흰색 바탕에 하늘색 우리나라 지도를 그려 넣는 것으로 한다.
    • 선수단 단가 : 1920년대에 우리나라에서 부르던 '아리랑'으로 한다.
  ㉢ 1999년 '남북통일농구대회'를 서울에서 개최
④ 2000년대 남북 교류
  ㉠ 2000년 시드니 올림픽 개회식 남북 동시 입장
  ㉡ 2002년 부산 아시안 게임 남북한 개폐회식 공동 입장, 부산 아시안 게임 북한 선수단 파견
  ㉢ 2003년 대구 유니버시아드 대회 북한 선수단 파견
  ㉣ 2004년 아테네 올림픽 개·폐막식 남북 공동 입장
  ㉤ 2005년 동아시아연맹축구선수대회 북한 여자축구팀 남한 방문
  ㉥ 2006년 토리노 동계 올림픽에서 동계 올림픽 사상 처음 개회식 남북 공동 입장
  ㉦ 2013년 아시안컵 역도 대회 남한 선수단 최초 북한 파견, 북한에서 최초로 애국가 연주
  ㉧ 2018년 동계 올림픽 개막식에서 남북 공동 입장, 아이스하키 여자 남북 단일팀 구성 참가

#### 핵심예제

**27-1. 남북 체육 교류 협력 내용 중 바르게 연결되지 않은 것은?**
[2015]

① 1991년 – 세계 탁구 및 축구 남북한 단일팀 구성
② 2000년 – 시드니 올림픽 개회식 남북한 공동 입장
③ 2002년 – 부산 아시안 게임 남북한 개폐회식 공동 입장
④ 2008년 – 베이징 올림픽 남북한 개폐회식 공동 입장

**27-2. 1991년에 남한과 북한이 단일팀으로 탁구 종목에 참가한 국제경기 대회는?**
[2023]

① 제41회 지바 세계선수권대회
② 제27회 시드니 올림픽 경기 대회
③ 제28회 아테네 올림픽 경기 대회
④ 제6회 포르투갈 세계청소년선수권대회

|해설|

**27-1**
2004년 아테네 올림픽에서는 남·북한 공동 입장을 했으나, 2008년 베이징 올림픽에서는 공동 입장이 무산되었다.

**27-2**
**남북 체육 교류**
남북은 1991년 남북한 단일팀 구성 합의를 통해 일본 지바에서 열린 제41회 세계탁구선수권대회에 단일팀 '코리아'로 출전하였다.

정답 27-1 ④ 27-2 ①

# CHAPTER 05 운동생리학

PART 01 핵심이론+핵심예제

## 제1절 | 운동생리학의 개관

### 핵심이론 01 운동의 개념

① 운동의 개념
  ㉠ 심신단련이나 수련을 목적으로 하는 체계적이고, 계획적·규칙적인 신체 활동이다.
  ㉡ 같은 운동 자극이라도 반응 방식은 사람에 따라 다르다.

② 신체 활동의 개념
  ㉠ 대근을 움직이는 신체의 움직임을 뜻한다(계단 오르기, 물건 들기 등).
  ㉡ 운동은 신체 활동의 하위 개념으로, 신체 활동은 운동을 비롯한 인체의 모든 움직임을 포함하는 용어이다.

③ 체력의 개념 : 인간이 일상 생활을 영위하는 데 기초가 되는 신체적 능력을 의미하며, 방위체력과 행동체력으로 구분된다.
  ㉠ 방위체력 : 자극에 견디어 생명을 유지·발전시키는 능력이다.
    • 기후, 기압, 오염물질 등 물리·화학적 스트레스에 견디는 능력
    • 세균, 바이러스, 기생충 등 생물학적 스트레스에 견디는 능력
    • 공복, 불면, 피로, 갈증 등 생리적 스트레스에 견디는 능력
    • 긴장, 고민, 불쾌감, 슬픔 등 심리적 스트레스에 견디는 능력
  ㉡ 행동체력 : 육체적 활동을 통해 행동을 일으키는 능력이다.
    • 건강 관련 체력 요소 : 사람이 활동하는 데 필요한 체력[근력, 근지구력, 심폐지구력, 신체 조성(체지방율, 제지방율), 유연성 등]
    • 운동기술 관련 체력 요소 : 운동기술 습득·향상을 위해 절대적으로 필요한 체력(순발력, 민첩성, 평형성, 협응력, 스피드, 반응 시간 등)

### 핵심예제

**건강체력 요소 측정으로 옳지 않은 것은?** [2022]

① 오래달리기 측정, 생체전기 저항분석
② 앉아윗몸앞으로굽히기 측정, 윗몸일으키기 측정
③ 배근력 측정, 제자리높이뛰기 측정
④ 팔굽혀펴기 측정, 악력 측정

|해설|

제자리높이뛰기는 순발력을 측정하는 것으로 건강체력 요소가 아닌 운동체력 요소에 해당한다.

**건강체력의 요소와 측정**
건강체력은 사람이 활동하기 위해 필요한 능력으로 근력, 근지구력, 심폐지구력, 유연성 등이 있다.
• 근력·근지구력 : 윗몸일으키기, 팔굽혀펴기, 악력 측정
• 심폐지구력 : 오래달리기
• 유연성 : 앉아윗몸앞으로굽히기
• 신체조성 : 생체전기 저항분석

정답 ③

## 핵심이론 02 운동 훈련의 원리

① **과부하의 원리** : 훈련 효과를 얻기 위해서는 신체의 적응능력 이상의 부하로 적응 수준을 높여야 한다.
  ㉠ 운동 훈련에 의한 효과는 운동량이 일상 생활 수준보다 높을 때 일어난다.
  ㉡ 운동량은 운동의 빈도, 강도 또는 지속 시간을 늘림으로써 증가시킬 수 있다.
② **가역성의 원리** : 과부하가 이루어지지 않거나 운동이 중지되었을 때 운동 능력이 빠르게 저하되어 운동 전의 상태로 돌아간다는 것을 의미한다.
③ **특수성(특이성)의 원리** : 훈련의 효과는 운동 중에 사용된 근육에만 영향을 미친다. 주로 활용되는 에너지 대사 체계 또는 근육 수축의 형태에 따라서도 운동 효과가 달라진다.
④ **점진성의 원리** : 트레이닝의 처방 요건에 따라 운동의 강도를 점증적으로 늘려가는 것을 의미한다.
⑤ **개별성의 원리** : 개인의 운동 능력 수준에 따라 운동의 종류나 강도를 조절해야 한다.
⑥ **다양성의 원리** : 운동이 몸에 적절한 자극으로 작용하고, 프로그램이 지루해지지 않도록 다양하고 새로운 트레이닝 프로그램을 개발하여야 한다.
⑦ **적극 참여의 원리** : 트레이닝의 목적을 알고 트레이닝에 자발적이고 적극적으로 참여하는 태도는 트레이닝의 결과에 긍정적인 영향을 주게 된다.
⑧ **전면성의 원리** : 다양한 체력 요소가 골고루 발전되도록 운동해야 한다.
⑨ **반복성의 원리** : 같은 운동을 단기간이 아닌, 장기간 반복적으로 실시해야 한다.

### 핵심예제

**2-1.** 〈보기〉에서 설명하는 운동 훈련의 원리는? [2019]

|보기|
- 운동 훈련에 의한 효과는 운동량이 일상 생활 수준보다 높을 때 일어난다.
- 운동량은 운동의 빈도, 강도 또는 지속 시간을 증가시킴으로써 늘릴 수 있다.

① 가역성의 원리  ② 개별성의 원리
③ 과부하의 원리  ④ 특이성의 원리

**2-2.** 〈보기〉에서 설명하는 트레이닝의 원리로 옳은 것은? [2022]

|보기|
- 트레이닝의 효과는 운동에 동원된 근육에서만 발생한다.
- 근력 향상을 위해서는 저항성 트레이닝이 적합하다.

① 특이성의 원리  ② 가역성의 원리
③ 과부하의 원리  ④ 다양성의 원리

|해설|

**2-1**
③ 과부하의 원리 : 훈련 효과를 얻기 위해서는 신체의 적응능력 이상의 부하로 적응 수준을 높여야 한다.
① 가역성의 원리 : 운동으로 인해 초래된 신체의 변화는 훈련을 중지하면 운동 전의 상태로 돌아간다.
② 개별성의 원리 : 개인의 운동 능력 수준에 따라 운동의 종류나 강도를 조절해야 한다.
④ 특이성의 원리 : 훈련의 효과는 운동 중에 사용된 근육에만 영향을 미친다. 즉, 운동 훈련의 종류에 따라 향상시킬 수 있는 신체 기능에 차이가 있다.

**2-2**
특이성(특수성)의 원리란 훈련의 효과가 운동 중에 사용된 근육에만 영향을 미친다는 것이다. 특이성의 원리에 의하면 주로 활용되는 에너지 대사 체계 또는 근육 수축의 형태에 따라서도 운동효과는 달라질 수 있다.

**정답** 2-1 ③  2-2 ①

## 핵심이론 03 운동생리학의 개념

① **운동생리학의 정의** : 운동생리학은 일정 기간 동안 운동 형태로 가해진 자극에 대해 인체가 적절하게 반응하고 적응하는 과정 속에서 나타나는 생리학적 현상을 연구하는 학문 분야이다.

> **운동생리학의 학문적 정의**
> 운동생리학은 운동 중 생명체가 생리학적으로 어떻게 반응하는지를 관찰하는 학문이다. 그러므로 운동이라는 '자극'을 이용하여 인체가 '적응'하는 과정을 생리학적으로 관찰함과 동시에 인체가 궁극적으로 어떻게 변화하는지를 연구하는 학문이라고 할 수 있다. 그러나 21세기에 접어들면서 운동생리학의 연구영역은 인체의 '조직과 기관'이라는 생리학적 수준에서 더 나아가 '세포와 신호 전달체계 및 단백질 합성 및 발현'이라는 세포생물학 또는 분자생물학 분야로 진화하고 있다.
>
> **미국 운동생리학의 역사**
> 미국 운동생리학의 역사는 1920년대 호흡생리학의 권위자인 핸더슨(L. Henderson)이 설립한 하버드피로연구소에서 시작되었으며, 이곳에서 최대산소섭취량과 산소부채, 탄수화물과 지방 대사, 환경생리학, 임상생리학, 노화, 혈액 및 체력 등 여러 분야의 연구가 수행되었다.

② **운동생리학 관련 연구**
  ㉠ 운동 시 신체 기능의 변화 연구
  ㉡ 장기간 운동에 대한 신체적 효과 및 적응 연구
  ㉢ 운동 능력 향상을 위한 훈련 과정에 적용

③ **운동생리학의 필요성**
  ㉠ 운동 중 일어나는 인체의 기능적 변화에 대한 원인을 알고, 이를 통해 체계적인 훈련과 지도 방법을 모색할 수 있다.
  ㉡ 운동생리학의 기초지식은 다양한 대상자의 개인차에 따른 지도에 도움이 된다.
  ㉢ 인체의 발육 발달, 운동의 영향, 운동기술의 습득과 발달에 도움이 된다.
  ㉣ 스포츠지도자는 수요자의 건강욕구에 부응하기 위한 포괄적 건강 관련 지식을 갖추어야 한다.

④ **운동생리학의 인접 학문**
  ㉠ 운동생리학은 체육학을 구성하는 응용적 성격의 학문이며, 다양한 학문에 필요한 기본적 이론을 제공한다.
  • 운동해부학 : 운동을 일으키는 근육이나 골격 등의 기능과 역할 및 이들의 상호작용에 대한 이해를 통해 운동의 기전을 보다 정확하게 이해하고자 하는 학문이다.
  • 스포츠의학·운동처방 : 운동 수행의 의학적 측면과 과학적 측면을 모두 포괄하는 개념이다.
  • 트레이닝방법론 : 운동 능력 향상을 위한 합리적인 트레이닝 방법과 운동량을 연구하는 학문이다.
  • 운동영양학 : 인체 내 물질대사를 연구하며, 운동 활동을 위한 적합한 식단의 양과 질을 연구하는 학문이다.
  • 생체역학 : 근육 활동의 역학적 원리 및 인체동작의 역학적 법칙을 연구한다. 인접학문들 중에서는 관련성이 가장 멀다.

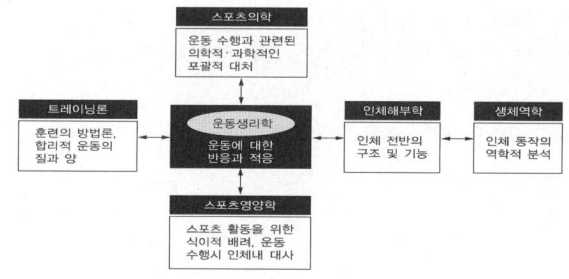

[운동생리학 관련 학문 영역]

⑤ **운동의 특이성(Specificity of Exercise)** : 동일한 운동의 자극이 있어도 반응하는 사람에 따라 생체의 반응 패턴이 다르게 나타난다.

⑥ **운동 분류의 3요소(스피드, 지속 시간, 저항)** : 스피드가 빠르면 운동 지속 시간이 짧아지고, 스피드가 느리면 지속 시간이 길어진다. 또한, 저항이 증가되면 운동의 최대 스피드는 저하되며, 저항이 클수록 지속 시간은 짧고, 저항이 적을수록 지속 시간은 길어진다.

## 핵심예제

**3-1.** <보기>의 빈칸 안에 들어갈 가장 적절한 용어는? [2018]

┌ 보기 ┐
'운동생리학'은 일정 기간 동안 운동 형태로 가해진 자극에 대해 인체가 적절하게 반응하고 (　)하는 과정 속에서 나타나는 생리학적 현상을 연구하는 학문 분야이다.

① 선 택　　　　② 수 용
③ 회 피　　　　④ 적 응

**3-2.** 운동생리학 관련 연구에 대한 설명 중 옳지 않은 것은?
[2017]

① 운동 시 신체의 기능이 어떻게 변화하는지를 연구한다.
② 운동 능력을 향상시키기 위한 훈련 과정에 적용하는 학문이다.
③ 장기간 운동에 대한 신체적 효과 및 적응에 대해 연구한다.
④ 운동 손상에 대한 수술 방법을 연구하는 학문이다.

|해설|

3-1
운동생리학이란 인체생리학의 한 분야로서, 일시적이거나 반복적인 운동으로 야기되는 인체기관계의 반응과 적응 현상, 생리기능 변화와 그 변화의 원인을 연구하는 학문이다. 따라서 <보기>의 빈칸에 들어갈 용어는 '적응'이 가장 적합하다.

3-2
운동 손상에 대한 수술 방법을 연구하는 학문은 의학이다.

**정답** 3-1 ④　3-2 ④

## 제2절 | 에너지 대사와 운동

### 핵심이론 04 에너지의 개념과 대사 작용

사람이 활동하는 데 필요한 에너지는 섭취한 음식물을 산화(Oxidation)시킬 때 생성된다. 호흡을 통해 인체 내 산소가 충분할 경우 세포 호흡 과정을 통하여 화학적 에너지를 만들어 낸다. 세포 호흡은 유기물을 산화하여 화학적 에너지를 만들어 내는 과정이라 할 수 있으며, 생물체는 여기서 만들어진 에너지를 다양한 생명활동에 이용한다.

> **에너지의 전환**
> 화학적 에너지를 다양한 에너지로 전환시키는 생체에너지 대사 과정은 연속적인 화학작용에 의해 조절된다. '화학적 에너지'는 인간 활동에서 가장 중요한 에너지 형태이다.

① 대사 작용 : 체내에서 일어나는 물질과 에너지의 모든 화학적 작용을 말한다.
② 대사 작용의 유형
　㉠ 동화 작용 : 외부에서 받아들인 영양물질이 화학변화를 통해 고분자 화합물로 합성되는 과정으로, 에너지를 흡수·저장하는 과정이다.
　　**예** 아미노산으로부터 단백질을 합성하는 과정, 포도당으로부터 글리코겐을 합성하는 과정
　㉡ 이화 작용 : 체내의 복잡한 물질이 간단한 물질로 분해되는 과정으로 에너지를 방출·소비하는 과정이다.
　　**예** 세포 호흡

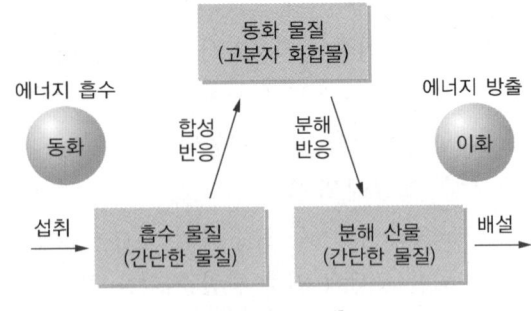

[물질대사 과정]

## 핵심예제

**〈보기〉의 빈칸에 들어갈 용어로 바르게 묶인 것은?** [2016]

┌─보기──────────────────────────┐
│ 체내의 대사과정(Metabolism)은 물질을 합성하여 에너 │
│ 지를 저장하는 ( ㉠ )과 물질을 분해하여 에너지를 소 │
│ 비하는 ( ㉡ )으로 구분된다. │
└──────────────────────────────┘

|  | ㉠ | ㉡ |
|---|---|---|
| ① | 화학 작용 | 물리 작용 |
| ② | 물리 작용 | 화학 작용 |
| ③ | 동화 작용 | 이화 작용 |
| ④ | 이화 작용 | 동화 작용 |

|해설|

대사 작용이란 체내에서 일어나는 물질과 에너지의 모든 화학적 작용을 말한다.
- 동화 작용 : 외부에서 받아들인 영양물질을 화학변화를 통해 합성하는 과정으로, 에너지를 저장하는 과정이다.
- 이화 작용 : 체내의 복잡한 물질을 간단한 것으로 분해하는 과정으로 에너지를 소비하는 과정이다.

정답 ③

## 핵심이론 05 인체의 에너지 대사

① 아데노신 3인산(ATP ; Adenosine Triphosphate)
  ㉠ 아데노신 3인산(ATP)은 1개의 아데노신과 3개의 무기인산(Pi ; Inorganic Phosphate)으로 구성된다.
  ㉡ ATPase 효소에 의해 ATP가 ADP(아데노신 2인산)와 Pi로 분해될 때 에너지가 발생한다.
  ㉢ 이때 발생한 에너지는 신체 활동을 위한 기계적 에너지, 체온 유지를 위한 열에너지, 신경 활동을 위한 전기에너지 등으로 전환되어 다양한 생명활동에 사용된다.
  ㉣ 섭취한 탄수화물, 지방, 단백질이 ATP의 공급원이다.

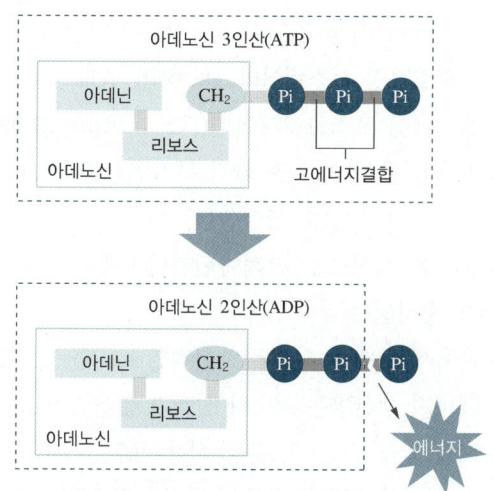

[아데노신 3인산의 분해와 에너지의 발생]

② ATP를 생성하는 3가지 대사 경로
  ㉠ ATP-PCr 시스템 : 무산소 대사
  ㉡ 해당과정(젖산시스템) : 무산소 대사
  ㉢ 산화시스템 : 유산소 대사

> **ATP의 생성 체계**
> 산소의 이용 여부에 따라 무산소성 과정과 유산소성 과정으로 나눌 수 있다. 무산소성 과정은 ATP-PCr 시스템과 무산소성 해당과정(젖산시스템)을 통해 이루어진다. 유산소성 과정은 미토콘드리아 내부의 TCA 회로와 전자전달계를 통해 이루어진다.

③ ATP-PCr 시스템 : 무산소 대사

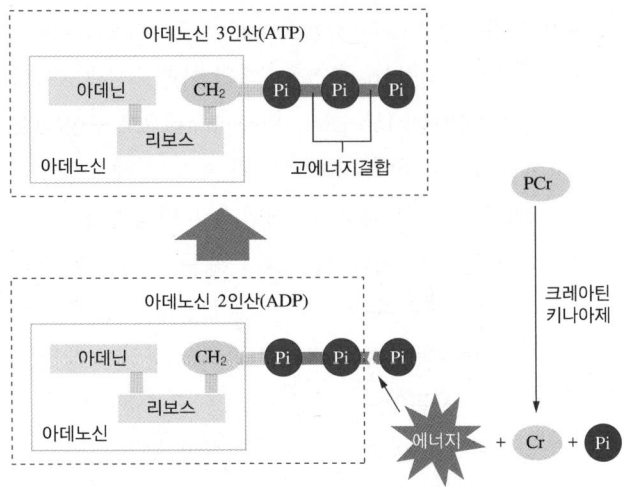

[크레아틴과 인산에 의한 ATP의 재합성]

㉠ 인체에서 가장 간단한 에너지 시스템이다.
㉡ 인원질과정 시스템이라고도 하며, ATP-PCr 시스템에서는 포스포크레아틴(PCr = PC)이 크레아틴(Cr)이 될 때 떨어져 나간 무기인산(Pi)이 ADP와 결합하여 ATP를 생성한다.
㉢ 운동을 시작하면 크레아틴키나아제에 의해 ATP가 생성된다.
㉣ 근육세포 내에 저장된 제한적인 ATP를 생산한다.
㉤ 에너지 생산량은 적으나 산소가 없을 때에도 에너지를 얻을 수 있다. 운동 시작 직후, 5~10초 이내의 단시간 고강도 운동에서 근수축에 필요한 에너지를 공급한다.
예 50~100m 단거리 달리기, 높이뛰기, 역도, 다이빙 등

④ 해당과정(Glycolysis) : 무산소 대사
㉠ 세포 내의 산소 공급이 없을 때 에너지를 얻는 방법이다.
㉡ 근육 속의 포도당(글루코스)이 피루브산(Pyruvate)으로 분해되는 무산소성 해당과정과 피루브산(Pyruvate)이 젖산으로 전환되어 축적되는 젖산 시스템이 일어난다.

㉢ 1분자의 포도당(글루코스)이 분해되면서, 2분자의 ATP와 2분자의 피루브산(Pyruvate)이 생성된다.

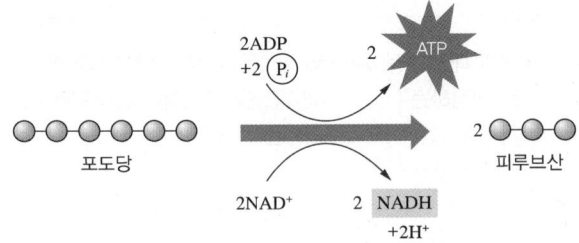

㉣ 400m 전력 달리기 시 필요한 ATP를 공급한다.
㉤ 젖산 시스템
 • 산소가 불충분하면 수소이온($H^+$)과 피루브산(Pyruvate)이 결합하여 젖산을 형성한다.
 • 젖산 시스템의 에너지 공급 시간은 약 1분 전후이다.
 • 젖산은 피로를 초래하는 물질로, 특정 농도 이상으로 근육에 축적되면 근수축이 제한된다.
㉥ 코리 사이클(Cori Cycle)
 운동 중 근육 내에서 해당과정과 젖산 시스템의 결과로 생성된 젖산 일부는 혈액으로 확산되어 간으로 운반되고, 간에서 포도당으로 전환된 후 다시 혈액을 통해 근육으로 보내져 운동에 필요한 에너지를 생산하는 데 쓰인다.

⑤ 산화 시스템 : 유산소 대사
㉠ 해당과정 결과 생성된 피루브산이 산소가 존재할 경우, 아세틸 CoA로 변환되어 미토콘드리아 내로 들어가 크렙스(TCA) 회로와 전자전달계를 거쳐 다량의 ATP로 합성된다.
㉡ 운동이 약 60초 이상 지속될 때, 혈액으로부터 산소를 공급받아 ATP 합성이 진행된다.
㉢ 주 에너지 공급원은 글루코스와 유리지방산이다.
㉣ 장시간 운동 수행 시 주로 사용된다.
예 800m 수영, 마라톤 등
㉤ 크렙스 회로(TCA 회로)
 • 1분자의 당에서 2분자의 피루브산이 생산되는데, 이 피루브산이 $CO_2$, 전자, 수소 이온으로 분해되는 과정이다.

- 인원질과정 및 무산소성 해당과정과 비교했을 때, 에너지 공급 속도가 가장 느리다.
- 미토콘드리아 내 산소를 사용하여 ATP를 생성하며, 산소가 충분히 공급되는 동시에 체내에 당과 지방질이 있으면 지속적으로 에너지를 공급할 수 있다.
- 해당 작용에서 생성된 피루브산이 아세틸조효소A(Acetyl-CoA)로 전환된다.
- 이산화탄소가 빠지고 전자와 수소이온이 분리되며, 시트르산이 회로의 모든 과정을 거치는 가운데 에너지가 발생한다.
- 크렙스 회로는 주로 시트르산 탈수소효소에 의해 조절된다.

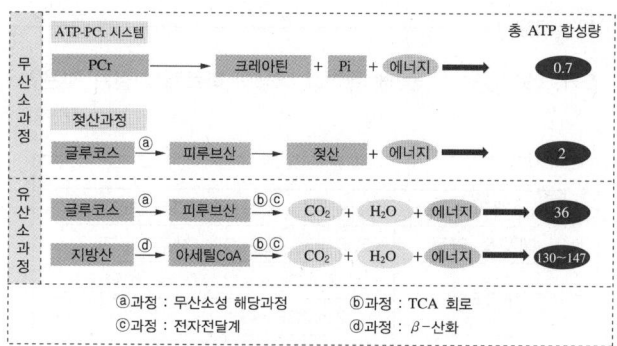

[각 에너지 대사의 ATP 합성 과정]

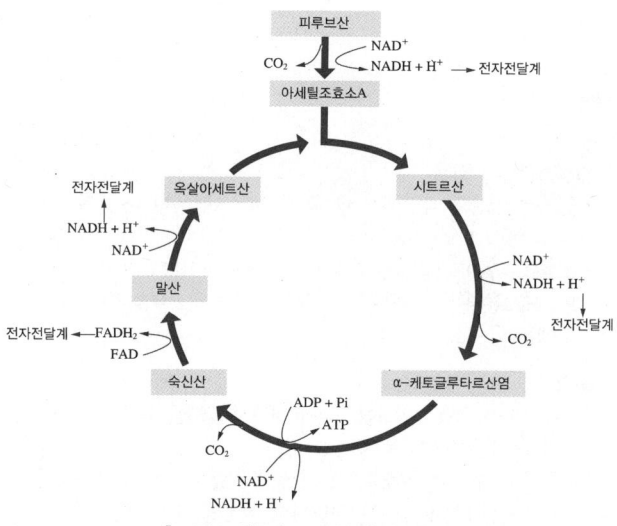

[크렙스 회로(TCA 회로)의 구조]

ⓑ 전자전달계 : 호흡과정을 통해 해당작용과 TCA 회로에서 방출된 전자와 수소이온을 물로 산화시키고 형성하는 화학반응이다.

⑥ ATP 생성에 따른 에너지 시스템의 비교

| 구 분 | ATP-PCr 시스템 | 젖산 시스템 | 산화시스템 |
|---|---|---|---|
| 음식/화학적 연료 | 크레아틴 | 글리코겐 | 지방, 단백질, 글리코겐 |
| 산소 사용 여부 | 무산소성 과정 | 무산소성 과정 | 유산소성 과정 |
| 반응속도 | 가장 빠름 | 빠 름 | 느 림 |
| 상대적 ATP 생성량 | 극히 매우 적음 | 매우 적음 | 많 음 |

## 핵심예제

**5-1.** 〈보기〉의 ㉠, ㉡에 들어갈 내용이 바르게 연결된 것은? [2023]

┌보기┐

| 1개의 포도당 분해에 따른 유산소성 ATP 생성 |||
|---|---|---|
| 대사적 과정 | 고에너지 생산 | ATP 누계 |
| 해당작용 | 2 ATP | 2 |
|  | 2 NADH | 7 |
| 피루브산에서 아세틸조효소 A까지 | 2 NADH | 12 |
| ㉠ | 2 ATP | 14 |
|  | 6 NADH | 29 |
|  | 2 FADH$_2$ | ㉡ |
| 합계 || ㉡ ATP |

|   | ㉠ | ㉡ |
|---|---|---|
| ① | 크렙스 회로 | 32 |
| ② | β 산화 | 32 |
| ③ | 크렙스 회로 | 35 |
| ④ | β 산화 | 35 |

**5-2.** 〈보기〉의 내용 중 옳은 것으로만 묶인 것은? [2021]

┌보기┐
- ㉠ 유산소 시스템 – 장시간의 운동 시 글루코스 외에도 유리지방산을 이용하여 ATP 합성
- ㉡ 유산소 시스템 – 세포질에서 크렙스 회로와 전자전달계를 통해 ATP 합성
- ㉢ 무산소 해당 시스템 – 혈액 혹은 글리코겐으로부터 얻어진 포도당을 피루브산으로 분해
- ㉣ 무산소 해당 시스템 – 산화적 인산화를 통해 피루브산을 젖산으로 분해
- ㉤ ATP-PCr 시스템 – 세포 내 ADP 또는 Pi의 농도가 증가할 때 포스포프룩토키나아제(PFK)를 활성화시켜 ATP 합성
- ㉥ ATP-PCr 시스템 – 단시간의 폭발적인 힘을 발휘하는 운동 시 PCr이 분해되며 발생한 에너지를 이용하여 ATP 합성

① ㉠, ㉢, ㉥  ② ㉠, ㉣, ㉤
③ ㉡, ㉢, ㉥  ④ ㉡, ㉣, ㉤

**5-3.** 〈보기〉의 에너지 대사 과정에 관한 설명 중 옳은 것만을 모두 고른 것은? [2024]

┌보기┐
- ㉠ 해당과정 중 NADH는 생성되지 않는다.
- ㉡ 크렙스 회로와 베타산화는 미토콘드리아에서 관찰되는 에너지 대사 과정이다.
- ㉢ 포도당 한 분자의 해당과정의 최종산물은 ATP 2분자와 피루브산염 2분자(또는 젖산염 2분자)이다.
- ㉣ 낮은 운동강도(예 VO$_{2max}$ 40%)로 30분 이상 운동 시 점진적으로 호흡교환율이 감소하고 지방 대사 비중은 높아진다.

① ㉠, ㉡
② ㉠, ㉣
③ ㉡, ㉢
④ ㉡, ㉢, ㉣

|해설|

**5-1**
**크렙스(TCA) 회로**
- 산화적 인산화 과정에서 아세틸 조효소A단계의 다음 과정은 ㉠ 크렙스 회로이다.
- 조효소 NADH 1분자는 2.5 ATP를 생성하고(2.5 × 6 = 15), FADH$_2$ 1분자는 1.5 ATP를 생성하므로(1.5 × 2 = 3), 총 ATP의 누계는 ㉡ 32 ATP이다.

**5-2**
- ㉡ 유산소 시스템 : 미토콘드리아 내에서 크렙스 회로와 전자전달계를 통해 ATP를 합성한다.
- ㉣ 무산소 해당 시스템 : 산소가 불충분할 때 수소이온(H$^+$)과 피루브산(Pyruvate)이 결합하여 젖산을 형성한다.
- ㉤ ATP-PCr 시스템 : 세포 내 ADP 또는 Pi의 농도가 증가할 때 크레아틴키나아제(CK)를 활성화시켜 ATP를 합성한다.

**5-3**
해당과정은 당원을 분해하는 과정으로 1단위의 포도당을 분해할 때 2단위의 ATP를 이용하여 2분자의 NADH와 4분자의 ATP, 2분자의 피루브산을 생성하게 된다.

정답 5-1 ① 5-2 ① 5-3 ④

**핵심이론 06** 체내 주요 영양소의 에너지 대사

생체 에너지원은 유기화합물인 탄수화물, 지방, 단백질이며, 생체 에너지원의 분해를 통해 근수축 지속에 요구되는 에너지(ATP)가 생성된다.

① 탄수화물
  ㉠ 탄수화물의 특성
    - 신체에서 가장 신속하게 에너지를 공급하는 연료이다.
    - 탄소, 수소, 산소로 구성된다.
    - 탄수화물 1g당 약 4kcal의 에너지가 방출된다.
    - 포도당은 근육 및 간에서 글리코겐의 형태로 저장된다.
    - 운동 시 근육 및 간의 당 분해(Glycogenolysis) 과정으로 근수축 에너지가 형성된다.
    - 운동 초기에, 운동 강도가 높을 때 이용률이 높다.
    - 고강도 운동 시 대부분의 에너지를 공급한다.
    - 단백질과 지방의 신진대사를 조절하는 에너지원이다.
  ㉡ 탄수화물의 형태
    - 단당류(Monosaccharides) : 탄수화물 중 더 이상의 간단한 화합물로 가수분해되지 않는 당류로 포도당, 과당, 갈락토스가 있다.
    - 이당류(Disaccharides) : 2개의 당이 결합된 탄수화물로 설탕, 젖당, 엿당 등이 있다.
    - 다당류(Polysaccharides) : 여러 개의 당이 결합한 탄수화물로 녹말, 글리코겐, 셀룰로스가 있다.

② 지방
  ㉠ 지방의 특성
    - 탄수화물보다 산소에 대한 탄소의 비율이 높다.
    - 지방 1g당 약 9kcal의 에너지가 방출된다.
    - 중간 강도의 장시간의 운동에 적합한 에너지원이다.
    - 포도당과 지방은 서로 전환되어 에너지원으로 사용되기도 한다.
    - 체내 기관을 보호하며, 체온을 유지한다.
  ㉡ 지방의 형태
    - 중성지방(Triglyceride) : 지방조직과 골격근 등에 저장된다. 중성지방은 리파아제(Lipase)에 의해 지방산과 글리세롤(Glycerol)로 분해된다.
    - 지방산(Fatty Acid) : 근육 에너지원으로 사용된다. 지방산은 베타산화($\beta$-oxidation)를 거쳐 ATP 생성에 사용된다.
    - 글리세롤(Glycerol) : 간에서 당신생합성을 통해 포도당으로 합성된다.
    - 인지질(Phospholipid) : 세포막을 구성하고, 신경세포 주위에 절연체를 형성한다.
    - 스테로이드(Steroid) : 세포막을 구성하고, 성호르몬인 에스트로겐, 프로게스테론, 테스토스테론 합성에 이용된다.

③ 단백질
  ㉠ 단백질의 특성
    - 세포 및 신체조직을 구성한다.
    - 혈장 단백질과 호르몬을 구성한다.
    - 체내의 수분 및 산염기의 평형을 조절한다.
    - 단백질 1g당 약 4kcal의 에너지가 방출된다.
    - 고강도 장시간 운동 시 에너지가 부족할 때, 장기간 굶었을 때 주로 에너지원으로 사용된다.
  ㉡ 단백질의 형태
    - 단백질은 아미노산으로 분해된 후 골격근에서 직접 이용된다.
    - 아미노산은 당신생합성 과정을 통해 포도당으로 전환된 후 이용된다.
    - 아미노산은 아세틸CoA로 전환되거나 TCA회로의 중간 산물로 전환되어 이용되기도 한다.

④ 호흡 교환율(Respiratory Exchange Ratio ; RER)

$$RER = \frac{VCO_2}{VO_2}$$

  ㉠ 분당 산소섭취량($VO_2$)과 이산화탄소생성량($VCO_2$) 사이의 비율을 뜻한다.

ⓒ 에너지 대사 과정에서 단백질의 참여 비율은 지극히 낮으므로 단백질의 영향은 일반적으로 무시하며, 비단백성 RER이라고도 부른다.
ⓓ 호흡교환율이 1에 가까울수록 고강도 운동으로 혈중 젖산 농도가 증가하며, 에너지 대사의 연료로 탄수화물을 거의 100% 사용한다.
ⓔ 에너지 대사의 원료로 지방이 100% 사용될 때의 호흡교환율은 0.7이다.
ⓕ 지방 산화가 탄수화물 산화보다 더 많은 양의 산소를 필요로 한다.
ⓖ 호흡교환율에 따른 에너지 대사 비율

| 호흡교환율<br>(높을수록 고강도 운동) | 탄수화물로부터 소비되는 칼로리(%) | 지방으로부터 소비되는 칼로리(%) |
| --- | --- | --- |
| 0.70 | 0.0 | 100.0 |
| 0.75 | 15.6 | 84.4 |
| 0.80 | 33.4 | 66.6 |
| 0.85 | 50.7 | 49.3 |
| 0.90 | 67.5 | 32.5 |
| 0.95 | 84.0 | 16.0 |
| 1 | 100.0 | 0.0 |

ⓗ 호흡교환율을 통한 소비 열량 계산

$$소비열량(kcal) = VO_2(L/min) \times 시간(min)$$

**운동 후 초과산소섭취량**
- 격렬한 활동 후 신체의 산소 부채를 제거하기 위해 산소 섭취량이 증가하는 것을 의미한다.
- 운동 후 VCO$_2$는 빠르게 감소하지만, 몇 분 동안 VO$_2$는 운동 전 수준 이상으로 유지된다.
- ATP-PC와 체내 저장 산소 보충, 혈압 감소, 젖산 제거, 글리코겐 재합성, 체온 강하, 심장과 환기 작용을 위한 산소 소비 등에 산소가 활용된다.

⑤ 에너지 소비량 측정 방법
㉠ MET(Metabolic Equivalent Task) 운동계산법
- MET : 운동 강도에 따라 필요로 하는 산소의 양
- 1METs : 안정 시 1분 동안 사용한 산소의 양

$$1METs = 3.5mL/kg/min(체중 1kg이 1분에 3.5mL의 산소가 필요)$$

- 분당 에너지 소비량(kcal/min) = (METs × 3.5 × 체중)/200

㉡ RMR(안정 시 대사량) 계산법 : 휴식 시 연소하는 칼로리 양
- 남자 = 66.4 + (13.7 × 체중) + (5.0 × 신장) − (6.8 × 나이)
- 여자 = 665 + (9.6 × 체중) + (1.8 × 신장) − (4.7 × 나이)

### 핵심예제

**6-1.** 〈보기〉의 ㉠, ㉡에 들어갈 내용이 바르게 연결된 것은?

[2023]

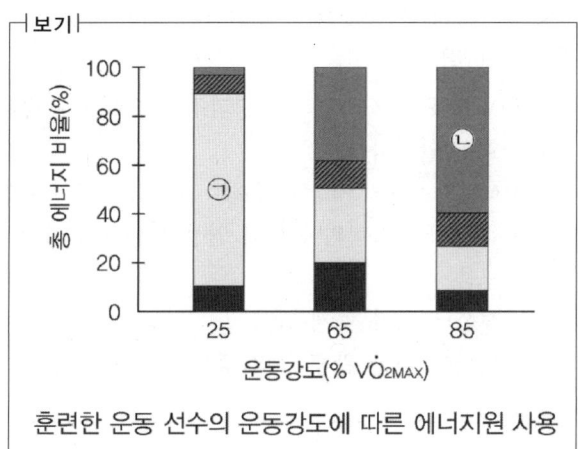

보기

훈련한 운동 선수의 운동강도에 따른 에너지원 사용

| | ㉠ | ㉡ |
|---|---|---|
| ① | 혈중 포도당 | 근중성지방 |
| ② | 혈중 유리지방산 | 근글리코겐 |
| ③ | 근글리코겐 | 혈중 포도당 |
| ④ | 근중성지방 | 혈중 유리지방산 |

**6-2.** 체중이 80kg인 사람이 10METs로 10분간 달리기했을 때 소비 칼로리는? (단, 1MET=3.5mL·kg$^{-1}$·min$^{-1}$, $O_2$ 1L 당 5kcal 소비)  [2023]

① 130kcal  ② 140kcal
③ 150kcal  ④ 160kcal

|해설|

**6-1**

**운동 강도에 따른 에너지원의 사용**

인체는 운동 강도에 따라 지방, 탄수화물, 단백질 순으로 에너지원으로 사용한다. 저강도에서는 대부분의 에너지원으로 ㉠ 혈중의 유리지방산을 사용하고, 고강도에서는 대부분의 에너지원으로 빠르게 분해해 사용할 수 있는 ㉡ 근육 속 글리코겐을 사용한다.

**6-2**

**대사당량(METs)과 열량 소비**

체중이 80kg인 사람이 10METs로 10분간 달리기했을 때 소비한 칼로리는 1METs 공식으로 산출할 수 있다.

$$1METs = 3.5mL/kg/min$$

- 소비한 산소량 계산 : 10 × 3.5mL/kg/min × 80kg × 10min = 28,000mL
- mL를 L로 환산 : 28000mL/1000 = 28.0L
- 소모한 칼로리 계산 : 산소 1L 당 5kcal를 소비하므로 28.0L × 5kcal = 140kcal

∴ 이 사람이 소비한 총 칼로리는 140kcal이다.

**정답** 6-1 ② 6-2 ②

## 핵심이론 07 트레이닝에 의한 대사적 적응

① 유산소 트레이닝에 의한 적응
  ㉠ 심폐조직의 유산소 능력 향상
    • 최대 산소섭취량 증가(최대하 운동 시는 최대산소섭취량 감소)
    • 1회박출량 및 최대심박출량 증가
    • 최대하 운동 중 심박수 감소
    • 혈액량 및 헤모글로빈 증가
  ㉡ 근육 조직의 유산소성 대사 능력 향상
    • 미토콘드리아 및 마이오글로빈 밀도 증가
    • 근섬유를 둘러싼 모세혈관의 밀도 증가
    • 근섬유의 항산화 능력 향상
    • 지근섬유(ST섬유)의 비대, FTa섬유의 비율 증가
    • 산화적 인산화에 관여하는 효소 증가
    • 젖산 역치가 늦게 발생
    • 운동 지속 시간 증가

    > **젖산 역치**
    > 운동 부하를 점차 증가시키는 과정에서 혈중 젖산 농도가 급격히 증가하는 시점이 있는데, 이때의 운동 강도를 젖산 역치라고 한다.
    > **젖산 역치가 발생하는 원인**
    > • 근육 내 산소량 감소
    > • 속근섬유 사용률 증가
    > • 무산소성 해당과정 의존율 증가

  ㉢ 기타 적응 : 지방 사용을 증가시키고, 글리코겐의 소모를 줄임(최대하 운동 중 지방 대사 능력 향상)
  ㉣ 장시간 유산소 운동이 비만인의 혈액 성분에 미치는 영향
    • 혈중 중성지방 감소
    • 혈중 저밀도 지단백(Low Density Lipoprotein ; LDL) 콜레스테롤 감소
    • 혈중 고밀도 지단백(High Density Lipoprotein ; HDL) 콜레스테롤 증가
    • 혈중 총콜레스테롤 감소

② 무산소 트레이닝에 의한 적응
  ㉠ 근비대와 근력의 증가
    • 속근섬유(FT섬유)의 근비대
    • 근력의 증가로 피로에 견디는 능력 향상
  ㉡ 기타 적응
    • ATP-PCr 시스템과 해당과정 시스템에 관련된 효소 활성화
    • ATP와 PCr의 저장량 증가로 에너지 공급이 원활
    • 유산소 시스템의 산화적 인산화 능력 향상에도 도움
    • 젖산 역치가 늦게 발생
    • 젖산에 대한 완충 능력 향상

### 핵심예제

**7-1. 장기간의 규칙적인 유산소 훈련에 따른 생리적 적응현상으로 적절하지 않은 것은?** [2019]

① 근섬유의 항산화능력 향상
② 지근섬유의 속근섬유로의 전환
③ 근섬유의 미토콘드리아 밀도 증가
④ 최대하운동 중 지방대사능력의 향상

**7-2. 유산소성 트레이닝을 통한 근육 내 미토콘드리아 변화와 관련된 설명으로 옳지 않은 것은?** [2024]

① 근원섬유 사이의 미토콘드리아 밀도 증가
② 근육 내 젖산과 수소 이온($H^+$) 생성 감소
③ 손상된 미토콘드리아 분해 및 제거율 감소
④ 근육 내 크레아틴 인산(Phosphocreatine)소모량 감소

**7-3. 스프린트 트레이닝 후 나타나는 생리적 적응으로 옳은 것은?** [2022]

① 속근섬유 비대 – 해당과정을 통한 ATP 생산능력 향상
② 지근섬유 비대 – 해당과정을 통한 ATP 생산능력 향상
③ 속근섬유 비대 – 해당과정을 통한 ATP 생산능력 저하
④ 지근섬유 비대 – 해당과정을 통한 ATP 생산능력 저하

| 해설 |

**7-1**
장기간 유산소 운동을 규칙적으로 하면, 유산소성 대사에 유리한 지근섬유가 발달하게 된다.

**7-2**
손상된 미토콘드리아가 스스로 사멸하는 과정을 '미토파지(Mitophagy)'라고 하는데 이 과정에 관여하는 단백질 인자가 유산소성 트레이닝 수행 시 일정 수준으로 증가한다. 따라서 유산소성 트레이닝 시 손상된 미토콘드리아 분해 및 제거율이 증가한다.

**7-3**
스프린트 트레이닝은 쉽게 피로해지는 지근섬유 대신 인원질의 양이 많고 마이오신 ATPase 활성도가 높기 때문에 무산소성 대사능력이 좋은 속근섬유를 주로 사용한다.

정답 7-1 ② 7-2 ③ 7-3 ①

## 제3절 | 신경조절과 운동

### 핵심이론 08 신경계의 구조와 기능

① 신경계 : 신체 활동에 포함되는 인간의 여러 가지 사고, 감정, 행동의 조절을 담당하며, 구조적으로 중추신경계와 말초신경계로 구분한다.
  ㉠ 중추신경계 : 뇌와 척수로 구성된다.
  ㉡ 말초신경계 : 중추신경계 외부의 모든 신경구조를 의미하며, 뇌신경, 척수신경 및 관련 신경절로 구성된다.

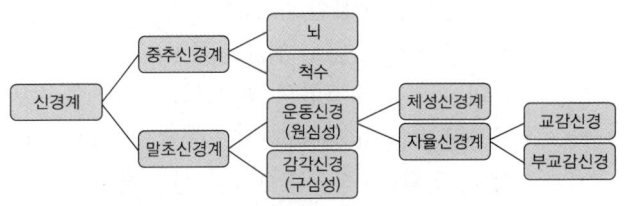

[신경계의 구조]

② 중추신경계(뇌와 척수)

| | |
|---|---|
| 대 뇌 | • 고등 정신 활동(기억, 추리, 판단, 감정)<br>• 운동기능(의식적 운동), 감각기능(시각, 청각 등 지각 정보 수용) |
| 소 뇌 | 몸의 균형과 평형 유지(골격근 조절), 복잡한 운동 수행(근육 운동 협응) |
| 간 뇌 | • 시상과 시상하부로 구성<br>• 체온 조절, 물질대사 조절, 체액의 삼투압 조절 등 항상성을 조절하는 중추 |
| 뇌 간<br>(뇌줄기) | • 중뇌, 뇌교, 연수로 구성되며, 호흡 조절, 혈압 조절, 평형 조절, 심폐 기능 및 위장관 기능 조절 등 인체의 생명을 유지하는 데 필수적인 기능을 담당하는 생명중추<br>• 의식상태의 결정(각성과 수면)<br>• 골격근 기능 조절 및 근 긴장 유지<br>• 망상체 : 척수에서 받은 정보를 조절해 대뇌피질로 보내는 그물처럼 생긴 신경망으로 뇌간과 시상을 연결 |
| 척 수 | • 뇌와 말초신경 사이에서 자극과 명령을 전달하는 통로<br>• 무조건 반사의 중추 |

③ 말초신경계
  ㉠ 감각신경(구심성) : 감각수용기에서 신체 상태에 대한 감각정보를 받아들여 중추신경계로 전달한다.
    • 피부감각수용기 : 피부 여러 곳에 위치하여 고통이나 압박, 뜨거움, 차가움 또는 화학적 자극에 반응한다.
    • 특수감각수용기(미각, 촉각, 후각, 청각, 시각) : 물체에 대한 정보를 제공하는 중요한 수용기이다.
    • 전정기관 : 귀의 내이에 위치하며, 몸의 균형과 평형을 감지한다.
  ㉡ 운동신경(원심성) : 중추신경계에서 얻은 정보를 근섬유나 내장기관으로 전달하며, 체성신경계와 자율신경계로 구분할 수 있다.
    • 체성신경계(Somatic Nervous System) : 골격근의 수의적 움직임을 조절한다.
    • 자율신경계(Automamic Nervous System) : 내장근, 평활근, 심장근, 내분비선 같은 불수의적인 운동을 조절하며, 신체의 내부 환경을 일정하게 유지하는 항상성(Homeostasis) 조절에 중요한 역할을 한다. 교감신경과 부교감신경으로 구분한다.

| | |
|---|---|
| 교감신경<br>(흥분성) | • 위급상황이나 스트레스 상황에서 활동 수행, 맥박 증가, 혈압 상승, 소화 억제<br>• 신경절 전 신경말단-아세틸콜린 분비, 신경절 후 신경말단-노르에피네프린(노르아드레날린) 분비 |
| 부교감신경<br>(억제성) | • 교감신경과 길항작용, 맥박 감소, 혈압 강하, 소화 촉진<br>• 신경절 전 신경말단-아세틸콜린 분비, 신경절 후 신경말단-아세틸콜린 분비 |

### 핵심예제

**8-1. 운동 중 소뇌의 기능에 대한 설명으로 옳은 것을 모두 고른 것은?** [2023]

┤보기├
㉠ 골격근 운동 조절의 최종 단계 역할
㉡ 빠른 동작의 정확한 수행을 위한 통합 조절
㉢ 고유 수용기로부터 유입되는 정보를 활용하여 동작 수정

① ㉠, ㉡    ② ㉠, ㉢
③ ㉡, ㉢    ④ ㉠, ㉡, ㉢

**8-2. 〈보기〉에서 설명하는 중추신경계 기관으로 옳은 것은?** [2022]

┤보기├
• 시상과 시상하부로 구성된다.
• 시상은 감각을 통합·조절한다.
• 시상하부는 심박수와 심장 수축, 호흡, 소화, 체온, 식욕 및 음식 섭취를 조절한다.

① 간뇌(Diencephalon)    ② 대뇌(Cerebrum)
③ 소뇌(Cerebellum)    ④ 척수(Spinal Cord)

|해설|

8-1
골격근 운동과 같은 수의근을 최종적으로 조절하는 것은 대뇌이다.
**소뇌의 기능**
소뇌는 ㉡ 빠른 동작의 정확한 수행을 위한 통합적인 조절을 담당하며, ㉢ 고유 수용기로부터 유입되는 정보를 활용하여 동작을 수정하는 역할을 한다. 그와 더불어 평형감각기로부터 오는 정보에 따라 몸의 평형을 유지하는 역할을 하며, 신체가 어떠한 동작을 취할 때 제 부분이 협응하게 한다.

8-2
간뇌는 시상과 시상하부로 구성된다. 시상은 감각 조절 중추이고 시상하부는 체온, 혈당, 물질대사 등 항상성 조절 중추이다.

정답 8-1 ③  8-2 ①

## 핵심이론 09 근육과 관절에 있는 감각 수용기

① 고유수용기 : 근육과 관절에 있는 특별한 감각 수용기이다.
② 고유수용기는 근육, 힘줄(건), 인대, 관절에서 오는 여러 가지 감각 정보를 중추신경계에 전달하고, 협응적인 운동을 가능하게 하며, 근방추, 골지건기관, 관절수용기, 화학수용기가 있다.

| | |
|---|---|
| 근방추 | • 골격근에서 발견<br>• 근육의 길이를 감지, 근육의 과도한 신장을 억제<br>• 근육의 급격한 신전 시 반사적 근육 활동을 촉발 |
| 골지건기관<br>(건방추) | • 수용기가 활성되면 주동근의 수축을 억제<br>• 저항성 운동에 중요한 역할<br>• 근육 수축을 통해 발생되는 장력 변화 감지<br>• 장력을 억제하여 잠재적 위험성 감소 |
| 관절수용기 | • 힘줄, 인대, 근육, 관절막에 위치<br>• 관절의 각도, 관절의 가속도, 압력에 의해 변형된 정도에 관한 정보를 중추신경계에 전달 |
| 화학수용기 | 근육의 대사량, 근육 내 pH, 세포 외 칼륨 농도, $O_2$와 $CO_2$의 압력 변화를 감지하여 중추신경계에 정보 전달 |

### 핵심예제

〈보기〉에서 설명하는 고유 수용기는? [2023]

┌─보기─────────────────────┐
• 감각 및 운동신경의 말단이 연결되어 있다.
• 감마 운동 뉴런을 통해 조절된다.
• 근육의 길이 정보를 중추신경계로 보낸다.
└──────────────────────────┘

① 근방추(Muscle Spindle)
② 골지건기관(Golgi Tendon Organ)
③ 자유신경종말(Free Nerve Ending)
④ 파치니안 소체(Pacinian Corpuscle)

|해설|
**근방추**
근방추는 근섬유에 나란히 부착되어 근육 길이의 변화를 감지하는 기관으로 근육이 과도하게 길어지지 않도록 억제하는 역할을 한다. 감마 운동 뉴런을 통해 조절되고 큰 근육보다는 상대적으로 미세한 움직임이 요구되는 작은 근육에 많이 분포되어 있다.

정답 ①

## 핵심이론 10 뉴런의 구조와 전기적 활동

① 뉴런 : 신경계의 기능적 단위이며, 신경세포체, 수상돌기, 축삭돌기로 구성된다.

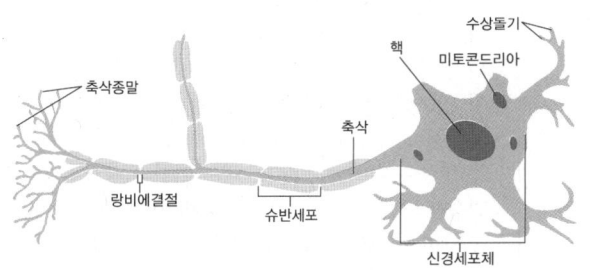

[운동뉴런의 구조]

㉠ 신경세포체(Neuron Cell Body) : 핵을 가지고 있고, 신경세포 대사의 중심을 담당한다.
㉡ 수상돌기(Dendrites) : 신경세포체에서 뻗어 나온 여러 개의 짧은 돌기로, 다른 뉴런이나 기관에서 오는 자극을 받아들여 신경세포체로 전달한다.
㉢ 축삭돌기(Axon) : 신경세포체에서 길게 뻗어 나온 돌기로, 다른 뉴런이나 반응 기관으로 자극을 전달한다.

② 신경세포에서 자극의 전달 순서

신경자극 → 수상돌기 → 세포체 → 축삭 → 축삭종말

③ 세포막전위
㉠ 안정 시 막전위(휴지막전위) : 자극을 받지 않았을 때 세포막 안팎에 나타나는 전위로, 약 −70mV 정도이다.
• 신경세포를 포함한 모든 세포는 안정 시 세포 내 음전하 상태이다.
• 안정 시 막전위의 결정요소는 이온의 종류에 따라 반응하는 세포막의 투과성과 세포막 안팎의 이온 농도 차이이다.

ⓒ 활동전위 : 역치 이상의 자극을 받았을 때 발생하는 전위로, 약 +35mV 정도이다.

- 역치 : 신경세포 막의 차등성전위(Graded Potential)가 활동전위(Action Potential)로 바뀌는 시점을 말하며, 세포가 활동전위를 일으킬 수 있는 최소한의 자극의 세기(약 −50mV)로, 자극이 약해서 역치에 도달하지 않으면 반응이 일어나지 않는다.
- 실무율(All or None Law) : 역치 이하의 자극에 대해서는 반응이 일어나지 않고, 역치 이상의 자극일 경우 일정한 크기의 활동 전위가 생성된다(단일세포가 아닌 근육이나 신경다발과 같은 조직에서는 실무율이 적용되지 않는다).

④ 뉴런에서의 흥분 전도

㉠ 흥분의 전도 과정

| 분극 (안정막전위, 휴지막전위) | • 세포막 안은 높은 $K^+$농도를, 세포막 밖은 높은 $Na^+$농도를 형성($Na^+$-$K^+$펌프에 의해 $Na^+$는 3단위가 밖으로, $K^+$는 2단위가 안으로 이동)<br>• 세포막의 투과성 차이로 $Na^+$통로는 대부분 닫히고 $K^+$통로는 조금 열려, 세포 안으로 유입되는 $Na^+$보다 세포 밖으로 이동하는 $K^+$이 더 많아 세포막 내의 양전하 손실이 초래되어 세포 내 음전하 상태 형성 |
|---|---|
| 탈분극 (활동전위, 흥분의 전도) | • 뉴런에 자극이 가해지면 $Na^+$통로가 열리고, $Na^+$이 세포 안으로 들어와 막전위가 변화되어 활동 전위 생성<br>• $Na^+$이 유입된 옆부분으로 탈분극이 확산되어 흥분 전도 |
| 재분극 | • 활동 전위 형성 부분의 $Na^+$통로가 닫히고, $K^+$통로가 열려 세포 밖으로 $K^+$이 확산되면서 세포 내 음전하 상태 형성<br>• 세포막 투과성이 회복되고, $Na^+$-$K^+$펌프가 작용하여 안정 시 막전위를 회복 |
| 과분극 | • 일부 $K^+$통로의 열린 상태가 유지되어 추가적으로 $K^+$이 세포 밖으로 나가는 현상<br>• 세포막 안이 안정막전위보다 더욱 음전하가 됨 |

㉡ 한 뉴런 내의 흥분의 전도는 '분극 → 탈분극 → 재분극'의 과정을 통해 이루어진다.

⑤ 시냅스에서의 흥분 전달 : 한 뉴런에서 다른 뉴런으로 흥분이 이동하는 것이다.

**화학적 시냅스의 흥분 전달 과정**
활동 전위가 시냅스 전 뉴런의 축삭 종말에 도달 → 칼슘 통로 열림(세포 내로 칼슘 유입) → 시냅스 소포에서 시냅스 틈으로 신경전달물질(아세틸콜린) 분비 → 시냅스 전 뉴런에서 시냅스 후 뉴런의 수상 돌기로 아세틸콜린 확산 → 시냅스 후 뉴런의 $Na^+$에 대한 막투과성이 커져 탈분극 일어남 → 시냅스 후 뉴런의 활동 전위 발생, 흥분 전달

## 핵심예제

**10-1. 신경자극에 대한 설명으로 옳지 않은 것은?** [2017]

① 탈분극은 Na⁺이 세포 밖에서 안으로 유입되면서 양전하가 세포 내에 증가하는 현상이다.
② 과분극은 K⁺ 통로의 열린 상태가 유지되어 추가적으로 K⁺이 세포 밖으로 나가는 현상이다.
③ 세포막의 자극이 역치를 넘어서지 않으면 활동전위(Action Potential)가 생성되지 않는다.
④ 안정막전위는 세포 밖은 K⁺, 세포 안은 Na⁺이 많은 상태로 분리되어 있다.

**10-2. 〈보기〉에서 설명하는 신경세포 활동전위의 단계로 옳은 것은?** [2021]

┌보기┐
- 칼륨(K⁺) 채널이 열려있고, 칼륨이 세포 외로 이동하면서 세포 내는 음전하를 띠게 되는 단계
- 이 단계 이후 칼륨 채널이 닫히고, 칼륨의 세포 외 유출이 적어짐에 따라 안정막전위로 복귀

① 과분극  ② 탈분극
③ 재분극  ④ 불응기

**10-3. 〈보기〉는 신경 세포의 안정 시 막전위에 영향을 주는 Na⁺과 K⁺에 대한 그림이다. ㉠~㉣에 들어갈 내용이 바르게 연결된 것은?** [2023]

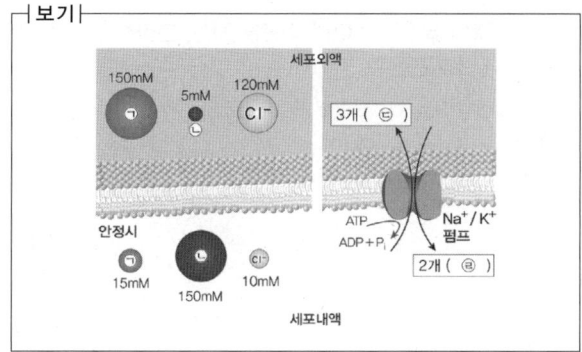

|   | ㉠ | ㉡ | ㉢ | ㉣ |
|---|---|---|---|---|
| ① | K⁺ | Na⁺ | Na⁺ | K⁺ |
| ② | Na⁺ | K⁺ | Na⁺ | K⁺ |
| ③ | K⁺ | Na⁺ | K⁺ | Na⁺ |
| ④ | Na⁺ | K⁺ | K⁺ | Na⁺ |

|해설|

**10-1**
세포막은 특정 물질만을 통과시키는 선택적 투과성이 있어서 세포 안과 밖의 전위차가 생기는데 이를 안정막전위라고 한다. 세포막 밖에는 Na⁺이 많고, 세포막 안에는 K⁺이 많다.

**10-2**
과분극은 칼륨(K⁺) 통로가 열린 상태가 유지되어 추가적으로 칼륨이 세포 외로 이동하면서 세포 내는 음전하를 띠게 되는 단계를 뜻한다. 이 단계 이후 칼륨 통로가 닫히고 칼륨의 세포 외 유출이 적어짐에 따라 안정막전위로 복귀하게 된다.

**10-3**
**세포의 전기적 활동**
분극 상태(세포의 안정 시 막전위 상태)에서 세포 안은 칼륨이온(K⁺)이 많아 음전하를 띠고, 세포 밖은 나트륨이온(Na⁺)이 많아 양전하를 띤다. 세포는 항상 전위차를 유지하기 위해 세포막에서 에너지(ATP)를 써서 나트륨-칼륨펌프를 가동하는데, 세포 밖으로는 나트륨이온(Na⁺)을 3개씩 내보내고 세포 안으로는 칼륨이온(K⁺)을 2개씩 들여보내며 일정한 전위차를 유지한다.

정답 10-1 ④ 10-2 ① 10-3 ②

## 제4절 | 골격근과 운동

### 핵심이론 11 골격근의 구조와 기능

근육은 모양에 따라 횡문근(가로무늬근)과 평활근(민무늬근)으로 분류되며, 기능적으로는 생체의 의사에 따라 근육운동이 가능한 수의근과 불가능한 불수의근으로 분류된다. 골격근은 인체의 수의적 조절이 가능한 수의근이며, 심장근과 내장근은 불수의근이다.

① 골격근의 구조
  ㉠ 모양상 횡문근이며, 기능상 수의근이다.
  ㉡ 골격근은 근다발(근섬유의 다발)로 구성된다.
  ㉢ 근섬유는 근원섬유와 근형질로 구성되며, 하나의 근섬유는 1,000개의 이상의 근원섬유를 포함한다.
  ㉣ 근원섬유는 평행한 400~2,500개의 필라멘트(미세섬유)로 구성되어 있다.
  ㉤ 필라멘트는 굵은 섬유사(Thick Filament)인 마이오신필라멘트, 가는 섬유사(Thin Filament)인 액틴필라멘트, 트로포마이오신, 트로포닌 등으로 구성되어 있다.

> 골격근 > 근다발 > 근섬유 > 근원섬유 > 필라멘트(마이오신필라멘트, 액틴필라멘트)

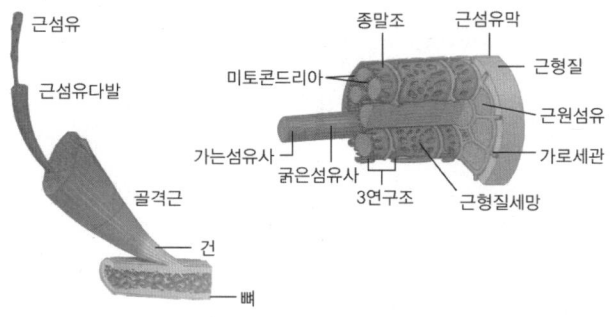

[골격근의 구조]

② 근섬유의 구조와 기능
  ㉠ 근섬유막(원형질막, 근초) : 근섬유를 싸고 있는 막으로, 건(腱, 힘줄)과 연결되어 있으며, 활동전위의 전도가 일어난다.
  ㉡ 근형질 : 근섬유의 액체 부분으로, 세포질에 해당하며, 글리코겐과 마이오글로빈을 저장한다.
  ㉢ 근형질세망(근소포체) : 근형질에 있는 그물 모양의 조직으로, 근수축에 필요한 칼슘을 저장한다.
  ㉣ 가로세관(T세관) : 근섬유막이 연장되어 근원섬유 사이를 지나가는 세관으로, 신경자극을 근원섬유로 신속하게 전달한다.

### 핵심예제

**11-1. 근섬유(Muscle Fiber) 및 근원섬유(Myofibril)에 관한 설명으로 옳은 것은?** [2021]

① 근섬유는 여러 개의 핵을 가진 다른 세포들과 다르게 단핵세포로 구성된다.
② 근섬유는 결합조직인 근내막(Endomysium)으로 싸여 있다.
③ 근원섬유는 근세포라 불리며, 가는 세사와 굵은 세사로 구성된다.
④ 근원섬유의 막 주위에는 위성세포(Satellite Cells)가 존재한다.

**11-2. 근수축에 필수적인 $Ca^{2+}$ 이온을 저장, 분비하는 근육 세포 내 소기관은?** [2023]

① 근형질세망(Sarcoplasmic Reticulum)
② 위성세포(Satellite Cell)
③ 미토콘드리아(Mitochondria)
④ 근핵(Myonuclear)

| 해설 |
11-1
① 근섬유(근세포)는 여러 개의 핵을 가진 다핵세포이다.
③ 근세포라 불리는 것은 근섬유이며, 근섬유는 수많은 근원섬유로 이루어져 있다.
④ 근섬유와 기저막 사이에 위성세포(Satellite Cells)가 존재한다. 근육이 손상되었을 때 위성세포는 분열하여 근육의 재생을 가능하게 한다.

11-2
**근형질세망**
근수축에 필수적인 근형질세망은 근육의 근형질 내 근원섬유와 나란하게 붙어 있는 막 채널 연결망으로 칼슘 이온의 저장소의 역할을 하는데, 칼슘 이온의 농도를 조절함으로써 근수축을 제어한다.

정답 11-1 ② 11-2 ①

## 핵심이론 12 근섬유의 유형

① 지근섬유와 속근섬유

| | |
|---|---|
| 지근(ST) 섬유 (Type I) | • 마이오글로빈 함량이 높아서 붉은 색을 띠고 있기 때문에 적근(Red Muscle)이라고 한다.<br>• 산소를 저장하는 역할을 하는 마이오글로빈 함유량이 높다.<br>• 산소 수송로인 모세혈관의 밀도가 높다.<br>• 미토콘드리아 수가 많기 때문에 장시간 운동 에너지 생성에 유리하다.<br>• 유산소성 에너지 대사율이 높기 때문에 피로에 대한 내성(저항성)이 크지만, 해당 능력은 낮다. |
| 속근(FT) 섬유 (Type II) | • 백근(White Muscle)이라고 한다.<br>• 속도가 빠른 대신 지근섬유에 비해 쉽게 피로해진다.<br>• 중간 근섬유는 지근섬유의 대사적 특성을 많이 가지고 있다.<br>• 마이오신 ATPase 활성도가 높기 때문에 무산소성 대사능력이 높다.<br>• 에너지 생성속도가 빠르고 글리코겐을 젖산으로 분해하여 에너지를 생성하는 능력을 갖고 있다.<br>• 산소 부족 상태에서도 탄수화물 분해 능력이 크기 때문에 단시간의 활동에 적합하다. |

② 지근섬유와 속근섬유의 기능적 특성

| 구 분 | 지근섬유 (Type I) | 속근섬유 (Type IIa) | 속근섬유 (Type IIx/IIb) |
|---|---|---|---|
| 특 성 | 유산소 대사 활성 | ATPase 활성, 무산소 대사 | ATPase 활성, 무산소 대사 |
| 운동 강도 | 저강도 운동 : 걷기 | 중강도 운동 : 달리기 | 고강도 운동 : 전력질주 |
| 운동력 | 지구력 | 빠른 근수축 | 빠른 근수축 |
| 산화 능력 | 강 함 | 강 함 | 약 함 |
| 해당 능력 | 낮 음 | 높 음 | 높 음 |

③ 근섬유의 형태와 경기력
  ㉠ 지근(ST)섬유 비율이 높으면 지구력을 요하는 경기에 유리하다.
  ㉡ 속근(FT)섬유 비율이 높으면 순발력을 요하는 경기에 유리하다.
  ㉢ 운동 강도가 높아질수록 'Type I섬유 → Type IIa 섬유 → Type IIx섬유' 순으로 근섬유가 동원된다.

④ 지구성 훈련을 통해 기대할 수 있는 근섬유 내 생화학적 변화
  ㉠ 근섬유 내 모세혈관 밀도 증가로, 산소·이산화탄소·포도당과 같은 화학물질의 확산 증가
  ㉡ 미토콘드리아 내 유산소성 효소의 증가로 크렙스 회로 및 전자전달체계의 효율성 증가
  ㉢ 마이오글로빈의 농도 증가로 근육 내 산소 운반 능력 향상

⑤ 운동단위
  ㉠ 하나의 운동신경과 그 신경에 의해 지배되는 여러 근육섬유들로 정의된다.
  ㉡ 1개의 운동단위는 여러 개의 근섬유를 지배할 수 있다.
  ㉢ 하나의 운동단위가 지근섬유(Type I)와 속근섬유(Type II)를 동시에 수축시키지 않는다.
  ㉣ 운동신경에 연결된 근섬유 수가 많을수록 큰 힘을 내는 데 유리하다.
  ㉤ 신경과 근섬유의 비율이 낮은 근육은 정교한 움직임에 적합하다.

⑥ 지근섬유와 속근섬유의 운동 단위 비교
  ㉠ 지근섬유(Type I) 운동단위는 속근섬유(Type II) 운동단위보다 일반적으로 먼저 동원된다.
  ㉡ 속근섬유(Type II) 운동단위가 지근섬유(Type I) 운동단위보다 단위당 근섬유 수가 많다.
  ㉢ 속근섬유(Type II) 운동단위가 지근섬유(Type I) 운동단위보다 알파운동뉴런의 크기가 크다.

**핵심예제**

**12-1.** 〈보기〉에서 빈칸에 들어갈 용어를 바르게 연결한 것은?

[2021]

┤보기├

걷기와 같은 저강도 운동 중에는 주로 ( ㉠ )가 동원되며, 달리기와 같은 더 높은 강도의 운동 중에는 추가적으로 ( ㉡ )가 동원된다. 나아가 전력 질주와 같은 최고 강도의 운동 시에는 ( ㉢ )가 최종적으로 동원된다.

|  | ㉠ | ㉡ | ㉢ |
|---|---|---|---|
| ① | 속근섬유 (Type IIa) | 속근섬유 (Type IIx/IIb) | 지근섬유 (Type I) |
| ② | 속근섬유 (Type IIx/IIb) | 속근섬유 (Type IIa) | 지근섬유 (Type I) |
| ③ | 지근섬유 (Type I) | 속근섬유 (Type IIa) | 속근섬유 (Type IIx/IIb) |
| ④ | 지근섬유 (Type I) | 속근섬유 (Type IIx/IIb) | 속근섬유 (Type IIa) |

**12-2.** 운동 강도 증가에 따라 동원되는 근섬유 순서로 옳은 것은?

[2023]

① TypeIIa 섬유 → TypeIIx 섬유 → TypeI 섬유
② TypeIIx 섬유 → TypeIIa 섬유 → TypeI 섬유
③ TypeI 섬유 → TypeIIa 섬유 → TypeIIx 섬유
④ TypeI 섬유 → TypeIIx 섬유 → TypeIIa 섬유

| 해설 |

**12-1**
- 지근섬유(Type I) : 파워 낮음, 지구력 높음, 산화 능력(장거리) 강함, 해당 능력(단거리) 약함
- 속근섬유(Type IIa) : 파워 높음, 지구력 중간, 산화 능력(장거리) 강함, 해당 능력(단거리) 강함
- 속근섬유(Type IIx/IIb) : 파워 높음, 지구력 낮음, 산화 능력(장거리) 약함, 해당 능력(단거리) 강함

**12-2**
근섬유의 동원

| 운동 강도 | 저강도 | ← → | 고강도 |
|---|---|---|---|
| 근섬유 | Type I 섬유 | Type IIa 섬유 | Type IIx(Type IIb) |
| | • 유산소 대사<br>• 지근 | • 유산소 대사 · 무산소대사<br>• 중간근(지근 · 속근) | • 무산소 대사<br>• 속근 |

저강도에서 Type I 섬유부터 동원되어 운동 강도가 올라갈수록 Type IIa 섬유, Type IIx(Type IIb)순으로 동원된다. Type IIx 섬유는 Type IIb 섬유라고도 한다.

정답 12-1 ③  12-2 ③

## 핵심이론 13 근육 수축의 단계와 형태

① 근육 수축의 단계

| | |
|---|---|
| 안정<br>단계 | • 액틴과 마이오신이 약한 결속 상태거나, 결속되지 않은 안정된 상태<br>• ATP가 마이오신에 결합되어 있는 상태<br>• 칼슘은 근형질세망에 저장된 상태 |
| 자극,<br>결합<br>단계 | 신경자극에 의해 축삭 종말에서 아세틸콜린이 분비 → 근육세포의 활동전위(Action Potential) 발생 → 근형질세망으로부터 근형질 내로 칼슘이온($Ca^{2+}$) 방출 → 칼슘이온($Ca^{2+}$)이 트로포닌과 결합하여 마이오신과의 결합 부위를 막고 있던 트로포마이오신을 들어올림 → ATP가 분해되며 액틴과 마이오신이 결합 |
| 수축<br>단계 | 액틴과 결합된 마이오신 머리에서 ADP와 Pi가 방출되며, 강한 힘 발생 → 액틴이 근섬유 마디 중심으로 미끄러져 들어가 근육이 짧아지며 근수축이 발생 |
| 재충전<br>단계 | 마이오신 머리에 ATP가 재합성(재충전) → ATP가 마이오신에 결합하면서 액틴과의 결합이 풀림 → 액틴과 마이오신의 재순환 → 칼슘존재 시 수축단계로 재순환 |
| 이완<br>단계 | 신경자극이 아예 중지되면 트로포닌으로부터 칼슘이온($Ca^{2+}$)이 근형질세망으로 재이동 → 트로포마이오신이 액틴분자의 결합부위를 덮어 근육이 안정 상태로 다시 돌아감 |

② 근육 수축의 형태

| 구 분 | | 근육 길이 변화 |
|---|---|---|
| 정적 수축(등척성 수축) | | 변화없음 |
| 동적<br>수축 | 등장성<br>수축 | 단축성 수축 | 짧아짐 |
| | | 신장성 수축 | 늘어남 |
| | 등속성 수축 | | 변 함 |

⊙ 정적 수축(등척성 수축)
- 근섬유의 길이 변화 없이, 힘이 발생한다.
- 정적인 신체 위치를 유지한다.
- 등척성 운동은 시간 소비가 적고, 특별한 장비가 필요하지 않다.

○ 동적 수축
- 단축성 수축(구심성 수축)
  - 근육 길이가 짧아진다.
  - 근육이 주어진 저항을 능가하여 짧아질 때 발생한다.
  - 저항과 반대방향으로 발생한다.
    예 바벨 들기, 턱걸이에서 팔을 굽히는 동작 등
- 신장성 수축(원심성 수축)
  - 근육 길이가 늘어난다.
  - 저항을 이기지 못하여 근육의 길이가 늘어날 때 발생한다.
  - 부상과 근 염증의 주된 원인으로 통증과 부종을 유발한다.
    예 바벨 내리기, 턱걸이에서 내려오는 동작 등
- 등속성 수축
  - 속도가 일정한 상태에서 최대의 장력을 발휘한다.
  - 재활치료에 주로 활용한다.

---

**근수축 유형에 따른 힘-속도-파워 간의 관계**
- 단축성 수축은 수축 속도가 빠를수록 최대파워(근력)는 감소한다. 근육이 단축성 수축을 하기 위해서는 근원섬유 사이의 결속이 끊임없이 해체, 재조성되어야 하는데 이 과정에서 근력이 감소하게 되며, 근육이 급격하게 짧아지면서 근육 내부에서 큰 점성저항이 발생하여 힘의 일부가 상쇄되기 때문이다.
- 동일 근육에서의 빠른 신장성 수축은 느린 단축성 수축에 비해 근육에 장력을 가해 물리적으로 근원섬유 사이의 단백질 결합을 해체하는 데 큰 힘이 필요하며, 근육 내부의 점성저항이 이 근육의 길이가 증가하는 데 대한 저항으로 작용한다. 따라서 빠른 신장성 수축은 오히려 큰 힘이 생성되게 한다.

---

**근육 수축력의 저하**
근육 세포 산성화의 영향으로 칼슘과 트로포닌의 결합을 방해해 근수축 활동을 저하시킨다. 또한 해당효소(PFK)의 작용을 억제해 ATP 생성 능력을 떨어뜨린다.

---

③ 파워 · 지구력 · 근력 운동
  ○ 파워(순발력) 운동
   - 파워(순발력) : 힘을 폭발적으로 발휘할 수 있는 능력
   - 속근(FT)섬유가 높은 비율로 사용 → 스프린터 (지근 25~30%, 속근 70~75%)
  ○ 지구력 운동
   - 지구력 : 힘을 일정한 속도와 강도로 지속할 수 있는 능력
   - 지근(ST)섬유가 주로 사용 → 장거리 달리기 (지근 70~80%, 속근 20~30%)
  ○ 근력 운동
   - 근육이 발휘할 수 있는 최대 힘
   - 근육 굵기와 횡단 면적에 비례한다.

④ 지구성 트레이닝을 통한 골격근의 적응
  ○ 근신경계통의 발달(운동 초기)
  ○ 근육의 크기 증가 : 근섬유당 근원섬유의 수 및 크기 증대
  ○ 대사능력 향상 : 산소 및 영양 공급 능력 향상, 지구성 훈련을 통한 모세혈관 밀도 증대, 마이오글로빈 증대, 미토콘드리아 수와 밀도 증대
  ○ 해당능력 향상 : 근 글리코겐 저장 능력 향상과 해당효소(PFK) 발달로 근형질의 해당 능력 증가

⑤ 저항성 트레이닝을 통한 골격근의 적응
  ○ 근형질(Sarcoplasm) 및 근원섬유(Myofibril)의 양 증가
  ○ 속근섬유(Type Ⅱ Fiber)의 단면적 증가

### 핵심예제

**13-1.** 〈보기〉의 ㉠~㉢에 들어갈 용어로 옳은 것은? [2022]

|보기|

근육수축 과정
- 골격근막의 활동전위는 가로세관(T-tubule)을 타고 이동하여 근형질세망(Sarcoplasmic Reticulum)으로부터 ( ㉠ ) 유리를 자극한다.
- 유리된 ( ㉠ )은 액틴(Actin) 세사의 ( ㉡ )에 결합하고, ( ㉡ )은 ( ㉢ )을 이동시켜 마이오신(Myosin) 머리가 액틴과 결합할 수 있도록 한다.

|   | ㉠ | ㉡ | ㉢ |
|---|---|---|---|
| ① | 칼륨 | 트로포닌 | 트로포마이오신 |
| ② | 칼슘 | 트로포마이오신 | 트로포닌 |
| ③ | 칼륨 | 트로포마이오신 | 트로포닌 |
| ④ | 칼슘 | 트로포닌 | 트로포마이오신 |

**13-2.** 〈보기〉의 근수축 유형에 따른 힘-속도-파워 간의 관계에 관한 설명으로 적절한 것만 고른 것은? [2020]

|보기|
㉠ 신장성 수축은 수축 속도가 빠를수록 힘이 더 증가한다.
㉡ 단축성 수축은 수축 속도가 빠를수록 최대파워가 더 증가한다.
㉢ 동일 근육에서의 느린 단축성 수축은 빠른 신장성 수축에 비해 더 큰 힘이 생성된다.
㉣ 동일 근육에서의 신장성 수축은 단축성 수축에 비해 같은 속도에서 더 큰 힘이 생성된다.

① ㉠, ㉢  ② ㉠, ㉢, ㉣
③ ㉠, ㉣  ④ ㉡, ㉢

**13-3.** 상완이두근의 움직임에 대한 근육 수축 형태로 옳지 않은 것은? [2023]

① 자세를 유지할 때 – 등척성 수축
② 턱걸이 올라갈 때 – 단축성 수축
③ 턱걸이 내려갈 때 – 신장성 수축
④ 공을 던질 때 – 등속성 수축

|해설|

**13-1**
**근육의 수축과정**
신경자극에 의해 축삭 종말에서 아세틸콜린(ACh) 방출 → 근섬유에서 활동전위 발생 → 근형질세망에 저장되어 있던 다량의 칼슘이온($Ca^{2+}$)이 근형질로 방출 → 칼슘이온($Ca^{2+}$)이 트로포닌과 결합하여 트로포마이오신을 들어올림 → ATP가 분해되며 액틴과 마이오신이 결합 → 액틴과 결합된 마이오신 머리에서 ADP와 Pi가 방출 → 액틴이 근섬유 마디 중심으로 미끄러져 들어가 근육이 짧아지며 근수축이 발생

**13-2**
㉡ 단축성 수축은 수축 속도가 빠를수록 최대파워(근력)는 감소한다. 근육이 단축성 수축을 하기 위해서는 근원섬유 사이의 결속이 끊임없이 해체, 재조성되어야 하는데 이 과정에서 근력이 감소하게 되며, 근육이 급격히 짧아지면서 근육 내부에서 큰 점성저항이 발생하여 힘의 일부가 상쇄되기 때문이다.
㉢ 동일 근육에서의 빠른 신장성 수축은 느린 단축성 수축에 비해 근육에 장력을 가해 물리적으로 근원섬유 사이의 단백질 결합을 해체하는 데 큰 힘이 필요하며, 근육 내부의 점성저항이 이 근육의 길이가 증가하는 데 대한 저항으로 작용한다. 따라서 빠른 신장성 수축은 오히려 큰 힘이 생성되게 한다.

**13-3**
**근육의 수축 형태와 기능**
등속성 수축은 관절각이 일정한 속도로 수축하는 것이다. 일반적으로 공을 던지는 동작은 관절의 각속도, 즉 취하는 동작에서의 관절각마다 속도가 일정치 않기 때문에 등속성 수축으로 볼 수 없다.

정답 13-1 ④ 13-2 ③ 13-3 ④

## 제5절 | 내분비계와 운동

### 핵심이론 14 호르몬의 특성과 작용

① 호르몬 : 내분비계에서 생산되는 화학물질의 총칭이며, 몸속의 특정한 분비선에서 분비되어 몸에서 일어나는 여러 가지 작용을 조절한다.

② 호르몬의 특성
  ㉠ 내분비선에서 분비된 후 혈액을 통해 이동하며, 표적 기관이나 표적 세포에만 작용한다.
  ㉡ 미량으로 여러 생리 작용을 조절한다.
  ㉢ 분비량이 많으면 과다증, 분비량이 적으면 결핍증이 나타난다.
  ㉣ 신경계보다 신호 전달 속도는 느리지만, 작용 범위가 넓고 효과가 오래 지속된다.

③ 외분비선과 내분비선
  ㉠ 외분비선 : 물질을 분비관(도관)을 통해 분비하는 기관으로, 땀샘, 침샘, 소화샘 등이 있다.
  ㉡ 내분비선 : 호르몬을 만들어 분비관 없이 혈액으로 직접 분비하는 기관으로, 뇌하수체, 갑상선, 이자 등이 있다.

④ 내분비샘별 호르몬의 종류와 작용
  ㉠ 시상하부

| 성장호르몬 방출 호르몬(GHRH) | 성장호르몬 분비 촉진 |
| --- | --- |
| 성장호르몬 억제 호르몬(GHIH) | 성장호르몬 분비 억제 |
| 갑상선자극호르몬 방출 호르몬(TRH) | 갑상선자극호르몬(TSH) 분비 촉진 |
| 부신피질자극호르몬 방출 호르몬(CRH) | 부신피질자극호르몬(ACTH) 분비 촉진 |
| 생식선자극호르몬 방출 호르몬(GnRH) | 여포자극호르몬(FSH), 황체형성호르몬(LH) 분비 촉진 |
| 프로락틴 방출 호르몬(PRH) | 프로락틴 분비 촉진 |
| 멜라닌세포자극호르몬 방출 호르몬(MSHRH) | 멜라닌세포자극호르몬(MSH) 분비 촉진 |

  ㉡ 뇌하수체 전엽

| 성장 호르몬(GH) | • 뼈와 근육을 성장시킨다.<br>• 단백질, 지방, 탄수화물 대사와 모든 조직의 성장에 영향을 준다.<br>• 혈장 포도당 이용을 저해하여서 인슐린 활성을 억제한다.<br>• 혈당량을 증가시킨다(간의 당 신생과정 자극).<br>• 지방조직으로의 당 이동을 제한하고, 지방산 동원을 증가시킨다. |
| --- | --- |
| 갑상선자극 호르몬(TSH) | 갑상선에 작용하여 갑상선 호르몬의 합성과 분비를 유도한다. |
| 여포자극 호르몬(FSH) | 난소에 작용하여 난자의 발육 및 성숙을 촉진한다. |
| 황체형성 호르몬(LH) | 남성과 여성의 생식선을 자극하는 호르몬으로, 특히 여성의 난소에서 황체를 형성하도록 한다. |
| 부신피질자극 호르몬(ACTH) | 부신피질을 자극하여 선세포의 증식, 호르몬의 합성과 분비를 촉진한다. |
| 프로락틴 | 젖샘 성장과 젖(유즙) 생성을 촉진한다. |
| 멜라닌세포자극 호르몬(MSH) | 멜라닌 세포를 자극하여 피부색을 짙게 한다. |

  ㉢ 뇌하수체 후엽

| 항이뇨호르몬 | • 신장(콩팥)에서 수분의 재흡수를 촉진한다.<br>• 이뇨량과 체내 수분량을 조절한다. |
| --- | --- |
| 옥시토신 | • 분만 시 자궁 근육을 수축시키고, 유즙 분비를 촉진한다. |

  ㉣ 갑상선

| 티록신 | • 체내 물질대사를 촉진한다.<br>• 세포호흡을 촉진하고, 체온을 상승시킨다. |
| --- | --- |
| 칼시토닌 | 혈액 속 칼슘의 농도가 높을 경우, 칼슘 농도를 감소시킨다. |

  ㉤ 부갑상선

| 파라토르몬 | 혈액 속 칼슘의 농도가 낮을 경우, 칼슘 농도를 증가시킨다. |
| --- | --- |

ⓗ 부신피질

| 알도스테론<br>(무기질<br>코르티코이드) | • 운동 시 수분 손실에 의해 자극된다.<br>• 신장(콩팥)에서 $Na^+$을 재흡수하여 수분 손실을 억제한다. |
|---|---|
| 코르티솔<br>(당질<br>코르티코이드) | • 혈당량을 증가시킨다(간에서 당 신생합성 촉진, 근육에서 단백질 분해 촉진, 지방세포에서 지방 분해 촉진).<br>• 염증 및 알레르기 증상을 완화시키며, 말초신경 조직에서 항인슐린 작용 및 소염 작용한다.<br>• 운동 시 혈당 유지 위해 유리지방산의 혈액 유입을 촉진한다. |

**레닌-안지오텐신-알도스테론 체계 : 몸속 혈압 조절 기능**

체액(혈압) 감소 감지 → 간에서 안지오텐시노겐 분비 → 신장에서 분비된 레닌이 안지오텐시노겐을 안지오텐신-Ⅰ로 전환 → 안지오텐신 전환효소가 안지오텐신-Ⅰ을 안지오텐신-Ⅱ로 전환 → 안지오텐신-Ⅱ가 부신피질로부터 알도스테론 생성 및 분비 → 분비된 알도스테론이 신장(콩팥)의 세뇨관에서 수분 및 전해질의 재흡수 촉진 → 체액(혈압) 증가

ⓢ 부신수질

- 부신수질은 에피네프린(아드레날린), 노르에피네프린(노르아드레날린), 도파민을 합성하는데, 이 세 호르몬을 카테콜아민(Catecholamine)이라고 한다.
- 부신수질에서 분비되는 카테콜아민의 약 80%가 아드레날린이고, 나머지가 노르아드레날린이며, 도파민은 소량만 분비된다.

| 에피네프린<br>(아드레날린) | • 부신수질 분비 호르몬의 80% 차지한다.<br>• 심혈관계와 호흡계에 영향을 미친다.<br>• 간과 근육의 글리코겐 분해를 촉진하여 혈당량을 증가시킨다.<br>• 심박수와 심근의 수축력을 증가시킨다.<br>• 운동 시 부신수질로부터 분비가 증가된다. |
|---|---|
| 노르에피네프린<br>(노르아드레날린) | • 혈관을 수축시킨다.<br>• 혈압을 상승시킨다. |

- 에피네프린과 노르에피네프린은 부신수질 외에 인체의 모든 교감신경 끝부분에서 분비되기 때문에 교감신경부신호르몬(Sympatho-adrenal hormone)이라고도 한다.

ⓞ 이자(췌장)

| 인슐린 | • 췌장 랑게르한스섬의 베타세포에서 분비된다.<br>• 혈당량을 감소시킨다(간에서 포도당을 글리코겐으로 전환).<br>• 제2형 당뇨(Type-2 Diabetes)의 원인으로 알려진 주된 호르몬이다.<br>• 장시간의 운동 시 혈액 내 농도는 감소된다. |
|---|---|
| 글루카곤 | • 췌장 랑게르한스섬의 알파세포에서 분비된다.<br>• 혈당량을 증가시킨다(간에 저장된 글리코겐을 포도당(글루코스)으로 분해).<br>• 인슐린과 길항작용을 하는 호르몬이다. |

ⓩ 정소, 난소

| 에스트로겐 | 여성의 2차 성징을 촉진한다. |
|---|---|
| 프로게스테론 | 임신 상태를 유지하고 배란을 억제한다. |
| 테스토스테론 | 남성의 2차 성징을 촉진하고, 정자를 형성한다. |

### 핵심예제

**14-1.** 〈보기〉 중 옳은 것으로만 나열된 것은? [2022]

┌ 보기 ┐
- ㉠ 인슐린은 혈당을 증가시킨다.
- ㉡ 성장호르몬은 단백질 합성을 감소시킨다.
- ㉢ 에리스로포이에틴은 적혈구 생산을 촉진시킨다.
- ㉣ 항이뇨호르몬은 수분 손실을 감소시킨다.

① ㉠, ㉡  
② ㉠, ㉢  
③ ㉡, ㉣  
④ ㉢, ㉣

**14-2.** 〈보기〉의 ㉠, ㉡에 들어갈 호르몬으로 옳은 것은? [2021]

┌ 보기 ┐
규칙적인 신체 활동을 통해 골 형성을 자극하거나 활동부족으로 골 손실을 자극하는 칼슘($Ca^{2+}$) 조절 호르몬의 역할에 대한 설명이다.
- ( ㉠ )은 혈중 칼슘 농도가 증가하면 뼈의 칼슘 방출을 감소시킨다.
- ( ㉡ )은 혈중 칼슘 농도가 감소하면 뼈의 칼슘 방출을 증가시킨다.

| | ㉠ | ㉡ |
|---|---|---|
| ① | 인슐린 | 부갑상선호르몬 |
| ② | 안드로겐 | 티록신 |
| ③ | 칼시토닌 | 부갑상선호르몬 |
| ④ | 글루카곤 | 티록신 |

|해설|

**14-1**
㉠ 인슐린은 당을 세포 내로 유입시켜 혈당량을 낮춘다.
㉡ 성장호르몬은 단백질 합성을 증가시켜 뼈와 근육을 발달시킨다.

**14-2**
갑상선에서 분비되는 칼시토닌은 혈중 칼슘 농도가 증가하면 뼈에서 칼슘 방출을 감소시키며, 부갑상선에서 분비되는 부갑상선호르몬(파라토르몬)은 혈중 칼슘 농도가 감소하면 뼈에서 칼슘 방출을 증가시킨다.

정답 14-1 ④  14-2 ③

---

### 핵심이론 15 운동과 호르몬 조절

① 운동에 따른 호르몬의 반응

㉠ 운동 전 단계
- 운동 전 생리적 준비 정도는 개인에 따라 다르다.
- 일반적인 스트레스 반응에 의한 부신피질자극호르몬(ACTH)과 코르티솔이 분비되며, 교감신경 자극에 의한 에피네프린, 노르에피네프린이 분비된다.
- 혈당량이 증가한다(간에서의 당 신생합성 증가, 근육에서의 단백질 합성 저하).
- 혈압이 상승한다(심박수 증가, 심근수축력 증대).
- 땀샘 활동의 항진이 발생한다.

㉡ 운동 초기
- 코르티솔의 분비가 일정하게 유지된다.
- 아드레날린과 노르아드레날린의 분비량은 증가한다.
- 글루코스(당) 생성과 글리코겐 분해에 의해서 혈당량이 증가한다.
- 심근 대사 및 수축력이 증대한다.
- 활동근 내 개방모세혈관 수가 증가한다.
- 근세포에 대한 아드레날린의 영향에 의해 말초저항이 저하된다.

㉢ 적응기
- 에피네프린과 노르에피네프린의 분비가 지속된다.
- 코르티솔, 성장호르몬, 글루카곤 및 티록신 분비가 촉진된다.
- 항이뇨호르몬이 분비된다.
- 지방조직에서 지방 분해가 촉진되며, 혈당량이 증가한다.
- 혈액 농축(혈액의 삼투압 상승)이 발생하여, 신장에서의 수분 재흡수가 촉진된다.

㉔ 피로탈진기
- 뇌하수체와 부신의 기능 하락으로 에너지원의 공급이 저하된다.
- 부신수질 호르몬 및 코르티솔의 분비 감소로 피로가 발생한다.

㉕ 회복기
- 교감신경 자극이 저하되어 아드레날린과 노르아드레날린 분비가 감소한다.
- 심박수가 감소하고, 피부혈관이 이완되며, 혈압이 저하된다.
- 안정 시 항상성을 회복하기 위한 생체 반응이 일어난다(혈압 상승, 단백질 합성 촉진).

② 일회성 운동 시 호르몬 반응
㉠ 카테콜아민의 혈중 농도 : 운동 강도에 비례하여 증가
㉡ 글루카곤의 혈중 농도 : 운동 지속 시간에 비례하여 증가
㉢ 코르티솔의 혈중 농도 : 운동 지속 시간에 비례하여 증가

### 핵심예제

**15-1. 운동 시 인체의 호르몬 반응에 대한 설명으로 옳지 않은 것은?** [2017]

① 성장호르몬(Growth Hormone)은 단백질 합성, 간의 당신생, 지방산 동원을 증가시킨다.
② 코르티솔(Cortisol)은 운동 시 혈당 유지를 위하여 유리지방산의 혈액유입을 촉진한다.
③ 에피네프린(Epinephrine)은 부신수질에서 분비 되어 심혈관계와 호흡계에 영향을 미친다.
④ 글루카곤(Glucagon)은 간과 근육에 당을 저장시켜 운동을 지속할 수 있게 한다.

**15-2. 1시간 이내의 중강도 운동 시 시간 경과에 따라 혈중 농도가 점차 감소하는 호르몬은?** [2023]

① 에피네프린(Epinephrine)
② 인슐린(Insulin)
③ 성장호르몬(Growth Hormone)
④ 코르티솔(Cortisol)

|해설|

15-1
글루카곤은 간에서 글리코겐이 글루코스(당)로 분해되는 것을 촉진한다.

15-2
**대사와 에너지에 미치는 호르몬의 영향**
인슐린은 혈중 글루코스의 양을 감소시키는 역할을 한다. 그러나 운동 중에는 에너지 공급을 위해 혈중 글루코스의 양이 증가해야 한다. 이때, 혈중 에피네프린·성장호르몬·코르티솔의 농도가 증가하지만, 인슐린의 농도는 감소한다. 따라서, 1시간 이내의 중강도 운동을 하는 동안 혈중 농도가 점차 감소하는 호르몬은 인슐린이다.

정답 15-1 ④ 15-2 ②

## 제6절 | 호흡·순환계와 운동

### 핵심이론 16 호흡계의 구조와 기능

① 구조적 호흡기 : 호흡기는 기도와 폐로 이루어진다.
② 기능적 호흡기 : 전도영역과 호흡영역으로 구분된다.
  ㉠ 전도영역
    - 상기도로부터 종말모세기관지까지 공기의 통로를 말한다.
    - 전도영역에서는 기체 교환이 일어나지 않는다.
    - 기관지동맥으로부터 혈액을 공급받는다.

| | |
|---|---|
| 코 | • 세균, 먼지 등 여과<br>• 외부 공기에 알맞은 온도와 습도 조절 |
| 비 강 | 코 안쪽의 빈 공간 |
| 인두(목구멍) | 비강과 후두 사이에 있는 공기 통로 |
| 후 두 | 소리가 생성되는 공기 통로 |
| 기관, 기관지 | • 폐 내로 공기가 들어가는 통로<br>• 세균, 먼지 등 여과 |

  ㉡ 호흡영역

| | |
|---|---|
| 폐 | • 횡격막과 늑골로 둘러싸인 흉강에 좌우 한 쌍이 존재한다.<br>• 왼쪽 폐는 2개의 엽(2장), 오른쪽 폐는 3개의 엽(3장)으로 구성된다.<br>• 폐는 근육이 없어서 스스로 운동하지 못한다.<br>• 폐와 직접 접하는 막을 장측흉막이라고 한다.<br>• 외측의 흉벽 및 횡격막에 접하는 막을 벽측흉막이라고 한다. |
| 폐포 | • 폐는 수많은 폐포(허파꽈리)로 이루어져 있다.<br>• 기관지 끝에 포도송이처럼 달려있는 공기 주머니다.<br>• 한 겹의 얇은 세포층으로 이루어져 있으며, 모세혈관에 둘러싸여 있다.<br>• 폐포와 모세혈관 사이에 기체 교환이 이루어진다.<br>• 수많은 폐포는 공기와 닿는 면적을 넓혀 폐포와 모세혈관 사이에 기체 교환이 효율적으로 일어나게 한다. |

③ 외호흡과 내호흡
  ㉠ 외호흡
    - 폐에 있는 폐포와 이를 둘러싼 모세 혈관 사이의 기체 교환이다.
    - 산소의 농도 : 폐포 > 모세혈관
    - 이산화탄소의 농도 : 폐포 < 모세혈관
    - 기체의 분압차에 따라 산소는 폐포에서 모세혈관으로, 이산화탄소는 모세혈관에서 폐포로 확산되어 교환된다.
  ㉡ 내호흡
    - 온몸에 분포한 모세혈관과 조직세포 사이의 기체 교환이다.
    - 산소의 농도 : 모세혈관 > 조직세포
    - 이산화탄소의 농도 : 모세혈관 < 조직세포
    - 기체의 분압차에 따라 산소는 모세혈관에서 조직세포로, 이산화탄소는 조직세포에서 모세혈관으로 확산되어 교환된다.

④ 흡기와 호기
  ㉠ 흡기(들숨)
    - 공기가 폐로 들어오는 작용이다.
    - 늑골과 횡격막의 운동으로 흉강이 커지면 흉강 내부의 압력이 낮아져 공기가 폐로 들어온다.

> 외늑간근 수축에 따른 내늑간근 이완 → 늑골 올라가고, 횡격막 내려감 → 가슴 안(흉강) 확장, 흉강 내부 압력 감소 → 폐 부피 증가, 폐 내부 압력 감소 → 공기가 밖에서 폐로 들어옴

  ㉡ 호기(날숨)
    - 폐에 있는 공기가 밖으로 나가는 작용이다.
    - 횡격막과 늑골의 운동으로 흉강의 크기가 감소하고, 흉강 내부의 압력이 증가하여 공기가 밖으로 나간다.

> 외늑간근 이완에 따른 내늑간근 수축 → 늑골 내라가고, 횡격막 올라감 → 가슴 안(흉강) 수축, 흉강 내부 압력 증가 → 폐 부피 감소, 폐 내부 압력 증가 → 공기가 폐에서 밖으로 나감

⑤ 주요 호흡근

| 구 분 | 흡기(들숨) 작용 | 호기(날숨) 작용 |
|---|---|---|
| 안정 시 호흡근 | • 횡격막<br>• 외늑간근 | 없음<br>(수동적으로 이루어짐) |
| 운동 시 호흡근 | • 횡격막<br>• 외늑간근<br>• 사각근<br>• 흉쇄유돌근 | • 횡격막<br>• 내늑간근 |

⑥ 호흡의 원리
  ㉠ 안정 시 흡기는 흡기에 동원되는 호흡근의 능동적인 수축으로 일어난다.
  ㉡ 안정 시 호기는 흡기 시 수축했던 호흡근이 이완되면서 수동적으로 일어난다.
  ㉢ 운동 시 호기는 횡격막과 내늑간근의 능동적인 수축으로 일어난다.

### 핵심예제

**16-1. 호흡의 원리에 대한 설명으로 옳지 않은 것은?** [2018]

① 폐내 압력이 기압보다 낮아지면서 흡기(Inspiration)가 일어난다.
② 안정 시 흡기는 흡기에 동원되는 호흡근(Respiratory Muscles)의 능동적인 수축으로 일어난다.
③ 안정 시 호기(Expiration)는 흡기 시 수축했던 호흡근이 이완되면서 수동적으로 일어난다.
④ 운동 시 호기는 횡격막(Diaphragm)과 외늑간근(External Intercostal Muscles)의 능동적인 수축으로 일어난다.

**16-2. 〈보기〉에서 운동 중 호흡계 전도영역의 기능으로 옳은 것은?** [2021]

┤보기├
㉠ 호흡하는 공기에 습기를 제공한다.
㉡ 폐포의 표면장력을 감소시키는 표면활성제(Surfactant)를 제공한다.
㉢ 공기를 여과하는 역할을 한다.
㉣ 호흡가스 확산을 증가시킨다.

① ㉠, ㉡  ② ㉠, ㉢
③ ㉡, ㉢  ④ ㉢, ㉣

|해설|

**16-1**
운동 시 호기는 능동적 호기 상태로, 횡격막과 내늑간근의 작용에 의해 흉강의 크기는 안정 시보다 더욱 작아지고, 그 결과 흉강내압은 한층 상승되어 호기를 촉진한다.

**16-2**
호흡계의 호흡영역은 폐와 폐를 구성하는 폐포를 말한다. 폐포의 과립세포에서 표면활성제(Surfactant)가 분비되어 폐포의 표면장력을 감소시키며 폐포의 붕괴를 방지한다. 또한 폐포는 호흡가스의 확산을 증가시켜 폐에서의 가스교환이 원활히 일어나도록 한다.

정답 16-1 ④  16-2 ②

## 핵심이론 17 환기량, 폐용적, 폐용량

① **분당 환기량(VE)** : 1분 동안 흡기와 호기되는 공기의 양이다.

> 분당 환기량(VE) = 1회호흡량(TV) × 분당 호흡 수

  ㉠ 환기량은 성인남자 약 80~100L/분, 성인여자 약 45~80L/분이다.
  ㉡ 최대 환기량은 남녀 각각 180L/분, 130L/분 정도이다.

② **사강 환기량** : 매 호흡 시 일정량의 공기가 공기전달통로(기관, 기관지 등)에 머물러 가스 교환에 참여하지 않는 환기량이다.

③ **폐포 환기량** : 폐포에 도달하는 공기로, 폐의 모세혈관에 산소를 공급하고 이산화탄소를 제거한다.

> 폐포 환기량 = (1회호흡량 - 사강 환기량) × 분당 호흡 수

④ **폐용적과 폐용량**

  ㉠ 폐용적의 구성(안정 시)

  | 구 분 | 정 의 | 평균치(성인 남자 기준) |
  |---|---|---|
  | 1회 호흡량(TV) | 1회 호흡 시 들이마시거나 내쉬는 공기의 양 | 약 500ml |
  | 흡기 예비 용적(IRV) | 1회호흡량에서 다시 최대로 들이마실 수 있는 공기량 | 약 1,000~1,200ml |
  | 호기 예비 용적(ERV) | 1회호흡량에서 다시 최대로 내쉴 수 있는 공기량 | 약 1,000~1,200ml |
  | 잔기량(RV) | 최대로 공기를 배출한 후에도 폐에 남아있는 공기량 | 약 1,200ml |

  ㉡ 폐용량의 구성(안정 시)

  | 구 분 | 정 의 | 산출방법 |
  |---|---|---|
  | 흡기용량(IC) | 정상호흡에서 최대한 흡입할 수 있는 양 | TV + IRV |
  | 기능적 잔기량(FRC) | 평상시 호흡에서 공기를 내쉰 후, 폐 내에 남아있는 공기량 | ERV + RV |
  | 폐활량(VC) | 최대한 공기를 들이마신 후 최대한 배출시킬 수 있는 공기량 | IRV + TV + ERV |
  | 총폐용량(TLC) | 최대한 공기를 흡입하였을 때 폐 내에 있는 공기량 | VC + RV |

### 핵심예제

**안정 시 폐용적과 폐용량의 개념에 대한 설명으로 옳지 않은 것은?**  [2016]

① 1회호흡량(Tidal Volume) - 안정 시 호기 후 최대흡기량
② 기능적 잔기량(Functional Residual Capacity) - 안정 시 호기 후 폐의 잔기량
③ 폐활량(Vital Capacity) - 최대 흡기 후 최대호기량
④ 총폐용량(Total Lung Capacity) - 최대 흡기 시 폐 내 총 가스량

|해설|

1회호흡량은 안정 상태에서 1회 호흡 시 들이마시거나 내쉬는 공기의 양을 의미한다.

**정답** ①

### 핵심이론 18 운동에 따른 호흡계의 변화

① 운동에 따른 환기량의 변화

| 구 분 | | 내 용 |
|---|---|---|
| 안정 시 | | 환기량의 변화가 없음 |
| 운동 전 | | 대뇌피질의 예측으로 환기량이 어느 정도 증가 |
| 운동 중 | 초기 | 운동피질의 자극으로 환기량이 급격히 증가 |
| | 중기 | • 환기량이 안정되어 느리게 증가<br>• 혈액에서의 이산화탄소 증가, 산소분압 감소, pH 감소 |
| | 후기 | • 최대하 운동 시 환기량은 유지 상태이고, 최대 운동 시에는 환기량이 계속 증가<br>• 혈액에서의 이산화탄소 증가, 산소분압 감소, pH 감소 계속 나타남 |
| 운동 후 | | • 운동피질의 영향으로 환기량의 급격한 감소가 일어난 후, 환기량의 느린 감소가 이루어짐<br>• 혈액 속 이산화탄소와 pH 등 정상화 |

② 점증부하 운동 시 운동 강도에 따른 환기량의 변화
  ㉠ 무산소성 역치(젖산 역치)까지는 운동 강도에 비례하여 환기량이 증가한다.
  ㉡ 무산소성 역치 이후에는 운동 강도에 비례하지 않고 급격히 증가한다.

> **무산소성 역치(젖산 역치)**
> • 운동부하를 점차 증가시키는 과정에서 혈중 젖산 농도가 급격히 증가하는 시점이 있는데, 이때의 운동 강도를 젖산 역치라고 한다.
> • 운동 강도가 최대산소섭취량의 약 60% 이상을 넘어서는 고강도 운동에서는 유산소성 대사만으로 에너지를 생성하는 데 한계가 있다. 이에 따라 무산소성 해당과정을 통한 에너지 공급이 증가하고, 이로 인해 젖산 생성량이 증가한다.
> • 젖산 역치는 피로를 느끼지 않고 장시간 운동할 수 있는 개인 운동 강도의 최대치이므로, 지구력 훈련을 위한 적정 운동 강도의 기준이 될 수 있다.

③ 호흡에 의한 인체 내 산-염기 균형 조절 : 점증 부하 운동 시 증가된 혈중 수소이온($H^+$) 농도는 중탄산염($HCO_3^-$)의 완충 작용과 폐환기량의 증가에 의해 감소되어 체내 산-염기 균형이 조절된다.

④ 운동에 따른 폐기능의 변화와 적응

| 구 분 | 안정 시 | 최대하 운동 시 | 최대 운동 시 |
|---|---|---|---|
| 폐용량 | 총폐용량은 변화없음 | | |
| 호흡 수 | 감 소 | 감 소 | 증 가 |
| 1회호흡량 | 변화 없음 | 변화 없음 | 증 가 |
| 분당 환기량 | 변화 없음 | 변화 없음 | 증 가 |
| 동-정맥 산소차 | 증 가 | 증 가 | 증 가 |

## 핵심예제

**18-1. 운동에 따른 환기량의 변화로 옳은 것을 모두 고른 것은?**
[2023]

┤보기├
- ㉠ 운동 시작 직전에는 운동 수행에 대한 기대감으로 환기량이 증가할 수 있다.
- ㉡ 운동 초기 환기량 변화의 주된 요인은 경동맥에 위치한 화학수용기 반응이다.
- ㉢ 운동 강도가 증가하면 1회호흡량은 감소하고 호흡수는 현저히 증가한다.
- ㉣ 회복기 환기량은 운동 중 생성된 체내 수소이온 및 이산화탄소 농도와 관련 있다.

① ㉠, ㉡
② ㉠, ㉢
③ ㉠, ㉣
④ ㉡, ㉢, ㉣

**18-2. 〈보기〉의 빈칸 안에 들어갈 용어를 바르게 나열한 것은?**
[2018]

┤보기├
호흡에 의한 인체 내 산-염기 균형 조절은 점증부하 운동 시 증가된 혈중 ( ㉠ ) 농도가 ( ㉡ )의 완충 작용과 폐환기량의 증가에 의해 감소되는 것을 의미한다.

| | ㉠ | ㉡ |
|---|---|---|
| ① | 산소($O_2$) | 염화이온($Cl^-$) |
| ② | 산소($O_2$) | 중탄산염($HCO_3^-$) |
| ③ | 수소이온($H^+$) | 중탄산염($HCO_3^-$) |
| ④ | 수소이온($H^+$) | 염화이온($Cl^-$) |

**18-3. 고강도 운동 중 젖산 역치(LT)가 발생하는 원인으로 옳지 않은 것은?**
[2019]

① 근육 내 산소량 감소
② 속근섬유 사용률 증가
③ 코리사이클(Cori Cycle) 증가
④ 무산소성 해당과정 의존율 증가

---

|해설|

**18-1**
운동에 대한 반응과 적응
㉡ 운동 초기에 환기량을 변화하게 하는 요인은 근육 활동에서 비롯된 관절의 자극이다.
㉢ 운동 강도가 증가할수록 1회호흡량과 호흡수 모두 증가한다.

**18-2**
호흡에 의한 인체 내 산-염기 균형 조절은 점증 부하 운동 시 증가된 수소 이온 농도가 중탄산염의 완충 작용과 폐환기량의 증가에 의해 감소되는 것을 의미한다.
- 수소이온 농도 : 수소이온 농도의 증가는 유(무)산소성 ATP 생산에 관여하는 효소를 억제함으로써 근육세포의 ATP 생산 능력을 감소시킨다. 트로포닌과 결합 시 칼슘이온과 경쟁함으로 근수축을 방해하여 운동 수행 능력에 지장을 준다.
- 중탄산염 : 인체 내에서 가장 중요한 완충시스템이다. 혈중 중탄산염 증가(중탄산염 섭취)는 운동 수행능력을 향상시키고 약산인 탄산과 관계된다.

**18-3**
젖산 역치는 근육 내 산소량이 감소하여 무산소성 해당과정 의존율이 증가하였을 때 발생한다. 코리사이클은 젖산이 에너지원으로 재활용되어 제거되는 것을 뜻한다.

정답 18-1 ③ 18-2 ③ 18-3 ③

## 핵심이론 19 산소와 이산화탄소의 운반

① 산소의 운반 : 혈액의 적혈구 내 헤모글로빈에 의해 운반되거나 혈장에 용해된 상태로 운반된다.

| 헤모글로빈과 결합한 상태로 운반 | • 적혈구 내 헤모글로빈과 결합하여 산화헤모글로빈($HbO_2$) 형태로 운반된다.<br>• 전체 산소 운반량의 97% 이상이다.<br>• 헤모글로빈이 산소를 조직에 유리하고 나면 환원헤모글로빈이 된다.<br>• 헤모글로빈 산소포화에 영향을 미치는 요인 : 혈중 $O_2$ 분압, 혈액온도, 혈액의 pH, 혈중 $CO_2$ |
|---|---|
| 혈장을 통해 운반 | • 혈장에 용해된 상태로 운반된다.<br>• 전체 산소 운반량의 3% 미만이다. |

② 이산화탄소의 운반 : 대사활동 결과 생성된 이산화탄소는 모세혈관에 확산되어 여러 상태로 운반된다.

| 중탄산염이온($HCO_3^-$)의 형태로 운반 | • $CO_2 + H_2O \rightarrow H_2CO_3 \rightarrow H^+ + HCO_3^-$<br>• 전체 이산화탄소 운반량의 약 70% |
|---|---|
| 카바미노헤모글로빈으로 운반 | • 적혈구 내 헤모글로빈과 결합하여 카바미노헤모글로빈 형태로 운반된다.<br>• 전체 이산화탄소 운반량의 약 20% |
| 혈장을 통해 운반 | • 혈장에 용해된 상태로 운반<br>• 전체 이산화탄소 운반량의 약 10% |

③ 산소-헤모글로빈($HbO_2$) 해리 곡선

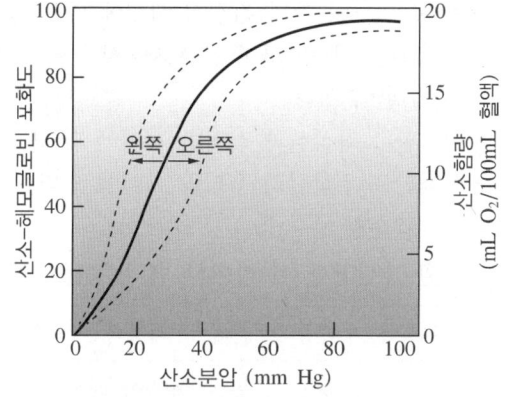

㉠ 그래프 곡선이 오른쪽 이동할 때
  (체온↑, $PCO_2$↑, pH↓일 때)
  : 산소-헤모글로빈($HbO_2$)의 포화도가 감소한다
  (해리도 증가).

㉡ 그래프 곡선이 왼쪽 이동할 때
  (체온↓, $PCO_2$↓, pH↑일 때)
  : 산소-헤모글로빈($HbO_2$)의 포화도가 증가한다
  (해리도 감소).

### 핵심예제

**19-1.** 호흡 시 혈액 내의 이산화탄소를 폐로 운반하는 방법이 아닌 것은?  [2017]

① 혈장 내에 용해되어 운반
② 헤모글로빈과 결합하여 운반
③ 중탄산염($HCO_3^-$) 형태로 운반
④ 마이오글로빈(Myoglobin)과 결합하여 운반

**19-2.** 〈보기〉는 산소-헤모글로빈 해리 곡선의 운동 시 변화에 관한 설명이다. ㉠, ㉡, ㉢, ㉣에 들어갈 용어를 바르게 나열한 것은?  [2020]

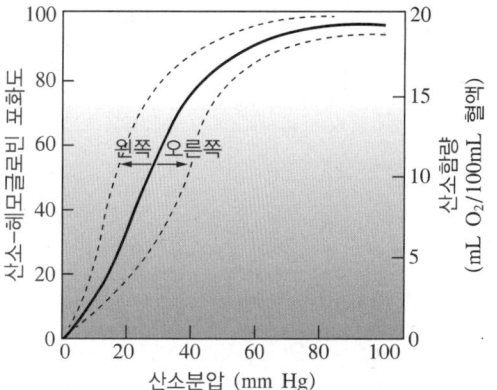

|보기|
- 심부체온이 상승하여 산소-헤모글로빈 해리 곡선은 ( ㉠ )으로 이동하며, 헤모글로빈의 산소 친화력을 ( ㉡ )시킨다.
- 신체의 pH가 감소하여 산소-헤모글로빈 해리 곡선은 ( ㉢ )으로 이동하며, 헤모글로빈의 산소 친화력을 ( ㉣ )시킨다.

|   | ㉠ | ㉡ | ㉢ | ㉣ |
|---|---|---|---|---|
| ① | 오른쪽 | 감소 | 오른쪽 | 감소 |
| ② | 오른쪽 | 증가 | 왼쪽 | 감소 |
| ③ | 왼쪽 | 증가 | 왼쪽 | 증가 |
| ④ | 왼쪽 | 감소 | 오른쪽 | 증가 |

| 해설 |

**19-1**
모세혈관으로 들어간 이산화탄소는 대부분 적혈구 속에서 물과 결합하여 탄산($H_2CO_3$)을 형성하고 탄산수소이온($HCO_3^-$)으로 해리되어 혈장에 의해 폐로 운반된다. 또 이산화탄소 일부는 적혈구의 헤모글로빈과 결합하여 운반되고, 일부는 직접 혈장 속에 용해되어 운반된다.

**19-2**
- 운동으로 인해 심부체온이 상승하면 열 발생과 조직의 산소 요구에 따라 산소-헤모글로빈 해리 곡선은 (오른쪽)으로 이동하며, 헤모글로빈의 산소 친화력은 (감소)되어 조직으로의 산소 공급이 많아진다.
- 운동으로 인한 체내의 $CO_2$ 증가는 $H^+$를 증가시켜 신체의 pH가 감소된다. 이때 산소-헤모글로빈 해리 곡선은 (오른쪽)으로 이동하며, 헤모글로빈의 산소 친화력을 (감소)시킨다. 그 결과 조직 세포에 산소를 전달하고 이산화탄소를 받아오는 가스교환이 촉진된다.

정답 19-1 ④  19-2 ①

## 핵심이론 20 순환계의 구조와 기능

인체의 순환계는 물질대사에 필요한 산소 및 영양소를 공급 및 운반하고, 대사 산물인 이산화탄소와 노폐물을 폐와 신장을 통해 제거하며, 체액 균형을 조절한다.

① **심장의 구조와 기능**

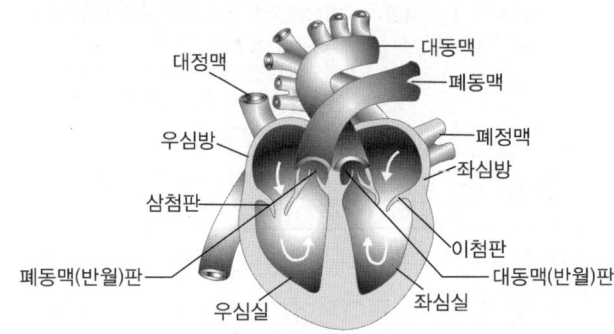

[심장의 구조]

㉠ 2개의 심방과 2개의 심실로 이루어져 있다.
㉡ 심방은 심방중격에 의하여 우심방과 좌심방으로 구분되고 혈액의 펌프 역할을 한다.
㉢ 심실은 심실중격에 의하여 우심실과 좌심실로 구분되고 혈액의 혼류를 방지하는 역할을 한다.
㉣ 심장에는 혈액의 역류를 방지하는 4개의 판막이 있다.
  - 반월판 : 대동맥과 좌심실 사이에 있는 대동맥(반월)판, 폐동맥과 우심실 사이에 있는 폐동맥(반월)판이 있다.
  - 이첨판 : 좌심실과 좌심방 사이에 있다.
  - 삼첨판 : 우심실과 우심방 사이에 있다.

② **폐순환과 체순환**

㉠ 폐순환 : 심장과 폐 사이의 혈액순환을 말한다.

> 우심실 → 폐동맥 → 폐 → 폐정맥 → 좌심방

- 이산화탄소 농도가 높은 혈액이 폐를 순환하면서 이산화탄소를 내보내고 산소를 받아들이는 과정이다.

ⓛ 체순환 : 심장 왼쪽에서 산소로 포화된 혈액이 신체 여러 조직으로 순환되는 것을 말한다.

좌심실 → 대동맥 → 온몸(모세혈관) → 대정맥 → 우심방

- 산소 농도가 높은 혈액이 몸 전체를 순환하면서 산소를 전달하는 과정이다.

③ 동맥혈과 정맥혈의 비교
   ㉠ 동맥혈
   - 폐를 돌고 와 산소가 풍부한 혈액으로, 선홍색을 띤다.
   - 폐정맥, 좌심방, 좌심실, 대동맥을 흐른다.
   ㉡ 정맥혈
   - 온몸을 돌고 와 산소가 부족한 혈액으로, 암적색을 띤다.
   - 대정맥, 우심방, 우심실, 폐동맥을 흐른다.

④ 심장 자극 전도체계

동방결절(SA Node) → 방실결절(AV Node) → 방실다발(AV Bundle) → 푸르킨예섬유(Purkinje Fibers)

   ㉠ 동방결절(SA Node) : 우심방과 상대정맥이 만나는 곳에 위치하며, 스스로 전기적 신호를 발생시키는 박동원이며, 심장의 박동조율기(맥박조정자, Pacemaker)라고 한다(1분당 60~80회 정도로 자극을 발생시킨다).
   ㉡ 방실결절(AV Node) : 심방 사이막 근처의 우심방 아래쪽에 위치하며, 심방과 심실 사이의 활동전위 전도가 일어난다.
   ㉢ 방실다발(AV Bundle) : 히스속이라고도 하며, 방실결절과 푸르킨예섬유를 이어주는 근육다발이다.
   ㉣ 푸르킨예섬유(Purkinje Fibers) : 방실다발이 작은 가지로 분지되어 심실벽 전체로 퍼져있는 섬유이다.

⑤ 혈관의 구조와 기능
   ㉠ 동 맥
   - 심장에서 조직으로 혈액을 수송하는 역할을 하는 혈관이다.
   - 3개의 층으로 구성(외막, 중막, 내막)되어 있다.
   - 수축기의 압력을 견디기 위해 중막층이 발달되어 있다.
   - 정맥보다 두께가 두꺼우며, 탄력성과 신전성이 좋다.
   - 몸속 깊은 곳에 분포한다.
   - 대동맥에서 갈라져나와 모세혈관으로 분리되기 전의 가느다란 동맥을 세동맥이라고 한다.
   ㉡ 정 맥
   - 조직에서 심장으로 혈액을 수송하는 역할을 한다.
   - 동맥보다 두께가 얇다.
   - 혈액량이 줄어들면 주위의 조직압이 작용하여 수축된다.
   - 정맥판막이 정맥혈 회귀를 돕는다.

   운동 중 정맥혈 회귀를 조절하는 요인
   - 근육 펌프
   - 호흡 펌프
   - 정맥 수축

   ㉢ 모세혈관
   - 동맥과 정맥을 연결하는 혈관이다.
   - 모세혈관은 내피세포만으로 이루어져 혈관벽이 매우 얇다.
   - 조직세포로 산소와 영양물질 등을 공급한다.
   - 조직세포에서 모세혈관으로 노폐물이 이동한다.

   각 혈관의 특징 비교
   - 혈압 : 동맥 > 모세혈관 > 정맥
   - 혈관벽 두께 : 동맥 > 정맥 > 모세혈관
   - 혈류 속도 : 동맥 > 정맥 > 모세혈관
   - 총 단면적 : 모세혈관 > 정맥 > 동맥
   - 혈관내부지름 : 정맥 > 동맥 > 모세혈관

⑥ 혈액의 구성과 기능
　㉠ 혈장 : 액체 성분으로, 이온, 단백질, 호르몬 등이 포함되어 있다.
　㉡ 혈구 : 세포 성분으로, 적혈구, 혈소판, 백혈구로 구성되어 있다.
　　• 적혈구 : 산소 전달을 위한 헤모글로빈 함유, 산소와 이산화탄소를 운반
　　• 혈소판 : 혈액의 응고 작용
　　• 백혈구 : 병원체 감염에 대한 방지
　㉢ 혈장량 및 적혈구 용적률의 관계
　　• 전체 혈액량 대비 적혈구 용적률이 높을수록 그 밖의 대부분에 해당하는 혈장량은 낮다.
　　• 적혈구 용적률은 일반적으로 성인 남성(42~45%)이 성인 여성(38~42%)보다 높다.
　　• 지구성 트레이닝은 혈장량 및 적혈구 용적률을 모두 증가시킨다.

### 핵심예제

**20-1. 심장의 구조와 기능에 대한 설명으로 옳지 않은 것은?**
[2018]

① 판막은 혈액의 역류를 방지한다.
② 심장은 두 개의 방과 두 개의 실로 구성되어 있다.
③ 심실중격은 좌·우심실 간 혈액의 혼류를 방지한다.
④ 방실결절은 좌심방에 위치하며 맥박조정자(Pacemaker)의 역할을 담당한다.

**20-2. 〈보기〉에서 동방결절(SA node)에 관한 특성으로 옳은 것만을 모두 고른 것은?**
[2025]

┌보기┐
㉠ 심장의 페이스메이커(pacemaker)로 불림
㉡ 전도체계 중 가장 빠른 내인성 박동률을 가짐
㉢ 심실이 혈액을 충만하게 모을 수 있도록 자극전도 시간을 지연시킴
㉣ 다른 심장 전도 시스템보다 약 6배 빠르게 전기적 자극을 심실 전체로 전달하여 심실의 거의 모든 부위가 동시에 수축할 수 있게 함

① ㉠, ㉡
② ㉠, ㉡, ㉢
③ ㉠, ㉢, ㉣
④ ㉡, ㉢, ㉣

**20-3. 적혈구 용적률(Hematocrit)에 대한 설명으로 옳은 것은?**
[2020]

① 높은 적혈구 용적률(60% 이상)은 혈액의 흐름을 수월하게 한다.
② 일반적으로 성인 여성이 성인 남성보다 높은 적혈구 용적률을 보인다.
③ 전체 혈액량 대비 혈장(Plasma)량의 비율이 높을수록 적혈구 용적률은 낮다.
④ 지구성 트레이닝에 대한 적응으로 혈장량이 감소하여 적혈구 용적률은 증가한다.

| 해설 |

**20-1**
방실결절은 심장근육섬유의 작은 덩어리로 심장의 우심방 아래쪽에 위치하고 있다. 동방결절로부터 심장 수축을 유발하는 전기신호를 심실로 전달하는 기능을 한다.

**20-2**
ⓒ 심실이 혈액을 충만하게 모을 수 있도록 자극전도 시간을 지연시키는 것은 방실결절(AV node)의 기능에 해당한다. 방실결절은 자극의 전도를 지연시켜 심실이 혈액을 충분히 채울 수 있도록 한다.
ⓔ 다른 심장 전도 시스템보다 약 6배 빠르게 전기적 자극을 심실 전체로 전달하여 심실의 거의 모든 부위가 동시에 수축할 수 있게 하는 것은 푸르킨예 섬유(Purkinje fibers)의 특성이다. 푸르킨예 섬유의 빠른 전도가 심실이 효율적으로 동시 수축을 할 수 있게 한다.

**20-3**
① 적혈구 용적률이 높으면(60% 이상) 혈액의 점도가 높아져 혈액의 유속이 느려진다. 적혈구 용적률은 45% 미만을 유지하는 것이 적당하다.
② 일반적으로 성인 남성(42~45%)이 성인 여성(38~42%)보다 높은 적혈구 용적률을 보인다.
④ 지구성 트레이닝으로 인한 항이뇨호르몬과 알도스테론의 분비 증가 및 알부민과 같은 혈장단백질의 농도 증가에 의해 혈장량이 증가하며, 적혈구 용적률도 증가하여 전체적인 혈액량이 증가한다.

정답 20-1 ④ 20-2 ① 20-3 ③

## 핵심이론 21 운동에 따른 순환계의 반응

① 심박수
 ㉠ 1분 동안의 심장의 박동수이다.
 ㉡ 심박수는 운동 강도의 증가에 비례해 증가한다.
 ㉢ 운동 강도에 따른 심박수의 증가는 교감신경의 자극 증가에 의해 이루어진다.
 ㉣ 심박수는 지구성 운동(달리기)보다 근력 운동을 할 때 더 낮다.

② 1회박출량
 ㉠ 심장(심실)이 1회 수축하면서 내뿜는 혈액의 양을 의미한다.
 ㉡ 확장기말 혈액량(EDV)과 수축기말 혈액량(ESV)의 차이이다.
 ㉢ 일반인은 70mL 정도이다.
 ㉣ 누운 자세보다 선 자세에서 1회박출량이 감소한다(중력의 영향으로 정맥회귀량이 감소).

> **1회박출량을 결정하는 요인**
> • 심장(심실)의 수축력
> • 대동맥 및 폐동맥의 혈압
> • 심장으로 되돌아오는 정맥혈의 양(정맥회귀량)

 ㉤ 비훈련자의 경우, 운동 강도 증가 시 1회박출량은 운동 강도가 40~60%인 지점에서 고원현상(Plateau)으로 인해 정체된다.

③ 심박출량
 ㉠ 심박수와 1회박출량을 곱한 값을 심박출량이라고 한다.

> 심박출량 = 심박수 × 1회박출량

 ㉡ 안정 시 심박출량은 4~6L/분이며, 운동 시 심박출량은 4~5배까지 증가한다.
 ㉢ 심박출량은 최대산소섭취량에 비례한다.
 ㉣ 최대산소섭취량 = 최대심박출량 × 최대 동-정맥 산소차

④ 혈류, 혈압, 혈액의 반응
  ㉠ 운동 중 심박수의 증가에 따른 혈류 속도의 증가가 나타나며, 이에 따라 혈압 상승이 일어난다.
  ㉡ 운동 중 에너지가 많이 필요한 골격근에는 혈류량이 증가하고, 내장근에는 혈류량이 감소하는 혈류의 재분배가 일어난다.
  ㉢ 운동 중 세동맥이 팽창하여 골격근에 산소 전달이 증가한다.
  ㉣ 운동 중 심장으로 돌아오는 정맥회귀량이 증가하여 심박출량도 증가한다.

  > **혈압의 상승 요인**
  > • 혈액량 증가
  > • 혈관저항 증가
  > • 1회박출량 및 심박수 증가

⑤ 운동 시 동-정맥 산소차
  ㉠ 근육세포의 산소 소비량에 비례한다.
  ㉡ 고강도 운동 시 동-정맥 산소차가 증가한다.
  ㉢ 골격근의 모세혈관 분포 증가는 동-정맥 산소차를 증가시킨다.
  ㉣ 지구력 훈련은 최대산소섭취량에 대한 백분율을 높이고 동-정맥 산소차를 향상시킨다.

---

**핵심예제**

**21-1. 1회 박출량(Stroke Volume) 증가 요인으로 옳지 않은 것은?** [2024]
① 심박수 증가
② 심실 수축력 증가
③ 평균 동맥혈압(MAP) 감소
④ 심실 이완기말 혈액량(EDV) 증가

**21-2. 운동 중 1회 박출량(Stroke Volume) 증가 원인으로 옳지 않은 것은?** [2023]
① 대동맥압 증가에 따른 후부하(After Load) 증가
② 호흡펌프작용에 의한 정맥회귀(Venous Return) 증가
③ 골격근수축에 의한 근육 펌프작용 증가
④ 교감신경 자극에 의한 심근수축력 증가

**21-3. 지구성 트레이닝 후 최대 동-정맥 산소차 증가에 기여하는 요인으로 적절하지 않은 것은?** [2022]
① 미토콘드리아 크기 증가
② 미토콘드리아 수 증가
③ 모세혈관 밀도 감소
④ 총 혈액량 증가

|해설|
**21-1**
심박수는 1회 박출량이 증가한 후에 변화하는 요소이다. 1회 박출량은 심장이 한 번 박동하여 짜내는 혈액의 양을 말하는데, 혈액을 한 번 짜낼 때 많이 짜내면 적은 횟수로도 몸에 충분한 혈액을 내보낼 수 있으므로 심박수가 감소하게 된다.

**21-2**
**1회 박출량**
1회 박출량을 결정하는 요소에는 정맥혈회귀량, 심실의 수축력, 그리고 대동맥압이 있다. 대동맥압이 상승하면 후부하도 증가하게 되는데, 이는 좌심실에서 혈액을 전신으로 보내는 과정에서 혈류가 대동맥판막을 통과할 때의 저항이 증가하기 때문이다. 이러한 후부하의 증가로 인해 1회박출량은 상대적으로 감소하게 된다.

**21-3**
지구성 트레이닝을 통해 모세혈관의 분포를 증가시키면 산소 소비량이 늘어나서 동-정맥 산소차가 증가한다.

정답 21-1 ① 21-2 ① 21-3 ③

**핵심이론 22** 장기간 운동에 따른 순환계의 적응

안정 시의 변화, 최대하 운동(Submaximal Exercise) 시의 변화, 최대 운동 중의 변화 등 운동의 효과에 따른 심장과 순환계의 적응 현상이 나타난다.

① 안정 시 변화(운동 전과 비교 했을 때)
  ㉠ 심장 크기의 변화
    • 지구력 운동으로 심실강 크기가 증가한다.
    • 비지구력 운동으로 심근층 두께가 증가한다.
  ㉡ 심박수 감소 : 안정 시 운동성 서맥이 훈련의 결과로 나타난다.
  ㉢ 1회박출량 증가 : 운동 선수는 일반인보다 안정 시 1회박출량이 크다.
  ㉣ 훈련에 의해 총혈액량과 헤모글로빈양이 증가한다(최대산소섭취량 증가).

② 최대하 운동 시 순환계의 변화
  ㉠ 1회박출량 증가 : 최대하 운동 중의 1회박출량은 증가한다.
  ㉡ 심박출량이 비훈련자에 비하여 다소 낮다.
  ㉢ 인체의 효율성이 증대된다(최대산소섭취량 감소, 산소소비량 감소).
  ㉣ 심박수의 감소 : 훈련에 의한 1회박출량 증가로 인해 심박수는 감소된다.

③ 최대운동 시 순환계의 변화
  ㉠ 최대심박출량과 1회박출량이 증가한다(심장비대와 심근 섬유 수축력 증대).
  ㉡ 심박수는 변화 없거나 감소(특히, 지구력이 필요한 운동)한다.
  ㉢ 최대산소섭취량이 증가하며, 최대 유산소 능력이 향상된다.
  ㉣ 근혈류량의 변화 : 최대 운동 중 전체 활동근으로 공급되는 혈류가 많아진다.
  ㉤ 모세혈관 밀도 증가, 미토콘드리아의 산화 능력 향상에 따른 동-정맥 산소차가 증가한다.

[운동에 따른 순환계의 적응 정리]

| 구 분 | 안정 상태 (운동 전과 비교 시) | 최대하 운동 중 변화 | 최대 운동 중 변화 |
|---|---|---|---|
| 1회박출량 | 증 가 | 증 가 | 증 가 |
| 심박출량 | 증 가 | 변화 없거나 감소 | 증 가 |
| 심박수 | 감 소 | 감 소 | 변화 없거나 감소 |
| 최대산소섭취량 | 증 가 | 감 소 | 증 가 |

④ 최대산소섭취량에 대한 백분율(VO$_{2max}$)
  ㉠ 지구성 운동 기록에 영향을 미치는 중요한 요인이다.
  ㉡ 중장거리 달리기 선수들에게 훈련이 필요하다.
  ㉢ 마라톤 선수는 VO$_{2max}$의 약 80% 수준으로 훈련한다.
  ㉣ 고도로 단련된 남녀 지구력 선수의 비교에서 여자 선수는 남자선수보다 최대산소섭취량이 10% 가량 낮다.

### 핵심예제

**22-1. 장기간의 유산소 트레이닝에 따른 심혈관계의 적응으로 옳지 않은 것은?**  [2020]

① 안정 시 심박수 감소
② 최대산소섭취량 증가
③ 최대심박출량 증가
④ 안정 시 1회박출량 감소

**22-2. 인체 운동에 따른 신체적응에 대한 설명으로 올바른 것은?**  [2015]

① 단련자는 비단련자보다 최대심박출량이 높게 나타난다.
② 단련자는 비단련자보다 동일 조건의 운동에서 심박수가 높게 나타난다.
③ 단련자는 비단련자보다 안정 시 심박수가 높게 나타난다.
④ 단련자는 비단련자보다 최대심박수가 낮게 나타난다.

**22-3. 장기간 규칙적 유산소 훈련의 결과로 최대 운동 시 나타나는 심폐기능의 적응으로 옳은 것을 모두 고른 것은?**  [2023]

|보기|
㉠ 최대산소섭취량 증가
㉡ 심장용적과 심근수축력 증가
㉢ 심박출량 증가

① ㉠, ㉡
② ㉠, ㉢
③ ㉡, ㉢
④ ㉠, ㉡, ㉢

|해설|

**22-1**
① 안정 시 운동성 서맥이 훈련의 결과로 나타나기 때문에 심박수가 감소된다.
② 장기간의 유산소 훈련의 결과로 최대산소섭취량($VO_{2max}$)이 증가한다.
③ 심장비대와 심근 섬유 수축력 증대로 최대심박출량이 증가한다.

**22-2**
②·③ 운동 시/안정 시 심박수가 낮다는 것은 단련자의 특징이며, 비교적 심박수가 낮다는 것은 심박출량이 높다는 것을 의미한다.
④ 단련자의 경우 운동의 신체 적응으로 최대심박수는 높게 나타난다.

**22-3**
**운동과 순환계·호흡계의 적응**
장기간 규칙적으로 유산소 훈련을 하면 심폐기능의 적응 현상으로 혈액량이 증가하게 된다. 이로 인해 혈액을 전신으로 내보내는 ㉡ 좌심실의 심장용적이 증가하고 좌심실의 근육이 강해져 좌심실에서의 심근수축력이 증가하게 된다. 따라서 ㉢ 심박출량이 증가하고, ㉠ 최대산소섭취량도 증가하게 된다.

정답 22-1 ④ 22-2 ① 22-3 ④

## 제7절 | 환경과 운동

### 핵심이론 23  체온조절과 운동

인체는 체온을 일정하게 유지하기 위해 열 생산과 열 손실이 언제나 같아지도록 조절하고 있다.

① 체온조절의 기전
- ㉠ 온도수용기
  - 피부에 있는 말초온도수용기와 시상하부 앞부분에 있는 심부온도수용기가 있다.
  - 감지된 피부온도나 심부체온의 변동에 대한 정보는 구심성 뉴런을 통해 시상하부의 체온조절중추로 전달된다.
- ㉡ 체온조절중추
  - 간뇌의 시상하부에 체온조절중추가 있다.
  - 수의적 근육운동 및 불수의적 운동으로 열을 생성하여 체온을 유지한다.
  - 격렬한 운동으로 증가된 체온은 피부 혈관의 확장·발한(땀 분비)으로 열을 발산시킨다.

② 열손실의 기전
- ㉠ 복사 : 물체 표면에서 다른 물체로의 물리적 접촉이 없는 열의 이동
- ㉡ 전도 : 신체와 물질의 접촉을 통한 열의 이동
- ㉢ 대류 : 인체와 공기접촉을 통한 열의 이동
- ㉣ 증발 : 땀의 분비와 호기를 통한 수분의 증발로 인한 열의 이동

---

**핵심예제**

**23-1.** 운동 시 체온조절에 관한 설명으로 옳은 것은? [2017]
① 체온조절은 뇌의 전두엽이 담당한다.
② 인체의 열 생성을 위한 방법으로는 수의적인 운동이 유일하다.
③ 격렬한 운동으로 증가된 체온은 주로 땀의 증발을 통해 조절된다.
④ 운동 강도의 증가는 대류와 복사에 의한 열 손실을 증가시킨다.

**23-2.** 〈보기〉에서 설명하는 열손실 기전으로 옳은 것은?
[2021]

|보기|
- 피부의 땀이나 호흡을 통하여 체열을 손실시킨다.
- 실내 트레드밀 달리기 중 열 손실의 가장 주된 기전이다.
- 대기조건(습도, 온도)과 노출된 피부 표면적의 영향을 받는다.

① 복 사   ② 대 류
③ 증 발   ④ 전 도

|해설|

23-1
① 간뇌의 시상하부에 체온조절중추가 있다.
② 인체는 대사 작용으로 열을 생성하는데, 수의적 근육 운동뿐만 아니라 불수의적 운동으로도 열을 생성하여 체온을 유지한다.
④ 운동 강도가 증가하면 주로 피부 혈관의 확장 및 발한을 통해 열을 발산한다.

23-2
열 손실의 기전 중 땀이나 호흡을 통하여 체열을 손실시키는 기전은 증발(수분의 기화에 따른 열흡수)이다. 증발은 대기 조건과 노출된 피부 표면적의 영향을 받는다.

**정답** 23-1 ③  23-2 ③

## 핵심이론 24 고온 및 저온 환경에서의 체온조절

① 고온에서의 운동 시 신체 변화
  ㉠ 피부 혈관 확장으로 피부 혈류량 증가
  ㉡ 내장 혈관 수축으로 심부 온도 증가
  ㉢ 발한량 증가, 땀으로 인한 체액 손실로 혈장량 감소
  ㉣ 교감신경계 자극으로 인한 심박수 증가
  ㉤ 정맥혈 회귀 감소
  ㉥ 1회박출량 감소로 최대유산소 능력 감소

② 열순응 : 열에 대한 내성이 증가하는 생리적 적응 현상
  ㉠ 발한 시점의 조기화
  ㉡ 발한율 증가
  ㉢ 땀에 의한 전해질의 손실 감소
  ㉣ 피부 혈류량 감소
  ㉤ 열충격 단백질 생성 증가

③ 고온에서의 열질환
  ㉠ 열경련 : 고온 환경에서 심한 육체노동이나 운동을 했을 때 근육에 경련을 일으키는 것으로, 주요 증상으로는 근육경련이 30초~3분간 이어진다.
  ㉡ 열탈진 : 고온에서 장시간 심한 육체노동이나 운동을 할 때 수분과 염분이 제때 보충되지 않아서 일어나는 질병이다. 주요 증상으로는 현기증, 피로감, 두통이 나타나며 심하면 실신에 이른다.
  ㉢ 열사병 : 장시간 뜨거운 햇볕이나 고온 환경에 노출되었을 때 체온조절중추 장해로 몸의 온도가 비정상적으로 상승하는 질병이다. 주요 증상으로는 중추 신경장애, 현기증, 오심, 구토, 두통, 피부건조, 혼수상태 등이 있다.

④ 저온에서의 운동 시 신체 변화
  ㉠ 피부 혈관 수축에 의한 피부 혈류량 감소
  ㉡ 심부 온도 저하로 인한 심박수 감소
  ㉢ 신경전달 비율 감소
  ㉣ 말초 혈관 수축으로 인한 피부의 열 손실 차단
  ㉤ 근육의 떨림으로 열 발생량 증가

⑤ 저온환경에서 순발력 저하 원인
  ㉠ 근육 온도 저하로 인한 근육세포 내 체액의 점도 증가
  ㉡ 근육 내 화학반응 속도 감소로 인한 최대 근수축 도달 시간 지연
  ㉢ 교차결합과 액틴의 움직임에 대한 물리적 저항 증대
  ㉣ ATP 합성을 위한 화학반응 속도 감소

⑥ 저온 순응
  ㉠ 오한이 시작되는 평균 피부온도가 하강
  ㉡ 대사관련 호르몬 분비 증가로 대사적 열 생성량 증가
  ㉢ 열 생성 능력이 증가, 근육 떨림 반응 감소
  ㉣ 말초혈관 확장으로 손과 발의 체온 유지

⑦ 저온에서의 열질환
  ㉠ 저체온 : 체온이 35℃ 이하로 떨어진 상태로 혈액순환과 호흡신경계 기능이 떨어진 것이다. 주요 증상으로는 오한, 혈압저하, 의식혼미, 사지강직 등이 있다.
  ㉡ 동상 : 영하 2~10℃의 심한 추위에 노출되면 피부의 연조직이 얼고 그 부위에 혈액 공급이 되지 않아 나타는 현상이다. 피부가 붉어지고, 통증·물집이 발생하며 혈액순환 장애가 일어난다.

### 핵심예제

체온 저하 시 생리적 반응으로 옳은 것은? [2022]

① 심박수 증가
② 피부혈관 확장
③ 땀샘의 땀 분비 증가
④ 골격근 떨림(Shivering) 증가

|해설|
체온이 저하될 경우 피부 혈관이 수축하여 피부 혈류가 감소하고 떨림이 발생한다. 또한 신경전달 비율이 감소하고 피부의 열 손실이 차단되어 땀 분비가 억제된다.

정답 ④

## 핵심이론 25 환경의 특성과 인체의 영향

① 고지환경의 특성과 영향 : 고도가 증가할수록 산소분압이 감소하여 신체 조직들이 충분한 산소를 공급받지 못한다.
  ㉠ 생리적 반응
   - 산소분압 감소에 의한 최대산소섭취량 감소와 유산소 운동(지구성 운동) 능력 저하
   - 심박수 및 심박출량 증가와 호흡수 증가
   - 운동 중 젖산 생성량 증가
  ㉡ 고지 순응(저산소 환경에 의한 인체 적응)
   - 적혈구 수 증가
   - 혈액의 산소 운반 능력 향상
   - 근육 조직의 모세혈관 밀도와 미토콘드리아 밀도 증가
   - 주어진 절대강도 운동 시 폐환기량 증가

   **고산병**
   낮은 지대에서 고도가 높은 해발 2,000~3,000m 이상의 고지대로 이동하였을 때 산소가 희박해지면서 나타나는 신체의 급성 반응이다.

② 수중 환경의 특성과 영향 : 수심이 증가할수록 사람이 받는 압력은 증가한다.
  ㉠ 생리적 반응
   - 산소 운반 능력 감소
   - 정맥의 혈액 보유량 감소
   - 심장으로 환류 혈액량 증가
   - 최대심박출량과 최대심박수 감소
  ㉡ 수중 적응
   - 폐용량의 최대흡기압과 폐활량 증가
   - 심박출량 감소, 서맥 현상 발생

   **서맥 현상**
   서맥 현상은 맥박이 분당 60회 이하로 느리게 뛰는 것을 말한다. 이와 반대되는 용어로 빈맥 현상이 있다.

### 핵심예제

**25-1.** 고지대에서 장기간 노출 시 나타나는 생리적 적응 현상으로 옳지 않은 것은? [2019]
① 적혈구 수 증가
② 혈액의 산소운반능력 향상
③ 근육의 모세혈관 밀도 감소
④ 주어진 절대강도 운동 시 폐환기량 증가

**25-2.** 해수면과 비교하여 고지환경에서 운동 시 생리적 반응으로 옳지 않은 것은? [2021]
① 최대하 운동 시 폐환기량이 증가한다.
② 최대하 운동 시 심박수와 심박출량은 감소한다.
③ 최대하 운동 시 동맥혈 산화헤모글로빈 포화도는 감소한다.
④ 무산소 운동 능력보다 유산소 운동 능력이 더 감소한다.

**25-3.** 수중 운동 시 체온유지를 위한 요인으로 옳지 않은 것은? [2022]
① 폐활량
② 체지방량
③ 운동 강도
④ 물의 온도

**|해설|**

**25-1**
고지에서 장기간 노출되면 근육조직의 모세혈관 밀도와 미토콘드리아 밀도가 증가한다.

**25-2**
고도가 증가할수록 산소분압이 감소하므로 신체 조직들은 충분한 산소를 공급받지 못한다. 따라서 고지환경에서 운동 시 동맥혈 산화헤모글로빈 포화도는 감소하며, 유산소 운동 능력도 저하된다. 또한, 심박수와 심박출량이 증가하며, 호흡수 증가로 인해 폐환기량 역시 증가한다.

**25-3**
**수중 환경과 항상성**
수중 운동 시 체온 유지에 영향을 주는 요소에는 물의 온도, 체지방량, 운동 강도 등이 있다. 인체의 체온은 열 발생량과 열 방출량이 균형을 이룰 때 유지되는데, 물의 온도가 높을수록, 체지방량이 많을수록 열 방출량이 감소하고, 운동 강도가 높을수록 열 발생량이 증가해 체온을 유지할 수 있게 된다. 그러나 폐활량은 호흡계의 가스교환 기능을 나타내는 지표로, 체온 유지와는 무관하다.

정답 25-1 ③ 25-2 ② 25-3 ①

# PART 01 핵심이론+핵심예제

# 운동역학

## 제1절 | 운동역학 개요

### 핵심이론 01 운동역학의 목적

① 역학적 이해를 통해 동작의 효율성을 극대화하고, 경기력 및 운동기술을 향상시킨다.
② 동작 수행 시 상해의 원인 규명 및 예방을 통해 안전성 향상을 도모한다.
③ 위의 두 가지를 고려한 과학적인 스포츠 장비를 개발한다.
④ 경기력 향상을 위한 운동 장비 및 운동용 기구를 개발하고 평가한다.
  예 스케이팅의 클랩 스케이트, 장대높이뛰기의 유리섬유질 장대, 탁구 라켓의 이질 러버 등의 개발
⑤ 분석방법 및 자료처리 기술을 개발한다.

> **운동역학 연구에 사용되는 방법**
> 동작 분석법, 힘 분석법, 근전도 분석법

---

**핵심예제**

**1-1. 운동역학의 내용과 목적이 아닌 것은?** [2025]
① 운동 기술의 향상
② 운동수행 시 힘의 측정
③ 운동수행 안전성의 향상
④ 인체 내 에너지 대사의 측정

**1-2. 운동역학의 연구 목적으로 옳지 않은 것은?** [2021]
① 운동 기술 향상
② 운동 불안 완화
③ 운동 장비 개발
④ 스포츠 손상 예방

|해설|
1-1
인체 내 에너지 대사의 측정은 운동생리학에서 연구하는 내용이다.
1-2
운동 불안 완화는 스포츠심리학과 관련 있다.

**정답** 1-1 ④ 1-2 ②

## 핵심이론 02 운동역학의 학문 영역

① 운동역학 : 운동의 원인이 되는 힘의 작용과 운동에 관한 신체 움직임의 원리와 효과를 연구하는 학문이다.
② 운동학 : 공간이나 시간을 고려하여 물체·신체의 움직임을 연구하는 학문이다. 무게중심, 관절각 등을 기술한다.
③ 동역학 : 힘과 가속에 영향을 받는 시스템과 운동 상태의 변화를 연구하는 학문이다.
④ 정역학 : 힘의 평형 상태를 연구하는 학문이다.

### 핵심예제

**2-1. 정역학의 범주에 해당하지 않은 것은?** [2019]
① 물체에 작용하는 모든 힘이 평형을 이루고 있고 회전이 발생하지 않을 때
② 물체가 일정한 속도로 움직일 때
③ 물체가 정지하고 있을 때
④ 물체가 가속할 때

**2-2. 운동역학(Sports Biomechanics)의 내용으로 적절한 것은?** [2023]
① 스포츠 현상을 사회학적 연구 이론과 방법으로 설명하는 학문이다.
② 운동에 의한 생리적·기능적 변화를 기술하고 설명하는 학문이다.
③ 스포츠 수행에 영향을 주는 심리적 요인을 설명하는 학문이다.
④ 스포츠 상황에서 인체에 발생하는 힘과 그 효과를 설명하는 학문이다.

|해설|
2-1
정역학은 힘의 평형 상태를 연구하는 학문이다.
2-2
① 스포츠 사회학에 대한 설명이다.
② 운동생리학에 대한 설명이다.
③ 스포츠심리학에 대한 설명이다.

정답 2-1 ④  2-2 ④

## 제2절 | 운동역학의 이해

### 핵심이론 03 해부학적 자세와 방향 용어

① 해부학적 자세
　㉠ 인체의 위치, 자세, 움직임 또는 구조를 쉽게 기술하고 설명할 때 필요한 기준 자세를 말한다.
　㉡ 각 분절의 운동축과 운동면은 해부학적 자세를 기준으로 한다.
　㉢ 시선은 전방을 향하고, 양쪽 발꿈치를 붙이고 발끝을 약간 외측으로 벌리고, 손바닥을 앞쪽으로 향하게 하여 팔을 체간에 붙이고 똑바로 선 자세를 의미한다. 이와 같은 해부학적 자세에서는 상부(Superior)는 항상 머리쪽(Head) 방향, 하부(Inferior)는 발 방향을 향하는 것이다.

② 방향용어
　㉠ 상부(Superior) : 두부(Head) 방향
　㉡ 하부(Inferior) : 족부(Feet) 방향
　㉢ 전부(Anterior) : 복부(Ventral), 인체의 앞 방향
　㉣ 후부(Posterior) : 배부(Dorsal), 인체의 뒤 방향
　㉤ 내측(Medial) : 인체를 좌우로 나누는 중심선(시상면)에 가까운 방향
　㉥ 외측(Lateral) : 인체를 좌우로 나누는 중심선(시상면)에서 먼 방향
　㉦ 근위(Proximal) : 체간이나 기시점(Point of Origin)에 가까운 방향
　㉧ 원위(Distal) : 체간이나 기시점에서 먼 방향
　㉨ 표층(Superficial) : 인체 표면에서 가까운 방향
　㉩ 심층(Deep) : 인체 표면에서 먼 방향

### 핵심예제

**3-1. 해부학적 방향을 나타내는 용어와 의미가 옳지 않은 것은?**
[2019]

① 앞쪽(Anterior, 전) - 인체의 정면 쪽
② 아래쪽(Inferior, 하) - 머리로부터 먼 쪽
③ 안쪽(Medial, 내측) - 인체의 중심 쪽
④ 얕은(Superficial, 표층) - 인체의 안쪽

**3-2. 해부학적 자세에서 몸의 중심을 기준으로 한 방향 용어의 사용이 옳지 않은 것은?**
[2021]

① 복장뼈는 어깨의 가쪽(외측, Lateral)에 있다.
② 손목관절은 팔꿈치관절보다 먼쪽(원위, Distal)에 있다.
③ 엉덩이는 무릎보다 몸쪽(근위, Proximal)에 있다.
④ 머리는 발보다 위(상, Superior)에 있다.

|해설|

3-1
얕은(Superficial, 표층)은 인체의 안쪽이 아니고, 인체 표면에서 가까운 방향을 나타낸다.

3-2
복장뼈(흉골, Sternum)는 어깨의 내측(Medial)에 있다.

**정답** 3-1 ④ 3-2 ①

## 핵심이론 04 인체의 축과 운동면

① **인체의 축(Axis)** : 힘을 발휘하는 대부분의 운동은 각 운동을 하며, 회전하는 축이나 중심을 가지고 있다.
  ㉠ 전후축(Sagittal Axis) : 인체의 전후를 지나는 축
  ㉡ 좌우축(Frontal Axis) : 인체의 좌우를 지나는 축
  ㉢ 수직축(Longitudinal Axis) : 인체 꼭대기에서 바닥까지 지나는 축

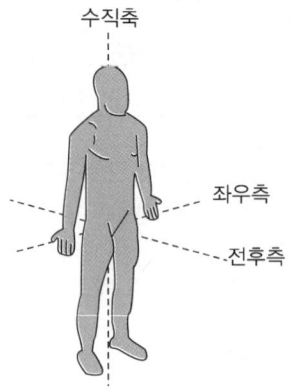

② **인체의 운동면(Plane)** : 근육이 뼈, 관절의 면, 축에 대해 어떤 방향으로 지나는지를 알면 인체가 어떻게 움직이는지 알 수 있다.
  ㉠ 전후면(Sagittal Plane, 시상면, 정중면) : 인체를 전방에서 후방으로 통과하면서 몸을 좌우로 나누는 면
  ㉡ 좌우면(Frontal Plane, 관상면, 전두면, 이마면) : 인체를 측면으로 통과하면서 몸을 전후로 나누는 면
  ㉢ 횡단면(Transverse Plane, 수평면, 가로면) : 인체나 인체분절의 수직축에 대해 수직으로 통과하면서 몸을 상하로 나누는 면

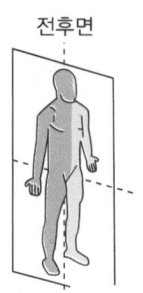 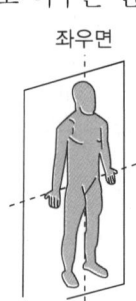 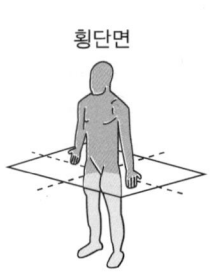

### 핵심예제

**4-1.** 인체의 측면을 통과하여 인체를 전후로 나누는 해부학적 운동면은? [2016]
① 횡단면(수평면)  ② 전후면(정중면)
③ 좌우면(관상면)  ④ 시상면

**4-2.** 인체의 움직임은 3개의 운동면에서 설명할 수 있다. 다음 중 인체의 3가지 면에 해당되지 않는 것은? [2015]
① 전좌면(Anterioleft Plane)
② 전후면(Sagittal Plane)
③ 좌우면(Frontal Plane)
④ 수평면(Horizontal Plane)

**4-3.** 인체의 시상(전후)면(Sagittal Plane)에서 수행되는 움직임이 아닌 것은? [2023]
① 인체의 수직축(종축)을 중심으로 회전하는 피겨스케이팅 선수의 몸통분절 움직임
② 페달링하는 사이클 선수의 무릎관절 굴곡/신전 움직임
③ 100m 달리기를 하는 육상 선수의 발목관절 저측/배측굴곡 움직임
④ 앞구르기를 하는 체조 선수의 몸통분절 움직임

|해설|

**4-1**
인체의 측면을 통과하여 인체를 전후로 나누는 해부학적 운동면은 좌우면(관상면)이다. 좌우면에서는 내전과 외전 등의 운동이 발생한다.

**4-2**
인체의 3가지 운동면에 해당하는 것은 전후면, 좌우면, 수평면이다.

**4-3**
**운동면과 운동**
- 수평면(횡단면) 운동 : ① 피겨스케이팅 선수의 몸통분절 움직임처럼 몸을 위아래로 나누는 가상의 면인 수평면(횡단면)에서 발생하는 운동이다.
- 시상면(전후면) 운동 : ②·③·④의 움직임처럼 인체를 좌우로 나누는 가상의 면인 시상면에서 일어나는 운동이다.

**정답** 4-1 ③  4-2 ①  4-3 ①

---

### 핵심이론 05 관절 운동

① 관절 운동의 종류
- ㉠ 굴곡(굽힘) : 두 개 이상의 인접한 관절의 각이 감소하면서 서로 가까워지는 동작이다.
- ㉡ 신전(폄): 두 개 이상의 인접한 관절의 각이 커져 서로 멀어지는 동작이다.
- ㉢ 배측 굴곡 : 발목을 발등 쪽으로 굽히는 동작이다.
- ㉣ 저측 굴곡 : 발목을 발바닥 쪽으로 굽히는 동작이다.
- ㉤ 외전 : 몸의 중심에서 사지가 멀어지게 하는 동작이다.
- ㉥ 내전 : 사지를 몸의 정중선까지 오게 하는 동작이다.
- ㉦ 회선 : 한 점을 축으로 원뿔 형태로 회전하는 운동이다. 예 어깨 돌리기
- ㉧ 회전 : 신체분절을 하나의 축을 중심으로 돌리는 동작이다. 예 목을 축으로 머리 돌리기
- ㉨ 회외 : 팔꿈치가 90도 구부러진 상태에서 손바닥이 위로 향하는 동작이다.
- ㉩ 회내 : 팔꿈치가 90도 구부러진 상태에서 손바닥이 아래로 향하는 동작이다.
- ㉪ 내번 : 발바닥이 몸의 정중면을 향하게 하는 동작이다.
- ㉫ 외번 : 발바닥이 몸의 외측으로 향하게 하는 동작이다.

② 각 운동면에서 일어나는 관절운동

| 전후면<br>(시상면) | 굴곡(굽힘) | • 팔꿈관절(주관절)을 축으로 시행하는 암컬(Arm-curl) 동작<br>• 발목관절의 바닥쪽 굽힘(족저굴곡, 저측굴곡)과 등쪽 굽힘(배측굴곡, 발등 굽힘) |
|---|---|---|
| | 신전(폄) | |
| | 과신전 | |
| | 저측굴곡 | |
| | 배측굴곡 | |
| 좌우면<br>(관상면) | 외전(벌림) | 다리의 벌림과 모음 |
| | 내전(모음) | |
| 횡단면<br>(수평면) | 회전 | 목을 축으로 머리 돌리기 |
| | 회외 | |
| | 회내 | |

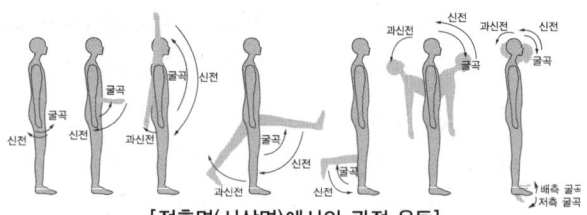
[전후면(시상면)에서의 관절 운동]

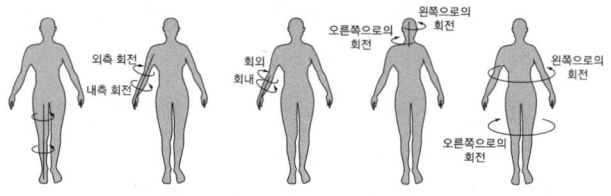
[횡단면(수평면)에서의 관절 운동]

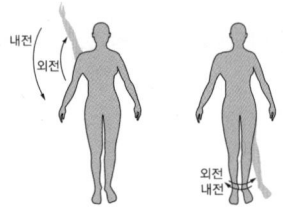
[좌우면(관상면)에서의 관절 운동]

### 핵심예제

5-1. 〈그림〉에서 다리의 벌림(외전 : Abduction)과 모음(내전 : Adduction)이 발생하는 면(Plane)은? [2018]

┤보기├

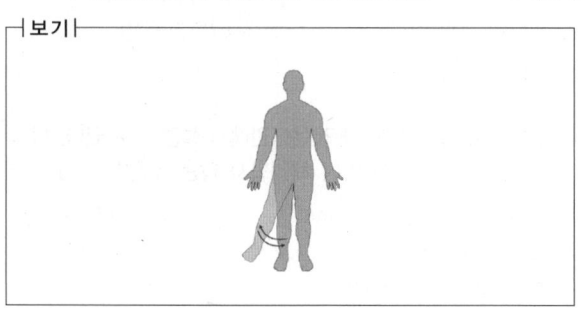

① 수평면(횡단면 : Horizontal or Transverse Plane)
② 좌우면(관상면 : Frontal Plane)
③ 전후면(시상면 : Sagittal Plane)
④ 대각면(Diagonal Plane)

5-2. 인체의 움직임을 표현하는 용어로 옳지 않은 것은?
[2022]

① 굽힘(굴곡, Flexion)은 관절을 형성하는 뼈들이 이루는 각이 작아지는 움직임이다.
② 폄(신전, Extension)은 관절을 형성하는 뼈들이 이루는 각이 커지는 움직임이다.
③ 벌림(외전, Abduction)은 뼈의 세로축이 신체의 중심선으로 가까워지는 움직임이다.
④ 발등굽힘(배측굴곡, Dorsi Flexion)은 발등이 정강이뼈(경골, Tibia) 앞쪽으로 향하는 움직임이다.

|해설|

5-1
좌우면(관상면)은 인체를 측면으로 통과하면서 몸을 전후로 나누는 면으로, 외전과 내전 운동이 일어난다.

5-2
벌림(외전)은 좌우면(Frontal Plane)에서의 관절 운동으로 신체의 중심에서 멀어지는 동작이다. 신체의 중심으로 가까워지는 동작은 모음(내전, Adduction)이다.

정답 5-1 ② 5-2 ③

## 핵심이론 06 관절과 움직임 자유도(Degree of Freedom)

① 움직임 자유도(운동 자유도)란 관절에서 허용되는 독립적인 움직임의 수로, 허용된 각운동의 면과 축의 수를 나타낸다.
② 신체 관절의 움직임 자유도(Degree of Freedom)

| 무축관절 | 평면관절 |
| --- | --- |
| 자유도1 | 경첩관절, 중쇠관절 |
| 자유도2 | 안장관절, 타원관절 |
| 자유도3 | 절구관절 |

### 핵심예제

신체 관절의 움직임 자유도(Degree of Freedom)에 관한 설명으로 옳은 것은? [2020]

① 절구관절(Ball and Socket Joint)의 움직임 자유도는 3이다.
② 타원관절(Ellipsoid Joint)의 움직임 자유도는 3이다.
③ 경첩관절(Hinge Joint)의 움직임 자유도는 2이다.
④ 중쇠관절(Pivot Joint)의 움직임 자유도는 2이다.

|해설|
① 절구관절의 움직임 자유도는 3이 맞다. 움직임 자유도(운동 자유도)란 관절에서 허용되는 독립적인 움직임의 수로, 허용된 각운동의 면과 축의 수를 나타낸다.
② 타원관절 : 움직임 자유도 2
③ 경첩관절 : 움직임 자유도 1
④ 중쇠관절 : 움직임 자유도 1

정답 ①

## 핵심이론 07 운동의 종류

① 병진운동(선운동)
  ㉠ 질점계의 모든 질점이 똑같은 변위로 평행 이동하는 운동이다.
  ㉡ 직선운동과 곡선운동으로 구분된다.
    • 스키점프 비행구간에서 신체중심의 이동 궤적
    • 행글라이딩의 상승·하강 곡선운동
    • 선수의 손을 떠난 투포환 질량중심의 투사 궤적
    • 100m 달리기 시 신체중심의 이동 궤적
② 회전운동(각운동)
  ㉠ 물체나 신체가 중심선(점), 즉 고정된 축 주위를 회전하는 운동이다.
    예 철봉 대차돌기, 피겨스케이팅의 스핀, 야구의 스윙 등
  ㉡ 회전축을 벗어나 작용한 힘은 회전력을 발생시키고, 이 회전력은 회전운동을 일으킨다.
  ㉢ 인체 운동에서 대부분의 관절 운동은 이러한 회전운동으로 이루어진다.
  ㉣ 회전운동에서의 회전축
    • 회전운동에서 회전축은 물체의 내부 혹은 외부에도 존재할 수 있다.
    • 회전운동에서 회전축의 위치나 방향은 운동이 진행되는 동안 고정된다.
③ 복합운동
  ㉠ 병진운동과 회전운동이 혼합된 운동 형태이다.
  ㉡ 대부분의 인간 움직임은 각운동과 선운동 요소가 결합되어 나타난다.
  ㉢ 대부분의 스포츠 현장에서의 운동은 복합운동에 해당된다. 예를 들어 야구에서 투수가 던진 커브볼은 볼 자체는 회전운동을 하지만 볼의 중심은 선운동(혹은 곡선운동)을 한다.

### 핵심예제

**7-1. 선운동으로 옳지 않은 것은?** [2016]
① 스키점프 비행구간에서 신체중심의 이동 궤적
② 선수의 손을 떠난 투포환 질량중심의 투사 궤적
③ 100m 달리기 시 신체중심의 이동 궤적
④ 체조의 대차돌기 시 신체중심의 이동 궤적

**7-2. 운동의 종류에 관한 설명으로 옳은 것은?** [2021]
① 병진운동에는 직선운동만 있다.
② 곡선운동은 회전운동에 포함되는 운동이다.
③ 복합운동은 병진운동과 회전운동이 혼합된 운동이다.
④ 병진운동은 한 개의 고정된 축을 중심으로 물체가 회전하는 운동이다.

**7-3. 〈보기〉에서 복합운동(General Motion)에 해당하는 것을 모두 고른 것은?** [2023]

|보기|
㉠ 커브볼로 던져진 야구공의 움직임
㉡ 페달링하면서 직선구간을 질주하는 사이클 선수의 대퇴(넙다리) 분절 움직임
㉢ 공중회전하면서 낙하하는 다이빙 선수의 몸통 움직임

① ㉠  
② ㉠, ㉢  
③ ㉡, ㉢  
④ ㉠, ㉡, ㉢

|해설|

**7-1**
체조의 대차돌기는 양손으로 철봉을 잡고 원을 그리듯이 그 주위를 크게 도는 동작을 말한다. 체조의 대차돌기 시 신체중심의 이동 궤적은 각운동에 해당된다.

**7-2**
① 병진운동은 직선운동과 곡선운동으로 나뉜다.
② 회전운동은 각운동이라고도 불리며, 물체가 하나의 축을 중심으로 원을 그리면서 회전하는 운동이다. 곡선운동은 각 점의 경로가 평행하게 곡선을 이루는 경우를 뜻한다.
④ 하나의 고정된 축을 중심으로 물체가 회전하는 운동은 회전운동(각운동)이다.

**7-3**
**복합운동**
복합운동은 선운동인 병진운동과 회전운동인 각운동이 함께 일어나는 운동 형태이다. 보기에 제시된 사례를 병진운동과 회전운동으로 나누면 아래와 같다.

| 구분 | 병진운동(선운동) | 회전운동(각운동) |
| --- | --- | --- |
| ㉠ | 앞으로 나아가는 야구공 | 던질 때 커브를 주어 회전하는 야구공 |
| ㉡ | 직선 구간으로 나아가는 자전거 | 페달링하는 사이클 선수의 무릎 관절 |
| ㉢ | 공중에서 낙하하는 다이빙 선수의 몸체 | 공중에서 회전하는 다이빙 선수의 몸체 |

정답 7-1 ④  7-2 ③  7-3 ④

## 제3절 | 인체역학

### 핵심이론 08 인체의 무게중심

① 무게중심점(Center Of Gravity ; COG) : 중력에 의해 작용하는 회전력(토크)의 합이 0이 되는 지점이다.
② 무게중심의 위치는 안정성에 영향을 줄 수 있다. 인체의 무게중심이 높으면 불안정해진다.
③ 무게중심은 인체 외부에 위치하기도 한다.
④ 무게중심의 위치는 운동 상태, 자세 등에 따라 지속적으로 변화한다. 또 자유롭게 움직이는 분절은 인체 전체의 무게중심점의 위치를 수시로 변하게 한다.
⑤ 성별, 나이, 인종에 따라 무게중심 높이가 달라진다. 예를 들어 서양인은 동양인에 비해 하지장의 길이가 길기 때문에 무게중심이 동양인보다 높다.
⑥ 경기력 향상을 위한 무게중심 활용 사례
  ㉠ 높이뛰기 선수가 바를 효과적으로 넘기 위해 배면뛰기 기술을 구사한다.
  ㉡ 레슬링 선수가 안정성 증가를 위해 무게중심을 낮춘다.
  ㉢ 배구 스파이크 시 타점을 높이기 위해 무게중심을 높인다.

#### 핵심예제

**인체의 무게중심에 관한 설명으로 옳지 않은 것은?** [2022]
① 무게중심의 높이는 안정성에 영향을 준다.
② 무게중심은 인체를 벗어나 위치할 수 없다.
③ 무게중심은 토크(Torque)의 합이 '0'인 지점이다.
④ 무게중심의 위치는 자세의 변화에 따라 달라진다.

|해설|
무게중심은 회전력의 합이 0인 지점으로, 주로 몸을 휜 움직임일 경우 무게중심이 인체 외부에 위치한다.

정답 ②

### 핵심이론 09 인체의 안정성

① 물체 또는 인체가 정적 또는 동적 자세의 균형을 잃지 않으려는 상태이다.
② 운동성과 상반된 개념으로, 안정성이란 운동 상태가 변할 때의 저항성을 의미한다.
③ 안정성이 높으면 자세를 바꾸거나 중심을 이동하기 어렵고, 안정성이 낮아져 불안정해지면 쉽게 인체를 움직일 수 있다.
④ 안정성에 영향을 주는 요인 : 기저면, 무게중심, 중심선의 위치, 무게, 마찰력 등

> **육상 스타트 자세의 안정성과 기동성**
> 육상의 100m 단거리 달리기 종목의 경우 크라우칭 스타트 자세가 보편적이다. 단거리 달리기 종목의 경우 스타트 자세가 불안정할수록 빠르게 출발하는 데 유리하기 때문이다. 이 때 무게중심은 진행 방향의 기저면 가장자리에 위치하게 된다.

#### 핵심예제

**인체의 안정성과 관련이 가장 적은 것은?** [2015]
① 무게중심의 높이
② 근 력
③ 기저면의 크기
④ 마찰력

|해설|
인체의 안정성은 무게중심의 높이, 기저면의 크기, 마찰력과 관련이 깊다.

정답 ②

## 핵심이론 10 안정성에 영향을 주는 요인

① 기저면
  ㉠ 인체 또는 물체 등이 지면과 접촉하는 각 점들로 이루어진 전체 면적을 말한다.
  ㉡ 안정성을 높이려면 기저면을 넓혀야 한다.
  ㉢ 한 발로 지지하고 선 자세보다는 두 발로 지지하는 자세가 기저면이 넓어 안정성이 높다.
  ㉣ 두 발을 넓게 벌리거나 지팡이 등 물체를 이용하여 지면을 지지하는 경우에도 기저면이 넓어져 안정성은 높아진다.

② 무게중심의 높이
  ㉠ 안정성은 인체나 물체의 무게중심 높이와 반비례한다.
  ㉡ 무게중심이 높으면 안정성이 떨어지고 무게중심이 낮으면 안정성이 높아진다.

③ 수직중심선의 위치 : 수직중심선이 기저면의 안에 위치하면 안정성은 높아지고, 기저면 바깥으로 나가면 안정성은 낮아진다.

④ 몸무게 : 무거울수록 안정성은 높아진다.

### 핵심예제

〈보기〉의 ㉠~㉢에 들어갈 내용을 바르게 연결한 것은?

[2023]

┤보기├
신체의 정적 안정성을 높이기 위해서는 기저면(Base of Support)을 ( ㉠ ), 무게중심을 ( ㉡ ), 수직 무게중심선을 기저면의 중앙과 ( ㉢ ) 위치시키는 것이 효과적이다.

|   | ㉠ | ㉡ | ㉢ |
|---|---|---|---|
| ① | 좁히고 | 높이고 | 가깝게 |
| ② | 좁히고 | 높이고 | 멀 게 |
| ③ | 넓히고 | 낮추고 | 가깝게 |
| ④ | 넓히고 | 낮추고 | 멀 게 |

|해설|

**안정성**
신체 안정성을 높이려면 기저면을 넓게, 무게중심을 낮게, 수직의 무게 중심선을 기저면의 정중앙과 최대한 가깝게 위치시켜야 한다. 그 외에도 신체의 중량을 늘리거나, 접촉면과의 마찰력을 크게 하는 방법을 사용하여 신체 안정성을 높일 수 있다.

정답 ③

## 핵심이론 11 지레

① 인체 지레
  ㉠ 인체의 동작은 대부분 지레의 원리를 사용한다.
  ㉡ 지레의 3요소 : 힘점, 작용점(저항점), 받침점(축)
  ㉢ 지레의 원리에 따른 인체요소

| 구 분 | 내 용 |
|---|---|
| 힘 점 | 근육 부착점 |
| 작용점 | 저항점, 무게 |
| 받침점(축) | 관절 축 |
| 지렛대 | 뼈 |

② 지레의 원리
  ㉠ 지레는 받침점을 중심으로 힘점과 작용점에 발생하는 토크를 이용하는 도구이다.
  ㉡ 힘점이 받침점에서 멀면, 작용점에 가해야 되는 힘은 커진다.
  ㉢ 힘점이 받침점과 가까우면, 힘을 조금만 가해도 작용점에 가해지는 힘은 커진다.

③ 지레의 종류
  ㉠ 1종 지레 : 힘점, 받침점, 작용점(저항점)

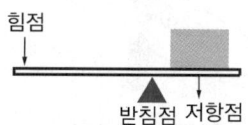

  ㉡ 2종 지레 : 받침점, 작용점(저항점), 힘점

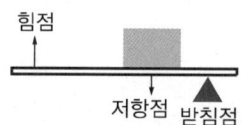

  ㉢ 3종 지레 : 받침점, 힘점, 작용점(저항점)

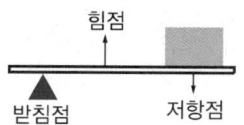

### 핵심예제

**11-1.** 인체에 적용되는 지레(Levers)의 원리에 관한 설명으로 옳지 않은 것은? [2024]

① 1종 지레에서 축(받침점)은 힘점과 저항점(작용점) 사이에 위치하고 역학적 이점이 1보다 크거나 작을 수 있다.
② 2종 지레는 저항점이 힘점과 축 사이에 위치하고 역학적 이점이 1보다 크다.
③ 3종 지레에서 힘점은 축과 저항점 사이에 위치하고 역학적 이점이 1보다 크다.
④ 지면에서 수직 방향으로 발뒤꿈치를 들고 서는 동작(Calf Raise)은 2종 지레이다.

**11-2.** 〈그림〉에서 인체 지레의 구성으로 옳은 것은? [2022]

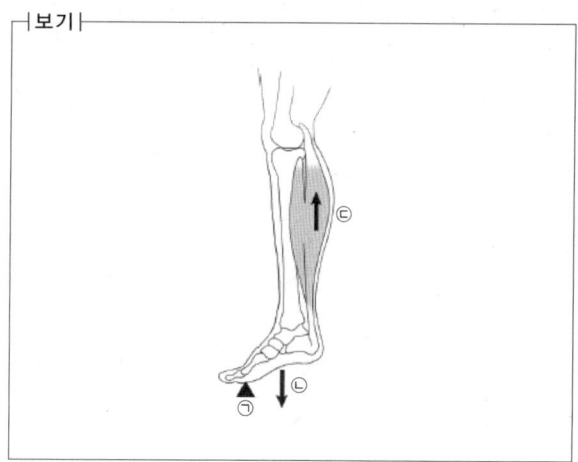

| | ㉠ | ㉡ | ㉢ |
|---|---|---|---|
| ① | 받침점 | 힘 점 | 저항점 |
| ② | 저항점 | 받침점 | 힘 점 |
| ③ | 받침점 | 저항점 | 힘 점 |
| ④ | 힘 점 | 저항점 | 받침점 |

| 해설 |

**11-1**
3종 지레에서 힘점은 축과 저항점 사이에 위치하고 역학적 이점이 항상 1보다 작다.

**11-2**
2종 지레는 물체의 저항점(ⓒ)이 힘(ⓒ)과 받침점(회전축)(㉠) 사이에 있으며 힘팔이 저항팔보다 항상 긴 구조이다.

정답 11-1 ③ 11-2 ③

## 핵심이론 12 지레의 종류와 예

| | |
|---|---|
| 1종 지레 | • 머리를 앞뒤로 움직일 때(목뼈 1번 관절에서 위쪽 등세모근의 근력과 머리 하중이 형성하는 지레)<br>• 공을 던질 때<br>• 시 소 |
| 2종 지레 | • 지면에 선 채로 수직으로 발뒤꿈치 들기(Calf Raise)<br>• 엎드려 팔굽혀펴기 |
| 3종 지레 | • 팔꿈치 굴곡<br>• 3종 지레에서는 보통 관절의 평형 상태를 유지하기 위해 저항력보다 더 큰 근력이 요구된다.<br>• 카누선수가 보트 위에서 오른손으로 패들의 끝을 잡고, 왼손으로 패들을 잡고 당기는 순간에 적용되는 지레<br>• 윗몸 일으키기를 할 때 |

### 핵심예제

〈그림〉에서 카누선수가 보트 위에서 오른손으로 패들의 끝을 잡고, 왼손으로 패들을 잡고 당기는 순간에 적용되는 지레는?

[2019]

① 1종 지레
② 2종 지레
③ 3종 지레
④ 1종과 2종 지레의 혼합

| 해설 |

'받침점, 힘점, 작용점' 순으로 위치하는 형태이므로 '3종 지레'에 해당한다.

정답 ③

## 핵심이론 13 지레의 기계적 확대율

① 지레의 기계적 확대율(기계적 이득)은 지레의 효율을 나타내는 것으로, 저항팔(받침점에서 저항점까지의 길이)에 대한 힘팔(받침점에서 힘점까지의 길이)의 비율로 정해진다.

② 지레의 종류에 따른 기계적 확대율

| 지레 종류 | 힘팔과 저항팔의 길이 | 기계적 확대율 |
|---|---|---|
| 1종 지레<br>(받침점<br>이동 가능) | 힘팔이 저항팔보다 긴 경우 | 1보다 크다. |
| | 힘팔이 저항팔보다 짧은 경우 | 1보다 작다. |
| | 힘팔과 저항팔이 같은 경우 | 1 |
| 2종 지레 | 힘팔이 저항팔보다 항상 길다. | 항상 1보다 크다. |
| 3종 지레 | 힘팔이 저항팔보다 항상 짧다. | 항상 1보다 작다. |

### 핵심예제

**3종 지레에 관한 설명으로 옳지 않은 것은?** [2020]

① 팔꿈치 굽힘(굴곡, Flexion) 동작은 3종 지레의 특성으로 이해할 수 있다.
② 받침점(회전중심)을 기준으로 저항점 위치가 힘점의 위치보다 더 멀다.
③ 관절의 평형 상태를 유지하기 위해 저항력보다 더 큰 근력이 요구된다.
④ 기계적 확대율(Mechanical Advantage)은 1보다 크다.

|해설|

지레에서 기계적 확대율(기계적 이득)은 지레의 효율을 나타내는 것으로, 저항팔(받침점에서 저항점까지의 길이)에 대한 힘팔(받침점에서 힘점까지의 길이)의 비율로 정해진다. 3종 지레의 경우 항상 힘팔이 저항팔보다 짧기 때문에 기계적 확대율은 항상 1보다 작다.

정답 ④

---

## 제4절 | 운동학의 스포츠 적용

### 핵심이론 14 스칼라양과 벡터양

① 스칼라양 : 방향값 없이 크기만 갖는 물리량을 말한다.
   예 거리, 시간, 온도, 질량, 속력, 에너지, 일
② 벡터양 : 크기와 방향을 갖는 물리량을 말한다.
   예 위치, 변위, 속도, 가속도, 힘, 운동량, 충격량, 전기장, 자기장, 각운동량

### 핵심예제

**14-1. 골프 수행에 관한 변인 중 벡터(Vector)에 해당하는 것은?** [2019]

① 골프공의 속력(Speed)
② 골프공의 비거리(Distance)
③ 골프클럽의 가속도(Acceleration)
④ 골프공의 위치에너지(Potential Energy)

**14-2. 인체의 물리량과 물리적 특성에 관한 설명으로 옳은 것은?** [2021]

① kg은 무게의 단위이다.
② 질량은 스칼라이고, 무게는 벡터이다.
③ 무게중심의 위치는 자세와 상관없이 항상 인체 내부에 있다.
④ 질량은 인체가 가지고 있는 관성의 척도로 장소에 따라 크기가 변한다.

|해설|

14-1
크기와 방향을 모두 가지고 있는 벡터양은 가속도이다. 속력, 거리, 에너지는 모두 스칼라양이다.

14-2
① kg은 질량의 단위이다.
③ 무게중심은 자세에 따라 인체 외부에 위치할 수도 있다.
④ 질량은 모든 물체에 존재하는 불변의 물리량이다.

정답 14-1 ③ 14-2 ②

## 핵심이론 15 속력과 속도

① 거리와 변위
  ㉠ 거리 : 물체의 처음 위치부터 마지막 위치까지 물체가 실제로 이동한 운동 경로에 따른 길이의 측정치이다. 스칼라양으로 크기만 존재한다.
  ㉡ 변위 : 처음 위치부터 마지막 위치로의 방향과 두 지점을 잇는 최단 직선 거리를 나타내는 벡터양으로, 크기와 방향을 갖는다.

② 속력과 속도
  ㉠ 속력 : 단위 시간 동안에 움직인 거리를 나타내는 스칼라양이다.
  ㉡ 속도 : 단위 시간 동안에 움직인 변위를 나타내는 벡터양이다.

③ 평균 속력과 평균 속도
  ㉠ 평균 속력 : 물체의 이동방향에 구애받지 않고 물체의 빠르기를 나타내는 물리량이다.
    (평균 속력 = 이동 거리 ÷ 걸린 시간)
  ㉡ 평균 속도 : 일정한 시간 동안 물체의 이동 방향과 함께 물체의 빠르기를 나타내는 물리량이다.
    (평균 속도 = 전체 변위 ÷ 걸린 시간)

④ 가속도
  ㉠ 단위 시간에 따른 속도의 변화율이다.
  ㉡ 단위 시간 동안 이동한 거리와 방향을 고려한 벡터양이다.
  ㉢ 가속도의 단위 : $m/s^2$
  ㉣ 가속도의 방향 : 합력의 방향과 항상 같다.

### 핵심예제

**15-1. 다음 중 거리와 변위를 설명한 것 중 옳은 것은?** [2015]
① 거리와 변위는 똑같이 스칼라양이다.
② 400m 곡선 트랙을 달릴 경우 거리와 변위는 모두 400m이다.
③ 거리는 벡터양이고 변위는 스칼라양이다.
④ 거리는 단지 크기만을 가지고 있고, 변위는 크기와 방향을 모두 가지고 있다.

**15-2. 단위 시간당 이동한 변위(Displacement)를 나타내는 벡터양은?** [2023]
① 속도(Velocity)
② 거리(Distance)
③ 가속도(Acceleration)
④ 각속도(Angular Velocity)

**15-3. 가속도에 대한 설명으로 옳은 것은?** [2017]
① 가속도는 시간의 변화에 따른 변위의 변화 정도이다.
② 가속도의 단위는 m/s이다.
③ 가속도의 방향은 속도의 방향과 항상 같다.
④ 가속도의 방향은 합력의 방향과 항상 같다.

**15-4. 길이 50m 수영장에서 자유형 100m 경기기록이 100초였을 때 평균 속력과 평균 속도로 옳은 것은?(단, 출발과 도착 지점이 동일하다고 가정)** [2021]

|   | 평균속력 | 평균속도 |
|---|---|---|
| ① | 1m/s | 1m/s |
| ② | 0m/s | 0m/s |
| ③ | 1m/s | 0m/s |
| ④ | 0m/s | 1m/s |

| 해설 |

**15-1**
① 변위는 벡터양이다.
② 400m 곡선 트랙을 달릴 경우 거리는 400m이다. 그러나 곡선 주로의 경우 출발지점으로 다시 돌아오기 때문에 변위는 0이다.
③ 거리는 스칼라양이고 변위는 벡터양이다.

**15-2**
**속력과 속도**
속도는 단위 시간 당 변위의 변화율로, 크기와 방향을 갖는 벡터양이다.

**15-3**
합력은 물체에 작용하는 모든 힘들의 합을 의미하며, 힘은 가속도에 질량을 곱한 것, 즉 $F=ma$이다. 가속도는 벡터양이고 질량은 스칼라양인데다가 질량이 음수일 수는 없으므로 힘의 방향과 가속도의 방향은 같을 수밖에 없다.
① 가속도는 단위 시간에 따른 속도의 변화율을 의미한다.
② 가속도의 단위는 $m/s^2$이다.
③ 가속도의 방향은 속도의 방향이 아니라 힘의 방향과 항상 같다.

**15-4**
• 평균 속력 = 이동 거리(100m) ÷ 운동 시간(100s) = 1m/s
• 평균 속도 = 전체 변위(0m) ÷ 운동 시간(100s) = 0m/s

**정답** 15-1 ④  15-2 ①  15-3 ④  15-4 ③

## 핵심이론 16 포물선 운동

① 선운동의 가장 대표적 형태이다.
② 투사 높이와 착지 높이가 같다면 포물선의 모양은 좌우 대칭이다.
③ 최고 높이에서의 수직속도는 0m/s이다.
④ 투사 높이와 착지 높이가 같다면, 투사 시와 착지 시 속도의 크기는 같다.
⑤ 수평 방향은 등속도 운동이고 수직 방향은 등가속도 운동이다.
⑥ 포물선 운동 공식에서 수평 방향으로는 외력이 없으므로 가속도가 0인 등속도 운동이다.
⑦ 투사 거리에 영향을 미치는 3요소 : 투사 각도, 투사 속도, 투사 높이
⑧ 투사 높이, 투사 각도, 투사 거리의 관계

| 던지는 높이와 떨어지는 높이가 같을 때 | 45도로 던질 때 최대 거리를 얻는다. |
|---|---|
| 던지는 높이가 떨어지는 높이보다 낮을 때 | 45도보다 다소 큰 각도로 던져야 최대 거리를 얻는다. |
| 던지는 높이가 떨어지는 높이보다 높을 때 | 45도보다 다소 작은 각도로 던져야 최대 거리를 얻는다. |

⑨ 공의 포물선 운동
　㉠ 최고 높이까지는 속도가 점차 감소하고, 중력의 영향으로 떨어지기 시작하면서부터는 등가속도 운동을 한다.
　㉡ 공의 수평 가속도는 $0m/s^2$이다.
　㉢ 공의 수직 가속도는 중력가속도와 같다.
⑩ 투사체 운동의 사례 – 농구 자유투
　㉠ 농구공 무게중심의 가속도는 수직 하방으로 작용하는 중력가속도이다.
　㉡ 농구공 무게중심의 속력은 일정하지 않다.
　㉢ 농구공 무게중심의 수직 속도는 최고점에서 '0'이 되고 수평 속도는 일정하다.

### 핵심예제

**16-1. 투사체 운동에 대한 설명으로 옳은 것은?(단, 공기저항은 고려하지 않음)** [2022]

① 투사체에 작용하는 외력은 존재하지 않는다.
② 투사체의 수평속도는 초기속도의 수평성분과 크기가 같다.
③ 투사체의 수직속도는 9.8m/s로 일정하다.
④ 투사높이와 착지높이가 같을 경우, 38.5°의 투사각도로 던질 때 최대의 수평거리를 얻을 수 있다.

**16-2. 농구 자유투에서 투사된 농구공의 운동에 대한 설명으로 옳은 것은?(단, 공기저항은 무시함)** [2023]

① 농구공 질량중심의 수직속도는 일정하다.
② 최고점에서 농구공 질량중심의 수평속도는 0m/s가 된다.
③ 최고점에서 농구공 질량중심은 수평방향으로 등속도 운동을 한다.
④ 최고점에서 농구공 질량중심은 수직방향으로 등속도 운동을 한다.

|해설|

**16-1**
① 투사체 운동에서는 수직 방향으로는 중력이, 수평 방향으로는 공기저항이라는 외력이 영향을 미친다.
③ 투사체의 수직속도는 중력에 영향을 받는데 위로 올라갈 때는 중력에 의해 점점 느려지고, 아래로 내려올 때는 중력에 의해 점점 빨라진다.
④ 투사 높이와 착지 높이가 같을 경우 최대의 수평거리를 얻을 수 있는 경우는 45° 각도로 투사하였을 경우이다.

**16-2**
① 농구공 질량중심의 수직속도는 중력가속도(약 9.8m/s)의 영향으로 일정하게 증가하므로 투사된 농구공은 등가속도 운동을 하게 된다.
② 최고점에서 농구공 질량중심의 수직속도는 0m/s다.
④ 최고점에서 농구공 질량중심은 수평방향으로 등속도 운동을 한다.

**정답 16-1 ② 16-2 ③**

### 핵심이론 17 각속력과 각속도

① 각거리와 각변위
  ㉠ 각위치 : 어떤 고정된 축에 대하여 특정 시점에 물체가 만드는 각이다.
  ㉡ 각거리 : 주어진 시간 동안의 각의 변화량을 나타내는 것이다.
  ㉢ 각변위
    • 회전하는 물체에 대한 각위치의 변화이다.
    • 반시계 방향은 양(+), 시계 방향은 음(-)으로 나타낸다.

② 각속력, 각속도, 각가속도
  ㉠ 각속력 : 각속도의 절댓값을 의미하며, 항상 양의 값을 가진다.
  ㉡ 각속도 : 벡터양으로 어떤 순간에서의 각변위의 변화율을 의미한다.
  ㉢ 각가속도 : 원운동을 하는 물체에 힘의 모멘트가 작용하여 속도나 방향을 변화시킬 때 생기는 물리량이다.

③ 선속도와 각속도와의 관계
  ㉠ 선운동하는 물체가 회전하면 연속적인 각운동을 하는 상태가 된다. 따라서 선운동하는 선속도가 빠르면 회전하는 각속도도 빨라지는 비례관계가 성립된다. 또한 각속도는 선속도로 바꾸어 계산할 수 있다.

  > 선속도 = 회전 반지름 × 각속도

  ㉡ 각속도가 일정할 때 선속도는 회전 반지름에 비례하고, 선속도가 일정할 때 각속도는 회전 반지름에 반비례한다.

④ 선속도와 각속도의 적용

| 큰 회전 반지름이 유리한 경우 | • 선속도 = 각속도 × 회전 반지름<br>• 배구의 스파이크, 테니스의 서브, 골프의 스윙 등에서 팔을 곧게 펴 회전 반지름을 크게 하면 선속도가 증가해 큰 운동량을 얻을 수 있다. |
|---|---|
| 작은 회전 반지름이 유리한 경우 | • 각속도 = 선속도 ÷ 회전 반지름<br>• 체조의 공중회전, 수영의 다이빙경기 등에서는 최대한 허리를 구부리고 다리를 몸 가까이 붙여 회전 반지름을 짧게 함으로써 각속도를 증가시키는 것이 좋다. |

⑤ 소프트볼 투수가 공을 던지는 동작에서의 선운동과 각운동
  ㉠ 던지는 팔의 회전 속도는 공의 선속도에 영향을 미친다.
  ㉡ 투수의 팔 길이가 길면 공의 선속도를 증가시키는 데 유리하다.
  ㉢ 공의 선속도는 던지는 팔의 길이와 팔의 각속도의 곱으로 나타난다.

### 핵심예제

**17-1.** 다이빙 공중 동작을 할 때 신체의 좌우축에 대한 회전 속도(각속도)의 크기가 가장 큰 동작으로 적절한 것은?
[단, 각운동량(Angular Momentum)은 같음]  [2019]

① 두 팔과 두 다리 모두 편 자세를 취할 때
② 두 팔과 두 다리를 동시에 몸통 쪽으로 모으는 자세를 취할 때
③ 두 다리는 편 상태에서 두 팔만 몸통 쪽으로 모으는 자세를 취할 때
④ 두 팔은 편 상태에서 두 다리만 몸통 쪽으로 모으는 자세를 취할 때

**17-2.** 각운동에 대한 설명으로 옳지 않은 것은?  [2022]

① 각속도는 각변위를 소요시간으로 나눈 값이다.
② 각가속도는 각속도의 변화를 소요시간으로 나눈 값이다.
③ 1라디안(Radian)은 원에서 반지름과 호의 길이가 같을 때의 각으로 57.3°이다.
④ 시계 방향으로 회전된 각변위는 양(+)의 값으로 나타내고, 반시계 방향으로 회전된 각변위는 음(-)의 값으로 나타낸다.

|해설|

**17-1**
각운동 중인 물체의 회전속도(각속도)는 회전 반지름에 반비례한다. 따라서 두 팔과 두 다리를 몸통쪽으로 모은 턱(Tuck) 자세가 두 팔과 두 다리를 모두 펼친 레이아웃(Layout) 자세에 비해 각속도가 커진다.

**17-2**
각변위는 회전하는 물체의 각위치 변화량으로 방향을 가지는 벡터양이다. 이 때 시계 방향은 음(-)의 값을, 반시계 방향은 양(+)의 값을 나타낸다.

정답 17-1 ② 17-2 ④

## 제5절 | 운동역학의 스포츠 적용

### 핵심이론 18 힘

① 힘의 정의와 단위
- ⊙ 힘(Force) : 벡터양으로 움직임을 일으키는 원인
- ⓒ 힘의 3요소 : 크기, 방향, 작용점
- ⓒ 힘의 단위 : N(Newton)으로 표시

② 힘의 종류

| 내력과 외력 | 내력은 이떤 물체의 외부에 힘을 가했을 때 물체가 자기의 형상을 유지하기 위해 내부에서 버티는 힘이고, 외력은 외부에서 물체에 가하는 힘이다. |
|---|---|
| 마찰력 | 물체가 다른 물체에 접촉하면서 운동할 때, 접촉면에 생기는 운동을 방해하는 반대 방향의 힘이다. |
| 압 력 | 물체가 누르는 힘으로 중력에 비례하고 접촉면적에 반비례한다. |
| 부 력 | 물속에 잠긴 물체에 중력의 반대 방향인 위로 작용하는 힘이다. |
| 중 력 | 지구 중심 방향으로 끌어당기는 힘으로, 지구상의 모든 물체에 적용된다. |
| 항 력 | 유체 속을 움직이는 물체의 운동 방향에 반대 방향으로 작용하는 저항력이다. |
| 양 력 | 유체 속의 물체에 운동 방향의 수직방향으로 작용하는 힘이다. |

### 핵심예제

**18-1. 힘(Force)의 개념에 대한 설명으로 옳지 않은 것은?**
[2022]

① 힘의 단위는 N(Newton)이다.
② 힘은 합성과 분해가 가능하다.
③ 힘이 작용한 반대 방향으로 가속도가 발생한다.
④ 힘의 크기가 증가하면 그 힘을 받는 물체의 가속도가 증가한다.

**18-2. 힘의 3가지 요소로 옳지 않은 것은?** [2016]

① 힘의 작용 시간   ② 힘의 작용점
③ 힘의 방향        ④ 힘의 크기

|해설|

18-1
가속도의 방향은 합력의 방향과 항상 같으므로 힘이 작용한 방향으로 가속도가 발생한다.

18-2
힘의 3요소는 크기, 방향, 작용점이다.

정답 18-1 ③  18-2 ①

## 핵심이론 19 마찰력과 중력

① 마찰력
- ㉠ 접촉면의 형태와 성분(재질)은 마찰계수에 영향을 미친다.
- ㉡ 마찰력은 저항력 또는 추진력으로 작용할 수 있다.
- ㉢ 마찰계수는 접촉면의 형태와 성분에 따라 달라진다.
- ㉣ 마찰력의 크기는 접촉면에 가한 수직 힘의 크기에 비례한다.
- ㉤ 마찰력은 물질이 움직이는 평면과 평행하게 작용하며, 물체의 운동 반대 방향으로 작용한다.

② 중력
- ㉠ 물체의 질량과 중력가속도의 곱
- ㉡ 물체의 질량에 비례
- ㉢ 인체나 물체를 지구 중심을 향해 끌어당기는 힘

### 핵심예제

**19-1. 마찰력에 관한 설명으로 옳지 않은 것은?** [2021]
① 마찰력은 추진력으로 작용될 수 없다.
② 최대정지마찰력은 운동마찰력보다 크다.
③ 마찰계수는 접촉면의 형태에 영향을 받는다.
④ 마찰력은 마찰계수와 접촉면에 수직으로 작용한 힘의 곱으로 구한다.

**19-2. 중력에 대한 설명으로 옳지 않은 것은?** [2018]
① 지구의 모든 지역에서 동일하게 작용된다.
② 물체의 질량과 중력가속도의 곱이다.
③ 물체의 질량에 비례한다.
④ 인체나 물체를 지구 중심을 향해 끌어당기는 힘이다.

|해설|

19-1
마찰력은 저항력 또는 추진력으로 작용할 수 있다.

19-2
중력이 가장 큰 곳은 지각(지구표면)이며, 여기로부터 멀어질수록 중력은 거리의 제곱에 비례하여 줄어든다.

정답 19-1 ① 19-2 ①

## 핵심이론 20 뉴턴의 운동 법칙

① 제1법칙(관성의 법칙)
- ㉠ 물체는 외부로부터 힘이 가해지지 않을 때 현재의 상태를 계속 유지하려고 한다. 즉 정지해 있는 물체는 그대로 정지해 있고, 움직이는 물체는 운동을 계속하려 한다.
- ㉡ 물체의 관성은 그 질량과 속도에 비례한다.
- 예 버스가 급출발하거나 급정거할 경우 승객들이 뒤로 혹은 앞으로 쏠리는 것은 버스의 운동과 달리 승객들은 원래 운동 상태를 유지하려고 하는 관성의 법칙 때문이다.

② 제2법칙(가속도의 법칙)
- ㉠ 물체가 외부로부터 힘을 받으면 물체는 힘의 방향으로 가속된다.
- ㉡ 가속도의 크기는 힘에 비례하고 질량에 반비례한다.
- 예 자전거를 타고 페달을 강하게 밟을수록 자전거는 외력이 커져 가속되면서 앞으로 간다.

③ 제3법칙(작용·반작용의 법칙)
- ㉠ 물체에 힘이 작용하면 항상 크기가 같고 방향이 정반대인 반작용의 힘이 동시에 작용한다.
- ㉡ 인체의 기본 움직임인 걷기, 달리기, 뛰기 등은 인체가 지면에 가한 힘의 반작용에 의해 가능하다.
- 예 보트를 타고 노로 물을 뒤로 밀면 배는 앞으로 간다.

### 핵심예제

**20-1.** 〈보기〉에서 설명하는 뉴턴의 운동 법칙은? [2018]

┌ 보기 ┐
물체는 외부로부터 외력이 가해지지 않는 한 정지 또는 운동 상태를 계속 유지한다.
└──────┘

① 작용·반작용의 법칙  ② 관성의 법칙
③ 가속도의 법칙       ④ 훅의 법칙

**20-2.** 〈보기〉에서 설명하는 운동 법칙으로 옳은 것은? [2021]

┌ 보기 ┐
물체에 작용하는 힘의 크기가 일정할 때, 물체의 질량이 증가하면 가속도는 감소하게 된다.
└──────┘

① 뉴턴의 제1법칙
② 뉴턴의 제2법칙
③ 뉴턴의 제3법칙
④ 질량 보존의 법칙

|해설|

**20-1**
② 외부에서 힘이 가해지지 않는 한 정지해 있는 물체는 그대로 정지해 있고, 움직이고 있는 물체는 그 방향과 속도를 유지하며 운동을 계속하려는 것은 관성의 법칙이다.
④ 훅의 법칙은 용수철과 같이 탄성이 있는 물체가 외력에 의해 늘어나거나 줄어드는 등 변형되었을 때 자신의 원래 모습으로 돌아오려고 저항하는 복원력의 크기와 변형의 정도의 관계를 나타내는 물리 법칙이다.

**20-2**
뉴턴의 제2법칙은 가속도의 법칙으로, 물체가 외부로부터 힘을 받으면 물체는 힘의 방향으로 가속된다는 것이다. 이때 가속도의 크기는 힘에 비례하고 질량에 반비례한다.

정답 20-1 ② 20-2 ②

---

## 핵심이론 21 선운동량과 충격량

① **선운동량**
  ㉠ 물체의 질량과 속도의 함수로서 더 큰 질량을 지닌 물체일수록, 더 빠른 속도로 움직이는 물체일수록 더 큰 선운동량을 지닌다.
  ㉡ 선운동량의 공식 : 운동량($p$) = 질량($m$) × 속도($v$)
  ㉢ 운동량의 단위 : N·s 또는 kg·m/s

② **충격량**
  ㉠ 물체에 힘이 작용하여 운동 상태를 바꿀 때 가해진 충격의 물리량을 말한다.
  ㉡ 충격량은 운동량 변화의 원인이 되며 운동량의 변화량과 같다.
  ㉢ 충격량은 힘(충격력)의 크기와 그 힘이 작용하는 시간을 곱한 것, 즉 시간에 대한 힘의 곡선을 적분한 값이다. 이때 힘(충격력)은 물체가 타격을 받거나 충돌했을 때 생기는 힘이다.
  ㉣ 충격량은 질량이 변하지 않을 때 속도의 변화량에 비례한다.
  ㉤ 충격량의 단위 : N·s 또는 kg·m/s
  ㉥ 충격량의 공식

  $$\begin{aligned}\text{충격량}(I) &= \text{충격력}(F) \times \text{충돌시간}(t) \\ &= \text{질량}(m) \times \text{가속도}(a) \times \text{시간}(t) \\ &= \text{질량}(m) \times \text{속도}(v)\end{aligned}$$

### 핵심예제

**21-1. 선운동량 또는 충격량에 관한 설명으로 옳은 것은?**
[2024]

① 선운동량은 질량과 속도를 더하여 결정되는 물리량이다.
② 충격량은 충격력과 충돌이 가해진 시간의 곱으로 결정되는 물리량이다.
③ 시간에 따른 힘 그래프에서 접선의 기울기는 충격량을 의미한다.
④ 충격량이 선운동량으로 전환되기 위해서는 먼저 충격량이 토크로 전환되어야 한다.

**21-2. 물체에 힘을 가할 때 충격량(Impulse)의 크기가 다른 것은?**
[2019]

① 한 사람이 2초 동안 30N의 일정한 힘을 발생시켰을 때
② 한 사람이 3초 동안 20N의 일정한 힘을 발생시켰을 때
③ 한 사람이 4초 동안 15N의 일정한 힘을 발생시켰을 때
④ 한 사람이 2초 동안 40N의 일정한 힘을 발생시켰을 때

|해설|

**21-1**
① 선운동량($p$)은 질량($m$)과 선속도($v$)의 곱으로 결정되는 물리량이다.
③ 시간에 따른 힘 그래프에서 접선의 기울기가 아니라 밑넓이가 충격량을 의미한다.
④ 토크와 관련된 것은 선운동량과 (선)충격량이 아니라 각운동량과 회전충격량이다.

**21-2**
충격량의 크기는 가해진 힘의 크기와 시간의 곱으로 산출할 수 있다. ①·②·③의 경우 충격량의 크기는 모두 60N·s이지만, ④은 80N·s의 충격량을 가진다.

**정답** 21-1 ② 21-2 ④

### 핵심이론 22 탄성력

① 외력에 의해 일시적으로 변형된 물체가 원래의 모양으로 돌아가려는 힘을 말한다.
② 충돌 시 두 개 물체의 속도 변화는 각각의 질량에 반비례한다.
③ 탄성계수(반발계수)
= $\sqrt{\dfrac{충돌후의\ 상대속도(분리속도)}{충돌전의\ 상대속도(접근속도)}}$
④ 탄성계수는 0과 1 사이의 값을 갖는다.
　㉠ 완전 탄성 충돌(탄성계수 = 1)
　㉡ 불완전 탄성 충돌(0 < 탄성계수 < 1)
　㉢ 완전 비탄성 충돌(탄성계수 = 0)
⑤ 탄성계수 영향 요인 : 표면(충돌체)의 재질, 충격 강도, 충격 속도, 온도(저온일수록 탄성력이 낮음)

### 핵심예제

**충돌에 관한 설명으로 옳지 않은 것은?**
[2022]

① 탄성은 충돌하는 물체의 재질, 온도, 충돌 강도 등에 따라 그 정도가 달라진다.
② 탄성은 어떠한 물체에 힘이 가해졌을 때, 그 물체가 변형되었다가 원래 상태로 되돌아가려는 성질을 말한다.
③ 복원계수(반발계수, Coefficient of Restitution)는 단위가 없고 0에서 1 사이의 값을 갖는다.
④ 농구공을 1m 높이에서 떨어뜨려 지면으로부터 64cm 높이까지 튀어 올랐을 때의 복원계수는 0.64이다.

|해설|

복원계수는 물체의 충돌 전의 상대 속도에 대한 충돌 후의 상대 속도의 비율이다. 물체의 높이를 통해 복원계수를 구하려면 다음과 같은 공식을 사용하여야 한다.

$$e = \sqrt{\dfrac{h'}{h}}$$

여기서 e는 복원계수, h'는 튕겨져 올라간 높이, h는 떨어진 높이이다. h'에 0.64(m) h에 1(m)를 대입하면 복원계수는 0.8이 된다.

**정답** ④

## 핵심이론 23 토크

① 토크(힘의 모멘트=회전효과=돌림힘)는 회전력을 의미한다.
② 토크 = 가해진 힘 × 축에서 힘의 작용선까지 수직 거리
③ 힘이 작용하는 방향이 다르면 토크가 달라진다.
④ 토크의 2가지 요소 : 작용하는 힘, 모멘트 암(힘의 작용선부터 회전축까지의 거리, 모멘트 팔)
⑤ 토크 활용의 예
  ㉠ 볼트를 쉽게 조이기 위해 렌치를 이용한다.
  ㉡ 테니스 서브를 강하게 하기 위해 공을 임팩트할 때 신체를 최대한 신전한다.
  ㉢ 역도에서 바벨을 몸의 중심에 가까이 유지하면서 들어 올린다.
  ㉣ 신장성 수축은 근육군에 의해 발휘되는 힘 모멘트가 외력에 의한 저항 모멘트보다 작아서, 근육이 길어지며 발생하는 수축 형태이다.

### 핵심예제

한 축에서 발생하는 토크(Torque, Moment of Force)에 대한 설명 중 틀린 것은?  [2018]
① 토크는 회전력을 말한다.
② 토크는 가해진 힘과 축에서 힘의 작용선까지 수직 거리의 곱이다.
③ 힘이 작용하는 방향이 다르면 토크가 달라진다.
④ 힘의 작용선이 물체의 회전축을 통과할 때 토크가 발생한다.

|해설|
중심축이 고정되어 있고 축과 거리가 떨어진 곳에 힘이 작용할 때, 작용하는 힘이 중심축을 향하는 방향이 아니면 토크가 생긴다. 토크의 크기는 작용된 힘, 힘의 연장선, 회전중심 사이의 수직 거리에 비례한다.

정답 ④

## 핵심이론 24 관성 모멘트(회전 관성)

① 회전하는 물체가 회전속도의 변화에 저항하는 속성이다.
② 관성 모멘트의 크기는 물체의 질량과 회전 반지름이 클수록(질량이 회전축으로부터 멀리 분포할수록) 커진다.
③ 단위는 $kg \cdot m^2$ 이다.
④ 다이빙 동작의 각 단계에서의 관성 모멘트 활용
  ㉠ 도약 시 : 몸을 최대로 굴곡시켜서 관성 모멘트를 최소화한다.
  ㉡ 공중 동작 시 : 몸을 최대로 굴곡시켜서 관성 모멘트를 최소화하고 각속도를 크게 한다. 이를 위해서는 사지를 쭉 편 레이아웃(Layout) 자세보다 사지를 웅크린 턱(Tuck) 자세를 하는 것이 좋다. 레이아웃 자세는 신체 질량이 회전축으로부터 멀리 분포되어 있어 회전 반지름과 관성 모멘트가 커진다.
  ㉢ 입수 시 : 수면과 수직 방향으로 몸을 최대로 신전시켜서 관성 모멘트를 최대화하고 각속도를 최소화한다.
⑤ 운동 상황에서의 인체의 관성 모멘트
  ㉠ 피겨스케이트 트리플 악셀 점프에서 팔을 몸통으로 이동시키면 관성 모멘트는 감소한다.
  ㉡ 야구 배팅 스윙에서 배트가 몸통 가까이에 붙어 회전하면 관성 모멘트는 감소한다.
  ㉢ 달리기 동작에서 발 이륙 후 무릎을 접으면 하지의 관성 모멘트는 감소한다.

### 핵심예제

**24-1. 관성 모멘트(Moment of Inertia)에 대한 설명 중 옳지 않은 것은?** [2018]

① 단위는 kg·m²이다.
② 질량이 회전축으로부터 멀리 분포될수록 커진다.
③ 어떤 물체를 회전시키려 할 때 잘 돌아가지 않으려는 속성이다.
④ 물체의 크기, 형태, 밀도가 변해도 동일하다.

**24-2. 다이빙선수의 공중 동작에서 발생할 수 있는 회전 운동에 관한 설명으로 옳은 것은?** [2021]

① 질량 분포가 회전축에서 멀수록 관성 모멘트는 작아진다.
② 관성 모멘트는 각운동량에 비례하고 각속도에 반비례한다.
③ 회전 반지름의 길이는 관성 모멘트의 크기에 영향을 주지 않는다.
④ 공중 자세에서 관성 모멘트가 달라져도 각속도는 변하지 않는다.

|해설|

**24-1**
관성 모멘트의 크기는 물체의 질량과 회전 반지름이 클수록 증가한다. 따라서 크기, 형태, 밀도 등이 변하면 관성 모멘트의 크기도 달라진다.

**24-2**
관성 모멘트의 크기는 물체의 질량이 회전축으로부터 멀리 분포될수록, 회전 반지름이 클수록 증가하며 외부에서 힘이 작용하지 않는다면 관성 모멘트가 클수록 각속도가 작아지게 된다.

**정답 24-1 ④ 24-2 ②**

### 핵심이론 25 각운동량과 회전충격량

① 각운동량
  ㉠ 물체의 관성 모멘트와 각속도의 함수로, 회전하는 물체가 가진 운동량이다.
  ㉡ 더 큰 관성 모멘트를 지닌 물체일수록, 또는 더 빠른 각속도로 움직이는 물체일수록 큰 각운동량을 지닌다.
② 회전충격량 : 회전충격량은 주어진 시간 동안 가해진 회전력의 총량이며 각운동량의 변화를 일으킨다.

### 핵심예제

**다이빙 동작의 각 단계에서 각운동량 보존의 법칙의 적용 결과에 대한 설명으로 옳은 것은?** [2016]

① 도약 시 몸을 최대로 신전시켜서 관성 모멘트를 최소화한다.
② 공중 동작에서 몸을 최대로 굴곡시켜서 관성 모멘트를 최대화하고 각속도를 크게 한다.
③ 공중 동작에서 몸을 최대로 굴곡시켜서 관성 모멘트를 최소화하고 각속도를 작게 한다.
④ 입수 시 수면과 수직 방향으로 몸을 최대로 신전시켜서 관성 모멘트를 최대화하고 각속도를 최소화한다.

|해설|

④ 입수 시 수면과 수직 방향으로 몸을 최대로 신전시키면 관성 모멘트를 최대화하고 각속도를 최소화하여 깔끔하게 입수할 수 있다.
① 관성 모멘트는 어떤 물체가 회전할 때 잘 돌아가지 않으려는 속성이므로, 도약 시에는 몸을 최대로 굴곡시켜서 관성 모멘트를 최소화해야만 회전수가 증가한다.
②·③ 다이빙 공중 동작에서는 몸을 최대로 굴곡시켜 관성 모멘트를 최소화하고 각속도를 크게 하여 회전수를 증가시켜야 한다.

**정답 ④**

## 핵심이론 26 각운동량 보존 및 전이

① 각운동량 보존
  ㉠ 외력이 작용하지 않는다면 회전하는 물체의 각운동량은 보존된다.
  ㉡ 높이뛰기, 멀리뛰기, 다이빙 등에서 도약할 때 만들어지는 각운동량이 공중에 있는 동안 보존되는 것이다.

② 각운동량 전이
  ㉠ 전체 운동량은 변하지 않는 상태에서 각운동량은 선운동량으로, 또는 선운동량은 각운동량으로 전환되기도 한다. 이것을 각운동량의 전이라고 한다.
  ㉡ 축구의 인프런트킥에서 발끝 속도는 몸통의 각운동량이 하지로 전이되어 발생한다. 투창, 2단 평행봉 등도 각운동량 전이의 예이다.

**핵심예제**

운동 상황에서 운동량 보존과 전이에 대한 설명으로 옳지 않은 것은?(공기저항을 무시함)  [2017]
① 다이빙의 공중 동작에서 각운동량은 보존된다.
② 체조 도마의 제2비약(도마이륙 후 착지 전까지 동작)에서 상·하체 각운동량의 합은 일정하지 않다.
③ 축구의 인프런트킥에서 발끝 속도는 몸통의 각운동량이 하지로 전이되어 발생한다.
④ 높이뛰기에서 이륙 후 인체의 총 각운동량은 일정하다.

|해설|
체조 도마의 제2비약에서 상·하체 각운동량의 합은 일정하다.
• 운동량 보존의 법칙 : 물체가 외부로부터 힘을 받지 않으면 운동이 진행되는 동안 물체나 체계가 지닌 운동량이 그대로 유지된다. 충돌 전 운동량과 충돌 후 운동량의 총합은 항상 동일하다.
• 각운동량의 전이 : 각운동량이 일정할 때 신체의 일부가 각운동량을 만들면 신체의 나머지 부분이 그것을 보상하는 원리이다. 높이뛰기, 멀리뛰기, 체조, 다이빙에서의 공중 동작 중 팔다리의 각운동량은 전신 또는 다른 신체 부위의 각운동량으로 전이된다.

정답 ②

## 핵심이론 27 구심력과 원심력

① 구심력

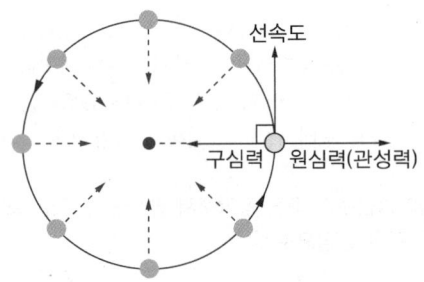

  ㉠ 물체를 구속시켜 원주 위를 운동하게 하는 원인이며, 원의 회전중심으로 향하는 힘이다.
  ㉡ 구심력은 곡선 경로로 움직이는 물체에 실제로 존재한다.

  $$구심력 = 질량(m) \times 회전\ 반지름(r) \times 각속도^2(\omega^2)$$

  ㉢ 운동과 구심력 : 벨로드롬 사이클 곡선주로에서 지면마찰력이 구심력으로 작용한다.

② 원심력
  ㉠ 원운동을 하는 물체가 바깥쪽으로 벗어나려고 하는 경향을 나타내는 힘이다
  ㉡ 실제로 존재하지 않는 가상의 힘이다.

  $$원심력 = \frac{질량(m) \times 속도(v^2)}{회전\ 반지름(r)}$$

  ㉢ 운동과 원심력
    • 해머던지기 선수는 원심력에 저항하기 위해 투척할 때 후경 자세를 취한다.
    • 쇼트트랙 선수는 곡선 주로에서 원심력을 줄이려고 왼손으로 빙판을 짚는 동작을 취한다.

③ 구심력과 원심력의 관계 : 구심력과 원심력의 크기는 같고, 작용 방향은 서로 반대이다.

  $$질량(m) \times 회전\ 반지름(r) \times 각속도(\omega^2) = \frac{질량(m) \times 속도(v^2)}{회전\ 반지름(r)}$$

### 핵심예제

**27-1. 운동 상황에서 구심력과 원심력에 대한 설명으로 옳지 않은 것은?**  [2017]

① 해머던지기 선수는 원심력에 저항하기 위해 투척할 때 후경 자세를 취한다.
② 쇼트트랙 선수는 곡선 주로에서 원심력을 줄이려고 왼손으로 빙판을 짚는 동작을 취한다.
③ 육상 선수는 곡선 주로에서 원심력을 줄이기 위해 질주속도를 증가시킨다.
④ 벨로드롬 사이클 곡선 주로에서 지면마찰력이 구심력으로 작용한다.

**27-2. 해머던지기에서 구심력과 원심력에 관한 설명으로 옳지 않은 것은?**  [2020]

① 7kg의 해머와 비교하여 14kg의 해머를 동일한 각속도로 회전시키려면 선수는 구심력을 두 배로 증가시켜야 한다.
② 직선으로 운동하려는 해머의 관성을 이겨내고 원형 경로를 유지하려면 안쪽으로 당기는 힘이 요구된다.
③ 해머의 각속도를 두 배로 증가시키려면, 선수는 두 배의 힘으로 해머를 안쪽으로 당겨야 한다.
④ 선수가 해머를 안쪽으로 당기는 힘을 증가시키면 해머도 선수를 당기는 힘을 증가시킨다.

|해설|

**27-1**
원운동을 하는 물체에는 크기가 같고 방향이 서로 반대인 두 개의 힘, 즉 회전중심을 향하는 구심력과 회전 궤도에서 벗어나려는 원심력이 작용한다. 구심력은 회전 궤도를 따라 움직이는 물체에 실제로 작용하는 힘인 반면, 원심력은 구심력의 반작용으로 구심력이 사라지는 동시에 사라지는 가상의 힘이다. 원심력을 줄이려면 회전 반지름을 크게 하고, 질량을 작게 하고, 속도를 줄여야 한다.

**27-2**
구심력 = 질량$(m)$ × 회전 반지름$(r)$ × 각속도$^2(w^2)$이므로, 각속도를 두 배로 증가시키려면 힘은 4배로 증가시켜야 한다.

정답 27-1 ③  27-2 ③

## 제6절 | 일과 에너지

### 핵심이론 28 일

① 물체에 힘이 작용하는 동안에 물체에 작용한 힘 또는 물체가 전달한 에너지를 말한다.
② 역학적 일은 물체에 힘이 작용하여 힘의 방향으로 움직일 때, 힘과 힘의 방향으로 이동한 거리의 곱으로 계산할 수 있다. 따라서 작용한 힘이 0이거나 이동거리가 0인 경우, 힘과 이동 방향이 수직인 경우 등은 역학적 일이 아니다.

> 일 = (작용하는 힘) × (힘 방향의 변위)

③ 힘의 방향과 이동 방향이 동일하면 곱하여 '양(Positive)'이 되고 반대의 경우 곱이 '음(Negative)'이 된다.
④ 일의 단위
 ㉠ N·m(힘과 거리를 곱한 값)
 ㉡ 1N·m = 1Joule

### 핵심예제

**28-1. 다음 설명 중 역학적 일과 거리가 먼 것은?** [2015]

① 바벨을 머리 위에서 3초 동안 움직이지 않게 버티고 있었다.
② 바닥에 있는 바벨을 머리 위까지 올렸다.
③ 머리 위에서 바닥으로 바벨을 내려놓았다.
④ 바벨을 다시 바닥에서 가슴 높이까지 올렸다.

**28-2. 역학적 일(Work)을 하지 않은 것은?** [2023]

① 역도 선수가 바닥에 있던 100kg의 바벨을 1m 높이로 들어 올렸다.
② 레슬링 선수가 상대방을 굴려서 1m 옆으로 이동시켰다.
③ 체조 선수가 철봉에 매달려 10초 동안 정지해 있었다.
④ 육상 선수가 달려서 100m를 이동했다.

**28-3. 농구선수가 20N의 힘으로 농구공을 수직으로 2m 들어 올렸을 때 역학적 일(Work)의 크기는?** [2018]

① 0N·m(J)
② 10N·m(J)
③ 22N·m(J)
④ 40N·m(J)

|해설|

**28-1**
바벨을 머리 위에서 3초 동안 움직이지 않게 버티고 있는 경우는 물체가 이동한 거리가 0인 경우이므로 역학적 일과는 거리가 멀다.

**28-2**
**역학적 일**
역학적 일은 물체에 작용한 힘과 이동 거리의 곱이다. 이때, 가해진 힘과 이동거리의 방향이 일치해야 일을 한 것이 된다. 따라서 작용한 힘이 0인 경우, 이동 거리가 0인 경우, 힘과 이동 방향이 수직인 경우는 역학적 일을 하지 않은 것이 된다. 따라서 ③ 체조 선수가 철봉에 매달려 10초 동안 정지해 있는 경우는 이동 거리가 0이므로 역학적 일을 한 것으로 볼 수 없다.

**28-3**
일(Work)은 물체에 힘이 작용하는 동안에 물체에 작용한 힘 또는 물체가 전달한 에너지를 말한다. 일은 힘과 이동한 거리를 곱한 값이다. 따라서 20N × 2m = 40N·m(J)이다.

정답 28-1 ① 28-2 ③ 28-3 ④

### 핵심이론 29 근수축 형태와 기계적 일

① 위팔두갈래근의 원심성 수축(신장성 수축)으로 팔꿈치 관절의 각도가 커지는 경우 팔꿈관절에 대해 음(Negative)의 일을 한다.
② 위팔두갈래근의 구심성 수축(단축성 수축)으로 팔꿈치 각도가 작아지는 경우 팔꿈관절에 대해 양(Positive)의 일을 한다.
③ 위팔두갈래근의 등척성 수축이 팔꿈관절에 한 일은 0이다.

### 핵심예제

**〈보기〉에서 근수축 형태와 기계적 일(Mechanical Work)과의 관계를 설명한 것 중 옳은 것만을 모두 고른 것은?** [2020]

┌보기├─────────────────────
㉠ 위팔두갈래근(상완이두근, Biceps Brachii)의 신장성 수축(Eccentric Contraction)은 팔꿈관절(Elbow Joint)에 대해 양(Positive)의 일을 한다.
㉡ 위팔두갈래근의 단축성 수축(Concentric Contraction)은 팔꿈관절에 대해 음(Negative)의 일을 한다.
㉢ 위팔두갈래근의 등척성 수축(Isometric Contraction)이 팔꿈관절에 대해 한 일은 0이다.
─────────────────────────

① ㉠, ㉡, ㉢
② ㉠, ㉢
③ ㉡, ㉢
④ ㉢

|해설|

㉢ 등척성 수축은 관절의 각도, 근육의 길이가 변하지 않고 근육이 수축을 하는 것으로, 한 일의 양은 0이다.
㉠ 힘의 방향과 이동 방향이 같은 경우를 양(Positive)의 일이라고 하고, 힘의 방향과 이동 방향이 다를 경우를 음(Negative)이라 하는데, 신장성 수축은 근육이 수축하려는 힘의 방향과 일의 방향이 반대가 되기 때문에 음의 일을 한다.
㉡ 단축성 수축은 신장성 수축과 반대로 근육이 수축하려는 힘의 방향과 일의 방향이 같기 때문에 양의 일을 한다.

정답 ④

## 핵심이론 30 일 률

① 단위시간에 수행한 일의 양(일의 빠르기)을 파워(Power) 혹은 일률이라고 한다.

$$일률 = \frac{일의 양(W)}{걸린시간(t)} = (작용하는 힘) \times (힘 방향의 속도)$$

② 스포츠에서는 순발력이라는 용어로 사용된다. 스포츠에서의 순발력은 짧은 시간에 폭발적으로 발현하는 힘을 말한다.
③ 운동 중 일률은 짧은 시간에 한 무산소성 파워와 비교적 긴 시간에 이루어진 유산소성 파워로 구분한다.
④ 일률의 단위 : 와트(Watt ; W), 마력(Horse Power ; HP)

### 핵심예제

**30-1. 일률(Power)의 단위가 아닌 것은?** [2023]
① N·m/s
② kg·m/s²
③ Joule/s
④ Watt

**30-2. 어떤 물체에 200N의 힘을 가해 물체를 10초 동안 5m 이동시켰을 때 일률(Power)로 옳은 것은?(단, 힘의 작용방향과 이동방향은 일치함)** [2021]
① 100 Watt
② 400 Watt
③ 1,000 Watt
④ 10,000 Watt

|해설|

**30-1**
**일 률**
일률은 단위 시간 동안 수행한 일의 양으로 스포츠에서는 순발력이라고도 한다. 일률의 단위에는 일의 단위인 N·m와 Joule을 단위 시간으로 나눈 N·m/s와 Joule/s 그리고 Watt가 있다. kg·m/s²은 힘의 단위로, 물체의 질량과 가속도를 곱한 값이다.

**30-2**
일률은 '일의 양 ÷ 걸린 시간'으로 구할 수 있다. 200N의 힘을 가해 10초 동안 5m를 이동시켰으므로 $\frac{200N \times 5m}{10s} = 100\,Watt$ 이다.

정답 30-1 ② 30-2 ①

## 핵심이론 31 에너지의 정의와 종류

① 에너지(Energy)란 운동의 원천으로서, 일을 할 수 있는 능력을 말한다.
② 운동에너지
  ㉠ 운동하고 있는 물체가 갖고 있는 에너지를 운동에너지(KE ; Kinetic Energy)라고 한다. 즉, 스포츠 현장에서 날아가는 활과 창, 스윙하는 골프채, 풀백의 태클 등이 에너지를 가지며 일을 한다.
  ㉡ 질량($m$)이 크고 속도($v$)가 빠른 물체일수록 더 큰 운동에너지를 갖게 된다.
  ㉢ 물체가 다른 물체에 부딪칠 때 부딪치는 힘은 물체의 운동에너지의 영향을 받는다.
  ㉣ 운동 중인 물체가 충돌할 때의 힘은 운동에너지에 비례하고, 힘이 작용한 거리에 반비례한다.
③ 위치에너지
  ㉠ 높은 곳에 있는 물체가 높이에 따라 갖게 되는 에너지를 위치에너지(PE ; Potential Energy)라 하며, 위치에너지는 어떤 높이에 있는 물체가 가지고 있는 에너지이다.
  ㉡ 위치에너지의 크기는 질량과 높이에 비례한다.
  ㉢ 물체가 중력으로 인하여 일을 하기 때문에 중력에 의한 위치에너지(중력 퍼텐셜 에너지)라고도 한다.

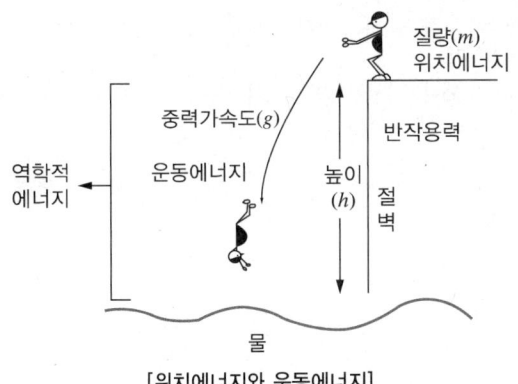

[위치에너지와 운동에너지]

④ 탄성에너지
　㉠ 늘어나거나 오므라든 탄성체의 변형이 없어지는 동안에 탄성력이 하는 일의 양을 탄성에 의한 위치에너지(탄성 퍼텐셜 에너지) 혹은 탄성에너지라고 한다.
　㉡ 팽팽하게 당겨진 활의 현은 현을 놓을 때 활에 힘을 미치고 일을 하게 된다. 이와 같이 높은 곳에 있는 물체나 당겨진 활은 현재 정지하고 있지만 에너지를 갖고 있다.
⑤ 에너지 측면에서 본 장대높이 뛰기의 특성 : 운동에너지, 탄성에너지, 위치에너지가 모두 작용하는 종목이다.

### 핵심예제

**트램펄린 위에서 점프 동작을 할 때 신체의 위치에너지에 대한 설명으로 옳은 것은?(단, 공기 저항은 무시함)** [2021]
① 위치에너지는 신체의 점프 높이에 상관없이 일정하다.
② 위치에너지는 신체가 트램펄린에 닿을 때 최대가 된다.
③ 위치에너지는 신체가 트램펄린에 근접할 때 최대가 된다.
④ 위치에너지는 신체가 수직으로 가장 높이 올라갔을 때 최대가 된다.

|해설|

**위치에너지(Potential Energy ; PE)**
- 높이가 높아지면 위치에너지는 증가한다.
- 수직으로 가장 높이 도달하여, 하강 운동을 시작하기 직전에 가장 높아진다.
- 바닥에 가까울수록 낮아지며, 바닥에 닿는 순간의 위치에너지는 '0'이다.
- 역학적 에너지 보존의 법칙에 따라 손실된 위치에너지는 운동에너지로 전환된다.

정답 ④

## 핵심이론 32 역학적 에너지

① 운동에너지와 위치에너지(중력에 의한 위치에너지, 탄성에 의한 위치에너지 등)를 합하여 역학적 에너지라 한다.

$$역학적\ 에너지 = 운동에너지 + 위치에너지 = \frac{1}{2}mv^2 + mgh = 일정$$

② 역학적 에너지 보존의 법칙
　㉠ 마찰이나 공기 저항 등의 외력이 없다면 운동하고 있는 물체의 역학적 에너지는 항상 일정하게 보존된다는 법칙이다.
　㉡ 위치에너지가 운동에너지로, 운동에너지가 위치에너지로 그 형태가 전환되지만 역학적 에너지의 총량은 항상 일정하게 보존된다.
　㉢ 신체가 공중에서 자유롭게 운동하는 경우에 공기 저항이 없고 중력만이 외부의 힘으로 작용한다면, 신체의 운동에너지와 위치에너지의 합은 역학적 에너지 보존법칙을 따른다.
　㉣ 위치에너지와 운동에너지는 체공 시간 동안 서로 보완하여 두 에너지의 합인 역학적 에너지를 일정하게 유지시킨다.

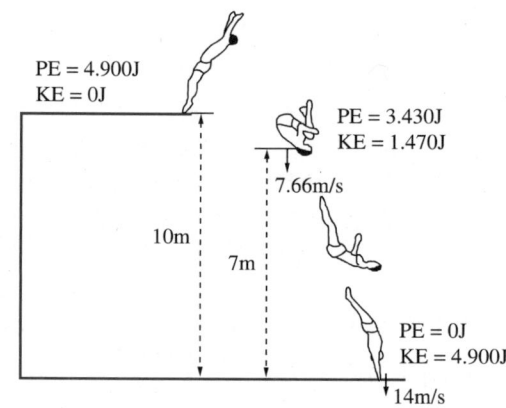

[다이빙에서 역학적 에너지의 보존]

### 스키점프 동작에서의 역학적 에너지
- 역학적 에너지는 착지 직전까지 보존된다.
- 운동에너지는 착지 직전이 가장 크다.
- 위치에너지는 수직 최고점에서 가장 크다.

### 트램펄린 위에서 점프 동작을 할 때의 역학적 에너지
- 위치에너지는 신체의 점프 높이가 높아질수록 증가한다.
- 운동에너지는 신체가 트램펄린에 닿을 때 최대가 된다.
- 위치에너지는 신체가 수직으로 가장 높이 올라갔을 때 최대가 된다.

#### 핵심예제

**32-1. 스키점프 동작의 역학적 에너지에 대한 설명으로 옳지 않은 것은? (단, 공기저항은 무시함)** [2023]

① 운동에너지는 지면 착지 직전에 가장 크다.
② 위치에너지는 수직 최고점에서 가장 크다.
③ 운동에너지는 스키점프대 이륙 직후부터 지면 착지 직전까지 동일하다.
④ 역학적 에너지는 스키점프대 이륙 직후부터 지면 착지 직전까지 보존된다.

**32-2. 다음 중 가장 큰 역학적 에너지로 옳은 것은?** [2021]

① 7m/s로 평지를 달리고 있는 질량 90kg인 럭비 선수의 운동에너지
② 8m/s로 평지를 달리고 있는 질량 100kg인 럭비 선수의 운동에너지
③ 5m 높이에 서 있는 질량 50kg인 다이빙 선수의 위치에너지
④ 4m 높이에 서 있는 질량 60kg인 다이빙 선수의 위치에너지

|해설|

**32-1**
역학적 에너지의 전환
운동에너지는 스키점프대 이륙 직후부터 지면 착지 직전까지 점점 증가하는데, 이는 스키점프대에서 지면까지의 위치에너지가 감소하여 운동에너지로 전환되었기 때문이다.

**32-2**
역학적 에너지는 운동에너지와 위치에너지의 합을 말한다. 운동에너지를 구하는 공식은 $\frac{1}{2}mv^2$이고, 위치에너지를 구하는 공식은 $mgh$이다. 보기의 수치를 공식에 대입할 경우 ②이 3200J로 역학적 에너지가 가장 크다.

정답 32-1 ③ 32-2 ②

### 핵심이론 33 에너지 효율

① 에너지의 효율은 인체가 소모한 에너지양에 대해 역학적으로 한 일의 비율이다. 소모되는 에너지량을 대사에너지라 하며 생리학적으로 계산할 수 있고, 그 양과 역학적으로 계산한 일의 양이 똑같아야만 효율적인 운동을 했다고 평가된다.

$$효율 = \frac{역학적으로\ 한\ 일}{인체가\ 소모한\ 에너지량} \times 100$$

② 인체의 운동에서도 에너지 보존의 법칙은 적용된다.
③ 인체는 하나의 에너지를 다른 에너지로 전환할 수 있는 특성을 가지고 있다.

| 운동에너지<br>↓<br>위치에너지 | • 뛰어오르고 있는 장대높이뛰기 선수<br>• 질주 후 뛰어오르는 피겨스케이팅 선수 |
|---|---|
| 위치에너지<br>↓<br>운동에너지 | • 스프링보드 다이빙<br>• 스키의 활강<br>• 양궁 |

#### 핵심예제

도르래에 100J(줄)의 일을 공급하여 도르래가 회전할 때 마찰로 인해 40J(줄)의 에너지를 열로 잃었고 출력된 일은 60J(줄)이다. 이때 도르래의 효율은 몇 %인가? [2015]

① 100%   ② 60%
③ 40%    ④ 0%

|해설|

도르래에 공급한 일이 100J이고 역학적으로 한 일이 60J이므로,
$$효율 = \frac{역학적으로\ 한\ 일}{인체가\ 소모한\ 에너지양} \times 100 = \frac{60}{100} \times 100 = 60\%$$
∴ 효율은 60%이다.

정답 ②

## 제7절 | 다양한 운동 기술의 분석

### 핵심이론 34 운동학적 분석

① 운동 형태에 관한 분석으로, 힘과는 관계없이 인체운동을 보고 측정하여 분석한다.
② 운동의 변위, 속도, 가속도, 무게중심, 관절각, 일률 등을 분석한다.
③ 운동학적 분석의 예
  ㉠ 골프 드라이버 스윙 시 클럽헤드의 최대 속도 계산
  ㉡ 100m 달리기 시 신체중심의 구간별 속도 측정
  ㉢ 멀리뛰기 발구르기 시 발목관절의 각도 측정
  ㉣ 자유투 시 농구공이 날아가는 궤적을 측정
  ㉤ 야구 스윙 시 배트의 각속도를 측정
  ㉥ 테니스 스트로크 동작 시 팔꿈치 각도를 측정
  ㉦ 축구에서 드리블하는 동안의 이동 거리 측정

### 핵심예제

**34-1.** 〈보기〉에서 운동학적 분석 방법으로 옳은 것은? [2021]

┤보기├
  ㉠ 영상 분석
  ㉡ 고니오미터(Goniometer) 각도 분석
  ㉢ 스트레인 게이지 힘 분석
  ㉣ 지면반력 분석

① ㉠, ㉡
② ㉠, ㉢
③ ㉡, ㉣
④ ㉢, ㉣

**34-2.** 운동학(Kinematics)적 측정 방법으로 옳지 않은 것은? [2018]

① 자유투 시 농구공이 날아가는 궤적을 측정한다.
② 야구 스윙 시 배트의 각속도를 측정한다.
③ 컬링의 스위핑 시 브러시에 가해지는 압력을 측정한다.
④ 테니스 스트로크 동작 시 팔꿈치 각도를 측정한다.

|해설|

**34-1**
운동학적 분석은 운동의 형태에 관한 분석 방법이며, 운동역학적 분석은 운동의 원인이 되는 힘을 분석하는 것이다. 운동학적 분석은 양적 변화를 분석하는데 영상 분석의 경우 동작의 정량적 분석이 가능하다. 고니오미터 각도 분석은 신체 관절의 각도를 측정하는 분석으로 힘을 직접 측정하는 방법은 아니다.

**34-2**
컬링의 스위핑 시 브러시에 가해지는 압력을 측정하는 것은 운동역학에 대한 설명이다. 운동역학과 관련된 기본적인 개념들로는 질량, 관성, 힘, 중력중심, 무게, 압력, 부피, 밀도, 토크 등이 있다.

정답 34-1 ① 34-2 ③

## 핵심이론 35 운동역학적 분석

① 운동의 원인이 되는 힘, 운동을 유발하는 힘을 측정하여 분석한다.
② 토크, 족압력, 양력, 마찰력, 지면반력, 근모멘트 등을 분석한다.
③ 운동역학적 분석의 예
　㉠ 보행 시 지면반력 측정
　㉡ 테니스 포핸드 스트로크에서 그립 압력의 크기 측정
　㉢ 스쿼트 동작에서 대퇴사두근의 근활성도 측정
　㉣ 축구 헤딩 후 착지 시 무릎관절의 모멘트 계산
　㉤ 컬링 스위핑 시 브러시에 가해지는 압력 측정

### 핵심예제

**35-1. 운동학적(Kinematic)분석과 운동역학적(Kinetic)분석에 관한 설명으로 옳지 않은 것은?** [2024]

① 일률, 속도, 힘은 운동역학적 분석요인이다.
② 운동학적 분석은 움직임을 공간적·시간적으로 분석한다.
③ 근전도 분석, 지면반력 분석은 운동역학적 분석방법이다.
④ 신체중심점의 위치변화, 관절각의 변화는 운동학적 분석요인이다.

**35-2. 운동역학(Kinetics)적 변인으로 옳지 않은 것은?** [2018]

① 토크(Torque)
② 각속도(Angular Velocity)
③ 족압력(Foot Pressure)
④ 양력(Lift Force)

|해설|

35-1
운동학적 분석은 운동의 변위, 속도, 가속도, 일률, 무게중심, 관절각 등 운동 형태에 관해 분석하는 것이다. 힘은 운동역학적 분석 대상이 맞다.

35-2
각속도는 운동학의 변인이다. ①·③·④의 토크, 족압력, 양력 등은 힘을 측정하여 분석하는 운동역학적 변인이다.

**정답 35-1 ① 35-2 ②**

## 핵심이론 36 운동기술의 분석

① 운동기술을 분석하는 방법에는 동작 분석, 힘 분석, 근전도 분석 등이 있다.
② 동작 분석
　㉠ 다양한 매체와 방법을 통해 인체 운동을 분석하는 것을 동작 분석(Motion Analysis)이라고 한다.
　㉡ 동작 분석은 인체 움직임의 기술적 요인들을 구체적인 통계치에 의해 객관적으로 분석하는 것으로 운동역학 분야에서 가장 활용도가 높다.
　㉢ 동작을 분석하는 대표적인 방법으로 영상 분석이 있다.
③ 힘 분석
　㉠ 인체 운동을 심층적으로 분석하기 위해 운동의 원인인, 인체 내·외부에 작용하는 힘을 측정·분석하는 것이다.
　㉡ 운동 상황에서 힘을 측정하는 방법에는 지면반력 측정, 족저압력분포 시스템을 이용한 측정, 스트레인 게이지 측정, 마찰력 측정 등이 있다.
④ 근전도 분석
　㉠ 근육의 수축과 관련된 전기적 신호를 측정하는 것이다.
　㉡ 근전도기를 이용한 근전도 측정이 대표적인 방법이다.
　㉢ 근전도 신호는 양과 음의 값을 모두 가진다.

### 핵심예제

**36-1. 운동 상황에서 힘을 직접 측정하는 방법이 아닌 것은?**
[2016]

① 영상 분석 방법
② 스트레인 게이지(Strain Gauge) 측정 방법
③ 마찰력 측정 방법
④ 지면반력 측정 방법

**36-2. 달리기 출발구간 분석에서 〈표〉의 ㉠, ㉡, ㉢에 들어갈 측정장비로 옳은 것은?**
[2022]

| 측정장비 | 분석 변인 |
|---|---|
| ㉠ | 넙다리곧은근(대퇴직근, Rectus Femoris)의 활성도 |
| ㉡ | 압력중심의 위치 |
| ㉢ | 무릎 관절 각속도 |

| | ㉠ | ㉡ | ㉢ |
|---|---|---|---|
| ① | 동작 분석기 | GPS 시스템 | 지면반력기 |
| ② | 동작 분석기 | 지면반력기 | 지면반력기 |
| ③ | 근전도 분석기 | GPS 시스템 | 동작 분석기 |
| ④ | 근전도 분석기 | 지면반력기 | 동작 분석기 |

|해설|

36-1
영상 분석은 운동의 형태에 관한 분석 방법으로 힘을 직접 측정하는 방법은 아니다.

36-2
㉠ 근전도 분석기 : 근육의 수축을 유발하는 전기적 신호를 측정하는 기기로 근육의 활성도를 측정하기 위해서는 근전도 분석기를 사용해야 한다.
㉡ 지면반력기 : 발이 지면에 가하는 족압력에 대한 지면의 반발인 지면반력을 측정하는 기기이다. 전후·좌우·수직방향의 힘을 모두 측정할 수 있어 압력중심의 위치를 구할 수 있다.
㉢ 동작 분석기 : 인체의 움직임을 분석하는 기기로 무릎관절 각속도를 측정하기 위해서는 동작 분석기를 사용해야 한다.

정답 36-1 ① 36-2 ④

## 핵심이론 37 영상 분석

① 카메라 등의 영상장비를 통해 운동 수행을 기록하고 기록된 영상으로부터 인체나 물체의 운동에 대한 정보를 추출하고, 동작을 정량적으로 분석하는 과정이다.
② 영상 분석으로 추출할 수 있는 변인 : 가속도, 각도(자세), 속도
③ 영상 분석에는 2차원 영상 분석과 3차원 영상 분석이 있다.

| | |
|---|---|
| 2차원 영상 분석 | • 2차원 영상 분석은 2차원 상에서의 평면 운동을 분석하는 것으로, 운동이 단일 평면 내에서 이루어진다고 가정하고 운동체에 대한 정보를 얻는 방법<br>• 동작이 하나의 평면상에서 일어나는 것으로 간주할 수 있는 철봉의 대차륜, 자전거 페달링 시의 다리 동작, 걷는 동작 등은 동작을 필름이나 비디오의 화면에 투영시켜 2차원 자료를 이용하여 분석가능<br>• 카메라를 사용하여 분석하는 것<br>• 한 대의 카메라로도 측정가능<br>• 2차원상의 평면 운동을 분석하는 것 |
| 3차원 영상 분석 | • 3차원 영상 분석은 2대 이상의 카메라를 사용하여 인체 운동을 공간(3차원)적으로 분석하는 것으로, 공간상의 운동을 평면(2차원)적으로 분석함에 따라 발생하는 오차를 해결함과 동시에 복잡한 인체 운동에 대한 분석을 가능하게 해주는 방법<br>• 대부분의 인체 움직임은 공간상에서 매우 복잡하게 일어나므로, 2개 이상의 평면적인 영상 자료로부터 3차원의 공간 좌표를 계산한 후에 이를 이용하여 분석하는 3차원 영상 분석 방법을 이용하는 것이 바람직함<br>• 2차원 분석법에서 발생하는 투시 오차 해결<br>• 2대 이상의 카메라 사용<br>• 하나의 인체 분절 정의에 필요한 최소 반사마커 수는 3개 |

### 핵심예제

**37-1. 영상 분석에서 사용하는 2차원과 3차원 분석법에 대한 설명 중 옳은 것은?** [2017]

① 3차원 분석법에 요구되는 최소 카메라 수는 1대이다.
② 3차원 분석법은 2차원 분석법에서 발생하는 투시 오차를 해결할 수 있다.
③ 체조의 비틀기 동작분석에서 2차원 분석법이 3차원 분석법보다 더 적절하다.
④ 2차원 분석법에서 하나의 인체 분절 정의에 필요한 최소 반사마커 수는 3개이다.

**37-2. 2차원 영상분석에서 배율법(Multiplier Method)에 관한 설명으로 옳지 않은 것은?** [2024]

① 동작이 수행되는 평면에 직교하게 카메라를 설치한다.
② 분석대상이 운동평면에서 벗어나면 투시오차(Perspective Error)가 발생할 수 있다.
③ 체조의 공중회전(Somersault)과 트위스트(Twist)와 같은 운동 동작을 분석하는 데 주로 활용된다.
④ 기준자(Reference Ruler)는 영상평면에서의 분석대상 크기를 실제 운동 평면에서의 크기로 조정하기 위해 사용된다.

|해설|

**37-1**
① 3차원 분석법에서는 2대 이상의 카메라를 사용한다.
③ 체조의 비틀기 같은 복잡한 인체의 움직임을 분석할 때에는 2차원 분석법보다 3차원 분석법이 적당하다.
④ 하나의 인체 분절 정의에 3개의 최소 반사마커가 필요한 분석법은 3차원 분석법이다.

**37-2**
영상분석은 2차원인 평면에서 동작이 일어나는 것으로 가정하여 운동 정보를 얻는 방법이다. 공중회전이나 다이빙, 트위스트와 같은 운동 동작들은 대부분 3차원에서 일어나므로 영상 왜곡을 줄이기 위해 보조기법으로 활용하는 것이다. 배율법은 주로 철봉, 역도와 같은 종목에서 활용된다.

**정답** 37-1 ② 37-2 ③

### 핵심이론 38 지면반력

① 지면이 신체에 가하는 반력을 측정한 값이다.
② 지면반력은 인체 운동에 영향을 미치는 중요한 외력(External Force)의 하나이다.
③ 수직 성분은 체중을 이용해 수직으로 누르는 힘과 수직항력이고, 수평 성분은 마찰력이다.
④ 인체가 수평 정지 상태라면, 수직 지면반력의 크기는 몸무게와 같다.
⑤ 뉴턴의 작용·반작용 법칙으로 설명할 수 있다.
⑥ 지면반력기(Force Plate) : 직육면체의 네 모서리에 힘센서가 내장된 로드셀을 장착하여 전후, 좌우, 상하의 세 방향 힘과 회전력을 측정하며 지면반력기로 측정된 기초자료를 이용해 실제 분석에 사용되는 변인을 분석한다.

### 핵심예제

**38-1. 걷기 동작에서 측정되는 지면반력(Ground Reaction Force)에 대한 설명으로 옳지 않은 것은?** [2019]

① 지면반력기로 측정할 수 있다.
② 발이 지면에 가하는 근력을 측정한 값이다.
③ 지면이 신체에 가하는 반력을 측정한 값이다.
④ 뉴턴의 작용·반작용 법칙으로 설명할 수 있다.

**38-2. 지면반력기(Force Plate)를 통해 얻을 수 있는 변인이 아닌 것은?** [2023]

① 걷기 동작에서 디딤발에 가해지는 힘의 방향
② 외발서기 동작에서 디딤발 압력중심(Center of Pressure)의 이동 거리
③ 서전트 점프 동작에서 발로 지면에 힘을 가한 시간
④ 달리기 동작의 체공기(Non-supporting Phase)에서 발에 작용하는 힘의 크기

| 해설 |

**38-1**
지면반력이란 발의 압력에 대한 반작용으로 발생하는 힘, 즉 지면이 신체에 가하는 힘을 측정한 값이다. 지면반력은 발의 압력과 동일하게 측정되며, 이를 통해 근육의 동원 정도나 건강상태 등을 점검할 수 있다.

**38-2**
**운동 시 힘의 분석**
지면반력기는 주로 서기, 걷기, 달리기, 뛰어오르기 등의 동작에서 인체가 주고받는 힘인 인체에 작용하는 힘, 땅과 충격력, 추진력 등을 분석하는 기구이다. 따라서 달리기 동작에서의 체공기와 같이 발이 땅에 닿지 않는 동작에서 인체에 작용하는 힘은 지면반력기가 측정할 수 없다.

정답 38-1 ② 38-2 ④

## 핵심이론 39 근전도 측정

① 근전도 측정은 전극이라는 전도체를 통해 이루어지며, 큰 근육이나 근육군의 활동을 분석하는 데 적절하여 운동역학의 연구 분야에서 많이 사용되고 있다.

② 근전도 검사에 사용되는 전극은 표면전극과 삽입전극으로 구분된다.

| | |
|---|---|
| 표면전극 | • 근육과 인접한 피부에 부착하며 실험 과정이 간편하고 다양한 상황에 적용할 수 있다.<br>• 심층의 근육 활동을 분석하는 데는 적절하지 않지만, 큰 근육이나 근육군의 활동을 분석하는 데 적절하다. |
| 삽입전극 | • 심층 근육이나 미세 근육의 활동을 분석할 때나, 운동단위 수준에서 활동 전위에 대한 정보를 얻고자 할 때 주로 사용된다.<br>• 인체의 안정성 및 활동에 제약이 많아 활동적인 운동 기술의 분석에는 적절하지 않다.<br>• 침전극이나 미세전극을 이용한다. |

③ 근전도의 분석과 활용
  ㉠ 근육의 활동 여부는 단순히 근전도의 관찰을 통한 정성적 분석과 신호의 역치 수준에 도달한 여부에 이용하는 정량적 분석으로 구분할 수 있다.
  ㉡ 근육 동원 양상 및 최대 근파워를 알 수 있다.
  ㉢ 근육 질환의 진단, 골격근 상해 후 재활을 위한 근력의 평가 등에 사용할 수 있다.
  ㉣ 근전도 검사를 통해 근육의 동원 순서를 알 수 있다.
  ㉤ 근전도 신호의 분석을 통해 근 피로에 대한 정보를 일부 추정할 수 있다.

**핵심예제**

**39-1. 운동 시 각각의 근육에 대한 수축 및 활성도 정보를 얻을 수 있는 분석 방법으로 옳은 것은?** [2015]

① 가속도계 분석
② 근전도 분석
③ 영상 분석
④ 지면 반력 분석

**39-2. 근전도 분석을 통하여 얻을 수 있는 정보로 옳지 않은 것은?** [2021]

① 제자리멀리뛰기에서 장딴지근(비복근)의 최대 수축 시점
② 스쿼트에서 넙다리곧은근(대퇴직근)의 근피로도
③ 제자리높이뛰기에서 무게중심의 3차원 위치좌표
④ 팔굽혀펴기에서 위팔세갈래근(상완삼두근)의 근 활성도

|해설|

**39-1**
근전도 분석은 근육의 내외부에 위치한 전극을 통해 근육의 수축에 관여하는 운동 단위들의 모든 근섬유로부터 발생하는 수많은 개별 활동전위들을 시간적, 공간적으로 종합 누적하여 검출하는 방법이다.

**39-2**
제자리높이뛰기에서 무게중심의 3차원 위치좌표는 3차원 영상 분석 등을 통하여 얻을 수 있는 정보이다.

정답 39-1 ② 39-2 ③

# 스포츠윤리

## 제1절 | 스포츠와 윤리

### 핵심이론 01 도덕, 윤리, 선

① 스포츠윤리학의 이론적 토대가 되는 개념은 도덕, 윤리, 선이다.
② 도덕 : 마땅히 행해야 할 당위 규범으로 관습적, 개인적인 도리이다.
③ 윤리 : 사회 집단에서 인간이 지켜야 하는 도덕의 기준이다.
  ㉠ 개인윤리 : 개인의 도덕적 의사 결정 능력, 실천의 결여 등 개인적인 측면의 윤리이다.
  ㉡ 사회윤리 : 사회구조적 측면 관련 윤리로 개인윤리와 상호 보완적인 관계를 지향해야 한다.
④ 선(善) : 인간이 추구해야 하는 '좋음', '훌륭함'에 대한 함축적 의미이다.
⑤ 도덕, 윤리, 선의 비교

| 도 덕 | • 당위의 규범<br>• 주관적인 면이 존재(인간의 태도, 마음가짐, 심정 등). |
|---|---|
| 윤 리 | • 법과 도덕의 종합으로 볼 수 있음<br>• 실질적인 면이 존재(인간이 무엇을 해서는 안 되는가, 무엇을 이루는가)<br>• 학문적이며, 이성만으로 선악을 탐구하려는 것 |
| 선(善) | • 윤리와 도덕은 선의 표현<br>• 진리가 인식의 참 가치라면, 선은 실천 행위의 참 가치 |

### 핵심예제

스포츠윤리학의 이론적 토대가 되는 개념을 바르게 묶은 것은?
[2018]

① 가치 - 인성 - 교육
② 도덕 - 윤리 - 선
③ 관습 - 규칙 - 법률
④ 인성 - 경쟁 - 승리

|해설|

스포츠윤리의 기초로서 도덕 - 윤리 - 선이 해당된다.
• 도덕 : 마땅히 행해야 할 도리로, 관습적이며 개인적인 당위의 규범이다.
• 윤리 : 사람이 사회생활 시 행해야 할 도리로, 개인윤리와 사회윤리가 있다.
• 선 : 사람이 사람으로서의 도리를 하는 것으로 윤리와 도덕은 선의 표현이다. 진리가 인식의 참 가치라면, 선은 실천 행위의 참 가치이다.

정답 ②

## 핵심이론 02 스포츠윤리

① 정 의
  ㉠ 윤리는 실천의 자율성을 중시한다.
  ㉡ 도덕은 양심, 자율성 등 개인의 내면성 문제를 주로 다룬다.
  ㉢ 스포츠맨십은 합규칙성을 넘는 적극적인 도덕적 마음가짐이다.
② 사례 : 체육교사가 배우자 명의로 배우자와 함께 술집을 운영하는 것은 교직 윤리적으로 문제가 될 수 있다.
③ 승리 지상주의 : 승리를 최우선 목적으로 설정하는 것은 현대 스포츠에서 발생하는 문제의 윤리적 원인에 대한 해결 방안이 아니다.

### 핵심예제

**스포츠윤리의 특징으로 적절하지 않은 것은?** [2024]
① 스포츠 경쟁의 윤리적 기준이다.
② 올바른 스포츠 경기의 방향이 된다.
③ 보편적 윤리로는 다룰 수 없는 독자성이 있다.
④ 스포츠인의 행위, 실천의 기준이다.

|해설|
스포츠윤리의 목적에는 일반 윤리학이 제시한 윤리적 원리와 덕목을 고찰하는 것도 포함되기 때문에 보편적인 윤리로 다룰 수 없는 독자성이 있다고 보기는 어렵다.

정답 ③

## 핵심이론 03 사실판단과 가치판단

① 사실판단
  ㉠ 실제 사건과 현상에 대한 진술이다.
    예 박태환 선수는 아시아수영선수권대회에서 자유형 200m 대회 신기록을 수립했다.
  ㉡ 도덕이나 윤리적 대상이 되지 않는다.
② 가치판단
  ㉠ 마땅히 그렇게 되어야 할 것을 지시하거나 어떤 기준·규범에 따르는 것이다.
  ㉡ 도덕적인 것(Moral Values), 미적인 것(Aesthetic Values), 사리분별에 관한 것(Prudential Values)
  ㉢ 개인의 가치관이 개입된다.
  ㉣ 우선시되어야 할 가치판단이다.
    • 보편적 가치 : 당연히 지켜야 하는 가치
    • 공공의 가치 : 다수를 위해서 지켜야 하는 가치
  ㉤ 가치판단적 진술의 사례
    • 추신수는 정직한 선수이다.
    • 페어플레이는 좋은 행위이다.
    • 감독은 선수를 체벌해서는 안 된다.

### 핵심예제

**3-1. 가치판단의 사례로 옳지 않은 것은?** [2020]
① 2020년 제32회 도쿄올림픽이 1년 연기되었다.
② 선수들에게 폭력을 행사하면 안 된다.
③ 피겨스케이팅 선수들의 연기는 매우 아름답다.
④ 스포츠 선수들의 기부는 사회적으로 긍정적인 영향을 준다.

**3-2. 〈보기〉에서 ㉠, ㉡에 들어갈 용어로 옳은 것은?** [2021]

┌ 보기 ┐
스포츠에서 일어나는 사건이나 현상에 대한 사유 작용을 판단이라고 한다. 판단은 크게 사실판단과 가치판단으로 구분된다. 사실판단은 실제 스포츠에서 일어난 사건과 현상에 대한 진술을 말한다. 따라서 ( ㉠ )을/를 가릴 수 있다. 이에 비해 가치판단은 옳고 그름 혹은 바람직하거나 그렇지 못한 것 등 가치에 대한 진술로 이루어진다. 가치판단은 주로 ( ㉡ )에 근거한다.

|   | ㉠ | ㉡ |
|---|---|---|
| ① | 진 위 | 당 위 |
| ② | 진 위 | 허 위 |
| ③ | 진 리 | 상 상 |
| ④ | 진 리 | 선 택 |

|해설|

**3-1**
①은 사실판단(실제 사건과 현상에 대한 진술)에 대한 내용이다.

**가치판단**
- 마땅히 그렇게 되어야 할 것을 지시하거나 어떤 기준·규범에 따르는 것
- 도덕적인 것(Moral Values), 미적인 것(Aesthetic Values), 사리분별에 관한 것(Prudential Values)
예) 축구경기 중 넘어진 상대 선수를 일으켜 준 박지성 선수의 행동은 매우 훌륭했다.

**3-2**
사실판단은 실제 사건과 현상에 대한 진술로, 측정을 통하여 진위(참과 거짓)을 파악할 수 있다. 반면, 가치판단은 마땅히 그렇게 되어야 할 것을 지시하거나 어떤 기준·규범에 따르는 것으로, 당위(당연히 지켜야 할)의 보편적 가치와 다수를 위한 공공의 가치에 근거한다.

정답 3-1 ① 3-2 ①

## 핵심이론 04 스포츠윤리학의 특징

① 개 념
　㉠ 스포츠에 관여하는 사람들의 도덕에 대해 연구하는 학문이다.
　㉡ 스포츠도덕의 원리, 스포츠와 관련된 사람들 사이의 도덕적인 질서 관계를 연구한다.

② 스포츠윤리의 독자성
　㉠ 경쟁의 도덕적 조건과 가치 있는 승리의 의미를 밝힌다.
　㉡ 비도덕적 행위의 유형과 공정성의 조건을 제시한다.
　㉢ 스포츠를 통한 도덕적 자질과 인격의 함양을 추구한다.

③ 스포츠윤리의 역할
　㉠ 스포츠인의 도덕적 삶을 위한 지침을 제시한다.
　㉡ 스포츠인의 행위에서 요구되는 도덕적 원리와 덕목을 고찰한다.
　㉢ 스포츠인으로서 올바르게 행동하는 데 도움을 준다.
　㉣ 도덕적 의미의 용어를 스포츠 환경에 적용할 때 그 기준과 방법에 대해 탐색한다.
　㉤ 스포츠 상황에서 행동과 목적의 옳고 그름을 결정할 수 있는 근본 원리를 탐색한다.

### 핵심예제

**〈보기〉에서 스포츠윤리의 역할로 적절한 것으로만 고른 것은?**
[2023]

┌ 보기 ┐
ㄱ. 스포츠 상황에서 행동의 옳고 그름을 판단할 수 있는 원리 탐구
ㄴ. 스포츠 현상을 사실적으로 기술하는 방법 탐구
ㄷ. 스포츠 현상의 미학적 탐구
ㄹ. 윤리적 원리와 도덕적 덕목에 기초하여 스포츠인에게 요구되는 행위 탐구

① ㄱ, ㄴ
② ㄱ, ㄹ
③ ㄴ, ㄷ
④ ㄴ, ㄹ

|해설|

**스포츠윤리**
스포츠윤리는 윤리적 원리와 덕목을 바탕으로 스포츠 상황에서 옳고 그름을 판단하고, 스포츠인에게 요구되는 행동을 탐구하는 데 목적을 두고 있다. 그와 더불어 스포츠 참여자들이 도덕적 가치를 따르는 행동을 촉진하기 위해 규칙을 세우는 데 중요한 역할을 하는 학문이다.

정답 ②

### 핵심이론 05 스포츠인의 윤리

① 정 의
  ㉠ 스포츠인으로서 갖추어야 할 기본적인 도덕적 품성이다.
  ㉡ '스포츠인은 어떻게 행동하는 것이 바른 것인가'에 대한 도덕적 판단이다.

② 체육인 윤리강령
  ㉠ 체육인 : 체육 및 스포츠와 관련된 모든 사람을 의미한다.
    예 운동선수, 지도자, 체육행정가, 학교체육교사, 심판 등
  ㉡ 국가와 사회에 대한 체육인의 역할
  ㉢ 존경받는 체육인상의 정립
  ㉣ 체육윤리위원회의 설치와 운영

③ 스포츠 에토스의 사례 : 축구 경기 중 상대 선수가 부상으로 쓰러졌을 경우, 공을 밖으로 걷어내고 부상자를 돌보는 행위

### 핵심예제

**에토스(Ethos)의 실천으로 적절하지 않은 것은?** [2020]

① 축구에서 상대 선수가 부상으로 쓰러져 걱정되는 마음에 공을 경기장 밖으로 걷어냈다.
② 배구에서 블로킹할 때 훈련한 대로 네트에 손이 닿지 않도록 주의를 기울였다.
③ 야구에서 투수가 던진 공에 상대팀 타자가 맞아 투수는 모자를 벗어 타자에게 미안함을 표현했다.
④ 농구에서 경기 종료 1분을 남기고, 우리 팀이 큰 점수 차로 이기고 있는 상황에서 감독은 상대를 배려하는 마음에 작전 타임을 부르지 않았다.

|해설|

에토스(Ethos)는 '성격·관습'을 뜻하는 말로 오늘날 '윤리(Ethics)'의 의미로 사용된다. 스포츠 에토스는 스포츠인으로서 갖춰야 할 기본적인 도덕적 품성을 의미한다. ②는 반칙을 피하기 위한 기술이다.

정답 ②

## 핵심이론 06 스포츠윤리 교육

① 목 적
  ㉠ 스포츠인의 도덕적 자율성 함양 : 도덕적 문제에 대한 비판적, 독립적인 사고를 바탕으로 스포츠 상황에 적용한다.
  ㉡ 스포츠인의 윤리성 향상 : 스포츠 현장에서 윤리적인 상황에 직면했을 때 바람직한 판단을 내리고 도덕적인 행동을 실천하도록 명확한 기준을 제시할 수 있는 스포츠윤리성을 향상시킨다.

② 대 상

| 프로 스포츠 | 선수, 지도자, 프런트/관계자 |
|---|---|
| 아마추어 스포츠 | 선수, 지도자, 학부모 |

③ 교육 내용

| 윤리 이론 | 스포츠 상황에서 부단히 직면하는 윤리 문제의 분석과 해결을 위한 틀로서 기본적으로 요구되는 윤리 이론에 대한 교육 |
|---|---|
| 도덕적 추론기술 | 윤리 문제들에 대한 최선의 해결책을 도출하기 위해 윤리 이론들이 요구하고 있는 타당한 이유들을 충족시키는 기술 배양 |
| 스포츠인 사명감 | 스포츠의 사회적 역할과 스포츠인으로서 가지는 직업적 사명감, 도덕적 책임과 의무에 관한 교육 |
| 거시윤리 교육 | 스포츠인의 개인윤리에 초점을 맞춘 미시윤리(Microethics) 교육뿐만 아니라 스포츠에 관한 사회적 맥락 포함 |
| 사례기반 교육 | 스포츠 상황에서 있을 법한 사례 혹은 실제 발생했던 사례를 분석하여 윤리적 정당성을 확인하는 과정 학습 |
| 대처방법에 대한 교육 | 부정행위 신고 및 상담 절차, 처벌 및 징계 규정, 부정행위 유형별 예방법 및 대처 방법 |

### 핵심예제

〈보기〉의 빈칸에 들어갈 용어로 옳은 것은? [2020]

┤보기├
스포츠윤리 교육의 목적은 스포츠인의 도덕적 (　) 함양이라고 할 수 있다. 도덕적 (　)이란 "도덕적 문제에 대한 비판적·독립적인 사고를 바탕으로 스포츠 상황에 적용하는 능력"을 의미한다.

① 민감성　　　　② 존엄성
③ 자율성　　　　④ 우월성

|해설|

공정한 스포츠는 스포츠인의 도덕적 자율성과 제도적 강제성의 조화에서 찾을 수 있다. 스포츠윤리 교육의 목적은 스포츠인이 스포츠 현장에서 윤리적인 상황에 직면했을 때 바람직한 판단을 내리고 도덕적인 행동을 실천하도록 명확한 기준을 제시할 수 있는 도덕적 자율성을 함양해서 스포츠윤리성을 향상시키는 것이다.

정답 ③

## 핵심이론 07 결과론(목적론)적 윤리 이론

① 행위의 옳고 그름을 판단할 때 행위의 의도나 수단보다는 행위의 결과를 중시한다.
② 벤담(J. Bentham)의 양적 공리주의 : 옳은 행위는 다수에게 행복을 주는 행위이며, 쾌락은 질적으로 동일하다(최대다수의 최대행복).
③ 밀(J. S. Mill)의 질적 공리주의 : 배부른 돼지보다 배고픈 인간이 바람직하다.
④ 한계점
  ㉠ 근본적이며, 보편적인 도덕 개념(정의, 인권 등)과 모순될 수 있다.
  ㉡ 계량화할 수 없는 다양한 가치가 존재하는 것을 간과한다.
  ㉢ 인간의 내적 동기에 소홀할 수 있다.
  ㉣ 일반적인 사실로부터 도덕적인 당위를 추론하지 못할 수 있다.
  ㉤ 공익(公益)과 사익(私益)이 충돌할 때 사익의 희생을 당연시한다.

### 핵심예제

**7-1.** 〈보기〉의 내용에 해당하는 윤리적 태도는? [2024]

┤보기├
나는 경기에 참여할 때마다, 나의 행동 하나하나가 가능한 많은 사람이 만족하는 데 기여할 수 있도록 노력한다.

① 행위 공리주의
② 규칙 공리주의
③ 제도적 공리주의
④ 직관적 공리주의

**7-2.** 〈보기〉에서 A팀 주장이 취한 윤리적 입장의 난점으로 볼 수 없는 것은? [2018]

┤보기├
프로축구 A팀 감독은 주장을 불러 상대 팀 선수에게 의도적 반칙을 하여 부상을 입히라는 작전지시를 내렸다. A팀 주장은 고민 끝에 실행에 옮겼고, 결과적으로 팀의 승리를 가져왔다.

① 결과만 놓고 보면 부상을 입힌 선수의 행위는 옳은 것으로 간주될 수 있다.
② 팀 전체의 이익보다 선수 개인의 이익이 더 중요할 수 있다.
③ 선수가 갖는 상식적이고 보편적인 도덕적 직관과 충돌하는 결론을 이끌어 낼 수 있다.
④ 우리 팀이 행복할 수 있다고 해서 축구 경기에 참가한 모든 사람이 행복한 것은 아니다.

**7-3.** 〈보기〉에서 스포츠에 관한 결과론적 윤리관에 해당하는 것으로만 고른 것은? [2023]

┤보기├
㉠ 경기에서 지더라도 경기 규칙은 반드시 준수해야 한다.
㉡ 개인의 최우수선수상 수상보다 팀의 우승이 더 중요하다.
㉢ 운동 선수는 훈련 과정보다 경기에서 승리하는 것이 더 중요하다.
㉣ 스포츠 경기는 페어플레이를 중시하기 때문에 승리를 위한 불공정한 행위를 해서는 안 된다.

① ㉠, ㉢  ② ㉠, ㉣
③ ㉡, ㉢  ④ ㉢, ㉣

| 해설 |

**7-1**
행위 공리주의는 개별적 행위가 최대의 유용성을 낳는가에 초점을 두는 관점이다. 〈보기〉의 '나'는 경기에 참여 시 행동(개별 행위) 하나하나가 가능한 한 많은 사람이 만족(최대의 유용성)하는 데에 기여토록 노력하므로 행위 공리주의적 태도를 취함을 알 수 있다.

**7-2**
〈보기〉는 감독의 지시로 주장이 상대 팀 선수에게 의도적 반칙으로 부상을 입혀서 팀이 승리했다는 내용이다. 결과론적 윤리 이론 중 공리주의의 사례이며, 선수 개인의 이익보다 팀 전체의 이익이 우선이라는 입장이다. 결과론적 윤리 이론의 한계점은 근본적 도덕 개념과 모순될 수 있고, 계량화할 수 없는 다양한 가치도 있으며, 인간의 내적동기가 감소될 수 있다는 것이다.

**7-3**
㉠ 경기 규칙을 준수하는 것에 윤리적 옳음을 설정하는 것은 의무론적 윤리관이다.
㉣ 페어플레이와 같은 도덕적 탁월성을 추구하는 윤리 이론은 덕윤리이다.

정답 7-1 ① 7-2 ② 7-3 ③

## 핵심이론 08 의무론적 윤리 이론

① 개 념
  ㉠ 결과의 좋고 나쁨이 아니라 그 행위가 도덕적 의무를 준수했는가가 판단기준이 된다.
  ㉡ 행위의 결과에 상관없이 절대적인 도덕규칙에 따라 판단을 내린다.
  ㉢ 의무론적 도덕 추론은 정언적 도덕 추론이라고도 한다.
  ㉣ 행위에 있어 선의지가 중요하며, 목적은 수단을 정당화할 수 없다.
② 도덕적 보편성 추구 : 행위의 본질을 강조한다.
  예 거짓말하지 마라, 약자를 도와라, 살인하지 마라 등
③ 칸트의 의무론적 윤리설 : 인간에게는 가장 세련된 권위인 실천 이성(양심)이 존재한다.
④ 한계점 : 도덕 규칙 간의 갈등 상황에서 실질적인 해결책을 제시하지 못한다.

## 핵심예제

**8-1.** 〈보기〉에서 A선수의 판단 근거가 되는 윤리 이론의 난점에 관한 설명으로 적절한 것은? [2023]

| 보기 |

농구경기 4쿼터 종료 3분 전, 감독에게 의도적 파울을 지시받은 A선수는 의도적 파울이 팀 승리에 기여할 수 있지만, 상대 선수에게 위협을 가하거나 자칫 부상을 입힐 수 있기 때문에 도덕적으로 옳지 않다고 판단했다.

① 사회 전체의 이익을 고려하지 않는 경우가 발생한다.
② 상식적이고 보편적인 도덕 직관과 충돌하는 판단을 내릴 수 있다.
③ 행위의 결과를 즉각 산출하기 어려울 경우에 명료한 지침을 제시하지 못할 수 있다.
④ 도덕을 수단적으로 인식한다는 점에서 근본적인 도덕 개념들과 양립하기 어렵다.

**8-2.** 〈보기〉의 괄호 안에 공통으로 들어갈 용어는? [2023]

| 보기 |

- 칸트(I. Kant)에게 도덕성의 기준은 (    )이다.
- 칸트에 의하면, 페어플레이도 (    )이/가 없으면 도덕적이라 볼 수 없다.
- (    )은/는 도덕적인 선수가 갖추어야 할 내적인 태도이자 도덕적 행위의 필요충분조건이다.

① 행 복
② 선의지
③ 가언명령
④ 실 천

| 해설 |

**8-1**
A선수의 판단 근거가 되는 윤리 이론은 의무론적 윤리관이다. 의무론적 윤리의 한계점은 다수의 이익을 간과할 수 있다는 것과 서로 다른 도덕 규칙이 상충될 수 있다는 것이다.
②·④ 결과론적 윤리관의 난점이다.
③ 덕윤리적 관점의 난점이다.

**8-2**
선의지
선의지는 도덕적인 선수가 갖추어야 할 내적인 태도이자 도덕적 행위의 필요충분조건이다. 칸트에게 도덕성의 기준은 선의지이다. 칸트의 의무론적 윤리관은 선의지가 수반되지 않은 페어플레이를 부도덕한 행위로 판단한다.

정답 8-1 ① 8-2 ②

## 핵심이론 09 롤스(J. Rawls)의 정의의 원칙

① 제1원칙(자유의 원칙)
  ㉠ 정치적인 평등으로 자유가 전제된 상태에서의 평등을 말한다.
  ㉡ 사회의 모든 가치는 기본적으로 모든 사람에게 평등하게 배분되어야 한다.

② 제2원칙
  ㉠ 사회경제적인 평등으로 분배의 원리를 말한다.
  ㉡ 다음 두 가지 원칙으로 구성된다.

| 차등의 원칙 | 가치의 불평등한 배분은 사회의 최소 수혜자에게 유리한 경우에만 허용될 수 있다. |
|---|---|
| 기회 균등의 원칙 | • 사회경제적 불평등은 그 원천이 되는 모든 직무와 직위에 대한 공평한 기회균등하에 발생한 것이어야 한다.<br>• 동일한 능력을 가진 사람이 동일한 지위를 획득할 수 있어야 한다. |

③ 제1원칙은 제2원칙에 우선하며, 제2원칙 내에서는 공정한 기회균등의 원칙이 차등의 원칙에 우선한다.

## 핵심예제

〈보기〉에서 설명하는 롤스(J. Rawls)의 '정의의 원칙'으로 가장 적절한 것은? [2019]

| 보기 |

상대적으로 사회적 약자인 저소득층 자녀들에게 지역의 사설 스포츠센터 무료 이용권, 건강 운동 강좌 수강이 가능한 스포츠 바우처(Voucher)를 제공하여 누구나 경제적 형편에 상관없이 공평하게 스포츠를 누릴 수 있도록 정책을 마련한다.

① 자유의 원칙
② 차등의 원칙
③ 기회균등의 원칙
④ 원초적 원칙

| 해설 |

〈보기〉의 내용은 롤스(J. Rawls)의 정의의 원칙에서 제2원칙 중 차등의 원칙에 대한 설명이다.

정답 ②

## 핵심이론 10 윤리적 상대주의와 윤리적 절대주의

① 윤리적 상대주의
  ㉠ 시대와 장소를 초월해서 보편타당하게 적용되는 도덕 원리는 존재하지 않는다.
  ㉡ 도덕 규칙은 모두가 문화나 개개인의 기호에 의해 결정된다고 보는 견해이다.
  ㉢ 문화적 상대주의
    • 서로 다른 문화권은 그 나름의 도덕적 규범을 가지고 서로 다른 사회에서는 다른 관습이 존재한다는 점을 전제로 한다.
    • 문제 발생 시 옳고 그름을 판단할 경우 독립적인 표준이 존재한다고 주장한다.
  ㉣ 문화적 차이에 따른 암소 숭배와 돼지 혐오의 사례
    • 인도의 힌두교인들은 암소를 생명의 모체로 간주하여 숭배한다.
    • 반면 유태인과 이슬람교도는 돼지를 불결한 동물로 간주하여 돼지고기를 먹지 않고 대신 소를 잡아먹는다.

② 윤리적 절대주의
  ㉠ 모든 문화에 보편타당하게 적용할 수 있는 도덕 원리가 존재한다고 주장하며, 어떤 예외적 상황도 허용하지 않는다.
  ㉡ 전통 윤리학에서의 절대주의

| | |
|---|---|
| 소크라테스 | • 지(知)와 덕(德)을 동일한 것으로 취급해서 악덕이나 죄를 지의 부재(不在)라고 주장했다.<br>• 도덕의 의미는 인간의 행복 추구이며, 덕(德)은 인간의 기능의 완전한 실현이다. |
| 플라톤 | • 도덕(道德)은 인간의 상실된 내적 조화의 회복에 있다.<br>• 인간의 도덕적 발전은 지적 상승과 평행한다.<br>• 인간의 점증하는 지식은 진·선·미의 이데아에 대한 사랑을 보다 깊게 해준다. |
| 아리스토텔레스 | • 모든 행동은 목적을 지향한다.<br> - 도구적 목적 : 다른 목적을 위한 '수단'으로서의 목적<br> - 본래적 목적 : 그 '자체'를 위해 수행되는 목적<br>• 도덕적 행위의 요건 : 올바른 사유, 인간의 책임의식 |

### 핵심예제

〈보기〉의 주장에 나타난 윤리적 관점은? [2024]

| 보기 |
| --- |
| 스포츠 행위의 도덕적 가치는 사회에 따라, 또는 사람에 따라 다를 수 있다. 물론 도덕적 준거가 없는 것은 아니다. |

① 윤리적 절대주의
② 윤리적 회의주의
③ 윤리적 상대주의
④ 윤리적 객관주의

|해설|
스포츠 행위의 도덕적 가치는 절대적인 것이 아니라 사람에 따라 달라질 수 있음을 시사하는 윤리적 상대주의에 대한 설명이다.

정답 ③

## 핵심이론 11 덕윤리 이론

① 행위 자체보다는 행위의 주체에 초점을 맞추고 있다.
② 인간에게 내재되어 있는 감정을 도덕적 동기로 인정한다.
③ '무엇을 해야 하는가'보다 '어떻게 살아야 하는가'가 중요하다.
④ 인간 내면에 있는 도덕성의 근원과 개인의 인성을 중요시한다.
⑤ 한계점
　㉠ 스포츠 조직이나 스포츠 자체 등 사람이 아닌 경우에 덕윤리 이론으로 설명하기 어렵다.
　㉡ 스포츠 상황에서 표면상 미덕으로 보이지만 결국은 악덕인 경우도 있다.
　　예 야구에서 팀을 위한 빈 볼(Bean Ball) 발생

### 핵심예제

**스포츠윤리 이론 중 덕윤리의 특징으로 적절하지 않은 것은?**
[2023]

① 스포츠 상황에서의 행위의 정당성보다 개인의 인성을 강조한다.
② 비윤리적 행위는 궁극적으로 스포츠인의 올바르지 못한 품성에서 비롯된다.
③ '어떠한 행위를 하는 선수가 되어야 하는가'보다 '무엇이 올바른 행위인지'를 판단하는 데 더 주목한다.
④ 스포츠인의 미덕을 드러내는 행동은 옳은 것이며, 악덕을 드러내는 행동은 그릇된 것으로 간주한다.

|해설|

**덕윤리**
덕윤리는 행위자의 인품이나 덕성을 강조하므로 '어떠한 행위를 하는 선수가 되어야 하는가'에 더 주목한다. 어떤 행위의 도덕성을 판단할 때 무엇이 올바른 행위인지, 행위 자체가 도덕적 의무를 준수하였는지에 주안점을 두는 윤리관은 의무론적 윤리관이다.

정답 ③

## 핵심이론 12 동양사상과 윤리체계

| | | |
|---|---|---|
| 유교 | 공자 | • 도덕적 타락의 극복방안으로 '인'의 실천을 주장<br>• '인·의·예·지'의 실천으로 사회의 윤리적 문제가 해결된다고 주장<br>• 스포츠에서 맹목적 승리추구를 지양하고, 페어플레이하는 것 |
| | 맹자 | • 성선설을 주장하면서, 그 근거로 사단을 제시<br>• 사단(측은지심, 수오지심, 사양지심, 시비지심)을 통한 '인·의·예·지' 실현<br>　- 수오지심(羞惡之心) : 자기의 잘못을 부끄러워하고 악을 미워하는 마음은 의(義)에 이르는 단서가 된다.<br>　- 측은지심(惻隱之心) : 남의 불행을 보고 불쌍히 여기고 측은하게 생각하는 마음은 인(仁)에 이르는 단서가 된다.<br>　- 사양지심(辭讓之心) : 겸손하고 양보하는 마음은 예(禮)에 이르는 단서가 된다.<br>　- 시비지심(是非之心) : 옳고 그름을 분별하는 마음은 지(智)에 이르는 단서가 된다.<br>• 인간의 본성 : 인(따뜻한 사람의 마음), 의(옳고 그름의 구분)<br>• 스포츠에서 부상당한 선수를 돕는 것은 인간 본성에 따른 본능적인 행동 |
| 불교 | | • 연기 : 모든 존재는 원인과 조건으로 이루어지고, 모든 현상은 서로 연관 있음<br>• 깨달음을 지향하는 철학 : '모든 것은 마음에서 나온다.'<br>• 해탈 : 수행을 통해 도달할 수 있는 궁극적인 경지 |
| 도교 | | • 노장사상 : 노자에서 비롯되어 장자에 의해 발전<br>• 노자<br>　- 자연 그대로의 상태(무위자연)로 돌아가 자연의 섭리대로 살아가는 것 추구<br>　- 승리 추구보다 스포츠 자체를 즐길 수 있도록 자신을 낮추고 겸양과 배려로 상대를 대할 때, 진정한 의미의 스포츠 윤리가 발현됨<br>• 장자 : 자연과 내가 하나가 되는 경지(물아일체)를 이상적 경지라고 주장 |

**핵심예제**

**12-1.** 〈보기〉에서 밑줄 친 A선수의 입장과 관련된 맹자(孟子)의 사상으로 적절한 것은? [2020]

┌─보기─────────────────────────────┐
│ 태권도 국가 대표 선발 결승전, 먼저 득점하면 경기가 │
│ 종료되는 서든데스(Sudden death)상황에서 A선수가 실 │
│ 수로 경기장 한계선을 넘었다. A선수가 패배해야 할 상황 │
│ 이었지만 심판은 감점을 선언하지 않았다. 상대 팀 감독과 │
│ 선수는 강력히 항의했으나 판정은 번복되지 않고 경기 │
│ 는 계속 진행됐다. 결국 A선수는 승리했지만, 부끄러운 │
│ 마음에 팀 동료들과 승리의 기쁨을 나누지 않고 조용히 │
│ 집으로 돌아갔다. │
└──────────────────────────────────┘

① 수오지심(羞惡之心)  ② 측은지심(惻隱之心)
③ 사양지심(辭讓之心)  ④ 시비지심(是非之心)

**12-2.** 〈보기〉의 ㉠, ㉡과 관련된 맹자(孟子)의 사상이 바르게 연결된 것은? [2023]

┌─보기─────────────────────────────┐
│ ㉠ 농구 경기에서 자신과 부딪쳐서 부상을 당해 병원으로 │
│   이송되는 상대 선수를 걱정해 주는 마음 │
│ ㉡ 배구 경기에서 자신의 손에 맞고 터치 아웃된 공을 │
│   심판이 보지 못해서 자기 팀이 득점을 했을 때 스스로 │
│   부끄러워하는 마음 │
└──────────────────────────────────┘

|   | ㉠ | ㉡ |
|---|---|---|
| ① | 수오지심(羞惡之心) | 측은지심(惻隱之心) |
| ② | 측은지심(惻隱之心) | 수오지심(羞惡之心) |
| ③ | 사양지심(辭讓之心) | 시비지심(是非之心) |
| ④ | 측은지심(惻隱之心) | 사양지심(辭讓之心) |

**|해설|**

**12-1**
맹자의 사단 중 '수오지심'에 해당한다.

**12-2**
**맹자의 사단(四端)**
맹자의 사단에는 측은지심, 수오지심, 사양지심, 시비지심이 있다. 이 중 타인을 불쌍히 여기는 마음은 측은지심에 해당하며, 자신이나 타인의 불의를 부끄러워하고 선하지 못함을 미워하는 마음은 수오지심이다.

**정답** 12-1 ① 12-2 ②

---

## 핵심이론 13 가치 충돌의 문제와 대안

① 가치 충돌은 도덕적 가치가 서로 충돌하는 것이다.
② 스포츠 현장에서는 사실판단 및 가치판단의 충돌이 발생한다.
③ 사실판단의 차이로 인한 문제 해결 방법 : 객관적 자료와 근거를 제시한다.
   예 야구 비디오 판독 등
④ 가치판단의 차이로 인한 문제해결 방법
   ㉠ 도덕적인 우선순위(가치의 우선순위) 적용 : 보편적이고 영구적인 가치가 일시적인 가치보다 우선 고려되어야 한다.
   ㉡ 모든 윤리 이론을 적용하여 도덕적 판단 결과를 다각도로 분석한다.
   ㉢ 모든 사람이 수용 가능한 중도적 관점을 유지한다.

**핵심예제**

스포츠 상황에서 도덕적 가치가 충돌할 때 바람직한 판단 방법으로 적절하지 않은 것은? [2017]

① 주어진 윤리적 상황을 다각도로 분석하는 것이 필요하다.
② 주어진 상황에 적용할 수 있는 다양한 윤리 이론을 고려해 본다.
③ 윤리적 상황에 직면한 행위자의 관점이 아니라 재판자의 관점에서만 판단하는 것이 바람직하다.
④ 윤리적 상황에 적용되는 도덕 규칙과 결과의 공리성을 비교·분석하여 최선의 방안을 찾으려는 노력이 필요하다.

**|해설|**
가치판단의 차이로 인한 문제를 해결할 때, 모든 사람이 수용 가능한 중도적 관점을 찾아가야 한다. 또한 재판자의 관점에서만 판단하는 것은 바람직하지 않으며 행위자의 관점도 고려해야 한다.

**정답** ③

## 제2절 | 경쟁과 페어플레이

### 핵심이론 14 아곤(Agon)과 아레테(Arete)

| 아곤(Agon) | 아레테(Arete) |
|---|---|
| • 고대그리스 운동경기에서 '경쟁'을 의미<br>• 승리 추구, 결과 중시, 상대와 비교우위<br>• 타인보다 뛰어나려는 열망과 능력 과시<br>• 스포츠에서 목적달성, 경쟁의 승리 같은 결과에 초점을 맞춘 개념 | • 선수의 덕성<br>• 지도자의 탁월성<br>• 선수의 최적의 기능수준<br>• 모든 가능성을 최대한 활용하여 최고의 실력을 정당하게 발휘하려는 마음가짐과 태도 |

#### 핵심예제

〈보기〉에서 빈칸 안에 들어갈 용어로 옳은 것은? [2021]

|보기|
운동 선수로서 아무리 뛰어난 능력을 갖추었더라도 인간의 본질인 도덕성(덕)이 부족하면 훌륭한 선수가 될 수 없다. 이런 까닭에 운동 선수에게는 두 가지 (　　)이/가 동시에 요구된다. 즉 신체적 탁월성과 도덕적 탁월성을 겸비하였을 때 비로소 훌륭한 선수가 되는 것이다.

① 아 곤
② 피시스(Physis)
③ 로고스
④ 아레테

|해설|
아레테는 운동 선수가 갖춰야 할 덕목으로서 '탁월성' 또는 '덕'으로 번역될 수 있는 용어이다. 자신에게 주어진 모든 가능성을 최대한 활용하여 최고의 실력을 정당하게 발휘하고자 하는 마음가짐과 태도를 뜻한다.

정답 ④

### 핵심이론 15 구성적 규칙과 규제적 규칙

① **구성적 규칙** : 스포츠의 일반적인 규칙과 경기 진행방식을 말하며, 구성적 규칙이 위반될 경우 스포츠가 성립하지 않는다.
   예 '축구는 한 팀에 11명이다', '태권도에서 정확히 타격하면 점수를 준다' 등

② **규제적 규칙** : 개별 행위에 적용되는 세밀한 규칙이며, 구체적·강제적인 규정으로 각 종목의 특성에 따라 만들어진 규칙으로 개인의 행동을 규제하는 것이다.
   예 수영에서의 전신 수영복 금지, 도핑 등

#### 핵심예제

스포츠에서 규제적 규칙(Regulative Rules)을 위반한 행위가 아닌 것은? [2019]

① 야구에서 배트에 철심을 넣어 보다 강력한 타격이 나오게 만드는 행위
② 태권도에서 전자호구를 조작하여 타격이 없더라도 점수를 높이는 행위
③ 수영에서 화상자국을 은폐하기 위해 전신수영복을 입고 출전하는 행위
④ 사이클에서 산소운반능력을 높이기 위하여 도핑을 하고 출전하는 행위

|해설|
태권도에서 타격이 없어도 점수가 오르도록 전자호구를 조작한다면 스포츠가 구성되지 않을 것이므로 구성적 규칙을 위반한 사례라고 할 수 있다.

정답 ②

## 핵심이론 16 의도적 반칙과 비의도적 반칙

① 의도적 반칙
  ㉠ 반칙의 동기와 목표가 분명하다.
  ㉡ 승리 지상주의 관점에서 반칙은 경쟁 우위의 수단으로 사용된다.
  ㉢ 팀원뿐 아니라 팀을 위해 응원하는 관중에게 보답하고자 하는 행동이 될 수 있다.
  ㉣ 의도적 반칙의 조건
    • 의도성 : 선수의 자발적인 의지와 계획에 의해 발생한다.
    • 규칙의 위반 : 경기 규칙을 위반하는 행위이다.

② 비의도적 반칙
  ㉠ 의도적으로 행한 것이 아니나 결과적으로는 반칙에 해당하는 경우이다.
  ㉡ 반칙의 목표와 동기가 분명하지 않다.

③ 롤랜드(S. Loland)가 분류한 규칙위반(반칙)의 유형

| 구 분 | | 스포츠의 본질적 성격 | |
|---|---|---|---|
| | | 해침 | 해치지 않음 |
| 반칙의 동기와 목표 | 분 명 | 의도적 구성 규칙 위반 | 의도적 규제 규칙 위반 |
| | 불분명 | 비의도적(무지적) 구성 규칙 위반 | 비의도적(무지적) 규제 규칙 위반 |

### 핵심예제

**16-1.** 〈보기〉의 내용에 해당하는 반칙으로 옳은 것은? [2021]

┤보기├
A팀과 B팀의 농구 경기는 종료까지 12초가 남았다. A팀은 4점 차로 지고 있고 팀 파울에 걸렸다. B팀이 공을 잡자 A팀의 한 선수가 B팀 선수에게 반칙을 해서 자유투를 유도한 후, 공격권을 가져오려고 한다.

① 의도적 구성 반칙
② 비의도적 구성 반칙
③ 의도적 규제 반칙
④ 비의도적 규제 반칙

**16-2.** 〈보기〉의 설명에 해당하는 반칙의 유형은? [2024]

┤보기├
• 동기, 목표가 뚜렷하다.
• 스포츠의 본질적인 성격을 부정하는 의미로 해설할 수 있다.
• 실격, 몰수패, 출전 정지, 영구 제명 등의 처벌이 따른다.

① 의도적 구성 반칙
② 비의도적 구성 반칙
③ 의도적 규제 반칙
④ 비의도적 규제 반칙

|해설|

16-1
보기의 내용은 경기 중에 전술적 수단으로 행하는 의도적 반칙에 해당된다. 또한 개별 행위에 적용되는 세밀한 규칙인 규제적 규칙 위반이므로 의도적 규제 반칙이다.

16-2
반칙의 동기와 목표가 뚜렷하며 스포츠의 본질적 성격을 부정하고 해치는 반칙의 유형은 의도적 구성 반칙이다.

정답 16-1 ③ 16-2 ①

## 핵심이론 17 분배적 정의와 절차적 정의

① 분배적 정의
   ㉠ 공정성(Fairness)이 생명이다.
   ㉡ 분배 기준을 세울 때 그 과정은 모든 관련자가 수용할 수 있는 것이어야 한다.
   ㉢ 공정한 과정을 거쳐서 세운 기준에 따른 불평등은 수긍할 수 있다.
   ㉣ 합리적인 분배 기준을 제시해야 하므로 여기서 절차적 정의의 중요성이 대두된다.
   ㉤ 분배적 정의의 사례 : 다이빙, 리듬체조, 피겨스케이팅 등의 종목은 기술의 난이도에 따라 차등적으로 점수를 받는다. 경기 수행이 어려울수록 더 많은 점수(가산점)를 받는 것이다. 다만 이 경우 모든 참가자가 동의할 수 있는 절차가 마련되어 있어야 한다.

② 절차적 정의
   ㉠ 각자의 몫을 정하는 기준을 절차 혹은 과정에 둔다.
   ㉡ 절차적 정의의 사례 : 동등한 기회 보장을 강조하는 공정성의 원리는 바람이나 햇볕 같은 통제 불가능한 외적 요인으로 인해 실현되지 않을 수 있다. 이와 같은 불평등은 테니스에서 동전을 던져 코트를 결정하거나 축구에서 전·후반 지역 교체와 같은 방법을 통해 해소될 수 있다.

### 핵심예제

**17-1.** 〈보기〉의 ㉠, ㉡에 해당하는 정의의 유형으로 옳은 것은?
[2021]

┤보기├
- 라우 : 스포츠는 ㉠ <u>동등한 조건의 참가와 동일한 규칙의 적용</u>이 이루어져야 해. 그렇지 않으면 정의의 원칙에 어긋나게 되거든.
- 형린 : 그런데 모든 것이 동등하지는 않아. 피겨스케이팅과 다이빙에서 ㉡ <u>높은 난이도의 연기를 펼친 선수는 그렇지 않은 선수보다 더 높은 점수를 받아야 해.</u> 이것도 정의의 원칙이라고 할 수 있어.

|   | ㉠ | ㉡ |
|---|---|---|
| ① | 분배적 | 절차적 |
| ② | 평균적 | 분배적 |
| ③ | 평균적 | 절차적 |
| ④ | 분배적 | 평균적 |

**17-2.** 〈보기〉의 괄호 안에 들어갈 정의(Justice)의 유형은?
[2023]

┤보기├
운동 선수의 신체는 훈련으로 만들어지기도 하지만 유전적 요인으로 결정되는 경우가 많다. 농구와 배구선수의 키는 타고난 우연성에 해당한다. 일반적으로 스포츠 경기에서는 이러한 불평등 문제에 (    ) 정의를 적용하지 않는다. 왜냐하면 스포츠는 전적으로 개인의 자발적인 선택의 문제이기 때문이다.

① 자연적         ② 절차적
③ 분배적         ④ 평균적

| 해설 |

**17-1**
㉠ 평균적 정의 : 모든 인간은 동등한 가치를 지녔으므로 똑같이 대우해야 한다는 절대적 평등 이론이다.
㉡ 분배적 정의 : 개인은 서로 다른 능력과 가치를 지녔으므로 집단에 기여하는 공헌도와 능력에 맞게 대우해야 한다는 실질적 평등 이론이다.

**17-2**
**평균적(평등적, 형식적) 정의**
평균적 정의는 분배적 정의의 한 갈래로, 모두에게 절대적으로 공평하게 적용되는 정의이다. 스포츠 상황에서는 선수에게 신장, 체중, 체력과 같은 신체적 조건과 능력을 동등하게 맞출 것을 요구하는 평균적 정의를 적용하지 않는다.

정답 17-1 ② 17-2 ④

## 핵심이론 18 스포츠맨십과 페어플레이

① 스포츠맨십
  ㉠ 일반적인 도덕규범을 통해 경쟁의 부정적인 요소를 억제하는 태도를 말한다.
  ㉡ 경기에서 일반적인 윤리 덕목을 지키고 강화하려는 정신이다.
  ㉢ 이상적인 신사의 인간상이 스포츠에 적용되면서 만들어진 가치이다.
  ㉣ 페어플레이가 스포츠맨십보다 더 구체적이고 상대적인 윤리규범이다.
  ㉤ 스포츠의 가장 포괄적인 도덕규범이다.

② 페어플레이
  ㉠ 보편적이며 고정적인 스포츠윤리이다.
  ㉡ 규칙 준수, 상대 존중 등 근대적 시민의 도덕규범과 일치한다.
  ㉢ 규칙의 준수로서 페어플레이는 행위에 대한 요구와 제재를 의미한다.
  ㉣ 패자 앞에서 하는 과도한 승리 세리모니는 페어플레이를 위반한 것이다.

③ 스포츠맨십과 페어플레이의 차이점
  ㉠ 스포츠맨십은 스포츠인이 마땅히 지켜야 할 준칙과 갖추어야 할 태도를 의미한다.
  ㉡ 페어플레이는 스포츠인이 지켜야 할 정정당당한 행위로서 경쟁자에 대한 배려를 포함한다.
  ㉢ 스포츠맨십은 페어플레이에 비해 보다 일반적이고, 보편적인 윤리 규범이다.

### 핵심예제

**18-1.** 스포츠맨십(Sportsmanship) 행위가 아닌 것은? [2023]
① 패자에게 승리의 우월성 과시
② 악의 없는 순수한 경쟁
③ 패배에 대한 겸허한 수용
④ 승자에 대한 아낌없는 박수

**18-2.** 〈그림〉은 스포츠윤리규범의 구조이다. ㉠~㉢에 해당하는 용어가 바르게 연결된 것은? [2023]

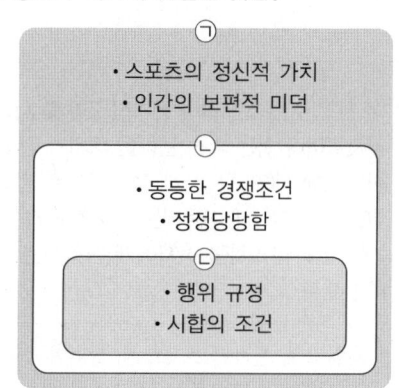

|   | ㉠ | ㉡ | ㉢ |
|---|---|---|---|
| ① | 규칙준수 | 스포츠맨십 | 페어플레이 |
| ② | 스포츠맨십 | 페어플레이 | 규칙준수 |
| ③ | 페어플레이 | 규칙준수 | 스포츠맨십 |
| ④ | 스포츠맨십 | 규칙준수 | 페어플레이 |

|해설|

**18-1**
패자에게 승리의 우월성을 과시하는 것은 스포츠맨십에 해당하는 행위가 아니다.

**18-2**
**스포츠 윤리 규범**
㉠ 스포츠맨십 : 인간의 보편적인 미덕이 스포츠에 적용되어 정신적 가치로 실현된 것
㉡ 페어플레이 : 공평한 조건에서의 공정한 경쟁을 의미하는 보편적인 스포츠윤리
㉢ 규칙준수 : 스포츠 행위의 규정과 경기의 조건을 지키는 것

정답 18-1 ① 18-2 ②

---

### 핵심이론 19 승부 조작의 윤리적 문제

① 개인 윤리적 관점 : 승부 조작이 발생하는 원인은 모두 개인의 도덕성 결핍에 있다고 보아, 개인의 도덕적 의지와 책임을 강조한다.
② 사회 윤리적 관점 : 승부 조작의 원인이 잘못된 사회 제도에 있다고 보아, 윤리적 문제는 스포츠 사회구조나 제도가 정의롭지 않을 때 발생한다고 주장한다.
③ 해결 방안
  ㉠ 내적 통제를 통한 해결 방안 : 지도자, 심판, 스포츠단체, 선수와 학부모를 대상으로 한 스포츠윤리 교육을 강화한다.
  ㉡ 외적 통제를 통한 해결 방안 : 제도적·법적 처벌 강화 및 관리·감독을 강화한다.

**승부 조작**
스포츠 경기에서 외적인 이득 획득을 목적으로 경기의 과정과 결과를 왜곡시키는 것이다. 승부 조작으로 인하여 스포츠의 공정성 및 경기 수준이 하락된다.

### 핵심예제

〈보기〉에서 영준과 효지의 윤리적 입장에 대한 설명으로 옳지 않은 것은? [2018]

|보기|
• 영준 : 승부 조작이 발생하는 원인은 모두 개인의 도덕성 결핍에 있다고 생각해.
• 효지 : 아니야. 윤리적 문제는 스포츠 사회구조나 제도가 정의롭지 않을 때 발생하는 거야.

① 영준은 개인의 도덕적 의지와 책임을 강조하는 입장이다.
② 효지는 문제의 원인이 잘못된 사회 제도에 있다고 본다.
③ 영준은 개인의 행동이 사회 구조에 의해 결정된다고 본다.
④ 효지는 사회윤리적 관점, 영준은 개인윤리적 관점이다.

|해설|

〈보기〉의 내용에서 영준은 승부 조작이 발생하는 원인이 모두 개인의 도덕성 결핍에 있다고 생각하기 때문에 개인의 행동이 사회구조에 의해 결정되는 것이 아니라 개인의 도덕성과 관련이 깊다고 할 수 있다.

정답 ③

## 제3절 | 스포츠와 불평등

### 핵심이론 20 스포츠와 성차별

① 스포츠에서 성차별의 정의
  ㉠ 성별에 따라 스포츠 참여 기회와 권리를 제한하거나 불이익을 주는 제반 행위를 말한다
  ㉡ 성역할 고정 관념은 스포츠의 제반 영역에서 특정 성별의 참여를 제한하는 논리로 기능한다.

② 여성의 스포츠 참여
  ㉠ 고대 그리스 올림픽에서 여성은 참가할 수도 없고 관람할 수도 없었다.
  ㉡ 근대 올림픽의 부활에도 여성 경기인들의 참여는 제한적이었다.
  ㉢ 2012년 런던 올림픽에서 여성이 참가하지 못한 종목은 하나도 없었다.
  ㉣ 현대 올림픽에서는 싱크로나이즈드 스위밍이나 리듬체조 등 여성들만 참가할 수 있는 경기종목들이 있다.

③ 스포츠에서 성차별의 극복 방안
  ㉠ 전통적인 여성상에서 탈피하려는 노력이 필요하다.
  ㉡ 남성 선수와의 연봉 불균형을 개선해야 한다.
  ㉢ 능력에 대해 공정하게 평가해야 한다.

**생물학적 환원주의**
남성은 여성에 비해 선천적으로 우월한 신체 능력을 갖고 태어나기 때문에 신체 능력에 크게 의존하는 스포츠에서 남녀 차별은 불가피하다는 견해

---

**핵심예제**

**20-1.** 스포츠에서 나타나는 성차별의 원인이 아닌 것은?
[2023]

① 사회적 성 역할의 고착화
② 차이를 차별로 정당화하는 논리
③ 신체 구조와 운동 능력에 대한 편견
④ 여성성을 해치는 스포츠에의 여성 참가 옹호

**20-2.** 〈보기〉의 대화 내용과 성차별적 인식이 다른 것은?
[2020]

┤보기├
- 보연 : 내 친구 수현이는 얼마 전부터 권투를 시작했어. 남자들이나 하는 거친 운동을 여자가 겁도 없이 한다기에 내가 못 하게 적극적으로 말렸어.
- 지웅 : 잘했어. 여자에게 어울리는 스포츠도 많잖아. 요가나 필라테스처럼 여자에게 어울리는 종목을 추천해줘.

① 남자라면 거칠고 투쟁적인 스포츠를 즐겨야 한다.
② 남성다움, 여성다움을 강조하는 스포츠 참여를 권장한다.
③ 권투에 참여하는 여성은 여성성을 잃게 되어 매력적이지 않다.
④ 여자보다 남자의 근력이 강하기 때문에 권투와 같은 종목은 여자에게 적합하지 않다.

|해설|

**20-1**
**스포츠 불평등 : 성**
스포츠에서의 성차별은 여성에게 스포츠 참여 기회와 권리를 제한하거나 스포츠 경기 시 불이익을 주는 제반 행위이다. 여성성을 해치는 스포츠에 여성이 참가할 수 있도록 옹호하는 것은 여성의 스포츠 참여 기회를 보장하고 여성의 신체적 능력에 대해 공정한 평가를 받을 수 있게 하는 것이므로 성차별의 극복 방안이라고 볼 수 있다.

**20-2**
④는 생물학적 환원주의에 입각한 성 차별적 인식이다.

정답 20-1 ④  20-2 ④

## 핵심이론 21 인종차별과 다문화주의

① 스포츠에서의 인종차별
  ㉠ 사회 경제적 장벽을 통한 제한이 발생한다. 예 경비 지출이 적고, 개인 기량에 좌우되는 스포츠에 흑인 선수들의 참여가 많다.
  ㉡ 포지션의 제한이 발생한다. 예 미식축구의 쿼터백 등
  ㉢ 미디어의 편향된 보도에 따라 대중의 인종에 대한 의식이 왜곡된다.
  ㉣ 피부색에 따른 정신적·신체적 능력의 차이가 존재한다고 생각한다.
    예 흑인 선수는 탄력과 유연성이 뛰어나다, 백인 선수는 냉철한 판단력을 가지고 있다 등

② 스포츠에 나타나는 인종차별 사례
  ㉠ 남아프리카공화국에서는 1960년까지 백인 선수만 올림픽에 참가하였다.
  ㉡ 흑인 선수의 경기력은 발생학적이고, 백인 선수는 후천적 노력의 결과라는 인식이 있다.
  ㉢ 미디어에서는 흑인 선수가 수영종목에 적합하지 않은 신체조건을 갖고 있다고 설명한다.

③ 스포츠에서 인종차별 극복 방안
  ㉠ 인종을 초월한 실력으로 경쟁한다.
  ㉡ 인종에 대한 편견을 해소한다.
  ㉢ 차별 철폐의 이념과 방법론을 제시한다.
  ㉣ 차이를 차별로 판단하지 않는 태도를 가진다.

④ 다문화주의 가치의 스포츠 정책 : 스포츠는 다문화사회의 사회적 갈등과 비용을 최소화시키기 위한 중요한 정책적 수단이다.

### 핵심예제

**21-1. 스포츠에서 나타나는 인종차별에 관한 설명으로 적절하지 않은 것은?** [2023]

① 경기 실적 향상을 위해 우수한 외국 선수를 귀화시키기도 한다.
② 개인의 운동 기량을 인종 전체로 일반화시켜 편견과 차별이 심화되기도 한다.
③ 스포츠 미디어는 인종에 대한 편견과 차별을 재생산하기도 한다.
④ 일부 관중들은 노골적으로 특정 인종을 비하하는 모욕 행위를 표출하기도 한다.

**21-2. 〈보기〉의 대화 내용에서 나타나는 스포츠에서의 차별에 대한 설명으로 적절한 것은?** [2019]

┤보기├─
- 아나운서 : A선수의 파워와 스피드, 그리고 순발력 앞에서 아무도 버틸 수 없을 것 같네요.
- 해설위원 : 맞습니다. A선수는 흑인 특유의 탄력과 유연성뿐만 아니라 파워까지 겸비하고 있기에 지금까지 승승장구해 왔다고 할 수 있지요.
- 아나운서 : 위원님, 그렇다면 이번 대결에서 B선수는 어떤 방법으로 대처하는 것이 좋을까요?
- 해설위원 : 아무래도 B선수는 백인들의 장점이라 할 수 있는 냉철한 판단력을 바탕으로 A선수의 허점을 공략하는 것이 가장 좋을 것 같습니다. A선수는 신체 능력이 우수한 반면에 심리적으로 약할 가능성이 큽니다.
- 아나운서 : 저도 그렇게 생각합니다. 신체 능력을 극복하는 판단력과 의지, 그것이 백인의 우수성 아니겠습니까?

① 단일 민족에게는 해당되지 않는 문제이다.
② 여성 스포츠에서 성의 상품화는 문제가 될 수 있다.
③ 여성의 스포츠 참여 제한은 차별에 해당하지 않는다.
④ 피부색에 따른 정신적·신체적 능력의 차이는 절대적이지 않다.

| 해설 |

**21-1**

**스포츠 불평등(인종차별)**
경기 실적을 향상시키기 위해 우수한 선수를 자국민으로 귀화시키는 것은 인종차별을 극복한 사례이다.

**21-2**
④ 〈보기〉의 대화 내용은 '인종차별'에 대한 설명이다. 인종차별적 견해에서는 선수의 인종이 경기 수행에 영향을 준다고 주장한다. 그러나 실제로는 피부색에 따른 정신적·신체적 능력의 차이는 절대적이지 않다.
① 유엔은 '단일민족'을 강조하는 우리나라에 대해 "단일민족을 강조하는 것은 다른 인종, 국가 출신 사람들이 같은 영토 내에 함께 살며 이해와 관용, 우의를 증진하는 데 장애가 될 수 있다"라고 말하며, 인종과 출신 국가에 대한 차별을 근절해야 한다고 권고하였다.
②·③ 스포츠와 여성의 인권에 관한 내용이다. 여성은 오랜 기간 스포츠 참여 활동에 차별받아 왔으며, 현대에 이르러서도 여성 선수의 탁월한 실력보다 외모가 부각되는 등의 차별을 받고 있다.

정답 21-1 ① 21-2 ④

## 핵심이론 22 스포츠에서의 장애차별

① 장애인의 스포츠권
  ㉠ 스포츠에서 장애차별이란 장애로 인해 스포츠 참여의 권리와 기회를 비장애인과 동등하게 누리지 못하는 불평등을 의미한다.
  ㉡ 장애인의 스포츠권은 기본 권리의 충족 이후가 아니라 동시에 보장되어야한다.
  ㉢ 장애를 이유로 스포츠 참여를 제한·배제·분리·거부하는 것은 기본권의 침해이다.
  ㉣ 우리나라에서는 1998년 한국장애인인권헌장이 선포되어 장애인의 문화, 예술, 체육, 여가 활동에 참여할 권리를 규정하였다.

② 장애인의 스포츠 활동 참여를 어렵게 만드는 요인
  ㉠ 장애인의 접근이 어려운 스포츠시설
  ㉡ 장애인에 대한 이해와 교수 방법에 미숙한 지도자
  ㉢ 동료 참여자들의 편견과 부정적 시선

**핵심예제**

장애인의 스포츠 참여를 지원하는 방법으로 적절하지 않은 것은?

[2023]

① 장애인이 접근 가능한 장소의 확보
② 활동에 필요한 장비 및 기구의 안정적 지원
③ 비장애인과의 통합수업보다 분리수업 지향
④ 일회성 체험이 아닌 지속적인 클럽활동 보장

|해설|

**스포츠 불평등 : 장애**

③ 비장애인과의 통합수업보다 분리수업 지향(장애인차별금지법 제25조 제1항) : 체육 활동을 주최·주관하는 기관이나 단체, 체육 활동을 목적으로 하는 체육시설의 소유·관리자는 체육 활동의 참여를 원하는 장애인을 장애를 이유로 제한·배제·분리·거부하여서는 아니 된다.

① 장애인이 접근 가능한 장소의 확보(장애인차별금지법 시행령 제16조 제1항 제1호) : 장애인의 체육 활동에 필요한 시설 설치 및 체육용 기구 배치
② 활동에 필요한 장비 및 기구의 안정적 지원(장애인차별금지법 시행령 제16조 제1항 제7호) : 장애인들이 사용할 수 있는 체육용 기구 생산 장려
④ 일회성 체험이 아닌 지속적인 클럽활동 보장(장애인차별금지법 시행령 제16조 제1항 2호) : 장애인이 참여할 수 있는 체육 활동 프로그램 운영

정답 ③

## 제4절 | 스포츠에서 환경윤리와 동물윤리

### 핵심이론 23 스포츠 환경윤리

① 부올레(P. Vuolle)의 스포츠 환경 분류

| 순수 환경 | 자연 그대로의 상태에서 스포츠 행위가 이루어짐<br>예 카누, 등산, 요트 등 |
|---|---|
| 개발 환경 | 자연의 상태를 변형한 후 스포츠 행위가 이루어짐<br>예 골프, 스키 등 |
| 시설 환경 | 경기장, 수영장 등 완전하게 인공적으로 조성된 시설에서 스포츠 행위가 이루어짐<br>예 체육관, 빙상장, 수영장 등 인공 시설에서 행해지는 스포츠 |

② 스포츠에서 파생되는 환경 윤리적 문제
  ㉠ 스포츠 시설물 확보로 인한 환경 파괴가 발생한다.
  ㉡ 스포츠 활동 자체로 자연 훼손이 발생할 수 있다.

③ 생태학·환경윤리학적 접근(인간과 인간, 인간과 자연)
  ㉠ '왜 자연환경을 보전해야 하는가?'에 대한 답변이다.
  ㉡ 스포츠와 자연환경의 상반된 속성을 해소한다.
  ㉢ 인간중심주의 vs 자연중심주의

| 인간 중심주의 | • 자연을 보호하는 이유는 인간의 이익을 위해서이다.<br>• 환경 보호의 당위성을 자연의 도구적 가치에서 찾는 입장이다. |
|---|---|
| 자연 중심주의 | • 자연에 복종·순응하는 것을 인간의 의무라고 주장한다.<br>• 자연환경의 고유한 가치를 보존해야 한다는 주장이다.<br>• 자연의 목적을 알고 자연에 순종하는 자연 보호의 태도를 보인다. |

④ 생태중심 환경윤리 : 생태중심 환경윤리는 스포츠 환경에서 실천할 수 있는 현실적인 방법으로 기존 시설을 최대로 활용하는 것을 의미한다. 예를 들어, 새로운 시설을 건설하는 대신 이미 건설되어 있는 스포츠센터에서 요가를 즐기는 실내 운동의 경우 생태중심 환경윤리를 실천한 사례라고 볼 수 있다.

⑤ 지속 가능한 스포츠 발전을 위한 노력
  ㉠ 스포츠 행사에서 쓰레기를 줄이기 위한 각종 대책 마련

ⓒ 생태계에 미치는 영향을 최소화한 레저시설 건립
ⓒ 에너지 소비의 최소화를 통한 스포츠시설의 효율적 운영

### 핵심예제

**23-1.** 〈보기〉의 설명과 관계있는 자연중심주의 사상가로 옳은 것은? [2022]

―보기―
- 생태윤리에 대한 규칙 – 불침해, 불간섭, 신뢰, 보상적 정의
- 스포츠에 의한 환경 오염 발생 시 스포츠 폐지 권고
- 인간의 욕구를 위해 동물의 생존권을 유린하는 스포츠 금지

① 베르크(A. Berque)
② 테일러(P. Taylor)
③ 슈바이처(A. Schweitzer)
④ 하이젠베르크(W. Heisenberg)

**23-2.** 부올레(P. Vuolle)가 분류한 스포츠 환경이 아닌 것은? [2025]

① 시설(Built) 환경 – 농구, 탁구
② 개발(Developed) 환경 – 골프, 스키
③ 가상(Virtual) 환경 – e스포츠, 버츄얼 태권도
④ 순수(Genuine) 환경 – 스쿠버다이빙, 트레일러닝

**23-3.** 스포츠의 지속 가능한 발전에 관한 설명으로 적절하지 않은 것은? [2023]

① 새로운 스포츠시설의 개발 금지
② 스포츠시설의 개발과 자연환경의 공존
③ 건강한 인간과 건강한 자연환경의 공존
④ 스포츠만의 환경 운동이 아닌 국가적, 국제적 협력과 공조

|해설|

**23-1**
〈보기〉의 내용을 주장한 자연중심주의 사상가는 테일러(P. Taylor)이다. 테일러는 생태윤리에 관한 4가지 의무를 제시하였다.

**테일러의 생태윤리 4가지 의무**
- 불침해(비상해)의 의무 : 소극적 의무로서, 인간이 다른 생명체에 해를 끼치지 않아야 한다는 의무이다.
- 불간섭의 의무 : 각 생명이 가지는 생명으로서의 목적에 간섭하지 않아야 한다는 의무로, 생태계의 자유로운 발전에 제한을 가하면 안 된다는 것이다.
- 성실(신뢰)의 의무 : 자연 상태의 야생동물에게 위해를 가해 신뢰를 훼손해서는 안 된다는 것이다.
- 보상적 정의의 의무 : 인간이 고의든 과실이든 어느 생명에게 해를 끼쳤다면, 피해에 대해 적극적으로 보상해야 한다는 것이다(자연 상태로 회복하기 위해 노력해야 함).

**23-2**
부올레가 분류한 스포츠 환경 3가지 범주는 순수환경, 개발환경, 시설환경이다.

**23-3**
**스포츠의 지속 가능한 발전**
스포츠의 지속 가능한 발전을 위해 새로운 스포츠 시설의 개발을 무조건 금지하는 것보다는 인간과 자연 환경의 건강한 공존을 목표로 개발하는 것이 좋으며, 이를 위해 국가적·국제적 협력이 필요하다.

정답 23-1 ② 23-2 ③ 23-3 ①

## 핵심이론 24 스포츠에서 종차별주의와 반종차별주의

① 종차별주의
  ㉠ 정의 : 자신이 속한 종의 이익을 위해, 다른 종의 이익을 배척하는 태도이다.
  ㉡ 종차별주의로 인한 동물윤리 문제
    • 스포츠 현장에서 많은 동물이 경쟁을 위해 도구화되고 있다.
    • 스포츠와 관련한 연구나 실험 등으로 많은 동물이 희생되고 있다.
    • 강제적이고 폭력적인 훈련과 경기는 동물에게 고통을 준다.
    • 동물은 인간의 유희의 대상이 되어서는 안 된다.

② 반종차별주의

| | |
|---|---|
| 싱어 | • 쾌고감수능력이 있는 존재를 도덕적으로 고려해야 한다고 주장한다.<br>• 공리주의자로서, 동물도 이익에 맞는 동등한 대우를 받아야 한다고 주장한다.<br>• 동물 학대 가능성이 있는 스포츠 종목 폐지의 당위성을 제시했다. |
| 레오폴드 | • 생태계 모든 대상을 고유한 내적 가치를 지닌 존재로 간주한다.<br>• 생태중심주의자로, 도덕적 숙고의 대상을 무생물까지 포함시킨다. |
| 레 건 | 동물이 그 자체로 본래적 가치를 지닌다고 주장한다. |
| 테일러 | • 모든 생명체는 '목적론적 삶의 중심'으로서 고유한 가치를 지닌다.<br>• 각 개체마다 나름의 선(善)의 기준이 있다고 주장한다.<br>• 선을 갖는 실체들은 '내재적 존엄성'이 있으므로, 존중해야 한다고 주장한다. |

**싱어(P. Singer)**
• 싱어는 그의 저서인 '동물해방'에서 쾌고감수능력이 있는 존재를 도덕적으로 고려해야 한다고 주장하였다.
• 싱어는 공리주의자로서, 동물도 이익에 맞는 동등한 대우를 받아야 한다고 주장하였다.
• 도덕적 고려의 대상을 쾌고감수능력이 있는 존재로 한정하였으므로, 쾌고감수능력이 있는지 알기 어려운 식물이나 미생물 등의 가치를 경시한다는 비판이 있다.

### 핵심예제

**24-1.** 스포츠와 관련하여 종차별주의로 희생되고 있는 동물 윤리의 문제로 볼 수 없는 것은? [2018]

① 경쟁을 위한 수단   ② 유희를 위한 수단
③ 연구를 위한 수단   ④ 이동을 위한 수단

**24-2.** 고통을 느낄 수 있는 존재는 모두 도덕적 고려의 대상이 되어야 한다고 주장함으로써, 동물 학대 가능성이 있는 스포츠 종목의 폐지 당위성을 제시한 윤리학자는? [2017]

① 싱어(P. Singer)   ② 베르크(A. Berque)
③ 레오폴드(A. Leopold)   ④ 패스모어(J. Passmore)

|해설|

24-1
④ 이동을 위한 수단은 종차별주의로 희생되고 있는 동물윤리의 문제로 볼 수 없다.
① 경쟁을 위한 수단 : 강제적이고 폭력적인 훈련과 경기는 동물에게 고통을 준다.
② 유희를 위한 수단 : 동물은 인간의 유희의 대상이 되어서는 안 된다.
③ 연구를 위한 수단 : 스포츠와 관련하여 동물이 인간의 목적을 위해 약물 투여·실험 등으로 희생되고 있다.

24-2
① 피터 앨버트 싱어는 오늘날 손꼽히는 공리주의 철학자이다. 그는 저서 '동물해방'에서 종차별주의자를 비판하며 동물의 권리를 주장했다.
②·④ 베르크와 패스모어는 인간중심주의 환경윤리를 주장한 학자이다.
③ 레오폴드는 생태중심주의를 주장한 학자이다.

정답 24-1 ④ 24-2 ①

## 제5절 | 스포츠와 폭력

### 핵심이론 25 스포츠의 폭력성

① 스포츠의 폭력성
  ㉠ 자기 목적적 폭력 : 스포츠에서 통제된 힘의 사용은 정당한 폭력이다.
  ㉡ 스포츠 폭력의 이중성 : 스포츠는 폭력적인 성향의 분출을 자극하고 동시에 감시·제어하기 때문이다.

② 스포츠의 폭력성에 대한 견해

| 푸코의 규율과 권력 | 스포츠계에서 위계적 권력 관계는 폭력으로 변질되어 표출된다. |
|---|---|
| 아렌트의 악의 평범성 | 스포츠계에서 폭력과 같은 잘못된 관행에 복종하는 데 익숙해진 나머지 이를 지속시키는 데 기여한다. |
| 아리스토텔레스의 분노 | 스포츠 현장에서 인간 내면의 분노 감정에서 시작된 폭력은 전용되고 악순환을 반복하는 경향이 있다. |
| 홉스의 폭력론 | 통제의 질서가 없는 자연 상태에서 사람은 늑대와 같은 존재가 된다(인간 폭력의 원인을 공격본능이나 자연 상태에서 찾음). |

③ 스포츠에서 폭력성의 문제점
  ㉠ 이종격투기, 권투 등의 스포츠는 출혈·부상에 노출될 수 있다.
  ㉡ 청소년이 폭력적 행동을 모방할 우려가 있다.
  ㉢ 공격적 상상은 현실과 상상의 혼동을 유발하여 폭력적 행동 가능성을 높인다.

④ 이종격투기의 윤리적 논쟁

| 찬성측 의견 | 반대측 의견 |
|---|---|
| • 스포츠의 규칙에 따른 용인된 폭력이다.<br>• 스포츠의 폭력성은 인간의 근원적 본능의 표현이다(폭력의 정도 차이임).<br>• 신체의 탁월성을 겨루는 경쟁 스포츠이다. | • 스포츠 내에서라도 폭력은 도덕적으로 용인될 수 없다.<br>• 지속적으로 폭력성이 증대된 스포츠가 나타날 수 있다.<br>• 폭력성이 기능적·기술적으로 훈련되는 것은 스포츠 가치에 위배된다.<br>• 폭력은 어떤 경우든 정당화될 수 없다. |

### 핵심예제

**25-1.** 폭력을 설명한 학자의 개념과 그에 대한 설명으로 옳지 않은 것은? [2020]

① 푸코(M. Foucault)의 규율과 권력 - 스포츠계에서 위계적 권력 관계는 폭력으로 변질되어 작동된다.
② 아렌트(H. Arendt)의 악의 평범성 - 스포츠계에서 폭력과 같은 잘못된 관행에 복종하는 데 익숙해진 나머지 이를 지속시키는 데 기여한다.
③ 아리스토텔레스(Aristotle)의 분노 - 스포츠 현장에서 인간 내면의 분노 감정에서 시작된 폭력은 전용되고 악순환을 반복하는 경향이 있다.
④ 홉스(T. Hobbes)의 폭력론 - 자기가 좋아하는 운동 선수의 폭력을 따라 하게 되듯이 인간 폭력의 원인을 공격본능이나 자연 상태가 아닌 모방적 경쟁 관계라 주장한다.

**25-2.** 〈보기〉의 괄호 안에 공통으로 들어갈 용어는? [2023]

┤보기├
• 예진 : 스포츠에는 규칙으로 통제된 ( )이 존재해. 대표적으로 복싱과 태권도와 같은 투기종목은 최소한의 안전장치가 마련되고, 그 속에서 힘의 우열이 가려지는 것이지. 따라서 스포츠 내에서 폭력은 용인된 폭력과 그렇지 않은 폭력으로 구분할 수 있어!
• 승현 : 아니, 내 생각은 달라! 스포츠 내에서의 폭력과 일상 생활에서의 폭력은 본질적으로 동일하지. 그래서 ( )은 존재할 수 없어.

① 합법적 폭력
② 부당한 폭력
③ 비목적적 폭력
④ 반사회적 폭력

|해설|

**25-1**
홉스는 자연 상태의 인간은 자신의 보존이라는 자연적 권리를 가지기 때문에 인간을 폭력행사의 권리를 가진 주체로 보았으며, 인간 폭력의 원인을 공격본능에서 찾았다. 즉, 인간은 생명 보존을 위해 다른 인간을 해칠 권리도 있고, 남의 것을 폭력적으로 탈취할 권리도 있다고 보았다.

**25-2**
**스포츠와 폭력**
〈보기〉는 격투 스포츠의 윤리적 논쟁에 대한 내용이다. 테러나 학대, 사적제재와 같은 폭력은 불법적인 폭력이지만, 격투기와 같이 스포츠 규칙에 의해 통제된 힘의 사용은 합법적(정당한) 폭력으로 인정된다. 이처럼 정당성의 기준에 따라 폭력의 적법성이 가변적이기 때문에 폭력을 절대악으로 간주할 수만은 없다.

정답 25-1 ④ 25-2 ①

**핵심이론 26** 선수 폭력

① 정의 : 스포츠 지도자 및 선수 사이에서 발생하는 구타, 가혹 행위, 심리적 폭력 등을 뜻한다.
② 선수 폭력의 유형
  ㉠ 스포츠인권익센터에서 규정하는 선수 폭력 : 따돌림, 감금, 협박
  ㉡ 경기 중 선수 간 폭력 : 선수 간에 폭력 상황이 발생하는 이유 중 하나는 승리 지상주의이다.
  ㉢ 선수의 심판에 대한 폭력 : 선수 또는 지도자가 판정에 불만을 갖고 심판에게 가하는 폭력의 원인은 '자기 분노 조절의 실패'라고 할 수 있다.
③ 선수 폭력의 예방 방안
  ㉠ 선수 권익을 보호하는 정책을 마련한다.
  ㉡ 지도자에게 선수 폭력을 예방하기 위한 교육을 진행한다.
  ㉢ 지도자, 선수, 부모에 대한 스포츠 인권 교육 프로그램을 확대한다.
  ㉣ 선수 체벌을 전면적으로 금지한다.
  ㉤ 지도자의 임용과 자격 취득 등 검증 제도를 강화한다.
  ㉥ 스포츠 인권 보호를 위한 가이드라인을 보강하고, 스포츠윤리센터를 활성화한다.
④ 선수 체벌을 금지하는 이유
  ㉠ 인권을 침해하는 행위이다.
  ㉡ 과도한 스트레스의 원인이 된다.
  ㉢ 선수가 수동적 태도를 가지게 된다.

---

**핵심예제**

**선수체벌 금지 이유로 적절하지 않은 것은?** [2016]

① 인권을 침해하는 행위이기 때문에
② 경기력 향상에 효과가 없기 때문에
③ 과도한 스트레스의 원인이 되기 때문에
④ 수동적 태도를 길러주기 때문에

|해설|

경기력 향상에 효과가 있다고 해서 선수체벌이 정당화되는 것은 아니다. 선수체벌은 선수의 인권을 침해하고 수동적 태도를 가지게 하며, 과도한 스트레스를 주는 등 다양한 문제를 야기하므로 금지되어야 한다.

정답 ②

## 핵심이론 27 관중 폭력

① 경기 시설물의 파괴, 선수 폭행, 선수나 심판에 대한 모욕적인 언사, 물건을 던지기 등 경기장에서 벌어지는 관중의 폭력적인 행동 전반을 의미한다.
② 경기에 대한 열기가 높을수록, 경기의 중요성이 클수록, 사람이 많아 밀도가 높을수록 더 잘 일어난다.
③ 스포츠 팀 응원을 빌미로 폭력적 행동을 조장하는 훌리거니즘(Hooliganism)이 대표적인 사례이다.
④ 관중 폭력의 문제점
  ㉠ 스포츠맨십을 훼손하는 행위이다.
  ㉡ 건전한 스포츠 문화를 파괴한다.
  ㉢ 일반 사회의 법과 제도를 깨뜨린다.
⑤ 관중 폭력의 해결 방안
  ㉠ 건전한 시민의식을 고양한다.
  ㉡ 스포츠맨십을 준수하고 바람직한 스포츠 참여 방법에 대해 성찰한다.

### 핵심예제

〈보기〉에서 설명하는 사건으로 옳지 않은 것은? [2022]

┌ 보기 ┐
• 1964년 리마에서 개최된 페루·아르헨티나의 축구 경기에서 경기장 내 폭력으로 300여 명 사망
• 1969년 온두라스와 엘살바도르의 축구 전쟁
• 1985년 벨기에 헤이젤 경기장에서 열린 리버풀과 유벤투스의 경기에서 응원단이 충돌하여 39명 사망

① 경기 중 관중의 폭력
② 아파르트헤이트(Apartheid)
③ 위협적 응원문화
④ 훌리거니즘(Hooliganism)

|해설|
〈보기〉의 사건들은 관중 폭력에서 비롯되었다. 아파르트헤이트는 남아프리카공화국에서 시행되었던 인종차별 정책으로 사회 모든 영역에서 인종 간 차별을 두는 정책이었다.

정답 ②

## 핵심이론 28 스포츠 성폭력

① 성폭력의 정의 : 지위와 힘의 차이를 이용하여 상대방이 원치 않는 성적 행위를 하거나 성적 행위를 하도록 강요·협박·사주하는 행위를 뜻한다. 성을 매개로 가해지는 신체적·정신적·언어적 폭력과 강간, 성추행, 성희롱으로 구분한다.
② 스포츠 성폭력 예방법
  ㉠ 평상시 습관적으로 상대방에게 불필요한 신체 접촉을 하지 않는다.
  ㉡ 다른 사람에게 성적 농담이나 이야기를 하지 않는다.
  ㉢ 다른 사람에게 외모에 대한 성적 비유나 모욕적인 말을 하지 않는다.
  ㉣ 다른 사람 앞에서 의도적으로 하의를 내리거나 옷을 벗는 행위를 하지 않는다.
  ㉤ 다른 사람의 인격을 존중하는 마음과 태도를 가져야 한다.
  ㉥ 자신의 몸이 소중한 만큼 다른 사람의 몸도 소중하다는 것을 알아야 한다.
  ㉦ 평상시에 자신의 좋고 나쁨의 감정 및 생각을 분명히 표현한다.
  ㉧ 필요한 사유를 제외하고 지도자 및 관계자와 운동시간 외에 가능한 한 사적으로(1대1) 만나지 않는다.
  ㉨ 성폭력 예방 교육에 적극 참여한다.
③ 스포츠 성폭력 대처 방법
  ㉠ 다른 사람(지도자, 선후배, 동료 등)으로 인해 성적 굴욕감과 수치심을 느꼈을 때, 성폭력임을 알리고 즉시 그 행위를 중단하도록 요구한다.
  ㉡ 가능한 성폭력 피해 상황을 즉시 벗어나도록 한다.

ⓒ 성폭력 피해를 입은 사람은 피해 사실을 숨김없이 대한체육회 스포츠인 권익센터, 학교장(소속단체의 장), 지도자, 부모, 혹은 상담 교사(전문가), 수사 기관, 관련 기관 등 믿을 수 있는 사람에게 반드시 알린다.
ⓓ 피해를 입은 사람은 증거를 보존해야 하고 피해 사실을 기록한다.

### 핵심예제

**성폭력 예방 또는 대처에 대한 설명으로 적절하지 않은 것은?**

[2020]

① 선수는 피해 사실을 기록하도록 한다.
② 선수는 가능한 한 피해 상황에서 즉시 벗어나도록 한다.
③ 성폭력 사실을 고발한 선수가 피해받지 않는 분위기를 조성한다.
④ 여성 선수와 남성 지도자 위주로 성폭력 예방 교육이 이루어져야 한다.

|해설|
성폭력 예방 교육은 여성 선수뿐만 아니라 남녀 선수와 지도자 모두를 대상으로 이루어져야 한다.

정답 ④

## 제6절 | 경기력 향상과 공정성

### 핵심이론 29 도 핑

① 정의 : 선수의 스포츠 기능 향상을 위해 약물을 사용하거나 특수한 이학적・심리학적 처리를 행하는 것이다.
② IOC 의무분과위원회의 도핑대책위원회의 정의 : 어떤 특정한 경기자 또는 경기 단체가 약물이나 물리적 방법 또는 다른 방법으로 경기에 대해 생체의 체력적 또는 심리적 능력을 변질시키는 부정행위이다.
③ 유형 : 약물 복용, 유전자 변형, 스포츠 용기구 및 생체 공학 기술 이용
  ㉠ 약물 복용
    • 정의 : 선수의 스포츠 기능 향상을 위해 약물을 사용하는 것
    • 사례 : 아나볼릭 스테로이드 투여, 적혈구 생성 촉진인자 투여, 남성호르몬제 투여 등
  ㉡ 유전자 도핑
    • 정의 : 유전 치료를 순수한 치료 목적으로 사용하지 않고 스포츠 선수의 운동 수행 능력 향상을 위해 사용하는 것이다.
    • 유형 : 체세포 변형, 성장호르몬 투여, 유전 배아 선택, 생식세포 변형 등이 있다.
  ㉢ 스포츠 용기구 및 생체 공학 기술의 이용과 기술 도핑
    • 정의 : 비장애인이 특정 스포츠 용기구를 이용하거나 장애인이 경기 출전을 위해 생체 공학 기술을 이용함으로써 발생할 수 있는 공정성의 문제를 말한다.
    • 순기능 : 운동 기능의 향상, 선수 보호, 스포츠 현장에서의 정확한 판정, 도핑 방지
    • 역기능 : 스포츠의 공정성 저하, 스포츠 정신과 가치의 훼손, 스포츠 탁월성의 기준 변질
    • 사례 : 전신 수영복(수상 종목), 압축 배트(야구), 탄성 있는 소재를 이용한 의족(육상 종목) 등

④ 도핑(약물 복용)의 원인
- ㉠ 선수 또는 동물의 수행 능력 향상
- ㉡ 상대와의 경쟁에서 승리 목적
- ㉢ 경기에 참가하고 싶은 지나친 욕구
- ㉣ 물질적 보상이 동기가 되기 때문

⑤ 도핑을 금지해야 하는 이유
- ㉠ 스포츠와 인간 공동 추구의 기본적 즐거움을 감소시키기 때문이다.
- ㉡ 도핑을 통해 경기 수행에 부당한 이익을 얻는 것을 방지하기 위함이다.
- ㉢ 약물 투여로 인해 발생하는 해로운 부작용으로부터 선수를 보호하기 위함이다.
- ㉣ 부정적 역할 모형으로, 청소년 선수들은 유명 선수의 도핑을 모방할 가능성이 크며 그로 인해 약물 오·남용이 사회적으로 확산될 위험성이 있다.

⑥ 도핑 검사에서 선수의 역할 및 책임
- ㉠ 시료 채취가 언제든 가능하도록 해야 한다.
- ㉡ 의료진에게 운동 선수임을 고지해야 한다.
- ㉢ 도핑방지규정 위반을 조사하는 도핑방지기구에 협력해야 한다.
- ㉣ 치료 목적이라도 금지된 약물을 사용해서는 안 된다.

⑦ 세계반도핑규약(WADC)에서 규정하고 있는 금지된 도핑 방법
- ㉠ 혈액 및 혈액 성분의 조작
- ㉡ 화학적·물리적 조작
- ㉢ 유전자 및 세포의 도핑

⑧ 효과적인 도핑 방지 방안
- ㉠ 윤리 교육을 통한 의식 변화
- ㉡ 도핑 검사의 강화
- ㉢ 적발 시 강력한 처벌

| 세계반도핑규약(WADC)에서 규정하는 금지 약물 국제 표준(2019년 2월 발행) | |
|---|---|
| 상시 금지 약물 | • 비승인 약물<br>• 동화작용제<br>• 펩티드 호르몬, 성장인자, 관련 약물 및 유사제<br>• 베타-2 작용제<br>• 호르몬 및 대사 변조제<br>• 이뇨제 및 기타 은폐제 |
| 경기 기간 금지 약물 | • 흥분제<br>• 마약류<br>• 카나비노이드류<br>• 글루코코르티코이드<br>• 상시 금지 약물 포함 |
| 특정스포츠 금지 약물 | • 베타차단제류 |

**핵심예제**

**29-1.** ⟨보기⟩의 스포츠 현장에서 발생하는 도핑(약물 복용)의 원인을 모두 고른 것은? [2020]

┌ 보기 ┐
㉠ 선수 또는 동물의 수행능력 향상을 위한 것이다.
㉡ 상대와의 경쟁에서 승리하기 위한 것이다.
㉢ 경기에 참가하고 싶은 지나친 욕구 때문이다.
㉣ 물질적 보상이 동기가 되기 때문이다.

① ㉠, ㉢
② ㉡, ㉢, ㉣
③ ㉠, ㉡, ㉣
④ ㉠, ㉡, ㉢, ㉣

**29-2.** ⟨보기⟩에서 스포츠 선수의 유전자 도핑을 반대해야 하는 이유로 적절한 것을 모두 고른 것은? [2023]

┌ 보기 ┐
㉠ 선수의 신체를 실험 대상화하여 기계나 물질로 이해하도록 만들기 때문
㉡ 유전자 조작 인간과 자연적 인간 사이에 갈등을 초래하기 때문
㉢ 생명체로서 인간의 본질을 훼손하고 존엄성을 부정하기 때문
㉣ 선수를 우생학적 개량의 대상으로 만들기 때문

① ㉠, ㉢
② ㉡, ㉢
③ ㉠, ㉡, ㉣
④ ㉠, ㉡, ㉢, ㉣

**29-3.** ⟨보기⟩에서 국제수영연맹(FINA)이 기술 도핑을 금지한 이유는? [2023]

┌ 보기 ┐
2008년 베이징 올림픽 수영 종목에서는 25개의 세계 신기록이 쏟아져 나왔다. 주목할 만한 것이 23개의 세계 신기록이 소위 최첨단 수영복이라 불리는 엘지알 레이서(LZR Racer)를 착용한 선수들에 의해 수립되었다는 것이다. 그러나 이 같은 수영복을 하나의 기술 도핑으로 간주한 국제수영연맹은 2010년부터 최첨단 수영복의 착용을 금지하였다.

① 효율성 추구
② 유희성 추구
③ 공정성 추구
④ 도전성 추구

|해설|

**29-1**
도핑은 어떤 특정한 경기자 또는 경기 단체가 약물이나 물리적 방법 또는 다른 방법으로 경기에 대해 생체의 체력적 또는 심리적 능력을 변질시키는 부정행위를 말하며, ㉠~㉣이 모두 원인이다.

**29-2**
**유전자 도핑**
유전자 도핑은 질병을 치료하기 위해 사용하는 것이 아니라 선수의 운동 수행력을 향상시키기 위해 사용하는 것이기 때문에 인간 존엄성 경시, 생명과 건강의 위험, 생명의 상품화, 스포츠의 본질적 가치와 공정성 훼손, 해당 선수와 타 선수 간의 갈등을 유발할 수 있다.

**29-3**
**기술 도핑**
도핑은 선수의 스포츠 기능 향상을 위해 약물을 사용하거나 특수한 이학적 처리를 행하는 것이다. 도핑은 공정성 위배, 부정적 역할모델, 건강상 부작용, 자연성의 훼손 등의 이유로 스포츠 상황에서 사용을 엄금하고 있다. ⟨보기⟩는 경기의 공정성을 추구하기 위해 전신 수영복의 착용을 기술 도핑으로 간주한 사례이다. 개인의 실력을 바탕으로 공정하게 경쟁한 것이 아니라 기구나 장비에 의존해 경쟁한 것이므로 이 같은 판단을 한 것이다.

정답 29-1 ④ 29-2 ④ 29-3 ③

## 제7절 | 스포츠와 인권

### 핵심이론 30 스포츠와 인권

① 스포츠 인권
  ㉠ 스포츠에서 지켜야 할 인간의 존엄성
  ㉡ 스포츠에서 가져야 할 인간의 자유에 대한 권리
  ㉢ 인종이나 성별에 관계없이 누구나 스포츠를 동등하게 누릴 수 있는 권리

② 학생 선수의 인권
  ㉠ 학습권 보장 : 교육 본질의 목적, 다양한 직업 선택의 가능성, 운동 선수 은퇴 이후의 설계 등을 위해서 학생 선수의 학습권 보장이 요구된다.
  ㉡ 생활권 보장 : 장기적인 합숙 훈련 등으로 인하여, 학생 선수의 정상적인 생활권이 침해된다.
  ㉢ 엘리트 체육으로 인한 딜레마 : 학생 선수들은 신체적·언어적 폭력에 노출되기 쉽고, 승리 지상주의·결과주의에 따른 문제를 겪을 수 있다.

### 핵심예제

**30-1.** 〈보기〉에서 스포츠 인권에 대한 내용으로 옳은 것을 모두 고른 것은? [2022]

┤보기├
㉠ 모든 사람은 평등하게 스포츠와 신체 활동에 참여할 권리를 가진다.
㉡ 국가 차원에서 체계적인 스포츠 인권 정책을 마련해야 한다.
㉢ 스포츠의 종목이나 대상에 따라 권리가 상대적으로 보장되어야 한다.
㉣ 국가는 장애인이 스포츠 활동 참여의 권리를 동등하게 보장받도록 노력해야 한다.

① ㉠, ㉢
② ㉠, ㉣
③ ㉠, ㉡, ㉢
④ ㉠, ㉡, ㉣

**30-2.** 국민체육진흥법(시행 2022.8.11.) 제18조의3 「스포츠윤리센터의 설립」에 관한 사항으로 옳지 않은 것은? [2023]

① 스포츠윤리센터는 문화체육관광부 장관이 감독한다.
② 스포츠윤리센터의 정관에 기재할 사항은 국무총리령으로 정한다.
③ 스포츠윤리센터가 아닌 자는 스포츠윤리센터 또는 이와 비슷한 명칭을 사용하지 못한다.
④ 스포츠윤리센터의 장은 문화체육관광부 장관의 승인을 받아 관계 행정기관 소속 임직원의 파견 또는 지원을 요청할 수 있다.

| 해설 |

**30-1**
스포츠 인권이란 인종이나 성별에 관계없이 누구나 스포츠를 동등하게 누릴 수 있는 권리이다. 따라서 권리가 상대적으로 보장되어야 하는 것이 아니라 절대적으로 보장되어야 한다.

**30-2**
**스포츠윤리센터의 설립(국민체육진흥법 제18조의3)**
- 체육의 공정성 확보와 체육인의 인권보호를 위하여 스포츠윤리센터를 설립한다.
- 스포츠윤리센터의 운영, 이사회의 구성 및 권한, 임원의 선임, 감독 등 스포츠윤리센터의 정관에 기재할 사항은 대통령령으로 정한다. - ②
- 스포츠윤리센터의 장은 업무 수행에 필요하다고 인정될 때에는 문화체육관광부장관의 승인을 받아 관계 행정기관 소속 공무원이나 관계 기관·단체 소속 임직원의 스포츠윤리센터 파견 또는 지원을 요청할 수 있다. - ④
- 스포츠윤리센터가 아닌 자는 스포츠윤리센터 또는 이와 비슷한 명칭을 사용하지 못한다. - ③
- 스포츠윤리센터는 문화체육관광부장관이 감독한다. - ①

**정답** 30-1 ④  30-2 ②

---

**핵심이론 31** 최저학력제도

① 학생 선수의 학습권 및 인권 보호를 위한 수단이다.
② 학생 선수의 석차 백분율에 의거하여 최저 성적 기준을 명시하고 그에 미달하는 학생 선수에 대해 선수 활동 제한을 두어 불이익을 감수하도록 한다.
③ 성적 기준은 기준 학년의 대상을 단계적으로 상향 조정하여 적용하는 행정적 조치이다.
④ 최저학력제의 기준

| 대 상 | 초등학교 | 중학교 | 고등학교 |
|---|---|---|---|
| 성적 기준 | 하위 50% 이상 | 하위 40% 이상 | 하위 30% 이상 |
| 과 목 | 국어, 영어, 수학, 사회, 과학의 기말고사 성적 평균 | 국어, 영어, 수학, 사회, 과학의 기말고사 성적 평균 | 국어, 영어(수학), 사회(과학)의 기말고사 성적 평균 |

**핵심예제**

**31-1.** 〈보기〉의 대화에서 ㉠, ㉡에 들어갈 학교체육진흥법과 관련된 용어가 바르게 나열된 것은? [2019]

┌ 보기 ┐
- A : ( ㉠ )가 도입되면서부터 운동할 시간이 줄어들었어.
- B : 그것은 지금까지 우리가 ( ㉡ )을 보장받지 못했기 때문이야.
- A : 그래도 갑작스러운 ( ㉠ ) 도입은 형평성에 문제가 있어. 일반 학생들은 공부하기 싫으면 안 해도 되지만, 우리는 시합 출전을 위해 어쩔 수 없이 해야 되는 제도잖아.
- B : 그것도 틀린 말은 아니지만, ( ㉡ )은 우리가 정당하게 누려야 하는 권리이면서 의무이기도 해. 그것을 보장받기 위해 이런 제도가 도입된 거야.

|   | ㉠ | ㉡ |
|---|---|---|
| ① | 최저학력제 | 학습권 |
| ② | 기초학력제 | 학습권 |
| ③ | 최저학력제 | 경기출전권 |
| ④ | 기초학력제 | 경기출전권 |

31-2. 〈보기〉에서 학생운동선수의 학습권 보호와 관련된 것으로 옳은 것만 모두 고른 것은? [2024]

┌─보기─────────────────┐
│ ㉠ 최저 학력 제도           │
│ ㉡ 리그 승강 제도           │
│ ㉢ 주말 리그 제도           │
│ ㉣ 학사 관리 지원 제도       │
└──────────────────────┘

① ㉠, ㉡, ㉢
② ㉠, ㉡, ㉣
③ ㉠, ㉢, ㉣
④ ㉡, ㉢, ㉣

|해설|

31-1
㉠ 최저학력제는 일정 수준의 학력 기준에 도달하지 못한 선수의 출전권을 제한하는 것을 말한다.
㉡ 학습권이란 원하는 것을 배우고 이를 위해서 필요한 교육을 요구할 권리로서, 학생 선수의 인권과 관련이 있다.

31-2
리그 승강 제도는 스포츠 리그에서 팀들을 실력 단위로 상위 리그와 하위 리그로 분할해 놓고, 시즌 결과에 따라 일정한 수의 리그의 위치를 맞바꾸는 것이다. 팀 창단이 계속됨에 따라 경기 개최 일정이 리그의 수를 수용할 수 없고, 창단된 리그도 경기력의 수준을 유지할 수 없기 때문에 발생한 제도이다. 해당 제도는 학생운동선수의 학습권 보호보다는 선수들의 경기력 및 체력 보호와 관련이 있는 제도이다.

정답 31-1 ① 31-2 ③

## 핵심이론 32 스포츠 지도자의 윤리

① 스포츠 지도자의 비윤리적 행위의 원인
　㉠ 학부모가 지도자에게 금품을 제공한다.
　㉡ 팀 성적에 대한 부담감이 존재한다.
　㉢ 지도자의 불안정한 근무 형태에서 기인한다.

② 스포츠 지도자의 역할
　㉠ 미래에 대한 비전과 목표를 제시한다.
　㉡ 심리적・사회적 환경을 조성하여 팀 목표 달성에 도움이 되도록 한다.
　㉢ 삶의 철학과 윤리・도덕을 가르친다.
　㉣ 선수와 지도자의 소통으로, 동기를 유발하고 갈등을 해결한다.

③ 교육자로서의 책임과 권한
　㉠ 폭력을 사용하지 않고, 교육적인 방법으로 훈련시킨다.
　㉡ 민주적으로 선수들의 의사를 존중한다.
　㉢ 선수를 도구화하지 않고 인격체로서 존중한다.
　㉣ 비인간적 승리 지상주의를 지양한다.

### 핵심예제

체육 지도자가 지녀야 할 덕목이 아닌 것은? [2015]
① 책임감　　　② 창의적 사고
③ 스포츠맨십　④ 맹목적 승리

|해설|
체육지도자는 비인간적 승리 지상주의를 지양해야 한다.

정답 ④

## 핵심이론 33 스포츠 인성 교육

① 스포츠 인성 교육의 목적
  ㉠ 스포츠는 스포츠 자체의 운동성과 경기력을 통해 인간의 건강을 증진시킨다.
  ㉡ 스포츠에 내재된 규칙 준수, 존중, 자기 절제 등의 특징과 원칙을 통해 인간의 도덕적·사회적 인성을 길러준다.
  ㉢ 스포츠의 덕목들은 도덕적·사회적 인성 발달에 도움이 된다.

② 인성 교육의 방법
  ㉠ 인지주의적 접근 : 인간의 이성적 능력과 도덕성을 가장 중요한 요소로 강조한다.
  ㉡ 덕 교육적 접근 : 덕은 사람이 살면서 다른 사람에게 느끼는 인간적 품성이다.
  ㉢ 통합적 접근 : 인지주의적 접근과 도덕 교육적 접근의 강점을 통합한다.

**레스트(J. Rest) 도덕성 4구성 요소 모형**
- 도덕적 민감성(Moral Sensitivity) : 스포츠 상황에서 도덕적 딜레마를 지각하게 하는 것
- 도덕적 판단력(Moral Judgement) : 스포츠 상황에서 옳고 그름을 판단하게 하는 것
- 도덕적 동기화(Moral Motivation) : 다른 가치보다 정정당당하게 경기하는 것에 가치를 두게 하는 것
- 도덕적 품성화(Moral Character) : 스포츠 상황에서 장애 요인을 극복하여 실천할 수 있는 강한 의지, 용기, 인내 등의 품성을 갖게 하는 것

---

**핵심예제**

**33-1.** 스포츠맨십, 페어플레이와 같은 윤리적 품성의 실천과 습관화를 강조하는 교육은? [2017]
① 정서 교육
② 인지 교육
③ 덕 교육
④ 지식 교육

**33-2.** 〈보기〉의 ㉠에 해당하는 레스트(J. Rest)의 도덕성 구성 요소로 옳은 것은? [2022]

|보기|
( ㉠ )은/는 스포츠 현장에서 발생하는 특정 상황 속에 내포된 도덕적 이슈들을 감지하고 그 상황에서 어떠한 행동을 할 수 있으며 그 행동들이 관련된 사람들에게 어떤 영향을 미칠 수 있는가를 상상하는 것을 말한다.

① 도덕적 감수성(Moral Sensitivity)
② 도덕적 판단력(Moral Judgement)
③ 도덕적 동기화(Moral Motivation)
④ 도덕적 품성화(Moral Character)

|해설|

33-1
덕윤리는 행동 자체보다 행동하는 사람에게 관심을 갖는다. 즉, 행동의 문제가 아닌 내면의 문제로 보고, 개인이 타고난 도덕성과 품성을 기반으로 이상적인 모델을 통해 도덕성을 추구하도록 한다.

33-2
도덕적 감수성(Moral Sensitivity)은 스포츠 상황에서 도덕적 딜레마를 지각하게 하는 것이다.

정답 33-1 ③  33-2 ①

## 제8절 | 스포츠 조직과 윤리

### 핵심이론 34 심판의 윤리

① 심판의 덕목
  ㉠ 공정성 : 치우침과 사사로움 없이 공평하고 정대함
  ㉡ 청렴성 : 성품이 고결하고 탐욕이 없음
  ㉢ 전문성 : 정확한 판정을 내리기 위해 필요한 전문적 지식과 같은 역량
  ㉣ 기타 조건 : 페어플레이 정신과 스포츠 가치를 인식함

② 심판의 윤리
  ㉠ 심판의 윤리는 개인윤리와 사회윤리가 복합적으로 얽혀 있는 상호 보완적 관계
  ㉡ 개인윤리는 심판 개인의 공정성, 청렴성 등의 인격적 도덕성을 의미
    예 개인의 행위, 품성, 인격 등에 대한 평가 등
  ㉢ 사회윤리는 협회나 기구의 도덕성과 밀접 연관
    예 사회제도, 정책, 관행, 관습, 정책 등에 대한 평가 등
  ㉣ 심판은 스포츠 상황에서 규칙이 준수되도록 외적 통제를 직접 담당

---

**핵심예제**

**34-1.** 〈보기〉의 ㉠, ㉡에 해당하는 심판의 덕목으로 바르게 묶인 것은? [2019]

┌ 보기 ┐
㉠ 심판은 선수의 이익을 동등하게 대우하는 엄격한 중립성을 가져야 하며, 개인적 감정을 배제해야 한다.
㉡ 심판은 한번 내린 판정을 번복하기가 힘들기 때문에, 정확한 판정을 내릴 수 있는 오랜 경험과 훈련이 필요하다.

|   | ㉠ | ㉡ |
|---|---|---|
| ① | 공정성 | 자율성 |
| ② | 공정성 | 전문성 |
| ③ | 전문성 | 자율성 |
| ④ | 개방성 | 전문성 |

**34-2.** 스포츠에서 심판 윤리에 관한 설명으로 옳지 않은 것은? [2023]

① 심판의 사회윤리는 협회나 종목 단체의 도덕성과 밀접한 관련이 있다.
② 심판은 공정하고 엄격한 도덕적 원칙을 적용해야 한다.
③ 심판의 개인윤리는 청렴성, 투명성 등의 인격적 도덕성을 의미한다.
④ 심판은 '이익동등 고려의 원칙'에 따라 전력이 약한 팀에게 유리한 판정을 할 수 있다.

| 해설 |

**34-1**
㉠ 공정성 : 치우침이 없고 사사로움이 없이 공평하고 정대하게 판단해야 한다는 것이다.
㉡ 전문성 : 정확한 판정을 내리기 위해 필요한 전문적 지식과 같은 역량을 말한다.

**34-2**
**심판 윤리**
심판은 스포츠 정신을 바탕으로 도덕적으로 엄격하고, 공정한 판정으로 승패를 결정해야 한다. 전력이 약한 팀에 유리한 판정을 내리는 것은 공정하지 않으므로 심판 윤리에 어긋나는 행동이다.

정답 34-1 ② 34-2 ④

## 핵심이론 35 스포츠 조직의 윤리 경영

① 정의 : 조직 경영 및 활동 시 윤리를 최우선 가치로 여기고, 투명하고 공정하며 합리적인 업무 수행을 추구하는 경영 정신이다.
② 스포츠 조직의 불공정 행위와 윤리적 조직 행동
  ㉠ 스포츠 조직의 불공정 행위 : 승리 지상주의, 맹목적 이익 추구, 승부 조작, 학연·지연에 따른 편파 판정
  ㉡ 윤리적 조직 행동 : 국민체육진흥공단의 윤리 규범
③ 스포츠 4대 악
  ㉠ 승부 조작 및 편파 판정
  ㉡ 폭력(성폭력)
  ㉢ 입시 비리
  ㉣ 조직 사유화
④ 윤리경영의 가치
  ㉠ 사회적 책임 실천
  ㉡ 윤리적 문화 확산으로 조직의 명성을 제고
  ㉢ 사회 공헌 활동을 통해 조직의 명성을 제고

### 핵심예제

**35-1.** 문화체육관광부가 지목하고 있는 '스포츠 4대 악'에 해당되지 않는 것은? [2016]
① 조직 사유화
② 승부 조작
③ 스포츠 도박
④ (성)폭력

**35-2.** 〈보기〉의 ㉠~㉢에 해당하는 용어로 옳은 것은? [2022]

┤보기├
스포츠 조직에서 ( ㉠ )은/는 기업의 가치 경영을 넘어 정성적 규범 기준까지 확장된 스포츠 사회·윤리적 가치 체계를 의미한다. 이러한 체계가 실효성 있게 작동되기 위해서는 경영자의 윤리적 ( ㉡ )와 경영의 ( ㉢ ) 확보가 선행되어야 한다.

|   | ㉠ | ㉡ | ㉢ |
|---|----|----|----|
| ① | 기업윤리 | 공동체 | 투명성 |
| ② | 윤리경영 | 실천의지 | 투명성 |
| ③ | 기업윤리 | 실천의지 | 공정성 |
| ④ | 윤리경영 | 공동체 | 공정성 |

|해설|

**35-1**
스포츠 도박은 문화체육관광부가 지목하고 있는 '스포츠 4대 악'에 해당하지 않는다. 문화체육관광부 '스포츠 4대 악'은 조직 사유화, 승부 조작 및 편파 판정, (성)폭력, 입시 비리이다.

**35-2**
윤리 경영은 조직 경영 및 활동 시 윤리를 최우선 가치로 여기고, 투명하고 공정하며 합리적인 업무 수행을 추구하는 경영정신을 말한다. 윤리 경영이 성공적으로 이루어지기 위해서는 지도층의 실천 의지가 필요하며, 예산 집행과 회계 과정의 투명성이 확보되어야 한다.

정답 35-1 ③  35-2 ②

# CHAPTER 08 특수체육론

PART 01 핵심이론+핵심예제

## 제1절 | 특수체육의 개요

### 핵심이론 01 특수체육의 의미

① 특수체육의 정의
  ㉠ 특수체육에 대한 정의는 다양하지만 가장 오래된 것은 미국체육학회 특수체육위원회가 1952년에 'Adapted Physical Education'을 정의한 것이다.
  ㉡ 특수체육은 장애 학생들이 일반체육의 활발한 활동 프로그램에 안전하게 성공적으로 참여할 수 있도록 장애 학생들의 흥미와 능력을 고려하고, 장애 한계에 적합하도록 계획된 발달활동과 게임, 스포츠, 무용 등의 다양한 프로그램을 말한다.

② 특수체육의 특징
  ㉠ 특수체육은 정의적, 심동적, 인지적 목표를 추구한다.
  ㉡ 법률에 기초하여 신체 활동 서비스를 제공한다.
  ㉢ 신체 활동 참여에서 임파워먼트(Empowerment)를 강조한다.
  ㉣ 심동적 문제의 발견과 해결을 목적으로 하는 다학문적 지식 체계이다.

③ '특수체육'이라는 용어의 쓰임
  ㉠ '특수체육'에서 '특수'는 체육을 수식하는 말로 체육의 대상자를 일컫는다. 즉, 체육의 대상인 장애인을 의미하며 학교에서는 특수교육 대상자를 말한다.
  ㉡ 우리나라에서 특수체육이라는 용어는 일반적으로 장애가 있는 사람들의 체육(스포츠)활동과 관련된 교육, 지도, 연구 등의 분야에서 사용되고 있다.

  예 특수체육교육과, 특수체육학과, 특수체육 지도자, 한국특수체육학회 등

### 핵심예제

**1-1. 특수체육에 관한 설명 중 옳지 않은 것은?** [2021]
① 참여 촉진의 수단으로 변형을 활용한다.
② 학교체육 및 평생체육을 포함한다.
③ 개인의 장애를 치료하는 데 주목적이 있다.
④ 정상화를 실현하기 위해 통합체육을 강조한다.

**1-2. 특수체육에 관한 설명으로 옳지 않은 것은?** [2025]
① 특별한 요구를 가진 사람들을 위해 프로그램을 변형한다.
② 장애인이 참여하는 체육으로 비장애인과 함께하는 활동을 포함한다.
③ 신체활동 참여에서 장애인의 임파워먼트(Empowerment)를 강조한다.
④ 학교체육 중심으로 생활체육이나 경쟁 스포츠 참여는 제한한다.

|해설|

1-1
특수체육은 장애를 치료하기 위한 목적이 아니라 장애 학생들의 사회성 발달, 흥미로운 활동 경험 등에 목적을 둔 다양한 신체활동이다.

1-2
특수체육은 학교체육에 한정하지 않고, 학교체육 및 생활체육(평생체육)을 포함한다.

정답 1-1 ③ 1-2 ④

## 핵심이론 02 특수체육의 교육 목표

① 정의적 영역
  ㉠ 신체 활동의 참여를 통해 자아개념과 신체상을 강화하는 것을 목적으로 한다.
  ㉡ 신체에 대한 이해와 존중, 움직임을 위한 신체 능력을 향상시킨다.
  ㉢ 사회적 고립을 감소시키고, 다른 사람과 상호작용하기 위해 필요한 것들을 배운다.
  ㉣ 활동에 참여함으로써 정신건강을 개선시키고 즐거움을 느끼고 긴장을 이완시킨다.

② 심동적 영역
  ㉠ 기본운동기술과 운동양식 습득·발달을 목적으로 한다.
  ㉡ 건강 및 운동체력 수준을 적절하게 유지하고 발달시킨다.
  ㉢ 여가 활동에 필요한 기술을 익힌다.

③ 인지적 영역
  ㉠ 다양한 신체 활동을 안전하게 수행할 수 있는 지식 습득을 목적으로 한다.
  ㉡ 놀이 및 게임의 방법과 규칙을 습득한다.
  ㉢ 인지-운동기능과 감각통합으로 능력을 향상시킨다.
  ㉣ 새로운 것을 시도하고 창조적 표현을 한다.

### 핵심예제

**2-1.** 블룸(B. Bloom)이 분류한 교육 목표 영역에 따라 장기목표를 제시하고자 한다. 〈보기〉의 요인과 교육 목표 영역이 바르게 연결된 것은? [2023]

보기
㉠ 긍정적 자아, 사회적 능력, 즐거움과 긴장 이완
㉡ 운동의 기술과 양식, 체력, 여가 활동에 필요한 기술
㉢ 놀이와 게임 행동, 창조적 표현, 인지-운동기능과 감각통합

|   | ㉠ | ㉡ | ㉢ |
|---|---|---|---|
| ① | 인지적 영역 | 정의적 영역 | 심동적 영역 |
| ② | 인지적 영역 | 심동적 영역 | 정의적 영역 |
| ③ | 정의적 영역 | 심동적 영역 | 인지적 영역 |
| ④ | 정의적 영역 | 인지적 영역 | 심동적 영역 |

**2-2.** 〈보기〉의 ㉠~㉣을 블룸(B. Bloom)의 교육 목표 영역과 바르게 연결한 것은? [2023]

보기
㉠ 지각(perception)
㉡ 가치화(valuing)
㉢ 반사적 운동(reflex movement)
㉣ 적용(application)

① 정의적 영역 : ㉡, ㉣
② 심동적 영역 : ㉠, ㉢
③ 인지적 영역 : ㉠, ㉡
④ 정의적 영역 : ㉢, ㉣

| 해설 |

**2-1**

**블룸(B. Bloom)의 교육 목표 영역**

㉠ 정의적 영역 : 신체 활동의 참여를 통해 자아개념과 신체상을 강화하는 것을 목적으로 한다.
㉡ 심동적 영역 : 기본운동기술과 운동양식 습득·발달을 목적으로 한다.
㉢ 인지적 영역 : 다양한 신체 활동을 안전하게 수행할 수 있는 지식 습득을 목적으로 한다.

**2-2**

㉠·㉢은 심동적 영역, ㉡은 정의적 영역, ㉣은 인지적 영역에 해당한다.

**블룸(B. Bloom)의 교육 목표 영역**

- 정의적 영역 : 수용, 반응, 가치화, 조직화, 인격화
- 심동적 영역 : 지각, 태세, 유도반응, 기계화, 복잡 외현 반응, 적응, 반사적 운동, 초보적 기초 동작, 운동 지각 능력, 신체적 기능, 숙련된 운동 기능
- 인지적 영역 : 지식, 이해, 적용, 분석, 종합, 평가

정답 2-1 ③  2-2 ②

## 핵심이론 03 장애 개념화 접근 모델

① **의학적 모델**
   ㉠ 장애인을 병리 현상에 따라 분류하고 신체 활동을 재활의 도구로 간주한다.
   ㉡ 장애인을 체육 서비스의 수동적 수혜자로 간주한다.
   ㉢ 장애인의 문제를 검사·진단하고 치료에 초점을 맞춘다.

② **사회적·교육적 모델**
   ㉠ 장애인들이 자신의 세계를 설계해가는 데 적극적이야 함을 강조한다.
   ㉡ 장애인의 개인차를 존중하며 스스로가 장애 조건을 변화시키는 주체로 간주한다.
   ㉢ 장애인은 자신의 사회적·교육적 목표를 설정하고 개인적인 장점과 단점은 물론 환경에서의 가능성을 스스로 평가한다.
   ㉣ 장애인 스포츠 지도사들이 장애인을 지적 장애, 학습 장애, 지체 장애 같은 장애 조건에 따라 분류해야 하는 범주적 접근의 한계를 극복하도록 한다.

### 핵심예제

장애를 개념화하는 접근 모델 중 사회적·교육적 모델에 관한 설명으로 옳은 것은? [2016]

① 장애인을 병리 현상에 따라 분류하고 신체 활동을 재활의 도구로 간주한다.
② 장애인을 체육 서비스의 수동적 수혜자로 간주한다.
③ 장애인의 문제를 검사·진단하고 치료에 초점을 맞춘다.
④ 장애인의 개인차를 존중하며 스스로가 장애 조건을 변화시키는 주체로 간주한다.

|해설|
장애를 개념화할 때 사회적·교육적 모델에서는 장애인을 수동적이고 도구적으로 접근하는 것이 아니라 적극적이고 주체적으로 접근한다. ①·②·③은 의학적 모델에 관한 설명이다.

정답 ④

## 핵심이론 04 장애인의 임파워먼트

① 장애인 스포츠의 중요한 목적 중 하나는 장애인의 사회적 참여와 삶의 질을 최적화하는 것이다. 이러한 최적화 과정은 장애인의 임파워먼트를 필요로 한다.
② 임파워먼트는 장애인의 주도성·혁신성·창의성 배양, 능력 신장 등을 위한 핵심 개념이다.
③ 임파워먼트 이념은 장애인은 자신의 삶에 대한 통제권을 가질 수 있고, 전문적인 서비스에 대한 자신들의 의존성을 줄일 수 있으며, 자신들을 위해 행동할 수 있다는 원칙에 기초한다.
④ 임파워먼트의 속성
  ㉠ 개인적 유능감
    - 긍정적인 자기존중감은 임파워먼트 개념의 핵심이다.
    - 심동적 장애를 수용한다.
    - 통제의 내부적 소재를 확인 및 승인한다.
  ㉡ 자결성
    - 자신들의 삶에 영향을 미치는 의사결정에 직접 참여한다.
    - 장애인들이 대인관계와 치료적 활동에 대한 선택은 물론 스포츠 활동이나 신체 활동에 대한 선택을 스스로 한다.
    - 서비스의 계획과 조직에 영향을 준다.
  ㉢ 사회적 참여
    - 장애인들이 서로를 확인하고 인정한다.
    - 낙인이나 불공평에 대해 인식하고 정당한 분노를 경험한다.
    - 장애인 전체를 위한 개선을 지향하는 행동을 취하게 한다.

**핵심예제**

참여자에게 종목 선택권을 부여하고 의사결정 참여 기회의 폭을 넓혀주는 것으로 옳은 것은?
[2021]
① 몰 입
② 임파워먼트
③ 강 화
④ 사회적 참여

|해설|

임파워먼트는 장애인의 주도성·혁신성·창의성 배양, 능력 신장 등을 위한 핵심 개념으로, 장애인들이 자신들의 삶에 영향을 미치는 대인관계와 치료적 활동에 대한 선택은 물론 스포츠 활동이나 신체 활동에 대한 선택을 스스로 하는 자기결정성의 속성을 갖는다.

정답 ②

## 핵심이론 05 국제 장애인 스포츠 대회

① 패럴림픽
  ㉠ 국제장애인올림픽위원회(IPC)가 주최하여 4년 주기로 개최되는 신체 장애인들의 국제 경기 대회로, 올림픽이 열리는 해에 올림픽 개최국에서 열린다.
  ㉡ 창설 당시 하반신 마비를 의미하는 'Paraplegia'와 'Olympic'을 합성하여 만든 용어였으나, 신체가 불편한 모든 장애인을 대상으로 범위가 확대되어 '신체 장애인들의 올림픽'으로 발전하였다.
  ㉢ 현재에는 'Paralympic'을 비장애인과 장애인이 평등하다는 의미를 강조하기 위해서 동등하다는 의미의 'Parallel'과 'Olympic'의 합성어로 보기도 한다.

  **제8회 서울 패럴림픽 대회 이후의 변화**
  • 대한장애인체육회 설립
  • 이천훈련원 건립
  • 평창 동계 패럴림픽 대회 개최

② 스페셜 올림픽
  ㉠ 장애 정도와 무관하게 만 8세 이상의 지적·자폐성 장애인들이 참여할 수 있다.
  ㉡ 디비저닝 과정을 거쳐 그룹을 나누며, 이를 통해 성별, 나이, 운동능력이 비슷한 선수들이 한 팀에 모일 수 있도록 돕는다.
  ㉢ 디비저닝에 비해 결승 기록이 기준치 이상으로 향상되었을 경우 실격 처리되지만, 결정은 감독관이 내린다.
  ㉣ 1등부터 3등까지는 메달을 수여하고, 4등부터는 리본을 수여한다.

**디비저닝**
- 일종의 등급제도로, 비슷한 기록을 지닌 선수끼리 등급(디비전)을 나눠서 경기를 진행하는 것을 말한다.
- 디비저닝(Divisioning) 과정에서 최선을 다하지 않아 낮은 등급의 조에 편성된 뒤 메달을 노리는 경우를 막기 위해서, 디비저닝 기록보다 결승 기록이 20% 이상 향상되거나 눈에 띄게 향상된 플레이를 펼칠 경우 해당 선수의 기록은 박탈된다.
- 감독관이 참가자의 수준이나 날씨 등의 환경을 고려하여 적용 수준을 결정할 수 있으므로, 일부 경기에 적용되지 않을 수 있다.

### 핵심예제

〈보기〉가 설명하는 스페셜 올림픽 종목은? [2024]

**보기**
- 경기장은 3.66m × 18.29m 크기의 직사각형이다.
- 공식 경기는 단식 경기, 복식 경기, 팀 경기 등이 있다.
- 한 팀당 4개의 공을 소유하고, 표적구에 가까이 던진 팀이 점수를 획득하는 경기이다.

① 보체(Bocce)
② 플로어볼(Floorball)
③ 보치아(Boccia)
④ 넷볼(Netball)

**|해설|**
② 플로어볼 : 누구나 하키의 재미를 즐길 수 있도록 만든 종목으로, 농구코트보다 약간 넓은 플로어에서 부드러운 플라스틱 재질의 스틱과 볼을 사용하여 두 팀이 시합을 치러 정해진 시간 동안 상대 팀보다 더 많은 점수를 얻은 팀이 승리하는 경기이다.
③ 보치아 : 뇌성마비 및 이에 준하는 운동기능 장애인들을 위한 종목으로, 가죽 공을 던지거나 차고, 굴려 표적구와의 거리를 비교하여 점수를 매겨 경쟁하는 패럴림픽 정식 종목이다.
④ 넷볼 : 여성이 경기할 수 있도록 농구의 규칙을 개량한 종목이다.

**정답** ①

## 핵심이론 06 특수체육과 관련된 법률(보건복지부 소관)

① 장애인 건강권 및 의료접근성 보장에 관한 법률 제15조(재활운동 및 체육)
  ㉠ 보건복지부장관은 의사의 처방에 따른 재활운동 프로그램을 장애인 또는 손상이나 질병 발생 후 완전한 회복이 어려워 일정기간 내에 장애인이 될 것으로 예상되는 사람들에게 제공할 수 있다.
  ㉡ 국가와 지방자치단체는 「장애인복지법」에 따른 장애인복지시설, 「체육시설의 설치·이용에 관한 법률」에 따른 공공체육시설을 지정하여 장애인에게 체육 프로그램을 제공할 수 있다.
  ㉢ 보건복지부장관은 장애인 또는 손상이나 질병 발생 후 완전한 회복이 어려워 일정기간 내에 장애인이 될 것으로 예상되는 사람의 신체적·정신적 기능과 사회적 능력을 향상시키기 위한 재활운동 프로그램을 개발하고 이를 보급하기 위하여 노력하여야 한다.
  ㉣ ㉠부터 ㉢까지에 따른 재활운동 및 체육 프로그램의 제공, 개발 및 보급 등에 필요한 사항은 보건복지부령으로 정한다.
② 장애인복지법 : 제28조(문화환경 정비 등), 제29조(복지 연구 등의 진흥), 제58조(장애인복지시설)
③ 장애아동 복지지원법 제26조(문화·예술 등 복지지원)
④ 장애인·노인·임산부 등의 편의증진 보장에 관한 법률 제7조(대상시설)
⑤ 장애인차별금지 및 권리구제 등에 관한 법률
  ㉠ 제25조(체육활동의 차별금지)
    • 체육활동을 주최·주관하는 기관이나 단체, 체육활동을 목적으로 하는 체육시설의 소유·관리자는 체육활동의 참여를 원하는 장애인을 장애를 이유로 제한·배제·분리·거부하여서는 아니 된다.

- 국가 및 지방자치단체는 자신이 운영 또는 지원하는 체육프로그램이 장애인의 성별, 장애의 유형 및 정도, 특성 등을 고려하여 운영될 수 있도록 하고 장애인의 참여를 위하여 필요한 정당한 편의를 제공하여야 한다.
- 국가 및 지방자치단체는 장애인이 체육활동에 참여할 수 있도록 필요한 시책을 강구하여야 한다.
- 제2항을 시행하는 데 필요한 사항은 대통령령으로 정한다.

ⓛ 시행령 제16조(체육활동의 차별금지)
- 법 제25조 제2항에 따라 국가 및 지방자치단체가 제공하여야 하는 정당한 편의의 내용은 다음과 같다.
  - 장애인의 체육활동에 필요한 시설 설치 및 체육용 기구 배치
  - 장애인이 참여할 수 있는 체육활동 프로그램 운영
  - 장애인이나 장애인의 보조인이 요구하는 경우 체육지도자 및 체육활동 보조 인력의 배치
  - 장애인 체육활동의 편의를 위한 장비 등의 사용설명 내용이 포함된 영상물 및 책자의 배치
  - 장애인을 위한 체육활동 관련 정보 제공
  - 장애인의 체육활동을 지도할 수 있는 장애인 체육 지도자의 양성
  - 장애인들이 사용할 수 있는 체육용 기구 생산 장려
  - 장애인 체육활동을 위한 의료서비스 제공

ⓒ 시행령 별표 5(장애인 체육활동에 필요한 시설의 종류 및 설치의무 적용 시기)

| 구 분 | | 시설설치 내용 |
|---|---|---|
| 공통 필수 | 편의 시설 | • 「교통약자의 이동편의증진법 시행령」 별표2 제2호에 따른 매개시설<br>• 실내복도, 2층 이상일 경우 경사로 또는 승강기 등 내부시설<br>• 장애인용 화장실(대변기·소변기·세면대), 샤워실·탈의실 등 위생시설<br>• 점자블록, 유도 및 안내설비, 경보 및 피난시설 등 안내시설<br>• 관람석, 매표소 등 기타시설 |
| 실내 시설 | 수영장 | • 입수 편의를 위한 경사로·손잡이 등 입수보조시설<br>• 수영장과 연계된 탈의실 진입보조시설<br>• 탈의 및 샤워 보조기구<br>• 보조 휠체어 |
| | 실내 체육관 | 좌식배구지주, 골볼(Goal Ball) 골대 |
| 실외 시설 | 야외 경기장 | 경기장 진입 시설 |
| | 생활체육 공원 등 | 공원 내 체육시설 접근로 등 |

⑥ 발달장애인 권리보장 및 지원에 관한 법률 제27조(문화·예술·여가·체육활동 등 지원)

**핵심예제**

**6-1.** '장애인차별금지 및 권리구제 등에 관한 법률 제25조(체육활동의 차별금지)'의 제한·배제·분리·거부에 해당하는 사례로 적절하지 않은 것은? [2019]

① 스포츠센터장은 시각 장애인의 수영 강습 등록을 거부하였다.
② 학교장은 지체 장애 학생의 생존 수영 수업 참여를 제한하였다.
③ 스포츠센터장은 중증 장애인을 위한 가족 탈의실을 분리하여 설치하였다.
④ 스포츠센터장은 농구리그에 청각 장애인팀의 참가를 배제하였다.

**6-2.** 〈보기〉에서 설명하는 특수체육의 하위 영역은? [2018]

┌ 보기 ┐
장애인 건강권 및 의료접근성 보장에 관한 법률(2015)에 근거하여 장애인 또는 손상이나 질병 발생 후 완전한 회복이 어려워 일정 기간 내에 장애인이 될 것으로 예상되는 사람의 신체적·정신적 기능과 사회적 능력을 향상시키기 위한 프로그램을 제공한다.

① 운동치료
② 재활운동 및 체육
③ 심리운동
④ 감각 및 지각 운동

|해설|

**6-1**
중증 장애인을 위한 가족 탈의실을 분리하여 설치하는 것은 장애인의 체육프로그램 참여를 위해 필요한 편의를 제공하는 것으로 체육활동의 제한·배제·분리·거부 사례에 해당하지 않는다.

**6-2**
〈보기〉의 내용은 「장애인 건강권 및 의료접근성 보장에 관한 법률」 제15조(재활운동 및 체육)에 해당한다.

정답 6-1 ③ 6-2 ②

---

**핵심이론 07** 특수체육과 관련된 법률

① 국민체육진흥법(문화체육관광부 소관) 제2조(정의), 제13조(체육시설의 설치 등), 제14조(선수 등의 육성), 제18조(지방자치단체와 학교 등에 대한 보조), 제22조(기금의 사용 등), 제34조(대한장애인체육회) 등

② 국민체육진흥법 시행령 제2조(정의), 제9조의3(장애인스포츠지도사), 제9조의6(스포츠지도사 등의 자격 종목), 제41조(대한체육회 등의 수익사업) 등

   ㉠ 제2조(정의)
   "장애인스포츠지도사"란 장애유형에 따른 운동방법 등에 대한 지식을 갖추고 제9조의6에 따른 자격 종목에 대하여 장애인을 대상으로 전문체육이나 생활체육을 지도하는 사람을 말한다.

   ㉡ 제9조의3(장애인스포츠지도사)
   • 장애인스포츠지도사는 1급 장애인스포츠지도사, 2급 장애인스포츠지도사로 구분한다.
   • 1급 장애인스포츠지도사는 제9조의6에 따른 자격 종목의 2급 장애인스포츠지도사 자격을 취득한 후 3년 이상 해당 자격 종목의 지도경력이 있는 사람으로서 동일 자격 종목에 대하여 1급 장애인스포츠지도사 자격을 취득하기 위한 자격검정에 합격하고 연수과정을 이수한 사람으로 한다.
   • 2급 장애인스포츠지도사는 2급 장애인스포츠지도사 자격을 취득하기 위한 자격검정에 합격하고 연수과정을 이수한 사람으로 한다.

③ 체육시설의 설치·이용에 관한 법률 제6조(생활체육시설)

④ 국제경기대회 지원법

⑤ 학교체육진흥법(교육부 공동소관) 제6조(학교체육진흥의 조치 등), 제14조(유아 및 장애 학생 체육활동 지원)

### 핵심예제

**7-1.** '국민체육진흥법과 동 시행령'에서 규정하고 있는 '장애인스포츠지도사'에 대한 내용으로 옳지 않은 것은? [2019]

① 만 18세 이상 누구나 지원 가능하며, 장애인의 문화, 예술, 여가, 체육활동 등을 지도하는 사람을 말한다.
② 장애유형에 따른 운동방법 등에 대한 지식을 갖추고, 37개의 자격종목에 대하여 장애인을 대상으로 전문체육이나 생활체육을 지도하는 사람을 말한다.
③ 2급 장애인스포츠지도사는 자격검정에 합격하고 연수과정을 이수한 사람으로 한다.
④ 2급 연수과정은 인지, 정서 장애인, 지체장애인, 시·청각장애인의 특성에 따른 스포츠지도를 포함하고 있다.

**7-2.** 장애인스포츠지도사의 역할로 옳지 않은 것은? [2024]

① 장애인의 독특한 요구(Unique Needs)를 확인한다.
② 장애인의 기능 회복을 위한 치료 서비스를 제공한다.
③ 장애인에게 적합한 지도환경과 지도내용을 결정한다.
④ 스포츠와 관련된 과제, 환경 등을 장애인의 요구에 맞게 변형한다.

|해설|

**7-1**
「국민체육진흥법 시행령」 제2조에 따르면, '장애인스포츠지도사'란 장애유형에 따른 운동방법 등에 대한 지식을 갖추고 문화체육관광부 장관이 정하여 고시한 자격 종목에 대하여 장애인을 대상으로 전문체육이나 생활체육을 지도하는 사람을 말한다.

**7-2**
장애인의 기능 회복을 위한 치료(의료) 서비스는 「의료법」에서 지정한 병원급 의료기관이 담당한다.

정답 7-1 ① 7-2 ②

## 핵심이론 08 사정(Assessment)의 개념과 유형

① **사 정**
　㉠ 배치, 프로그램 계획 등에 관한 의사결정을 목적으로 한 자료 수집과 해석의 과정이다. 사정을 통해 수집되는 자료에는 양적 자료와 질적 자료가 있다.
　㉡ 장애인 스포츠 현장에서 지도자들은 장애인들의 요구를 파악하여 프로그램을 계획하고, 진행된 프로그램의 성과를 확인하는 과정에서 사정이 필요하게 된다.
　㉢ 사정은 프로그램 및 교육 활동 전반에 걸쳐 반복되는 매우 중요한 활동이다.

② **공식적 사정과 비공식적 사정** : 사정 과정에서 수집되는 정보의 형태에 따른 분류
　㉠ 공식적 사정은 특정 목적을 가지고 선택한 표준화된 검사 등을 사용하여 이루어지는 것이다.
　㉡ 비공식적 사정은 표준화된 절차보다는 행동 관찰 등을 포함하는 비표준화된 절차에 의한 것이다.

③ **사정의 방법**
　㉠ 표준화검사(규준지향검사-공식적 사정, 준거지향검사-비공식적 사정)
　㉡ 생태학적 사정, 현장 중심학적 사정, 결과 중심적 사정, 과정 중심적 사정이 있다.

④ **신체 활동 지도순환체계**
　㉠ 장애인에게 신체 활동 및 스포츠를 지도하기 위해 효과적인 절차와 지도 방법을 계획하고 시행하는 것은 매우 중요한 과정이다.
　㉡ 각각의 단계와 과정은 매우 유기적인 관계를 형성하고 있으며, 각 과정의 지도 절차가 반복되는 순환적인 과정이다.
　㉢ 이 가운데 사정은 학습자의 배치를 결정하고 세부 개별화교육계획을 수립하는 데 기초자료가 되는 매우 중요한 과정이다.

> 포괄적 계획 → 사정과 배치 → 개별화교육프로그램 → 지도와 상담 → 평가

### 핵심예제

**8-1. 사정(Assessment)에 관한 설명으로 옳은 것은?** [2016]

① 배치, 프로그램 계획 등에 관한 의사결정을 목적으로 한 자료 수집과 해석의 과정이다.
② 체계적인 관찰과 특정 도구 혹은 절차를 이용하여 자료를 수집하는 과정이다.
③ 미리 설정된 표준과 비교하여 측정치의 결과를 해석하는 과정이다.
④ 간단한 평가를 통하여 심화 평가 의뢰 여부를 결정하는 과정이다.

**8-2. 쉐릴(C. Sherrill)이 제시한 특수체육 서비스 전달체계의 실천요소에 대한 설명이 아닌 것은?** [2023]

① 계획 : 개인의 요구는 물론 학교와 지역사회의 철학에 따라 적절한 체육의 목적을 설정하는 것을 의미한다.
② 사정 : 개인과 환경에 대한 검사, 측정, 평가로 구성되는 과정이다.
③ 교수/상담/지도 : 최적의 운동 수행을 도모하기 위해 심리·운동적 요소들을 변화시키는 과정이다.
④ 평가 : 장애인의 학습 정도와 프로그램의 효과를 확인하는 비연속적인 과정이다.

|해설|

**8-1**
사정은 교육적 의사결정에 필요한 자료를 수집하는 과정으로 프로그램 전반에 걸쳐 끊임없이 반복되는 중요한 활동이다.

**8-2**
**특수체육 서비스 전달체계**
(사후)평가 단계는 장애인의 학습 정도, 프로그램의 효과 확인 및 평가를 목적으로 시행되는 단계로 프로그램의 종료 이후에 발생할 상황에 대해 의사를 결정하는 연속적인 과정이다.

정답 8-1 ① 8-2 ④

## 핵심이론 09 측정평가의 종류와 목적

① 검사 도구나 방법을 선택할 때 타당도와 신뢰도를 고려한다.

② 특수체육에서의 검사 대상 영역

  ㉠ 운동기술 영역 : 운동기술 측면에서 인간의 발달단계에 해당하는 '감각·지각운동', '기본운동기술', '게임운동기술', '스포츠 및 전문 여가운동기술'을 포함한다. 장애 유형과 수준 및 참여자의 욕구에 따라 검사 대상이 되는 운동기술 영역이 선정되지만, 현장 분야에서는 기본운동기술에 대한 영역이 중시된다.

  ㉡ 체력 영역 : 체력의 향상과 유지 및 경기력 향상 측면에서 '건강체력', '기술체력'을 포함한다. 장애인 스포츠 분야에서 전문 운동 선수들의 경우는 경기력 향상 측면에서 종목 특성에 따른 기술체력이 강조되기도 한다.

③ 측정평가의 종류

  ㉠ 표준화검사에는 측정 순서, 형식, 대상자, 해석방법 등이 정해져 있다.

  ㉡ 개개인의 운동 수행 능력을 측정하기 위한 것으로 크게 규준지향검사와 준거지향검사로 구분할 수 있다.

  ㉢ 규준지향검사
  - 대상자의 점수를 규준에 비교하는 것인데, 규준은 그 검사를 받은 동일집단의 점수분포를 의미한다. 따라서 규준지향검사는 동일집단 내에서 대상자의 상대적 위치를 알아보는 데 유용하다.
  - 규준에는 국가단위규준이나 지역단위규준 등 여러 유형이 있으며 규준집단의 양호성은 규준지향검사에서 매우 중요한 요인으로, 대표성, 크기, 적절성을 통해 평가할 수 있다.
  - 규준지향검사는 운동 수행 능력을 시간, 횟수, 거리 등과 같은 객관적인 수치로 나타낸다.

② 준거지향검사
- 대상자의 점수를 준거에 비교하는 것으로, 준거는 사전에 설정된 숙달 수준(실패/성공, 우수/보통/미흡)을 의미한다.
- 특정 기술이나 체력 등의 수준을 알아보는 데 유용하다.

④ 측정평가의 목적
  ㉠ 수행하고자 하는 특정 프로그램의 타당성을 제공한다.
  ㉡ 성장, 발달, 교과 지도에 관한 기록을 만든다.
  ㉢ 실행해야 할 교과 내용과 보조 자료를 파악한다.

### 핵심예제

**특수체육의 측정평가에 관한 설명으로 틀린 것은?** [2017]

① 검사(Test)도구나 방법을 선택할 때 타당도와 신뢰도를 고려한다.
② 표준화검사(Standardized Test)에는 측정 순서, 형식, 대상자, 해석 방법 등이 정해져 있다.
③ 규준지향검사(Norm-referenced Test)는 운동 수행 능력을 시간, 횟수, 거리 등과 같은 객관적인 수치로 나타낸다.
④ 준거지향검사(Criterion-referenced Test)는 장애인의 운동수행 능력을 준거집단의 능력과 비교한다.

|해설|
준거지향검사에서는 학생의 평가된 수행 정도를 준거집단인 다른 학생들과 비교하는 것이 아니라, 수행 능력의 완성도 수준으로 평가한다.

정답 ④

## 핵심이론 10 장애인 대상 검사도구 : TGMD

① TGMD(Test of Gross Motor Development)는 3~10세 아동의 대근운동능력 측정 검사도구로 TGMD-3까지 개발되었다.
② 운동발달 중 기본운동기술에 해당하는 이동기술과 조작기술 검사 항목으로 구성되어 있다.
  ㉠ 이동기술검사 : 달리기, 갤롭, 홉, 립, 제자리멀리뛰기, 스키핑, 슬라이드 동작

> **갤롭(Gallop)**
> - 앞발을 내디딘 후 뒷발을 앞발 뒤꿈치에 가깝게 내딛는다.
> - 어느 쪽 발로 시작해도 무방하다.
> - 두 발이 동시에 땅에서 떨어지는 순간이 있다.
> - 양팔을 구부려 허리 높이로 들어 올린다.
>
> **홉(Hop)**
> 한발을 들고 다른 발로 제자리에서 뛰는 것을 말한다.

  ㉡ 조작기술검사 : 치기, 튀기기, 받기, 차기, 던지기, 굴리기 동작
③ 조작운동기술 점수는 남녀의 발달 차이를 고려하여 각각 다른 규준을 적용하고, 합산하여 항목별 점수를 산출한다.
④ 규준지향검사와 준거지향검사 방식을 모두 적용한다.
⑤ 각 과제마다 2회를 시행하고 점수를 합산하여 항목별 점수를 산출한다.
⑥ TGMD의 검사를 시행할 때에는 각 검사 항목별로 설명과 시범, 사전연습, 검사의 절차를 거치도록 한다.
⑦ TGMD의 검사 시 고려사항
  ㉠ 장애유형과 측성을 고려하여 변형된 방식을 적절히 선택한다.
  ㉡ 검사항목의 동작 시범은 특징을 쉽게 인식할 수 있도록 시범을 보인다.
  ㉢ 수정된 검사 도구는 차후 검사에서도 동일하게 적용한다.
  ㉣ 장애의 특성에 따라 무리하게 진행하지 않고 검사 항목별로 최선의 동작을 수행할 수 있게 한다.

| 핵심예제 |

TGMD-3(Test of Gross Motor Development-3)에 대한 설명으로 옳은 것은? [2024]

① 3~6세 아동만을 대상으로 한다.
② 규준참조평가도구로 사용할 수 없다.
③ 6가지의 이동기술 검사항목과 5가지의 공(Ball) 기술 항목을 검사한다.
④ 각 검사항목의 수행 준거를 정확하게 수행하면 1점, 정확하게 수행하지 못하면 0점을 부여한다.

| 해설 |

① 3~10세의 아동들을 대상으로 한다.
② 규준지향검사와 준거지향검사 방식을 모두 적용한다.
③ 6가지 이동기술(달리기, 갤롭, 홉, 립, 제자리멀리뛰기, 슬라이드) 검사와 6가지 공 기술(정지한 공 치기, 드리블, 차기, 붙잡기, 던지기, 굴리기) 검사를 포함한다.

정답 ④

## 핵심이론 11 장애인 대상 검사 도구 : BPFT

① BPFT(Brockport Physical Fitness Test)는 동일 체력요인을 장애 유형에 따라 다른 검사로 측정할 수 있다.
② 건강체력 요소에 해당하는 심폐능력 4종목, 근골격계 기능(근력 및 근지구력 16종목, 유연성 5종목), 신체조성 2종목에 대하여 장애유형별 특성을 고려하여 총 27가지 항목으로 측정할 수 있다.
③ 일반인들의 표준화된 체력검사가 하나의 체력요인에 대해 단일 검사 항목으로 획일화하여 측정하는 것과 달리 장애인들의 능력과 기능에 맞추어 선택의 기회를 제공한다.
④ BPFT는 체력 검사의 결과로 등급을 매기거나 순위를 표시하는 상대적 규준지향 방식이 아니라 연령대별로 요구되는 건강 수준의 적합성 여부를 판단하는 준거지향적 방식을 선택하고 있다.
⑤ 다른 이들과의 비교가 목적이 아니라 개개인의 건강 수준을 확인하고 그에 따른 건강체력 관리의 중요성을 강조한다.
⑥ 단순히 장애인들에게만 적용할 수 있는 체력검사가 아니라 일반인에 대한 결과도 함께 확인할 수 있도록 결과 해석 자료를 제시함으로써 통합체육 상황에서도 유용하게 활용될 수 있다.
⑦ BPFT 검사 진행 과정
  ㉠ 검사의 효율성과 효과성을 최대화할 수 있는 절차를 고려해야 한다.
  ㉡ 대상 아동에 대한 장애 유형과 능력 및 수준 숙지 → 검사 전 항목 선정 → 측정 → 준거점수와 비교 분석·평가 → 결과 작성 → 운동계획 작성

### 핵심예제

브락포트 체력검사(Brockport Physical Fitness Test ; BPFT)의 설명으로 옳은 것은? [2017]
① 대근운동기술을 측정한다.
② 동일 체력요인을 장애 유형에 따라 다른 검사로 측정할 수 있다.
③ 건강체력과 운동기술체력을 동시에 검사한다.
④ 통합체육 상황에서는 적용할 수 없다.

|해설|

Brockport Physical Fitness Test(BPFT)는 유산소성 능력, 신체 조성, 근골격계 요인에 대한 검사로 구성되어 있으며, 이것들은 모두 건강관련 체력을 강화하기 위해 이용될 수 있다. BPFT는 국제뇌성마비인경기연맹(CP-ISRA)과 전미장애인스포츠연합(NDSA)에서 사용하는 8단계의 기능 등급 분류를 반영하고 있고, 개인의 기능 수준에 따라 특정 검사 항목을 선택하도록 되어 있다.

정답 ②

### 핵심이론 12 장애인 대상 검사도구 : PAPS-D

① PAPS-D(Physical Activity Promotion System for Students with Disabilities)는 2013년 장애 학생들의 건강체력 수준을 파악하고 관리하기 위해 우리나라에서 개발된 체력검사 도구이다.
② 학령기 장애인들에게 적용하기 위해 개발된 검사이기는 하지만, 다양한 장애 유형에 걸쳐 건강관련 체력을 측정할 수 있는 항목과 방법이 제시되어 있기 때문에 장애인스포츠 현장에서도 유용하게 활용될 수 있다.
③ 2007년부터 일반 학생들을 대상으로 시행된 PAPS와 동일하게 건강관련 체력 요인 중심의 검사 항목을 포함하고 있으며, 6개 장애 유형에 따라 기존의 일반적인 측정 방법을 수정하고 변형하였다.
④ PAPS-D의 체력요인별 검사항목
근골격계(근기능, 유연성, 신체균형도), 호흡순환계(심폐기능), 신체구성(비만도), 자기신체상(자기신체평가)

### 핵심예제

〈보기〉에서 설명하는 장애 학생건강체력평가(Physical Activity Promotion System for Student with Disabilities : PAPS-D)에 해당하는 것은? [2023]

|보기|

장애 학생건강체력평가는 개인의 건강 체력이 동일 장애 조건을 가진 사람들 중 어느 정도인지에 대한 정보를 제공한다.

① 비형식적 검사     ② 비표준화 검사
③ 규준참조검사     ④ 준거참조검사

|해설|

규준참조검사는 개인의 점수나 측정치를 규준집단의 수치분포와 비교하여 해당 값이 표본집단에서 어느 위치에 있는지 상대적으로 판단하는 평가 방법이다.

정답 ③

## 제2절 | 특수체육 지도 전략

### 핵심이론 13  개별화교육프로그램(IEP)

① 개별화교육프로그램(Individualized Education-Program) : 학생이 지니는 개인차와 장애로 인한 발달상의 차이로 인해 단일 교육과정으로는 개인의 필요를 충족시키기 어렵다. 이에 따라 개인의 발달에 적합한 교육 프로그램을 계획하고 시행하는 것을 의미한다.

② IEP의 목표 : 개개 학생의 능력과 특성에 따른 적절한 교육을 보장하며 학교나 가정, 체육센터 등 유관기관의 의사소통이나 연대 및 협력 지원을 위해 필요하다.

③ IEP의 기능 : 관리 도구, 점검 도구, 평가 도구, 의사소통 수단으로서의 기능을 한다.

④ IEP 개발 과정 : 의뢰 → 진단 및 평가 → 사정 → 통보 → 실행 → 재검토

⑤ IEP의 구성요소 : 인적사항, 현재의 능력 수준, 연간 지도 목표, 단기 지도 목표 등

⑥ IEP 지원팀
  ㉠ 필수 참여자 : 참여자(장애인), 지도사(교사), 보호자(부모), 지역 대표, 심리치료사, 전환서비스 대표자 등
  ㉡ 선택 참여자 : 일반 체육 지도사(교사), 센터장, 보조 지도자(자원봉사자), 물리치료사, 언어치료사, 레크리에이션 지도자, 간호사, 사회복지사 등

⑦ 개별화교육(IEP) 작성방법
  ㉠ 현재 운동 수행 수준을 정확히 파악하기 위해서는 실제 상황에서의 평가가 유용하다.
  ㉡ 목표 진술에는 조건(Condition), 기준(Criterion), 행동(Action)이 포함된다.
  ㉢ 지도에 필요한 용기구, 변형 방법, 관련 서비스, 보조 인력의 활용 등을 명시한다.
  ㉣ 개인차를 고려하여 개인의 발달에 적합한 교육 프로그램을 계획하고 시행한다.

---

### 핵심예제

**13-1.** 미국 장애인교육법(IDEA, 1997)에서 요구하고 있는 개별화교육프로그램(IEP)의 필수 구성 요소가 아닌 것은?
[2024]

① 부모의 동의
② 학생의 현재 수행 수준
③ 학생에게 정기적으로 통지하는 방법
④ 측정할 수 있고 구체적인 연간계획과 장기목표

**13-2.** 개별화교육계획(Individualized Education Program ; IEP)의 기능 중 〈보기〉의 설명에 해당하는 것은?
[2023]

| 보기 |
| --- |
| 계획된 목표와 학생의 진보가 어느 정도 일치하고 있는가를 확인하기 위한 기능 |

① 의사소통 기능  ② 통합 기능
③ 평가 기능     ④ 관리 기능

| 해설 |

**13-1**
**개별화교육프로그램(IEP)의 필수 구성요소**
- 학생의 현행 수준 평가
- 연간교육목표(장기목표)와 단기교육목표
- 교육 서비스(또래 교수, 부모상담 등)와 교재·교구
- 교육 시작 날짜와 교육기간
- 기타 : 부모의 동의, 교육 프로그램의 책임자, 목표달성 기준과 평가절차

**13-2**
③ 평가기능 : 장애 학생의 진보 상황을 알게 하는 기능
① 의사소통 기능 : 개별적인 교육의 필요성과 서비스에 관한 교사 간, 교사-부모 간 의사소통을 가능하게 하는 기능
② 통합 기능 : 서비스 제공의 효율성 및 자원의 효과적인 사용을 점검하고 통합하는 기능
④ 관리 기능 : 개별 학생이 필요로 하는 적절한 교육과 관련 서비스를 받도록 관리하는 기능

정답 13-1 ③  13-2 ③

## 핵심이론 14 운동발달의 원리와 단계

① 운동기술의 중요성
　㉠ 움직임을 기본으로 하여 행동을 수행하는 것은 개인의 독립성과 밀접한 관계가 있으며, 다른 모든 활동의 기본이 되는 영역이라고도 할 수 있다.
　㉡ 운동성에 주요한 기술을 일반적으로 대근육(Gross Motor)과 소근육(Fine Motor)의 두 가지로 범주화하고 있다.
　　• 대근육은 큰 근육 활동인 목, 몸통, 팔, 다리 등을 이용해서 하는 활동을 포함한다.
　　• 소근육 활동은 그보다 세밀한 활동으로 작은 근육들 특히 눈, 말 표현과 관련된 근육, 손, 손가락, 발가락 등을 사용하는 기술이다.

② 운동발달의 원리(위계) : 대부분의 운동발달은 일정한 순서에 따라 발달한다. 그러나 장애 학생은 이러한 순서와 비율에서 일탈을 보이는 경우가 많다.

| 발달 위계 | 예 시 |
| --- | --- |
| 위에서 아래로<br>(머리에서 발쪽으로) | 신생아들은 몸의 사용에 있어 다리의 사용보다 목가누기를 먼저 습득한다. |
| 중심에서 말초로 | 어깨를 먼저 그 다음에 팔꿈치, 팔목, 손가락 순서로 발달한다. |
| 미분화된 움직임에서<br>분화된 움직임으로 | 새로운 기술을 학습할 때 처음에는 행동이나 움직임이 서투르나 점차 분화된 신체 움직임을 보인다. |
| 대근육에서<br>소근육으로 | 아동의 근육 사용에서 우선 대근육 활동을 먼저 습득한 후 점차 세분화된 소근육 활동들도 정교화된다. |
| 근육 사용이<br>효율적으로 | 초기에는 활동을 하는 데 많은 에너지가 필요하나, 점차 에너지 및 근육사용이 효율적으로 이루어져 처음보다 적은 에너지로 많은 활동을 할 수 있다. |
| 대칭에서 비대칭으로 | 신체의 양쪽을 점차 서로 다르게 사용할 수 있다. |

③ 운동발달의 단계 : 반사·반응 행동 → 감각운동반응(기초 운동 형태) → 운동양식(기본 운동 형태) → 운동기술(전문적 운동 형태)

---

### 핵심예제

**운동발달의 원리가 아닌 것은?** [2015]

① 머리 → 발 방향의 발달
② 근위 → 원위 협응 발달
③ 발달단계의 동일성
④ 소근육 → 대근육 발달

|해설|

**운동발달의 원리**
• 연속적으로 이루어지는 과정이다.
• 순서의 동일성을 가진다.
• 대근육에서 소근육으로 진행된다.
• 위에서 아래, 즉 머리에서 발쪽으로 진행된다.
• 몸 중심에서 말초 부위로 발달한다.
• 양방향에서 한 방향으로 이루어진다.
• 수평적 동작에서 수직적 동작으로 발달한다.
• 발달에는 개인차가 있다.

정답 ④

## 핵심이론 15 특수체육 지도 방법

① 장애인들의 신체 활동 현장에서의 지도 방법은 각 개인이나 팀의 지도 목표 수립을 위한 중요한 고려사항이다.
② 장애인을 위한 교수 방법은 매우 다양하고 어떤 교수 유형도 완전할 수 없기 때문에 이상적인 교수 유형을 찾기 위해서는 장애인에게 맞게 적절하게 수정 변형된 교수 방법을 적용하는 것이 중요하다.
③ 교수자에 따른 접근으로 지도자 중심의 지도와 참여자 중심의 지도로 나눌 수 있다.
④ 지도 방식에 따른 접근으로 일대일 방식, 소그룹 방식, 대그룹 방식, 혼합 방식, 또래교수(동료교수) 방식, 과제식 수업(스테이션 지도) 등이 있다.

　㉠ 또래 교수(Peer Tutoring)
　　• 경험 많은 참여자가 보조 지도자로서 신규 참여자를 지도한다.
　　• 지도자에 대한 참여자의 비율을 줄이는 효과가 있다.

　㉡ 스테이션 교수(Station Teaching)
　　• 2가지 이상의 과제가 각기 다른 장소에서 동시에 진행되도록 학습 환경을 조성한다.
　　• 학습자들을 소집단으로 나누어 협동 학습을 진행할 수 있다.
　　• 실제학습시간(Academic Learning Time ; ALT)이 증가되는 장점이 있다.
　　• 운동기능이 낮은 학습자가 지도자와 효과적으로 상호작용할 수 있는 환경을 만들 수 있다.

　㉢ 증거기반 교수(Evidence-based Practices)
　　• 특수체육 지도의 효과를 증진시키기 위해 임상적 또는 학문적으로 검증된 프로그램이나 지도 전략을 적용하는 방법이다.
　　• 효과가 입증된 교수적 접근으로 중재의 기반이며, 중재반응모델의 핵심적 구성요소이다.

⑤ 지도 형태에 따라 명령형, 과제형, 문제해결형 지도방식이 있다.

⑥ 신체 활동 접근방식
　㉠ 기능적 접근법 : 어려운 동작이나 기술에서부터 기초동작을 가르치는 방법이다.
　㉡ 발달적 접근법
　　• 기능적 접근과 반대로 기초기술에서 어려운 기술로 지도하는 것이다.
　　• 적용사례 : 축구를 지도하기 위해 '기초 기능 → 응용 기능 → 수비·공격 전술 → 간이 게임' 순서로 지도하였다.

### 핵심예제

〈보기〉에서 설명하는 지도 방법으로 가장 적절한 것은?

[2018]

┌ 보기 ├
㉠ 2가지 이상의 과제가 각기 다른 장소에서 동시에 진행되도록 학습 환경을 조성한다.
㉡ 학습자들을 소집단으로 나누어 협동학습을 진행할 수 있다.
㉢ 실제학습시간(Academic Learning Time ; ALT)이 증가되는 장점이 있다.
㉣ 운동기능이 낮은 학습자가 지도자와 효과적으로 상호작용할 수 있는 환경을 만들 수 있다.

① 팀 교수(Team Teaching)
② 또래 교수(Peer Teaching)
③ 스테이션 교수(Station Teaching)
④ 개별화 교수(Individualized Teaching)

|해설|
스테이션 교수법은 교육목표나 내용에 따라 학생을 모둠으로 나눈 후 각 모둠에 교사가 위치하여 해당 주제를 가르치고 학생은 교육이 끝난 후 다음 장소로 옮겨감으로써 수업이 진행되는 협력 교수의 일종이다. 이때 두 교사 간에는 서로 다른 내용을 가르치는 것이 특징이다.

정답 ③

## 핵심이론 16 체육활동의 변형

① 참여를 촉진하는 방향으로 변형한다.
② 최적의 수행 능력을 발휘하도록 변형한다.
③ 장애로 인해서 제한이 발생하지 않도록 변형한다.
④ **체육 환경의 변형**
  ㉠ 접근성 : 거리상으로 장애 학생들의 접근성을 확보하는 것이 스포츠센터나 공공 기관을 신축할 때 최우선 과제이다.
  ㉡ 안전성 : 넘어지거나 부딪혔을 때 안전하도록 부드러운 재질의 벽과 바닥, 안전장치가 설치된 출입문, 미끄럽지 않은 이동통로, 긴급 사태를 알릴 수 있는 불빛 경로벨 등
  ㉢ 흥미성 : 장애 학생들의 흥미를 유발할 수 있는 사물을 배치하거나 창문, 벽 색깔을 화사한 색으로 꾸미는 것 등
  ㉣ 효율성 : 음향 시설, 촬영 기기, 냉난방 시설, 활동 공간의 크기 등을 적절히 고려한다.
⑤ **운동 용기구 및 기구의 변형**
  ㉠ 체육활동에서 사용되는 용기구 및 기구는 활동 유형에 따라 다양하게 변형하여 사용할 수 있다.
  ㉡ 체육 활동을 진행하는 교사는 체육 활동의 목표와 내용에 맞게 다양한 용기구 및 기구를 변형하여 사용함으로써 학생을 학습에 참여시킬 수 있다.
  ㉢ 교사는 어떤 용기구 및 기구를 선택할 것인지 신중하게 고려해야 한다.
⑥ **규칙의 변형**
  ㉠ 체육 환경
    • 장애 학생들이 마음껏 활동할 수 있는 안전하고 쾌적한 환경을 찾아 체육 활동을 실시해야 한다.
    • 교사들은 장애 학생들을 위해 이러한 환경에 대해 민감성을 가지고 있어야 한다. 예를 들어, 뇌성마비 학생이 서 있는 곳에는 매트나 쿠션을 배치하여 학생이 넘어질 경우에 대비해야 한다.
  ㉡ 용기구 및 기구
    • 장애 학생들이 여러 종류의 용기구 및 기구를 사용할 때는 돌발 상황이 발생할 수 있기 때문에 우선적으로 안전 교육을 실시해야 한다.
    • 그 후 개별 학생의 신체적·정신적 특성에 맞게 최적의 용기구 및 기구를 제공하는 것이 중요하다.
  ㉢ 참여 인원
    • 장애 학생의 특성과 상황에 맞게 인원수를 다르게 하여 탄력적으로 운영하는 것이 바람직하다.
    • 자폐성 장애 학생과 같이 대집단에서 학습하는데 어려움이 있는 학생은 소집단에 배치하는 것이 좋다.
    • 정신지체 학생들은 상대편보다 더 많은 선수로 구성하여 운동 활동을 하도록 한다.
  ㉣ 활동 유형
    • 개인운동, 단체운동 또는 참여형 운동, 관람형 운동 등으로 분류할 수 있다.
    • 분류는 체육 교사의 판단에 의해 장애 학생의 만족도를 높일 수 있는 방향으로 운영한다.
  ㉤ 교수 유형
    • 체육 활동이 성공적으로 이루어지기 위해서는 학생 특성에 맞는 개별화 교수법이 중요하다.
    • 체육 교사는 다양한 교수법을 습득하여 개별 장애 학생에게 적합한 교수법을 제공해야 한다.
    • 대표적인 교수 유형에는 또래 지도, 언어적 격려, 문제 해결 방식, 피드백, 수신호, 강의식 수업 등이 있다.

### 핵심예제

**16-1.** 장애인에게 적합한 신체 활동 변형에 관한 설명으로 옳지 않은 것은? [2020]

① 활동의 본질적인 특성을 변형한다.
② 참여를 촉진하는 방향으로 변형한다.
③ 최적의 수행 능력을 발휘하도록 변형한다.
④ 장애로 인해서 제한이 발생하지 않도록 변형한다.

**16-2.** 지적 장애인을 위한 체육 활동의 변형 방법으로 옳은 것은? [2021]

① 축구 – 경기장의 크기를 확대한다.
② 배구 – 비치볼(Beach Ball)을 사용한다.
③ 농구 – 골대의 높이를 올린다.
④ 수영 – 레인의 폭을 축소한다.

|해설|

**16-1**
활동의 본질적인 특성을 변형하지 않는 선에서 체육 환경, 경기장, 용기구, 참여 인원, 활동 유형, 교수 유형, 기타 사항들을 수정 및 보완하여 사용하는 것이 바람직하다.

**16-2**
지적 장애인의 경우 발달 속도, 근지구력 활동 부족 등의 이유로 일반인보다 근력이 약하기 때문에 배구의 경우 치기와 받기에서 더 부드럽고 가볍고, 느린 비치볼(Beach Ball)을 사용하며 활동에 필요한 규칙을 좀 더 단순화하는 것이 좋다. 축구의 경우 경기장 크기를 축소하고, 농구는 골대의 높이를 낮추며, 수영은 레인의 길이를 축소하는 것이 좋다.

정답 16-1 ① 16-2 ②

## 핵심이론 17 통합 스포츠

① 통 합
  ㉠ 장애인과 비장애인을 같은 환경에서 교육시키거나 체육 서비스를 제공하는 것을 의미한다.
  ㉡ 장애인은 비장애인과의 신체 활동 및 교류를 통해 사회성이 발달할 수 있으며, 새롭고 흥미로운 활동을 경험할 수 있다.
  ㉢ 통합은 장애인과 비장애인의 상호 이해의 계기를 제공한다.
  ㉣ 통합은 법적 강제 사안은 아니다.
  ㉤ 통합 환경에서 비장애인의 올바른 운동기술 수행은 장애인에게 훌륭한 모델이 될 수 있다.

> **최소제한환경(LRE)**
> • 장애 아동을 장애가 없는 또래, 가정, 지역사회로부터 가능한 한 최소한으로 분리시켜야 한다는 개념이다.
> • 장애인의 개인적 요구에 따라 서비스를 제공하는 것으로, 점진적·단계적 통합교육을 제공한다.
> • 장애인들이 비장애인들과 함께할 수 있는 범위를 최대한 고려하여 이에 해당하는 환경 및 여건을 최적화하는 것이다.

② 위닉(J. Winnick)의 5단계 스포츠 통합 연속체계
  ㉠ 일반 스포츠(Regular Sport)
    • 규칙의 변형이나 보조 도구의 사용 없이, 장애인 선수가 일반 스포츠에 통합적으로 참여하는 단계
    예 비장애인 고교팀 800m 달리기에서 활동하는 인지장애 운동선수
  ㉡ 편의를 제공한 일반 스포츠(Regular Sport with Accommodation)
    • 장애인을 위한 보조 도구가 약간 필요하지만, 장애인 선수가 일반 스포츠에 규칙 변형 없이 통합적으로 참여하는 단계
    예 가이드라인을 사용하는 블라인드 볼링선수
  ㉢ 일반 스포츠와 장애인 스포츠(Regular Sport & Adapted Sport)
    • 비장애인 선수와 협동하거나 경쟁하는 단계
    예 비장애인 선수와 경쟁하는 휠체어 달리기 선수

② 통합 환경의 장애인 스포츠(Adapted Sport Integrated)
- 규칙의 변형과 용기구의 사용을 통해 장애인과 비장애인이 함께 참여할 수 있는 단계
  예 비장애인과 함께 휠체어 농구를 즐기는 선수
⑩ 분리 환경의 장애인 스포츠(Adapted Sport Segregated)
- 장애인이 비장애인과 완전히 분리되어 스포츠에 참여하는 단계
  예 스페셜 올림픽, 패럴림픽, 데플림픽

### 핵심예제

〈보기〉는 위닉(J. Winnick)의 5단계 스포츠 통합 연속체계이다. ㉠, ㉡에 들어갈 용어로 바르게 묶인 것은? [2019]

보기

| 약함↑<br>제한<br>정도<br>↓강함 | 구 분 | 제한 정도에 따른 단계 |
|---|---|---|
| | 1 | ( ㉠ ) |
| | 2 | 편의를 제공한 일반 스포츠<br>(Regular Sport with Accommodation) |
| | 3 | 일반 스포츠와 장애인 스포츠<br>(Regular Sport & Adapted Sport) |
| | 4 | ( ㉡ ) |
| | 5 | 분리 환경의 장애인 스포츠<br>(Adapted Sport Segregated) |

| | ㉠ | ㉡ |
|---|---|---|
| ① | 일반 스포츠 | 통합 환경의 장애인 스포츠 |
| ② | 일반 스포츠 | 장애인 스포츠 |
| ③ | 통합 스포츠 | 통합 환경의 장애인 스포츠 |
| ④ | 통합 스포츠 | 장애인 스포츠 |

|해설|
㉠ 일반 스포츠 : 규칙의 변형이나 보조 도구의 사용 없이, 장애인 선수가 일반 스포츠에 통합적으로 참여하는 단계
㉡ 통합 환경의 장애인 스포츠 : 규칙의 변형과 용기구의 사용을 통해 장애인과 비장애인이 함께 참여할 수 있는 단계

정답 ①

### 핵심이론 18 특수체육 지도 행동관리

① **행동수정** : 행동수정은 일상생활에서 나타나는 부적응행동을 감소시켜 적응행동을 향상시키는 데 목적이 있다.

② **행동관리의 주요이론**
㉠ 행동주의의 개념 : 행동주의는 관찰 가능한 행동과 그 행동이 환경 속에 있는 자극으로부터 영향을 받는 방법을 이용하여 학습을 설명하는 이론을 의미한다.
㉡ 고전적 조건화 : 어떤 사람이 본능적 또는 반사적인 반응과 비슷한 불수의적 정서반응 또는 생리적 반응을 일으키도록 하는 학습의 한 유형을 말한다.
㉢ 조작적 조건화 : 어떤 반응에 대해 선택적으로 보상함으로써 그 반응이 일어날 확률을 증가시키거나 감소시키는 것이다. 조작적 조건형성 기법은 장애인 스포츠 상황에서 참여자의 행동을 관리하기 위해 직접적으로 적용된다.
㉣ 문제 행동 관리의 절차
- 문제 행동이 무엇인지 파악한다.
- 문제 행동이 발생하는 빈도, 기간, 유형 등을 파악한다.
- 적절한 행동 관리법을 선정한다.
- 효과적인 강화물을 조사하고 선정한다.

③ **행동수정 기법** : 행동조건화의 원리에 입각한 응용행동분석 연구를 의미한다. 장애 학생들에게 결손 행동을 가르치기 위하여 자주 사용되는 행동수정 기법은 다음과 같다.
㉠ 행동연쇄
- 행동연쇄란 보다 복잡한 행동을 가르치기 위하여 이미 학생들이 소유하고 있는 단순한 하위동작들을 과제의 순서에 따라 배열한 다음, 하나씩 추가적으로 연결하여 강화하는 것을 의미한다.
- 목표 행동을 작은 단위 동작으로 세분한 다음, 과제의 순서에 따라 앞에서부터 혹은 뒤로부터 하나씩 연결하여 점차적으로 강화하는 방법이다.

ⓛ 행동형성
- 행동형성이란 장애 학생에게 어떤 새로운 행동을 가르칠 때 사용되는 방법이다.
- 결손행동의 훈련과 학습에 효과적으로 응용될 수 있는 기법이다.
- 행동형성의 절차
  - 도달점 행동을 선정한다.
  - 시발점 행동을 확인한다.
  - 시발점으로부터 도달점에 점진적으로 접근할 수 있는 단계를 정한다.
  - 강력한 강화자극을 선정한다.
  - 도달점 행동에 접근하는 행동이 발생할 때마다 강화한다.

ⓒ 촉구법과 용암법
- 촉구법 : 지도자는 학생으로 하여금 정해진 어떤 반응을 외현적으로 할 수 있도록 유도하기 위하여 언어적으로 또는 물리적으로 도움을 줄 필요가 있다. 이러한 도움을 촉구법이라 한다.
- 용암법 : 어떤 행동이 다른 새로운 사태에서도 발생할 수 있도록 절차적으로 조건을 변경해 가는 과정, 또는 반응을 유도하는 어떤 식별자극이나 촉구를 점진적으로 감소시키는 것을 말한다.

ⓔ 정적강화
- 정적강화란 어떤 행동에 후속되어 그 행동의 발생빈도를 증가시킬 수 있는 자극을 말하며, 보상이라고도 한다.
- 강화는 행동의 학습에 반드시 필요한 조건이다.

ⓜ 프리맥의 원리 : 빈도가 높은 행동은 낮은 행동에 대하여 강화력을 갖는다는 원리이다.

ⓗ 타임아웃
- 문제 행동이 발생했을 때 정적강화를 받지 못하도록 일정시간 동안 분리시키는 것이다.
- 물리적 행동의 제재 없이 제외 또는 고립하거나 차단하여 문제 행동을 수정하는 방법이다.

ⓢ 소거와 벌 : 소거는 문제 행동의 강화 원인을 알고 그 강화를 제거하는 것이며, 벌은 고통과 자극을 주는 방법이다.

ⓞ 체계적 둔감법 : 두려움을 적게 느끼는 상황부터 두려움을 많이 느끼는 상황의 단계를 개발한 후 각각의 단계에서 두려움을 극복하도록 유도하여 결국 두려움을 가장 많이 느끼는 상황을 극복하도록 독려하는 방법이다.

ⓩ 과잉교정(Over Correction) : 문제 행동을 일으킨 경우에 교정에 관한 행동을 강제적으로 반복하게 하여 책임지게 함으로써 원래대로 되돌려 놓도록 하는 방법이다.

④ 기타 이론
㉠ 교육심리적 접근법 : 장애인스포츠 참여자의 자아존중감(Self-esteem)과 지도자와의 관계를 강화하는 데 중점을 두고 접근한다.

㉡ 정신분석학적 접근법
- 장애인스포츠 참여자의 심리적 기능장애(Psychological Dysfunction)의 원인에 초점을 두고 접근한다.
- 가족치료, 놀이치료, 그룹요법 등의 심리 치료적 기법이 포함된다.

㉢ 생태학적 접근법
- 장애인스포츠 환경 또는 생태계의 부조화가 문제 행동을 야기한다는 가정에서 출발하여 접근한다.
- 생태학적 접근법의 목표는 부적절한 행동을 단순히 멈추게 하는 것이 아니라 환경을 변화시킴으로써 중재를 시도한다.

㉣ 생물기원학적 접근법
- 신경생리학적 기능 이상에 중점을 두고 접근한다.
- 생물기원학적 접근법과 관련된 주된 전략은 약물요법이다.

ⓒ 인본주의적 접근법
- 매슬로우(Maslow)의 연구를 기초로 하는 인본주의적 접근법은 자아실현(Self-actualizaion) 이론에 중심을 두고 접근한다.
- 매슬로우(Maslow)의 욕구 5단계는 낮은 단계의 욕구에서부터 점차 높은 단계의 욕구로 발생한다고 보았다.

### 핵심예제

**18-1.** 〈보기〉에서 설명하는 행동수정기법으로 옳은 것은? [2021]

┌ 보기 ┐
체육 기구를 계속 던지면서 수업을 방해할 때마다 제자리에 돌려놓도록 강제적이고 반복적으로 시켰다.

① 프리맥 원리  ② 과잉교정
③ 토큰 강화   ④ 타임아웃

**18-2.** 〈보기〉에서 사용하는 행동관리 기법은? [2017]

┌ 보기 ┐
처음에는 두 손으로 보조를 하다가 한 손으로 보조를 하거나, 언어적 보조를 하다가 언어적 보조를 점차적으로 제거한다.

① 칭찬(Praise)
② 용암(Fading)
③ 토큰 강화(Token Economy)
④ 프리맥의 원리(Premack Principle)

|해설|

**18-1**
과잉교정은 문제 행동을 일으킨 경우에 교정에 관한 행동을 강제적으로 반복하게 하여 책임지게 하여 원래대로 되돌려놓도록 하는 방법이다.

**18-2**
반응의 빈도를 증가시키기 위한 절차의 궁극적인 목적은 보조 또는 강화 없이 반응하는 것이다. 용암법은 이를 위해 절차적으로 조건을 변경해 가는 과정, 또는 반응을 유도하는 어떤 식별 자극이나 촉구를 점진적으로 감소시키는 것을 말한다.

정답 18-1 ② 18-2 ②

## 핵심이론 19 과제분석

① 과제분석
  ㉠ 어떤 목적을 달성하기 위하여 세부적으로 과제를 분류하여 효과적으로 과제 수행을 진행하는 준비 과정을 의미한다.
  ㉡ 스포츠 지도 현장에서 활동과제 및 동작의 특성과 난이도에 따라 범위나 기준이 달라질 수 있다.

② 영역중심의 과제분석
  ㉠ 게임, 경기와 같은 과제 활동에 대하여 광범위한 구분이 필요한 경우 활용된다.
  ㉡ 심동적·정의적·인지적 측면에서 무엇을 추구해야 하고 어떤 것들을 지도해야 할 것인가를 구체화하기 위한 준비 작업이다.

③ 동작중심의 과제분석
  ㉠ 질적 수행 향상이 목적이다.
  ㉡ 세부적인 움직임 기술에 대해 단계적으로 지도할 때, 기초적이고 단순한 움직임이거나 하나의 과제 활동으로 선정되는 것이 적합하다.

④ 유사활동 중심 과제분석
  ㉠ 특정 목표와 관련된 활동을 병렬식으로 분류하여 목록화하는 것이다.
  ㉡ 향상시키고자 하는 신체 활동과 관련되는 활동을 정확히 선정하고, 선정된 관련 활동을 어떤 단계로 배치할 것인가를 분석한다.

⑤ 생태학적 과제분석
  ㉠ 학생의 특성이나 선호도를 고려하면서, 동시에 운동기술이나 움직임 수행에 영향을 줄 수 있는 환경 요소를 함께 고려한다.
  ㉡ 대상 학생을 중심으로 체육 현장에서 실제적으로 평가하는 방법이다.
  ㉢ 인지적, 정의적, 심동적 발달을 위해 과제를 세분화한다.
  ㉣ 과제를 정확히 수행하는 데 그 목적이 있다.

ⓜ 학생이 할 수 없는 운동기술과 움직임 구성요소 또는 학생이 할 수 있는 운동기술과 움직임의 구성요소를 명확히 제시하는 것이 중요하다.
ⓑ 과제목표의 확인 → 선택 → 조작 → 지도의 단계를 포함한다.

### 핵심예제

**19-1.** 〈보기〉에서 상지의 근력 및 근지구력 향상을 위한 프로그램에 적용한 과제분석 방법은? [2018]

┌─보기─────────────────────┐
- 1과제 - 누워서 양팔 굽혔다 펴기
- 2과제 - 누워서 양손으로 큰 공 잡고 굽혔다 펴기
- 3과제 - 서서 양손 벽에 대고 팔 굽혔다 펴기
- 4과제 - 서서 양손으로 아령 들고 올렸다 내리기
- 5과제 - 바닥에 무릎 대고 팔 굽혔다 펴기
└─────────────────────────┘

① 생태학적 과제분석
② 영역 중심 과제분석
③ 동작 중심 과제분석
④ 유사활동 중심 과제분석

**19-2.** 생태학적 과제분석(Ecological Task Analysis)의 3대 구성요소로 옳지 않은 것은? [2021]

① 수행자              ② 수행환경
③ 수행평가자          ④ 수행과제

### 해설

**19-1**
유사활동 중심 과제분석은 특정 목표와 관련된 활동을 병렬식으로 분류하여 목록화하는 것이다. 향상시키고자 하는 신체 활동과 관련되는 활동을 정확히 선정하고, 선정된 관련 활동을 어떤 단계로 배치할 것인가를 분석한다.

**19-2**
생태학적 과제분석은 학생의 특성이나 선호도를 고려하면서, 동시에 운동기술이나 움직임 수행에 영향을 줄 수 있는 환경 요소를 함께 고려하는 과제분석 방법이다. 대상 학생(수행자)을 중심으로 체육 현장(수행 환경)에서 실제적으로 평가하고 인지적·정의적·심동적 발달을 위해 과제(수행 과제)를 세분화한다. 따라서 3대 구성요소는 수행자, 수행환경, 수행과제이다.

**정답** 19-1 ④  19-2 ③

## 핵심이론 20 체육 활동 지도 시 고려 사항

① 언어적 지도
  ㉠ 간단명료한 단어 사용
  ㉡ 한 단어에 한 가지 의미의 단어만 사용
  ㉢ 한 번에 한 가지 지시만 하기
  ㉣ 학생이 지시를 수행하기 전에 반복하게 하기
  ㉤ 구두 지시 후 과제 시범 보이기 또는 신체적으로 보조하기

② 시 범
  ㉠ 교사는 장애 학생에게 자세하게 시범을 보임으로써 기술이나 활동을 쉽게 이해할 수 있도록 돕는다.
  ㉡ 중요한 부분을 특별히 강조하며, 정확하고 반복적으로 시범을 보여야 한다.

③ 주의산만 요소의 제거
  ㉠ 주의를 분산시키는 물건이나 요소를 학생의 뒤에 배치시킨다.
  ㉡ 교사는 실제로 용구 및 기구를 사용하기 전까지는 용구 및 기구를 설치하지 않는다.
  ㉢ 체육 활동을 할 때는 환경 내의 외부 소음과 물체를 제거하고, 외부인의 통행을 금지한다.
  ㉣ 교사는 학생에게 충분한 촉진신호와 강화를 제공하고 수업을 재미있게 진행하여 학생이 수행해야 할 활동에 집중할 수 있도록 한다.

④ 난이도 수준 : 장애 학생의 운동 능력은 수준차가 크기 때문에 교사는 난이도를 달리 적용하여 체육 활동을 진행해야 한다.

⑤ 동기유발 수준 : 장애 학생들을 체육 활동에 적극적으로 참여시키기 위해서 교사는 칭찬, 자유놀이, 강화와 같은 방법을 사용해야 한다.

⑥ 응급처치
  ㉠ 장애 학생의 체육 활동은 일반 학생에 비해 안전사고가 발생할 확률이 높으므로, 교사는 위험 요소를 사전에 방지하여 안전사고를 예방하는 것이 중요하다.

ⓒ 장애인 신체 활동 지도 시 부상 예방을 위한 유의사항
- 환축추 불안정(Atlantoaxial Instability) 상태를 보이는 다운증후군 지적 장애인 : 머리와 목의 근육에 충격을 줄 수 있는 운동은 위험하다.
- 녹내장이 있는 시각 장애인 : 역도 같은 폭발적 파워 운동은 위험하다.
- 망막박리가 있는 시각 장애인 : 충돌이나 접촉성 운동은 위험하다.

ⓒ RICE 응급처치법
- 휴식(Rest) : 즉각적으로 부상 부위를 움직이지 않게 한다.
- 냉찜질(Ice) : 얼음으로 부상 부위를 차게 해준다.
- 압박(Compression) : 붕대로 부상 부위를 감아서 지혈하고 부종을 예방한다.
- 올림(Elevation) : 부상 부위를 심장보다 높은 곳에 위치시켜 혈액이 몰리는 것을 방지한다.

ⓔ 장애인이 운동 중 발작을 일으킨 경우 천천히 자리에 눕히고 주변에 위험한 물건을 치운다.

### 핵심예제

**발작에 대한 지도자의 대처 방법으로 옳지 않은 것은?** [2021]

① 발작 동안 주변 사물과 충돌하지 않도록 조치한다.
② 발작 이후 즉시 심폐소생술을 실시한다.
③ 발작이 10분 이상 지속할 경우 응급상황으로 판단한다.
④ 발작 이후 호흡 상태 관찰과 필요 시 회복 자세를 취하도록 한다.

|해설|

발작이 심한 경우(10분 이상 지속)에는 즉각적인 의학적 처치가 필요하지만 대부분의 발작은 의학적 처치가 필요하지 않다. 발작 발생 시 다치지 않도록 응급처치를 하고 발작이 끝나면 재발작에 대비하여 환자를 살펴보면서 편한 자세를 취할 수 있도록 해준다.

정답 ②

### 핵심이론 21 장애인을 위한 스포츠 지도 전략

① 장애인을 위한 체력 운동의 일반적인 원칙
  ⓐ 규칙적으로 반복하여 실시한다.
  ⓑ 개인의 특성과 능력에 맞게 구성한다.
  ⓒ 흥미를 잃지 않도록 운동과 휴식을 조화롭게 구성한다.

② 특수체육 지도의 효과적인 보조를 제공하기 위해 고려할 내용
  ⓐ 개인 및 장애 특성에 대한 충분한 이해
  ⓑ 보조보다는 활동 과제에 집중하도록 유도
  ⓒ 언어 보조, 시각 보조, 신체 보조의 적절한 연계

**범주적 접근방법**
- 시각 장애, 지적 장애, 지체 장애와 같이 장애 조건에 따라 장애인을 분류하여 지도하는 접근 방법이다.
- 증상이나 행동들을 유목으로 나누고 각 유목의 질적인 차이를 강조한다.
- 단속적으로 바라보고, 증상이나 행동의 연속적인 면을 인정하지 않는다.

③ 장애인의 스포츠 참여를 촉진하기 위한 방법 예시
  ⓐ 지적 장애인을 위한 축구 경기에서 오프사이드(Off Side) 반칙을 없앤다.
  ⓑ 척수 장애인을 위한 농구 경기에서 더블 드리블(Double Dribble)을 허용한다.
  ⓒ 시각 장애인을 위한 볼링 경기에서 가이드레일(Guide Rail)을 설치한다.

④ 장애인을 위한 스포츠 항목
  ⓐ 뇌성마비 장애인을 위해 고안된 종목인 보치아
    - 가죽으로 된 공을 던지거나 굴려 표적구와의 거리를 비교한 후, 점수를 매겨 경쟁하는 구기 스포츠이다.
    - 뇌성마비 장애인들이 즐길 수 있는 스포츠로 고안되었고, 현재는 각종 운동기능 장애를 겪는 장애인들에 의해 광범위하게 향유되고 있다.

ⓒ 시각 장애인을 위해 고안된 종목
- 쇼다운(Showdown) : 시각 장애인을 위한 종목으로 탁구와 비슷하게 테이블에서 소리가 나는 공을 배트로 쳐서 테이블 중앙에 설치된 센터스크린 밑을 통과해 상대의 골 포켓에 공을 넣는 경기이다.
- 골볼(Goalball) : 실명한 퇴역 군인들의 재활을 위해 고안된 스포츠로, 소리가 나는 공을 상대방 골대에 넣는 경기이다.
- 텐덤 사이클(Tandem Cycling) : 비장애인과 시각 장애인이 한 팀이 되어서 함께 타는 2인 자전거 경기이다.

### 핵심예제

**21-1. 스포츠 등급분류에서 1급에 해당하는 뇌성마비 장애인에게 적합한 운동은?** [2019]

① 보치아
② 사이클
③ 7인제 축구
④ 마라톤

**21-2. 장애인을 위한 체력 육성의 일반적인 원칙으로 적절하지 않은 것은?** [2018]

① 규칙적으로 반복하여 실시한다.
② 개인의 특성과 능력에 맞게 구성한다.
③ 운동 강도와 빈도를 계획에 따라 일률적으로 적용한다.
④ 흥미를 잃지 않도록 운동과 휴식을 조화롭게 구성한다.

|해설|

21-1
보치아는 뇌성마비 장애인들이 즐길 수 있는 스포츠로 고안되었고, 현재는 각종 운동기능 장애를 겪는 장애인들에 의해 광범위하게 향유되고 있다.

21-2
장애인을 위한 체력 육성의 일반적 원칙으로 객관적이고 일률적인 적용은 피해야 한다. 운동 강도와 빈도는 개인의 특성에 맞게 조절해야 한다.

**정답 21-1 ① 21-2 ③**

### 핵심이론 22 국제 기능·장애·건강 분류(ICF)

① 국제 기능·장애·건강 분류(International Classification of Functioning, Disability and Health ; ICF)는 세계보건기구(WHO)가 기능과 장애 및 건강을 개인 및 인구 수준에서 측정하기 위해 개발한 국제분류체계이다.

② 장애는 신체 기능과 구조, 활동, 참여의 세 가지 영역 모두 또는 어느 한 가지 영역에서 겪게 되는 어려움으로 발생하며, 개인적·환경적 요인들에 의해서도 영향을 받는다.

③ 신체 기능과 구조는 실제 장애인의 생물학적·신체적 특성을 의미하며, 활동과 참여는 의사소통, 타인과의 상호작용, 학습, 이동 등과 같은 장애인의 개인적인 기능 상태를 강조한다.

④ 상황적 요인은 장애인이 자신의 능력으로 통제할 수 없는 개인적 요인(성별, 인종, 나이 등)과 환경적 요인(국가, 가족, 문화 등)으로 구성된다.

⑤ ICF의 구체적인 목적
ⓐ 건강과 건강 관련 상태, 결과, 그리고 결정요소를 이해하고 조사하는 과학적 기초를 제공한다.
ⓑ 건강과 건강 관련 상태를 설명하는 공용어를 제공함으로써, 건강관리 관계자, 연구원, 정책입안자, 대중, 그리고, 장애인과 같은 상이한 사용자들 간의 원활한 커뮤니케이션이 이루어질 수 있도록 돕는다.
ⓒ 국가별 자료, 건강 관리 원칙, 서비스, 그리고 시간에 대한 비교를 가능케 한다.
ⓓ 보건 정보 체계 구축을 위한 체계적으로 코드화된 분류기준을 제공함으로써 건강 정보 시스템 구축에 기여한다.

**핵심예제**

**22-1.** 〈보기〉에서 세계보건기구(WHO)의 '기능·장애·건강에 대한 국제 분류(International Classification of Functioning, Disability, and Health ; ICF)'에 대한 설명 중 빈칸 안에 들어갈 가장 적절한 말은? [2020]

┌─ 보기 ─────────────────────────┐
│ 장애는 (      )의 세 가지 영역 모두 또는 어느 한 가지 │
│ 영역에서 겪게 되는 어려움으로 발생하며, 개인적·환경 │
│ 적 요인들에 의해서도 영향을 받는다.                │
└────────────────────────────┘

① 지능, 신체 기능과 구조, 참여
② 활동, 대인관계 능력, 신체 기능
③ 신체 기능과 구조, 활동, 참여
④ 지능, 대인관계 능력, 신체 구조

**22-2.** 국제 기능·장애·건강 분류(International Classification Functioning, Disability and Health ; ICF)에 제시된 장애에 대한 개념적 특징이 아닌 것은? [2023]

① 환경적 요인에 의하여 누구나가 장애인이 될 수 있음을 강조한다.
② 유형과 정도가 같은 장애인들이 동일한 활동에 참여하도록 한다.
③ 기능과 장애는 건강 상태와 개인적·환경적 요인들의 상호작용이다.
④ 장애는 개인, 주변의 태도, 환경적 장벽 사이 상호작용의 결과이다.

|해설|

22-1
장애는 신체 기능과 구조, 활동, 참여의 세 가지 영역 모두 또는 어느 한 가지 영역에서 겪게 되는 어려움으로 발생하며, 개인적·환경적 요인들에 의해서도 영향을 받는다. 신체 기능과 구조는 실제 장애인의 생물학적·신체적 특성을 의미하며, 활동과 참여는 의사소통, 타인과의 상호작용, 학습, 이동 등과 같은 장애인의 개인적인 기능 상태를 강조한다.

22-2
① 환경적 요인뿐만 아니라 개인적 요소에 의하여 누구나가 장애인이 될 수 있음을 강조한다.
② 유형과 정도가 같은 장애인들이라도 상황이나 필요에 따라 다른 활동에 참여하도록 한다.
※ ①, ② 모두 옳은 선지로 복수 정답 처리되었습니다.

**정답** 22-1 ③  22-2 ①, ②

---

## 제3절 | 장애 유형별 스포츠 지도 전략

### 핵심이론 23 지적 장애

① 지적 장애의 정의

㉠ 우리나라 장애인복지법의 정의
- 지적 장애인은 정신 발육이 항구적으로 지체되어 지적 능력의 발달이 불충분하거나 불완전하고 자신의 일을 처리하는 것과 사회생활에 적응이 상당히 곤란한 사람으로 정의하고 있다.
- 장애인복지법 시행규칙에 따르면 지능지수가 70 이하인 사람으로서 교육을 통한 사회적·직업적 재활이 가능한 사람이라 하였다.

㉡ 미국 지적 장애 및 발달장애협회(AAIDD)의 정의
- 지적 장애란 지적기능성과 개념적·사회적·실제적 적응기술로 표현되는 적응행동의 양 영역에서 유의하게 제한성을 보이는 것이다.
- 이 장애는 22세 이전에 발생한다.
- −2 표준편차 이하의 지적 기능을 나타낸다.

② 지적 장애의 발생 원인

㉠ 염색체 이상, 수두증, 소두증, 대사 이상, 산모의 질병, 부모의 혈액형 부적합, 산모의 중독, 대사 장애, 미숙아, 조숙아, 저체중아, 난산, 질병, 발달상의 지체, 환경박탈, 중독, 사고, 대뇌 산소결핍, 종양, 매독, 특발성 증상 등

㉡ 병인학적 원인 : 다운증후군, 페닐케톤뇨증, 약체X증후군, 프라더-윌리증후군 등

③ 지적 장애의 특성
  ㉠ 인지행동적 특성
    • 지적 장애는 인지행동적 측면에서 일반인과 차이가 나타난다.
    • 지적 장애는 개인적 차이가 있지만 주의력 및 기억력 결함을 가지고 있으며, 동기유발이 잘 되지 않아 문제가 되는 경우가 많다.
  ㉡ 사회적·감정적 특성 : 지적 장애인들은 상황을 잘못 받아들여 부적절하게 반응하거나 타인과 어떻게 상호작용을 해야 하는지 몰라서 사회성이 결여되는 경우가 많다.
  ㉢ 신체적 특성
    • 지적 장애인은 근력, 지구력, 민첩성, 평형성, 스피드, 유연성, 반응시간 측정에서 일반인보다 낮은 점수를 받는다.
    • 저긴장성 근조직과 과체중을 보인다.

> **다운증후군 지적 장애인의 신체적 특징**
> • 환축추 불안정(Atlantoaxial Instability)을 볼 수 있다.
> • 새가슴이나 내반족을 볼 수 있다.
> • 척추가 휘어 있거나 고관절 탈구가 많다.
> • 근육 긴장의 저하와 관절의 과신전으로 인하여 발달 저하가 올 수 있다.

### 핵심예제

**23-1.** 미국지적장애및발달장애협회(AAIDD, 2021)의 지적장애 정의에 근거하여 〈보기〉의 ㉠~㉢에 들어갈 내용이 바르게 나열된 것은? [2024]

┤보기├
• 표준화 검사를 통해 산출된 지능지수 점수가 ( ㉠ ) 표준편차 이하이다.
• 적응행동의 ( ㉡ ) 기술은 식사, 옷 입기, 작업 기술, 건강과 안전, 일과 계획, 전화사용 등이 포함된다.
• ( ㉢ ) 이전에 발생한다.

|     | ㉠  | ㉡    | ㉢   |
| --- | --- | ---- | ---- |
| ①   | -2  | 실제적 | 20세 |
| ②   | -2  | 개념적 | 20세 |
| ③   | -2  | 실제적 | 22세 |
| ④   | -2  | 개념적 | 22세 |

**23-2.** 〈보기〉가 설명하는 장애유형에 관한 설명으로 옳지 않은 것은? [2024]

┤보기├
• 21번 염색체가 삼염색체(Trisomy 21)이다.
• 의학적 문제(선천성 심장질환, 근시 등)가 있을 수 있다.
• 인종, 국적, 종교, 사회적 지위 등과 관계없이 발생하는 보편성을 지니고 있다.

① 염색체 중 상염색체(Autosome Chromosome)에 문제가 있다.
② 대부분 포만 중추의 문제로 저체중 발생 빈도가 매우 높다.
③ 근육 저긴장성 때문에 지도자의 관리하에 근력 운동이 필요하다.
④ 경추 정렬(Atlantoaxial instability)의 문제 때문에 운동 참여 시 척수손상에 대해 특히 주의한다.

|해설|

**23-1**
**미국지적장애및발달장애협회(AAIDD, 2021)의 지적장애 정의**
지적장애는 지적 기능성과 개념적, 사회적, 및 실제적 적응기술들로 표현되는 적응행동 양쪽에서 심각한 제한성으로 특징화된다. 이 장애는 개인이 22세에 도달하기 전으로 조작적으로 정의되는 발달기 동안에 진행된다.

**23-2**
〈보기〉에서 설명하는 장애유형은 다운증후군이다. 다운증후군 환자는 당분을 조절하는 기능이 낮아서 비만이 되기 쉽고 당뇨병 발병 확률이 높다.

정답 23-1 ③  23-2 ②

**핵심이론 24** 지적 장애인을 위한 스포츠 지도 전략

① 구체적이고 다감각적 경험
  ㉠ 지도는 구체적이어야 하며 가장 중요한 과제 단서를 강조해야 한다.
  ㉡ 언어는 추상적이기 때문에 시범이나 모델링, 신체 보조, 신체일부를 조작하면서 언어적 지도를 하는 것이 좋다.
  ㉢ 시범과 모델링은 학생들이 부정확한 수행 방법을 따라하지 않도록 정확하게 이루어지는 것이 중요하다.
  ㉣ 운동 기술의 습득, 파지, 전이가 이루어지고 있는지 수시로 점검한다.
  ㉤ 언어적 지도 및 단서는 짧고 간단해야 하며, 동작을 나타내는 단어를 강조해야 한다.

② 생태학적 과제 분석
  ㉠ 순차적 과제-시간의 순서 또는 간단한 것으로부터 복잡한 요소로 기술을 세분화해야 한다.
  ㉡ 과제나 기술의 수행에 영향을 미칠 수 있는 환경요인들(공의 크기, 공의 속도, 배트의 길이, 표적과의 거리)뿐 아니라 아동의 한계나 제한점(지적 장애, 낮은 수준의 유연성)도 다루어야 한다.

③ 행동관리
  ㉠ 지적 장애인의 개인별 선호도와 선택권을 존중한다.
  ㉡ 단서 제공, 강화, 수정과 같은 행동관리 원칙을 적용하는 것이 중요하다. 강화제를 즉시 지급하기 어려울 경우 토큰경제법을 활용한다.
  ㉢ 행동의 원칙들은 체계적으로 활용 및 조정되어야 한다.
  ㉣ 문제 행동 예방을 위해서 주의집중에 방해가 되는 장애물을 미리 제거한다.
  ㉤ 지적 장애인이 자해행동을 할 때는 신체 구속을 통해 자해동작을 즉시 중단시켜야 한다.
  ㉥ 학생의 수행과 피드백 사이에 시간이 짧으면 짧을수록 학습은 더 잘 이루어진다.
  ㉦ 학습 동기가 감소할 경우 활동내용에 변화를 준다.
  ㉧ 다운증후군 지적 장애인의 신체 활동 시 고관절의 과신전에 의한 부상에 주의한다.

④ 익숙한 과제에서 새로운 과제로 접근하기
  ㉠ 익숙한 과제에서 새로운 과제로 발전하는 것은 점증적으로 이루어져야 하며, 필요에 따라 집중적으로 강화되어야 할 필요가 있다.
  ㉡ 학습해야 할 과제는 작고 의미 있는 단위로 세분화하여 제시하고, 가능한 순서의 변화 없이 연속적·전체적으로 연습하도록 한다.
  ㉢ 중도 지적 장애인에게는 성공 가능성이 높은 단순한 활동을 반복하는 것이 유리하다.

⑤ 활동변형 : 장애 정도에 따라 규칙이나 기술을 변형한다.
  ㉠ 높은 수준의 스포츠 기술을 기본운동기술 및 패턴으로 대체
  ㉡ 치기와 받기에서 더 부드럽고 가볍고, 느린 공 사용
  ㉢ 활동에 참여하는 사람의 수 감소
  ㉣ 활동 공간 내에 안전 영역이나 특별 영역 선정하여 활동하기

---

**핵심예제**

스포츠를 처음 배우는 중도(重度) 지적 장애인을 위한 지도전략으로 옳지 않은 것은? [2022]

① 배구에서 배구공을 가볍고 큰 공으로 변형한다.
② 기본운동기술을 높은 수준의 스포츠 기술로 변형한다.
③ 골프에서 골프공을 가볍고 큰 공으로 변형한다.
④ 평균대 위 걷기에서 안전바(Safety Bar)를 잡고 걷게 한다.

|해설|
기본운동기술을 높은 수준의 스포츠 기술로 변형하기보다는 계속해서 반복적으로 연습하도록 지도해야 한다. 중도 지적 장애인은 성공 가능성이 높은 단순한 활동을 반복하는 것이 좋다.

정답 ②

**핵심이론 25** 정서·행동 장애

① 정서·행동 장애의 정의
  ㉠ 우리나라에서는 '정서·행동 장애'라는 용어를 사용하고 있으며, 미국 장애인교육법에서는 '심한 정서장애'라는 용어를 채택하고 있다.
  ㉡ 장기간에 걸쳐 다음의 어느 하나에 해당하여, 특별한 교육적 조치가 필요한 사람을 정서 및 행동장애라고 보고 있다(장애인 등에 대한 특수교육법 시행령 별표).
  • 지적·감각적·건강상의 이유로 설명할 수 없는 학습상의 어려움을 지닌 사람
  • 또래나 교사와의 대인관계에 어려움이 있어 학습에 어려움을 겪는 사람
  • 일반적인 상황에서 부적절한 행동이나 감정을 나타내어 학습에 어려움이 있는 사람
  • 전반적인 불행감이나 우울증을 나타내어 학습에 어려움이 있는 사람
  • 학교나 개인 문제에 관련된 신체적인 통증이나 공포를 나타내어 학습에 어려움이 있는 사람

② 정서·행동 장애의 발생 원인
  ㉠ 생물학적 요인
  • 개인의 정서는 유전적·신경학적·생리학적 요인들에 의해 영향을 받을 수 있다.
  • 전문가들은 정서·행동 장애를 일으킬 성향이 높은 기질을 타고나는 경우도 있다고 본다.
  • 기질 이외에도 질병, 출산 합병증이나 사고에 의한 뇌 손상, 영양 부족, 중독 물질에의 노출과 같은 생물학적인 요인들이 정서·행동 장애를 발생시킨다.
  ㉡ 심리-사회적 요인
  • 가족 요인 : 부모-자녀 간의 부정적인 상호작용은 정서·행동 장애를 일으키는 주요인이다. 가족 구성원의 낮은 사회-경제적인 지위, 가족 외부로부터의 지원 부족과 같은 요인도 정서·행동 장애를 일으키는 위험 요인이 될 수 있다.
  • 학교 요인 : 학교에서의 부정적인 경험도 정서·행동 장애 문제를 일으킬 수 있다.

③ 정서·행동 장애의 특성
  ㉠ 낮은 지능 및 학업 성취
  ㉡ 미성숙한 적응행동 : 가장 보편적인 문제는 싸우기, 때리기, 반항하기, 울기 등의 품행장애(Conduct Disorder)를 들 수 있다.
  ㉢ 과잉행동 : 활동의 양이 연령이나 주어진 과제에 비해 지나치게 과도하게 나타난다.
  ㉣ 충동성 : 아무런 생각이나 목적 없이 행동하는 경향성을 의미한다.
  ㉤ 산만성 : 과제에 대한 집중력과 관련된 용어로, 학교 활동을 할 때 주변 자극으로부터 쉽게 방해를 받거나 특정 과제에 주의를 기울일 수 없는 경우가 많다.

> **주의력결핍 과잉행동 장애(ADHD)의 일반적인 특징**
> • 동작이 서투르고 운동발달이 느리다.
> • 정확한 운동 조절과 타이밍에 결함이 나타난다.
> • 뇌의 전두엽 및 그 연결망의 이상으로 억제력, 작업기억, 실행기능 등에 어려움을 보인다.

**핵심예제**

정서 장애는 장기간에 걸쳐 학습상의 어려움을 겪기 때문에 특별한 교육적 조치가 필요한 사람이다. 다음 중 정서 장애인으로 볼 수 없는 것은? [2015]

① 개인 문제에 관련된 신체적인 통증이나 공포를 나타내는 사람
② 언어의 수용 및 표현능력이 인지능력에 비하여 현저하게 부족한 사람
③ 일반적인 상황에서 부적절한 행동이나 감정을 나타내는 사람
④ 전반적인 불행감이나 우울증을 나타내는 사람

|해설|
언어의 수용 및 표현능력이 인지능력에 비하여 현저하게 부족한 사람은 의사소통 장애를 지닌 특수교육대상자이다.

정답 ②

## 핵심이론 26 정서·행동 장애인을 위한 스포츠 지도 전략

① 정서·행동 장애인들에게 적절한 강화를 제공하고, 이러한 강화가 포함된 놀이, 게임, 체력 운동 및 사회성 기술을 발달시키는 데 중점을 둔 활동들을 제공해야 한다.
② 활동에 참여하기 싫어하는 참가자들에게 경쟁 스포츠를 강요하는 것은 바람직하지 않다.
③ 처음에는 직접 참여하는 활동보다는 다른 사람들이 활동하는 모습을 참관하게 하고, 일정 시간이 지난 후 비경쟁적인 자기향상 활동에 참여하도록 유도한다.
④ 체계적인 체육 프로그램은 보다 정상적인 생리적 반응을 자극시키고 격양된 감정을 적절히 분출시켜 줄 수 있다.
⑤ 모든 환경자극은 구조화된 환경 내에서 지도자의 통제 하에 이루어져야 한다.
⑥ 적절한 자극을 활용하고, 주의를 분산시키는 자극을 줄이거나 제거하여야 한다.
⑦ 활동 시 기다리는 시간을 최소화시키고 흥분을 가라앉히며 인내심을 가지게 한다. 문제 행동을 보이는 경우 잠시 타임아웃을 활용할 수 있다.
⑧ 동적인 활동과 차분하고 정적인 활동을 모두 제공하는 것이 바람직하며, 참가자가 흥분할 때의 상황을 예견하고 미리 완화시키는 방안을 숙지하도록 한다.
⑨ 과잉행동을 보이는 참가자는 이완 및 비경쟁활동이 적합하며, 활동이 매우 저하된 상태의 참가자는 적극적인 놀이와 게임이 적합하다.
⑩ 긍정적인 피드백을 통해서 바람직한 스포츠 참여 행동을 지도한다.

### 핵심예제

**정서 장애인의 스포츠 지도 전략으로 옳은 것은?** [2017]
① 반항적인 행동은 체벌을 통해서 지도한다.
② 긍정적 피드백을 통해서 바람직한 스포츠 참여 행동을 지도한다.
③ 품행 장애인은 폭력적이기 때문에 단체 스포츠에 참여시키지 않는다.
④ 주의력결핍 과잉행동 장애인은 휠체어에 결박하여 참여시킨다.

|해설|

정서 장애인의 스포츠 시도 전략은 긍정적 피드백을 통해서 바람직한 스포츠 참여행동을 지도하는 것이다. 구조화된 체육 활동 프로그램 기획, 비경쟁적인 자기향상 활동에 우선적 참여 유도, 구조화된 환경 내에서의 교사 통제력 발휘, 기분상태 조절 방안 등이 있다.

정답 ②

## 핵심이론 27 자폐성 장애

① **자폐성 장애의 정의** : 자폐성 장애를 지닌 특수교육대상자를 '사회적 상호작용과 의사소통에 결함이 있고, 제한적이고 반복적인 관심과 활동을 보임으로써 교육적 성취 및 일상생활 적응에 도움이 필요한 사람'이라고 규정하고 있다(장애인 등에 대한 특수교육법 시행령 별표).

② **자폐성 장애의 발생 원인**
　㉠ 일반적으로는 뇌간의 손상, 전두엽의 기능 부전 등 두뇌 구조나 기능상의 문제에 의한 것으로 보는 견해가 지배적이다.
　㉡ 환경적인 독소들(수은 등의 중금속)이 과거보다 증가하면서 자폐성 장애의 발생 가능성을 증가시키는 요인이 되고 있다는 연구 결과가 제시되고 있다.
　㉢ 자폐성 장애는 이러한 환경적 노출에 취약해서 신진대사를 원활히 하거나 독소를 치료하는 능력이 낮은 편이다.

③ **자폐성 장애의 특성**
　㉠ 인지적 특성 : 자폐성 장애인의 인지적인 양상은 일관되게 나타난다기보다 하위 유형이나 전반적 기능 수준에 따라 가변적인 양상을 보인다.
　㉡ 의사소통 특성 : 자폐성 장애로 진단받은 아동의 절반 정도는 기능적인 언어의 발달을 이루지 못하는 것으로 알려져 있다.
　㉢ 사회적 상호작용 특성 : 다른 사람과의 눈맞춤 결여, 주위 사람들과의 빈약한 애착 형성, 하루의 대부분을 혼자서 보내기, 특정한 사물에의 강한 집착 등의 특징을 보인다.
　㉣ 행동 특성
　　• 상동행동 : 몸 앞뒤로 흔들기, 눈앞에 손가락이나 막대 대고 흔들기, 물건 빙빙 돌리기 등 반복적이고 부적절하게 나타나는 행동을 의미
　　• 자해행동 : 머리 들이박기, 깨물기, 할퀴기 등의 자해행동을 보임. 심한 경우에는 영구적인 자기 손상을 입게 되거나 목숨을 잃기도 함
　　• 공격행동 : 자해행동과 달리 그 대상이 자신이 아닌 남이 되는 특성을 지니는 행동을 의미
　㉤ 환경 요인 특성 : 자폐성 장애인은 환경의 변화에 상당히 민감한 반응을 보인다. 예견 가능하게 구조화된 환경이라도 일정의 변경이나 방학, 텔레비전 편성표의 변경, 반의 이동 등으로 변화가 일어날 경우 상당한 불안감을 보인다.

---

### 핵심예제

〈보기〉에서 설명하는 장애 유형은? [2023]

|보기|
㉠ 또래 친구와 인사를 하거나 함께 놀지 않는다.
㉡ 출석을 불러도 반응하지 않거나 눈을 맞추지 않는다.
㉢ 비닐과 같은 특정 물건을 반복적으로 만지거나 냄새를 맡는 행동을 한다.
㉣ '공을 차'라고 지시했지만, 지시를 이해하지 못하고 '공을 차'라는 말만 반복한다.

① 청각 장애
② 지적 장애
③ 뇌병변 장애
④ 자폐성 장애

|해설|

**자폐성 장애의 특성**
• 주위 사람들과의 애착 형성이 되어 있지 않음, 하루의 대부분을 혼자서 보냄
• 타인과의 눈맞춤이 결여되어 있음
• 특정한 사물에 강한 집착을 보임
• 기능적인 언어의 발달을 이루지 못함

정답 ④

## 핵심이론 28 자폐성 장애인을 위한 스포츠 지도 전략

① 그림과 의사소통 보드
  ㉠ 자폐성 장애 아동 교육에서 가장 성공적이고 많이 쓰이는 방법 중 하나이다.
  ㉡ 그림의 유형은 사진, 실물과 똑같은 그림, 그리고 상징적 그림 등이다. 그림 하나에 한 항목만 포함하는 게 최상의 효과를 낼 수 있다.
  ㉢ 보드메이커라는 프로그램은 사건이나 행동 등을 나타낼 때 보편적으로 받아들여지는 상징들을 구성하는 데 도움을 주는 소프트웨어이다.

② 규칙적인 일상과 구조
  ㉠ 자폐성 장애 아동들은 새롭거나 기존 환경과 일치하지 않는 정보가 무작위로 또는 무계획적으로 제공될 때 부적절한 행동으로 반응하기도 한다.
  ㉡ 시작부터 끝까지 일상적 과제를 수행하는 것은 과제에 대한 기대치를 향상시킬 수 있다.
  ㉢ 유사성이 있는 일부 정보를 통해 점진적으로 새로운 정보를 소개할 수 있으며, 학생들이 적절한 반응을 나타낼 수 있기 때문에 새로운 정보나 행동을 소개하고자 할 때 유용하다.

③ 자연스러운 환경 단서와 과제분석
  ㉠ 체육 수업 시 교사는 공간을 구조화하여 예측 가능한 환경을 만들어 자연스럽게 환경 단서를 제공하도록 한다.
    • 지도교사는 수업이 이루어지는 수업 환경이 아동들에게 익숙하게 느껴지도록 체육관이나 야외 운동장, 매트, 사물의 위치, 심지어 공간의 변화까지도 이전의 환경과 유사하게 만들어 줄 필요가 있다.
    • 지도교사는 확실한 영역을 만들어 줄 필요가 있다. 체육 수업의 종결 시 아동이 해당 학급으로 돌아가도록 체육 교사가 수업 종결에 대해 항상 같은 단서를 주어야 한다.
  ㉡ 과제분석은 과제의 조직적인 요인별 세분화를 통해 성공적인 과제 수행을 도모한다.
  ㉢ 과제 수행에 필요한 기술들은 다시 더 세분화될 수 있는데, 과제분석의 세분화 정도는 과제의 종류나 수행자의 기술 수준에 따라 결정된다.

④ 교정시점으로 되돌리기 : 정확하게 기술을 수행한 마지막 단계로 아동을 되돌려 보내는 것이다.

⑤ 학습 방식
  ㉠ 언어적 지도와 비언어적 지도를 병행한다.
  ㉡ 지도자가 학습자의 행동을 말로 표현해 준다.
  ㉢ 자폐성 장애 아동들은 시각적 학습자의 경향이 두드러진다.
  ㉣ 시각적 학습자는 관전하거나 그림 또는 사진을 봄으로써 지식이나 기술을 효과적으로 습득하는 경향이 있고, 주변의 다른 활동이나 소음에 쉽게 영향을 받는다.
  ㉤ 사회적 관계 형성을 익히도록 한다.

### 핵심예제

**28-1.** 자폐성 장애인의 특성을 고려한 지도전략으로 옳은 것은?
[2021]

① 자연스러운 단서보다 언어적 단서를 주로 사용한다.
② 그림카드를 활용하여 시각적 단서를 제공한다.
③ 환경의 비구조화를 통해 다양한 신체 활동을 제공한다.
④ 신체 활동 순서와 절차를 바꾸면서 흥미를 준다.

**28-2.** 자폐성 장애인의 문제점과 해결할 수 있는 전략이 바르게 묶인 것은?
[2020]

① 부정적인 신체적 자아개념 - 불필요한 자극을 줄인다.
② 상동행동 - 지도 환경을 구조화하고 지도 방식의 일관성을 유지한다.
③ 의사소통의 어려움 - 언어적 단서를 줄이고 수업환경에서 자연스러운 단서를 활용한다.
④ 감각자극에 대한 비정상적인 반응 - 개인 활동에서 시작하여 단체 활동으로 발전시킨다.

| 해설 |
28-1
그림과 의사소통 보드를 활용하는 것은 자폐성 장애 아동 교육에서 가장 성공적이고 많이 사용하는 방법 중 하나이다.

28-2
자폐성 장애인은 기능적인 언어 발달의 부족으로 의사소통의 어려움이 있을 수 있으므로 언어적 단서를 줄이고 자연스러운 환경 단서를 활용한다.

정답 28-1 ② 28-2 ③

## 핵심이론 29 시각 장애

① 시각 장애의 정의

㉠ 시각 장애인의 장애 정도(장애인복지법 시행규칙 별표1)
- 장애의 정도가 심한 장애인
  - 좋은 눈의 시력(공인된 시력표로 측정한 것을 말하며, 굴절이상이 있는 사람은 최대 교정시력을 기준으로 한다. 이하 같다)이 0.06 이하인 사람
  - 두 눈의 시야가 각각 모든 방향에서 5도 이하로 남은 사람
- 장애의 정도가 심하지 않은 장애인
  - 좋은 눈의 시력이 0.2 이하인 사람
  - 두 눈의 시야가 각각 모든 방향에서 10도 이하로 남은 사람
  - 두 눈의 시야가 각각 정상시야의 50퍼센트 이상 감소한 사람
  - 나쁜 눈의 시력이 0.02 이하인 사람

㉡ 시각계의 손상이 심하여 시각기능을 전혀 이용하지 못하거나 보조 공학기기의 지원을 받아야 시각적 과제를 수행할 수 있는 사람으로서, 시각에 의한 학습이 곤란하여 특정의 광학기구·학습매체 등을 통하여 학습하거나 촉각 또는 청각을 학습의 주요 수단으로 사용하는 사람이라고 규정하고 있다(장애인 등에 대한 특수교육법 시행령 별표).

- 시각(Vision) : 눈을 통해 빛의 자극을 받아들이는 과정
- 시력(Visual Acuity) : 물체의 존재나 형상을 인식하는 눈의 능력
- 시야(Visual Field) : 눈으로 정면의 한 점을 주시할 때 그 눈에 보이는 외계의 범위
- 약시(Amblyopia) : 안구에 기질적인 이상 없이 발생하는 시력 저하
- 법적맹(Legally Blind) : 법률에 의하여 정의된 맹(盲)으로서, 일반적으로 스넬렌 시력표에서 6/60이나 20/200 이하의 시력 또는 좋은 눈의 시야가 20도 이하로 감소한 상태

② 시각 장애의 발생 원인
　㉠ 실명과 관련된 대표적인 몇 가지 중요한 질환의 원인은 다양하며, 확실히 구별할 수 없는 불분명한 경우도 있어 그 원인이 어디에 있는지 명확하게 정의내릴 수는 없다.
　㉡ 실명과 관련된 질환으로는 백내장, 녹내장, 신생아 농루안, 시신경 위축, 무안구증, 고혈압성 망막증, 당뇨병성 망막증, 미숙아 망막증 등이 있다.

③ 시각 장애의 특성
　㉠ 인지적 특성 : 피아제(Piaget)의 인지발달 단계를 기초로 함
　　• 감각운동기에서 구체적 조작기까지 인지적 능력을 발달시키는 데 일반 아동에 비해 다소 느린 발달 수준을 보인다.
　　• 형식적 조작기에 들어 발달지연의 폭이 좁아져서 일반 아동의 인지발달과 동일한 수준의 인지능력을 가지고 있는 것으로 나타났다.
　㉡ 학습적 특성
　　• 시각 장애로 인한 정보 습득이 어렵고 교수 절차의 구체성 부족으로 인하여 학습지체 현상을 보이기도 한다.
　　• 상황이 수시로 변하는 운동 과제의 수행에 어려움을 보인다.
　㉢ 신체적·행동적 특성
　　• 시각적 자극의 제한으로 인하여 운동 기회와 경험의 제한으로 인하여 운동능력이 떨어지는 경우가 많다.
　　• 앉기나 서기와 같은 정적인 운동 기능에 대해서는 문제가 없으나, 달리기와 멀리뛰기와 같은 동적인 운동 기능에 대해서는 일반인에 비해 지체 현상을 보인다.
　　• 비정상적인 자세를 가지고 있는 경우가 많다. 발을 땅에 끌며 걷거나 구부정하고 경직된 자세를 보인다.
　　• 비장애인보다 감각운동과 협응력이 떨어지는 편이다.
　　• 상동행동이 나타날 수 있다. 불필요한 동작을 하게 되어 더 많은 에너지를 소비하게 된다.
　㉣ 사회적 특성 : 시각 장애인들은 시각적 제약으로 인해 동료와 어울린다거나 주변 환경에 능동적으로 참여하는 데 어려움을 가지고 있다. 이로 인해 사회적 관계나 사회성 발달에 어려움을 겪게 된다.

### 핵심예제

〈보기〉에서 시각 장애인의 심동적 특징에 대한 설명으로 바르게 묶인 것은? [2018]

┌ 보기 ┐
㉠ 상황이 수시로 변하는 운동 과제의 수행에 어려움을 보인다.
㉡ 대근운동기술보다 소근운동기술의 수행에 더욱 어려움을 보인다.
㉢ 발을 땅에 끌며 걷거나 구부정하고 경직된 자세를 보인다.
㉣ 걸을 때 보폭이 넓고 지면에 접촉하는 시간이 짧은 특징을 보인다.
㉤ 불필요한 동작을 하게 되어 더 많은 에너지를 소비하게 된다.

① ㉠, ㉡, ㉢　　② ㉠, ㉢, ㉤
③ ㉡, ㉢, ㉣　　④ ㉡, ㉣, ㉤

|해설|
시각 장애인은 동적인 운동 기능에 대해서는 일반인에 비해 지체 현상을 보이고, 발 끌며 걷기, 보폭 줄여서 걷기, 한쪽 방향으로 기울인 자세로 걷기 등의 보행 특성이 나타난다.

정답 ②

**핵심이론 30** 시각 장애인을 위한 스포츠 지도 전략

① 학생의 현재 수행 능력을 판단하고, 자립심을 키우는 방법을 사용한다.
  ㉠ 모든 학생에 대하여 긍정적인 태도를 유지·향상시킨다.
  ㉡ 신체 활동에 참여하는 모든 학생들을 격려한다.
  ㉢ 학부모를 자원으로 활용한다.
  ㉣ 시각 장애 학생이 도전하여 성공할 수 있도록 한다.
  ㉤ 신체 활동 시 가능한 스스로 움직일 수 있도록 지도한다.

> **방향정위**
> 공간 내 자신의 위치에 대해 순간적 및 공간적 관계를 인식하는 능력
> 예 시각 장애인이 5인제 축구를 할 때 골대의 위치, 경기장 밖의 구조물 등을 파악하여 자신의 위치를 알아가는 과정

② 시각 장애 아동들이 움직임을 자연스럽게 익힐 수 있는 종목들 : 소리 나는 풍선 차기, 낙하산 좌우로 흔들기, 경사면 구르기, 스쿠터 당기기, 치료용 공 밀기, 하늘로 뛰기, 움직임 탐험, 줄넘기 놀이 등

③ 시각 장애 아동에게 활동을 지도할 때마다 선택의 기회를 제공하는 것이 중요하다.
  ㉠ 신체 활동에서 선택은 물체의 크기, 소리, 색, 재질감 등을 바탕으로 한다.
  ㉡ 다양한 환경, 기구 등의 경우에 적용할 수 있다.

④ 언어적 설명, 교사 또는 동료에 의한 시범, 교사 또는 동료로부터의 신체 보조, 교사 또는 동료시범을 촉각으로 학습하는 방법을 사용한다.
  ㉠ 과제의 전체 동작과 부분 동작을 순서대로 시범 보인다.
  ㉡ 동작의 확인을 돕기 위해 '만져서 자세를 확인하는 방법(Brailling)'을 사용한다.
  ㉢ 지도자와 성별이 다른 경우에는 신체 접촉에 대한 주의를 기울여야 한다.
  ㉣ 시각 장애인이 놀라지 않도록 신체적 가이던스(Physical Guidance)를 제공하기 전에 미리 알려주고, 그 강도를 점진적으로 줄인다.

⑤ 소리 나는 기구 사용 등의 방법을 이용한다.
  ㉠ 대부분의 시각 장애인은 경미한 시력이 남아있기 때문에 필요한 시각적 단서와 함께 단서의 강조 방법에 대해 살펴보아야 한다.
  ㉡ 저시력일 경우에는 청각과 촉각에 시각 정보를 함께 활용하도록 지도한다.
  ㉢ 시각 장애인에게 축구를 지도할 때 구슬이 들어간 공과 소리가 나는 골대를 설치하고 주변 소음을 차단하여 지도할 수 있다.

⑥ 색깔, 명암, 밝기는 중요한 요소이다. 학생에게 시력에 도움이 되는 것이 무엇인지 질문하여 확인하여야 한다.

> **시각장애인 스포츠등급분류 규정**
> - B1 : 이는 명암 인식이 가능 또는 불가능, 가능하더라도 어느 방향이나 어느 거리에서든지 명확한 형태의 구분이 어려운 경우
> - B2 : 이는 손가락을 알아볼 수 있는 능력에서부터 시력이 2/60 (0.04) 이거나 또는 단안 시야가 지름 10도 미만인 경우
> - B3 : 시력이 2/60 (0.04) 보다 좋거나 6/60 (0.1) 이하 또는 단안 시야가 지름 10도 이상 40도 미만인 경우
> - NE : 시력이 6/60 (0.1) 보다 좋거나 또는 단안 시야가 지름 40도 이상인 경우이며, 시각장애인스포츠등급을 받을 수 없는 경우

### 핵심예제

**시각 장애인의 지도전략으로 옳지 않은 것은?** [2024]

① 스포츠 참여는 안전을 위해 개인 종목만 지도한다.
② 시범은 잔존시력 범위에서 보이면서 언어적 설명을 병행하는 것이 효과적이다.
③ 지도자는 지도할 때 시각 장애인에게 신체 접촉의 형태, 방법, 이유 등을 구체적으로 안내한다.
④ 전맹의 경우 스포츠 동작에 대한 이해도를 높이기 위해 관절이 굽어지는 인체 모형을 사용할 수 있다.

|해설|
시각 장애인도 시각 정보를 보강하거나 청각 정보를 부가적으로 제공하는 방법으로 축구나 농구와 같은 단체 종목을 지도할 수 있다.

정답 ①

---

## 핵심이론 31 청각 장애

① **청각 장애의 정의** : '청력 손실이 심하여 보청기를 착용해도 청각을 통한 의사소통이 불가능 또는 곤란한 상태이거나, 청력이 남아 있어도 보청기를 착용해야 청각을 통한 의사소통이 가능하여 청각에 의한 교육적 성취가 어려운 사람'을 청각 장애를 지닌 특수교육 대상자로 규정하고 있다(장애인 등에 대한 특수교육법 시행령 별표).

② **청력 수준에 따른 분류**(장애인복지법 시행규칙 별표1)
  ㉠ 청력을 잃은 사람
    • 장애의 정도가 심한 장애인 : 두 귀의 청력을 각각 80데시벨 이상 잃은 사람(귀에 입을 대고 큰 소리로 말을 해도 듣지 못하는 사람)
    • 장애의 정도가 심하지 않은 장애인
      – 두 귀에 들리는 보통 말소리의 최대의 명료도가 50퍼센트 이하인 사람
      – 두 귀의 청력을 각각 60데시벨 이상 잃은 사람(40센티미터 이상의 거리에서 발성된 말소리를 듣지 못하는 사람)
      – 한 귀의 청력을 80데시벨 이상 잃고, 다른 귀의 청력을 40데시벨 이상 잃은 사람
  ㉡ 평형기능에 장애가 있는 사람

③ **청각기관의 손상 부위에 따른 분류**
  ㉠ 전음성 난청
    • 기도 청력에 관여하는 부분 중에서 외이 또는 중이 부분에 장애가 있어 소리가 전달되지 못하는 일반적인 청력 손실을 말한다.
    • 소리의 왜곡은 없지만 희미하게 들린다.
    • 후천성인 경우가 많아 수화보다는 구화나 보청기를 주로 사용한다.
  ㉡ 감음신경성 난청 : 소리를 분석하여 뇌로 전달해 주는 달팽이관 또는 청신경에 장애가 있는 것으로, 저주파수대역보다 고주파수대역 손실이 더 크다.
  ㉢ 혼합성 난청 : 전음성과 감음신경성이 혼합되어 나타나는 유형이다.

④ 청각 장애의 원인
  ㉠ 선천적 요인 : 선천적 청각 장애의 약 50% 정도는 유전이상이 원인이다. 출생 전에 외부에서 가해지는 원인(풍진, 매독 등 모체의 감염이나 모체에 투여된 약물에 의한 것)과 출산 시 발생되는 문제(조산, 미숙아, 외상 등)가 그 원인으로 나타난다.
  ㉡ 후천적 원인 : 중이염, 음향에 의한 난청, 메니에르병과 돌발성 난청, 노인성 난청과 원인 불명의 감음성 난청

⑤ 청각 장애의 특성
  ㉠ 언어발달 : 자신이 만든 소리를 듣지 못해 적절한 피드백을 받지 못하고, 성인으로부터 적절한 언어적 강화를 받지 못한다.
  ㉡ 인지발달 : 농아동의 지적 능력은 20세기 전반에 이루어진 연구들로부터 건청아동의 지적 능력보다 열등하다는 결론이다.
  ㉢ 학업성취 : 청력 손실이 있는 대부분의 아동은 학업성취, 특히 읽기와 수학에서 어려움을 보인다. 농아동 학생들이 학교 적응 중 경험하는 문제들은 그들의 지각능력과 구어 및 문어의 요구들 사이의 부적합괴리에서 기인한다.
  ㉣ 사회·정서적 발달 : 손상된 청력은 아동의 행동과 사회·정서적 발달에도 영향을 미칠 수 있다. 심한 청각 장애를 가진 사람은 자주 우울, 위축, 고립감을 호소한다.

> **청각 장애인이 운동수행력이 낮은 이유**
> - 청각 장애로 언어 훈련에 힘쓰느라 운동 경험 부족
> - 어휘력의 발달이 부족하여 신체 활동을 바르게 이해하지 못하는 경우 발생
> - 청각 장애로 의사소통에 어려움이 있기 때문에 신체 활동 참여 기회 적음

---

**핵심예제**

**31-1.** 〈보기〉에서 설명하는 청각 장애의 유형은? [2023]

┤보기├
㉠ 청력 손실이 60~70dB을 넘지 않는다.
㉡ 소리를 외이에서 내이로 전달하는 과정에서 문제가 생긴다.
㉢ 중이염, 고막 손상, 외이도 염증 등에 의해서 발생하기도 한다.
㉣ 후천적인 원인에 의해 발생하는 경우가 많으며, 보청기 착용의 효과가 좋다.

① 혼합성 난청(Mixed Hearing Loss)
② 감소성 난청(Reductive Hearing Loss)
③ 전음성 난청(Conductive Hearing Loss)
④ 감각신경성 난청(Sensorineural Hearing Loss)

**31-2.** 청각 장애인에 관한 설명으로 옳지 않은 것은? [2021]
① 지필 대화를 할 수 있다.
② 부정확한 발음은 즉시 교정해 준다.
③ 눈을 마주 보고 대화를 한다.
④ 수어통역사가 있더라도 가능하면 직접 대화한다.

|해설|
31-1
전음성 난청은 이름처럼 음파가 정상적으로 전달되지 않아 발생하는 난청이다. 전음 기관(외이, 고막, 중이 등)의 손상이나, 장애, 꽉 찬 귀지로 발생하며 내과적, 외과적 치료로써 대부분 청력 회복이 가능하며, 보청기를 통해서도 개선이 될 수 있다.

31-2
청각 장애인의 발음이 부정확하거나 말하기가 쉽지 않다면 굳이 말할 것을 강요하지 말고 통역사를 통해 의사소통을 시도한다.

정답 31-1 ③  31-2 ②

**핵심이론 32** 청각 장애인을 위한 스포츠 지도 전략

① 대부분의 청각 장애인들은 체육수업 참여의 제한이 없으나 인공와우 수술을 받은 청각 장애인은 축구와 레슬링 같은 활동을 피하고 정전기를 유발할 수 있는 기구를 사용하지 않게 한다.
② 귀가 감염되기 쉬운 학생의 경우에는 수영할 때 방수를 위하여 귀에 튜브를 착용해야 한다.
③ 보청기를 착용한 청각 장애인은 수영할 때에 보청기를 제거하고, 수영 후에는 외이도의 물기를 제거한 후에 보청기를 사용하여 귀의 염증 질환을 예방해야 한다.
④ 청각 장애 학생은 통역사의 도움을 받을 수 있다.
　㉠ 통역사는 교육 현장에서 청각 장애 또는 난청인 사람들이 교사, 서비스 제공자, 동료들과 원활하게 의사소통할 수 있도록 도와주는 역할을 담당한다.
　㉡ 통역사는 교사의 옆에 서도록 한다. 수업이 시작되기 며칠 전에 수업 계획을 제공하여 통역사와 청각 장애 학생이 수업에 대하여 미리 이해할 수 있도록 한다.
　㉢ 학생들을 지도할 때 통역사가 아닌 청각 장애 학생을 바라본다.
　㉣ 수업을 시작하기 전에 통역사를 만나 스포츠에서 사용하는 여러 가지 전문용어나 단서, 고유용어를 명확하게 설명한다.
　㉤ 새로운 단원이 시작되기 전에 특정 스포츠와 관련된 수신호를 지도한다.
　㉥ 신체 활동 지도에 필요한 수어를 사용할 수 있도록 준비한다.

> **스포츠와 관련 있는 수어의 의미**
> - 체육 : 두 주먹을 양 어깨 높이에서 두 번 위로 올렸다가 내린다.
> - 경기 : 두 주먹의 엄지를 펴서 그 끝이 위를 향하게 하여 약 5cm의 간격을 두고 서로 어긋나게 전후로 움직인다.
> - 볼링 : 오른손 바닥을 밖으로 내민다.
> - 역도 : 두 주먹을 들어 올린다.
> - 복싱 : 두 주먹을 가슴 앞으로 올려 번갈아 내지른다.
> - 배구 : 두 손을 펴서 눈앞에서 위로 비스듬히 올린다.
> - 골프 : 두 주먹을 오른 주먹이 위에 놓이게 이어 대고 팔을 크게 휘두른다.
> - 농구 : 왼손을 반쯤 구부려 손끝이 오른쪽으로 향하게 하여 가슴 앞에 놓은 다음, 손등이 밖으로 향하게 쥔 오른 주먹을 왼손의 1 · 2 · 3 · 4지와 5지 사이로 내린다.
> - 축구 : 손바닥이 위로 향하게 편 왼 손바닥에 오른 주먹의 바닥을 대며 1지를 힘주어 튕겨 편다.
> - 달리기 : 주먹을 쥔 두 팔을 양쪽 가슴 옆에서 번갈아 두 번 올렸다 내린다.

⑤ 청각 장애 또는 난청이 있는 학생을 통합 또는 분리된 환경에서 지도할 때 일반적인 고려사항은 다음과 같다.
　㉠ 활동에 대한 설명을 쉽게 이해할 수 있도록 시각적인 지도 방법을 사용한다.
　㉡ 팔 들기, 깃발 이용하기, 불빛 사용하기 혹은 수신호 보내기와 같은 활동의 시작과 정지에 대한 명확한 신호를 보낸다.
　㉢ 게임을 할 때는 점수판이나 시각적인 타이머를 이용한다.
　㉣ 볼을 패스하기 전에는 반드시 학생과 눈 맞춤해야 한다.
　㉤ 실내에서 수업할 때, 학생의 앞쪽보다는 뒤쪽에서 빛을 밝게 한다. 그리고 실외에서 수업할 때, 학생이 햇볕을 바라보지 않도록 한다.
　㉥ 학생의 이해 수준을 점검한다. 활동을 시작하기 전에 다시 한 번 학생들에게 이해한 것을 물어본다.
　㉦ 청각 장애 학생이 팀의 주장이나 그룹의 리더 또는 심판 역할을 담당하도록 권장한다.

### 핵심예제

**32-1. 청각 장애인의 스포츠 활동 지도법에 대한 설명으로 옳지 않은 것은?** [2016]

① 대화할 때 항상 시선을 맞추고 대화한다.
② 필요하면 대화를 위해 필기도구를 준비한다.
③ 청각 장애인이 명확히 이해하고 있는 수신호만을 이용한다.
④ 통역사를 보고 청각 장애인에게 질문한다.

**32-2. 제시어와 〈보기〉의 수어 ㉠~㉢을 바르게 나열한 것은?** [기출 19, 22, 23]

| 보기 |
|---|
| ㉠ 두 주먹을 어깨 앞에서 위, 아래로 교대로 움직인다. ㉡ 검지와 중지를 교대로 움직이며 손등 방향으로 움직인다. ㉢ 검지와 중지를 펴서 화살표와 같이 교대로 내민다. |

| | 수영 | 운동 | 스케이트 |
|---|---|---|---|
| ① | ㉠ | ㉡ | ㉢ |
| ② | ㉠ | ㉢ | ㉡ |
| ③ | ㉡ | ㉠ | ㉢ |
| ④ | ㉢ | ㉠ | ㉡ |

|해설|

32-1
장애인 스포츠 지도사들은 청각 장애인을 마주보고 설명해야 하며, 수업 중간 중간에 운동과제에 대한 이해의 정도를 확인해야 한다.

32-2
• 수영 : 검지와 중지를 교대로 움직이며 손등 방향으로 움직인다.
• 운동 : 두 주먹을 어깨 앞에서 위, 아래로 움직인다.
• 스케이트 : 검지와 중지를 펴서 화살표와 같이 교대로 내민다.

**정답** 32-1 ④  32-2 ③

## 핵심이론 33 지체 장애

① 지체 장애인의 정의 : 기능・형태상 장애를 가지고 있거나 몸통을 지탱하거나 팔다리의 움직임 등에 어려움을 겪는 신체적 조건이나 상태로 인해 교육적 성취에 어려움이 있는 사람(장애인 등에 대한 특수교육법 시행령 별표)
  ㉠ 신체의 일부를 잃은 사람(절단 장애)
  ㉡ 관절 장애가 있는 사람
  ㉢ 지체 기능 장애가 있는 사람(척수 장애)
  ㉣ 척추 장애가 있는 사람
  ㉤ 신체에 변형 등의 장애가 있는 사람

② 지체 장애의 분류
  ㉠ 정형외과적(근골격) 이상으로 인한 지체 장애 : 내반족, 고관절 탈구, 소아 류머티스 관절염, 골형성 부전증, 진행성 근이영양증
  ㉡ 중추신경계 이상으로 인한 지체 장애 : 이분척추, 소아마비, 다발성 경화증

③ 지체 장애의 유형별 특징
  ㉠ 회백수염(Poliomyelitis) : 바이러스 감염에 의한 마비로 척수의 운동 세포에 영향을 미쳐 뼈의 변형이나 보행에 문제를 일으킨다.
  ㉡ 다발성경화증(Multiple Sclerosis) : 몸의 여러 곳에 동시 다발적으로 염증이 발생하여 근육이 굳어지며 전반적인 무력감이 나타난다.
  ㉢ 근이영양증(Muscular Dystrophy) : 여러 근육군의 퇴화가 서서히 진행되는 유전성 질환으로 호흡 장애와 심장질환 등의 합병증을 유발한다.
  ㉣ 절단 장애 : 사지의 일부 혹은 전체가 상실된 상태로 선천성과 후천성으로 구분된다.
  ㉤ 척수 장애
    • 척수 장애인의 장애정도는 척수 손상 위치에 따라 다르다.
    • 척수 장애인은 근육량이 적기 때문에 산소소비량 또한 적다.

• 하지의 근 활동량 감소, 심장의 교감신경계 조절 및 혈관운동장력의 상실 등이 최대산소섭취량의 감소를 가져온다.

### 핵심예제

**33-1. 지체 장애의 유형별 특징으로 옳지 않은 것은?** [2018]

① 회백수염(Poliomyelitis)은 콜라겐 섬유 단백질의 결핍으로 뼈가 불완전하게 형성되어 쉽게 부서지는 유전성 질환이다.
② 다발성경화증(Multiple Sclerosis)은 몸의 여러 곳에 동시 다발적으로 염증이 발생하여 근육이 굳어지며 전반적인 무력감이 나타난다.
③ 근이영양증(Muscular Dystrophy)은 여러 근육군의 퇴화가 서서히 진행되는 유전성 질환으로 호흡 장애와 심장질환 등의 합병증을 유발한다.
④ 절단 장애(Amputees)는 사지의 일부 혹은 전체가 상실된 상태로 선천성과 후천성으로 구분된다.

**33-2. 척수 장애의 장애 정도가 가장 심한 것으로 옳은 것은?** [2022]

① 목뼈(경추, Cervical Vertebrae) 1번과 2번 사이 손상
② 목뼈(경추, Cervical Vertebrae) 6번과 7번 사이 손상
③ 등뼈(흉추, Thoracic Vertebrae) 1번과 2번 사이 손상
④ 등뼈(흉추, Thoracic Vertebrae) 11번과 12번 사이 손상

|해설|

**33-1**
회백수염(소아마비)은 바이러스 감염(Viral Infection)에 의한 질환으로 척수 전각의 운동신경원(Motor Neuron)들이 파괴되는 것이 특징인 질환이다. ①은 골다공증에 대한 설명이다.

**33-2**
경추 1번, 2번의 경우 자율신경계의 중추 기능을 하는 연수가 위치하고 있는 매우 중요한 부위이다. 경추 1번과 2번 사이의 손상은 감각신경, 운동신경, 자율신경의 이상을 야기하여 사지마비로 진행될 수 있는 심각한 손상이다.

**정답 33-1 ① 33-2 ①**

### 핵심이론 34 지체 장애인을 위한 스포츠 지도 전략

① 무리한 관절 운동은 피하거나 제한적으로 적용해야 한다.
② 비만 예방을 위한 스포츠 프로그램에 규칙적으로 참여시킨다.
③ 척추측만증과 같은 자세 결함을 교정하기 위해 근력 운동이나 스트레칭 운동을 실시한다.
④ 욕창 예방을 위해 30분 운동 후 1분 정도 휠체어 좌석에서 엉덩이를 들어 올려 피부 압박을 줄여준다.
⑤ 근력과 유산소 능력이 부족한 장애 학생은 활동을 변형시키거나 선택적으로 제공함으로써 일반 체육수업에 통합시킬 수 있다.
⑥ 절단 장애인의 체육 활동 시 고려 요인
   ㉠ 절단 장애의 대부분은 보조기구를 사용하여 체육에 참여한다. 축구의 클러치 사용, 스키의 아웃리거 사용이 그 예이다.
   ㉡ 운동역학적 효율성을 고려하여 무게중심의 변화에 적응하도록 한다.
   ㉢ 좌측 발목 절단 장애인을 위한 스포츠 지도전략
      • 상하지의 균형적 발달을 위한 활동을 하게 한다.
      • 좌측 다리의 근육을 강화시켜 우측 다리와 균형을 이루도록 한다.
   ㉣ 염증이나 감염을 방지하기 위해 절단 부위를 관리한다.
   ㉤ 신체 활동 강도에 따라 휴식 시간을 조절하여 피로 발생을 완화한다.
⑦ 척수 장애인의 체육 활동 시 고려 요인
   ㉠ 자세를 자주 바꾸고 수분 흡수가 가능한 의복을 착용하게 하여 욕창에 대처한다.
   ㉡ 너무 춥거나 더운 환경에서 운동을 하지 않도록 온도변화에 대처한다.
   ㉢ 손가락 테이핑이나 보호용 커버를 사용(휠체어 사용자)하게 하여 물집에 대처한다.

② 다양한 부목과 브레이스, 플라스틱 보조기구, 다리 보조기, 지팡이와 보행기 등의 다양한 보조기구를 사용한다.
⑩ 제6번 등뼈(흉추 : T6) 이상의 손상자는 자율신경반사부전증(Autonomic Dysreflexia) 발생 가능성이 높아 운동 전에 장과 방광, 혈압의 상태를 점검한다.

⑧ 휠체어 이용 척수 장애인이 활용할 수 있는 심폐지구력 운동 장비
  ㉠ 핸드 사이클(Handcycle) : 손으로 페달을 조종하는 자전거 운동이다.
  ㉡ 암 에르고미터(Arm Ergometer) : '에르고미터'란 전신적인 일의 양을 측정하는 장비이다. 그 중 암 에르고미터는 팔의 힘으로 전신적인 일의 양을 측정하는 장비이고, 이에 따라 척수 장애인의 심폐지구력 향상 운동이라고 할 수 있다.
  ㉢ 휠체어 트레드밀(Wheelchair Treadmill) : 트레드밀이란 흔히 러닝머신으로 더 잘 알려져 있는데, 휠체어 트레드밀은 휠체어를 탄 채로 트레드밀 운동을 수행할 수 있는 운동기구이다.

⑨ 근지구력이 약한 지체 장애인에게 휠체어농구를 지도하기 위한 전략
  ㉠ 인터벌 트레이닝으로 근지구력을 향상시킨다.
  ㉡ 휴식시간을 자주 준다.
  ㉢ 체력 소모를 줄이기 위해 농구 코트의 크기를 작게 한다.

---

**핵심예제**

**척수 장애인의 운동 지도 지침으로 옳지 않은 것은?** [2022]

① 자율신경 반사 이상의 위험을 줄이기 위해 운동 전에 장과 방광을 비우게 한다.
② 유산소성 운동 후 체온을 낮추어 주기 위해 시원한 압박붕대를 사용한다.
③ T6 이상에 손상을 입은 경우, 유산소성 훈련 효과를 극대화하기 위해 최대심박수를 150회/분까지 증가시킨다.
④ 심장으로 들어가는 혈액량의 감소로 인한 저혈압의 위험을 줄이기 위해, 충분한 준비운동을 하게 하고 운동부하를 점진적으로 증가시킨다.

|해설|
제6번 등뼈(흉추 : T6) 이상의 손상자는 자율신경반사부전증(Autonomic Dysreflexia) 발생 가능성이 높아 운동 전에 장과 방광, 혈압의 상태를 점검해야한다. 최대심박수를 높이는 운동은 혈압을 급격히 높일 수 있어서 하면 안 된다.

정답 ③

## 핵심이론 35 뇌병변 장애

① 뇌병변 장애인의 정의 : 뇌성마비, 외상성 뇌손상, 뇌졸중 등 뇌의 기질적 병변으로 인해 발생한 신체적 장애로 보행이나 일상 생활의 동작 등에 상당한 제약을 받는 사람이다(장애인복지법 시행령 별표1).
  ㉠ 장애의 정도가 심한 장애인
   - 보행 또는 일상 생활 동작이 상당히 제한된 사람
   - 보행이 경미하게 제한되고 섬세한 일상생활 동작이 현저히 제한된 사람
  ㉡ 장애의 정도가 심하지 않은 장애인 : 보행 시 절뚝거림을 보이거나 섬세한 일상 생활 동작이 경미하게 제한된 사람

② 뇌성마비
  ㉠ 뇌의 손상 부위에 따른 운동능력의 제한 정도에 따라 경직성, 무정위운동성, 운동실조성으로 나눌 수 있으며, 신체의 이환 부위에 따라서 단마비, 편마비, 양측마비, 사지마비 등으로 나뉜다.
  ㉡ 무정위운동성 뇌성마비
   - 무정위형 뇌성마비(Athetosis Cerebral Palsy)
   - '대뇌 기저핵'의 손상으로 인해 발생하며 사지의 '불수의적' 움직임을 나타낸다.
  ㉢ 뇌성마비 장애인은 원시반사로 인해 효율적인 움직임이 어렵다.

③ 외상성 뇌손상
  ㉠ 외부의 물리적인 힘에 의해 야기된 뇌의 손상이다.
  ㉡ 외상성 뇌손상 장애인은 몸의 균형 및 협응에 문제를 보인다.

④ 뇌졸중
  ㉠ 뇌졸중은 크게 분류하면 뇌출혈과 뇌경색으로 구분된다.
  ㉡ 최근에는 뇌졸중에 의한 사망률은 점차 줄어들고 있으나 발병률은 여전히 높으며, 뇌경색의 발생이 증가하는 추세이다.
  ㉢ 뇌졸중 장애인은 감각 및 운동기능 손상, 시야 결손, 의사소통의 어려움이 있다.

### 핵심예제

**35-1. 뇌병변 장애인에 대한 설명으로 옳지 않은 것은?**
[2019]

① 외상성 뇌손상 장애인은 몸의 균형 및 협응에 문제를 보인다.
② 뇌성마비 장애인은 원시반사로 인해 효율적인 움직임이 어렵다.
③ 뇌병변 장애인은 보행의 어려움과 과도한 근 긴장 때문에 수중운동을 피한다.
④ 뇌졸중 장애인은 감각 및 운동기능 손상, 시야 결손, 의사소통의 어려움이 있다.

**35-2. 〈보기〉의 빈칸 안에 들어갈 내용으로 옳은 것은?**
[2017]

| 보기 |
| --- |
| 무정위형 뇌성마비(Athetosis Cerebral Palsy)는 ( ㉠ )의 손상으로 인해 발생하며 사지의 ( ㉡ ) 움직임을 나타낸다. |

| | ㉠ | ㉡ |
| --- | --- | --- |
| ① | 대뇌 기저핵 | 수의적 |
| ② | 대뇌 기저핵 | 불수의적 |
| ③ | 전두엽 운동피질 | 수의적 |
| ④ | 전두엽 운동피질 | 불수의적 |

|해설|

**35-1**
수중에서 운동하면 물의 부력을 이용하여 쉽게 걸을 수 있으며, 물속에서 안전하고 자유로운 운동이 가능하기 때문에 뇌병변 장애인이나 척추 질환 환자의 재활 운동에 유용하다.

**35-2**
무정위형 뇌성마비는 대뇌 기저핵의 손상으로 인해 발생하며 사지의 불수의적 움직임을 나타낸다. 또한, 팔을 뒤로 당길 때 손바닥을 아래로 하고, 손가락·손목·팔꿈치가 펴지고, 움직임을 조절하거나 선택할 때 목적한 대로 멈추지 못하고 계속 움직인다. 이들의 특성은 침을 흘리고, 등이 휘어서 움푹 들어가 있고, 이동 시 힘들어 하며, 언어구사도 부자연스럽고, 얼굴이 일그러지는 경향이 있다.

정답 35-1 ③ 35-2 ②

## 핵심이론 36 뇌병변 장애인을 위한 스포츠 지도 전략

① 수중활동은 특히 이들의 체력발달에 효과적이다.
  ㉠ 심각한 뇌손상을 당한 사람들은 대부분 앉아서 생활해야 하므로 심폐순환계의 발달을 위해 유산소성 운동을 규칙적으로 실시해야 한다.
  ㉡ 뇌병변 장애인은 보행의 어려움과 과도한 근 긴장으로 운동에 어려움을 겪으므로 수중운동이 효과적이다.
  ㉢ 외상성 뇌손상 및 뇌졸중 장애인에게 사용할 수 있는 체육 활동으로 가장 적절한 것은 '아쿠아로빅스'이다.
② 근력이 불균형적인 부위가 있는 뇌성마비인들은 손으로 잡는 중량기구를 이용하거나 유연한 튜브를 이용하여 특정 부위에 적절한 저항력을 가하는 운동이 적합하다.
③ 중량 운동과 유연성 운동은 물리치료 및 작업치료에서 강조하는 영역으로서 회복기에 있는 외상성 뇌손상 및 뇌졸중 환자들에게 많이 시행된다.
④ 원시 반사의 영향과 적절한 운동신경의 조절 능력을 확인한다.
⑤ 어린 뇌성마비 아동들은 최대 운동 강도의 약 70% 정도인 중간 강도의 신체 활동을 15분간 지속하는 것이 일반적인 유산소성 능력의 기준이 된다.
⑥ 추가적인 에너지 소모는 보다 높은 수준의 지구력을 요구하므로 신체 활동 지속 시간을 단축해야 한다.

> **국제 뇌성마비 스포츠 레크리에이션 협회(CP-ISRA)**
> - 국제장애인경기연맹(ISOD)은 1978년 공식적으로 CP-ISRA를 국제 뇌성마비 스포츠기구로 인정하게 되었다.
> - 1988년 서울 장애인 올림픽 대회에서 처음으로 주도권을 지닌 스포츠 조직인 세계장애인 스포츠기구 국제조정위원회(ICC)의 회원이 되었다.
> - CP-ISRA는 뇌성마비 장애인 스포츠 등급을 8개로 분류하고 있는데, 1~2등급은 휠체어에 의존하여 생활하는 수준, 3~5등급은 휠체어를 이용하지만 보조기를 착용하고 걸을 수 있는 수준, 6~8등급은 불편함이 있으나 도움 없이 걸을 수 있는 수준이다.

### 핵심예제

**36-1. 뇌성마비 장애인의 체력프로그램에서 고려할 사항이 아닌 것은?** [2020]

① 근육의 긴장이 높은 경우에는 운동 시간을 길게 설정한다.
② 원시반사의 영향과 적절한 운동신경의 조절 능력을 확인한다.
③ 스포츠 기술의 수행 능력 향상을 위해서 스피드 훈련을 실시한다.
④ 매우 낮은 운동 강도에서도 에너지 소비가 높기 때문에 강도 조절에 유의한다.

**36-2. 외상성 뇌손상 및 뇌졸중 장애인에게 사용할 수 있는 체육 활동으로 가장 적절한 것은?** [2015]

① 사이클시합
② 패러글라이딩
③ 아쿠아로빅스
④ 휠체어농구시합

|해설|

36-1
① 뇌성마비 장애인은 과도한 근긴장으로 운동에 어려움을 겪으므로 신체 활동 지속시간을 단축해야 한다.
③ 근력에 불균형적인 부위가 있는 뇌성마비인들은 빠른 운동보다는 중간 정도의 속도로 근력 강화운동을 실시해야 한다.
④ 뇌성마비 아동들의 경우 최대운동 강도의 약 70% 정도인 중간 강도의 신체 활동을 15분 정도 지속하는 것이 일반적인 유산소성 능력의 기준이 된다. 뇌성마비인들은 일반인보다 낮은 신체적 능률 수준을 보이기 때문에 신체 활동 지속시간을 단축해야 하는 것은 맞지만 중간 강도의 운동은 가능하다.

36-2
외상성 뇌손상 및 뇌졸중 장애인에게는 평형성과 협응력을 기를 수 있는 아쿠아로빅스가 가장 적합하다.

정답 36-1 ①, ③, ④  36-2 ③

# PART 01 핵심이론+핵심예제

# 유아체육론

## 제1절 | 유아체육의 이해

### 핵심이론 01 유아체육의 개념과 목표

① 유아체육의 정의 : 신체 활동을 통해 균형 있는 신체발달은 물론 인지적·정서적·사회적 발달을 도와 유아들이 전인적 인간으로 성장하게 하는 교육

② 유아체육 관련 개념
- ㉠ 영유아보육법(2024. 9. 20)에 따른 영유아의 정의 : 7세 이하의 취학 전 아동(제2조)
- ㉡ '국민체육진흥법 시행령'에 따른 유소년의 정의 : 만 3세부터 중학교 취학 전까지의 아동(제2조 제9호 참조)
- ㉢ 유아교육의 중요성 : 교육 인식 및 사회의 변화로 중요성 부각, 지능개발의 촉진 시기이자 행동의 결정시기로 인식

③ 유아체육의 목표
- ㉠ 신체 발달 : 키 성장, 대근육 및 소근육 발달, 체력 증진
- ㉡ 건강 증진 : 규칙적인 신체 활동으로 건강한 생활 습관
- ㉢ 안전 생활 : 놀이기구·도구 및 위험한 일이나 장소에 따른 안전교육
- ㉣ 운동 능력 발달 : 기본운동기술 및 발달 단계에 따른 운동기술 습득, 감각과 신체 부분 간 협응력 발달, 순발력·근력·유연성 등 운동능력 발달
- ㉤ 사회성 발달 : 집단 활동 중 관계 형성과 강화, 소속감과 협동심 및 리더십 습득, 팀원 간의 관계를 형성하는 역동적인 과정 및 팀에서 자신에게 부여된 역할과 팀의 규범에 부합하는 가치관을 내재화하는 과정을 통해 사회화
- ㉥ 정서 발달 : 규칙 준수 훈련을 통한 자기 통제력, 표현 활동을 통한 내적 욕구 충족, 스트레스 해소로 긍정적인 정서 형성
- ㉦ 인지 능력 발달 : 도구 운동을 통한 두뇌 발달, 다양한 신체 활동 개념·전략·규칙 등을 인지하는 능력 발달

④ 유아체육 프로그램의 목표
- ㉠ 다양한 신체 활동을 통해 기본운동기술 이해
- ㉡ 자신의 감정을 표현할 수 있는 기회 제공
- ㉢ 지각과 동작 간 협응과정을 통해 지각운동기술 발전

### 핵심예제

**누리과정에서 제시한 유아체육의 목표로 옳지 않은 것은?**

[2019]

① 원시반사에 의존하여 자극에 반응하게 한다.
② 신체 각 부분의 명칭을 알고 움직임에 관심을 가지게 한다.
③ 신체 각 부분의 움직임을 조절해 보며, 눈과 손을 협응하여 소근육을 조절한다.
④ 자신과 다른 사람의 운동 능력의 차이를 이해하며 친구와 함께 신체 활동에 참여한다.

|해설|

'원시반사에 의존하여 자극에 반응하게 한다'는 목표는 누리과정에 존재하지 않는다. 누리과정상 유아체육의 목표는 신체인식하기, 신체조절과 기본운동하기, 신체 활동에 참여하기, 건강하게 생활하기, 안전하게 생활하기 등이 있다.

정답 ①

**핵심이론 02 유아기의 신체적 발달**

① 발달 시기별 특징
  ㉠ 신생아 및 영아기 : 신생아 및 영아기 특징은 반사(Reflex)로, 이는 아기의 의지와 관계없는 불수의적 움직임이다.
    • 신생아기(출생~4주 전후) : 머리가 신체 길이의 1/4을 차지하고 미성숙한 단계
    • 영아기(4주~2세) : 신체 길이가 빠르게 성장하고 피하조직이 크게 증가

    **생후 약 12개월 전후의 특징**
    • 걸음마를 시작할 정도로 발달하면서 활동 반경이 확대된다.
    • 균형을 쉽게 잃고, 보폭이 짧으며 발바닥 전체로 바닥과 접촉하며 걷는다.
    • 사물을 조작·탐색하며 새로운 활동을 시도한다.

  ㉡ 유아기(초기 아동기, 3~6세) : 성장 속도는 줄어들지만, 다양한 신체 활동 과제를 발달시킬 수 있는 적절한 시기이다.

    **유아기 건강체력 발달의 특징**
    • 최대심박수는 성인기에 비해 높다.
    • 유아기 1회 박출량은 성인기에 비해 낮다.
    • 유아기 안정 시 호흡수는 성인기에 비해 높다.
    • 성장함에 따라 근력이 증가하고 근섬유도 굵어진다.

| | |
|---|---|
| 3~4세 유아 | • 대근육 운동조절 능력 증진 : 달리기, 계단 오르기, 세발자전거 타기 등<br>• 소근육 활동이 세련되지 못하지만 조절 가능 : 기초적인 가위질과 그림 그리기 등<br>• 감각기관의 협응 및 눈과 기타 신체기능의 협응이 필요한 활동 가능<br>• 신체운동 기술이 발달하여 독립적이고 활동적인 운동 증가 |
| 5~6세 유아 | • 근육 발달 : 빨리 달리기, 멀리뛰기, 제자리뛰기 등<br>• 균형감각을 요구하는 동작 가능 : 두발자전거 타기 등<br>• 신체와 운동기능 간의 협응력과 소근육 발달 : 머리 손질 및 머리 감기 등 |

  ㉢ 아동기(후기 아동기, 7~12세)
    • 신장과 체중이 지속적으로 천천히 증가한다.
    • 일반적으로 여아가 남아보다 1년 정도 앞서 발달하며 남성의 유연성은 사춘기 전후에 여성보다 빠르게 감소한다.
    • 신체 부위 간의 협응력, 운동기능 간의 협응력, 대근육과 소근육을 동시 활용하는 전신운동이 가능하다.
    • 운동신경과 운동기술이 현저히 발달한다.
    • 구기운동을 즐기며 기타 스포츠 활동이 가능하다.

② 신체발달의 특성
  ㉠ 신체발달의 방향성 : 일정한 순서와 방향성을 갖고 발달한다.
    • 머리 부분에서 하체 방향으로 발달
    • 몸 안쪽(중심부)에서 바깥쪽(말초신경) 방향으로 발달
    • 대근육에서 소근육 방향으로 발달
  ㉡ 일정하지 않은 발달 속도 : 신장은 출생부터 1년간 급속도로 성장하지만, 후기 아동기에 들어서면 성장속도가 떨어진다.
  ㉢ 개인 차이의 존재
  ㉣ 안정 시 분당 호흡수와 분당 심박수는 성장함에 따라 점차 줄어드는 것이 특징

### 핵심예제

**2-1. 고강도 운동 시 성인과 비교하여 유소년에게 나타나는 생리적 반응으로 옳지 않은 것은?** [2022]

① 1회 박출량 – 성인에 비하여 낮음
② 호흡 수 – 성인에 비하여 높음
③ 수축기 혈압 – 성인에 비하여 낮음
④ 심박수 – 성인에 비하여 낮음

**2-2. 〈보기〉의 영유아 신체 및 운동발달 특징 중 옳은 것은?** [2021]

┌ 보기 ┐
㉠ 머리에서 다리 방향으로 발달한다.
㉡ 반사 및 반응 행동은 운동발달에 필수적인 단계이다.
㉢ 근육량의 증가로 안정 시 분당 심박수는 점차 증가한다.
㉣ 연령증가에 따라 상체와 하체의 비율은 변화하지 않는다.

① ㉠, ㉡  ② ㉠, ㉢
③ ㉡, ㉢  ④ ㉢, ㉣

|해설|

**2-1**
유아의 최대심박수는 성인에 비하여 높다. 유아의 심박수 정상수치는 분당 100~140회인데 반해 성인의 심박수 정상수치는 분당 60~90회이다.

**2-2**
㉢ 안정 시 분당 심박수는 성인이 될수록 점차 줄어든다.
㉣ 성장함에 따라 몸통과 다리가 길어지고 키에서 머리가 차지하는 비율은 작아진다.

정답 2-1 ④ 2-2 ①

---

### 핵심이론 03 유아기의 인지적 발달

① 발달 시기별 특징
　㉠ 신생아 및 영아기
　　• 만 1세 미만 : 눈으로 사물을 추적하고 소리 나는 방향으로 몸 돌리기, 단순한 움직임 모방하기, 음악과 소리에 몸으로 반응하기, 흔들기, 두드리기, 던지기 등으로 사물 탐색하기
　　• 만 1세 이상~2세 미만 : 비슷한 사물끼리 짝지을 수 있고 구체적 사물과의 상호작용을 통해 개념 이해 가능
　㉡ 유아기(초기 아동기, 3~6세)
　　• 인과관계를 이해하고 결과 예측
　　• 주의집중시간이 짧고 실제와 상상의 구별 불가
　　• 구체적·감각적인 사고
　　• 언어 표현 능력의 현저한 발달
　　• 사물을 유사점·차이점으로 분류하는 것이 가능
　㉢ 아동기(후기 아동기, 7~12세)
　　• 기억력·사고력 현저히 발달 : 추리·논리·비판·창의적 사고 발달
　　• 분류 정교화 : 사물의 속성, 기능의 유사점·차이점, 사물의 관계 규칙 등으로 분류 가능
　　• 다른 사람의 관점 이해
　　• 보존 개념 획득 : 사물의 겉모양이 변해도 길이, 양, 무게, 면적, 부피 등은 변하지 않는다는 개념 이해
　　• 조합 능력 : 수 개념을 이해하고 조작하는 능력 발달

② 인지발달 이론
  ㉠ 피아제(J. Piaget)의 인지발달 4단계 : 유아는 인지발달 정도에 따라 자기 능력에 맞는 놀이에 참여한다. 즉, 유아의 인지발달 단계에 따라 놀이도 감각적인 연습놀이 수준에서 점차 상징놀이·역할놀이 시기를 거쳐 규칙 있는 게임 수준으로 변화한다.

| | | |
|---|---|---|
| 감각운동기 | 0~2세 | 감각을 사용하여 주변을 탐색하고, 새로운 경험을 찾기 위한 신체 활동을 한다(연습놀이). |
| 전조작기 | 2~7세 | • 지각운동시기로 사물과 사건의 관계를 인식하는 사고 능력의 진보가 이루어지지만 자기중심성이 강하여 다른 사람의 관점에서 사물을 이해할 수 없다(상징놀이).<br>• 게임을 할 때 일반적인 규칙이나 전략을 사용할 수 있지만 완전하지는 못하다. |
| 구체적조작기 | 7~11세 | 탈중심적 사고에 들어서고 사회지향적인 특징을 보이며, 구체적인 문제에 대한 논리적 사고가 가능하다(규칙이 있는 게임). |
| 형식적조작기 | 청소년~성인 | 가설적·연역적 사고가 가능하고, 논리적 사고에 의해서 문제를 해결한다. |

**피아제(J. Piaget)의 인지발달 이론 사례**
• 차기 동작(Kicking)의 도식(Schema) : 기존의 차기 동작 경험을 통해 형성된 인지적 구조이다.
• 동화(Assimilation) : 다른 속도로 굴러오는 공에 기존의 차기기술로 반응하는 것이다.
• 조절(Accommodation) : 다른 속도로 굴러오는 공에 새로운 차기기술로 반응하는 것이다.
• 피아제의 인지발달 이론에 의하면 다양한 속도로 날아오는 공을 때리는(Striking) 경험은 도식(Schema)의 변화를 유도하여 때리기 동작을 점차 발달시킨다.

  ㉡ 스밀란스키(S. Smilansky)의 인지적 놀이 발달이론
   • 기능놀이 : 감각운동기 유아가 신체 활동의 기능적 즐거움으로 되풀이하는 놀이행동을 의미함, 놀잇감 혹은 놀잇감 없이 단순한 움직임 반복
   • 구성놀이 : 블록, 모래, 점토 등 놀잇감으로 새로운 것을 만들어 보는 창조적 놀이 활동
   • 상징놀이 : 상상놀이, 가상놀이, 역할놀이 등 아동의 인지 수준에 따라 발달
   • 사회극놀이 : 두 명 이상 유아가 의사소통으로 상호작용하는 놀이(가장 수준 높은 상징놀이)
   • 규칙이 있는 게임 : 구체적 조작기의 아동이 규칙의 의미를 이해하고 게임에 참여

  ㉢ 브루너(J. Bruner)의 발견학습 이론
   • 피아제의 인지발달 단계설을 계승하여 발달단계에 적합한 인지구조가 있다는 것을 인정하면서, 아동의 인지발달을 단계에 따라 활동적 표현, 영상적 표현, 상징적 표현 순으로 구분하여 설명한다.
   • 중심 개념과 기본요소로 구성된 교재의 기본 구조에 대한 철저한 학습을 요구하면서 학습자의 주체적 학습을 강조하며, 학습의 결과보다는 방법을 중요시한다.

  ㉣ 후트(C. Hutt)의 놀이와 탐색
   • 놀이 : '이 물건을 가지고 무엇을 할 수 있는가'라는 의문과 관련된 행동 → 즐거움과 만족감 추구
   • 탐색 : 익숙하지 않은 사물에 호기심을 갖고 '이 물건의 속성은 무엇인가'라는 의문을 갖는 것으로 낯선 물건을 대할 때나 물건에 대한 정보를 수집해야 할 때 주로 나타남 → 물건에 대한 정보 획득

**놀이와 탐색**

| 구 분 | 탐 색 | 놀 이 |
|---|---|---|
| 맥 락 | 새로운 물체 | 익숙한 물체 |
| 목 적 | 정보 획득 | 자극 생성 |
| 행 동 | 정형화됨 | 다양함 |
| 기 분 | 심각함 | 행복함 |
| 심장박동 변화 | 낮은 변화성 | 높은 변화성 |

### 핵심예제

**3-1. 피아제의 도식 형성과정으로 옳지 않은 것은?** [2021]

① 동화과정  ② 조절과정
③ 평형과정  ④ 가역과정

**3-2. 〈보기〉의 후트(C, Hutt)가 제시한 놀이 관련 행동에 대한 설명에서 ㉠, ㉡에 들어갈 용어는?** [2020]

┤보기├

| 구 분 | ( ㉠ ) | ( ㉡ ) |
|---|---|---|
| 맥 락 | 새로운 물체 | 익숙한 물체 |
| 목 적 | 정보 획득 | 자극 생성 |
| 행 동 | 정형화됨 | 다양함 |
| 기 분 | 심각함 | 행복함 |
| 심장박동 변화 | 낮은 변화성 | 높은 변화성 |

|   | ㉠ | ㉡ |
|---|---|---|
| ① | 모 방 | 놀 이 |
| ② | 모 방 | 과제 관련 행동 |
| ③ | 탐 색 | 놀 이 |
| ④ | 탐 색 | 과제 관련 행동 |

|해설|

**3-1**
피아제(J. Piaget)는 인간의 발달을 도식(Schema)의 조절과 동화를 통한 평형화 과정이라고 주장하였다. 평형이란 새로운 상황에서 일관성과 안정성을 이루려는 시도로 이러한 평형은 계속적인 동화와 조절의 과정을 통해 이루어진다. 동화와 조절에 의해 평형화가 이루어지는 과정은 모든 연령과 인지발달단계에서 동일하다.

**3-2**
후트(C. Hutt) 등은 놀이와 탐색의 차이점에 대한 연구에서 놀이는 '이 물건을 가지고 무엇을 할 수 있는가'에 중점을 두는 것으로 유아의 즐거움과 만족감 추구에 중점을 둔다고 보았다. 반면에 탐색은 '이 물건의 속성은 무엇인가'라는 의문을 갖는 것으로, 낯선 물건을 대할 때나 물건에 대한 정보를 수집해야 할 때 주로 나타나는 것으로 물건에 대한 정보를 획득하는 것이라고 보았다.

**정답 3-1 ④  3-2 ③**

---

### 핵심이론 04 유아기의 사회적·정서적 발달

① **유아기 사회적 발달**

㉠ 사회화의 의미 : 개인과 타인의 관계를 형성하는 과정으로 가치관을 형성하는 과정이라고 할 수 있으며 세상을 이해하고 타인과 상호작용하는 사회성 발달을 배우는 과정이다.

㉡ 특 징
- 가족, 또래에서 집단을 형성하는 시기이고 자율성과 주도성이 나타나는 시기
- 언어적 설명보다는 실제 행동과 시범을 좋아하는 시기이고 놀이를 통해 리더십 향상과 경쟁, 협동 등 사회적 사고의 기초가 발달되는 시기
- 유아의 상호놀이 : 4세 반부터 5세 사이에 나타나게 되며 놀이를 이끄는 주도적 역할도 함께 나타나며, 유아에게 제공되는 체육 활동은 이러한 사회성 발달에 대단히 큰 영향을 미치는 요소가 된다.
- 유아의 사회성 놀이 발달단계 : 단독놀이 단계 → 평행놀이 단계 → 연합놀이 단계 → 협동놀이 단계

> **유아의 사회적 발달의 특성**
> - 친구와 놀이하는 것을 좋아하지만 싸우기도 많이 한다.
> - 자아가 발달하기 시작하며 자신의 주장을 굽히려 하지 않는다.
> - 타인에 대한 이해력이 부족하기 때문에 자기중심적이다.

② **유아기 정서적 발달**

㉠ 정서의 의미 : 신체적·심리적 자극으로 발생하는 심리적·생리적 긴장 반응이 일어나는 상태로, 인간의 움직임을 통하여 본인과 다른 사람에게 작용하는 느낌과 감정을 경험하게 되는 것을 의미한다.

ⓒ 특 징
- 초기 아동기 : 자율성과 주도성이라는 발달 과제 수행 → 자기중심적으로 타인 역시 자신과 같은 생각을 할 것이라고 생각한다.
- 후기 아동기 : 많은 규칙들이나 평가들을 충분히 내면화하고 외부의 다른 사람들의 평가와 상관없이 자신의 행동에 자부심을 느끼거나 죄책감을 느낄 수 있게 된다.
- 낯선 상황에서 안정감을 상실하는 것에 대해 두려움을 느끼며, 옳고 그름과 양심이 발달하는 시기다.

③ 시기별 특징
ⓐ 신생아 및 영아기 : 자기중심적·비사회화, 사람의 얼굴에 관심을 보이고 목소리에 반응(까꿍 놀이), 주변 자극에 흥미와 호기심을 느끼는 시기
ⓑ 유아기(초기 아동기, 3~6세)
- 자기개념(자아) 형성 : 자율성과 주도성 발달
- 자기중심적 사고 : 혼자놀이에 익숙하고 양보 능력 부족
- 4~5세에 사회적 인식 생성 : 집단놀이를 통해 규칙, 협동, 배려, 리더십 등 학습
ⓒ 아동기(후기 아동기, 7~12세)
- 자기중심적이며 대집단 활동보다 소집단 활동 선호 → 소집단 활동에서는 잘 놀지만 장시간 이어지는 대집단 활동에는 서투른 편
- 남녀 관심사가 비슷하다가 점점 달라지기 시작하는 시기
- 때때로 공격적이거나 자아비판적이며 과잉반응을 보이는 경우가 발생하며, 자기개념의 확고한 정립이 이루어지는 시기
- 모험심이 강해서 위험하거나 은밀한 활동에 참여하려는 욕구가 생기는 시기

④ 파튼(M. Parten)의 사회성 놀이 발달단계 : 유아가 다른 사람과 어느 정도 상호작용하느냐 즉 사회적 참여도에 따라 발달단계를 분류한다.
ⓐ 비참여 행동 : 놀이를 하지 않고 일시적 관심과 흥미를 따라다니며, 자기 몸에 전념하거나 가만히 앉아 있기도 한다.
ⓑ 지켜보기 : 다른 아이들이 노는 것을 지켜보며 시간을 보내며, 가끔 말을 걸기도 하지만 직접 참여하지는 않는다.
ⓒ 단독놀이(혼자놀이) : 자기중심적 사고를 하는 2~3세 유아들은 독자적으로 자기놀이에 몰두하며 다른 아이들과 가까이 있어도 대화가 거의 없다.
ⓓ 평행놀이(병행놀이) : 친구 옆에서 친구와 비슷한 놀이를 하면서도 상호작용은 거의 없다. 즉, 나란히 놀이를 하면서 함께 놀지는 않는다.
ⓔ 연합놀이 : 두 명 이상 유아들이 대화를 하고 놀잇감을 주고받는 등 상호작용을 하면서 놀지만 역할을 분담하거나 놀이 내용을 체계적으로 조직하지는 못한다.
ⓕ 협동놀이 : 5세 이후 유아들이 집단을 이루어 놀이 주제를 정한 다음 조직적인 놀이를 하는 것으로, 놀이의 리더가 생기고 역할을 분담하여 놀이가 진행된다. 역할의 분담과 목적의 공유가 이루어지는 단계로서 병원 놀이 같은 것이 있다.

### 핵심예제

**4-1. 후기 아동기 시기의 정서 발달 특징에 대한 설명으로 옳지 않은 것은?** [2015]

① 정서적 수준은 이미 성숙한 수준으로 가정에서나 학교에서 일관된 행동을 보임
② 자아중심적이며 소집단 활동에서는 잘 놀지만, 장시간 이어지는 대집단 놀이에서는 서투른 편임
③ 때때로 공격적이고 자아비판적이며 과잉반응으로 행동함
④ 남아와 여아의 관심사가 비슷하지만 이후부터는 점차 달라지기 시작함

**4-2. 파튼의 사회적 놀이 발달이론에 대한 설명으로 옳지 않은 것은?** [2020]

① 혼자(단독)놀이 – 다른 친구의 놀이를 지켜보며 가끔씩 구경하는 친구에게 말을 걸기도 한다.
② 병행놀이 – 주변의 친구들과 동일한 놀이를 하지만 함께 놀이를 하지는 않는다.
③ 연합놀이 – 다른 유아와 활동을 공유하며 놀이에 대해 이야기를 주고받거나 놀잇감을 빌려주기도 하지만 놀이 내용이 조직적으로 전개되지는 않는다.
④ 협동놀이 – 역할의 분담과 목적의 공유가 이루어지는 단계로서 병원놀이 같은 것이 있다.

|해설|

**4-1**
**후기 아동기의 특징**
- 7세 ~ 12세까지로 여아의 신체 성장이 1년 정도 앞서며 남녀 관심의 차이가 나타난다.
- 이 시기 아동은 새로운 상황과 주변상황을 알아가고 적응해 간다.

**4-2**
혼자(단독)놀이는 자기중심적 사고를 하는 2~3세 유아들이 독자적으로 자기놀이에 몰두하며 다른 아이들과 가까이 있어도 대화가 거의 없는 단계를 의미한다. 다른 아이들이 노는 것을 지켜보며 시간을 보내며, 가끔 말을 걸기도 하지만 직접 참여하지는 않는 것은 지켜보기 단계이다.

**정답 4-1 ① 4-2 ①**

---

## 핵심이론 05 유아기의 발달 이론 1

① 프로이트(Freud)의 정신분석이론

㉠ 이론적 특징
- 인간은 비합리적인 힘, 무의식적인 동기, 생애 초기 경험에 따라 성격이 결정된다고 보았다.
- 마음과 행동 사이의 관계를 결정하는 법칙이 있음을 전제로 하면서 인간의 사고·감정·행동은 심리적 원인에 의해 결정된다는 이론이다.

㉡ 인간 발달 단계

| | |
|---|---|
| 구강기<br>(0~1세) | • 구강기 전기에는 빨기·삼키기에서 자애적 쾌락을 경험하고, 구강기 후기에는 이유에 대한 불만에서 어머니에 대한 최초의 양가감정을 경험한다.<br>• 이 시기에 고착되는 경우 손가락 빨기, 손톱 깨물기, 과음, 과식 등의 행동이 나타날 수 있다. |
| 항문기<br>(1~3세) | • 배변으로 생기는 항문 자극에 의해 쾌감을 얻으려는 시기로, 배변훈련을 통한 사회화의 기대에 직면한다.<br>• 이 시기에 고착되는 경우 결벽증이나 인색함 등이 나타날 수 있다 |
| 남근기<br>(3~6세) | • 리비도(Libido)가 성기에 집중되어 성기를 자극하고, 자신의 몸을 보여주거나 다른 사람의 몸을 보면서 쾌감을 얻는다.<br>• 심리적 변화가 크게 일어나며 남아는 오이디푸스 콤플렉스(Oedipus Complex), 여아는 엘렉트라 콤플렉스(Electra Complex)를 경험하게 된다. |
| 잠복기 또는<br>잠재기<br>(6~12세) | • 다른 단계에 비해 평온한 시기로 성적 욕구가 억압되어 성적 충동 등이 잠재되어 있는 시기로 리비도와 동일시 대상도 주로 친구가 된다.<br>• 잠복기 아동의 에너지는 지적 활동, 운동, 친구와의 우정 등에 집중된다. |
| 생식기<br>(12세 이후) | • 잠복되어 있던 성적 에너지가 되살아나는 시기이다.<br>• 리비도의 대상이 동성친구에서 또래의 이성친구에게로 옮겨간다.<br>• 이 시기에 사춘기를 경험하며, 2차 성징이 나타난다. |

② 에릭슨(E. Erikson)의 심리사회발달이론
  ㉠ 이론적 특징
    • 인간의 전 생애에 걸친 발달과 변화를 강조하였고, 인간을 합리적인 존재이자 창조적인 존재로 보았으며, 기존의 정신분석적 방법과 달리 인간에 대해 정상적인 측면에서 접근하였다.
    • 인간의 행동이 자아(Ego)에 의해 동기화된다고 보았고, 개인의 심리적 요인과 사회문화적 영향의 상호작용으로 형성된다고 보았다.
    • 문화적·역사적 요인과 성격구조의 관련성을 중시하면서 창조성과 자아정체감의 확립을 강조하였다.
  ㉡ 인간 발달 단계

| 유아기<br>(출생~1세) | • 기본적 신뢰감 대 불신감, 희망 대 공포<br>• 부모의 보살핌의 질이 결정적 요인 |
|---|---|
| 초기 아동기<br>(1~3세) | • 자율성 대 수치심·회의<br>• 배변훈련을 통해 자기통제 감각을 익히는 시기 |
| 학령 전기 또는<br>유희기<br>(3~5세) | • 주도성 대 죄의식(죄책감), 기초적인 양심 형성<br>• 목표나 계획을 세워 성공하고자 노력하는 시기로 이동성이 커지면서 성인과 다를 바 없다는 사실 자각<br>• 아동은 의미 있는 놀잇감을 조작하면서 만족스러운 성취감을 경험함 |
| 학령기<br>(5~12세) | • 근면성 대 열등감<br>• 또래집단과 교사 등의 주위 환경이 지지 기반 |
| 청소년기<br>(12~20세) | • 자아정체감 대 정체감 혼란<br>• 심리사회적 유예 기간의 특수한 상황을 통해 정체감 형성, 자아정체감 혼미가 직업 선택이나 성역할 등에 혼란 야기 |
| 성인 초기<br>(20~24세) | • 친밀감 대 고립감<br>• 사회적 친밀감을 형성하며, 성적·사회적인 관계 형성 |
| 성인기<br>(24~65세) | • 생산성 대 침체, 가정과 사회에서 중요한 역할 수행<br>• 다른 사람을 보호하거나 양보하는 미덕<br>• 이 시기에 생산성이 결핍되면 자기중심적인 경향 발현 |
| 노년기<br>(65세 이후) | 자아통합 대 절망, 죽음을 앞둔 채 지나온 생을 반성, 죽음에 대해 용기와 절망이 공존 |

③ 비고츠키(L. Vygotsky)의 상호작용이론
  ㉠ 이론적 특징
    • 피아제의 인지발달이론에 사회문화적인 접근을 시도함으로써 새로운 인지발달이론을 전개하였다. 즉 인간의 발달은 사회적·문화적 환경의 영향을 받는다는 이론이다.
    • 학습은 아동 스스로 학습하려는 노력과 함께 부모나 교사 또는 좀 더 능력이 있는 또래와의 상호작용을 통해서 이루어진다고 주장하였다.
    • 환경에 능동적으로 대응하며 운동기능을 발달시키며 지도사, 부모, 또래집단은 운동발달에 영향을 미치므로 집단 활동의 구성은 운동발달의 효과적인 교수법이다.
  ㉡ 주요 개념
    • 근접발달영역(Zone Proximal Development) : 성인이 이끌어줄 수 있는 학습영역 내에 위치하는 개발 가능한 영역
    • 비계설정 : 집을 지을 때 임시로 설치하는 '비계'에 비유하여, 성인 교사의 역할 지칭
④ 정보처리이론
  ㉠ 이론적 특징
    • 새로운 정보가 투입되고 저장되며 기억으로부터 인출되는 방식을 연구학습자의 내부에서 학습이 발생하는 기제로 설명하면서, 외부 정보가 감각기관을 통해 인지되면 뇌는 정보를 저장·전환하며 행동으로 나타내는 산출과정을 거친다는 이론이다.
    • 인간의 정보처리 과정을 '환경적 자극의 부호화(기억에 입력)-저장(기억에 보관)-인출(기억으로부터 회상)'의 3단계로 설명한다.

ⓛ 정보처리의 일반모형

| 감각기억 | 시각이나 청각 등의 감각기관을 통해 들어온 정보를 순간적으로 저장하는 기억 |
|---|---|
| 단기기억 | 우리가 현재 의식 중에서 능동적으로 정보를 처리하는 활동 중인 기억, 감각 기억에 들어온 환경에 관한 정보 중 일부가 이 단계로 전환 |
| 장기기억 | 감각기억과 단기기억의 과정을 거쳐 장기적으로 저장되는 기억 |

⑤ 스키너(B. Skinner)의 조작적 조건형성
  ㉠ 파블로프의 고전적 조건형성을 확장한 것으로, 인간이 환경의 자극에 능동적으로 반응하여 나타내는 행동인 조작적 행동을 설명한다.
  ㉡ 행동이 발생한 이후의 결과에 관심을 가지며 어떤 행동의 결과에 대해 보상이 이루어지는 경우 그 행동이 재현되기 쉬우며, 반대의 경우 행동의 재현이 어렵다는 점을 강조한다.

⑥ 반두라(A. Bandura) 인지적 사회학습이론
  ㉠ 이론적 특징 : 인간의 행동이 외부자극에 의해 통제된다는 행동주의 이론에 반박하여 인간의 인지 능력에 관심을 가졌고 관찰학습의 과정을 강조하는 이론이다.

  **사회학습이론의 사례**
  • 아동은 주변 친구들의 운동기술을 관찰하여 자신의 운동기술을 개발한다.
  • TV 속 정현의 포핸드스트로크 모습을 보고 흉내내며 치기(striking) 기술을 향상시킨다.

  ㉡ 관찰학습의 과정

| 주의집중과정 | 모델의 행동을 관찰하고 주의 깊게 집중하며, 모델을 정확하게 지각하는 과정 |
|---|---|
| 보존(기억)과정 | 모델을 통해 받은 내용과 인상을 기억하여 장기간 보존하는 과정 |
| 운동재생과정 | 기억되어 있는 모델의 행동을 본인의 신체로 직접 재생산하는 과정 |
| 동기화과정 | 행동 수행에 영향을 미칠 수 있는 강화조건에 따라 모델의 행동이 수행되는 과정(자기효능감은 동기화를 위한 중요한 변수) |

### 핵심예제

**5-1.** 〈보기〉에서 설명하는 발달 이론으로 옳은 것은? [2021]

┌ 보기 ┐
• 환경을 변화시켜 바람직한 행동을 형성한다.
• 피드백을 통해 유아의 바람직한 행동을 촉진한다.

① 게젤의 성숙주의이론    ② 피아제의 인지발달이론
③ 스키너 행동주의이론    ④ 프로이드의 정신분석이론

**5-2.** 에릭슨(E. Erikson)이 제시한 심리사회발달단계에 대한 내용의 연결이 적절하지 않은 것은? [2023]

| | ㉠ | ㉡ |
|---|---|---|
| ① | 신뢰감 대 불신감 | 정체감을 확립하지 못한 경우 자신감을 가지지 못함 |
| ② | 자율성 대 수치·회의 | 근육 발달을 조절할 수 있으며 자기 주위를 탐색함 |
| ③ | 주도성 대 죄의식 | 목표나 계획을 세워 성공하고자 노력함 |
| ④ | 근면성 대 열등감 | 기초적인 인지 기술과 사회적 기술을 습득함 |

|해설|
**5-1**
스키너의 행동주의이론은 특정한 환경의 변화는 개인의 행동을 적절하게 변화시키는 데 도움이 된다는 입장이다. 특히 스키너는 관찰 가능한 행동의 변화에 초점을 두면서 바람직한 행동으로 수정하는 데 주력하였다.

**5-2**
**심리사회발달단계**
정체감을 확립을 중심으로 하는 발달 단계는 정체성 대 역할혼돈 단계이다. 신뢰감 대 불신감 단계에서는 양육자의 태도가 성격 발달의 결과를 좌우한다. 양육자의 포용적인 태도는 영아가 사람에 대해 신뢰감과 희망을 품게 하지만, 거부적인 태도는 영아가 사람에 대해 불신감을 품게 한다.

정답 5-1 ③  5-2 ①

### 핵심이론 06 유아기의 발달 이론 2

① 게젤(A. Gesell)의 성숙이론
  ㉠ 이론적 특징
    - 루소(Rousseau)의 자연주의 이론을 토대로 아동의 내재적 능력의 자연적 계발을 강조하였다.
    - 발달단계에 이르게 되는 결정적인 힘은 개체가 가진 유전적 요인에 전적으로 의존한다는 관점이다.
    - 유아가 발달 준비가 되었을 때, 성인의 개입을 최소화하고 자신의 발달수준에 적합한 활동을 스스로 선택하도록 한다.
  ㉡ 성숙이론에 의한 발달의 원리

| 자기규제의 원리 | 아동은 자기규제를 통해 자신의 수준과 능력에 맞게 성장·조절 |
|---|---|
| 상호적 교류의 원리 | 발달상 서로 대칭되는 양측은 점차적으로 효과적인 체제화 |
| 기능적 비대칭의 원리 | 발달은 구조상 대칭적이더라도 기능상 약간 불균형을 이루어 어느 한쪽이 우세한 경우 오히려 더욱 기능적으로 발달 |
| 개별적 성숙의 원리 | 성숙은 내적 요인에 의해 통제되는 과정이므로 외적 요인의 영향을 거의 받지 않는다는 원리 |
| 발달 방향의 원리 | 특정한 순서대로 진행되도록 성숙에 의해 지속적으로 지시받는다는 원리 |

② 브론펜브레너(U. Bronfenbrenner)의 생태학적체계이론
  ㉠ 인간과 다른 생물체계 그리고 그들 간의 교류를 설명하고 분석하기 위해 사용되는 체계 이론으로, 인간과 환경 간의 복잡한 상호보완성을 설명하는 데 역점을 둔다.
  ㉡ 가족체계를 강조하는 경향이 있으며 인간발달단계에 대해 거시적인 접근을 하면서 환경 속의 인간이라는 기본관점을 반영하고 있다.
  ㉢ 최근 대두되는 관점으로, 인간이 생물로서 다양한 환경에 적응하는 것을 발달적 관점에서 연구하는 이론이다.
  ㉣ 유아의 행동을 미시체계, 메소체계, 엑소체계, 거시체계의 개념으로 나누어 연구한다.

③ 매슬로우(Maslow)의 욕구위계이론
  ㉠ 이론적 특징 : 인간은 태어나면서 욕구를 가지고 태어나며 이러한 욕구를 충족하기 위해 행동한다면서, 각각의 욕구들은 위계적이기 때문에 기본적 욕구의 충족이 이루어져야 복잡한 욕구의 충족에 관심을 갖게 되고 상위 욕구들을 달성할 수 있다고 보았다.
  ㉡ 인간욕구의 위계

| 제1단계 | 생리적 욕구 | 의·식·주, 종족 보존 등 최하위 단계의 욕구, 인간의 본능적 욕구이자 필수적 욕구 |
|---|---|---|
| 제2단계 | 안전 또는 안정에 대한 욕구 | 신체적·정신적 위험에 의한 불안과 공포에서 벗어나려는 욕구, 추위·질병·위험 등에서 건강과 안전을 지키고자 하는 욕구 |
| 제3단계 | 애정과 소속에 대한 욕구 | 가정을 이루거나 친구를 사귀는 등 어떤 조직이나 단체에 소속되어 애정을 주고받고자 하는 욕구, 사회적 욕구로 사회구성원으로서의 역할 수행에 전제조건이 되는 욕구 |
| 제4단계 | 자기존중 욕구 | 소속단체의 구성원으로 명예나 권력을 누리려는 욕구, 타인에게서 승인을 얻어 자신감, 명성, 주위에 대한 통제력 및 영향력을 느끼려는 욕구 |
| 제5단계 | 자아실현 욕구 | 재능과 잠재력을 충분히 발휘하여 자기가 이룰 수 있는 모든 것을 성취하려는 최고 수준의 욕구, 사회적·경제적 지위와 상관없이 자신이 소망한 분야에서 최대의 만족감과 행복감을 느끼고자 하는 욕구 |

④ 콜버그(L. Kohlberg)의 도덕성발달이론
  ㉠ 이론적 특징 : 인간의 존엄성과 양심에 따라 자율적이고 독립적 판단이 가능하다고 주장하면서 도덕발달은 일정한 순서에 따라 진행되며, 사회적 경험은 도덕발달에 영향을 미친다고 보았다.

ⓒ 도덕적 발달단계

| | | |
|---|---|---|
| 제1수준 | 전인습적 수준 (4~10세) | • 제1단계 : 타율적 도덕성의 단계로, 처벌과 복종을 지향한다.<br>• 제2단계 : 개인적·도구적 도덕성의 단계로, 상대적 쾌락주의에 의한 욕구충족을 지향한다. |
| 제2수준 | 인습적 수준 (10~13세) | • 제3단계 : 대인관계적 도덕성의 단계로, 개인 상호 간의 조화를 중시하며 착한 소년·소녀를 지향한다.<br>• 제4단계 : 법·질서·사회체계적 도덕성의 단계로, 사회질서에 대한 존중을 지향한다. |
| 제3수준 | 후인습적 수준 (13세 이상) | • 제5단계 : 민주적·사회계약적 도덕성의 단계로, 민주적 절차로 수용된 법을 존중하면서 상호합의에 의한 변경가능성을 인식한다.<br>• 제6단계 : 보편윤리적 도덕성의 단계로, 개인의 양심과 보편적인 윤리원칙에 따라 옳고 그름을 인식한다. |

⑤ 볼비(J. Bowlby)의 애착이론

ⓐ 이론적 특징 : 애착을 인간에게서 나타나는 종 특유의 행동으로 간주하여, 유아가 자신의 어머니에게 애착을 형성하는 과정을 이론적으로 제시하였다. 또한 어린 시절 어머니와의 애착관계 형성이 아동의 정서적인 문제를 비롯하여 아동발달에 영향을 미친다는 점을 강조하였다.

ⓑ 애착형성의 단계

| 애착 전 단계 | 출생~6주 | 애착 대상과 낯선 대상을 구분하지 않는다. |
|---|---|---|
| 애착형성단계 | 6주~6개월 내지 8개월 | 낯익은 사람과 낯선 사람을 구분하기 시작하나 분리불안은 나타나지 않는다. |
| 애착단계 | 6개월 내지 8~18개월 | 애착 대상에 대해 강한 집착을 보이며, 대상영속성 개념이 완전히 획득되지 않아 심한 분리불안을 보인다. |
| 상호관계 형성단계 | 18~24개월 | 애착 대상이 다시 돌아온다는 사실을 알게 되며, 분리불안이 감소한다. |

⑥ 로렌츠(K. Lorenz)의 각인이론

ⓐ '각인(Imprinting)'의 개념 제시 : 각인은 새끼가 생후 초기의 특정한 시기에 어떤 대상과 소통을 하게 되는 경우 이후 그 대상에 대해 애착을 가지게 되는 것을 말한다.

ⓑ 아동발달에서 '결정적 시기'의 주요 개념 도출 : '결정적 시기'란, 아동이 적응적인 행동을 획득하기 위해 생물학적으로 준비되어 있는 특정의 시기를 말하는 것으로, 이 시기에 각인이 제대로 이루어지지 않으면 이후 그와 같은 행동을 습득하기 매우 어렵게 된다는 것이다.

### 핵심예제

**6-1. 아래의 ㉠, ㉡에 들어갈 유아기 발달 이론으로 옳은 것은?**

[2019]

| 발달이론 | 내 용 |
|---|---|
| ( ㉠ ) | • 발달단계에 이르게 되는 결정적인 힘은 개체가 가진 유전적 요인에 전적으로 의존한다는 관점이다.<br>• 유아가 발달 준비가 되었을 때, 성인의 개입을 최소화하고 자신의 발달 수준에 적합한 활동을 스스로 선택하도록 한다. |
| ( ㉡ ) | • 최근 대두되는 관점으로, 인간이 생물로서 다양한 환경에 적응하는 것을 발달적 관점에서 연구하는 이론이다.<br>• 유아의 행동을 미시체계, 메소체계, 엑소체계, 거시체계의 개념으로 나누어 연구한다. |

|   | ㉠ | ㉡ |
|---|---|---|
| ① | 성숙주의 | 심리사회발달이론 |
| ② | 성숙주의 | 생태학적이론 |
| ③ | 인지주의 | 생태학적이론 |
| ④ | 인지주의 | 심리사회발달이론 |

**6-2. 유아기 발달에 관한 이론의 설명으로 옳지 않은 것은?**

[2020]

① 성숙주의이론(A. Gesell) - 인간의 발달은 유전적 요인에 기인한다고 주장하였다.
② 인지발달이론(J. Piaget) - 인간의 본성은 태어날 때부터 환경에 따른 훈련에 의해 만들어진다고 주장하였다.
③ 사회적놀이이론(M. Parten) - 파튼은 사회적 놀이를 사회적 참여도에 따라 여섯 가지 형태로 분류하였다.
④ 도덕성발달이론(L. Kohlberg) - 인간의 존엄성과 양심에 따라 자율적이고 독립적 판단이 가능하다고 주장하였다.

|해설|

**6-1**
- 성숙주의 : 게젤(Gesell)은 모든 성장은 사전에 결정된 유전적 요소에 의해 기본 방향이 결정된다고 주장하면서, 인간의 발달은 '성숙'이라는 내적인 힘에 의해 이루어진다고 보았다.
- 인지주의 : 피아제(Piaget)는 그의 이론인 인지발달 이론에서 인간의 발달을 도식의 조절과 동화를 통한 평형화 과정이라고 주장하였으며, 이에 따른 인지 발달을 네 단계로 제시하였다.
- 심리사회발달이론 : 에릭슨(Erikson)은 인간의 발달이 생물학적 요구와 사회적 압력 간의 상호작용에서 이뤄진다고 보았다.
- 생태학적이론 : 브론펜브레너(Bronfenbrenner)는 유전적 요소, 가정의 역사, 사회·경제적 수준, 가정생활의 질, 문화적 배경과 같은 요인들이 발달과 관련된다고 주장하였다.

**6-2**
피아제의 인지발달이론은 유아의 인지발달단계에 따라 놀이도 감각적인 연습놀이 수준에서 점차 상징놀이, 역할놀이 시기를 거쳐 규칙 있는 게임 수준으로 변화한다는 이론으로 인간의 발달을 도식의 조절과 동화를 통한 평형화 과정이라고 주장하였으며, 이에 따른 인지발달을 네 단계로 제시하였다.

**정답 6-1 ② 6-2 ②**

## 핵심이론 07 유아기 운동발달 1

① 운동발달의 개념
  ㉠ 인간의 성장발달은 삶의 모든 기간에 걸쳐 진행되는 것으로 완전 성숙의 단계를 향해 질서있고 일관되게 나타나는 신체적·심리적 변화들이 종합되어 적응력을 갖추는 과정이다.
  ㉡ 언어, 인지, 신체, 정서통합적 개념으로 유아의 운동발달은 다른 영역의 발달에도 큰 영향을 준다.

> **유아기 운동의 효과**
> 운동기능 발달, 사회성 촉진, 정서 발달, 체력 발달

② 유아기 운동발달의 특성
  ㉠ 운동기능의 발달 : 신경 및 근육의 성숙에 따라 일반적으로 다음과 같은 경향으로 발달한다.
    • 뇌에서 가장 가까운 부분부터 발달한다. 눈운동, 머리운동, 눈과 협응동작이 먼저 이루어지고 걷게 되는 다리운동은 그 후에 이루어진다.
    • 몸의 중심 부분이 먼저 발달하고 말초 부분이 뒤에 발달한다. 유아가 물체를 손으로 잡을 때 어깨와 팔꿈치를 먼저 움직이고 다음에 주먹이나 손가락을 움직이는 세밀한 동작이 발달하게 된다.
    • 큰 근육이 먼저 발달하고 작은 근육이 나중에 발달한다.
    • 양방에서 일방으로 발달한다. 유아는 신체 구조가 생리적으로 항상 양방관계로 균형을 이루고 있으나 점차 한쪽을 선택하여 발달하게 된다. 유아는 처음에 양손을 모두 다 사용하지만 초등학교 입학 시기쯤에는 어느 한 손을 주로 사용하게 된다.
    • 수평적인 동작에서 수직적인 동작으로 발달한다. 유아는 걷고 앞으로 뛰는 동작을 학습한 후 수직으로 뛰는 동작을 학습하게 된다.
    • 기타 운동기능이 발달한다. : 유아기에는 골격이나 근육의 발달과 더불어 신경 또한 발달하여 운동능력이 발달할 수 있는 적기이다. 또한 유아기는 신경과 근육 조정력이 촉진되어 있기 때문에 교차성과 협응동작을 수반하는 운동을 가하는 것이 그 후의 운동능력 발달에 더 큰 효과를 가져올 수 있다.
  ㉡ 운동 기술의 발달
    • 이 시기에 습득하는 기초운동기술은 나중에 다양한 스포츠나 레크리에이션 활동에 숙련된 협응패턴으로 나타나는 운동기술을 형성하는 토대가 된다.
    • 이 시기에 기초운동능력 수준은 또래 집단에서의 다양한 신체 활동 참여 정도를 결정하는 요인으로 작용한다.
  ㉢ 운동능력의 변화

| | |
|---|---|
| 기초운동<br>발달의<br>변화 | • 기초운동발달의 측정은 체력 측정에 비해 많은 시간이 소요되고, 전문적 지식이 필요하다는 단점 때문에 유아체육 현장에서 많이 사용되지 않는 편이다.<br>• 기초운동발달 측정은 운동발달연구자들이 제시한 유아의 운동발달 단계를 고려하여 측정 항목들이 구성되어 있다.<br>• 운동발달이 늦은 유아를 선별하고 운동수행 과정에서 일어날 수 있는 잘못된 수행을 교사들이 빠르게 진단하고 처방하기가 용이하다.<br>• 기초운동발달은 유전적 속성을 많이 가지는 체력에 비해 유아들이 연습을 통해 쉽게 운동 기술들이 향상될 수 있다는 장점을 가지고 있다. |
| 체력운동<br>발달의<br>변화 | • 체력이란 인간이 건강한 활동을 하는 바탕이 되는 힘으로, 운동이나 일을 할 때 계속하여 지속적으로 유지할 수 있게 하는 힘이라고 할 수 있다.<br>• 체력은 근육을 부드럽고 자연스럽게 움직일 수 있는 유연성과 신체 전체 위치를 변화시킬 때 순간적인 힘을 발휘하는 민첩성, 일정한 속도나 강도를 갖는 활동을 지속적으로 수행할 수 있는 지구력, 움직이거나 정지한 상태 또는 다양한 자세에서 신체의 균형을 유지하는 평형성으로 구성되어 있다.<br>• 체력은 성별과 연령별로 차이를 보인다. |

② 유아기 운동 경험과 정신발달
- 활동적인 운동을 경험하는 것은 유아의 운동 능력 발달 및 지적발달과도 관계가 있다.
- 운동에 임할 때의 마음가짐과 운동을 계속할 때의 의지력이 무엇보다 중요하지만 유아기에는 구체적이고 실제적인 목표를 제시하여 의욕을 갖고 운동에 임하게 된다.

### 핵심예제

**7-1.** 〈보기〉에서 유아기의 운동 효과에 해당하는 내용으로만 묶인 것은? [2019]

┌─보기─────────────────────────┐
│ ㉠ 운동기능 발달      ㉡ 사회성 촉진   │
│ ㉢ 원시반사 촉진      ㉣ 성조숙증 촉진 │
│ ㉤ 정서발달          ㉥ 체력 발달    │
└──────────────────────────┘

① ㉠, ㉢, ㉤
② ㉠, ㉣, ㉤
③ ㉡, ㉣, ㉥
④ ㉡, ㉤, ㉥

**7-2.** 유아기 운동발달의 방향성에 대한 특징으로 옳지 않은 것은? [2019]

① 중심에서 말초로 발달한다.
② 전면에서 후면으로 발달한다.
③ 대근육에서 소근육으로 발달한다.
④ 머리(위)에서 발가락(아래)으로 발달한다.

---

|해설|

**7-1**
**유아기 운동의 효과**
- 신체의 발달
- 인지 능력 향상
- 정서 및 사회성 발달
- 운동기능의 발달

**7-2**
유아의 운동발달 방향성은 상부에서 하부로, 중심에서 말초로, 대근육에서 소근육으로, 전체 활동에서 특수 활동으로 발달한다.

정답 7-1 ④  7-2 ②

---

### 핵심이론 08  유아기 운동발달 2 – 갤러휴(D. Gallahue)의 운동발달 단계

① 반사운동 단계(반사 움직임 단계)
  ㉠ 시기 : 태아~1세(정보부호화 단계), 4개월~1세(정보 해독 단계)
  ㉡ 특징 : 태아와 신생아에 나타나는 최초의 운동발달 특징, 정보를 받아들이는 정보 수용 단계, 수용된 정보를 처리하며 초기 자발적 움직임이 일어나는 정보 처리 단계
  ㉢ 영아기 원시반사(원초반사)
  - 빨기 반사, 방향 반사, 잡기 반사, 모로 반사 등 외적 자극에 무의식적으로 신체 반응하는 것, 주로 먹는 기능과 생리적 기능을 유지하는 데 사용되며 신생아를 위험으로부터 보호해주는 기능 담당
  - 영아기 원시반사의 특징 : 운동발달의 기초, 영아의 중추신경계 장애의 진단 가능(운동 행동을 진단하고 미래의 움직임 예측), 영아의 생존을 위한 활동

> **영아기 원시반사의 종류**
> - 빨기 반사 : 입술을 오므려 젖꼭지를 입안에 넣고 모유가 입안으로 들어갈 수 있도록 하는 반응으로 삼키는 반사로 숨쉬기와 연결된다.
> - 젖 찾기 반사 : 아기의 입 주위나 뺨 등을 손가락 끝으로 가볍게 찌르면, 어머니의 젖을 빨 때처럼 입을 움직이는 것이다.
> - 모로 반사 : 영아는 갑작스런 큰 소리를 듣게 되면, 자동적으로 팔과 다리를 쫙 편다.
>   - 아기 머리의 갑작스런 위치 변화나 강한 소리와 빛에 반응하여 무엇을 껴안으려고 한다.
>   - 출생 시 나타나지 않으면 중추신경계의 문제가 있을 수 있다.
> - 걷기 반사 : 바닥에 아이의 발을 닿게 하여 바른 자세가 갖추어지면, 아이가 걷는 것처럼 두 발을 번갈아 떼어 놓는다.
> - 쥐기 반사 : 영아의 손바닥에 무엇을 올려놓으면, 손가락을 쥐는 것과 같은 반응을 한다.
> - 바빈스키 반사 : 영아의 발바닥을 간지럽히면, 발가락을 발등 위쪽으로 부채처럼 펴는 경향을 말한다.
> - 낙하산 반사(Parachute Reaction) : 영아의 몸통을 양손으로 붙들고 갑자기 떨어뜨리는 시늉을 하면 영아가 자연적으로 양쪽 팔을 뻗어 몸을 보호하려 하는 반사를 뜻한다.
>   - 신생아에게 나타날 수 있는 자세 반사로서 중력 반사라고도 한다.
>   - 자세 유지를 위해 나타나며, 생후 10개월 이후에도 나타난다.
>   - 추락에 대한 보호반응이다.
> - 비대칭목경직 반사 : 신생아가 양쪽 팔다리를 굴곡상태로 오므리고 있을 때 머리를 한 쪽으로 돌리면 같은 쪽의 팔다리의 긴장이 사라져 팔과 다리를 펴는 것이다.

② 초보운동 단계(초보움직임 단계)
  ㉠ 시기 : 출생~1세(반사억제 단계), 1~2세(전제어 단계)
  ㉡ 특 징
   - 의도적 신체 운동이 시작되는 중요한 시점, 반사적 행동이 감소되며 불완전한 기본움직임이 나타나는 시기(기어가기, 걷기, 앉고서기 등)
   - 목, 머리, 몸을 조절하면서 앉고 설 수 있는 비이동 동작과 기어가는 동작이나 걷기와 같은 이동 동작 가능, 조작적 동작 기술로 사물에 손을 뻗치는 것이나 잡는 동작도 가능

③ 기초운동 단계(기본움직임 단계)
  ㉠ 시기 : 2~3세(입문 단계), 4~5세(초보 단계), 6~7세(성숙 단계)
   - 입문 단계 : 기본적인 운동 능력을 형성하는 시기로 신체 각 기관의 협응력이 미흡, 때로는 동작이 너무 과장되거나 위축될 수 있고, 동작의 율동감이 결여되어 움직임이 부자연스러움
   - 초보 단계 : 대체로 자신의 신체 움직임을 조정할 수 있으나 여전히 서투르고 유연성 결여
   - 성숙 단계 : 유아의 운동 수행 능력이 급속히 발달(기본운동기술 능숙, 신체 협응력 증가)
  ㉡ 특징 : 유아들이 초보적인 동작 단계에서 다양한 기본동작을 성숙하게 수행할 수 있는 단계로 발전하면서 이러한 과정을 통해 운동 능력뿐만 아니라 기초체력까지 형성, 단 세분화되고 기술적인 움직임의 발달은 미흡한 단계

④ 전문운동 단계(전문화된움직임 단계)
  ㉠ 시기 : 7~10세(전환 단계), 11~13세(적용 단계), 14세 이상(전 생애에 걸친 사용 단계)
  ㉡ 특징 : 스포츠기술 단계
   - 운동능력이 세분화되며 복합된 동작기술이 나타나는 단계
   - 운동 동작을 서로 연관시켜 하나의 일관된 동작으로 완성하는 단계

**핵심예제**

**8-1.** 〈보기〉에서 동일한 유형의 반사(reflex)나 반응(reaction)인 것을 고른 것은? [2023]

┌─보기─────────────────────┐
│ ㉠ 모로(Moro)
│ ㉡ 당김(Pull-up)
│ ㉢ 목가누기(Neck Righting)
│ ㉣ 바빈스키(Babinski)
│ ㉤ 비대칭목경직(Asymmetrical Tonic Neck)
│ ㉥ 낙하산(Parachute)
└──────────────────────────┘

① ㉠, ㉡, ㉥   ② ㉠, ㉣, ㉤
③ ㉡, ㉢, ㉣   ④ ㉡, ㉢, ㉤

**8-2** 〈보기〉에서 설명하는 갤러휴(D. Gallahue)의 운동발달 단계는? [2019]

┌─보기─────────────────────┐
│ • 초보움직임의 습득으로 전문화된움직임을 위한 준비 기간이다.
│ • 걷기, 달리기, 던지기 등의 기본동작을 적절하게 발달시켜야 한다.
│ • 육체·정신적으로 발달이 왕성한 시기이므로 놀이 위주의 신체 활동이 필요하다.
└──────────────────────────┘

① 기본움직임 단계   ② 전문화된움직임 단계
③ 초보움직임 단계   ④ 반사움직임 단계

|해설|

**8-1**
**반사와 반응의 유형**
㉠ 모로 반사, ㉣ 바빈스키 반사, ㉤ 비대칭목경직 반사는 반사의 유형 중 원시반사(원초반사)에 해당한다.

**8-2**
**갤러휴(Gallahue)의 운동발달 단계 중 기본움직임 단계**
• 입문 단계(2~3세), 초보 단계(4~5세), 성숙 단계(6~7세)로 구분한다.
• 연령에 따라 점차 새로운 운동 기능이 나타나 성숙되는 운동발달단계다.
• 육체적·정신적 발달이 왕성한 시기이므로 놀이 위주의 신체 활동이 요구된다.

정답 8-1 ② 8-2 ①

---

**핵심이론 09** 유아기의 건강과 운동

① **유아기의 건강**
  ㉠ 외부로부터의 장애를 받지 않고 바람직한 발육발달이 이루어지는 상태
  ㉡ 유아의 심신이 조화롭게 발달하는 것

  ┌─────────────────────────┐
  │ **유아기 열성 경련**
  │ • 증상 : 주로 생후 6개월~5세 사이의 영유아에게서 발생하며 갑작스러운 고열과 함께 경련이 발생함
  │ • 주된 원인 : 고열, 뇌 손상, 유전적인 요인 등
  └─────────────────────────┘

② **유아기 건강의 3요소**
  ㉠ 영 양
    • 신체와 정신발달에도 영향을 준다.
    • 스스로 균형 있는 영양 섭취가 어렵기 때문에 부모의 지도가 필수적이다.
    • 편식 습관을 들이지 않도록 주의해야 한다.
    • 유아는 한꺼번에 섭취할 수 있는 음식량이 적기 때문에 자주 섭취해야 한다.
    • 남아가 여아보다 기초대사량이 높다.
  ㉡ 수 면
    • 원초적인 생리 현상이다.
    • 수면은 건강과 밀접한 관계가 있다.
    • 유아의 수면 부족은 울음, 짜증, 영양 공급 거부 증세로 나타난다.
    • 최소 6시간의 수면이 확보되어야 성장에 장애가 없다.
    • 성장호르몬이 가장 많이 분비되는 시간은 밤 10시~새벽 2시 사이이다.
    • 연령별 수면 시간 : 영아는 오전·오후 2회, 유아는 1회 정도 낮잠이 필요하다.

| 연 령 | 수면시간 | 연 령 | 수면시간 |
|---|---|---|---|
| 0~2개월 | 18~20시간 | 1~2세 | 12~14시간 |
| 2~6개월 | 16~18시간 | 2~5세 | 10~12시간 |
| 6~12개월 | 14~16시간 | 5~10세 | 10시간 정도 |

ⓒ 운 동
- 유아기는 신체 활동의 욕구가 생애의 다른 어떤 시기보다 크다.
- 유아기의 운동이 중요한 이유 : 충분한 신체의 움직임으로 깊은 잠을 잘 수 있고, 에너지와 감정을 발산하여 정신적 건강에 도움을 준다. 또한 옥외의 신체 활동으로 햇빛을 통해 피부 저항력을 기를 수 있다.

> **유아기 규칙적인 운동의 효과**
> 체지방률 감소, 심폐지구력 발달, 운동기능의 발달

③ 유아기 운동기능의 발달
  ㉠ 남·여의 성별과 연령별로 차이가 있다.
   - 영아의 출생 후 움직임 : 반사운동
   - 1년 3개월~2년 : 운동기능 습득 과정(예 걷기, 구르기, 기어가기 등)
   - 2~5년 : 단순 운동기능 습득(예 던지기, 맞히기, 흔들기, 헤엄치기, 미끄러지기, 매달리기, 술래잡기, 달리기 등)
   - 5년 이상 : 스포츠와 기본운동기능 습득(예 수영, 놀이, 배구, 릴레이, 축구, 발야구 등), 5세부터 체력과 운동 능력 측정 가능
  ㉡ 유아들은 무게 중심(C.O.G)이 높아 쉽게 넘어지며 운동양식이 대개 좌우 대칭이다.
  ㉢ 유아기 운동 성취의 특징은 '빠르고', '힘 있게'가 아니라 안전한 상태로 얼마나 많은 운동 패턴을 성취할 수 있는가에 달려 있다.

④ 유아 운동 권장 지침
  ㉠ 미국 스포츠교육협회
   - 하루에 최소 1시간 정도의 구조화된 신체 활동을 해야 한다.
   - 하루에 최소 1시간 이상 비구조화된 신체 활동을 해야 하고, 수면을 제외하고 60분 이상 앉아있지 않게 해야 한다.
   - 유아들은 블록을 쌓거나 좀 더 복잡한 운동작업을 필요로 하는 운동기술을 발달시켜야 한다.
   - 유아들은 대근육 운동을 하기 위해 권장안전기준에 적합한 실내 공간과 실외 공간에 있어야 한다.
   - 유아들은 개개인이 신체 활동에 대한 중요성을 인식하고 유아의 운동기술을 용이하게 해야 한다.
  ㉡ 세계보건기구(WHO)
   - 5세 미만은 하루에 180분 이상 다양한 유형의 신체 활동을 해야 한다.
   - 5~17세는 하루에 적어도 60분 이상 땀 나는 신체 활동을 해야 한다.
   - 유산소성 신체 활동을 주로 권장한다.
  ㉢ 국립중앙의료원
   - 영유아는 운동량을 스스로 조절하므로 안전한 놀이 공간을 제공한다.
   - 어린이·청소년은 매일 1시간 이상 운동을 권장한다.
   - 성장기에 있는 어린이·청소년의 경우 큰 근육을 오래 사용하는 운동과 발바닥에 충격이 가해지는 뼈 강화 운동을 일주일에 3일 이상 하는 것이 필요하다.
   - 인터넷·TV나 비디오 시청·게임 등 앉아서 보내는 시간은 하루 2시간 이내로 제한해야 한다.

### 핵심예제

**9-1.** 세계보건기구(WHO, 2020)가 권장한 유아·청소년기 신체 활동 지침으로 옳은 것은? [2021]

① 만 1세 이전 – 신체 활동을 권장하지 않는다.
② 만 1~2세 – 하루 180분 이상의 저·중강도 신체 활동을 권장한다.
③ 만 3~4세 – 최소 60분 이상의 중·고강도 신체 활동을 포함한 하루 180분 이상의 신체 활동을 권장한다.
④ 만 5~17세 – 최소 주 5회 이상의 고강도 근력 운동을 포함한 하루 60분 이상의 중·고강도 신체 활동을 권장한다.

**9-2.** 미국스포츠·체육교육협회의 유아기 신체 활동 촉진을 위한 지도 지침으로 옳지 않은 것은? [2020]

① 근육과 뼈를 강화시키는 신체 활동은 피하도록 한다.
② 매일 최소 60분의 계획된 신체 활동에 참여해야 한다.
③ 안전한 실내와 실외에서 대근육 활동을 해야 한다.
④ 수면 시간을 제외하고 60분 이상 눕거나 앉아 있지 않도록 한다.

|해설|

**9-1**
**세계보건기구(WHO)가 권장한 유아·청소년기 신체 활동 지침 (2020)**
- 1~2세 아동 : 대·중간 강도 이상으로 최소 180분간 매일 신체 활동을 해야 한다.
- 3~4세 어린이 : 매일 적어도 180분간의 신체 활동을 해야 한다.
- 5~17세 어린이와 청소년 : 매일 적어도 합계 60분의 중간 강도 내지 격렬한 강도의 신체 활동을 해야 한다.

**9-2**
**미국스포츠교육협회의 신체 활동 지침**
- 유아는 최소 하루에 60분 가량의 구조화된 신체 활동을 하도록 한다.
- 유아는 최소 하루에 60분에서 몇 시간까지 구조화되지 않은 신체 활동에 참가하고 수면 시간을 제외하고 60분 이상 앉아 있지 않는다.
- 유아는 블록을 쌓거나 약간 복잡한 운동 작업을 필요로 하는 운동기술을 발달시켜야 한다.
- 유아는 대근육 활동을 하기 위해 권장안전기준에 부합한 실내 공간과 실외 공간에 있어야 한다.
- 유아 개개인의 신체 활동에 대한 중요성을 인식하고 유아의 운동기술을 용이하게 해야 한다.

정답 9-1 ③  9-2 ①

## 제2절 | 유아기 운동발달 프로그램

### 핵심이론 10 유아체육 프로그램의 기본 원리

① 적합성의 원리

㉠ 결정적 시기(민감기)를 고려하여 발달단계별로 적합한 신체 활동과 운동 학습이 가능하도록 프로그램을 구성한다.
- 만 1세 : 걷기
- 만 2.5~4세 : 협응력과 자기조절능력
- 만 3~4세 : 자기표현력과 창의력

㉡ 같은 연령의 유아라도 신체발달, 체력, 신체 활동의 경험, 운동기술 수준 등을 고려하여 프로그램을 적용한다.

㉢ 연령에 맞는 프로그램의 기초
- 영아 : 환경 자극, 엄마와의 접촉이 필수요건
- 2~3세 : 엄마와 함께 사지 발달을 위한 운동프로그램
- 3~4세 : 혼자하면서 자립심을 키울 수 있는 운동 프로그램
- 5~6세 : 놀이를 이용한 또래와의 사교 및 학습 능력 향상에 도움을 줄 수 있는 운동 프로그램

**적합성의 원리의 특징**
- 유아체육 프로그램은 유아들을 위한 발달지향적이고 적절한 신체 활동들을 고려하여 구성한다.
- 유아의 발달 상태와 신체 활동에 대한 경험, 기술, 수준, 체력, 연령 등을 고려한다.

② 방향성의 원리
　㉠ 신체발달 방향성을 고려하여 적절한 운동을 하도록 프로그램을 구성한다.
　　• 머리-발가락 원리(Cephalo-caudal Principle) : 머리(상체) → 발가락(하체)
　　• 중심-말초 원리(Proximo-distal Principle) : 몸 중심부 → 말초신경부분
　　• 대근육 운동 → 소근육 운동
　㉡ 운동기술을 획득하는 과정 : 유아는 손목, 손 그리고 손가락 근육에 의한 운동 조절 능력에 앞서 몸통과 어깨 근육을 조절하는 능력을 먼저 갖게 된다.
　㉢ 신체발달 방향성은 전반적으로 지켜지지만 개인차가 존재한다.

③ 특이성의 원리
　㉠ 일반적인 발달 특성뿐만 아니라 개개인의 유전과 환경 요인에 따른 개인차를 고려하여 프로그램을 구성한다.
　　• 유아 간 연령별 체력의 차이
　　• 성별의 차이
　　• 운동 소질 및 적성의 차이
　㉡ 어린이의 운동 능력은 개인차가 현저하여 동일 연령이라도 운동 수행 능력의 차이가 크다.

　**특이성의 원리의 특징**
　• 유아의 유전과 환경 요인을 고려한 개인차를 반영한다.
　• 유아의 자발성이나 창의성을 고려한다.

④ 다양성의 원리
　㉠ 유아기는 골격이 형성·발달하는 시기이므로 일정 부위에 집중적인 운동보다 전체적인 신체발달을 돕는 다양한 프로그램을 구성한다.
　㉡ 유아는 집중력이 떨어지고 한 가지 운동에 싫증을 빨리 느끼므로 다양한 프로그램을 구성하여 다양한 경험이 이루어지도록 하며, 체계적이고 다양한 예체능 프로그램과 지속적인 관리 보안을 통해 목표를 달성할 수 있도록 한다.

⑤ 안전성의 원리
　㉠ 유아의 다음과 같은 특성으로 인해 안전성을 고려하여 프로그램을 구성한다.
　　• 호기심이 강하고 주의력과 조심성이 부족하고 신체조정력과 판단력도 떨어진다.
　　• 자신의 운동 능력을 과대평가하는 경향을 보이면서 이러한 지각 능력과 실제 수행 능력의 차이가 다양한 사고의 원인이 되고 있다.
　㉡ 유아의 경향을 고려하여 안전한 운동 환경을 마련하고, 사고를 예방할 수 있는 지도가 이루어져야 한다.

　**안전성의 원리의 특징**
　• 신체조정능력과 판단력이 완전히 발달되지 않은 유아에게 우선적으로 고려해야 할 원리이다.
　• 자신의 능력을 과대평가하는 아동의 성향을 고려한 운동 환경을 마련한다.
　• 우발적 사고에 대한 부모나 지도자의 올바른 인식이 중요하다.

⑥ 연계성의 원리
　㉠ 유아의 나이와 성별, 신체의 발달 프로그램 특징의 변화와 순서를 체계적으로 연계하여야 한다. 또한 단순한 것에서 복잡한 것으로, 쉬운 것에서 어려운 것으로 프로그램을 단계적으로 구성한다.
　㉡ 운동발달, 인지발달, 사회성 및 정서발달의 상호작용을 통한 발달이 이루어질 수 있도록 통합적 교육을 연계한 프로그램을 구성해야 한다.

　**연계성의 원리의 특징**
　• 유아체육 프로그램 개발의 기본 원리이다.
　• 신체적, 사회적, 정서적 발달을 함께 고려한다.
　• 발육발달과 운동기술발달의 수준을 동시에 고려한다.
　• 쉬운 과제에서 어려운 과제의 순서로 구성한다.

### 핵심예제

**10-1.** 〈보기〉의 ㉠~㉢에 해당하는 설명과 유아체육 프로그램의 구성원리가 올바르게 제시된 것은? [2024]

┌ 보기 ┐
㉠ 차기(Kicking)의 개념 학습 후, 정지된 공에서 빠르게 움직이는 공의 순으로 수업을 설계한다.
㉡ 대근육 운동에서 소근육 운동으로 확장된 움직임 수업을 설계한다.
㉢ 발달단계에 따른 민감기를 고려한 움직임 수업을 설계한다.
└─────┘

|   | ㉠ | ㉡ | ㉢ |
|---|----|----|----|
| ① | 연계성 | 전면성 | 특이성 |
| ② | 다양성 | 방향성 | 적합성 |
| ③ | 연계성 | 방향성 | 적합성 |
| ④ | 다양성 | 적합성 | 개별성 |

**10-2.** 〈보기〉의 대화에서 ㉠, ㉡에 들어갈 유아체육 프로그램 기본 원리와 교수방법은? [2023]

┌ 보기 ┐
• A 지도자 : 저는 수업에서 유아 간에 체력이나 소질 같은 개인차가 발생하는 부분이 늘 고민이었어요. 운동프로그램 구성을 위한 원리 같은 것이 있을까요?
• B 지도자 : ( ㉠ )의 원리 같은 경우가 적용될 수 있을 것 같아요. 이 원리는 일반화된 특성뿐만 아니라 유전과 환경 요인 같은 개인차를 고려하는 것을 말해요.
• A 지도자 : 그렇다면 유아가 창의성 있게 자발적으로 참여하게 하는 지도 방법은 어떤 것이 있을까요?
• B 지도자 : ( ㉡ ) 방법이 효과적일 것 같아요. 이 방법은 유아 스스로의 실험과 문제 해결, 자기 발견을 통해 학습이 일어나는 과정을 강조하는 방법이에요.
└─────┘

|   | ㉠ | ㉡ |
|---|----|----|
| ① | 특이성 | 탐색적(Exploratory) |
| ② | 특이성 | 과제 중심 접근(Task-oriented) |
| ③ | 연계성 | 탐색적(Exploratory) |
| ④ | 연계성 | 과제 중심 접근(Task-oriented) |

|해설|

**10-1**
**유아발달 프로그램의 기본 원리**
- 안정성의 원리 : 안전을 최우선으로 고려하여 프로그램을 구성해야 한다.
- 적합성의 원리 : 결정적 시기를 고려하여 적합한 운동으로 프로그램을 구성해야 한다.
- 방향성의 원리 : 신체발달의 방향성을 고려하여 적절한 운동으로 프로그램을 구성해야 한다.
- 특이성의 원리 : 유전과 환경 요인에 따른 개인차를 고려하여 프로그램을 구성해야 한다.
- 다양성의 원리 : 전체적인 신체발달을 돕는 다양한 프로그램으로 구성해야 한다.
- 연계성의 원리 : 운동발달, 인지발달, 사회성 및 정서발달의 상호작용을 통한 발달이 이루어지도록 프로그램을 연계적으로 구성해야 한다.

**10-2**
**유아체육 프로그램의 기본 원리**
㉠ 일반적인 발달 특성뿐만 아니라 개개인의 유전과 환경요인에 따른 개인차를 고려하여 프로그램을 구성하는 것은 특이성의 원리에 따른 것이다.
㉡ 유아 스스로의 실험과 문제 해결, 자기 발견을 통해 학습이 일어나는 과정을 강조하는 방법은 탐색적 방법이다.

정답 10-1 ③  10-2 ①

**핵심이론 11** 유아체육 프로그램의 구성 시 고려 사항

① 운동 단계별 고려사항
　㉠ 운동 전
　　• 신체 상태 점검 : 발열, 설사, 부상 등 신체상태 점검
　　• 준비운동 : 운동에 적합한 상태로 호흡계, 순환계, 근육, 관절 준비운동
　　• 복장 : 운동 강도와 날씨, 일조량에 따른 적절한 복장
　　• 식후 경과 시간 : 가장 적당한 시간은 식후 1시간 경과 후
　㉡ 운동 중
　　• 갑작스런 운동으로 통증 유발 시 휴식을 취한 후 가벼운 운동 실시
　　• 운동 중 응급 상황 : 안정을 취하고 응급처리 실시
　　• 응급 상황 시 행동 요령 : 응급 상황 인지 → 도움의 유무 결정 → 구급차 호출 → 부상자 진단 → 응급 처치 실시

　　┌─────────────────────────────┐
　　│ **유아 발목 부상의 처치과정(RICE 요법)**
　　│ • 휴식(Rest) : 부상부위를 고정하고 안정을 취한다.
　　│ • 얼음찜질(Ice) : 부상부위에 얼음주머니를 대고 붕대를 감는다.
　　│ • 압박(Compression) : 탄성붕대를 이용하여 압박한다.
　　│ • 거상 또는 거양(Elevation) : 부상 부위를 심장 높이보다 높게 들어 올려주는 것으로 손상 부위의 거상은 손상 부위의 압력을 낮춰주어 부기를 줄여준다.
　　└─────────────────────────────┘

　㉢ 운동 후
　　• 정리운동 : 갑자기 운동을 중지하면 현기증 같은 증상이 유발될 수 있으므로 걷기, 체조 등으로 정리운동 실시
　　• 샤워나 목욕 : 운동 후 피부 청결, 혈액순환 촉진, 피로 회복
　　• 운동 후 수면 : 수면은 피로 회복의 가장 좋은 방법으로 수면 부족 시 짜증과 울음 등 유발

② 유아체육 프로그램 계획 시 고려 사항
　㉠ 연령에 따른 발달단계와 개인차를 고려한다.
　㉡ 신체적·정서적·사회적·인지적으로 균형있는 발달을 위한 프로그램을 계획한다.
　㉢ 적절하게 시간을 배분한다.
　㉣ 팀 운동과 개인운동을 적절하게 배합한다.
　㉤ 안전을 우선적으로 고려한다.
　㉥ 평가와 피드백을 실시한다.
　㉦ 활동적이고 흥미로운 놀이인지 여부를 고려한다.

③ 유아체육 프로그램 구성 시 교사의 고려 사항
　㉠ 과제를 위한 시간 분배를 가지고 진행을 예측한다.
　㉡ 학습자가 과제를 인식할 수 있도록 어떤 신호나 자극을 준다.
　㉢ 과제를 설명할 때 학습자와 의사소통이 될 수 있도록 한다.
　㉣ 체육수업 중 장비와 기구를 충분히 제공하면, 유아가 실제로 과제에 참여할 수 있는 시간을 증가시킬 수 있다.

④ 유아체육 프로그램의 연령별 고려 사항
　㉠ 2~3세 유아에 적합한 체육 프로그램의 고려사항
　　• 성별의 차이는 고려하지 않는다.
　　• 발육발달 상태를 평가한다.
　　• 놀이방법을 이해할 수 있는지를 확인한다.
　㉡ 4~7세 유아에 적합한 체육 프로그램의 고려사항
　　• 다양한 대근육 운동놀이를 제공하며 창의력과 탐색 욕구를 극대화하기 위해 탐색과 문제 해결 운동에 중점을 둔다.
　　• 운동프로그램은 건강한 자기개념을 형성할 수 있으며 실패에 대한 두려움을 줄일 수 있고, 활발한 참여를 유도하여 수줍어하거나 자의식이 강한 경향을 극복할 수 있도록 돕는다.
　　• 이동성, 조작성, 안정성과 관련한 기초적인 능력들을 발달시키고, 간단한 능력에서 복잡한 능력으로 진행시키는 데 중점을 둔다.

- 남녀 유아의 관심과 능력이 비슷하기 때문에 분리해서 활동할 필요는 없으며, 지각-운동 기능의 향상을 목적으로 특별히 설계된 활동이 많이 필요하다.
- 개인차를 이해하고 유아의 발달속도에 맞춰 진행하며 물체의 조작과 눈-손 협응성에 필요한 다양한 활동을 제공한다.
- 팔, 어깨, 상체를 모두 움직이는 활동에 중점을 두며 다양한 기초운동들을 정확하게 실행하는 것을 주된 목표로 하고 속도 및 민첩성보다도 협응성을 강조한다.
- 여러 가지 감각을 이용하여 다양한 경험들을 하나로 통합한다. 상상력이 풍부한 시기이므로 상상력과 모방 활동을 아동기 초기의 프로그램에 포함하는 것이 효과적이다.

### 핵심예제

**11-1. 계획적인 유아체육 프로그램을 구성할 때 고려해야 할 사항으로 옳지 않은 것은?** [2025]

① 유아의 참여가 어려운 게임은 되도록 배제한다.
② 프로그램 사전 계획 시 대상자 연령, 인원, 장소, 도구 등을 미리 파악한다.
③ 다양한 교보재와 활동 지시문을 활용해 유아가 스스로 순환하면서 활동하도록 유도한다.
④ 설치하는 기구는 유아 개개인의 다양한 발달 수준을 고려하지 않고 획일적으로 활용한다.

**11-2. 유아기의 운동 프로그램 구성을 위해 고려해야 할 사항으로 옳지 않은 것은?** [2022]

① 다양한 기본움직임 경험보다 복합적이고 정교한 동작 수행에 중점을 두어 구성한다.
② 협응성 운동 시, 속도나 민첩성의 요소가 연계되지 않도록 한다.
③ 운동 수행의 성공 빈도를 높일 수 있도록 프로그램을 구성한다.
④ 간단한 움직임에서 복잡한 움직임으로 진행되도록 구성한다.

**11-3. 2~3세 유아에 적합한 체육 프로그램의 고려사항으로 옳지 않은 것은?** [2018]

① 성별의 차이는 고려하지 않는다.
② 협응성을 강조하면서 속도 및 민첩성을 연계한다.
③ 발육발달 상태를 평가한다.
④ 놀이방법을 이해할 수 있는 지를 확인한다.

|해설|

11-1
개인차를 이해하고 유아 개개인의 발달 속도에 맞춰 설치기구를 활용해야 한다.

11-2
이동성, 조작성, 안정성과 관련한 기초적인 능력들을 발달시킨 후, 복잡한 능력으로 진행시키는 데 중점을 두는 것이 좋다.

11-3
4~7세 유아에게 적용될 프로그램들은 아동의 상황적 판단력, 상상력, 창의력, 욕구 자극, 기관별 협응성, 자아개념 형성 등과 같은 목표를 가지고 있으며 이와 함께 민첩성을 연계한 프로그램 구성이 가능하다.

정답 11-1 ④ 11-2 ① 11-3 ②

**핵심이론 12** 유아체육 프로그램 구성 시 연령별 특징과 운동 능력 향상 방법

① 유아체육 프로그램의 구성 방법
  ㉠ 활동적인 유아를 위해서는 주 3~4회 운동 시간을 편성한다.
  ㉡ 1회 수업 시 20~40분의 운동 시간을 편성한다.
  ㉢ 흥미를 잃지 않도록 발달 수준을 고려하여 구성한다.
  ㉣ 운동기능의 향상을 위해 점진적 방법을 적용한다.

② 유아체육 프로그램의 구성 절차 : 자료 수집 → 적용 대상 선정 → 프로그램 작성 → 프로그램 지도 → 프로그램 평가 → 피드백

③ 유아체육 프로그램 구성 시 연령에 따른 운동 능력 향상 방법 : 유아체육 프로그램 수립 시 운동 빈도, 운동 강도, 운동 시간, 운동 형태의 4요소를 고려한다.
  ㉠ 1세 운동
    • 운동놀이의 시작 시기 : 생후 1년은 걷기 시작하고, 1년 6개월은 달릴 수 있다.
    • 초기의 운동놀이는 기물을 끌거나 밀고 다니는 행동으로 나타난다.
    • 옥외 활동을 좋아하므로 외부 세계에 대한 적응 시도 및 안전 보호가 필요하다.
  ㉡ 2세 운동
    • 신체적 독립기 : 운동기능이 현저히 발달하면서 마음대로 돌아다니기를 좋아한다.
    • 운동놀이의 기회를 많이 부여하여 운동기능뿐 아니라 에너지 발산을 통해 기분이 안정되도록 한다.
    • 급정지는 할 수 없으나 달리기에 숙달되어 의욕적으로 달린다.
    • 계단 오르내림이 숙달되고 평형감각이 발달하면서 평균대 위를 한 걸음씩 건널 수 있다. 또한 공을 던지거나 철봉에 매달릴 수 있으며 구르기를 좋아한다.
  ㉢ 3세 운동
    • 획기적 성장 및 일종의 완료기 : 1~2세에 비해 생활습관과 운동기능이 위태로운 단계를 넘어서는 시기이다.
    • 사회성의 발달 : 집단놀이 및 친구와 노는 놀이 활동을 좋아하고, 주요 운동놀이용 기구로 삼륜차, 그네, 시소, 평균대, 공, 고리 등이 이용된다.

| 2019 개정 누리과정 중 신체운동·건강 영역 | |
|---|---|
| 신체 활동 즐기기 | • 신체를 인식하고 움직인다.<br>• 신체 움직임을 조절한다.<br>• 기초적인 이동운동, 제자리 운동, 도구를 이용한 운동을 한다.<br>• 실내외 신체 활동에 자발적으로 참여한다. |
| 건강하게 생활하기 | • 자신의 몸과 주변을 깨끗이 한다.<br>• 몸에 좋은 음식에 관심을 가지고 바른 태도로 즐겁게 먹는다.<br>• 하루 일과에서 적당한 휴식을 취한다.<br>• 질병을 예방하는 방법을 알고 실천한다. |
| 안전하게 생활하기 | • 일상에서 안전하게 놀이하고 생활한다.<br>• TV, 컴퓨터, 스마트폰 등을 바르게 사용한다.<br>• 교통안전 규칙을 지킨다.<br>• 안전사고, 화재, 재난, 학대, 유괴 등에 대처 방법을 경험한다. |

  ㉣ 4세 운동
    • 유아기 중 가장 발달이 왕성한 시기
    • 성인의 약 80%의 대뇌가 발달하며 지능의 발달과 신체적 기능의 발달을 촉진한다.
    • 모든 운동의 기초가 되는 걷기 운동이 가능해지며 성인과 거의 동일한 걸음걸이를 갖춘다.
    • 원활한 신체 활동이 이루어진다(예 달리기, 뛰어오르기, 율동적 동작 등).
    • 기능적 운동을 즐긴다(예 공던지기, 미끄럼타기, 철봉, 그네타기 등).
    • 이 시기 운동 부족은 초등학교 입학 후에 운동 능력의 차이로 나타난다.

ⓒ 5세 운동
- 심신발달이 안정되는 시기 : 유아기 발달 마무리 단계
- 급격한 정신적 발달이 이루어지고 운동놀이에 매우 의욕적이며 운동이 숙달되는 시기로, 이 시기에 충분한 운동놀이의 기회를 갖지 못하면 운동을 싫어하거나 동작이 서투르게 된다.

### 핵심예제

**12-1. 누리과정에서 3세 유아의 신체조절 능력을 향상시키기 위한 프로그램의 내용으로 적절하지 않은 것은?** [2018]

① 신체균형을 유지해본다.
② 도구를 활용한 조작운동을 한다.
③ 공간, 힘, 시간 등의 움직임 요소를 경험한다.
④ 신체 각 부분의 움직임을 조절해 본다.

**12-2. 2019 개정 누리과정에서 '신체운동·건강' 영역의 세부 내용에 대한 설명으로 적절하지 않은 것은?** [2020]

① 신체 움직임을 조절한다.
② 신체를 인식하고 움직인다.
③ 경쟁 활동을 통해 스포츠 기술을 습득하고 건강을 증진한다.
④ 기초적인 이동운동, 제자리 운동, 도구를 이용한 운동을 한다.

|해설|

**12-1**
도구를 활용하여 여러 가지 조작운동을 하는 것은 5세에 가능한 활동에 해당된다. 3세 유아의 신체조절능력을 향상시키기 위한 프로그램의 내용은 신체균형을 유지해보고, 공간, 힘, 시간 등의 움직임 요소를 경험하며, 신체 각 부분의 움직임을 조절해 보는 것이다.

**12-2**
2019 개정 누리과정에서 '신체운동·건강' 영역에서는 유아가 실내외에서 신체 활동을 즐기고 건강하고, 안전한 생활을 할 수 있도록 하였다. 그중 신체 활동 즐기기에는 보기 외에 실내외 신체 활동에 자발적으로 참여한다는 내용도 포함된다.

**정답** 12-1 ② 12-2 ③

---

### 핵심이론 13
**유아체육 프로그램의 구성**
**(1) 기초(기본)운동발달 구성 요소**

① 기초(기본)운동의 발달
  ㉠ 기초(기본)운동은 일상 생활에서 이루어지는 대근육 운동기술이며 일반적으로 아동기 때 숙달된다.
  ㉡ 스스로 걷고 환경에 대해 자유롭게 움직일 수 있는 시점을 즈음하여 발달하기 시작한다. 인간의 기초(기본)운동발달을 위한 구성 요소에는 안정성운동, 이동운동, 조작운동이 있다.
  ㉢ 기본적인 조정성, 이동성 능력은 미성숙 상태에서 성숙 상태로 발달하는 데 주요한 척도가 되며 일반적으로 만 6세 정도에 이르면 기초(기본)운동 패턴이 성숙 단계에 이른다.

② 기초(기본)운동발달의 구성 요소
  ㉠ 안정성 운동 : 이동하지 않고 서거나 앉아서 균형감각을 기르는 운동으로, 철봉 잡고 앞뒤로 흔들기(Swinging), 몸통을 굽히거나 접기(Bending) 등이 있다.
  - 축을 중심으로 하는 안정성 운동 : 몸 가운데를 축으로 하는 좌우 움직임이나 어깨 또는 고관절을 축으로 하는 움직임

| 굽히기 | 팔, 무릎, 허리 등 관절을 구부리는 움직임 |
|---|---|
| 늘리기 | 몸을 쭉 펴서 늘리는 움직임 |
| 비틀기 | 몸의 한 부분을 축으로 하여 비트는 움직임 |
| 돌기 | 몸 가운데를 축으로 하여 제자리 돌기 움직임 |
| 흔들기 | 팔을 앞뒤·양옆으로 흔들기, 다리를 앞뒤·양옆으로 흔들기, 몸을 앞뒤로 흔들기 등 |

- 정적·동적 안정성 운동

| 정적 안정성 운동 | 직립 균형, 거꾸로 균형(물구나무 서기) 등 움직이지 않고 균형 잡는 운동 |
|---|---|
| 동적 안정성 운동 | 구르기, 멈추기, 재빨리 피하기 등 움직이면서 균형 잡는 운동 |

ⓛ 이동 운동 : 위치를 이동하는 운동
- 단일요소 이동 운동 : 한 가지 움직임(예 걷기, 달리기, 리핑, 호핑, 점핑 등)
- 복합요소 이동 운동 : 걷기나 뛰기 등 요소가 복합적으로 이루어진 움직임(예 기어오르기, 갤러핑, 슬라이딩, 스키핑 등)

- 리핑(Leaping) : 무릎을 펴면서 뛰어올라 공중에서는 두 무릎이 모두 펴지도록 다리를 벌리며 멀리 뛰는 동작
  - 체중을 한 발에서 다른 발로 이동시키는 기술이다.
  - 달리기보다 더 높이, 더 멀리 뛰면서 바닥을 접촉하지 않는 상태를 유지한다.
  - 한 발로 멀리 건너뛰기를 하거나 보폭을 크게 하여 달리는 모습과 비슷하다.
- 슬라이딩(Sliding) : 한 발을 옆으로 놓으며 미끄러지듯이 다른 발을 재빨리 붙이고 미는 동작
- 호핑(Hopping) : 한 발을 사용하여 뛰어오른 후 동일한 발로 착지를 하는 점핑의 발달된 형태
- 갤러핑(Galloping) : 한 발을 앞이나 옆으로 디디며 다른 발을 빨리 끌어와 부딪히며 걷는 동작
- 스키핑(Skipping) : 한 발로 홉(Hop)하면서 동시에 다른 발은 무릎을 구부려 걷는 동작
  - 모든 구간에서 체중 이동이 자연스럽다.
  - 체중 이동이 이루어지는 동안 팔의 움직임이 줄어든다.
  - 호핑 구간 동안 지지하는 다리의 발이 지면 가까이에 있다.

- 이동성 운동 능력의 출현 순서 : 서서 도움 없이 초보적 걷기 → 처음으로 달리기 → 위로 점프하기(약 30cm) → 숙련된 갤러핑, 성숙된 형태

ⓒ 조작 운동 : 기구를 다루는 능력을 기르는 운동으로 배트로 치기 연습하기(Striking), 날아오르는 공을 발로 잡기(Trapping) 등이 있다.
- 추진 조작 운동 : 기구를 몸 안쪽에서 바깥쪽으로 내보내는 움직임(예 굴리기, 던지기, 치기, 차기, 튀기기, 펀칭, 맞히기, 되받아치기 등)

**던지기(Overarm Throw) 동작의 발달단계**

| 시 작 | 초 보 | 성 숙 |
|---|---|---|
| • 양발은 고정된 상태 유지<br>• 던지기를 준비하는 동안 양발을 이동하는 경우가 자주 있으나 특별한 목적은 없음 | • 준비 움직임 동안 체중을 뒷발에 실음<br>• 체중이 이동하면서 반대 발이 앞으로 나아감 | • 체중은 명확하게 앞쪽으로 이동됨<br>• 던지는 팔과 같은 쪽의 다리를 앞으로 내밈 |

- 흡수 조작 운동 : 외부에서 몸을 향해 들어오는 기구를 받는 움직임(예 잡기, 볼 멈추기 등)

### 핵심예제

**13-1.** 기본움직임기술(Fundamental Movement Skills : FMS)과 움직임 양식과의 연결이 옳지 않은 것은? [2023]

① 조작 운동 : 굽히기(Bending), 늘리기(Stretching), 직립균형(Upright Balance)
② 조작 운동 : 때리기(Striking), 튀기기(Bouncing), 되받아치기(Volleying)
③ 이동 운동 : 걷기(Walking), 호핑(Hopping), 스키핑(Skipping)
④ 이동 운동 : 점핑(Jumping), 갤로핑(Galloping), 슬라이딩(Sliding)

**13-2.** 안정성(Stability)운동기술 중 축성(Axial) 움직임으로 옳은 것은? [2022]

① 구르기(Rolling), 늘리기(Stretching), 흔들기(Swinging)
② 늘리기(Stretching), 비틀기(Twisting), 흔들기(Swinging)
③ 구르기(Rolling), 비틀기(Twisting), 거꾸로 균형(Inversed Balance)
④ 비틀기(Twisting), 흔들기(Swinging), 거꾸로 균형(Inversed Balance)

13-3. 〈보기〉에서 설명하는 기초이동운동 능력은? [2019]

┌ 보기 ┐
- 모든 구간에서 체중 이동이 자연스러움
- 체중 이동이 이루어지는 동안 팔의 움직임이 줄어듦
- 호핑 구간 동안 지지하는 다리의 발이 지면 가까이 있음

① 리핑(Leaping)  ② 갤러핑(Galloping)
③ 슬라이딩(Sliding)  ④ 스키핑(Skipping)

| 해설 |

13-1
기본움직임기술
- 조작 운동 : 치기, 던지기, 차기, 공 멈추기, 튀기기, 되받아치기
- 이동 운동 : 걷기, 호핑, 스키핑, 점핑, 갤로핑, 슬라이딩
- 안정성 운동 : 굽히기, 늘리기, 비틀기, 돌기, 흔들기, 직립균형, 거꾸로 균형, 구르기, 멈추기, 피하기

13-2
축성 평형성은 굽히기, 늘리기, 비틀기, 돌기, 흔들기 등과 같은 몸 가운데를 축으로 하는 좌우 움직임이나 어깨 또는 고관절을 축으로 하는 움직임을 말한다.

13-3
④ 스키핑(Skipping) : 한 발로 홉(Hop)하면서 동시에 다른 발은 무릎을 구부려 걷는 동작이다.
① 리핑(Leaping) : 무릎을 펴면서 뛰어올라 공중에서는 두 무릎이 모두 펴지도록 다리를 벌리며 멀리 뛴다.
② 갤러핑(Galloping) : 한 발을 앞이나 옆으로 디디며 다른 발을 빨리 끌어와 부딪히며 걷는다.
③ 슬라이딩(Sliding) : 한 발을 옆으로 놓으며 미끄러지듯이 다른 발을 재빨리 붙이고 미는 것이다.

정답 13-1 ①  13-2 ②  13-3 ④

## 핵심이론 14 유아체육 프로그램의 구성 (2) 지각운동발달 구성 요소

① 지각운동의 주요 개념
  ㉠ 감각 : 감각 체계는 신체의 안팎으로부터 제공되는 정보를 수집하는 데 운동 체계와 밀접하게 관련되어 있으므로 신체 움직임과 운동 기술의 학습에 중요한 역할을 한다. 즉, 신체가 다양한 환경적 조건과 상호작용하여 운동발달이 가능하도록 하기 위해서는 시각, 청각, 운동감각 등의 감각체계들의 기능이 중요하다.
  - 시각 : 감각체계 중 외부 환경으로부터 신체로 유입되는 정보를 가장 많이 수집하고 처리
  - 운동감각 : 외부 환경보다 신체 자체에 대한 정보를 처리하여 운동감각 체계가 안전하게 운동할 수 있는 감각체계를 제공
  - 청각 : 동작을 계획·실행하는 데 필요한 정보를 제공하여 자세 유지, 머리운동 등의 제어에 사용
  ㉡ 지각 : 감각 체계로부터 자극 정보를 단순히 획득하는 것에서부터 획득된 자극을 뇌로 전달하여 그 정보의 의미를 해석하고 통합하는 능동적인 과정을 총체적으로 의미한다.

② 지각운동의 과정 : 감각 정보의 입력, 감각 통합, 운동 해석, 움직임 활성화, 피드백의 순서로 향상된 기술과 기능적 능력이 습득되는 과정이 이루어진다.

| 감각정보 입력 | - 시각·청각·촉각·운동감각 등의 감각 수용체를 통해 자극 수용<br>- 감각 자극이 감각 자극을 신경 에너지 패턴으로 전환하여 뇌에 전달 |
|---|---|
| 감각 통합 | - 전달 받아 수용된 감각 자극을 조직화<br>- 기존에 가지고 있는 기억 정보와 통합 |
| 운동 해석 | 현재 정보와 기억 정보 즉 장기 기억 정보를 바탕으로 내적 운동 의사결정 |
| 움직임 활성화 | - 움직임 실행을 통해 움직임 활성화 |
| 피드백 | - 다양한 감각 양식에 의한 움직임 평가<br>- 송출 정보가 다시 감각 정보로 입력되면서 주기가 새롭게 시작됨 |

③ 지각운동발달 구성 요소
  ㉠ 신체지각 : 가장 먼저 발달하는 지각 능력으로 1세 전후에 발생하며 몸으로 무엇을 할 수 있는가에 대한 지각
    - 신체 각 부분의 정의
    - 신체 모양과 위치
    - 신체 움직임에 대한 자각
    - 신체를 통한 느낌 표현
  ㉡ 공간지각 : 위치와 거리 등을 정확하게 파악하고 몸의 움직임을 이해하는 것
    - 신체를 '점점 높게, 점점 낮게, 앞, 뒤, 위, 아래'로 움직임
    - 크기가 다른 훌라후프 터널을 통과하는 방법 익히기
    - 과제와 상황에 따라 움직임의 범위를 조절하는 방법 익히기
    - 일상에서 유아의 안전에 대한 의식으로 중요한 지각으로 물체와 관계의 지각
    - 자기공간과 타인 공간의 인식으로 안전한 공간의 인식
    - 높이의 이해, 안과 밖, 위와 아래, 깊이, 크기, 거리의 이해
  ㉢ 방향지각 : 양측성과 방향성으로 구분
    - 양측성 : 전·후, 좌·우, 상·하에 대한 지각
    - 방향성 : 양측성 발달 중 자기 신체 좌우 변별, 자기 신체를 중심으로 앞뒤와 좌우 변별, 두 물체 간의 좌우 변별 등 위치 관계 이해
    - 서로 다른 방향의 인지·전환 익히기 : 전·후, 좌·우, 상·하
    - 지나가는 방법 이해 : 지그재그, 똑바로 걷기, 커브
  ㉣ 시간지각 : 속도, 리듬과 관련된 지각
    - 청각적인 다양한 리듬 정보가 시간지각을 발달시키며 속도(빠른 리듬, 느린 리듬), 리듬에 맞춘 동작의 발달
    - 과거, 현재, 미래 또는 오전, 오후, 아침, 점심, 저녁

    > **활동 모습**
    > - 음악에 맞추어 동작을 학습한다.
    > - 다양한 속도로 날아오는 공을 받는다.
    > - 악기의 연주 빠르기에 따라 다양한 속도로 이동기술을 연습한다.

  ㉤ 관계지각 : 자기 자신의 신체관계, 사물이나 다른 사람과의 관계, 처할 수 있는 위치 등을 포함하고 사람들 간의 관계에서 혼자 또는 여럿이서 어떤 관계를 가지는 것에 대한 이해
    - 신체 부분 : 둥글게, 좁게/넓게, 대칭/비대칭
    - 사물과 타인의 관계 : 위/아래, 앞/뒤, 가까이/멀리
    - 사람들 간의 관계 : 일치/대비, 혼자/짝지어서, 이끌고/따라가고
  ㉥ 움직임의 질에 대한 지각
    - 균형(Balance) : 움직임에 균형의 역할과 정적·동적 균형의 본질에 대한 이해
    - 시간(Time) : 속도에 대한 식별과 움직임의 속도 증가 및 감소에 대한 이해
    - 힘(Power) : 과제에서 요구하는 개인의 힘을 만들어 내거나 수정할 수 있는 능력
    - 흐름(Flow) : 제한된 시간 또는 공간(Space), 속박 또는 자유 속에서 움직임을 수행하거나 부드럽게 움직임을 연결하는 능력

## 핵심예제

**14-1. 유아의 지각운동발달 요소와 설명이 옳지 않은 것은?**
[2019]

① 공간지각 - 높이가 다른 뜀틀 넘기를 한다.
② 시간지각 - 음악에 맞추어 율동 동작을 한다.
③ 시간지각 - 다양한 속도로 날아오는 야구공을 받는다.
④ 공간지각 - 신체 각 부분의 명칭과 근육의 긴장과 이완을 이해한다.

**14-2. 스포츠 기술에 반영된 조작 운동과 지각운동 구성 요소의 연결이 옳은 것은?**
[2023]

| | 스포츠 기술 | 조작운동 | 지각운동 구성 요소 |
|---|---|---|---|
| ① | 골프공 때리기, 축구공 차기 | 추 진 | 안 정 |
| ② | 농구패스잡기, 핸드볼패스 잡기 | 추 진 | 공 간 |
| ③ | 티볼 펀팅, 탁구공 되받아치기 | 흡 수 | 시 간 |
| ④ | 축구패스공 멈추기, 야구 공중볼 받기 | 흡 수 | 공 간 |

**14-3. 유아의 지각-운동발달에 관한 설명으로 옳지 않은 것은?**
[2024]

① 유아기는 지각-운동발달의 최적기이다.
② 지각이란 감각수용세포가 자극으로 들어온 정보를 뇌로 전달하는 것을 뜻한다.
③ 지각-운동발달은 아동의 운동능력을 나타내는 중요 요소 중 하나이다.
④ 유아기의 지각-운동 학습경험이 많을수록 다양한 운동상황에 반응하는 적응력이 발달된다.

|해설|

**14-1**
공간지각은 공간 관계나 공간의 위치를 감각을 통해 파악하는 능력으로, 신체 각 부분의 명칭과 근육의 긴장과 이완을 이해하는 것과는 관계가 없다.

**공간지각과 시간지각**
• 공간지각 : 공간 관계나 공간의 위치를 감각을 통해 파악하는 능력이다.
• 시간지각 : 시간의 경과 또는 시간의 길이를 물리적인 계측 방법이 아닌, 자신의 주관으로 파악하는 능력이다.

**14-2**
**조작운동과 지각운동 구성 요소**
• 추진 운동 : 공 던지기, 공 치기, 공 차기, 공 튀기기
  예 골프공 때리기, 축구공 차기, 티볼 펀팅, 탁구공 되받아치기
• 흡수 운동 : 공 멈추기, 공 받기
  예 농구 패스 잡기, 핸드볼 패스 잡기, 축구 패스 공 멈추기, 야구 공중볼 받기
• 공간지각 : 과제와 상황에 따라 움직임의 범위를 조절하는 방법 익히기
  예 축구 패스공 멈추기, 야구 공중볼 받기, 골프공 때리기, 축구공 차기, 티볼 펀팅, 탁구공 되받아치기
• 시간지각 : 다양한 속도로 날아오는 공을 받는 방법 익히기
  예 농구 패스 잡기, 핸드볼 패스 잡기

**14-3**
감각수용세포가 자극으로부터 들어온 정보를 뇌로 전달하는 과정은 '전달과 전도'이며, 감각수용체가 외부 자극을 감지하고 전기 신호로 변환하는 것이 '지각'이다.

정답 14-1 ④  14-2 ④  14-3 ②

## 핵심이론 15 유아체육 프로그램의 구성
### (3) 기초적 체력운동 발달 구성 요소

① **건강 관련 체력요소** : 건강하기 위한 기본 체력요소
  ㉠ 신체조성 : 우리 몸의 지방량과 근육량의 상대적 비율을 나타내는 것으로, 체중에 대한 지방 비율인 체지방률이나, 골격근량을 평가한다. 인체의 과다 지방은 고혈압, 당뇨 등의 생활습관병의 발병과 관련이 높아 건강 관련 체력 요소에 포함된다.
  ㉡ 유연성 : 우리 몸의 부드러운 정도, 즉 근육의 탄성과 관절의 가동범위 정도로 관절의 가동 범위를 측정하는 것으로 근육의 수축력과 관절과 인대의 발달 정도에 따라 영향을 받는다(예 다리 뻗고 앉아 허리 굽히기, 스트레칭, 훌라후프 돌리기, 손목과 발목 돌리기 등).
  ㉢ 근력 : 근육의 수축에 의하여 발휘되는 힘으로 정의되며, 근육이 최대 수축할 때 발휘되는 힘을 최대근력이라고 한다(예 밀기, 윗몸일으키기, 턱걸이, 팔씨름 등).
  ㉣ 근지구력 : 오래 달리거나 근육을 오래 움직일 수 있는 능력으로 일정한 근력을 반복적으로 지속할 수 있는 능력을 의미한다(예 잡아당기기, 매달리기 등).
  ㉤ 심폐(전신)지구력 : 전신 운동을 일정한 강도로 오래 지속할 수 있는 능력으로, 운동 또는 신체 활동 중 활동하는 근육으로 산소를 운반하는 능력을 뜻한다. 운반되는 산소의 양이 많을수록 심폐지구력이 우수하다고 평가된다(예 오래달리기, 연속 뛰기, 계단 오르기, 자전거 타기, 줄넘기, 수영 등).

② **수행 관련 체력요소** : 신체의 효율적 움직임을 위한 요소
  ㉠ 속도(스피드) : 움직이는 물체의 빠른 정도로 재빠르게 움직이거나 위치를 옮기는 능력을 말하며, 반응 시간, 동작의 반복 속도, 일정한 거리를 달리는 시간에 의하여 결정된다.
  ㉡ 민첩성 : 자극에 대해 신체를 빠르게 움직이는 능력이자 방향 전환 능력으로 달리는 중에 신속하게 정지하여 방향을 바꾸거나, 속도를 줄이지 않고 방향을 바꾸는 능력을 말한다(예 왕복 달리기, 신호 따라 방향 바꾸기, 장애물 빠져나가 달리기 등).
  ㉢ 순발력 : 짧은 시간 동안 최대의 힘을 발휘할 수 있는 능력을 말하며, 파워(Power)라고도 한다. 축구의 슈팅 또는 배구의 스파이크, 역도 등 최소한의 짧은 시간에 발휘되는 폭발적인 힘을 말한다(예 높이뛰기, 제자리멀리뛰기, 단거리 빨리 달리기, 공던지기 등).
  ㉣ 협응성 : 근육·신경기관·운동기관 등의 움직임을 상호 조정하는 능력으로 운동 과제 또는 기술을 성공적으로 달성하기 위해 필요한 운동 기능이다. 예를 들어 축구 드리블의 경우 공의 속도와 방향에 따라 움직이는 시각과 발, 전신의 협동 작업 등이 이에 속한다.
  ㉤ 평형성(균형성) : 신체의 안정성을 유지하는 능력으로 정지 상태 또는 움직임 중의 신체의 균형을 유지하는 능력을 의미하며, 정적 평형성과 동적 평형성으로 구분된다. 정적 평형성은 고정된 자세를 유지하는 능력을 말하고, 동적 평형성은 운동 수행 등의 동적 활동 중의 균형을 유지하는 능력을 말한다(예 평균대 걷기, 한 발로 서기, 줄 따라 걷기, 회전 후 중심 잡기 등).

---

**유아의 체력요소와 측정방법**
- 유연성 : 앉아서 윗몸 앞으로 굽히기
- 근력 : 윗몸일으키기, 턱걸이, 팔씨름
- 지구력 : 오래매달리기, 오래달리기, 계단 오르기, 줄넘기
- 평형성(균형성) : 한 발로 서기, 줄 따라 걷기, 회전 후 중심 잡기, 평균대 위에서 외발로 서 있는 시간을 측정하기
- 순발력 : 제자리 멀리뛰기, 높이뛰기, 단거리 빨리 달리기, 모둠발로 멀리 뛴 거리 측정하기
- 민첩성 : 왕복 달리기, 신호 따라 방향 바꾸기, 장애물 빠져나가 달리기, 모둠발로 뛰어 넘는 시간 측정하기

## 핵심예제

**15-1.** 〈표〉에서 체력의 구분 및 요소, 검사 방법의 연결이 옳은 것을 고른 것은? [2023]

| | 구분 | 체력요소 | 검사방법 |
|---|---|---|---|
| ㉠ | 건강체력 | 순발력 | 모둠 발로 멀리뛰기 |
| ㉡ | 건강체력 | 심폐지구력 | 셔틀런(페이서, PACER) |
| ㉢ | 운동체력 | 평형성 | 평균대 위에서 한 발로 서기 |
| ㉣ | 건강체력 | 유연성 | 1분간 앉았다 일어나기 |

① ㉠, ㉢  ② ㉠, ㉣
③ ㉡, ㉢  ④ ㉡, ㉣

**15-2.** '국민체력100'에서 제시하는 유아기 체력측정에 관한 설명으로 옳은 것만을 모두 고른 것은? [2024]

┌ 보기 ┐
㉠ 체력측정은 건강체력과 운동체력 항목으로 나뉜다.
㉡ 건강체력 측정의 세부항목으로는 10m 왕복 오래달리기, 상대악력, 윗몸말아올리기, 앉아윗몸앞으로굽히기 등이 있다.
㉢ 운동체력 측정의 세부항목으로는 5m × 4 왕복달리기, 제자리멀리뛰기, 3 × 3 버튼누르기 등이 있다.

① ㉠, ㉡  ② ㉠, ㉢
③ ㉡, ㉢  ④ ㉠, ㉡, ㉢

**|해설|**

**15-1**
**체력의 요소와 평가 방법**
- 유연성 : 앉아서 윗몸 앞으로 굽히기
- 근력 : 윗몸일으키기, 턱걸이, 팔씨름
- (근·심폐)지구력 : 오래매달리기, 오래달리기, 계단 오르기, 줄넘기, 셔틀런 - ㉡
- 평형성 : 한 발로 서기, 줄 따라 걷기, 회전 후 중심 잡기, 평균대 위에서 한 발로 서기- ㉢
- 순발력 : 제자리멀리뛰기, 높이뛰기, 단거리 빨리 달리기
- 민첩성 : 왕복 달리기, 신호 따라 방향 바꾸기, 장애물 빠져나가 달리기

**15-2**
모두 옳은 설명이며, 이 외에도 아래와 같은 특징이 있다.
- 만4세~6세(48개월~83개월)의 유아를 대상으로 한다.
- 체력의 수준별로 종목을 달리 실시하고, 씨앗-새싹-꽃-열매의 4단계로 구분한다.
- 특히 새싹 단계에는 신체조성을 측정하기 위해 BMI를 측정한다.

**정답** 15-1 ③  15-2 ④

## 제3절 | 유아체육 프로그램 교수·학습법

### 핵심이론 16 유아체육 교수 방법

① 직접-교사 주도적 교수 방법
  ㉠ 특징 : 유아가 무엇을, 언제, 어떻게 할 것인지를 교사가 모두 결정하는 것으로 대그룹 활동을 지도할 때 효과적이다.
  ㉡ 지시적 방법 : 주로 교사의 시범과 설명으로 이루어진다.
    - 시범보이기, 연습해보기, 유아활동에 대한 언급하기, 부족한 부분 보충 설명하기 및 시범 다시 보이기 등
    - 체육 활동의 주체 : 교사
  ㉢ 과제 제시 방법 : 유아의 활동은 교사가 정하지만 어느 정도 유아의 의사결정이 허용된다.
    - 활동 수준이 여러 가지 있음을 설명하고 시범 보이기, 유아 자신이 수준을 선택하여 과제 연습하기
    - 과제수행 유아는 높은 수준의 체육 활동 참여하기 등 유아에게 개별적 선택의 기회 부여

② 유아 주도적 교수 방법
  ㉠ 특 징
    - 유아에게 주도권을 부여하는 것에 초점을 두는 방식
    - 체육 활동이나 운동 선택의 기회를 유아에게 제공
    - 운동기구와 소도구를 자유롭게 이용
    - 개개인의 능력의 차이와 흥미의 차이 인정
  ㉡ 탐색적 방법
    - 시범이나 언어적 설명 없이 유아가 자신에게 적합하다고 생각하는 활동 과제를 수행하는 방법으로 학습의 결과보다 과정에 중점을 두는 방법
    - 교사는 의미 있는 운동 과제를 제공하여 유아 스스로 신체 동작의 가능성을 탐색하게 할 수 있는 방법

ⓒ 안내-발견적 방법
- 유아가 또래나 교사의 동작을 관찰함으로써 과제 수행의 방법을 이해하도록 하는 방법
- 구체적인 동작 경험을 할 수 있도록 교사의 활동을 관찰할 기회를 주는 방법
- 올바른 동작 방법을 제시하고 자유롭고 창의적으로 표현하도록 하는 방법

③ 유아-교사 상호주도적·통합적 교수 방법
ⓐ 유아의 흥미와 교사 주도의 체계적 접근의 균형적 통합 교수방법이다.
ⓑ 유아에게 적절한 과제를 주고, 교사에게 안내를 받으면서 연습할 기회를 제공한다.
ⓒ 4단계 모형 : 도입단계, 동작습득단계(안내-발견적 교수방법), 창의적 표현단계, 평가단계

④ 탐구적 방법 : 동작 과제나 질문을 제시하고 유아들이 제안한 다양한 해결 방법을 인정하고 받아들이는 방법

⑤ 효과적인 교수 전략
ⓐ 수업 내용을 미리 알게 하여 수업의 효과를 향상시키고 주의 집중을 도모하기 위한 방법을 개발하여 수업에 활용한다.
ⓑ 정해진 일정한 시간에 수업을 시작하고 마치며 실제학습시간으로 많은 시간을 활용하며 수업 활동을 다양한 방법으로 진행한다.
ⓒ 칭찬을 자주 해주며 교사는 열정과 에너지를 가지고 수업한다.

> **신체 활동 프로그램에서 실제학습시간(Academic Learning Time ; ALT)을 증가시키는 전략**
> - 설명은 간결하고 명확하게 한다.
> - 주의집중을 위해 상호 간에 약속된 신호를 만든다.
> - 수업 시작 전 교구를 효율적으로 배치한다.
> - 동작에 대한 시범을 보여주는 것은 좋으나 오랜 시간을 할애하지 않는다.
>   → 학습과제의 집중도를 떨어뜨릴 수 있어 오히려 ALT를 감소시킬 수 있기 때문이다.

---

**핵심예제**

**16-1.** 효과적 학습경험의 설계를 위한 유아체육 지도자의 교수 전략으로 옳지 않은 것은? [2024]

① 각 유아에게 적합한 수준에서 연습할 수 있도록 개별화된 학습경험을 제공해야 한다.
② 유아의 실제학습시간(ALT)을 증가시킬 수 있는 환경을 조성해야 한다.
③ 유아의 능력 수준을 고려한 학습과제를 제공하고, 연습시간을 최대한 확보해 준다.
④ 새로운 기능 학습 시에는 수업 초반에 제시한 과제 수준을 일관되게 유지한다.

**16-2.** 유아체육 지도 방법 중 '탐구적 방법'에 해당되는 내용으로 옳은 것은? [2022]

① 도입, 동작 습득, 창의적 표현, 평가의 단계별 활동 전개하기
② 학습 환경에 자유와 융통성을 도입하여 더 많은 책임 부여하기
③ 시범 보이기, 연습해 보기, 언급해 주기, 보충 설명하기, 시범 다시 보이기
④ 동작 과제나 질문을 제시하고 유아들이 제안한 다양한 해결 방법을 인정하고 받아들이기

|해설|

16-1
기초(간단한 과제)부터 향상된 운동(난도 있는 동작)까지 조직된 프로그램을 제공하여 학습의 순서와 발달단계의 변화에 따를 수 있도록 조직적으로 연계되도록 하여야 한다.

16-2
유아체육의 지도 원리 중 유아가 스스로 움직임의 개념을 탐색하고 발견하도록 학습시키는 것을 탐구 학습의 원리라고 한다. 이런 탐구 학습의 원리를 반영하여, 유아들이 발견하고 제안하는 다양한 해결 방법을 인정하고 받아들이는 지도 방법을 탐구적 방법이라고 한다.

**정답** 16-1 ④ 16-2 ④

## 핵심이론 17 유아기 운동발달 프로그램의 지도 방법

① 영아기 신체 활동을 위한 운동프로그램 지도 방법
  ㉠ 신체의 균형적인 발달 도모
  ㉡ 신체의 구조와 기능 학습
  ㉢ 엄마에 대한 친밀감을 갖도록 함

② 기초체력 향상을 위한 운동프로그램 지도 방법
  ㉠ 근지구력 : 한 발로 오래 뛰기
  ㉡ 유연성 : 다리 뻗고 앉아서 앞으로 굽히기
  ㉢ 평형성 : 눈 감고 한 발로 서기
  ㉣ 협응력 : 제자리멀리뛰기

③ 지각발달을 위한 운동프로그램 지도 방법
  ㉠ 신체지각 : 신체의 각 부위 위치 알기, 신체의 각 부위 명칭 알기, 신체 부위의 중요성 알기, 신체의 기본 움직임 학습
  ㉡ 공간지각 : 신체가 공간에서 차지하는 비중 학습, 신체를 외부공간으로 표현하는 능력 향상 유도, 거리 판단 능력, 깊이와 높이 판단 능력
  ㉢ 방향지각 : 기초적인 운동 능력 향상, 그림자 만들기, 미로보행, 줄 따라 걷기, 짝 맞추어 들어가기 등
  ㉣ 감각지각 : 형태를 재생하고 인식·분별하는 능력, 청각을 통한 명령에 대한 적절한 반응, 유사한 소리를 구별할 수 있는 능력

④ 사회학습능력 향상 운동프로그램 지도 방법
  ㉠ 부모가 하고 있는 여러 가지 일에 대한 이해
  ㉡ 바람직한 집단생활 태도 학습
  ㉢ 여러 가지 직업을 이해
  ㉣ 자기표현력 향상

⑤ 유아의 신체 운동 지도 방법의 유의 사항
  ㉠ 일상 생활 속에서 자신의 신체에 대하여 자연스럽게 인식할 수 있도록 신체놀이 활동을 계획하고 체계적으로 구성해야 한다.
  ㉡ 교육적인 실내외의 물리적 환경을 풍부하게 준비하여 유아의 활발한 신체 활동을 지원해야 한다.
  ㉢ 신체 활동을 하면서 공간, 시간, 힘, 흐름 등 동작의 기본요소를 인식하고 그러한 요소를 반영하여 움직일 수 있도록 교사가 적극적으로 상호작용해 주어야 한다.
  ㉣ 유아가 신체조절 능력이나 안전의식이 충분히 발달하지 못한 상태이기 때문에 교사가 유아의 안전에 세심한 주의를 기울이고 유아 스스로도 놀이규칙을 이해하여 자신의 안전을 지킬 수 있도록 해야 한다.
  ㉤ 다양한 신체 활동이 이루어지도록 일과 중에 규칙적이고 충분한 시간으로 계획해야 한다.
  ㉥ 유아의 신체 발달 및 운동 능력을 정확히 파악하고 개인차를 고려하여 계획해야 한다.
  ㉦ 유아의 건강 상태가 신체 활동을 하기에 건강한지 여부를 활동 전에 미리 고려한다.
  ㉧ 다양한 영역의 활동 경험과 통합적으로 다루어질 수 있도록 구성되어야 한다.
  ㉨ 활발한 신체 활동 후에는 반드시 휴식을 취할 수 있도록 계획해야 한다.

### 핵심예제

**유아 대상의 운동 지도 방법으로 옳지 않은 것은?** [2021]

① 자세한 설명보다는 시범을 자주 보여준다.
② 게임 파트너를 교대하며 다양한 변화를 준다.
③ 미디어를 활용하여 운동 참여에 대한 관심을 유도한다.
④ 어렵고 위험한 과제에도 신체적 가이던스를 자제한다.

|해설|

난도가 높은 과제를 지도할 때는 말보다는 시범을 보이면서 설명하면 유아들의 이해 부족에 따른 안전사고가 감소된다. 시범은 정확하고 반복적으로 보여주어 유아들이 모방을 통해 정확한 동작을 수행할 수 있도록 한다.

정답 ④

## 핵심이론 18 유아기 운동발달 프로그램의 지도 원리

① 놀이 중심의 원리
  ㉠ 유아나 어린 아동을 대상으로 하는 모든 교육에서는 흥미를 유지하도록 최대한 노력하여야 한다.
  ㉡ 흥미를 고려하여 다양한 운동도구를 활용한 지속적 운동 참여를 유도해야 한다.
  ㉢ 신체 활동 지도 시 유아의 발달적 경향을 충분히 파악하여 적절한 신체 활동을 할 수 있도록 한다.

② 개별화의 원리
  ㉠ 유아나 어린 아동들은 성별, 성격이나 능력에 따라 개별적인 교육 방법을 사용해야 하므로 유아 개개인의 운동 능력과 발달 속도의 차이를 고려한 체육활동이 필요하다.
  ㉡ 신체 활동 교육 현장에 신체적·정신적 성장과 발달이 완성되지 않은 유아나 어린이에게 경쟁 상황을 유도하는 것은 바람직하지 않다. 또한 교육 현장에서 시설이나 기구 이용 시 획일적으로 수행하게 하는 것은 교육의 역효과를 가져올 수도 있다.

③ 탐구 학습의 원리
  ㉠ 유아는 스스로 탐색하고 자신의 감각을 통하여 사물이나 현상을 직접 경험함으로써 물리적, 사회적 및 논리적, 수학적 지식을 얻게 된다. 즉 스스로 탐구하는 과정을 통하여 학습이 이루어진다.
  ㉡ 탐구 학습의 중요한 면은 유아가 스스로 발견하는 과정을 통하여 여러 가지 문제 해결의 기술도 학습할 수 있으며, 독립적인 학습 태도도 기를 수 있다는 것이다.
  ㉢ 탐구 학습을 통하여 유아는 질문하는 능력, 자료와 정보를 분석하는 능력, 문제의 해결을 위해 스스로 해결 방법을 발견하는 능력 등이 발달하게 된다.
  ㉣ 유아의 탐구 학습을 돕기 위하여 교사는 유아에게 다양한 경험을 하도록 풍부한 기회를 제공하고 유아가 관찰하고 실험해 보도록 격려하며 자신의 생각이나 호기심을 창의적으로 전개하도록 도와준다.

④ 다양성 및 융통성의 원리
  ㉠ 다양한 능력과 흥미를 가지는 유아들의 개인차에 부응하는 교수·학습이 되기 위해서는 다양한 교수환경을 제공함으로써 유아 스스로 활동을 선택할 수 있도록 해야 한다.
  ㉡ 흥미 영역을 설치하고 소집단 활동이나 개별 활동을 통한 탐구 학습을 하도록 장려한다.
  ㉢ 교수 방법에 있어서도 발표, 토의, 실험, 관찰, 조사, 견학 등을 다양하게 활용함으로써 유아가 능동적으로 참여할 수 있도록 한다.
  ㉣ 신체 활동 시 유아 스스로 시간을 결정할 수 있도록 융통성을 부여한다. 유아의 체력이나 흥미 등을 고려하여 융통성을 두고 활동순서나 시간을 제시한다.

⑤ 통합의 원리
  ㉠ 교육의 대상이 되는 유아 개개인은 전인적 인격체로 사회, 신체, 언어, 정서, 인지 발달이 통합적으로 발달된다. 따라서 지식과 기능을 포함하여 자연과 사회의 여러 생활 영역과 상호작용하며 통합될 수 있는 전인 교육이 이루어져야 한다는 것이다.
  ㉡ 기초운동, 운동 능력, 지각-운동 능력의 통합적 발달이 이루어지도록 한다.

  > • 대근육 운동 능력 중 안정과 이동의 기초운동기술, 협응과 균형의 운동 능력, 공간과 방향의 지각-운동 능력 발달이 이루어지도록 한다.
  > • 과거 경험, 현재 흥미의 고려는 물론 다양한 문화적 경험을 할 수 있도록 한다.

  ㉢ 유아의 생활이 통합적이기 때문에 교재나 활동, 가르칠 교과 영역 등이 통합되어 교육이 실시되어야 한다.

⑥ 기타 지도 원리
　㉠ 생활 중심의 원리 : 일상 생활과 연결된 체험을 통해 체육 활동 학습을 할 수 있도록 한다.
　㉡ 반복 학습의 원리 : 안정·이동·조작운동의 3가지 기초운동을 반복하여 학습한다.
　㉢ 자발성의 원리 : 학습자인 유아의 동기를 유발하기 위한 자발적 학습은 유아 자신이 목적 의식을 갖게 하거나, 유아의 발달단계나 능력에 맞춘 교재의 사용 등을 통해 가능하다.
　㉣ 표현성 원리 : 음악의 리듬에 맞추어 효과적인 표현을 하도록 지도한다.
　㉤ 사회화 원리 : 소규모 집단으로 구성하여 지도한다.
　㉥ 흥미성 원리 : 흥미를 존중하여 학습 능력을 높이도록 지도한다.

### 핵심예제

〈보기〉에서 설명하는 유아체육의 지도 원리는? [2019]

┌ 보기 ┐
- 대근육 운동 능력 중 안정과 이동의 기초운동기술, 협응과 균형의 운동 능력, 공간과 방향의 지각-운동 능력 발달이 이루어지도록 한다.
- 과거 경험, 현재 흥미의 고려는 물론 다양한 문화적 경험을 할 수 있도록 한다.

① 통합의 원리
② 개별화의 원리
③ 반복 학습의 원리
④ 탐구 학습의 원리

| 해설 |

**유아체육의 지도 원리**
- 놀이 중심의 원리 : 활동에서 즐거움을 느끼고 신체 활동에 대한 즐거움이 확대될 수 있도록 모든 유아 체육 활동은 놀이 중심으로 진행해야 한다.
- 생활 중심의 원리 : 생활 주변에서 일어나는 일과 생활에 연결된 체험 등을 통해 유아체육 활동을 학습하도록 한다.
- 개별화의 원리 : 유아의 운동 능력 수준이나 경험수준의 개인차를 고려하여 개인별로 적합한 활동을 설정해야 한다.
- 탐구 학습의 원리 : 유아 개개인이 자발적으로 신체의 가능성과 한계를 탐구하며, 발견할 수 있도록 학습해야 한다.
- 반복 학습의 원리 : 안정·이동·조작의 세 가지 기본동작을 반복적으로 학습하도록 지도하되, 유아의 특성을 고려하여 정보제공과 반복 학습을 짧게 계획해야 한다.
- 융통성의 원리 : 신체 활동 시간을 결정할 때 유아가 스스로 결정할 수 있도록 하는 등의 융통성을 두어야 한다.
- 통합의 원리 : 유아의 발달적 특징을 고려할 때 감각·운동·지각·언어·인지 개념의 통합성이 가장 중요하기 때문에, 각 발달적 특성의 통합적 측면을 분리하지 않고 교수·학습 방법에 적용해야 한다.

정답 ①

**핵심이론 19** 유아체육 지도자의 역할과 자세 및 자질

① 유아체육 지도자의 역할
- ㉠ 활발한 신체 활동을 포함한 놀이를 다양한 형태로 경험하도록 지도한다.
- ㉡ 유아의 신체 활동을 요구하는 놀이를 통해 신체발달을 촉진하도록 지도한다.
- ㉢ 유아 신체 활동을 통해 지적발달과 정신적 건전성, 정서적 안정성을 기를 수 있다.
- ㉣ 놀이를 전개하는 과정에서 사회성의 발달을 꾀한다.
- ㉤ 열정을 가지고 지도하며 유아의 호기심을 자극하고 반응에 관심을 보이면서 지도한다.
- ㉥ 승부 지상주의에서 벗어난 즐거운 활동이 될 수 있도록 지도한다.
- ㉦ 주제와 장소를 고려하여 적절한 장비를 선택하며 지도한다.
- ㉧ "해보자!", "해보지 않겠니?" 등의 권유형 언어를 사용하여 지도한다.

> 3~4세 유아의 체육 활동에서 진행 통제가 어려운 경우 지도자의 역할
> - 서로 다투는 유아를 위한 중재자 역할
> - 뜀틀을 무서워하는 유아의 수행을 위한 보조자 역할
> - 언어적 지시를 이해하지 못하는 유아에게 시범을 보여주는 안내자 역할

② 유아체육 지도자의 유의점
- ㉠ 안전사고에 대한 사전 준비와 예방책을 마련한다.
- ㉡ 유아의 생리적·심리적·사회적 특성을 충분히 고려하여 지도한다.
- ㉢ 유아의 발달 수준에 적절한 내용을 단계적으로 계획하여 지도한다.
- ㉣ 수업에 임하는 집단의 크기를 고려하여 지도한다.
- ㉤ 유아의 흥미나 능력에 맞는 활동이나 자료를 제공한다.
- ㉥ 지나친 경쟁의식을 갖지 않도록 지도하며 상과 벌을 함께 제공하는 것은 바람직하지 않다.

③ 유아체육 지도자의 자질

| 개인적 자질 | 인성적 측면 | • 유아에 대한 사랑과 이해<br>• 인간에 대한 사랑<br>• 성실성<br>• 봉사정신<br>• 사려 깊음<br>• 자발성<br>• 도덕적으로 건전한 품성<br>• 원만한 인간관계<br>• 인내심<br>• 공평성 |
|---|---|---|
| | 건강적 측면 | • 신체적 건강<br>• 정신적 건강<br>• 긍정적 자아개념<br>• 단정한 외모 |
| 전문적 자질 | | • 유아에 대한 전문적 지식<br>• 일반 교양지식<br>• 유치원 교육과정에 대한 지식<br>• 교수 방법 및 평가에 대한 지식 |

> 유소년스포츠지도사의 전문적 자질을 향상시키는 방법
> - 유소년스포츠지도사 자격증을 취득한다.
> - 유소년스포츠지도사 연수과정에 참여한다.
> - 아동의 안전사고에 대비하여 필요한 지식을 습득한다.

## 핵심예제

**19-1. 유아체육 지도자의 역할로 옳지 않은 것은?** [2019]

① 호기심을 자극하고, 반응에 관심을 보이며 지도한다.
② 이기는 것이 제일 중요하다는 것을 강조하며 지도한다.
③ 주제와 장소를 고려하여 적절한 장비를 선택하며 지도한다.
④ "해 보자!", "해 보지 않겠니?" 등의 권유형 언어를 사용하여 지도한다.

**19-2. 3~4세 유아의 체육 활동에서 진행 통제가 어려운 경우 지도자의 역할로 옳지 않은 것은?** [2019]

① 경쟁과 결과를 강조하는 진행자 역할
② 서로 다투는 유아를 위한 중재자 역할
③ 뜀틀을 무서워하는 유아의 수행을 위한 보조자 역할
④ 언어적 지시를 이해하지 못하는 유아에게 시범을 보여주는 안내자 역할

|해설|

19-1
유아기 체육 지도에서는 이기는 것보다 다양한 형태로 놀이를 경험하도록 지도하여 신체적·정서적·정신적 발달을 도모해야 한다.

19-2
유아의 체육 활동은 경쟁과 승부의 결과보다 흥미를 고려한 놀이의 과정이 중요하다.

정답 19-1 ② 19-2 ①

## 핵심이론 20 유아체육 지도 원칙

① 가정과 긴밀한 연락
  ㉠ 개인차가 심한 유아에 대한 개인 교육의 배려가 각별히 필요하다.
  ㉡ 가정과의 연락을 통해 서로 보조가 이루어져야 교육적 효과를 얻을 수 있다.
  ㉢ 특히 활발한 신체 운동이 수반된 운동놀이를 지도하는 경우에는 가정에서 경험하고 있는 운동의 내용이나 건강 상태의 파악이 중요하다.

② 발달단계에 적합한 지도
  ㉠ 지도자는 발달단계를 이해하고 지도하여야 한다.
  ㉡ 유아 개인의 특성이나 생활 환경 등을 관찰하여 행동이나 태도의 지도에 적용한다.
  ㉢ 유아의 발육발달에 대한 현상과 생활 경험을 파악하여 지도에 적용한다.
  ㉣ 발달 수준에 따른 적절한 내용을 단계적으로 계획하여 운동기술 수준에 맞는 도전적인 프로그램을 제공한다.

> **유아의 발달적 특성을 고려한 신체 활동 지도 방법**
> • 지도 내용과 방법에 변화를 준다.
> • 개인차를 고려하여 적절한 자극을 부여한다.
> • 놀이 상대를 바꾸어 주어 흥미를 유지한다.
> • 구체적이고 실제적인 목표를 제시하여 의욕을 갖고 운동에 임하도록 한다.

③ 다른 영역과의 관련
  ㉠ 운동 프로그램 시 유아의 지적·정서적·사회적·신체적 모든 능력이 통합되어 전개되도록 한다.
  ㉡ 신체적 기능뿐 아니라 궁극적 유아교육의 목표를 염두에 두어야 한다.
  ㉢ 신체 활동 시간을 증가시키기 위한 전략
    • 발육발달 수준에 맞는 신체 활동 프로그램을 전개한다.
    • 활동적으로 참여하는 것에 대해 긍정적인 피드백을 제공한다.
    • 유아들의 흥미를 유발할 수 있는 다양한 활동을 제공한다.

ㄹ. 아동의 신체적 유능감 향상을 위한 지도 전략
- 운동기술 수준에 맞는 도전적인 프로그램을 제공한다.
- 무조건적인 칭찬이 아닌 노력에 기반한 격려를 제공한다.
- 개개인의 발달 수준을 고려한 개별화 프로그램을 제공한다.

④ 창의성 촉진
  ㄱ. 여러 가지 신체 활동을 통해 상상력과 창의성을 길러주는 것이 바람직하다.
  ㄴ. 창의적 동작 표현력을 향상시키기 위한 동작 교수법 : 신체적 접근 방법, 리듬적 접근 방법, 통합적 접근 방법

⑤ 건강 관리
  ㄱ. 유아는 급격한 발육 상태를 보이므로 건강 관리에 각별한 배려가 필요하다.
  ㄴ. 개인차에 따른 적절한 운동 강도를 결정한다.
  ㄷ. 가정과 긴밀한 연락을 통해 정확한 건강 상태를 파악한 후에 지도한다.
  ㄹ. 평소의 안색이나 눈빛, 거동상태 등을 파악하며 운동의 부하량을 가감하여 지도한다.

⑥ 안전 관리
  ㄱ. 운동장, 놀이시설 등을 항상 점검하고 정비하여야 한다.
  ㄴ. 놀잇감, 도구 등의 사용 방법을 바르게 알고 사용하도록 지도한다.

---

**유아체육의 수업 운영 지침**
- 유아의 일상생활과 밀접한 관련을 가진 체육 활동프로그램을 개발하고 운영한다.
- 체육 능력 발달을 위한 기초운동기술과 질서놀이를 통해 규칙을 먼저 가르친다.
- 체육수업 시 정신적·육체적으로 준비활동을 한다.
- 체육수업 시 체육 기능뿐 아니라 인지영역, 정서영역 등을 고려한 통합적 목적을 갖는다.
- 이전 체육 활동과 연계하여 숙달되도록 한다.
- 운동기능 미숙아는 개별적으로 연습과 지도를 하며, 집단활동을 병행한다.
- 교사는 모든 유아가 필요로 하는 도움을 즉각 알아차려야 한다.
- 체육 활동 시 혼자 또는 짝놀이, 소집단·대집단의 집단별 등 다양한 체육 활동을 진행한다.

**핵심예제**

**20-1. 신체 활동 프로그램에서 실제학습시간을 증가시키는 전략으로 옳지 않은 것은?** [2020]
① 설명은 간결하고 명확하게 한다.
② 주의집중을 위해 상호 간에 약속된 신호를 만든다.
③ 수업 시작 전 교구를 효율적으로 배치한다.
④ 동작에 대한 시범을 위해 오랜 시간을 할애한다.

**20-2. 유치원 체육수업에서 실제학습시간(ALT)을 증가시킬 수 있는 공간 구성 전략으로 옳지 않은 것은?** [2023]
① 유아의 호기심 및 모험심 등을 표현할 수 있는 환경 조성을 추구한다.
② 유아의 주의 집중을 위해 체육시설이나 기구를 효율적으로 배치한다.
③ 운동이 익숙해지는 시기에는 순환식보다 병렬식 위주로 기구를 배치한다.
④ 수업 중인 신체 활동과 관련 없는 놀잇감 배치를 지양한다.

**20-3. 유아의 발달적 특성을 고려한 신체 활동 지도 방법으로 적절하지 않은 것은?** [2020]
① 지도 내용과 방법에 변화를 준다.
② 목표 설정이 없는 동일한 활동을 반복한다.
③ 개인차를 고려하여 적절한 자극을 부여한다.
④ 놀이 상대를 바꾸어 주어 흥미를 유지한다.

| 해설 |

**20-1**
실제학습시간(Academic Learning Time ; ALT)은 학습자가 학습 목표와 부합한 과제의 성공을 경험하며 참여한 시간을 말한다. 동작에 대한 시범을 보여주는 것은 좋으나 오랜 시간을 할애하는 것은 학습 과제의 집중도를 떨어뜨릴 수 있어 오히려 실제학습시간을 감소시킨다.

**20-2**
**공간 구성 전략**
아이들이 병렬식 배치로 기구 사용에 익숙해지면 순환식 배치로 바꾸어서 여러 운동기구를 한꺼번에 접하게 하여야 아이들이 체육 수업에 흥미와 만족감을 느끼게 되므로 실제학습시간이 늘어난다.

**20-3**
유아의 발달적 특성을 고려하여 신체 활동을 증가시키기 위해서는 구체적이고 실제적인 목표를 제시하여 의욕을 갖고 운동에 임하도록 해야 한다.

정답 20-1 ④  20-2 ③  20-3 ②

## 핵심이론 21 안전한 운동 프로그램의 지도를 위한 환경

① 안전한 운동 프로그램의 환경 조성
  ㉠ 유아들의 인지적·정서적·사회적·언어적·신체적 발달을 고려하여 안전 대비를 한다.
  ㉡ 실내 환경의 전체적 분위기는 즐겁고 경쾌한 환경으로 조성한다.
  ㉢ 바닥에는 무릎 관절을 보호할 수 있는 바닥매트를 준비한다.
  ㉣ 발달심리에 적합한 교구와 교재를 준비한다.
  ㉤ 유아 놀이기구의 안전 점검
    • 움직이는 놀이기구(예 그네, 회전탑, 시소) : 표지판, 색으로 표시한다.
    • 고정시설(예 철봉, 종합장애물) : 항상 사전 점검을 한다.
    • 한 놀이기구에 집단이 몰릴 때 : 놀이를 중단하고 분산시킨다.
    • 공놀이 등의 활동 : 서로 부딪치지 않도록 주의시킨다.

② 운동 프로그램 공간 구성
  ㉠ 실내 놀이 환경
    • 흥미 영역으로는 미술 영역, 언어 영역, 수·조작 영역, 쌓기놀이 영역, 과학 영역, 역할놀이 영역, 음률 영역 등이 있다. 이는 수시로 변경할 수 있으며, 전체적으로는 1년을 단위로 4~5번 정도 위치를 바꿔주도록 한다.
    • 흥미 영역을 배치할 때 보육실 내의 공간 구조를 고려하여 소음이 많은 쌓기놀이 영역이나 역할놀이 영역, 음률 영역 등은 인접하여 배치하고, 언어 영역이나 과학 영역, 수·조작 영역 등 소리가 많이 나지 않는 영역은 조용한 곳에 배치한다.

CHAPTER 09 유아체육론 ■ 363

ⓛ 실외 놀이 환경
- 유아들의 놀이를 위해 실외 놀이 공간은 다양한 재료로 바닥을 구성하고, 햇볕이 드는 공간과 그늘진 공간을 확보하며 안전하게 구성해야 한다.
- 실외 놀이 영역의 환경을 구성할 때에는 실내 놀이실과 연결되도록 하여 유아가 쉽게 이동할 수 있도록 한다.
- 대근육 활동을 위한 운동놀이 영역은 물·모래 놀이 영역, 동·식물 기르기 영역, 정적 영역 등 흥미영역으로 구성하는 것이 바람직하다.
- 실외 활동 면적 중 1/3은 조용한 활동 공간으로 활용하고, 나머지 2/3는 활동적인 놀이 공간으로 활용한다.
- 실외 놀이터의 바닥은 잔디, 시멘트, 자갈, 모래, 흙 등 다양한 재료로 구성되어 있는 것이 좋으나, 오르기 시설물이 있는 바닥은 유아의 안전을 위하여 탄력성이 있는 바닥재를 사용하는 것이 적합하다.
- 실외 놀이터에는 외부의 차량이나 사람들로부터 보호하고 유아가 혼자 밖으로 나가지 않도록 울타리를 설치한다. 이때 울타리는 유아가 기어오르거나 머리 등의 신체 일부분이 끼지 않을 수 있는 자재를 사용해야 한다.

> **유아발달에 적합한 실내·외 지도 환경**
> - 공간의 구성은 놀이 형태와 지속 시간에 영향을 준다.
> - 놀이 공간과 놀이 교구는 유아의 놀이에 영향을 미친다.
> - 발달과 학습을 유도할 수 있는 환경을 의도적으로 구성해야 한다.
> - 안전한 유아체육 활동을 위해서 신체 활동을 위한 넓은 공간을 확보하는 것이 필요하다.

③ 유아체육 프로그램의 안전 지도
ⓐ 유아체육 안전 지도의 개념 : 유아체육 활동 중 안전사고를 예방하기 위한 총체적 활동이 바로 안전지도로 안전사고를 예방하기 위한 사전 교육과 교육 후 안전유무 확인이 필요하다.
ⓑ 유아체육 안전 지도의 목적
- 유아체육을 통해서 진행되는 안전 지도는 유아의 발달과 행복에 직결되는 것이므로 선택적인 문제가 아니라 필수적 사항이다.
- 안전 지도는 유아의 전체적인 삶의 안전 인식 형성에도 영향을 주는 것이므로 중요하다.
- 안전 지도는 매 활동 전에 진행하고, 활동 중간에 그 약속을 지키지 않으면 다시 진행해야 한다.
ⓒ 유아체육 안전 지도의 원리
- 안전 규칙을 지키지 않으면 어떻게 되는지 그 결과를 동작, 언어, 표정을 총동원하여 구체적으로 표현한다.
- 유아의 숙지 여부를 확인하면서 지켜지지 않을 경우 지속적인 피드백을 제공하면서 안전한 수업이 가능하도록 한다.
ⓓ 유아체육 활동의 안전 지도
- 수업 교구 사용법이나 운동 방법을 먼저 설명하고 놀이시설의 위험성을 미리 설명한다.
- 신체 활동을 위한 넓은 공간을 확보하며 발달 수준에 적합한 운동 기구를 선택하게 한다.
- 운동 전·후에 올바른 준비운동과 정리운동을 실시하며 체육 활동 후 운동기구 정리를 함께 한다.

### 핵심예제

**21-1. 유아체육 활동 시 안전을 위한 고려 사항이 아닌 것은?**
[2015]

① 발달 수준에 적합한 운동 기구 선택
② 도구 사용법이나 운동 방법에 대한 사전교육
③ 위험한 장소에서도 운동 수행
④ 운동 전·후에 올바른 준비·정리 운동 실시

**21-2. 안전한 유아체육 활동을 위해 지도사가 주의해야 할 사항으로 옳은 것은?**
[2017]

① 수업 교구의 사용법을 설명해 주는 것보다 먼저 체험토록 한다.
② 체육 활동 후 운동기구의 정리에 개입시키지 않는다.
③ 놀이시설의 위험성을 스스로 학습하도록 한다.
④ 신체 활동을 위한 넓은 공간을 확보한다.

|해설|

**21-1**
유아체육 활동 시 안전을 위한 고려 사항
- 유아들의 인지적, 정서적, 사회적, 언어적, 신체적 발달을 고려한 안전 대비
- 발달심리에 적합한 교구 안전 교재 준비
- 유아 놀이기구의 안전점검
- 운동 전·후 준비·정리 운동으로 운동 중 상해 예방

**21-2**
안전한 유아체육 활동을 위해 지도사가 주의해야 할 사항은 신체 활동을 위한 넓은 공간을 확보하는 것이다. 또한, 바닥은 무릎관절을 보호할 수 있는 바닥매트를 준비하고, 발달심리에 적합한 교구 교재를 준비해야 한다.

정답 21-1 ③  21-2 ④

## 핵심이론 22 유아 운동시설과 교구·기구 배치 원리

① 영역별 배치 원리

㉠ 대근육 운동을 위한 영역
- 대근육 운동을 위한 영역에는 그네, 미끄럼틀, 시소, 오르기 등의 고정 놀이기구들을 배치한다.
- 고정 놀이기구의 바닥에는 모래나 쿠션이 있는 재료를 깔아서 유아가 넘어지거나 떨어졌을 경우에도 큰 상처를 입지 않도록 안전을 고려하여 설치한다.
- 나무상자, 널빤지, 플라스틱 용기, 로프, 속이 빈 블록 등의 도구를 주어, 뛰고 달리고 하는 움직임 이외에 다양한 형태의 움직임을 경험할 수 있도록 유도한다.
- 공, 줄, 자전거 등으로 신체조절 능력, 평형감각, 리듬감각 등을 길러줄 수 있도록 한다.

> **유아체육 수업의 환경 구성 시 유의점**
> - 흥미 유발을 위해 다양한 교구를 사용한다.
> - 대근육 운동 시 충격 흡수를 위해 안전매트를 깔아준다.
> - 필요한 경우에는 음향 시설을 활용할 수 있다.

㉡ 물·모래놀이 영역
- 물과 모래는 특정한 결과물을 요구하지 않기 때문에 유아에게 실패나 좌절의 감정을 주지 않고 내적인 불만이나 긴장 등을 발산하거나 해소시켜 줄 수 있다.
- 모래놀이 영역은 일반적으로 복합 놀이기구 밑에 위치하도록 하며 물놀이 영역과 인접하여 설치하면 놀이가 확장될 수 있다.
- 물·모래놀이 시설은 오랫동안 유아가 앉아서 놀게 되므로 그늘을 만들어 주어야 한다.
- 물과 모래 자체를 만지고 놀면서 다양한 방법으로 탐색할 수 있도록 하고 이후에는 여러 가지 소품을 제공해 주어 놀이가 확장될 수 있도록 한다.
- 모래놀이를 하는 동안에는 모래가 눈에 들어가거나 삽 등의 도구로 상처를 입지 않도록 안전에 유의하며 놀이할 수 있도록 유도한다.

ⓒ 동·식물 기르기 영역
- 유아들이 꽃과 나무나 풀을 탐색하고 토끼나 개, 닭, 오리 같은 동물들을 관찰할 수 있도록 한다.
- 식물은 실외 환경 전반에 걸쳐 작은 꽃과 풀에서부터 큰 나무에 이르기까지 조화롭게 조성하며 독성이 있거나 가시가 있는 식물은 제외한다.
- 꽃과 나무를 교사가 미리 심어놓을 수도 있지만 계절에 따라 유아들이 직접 씨를 뿌리고 재배하는 경험을 하게 할 수도 있으므로, 지역에 따라서 적합한 야채를 직접 재배하는 경험을 해보도록 한다.
- 동물은 사육장을 만들어 청결하게 관리하되, 유아들이 너무 다가가지 않도록 안전 울타리를 설치해야 한다.

ⓔ 조용한 영역
- 유아들이 실외에서 장시간 활동을 하면 쉽게 지쳐버리기 때문에 놀이 중에 언제라도 휴식할 수 있는 장소를 제공해야 한다.
- 날씨가 좋으면 그리기, 책 보기, 동화 들려주기, 조형 활동과 같이 실내에서 하던 조용한 활동을 실외에서도 할 수 있으며 간식을 먹을 수도 있다.
- 공간이 허락한다면 그늘이 드리워지도록 등나무를 심거나 지붕이 있는 정자를 설치하고 그 아래에 모여 앉을 수 있는 평상이나 의자를 설치하여 이용할 수도 있다.
- 조용한 영역을 위한 공간이 충분하지 않다면 의자나 돗자리 등을 준비하여 주고 움직임이 많은 영역에서 떨어진 곳에 배치하여 유아가 놀이에 집중할 수 있도록 한다. 이때 텐트를 설치해주거나 놀이집을 만들어주는 것도 좋은 방법이다.

ⓜ 창고 및 통로
- 창고나 보관함은 유아들이 실외 놀이기구를 쉽게 꺼내 쓰고 정리정돈을 할 수 있도록 배치하고, 정리가 끝난 후에는 유아가 안에 들어가지 않도록 잠금장치를 하여 교직원이 관리하도록 한다.
- 통로는 다른 영역으로 가는 전이 공간이자 자전거 등과 같은 탈것이 다니는 길이면서 잡기 놀이, 각 놀이 영역을 탐색하기 위한 공간 등으로 사용되므로 중요하다.
- 통로는 각 영역별 특성을 고려하여 시멘트, 보도블록, 흙, 잔디와 같이 바닥 표면을 다르게 구성한다.

② 교재·교구 배치 원리
㉠ 벽에 붙이는 모든 부착물은 유아의 눈높이를 고려하여 낮게 붙이고, 유리가 있는 시계나 액자 등은 겉면을 투명 비닐로 싸거나 플라스틱으로 된 제품으로 교체하여 떨어지지 않도록 고정한다.
㉡ 교재·교구는 유아가 직접 선택할 수 있도록 잘 보이게 전시하고 꺼내기 쉽도록 낮게 배치해야 한다. 또한 유아가 놀고 나서 다시 정리할 때에도 쉽게 제자리를 찾을 수 있도록 그림이나 사진 등으로 자리를 표시한다.
㉢ 기본적으로 매번 사용되는 교구·교재나 자료 등은 항상 잘 보이는 곳에 비치해야 하나, 주제나 계절에 따라 주기적으로 위치를 교체하는 것이 좋다.

③ 운동기구 배치 유형
㉠ 병렬식 배치 : 병렬식 배치를 하면 유아들이 운동기구에 익숙해질 수 있다.
㉡ 순환식 배치 : 기구들을 순환식으로 배치하여 여러 운동기구를 한꺼번에 접할 수 있도록 하여 흥미와 만족을 준다.
㉢ 시각적 효과의 배치 : 유아교육기관의 물품을 활용하여 기구를 배치하면 시각적 효과와 보다 많은 프로그램으로 유아의 만족감을 증대시킬 수 있다.
㉣ 운동기구 관리 : 운동기구는 보관 및 사용 중에 유지 및 관리를 철저히 하여 안전사고를 예방할 수 있도록 한다.

**핵심예제**

**22-1.** 유아 체육수업의 환경 구성에 대한 설명으로 옳지 않은 것은? [2018]
① 흥미유발을 위해 다양한 교구를 사용한다.
② 대근육 운동 시 충격 흡수를 위한 안전매트를 깔아 준다.
③ 안전을 위해 가능한 좁고 한정된 공간을 확보한다.
④ 필요하면 음향시설을 활용할 수 있다.

**22-2.** 유아 체육수업의 환경 조성에 관한 설명으로 옳지 않은 것은? [2021]
① 유아가 선호하는 하나의 교구만을 배치한다.
② 다양한 감각 자극을 제공할 수 있는 환경을 조성한다.
③ 유아가 자유롭게 몸을 움직일 수 있도록 충분한 공간을 확보한다.
④ 적절한 교구 배치를 통해 효과적 지도가 가능한 환경을 조성한다.

**22-3.** 유아체육 지도 환경 조성 원칙에 따른 내용이 옳지 않은 것은? [2023]

| | 원칙 | 내용 |
|---|---|---|
| ① | 흥미성 | 호기심, 모험심 등을 표현할 수 있는 지도 환경 조성 |
| ② | 안전성 | 부드러운 마감재나 바닥 재질, 공간의 벽 등을 고려한 지도 환경 조성 |
| ③ | 필요성 | 음향 시설, 냉난방 시설, 활동 공간의 크기 등을 고려한 지도 환경 조성 |
| ④ | 경제성 | 설비나 용구로 인한 건강 저해나 활동의 위험성이 없도록 지도 환경 조성 |

|해설|

**22-1**
유아체육 활동의 안전한 지도를 위해서는 신체 활동을 위한 넓은 공간을 확보하는 것이 필요하다.

**22-2**
유아체육 수업에서는 발달심리에 적합한 교구와 교재를 준비해야 한다. 특히 유아들은 집중력이 낮고 쉽게 흥미를 잃어버리는 특성이 있기 때문에 흥미유발을 위해 다양한 교구를 사용하도록 한다.

**22-3**
**유아체육의 지도 환경의 조성 원칙**
'설비나 용구로 인한 건강 저해나 활동의 위험성이 없도록 지도환경 조성'은 안전성에 관한 설명이다. 경제성은 지도환경 조성 시 주어진 자원을 얼마나 효용성 있게 사용하느냐에 관한 것이다.

정답 22-1 ③  22-2 ①  22-3 ④

# CHAPTER 10 노인체육론

PART 01 핵심이론+핵심예제

## 제1절 | 노인과 노화의 특성

### 핵심이론 01 노화와 노인 사회

① 노화의 특성
  ㉠ 시간이 흐름에 따라 신체가 겪는 생물학적(신체적)·심리적·사회적 변화이다.
  ㉡ 생물학적 노화는 모든 사람들이 보편적으로 겪는 신체기능의 점진적 감퇴이다.
  ㉢ 노화의 속도와 기능의 저하 정도는 개인차가 존재한다.

② 노화의 구분
  ㉠ 연대기적 나이 : 잉태, 성장, 사춘기를 지나 성년기를 거쳐 생리적으로 노화되어 사망에 이르기까지의 노화과정이다.
  ㉡ 기능적 나이 : 연령이 증가하면서 신체의 생리적 기능(시각, 청각, 운동 능력, 심리적 동기, 건강상태 등)이 저하되어가는 과정이다.

③ 노인인구별 사회 분류
  ㉠ 고령화 사회 : 65세 이상 인구 비율이 7% 이상 14% 미만인 사회이다.
  ㉡ 고령사회 : 65세 이상 인구 비율이 14% 이상 20% 미만인 사회이다.
  ㉢ 초고령 사회 : 65세 이상 인구 비율이 20% 이상인 사회이다.

> **노인인구 증가에 따른 사회 변화**
> - 노인 부양비와 의료비 증가로 사회적 문제가 발생한다.
> - 우리나라 고령화 속도는 다른 선진국에 비해 빠르다.
> - 노인 인구 증가로 실버산업의 성장이 가속화된다.

---

**핵심예제**

**1-1.** 〈보기〉에서 설명하는 연령지표로 옳은 것은? [2022]

┌─ 보기 ─────────────────────────┐
- 연령적 노화라고 일컬어지는 출생 이후의 햇수인 역연령과 대비되는 개념이다.
- 연령과 성을 기준으로 하는 기능적 체력과 관련이 있다.
- 신체 연령이라고도 말한다.
└────────────────────────────────┘

① 기능적(Functional) 연령
② 주관적(Subjective) 연령
③ 심리적(Psychological) 연령
④ 연대기적(Chronological) 연령

**1-2.** 기대수명(Life Expectancy)에 대한 설명으로 옳지 않은 것은? [2023]

① 나이가 증가함에 따라 변화한다.
② 기대수명과 평균수명은 동일한 개념이다.
③ 대부분의 나라에서 꾸준히 증가하고 있다.
④ 평균적으로 여성의 기대수명이 남성의 기대수명보다 높다.

|해설|

**1-1**
기능적 연령은 연령이 증가하면서 신체의 생리적 기능(시각, 청각, 운동 능력, 심리적 동기, 건강 상태 등)이 저하되어가는 과정을 뜻한다.

**1-2**
**기대수명**
평균수명은 일정한 지역 주민들의 수명을 평균한 것으로 1년 사이에 죽은 사람의 나이를 총합하여 죽은 사람의 수로 나누어 계산한다. 한편, 기대수명은 특정 국가나 지역에서 태어난 인구가 향후 생존할 것으로 기대되는 평균 생존 연수를 의미하는 것이다. 평균수명은 특정 시점에서 전체 인구의 평균적인 삶의 기간을 나타내는 반면, 기대수명은 출생 시점에서의 기대할 수 있는 평균적인 삶의 기간을 나타내는 것이므로 둘은 동일한 개념이 아니다.

정답 1-1 ① 1-2 ②

## 핵심이론 02 노화의 생물학적 이론

① 세포적 관점
  ㉠ 예정된 계획이론 : 세포시계의 시계에 의해 예정된 노화가 진행된다는 이론이다.
  ㉡ 교차결합이론 : 결합조직의 커다란 분자에 교차결합이 일어나면서 노화가 발생한다는 이론이다.
  ㉢ 사용마모이론 : 인체가 마치 기계처럼 사용에 따라 점차 마모되어 노화가 진행된다는 이론이다.
  ㉣ 신체적 변이이론 : 세포가 방사선 또는 다른 작용에 노출되어 노화가 발생한다고 보는 이론이다.
  ㉤ 노폐물 축적이론 : 세포에 노폐물이 축적되면서 노화가 발생한다고 본다.

② 생리학적 관점
  ㉠ 신진대사이론 : 신진대사가 느린 사람은 오래 살고, 빠른 사람은 일찍 사망한다고 보는 노화이론이다.
  ㉡ 호르몬이론 : 호르몬 부족으로 인하여 노화가 진행된다고 보는 이론이다.
  ㉢ 면역반응이론 : 면역 기능이 저하되어 노화가 발생한다고 보는 이론이다.
  ㉣ 생리적 통제이론 : 유기체의 내부 신경조직 등 통합 조정 능력이 상실되었기 때문에 노화가 발생한다고 보는 이론이다.

---

**핵심예제**

〈보기〉에서 설명하는 노화 이론은? [2025]

|보기|
통계에 따르면 전문체육인이 일반인에 비해 퇴행성관절염 발병률이 더 높다고 보고되고 있다. 그뿐만 아니라 전문체육 종목 중에서도 상대적으로 몸을 더 많이 사용하는 축구나 미식축구 선수들의 은퇴 시기가 골프, 야구 선수에 비해 빠른 것으로 나타났다.

① 면역반응이론
② 교차결합이론
③ 세포노화이론
④ 사용마모이론

|해설|
④ 사용마모이론 : 〈보기〉는 노화의 생물학적 이론 중 세포적 관점의 이론으로 인체가 마치 기계처럼 사용에 따라 점차 마모되어 노화가 진행된다는 것이다.

정답 ④

## 핵심이론 03 노화의 심리학적 이론

① 욕구이론(매슬로우) : 기본욕구 충족은 성공적 노화의 기본조건이다.
  ㉠ 인간의 욕구 5단계 : 생리적 욕구 → 안전의 욕구 → 사회적 욕구 → 존경의 욕구 → 자아실현의 욕구
  ㉡ 낮은 수준의 욕구는 그 다음 수준의 욕구 전에 충족되어야 한다.

② 심리사회 발달단계 이론(에릭슨) : 인간의 성격 발달이 8단계를 거치면서 진행되고 각 단계를 극복해야 성공적 노화를 가져올 수 있다는 이론이다.

| 에릭슨의 연령대별 발달과업 | |
|---|---|
| • 0~1세(신뢰-불신) | • 1~3세(자율성-수치심) |
| • 3~5세(주도성-죄책감) | • 6~12세(근면성-열등감) |
| • 13~18세(정체성-역할혼돈) | • 청년기(친밀감-고립감) |
| • 장년기(생산성-침체성) | • 노년기(자아통합-절망) |

③ 보상이 수반된 선택적 적정화 이론 : 발테스와 발테스(M. Baltes & P. Baltes)
  ㉠ 성공적 노화를 비롯한 인간의 전 생애발달이 선택, 적정화, 보상의 3가지 전략과 관련된 과정이다.
  ㉡ 노화 손실도 개인의 능력에 적합한 활동을 선택하고 최적화하여 보상하면 성공적 노화에 이를 수 있다.
  ㉢ 수명, 생물학적 건강, 정신건강, 인지적 효능, 사회적 능력 및 생산성, 개인적 통제, 생활 만족 등을 성공적 노화의 7가지 지표로 제시한다.

### 핵심예제

〈보기〉의 ㉠, ㉡에 해당하는 노화와 관련된 심리학적 이론으로 옳은 것은? [2022]

| | |
|---|---|
| ㉠ | • 자부심과 만족을 느끼면서 자신의 삶을 되돌아볼 수 있으며 죽음을 위엄있게 받아들인다.<br>• 삶에서 달성해야 하는 것들을 달성하지 못했다고 느끼며, 삶의 종말이 다가오는 것에 대해 절망감을 느낀다. |
| ㉡ | • 성공적 노화는 신체적·정신적·사회적 손실에 적응하는 노인의 능력과 관련이 있다.<br>• 기능적 능력을 향상함으로써 노화로 인한 손실을 보완하도록 도움을 준다. |

| | ㉠ | ㉡ |
|---|---|---|
| ① | 하비거스트(R. Havighust)의 발달과업 이론 | 로우(J. Rowe)와 칸(R. Kahn)의 성공적 노화 이론 |
| ② | 하비거스트(R. Havighust)의 발달과업 이론 | 펙(R. Peck)의 발달과업 이론 |
| ③ | 에릭슨(E. Erikson)의 심리사회 발달단계 이론 | 로우(J. Rowe)와 칸(R. Kahn)의 성공적 노화 이론 |
| ④ | 에릭슨(E. Erikson)의 심리사회 발달단계 이론 | 발테스와 발테스(M. Baltes & P. Baltes)의 보상이 수반된 선택적 적정화 이론 |

|해설|

㉠ 에릭슨의 심리사회 발달단계 이론 : 〈보기〉는 에릭슨의 심리사회발달단계 이론 중 8단계(노년기, 자아통합 대 절망의 단계)이다. 노년기에는 자부심과 만족을 느끼면서 자기 삶을 되돌아보며 죽음을 위엄 있게 받아들이거나, 삶에서 달성해야 하는 것들을 달성하지 못했다고 느끼며 삶의 종말이 다가오는 것에 대해 좌절감을 느낀다.

㉡ 발테스와 발테스의 보상이 수반된 선택적 적정화 이론 : 성공적 노화를 비롯한 인간의 전생애 발달이 선택, 적정화, 보상의 세 가지 전략과 관련된 과정이라고 설명한다. 또한 노화에 따른 손실이 있더라도 개인의 능력에 적합한 활동을 선택하고 최적화하며 손실한 것을 보상함으로써 성공적 노화에 이를 수 있다고 설명한다.

정답 ④

## 핵심이론 04 노화의 사회학적 이론

① **활동이론** : 일생에 걸쳐 일상 생활의 정신적, 신체적 활동을 지속하는 사람은 건강하고 행복하게 늙는다.
  ㉠ 분리 이론과 대립되는 이론이다.
  ㉡ 지속적인 활동이 성공적인 노화의 핵심이다.
  ㉢ 노인의 사회 활동 참여정도가 높을수록 생활 만족도가 높아진다.
② **연속성이론** : 성공적으로 늙는 사람은 긍정적인 건강 습관, 선택, 생활 방식, 인간관계를 중년에서부터 노년까지 지속하는 사람이라는 이론으로 과거 자신의 역할과 비슷한 대체 역할을 유사한 수준으로 유지하려고 하는 경향이 성공적인 노화를 돕는다.
③ **분리이론** : 노인이 삶의 현장에서 벗어나 사회적 역할이 감소되고 스스로 사회로부터 물러나 자연스럽게 노화를 받아들이고 소극적인 노후생활에 만족하는 것을 주장한 이론이다.
④ **하위문화이론** : 공통된 특성을 가진 노인들이 집단을 형성하고 빈번한 상호작용을 통해 노인들 특유의 행동양식과 문화가 형성된다는 이론이다.

---

### 핵심예제

**4-1.** 〈보기〉에서 설명하는 노화와 관련된 사회학적 이론으로 옳은 것은? [2022]

┤보기├
- 노화와 관련된 사회학적 이론에서 가장 널리 인정되는 이론이다.
- 노인의 사회 활동 참여 정도가 높을수록 생활 만족도가 높아진다.
- 지속적인 활동이 성공적 노화의 핵심이다.

① 분리이론  ② 활동이론
③ 현대화이론  ④ 하위문화이론

**4-2.** 〈보기〉에서 설명하는 노화와 관련된 사회학적 이론으로 옳은 것은? [2018]

┤보기├
공통된 특성을 가진 노인들이 집단을 형성하고 빈번한 상호작용을 통해 그들 특유의 행동양식을 만든다.

① 분리이론  ② 하위문화이론
③ 활동이론  ④ 현대화이론

|해설|
**4-1**
활동이론은 일생에 걸쳐 일상 생활의 정신적·신체적 활동을 지속하는 사람은 건강하고 행복하게 늙는다는 이론이다.

**4-2**
〈보기〉의 내용은 하위문화이론에 해당한다. 분리이론은 노인이 삶의 현장에서 벗어나 사회적으로 분리되어 노후생활을 하는 것을 뜻하며, 활동이론은 일생에 걸쳐 일상 생활을 지속하는 사람이 행복하게 늙는다는 이론이다. 현대화이론은 노인의 지위가 사회의 현대화(산업화) 정도에 반비례한다는 이론이다.

**정답** 4-1 ② 4-2 ②

## 핵심이론 05 노화에 따른 변화

① 신체적(생리적) 변화
  ㉠ 골반 직경이 증가한다.
  ㉡ 관절과 발바닥의 변형으로 신장(키)이 작아진다.
  ㉢ 피하지방이 감소하지만, 체지방량 비율이 증가한다.
  ㉣ 신체기능과 대사기능이 저하된다.
  ㉤ 탄수화물 대사율의 증가로 혈당량이 높아진다.
  ㉥ 연골조직의 퇴화로 관절염이 증가하고 운동 능력이 감퇴한다.
  ㉦ 관절의 움직임이 제한되어 평형성과 안정성이 감소한다.
  ㉧ 몸을 구성하는 세포 수가 감소한다.
  ㉨ 개별 세포의 활동력 쇠퇴로 신체 수행력이 감소한다.
  ㉩ 무기질 양의 부족과 골밀도 감소로 골절 상해의 위험도가 증가한다.
  ㉪ 근육의 양과 근력 감소로 유연성, 민첩성, 속도 및 평형성이 저하된다.
  ㉫ 호르몬의 역할 저하로 근육이 손실되며, 혈관 경직도는 증가한다.
  ㉬ 대뇌와 신경세포의 감소로 인지 기능이 저하된다.
  ㉭ 최대산소섭취량이 감소하여 최대심박출량을 감소시키는 원인이 된다.

> 노화로 인한 근골격계 변화
> • 근육량의 변화로 근력과 근파워가 감소한다.
> • 골대사의 변화로 뼈의 밀도와 질량이 감소한다.
> • 관절 움직임의 제한으로 낙상 위험이 증가한다.
> • 관절 가동범위의 감소는 평형성과 안정성 상실을 초래한다.

② 심리적 변화
  ㉠ 건강 쇠퇴, 경제 불안, 생활상의 부적응에서 오는 불안과 초조함이 있다.
  ㉡ 개인의 자주성 상실로 인한 의존심이 증대된다.
  ㉢ 신체적 쾌락에 대한 흥미가 감소한다.
  ㉣ 사회적 신분과 경제 능력의 상실로 인한 열등감이 증대된다.

③ 사회적 변화
  ㉠ 사회적 지위와 권위가 하락한다.
  ㉡ 권력의 감퇴와 경제적 능력이 약화된다.
  ㉢ 사별 등으로 인한 사회적인 고독감이 발생한다.
  ㉣ 신체적으로 건강치 못한 노인은 여가 생활에서 소외된다.
  ㉤ 노인체육은 노인사회 건강유지의 핵심이다.

### 핵심예제

**5-1. 노화에 따른 생리적 변화로 옳은 것은?** [2024]
① 1회 박출량 증가
② 동·정맥산소차 감소
③ 근육의 산화능력 증가
④ 심장근육의 수축시간 감소

**5-2. 생물학적 노화의 특징으로 옳지 않은 것은?** [2023]
① 노화로 인한 변화는 점진적이다.
② 모든 사람에게 보편적으로 나타난다.
③ 발달과 쇠퇴를 모두 포함하는 변화이다.
④ 환경적 요인을 배제한 내재적 요인에 의해 발생한다.

|해설|
5-1
① · ④ 동맥과 좌심실 수축성이 저하되기 때문에 심장근의 수축 시간이 길어지고, 1회 박출량과 심박출량이 감소한다.
② · ③ 노화가 진행되면서 근육은 감소하고, 산화능력이 저하된다. 또한, 심장근 반응 감소, 운동하는 근육으로의 혈액 흐름 감소, 동·정맥 산소 차이 감소, 근육의 미토콘드리아 수와 크기 감소 등의 현상이 나타난다.

5-2
**생물학적 노화**
생물학적 노화는 나이가 들어가면서 발생하는 신체 전반의 퇴행 현상이다.

정답 5-1 ② 5-2 ③

## 제2절 | 노인 운동의 효과

### 핵심이론 06 노인 운동의 개념과 효과

① 노인 운동의 개념
- ㉠ 운동은 체력의 향상과 유지를 위한 계획적인 신체활동이다.
- ㉡ 운동 프로그램은 심폐지구력, 근력, 유연성 운동 등 포함한다.
- ㉢ 운동은 에너지를 소모하는 골격근에 의해 이루어지며 건강과 삶의 질에 영향을 미친다.

② 노인 운동의 효과
- ㉠ 기초체력이 향상된다.
- ㉡ 심혈관계의 활성화에 기여한다.
- ㉢ 기초대사량이 향상된다.
- ㉣ 신체 활동이 증진된다.
- ㉤ 노년기 관련 질환을 예방한다.
- ㉥ 노년기의 활동적인 삶을 영위하게 한다.
- ㉦ 저항 운동(근력 운동)은 근력을 유지하는 데 도움이 된다.
- ㉧ 무산소 운동은 노인 근비대에 적합하다.
- ㉨ 유산소 운동은 심폐지구력, 관절의 유연성에 영향을 준다.
- ㉩ 운동은 노인의 뇌의 혈액순환을 촉진시켜 인지적 효과에 도움을 준다.

---

**핵심예제**

〈보기〉에서 운동이 노인에게 미치는 심리적 효과로 옳은 것을 모두 고른 것은? [2022]

┌ 보기 ┐
㉠ 운동 기술 습득
㉡ 우울증 감소
㉢ 심리적 웰빙 향상
㉣ 사회적 연결망 확장

① ㉠, ㉡
② ㉠, ㉢
③ ㉡, ㉢
④ ㉢, ㉣

|해설|
㉠은 노인 운동의 신체적 효과에 대한 설명이고 ㉣은 노인 운동의 사회적 효과에 대한 설명이다.

정답 ③

## 핵심이론 07 노인 운동의 종류별 효과

① 유산소 운동(지구력 운동)
  ㉠ 신체의 대근육을 규칙적으로 움직여서 숨이 가빠지는 운동이다(빠르게 걷기, 달리기, 자전거 타기, 댄스, 수영, 등산, 줄넘기 등).
  ㉡ 주 3~4회, 1회당 10분 이상 중강도 혹은 고강도로 수행한다.
  ㉢ 노인의 유산소 운동의 효과
    • 심장과 혈관을 튼튼하게 한다.
    • 당뇨병 발병률을 감소시키고, 비만을 예방한다.
    • 골격근의 모세혈관 밀도가 증가된다.
    • 인슐린의 민감도가 증가된다.
    • 고밀도지단백콜레스테롤(HDL-C)이 증가한다.
    • 동맥 경직도가 개선되고 심박수와 혈압이 낮아진다.
    • 지방을 분해하여 에너지를 생성하므로 체중 관리에 효과적이다.
  ㉣ 유산소 운동 지도 시 고려사항
    • 체중부하 운동이 힘든 노인의 경우 고정식 자전거를 활용하도록 한다.
    • 운동 강도는 운동자각도(RPE) 기준에서 '다소 힘들게' 정도로 설정한다.

| 노인 심폐지구력 향상을 위한 운동 강도의 설정 기준 |
|---|
| • 최대산소섭취량(VO₂max) : 운동 강도가 최대일 때 산소 섭취량으로 개인의 유산소 능력을 측정한다.<br>• 운동자각도(RPE)<br>  – 운동 시 주관적 감정을 6~20의 숫자 척도로 설정하여 나타낸 지표로서 6은 저강도 운동, 12~14는 중강도 운동, 20은 고강도 운동을 나타낸다.<br>  – Borg CR 10(보그 스케일) : 운동자각도를 0~10까지 나누어, 1~2 저강도, 3~4 중강도, 5~9 고강도, 10 최대 강도로 구분하여 표시한다.<br>• 최대심박수(HRmax) : Karvonen(여유심박수, %HRR) 공식을 이용하여 적정 운동강도를 결정한다.<br>  – 최대 심박수 = 220 – 나이<br>  – 여유 심박수 = 최대 심박수 – 안정 시 심박수<br>  – 목표 심박수 = 여유 심박수 × 운동 강도 + 안정 시 심박 |

  • 운동은 한 번에 장시간 지속하는 것보다 휴식과 함께 체력 수준에 따라 실시한다.
  • 점진적 유산소 운동프로그램 참여 전 낙상, 무릎 통증 등을 예방하기 위해 근력운동을 먼저 한다.
  ㉤ 노인의 바른 걷기 동작
    • 시선은 정면을 주시하되 좌우를 살펴야 한다.
    • 양팔은 자연스럽게 15~20°로 자연스럽게 흔들고 걷는다.
    • 발을 땅에 디딜 때에는 발뒤꿈치부터 닿도록 한다.
    • 신발이 앞뒤 면이 골고루 닳았다면 체중이 올바르게 분산되어 걷는 것이다.

② 근력 강화 운동
  ㉠ 근육을 많이 움직여서 근육의 노화를 예방하고 약화된 근육의 회복을 돕는다(덤벨 들기, 탄력 밴드 운동, 계단 오르기, 요가 등).
  ㉡ 주 2회 이상 운동을 수행하며 치료나 재활의 목적으로도 많이 한다.

③ 유연성 운동
  ㉠ 모든 관절들을 가능한 한 모든 방향으로 움직이고 펴주는 운동이다(스트레칭).
  ㉡ 근육별 스트레칭을 15~60초 간 수행한다.
  ㉢ 관절 유연성을 회복하여 인대가 퇴화·경직되는 것을 저지할 수 있다.
  ㉣ 관절가동범위의 증가 운동으로 유연성을 유지하거나 회복할 수 있다.
  ㉤ 스트레칭의 유형

| | |
|---|---|
| 고유수용성<br>신경근 촉진<br>스트레칭 | • 우리 몸의 신경근육계에 존재하는 고유 감각 특성을 활용한 스트레칭<br>• 해당 근육군(Muscle Group)과 건(Tendon)에 등척성 수축을 일으킨 후, 같은 근육군을 정적으로 스트레칭하는 방법<br>• 재활치료를 위한 목적으로 개발되어 보조자나 치료사의 도움으로 시행<br>• 유연성 증가와 신경근 촉진, 근력 증가에 효과가 있어 스포츠에서도 활용 |

| 동적 스트레칭 | • 관절의 가동범위를 확장시키는 스트레칭<br>• 워밍업 효과와 운동 수행 능력을 향상<br>• 하나의 신체 부위에서 다른 신체 부위로 자세를 반복적으로 바꾸어 관절가동범위를 점진적으로 증가시키는 방법 |
|---|---|
| 정적 스트레칭 | • 근육을 한 부위씩 길게 늘이는 스트레칭으로 근골격계의 손상 위험이 낮음<br>• 몸에 반동을 주지 않으며, 근육을 쭉 뻗은 후 10~30초간 유지하는 것이 특징 |
| 탄성 스트레칭 | 스트레칭 동작의 마지막 범위에서 탄성을 이용하여 동작에 반동을 주는 방법 |

④ 평형성 운동
  ㉠ 일상 활동 시 균형을 잡는 운동이다(뒤로 걷기, 옆으로 걷기, 발끝으로 걷기, 앉았다 일어서기 등).
  ㉡ 주 2~3회, 하루에 20~30분 이상 운동을 수행한다.
  ㉢ 평형성 운동을 통해 균형 감각을 길러 낙상을 예방하거나 낙상 위험을 줄일 수 있다.

### 핵심예제

노인의 체력요소와 이를 향상시키는 운동 방법이 바르게 연결된 것은? [2019]

① 심폐지구력 - 고정식 자전거 타기
② 유연성 - 덤벨 들고 앉았다 일어서기
③ 협응성 - 의자 잡고 옆으로 한발 들기
④ 평형성 - 의자에 앉아서 등 굽혔다 펴기

|해설|

**노인의 체력요소 향상을 위한 운동 방법**
• 근력·근지구력 : 밴드 잡고 몸통 옆으로 굽히기, 덤벨 들고 앉았다 일어서기 등
• 유연성 : 가슴 스트레칭, 팔 교대로 올리기 등
• 심폐지구력 : 수영, 물속에서 걷기, 자전거 타기 등
• 평형성 : 균형 걷기, 한 발 들기 등
• 협응력 : 의자 앉아 공 밀기, 발바닥 치기 등

정답 ①

### 핵심이론 08 노인 운동의 신체적 효과

① 조기사망률 감소 : 각종 질병으로 인한 사망률을 낮춰준다.
② 건강체중 유지 : 과체중과 비만을 예방한다.
③ 면역기능 강화 : 면역력 증가로 질병 예방의 효과가 있다.
④ 근육량과 뼈의 강도 증가 : 골밀도 감소를 지연시키고, 고관절 골절의 위험이 감소한다.
⑤ 생활기능 향상 : 일상 활동에 필요한 능력을 향상시키고, 낙상을 예방한다.
⑥ 인지능력 향상 : 규칙적인 운동으로 기억력이 향상되고 치매를 예방한다.
⑦ 폐 기능의 향상 : 안정 시 호흡 빈도의 감소와 폐활량이 증가한다.
⑧ 심혈관 기능의 향상 : 혈관 확장과 말초혈관 저항성의 감소로 혈압이 감소한다.
⑨ 신체 반응의 향상 : 반응시간이 단축되고, 협응력이 향상된다.
⑩ 면역력의 증가 : 면역력이 향상되어 질병 등에 저항력이 증가한다.

### 핵심예제

노인이 규칙적인 유산소 운동을 통해 얻을 수 있는 효과로 옳지 않은 것은? [2023]

① 최대산소섭취량과 1회박출량 증가
② 분당 환기량 증가와 안정 시 호흡수 감소
③ 말초혈관의 저항 감소와 혈관 탄력성 증가
④ 복부지방 감소와 안정 시 인슐린 분비의 증가

|해설|

말초혈관은 심장 주변에서 몸의 말단으로 혈액을 운반하는 혈관이다. 말초혈관의 저항성이 증가한다는 것은 혈관이 수축되어 혈압이 상승하는 것을 뜻한다. 노인은 운동참여를 통해 혈관이 확장되고, 말초혈관의 저항성이 감소하여 혈액의 흐름을 개선할 수 있다.

정답 ④

## 핵심이론 09 노인 운동의 심리적·사회적 효과

① 심리적 효과
　㉠ 전반적인 삶의 만족으로 인해 삶의 질이 향상된다.
　㉡ 운동은 노인의 정신건강에 긍정적 영향을 미친다.
　㉢ 신체 활동 참가자는 심리적 웰빙, 자아통찰력이 높아진다.
　㉣ 운동은 기분상태를 개선하고 우울증을 해소한다.

② 사회적 효과
　㉠ 노인의 사회 참여로 사회적 통합을 증진시키는 중요한 역할을 한다.
　㉡ 운동 그룹을 통한 새로운 친구 맺기로 우정과 교류를 촉진시킨다.
　㉢ 운동 참여를 통해 사회문화적 네트워크를 확장한다.
　㉣ 운동 참여를 통한 역할의 유지 및 새로운 역할을 습득하는 데 도움을 준다.
　㉤ 운동 참여를 통한 세대 간의 교류 기회를 확대한다.
　㉥ 원만한 인간관계를 유지한다.

### 핵심예제

세계보건기구(World Health Organization)가 제시한 노인의 신체활동에 대한 심리적 단기 효과는? [2024]

① 이완(Relaxation)
② 기술 획득(Skill Acquisition)
③ 인지 향상(Cognitive Improvement)
④ 운동제어와 수행(Motor Control and Performance)

|해설|
WHO에서는 노인이 신체활동을 적절히 수행하면, 불안·우울·스트레스 수준이 낮아진다고 한다. 한편, 운동 기술의 획득·제어·수행이나 인지 능력의 향상과 같은 효과는 6개월 이상 꾸준히 운동을 해야 얻을 수 있는 것이라고 한다.

정답 ①

## 제3절 | 노인 운동 프로그램의 설계

### 핵심이론 10 노인 운동 프로그램

① 노인 운동 프로그램의 구성 요소
　㉠ 운동 강도 : 적절한 부하량으로 제공되어야 한다.
　㉡ 운동 시간 : 운동 강도에 따라 달라지며 강도가 높을수록 운동 지속시간은 짧게 한다.
　㉢ 운동 빈도 : 저항성 운동은 주 2~3회가 적당하다.
　㉣ 운동 형태(종류) : 유산소 운동, 저항성 운동, 유연성 운동, 평형성 운동 등을 포함한다.

② 노인 운동 프로그램의 장기적 효과
　㉠ 운동은 노화로 인해 느려진 중추신경계의 반응 속도를 향상시킨다.
　㉡ 운동을 하면 세로토닌과 베타엔도르핀의 분비가 증가된다.
　㉢ 저항 운동은 인슐린 민감성을 증가시켜 당뇨병 관리에 도움을 준다.
　㉣ 운동은 뇌의 혈행을 개선시켜 인지 기능을 향상시킨다.

③ 노인 운동 프로그램에서 운동 시 주의사항
　㉠ 격렬한 경쟁은 가능한 한 피한다.
　㉡ 운동 시 갈증을 느끼지 않아도 수시로 수분을 보충한다.
　㉢ 근력 운동 중 중량을 들어 올릴 때는 숨을 내쉰다.
　㉣ 동기부여와 재미를 고려한 프로그램을 실시한다.
　㉤ 추운 환경에서는 준비운동을 더 철저히 실시한다.
　㉥ 의복은 가볍고 습기를 잘 흡수하며, 공기가 잘 통하는 면제품류가 좋다.
　㉦ 낙상을 최소화하기 위해 적절한 신발을 착용하게 한다.

### 핵심예제

**노인 운동 프로그램의 구성 요소에 대한 설명으로 옳지 않은 것은?** [2017]

① 운동 강도는 적절한 부하량으로 제공되어야 한다.
② 운동량은 운동 시간과 운동 유형으로 결정된다.
③ 저항성 운동은 주 2~3회가 적당하다.
④ 질환별 특성을 고려하여 운동시간대를 결정한다.

|해설|
운동량은 운동 시간과 운동 유형으로 결정되는 것이 아니다. 고령자는 생리적 자극의 적응 및 회복 능력이 낮기에 운동단위를 작게 하여 자주 반복해야 하고, 운동량을 줄이고 운동 빈도를 늘리는 것이 효과적이다.

정답 ②

## 핵심이론 11 노인 운동 프로그램의 4가지 요소

① 운동 종류(Exercise Type)
  ㉠ 근 피로 제거 및 관절 운동(연골, 인대 강화)
    • 관절가동범위가 감소되면 운동이 제한되고, 근육의 부담 및 근 피로가 증가한다.
    • 스트레칭을 통한 유연성 증대 운동이 있다.
  ㉡ 근력 강화 운동
    • 각각의 근력과 몸통 근력은 신체 지지에 중요한 역할을 한다.
    • 노인의 중량 운동, 등척성 운동은 심박수와 혈압이 상승할 수도 있으므로 가급적 조심한다.
    • 노인은 대퇴, 복부, 하체부의 근력 저하가 특징이다.
  ㉢ 호흡 순환 향상 운동
    • 유산소 운동으로 신체 활동 수준을 향상시킨다.
    • 개인차에 따라 운동을 결정하고 과체중이거나 퇴행성 질환을 겪는 노인의 경우에는 수영, 자전거타기 등이 적절하다.
    • 운동 적응력이 떨어지는 노인은 걷기, 등산, 맨손체조, 스트레칭, 요가, 계단 오르기, 수영 등이 바람직하다.

② 운동 강도(Exercise Intensity)
  ㉠ 점차 운동 강도를 증가시킨다(저강도→고강도).
  ㉡ 최대산소섭취량 기준으로 일반인의 50% 이상의 운동 강도가 유효하다.
  ㉢ 65세 고령자의 최대운동 능력은 7METs 정도이므로, 2~3METs의 운동 강도(2~3mi/h 속도 걷기)로 시작한다.
  ㉣ 운동 강도의 표현방법
    • 최대산소섭취량 : 운동 시 근육에 산소를 공급하는 능력으로, 최대심박수·심박출량·혈액 내에 녹아있는 산소이용률이 결정인자이다.
    • MET(Metabolic Equivalent Task) : 아무것도 하지 않을 때 필요한 에너지나 몸에서 필요한 산소의 양이다.

• 운동자각도(Ratings of Perceived Exertion ; RPE) : 노인이 스스로 느낌을 통해 운동 강도를 설정할 수 있는 방법이다.

③ 운동 지속 시간(Exercise Duration)
㉠ 고령자는 생리적 자극의 적응 및 회복 능력이 떨어지므로 운동단위를 작게 하여 자주 반복한다.
㉡ 운동 지속 시간은 운동 강도에 따라 다르다(저강도 운동은 30~45분, 중강도 운동은 20~30분, 고강도 운동은 15~20분 정도를 하는 것이 적절함).
㉢ 규칙적인 운동은 최소 30분을 한 번의 운동단위로 한다.
㉣ 건강한 고령자들은 운동의 강도를 낮추어 1시간 정도를 지속해야 효과적이다.

④ 운동 빈도(Exercise Frequency)
㉠ 고령자는 운동량은 줄이고, 운동 빈도를 늘리는 것이 효과적이다.
㉡ 하루의 활동량을 적절히 배분하는 것을 권장한다.
㉢ 운동 초기에는 근피로 회복, 뼈와 관절의 손상 방지를 위한 격일제 운동, 이후 일주일에 4~5일 정도의 운동이 효과적이다.

**핵심예제**

노인이 자신의 주관적인 느낌을 통해 운동 강도를 설정할 수 있는 방법은?                    [2018]

① 운동자각도(Ratings of Perceived Exertion ; RPE)
② 최대산소섭취량(Maximal Oxygen Consumption VO₂max)
③ 분당 호흡빈도(Frequency of Breath)
④ 대사당량(Metabolic Equivalent of Task ; MET)

|해설|

**운동자각도(Rating of Perceived Exertion ; RPE)**
운동을 할 때 느끼는 주관적인 감정을 6부터 20까지의 숫자 척도로 나타낸 운동 강도로서 신뢰성이 높고 실용적인 지표이다. 요즘에는 보그 스케일 운동자각도의 범위를 많이 쓰기도 한다. 이 방식은 운동자각도를 0~10까지 나누고 있으며, 1~2 저강도, 3~4 중강도, 5~9 고강도, 10 최대 강도의 기준으로 구분한다.

정답 ①

## 핵심이론 12 건강증진의 이론적 모형

① 건강신념모형(HBM)
㉠ '신념'이 건강을 추구하는 행동에 중요한 역할을 한다고 가정한다.
㉡ 개인이 질병을 지각하고 예방을 위한 행동 가능성을 높이는 것이 목표인 모형이다.
㉢ 신체 활동의 효과를 인식하고 이를 행동으로 옮길 수 있는 자기효능감은 행동 변화를 쉽게 유발할 수 있다.
㉣ 지각된 개연성, 지각된 심각성, 지각된 이익, 지각된 장애, 행동의 계기, 자기효능감의 6가지 요소로 구성된다.

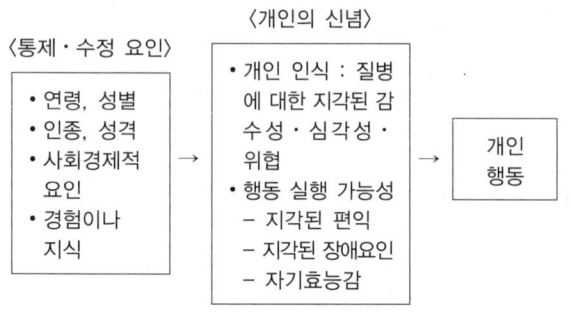

[건강신념 모형구조]

② 범이론적 모형(TTM, 변화단계모형)
㉠ 개인의 행동변화 5단계

| 단계구분 | 행동변화의 형태 | 변화 전략 |
| --- | --- | --- |
| 계획 이전단계 | 6개월 내 행동변화의 의사가 없는 상태 | 행동변화의 필요성을 인식하게 유도 |
| 계획단계 | 6개월 내 행동변화를 할 의사는 있지만, 구체적 계획은 없는 상태 | 행동의 동기부여, 구체적 계획을 세우도록 격려 |
| 준비단계 | 1개월 내 행동변화 할 의사와 계획이 있음 | 구체적 행동계획 개발, 실천 교육 |
| 행동단계 | 6개월 미만 동안 행동을 변화시킨 단계 | 피드백, 문제 해결책 제시, 사회적 지지 |
| 유지단계 | 6개월 이상 행동을 변화시킨 단계 | 사회적 지지, 추후 관리 |

ⓒ 각 단계는 순서대로 진행되는 것이 아니라, 이전 단계로 되돌아갈 수도 있고, 동일 단계를 반복할 수도 있고, 어느 단계를 생략할 수도 있다.
　　ⓒ 이 모형은 행동이 변화되는 과정과 전략을 제시한다.
　　ⓔ 개개인의 행동 변화를 고려 전, 고려, 준비, 행동, 유지의 5단계로 구분한다.
　　ⓜ 목표 설정, 피드백, 보상 시스템과 같은 행동 전략들이 신체 활동 참여를 유지하는데 도움이 된다.
③ 건강증진모형(HPM)
　　㉠ 건강에 영향을 미치는 개인적·환경적 요인에 중점을 두고 관련 요인을 조사한다.
　　㉡ 인간행동에 대한 두 가지 이론
　　　• 기대가치이론 : 개인은 가치 있다고 여기는 목표를 향해 행동한다.
　　　• 사회인지이론 : 사람들의 행동은 개인적인 특성이나 환경적인 상호작용으로 결정되며, 자신감(자기효능감)이 행동 변화에 중요한 역할을 한다.
④ 자기효능감이론(반두라)
　　㉠ 자기효능감 : 개인이 과제를 성공적으로 수행할 것이라는 자신감, 자기 능력에 대한 확신을 의미하며, 자기개념(자아개념)은 자신에 대해 가지고 있는 모든 의견, 감정, 믿음이다.
　　㉡ 자기효능감이 행동의 선택·추진에 영향을 미친다는 이론이다.
　　㉢ 어떤 과제에 자기효능감이 낮으면 과제를 회피하고, 자기효능감이 높으면 적극적으로 수행한다.
　　㉣ 자기효능감에 영향을 주는 요인
　　　• 성취 경험 : 목표를 달성하기 위한 시도와 결과에 영향을 받는다.
　　　• 대리 경험 : 타인의 성공과 실패를 목격하는 대리 경험에 영향을 받는다.
　　　• 언어적 설득 : 타인으로부터 격려의 말을 얼마나 자주 듣느냐에 따라 다르다.
　　　• 정서적 각성 : 불안, 좌절 등의 정서적 반응을 조절하는 능력에 따라 달라진다.
⑤ 계획행동이론(PBT) : 주관적 규범과 지각된 행동 통제와 행동에 대한 태도가 개인의 행동을 형성한다.

| 주관적 규범 | 중요한 타인(준거집단)의 기대를 따르려는 동기 |
|---|---|
| 지각된 행동 통제 | 행동 수행의 용이성 및 장애에 대한 신념 |
| 행동에 대한 태도 | 행동 결과에 대한 신념과 가치·평가 |

### 핵심예제

**12-1.** 〈보기〉에 해당하는 프로차스카의 범이론적 모형 단계와 지도 내용으로 옳은 것은? [2020]

┌─보기─────────────────────────┐
│ 운동을 하지 않았던 김 할아버지는 당뇨병 진단을 받은 │
│ 후 지난 한 해 동안 매일 만보계를 가지고 중강도의 걷기 │
│ 운동을 하고 있다. │
└─────────────────────────────┘

① 무의식단계 – 운동이 당뇨에 미치는 효과를 지도
② 의식단계 – 운동 방법 및 만보계 사용법을 지도
③ 행동단계 – 운동 강도 조절에 관하여 지도
④ 유지단계 – 즐길 수 있는 스포츠를 경험하도록 시도

**12-2.** 노인의 운동 참여에서 불안과 두려움을 극복하기 위한 반두라의 자기효능감이론의 변인과 증진 전략으로 옳지 않은 것은? [2021]

① 성공 수행 경험 – 운동참여에 대한 불안과 두려움을 극복하는 경험을 갖도록 지도한다.
② 간접 경험 – 운동에 함께 참여하는 동료 노인을 통해 간접경험을 갖게 한다.
③ 언어적 설득 – 운동과 관련된 의사결정을 스스로 내리도록 한다.
④ 정서적 상태 – 불안과 두려움을 조절할 수 있도록 인지적 훈련을 시킨다.

|해설|

12-1
6개월 이상 운동을 하고 있으므로 유지단계에 해당한다. 유지단계에서는 사회적 지지와 추후 관리가 필요하다.

12-2
반두라(A. Bandura)는 자기효능감 이론에서 개인이 과제를 성공적으로 수행할 수 있을 것이라는 자신감을 자기효능감이라 하였고, 자기효능감이 높으면 과제를 적극적으로 수행한다고 주장했다. 자기효능감을 높이는 요인 중 언어적 설득은 타인으로부터 격려의 말을 듣는 것을 의미한다.

정답 12-1 ④ 12-2 ③

---

## 핵심이론 13 노인 운동의 동기유발과 목표

| | | |
|---|---|---|
| 노인 운동 동기유발 요소 | 신체적 건강·의료 | • 신체적 기분의 증진<br>• 질병 위험이 감소<br>• 건강 증진 |
| | 정신적 건강 | • 활력 증진<br>• 스트레스와 불안 감소<br>• 정신적 기분 향상 |
| | 외모 | • 외모 유지와 향상<br>• 체중 감소와 체형 관리 |
| | 사회적 요소 | • 사회적인 접촉과 교류<br>• 가족과 친구의 격려 |
| | 기타 | • 활동이 주는 즐거움<br>• 경쟁이나 개인적 도전 |
| 목표 설정 | 측정 여부 | 측정 가능한 목표의 설정<br>(장·단기 목표 구분) |
| | 구체적 | 운동 시간·강도에 근거를 둔 구체적인 설정 |
| | 현실적 | 성취 가능하고 무리 없는 목표 설정 |
| | 행동적 | 행동지향적 목표로서 직접적으로 통제할 수 있음 |
| 고령자 운동 목표<br>(규칙적인 운동프로그램 기대효과) | | • 근육층의 발달과 지방층의 감소<br>• 활력 증가 및 원기 왕성<br>• 성기능 향상<br>• 심장 및 각종 장기의 기능 향상<br>• 면역기능 향상<br>• 피부탄력성 향상<br>• 뇌혈류량 증가로 인한 기억력 향상 및 치매 발생 억제<br>• 골격 및 관절 강화<br>• 청력과 시력의 향상<br>• 수면 상태 및 우울증의 호전<br>• 상처 치유 속도 향상<br>• 콜레스테롤의 감소 |

### 핵심예제

**13-1.** 〈보기〉에 해당하는 대상자의 운동 참여 동기유발을 위한 노인스포츠지도사의 상담 내용으로 옳지 않은 것은?
[2022]

┤보기├
- 68세 어르신은 체중조절과 건강관리를 위한 운동에 관심이 있다.
- 운동 참여 경험은 없지만, 지속적으로 운동에 참여하고 싶다.

① 가족, 친구들과 함께 운동하며, 사회적 교류 기회가 확대됨을 설명한다.
② 스트레스 해소와 활력감 증진에 도움이 됨을 설명한다.
③ 건강 및 체중 관리에 도움이 됨을 설명한다.
④ 질병치료에 대한 기대감을 갖도록 설명한다.

**13-2.** 노인의 지속적인 운동 참여를 위한 동기유발 방법으로 옳지 않은 것은?
[2020]
① 모험적인 목표를 세워 동기를 유발한다.
② 운동 시설에 대한 접근성을 높인다.
③ 동료의 성공적인 경험을 공유하게 한다.
④ 체력 수준에 맞게 운동 목표를 구체적으로 설정한다.

|해설|
13-1
질병 치료에 대한 기대감보다는 질병 발병 위험이 감소한다고 설명해야 한다.

13-2
노인의 운동 참여를 위한 동기유발을 위해서는 목표를 구체적이고 현실적으로 설정해야 한다.

정답 13-1 ④ 13-2 ①

### 핵심이론 14 노인의 신체 활동 지침과 운동 원리

① 노인의 신체 활동 지침
  ㉠ 하루 30분, 주 3일 이상의 신체 활동 참가를 권장한다.
  ㉡ 근력운동을 권장하여 근골격계 질환의 발생을 감소시킨다.
  ㉢ 낙상 위험이 있는 노인은 저항성 근력으로 근력 강화운동 및 유연성 운동을 추천한다.
  ㉣ 질환이 있는 노인은 의학적 상황에 따라 운동의 강도와 빈도를 적절하게 조절한다.

② 65세 이상 노인의 신체 활동 지침
  ㉠ 주요 근육을 포함하는 근력 강화 활동을 주 2회 이상 실시한다.
  ㉡ 1회 유산소 신체 활동은 적어도 10분 이상 실시한다.
  ㉢ 이동성이 떨어지는 노인은 낙상 예방을 위한 신체 활동을 주 2회 이상 실시한다.
  ㉣ 1주일에 150분 이상 중등도 유산소 활동 또는 75분 이상 고강도 유산소 활동을 한다.
  ㉤ 중·고강도 신체 활동을 섞어서 각 활동 시간만큼 수행하는 것이 좋으며, 적어도 10분 이상을 지속하고 여러 날로 나누어 한다.
  ㉥ 여가 시간을 활용한 운동, 걷기나 사이클처럼 이동하면서 하는 활동, 집안일, 놀이 등이 포함된다.
  ㉦ 심폐체력·근력·뼈 및 기능성 건강을 개선하기 위한 비전염성 질환·우울증·인지력 저하 등을 예방하기 위한 다양한 신체 활동을 권장한다.

③ 노인을 위한 운동 원리
  ㉠ 기능관련성 : 일상 생활에서 수행하는 동작들을 모방한 기능 활동에 초점을 둔다.
  ㉡ 난이도
    - 운동은 개인의 고유 능력(근력, 인지, 감각운동 능력)에 따라 난이도를 조정한다.
    - 운동의 난이도는 과제별·환경적 요구사항 또는 둘 다를 바꿈으로써 조절한다.
  ㉢ 수용 : 참가자들은 무리하거나 통증 유발을 하지

않고, 자신의 능력에 맞는 운동을 장려한다.
ㄹ) 과부하 : 특정 신체 기관의 기능 향상을 위해 정상적이고 익숙하지 않은 부하에 노출되어야 한다.
ㅁ) 특정성 : 운동의 훈련 효과는 운동 유형과 관계된 근육에만 특별히 적용되는 원리이다.

### 핵심예제

**14-1.** 노인 운동 지도 시 "자신의 능력에 최대한 맞게 운동을 하되, 무리하거나 통증을 발생하거나 스스로 안전하다고 생각하는 수준을 넘어서지 않게 운동하도록" 지도해야 한다는 뜻을 가진 운동 원리는? [2015]

① 기능관련성(Functional Relevance)
② 과부하(Overload)
③ 난이도(Challenge)
④ 수용(Accommodation)

**14-2.** 〈보기〉에서 설명하는 운동 원리는? [2023]

|보기|
노인스포츠지도사는 일상적인 환경에서의 움직임과 연관된 동작을 포함하는 운동 프로그램을 설계하고 실행해야 한다.

① 기능 관련성 원리
② 난이도 원리
③ 점진성 원리
④ 과부하 원리

|해설|
14-1
④ 수용 : 운동참가자들은 무리하거나 통증을 유발하지 않고, 특정시간에 안전하다고 느끼는 범위 안에서 자신의 능력에 최대한 맞게 운동을 수행하도록 해야 한다.
① 기능관련성 : 일상 생활에서 수행해 오는 동작들을 모방한 기능 활동에 초점을 둔다.
② 과부하 : 어떤 신체 기관의 기능 향상을 위해 정상적으로 익숙해져 있지 않은 부하에 노출되어야 한다.
③ 난이도 : 선별된 활동이나 운동을 개인의 고유능력(근력, 인지, 감각운동 등)에 맞게 난이도를 조절하여 제공해야 한다.

14-2
운동의 원리 : 기능 관련성 원리
〈보기〉에서 설명하는 운동 원리는 기능관련성의 원리이다 기능관련성의 원리에 따르면 운동 지도 시 일상 생활에서 수행하는 동작들을 모방한 기능 활동에 초점을 두어야 한다.

**정답** 14-1 ④ 14-2 ①

### 핵심이론 15 노인 프로그램에서 안정성(평형성) 운동

① 안정성 운동의 필요성
ㄱ) 노인들은 넘어지거나 낙상을 입었을 경우 건강이 악화되기 쉬우므로 안정성 운동을 노인 프로그램에 반드시 포함시킨다.
ㄴ) 모든 운동의 준비운동과 정리운동 시 10~15분 동안 안정성 운동을 하도록 한다.

② 안정성 운동의 훈련
ㄱ) 정적평형성 훈련
- 발목 전략 : 몸이 흔들릴 때 발목을 사용하여 균형을 잡는다. 이때 발바닥이 땅에서 떨어지지 않아야 하고, 상체와 하체가 같은 방향으로 움직이는 특징이 있다.
- 엉덩이 전략 : 몸이 흔들릴 때 엉덩이를 움직여서 균형을 잡는다. 상체와 하체가 반대 방향으로 움직이는 특징이 있다.
- 스텝 전략 : 몸이 흔들릴 때 몇 걸음을 움직여가며 균형을 잡는다.

ㄴ) 동적평형성 훈련
- 노인들이 길을 걷다 다른 사람과 부딪혀 넘어지거나 발을 헛디디는 것 같은 상황에 대한 저항력을 키워주는 훈련이다.
- 앉거나 서서 혹은 움직이면서 훈련한다.
- 짐볼, 의자, 폼롤, 보수볼, 평균대 등을 활용하여 다양한 크기의 힘을 경험하며 난이도를 조절한다.

**핵심예제**

노인의 낙상 방지를 위한 자세 안정성 확보 방법으로 옳은 것은?
[2016]

① 기저면을 좁게 하고, 무게중심을 낮춘다.
② 기저면을 좁게 하고, 무게중심을 높인다.
③ 기저면을 넓게 하고, 무게중심을 높인다.
④ 기저면을 넓게 하고, 무게중심을 낮춘다.

|해설|
안정성을 유지하기 위해 기저면을 넓게 하고 무게중심을 낮게 하여 낙상을 방지한다.

정답 ④

## 핵심이론 16 노인 운동 훈련의 원리

① **과부하의 원리** : 기능 향상을 위해서는 신체의 적응능력 이상의 부하로 수준을 높여야 한다.
② **점진성의 원리** : 운동 강도를 조금씩 점진적으로 증가시켜야 한다.
③ **전면성의 원리** : 다양한 체력요소가 골고루 발전되도록 운동해야 한다.
④ **반복성의 원리** : 같은 운동을 단기간이 아닌 장기간 반복적으로 실시해야 한다.
⑤ **개별성의 원리**
　㉠ 개인의 건강 정도나 체력 등의 운동 능력 수준에 따라 운동의 종류나 강도를 조절해야 한다.
　㉡ 장기간의 트레이닝 시 매우 중요한 요인으로 작용한다.
　㉢ 종목의 특수성, 각 개인의 능력 및 잠재력에 대한 특성이 적절하게 고려되어야 한다.
⑥ **특수성(특이성)의 원리** : 운동의 효과는 운동 중 사용한 특정 근육 및 부위에만 적용되므로, 운동을 하고자 하는 목적에 알맞게 해야 한다(하체 근육 강화를 위한 걷기, 계단오르기 등).
⑦ **가역성의 원리** : 운동으로 인해 초래된 인체의 변화는 훈련을 중지하면 운동 전의 상태로 돌아간다.
⑧ **다양성의 원리** : 운동이 몸에 적절한 자극으로 작용하고, 프로그램이 지루해지지 않도록 다양하고 새로운 트레이닝 프로그램을 개발하여야 한다.

### 핵심예제

**16-1.** 〈운동프로그램의 원리 중 '개별성의 원리(Individualization Principle)'에 대한 설명으로 적절한 것은? [2019]

① 훈련자극 및 강도를 지속적으로 증가시켜야 한다.
② 건강정도 및 체력수준을 고려하여 운동형태를 결정해야 한다.
③ 운동의 효과는 운동 중 사용한 특정 근육 및 부위에만 적용된다.
④ 신체의 기능 향상을 위해서는 특정운동 유형에 더 강한 부하를 주어야 한다.

**16-2.** 운동 프로그램의 원리 중 '특수성의 원리(Specificity Principle)'에 대한 설명으로 옳은 것은? [2023]

① 훈련 자극 및 강도를 지속적으로 증가시켜야 한다.
② 신체의 기능 향상을 위해서는 더 강한 부하를 주어야 한다.
③ 운동의 효과는 운동 중 사용한 특정 근육 및 부위에서 나타난다.
④ 노인의 개인 특성과 운동 능력 및 체력 수준을 고려하여 운동 형태를 결정해야 한다.

|해설|

**16-1**
**개별성의 원리**
- 개인의 건강 정도나 체력 등의 운동 능력 수준에 따라 운동의 종류나 강도 조절이 필요하다.
- 장기간의 트레이닝 시 매우 중요한 요인으로 작용한다.
- 종목의 특수성, 각 개인의 능력 및 잠재력에 대한 특성을 적절하게 고려한다.

**16-2**
**운동프로그램의 원리 : 특수성의 원리**
특수성의 원리는 '특정성의 원리, 특이성의 원리'라고도 하며, 운동의 효과는 운동 중 사용한 특정 근육 및 부위에서 나타남을 설명하는 원리이다.
① 점진성의 원리 : 훈련 자극 및 강도를 지속적으로 증가시켜야 한다.
② 과부하의 원리 : 신체의 기능 향상을 위해서는 더 강한 부하를 주어야 한다.
④ 개별성의 원리 : 노인의 개인 특성(운동 능력, 체력 수준)을 고려하여 운동 형태를 결정해야 한다.

정답 16-1 ② 16-2 ③

**핵심이론 17** 노인의 체력검사

① 체력검사단계
  ㉠ 사전동의 : 운동 프로그램 참여 전에 참가자의 동의를 구하고, 프로그램의 구성 및 절차를 설명한다.
  ㉡ 수행 능력 검사 질문지 : 운동 프로그램 시작 전에 참가자의 건강 상태를 점검한다.
  ㉢ 주치의 동의서 : 69세 이상 참가자는 운동 전에 의사와 상의하고 참가 여부를 명시해야 한다.
  ㉣ 건강화 활동에 관한 질문지 : 수행 능력 검사와 주치의 동의서 등의 파악으로 운동 중 발생 위험을 예측·제한하고 질문지를 통해 참가자에게 구체적인 질문을 한다.
  ㉤ 피드백과 비밀 유지 : 수집된 정보를 참가자에게 알려주고, 특정 운동의 도움 여부를 피드백한다. 그러나 검사 정보는 비밀을 유지해야 한다.

② 체력요소별 정의
  ㉠ 기본 체력요소
    • 근력 : 근육의 수축으로 생기는 힘(밀기, 윗몸일으키기)
    • 근지구력 : 근육이 오랫동안 지속적으로 낼 수 있는 능력(잡아당기기, 매달리기)
    • 심폐지구력 : 긴 시간 동안 지속적으로 전신활동을 할 수 있는 능력(오래 달리기, 계단 오르기)
  ㉡ 수행 체력요소
    • 유연성 : 몸을 부드럽게 움직일 수 있는 능력(허리 굽혀 발끝 잡기)
    • 순발력 : 순간적으로 강한 힘을 낼 수 있는 능력(제자리 멀리 뛰기)
    • 민첩성 : 짧은 시간에 신체를 빠르게 전환할 수 있는 능력(왕복 달리기)
    • 협응성 : 근육·신경기관·운동기관 등 움직임의 상호 조정 능력(의자 앉아 공 밀기)
    • 평형성 : 신체의 균형을 유지할 수 있는 능력(평균대 균형 잡기)

③ 노인체력검사(SFT) 항목 및 기능 평가
  ㉠ 하체 근력 : 30초간 의자에 앉았다 일어서기, 계단 오르기, 걷기, 차에서 내리기
  ㉡ 상체 근력 : 30초간 아령·덤벨 들기, 장보기, 가방 나르기, 물건 들어올리기
  ㉢ 심폐지구력 : 2분 제자리 걷기, 6분 걷기, 계단 오르기, 쇼핑, 관광 활동
  ㉣ 하체 유연성 : 의자에 앉아 앞으로 손 뻗기, 정상적인 걸음걸이 유지하기, 차에 타고 내리기
  ㉤ 상체 유연성 : 등 뒤로 양손 마주 잡기, 자기 머리 빗기, 머리 위로 옷 입기와 벗기, 안전벨트 매기
  ㉥ 민첩성(보행) 및 동적 평형성 : 2.44m 왕복 걷기, 버스 타고 내리기, 자동차로부터 신속하게 몸 피하기, 빨리 일어나서 전화 받기
  ㉦ 평형성 : 눈 감고 외발 서기

**핵심예제**

〈보기〉의 ㉠, ㉡에 해당하는 노인체력검사(SFT) 항목으로 옳은 것은? [2021]

|보기|
㉠ - 식료품 나르기와 손자 안아주기가 어렵다.
㉡ - 버스에서 신속하게 내리기가 어렵다.

| | ㉠ | ㉡ |
|---|---|---|
| ① | 30초 아령 들기 | 등 뒤에서 양손 마주잡기 |
| ② | 30초 아령 들기 | 2.4m 왕복 걷기 |
| ③ | 등 뒤에서 양손 마주잡기 | 2분 제자리 걷기 |
| ④ | 2.4m 왕복 걷기 | 2분 제자리 걷기 |

|해설|
㉠ 30초 아령 들기 : 장보기, 가방 나르기, 물건 들어올리기 같은 활동을 할 때 필요한 상체 근력을 측정한다.
㉡ 2.4m 왕복 걷기 : 갑자기 버스 정거장에서 내리기, 일어서서 화장실 가기, 전화 받기와 같이 빠른 동작을 할 때 필요한 민첩성과 동적 평형성을 측정한다.

정답 ②

### 핵심이론 18 노인 운동 프로그램의 설계

① 운동의 안정성 점검
  ㉠ 노화에 따른 체력 감소를 줄이고 건강을 증진시키기 위해 필요하다.
  ㉡ 고령자는 노인 질환의 잠재가능성과 신체 기능 저하, 체력 및 신체 조건의 개인차가 크다는 점을 고려한다.
  ㉢ 운동 전 의학적 진단, 운동부하검사, 체력진단을 통하여 운동의 안전성을 체크한다.

> **운동부하검사(Exercise Stress Testing)**
> - 운동 중 심박수와 혈압을 주기적으로 확인한다.
> - 검사 장비로 트레드밀보다는 자전거 에르고미터가 권장된다.
> - 운동부하는 저강도부터 서서히 증가시킨다.

② 신체 활동 향상 : 고령자는 심폐지구력, 근력, 유연성 등의 개선을 통해 신체 활동 능력을 높이는 것이 중요하다.

③ 유연성 : 관절가동범위를 증가시키는 운동으로 유연성을 유지·회복시킨다.

④ 기능성 과제
  ㉠ 유산소성 지구력 훈련 : 일상 생활 걷기, 청소하기, 낙엽 쓸기, 계단 오르기
  ㉡ 신체 및 몸통 저항 운동 : 선반에 짐 올리기, 식료품 나르기, 잡초 뽑기와 정원 가꾸기, 집안일하기
  ㉢ 하체 저항 운동 : 바닥에서 일어서기, 욕조에 들어가고 나오기, 계단 오르기
  ㉣ 상체 유연성 훈련 : 등 긁기, 머리 빗기
  ㉤ 몸통 유연성 훈련 : 신발 신기, 발 만지면서 살펴보기, 머리빗기
  ㉥ 평형성 및 기동성 훈련 : 산책하기, 잡초 뽑기

---

#### 핵심예제

**노인의 운동부하검사에 대한 설명으로 옳지 않은 것은?** [2016]

① 고혈압이 있는 고령자는 안전을 위하여 베타차단제를 복용한 후에 검사한다.
② 운동 중 심박수와 혈압을 주기적으로 확인한다.
③ 검사 장비로 트레드밀보다는 자전거 에르고미터가 권장된다.
④ 운동부하는 저강도부터 서서히 증가시킨다.

|해설|

베타차단제는 심박수와 심장 운동량을 줄여주기 때문에 운동부하검사 전 복용 시 정확한 부하 수준의 측정에 오류를 야기한다.

**베타차단제**
- 교감신경의 베타수용체를 차단하여 심근 수축력과 심장 박동수를 감소시킨다.
- 고혈압, 관상동맥 질환, 심부전, 부정맥 등의 치료에 사용된다.

정답 ①

**핵심이론 19** 미국스포츠의학회(ACSM)의 노인 건강·체력시설 기준 및 지침

① 일반적인 기준
- ㉠ 노인 운동 시설과 관련된 법률, 규정, 규범을 준수한다.
- ㉡ 장비 사용에 대한 설명과 예측 가능한 위험에 대한 경고를 제시한다.
- ㉢ 모든 지도자는 응급처치 및 스포츠안전 관련 자격을 증명할 수 있어야 한다.
- ㉣ 응급 상황 발생 시 신속하고 올바른 대처를 위해 정기적인 응급 대처 훈련을 받는다.
- ㉤ 근육의 긴장감이 느껴지는 정도의 정적 스트레칭을 한다.
- ㉥ 유산소 운동자각도(10점 척도 기준)에서 앉아있는 상태가 0, 중강도 운동은 5~6, 고강도는 7~8로 구분한다.
- ㉦ 중강도 운동의 경우 하루 최소 30분 이상 나눠서 시행할 것을 추천한다.
- ㉧ 안전을 위해 프로그램을 시작하기 전에 참가자들을 선별해야 한다.

② 체력·운동 활동 권고 지침

| 구분 | 빈도 | 강도 | 시간 | 유형 |
|---|---|---|---|---|
| 유산소 운동 | • 중강도: 일주일에 최소 5일<br>• 고강도: 일주일에 최소 3일 | RPE 10점 도구<br>• 중강도: 5~6<br>• 고강도: 7~8 | • 중강도: 일주일에 150~300분<br>• 고강도: 일주일에 75~100분<br>최소 10분은 쉬지 않고 지속해야 함 | 골격계에 낮은 스트레스를 주는 활동 |
| 저항 운동 | 일주일에 최소 2회 | RPE 10점 도구<br>• 중강도: 5~6<br>• 고강도: 7~8 | 8~10개 운동을 각 10~15회 반복<br>처음 시작 시에는 1RM의 40~50%로 실시 | 주근육을 사용하는 운동으로 계단 오르기 등 |
| 유연성 운동 | 일주일에 최소 2회 | RPE 10점 도구<br>• 중강도: 5~6 | 최소 10분 | 각 주근육군의 지속적인 정적 스트레칭 |

**중강도의 신체 활동**
- 운동자각도(RPE)에서 12~13 수준의 신체 활동이다.
- 유리창 닦기, 세차, 청소, 3.0mi/h 속도로 걷기(4.8 km/h)가 해당된다.
- 볼룸 댄싱, 골프, 비경쟁적 배구, 탁구, 배드민턴, 더블 테니스, 윈드서핑 등의 스포츠가 있다.

### 핵심예제

**미국스포츠의학회(ACSM, 2022)가 제시한 노인의 운동지침으로 옳지 않은 것은?** [2024]

① 유연성 운동 – 약간의 불편감이 느껴질 정도로 30~60초 동안의 정적 스트레칭
② 유산소 운동 – 중강도로 주 5일 이상 또는 고강도로 주 3일 이상의 대근육 운동
③ 파워 운동 – 빠른 속도로 1 RM의 60% 이상의 고강도 근력운동을 10~14회 반복
④ 저항 운동 – 8~10종의 대근육군 운동, 초보자는 1 RM의 40~50% 강도의 체중부하운동

|해설|

ACSM 제11판(2022)에는 다음과 같이 제시되어 있다.

> Power training : light-to-moderate loading (30%-60% of 1-RM)

파워운동은 저강도에서 중강도의 부하로, 1 RM의 30~60% 수준의 근력운동을 실시한다.

정답 ③

## 제4절 | 질환별 프로그램 설계

### 핵심이론 20 심혈관계 질환

① 고혈압
  ㉠ 혈관 속을 흐르는 혈액이 혈관에 부딪히는 압력인 혈압이 수축기 140mmHg, 이완기 90mmHg 이상인 상태를 말한다.
  ㉡ 스트레스, 운동 부족, 비만, 고당질·고지방·고염분 식생활 등으로 발병한다.
  ㉢ 약물 치료를 해서 혈압을 낮춘 후 운동하는 것을 권장한다.
  ㉣ 고혈압 노인의 안정 시 혈압 감소 요인
    • 안정 시에 심박출량과 심박수가 낮아진다.
    • 말초혈관 저항이 감소한다.
    • 혈관탄력성이 증가하면 혈압은 감소한다.
  ㉤ 운동프로그램
    • 운동 강도 : 5~10분 준비운동과 정리운동 필요하고, 본 운동 시에 최대 산소섭취량의 40~60% 수준 강도를 유지한다.
    • 운동 시간 : 1회 30~60분 정도이다.
    • 운동 빈도 : 주 3회 이상, 매일 운동하는 것을 권장한다.
    • 운동 형태 : 심폐지구력 운동, 근력 운동(등척성 운동 제외), 유연성 운동 등이 있다.

② 관상동맥성 심장질환
  ㉠ 관상동맥·죽상경화반 파열이나 혈관의 경련으로 좁아진 상태를 말한다.
  ㉡ 65세 이상의 25% 정도가 증상을 보이고, 80세 이상 노인의 60%가 관상동맥성 심장질환을 가지고 있다.
  ㉢ 증상은 가슴통증, 현기증, 부정맥, 호흡곤란 등이 있다.
  ㉣ 운동프로그램
    • 운동 형태 : 저강도의 실내자전거타기, 스트레칭, 요가 스트레칭(협심증·부정맥 환자는 중강도 이상의 유산소 운동은 위험)

- 운동 강도 : 강도 낮은 운동으로 긴 시간 준비운동 이후 본 운동 실시

③ 뇌졸중

㉠ 뇌동맥이 혈압을 이기지 못하고 파열되어 뇌 기능에 심각한 손상을 주는 출혈성 뇌졸중과, 좁아진 혈관 때문에 뇌 일부가 산소와 영양을 공급받지 못해 뇌 조직이 손상되는 허혈성 뇌졸중이 있다.

㉡ 만성 스트레스, 고혈압, 동맥경화 등이 주요 발병 원인인데, 일상 생활 가운데 의식적으로 위험 인자를 피한다면 뇌졸중을 미리 예방할 수 있다.

㉢ 반신 마비, 반신 감각 장애, 언어 장애, 시력 장애, 삼킴 장애, 운동 실조, 치매, 두통·어지럼증, 의식 장애 등 증상을 동반한다.

㉣ 운동 시 주의사항
- 마비된 쪽과 건강한 쪽을 다 같이 운동한다(스트레칭).
- 상지는 어깨관절부터 팔꿈치, 손목, 손가락 순으로, 하지는 허벅지, 무릎, 발 순으로 운동한다.
- 아침·저녁 운동을 반복하는데, 힘들면 짧게 여러 번 반복한다.
- 운동 시에 낙상 위험 등이 있으면 보호자와 함께 한다.
- 우측 마비 노인의 경우, 언어지시보다 행동적 시범을 보인다.

㉤ 운동프로그램

| 구 분 | | 운동 강도 | 운동 시간 | 운동 빈도 | 운동 형태 |
|---|---|---|---|---|---|
| 질병 예방 운동 | | 중·고 강도 | 30분 이상 | 주 3회 이상 | 유산소 운동 |
| 재활 운동 | 부축이동 가능단계 | 저강도 | 30~60분 | 매일 2회 | 보행운동 관절운동 |
| | 보조기구 사용 또는 부분독립 보행단계 | 저·중 강도 | 60분 | 매일 2회 | 보행운동 자전거 타기 수중운동 |
| | 완전독립 보행단계 | 중강도 | 60분 | 주 3회 이상 | 유산소·근력운동 |

### 핵심예제

**20-1.** 〈보기〉에서 고혈압 질환이 있는 노인의 운동 지도 시 고려해야 할 사항으로 옳은 것을 고른 것은? [2022]

┌ 보기 ┐
㉠ 등척성 운동을 권장한다.
㉡ 나트륨 섭취 제한, 체중조절, 유산소 운동을 권장한다.
㉢ 저항성 운동 시 발살바 메뉴버에 의한 혈압 상승에 주의한다.
㉣ 이뇨제, 칼슘채널차단제, 혈관확장제 등의 약물에 의한 운동 후 혈압 상승에 주의한다.

① ㉠, ㉡  ② ㉠, ㉢
③ ㉡, ㉢  ④ ㉢, ㉣

**20-2.** 뇌졸중 노인을 위한 운동지도에서 고려해야 할 사항으로 옳은 것은? [2017]

① 똑바로 선 상태에서 스테핑 운동을 빠르게 하도록 한다.
② 마비가 안 된 쪽에 집중적으로 스트레칭 운동을 실시하도록 한다.
③ 낙상 위험 때문에 균형감각과 기동성 향상을 위한 운동을 실시하지 않는다.
④ 우측 마비 노인의 경우, 언어지시보다 행동적 시범을 보인다.

|해설|

**20-1**
㉠ 중량 운동이나 등척성 운동을 하는 것은 심박수와 혈압이 증가되기에 가급적 삼가야 한다.
㉣ 이뇨제, 칼슘채널차단제, 혈관확장제는 모두 혈압을 낮추는 역할을 한다. 따라서 갑작스러운 혈압 하강을 주의해야 한다.

**20-2**
우측 마비 노인의 경우, 언어지시보다 행동적 시범을 보이는 것이 옳은 방법이다. 뇌졸중 노인의 운동 프로그램은 실내자전거타기, 걷기 운동, 수중 운동, 등척성 운동 및 마비 부위의 스트레칭 운동이 도움이 된다.

정답 20-1 ③  20-2 ④

## 핵심이론 21 호흡계 질환

① 천 식
- ㉠ 기도 폐쇄, 기도의 염증, 다양한 자극 등에 대하여 기도의 반응성이 높아지는 호흡기 질병이다.
- ㉡ 천식을 앓는 사람은 운동 후에 폐활량이 줄어든다(운동유발성 천식).
- ㉢ 천식 발작을 유발할 수 있는 조건은 감기, 스트레스, 공기 오염 등이다.
- ㉣ 운동 프로그램과 약물 투여 시간 간의 조화가 중요하다.
- ㉤ 낮은 강도의 준비운동은 천식 발병의 위험을 줄이는 데 도움이 된다.
- ㉥ 운동 지도 시 천식 환자는 흡입기를 항상 휴대해야 한다.

② 만성폐쇄성 폐질환
- ㉠ 기관지염, 폐기종 등의 질환이다.
- ㉡ 증상은 호흡곤란, 기침, 가래, 체중 감소, 피로 등이 있다.
- ㉢ 증상 개선에는 운동이 필수적이다.
- ㉣ 호흡 효율을 개선, 운동지구력 증대를 위한 유산소성 운동에 초점을 둔다.
- ㉤ 권장 운동 : 걷기, 스테핑 운동, 실내자전거 타기, 요가 등
- ㉥ 피해야 하는 운동 : 미용체조, 댄스, 농구, 라켓 운동 등

> **폐기종**
> 산소와 이산화탄소가 교환되는 폐포가 파괴되어 폐활량이 감소하는 질환이다.

---

**핵심예제**

노인에게 아쿠아로빅스와 같은 수중 운동을 실시할 때 유의 사항으로 적절하지 않은 것은? [2015]

① 폐 질환, 요도 감염, 심부전증이 있는 사람에게 도움이 된다.
② 충분한 준비운동을 한 후 물속에 들어간다.
③ 근력이 부족한 노인은 물속 걷기가 적합하다.
④ 입수 및 퇴수를 용이하게 하고 안전에 만전을 기한다.

|해설|
수중 운동은 낮은 강도의 유산소 운동으로 관절과 근육에 부담이 적고, 관절가동범위 운동에 유용한 운동이다. 입수 및 퇴수 시 안전과 준비운동을 유념한다. 폐 질환, 요도 감염, 심부전증이 있는 사람은 피하는 것이 좋다.

정답 ①

### 핵심이론 22 순환계 질환

① 비만
  ㉠ 단순히 체중이 많이 나가는 과체중을 의미하는 것이 아니라, 몸 안에 체지방이 과다하게 축적된 상태를 말한다.
  ㉡ 보편적인 비만측정법으로 체질량지수(BMI) 계산법과 표준체중진단법이 있다.
   • 체질량지수(BMI) 계산법
    – 체질량지수(BMI) = 체중(kg)/신장($m^2$)
    – 체질량지수가 높을수록 암·각종 질환·조기 사망률 등이 높아진다.
   • 표준체중진단법 : 표준체중을 구한 후 실제체중과 비교하여 비만 정도를 판정한다.
    – 표준체중(kg) = (신장 – 100) × 0.9
    – 비만도(%) = (현재 체중 ÷ 표준체중) × 100
  ㉢ 운동 프로그램
   • 운동 강도 : 최대산소섭취량의 40~60% 수준
   • 운동 시간 : 1회 20분 이상
   • 운동 빈도 : 주 3~5회
   • 운동 형태 : 심폐지구력 운동, 근력 운동, 유연성 운동
  ㉣ 비만 노인의 운동 방법
   • 심폐지구력과 함께 근력 운동을 권장한다.
   • 규칙적 유산소 운동으로 체지방율을 감소시킨다.
   • 운동 강도 설정 방법으로 최대심박수(HRmax)보다는 운동자각도(RPE)를 권장한다.
   • 비만으로 약해진 관절이 다칠 수 있으므로 비체중부하 운동을 권장한다.

② 당뇨병
  ㉠ 노인에게 흔한 질병으로, 체내 당분이 에너지로 사용되지 못하고 혈중에 남아 있는 대사성 질환이다.
  ㉡ 혈액순환과 신진대사가 원활하지 못하여 신체 기관의 저항력이 떨어지고 각종 합병증을 유발한다.
  ㉢ 운동 프로그램
   • 운동 강도 : 저강도 운동에서 시작하여 중강도 운동으로 유지
   • 운동 시간 : 1회 20~60분
   • 운동 빈도 : 주 3~5회
   • 운동 형태 : 심폐지구력 운동, 근력 운동, 유연성 운동
  ㉣ 당뇨병 노인 운동 시 주의사항
   • 저항 운동과 유산소 운동을 병행하여 실시한다.
   • 소근육보다 대근육 운동 위주로 실시한다.
   • 식후에 바로 운동을 실시하기 보다는 30분~1시간 이후에 하는 것이 좋다.
   • 공복 시 혈당치가 300mg/dℓ 이상인 경우에는 당대사를 악화시킬 수 있으므로 운동을 삼가는 것이 좋다(공복 시 혈당 수치가 126mg/dℓ 이상은 당뇨병으로 분류).
   • 관상동맥질환, 고지혈증, 고혈압 등 합병증의 증세에 주의한다.

③ 이상지질혈증(고지혈증)
  ㉠ 순환계 질환으로 혈중 지방이 필요 이상으로 높아진 상태를 말한다.
  ㉡ 과도한 열량 섭취와 운동 부족이 원인으로, 동맥경화, 협심증, 심근경색, 뇌졸중 등의 요인이 될 수 있다.
  ㉢ 이상지질혈증 노인의 운동 방법
   • 근력 운동과 유산소 운동, 유연성 운동, 저항 운동을 병행한다.
   • 운동과 식이제한을 병행할 경우 더욱 효과적이다.
   • 중강도의 유산소 운동은 대략 20분 이상 지속할 것을 권장한다.
   • 대근육을 이용한 율동적이고 지속적인 형태의 운동을 한다.

## 핵심예제

**22-1.** 〈보기〉에서 노인 당뇨병 환자의 운동 효과로 옳은 것만을 모두 고른 것은? [2024]

┌─보기─────────────────────────┐
① 인슐린 저항성 증가
② 체지방 감소
③ 죽상동맥경화 합병증 위험 감소
④ 인슐린 민감성 감소
⑤ 골격근의 포도당 수송 능력 감소
⑥ 당뇨병 전단계에서 제2형 당뇨병으로의 진행 예방
└─────────────────────────────┘

① ㉠, ㉡, ㉥
② ㉡, ㉢, ㉣
③ ㉡, ㉢, ㉥
④ ㉣, ㉤, ㉥

**22-2.** 비만 노인의 운동 방법에 대한 일반적인 설명으로 옳지 않은 것은? [2019]

① 심폐지구력과 함께 근력 운동을 권장한다.
② 규칙적 유산소 운동으로 체지방율을 감소시킨다.
③ 비체중부하 운동보다는 체중부하 운동을 권장한다.
④ 운동 강도 설정 방법으로 최대심박수보다는 운동자각도를 권장한다.

**22-3.** 〈보기〉는 만성질환 노인의 운동 효과이다. ㉠~㉢에 들어갈 용어를 바르게 연결한 것은? [2023]

┌─보기─────────────────────────┐
• 비만 노인의 체지방량이 ( ㉠ )하고, 근육량은 유지 및 증가된다.
• 당뇨 노인의 혈당량이 감소하고, 근육의 인슐린 민감성이 ( ㉡ )된다.
• 골다공증 노인의 골밀도 ( ㉢ )가 개선되고, 낙상과 골절이 예방된다.
└─────────────────────────────┘

|   | ㉠ | ㉡ | ㉢ |
|---|----|----|----|
| ① | 감소 | 증가 | 감소 |
| ② | 증가 | 증가 | 감소 |
| ③ | 감소 | 증가 | 증가 |
| ④ | 증가 | 감소 | 증가 |

---

| 해설 |

**22-1**

**운동과 혈당 조절**

당뇨병 환자에게 인슐린과 혈당은 떼려야 뗄 수 없는 동전의 앞뒤와 같은 것이다. 췌장에서 분비되는 인슐린은 혈중 포도당량을 줄이는 역할을 한다. 인슐린이 이 역할을 제대로 하는지 아닌지를 따지는 것이 인슐린 저항성과 민감성이다. 쉽게 말해 인슐린 저항성이라는 것은 인슐린이 둔감하게 작용하는 정도를 말하고, 인슐린 민감성은 이와 반대로 인슐린이 민감하게 반응하는 정도를 의미한다. 따라서 당뇨병 환자가 운동을 하면 근육에 필요한 당 수송이 활발히 일어나야 되므로 인슐린 저항성은 감소하고(㉠), 인슐린 민감성은 증가하며(㉣), 골격근의 포도당 수송 능력이 향상(㉤)하게 된다.

**22-2**

비만 노인의 경우 비체중부하 운동을 권장한다. 노화로 인해 약해진 관절이 체중부하 운동으로 인하여 다칠 수 있기 때문이다.

**22-3**

**만성질환에 대한 운동의 효과**
• 근육량 증가 및 체지방량 감소로 인해 비만에서 비롯된 대사성 질환이 개선된다.
• 골밀도 증가 및 근육량 증가로 인해 골절을 예방할 수 있다.
• 인슐린 민감성 증가 및 혈당량 감소로 인해 당뇨 증상을 개선할 수 있다.

**정답** 22-1 ③ 22-2 ③ 22-3 ①

**핵심이론 23** 근골격계 질환

① 골다공증
  ㉠ 여러 요인으로 골량 감소가 과도하게 진행되고 뼈에 구멍이 생기고 골밀도가 감소하는 질환이다.
  ㉡ 60세 이상 여성의 약 25%, 자궁절제술을 받은 여성의 50%가 골다공증을 앓고 있다.
  ㉢ 골다공증 노인은 긴 시간 동안 근육 반복운동이 어려우므로, 짧은 시간 다양한 운동을 하는 서킷 트레이닝을 권장한다.
  ㉣ 유연성 운동은 자세 교정에도 도움을 준다.
  ㉤ 골다공증 노인 운동 지도 시 고려사항
    • 체중부하 운동이 불가능한 경우 수중 걷기, 수중 부하 운동을 권장한다.
    • 근력 수준에 적합한 체중부하 운동과 저항성 근력 운동을 실시한다.
    • 허리를 뒤로 젖혀서 과신전을 증가시키는 운동은 주의해야 한다.
    • 맨손체조, 걷기, 조깅, 테니스, 가벼운 저항 운동 등이 효과적이다.
    • 통증을 유발하지 않는 중강도 운동과 평형성 운동을 실시한다.
    • 심각한 골다공증 환자는 최대근력검사를 실시하지 않는다.

② 관절염
  ㉠ 관절염의 종류
    • 퇴행성 관절염 : 관절을 오랫동안 빈번하게 사용하여 관절 연골이 마모되어 발생한다.
    • 류머티즘성 관절염 : 유전적 요인과 감염유발 인자가 어떤 세균이나 바이러스에 의해 침입되어 나타나는 자기면역질환이다.
  ㉡ 관절염 노인의 운동 방법
    • 운동 시 통증 완화가 중요하므로 운동 강도는 통증 정도를 고려한다.
    • 통증으로 동작 제한이 되는 경우 통증 없는 범위 내에서 관절을 움직인다(류머티즘성 관절염).
    • 사지를 동시에 사용하는 운동기구를 사용하며, 운동 전후 냉·온찜질을 실시한다.
    • 저강도 걷기, 자전거 타기, 수중 운동, 밴드를 이용한 운동 등을 실시한다.
  ㉢ 관절염 노인의 운동 프로그램
    • 운동 강도 : 저·중강도 운동
    • 운동 시간 : 1회 운동 시간을 짧게 하여 관절에 휴식을 주면서 하는 인터벌 운동
    • 운동 빈도 : 주 2~3회
    • 운동 형태 : 심폐지구력 운동, 근력 운동, 유연성 운동, 유산소 운동, 등장성 운동

③ 낙상 사고
  ㉠ 65세 이상 노인의 주요 사망 원인으로 주로 전완(팔뚝)과 고관절(엉덩이 관절)에 골절이 발생하는 것이다.
  ㉡ 신체 손상이 없는 낙상도 공포로 인해 일상 생활이나 가동성이 제한될 수 있다.
  ㉢ 낙상 예방법
    • 낙상 예방의 목적은 노인 낙상의 위험을 최소화하는 것이다.
    • 근력 및 보행 균형의 문제는 저강도의 하지근력 운동, 체중부하 운동이 도움이 된다.
    • 낙상을 유발할 수 있는 환경 개선을 통해 노인의 신체 활용능력을 극대화한다.
  ㉣ 낙상 위험 노인의 운동 지도
    • 신경근 운동과 함께 평형성 운동도 권장한다.
    • 발끝서기, 자세유지 근육 운동은 평형성과 근력을 동시에 증진할 수 있다.
    • 저강도 운동에서 중·고강도로 운동 강도를 점증시킨다.
    • 사회적 지원, 자기효능감과 같은 행동 전략을 활용하면 노인 운동 참가를 유도할 수 있다.
    • 운동을 주 2~3일 수행한다(평형성, 민첩성).

### 핵심예제

**23-1. 노인의 근·골격계 질환에 관한 권장 운동으로 옳지 않은 것은?** [2024]
① 골다공증 - 골밀도 증가를 위한 수영
② 관절염 - 관절 부담을 적게 주는 자전거 운동
③ 척추질환 - 단축된 결합조직을 이완시키는 유연성 운동
④ 근감소증 - 넘어짐을 예방하기 위한 체중부하 근력 운동

**23-2. 노화로 인한 낙상의 원인으로 옳은 것은?** [2023]
① 보행 속도의 증가
② 자세 동요의 감소
③ 발목의 발등굽힘 증가
④ 보폭이 좁은 오리걸음 패턴

|해설|

**23-1**
수영과 같이 뼈에 체중 부하가 적은 운동은 골다공증 환자보다는 비만이나 당뇨병환자에게 좋다. 골다공증의 치료와 예방을 위해 골밀도를 높이고 싶다면, 뼈에 일정한 체중부하를 가하는 운동을 해야 한다. 그와 더불어 꾸준한 단백질과 칼슘의 섭취, 낙상 및 부상의 방지를 위한 평형성·민첩성·유연성 운동도 추가적으로 실시해야 한다.

**23-2**
**낙 상**
신경계의 노화로 인해 보행 시 좁은 보폭으로 걷게 되는데 이러한 걸음 패턴은 파킨슨병 보행이라고도 하며, 문턱과 같은 작은 장애물에도 낙상을 입게 하는 원인이 된다.

정답 23-1 ① 23-2 ④

---

### 핵심이론 24 신경계 질환

① 파킨슨병
  ㉠ 뇌의 도파민계 신경세포가 점차 소실되고 퇴화되어 발생하는 신경계의 만성 진행성 퇴행성 질환이다.
  ㉡ 근육경직, 휴식 시 진전(떨림), 자세 불안정, 균형 감각 장애, 가속보행, 운동 중 넘어지기 쉬움 등의 증상이 있다.
  ㉢ 운동 장애가 있으므로 특히, 트레드밀 운동 시 감독을 철저히 해야 한다.
  ㉣ 재활 운동 프로그램
    • 보행·자세 재활 : 신체의 중심이 조금만 흔들려도 넘어지기 쉽기 때문에 보폭을 넓게 하고 의식하면서 걸음을 걷는다.
    • 진전(Tremor)·서행증 재활 : 관절 운동과 스트레칭을 매일 한다.
    • 강직 재활 : 근육 이완을 위한 회전 운동을 매일 한다.
    • 언어 재활 : 호흡 조절, 발음 및 발성 훈련, 안면 근육 운동 등을 실시한다.

② 알츠하이머병
  ㉠ 치매라고 하며, 뇌 기능 손상으로 인해 지적 능력을 점차 잃어가는 질환이다.
  ㉡ 일상적인 일 수행, 시공간 능력, 의사소통, 추상적 사고 능력 등이 감퇴하여 자신을 통제하거나 보호할 수 없다.
  ㉢ 치매 노인의 운동 프로그램
    • 걷기, 달리기, 수영하기는 심혈관계·심폐기능 등을 강화시켜 인지기능을 향상시킨다.
    • 유산소 운동, 근력 운동, 유연성 운동, 균형 운동 등 포괄적인 운동 프로그램을 실시하는 것이 좋다.
    • 운동 프로그램은 단순화·구체화·일관성 있게 구성하여 환자에게 인지적 혼란을 주지 않는다.
    • 프로그램 구성 시 노인의 안전을 최우선적으로 고려한다.

ⓔ 치매 노인을 위한 운동 지도
- 운동 프로그램을 단순하게 구성하고 잔존 운동 기술을 강화하도록 한다.
- 집중 시간이 짧으므로 운동을 하면서 숫자를 세거나 박수를 치도록 한다.
- 불안과 초조함을 경감시킬 수 있도록 스트레칭을 지도한다.
- 운동 지도 시 흥미 유지를 위해 격려와 용기를 주어야 한다.
- 단순한 운동 동작을 반복적으로 자세하게 설명해준다.
- 신체 활동 시 지도자나 보호자를 동반하여 운동을 실시한다.
- 중증 치매 노인의 경우, 개별운동이 그룹운동보다 더 효과적이다.

③ 우울증
㉠ 노년기에 가장 흔하게 발생할 수 있는 정신 질환 중 하나이다.
㉡ 노인의 신체 활동 증가는 우울척도 및 인지척도의 개선과 관련 있다.
㉢ 운동프로그램
- 운동 강도 : 저·중강도
- 운동 시간 : 1회 30분 이상
- 운동 빈도 : 주 3회 이상
- 운동 형태 : 심폐 지구력 운동, 근력 운동, 유연성 운동, 시니어 유산소 운동
㉣ 노인 운동 효과
- 집단운동을 통한 새로운 우정과 교류를 촉진시키며, 원만한 인간관계를 유지한다.
- 세대 간의 교류 기회를 확대하며, 역할 유지와 새로운 역할을 수행에 도움이 된다.
- 기초체력 및 기초대사량 향상과 심혈관계의 활성화에 기여한다.
- 노인성 질환을 예방하며 신체 활동을 증진시켜 노년기에 활동적인 삶을 영위하게 한다.
- 전반적인 삶의 질 향상, 자아통찰력 증진 등 정신건강에 긍정적 영향을 미쳐 우울증 해소에 도움이 된다.

### 핵심예제

〈보기〉에서 설명하는 질환은? [2016]

┌보기┐
- 진행성 신경 장애
- 근육경직
- 자세 불안정
- 운동완서
- 휴식 시 진전
- 균형감각 장애

① 골다공증
② 파킨슨병
③ 퇴행성관절염
④ 심근경색

|해설|
파킨슨병은 진행성 신경 장애로 동작이 느려지고 근육경직, 휴식 시 진전(떨림), 자세불안정, 균형감각 장애, 가속보행, 운동 중 넘어지기 쉬움 등의 증상이 있다. 따라서 트레드밀 운동 시 감독을 철저히 해야 한다. 운동완서는 몸의 동작이 느려지는 것을 말한다.

정답 ②

### 제5절 | 운동 지도자의 효과적인 지도법

**핵심이론 25** 노인 운동의 지도 기법

① 노인 운동 지도자의 지도 기법
- ㉠ 수업 장소에 일찍 도착하여 새 참여자 파악 등으로 상호 교류를 유도해야 한다.
- ㉡ 운동 프로그램 시작 전 분위기를 조성하도록 한다.
- ㉢ 진행할 운동의 명칭을 소개하여 언어적·시각적 단서를 제공한다.
- ㉣ 운동 목적을 설명하고 운동 동기를 증진시키는 데 도움을 준다.
- ㉤ 신체의 각 기능이 잘 발달할 수 있도록 운동감각 능력을 향상시킨다.
- ㉥ 운동 참가자 중심의 접근법을 선택한다.
- ㉦ 단어 선택을 신중히 하고 칭찬을 많이 한다.
- ㉧ 노인들과 사교적 관계를 조성하여 우호적인 운동 환경을 유지한다.
- ㉨ 운동을 할 때 편안하고 강압적이지 않은 분위기를 유지한다.
- ㉩ 신체적·사회적·정신적·정서적 등 다양한 측면을 포함한 총체적인 웰빙운동을 강화한다.

② 노인 운동 지도 시 유의사항
- ㉠ 준비운동과 정리운동을 충분히 한다.

   | 노인 준비운동의 효과 | |
   |---|---|
   | • 심장 혈류량 증가 | • 협응력 향상 |
   | • 관절가동범위 증가 | • 신체반응시간 단축 |

- ㉡ 경쟁 운동이나 근육수축이 심한 운동을 피한다.
- ㉢ 생활습관과 조화를 이루는 운동을 하도록 한다.
- ㉣ 참가자의 욕구, 건강 상태, 장비와 시설 등을 고려한다.
- ㉤ 운동할 때와 운동 이후에도 물을 충분히 섭취하도록 한다.
- ㉥ 운동할 때 천천히 여유 있게 하고 운동이 끝난 후 충분히 쉬도록 한다.
- ㉦ 사용하는 신체 부위를 의식하면서 운동하도록 한다.
- ㉧ 동기부여와 재미를 고려한 프로그램을 실시한다.
- ㉨ 운동 복장은 가볍고 공기가 잘 통하는 면제품류가 좋고, 신발은 굽이 낮고 편한 것을 신는다.

   | 노인의 운동을 중지해야 하는 상황 |
   |---|
   | • 급격하게 혈압이 상승할 때 |
   | • 호흡곤란이 발생하여 제대로 숨을 쉬기 어려워할 때 |
   | • 하지 및 근육에 경련이 일어나 운동을 지속하기 어려울 때 |
   | • 기타의 이유로 참여자가 운동 중단을 요청할 때 |

③ 노인과의 의사소통 방법
- ㉠ 노인의 말에 공감을 표현하여 경청하고 있음을 드러낸다.
- ㉡ 일상적인 단어를 사용하고 간결·명확한 대화를 적절한 속도로 말한다.
- ㉢ 노인은 인지 능력이 저하되어 있으므로 한 번에 많은 양을 전달하지 않도록 조심한다.
- ㉣ 이해하기 쉬운 시각적 도구를 활용하면 의사소통에 효과적이다.
- ㉤ 방어적인 성향의 노인은 감정표현이 서투르므로 충분히 배려한다.
- ㉥ 수업이 끝나면 긍정적인 대화 등을 통해 성취감을 느끼게 한다.

④ 노인의 운동학습 원리
- ㉠ 시 범
  - 가장 보편적인 방법으로 어떻게 동작하는지 직접 보여주는 것이다.
  - 다른 참여자들을 관찰하도록 하여 올바른 피드백을 제공한다.
- ㉡ 언어적 암시
  - 하나의 단어 또는 짧고 간결한 어구를 반복 사용하여 참여자의 집중력을 높인다.
  - 기술의 결정적 측면이나 부분을 일깨워 주는 역할을 한다.

ⓒ 피드백
- 운동의 보강·수정 피드백은 동기유발과 기술학습을 촉진시킨다.
- 초보 노인 운동 참여자는 보강 피드백에 부담을 느낄 수 있어 자주 실시하지 않는다.

### 핵심예제

**25-1.** 도입-전개-정리단계로 진행되는 노인 체육 수업에서 전개단계의 지도 전략으로 가장 적절한 것은? [2018]
① 긍정적인 피드백을 제공한다.
② 지난 수업내용에 대해 다시 설명한다.
③ 수업시간에 진행될 사항을 설명한다.
④ 참여자들이 성취한 것을 정리한다.

**25-2.** 〈보기〉에서 노인과의 원활한 의사소통 방법으로 옳은 것을 모두 고른 것은? [2023]

┌ 보기 ┐
ㄱ. 참여자의 정면에 선다.
ㄴ. 시선을 한곳에 고정한다.
ㄷ. 적절한 눈맞춤을 한다.
ㄹ. 참여자를 향해 몸을 약간 기울인다.
ㅁ. 손은 계속 움직이며 손가락으로 지적한다.

① ㄱ, ㄴ
② ㄴ, ㅁ
③ ㄱ, ㄷ, ㄹ
④ ㄱ, ㄷ, ㄹ, ㅁ

|해설|

**25-1**
**노인 체육 수업의 지도 전략**
- 도입 : 지난 수업 내용에 대해 다시 설명하는 것과 수업 시간에 진행될 사항을 설명한다.
- 전개 : 노인 체육 수업의 중간 단계이므로 수행에 대한 긍정적 피드백을 제공한다.
- 정리 : 참여자들이 성취한 것을 정리한다.

**25-2**
**노인과의 의사소통 방법**
노인과의 의사소통 시 ㄱ 참여자의 정면에 서서, ㄹ 참여자를 향해 몸을 약간 기울이고, ㄷ 눈을 맞추며, 일상적인 단어를 사용하여 간결하고 명확하게 소통해야 한다. 어린아이를 다루듯이 하거나 소리 지르듯 말해서는 안 된다.

정답 25-1 ① 25-2 ③

## 핵심이론 26 스피르두소(W. Spirduso)의 노인 신체 기능의 상태 분류

| 수 준 | 신체기능 상태 |
|---|---|
| 신체적 의존(결핍) | • 자립적 일상 생활 : 옷 입기, 목욕하기, 이동하기, 먹기, 걷기 등을 수행할 수 없는 상태이다.<br>• 노인 운동 프로그램<br>– 기본적 일상 생활, 수행의자에서 앉아서 하는 운동<br>– 1:1 수중 운동(수중걷기, 수중근력운동)<br>– 상·하체 저항 운동<br>– 호흡법과 릴렉스 운동<br>– 손 기능 강화 운동 |
| 신체적 허약 | • 기본적인 일상 생활은 가능하나, 모든 생활을 혼자 자립적으로 하기는 어려운 상태이다.<br>• 노인 운동 프로그램<br>– 기본적·도구적 일상 생활 수행<br>– 1:1 수중 운동(수중걷기, 수중근력운동)<br>– 상·하체 저항 운동<br>– 호흡법과 릴렉스 운동<br>– 평형성과 조정력 연습<br>– 근력, 관절가동범위, 평형성, 협응성 향상 수중운동 |
| 신체적 자립 | • 만성질환의 증상은 있으나 자립적 삶이 가능하며, 낮은 건강 여력과 낮은 체력 상태이다.<br>• 노인 운동 프로그램<br>– 의자에서 하는 유산소 운동<br>– 낮은 강도 유산소 운동<br>– 수중 운동<br>– 걷기 운동<br>– 스트레칭<br>– 저항성 운동 |
| 신체적 건강 | • 주 2회 건강을 위한 운동이 가능하며, 취미와 신체적 체력이 요구되는 규칙적 일이 가능한 상태이다.<br>• 자기 동기부여가 강하고, 자발적·규칙적인 운동 참여를 통해 운동의 중요성을 인식한다.<br>• 노인 운동 프로그램<br>– 낮은 강도의 유산소 운동<br>– 수중에어로빅<br>– 수영, 라인댄싱, 포크댄싱<br>– 요가, 스트레칭<br>– 각종 스포츠(게이트볼, 파크골프, 탁구, 배드민턴) |
| 신체적 엘리트 | • 매일 스포츠에 참여하며, 신체적으로 잘 단련된 수준의 체력을 요구하는 일과 여가 활동에 참여하는 상태이다.<br>• 노인 운동 프로그램<br>– 경쟁 스포츠 : 축구, 농구 등<br>– 파워 스포츠 : 역도, 원반던지기 등<br>– 모험 스포츠 : 행글라이더, 레프팅<br>– 각종 스포츠 : 게이트볼, 파크골프, 탁구, 배드민턴<br>– 특정 스포츠 시합을 위한 세부 훈련 |

### 핵심예제

스피르두소(W. Spirduso)의 신체적 능력 5단계에서 〈보기〉의 활동이 가능한 노인의 신체 기능 수준은? [2018]

┤보기├
- 경쟁스포츠(예 축구, 농구 등)
- 파워스포츠(예 역도, 원반던지기 등)
- 모험스포츠(예 행글라이딩, 레프팅 등)

① 신체적으로 연약한 수준
② 신체적으로 독립적 수준
③ 신체적으로 단련된 수준
④ 신체적으로 아주 잘 단련된 수준

|해설|
스피르두소(W. Spirduso)의 신체적 능력 5단계는 신체적 의존 수준, 신체적 허약 수준, 신체적 자립 수준, 신체적 건강 수준, 신체적 엘리트 수준의 순서대로 구분된다. 경쟁스포츠, 파워스포츠 및 모험스포츠 활동이 가능한 것은 신체적으로 아주 잘 단련된 신체적 엘리트 수준에 해당된다.

정답 ④

## 핵심이론 27 노인 운동 시의 위험 관리

① 노인 응급처치의 중요성
  ㉠ 환자의 생명을 구하고 유지한다.
  ㉡ 질병 악화를 방지한다.
  ㉢ 환자의 고통을 경감시킨다.
  ㉣ 환자의 치료 기간이나, 입원 기간을 단축시킨다.
  ㉤ 기타 불필요한 의료비의 지출 등을 절감시킬 수 있다.

② 노인 응급처치의 일반 원칙
  ㉠ 긴급한 상황이라도 구조자 자신의 안전에 주의한다.
  ㉡ 신속하면서도, 침착하고 질서 있게 대처한다.
  ㉢ 긴급한 환자부터 우선하여 처치한다.
  ㉣ 부상 상태에 따라 의료 기관에 연락한다.
    - 사고 경위
    - 환자 상태
    - 환자 발견 장소 및 시간
    - 응급처치의 실시 내용 등 상황
    - 주위의 환경 및 여건
  ㉤ 쇼크를 예방하는 조치를 취한다.
    - 손상 여부를 재차 확인
    - 적절한 운반법을 활용

③ 노인 운동 시 응급 상황 대처법
  ㉠ 심정지 시 응급처치
    - 의식이 없으면 암묵적으로 동의한 것으로 간주하고 가슴 압박과 심폐소생술을 실시한다.
    - 환자가 반응이 없으면 즉시 119에 신고를 요청(신고)한다.
    - 심정지, 의식, 호흡, 순환이 확인되지 않을 경우 즉시 심폐소생술을 실시한다.
    - 자동 제세동기를 이용할 수 있는 경우 사용한다.
    - 환자가 의식이 돌아오지 않아도 구급요원에게 인계할 때까지 심폐소생술과 가슴 압박을 중단하지 않는다.

ⓒ 척추 손상 : 환자를 이동하는 것은 척추의 추가적인 손상을 유발할 수 있으니 함부로 움직여서는 안 된다.
ⓓ 출혈 : 손상 부위를 심장보다 높게 하여 혈류량을 감소시키고 빠르게 지혈한다.
ⓔ 타박상으로 인한 부종 : 부기가 빠질 때까지는 냉찜질을 우선 실시해야 한다. 이후 부기가 빠지면 경과를 보면서 온찜질을 한다.
ⓕ 골절 : 무리하게 움직이지 않고 안정시키고 손상부위를 고정한다.
ⓖ 저혈당 : 빨리 흡수되는 당분(단당류)이 함유된 간식이나 음료를 섭취시킨다.
ⓗ 저체온증 : 따뜻한 곳으로 옮기고 서서히 체온을 올려준다.
ⓘ 심장질환 : 징후가 나타나면 즉시 운동을 중지하고 병원으로 이송한다.
ⓙ 완전기도폐쇄 : 복부밀쳐올리기(하임리히법)를 실시한다.
ⓚ 근골격계의 급성 손상 : RICE 처치법을 실시한다.

### 핵심예제

**27-1. 운동 중 노인의 심정지 상황에 대한 응급처치로 옳지 않은 것은?** [2020]

① 자동제세동기를 이용할 수 있는 경우 사용한다.
② 의식의 확인과 119 신고 후, 심폐소생술을 실시한다.
③ 의식이 없으면 묵시적 동의라고 간주하고 심폐소생술을 실시한다.
④ 심폐소생술 실시 중 의식이 돌아오지 않으면 가슴 압박을 중단한다.

**27-2. 〈표〉는 노인이 운동할 때 응급 상황에 대한 응급처치 방법과 목적을 제시한 것이다. ㉠~㉢에 들어갈 용어를 바르게 연결한 것은?** [2023]

| 방 법 | 목 적 |
|---|---|
| • ( ㉠ ) | • 추가적 손상 방지 |
| • Rest(휴식) | • 심리적 안정 |
| • Ice(냉찜질) | • ( ㉡ ) |
| • Compression(압박) | • 부종 감소 |
| • Elevation(거상) | • 부종 감소 |
| • Stabilization(고정) | • ( ㉢ ) |

| | ㉠ | ㉡ | ㉢ |
|---|---|---|---|
| ① | Posture(자세) | 근 경련 감소 | 마비 예방 |
| ② | Posture(자세) | 통증, 부종, 염증 감소 | 마비 예방 |
| ③ | Protection(보호) | 통증, 부종, 염증 감소 | 근 경련 감소 |
| ④ | Protection(보호) | 마비 예방 | 근 경련 감소 |

|해설|

**27-1**
환자가 의식이 돌아오지 않아도 구급요원에게 인계할 때까지 심폐소생술과 가슴 압박을 멈추지 않는다.

**27-2**
**운동 시의 응급 상황과 응급처치**
㉠ 응급 상황 발생 시 손상이 발생한 부위를 보호해 추가적인 손상을 방지해야 한다.
㉡ 골절, 염좌, 타박상, 온열 질환이 발생하면, 냉찜질을 하여 통증, 부종, 염증, 발열 증상을 줄여 주어야 한다.
㉢ 근 경련(쥐)이나 탈구, 골절이 발생하면 해당 부위를 고정시켜 통증이나 추가적인 손상을 방지해야 한다.

정답 27-1 ④ 27-2 ③

# Win-Q

## 스포츠지도사 2급 [필기]

**끝까지 책임진다! 시대에듀!**

QR코드를 통해 도서 출간 이후 발견된 오류나 개정법령, 변경된 시험 정보, 최신기출문제, 도서 업데이트 자료 등이 있는지 확인해 보세요! 시대에듀 합격 스마트 앱을 통해서도 알려 드리고 있으니 구글 플레이나 앱 스토어에서 다운받아 사용하세요. 또한, 파본 도서인 경우에는 구입하신 곳에서 교환해 드립니다.

# PART 2

## 과년도+최근 기출문제

2025년 기출문제
2024년 기출문제
2023년 기출문제
2022년 기출문제
2021년 기출문제

# 2025년 선택과목 기출문제

제1과목 | **스포츠사회학**

**01** 스포츠사회학의 주요 연구 영역에 관한 설명으로 적절하지 않은 것은?

① 스포츠 기능 향상의 심리적 기전을 연구한다.
② 스포츠 맥락에서 인간의 행위와 상호작용 현상을 연구한다.
③ 스포츠 사회 내 규범, 신념, 이데올로기, 환경의 변화를 연구한다.
④ 스포츠 집단의 유형, 특성, 기능, 구조, 변화 과정을 연구한다.

해설
동기, 집중력, 스트레스 관리 등의 심리적 기전을 연구하는 것은 스포츠심리학의 영역이다. 스포츠사회학은 스포츠라는 사회적 현상을 연구하는 학문으로, 스포츠와 사회구조, 집단, 제도, 상호작용, 규범, 문화 등을 다룬다.

**02** 스포츠의 교육적 순기능에 관한 설명으로 옳지 않은 것은?

① 사회화를 촉진하여 전인교육 기능을 한다.
② 승리 지상주의를 학습시켜 사회통합 기능을 한다.
③ 장애인의 적응력 배양으로 사회선도 기능을 한다.
④ 여성의 참여 증가를 통한 여권신장으로 사회선도 기능을 한다.

해설
② 승리 지상주의는 스포츠의 교육적 역기능이다.

스포츠의 교육적 기능

| | |
|---|---|
| 순기능 | • 사회통합 : 학교 내 통합, 학교와 지역사회 통합, 규칙과 질서 준수<br>• 전인교육 : 학업 활동 격려, 사회화 촉진, 정서 순화, 사회 적응력 향상<br>• 사회선도 : 인권 의식 신장, 여권신장, 장애인의 적응력 배양, 평생체육 기반 조성 |
| 역기능 | • 부정행위 조장 : 학원스포츠의 상업화, 위선과 착취, 학업에 대한 편법과 관행, 일탈과 부정행위<br>• 교육목표 훼손 : 승리 지상주의, 참여기회 제한, 성차별의 간접교육<br>• 편협한 인간 육성 : 비인간적 훈련, 독재적 코치 |

## 03 〈보기〉의 사례에 해당하는 버렐(S. Birrell)과 로이(J. Loy)의 미디어스포츠 수용자의 욕구 유형으로 가장 적절한 것은?

| 보기 |
| --- |
| • NBA 팀의 정보를 얻으려고 인터넷 검색을 한다.<br>• 스포츠뉴스를 시청하며 이정후 선수가 속한 팀의 경기 결과와 리그 순위를 확인한다. |

① 인지적 욕구
② 도피적 욕구
③ 소비적 욕구
④ 심동적 욕구

**해설**
미디어스포츠 수용자의 욕구 유형

| 인지적 욕구 | 스포츠 경기의 결과, 선수와 팀에 대한 통계적 지식을 제공해 준다. |
| --- | --- |
| 정의적 욕구 | 스포츠에 대한 흥미와 흥분을 제공해 준다. |
| 통합적 욕구 | 다른 사회집단과 경험을 공유하게 하며 공동체 의식을 갖게 한다. |
| 도피적 욕구 | 스포츠를 통해 불안, 초조, 욕구불만, 좌절 등의 감정을 해소하게 한다. |

## 04 국제스포츠이벤트가 지역사회에 미치는 긍정적 영향으로 적절하지 않은 것은?

① 도시 브랜드 가치 향상
② 사회간접자본 시설의 확충
③ 지역사회 구성원의 문화 정체성 약화
④ 스포츠 참여 기회 확대 및 건강 증진 효과

**해설**
국제스포츠이벤트의 긍정적 영향

| 경제 부문 | 경제 활성화, 고용 창출, 생산 유발, 부가가치 유발, 관광 수입 증가 |
| --- | --- |
| 사회 부문 | 국가·지역의 자긍심 향상, 국민 통합, 기업들의 인지도 및 인식 향상, 사회간접자본 시설 확충, 지역·국가 브랜드 가치 향상, 건강 증진 및 참여 확대 |

## 05 〈보기〉의 미래 스포츠 특성에 관한 설명으로 적절한 것을 모두 고른 것은?

| 보기 |
| --- |
| ㉠ 노년층 스포츠 참가에 대한 중요성이 증가한다.<br>㉡ 프로스포츠에서 스포츠과학의 중요성이 감소한다.<br>㉢ 정보 기술의 발달로 스포츠 참여 형태가 다양해진다.<br>㉣ 탄소배출을 최소화한 친환경스포츠의 중요성이 증가한다. |

① ㉠
② ㉠, ㉡
③ ㉠, ㉢, ㉣
④ ㉡, ㉢, ㉣

**해설**
㉡ 미래 스포츠는 프로스포츠에서 스포츠과학이 획기적으로 발전한다.

미래 스포츠의 특성
• 노년층 스포츠 참가에 대한 중요성 증가
• 프로스포츠에서 스포츠과학의 중요성 증가
• 정보 기술의 발달로 스포츠 참여 형태 다양화
• 탄소배출을 최소화한 친환경스포츠의 중요성 증가
• 정보 통신 기술의 발달로 스포츠 관람 형태가 다양화
• 기술 도핑(Technical Doping)으로 인한 스포츠의 공정성 훼손
• 다양한 신소재의 개발이 스포츠의 용품 및 장비 개발에 활용
• 통신 및 전자 매체의 발달로 스포츠에서 미디어의 영향력이 증가

## 06 〈보기〉에서 ㉠에 해당하는 투민(M. Tumin)의 계층 특성과 ㉡에 해당하는 베블런(T. Veblen)의 이론은?

┌ 보기 ┐
㉠ 민철이는 취미로 골프를 시작하려 했지만, 골프 장비가 비싸서 포기했다. 결국 민철이는 초기 비용이 적게 드는 배드민턴을 하기로 했다. 반면, 부유한 집안에서 자란 준형이는 어렸을 때부터 부모님을 따라 자연스럽게 골프를 접할 수 있었고, 현재도 일주일에 한 번은 골프를 하고 있다.
㉡ 선영이는 요트에 흥미가 없지만 주변 지인들에게 자신의 경제력을 자랑하려고 요트를 구매했다. 선영이는 지인들과 요트를 함께 즐기면서 자연스럽게 자신의 부를 드러낸다.

|   | ㉠ | ㉡ |
|---|---|---|
| ① | 영향성 | 자본론 |
| ② | 영향성 | 유한계급론 |
| ③ | 역사성 | 자본론 |
| ④ | 역사성 | 유한계급론 |

**해설**
㉠ 투민의 계층 특성 중 영향성은 스포츠계층에 따라 스포츠 참여 빈도, 유형, 종목이 달라지며, 이러한 차이는 개인의 삶에 영향을 미친다는 것이다.
㉡ 베블런의 유한계급론에서 유한계급(상류층)은 고가의 스포츠 용품, 골프 회원권 등의 과시적 소비 양상이 나타난다고 했다.

## 07 〈보기〉 중 스포츠가 미디어에 미친 영향에 해당하는 것으로만 묶은 것은?

┌ 보기 ┐
㉠ 탁구공의 색이 흰색에서 주황색으로 변경되었다.
㉡ 월드컵, 올림픽은 미디어 보급 및 확산에 기여하였다.
㉢ 정지 화면, 느린 화면, 클로즈업 등의 방송 기법이 발달하였다.
㉣ 스포츠 관람 인구가 증가하고, 스포츠 활동이 생활의 일부로 확산되었다.

① ㉠, ㉡
② ㉠, ㉣
③ ㉡, ㉢
④ ㉡, ㉣

**해설**
스포츠와 미디어 간 주고받은 영향

| 스포츠가 미디어에 미친 영향 | 매체의 스포츠 의존도 증대, 스포츠 보도의 위상 향상, 방송 기술의 발달(㉢), 미디어에 콘텐츠 제공, 미디어의 보급 및 확산에 기여(㉡), 스포츠 관련 방송 시장 확대 | |
|---|---|---|
| 미디어가 스포츠에 미친 영향 | 긍정적 영향 | 스포츠 인구의 증가(㉣), 스포츠 용구의 변화(㉠), 스포츠 기술의 향상, 새로운 종목의 창출, 스포츠에 대한 관심과 인기 증가 |
| | 부정적 영향 | 스포츠의 상품화, 경기 일정 과부하, 옐로 저널리즘으로 인한 선수의 프라이버시 침해, 규칙 변경의 부작용, 비인기 종목의 소외 |

**08** 〈보기〉에서 설명하는 스포츠사회학 이론으로 적절한 것은?

┌ 보기 ┐
- 미시적 관점의 이론이다.
- 스포츠 참여 과정에 대한 이해와 하위문화 특성에 관심을 가진다.
- 인간은 사회구조 및 제도에 대해 능동적으로 사고하며 행동하게 된다.

① 갈등 이론
② 비판 이론
③ 구조기능주의 이론
④ 상징적 상호작용론

**해설**
상징적 상호작용론
- 인간은 사회제도나 규칙에 대해 능동적으로 사고하고 의미를 부여하며 행동한다.
- 스포츠 팀의 주장은 리더십이 필요하기 때문에 점차 그 역할에 맞는 리더십을 발휘한다.

**09** 국제스포츠 사례에 관한 설명으로 옳지 않은 것은?

① 1969년 온두라스와 엘살바도르의 월드컵 예선전은 양국의 정치적·사회적 갈등이 격화되는 계기가 되었으며, 이후 무력 충돌로 이어졌다.
② 2008년 베이징올림픽경기대회 개최를 앞두고 중국의 티베트 인권탄압에 대한 국제사회의 비판이 제기되었다.
③ 1988년 서울올림픽경기대회에는 모스크바올림픽경기대회와 LA올림픽 경기대회의 보이콧 사례와 달리 미국과 소련 등 동서 진영 국가들이 참여하였다.
④ 1995년 남아프리카공화국 럭비월드컵경기대회에서는 아파르트헤이트(Apartheid)에 대한 국제사회의 반발로 다수 국가의 보이콧이 발생했다.

**해설**
남아프리카공화국은 인종차별 정책인 아파르트헤이트로 인해 IOC와 FIFA에서 추방당하여 1960년대부터 30여 년간 국제대회 참여가 거부되었다.

**10** 〈보기〉의 ㉠에 해당하는 로버트슨(R. Robertson)이 제시한 스포츠 세계화의 결과와 ㉡에 해당하는 매기(J. Magee)와 서덴(J. Sugden)이 제시한 스포츠 노동이주 유형으로 가장 적절한 것은?

| 보기 |
| --- |
| ㉠ A 스포츠 업체는 글로벌 브랜드 정체성을 유지하면서 뉴질랜드 럭비 대표팀인 올 블랙스(All Blacks)의 경기 전 의식으로 잘 알려진 마오리족의 하카(Haka)댄스를 광고에 포함함으로써 지역문화를 브랜드 메시지에 자연스럽게 녹여냈다.
㉡ 축구 선수 B는 현재 베트남의 C팀에서 활동 중이다. 그의 관심은 오로지 더 높은 연봉을 제시하는 팀으로 이적하는 것이다. 베트남의 문화를 즐긴다거나 사람과의 관계를 맺는 것에는 관심이 없다. 그는 언제든 떠날 준비를 하고 있다. 이전에 활동했던 중국의 D팀, 사우디의 E팀이 위치한 지역에 오래 머무른 적도 없다. |

|  | ㉠ | ㉡ |
| --- | --- | --- |
| ① | 세방화 (Glocalization) | 용병형 (Mercenaries) |
| ② | 세방화 (Glocalization) | 개척자형 (Pioneers) |
| ③ | 국제적 고립 (Global Isolation) | 용병형 (Mercenaries) |
| ④ | 국제적 고립 (Global Isolation) | 개척자형 (Pioneers) |

**해설**
㉠ 세방화 : 어떤 지역이 지닌 고유한 전통이 경쟁력을 높여서 세계적인 보편성을 획득하는 현상으로, 〈보기〉에서 A 스포츠 업체가 글로벌 브랜드 정체성을 유지하면서 지역 문화를 브랜드 메시지에 자연스럽게 녹여냈다고 했으므로, 세방화에 대한 사례이다.
㉡ 용병형 : 스포츠 노동이주를 통해 경제적인 보상을 추구하는 유형으로, 〈보기〉에서 현재 베트남의 C팀에서 활동 중인 축구 선수 B의 관심은 오로지 더 높은 연봉을 제시하는 팀으로 이적하는 것이라고 했으므로, 용병형의 사례이다.

**11** 〈보기〉의 사례에 해당하는 머튼(R. Merton)의 일탈행동 유형은? 기출 18·21

| 보기 |
| --- |
| ㉠ 승리 지상주의에 염증을 느껴 선수 생활을 포기하는 경우
㉡ 프로스포츠 선수가 경기력 향상을 목적으로 불법약물을 복용한 경우
㉢ 스포츠 경기 참가에 의의를 두지만, 경기 성적을 중시하지 않는 경우 |

|  | ㉠ | ㉡ | ㉢ |
| --- | --- | --- | --- |
| ① | 도피주의 | 혁신주의 | 의례주의 |
| ② | 도피주의 | 동조주의 | 의례주의 |
| ③ | 반역주의 | 도피주의 | 혁신주의 |
| ④ | 반역주의 | 동조주의 | 혁신주의 |

**해설**
㉠ 도피주의 : 스포츠에 내재된 비인간성, 승리 지상주의, 상업주의, 학업 결손 등에 염증을 느껴서 스포츠 참가 중단 또는 포기
㉡ 혁신주의 : 승리하기 위해서 수단과 방법을 가리지 않는 것으로, 불법 스카우트, 금지약물 복용, 경기장 폭력 등
㉢ 의례주의 : 승패에 집착하지 않고 참가에 의의를 두는 것으로, 결과보다는 경기 내용을 중시하며 목표를 포기하고 수단만 따르는 일탈

## 12 〈보기〉의 스포츠 계층 이동 유형과 사례에 관한 설명으로 옳은 것을 모두 고른 것은?

기출 19 · 20 · 22 · 24

┌─보기─────────────────────────┐
│ ㉠ 프로야구 선수가 대회에서 부진한 모습을 보여 2군으로 강등된 것은 수직이동의 사례이다.
│ ㉡ 1980년대 프로스포츠 출범 후 운동선수의 지위가 전반적으로 높게 평가받게 된 것은 집단이동의 사례이다.
│ ㉢ 프로배구 선수가 되면서 일용직 노동자였던 부모님에 비해 많은 수입과 높은 명성을 얻게 된 것은 세대 내 이동의 사례이다.
│ ㉣ 고등학교 배구 선수가 전학 간 후에도 같은 포지션으로 활동한 것은 수평이동의 사례이다.
└──────────────────────────┘

① ㉠, ㉡
② ㉢, ㉣
③ ㉠, ㉡, ㉣
④ ㉡, ㉢, ㉣

**해설**
㉢은 세대 간 이동의 사례이다.

기든스의 사회이동 유형

| 이동 주체 | 개인 | 개인의 능력과 노력 또는 외부요인에 의하여 사회적 상승의 기회가 실현되는 경우 |
|---|---|---|
| | 집단 | 유사한 조건을 갖추고 있는 집단이 어떤 촉매적 계기를 통하여 집단적으로 이동하는 현상 |
| 이동 방향 | 수직이동 | 집단 또는 개인이 지녔던 종전의 계층적 지위가 상하로 변화하는 경우 |
| | 수평이동 | 계층적 지위의 변화가 없는 단순한 자리바꿈 |
| 시간적 거리 | 세대 내 이동 | 개인의 생애주기 가운데 발생하는 지위의 변화로 경력이동이라고도 함 |
| | 세대 간 이동 | 한 세대로부터 다음 세대로 이어지는 과정에서 발생하는 사회·경제적 지위의 변화 |

## 13 스포츠사회화 이론에 관한 설명으로 적절하지 않은 것은?

① 사회학습 이론에서는 다른 구성원의 행동을 관찰 학습하여 사회화가 이루어진다고 설명한다.
② 사회학습 이론에서는 모방, 강화 등을 통해 새로운 행동을 학습하여 사회화가 이루어진다고 설명한다.
③ 준거집단 이론에서는 구성원이 속한 집단의 규칙을 따르지 않아도 사회화가 이루어진다고 설명한다.
④ 역할 이론에서는 개인을 무대 위의 특정 역할을 부여받은 배우로 간주하여 그 역할을 수행하며 사회화가 이루어진다고 설명한다.

**해설**
준거집단 이론은 타인이나 어떤 준거가 되는 집단의 행동, 감정, 태도 등을 자신의 준거 척도로 삼는다는 이론이다.

**정답** 12 ③  13 ③

## 14 〈보기〉는 스포츠사회학 수업에서 교수와 학생의 대화이다. ㉠, ㉡에 들어갈 내용으로 적절한 것은?

┤보기├

학생 1 : 최근 테니스와 마라톤이 인기를 끌고 있는데, 사람들이 왜 이런 스포츠에 열광하는지 다양한 사례를 심층적으로 알아보려면 어떤 연구 방법이 좋은가요?

교 수 : 참여관찰, 심층면담 등으로 자료를 수집하고 해석적인 절차에 따라 원인을 파악하는 ( ㉠ ) 방법이 적합해요.

학생 2 : 그러면 스포츠 육성 모델에는 어떤 것이 있나요?

교 수 : 국가별로 다양한 스포츠육성정책을 시행하고 있는데, 그릭스*에 따르면, 스포츠 선진국은 엘리트 스포츠의 성과가 일반시민의 스포츠 참가를 촉진하고, 그렇게 형성된 자원 속에서 다시 우수한 엘리트 선수가 탄생하여 국가이미지 향상에 기여하는 ( ㉡ )을 구축하고 있다고 해요.

\* J. Grix(2016)

|   | ㉠ | ㉡ |
|---|---|---|
| ① | 질적 연구 | 선순환 모델 |
| ② | 양적 연구 | 선순환 모델 |
| ③ | 질적 연구 | 피라미드 모델 |
| ④ | 양적 연구 | 피라미드 모델 |

**해설**

㉠ 질적 연구 : 스포츠사회학 연구 방법 중 하나인 질적 연구는 수치화된 데이터보다는 심층적 이해에 초점을 맞춘 연구방법으로 현상의 원인을 탐구하기 위한 심층 인터뷰, 참여 관찰, 사례 연구 등이 대표적이다. 이를 통해 복잡하고 섬세한 사회적 현상에 대한 설명이 가능하지만, 연구자의 주관이 개입할 수도 있다.

㉡ 선순환 모델 : 스포츠 선진국의 엘리트 스포츠 발전으로 학생 선수들이 우수한 성과를 내면, 일반 청소년들의 스포츠 참여 확대가 일어나고, 그 결과 대중의 스포츠 참여가 확대되어 우수한 스포츠 선수를 육성할 수 있다고 본다.

## 15 〈보기〉의 내용에 해당하는 거트만(A. Guttmann)이 제시한 근대스포츠의 특징은?

기출▶ 16·23

┤보기├

㉠ 인종·성별과 관계없이 누구나 스포츠에 참여할 기회를 동등하게 부여받는다.
㉡ 현대 축구가 발전하면서 점차 수비수, 미드필더, 공격수 등의 포지션이 다양화되었다.
㉢ 현대스포츠 참여자는 신에 대한 숭배가 아니라 기분 전환과 오락, 이익과 보상을 추구한다.
㉣ 국제스포츠연맹은 규칙 제정, 기록 공인, 국제대회 운영 및 관리, 종목 진흥 등의 역할을 담당한다.

|   | ㉠ | ㉡ | ㉢ | ㉣ |
|---|---|---|---|---|
| ① | 합리화 | 평등성 | 세속화 | 관료화 |
| ② | 합리화 | 수량화 | 전문화 | 세속화 |
| ③ | 평등성 | 관료화 | 세속화 | 전문화 |
| ④ | 평등성 | 전문화 | 세속화 | 관료화 |

**해설**

근대스포츠의 특징
- 관료화 : 규칙을 정하고 경기를 조직적으로 운영 – ㉣
- 전문화 : 포지션 분화와 리그의 세분화 촉진 – ㉡
- 세속화 : 즐거움, 건강, 경제적 이익, 명예 등 세속적 관심 충족을 추구 – ㉢
- 평등화 : 자산, 지위, 계층과 관계없이 동일한 조건에서 참여 – ㉠
- 합리화 : 규칙·전략과 같은 합리적인 수단으로 구성
- 수량화 : 시간, 거리, 점수 등 측정 가능한 숫자로 표현
- 기록화 : 기록 수립과 경신 중요

**16** 〈보기〉의 사례에 해당하는 베커(H. Becker)의 스포츠 일탈 이론은?

┌ 보기 ┐
생활체육 배드민턴 동호회에서 신입 회원이 실력이 부족하다는 이유로 민폐 회원이라는 별명을 듣게 되었다. 어떤 회원은 게임에서 그를 배제하거나 눈치를 주었고, 몇몇은 노골적으로 비난했다. 시간이 지날수록 신입 회원은 자신이 정말 방해가 된다고 느끼며 위축되었고, 결국 동호회를 그만두고 운동도 포기하였다.
└─────┘

① 중화 이론(Neutralization Theory)
② 낙인 이론(Labeling Theory)
③ 욕구위계 이론(Hierarchy of Needs Theory)
④ 인지발달 이론(Cognitive Development Theory)

**해설**
낙인 이론은 특정인의 우연적이고 일시적인 일탈행위(1차적 일탈)를 다른 사람들이 일탈자로 낙인찍었기 때문에 일탈자로서의 자아정체성이 형성되고, 이로 인해 의도적이고 지속적인 일탈(2차적 일탈)이 발생하게 된다는 이론이다.

**17** 코클리(J. Coakley)가 제시한 상업주의 스포츠 출현의 사회적·경제적 조건에 해당하지 않는 것은?

① 자본주의 시장 경제 체제
② 스태그플레이션(Stagflation)
③ 소비가 장려되는 문화 형성
④ 인구 밀도가 높은 대도시 형성

**해설**
상업주의 스포츠 출현의 사회적·경제적 조건

| 자본주의적 시장 경제 체계 | 스포츠와 관련된 경제적 보상 체계가 발달 |
|---|---|
| 인구 밀도가 높은 대도시 | 스포츠와 관련하여 흥행 가능성이 높아짐 |
| 자본의 집중 | 대단위 체육시설의 유치 및 유지 용이 |
| 소비문화의 발전 | 스포츠를 통한 소비가 촉진 |

**18** 〈보기〉의 사례에 해당하는 정치가 스포츠를 이용하는 방법으로 가장 적절한 것은? 기출 22·23·24

┌ 보기 ┐
스포츠는 정치인에게 권력을 강화하는 수단이 되기도 한다. 12.12 군사쿠데타와 5.18 민주화운동을 거치며, 당시 사회는 극도의 불안감과 정권에 대한 불신이 극에 달했다. 정권은 언론을 통제하고 정치적 발언을 통제하려 했지만, 뜻대로 되지 않았다. 그래서 국민의 관심을 돌리고 정권을 유지하기 위해 프로스포츠를 장려했다.
출처 : M사, 시사교양(2005.6.)
└─────┘

① 상 징
② 조 작
③ 동일화
④ 전문화

**해설**
- 조작 : 정치가 비리, 부정 등을 은폐하기 위해 스포츠를 이용하는 행위로, 정치는 조작을 통해 여론을 통치에 용이한 방향으로 조장하고, 여론에 직접 관여함으로써 체제를 유지·강화한다.
- 상징 : 스포츠 경기에서의 승리가 개인의 성취보다 그가 속한 성, 인종, 지역, 민족, 국가의 영광으로 해석되는 것으로, 대표팀이 소속 국가의 국기를 부착하거나 경기 시작 전 국가가 연주되는 등의 행위이다.
- 동일화 : 대중이 선수나 대표팀과 자신을 일치시키는 태도로, 경기 장면에서 선수의 상황에 몰입하는 것뿐 아니라, 선수나 대표팀에 대해 강력한 기대를 품는 것도 포함한다.

## 19
〈보기〉의 사례에 해당하는 스포츠사회화 과정이 바르게 연결된 것은?

|보기|
- ㉠ 소영이는 '골때리는 그녀'라는 TV 프로그램을 보고 축구에 매력을 느껴 축구클럽에 가입하게 되었다.
- ㉡ 소영이는 축구에 흥미를 잃어 축구클럽을 탈퇴하였고, 6개월이 지났을 무렵, 친구의 권유로 테니스클럽에 가입하게 되었다.
- ㉢ 소영이는 테니스 활동을 하며 테니스 규칙, 기술, 매너 등을 잘 숙지한 테니스 동호인이 되었다.
- ㉣ 소영이는 무릎과 팔꿈치 부상이 잦아지면서 결국 좋아하는 테니스를 그만두게 되었다.

| | ㉠ | ㉡ | ㉢ | ㉣ |
|---|---|---|---|---|
| ① | 스포츠로의 재사회화 | 스포츠로의 사회화 | 스포츠를 통한 사회화 | 스포츠 탈사회화 |
| ② | 스포츠로의 재사회화 | 스포츠를 통한 사회화 | 스포츠로의 사회화 | 스포츠 탈사회화 |
| ③ | 스포츠로의 사회화 | 스포츠를 통한 사회화 | 스포츠로의 재사회화 | 스포츠 탈사회화 |
| ④ | 스포츠로의 사회화 | 스포츠로의 재사회화 | 스포츠를 통한 사회화 | 스포츠 탈사회화 |

**해설**
- ㉠ 스포츠로의 사회화 : 스포츠 참가를 의미하며, 주관자로는 가정, 또래집단, 학교, 지역사회, 대중매체 등이 있다.
- ㉡ 스포츠로의 재사회화 : 스포츠 활동을 중단하고 있던 비참가자가 새로운 종목이나 위치로 활동을 재개하는 것을 의미한다.
- ㉢ 스포츠를 통한 사회화 : 스포츠 참가를 통해 결과가 나타나는 것으로, 스포츠에서 학습한 기능·특성·가치·태도·지식 등이 다른 사회현상으로 전이되는 과정이다.
- ㉣ 스포츠 탈사회화 : 참여 중단, 중도 탈락, 은퇴 등 중도 포기나 그만두는 것으로, 환경, 취업, 정서 등의 요인은 스포츠 탈사회화에 영향을 미친다.

## 20
〈보기〉의 사례에 해당하는 사회화 주관자는?

|보기|
- ㉠ 지영이는 배드민턴 동호회 활동을 하는 부모님의 권유로 배드민턴을 시작하게 되었다.
- ㉡ 민수는 동네 주민센터에서 청소년 농구 프로그램 회원 모집 공고를 보고, 직접 센터를 방문하여 등록하였다.

| | ㉠ | ㉡ |
|---|---|---|
| ① | 가족 | 학교 |
| ② | 학교 | 동료 |
| ③ | 동료 | 지역사회 |
| ④ | 가족 | 지역사회 |

**해설**
〈보기〉의 사례에서 사회화 주관자는 ㉠ 부모님(가족), ㉡ 동네 주민센터(지역사회)이다. 스포츠사회화 주관자(주요 타자)는 가정, 동료집단, 학교, 지역사회, 대중매체 등을 말하며, 개인의 스포츠사회화에 큰 영향을 미친다.

### 제2과목 | 스포츠교육학

**01** 생활스포츠교육프로그램의 내용 선정 원리에 관한 설명으로 적절하지 않은 것은?

① 좋은 교육 내용이라면 실천 가능성과 관계없이 선정한다.
② 스포츠의 가치를 경험할 수 있도록 다양한 활동을 구성한다.
③ 생활스포츠의 교육목표를 성취하는 데 적합한 내용을 선정한다.
④ 참여자의 성별, 연령별 흥미와 요구를 반영하기 위한 조사를 실시한다.

[해설]
생활스포츠교육프로그램 시행 이후에 달성하고자 하는 상태 및 능력을 제시하고, 목표 간 우선순위와 실현 가능성을 고려해야 한다.

**02** 학교스포츠클럽 지도 시 효과적인 과제 제시 방법으로 적절하지 않은 것은?

① 실제 상황처럼 정확하게 시범을 보인다.
② 동작 설명과 시각적 정보를 함께 활용한다.
③ 은유나 비유보다는 개념 자체를 그대로 전달한다.
④ 학생이 이해할 수 있는 적절한 속도로 분명하게 전달한다.

[해설]
학습자에게 지도 과제를 전달하는 방법
- 스포츠 경험이 많지 않은 학습자는 구체적인 언어 전달이 필요하다.
- 개방기능의 단서는 복잡한 환경을 폐쇄기능의 연습 조건 수준으로 단순화한다.
- 집중력이 높지 않은 어린 학습자는 말이나 행동 정보 외에 매체를 활용하면 효과적이다.

**03** 다음 설문지를 활용하는 데 가장 적절한 평가 단계는? [기출] 15·16·17·19·22

| 영역 | 질문 내용 | 응답(✓ 표기) | |
|---|---|---|---|
| 준비 | 준비된 개인 장비는? | □ 라켓 □ 운동복 | □ 운동화 |
| | 테니스 강습 시 희망하는 강습 형태는? | □ 개인강습 □ 상관없음 | □ 그룹강습 |
| | 최근 3년 이내 테니스 강습을 받은 경험은? | □ 있다 | □ 없다 |
| 수준 | 포핸드 그립을 잡을 수 있는가? | □ 그렇다 □ 아니다 | □ 보통이다 |
| | 백핸드 그립을 잡을 수 있는가? | □ 그렇다 □ 아니다 | □ 보통이다 |
| | 스플릿 스텝을 할 수 있는가? | □ 그렇다 □ 아니다 | □ 보통이다 |

① 진단평가
② 종합평가
③ 형성평가
④ 총괄평가

[해설]
제시된 설문지는 학습자의 수준을 파악하고, 어느 정도의 준비성을 가지고 있는지를 진단하는 내용으로 구성되어 있다. 이처럼 계획된 학습의 목표를 달성하기 위하여 수업 시작 전 학습자의 상태를 진단하는 평가는 진단평가이다.

[정답] 01 ① 02 ③ 03 ①

## 04 〈보기〉에서 설명하는 생활스포츠교육프로그램의 지도원리로 가장 적절한 것은? 기출▶ 16·19·23

┤보기├
- 프로그램의 다양화를 지향한다.
- 직접 참여 활동과 간접 학습 활동을 균형 있게 제공한다.
- 스포츠 활동을 총체적으로 체험시켜 스포츠 학습의 질을 높인다.

① 개별성
② 자발성
③ 적합성
④ 통합성

**해설**
스포츠교육프로그램의 지도원리
- 통합성의 원리 : 교수 학습 내용의 다양화와 신체 활동의 총체적 체험을 위한 지도
- 개별성의 원리 : 개인차를 고려한 다양한 수준별 지도
- 자발성의 원리 : 참가자의 개별 흥미를 파악하여 참가자들이 자발적으로 참여하도록 지도
- 적합성의 원리 : 지도자의 창의적인 지도 활동을 적합하게 선정하여 지도
- 효율성의 원리 : 최소의 노력으로 최대 효과를 얻을 수 있도록 지도

## 05 〈보기〉에서 설명하는 링크(J. Rink)의 내용 발달 과제는? 기출▶ 15·19·21·23

┤보기├
- 과제 내 발달과 과제 간 발달이 있다.
- 단순한 과제에서 복잡한 과제로 전개한다.
- 쉬운 과제에서 어려운 과제 순으로 참여한다.

① 시작형 과제
② 확대형 과제
③ 세련형 과제
④ 응용형 과제

**해설**
링크의 학습 과제 발달단계

| 시작형(전달) | 기초적인 단계의 학습 과제 |
|---|---|
| 확대형(확장형) | 난이도와 복잡성이 추가된 과제 |
| 세련형(세련) | 기능의 질적 측면에 집중된 학습 과제 |
| 응용형(적용) | 학습한 운동 기능을 실제 상황에 활용할 수 있도록 제작한 학습 과제 |

정답 04 ④ 05 ②

## 06 〈보기〉에서 설명하는 협동 학습 모형의 전략은?

기출▶ 18·23

┌ 보기 ┐
- 1차 평가에서 모든 팀원의 점수를 합산하여 팀 점수로 발표한다.
- 지도자는 학생들과 토론하고 팀의 상호작용을 높일 수 있도록 조언한다.
- 모든 팀은 1차 평가와 동일한 과제를 반복해서 연습하고, 팀원 모두의 점수를 높이는 데 중점을 둔다.
- 2차 평가를 하여 1차 평가보다 향상된 정도에 따라 팀 점수를 부여한다.

① 직소(Jigsaw)
② 팀-보조수업(Team-assisted Instruction)
③ 팀 게임 토너먼트(Team Games Tournament)
④ 학생 팀-성취 배분(Student Teams-achievement Division)

**해설**

협동 학습 모형의 과제 구조

| 학생 팀-성취 배분(STAD) | • 모든 팀원들의 점수가 합쳐져 팀 점수가 됨<br>• 개인별 점수는 발표되지 않고 팀 점수만 발표되므로 팀 내 협동 유발 |
|---|---|
| 팀 게임 토너먼트(TGT) | • 팀별 같은 등수 학생끼리 비교해 높은 점수를 얻은 학생에게 일정한 상점 부여<br>• 운동 기능이 낮은 학생도 공헌할 수 있다는 자신감 유발 |
| 팀 보조수업(TAI) | • 혼자 또는 다른 팀원들의 도움을 받으면서 과제 연습<br>• 팀 성적은 매주 각 팀이 수행한 과제 수를 점수로 환산하거나 개인별로 시험을 본 후 개인 점수를 합산하여 계산 |
| 직소(Jigsaw) | 자신의 팀에 할당된 과제를 익힌 후 교사가 되어 다른 팀원 교육 |
| 집단연구(GI) | • 일정 기간 안에 여러 매체를 이용하여 과제 완성, 발표는 프로젝트 형식<br>• 각 팀에 단일점수가 주어지기 전에 루브릭 점수를 학생에게 제시하여 평가 |

## 07 「생활체육진흥법」의 내용에 해당하지 않는 것은?

① 모든 국민은 건강한 신체활동과 건전한 여가 선용을 위해 생활체육을 즐길 권리를 가진다.
② 국가 및 지방자치단체는 생활체육강좌의 설치·운영에 드는 경비를 지원할 수 있다.
③ 문화체육관광부장관은 생활체육의 진흥을 위한 기본계획을 10년마다 수립·시행해야 한다.
④ 지방자치단체는 그 지역주민의 생활체육 활동을 위하여 체육동호인 조직의 육성에 필요한 시책을 마련할 수 있다.

**해설**
생활체육 진흥 기본계획의 수립 등(「생활체육진흥법」 제6조 제1항) 문화체육관광부장관은 생활체육의 진흥을 위한 기본계획을 5년마다 수립·시행하여야 한다.

## 08 〈보기〉에서 설명하는 링크(J. Rink)의 교수 전략은?

기출▶ 15·19·21·22·23

┌ 보기 ┐
- 상황에 따라 지시형 또는 연습형 스타일로 활용될 수 있다.
- 지도자는 과제의 단서를 선정하고 명확하게 전달해야 한다.
- 주로 집단 전체를 대상으로 하는 움직임 과제를 내용으로 선정한다.

① 동료교수(Peer Teaching)
② 상호작용 교수(Interactive Teaching)
③ 스테이션 교수(Station Teaching)
④ 자기교수 전략(Self-instruction Strategies)

**해설**
상호작용 교수(적극적 수업)
- 초보 단계에 있는 학습자 대상
- 교사 중심으로 이루어지는 직접교수방법
- 교사가 지시·질문·피드백을 제공하고 학생은 지시된 과제 수행
- 학습 경험이 상호작용적이며 내용의 개별화 가능
- 구조화된 과제에 효과적인 수업 형태

정답 06 ④ 07 ③ 08 ②

## 09
<보기>에서 모스턴(M. Mosston)의 교수 스타일에 관한 설명으로 옳은 것을 모두 고른 것은?

기출▶ 18 · 19 · 20 · 21 · 22 · 23 · 24

┌─보기─────────────────────────┐
㉠ 교수 스타일은 비대비 접근 방식에 근거를 둔다.
㉡ 교수 스타일마다 의사결정의 주도권은 교사에게 있다.
㉢ 교수 스타일의 A~E까지는 창조(Production)가 중심이 된다.
㉣ 교수 스타일은 과제 활동 전, 중, 후의 의사결정으로 구분된다.
└─────────────────────────────┘

① ㉠, ㉡
② ㉠, ㉣
③ ㉠, ㉢, ㉣
④ ㉡, ㉢, ㉣

**해설**
㉡ 모스턴은 체육 교수 스타일을 수업의 연속적 의사결정 과정으로 정의한다. 교수 스타일의 구조에 따라 의사결정의 주도권이 교사에게 있는 경우도 있지만, 학생에게 있는 경우도 있다.
㉢ 모스턴은 모방과 창조를 반영하여 교수 스타일을 구분하였는데 A~E 스타일은 모방(Reproduction)이 중심이 되고, F~K 스타일은 창조(Production)가 중심이 된다.

## 10
그리핀(L. Griffin), 미첼(S. Mitchell), 오슬린(J. Oslin)의 게임수행평가도구(GPAI)를 활용하여 학생의 게임수행 능력을 측정한 표이다. 게임수행 점수가 높은 학생 순으로 바르게 나열한 것은?

| 이름\측정항목 | 의사결정 적절 | 의사결정 부적절 | 기술실행 효율적 | 기술실행 비효율적 | 보조하기 적절 | 보조하기 부적절 |
|---|---|---|---|---|---|---|
| 다 은 | 3회 | 1회 | 3회 | 1회 | 3회 | 1회 |
| 세 연 | 2회 | 2회 | 5회 | 0회 | 2회 | 2회 |
| 유 나 | 2회 | 2회 | 2회 | 0회 | 2회 | 0회 |

① 유나 → 세연 → 다은
② 다은 → 세연 → 유나
③ 유나 → 다은 → 세연
④ 다은 → 유나 → 세연

**해설**
게임수행평가도구(GPAI)에 의한 게임수행 점수 계산

| | |
|---|---|
| 의사결정 지수(DMI) | $\dfrac{적절한\ 의사결정}{적절한\ 의사결정 + 부적절한\ 의사결정} \times 100$ |
| 기술실행 지수(SEI) | $\dfrac{효율적\ 기술실행}{효율적\ 기술실행 + 비효율적\ 기술실행} \times 100$ |
| 보조하기 지수(SI) | $\dfrac{적절한\ 보조하기}{적절한\ 보조하기 + 부적절한\ 보조하기} \times 100$ |
| 게임 참여 | 적절한 의사결정 + 부적절한 의사결정 + 효율적 기술실행 + 비효율적 기술실행 + 적절한 보조하기 |
| 게임 수행력 | (DMI + SEI + SI) ÷ 3 |

공식에 대입하여 각 학생의 게임수행 점수를 계산하면 다음과 같다.

| 구 분 | 의사결정 지수 | 기술실행 지수 | 보조하기 지수 | 게임 수행력 |
|---|---|---|---|---|
| 다 은 | 3/4 × 100 = 75 | 3/4 × 100 = 75 | 3/4 × 100 = 75 | (75 + 75 + 75) ÷ 3 = 75 |
| 세 연 | 2/4 × 100 = 50 | 5/5 × 100 = 100 | 2/4 × 100 = 50 | (50 + 100 + 50) ÷ 3 = 66.67 |
| 유 나 | 2/4 × 100 = 50 | 2/2 × 100 = 100 | 2/2 × 100 = 100 | (50 + 100 + 100) ÷ 3 = 83.33 |

게임수행 점수가 높은 학생 순으로 나열하면 유나 → 다은 → 세연이다.

## 11. 〈보기〉의 내용에 해당하는 모스턴(M. Mosston)의 교수 스타일은?

| 보기 |
| --- |
| • 지도자는 난이도가 다른 과제를 선정하고 조직한다.<br>• 학생은 자신에게 맞는 난이도의 과제를 선택하고 참여한다.<br>• 높이뛰기의 경우, 학생들은 바(Bar)의 높이가 다른 연습 과제를 선택할 수 있다. |

① 연습형
② 포괄형
③ 자기점검형
④ 상호학습형

**해설**
② 포괄형 : 학습자가 자신의 수준을 인식하고 수행할 수 있는 난이도의 과제를 선택해 수업을 진행한다.
① 연습형 : 피드백이 주어진 기억·모방 과제를 학습자가 개별적으로 연습한다. 학습자는 9가지 특정 사항을 결정하는 한편, 기억·모방 과제를 개별적으로 수행한다.
③ 자기점검형 : 학습자가 자신의 수행을 스스로 점검하고 교정하는 방식으로, 비교와 대조, 결론 도출 능력을 스스로 적용한다.
④ 상호학습형 : 학습자는 자기 동료와 함께 두 명이 짝을 이루며 움직임을 수행한다. 한 명은 주어진 과제를 수행하고, 다른 한 명은 즉각적이고 지속적인 피드백을 제공하는 관찰자의 역할을 맡는다.

## 12. 〈보기〉의 소프(R. Thorpe), 벙커(D. Bunker), 알몬드(L. Almond)의 이해중심게임 수업모형의 단계 중 ㉠, ㉡에 들어갈 용어는?

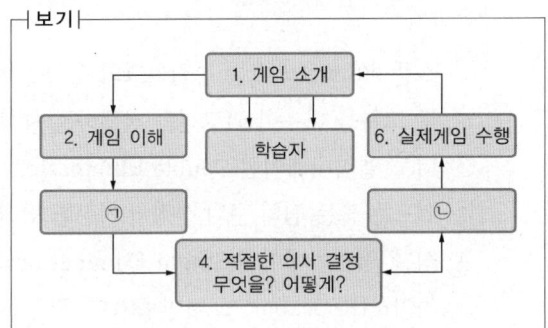

| | ㉠ | ㉡ |
| --- | --- | --- |
| ① | 전술 이해 | 기술 연습 |
| ② | 과제 제시 | 기술 연습 |
| ③ | 기술 연습 | 전술 이해 |
| ④ | 전술 이해 | 게임 설계 |

**해설**
이해중심게임 수업모형(Teaching Games for Understanding)
• 전술게임모형이라고도 하며, 게임 상황과 유사한 환경에서 학습한다.
• 게임과 게임 유형에 대한 학습자의 흥미와 열정은 모형에서 긍정적인 동기유발의 소재로 활용한다.
• 학습자는 자신이 이해한 것을 게임에 적용하여 수행한다.
• 진행 단계 : 게임 소개 → 게임 이해 → 전술 인지 → 의사결정 → 기술 연습 → 실제 게임수행

**13** 학교스포츠클럽 대회 운영 방식에 관한 설명으로 적절하지 않은 것은?

① 통합리그 유형은 조별리그 유형보다 경기 수가 많다.
② 스플릿(Split) 리그는 통합리그의 성적을 바탕으로 그룹을 나누어 리그전을 진행하는 방식이다.
③ 더블 엘리미네이션(Double Elimination) 토너먼트는 모든 팀의 순위 산정이 가능한 방식이다.
④ 싱글 엘리미네이션(Single Elimination) 또는 녹아웃(Knockout) 토너먼트의 패배 팀은 패자부활전으로 상위 라운드 진출이 가능하다.

**해설**
싱글 엘리미네이션 또는 녹아웃 토너먼트는 승리한 팀은 계속하여 다른 승리한 팀과 경기를 진행하고, 패배하는 순간 대회가 종료된다. 패자부활전이 있는 게임은 더블 엘리미네이션 토너먼트이다.

**14** 〈보기〉에서 「국민체육진흥법」 제6조 '학교 체육의 진흥을 위한 조치'의 내용 중 학생 체력증진 및 체육 활동 육성을 위한 학교의 역할을 모두 고른 것은?

┌─ 보기 ─────────────────┐
㉠ 운동회나 체육대회의 실시
㉡ 운동경기부와 선수의 육성·지원
㉢ 학생에 대한 한 종목 이상의 운동 권장과 지도
㉣ 체육동호인조직의 결성 등 학생의 자발적 체육 활동의 육성·지원
└─────────────────────┘

① ㉠, ㉢
② ㉠, ㉡, ㉢
③ ㉠, ㉡, ㉣
④ ㉠, ㉡, ㉢, ㉣

**해설**
학교 체육의 진흥을 위한 조치(「국민체육진흥법」 시행령 제6조) 학생의 체력 증진과 체육 활동의 육성을 위하여 학교가 취하여야 할 조치는 다음과 같다.
• 운동회나 체육대회의 실시
• 학생에 대한 한 종목 이상의 운동 권장과 지도
• 체육동호인조직의 결성 등 학생의 자발적 체육 활동의 육성·지원
• 운동경기부와 선수의 육성·지원
• 그 밖에 학교 체육의 진흥을 위하여 필요한 사항

**15** 다음은 지도자의 교수 행동을 사건 기록법으로 관찰·기록한 표이다. 이 체계적 관찰 방법에 관한 설명으로 가장 적절한 것은?

| 행 동 | 피드백 유형 | | | |
|---|---|---|---|---|
| | 긍정적 | 부정적 | 교정적 | 가치적 |
| 횟 수 | 正正正正 | 正正 | 正正正 | 正 |
| 합 계 | 20회 | 10회 | 15회 | 5회 |
| 비 율 | 40% | 20% | 30% | 10% |

① 교수-학습에 관한 질적 정보를 얻기 위해 주로 활용한다.
② 지도자와 학생의 상호작용에 관한 기록을 간단히 측정할 수 있다.
③ 일정한 시간 간격을 기준으로 학생의 행동을 관찰하고 측정한다.
④ 교수-학습 시간 활용에 관한 구체적 정보가 필요할 때 사용한다.

**해설**
사건 기록법
피드백 유형별 발생 빈도를 체크하는 방법으로 불연속적인 사건의 발생 빈도에 관한 자료를 제공한다.

**16** 〈보기〉에서 인지적 영역이 학습 영역의 1순위인 학습자를 모두 고른 것은?

┌ 보기 ┐
㉠ 직접교수모형에서의 학습자
㉡ 개별화지도모형에서의 학습자
㉢ 전술게임모형에서의 학습자
㉣ 스포츠교육모형에서 코치의 역할을 부여받은 학습자
㉤ 동료교수모형에서 개인교사 역할을 부여받은 학습자

① ㉠, ㉡, ㉤
② ㉡, ㉢, ㉣
③ ㉢, ㉣, ㉤
④ ㉡, ㉢, ㉣, ㉤

[해설]
㉠ 직접교수모형의 학습 영역 우선순위는 '심동적 영역(1순위) – 인지적 영역(2순위) – 정의적 영역(3순위)' 순이다.
㉡ 개별화지도모형의 학습 영역 우선순위는 '심동적 영역(1순위) – 인지적 영역(2순위) – 정의적 영역(3순위)' 순이다.

[17~18] 다음은 배구스포츠클럽을 지도하는 박 코치의 지도일지이다.

┌ 보기 ┐
오늘 수업 내용은 배구 서브였다. ㉠ 출석 점검 후, ㉡ A팀은 서브 연습을 하였고, B팀은 서브 정확성이 낮은 학생이 많아 ㉢ 내가 서브 시범을 보여 주었다. C팀은 장난하는 학생이 많아 그때그때 ⓐ 손가락으로 학생의 부정적 행동을 가리키며 제지했다. 배구공이 부족해서 ㉣ D팀은 경기장 밖에서 대기하게 했다. 연습을 마친 후에는 ㉤ 학생들이 배구공과 네트를 정리하도록 했다.

**17** 〈보기〉의 ㉠~㉤ 중 수업 운영 시간에 해당하는 것을 모두 고른 것은?

① ㉠, ㉣
② ㉡, ㉢
③ ㉠, ㉡, ㉢
④ ㉠, ㉣, ㉤

[해설]
수업 운영은 실제 학습 시간 외의 상규적 활동을 줄이는 전략으로 이루어지며, 초기 활동 통제, 수업 시간 엄수, 출석 점검 시간 절약, 적극적 수업 진행, 피드백과 상호작용, 주의집중, 절차의 훈련, 관리 행동 등이 해당한다.

**18** 〈보기〉의 ⓐ에 해당하는 온스타인(A. Ornstein)과 레빈(D. Levine)이 제시한 부정적 행동 관리 전략은?

① 퇴장(Time-out)
② 삭제훈련(Omission Training)
③ 신호간섭(Signal Interference)
④ 접근통제(Proximity Control)

[해설]
③ 신호간섭 : 학습자의 이탈 행동을 예방하고 과제에 집중하게 하기 위해 교사가 간단한 신호를 사용하여 학습자에게 알리는 방법이다. 이 방법은 시선 마주침, 손 움직임 등 학습자에게 특정 신호를 보냄으로써 학습자가 과제에서 이탈하지 않도록 한다.
① 퇴장 : 학습자가 잘못된 행동을 했을 때 수업 현장에서 퇴장시킨다.
② 삭제훈련 : 학습자가 부정적 행동을 하지 않았을 때 칭찬이나 보상을 하여 부정적 행동을 삭제한다.
④ 접근통제 : 프로그램 진행을 방해하는 학습자에게 가까이 접근하거나 접촉하여 제지하는 것이다.

정답 16 ③ 17 ④ 18 ③

**19** 〈보기〉는 마튼스(R. Martens)의 전문체육 프로그램 개발 단계이다. ㉠, ㉡에 들어갈 용어는?

기출▶ 17

┤보기├

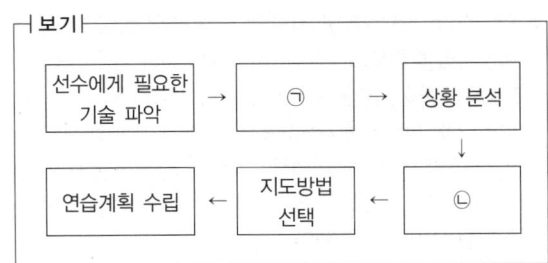

|   | ㉠ | ㉡ |
|---|---|---|
| ① | 선수 이해 | 우선순위 결정 및 목표 설정 |
| ② | 선수 이해 | 전술 선택 |
| ③ | 종목 이해 | 우선순위 결정 및 목표 설정 |
| ④ | 종목 이해 | 전술 선택 |

**해설**
마튼스의 전문체육 프로그램 지도 개발 단계

| 1단계 | 선수에게 필요한 기술 파악 | • 스포츠를 통해 훌륭한 선수로 성장할 수 있도록 지도<br>• 스포츠기술 지도, 생활기술 지도 |
|---|---|---|
| 2단계 | 선수 이해 | 선수들의 신체적·심리적·사회적 발달단계를 파악 |
| 3단계 | 상황 분석 | 지도계획을 수립하기 전 주변 상황에 대한 분석 및 개선 |
| 4단계 | 우선순위 결정 및 목표 설정 | • 우선순위 결정은 목표 설정에 도움을 줌<br>• 목표는 구체적, 주어진 상황과 기간에 적합, 성취 가능하도록 설정함 |
| 5단계 | 지도방법 선택 | • 지도방법은 기술 및 연습에서 효과적으로 지식, 기능, 태도 등을 전달하는 과정<br>• 직접형, 과제형, 상호형, 유도발견형, 문제해결형 등 |
| 6단계 | 연습계획 수립 | • 연습 내용이 결정되면 시즌 계획과 일일 지도계획 수립<br>• 연습 수준과 범위, 목표, 체계적인 지도방안 등 |

**20** 〈보기〉는 마튼스(R. Martens)의 전문체육 프로그램 개발 단계이다. ㉠, ㉡에 들어갈 용어는?

┤보기├
• 투수의 투구 시간이 너무 오래 걸려 지난 시간에 배운 '피치 클락'을 알고 있는지 확인하기 위해 ㉠ "투구 제한 시간이 몇 초이지?"라고 질문했지만 선수가 제대로 대답하지 못해 다시 한번 알려줌
• 투수의 제구력이 불안정하여 ㉡ 포구 그물에 공을 정확하게 던져 넣는 연습을 반복하게 함

|   | ㉠ | ㉡ |
|---|---|---|
| ① | 회상형(회고적) 질문 | 개방기능 |
| ② | 회상형(회고적) 질문 | 폐쇄기능 |
| ③ | 수렴형(집중적) 질문 | 개방기능 |
| ④ | 수렴형(집중적) 질문 | 폐쇄기능 |

**해설**
㉠ 기억 수준의 질문이므로 회상형(회고적) 질문에 해당한다.
㉡ 환경 변화에 영향을 받지 않는 기능이므로 폐쇄기능 과제에 해당한다.
• 수렴형(집중적) 질문 : 경험했던 내용을 분석·통합하는 데 필요한 질문이다.
• 개방기능 : 환경의 변화에 영향을 받아 요구조건이 변화하는 기능으로, 팀 스포츠가 이에 해당된다.

## 제3과목 | 스포츠심리학

**01** 스포츠심리학자의 역할로 적절하지 않은 것은?

① 스포츠심리학 이론을 가르친다.
② 체력 향상을 위한 의약품을 판매한다.
③ 스포츠심리학 관련 연구를 수행하고 현장에 응용한다.
④ 심리기술훈련을 적용해 선수들의 경기력 향상을 돕는다.

**해설**
스포츠심리학자의 역할

| 연구 | • 심리적 요인이 경기력 및 운동 수행에 미치는 영향을 분석하고 검증<br>• 스포츠심리학 관련 연구를 수행하고 현장에 응용<br>• 자신의 연구 성과를 발표하고 검증받기도 함 |
|---|---|
| 교육 | • 선수, 코치, 학습자 등을 대상으로 스포츠심리학의 학문적 지식 전달<br>• 스포츠심리학, 운동학습, 운동제어, 운동발달 등을 가르침 |
| 상담 | • 심리상담이 필요한 대상에게 정신 건강 지원 및 불안 등의 심리상담 시행<br>• 운동선수뿐만 아니라 상담이 필요한 수행자를 대상으로 상담<br>• 상담을 통해 선수가 필요로 하는 심리기술훈련을 하기도 함 |

**02** 심상에 관한 설명으로 옳지 않은 것은?

기출 18·22

① 동기를 유발하고 강화한다.
② 감정을 조절하는 데 도움이 된다.
③ 스포츠 전략을 습득하고 연습할 수 있다.
④ 통증과 부상을 대처하는 데 도움이 되지 않는다.

**해설**
심상이란 기억 속에 있는 감각 경험을 회상하며, 외적 자극 없이 내적으로 운동을 수행하는 과정을 상상하는 것을 말한다. 이러한 심상은 통증과 부상에 대처하는 데도 도움이 된다.

**03** 〈보기〉 중 내적 동기를 향상하는 전략으로 옳은 것만을 모두 고른 것은?

기출 18·21·24

┌보기┐
㉠ 성공 경험을 갖게 한다.
㉡ 언어적, 비언어적 칭찬을 자주 한다.
㉢ 팀의 의사결정에 선수를 참여시킨다.
㉣ 물질적 보상과 처벌을 주로 활용한다.
㉤ 최대한 높은 결과목표를 설정하여 도전하게 한다.

① ㉠, ㉡, ㉢
② ㉠, ㉡, ㉣
③ ㉡, ㉢, ㉣
④ ㉢, ㉣, ㉤

**해설**
외적 동기는 외부에서 제공하는 보상이나 처벌과 같은 요인에 의해 유발되는 동기를 의미하며 ㉣과 ㉤은 이러한 외적 동기를 향상하는 전략에 해당한다.

**04** 목표 설정 원리로 적절하지 않은 것은?  기출 23

① 수행목표보다 결과목표를 강조한다.
② 구체적이고 객관적인 목표를 설정한다.
③ 부정적인 목표보다 긍정적인 목표를 강조한다.
④ 단기목표, 중기목표, 장기목표를 함께 설정한다.

**해설**
목표 설정 원리는 결과목표보다 수행목표를 강조한다.

목표 설정 원리
• 수행목표 설정
• 구체적이고 객관적인 목표 설정
• 단기·중기·장기목표의 연계 설정
• 도전적이면서도 성취 가능한 목표 설정
• 부정적인 목표보다 긍정적인 목표 강조
• 팀 목표와 개인 목표를 충분히 검토하여 적절한 목표 설정

**정답** 01 ② 02 ④ 03 ① 04 ①

## 05 〈보기〉가 설명하는 가설은?

┌보기┐
운동은 세로토닌, 노르에피네프린, 도파민과 같은 신경전달물질 분비를 증가시켜 우울증을 개선한다.
└──┘

① 열발생 가설
② 모노아민 가설
③ 사회심리적 가설
④ 생리적 강인함 가설

**해설**
② 모노아민 가설 : 운동이 우울증에 효과가 되는 근거를 설명하는 가설로, 운동이 세로토닌, 노르에피네프린, 도파민과 같은 신경전달물질 분비를 증가시켜 우울증을 개선한다고 본다.
① 열발생 가설 : 사우나 등 체온을 높이는 요법이 이완 효과가 있는 것처럼 운동을 하면 체온이 상승하기 때문에 불안 감소의 심리적인 효과가 있다고 설명하는 가설이다.
③ 사회심리적 가설 : 운동이 실제로 효과가 있다기보다 효과가 있다는 믿음 때문에 효과가 나타나는 위약 효과로 보는 가설이다.
④ 생리적 강인함 가설 : 운동이 상태불안과 특성불안을 감소시키는 이유를 심리·생리적 측면에서 설명하는 가설로, 스트레스에 자주 노출되면 대처 능력이 좋아지고 정서적으로 안정되기 때문에 불안이 낮아진다고 본다.

## 06 〈보기〉에 해당하는 학자는?

┌보기┐
- 주요 활동은 1921~1938년
- 최초로 스포츠심리학 실험실 설립
- 북미 스포츠심리학의 아버지라고 불림
- 시카고 컵스 야구팀 스포츠심리 상담사
- 코칭심리학(Psychology of Coaching, 1926) 책 출판
└──┘

① 프랭클린 헨리(Franklin Henry)
② 콜먼 그리피스(Coleman Griffith)
③ 레이너 마틴즈(Rainer Martens)
④ 노먼 트리플렛(Norman Triplett)

**해설**
콜먼 그리피스
미국의 교육 심리학 교수로 1920~1930년대 스포츠심리학 연구에서 선구자 역할을 하였다. 그는 스포츠 선수들의 심리적·생리학적 특성 이해 등 자신이 연구한 여러 주제를 코치들과 선수들에게 적용함으로써 스포츠심리학을 한 단계 발전시켰다. 최초로 스포츠심리학 실험실을 설립하였고 시카고 컵스 야구팀 스포츠심리 상담사로 활동하기도 하였다. 그는 이러한 업적으로 스포츠심리학의 아버지라고 불린다.

## 07 그림에서 ㉠의 고원현상에 관한 설명으로 옳지 않은 것은?

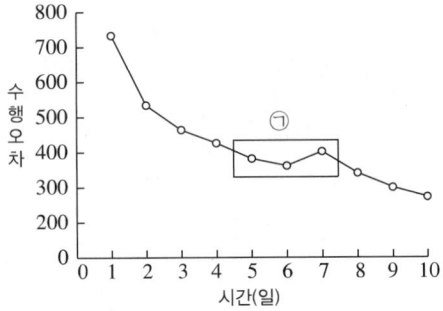

① 수행은 정체되지만, 학습은 진행된다.
② 연습 기간에 쌓인 피로나 동기 저하로 인해서 발생할 수 있다.
③ 협응 구조가 완성되어 더 이상의 질적인 변화가 없는 시기이다.
④ 하나의 동작 유형에서 다른 동작 유형으로 전환이 발생하는 시기이다.

**해설**
고원현상은 운동 과정에서 처음에는 실력이 빠르게 향상되다가 어느 순간 정체되는 현상으로 협응 구조가 형성되는 과정이며 질적인 변화가 계속 나타나는 시기이다.

## 08 루틴(Routine)에 관한 설명으로 적절하지 않은 것은?

① 다음 수행을 준비할 때 도움이 된다.
② 경기 직전에 수정하면 경기력 향상에 도움이 된다.
③ 정신이 산만해질 때 운동과 무관한 것을 차단해 준다.
④ 최고의 경기력을 위해 필요한 자신만의 심리적·행동적 절차이다.

**해설**
루틴이란 선수들이 최상의 운동 수행을 발휘하는 데 필요한 이상적인 상태를 갖추기 위한 자신만의 고유한 동작이나 절차를 의미한다. 루틴은 운동 수행에 앞서 사전에 설정된 수행 과정을 제공함으로써 일관된 운동 수행을 돕고, 경기 당일에는 루틴 변경이 의미가 없다.

## 09 〈보기〉가 설명하는 심리기술훈련은?

┌ 보기 ┐
- 1958년 월피(J. Wolpe)가 개발함
- 불안을 일으키는 상황을 중요도 순서에 따라 10단계 정도를 준비함
- 불안이 낮은 순서부터 극도의 불안을 일으키는 중요도가 높은 순서로 배열하고 훈련함
- 불안이나 스트레스를 유발하는 자극에 노출될 때 불안반응 대신 편안한 반응을 나타냄으로써 불안이나 스트레스를 감소하는 기법임

① 자생훈련(Autogenic Training)
② 점진적 이완(Progressive Relaxation)
③ 인지 재구성(Cognitive Restructuring)
④ 체계적 둔감화(Systematic Desensitization)

**해설**
④ 체계적 둔감화 : 불안을 적게 느끼는 상황부터 불안을 많이 느끼는 상황의 단계를 개발한 후 각각의 단계에서 불안을 극복하도록 유도하여 결국 불안을 가장 많이 느끼는 상황을 극복하도록 독려하는 심리기술훈련이다.
① 자생훈련 : 신체 부위의 따뜻함과 무거움을 느끼게 해주는 일련의 동작으로, 근육에 대조되는 두 느낌을 느낀다는 점에서 점진적 이완과 유사한 심리기술훈련이다.
② 점진적 이완 : 신체 모든 부위를 인위적으로 긴장시키고 긴장 상태에서 이완하는 과정을 통해 근육의 수축과 이완의 느낌을 체험하게 하는 심리기술훈련이다.
③ 인지 재구성 : 부정적인 생각을 긍정적인 생각으로 대체하는 방법과 관련된 인지적인 기법으로, 자기가 걱정하고 있는 것이 과연 자신이 통제할 수 있는 것인지 인식한 다음, 자신이 통제할 수 있는 것에 대해서만 신경을 쓰고 그렇지 못한 것은 걱정하지 않도록 하는 심리기술훈련이다.

10 〈보기〉의 스포츠상황과 반응시간 유형이 바르게 연결된 것은?

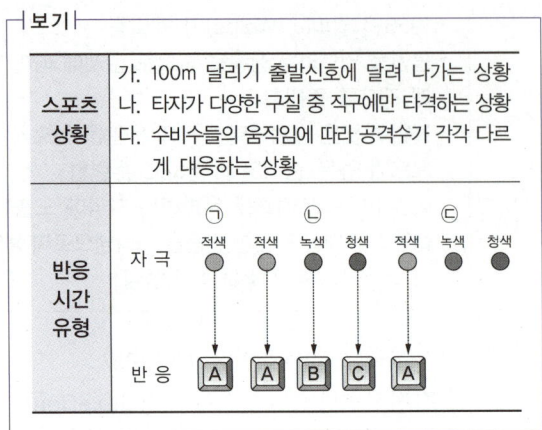

| | 가 | 나 | 다 |
|---|---|---|---|
| ① | ㉠ | ㉡ | ㉢ |
| ② | ㉠ | ㉢ | ㉡ |
| ③ | ㉡ | ㉢ | ㉠ |
| ④ | ㉢ | ㉠ | ㉡ |

**해설**
반응시간의 유형
• 단순반응(자극 1, 반응 1) : 하나의 자극 신호가 주어지고, 하나의 반응을 요구하는 경우
• 변별반응(자극 2, 반응 1) : 두 개 이상의 자극이 주어졌을 때, 어느 특정 자극에 반응하는 경우
• 선택반응(자극 2 이상, 반응 2 이상) : 두 개 이상의 자극이 주어졌을 때, 각 자극에 대한 서로 다른 반응을 요구하는 경우

11 스포츠심리상담사의 상담 윤리에 관한 설명으로 옳은 것은?  기출▶ 17·19·20·21·24
① 내담자와 상담실 밖에서 사적인 관계를 유지한다.
② 비언어적 메시지보다 언어적 메시지에만 집중한다.
③ 알고 지내는 사람과 전문적인 상담을 진행하지 않는다.
④ 상담 내용은 내담자의 동의가 없어도 타인과 공유할 수 있다.

**해설**
① 특수 상황이 아니면 내담자와 사적 관계를 유지해서는 안 된다.
② 언어적 메시지와 비언어적 메시지 둘 다에 집중한다.
④ 상담 내용은 내담자의 동의가 있어야 타인과 공유할 수 있다.

12 추동 이론(Drive Theory)에 관한 설명으로 옳은 것은?
① 각성 수준과 운동 수행은 비례한다.
② 각성을 어떻게 해석하느냐에 따라 각성과 정서의 관계가 달라진다.
③ 인지적 불안과 신체적 불안이 각성 수준에 따라 수행에 다르게 영향을 미친다.
④ 적절한 각성 수준에서는 최고의 수행을 보이고 각성 수준이 낮거나 높으면 운동 수행이 감소한다.

**해설**
① 추동 이론(욕구 이론)은 운동 수행의 결과가 경쟁불안의 정도인 각성 수준과 비례하여 증가한다는 이론이다.
② 전환 이론(반전 이론)에 대한 설명이다.
③ 다차원적불안 이론에 대한 설명이다.
④ 적정각성 수준 이론(역U가설)에 대한 설명이다.

## 13  <보기>의 ㉠, ㉡에 해당하는 용어가 바르게 나열된 것은?

┌─ 보기 ─────────────────────────────┐
교 사 : 줄다리기의 경우, 집단이 내는 힘의 총합은 개인의 힘을 모두 합친 것보다 작아지게 된다. 이것을 ( ㉠ ) 효과라고 해.

학 생 : "나 하나쯤이야." 하는 생각 때문에 힘을 덜 쓰는 거 같아요.

교 사 : 게으름을 피우는 사람으로 인해 집단 내에 동기의 손실이 생기는데 이것을 ( ㉡ )이라고 해.
└────────────────────────────────┘

|   | ㉠ | ㉡ |
|---|---|---|
| ① | 링겔만 | 사회적 태만 |
| ② | 링겔만 | 사회적 촉진 |
| ③ | 플라시보 | 사회적 태만 |
| ④ | 플라시보 | 사회적 촉진 |

**해설**

링겔만 효과 – 사회적 태만 현상
- 모일수록 책임감이 분산되는 현상
- 집단의 잠재 능력에 비해 실제 능력이 줄어드는 이유는 각자의 동기가 줄어들기(동기 손실) 때문
- 원인으로는 할당 전략, 최소화 전략, 무임승차 전략, 반무임승차 전략 등이 있음

## 14  질문지 측정법 도구가 아닌 것은?

① POMS(Profile of Mood States)
② MBTI(MyersBriggs Type Indicator)
③ 16PF(16 Personality Factor Questionnaire)
④ 주제통각검사(Thematic Apperception Test)

**해설**

주제통각검사는 개인의 성격과 환경 간의 관계를 밝히고자 하는 심리 검사 도구로, 내담자에게 그림(카드)을 제시하고 내담자가 그 그림을 자유롭게 해석할 수 있게 하여 그림에 투사된 욕구나 동기를 알아보고자 하는 투사법 검사이다.

## 15  그림에서 무관심 단계의 운동 실천 전략으로 가장 적절한 것은?

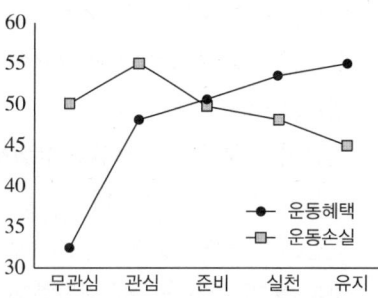

프로차스카(J. Prochaska) 운동변화단계 이론

① 장시간 고강도 운동에 참여하도록 조언한다.
② 다른 사람의 운동 멘토 역할을 하도록 한다.
③ 운동의 긍정적 효과에 관한 정보를 제공한다.
④ 운동중독의 위험성에 관한 자료를 공유한다.

**해설**

프로차스카 운동변화단계 이론

| 단계 구분 | 행동 변화의 형태 | 변화 전략 |
|---|---|---|
| 계획 전 단계 (무관심) | 현재 운동을 하지 않으며, 6개월 이내에 운동을 시작할 의도가 없음 | 행동 변화의 필요성 인식 유도 |
| 계획 단계 (관심) | 현재 운동을 하지 않지만, 6개월 이내에 운동을 시작할 의도가 있음 | 행동의 동기부여, 구체적 계획을 세우도록 격려 |
| 준비 단계 | 현재 운동을 하지 않지만, 1개월 이내에 운동을 시작할 의도가 있음 | 구체적 행동계획 개발, 실천 교육 |
| 실천 단계 | 운동하고 있지만 6개월이 아직 안 되었음 | 피드백, 문제해결책, 사회적 지지 |
| 유지 단계 | 중간 정도 강도로 매일 30분씩 6개월 이상 운동하고 있음 | 사회적 지지, 추후 관리 |

## 16 본능 이론(Instinct Theory)에 관한 설명으로 옳은 것은?

① 인간은 목표 달성이 좌절되면 공격성을 표출한다.
② 인간은 사회적 행위와 관찰학습으로 공격성을 배우고 표출한다.
③ 인간의 내부에는 공격성을 유발하는 에너지가 있어 공격성을 표출한다.
④ 인간은 목표가 좌절되면 무조건 공격행동을 유발하지 않고, 공격 행동이 적절하다는 단서가 있을 때 공격성을 표출한다.

**해설**
공격성 이론
- 사회학습 이론 : 환경에서 관찰과 강화로 공격 행동을 학습한다.
- 본능 이론 : 인간의 내부에는 공격성을 유발하는 에너지가 존재하며, 본능적으로 분출되어 나오는 공격에너지가 공격 행동을 일으킨다.
- 좌절-공격 가설 이론 : 좌절(목표를 추구하는 행위가 방해받는 경험)이 공격 행동을 유발한다.
- 수정된 좌절-공격 가설 이론(단서촉발 이론) : 좌절이 무조건 공격 행동을 유발하지 않고, 공격 행동이 적절하다는 외부적 단서가 있을 때 나타난다.

**해설**
베일리(R. Vealey)의 스포츠 자신감 이론
- 스포츠 자신감은 개인이 스포츠에서 성공할 수 있는 능력이 있다는 믿음이나 확신의 정도를 말한다.
- 객관적 경쟁 상황에서 운동선수들은 특성 스포츠 자신감과 경쟁을 지향한다.
- 상태 스포츠 자신감은 수행이나 명백한 행동 반응을 예언한다.
- 특성 스포츠 자신감과 경쟁 지향성이 높은 사람 → 상태 스포츠 자신감이 높다. → 행동에 있어서의 만족감, 성공감, 개인의 주관적 정서와 판단을 결정하는 데 영향을 미친다.
- 스포츠 자신감은 특성 스포츠 자신감과 상태 스포츠 자신감으로 구분한다.
- 스포츠 자신감의 원천으로 성취 경험, 사회적 분위기, 자기조절 등이 있다.

## 17 〈보기〉의 ㉠~㉢에 해당하는 베일리(R. Vealey)의 스포츠 자신감 원천을 바르게 연결한 것은?

┌ 보기 ┐
㉠ 시합에서 좋은 성과를 낸다.
㉡ 주변 사람들이 나를 믿어준다.
㉢ 시합에 필요한 체력, 전략, 정신력을 갖춘다.

| | ㉠ | ㉡ | ㉢ |
|---|---|---|---|
| ① | 성취 경험 | 자기조절 | 사회적 분위기 |
| ② | 자기조절 | 사회적 분위기 | 성취 경험 |
| ③ | 성취 경험 | 사회적 분위기 | 자기조절 |
| ④ | 사회적 분위기 | 성취 경험 | 자기조절 |

## 18 주의집중을 높이는 방법으로 가장 적절한 것은?

① 테니스 선수가 경기 중 루틴을 변경해 서브를 시도한다.
② 야구 선수가 지난 이닝의 수비 실책을 생각하면서 수비한다.
③ 멀리뛰기 선수가 1등의 최고 기록을 직접 확인하고 도움닫기를 한다.
④ 골프 선수가 실제 시합과 유사한 상황을 만들어 놓고 모의훈련을 한다.

**해설**
주의집중이란 연습이나 시합에 임할 때 수행해야 할 기술 또는 유의해야 할 경기 상황 외에 다른 어떤 것에도 신경 쓰지 않고 집중하는 상태를 말한다. 주의집중을 높이는 훈련으로는 심상훈련, 참선훈련, 격자판 훈련, 모의훈련, 신뢰훈련 등이 있다.

19 지도자의 처벌 행동 지침으로 옳은 것은?

① 처벌이 필요한 경우에는 처벌의 이유를 정확하게 말한다.
② 동일한 규칙을 위반하면 주장과 상급 학년 선수부터 처벌한다.
③ 규칙 위반에 대한 처벌 규정을 정할 때 선수의 의견은 반영하지 않는다.
④ 처벌이 필요할 때는 단호함을 보여주고 전체 선수 앞에서 본보기로 삼는다.

해설
와인버그(R. S. Weinberg)와 굴드(D. Gould)의 처벌 행동 지침
• 사람이 아니라 행동을 처벌한다.
• 처벌이 필요한 경우에는 처벌의 이유를 정확하게 말한다.
• 동일한 규칙위반에 대해 누구에게나 동일하게 처벌한다.
• 규칙 위반에 관한 처벌 규정을 만들 때 선수의 의견을 반영한다.
• 신체활동을 처벌로 이용하지 않는다.
• 개인적인 감정으로 처벌하지 않는다.
• 전체 선수나 학생 앞에서 개인 선수에게 창피를 주지 않는다.
• 처벌이 필요할 때에는 단호함을 보여야 한다.

20 〈보기〉는 맥락간섭의 양에 따른 연습 형태이다. ㉠~㉢에 해당하는 코치를 바르게 나열한 것은?

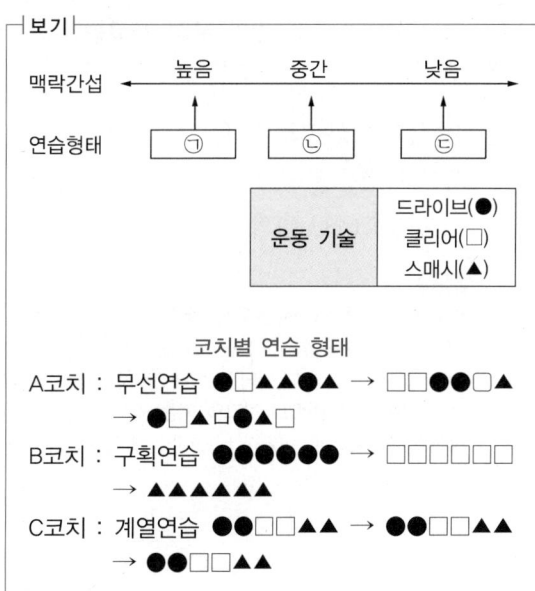

|   | ㉠ | ㉡ | ㉢ |
|---|---|---|---|
| ① | A코치 | B코치 | C코치 |
| ② | B코치 | C코치 | A코치 |
| ③ | C코치 | A코치 | B코치 |
| ④ | A코치 | C코치 | B코치 |

해설
맥락간섭이란 연습 시 개입된 사건이나 경험으로 인하여 발생하는 문제 때문에 학습이나 기억이 방해받는 현상을 말하며, 운동 기술을 연습하는 상황에서 운동 기술에 포함된 하위 요소 간에 간섭 현상이 발생하는 현상을 맥락간섭 효과라고 한다.

맥락간섭의 양에 따른 연습 형태

| 무선연습 | • 운동 기술에 포함된 하위 요소들을 순서에 상관없이 무작위로 연습하는 방법<br>• 맥락간섭 효과가 높기 때문에 파지와 전이에 효과적인 연습법 |
|---|---|
| 구획(분단)연습 | • 운동 기술에 포함된 변인을 나눈 후 각각 주어진 시간 동안 연습하는 방법<br>• 맥락간섭 효과가 낮기 때문에 연습 수행에 효과적인 연습법 |
| 계열연습 | 불연속적 운동 기술을 연속적으로 연결하여 연습하는 방법 |

정답 19 ① 20 ④

## 제4과목 | 한국체육사

**01** 고구려의 씨름에 관한 물적 사료는?

① 『경국대전(經國大典)』
② 각저총(角抵塚) 벽화
③ 무녕왕릉(武寧王陵) 벽화
④ 김홍도(金弘道)의 「씨름」 풍속화

**해설**
연구 사료 중 물적 사료는 유물·유적 등의 물질적 유산을 가리킨다. 고구려의 씨름에 관한 물적 사료는 각저총의 벽화이다. 각저총의 벽화는 고구려 시대 무덤 안 벽에 그려진 그림이며, 각저(角抵)는 두 사람이 맨손으로 허리의 띠를 맞잡고 힘과 기를 겨루어 넘어뜨리는 경기로 씨름과 비슷한 신체 활동이다.

**02** 〈보기〉에서 체육사관(體育史觀)에 관한 옳은 설명을 모두 고른 것은?

보기
㉠ 체육과 스포츠의 역사에 관한 견해, 관념 등을 의미한다.
㉡ 체육과 스포츠의 역사적 사실이나 사건 등을 기록한 것이다.
㉢ 진보사관, 순환사관 등에 따라 체육사적 해석이 다른 경우도 있다.
㉣ 체육과 스포츠의 역사 서술과 역사가의 견해 형성에 바탕이 되기도 한다.

① ㉠, ㉡
② ㉡, ㉢
③ ㉠, ㉡, ㉣
④ ㉠, ㉢, ㉣

**해설**
㉡ 사료에 대한 설명에 해당한다. 사료는 역사를 고찰하는 단서가 된다.

**체육사관(體育史觀)**
- 체육과 스포츠의 역사에 대한 견해, 해석, 관념, 사상 등을 의미
- 유물사관, 관념사관, 진보사관, 순환사관 등이 있으며, 이에 따라 체육사적 해석이 다를 때도 있음
- 체육 역사가의 관점으로 다양한 과거의 역사적 사실을 해석
- 체육과 스포츠의 역사 서술과 역사가의 견해 형성에 바탕이 됨

**03** 부족국가 시대에 신체활동이 이루어진 행사가 아닌 것은?

① 대향사례(大鄕射禮)
② 성년의식(成年儀式)
③ 주술의식(呪術儀式)
④ 제천행사(祭天行事)

**해설**
① 대향사례(大鄕射禮)는 유교의 예(禮) 중 하나로 조선 시대 유교적 질서 안에서 이루어진 예의 체육 행사이다.
② 부족국가 시대 때 시행된 성년의식(成年儀式)은 젊은 청년들의 힘과 용기를 시험하는 과정으로 청년들이 나무를 메고 운송하는 등 신체적인 능력을 발휘하였다.
③ 부족국가 시대에는 애니미즘과 샤머니즘과 같은 주술의식을 통해 신체활동이 이루어졌다.
④ 부족국가 시대에는 농경생활로 정착되어 동맹, 영고, 무천 등 제천행사를 시행하면서 각종 무예나 힘을 겨루는 신체활동이 행해졌다.

정답  01 ②  02 ④  03 ①

**04** 신라 화랑도의 체육 활동과 사상에 관한 설명으로 옳지 않은 것은? 기출▶ 16·17·18·20·21·22·23

① 무예 활동을 통한 덕(德)의 함양
② 효(孝)와 신(信) 등의 윤리를 강조
③ 무과 별시(別試) 응시를 위한 무예 수련
④ 무사정신과 임전무퇴의 군사주의 체육 사상을 내포

**해설**
화랑도는 청소년 수련 단체로, 단체생활을 통한 심신 연마와 무예 수련을 통한 인재 양성이 목적이었다.

**화랑도의 체육 활동과 사상**
- 신체의 미(美)와 탁월성 중시
- 불국토 사상 – 편력 활동과 연계
- 심신일체론에 바탕을 둔 신체관
- 세속오계(도의교육의 핵심)와 군사주의 체육 사상 내포
- 효(孝)와 신(信) 등의 윤리 강조
- 무예 활동을 통한 덕(德)의 함양

**05** ⟨보기⟩의 ㉠~㉢에 들어갈 용어는?

**보기**
고구려에 관한 사료인 ( ㉠ )에 따르면, "풍속에 독서를 즐긴다. 천민의 집까지 이르는 거리에 큰 집을 지어 이를 ( ㉡ )이라고 한다. 여기서 미혼의 자제들이 밤새워 책을 읽으며 ( ㉢ )을/를 익힌다."라고 하였다.

| | ㉠ | ㉡ | ㉢ |
|---|---|---|---|
| ① | 『구당서(舊唐書)』 | 경당(扃堂) | 각저(角抵) |
| ② | 『구당서(舊唐書)』 | 경당(扃堂) | 궁술(弓術) |
| ③ | 『삼국지(三國志)』 | 학당(學堂) | 각저(角抵) |
| ④ | 『삼국지(三國志)』 | 학당(學堂) | 궁술(弓術) |

**해설**
『구당서(舊唐書)』에 따르면, "고구려의 풍속은 책 읽기를 좋아하며, 허름한 서민의 집에 이르기까지 거리에 큰 집을 지어 이를 경당이라고 하고, 미혼의 자제들이 여기에서 밤낮으로 독서하고 활쏘기(궁술)를 익힌다."라고 되어 있다.

**06** 고려의 민속놀이에 관한 설명으로 옳은 것은?

① 석전(石戰) : 공놀이
② 추천(鞦韆) : 널뛰기
③ 풍연(風鳶) : 연날리기
④ 축국(蹴鞠) : 그네뛰기

**해설**
③ 풍연(風鳶)은 서민들의 스포츠로 연날리기를 말한다.
① 석전(石戰) : 돌싸움
② 추천(鞦韆) : 그네뛰기
④ 축국(蹴鞠) : 발 공놀이

**07** ⟨보기⟩에서 방응(放鷹)에 관한 설명을 모두 고른 것은?

**보기**
㉠ 매를 조련하여 수렵에 활용하였다.
㉡ 응방도감(鷹坊都監)에서 관장하였다.
㉢ 무예 훈련의 성격을 띠기도 하였다.
㉣ 삼국시대에도 전담하는 관청이 있었다.

① ㉠, ㉡, ㉢
② ㉠, ㉢, ㉣
③ ㉠, ㉡, ㉣
④ ㉡, ㉢, ㉣

**해설**
㉣ 방응(放鷹)은 삼국시대에도 있었으나 고려 후기에 크게 번성하여 관리 관청인 응방도감이 설치되어 체계적으로 관리되었다.

**정답** 04 ③  05 ②  06 ③  07 ①

**08** 조선시대의 훈련원(訓鍊院)에 관한 설명으로 옳지 않은 것은?  기출 18·23

① 국왕의 친위 부대였다.
② 군사의 시재(試才)를 담당하였다.
③ 무예 교육과 훈련을 담당하였다.
④ 『무경칠서(武經七書)』 등의 병서 습득을 장려하였다.

**해설**
훈련원은 국왕의 친위 부대가 아니라 공식적 무예교육기관이다.
훈련원(訓鍊院)
- 조선시대 무인 양성과 관련된 공식적인 교육기관
- 활쏘기, 마상무예 훈련 등을 실시
- 『무경칠서(武經七書)』, 『병장설(兵將說)』 등의 병서 습득 장려
- 군사의 시재(試才)를 담당

**09** 〈보기〉에서 『활인심방(活人心房)』에 관한 옳은 설명을 모두 고른 것은?

┤보기├
㉠ 『활인심(活人心)』을 근거로 하였다.
㉡ 도인법(導引法)은 신체 단련 방법이다.
㉢ 조선시대에 간행된 보건 실용서이다.
㉣ 양생지법(養生之法)과 도인법 등을 다루고 있다.

① ㉠, ㉡
② ㉢, ㉣
③ ㉠, ㉡, ㉢
④ ㉠, ㉡, ㉢, ㉣

**해설**
『활인심방(活人心房)』
- 조선시대 퇴계 이황이 명나라 주권의 도가서 『활인심(活人心)』을 근거로 간행한 보건 실용서
- 정신건강법 : 중화탕(마음으로 먹는 약탕), 환기환(마음으로 먹는 약재환), 치심(마음을 다스리는 법)
- 신체건강법 : 양생지법(호흡운동 및 생활방식), 도인법(호흡 및 신체운동), 거병연수육자결 및 사계양생가(호흡과 소리로 하는 양생법), 양오장법(건강체조법), 보양정신(몸을 보호하는 정신), 보양음식(몸을 보호하는 음식)

**10** 조선시대의 식년무과(式年武科)에 관한 설명으로 옳은 것은?

① 소과(小科)와 대과(大科)로 구분하여 실시하였다.
② 초시(初試), 복시(覆試), 전시(殿試)의 단계로 실시하였다.
③ 초시(初試), 복시(覆試), 전시(殿試)에는 강서 시험을 포함하였다.
④ 전시(殿試)는 목전, 철전, 기사, 기창, 격구 등 무예 종목을 실시하였다.

**해설**
①·② 조선시대의 식년무과(式年武科)는 초시, 복시, 전시의 3단계로 이루어지고 소과와 대과의 구분이 없었다.
③ 강서 시험은 복시에만 해당되는 시험이다.
④ 최종시험인 전시(殿試)에서는 격구(기격구, 보격구)를 실시하였다.

**11** 〈보기〉의 설명에 해당하는 체조는?

┤보기├
개화기 학교에서는 정규과목으로 체조가 편성되었으며 연령과 성별에 따라서 다양하게 실시되었다. 당시의 체조는 군사적 목적을 고려하여 규율에 반응하는 신체를 만드는 데 유효한 방법이었다.

① 유희체조
② 병식체조
③ 리듬체조
④ 기공체조

**해설**
체조는 개화기 학교체육 제3기(1905~1910) 근대 체육의 정립기 때 체육이 정식 교과목으로 채택되며 필수 과목으로 자리 잡았다. 특히 기독교계 사립학교와 일반학교 체계에서 군사훈련을 모델로 한 병식체조가 정규 교과로 편성되었다. 병식체조는 체력 증진보다는 군사적 단련과 충성심 함양을 목표로 하였다.

## 12 〈보기〉에 해당하는 시기는?

| 보기 |
|---|
| 황국신민체조와 함께 검도, 유도, 궁도 등을 여학생에게 실시하게 한 것은 일본의 군국주의를 드러낸 것이었다. 학교체육의 성격은 점차 교련에 가까워졌다. |

① 무단통치기
② 민족말살기
③ 문화통치기
④ 체조교습기

**해설**
민족말살기(1931~1945)
일본에 의해 황국신민체조가 도입되었고 전시동원체제에 맞는 학제로 개편하여 체육의 군사화를 실시하였다. 또한, 체조과를 체련과로 변경하는 등 학교체육을 점차 교련화하였다.

## 13 〈보기〉에서 문곡(文谷) 서상천(徐相天)의 활동을 모두 고른 것은?

| 보기 |
|---|
| ㉠ 우리나라에 역도를 도입하였다.<br>㉡ 조선체력증진법연구회를 설립하였다.<br>㉢ 『현대체력증진법』, 『현대철봉운동법』 등을 발간하였다.<br>㉣ 조선체육회의 임원으로 병식체조를 개선한 교육체조를 가르쳤다. |

① ㉠, ㉡
② ㉡, ㉢
③ ㉠, ㉡, ㉢
④ ㉠, ㉡, ㉢, ㉣

**해설**
서상천
- 1923년 일본체육회 체조학교 졸업
- 1926년 휘문고등보통학교 체육 교사 부임
- 1926년 역도 국내 도입
- 조선체력증진법연구회 설립
- 대한체조협회 회장, 대한씨름협회 회장 역임
- 『현대체력증진법』, 『현대철봉운동법』 등을 발간

## 14 〈보기〉의 설명에 해당하는 교육기관은?

| 보기 |
|---|
| 이 교육기관은 개항 이후에 일본인의 세력에 대응하고자 설립되었다. 무예반에는 병서와 사격 과목이 편성되었고, 무예반의 비중이 컸다는 점에서 무비자강(武備自强)을 지향했다고 할 수 있다. |

① 무예학교
② 원산학사
③ 배재학당
④ 경신학당

**해설**
원산학사(1883)
- 정현석, 어윤중 등이 추진한 한국 최초의 근대식 학교
- 무비자강(武備自强)을 강조하고 교과 과정에 전통무예 포함
- 문사 양성을 위한 문예반(50명)과 무사 양성을 위한 무예반(200명) 개설
- 무사 양성에 주력하여 무예반에서 별군관 양성
- 서양식 교육 체계를 도입하여 우리나라 근대 교육의 초석을 다지는 데 중요한 역할
- 교과과정은 산수, 과학, 기계, 농업 등의 실용 과목과 경서, 병서 등으로 구성

**정답** 12 ② 13 ③ 14 ②

**15** 1991년에 있었던 남북한 단일팀의 국제대회 참가에 관한 설명으로 옳지 않은 것은?

① 단일팀은 '코리아', 'KOREA'라는 명칭을 사용하였다.
② 제6회 포르투갈 세계청소년축구대회에서 8강에 진출하였다.
③ 제41회 지바 세계탁구선수권대회의 여자단체전에서 우승하였다.
④ 제24회 서울 올림픽경기대회 중에 열린 남북회담을 계기로 이루어졌다.

해설
①·④ 1991년 남북체육회담에서 각종 국제대회에 참가할 단일팀 구성에 합의하였다. 1991년 4월 지바에서 열린 제41회 세계탁구선수권대회와 6월 포르투갈에서 열린 제6회 세계청소년축구대회에 남북 단일팀을 구성하여 '코리아', 'KOREA'란 이름으로 출전하였다.
② 1991년 제6회 포르투갈 세계청소년축구대회에 청소년 대표팀이 남북 단일팀으로 참가하여 8강에 진출하였다.
③ 1991년 제41회 지바 세계탁구선수권대회에 남북 단일팀으로 참가한 코리아 팀은 여자단체전에서 세계를 제패하였다.

**16** 제5공화국의 스포츠 정책으로 옳지 않은 것은?

① 태릉선수촌이 건립되었다.
② 국군체육부대를 창설하였다.
③ 제10회 서울 아시아경기대회를 개최하였다.
④ 야구, 축구, 씨름의 프로리그가 시작되었다.

해설
① 태릉선수촌은 1966년 도쿄올림픽 이후 대한체육회가 우수선수의 지속적인 강화훈련을 위해 건립하였다.

**17** 광복 이후 우리나라 선수단이 최초로 참가한 올림픽경기대회는?

① 제14회 런던 하계올림픽경기대회
② 제6회 오슬로 동계올림픽경기대회
③ 제15회 헬싱키 하계올림픽경기대회
④ 제5회 생모리츠 동계올림픽경기대회

해설
④ 1948년 1월 제5회 생모리츠 동계올림픽경기대회는 우리나라가 광복 이후 대한민국 국호와 태극기를 들고 최초로 참가한 대회로 세 명의 선수가 출전하였다.
① 1948년 7월 제14회 런던 하계올림픽경기대회에 우리나라 선수단은 국가 명칭을 '코리아'로 하여 처음 참가하였고, 김성집 선수가 역도에서 대한민국 최초 메달(동)을 획득하였다.
② 1952년 제6회 오슬로 동계올림픽경기대회는 6.25 전쟁으로 8.15 광복 이후 대한민국 선수단이 참가하지 못한 유일한 동계올림픽이다.
③ 1952년 제15회 헬싱키 하계올림픽경기대회는 우리나라가 6.25 전쟁 중임에도 불구하고 육상·역도·복싱·사이클·레슬링·승마 6개 종목에 참가하여 동메달 2개를 획득하였다.

**18** 광복 이후 제5공화국까지의 체육에서 나타난 사상적 특징으로 옳지 않은 것은?

① 우수선수의 육성을 우선하는 엘리트주의가 나타났다.
② 「국민체육진흥법」의 국위선양은 국가주의를 나타낸다.
③ 국가 주도의 강한 신체 훈련을 앞세우는 실존주의가 나타났다.
④ 건전하고 강인한 국민성의 함양을 강조하는 건민주의가 나타났다.

해설
광복 이후 체육사상
• 건민주의 : 건전한 정신과 강인한 체력 육성으로 강인한 국민성 함양
• 국가주의·엘리트주의
 - 국가주의(민족주의)적 이데올로기가 내재된 체육(국민 통합 수단)
 - 국위선양을 위한 엘리트 체육 육성
 - 국민 모두의 생활체육을 강조한 스포츠 대중화 지향

15 ④  16 ①  17 ④  18 ③

**19** '국민생활체육진흥종합계획(호돌이 계획)'의 내용으로 옳은 것은?

① 제24회 서울 올림픽경기대회를 대비하고자 추진되었다.
② 「국민체육진흥법」을 제정하여 스포츠 클럽을 체계적으로 관리하였다.
③ 국민생활체육협의회의 창설과 직장체육 프로그램의 보급이 이루어졌다.
④ 전문체육 육성을 위한 국가대표 연금과 우수선수 병역 혜택의 제도가 도입되었다.

**해설**
국민생활체육진흥종합계획(호돌이 계획)으로 국민생활체육협의회 창설과 서울올림픽기념생활관이 건립되는 등 생활체육 진흥을 위한 실질적인 정책 기반을 마련하였다.

**20** <보기>에서 광복 이후 1940년대 말까지 체육의 내용을 모두 고른 것은?

┌ 보기 ┐
㉠ 미국 '신체육'의 영향을 받았다.
㉡ 일제강점기에 해산되었던 조선체육회가 재건되었다.
㉢ 조선체육동지회의 결성은 민족 체육 재건의 계기가 되었다.
㉣ 학도호국단이 결성되었고, 많은 체육 교사들이 교관으로 활동하였다
└ ┘

① ㉠, ㉡
② ㉡, ㉢
③ ㉠, ㉡, ㉢
④ ㉠, ㉡, ㉢, ㉣

**해설**
㉠ 광복 이후 우리나라에 미군정이 주둔하면서 체육계는 미국 '신체육'의 영향을 받았다.
㉡·㉢ 1945년 9월 조선체육동지회가 결성되고, 그해 11월 조선체육회를 재건하여 민족 체육 재건의 계기가 되었다.
㉣ 1949년 '대한민국 학도호국단 규정'이 공포되면서 학도호국단이 결성되었고, 각 학교 단장은 대학 총장·학장·학교장이 맡았으며, 교관은 주로 체육 교사들이 맡아서 수행하였다.

## 제5과목 | 운동생리학

**01** 400m 트랙을 약 60초로 전력 질주 시 가장 많이 기여하는 에너지 공급 시스템에서 1분자의 글루코스(Glucose) 분해로 얻을 수 있는 ATP 수는?

① 2
② 4
③ 16
④ 18

**해설**
400m 전력 질주 시 근육 속의 포도당(글루코스)이 피루브산으로 분해되는 무산소성 해당과정(Glycolysis)이 일어난다. 이때 1분자의 글루코스가 분해되면서 2분자의 ATP를 얻을 수 있다.

**02** 중-고강도 운동 시 필요한 ATP 합성에 사용되지 않는 기질(Substrate)은?

① 혈중 알부민
② 혈중 포도당
③ 근육 글리코겐
④ 근육 중성지방

**해설**
중-고강도 운동 시 혈중 포도당, 근육 글리코겐, 근육 중성지방은 ATP 합성에 사용된다. 혈중 알부민은 혈액 속 혈장단백질로, 혈액의 삼투압 조절과 완충작용 및 운반 작용을 하며, ATP 합성에는 사용되지 않는다.

**03** 〈보기〉에서 장기간의 무산소 트레이닝에 따른 생리학적 적응으로 옳은 것만을 모두 고른 것은?

┌ 보기 ┐
ⓐ 산화 능력 증가
ⓑ 근육의 수축 속도 증가
ⓒ 미토콘드리아 밀도 증가
ⓓ PCr 또는 PFK 효소의 양 및 활성도 증가
└─────┘

① ㉠, ㉡
② ㉡, ㉣
③ ㉠, ㉡, ㉣
④ ㉠, ㉢, ㉣

**해설**
㉠과 ㉢은 유산소 트레이닝에 의한 적응 현상에 해당한다.

장기간의 무산소 트레이닝에 대한 적응
• 근비대와 근력의 증가
 - 속근섬유(FT섬유)의 근비대
 - 근육의 수축 속도 증가
 - 근력의 증가로 피로에 견디는 능력 향상
• ATP-PCr 시스템과 해당과정 시스템에 관련된 효소(PFK) 활성화

## 04 〈보기〉에서 설명하는 에너지 대사 과정은?

기출▶ 17 · 18 · 19 · 20 · 21 · 24

┤보기├
- 무산소성 에너지 시스템이다.
- 에너지 투자와 에너지 생산 단계로 구성된다.
- 대사 과정의 최종 산물로 피루브산염 또는 젖산염을 생성한다.

① 지방분해(Lipolysis)
② 해당과정(Glycolysis)
③ 동화작용(Anabolism)
④ 산화적 인산화(Oxidative Phosphorylation) 과정

**해설**
해당과정
무산소성 에너지 시스템으로, 근육 속의 포도당(글루코스)이 피루브산(Pyruvate)으로 분해되는 과정을 의미한다. 포도당이 피루브산으로 분해될 때는 2분자의 ATP가 소모(에너지 투자)되어 4분자의 ATP가 생성(에너지 생성)되므로 결과적으로 2분자의 ATP가 생성되게 된다. 이때 산소가 불충분 시 피루브산은 젖산으로 전환되어 축적되는 젖산 시스템이 일어난다.

## 05 〈보기〉에서 설명하는 감각수용기는?

┤보기├
- 주동근의 수축을 억제한다.
- 근육 손상을 예방하는 기능을 한다.
- 근육-건 복합체의 장력 변화를 감지한다.

① 근방추
② 파치니소체
③ 골지건기관
④ 마이스너소체

**해설**
골지건기관(건방추)
- 수용기가 활성되면 주동근의 수축을 억제
- 저항성 운동에 중요한 역할
- 근육-건(힘줄) 복합체의 장력 변화 감지
- 장력을 억제하여 잠재적 위험성 감소, 근육 손상 예방 기능

## 06 〈보기〉에서 장기간 유산소 트레이닝에 의한 생리적 적응 현상으로 옳은 것만을 모두 고른 것은?

기출▶ 17 · 20 · 21 · 23

┤보기├
㉠ 좌심실 용적 증가
㉡ 마이오글로빈 함유량 증가
㉢ 1회 박출량(Stroke Volume) 증가
㉣ 골격근 내 모세혈관 밀도 증가

① ㉠, ㉡
② ㉠, ㉢, ㉣
③ ㉡, ㉢, ㉣
④ ㉠, ㉡, ㉢, ㉣

**해설**
㉠·㉡·㉢·㉣ 모두 장기간 유산소 트레이닝에 의한 생리적 적응 현상에 해당한다.

장기간 유산소 트레이닝에 의한 적응
- 심폐조직의 유산소 능력 향상
  - 좌심실의 용적 증가
  - 1회 박출량(Stroke Volume) 증가
  - 혈액량 및 헤모글로빈 증가
- 근육 조직의 유산소성 대사 능력 향상
  - 미토콘드리아 및 마이오글로빈 밀도 증가
  - 근섬유를 둘러싼 모세혈관의 밀도 증가
  - 지근섬유의 비대
  - 산화적 인산화에 관여하는 효소 증가

**정답** 04 ② 05 ③ 06 ④

**07** 〈보기〉의 골격근 수축 과정에 관한 설명 중 ㉠~㉢에 들어갈 용어로 옳은 것은?

┌ 보기 ┐
- 활동전위(Action Potential)는 가로세관(T-tubles)으로 이동하여 ( ㉠ )에서 ( ㉡ ) 방출을 자극한다.
- ( ㉠ )에서 방출된 ( ㉡ )이 트로포닌(Troponin)과 결합하게 되면 ( ㉢ )의 위치를 이동시켜 마이오신 머리(Myosin Head)와 액틴 필라멘트(Actin Filament)가 강하게 결합하게 한다.

|   | ㉠ | ㉡ | ㉢ |
|---|---|---|---|
| ① | 원형질막 | 아세틸콜린 | 근절 |
| ② | 원형질막 | 칼슘이온 | 트로포마이오신 |
| ③ | 근형질세망 | 아세틸콜린 | 근절 |
| ④ | 근형질세망 | 칼슘이온 | 트로포마이오신 |

**해설**
골격근 수축 과정
- 골격근막의 활동전위는 가로세관을 타고 이동하여 근형질세망으로부터 칼슘이온($Ca^{2+}$)의 유리를 자극한다.
- 근형질세망으로부터 방출된 칼슘이온($Ca^{2+}$)이 트로포닌과 결합하게 되면 트로포마이오신의 위치를 이동시켜 마이오신 머리와 액틴 필라멘트가 강하게 결합하게 한다.
- 액틴과 결합된 마이오신 머리에서 ADP와 Pi가 방출되고, 액틴이 근섬유 마디 중심으로 미끄러져 들어가 근육이 짧아지며 근수축이 발생한다.

**08** 그림의 산소-헤모글로빈 해리 곡선을 참고하여 〈보기〉에서 옳은 것만을 모두 고른 것은?

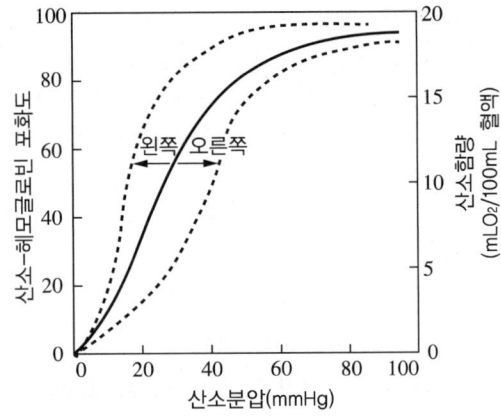

┌ 보기 ┐
㉠ 운동에 의한 체온상승(예 심부온도 상승)은 헤모글로빈의 산소 친화력(Affinity)을 높인다.
㉡ 고강도 운동 시 동-정맥 산소 차이(Arteriovenous Oxygen Difference)는 안정 시와 비교하여 감소한다.
㉢ 고강도 운동에 의한 혈중 젖산 농도 증가는 산소-헤모글로빈 해리 곡선을 오른쪽으로 이동시킨다.
㉣ 운동 중 증가한 혈중 이산화탄소는 헤모글로빈의 산소 해리(Dissociation)를 높이는데, 이를 보어 효과(Bohr Effect)라고 한다.

① ㉠, ㉡
② ㉠, ㉢
③ ㉡, ㉣
④ ㉢, ㉣

**해설**
㉠ 운동에 의한 체온상승은 산소-헤모글로빈 해리 곡선을 오른쪽으로 이동시켜 산소-헤모글로빈($HbO_2$)의 포화도를 감소시킨다. 따라서 헤모글로빈의 산소 친화력(Affinity)을 낮춘다.
㉡ 동-정맥 산소 차이는 동맥과 정맥 사이의 산소 함량 차이를 말하며, 고강도 운동 시 근육세포의 산소소비량이 증가하므로 안정 시와 비교하여 증가한다.

**09** 〈보기〉에서 건강관련체력 요인으로 옳은 것만을 모두 고른 것은?

┤보기├
- ㉠ 근력
- ㉡ 유연성
- ㉢ 근지구력
- ㉣ 신체구성
- ㉤ 심폐지구력

① ㉠, ㉡, ㉣
② ㉠, ㉢, ㉤
③ ㉡, ㉢, ㉣, ㉤
④ ㉠, ㉡, ㉢, ㉣, ㉤

**해설**
- 건강관련체력 요인은 사람이 활동하기 위해 필요한 능력으로 근력, 유연성, 근지구력, 신체구성(체지방율, 제지방율), 심폐지구력 등이 있다.
- 운동기술관련체력 요인은 운동 기술 습득·향상을 위해 절대적으로 필요한 체력을 말하며, 순발력, 민첩성, 평형성, 협응력, 스피드, 반응 시간 등이 해당한다.

**10** 〈보기〉에서 동방결절(SA Node)에 관한 특성으로 옳은 것만을 모두 고른 것은?

┤보기├
- ㉠ 심장의 페이스메이커(Pacemaker)로 불림
- ㉡ 전도체계 중 가장 빠른 내인성 박동률을 가짐
- ㉢ 심실이 혈액을 충만하게 모을 수 있도록 자극전도 시간을 지연시킴
- ㉣ 다른 심장 전도 시스템보다 약 6배 빠르게 전기적 자극을 심실 전체로 전달하여 심실의 거의 모든 부위가 동시에 수축할 수 있게 함

① ㉠, ㉡
② ㉠, ㉡, ㉢
③ ㉠, ㉢, ㉣
④ ㉡, ㉢, ㉣

**해설**
- ㉢ 심실이 혈액을 충만하게 모을 수 있도록 자극전도 시간을 지연하는 것은 방실결절(AV Node)의 기능에 해당한다. 방실결절은 자극의 전도를 지연해 심실이 혈액을 충분히 채울 수 있도록 한다.
- ㉣ 다른 심장 전도 시스템보다 약 6배 빠르게 전기적 자극을 심실 전체로 전달하여 심실의 거의 모든 부위가 동시에 수축할 수 있게 하는 것은 푸르킨예 섬유(Purkinje Fibers)의 특성이다. 푸르킨예 섬유의 빠른 전도가 심실이 효율적으로 동시 수축을 할 수 있게 한다.

**11** 안정 시와 운동 중 심장 주기에 따른 좌심실의 용적과 압력을 나타낸 곡선을 참고하여 〈보기〉에서 옳은 것만을 모두 고른 것은?

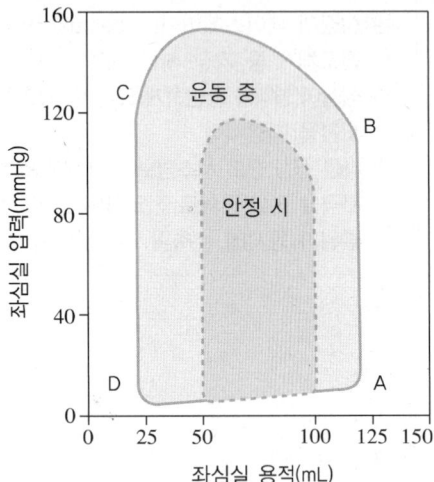

좌심실 압력-용적 곡선

| 구 간 | 구간 의미 | 특 징 |
|---|---|---|
| A→B | 등용성 수축 (Isovolumic Contraction) | 모든 판막 닫힘, 압력 ↑ |
| B→C | 수축기 혈액 박출(Ejection) | 대동맥판 열림, 용적 ↓ |
| C→D | 등용성 이완 (Isovolumic Relaxation) | 모든 판막 닫힘, 압력 ↓ |
| D→A | 이완기 충만 (Ventricular Filling) | 이첨판 열림, 용적 ↑ |

─┤보기├─
㉠ A~B 구간은 이첨판(Bicupid Valve)과 대동맥 판막(Aortic Valve)이 모두 닫힌 상태이며, 이를 등용적 수축(Isovolumic Contraction)이라고 한다.
㉡ 운동 중 좌심실 수축력의 증가는 C시점에서의 좌심실 용적 증가로 이어진다.
㉢ 안정 시와 운동 중 좌심실 박출률(Ejection Fraction)은 동일하다.
㉣ D~A 구간의 증가는 1회 박출량 증가로 이어진다.

① ㉠, ㉡
② ㉠, ㉣
③ ㉡, ㉢
④ ㉢, ㉣

**해설**
㉡ 운동 중 좌심실 수축력의 증가는 C시점에서의 좌심실 용적 감소로 이어진다.
㉢ 좌심실 박출률은 좌심실에 들어온 혈류량 대비 대동맥으로 빠져나간 혈류량의 비율을 의미한다. 안정 시에 비해 운동 시 심박수와 수축력이 증가하므로 좌심실 박출률이 증가한다.

**12** 〈보기〉에서 고지대 환경에서 장기간 노출 시 나타나는 생리학적 적응으로 옳은 것만을 모두 고른 것은?

─┤보기├─
㉠ 심박출량 증가
㉡ 모세혈관 밀도 증가
㉢ 근육 단면적 증가
㉣ 산소운반능력 증가

① ㉠, ㉢
② ㉡, ㉣
③ ㉠, ㉢, ㉣
④ ㉡, ㉢, ㉣

**해설**
㉠ 고지대 환경에서 장기간 노출 시 산소 부족 환경에 적응하면서 적혈구용적률은 증가하고 혈장량은 감소함에 따라 심박출량은 줄어들게 된다.
㉢ 근육 조직의 모세혈관 밀도가 증가하고 미토콘드리아의 밀도도 증가하지만, 근육 단면적이 증가하는 것은 아니다. 근육 단면적의 증가(근 비대)는 운동을 통한 근섬유 크기 및 수의 증가에 의한다.

## 13. 운동 자극에 관한 신체 내 기관(Organs)과 기능에 대한 설명이다. ㉠~㉢에 해당하는 것으로 옳은 것은?

| 기능 \ 기관 | 뇌하수체 | 부 신 | ㉠ |
|---|---|---|---|
| 고온다습한 환경에서 운동 중 체액량 조절을 위한 호르몬을 분비한다. | ㉡ | ○ | × |
| 중강도 이상 운동 중 교감신경의 영향을 받아 호르몬 ( ㉢ )을 분비한다. | × | ○ | × |
| 부교감신경인 미주 신경(Vagus Nerve)이 위치하며, 운동 종료 후 심박수를 낮춘다. | × | × | ○ |

○ : 맞음, × : 틀림

|  | ㉠ | ㉡ | ㉢ |
|---|---|---|---|
| ① | 연 수 | ○ | 에피네프린 |
| ② | 뇌 간 | × | 알도스테론 |
| ③ | 대뇌피질 | ○ | 에피네프린 |
| ④ | 대뇌피질 | × | 알도스테론 |

**해설**
㉠ 부교감신경인 미주 신경이 위치하는 곳은 뇌간의 일부인 연수이다. 연수는 심박수 및 호흡 조절, 혈압 조절과 같은 인체의 생명 유지에 필수적 기능을 담당하는 중추로, 운동 종료 시 미주 신경을 통해 심박수를 낮추는 역할을 한다.
㉡ 고온다습한 환경에서 운동하게 되면 땀으로 인해 수분이 손실되고 혈액의 삼투압이 증가하게 된다. 이때 뇌하수체 후엽에서는 항이뇨 호르몬(ADH)이 분비되어 신장에서의 수분 재흡수를 촉진하고, 부신 피질에서는 알도스테론이 분비되어 신장에서 $Na^+$을 재흡수함으로써 수분 손실을 억제한다.
㉢ 중강도 이상 운동 시 교감신경의 말단에서는 에피네프린(아드레날린)이 분비되는데, 에피네프린은 심박출량을 증가시키고, 호흡을 촉진하여 근육에 더 많은 산소를 공급하며, 혈당량을 증가시켜 근육에 빠르게 에너지를 공급한다.

## 14. 단축성 수축 시 그림의 골격근 초미세구조를 참고하여 〈보기〉에서 옳은 것만을 모두 고른 것은?

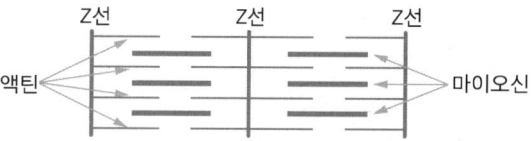

**보기**
㉠ I 밴드의 길이는 변하지 않는다.
㉡ A 밴드의 길이는 변하지 않는다.
㉢ 근절(Sarcomere)의 길이는 짧아진다.
㉣ 액틴(Actin)과 마이오신(Myosin)의 길이는 짧아진다.

① ㉠, ㉡
② ㉠, ㉣
③ ㉡, ㉢
④ ㉢, ㉣

**해설**
㉠ I 밴드는 액틴 필라멘트만 있는 부분으로, 근수축 시 길이가 짧아진다.
㉣ 근수축 시 액틴 필라멘트가 마이오신 필라멘트 사이로 미끄러져 들어가면서 이들이 겹치는 정도가 늘어나게 되고, 결과적으로 근절의 길이는 짧아지지만, 액틴(Actin)과 마이오신(Myosin)의 자체 길이는 변하지 않는다.

**15** <보기>에서 속근섬유(Type II)에 관한 특성으로 옳은 것만을 모두 고른 것은?

기출▶ 17 · 19 · 20 · 21 · 24

| 보기 |
| ㉠ 피로 저항이 높음
| ㉡ 수축 속도가 빠름
| ㉢ 산화 능력이 높음
| ㉣ 칼슘이온 방출 속도가 빠름

① ㉠, ㉡
② ㉠, ㉢
③ ㉡, ㉣
④ ㉢, ㉣

**해설**
㉠·㉢ 피로 저항과 산화 능력이 높은 것은 지근섬유(Type I)의 특성이다.

**16** 순환계의 구조와 기능에 관한 설명으로 옳지 않은 것은?

① 혈액의 역류를 막기 위해 하지동맥 내에 판막이 존재한다.
② 호르몬 수송 및 면역 기능 조절은 순환계의 기능 중 하나이다.
③ 관상동맥(Coronary Artery)은 심장근에 혈액을 공급하는 혈관이다.
④ 폐순환의 주요 기능은 폐에서의 가스 교환(예 이산화탄소 배출)이다.

**해설**
혈액의 역류를 막기 위해 심장 및 정맥에 판막이 존재한다. 특히, 하지정맥에는 중력에 의한 혈액 역류를 방지하고 심장 방향으로 혈액을 유도하기 위한 다수의 판막이 존재한다.

**17** <보기>에서 설명하는 호르몬은?

| 보기 |
| • 간의 글리코겐을 분해한다.
| • 췌장 알파세포에서 분비된다.
| • 혈중 글루코스 농도를 높인다.

① 인슐린
② 코티졸
③ 글루카곤
④ 에피네프린

**해설**
췌장의 알파세포에서 분비되며, 간의 글리코겐을 분해하여 혈중 글루코스(포도당)의 농도를 높이는 것은 글루카곤이다. 글루카곤은 인슐린과 함께 길항작용으로 혈당량 조절에 관여한다.

**18** 골격근의 운동단위(Motor Unit) 동원에 관한 설명으로 옳지 않은 것은?

① 동원된 운동단위의 증가는 근 수축력 증가로 이어진다.
② 운동단위는 운동신경과 그에 연결된 근섬유를 지칭한다.
③ 저강도 운동(예 $VO_{2max}$ 30% 이하) 시 Type IIx 근섬유가 가장 먼저 동원된다.
④ Type I 근섬유의 운동단위는 Type II 근섬유 운동단위보다 활성화 역치가 낮다.

**해설**
걷기와 같은 저강도 운동 시 주로 지근섬유(Type I)가 먼저 동원되며, 운동 강도가 올라갈수록 Type IIa 섬유, Type IIx(Type IIb) 섬유 순으로 동원된다.

## 19 〈보기〉의 ㉠, ㉡에 들어갈 용어는?

┌보기┐
- ( ㉠ )은 근육조직에서 산소를 저장하고, 운반하는 데 중요한 역할을 한다.
- 적혈구용적률이 증가하면 혈액의 점성은 ( ㉡ )한다.

|   | ㉠ | ㉡ |
|---|---|---|
| ① | 헤모글로빈 | 감소 |
| ② | 헤모글로빈 | 증가 |
| ③ | 마이오글로빈 | 감소 |
| ④ | 마이오글로빈 | 증가 |

**해설**
- 마이오글로빈(Myoglobin)은 근육세포 안에 있는 산소 저장 단백질로, 근육조직에서 산소를 저장하고, 운반하는 데 중요한 역할을 한다. 마이오글로빈이 많은 근육일수록 붉은색(적근)을 띤다.
- 적혈구용적률은 혈액 속 적혈구가 차지하는 비율을 나타내며, 적혈구용적률이 증가하면 혈액의 점성은 증가한다.

## 20 〈보기〉에서 운동 중 혈류 재분배(Blood Redistribution)에 관한 설명으로 옳은 것만을 모두 고른 것은?

┌보기┐
㉠ 운동 시 골격근의 산소 요구량을 충족하기 위해 비활동 조직으로의 혈류량은 감소한다.
㉡ 최대 운동 시 심박출량은 증가하지만 안정 시와 비교하여 기관별(예 신장, 내장, 골격근 등) 혈류 분배 비율은 동일하다.
㉢ 고강도 운동에 참여하는 골격근의 세동맥(Arterioles) 혈관 저항은 안정 시와 비교하여 감소한다.

① ㉠, ㉡
② ㉠, ㉢
③ ㉡, ㉢
④ ㉠, ㉡, ㉢

**해설**
㉡ 최대 운동 시 심박출량이 증가하고 안정 시와 비교하여 기관별 혈류 분배 비율은 동일하지 않다. 운동에 의해 골격근이 활성화되면 골격근에 더 많은 산소와 영양소의 공급이 필요하므로 골격근에 더 많은 혈류가 공급되며, 상대적으로 신장, 내장 등으로의 혈류량은 감소하게 된다.

## 제6과목 | 운동역학

**01** 운동역학의 내용과 목적이 아닌 것은?

기출▶ 15 · 16 · 17 · 18 · 19 · 21

① 운동 기술의 향상
② 운동 수행 시 힘의 측정
③ 운동 수행 안전성의 향상
④ 인체 내 에너지 대사의 측정

**해설**
인체 내 에너지 대사의 측정은 운동생리학에서 연구하는 내용이다.
운동역학의 연구 목적
• 경기력 및 운동 기술 향상
• 운동 수행 시 힘의 측정
• 운동 수행 안전성 향상
• 과학적 스포츠 장비 개발

**02** 〈보기〉에서 설명하는 동작분석 방법으로 옳지 않은 것은?

┌─보기─────────────────────┐
│ 동작을 측정하거나 계산하지 않는 비수치적 방법으
│ 로 지도자의 시각적 관찰로 움직임의 오류를 찾아
│ 운동 기술 향상을 도모한다.
└─────────────────────────┘

① 정량적 자료로 분석한다.
② 현장에서 즉각적인 분석이 가능하다.
③ 지도자 성향에 따라 결과가 달라진다.
④ 분석의 결과는 객관성을 담보할 수 없다.

**해설**
비수치적 방법에 의한 분석은 지도자의 경험적·시각적 관찰로 움직임의 오류를 찾아 운동 기술 향상을 도모하는 등의 정성적 자료로 분석한다.

**03** 운동의 종류에 관한 설명으로 옳지 않은 것은?

① 직선운동은 병진운동의 한 종류이다.
② 곡선운동은 회전운동에 포함되는 운동이다.
③ 병진운동은 직선운동과 곡선운동 모두를 말한다.
④ 복합운동은 병진운동과 회전운동이 혼합된 운동이다.

**해설**
곡선운동은 직선운동과 더불어 병진운동의 한 종류이다.
운동의 종류

| 병진운동<br>(선운동) | • 직선운동 : 인체나 물체의 각 점이 직선을 따라 움직이는 경우<br>• 곡선운동 : 각 점의 경로가 평행하게 곡선을 이루는 경우 |
|---|---|
| 회전운동<br>(각운동) | 물체나 신체가 중심선(점), 즉 고정된 축 주위를 회전하는 운동 |
| 복합운동 | 병진운동과 회전운동이 혼합된 운동 형태 |

**04** 운동역학 사슬(Kinetic Chain)에 관한 설명으로 옳지 않은 것은?

① 힘의 적용 대상이 연결된 일련의 사슬고리이다.
② 사슬에 있는 연결 동작은 힘 전달에 영향을 미친다.
③ 닫힌형 운동역학 사슬(CKC)은 기능적이며, 스포츠에 특화될 수 있다.
④ 열린형 운동역학 사슬(OKC)에는 스쿼트, 팔굽혀펴기와 같은 동작이 있다.

**해설**
운동역학 사슬

| 열린형 운동역학 사슬<br>(Open Kinetic Chain) | 사지말단이 자유롭게 움직이는 운동<br>예 레그익스텐션, 랫풀다운, 레그컬, 덤벨바이셉스컬 등 |
|---|---|
| 닫힌형 운동역학 사슬<br>(Closed Kinetic Chain) | 사지말단이 지지면에 안정되거나 고정된 상태에서 하는 운동<br>예 스쿼트, 런지, 푸쉬업 등 |

01 ④  02 ①  03 ②  04 ④  **정답**

05 신체에 작용하는 역학적 부하(Load)에 관한 정의로 옳지 않은 것은?

① 전단응력(Shear) : 조직의 장축을 따라 대칭으로 가해지는 힘
② 인장응력(Tension) : 두 힘이 서로 떨어지게끔 반대 방향으로 가해지는 힘
③ 압축응력(Compression) : 반대쪽의 두 힘이 서로 향하는 방향으로 가해지는 힘
④ 휨(Bending) : 축에서 벗어나는 두 힘이 가해져 한쪽에서 인장응력, 다른 한쪽에서 압축응력이 발생하는 힘

**해설**
전단응력은 조직의 장축을 따라 평행하게 작용하는 힘이다.

06 〈보기〉에서 내력(Internal Force)에 관한 설명으로 옳은 것만 모두 고른 것은?

┤보기├
㉠ 다이빙 동작에서 작용하는 중력
㉡ 높이뛰기의 도약 동작에서 선수가 발휘한 힘
㉢ 환경과의 상호작용으로 시스템에 작용하는 힘
㉣ 내력만으로 인체 전체의 위치는 이동할 수 없음

① ㉠, ㉡
② ㉡, ㉣
③ ㉠, ㉢, ㉣
④ ㉡, ㉢, ㉣

**해설**
㉠·㉢은 외력(External Force)에 관한 설명이다.
내력과 외력
• 내력 : 어떤 물체의 외부에 힘을 가했을 때 물체가 자기의 형상을 유지하기 위해 내부에서 버티는 힘
• 외력 : 외부에서 물체에 가하는 힘

07 〈보기〉에서 제시한 A 학생의 항속 구간 평균 보행속도는? (단, 반올림하여 소수점 둘째 자리까지 표기)

┤보기├
A 학생이 총 30m의 직선 구간을 걸었을 때, 가속과 감속 구간 각 5m씩 총 10m를 제외한 항속 구간에서의 스텝 수는 25회였고, 16초가 소요되었다.

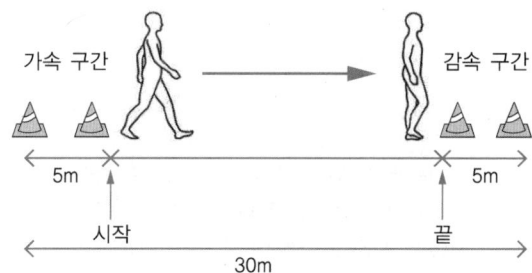

① 0.80m/s
② 1.25m/s
③ 1.56m/s
④ 1.88m/s

**해설**
평균 속도 = 전체 변위(30m−10m) ÷ 걸린 시간(16초) = 20m/16s
∴ 1.25m/s

08 각가속도에 관한 설명으로 옳지 않은 것은?

① 회전하는 물체의 각가속도가 0이 되면 물체는 멈추게 된다.
② 각가속도는 각속도의 변화량을 시간의 변화량으로 나눈 값이다.
③ 처음 각속도가 30°/s에서 6초 후 90°/s로 변화했을 때 평균 각가속도는 10°/s²이다.
④ 각속도가 양(+)의 방향으로 선형적인 증가를 할 때 각가속도는 일정한 양(+)의 값을 가진다.

**해설**
각가속도는 각속도가 시간에 따라 변화하는 정도로, 회전하는 물체의 각가속도가 0이 되면, 물체의 각속도는 변하지 않고 일정하게 유지되며 회전한다.

## 09 그림에 관한 설명으로 옳지 않은 것은? (단, 착지전략을 제외한 모든 조건은 동일함) 기출 19·21·23

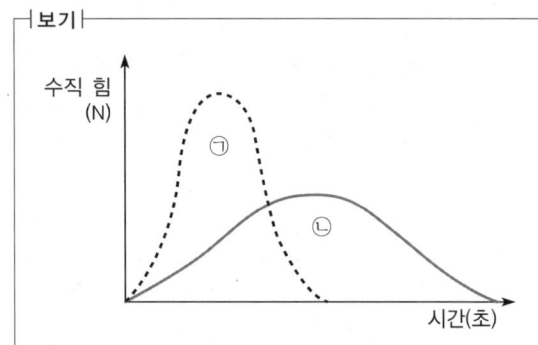

보기
그림은 기계체조 선수가 경기 중 각 1회의 ㉠ 뻣뻣한 착지와 ㉡ 부드러운 착지를 수행하였을 때 착지구간에서 시간에 따른 수직 힘의 변화를 나타낸다.

① ㉠과 ㉡의 운동량의 변화량은 동일하다.
② ㉠의 경우 신체에 작용하는 수직 충격력이 더 크다.
③ ㉠의 경우 신체에 작용하는 수직 충격량이 더 크다.
④ 착지 직전의 무게중심의 속도는 ㉠과 ㉡ 모두 동일하다.

**해설**
충격량 = 충격력(F) × (충돌) 시간(t) = 질량(m) × 속도(v)에서 착지 전략을 제외한 모든 조건은 동일하다고 하였으므로 두 착지에서의 수직 충격량은 동일하다.

## 10 〈보기〉에서 임팩트 직후 골프공의 선속도는? (선운동량 보존의 법칙 적용)

보기
- 골프 클럽의 질량 : 600g, 골프공의 질량 : 40g
- 스윙 시 클럽의 임팩트 직전 선속도 : 50m/s, 임팩트 직후 선속도 : 45m/s(외부에서 따로 작용하는 힘은 없으며, 운동량의 손실 없이 정확하게 전달됨을 가정함)

① 65m/s
② 70m/s
③ 75m/s
④ 80m/s

**해설**
선운동량 보존의 법칙에 따라
(클럽의 질량 × 클럽의 임팩트 직전 선속도) = (클럽의 질량 × 클럽의 임팩트 직후 선속도) + (골프공의 질량 × 임팩트 직후 골프공의 선속도)
0.6kg × 50m/s = 0.6kg × 45m/s + 0.04kg × 골프공의 임팩트 직후 속도
→ 30kg·m/s = 27kg·m/s + 0.04kg × 골프공의 임팩트 직후 선속도
→ 0.04kg × 골프공의 임팩트 직후 선속도 = 3kg·m/s
→ 골프공의 임팩트 직후 선속도 = 3kg·m/s ÷ 0.04kg ∴ 75m/s

## 11 스포츠에 적용된 각속도(Angular Velocity)에 관한 사례로 옳지 않은 것은?

① 숙련된 운동선수일수록 각속도를 잘 조절한다.
② 철봉의 대차돌기(휘돌기) 하강 국면에서 발의 무게중심점은 일정한 각속도를 유지한다.
③ 골프 클럽헤드의 각속도는 0에서 시작하여 최댓값으로 증가했다가 다시 0으로 돌아온다.
④ 야구에서 배트의 각속도가 일정하다면 회전반경이 클수록 임팩트된 공의 선속도는 증가한다.

**해설**
철봉의 대차돌기(휘돌기) 하강 국면에서 발의 무게중심점의 각속도는 시간이 지날수록 중력가속도의 영향으로 점점 증가한다.

**12** 인체의 움직임에서 토크(Torque)에 관한 개념이 적용된 사례로 옳지 않은 것은?

① 사지의 근육은 각 관절을 돌림시키는 토크를 생성한다.
② 덤벨 컬 시 덤벨의 무게는 팔꿈치를 펴는 토크를 가진다.
③ 외적 토크보다 내적 토크가 크면 근육은 신장성 수축을 한다.
④ 동일한 힘을 낼 때 팔꿈치 각도 90°보다 굽히거나 폄에 따라 모멘트팔이 짧아져 내적 토크도 감소한다.

**해설**
내적 토크보다 외적 토크가 클 때 근육은 신장성 수축을 한다.

근육 수축(근육 움직임) 형태

| 분 류 | | 근육 길이 변화 |
|---|---|---|
| 정적 수축(등척성 수축) | | 변화 없음 |
| 동적 수축 | 등장성 수축 | 단축성 수축 (구심성 수축) | 내적 토크 > 외적 토크 → 짧아짐 |
| | | 신장성 수축 (원심성 수축) | 내적 토크 < 외적 토크 → 늘어남 |
| | 등속성 수축 | 변 함 |

**13** 〈보기〉에서 설명한 내용 중 인체의 관성모멘트(Moment of Inertia)를 감소시킨 사례로 옳은 것만 모두 고른 것은?

┤보기├
㉠ 피겨스케이팅에서 양팔을 벌리고 회전한다.
㉡ 달리기 시 체공기(Swing Phase)에 있는 다리를 굽힌다.
㉢ 다이빙에서 공중 앞돌기 시 터크(움크린) 자세를 만든다.
㉣ 골프 아이언 헤드의 질량 분포를 양 끝으로 넓게 하여 클럽 헤드의 관성을 조작한다.

① ㉠, ㉡
② ㉡, ㉢
③ ㉠, ㉡, ㉢
④ ㉠, ㉢, ㉣

**해설**
관성모멘트
질량 × 회전 반경$^2$
㉠ 피겨스케이팅에서 양팔을 벌리고 회전하면 회전반경이 증가하므로 관성모멘트가 증가한다.
㉣ 골프 아이언 헤드의 질량 분포를 양 끝으로 넓게 하면 질량 분포가 회전축으로부터 멀어져 회전반경이 커지므로 관성모멘트가 증가하게 된다.

**14** 그림에 관한 설명으로 옳지 않은 것은? (단, 공의 높이는 무게중심을 기준으로 함)

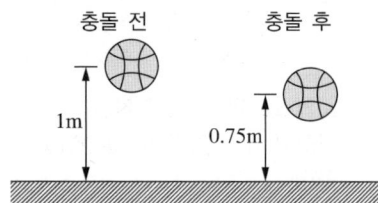

① 비탄성충돌이다.
② 충돌 전, 후 농구공의 속도는 다르다.
③ 운동에너지가 보존되지 않았다는 것을 의미한다.
④ 반발계수(복원계수, Coefficient of Restitution)는 0.75이다.

**해설**

공의 반발계수(복원계수) = $\sqrt{\dfrac{H_{up}(튀어오른 높이)}{H_{down}(자유낙하시킨 높이)}}$

= $\sqrt{0.75} ≒ 0.87$

**해설**

허리를 앞으로 굽히면 몸의 무게중심이 앞으로 이동하기 때문에 압력중심점(사람의 몸이 지면에 작용하는 힘의 집중 위치)도 기저면(발바닥)의 앞쪽으로 이동하며 한쪽 발을 들고 서 있을 때 압력중심점이 지지하는 발의 기저면 밖에 위치하게 된다.

**15** 압력중심점(COP ; Center of Pressure)에 관한 설명으로 옳지 않은 것은?

① 압력중심점은 균형능력을 평가하기 위한 자료로 활용된다.
② 보행 시 한발 지지기(Stance Phase)에서 압력중심점은 변한다.
③ 허리를 앞으로 굽혔을 때, 압력중심점은 기저면 밖에 위치한다.
④ 압력중심점이란 지면에 접촉하는 부분 중 지면반력 전체가 작용된다고 가정되는 어느 한 점을 말한다.

**16** 일과 에너지에 관한 설명으로 옳지 않은 것은?

① 에너지는 일을 할 수 있는 능력이다.
② 위치에너지는 운동에너지로 변환될 수 있다.
③ 질량이 일정하면 속도 변화는 운동에너지의 변화를 의미한다.
④ 어떤 물체가 에너지를 갖기 위해서는 움직임이 있어야만 한다.

**해설**

위치에너지는 운동에너지와 달리 물체의 움직임이 아닌 물체의 위치에 따라 에너지를 가질 수 있다.

**17** 〈보기〉에서 설명한 A 선수의 이동 거리와 변위가 옳은 것은?

┌─보기─────────────────────────┐
육상 장거리 종목의 선수 A는 트랙의 길이가 400m인 경기장을 총 25바퀴를 달렸고, 28분 30초의 기록으로 결승점을 통과했다.

트랙 길이 : 400m

출발점/도착점
└──────────────────────────┘

|   | 이동거리(m) | 변위(m) |
|---|---|---|
| ① | 0 | 400 |
| ② | 0 | 10,000 |
| ③ | 10,000 | 10,000 |
| ④ | 10,000 | 0 |

**해설**
이동거리는 물체의 처음 위치부터 마지막 위치까지 물체가 실제로 이동한 운동 경로에 따른 길이의 측정치로 400m인 경기장을 총 25바퀴 달렸으므로 400m × 25바퀴 = 10,000m이다. 변위는 처음 위치부터 마지막 위치로의 방향과 두 지점을 잇는 최단 직선거리를 나타내는 벡터양으로 출발점과 도착점이 같으므로 두 지점을 잇는 최단 직선거리는 0m이다.

**18** 〈보기〉에서 수행한 일과 일률이 바르게 나열된 것은?

┌─보기─────────────────────────┐
물체에 2초 동안 2N의 힘을 가하여 2m를 움직였을 때 수행한 일은 ( ㉠ ) J이며 일률은 ( ㉡ ) J/s이다 (단, 힘의 작용 방향과 물체의 이동 방향은 일치함).
└──────────────────────────┘

|   | ㉠ | ㉡ |
|---|---|---|
| ① | 2 | 1 |
| ② | 2 | 2 |
| ③ | 4 | 2 |
| ④ | 4 | 4 |

**해설**
일 = N(힘) × m(이동 거리) = 2N × 2m ∴ 4N·m(J)
일률 = J(일)/s(시간) = 4J/2s ∴ 2J/s

**19** 인체의 안정성을 결정짓는 요인이 아닌 것은?

① 기저면의 크기와 관련이 있으며 형태와는 관련이 없다.
② 무게중심선이 기저면 밖에 있으면 불안정한 상태가 된다.
③ 무게중심선이 기저면의 중심에 가까울수록 안정성은 높아진다.
④ 무게중심의 높이와 관련이 있으며 낮을수록 안정성은 높아진다.

**해설**
기저면의 형태가 균등할수록 안정성이 향상된다.

안정성을 높이는 요인
• 기저면이 넓을수록 안정성이 향상된다.
• 무게중심선이 기저면 안에 있으면 안정한 상태가 된다.
• 수직 무게중심선이 기저면 중앙에 가까울수록 안정성이 향상된다.
• 무게중심 높이가 낮을수록 안정성이 향상된다.
• 몸무게가 무거울수록 안정성이 향상된다.

**정답** 17 ④  18 ③  19 ①

**20** 마찰력에 관한 설명으로 옳지 않은 것은?

① 최대정지마찰력은 운동마찰력보다 크다.
② 마찰력은 마찰계수와 물체 질량의 곱으로 구한다.
③ 마찰력은 물체 표면에 수직으로 작용하는 힘(수직항력, Normal Force)과 관계가 있다.
④ 마찰력은 접촉면과 평행하게 작용하며 물체의 운동 방향과 반대 방향으로 작용한다.

**해설**
②·③ 마찰력은 마찰계수와 접촉면에 수직으로 작용한 힘(수직항력)의 곱으로 구한다.
① 최대정지마찰력은 정지되어 있던 물체가 움직이기 시작하는 순간의 마찰력으로, 물체가 운동하면서 운동을 방해하던 원자들을 밀어내기 때문에 운동마찰력보다 항상 크다.
④ 마찰력은 물질이 다른 물질에 맞닿은 채 미끄러져 움직이거나 움직이려 할 때 이를 방해하는 힘으로 항상 물질을 움직이게 만드는 힘과 반대 방향이며, 물질이 움직이는 평면과 평행한 방향으로 작용한다.

정답 20 ②

## 제7과목 | 스포츠윤리

**01** 스포츠윤리센터의 주요 역할에 해당하지 않는 것은?    기출 21·22·23

① 체육 관련 입시 비리에 관한 조사
② 스포츠 산업 종사자의 직업 안정성 확보와 처우 개선
③ 스포츠 비리 및 스포츠 인권 침해 방지를 위한 예방 교육
④ 승부 조작 또는 편파 판정 등 불공정에 관한 신고 접수와 조사

**해설**
스포츠윤리센터에서 하는 사업(「국민체육진흥법」 제18조의3 제3항)
- 다음에 해당하는 체육계 인권 침해 및 스포츠 비리 등에 대한 신고 접수와 조사
  - 선수에 대한 체육 지도자 등의 성폭력 등 폭력에 관한 사항
  - 승부 조작 또는 편파 판정 등 불공정에 관한 사항 - ④
  - 체육 관련 입시 비리에 관한 사항 - ①
  - 체육 단체·경기 단체 및 그 임직원의 횡령·배임 및 뇌물수수 및 「보조금 관리에 관한 법률」에 따른 보조금 및 「지방재정법」에 따른 지방 보조금의 용도 외 사용 금지 위반에 관한 사항
  - 그 밖에 체육계 인권 침해 및 스포츠 비리에 해당된다고 인정되는 사항
- 신고자 및 피해자에 대한 치료 및 상담, 법률 지원, 임시 보호 및 연계
- 긴급 보호가 필요한 신고자 및 피해자를 위한 임시 보호 시설 운영
- 체육계 현장의 인권 침해 조사·조치 상황 등을 상시 점검할 수 있는 인권 보호관 운영
- 스포츠 비리 및 체육계 인권 침해에 대한 실태 조사 및 예방을 위한 연구
- 스포츠 비리 및 체육계 인권 침해 방지를 위한 예방 교육 - ③
- 그 밖에 체육의 공정성 확보 및 체육인의 인권 보호를 위하여 필요한 사업

**02** 스포츠에 관한 가치판단에 해당하지 않는 것은?    기출 16·17·18·20·21·22

① 도핑을 이용한 실력 향상은 옳지 않다.
② 스포츠에서 희생과 헌신은 승리보다 가치가 있다.
③ 하얀색 복장 착용은 윔블던 테니스대회의 규정이다.
④ 스포츠에서 승리 추구는 규정 준수보다 더 중요하다.

**해설**
③ 객관적이고 검증 가능한 정보를 기반으로 이루어지는 사실판단에 해당한다.
①·②·④ 주관적인 가치나 기준에 따라 이루어지는 가치판단에 해당한다.
- 가치판단 : 마땅히 그렇게 돼야 할 것(당위)을 지시하거나 옳고 그름 등 어떤 기준·규범에 따르는 것으로 개인의 가치관이 개입되는 주관적인 판단
- 사실판단 : 실제 사건과 현상에 대한 진술로, 측정을 통하여 진위(참과 거짓)를 파악할 수 있는 판단

**03** 〈보기〉의 스포츠 상황에 부합하는 개념과 해석은?

┌ 보기 ┐
태권도 겨루기에서 소극적인 자세로 경기에 임하는 선수는 제재를 받는다. 적극적이고 공격적인 태도의 요구는 투쟁심을 독려하는 것이지만, 그 폭력적인 성향이 지나치면 또 다른 제재의 대상이 되기도 한다. 이처럼 스포츠는 폭력적인 성향의 분출을 자극함과 동시에 그것을 감시하고 제어한다.

① 게발트(Gewalt) - 스포츠 폭력의 부당성
② 게발트(Gewalt) - 스포츠 폭력의 이중성
③ 희생양(Scapegoat) - 스포츠 폭력의 부당성
④ 희생양(Scapegoat) - 스포츠 폭력의 이중성

**해설**
게발트
독일어로 '폭력'이라는 뜻으로 스포츠 폭력의 이중성을 가리키는 말로 쓰인다. 스포츠는 통제된 힘을 사용하는 것은 정당한 폭력으로 보고 태권도·권투와 같은 스포츠의 공격성은 지향하나 경기 중 규칙을 벗어난 행동은 제재하는 등, 폭력적 성향의 분출을 자극함과 동시에 감시·제어하는 이중성을 가지고 있다.

**정답** 01 ② 02 ③ 03 ②

**04** '타이틀 나인(Title IX)'에 따른 스포츠계의 변화로 가장 적절한 것은?

① 미국 프로야구리그의 도핑 실태에 관한 보고서 발간
② 남아프리카공화국에서 흑인에 대한 차별 정책의 시행
③ 학교 스포츠 프로그램에서 의도적인 성차별 발생 시 재정 지원의 제한
④ 공공 및 민간 스포츠 시설의 출입구 등에 휠체어 이동 통로의 설치 및 확충

**해설**
타이틀 나인 법안은 1972년 미국에서 모든 교육프로그램에서 성별에 의한 차별을 금지하기 위해 제정되었으며, 미국 교육에서 성차별을 금지한 최초의 법이다.

**05** 세계도핑방지기구(World Anti-Doping Agency)가 정한 '금지 방법'의 분류 목록에 해당하지 않는 것은?

① 기술 도핑
② 화학적, 물리적 조작
③ 유전자 및 세포 도핑
④ 혈액 및 혈액 성분의 조작

**해설**
세계도핑방지기구(WADC)에서 규정한 도핑의 금지 방법의 분류 목록

| 분류 | 내용 |
|---|---|
| 혈액 및 혈액 성분의 조작 | • 모든 분량의 자가혈액, 동종혈액 또는 이종혈액 및 모든 출처의 적혈구 제제를 순환계에 투여 또는 재주입<br>• 산소의 섭취, 운반 또는 전달의 인위적 향상<br>• 물리적 또한 화학적 수단을 이용한 혈액 또는 혈액 성분에 대한 모든 형태의 혈관 내 조작 |
| 화학적·물리적 조작 | • 도핑검사과정에서 채취한 시료 성분과 유효성을 변조하거나 변조를 시도하는 행위<br>• 12시간 동안 총 100ml보다 많은 양의 정맥투여나 정맥주사 |
| 유전자 및 세포 도핑 | • 유전자 서열, 유전자 발현을 변경시킬 수 있는 핵산이나 핵산 유사물의 사용<br>• 정상세포 또는 유전적으로 조작된 세포의 사용 |

**06** 레건(T. Regan)의 동물권리론에 가장 부합하는 태도는?

① 모든 동물에게 자유를 보장하고 스포츠에 동물을 이용하지 않도록 한다.
② 세계시민주의적 사고에 따라 재활승마에서는 기수와 말의 친화를 강조한다.
③ 천연 거위털 셔틀콕의 성능이 인조 거위털 셔틀콕보다 더 좋으므로 생산을 장려한다.
④ 경마나 소싸움은 합법적으로 동물을 활용할 수 있는 종목이며 경제적으로도 유용하다.

**해설**
① 레건은 반종차별주의자로 동물권리론을 주장하며, 모든 의식 있는 생명체는 도덕적 권리를 지니고 이에 따라 인간과 동물은 동등한 '본래적 가치'를 지니므로 동물의 가치를 침해해서는 안 된다고 하였다.
②·③·④ 자연을 보호하는 이유는 인간의 이익을 위해서라고 보며, 자연 보호의 당위성을 자연의 도구적 가치에서 찾는 종차별주의적 관점이다. 종차별주의 관점에서 스포츠 활동은 인간의 이상을 추구하기 위한 것이고, 그 이상의 실현을 위해 동물을 수단으로 활용할 수 있다고 본다.

## 07 〈보기〉의 대화 내용에 해당하는 정의(Justice)의 유형에 가장 가까운 것은?

기출 ▶ 17 · 18 · 20 · 21 · 22 · 23

┌─보기─────────────────────────┐
A : 오늘 테니스 경기 봤어? 한쪽 코트는 해가 정면에서 비치고 다른 쪽은 완전 그늘이더라.
B : 응. 그런 조건이면 한쪽 선수가 불리할 것 같아.
C : 그래서 테니스는 계속 코트를 바꾸면서 경기를 진행해.
A : 그러면 시합을 시작할 때 코트나 서브권은 어떻게 정해?
C : 동전 던지기로 정하는 경우가 많아.
└──────────────────────────────┘

① 평균적 정의
② 절차적 정의
③ 분배적 정의
④ 보상적 정의

**해설**
〈보기〉에서는 두 선수에게 동등한 기회를 보장하기 위해 코트 교체나 서브권 결정 방법에 대한 절차적인 공정성을 강조하고 있다. 이는 공정한 절차를 실천하면 그 결과도 공정한 것으로 간주하는 절차적 정의에 부합한다.

정의의 종류

| | |
|---|---|
| 평균적 정의 | 모든 인간은 동등한 가치를 지녔으므로 똑같이 대우해야 한다는 절대적 평등 이론으로 절대적, 산술적, 형식적 평등을 주장 |
| 절차적 정의 | 공정한 절차가 있어 그 절차만 제대로 따르면 내용에 상관없이 그 결과도 공정한 것으로 간주하는 것 |
| 분배적 정의 | 개인은 서로 다른 능력과 가치를 지녔으므로 집단에 기여하는 공헌도와 능력에 맞게 대우해야 한다는 실질적 평등 이론으로 상대적, 비례적, 실질적 평등을 주장 |
| 법률적 정의 | 사회는 개인의 권리를 존중하고 개인은 구성원으로서 의무를 다해야 한다는 이론으로 권리와 의무의 내용이 법에 규정되어 있음 |

## 08 롤랜드(S. Loland)가 분류한 규칙 위반의 유형에 연결한 사례로 옳지 않은 것은?

① 의도적 구성 규칙 위반 – 축구 경기에서 수비수가 실점을 당하지 않기 위해 손으로 공을 막았다.
② 의도적 규제 규칙 위반 – 육상 100m 경기에서 경쟁 선수를 방해하기 위해 레인을 침범했다.
③ 비의도적 구성 규칙 위반 – 골프 경기 중 페어웨이에서 흙이 묻은 볼을 무의식적으로 닦고 진행했다.
④ 비의도적 규제 규칙 위반 – 농구 경기 중 상대 수비를 피하는 과정에서 의도치 않게 3걸음을 걷고 슛을 쏘았다.

**해설**
롤랜드의 규칙 위반의 유형

| 구 분 | | 규칙의 유형 | |
|---|---|---|---|
| | | 구성적 규칙 (일반적인 규칙과 경기 진행방식) | 규제적 규칙 (개별행위의 세밀한 규칙) |
| 반칙의 동기와 목표 | 분명 | 의도적 구성 규칙 위반 | 의도적 규제 규칙 위반 |
| | 불분명 | 비의도적(무지적) 구성 규칙 위반 | 비의도적(무지적) 규제 규칙 위반 |

※ 문제 오류로 전항 정답 처리되었다.

정답 07 ② 08 전항정답

## 09 칸트(I. Kant)의 의무론에서 〈보기〉 속 A와 B의 태도에 부합하는 행위 유형은?

┌─보기─────────────────────────────┐
선생님 : 도핑을 하면 경기 결과가 달라질 수 있는데, 여러분은 왜 하지 않나요?
A : 저는 도핑이 공정하지 못한 행위이기 때문에 하지 않아요. 제 실력으로 인정받고 싶어요.
B : 저는 사실 도핑 검사에 걸리면 처벌을 받으니까 하고 싶어도 못 하고 있어요.
└──────────────────────────────────┘

| | A | B |
|---|---|---|
| ① | 의무에서 나온 (Aus Pflicht) 행위 | 의무에 합치하는 (Pflichtmäßig) 행위 |
| ② | 의무에 합치하는 (Pflichtmäßig) 행위 | 의무에 위배되는 (Pragmatische) 행위 |
| ③ | 의무에 합치하는 (Pflichtmäßig) 행위 | 의무에서 나온 (Aus Pflicht) 행위 |
| ④ | 의무에 위배되는 (Pragmatische) 행위 | 의무에서 나온 (Aus Pflicht) 행위 |

**해설**
칸트는 도덕성과 합법성의 차이는 '행위의 동기'로부터 나타난다고 하였다. 도덕성은 행위의 동기로 '의무감'을 가지고 있지만 합법성은 행위의 '결과'에 관심을 가진다는 것이다. 이에 따라 도덕성에 대해 '의무에서 나온 행위'라고 하였으며 합법성을 '의무에 합치하는 행위'라고 하였다. 〈보기〉에서 도핑을 하지 않는 이유가 A는 실력으로 인정받고 싶다는 동기에서 왔으므로 '의무에서 나온 행위'로 볼 수 있고, B는 도핑에 걸릴 수도 있다는 결과에서 왔으므로 '의무에 합치하는 행위'로 볼 수 있다.

## 10 부올레(P. Vuolle)가 분류한 스포츠 환경이 아닌 것은?

① 시설(Built) 환경 – 농구, 탁구
② 개발(Developed) 환경 – 골프, 스키
③ 가상(Virtual) 환경 – e스포츠, 버츄얼 태권도
④ 순수(Genuine) 환경 – 스쿠버다이빙, 트레일 러닝

**해설**
가상 환경은 부올레가 분류한 스포츠 환경에 속하지 않는다.

부올레의 스포츠 환경 3가지 범주

| | |
|---|---|
| 순수 환경 | • 자연 그대로의 상태에서 스포츠 행위가 이루어짐<br>• 원래의 야생지, 공원, 보전구역<br>예 스쿠버다이빙, 트레일 러닝, 등산, 서핑 등 자연 속에서 행해지는 스포츠 |
| 개발 환경 | • 자연의 상태를 변형한 후 스포츠 행위가 이루어짐<br>• 트레일, 슬로프, 스포츠필드, 실외수영장 등 야외 스포츠 공간<br>예 골프 코스, 스키 슬로프, 공원 조깅 트랙 등에서 행해지는 스포츠 |
| 시설 환경 | • 완전한 실내 공간에서 스포츠 행위가 이루어짐<br>예 실내체육관, 축구 경기장, 야구장, 수영장, 아이스링크 등 인공 시설에서 행해지는 스포츠 |

09 ① 10 ③ **정답**

## 11. 뒤르켐(E. Durkheim)의 도덕교육론에 근거한 스포츠윤리 교육의 내용과 방법으로 옳지 않은 것은?

① 감독의 지도에 의존하는 도덕적 판단력을 길러 준다.
② 스포츠를 통한 도덕적 습관과 행동의 변화에 초점을 맞춘다.
③ 스포츠윤리 교육을 스포츠 인성 교육의 유용한 틀로 활용한다.
④ 스포츠맨십을 경험하는 실천적 교육으로 도덕적 인격 형성을 유도한다.

**해설**
뒤르켐이 주장한 도덕사회화론은 도덕적 사회화를 통해 도덕적 습관과 행동의 변화를 기르려는 것으로, 도덕성 발달은 규율 정신, 사회집단에의 애착, 자율성의 순으로 발전해 가며 궁극적으로 자율성을 획득할 때 도덕적 인격이 완성된다고 보았다.

뒤르켐의 도덕사회화론

| 목표 | 개인의 도덕적 사회화를 통한 사회적 존재로서의 '품성' 함양 |
|---|---|
| 도덕적 사회화 | 개인을 사회의 집단적 규범과 이상에 일치하여 그 사회의 전체 이익을 위하여 도덕적으로 행동하는 사람으로 만드는 것으로, 도덕성의 세 가지 요소의 개발에 의해 이루어짐 |
| 도덕성의 세 가지 요소 | • 사회적 규율, 집단에 대한 애착, 자율성(자기결정)<br>• 도덕성 발달은 규율 정신, 사회집단에의 애착, 자율성 순으로 발전해 가며 궁극적으로 자율성 획득 시 완성됨 |
| 교육 방법 | • 도덕적 습관과 행동을 중요시하며 도덕 교육을 받은 사람들의 구체적인 행동, 즉 결과에 초점을 둠<br>• 실천적 교육으로 도덕적 인격 형성 유도 |

## 12. 스포츠조직의 윤리경영에 관한 설명으로 옳지 않은 것은?

① 스포츠조직을 투명하고 합리적으로 운영한다.
② 과대 선전 등으로 스포츠 소비자를 속이지 않는다.
③ 스포츠 시설 운영에서 공해, 소음 등으로 인한 사회적 비용을 고려한다.
④ 스포츠센터의 운영 수익을 더 늘이기 위해 지도자의 노동 강도를 높인다.

**해설**
윤리경영은 조직 경영 및 활동에 있어 윤리를 최우선 가치로 여기고, 투명하고 공정하며 합리적인 업무 수행을 추구하는 경영 정신을 말한다. 이윤을 위해 노동 강도를 높이는 것은 합리적인 업무 수행을 추구하는 것으로 볼 수 없다.

**13** 〈보기〉의 사례에서 ㉠에 해당하는 심판의 자질과 ㉡에 해당하는 맹자의 사단(四端)은? 기출 19·23

┌─보기─────────────────────────┐
│ 배구 경기의 주심인 ㉠ A 심판은 최근 개정된 규정을 │
│ 정확하게 숙지하지 못하여 오심을 범했다. 부심으로 │
│ 경기를 관장하던 B 심판은 오심임을 알았으나 A 심판 │
│ 에 대한 징계가 걱정되어 침묵했다. 시합이 끝난 후 │
│ ㉡ B 심판은 양심의 가책을 지우지 못하고 활동을 │
│ 중단했다. │
└─────────────────────────────┘

|     | A         | B                |
| --- | --------- | ---------------- |
| ①   | 심판의 청렴성 | 사양지심(辭讓之心) |
| ②   | 심판의 전문성 | 수오지심(羞惡之心) |
| ③   | 심판의 자율성 | 시비지심(是非之心) |
| ④   | 심판의 공정성 | 측은지심(惻隱之心) |

**해설**
㉠ 경기 규정 숙지는 심판의 전문성에 해당하는 자질이다.
㉡ B 심판은 자신의 잘못에 대해 양심의 가책을 느꼈으므로 '자신의 잘못을 부끄러워하고 악을 미워하는 마음'을 뜻하는 수오지심(羞惡之心)에 해당한다.

맹자의 사단
• 수오지심(羞惡之心) : 자기의 잘못을 부끄러워하고 악을 미워하는 마음
• 측은지심(惻隱之心) : 남의 불행을 보고 불쌍히 여기고 측은하게 생각하는 마음
• 사양지심(辭讓之心) : 겸손하고 양보하는 마음
• 시비지심(是非之心) : 옳고 그름을 분별하는 마음

**14** 공리주의 윤리 규범을 스포츠에 바르게 적용한 것이 아닌 것은?

① 스포츠에서 결과에 따른 만족을 중시한다.
② 스포츠 규칙 제정은 공정과 평등의 원칙에 근거한다.
③ 스포츠 상황에서 행위의 유용성보다 인성의 바름을 강조한다.
④ 스포츠에서 소수보다 다수의 이익을 우선하는 것이 정당화될 수 있다.

**해설**
공리주의 윤리 규범은 행위의 옳고 그름을 판단함에 있어 행위의 의도나 수단보다는 행위의 결과를 중시하는 규범으로, 최대 다수가 최대 행복을 느낀다면 그것은 옳은 행동이라 주장하며 행위의 유용성과 행복의 총량을 극대화하는 이론이다.
③ 의무론적 윤리 이론은 행위의 옳고 그름을 판단할 때 결과를 중요시하는 공리주의와 달리 행위 그 자체를 도덕규칙의 판단 기준으로 보는 이론이다. 절대적인 도덕규칙에 따라 행동을 판단하므로 행위의 유용성보다 인성의 바름을 강조한다.
① 공리주의적 관점에서는 패자라도 결과적으로 다수가 행복하다면 만족도가 높을 수 있다.
② 공리주의는 사회 전체의 이익을 위해 평등한 기회와 공정한 과정의 제공을 추구한다.
④ 공리주의는 최대 다수의 최대 행복을 추구하므로 소수보다 다수의 이익을 우선시하는 것이 정당화된다.

**15** <보기>에서 장애 차별의 개선을 위한 스포츠 실천의 조건만을 고른 것은?

┌ 보기 ┐
- ㉠ 참여 종목과 대회는 지도자의 결정에 맡겨야 한다.
- ㉡ 비장애인과 분리하여 수업하는 것을 원칙으로 한다.
- ㉢ 활동 장비와 기구에 대한 재정적인 지원을 확보해야 한다.
- ㉣ 다양한 사람과의 관계를 통해 사회성 함양의 기회를 제공해야 한다.

① ㉠, ㉡
② ㉡, ㉢
③ ㉡, ㉣
④ ㉢, ㉣

**해설**
㉠ 지도자가 아닌 장애인 스스로 결정할 수 있도록 해야 한다.
㉡ 장애를 이유로 스포츠 참여에 대해 제한, 배제, 분리, 거부되어서는 안 된다.
체육활동의 차별금지(「장애인차별금지법」 제25조 제1항)
체육 활동을 주최·주관하는 기관이나 단체, 체육 활동을 목적으로 하는 체육시설의 소유·관리자는 체육 활동의 참여를 원하는 장애인을 장애를 이유로 제한·배제·분리·거부하여서는 아니 된다.

**16** <보기>의 내용에 부합하는 철학자와 개념의 연결이 옳은 것은?

┌ 보기 ┐
- 지도자와 선배의 체벌과 폭력이 일상화되어 있다.
- 악은 포악한 괴물이나 악마처럼 괴이하지 않고 합숙소 생활과 같은 일상에 함께 있다.
- 폭력을 멈추게 할 방법은 행위의 내용과 책임을 묻고 반성하는 '사유' 또는 '이성'에 있다.

① 홉스(T. Hobbes) – 리바이어던
② 홉스(T. Hobbes) – 악의 평범성
③ 아렌트(H. Arendt) – 리바이어던
④ 아렌트(H. Arendt) – 악의 평범성

**해설**
악의 평범성(Banality of Evil)
독일의 정치철학자 아렌트(H. Arendt)는 홀로코스트와 같은 역사 속 악행은 광신자나 반사회성 인격 장애자들이 아니라, 국가에 순응하며 자신들의 행동을 보통이라고 여기는 평범한 사람들에 의해 행해진다고 주장했다. 스포츠계에서도 폭력에 길든 위계질서와 문화로 인한 잘못된 관행에 복종하는 데 익숙해진 나머지, 폭력을 폭력으로 인식하지 못하고 이를 지속하는 데 기여하게 된다.

**17** 의무주의 윤리 규범에 근거할 경우, <보기>의 괄호 안에 들어갈 내용으로 옳은 것은?

┌ 보기 ┐
나는 반칙을 하지 않으려고 노력한다. 왜냐하면 (         ) 때문이다.

① 퇴장을 당하면 손해를 보기
② 반칙을 하는 것은 옳지 않기
③ 나의 플레이를 보는 사람들을 만족시켜야 하기
④ 사람들이 나를 훌륭한 선수라고 칭송할 것이기

**해설**
의무주의 윤리 규범은 행위를 결과가 아닌 절대적인 도덕 규칙에 따라 판단하며 행위에 있어 선의지를 중요하게 생각한다. 선의지는 도덕적인 선수가 갖추어야 할 내적인 태도로, 도덕적인 선수는 선의지를 가지고 자신의 양심에 따라 행동해야 한다고 본다. 따라서 반칙에 대해 '옳지 않기 때문에 하지 않겠다'라고 생각하는 것은 의무주의 윤리 규범에 근거한 태도이다.

정답 15 ④  16 ④  17 ②

**18** 〈보기〉는 트랜스젠더 여성의 여성 스포츠 참여에 관한 설명이다. 이를 지지하는 견해의 근거가 아닌 것은?

┌─ 보기 ─────────────────────────┐
국제올림픽위원회(IOC)는 2016년 1월에 올림픽 대회를 비롯한 국제 경기대회에서 외과적인 수술을 받지 않은 성 전환자들도 선수로 출전할 수 있도록 허용해야 한다는 새로운 지침을 발표했다. 이에 따라 트랜스젠더 선수들은 꼭 성 전환 수술을 받지 않더라도 일정 요건만 충족하면 올림픽 등 국제 대회에 참가할 수 있게 되었다.
└─────────────────────────────┘

① 전통적인 젠더 이분법을 극복하고 양성 평등을 지향
② 트랜스젠더 여성의 스포츠 접근권은 공정성보다 우선
③ 트랜스젠더에 대한 차별과 배제가 아닌 관용과 포용의 정책
④ 트랜스젠더 여성 선수가 불공평한 이득을 가져 스포츠 본연의 의미 변화

**해설**
〈보기〉는 젠더 평등을 위한 스포츠 지침에 대한 내용이므로, 지침의 대상인 트랜스젠더 여성 선수들이 '불공평한 이득을 가진다'고 보는 관점은 〈보기〉의 지침을 지지하는 견해로 볼 수 없다.

**19** 함무라비 법전의 탈리오 법칙(Lex Talionis)이 정확하게 적용된 상황은?

① 농구 경기에서 한 경기에 5개의 파울을 한 선수를 퇴장시킨다.
② 축구 경기에서 부상 선수가 발생하면 선수의 안전을 위해 공을 밖으로 걷어낸다.
③ 야구 경기에서 빈볼을 맞게 되면, 상대팀에게도 동일하게 빈볼을 던져 보복을 한다.
④ 수영과 육상 경기의 결승전에서 준결승의 기록이 좋은 선수를 가운데 레인에 우선으로 배정한다.

**해설**
탈리오 법칙
탈리오 법칙은 피해자가 입은 피해와 동일한 손해를 가해자에게 가하는 보복의 법칙이다. 야구 경기에서 빈볼을 맞았을 때 빈볼을 던진 상대 팀에 빈볼을 던져 보복하는 것은 탈리오 법칙이 정확하게 적용된 상황이라 할 수 있다.

**20** 인종 차별과 관련된 사례로 맞지 않은 것은?

① 1936년 베를린 올림픽경기대회에서 히틀러는 육상종목 4관왕 제시 오웬스에게 시상 거부
② 1948년 런던 올림픽경기대회에서 독일과 일본 선수의 참가를 불허
③ 1968년 멕시코 올림픽경기대회 시상식에서 미국의 토미 스미스와 존 카롤로스의 저항 표현
④ 2008년 미국여자프로골프협회(LPGA) 출전 선수의 영어 사용 의무화

**해설**
1948년 런던 올림픽경기대회의 경우는 독일과 일본은 제2차 세계대전을 일으킨 전범국으로 출전이 거부된 사례이다.

정답 18 ④ 19 ③ 20 ②

# 2025년 필수과목 기출문제

PART 02 과년도 + 최근 기출문제

## 제1과목 | 특수체육론

**01** 특수체육에 관한 설명으로 옳지 않은 것은?

기출▶ 15·16·20·21

① 특별한 요구를 가진 사람들을 위해 프로그램을 변형한다.
② 장애인이 참여하는 체육으로 비장애인과 함께하는 활동을 포함한다.
③ 신체활동 참여에서 장애인의 임파워먼트(Empowerment)를 강조한다.
④ 학교체육 중심으로 생활체육이나 경쟁 스포츠 참여는 제한한다.

**[해설]**
특수체육은 학교체육에 한정하지 않고, 장애인의 평생체육(생활체육)을 포함한다.

**02** 〈보기〉에 해당하는 장애 유형의 체육 활동 지도 방법으로 옳지 않은 것은?

―보기―
- 지적 기능과 적응행동이 제한된다.
- 쉽게 좌절하거나 동기 유발이 부족하다.
- 주의집중 시간이 짧고 단기 기억에 어려움이 있다.

① 복잡한 계획이 필요하고 과제가 자주 바뀌는 활동을 강조한다.
② 활동 초기에 학생의 개별적 특성을 파악하여 친밀감을 형성한다.
③ 학생이 흥미를 보이는 활동에서 시작하여 다양한 형태로 발전시킨다.
④ 과제 활동을 제한하는 행동을 파악하고 개별적인 행동관리 계획을 수립한다.

**[해설]**
〈보기〉의 장애 유형은 지적 장애에 해당한다. 지적 장애인을 위한 체육 활동을 지도할 때는 활동을 단순화하고, 학생의 학습 동기가 감소할 경우 활동 내용에 변화를 주는 것이 좋다.

정답 01 ④ 02 ①

## 03 특수체육 수업 방식에 관한 설명으로 옳지 않은 것은?

① 또래 교수(Peer Tutoring) : 친구나 선배가 교사로 참여한다.
② 협동학습(Cooperative Learning) : 학생들이 팀이나 소집단으로 학습한다.
③ 스테이션 교수(Station Teaching) : 여러 곳에 과제를 배치하고 돌아가며 학습한다.
④ 역주류화 수업(Reverse Mainstreaming) : 교사와 학생이 역할을 바꿔가며 과제를 수행한다.

**해설**
역주류화 수업은 장애가 있는 학생을 위한 수업에 비장애 학생이 참여하는 수업 방식을 말한다.

## 04 정서·행동장애 학생의 특성을 고려한 체육 활동 지도 전략으로 적절하지 않은 것은?

① 주의를 분산시키는 자극을 최소화한다.
② 활동 규칙을 정하고 안전교육을 실시한다.
③ 환경을 구조화하고 예측이 가능한 과제를 제시한다.
④ 정서적 예민함을 고려하여 뉴스포츠와 경쟁 활동을 배제한다.

**해설**
뉴스포츠는 누구나 쉽게 즐길 수 있는 생활스포츠로, 활동 대상이나 지역 특성에 맞도록 규칙을 자유롭게 변경할 수 있어 정서·행동장애 학생에 적합하다.

## 05 〈보기〉에서 설명하는 시각 장애인 스포츠 종목은?

┌ 보기 ┐
• 시각 정보 없이 청각과 촉각을 활용하여 공의 위치와 방향을 파악한다.
• 탁구대와 유사한 테이블 위에서 소리 나는 공을 배트로 쳐서 상대편 포켓에 넣는다.

① 골볼
② 보체
③ 쇼다운
④ 텐핀 볼링

**해설**
쇼다운(Showdown)은 시각 장애인을 위한 종목으로 탁구와 비슷하게 테이블에서 소리가 나는 공을 배트로 쳐서 테이블 중앙에 설치된 센터스크린 밑을 통과해 상대의 골 포켓에 공을 넣는 경기이다.

## 06 지체장애인에게 운동을 지도할 때 주의할 사항으로 옳지 않은 것은?

① 절단장애인의 절주 부위를 마사지하여 예민함을 감소시킨다.
② 절단장애인의 절주 부위 땀과 체액 분비물을 주기적으로 닦아 준다.
③ 척수손상 장애인에게 기립성 저혈압이 발생하면 고강도 근력운동으로 전환한다.
④ 척수손상 장애인의 과도한 체온 상승 예방을 위해 휴식을 취하고 수분을 섭취하게 한다.

**해설**
척수손상 장애인에게 기립성 저혈압 증상 발생 시 고강도 근력운동보다는 충분한 준비운동을 하고 운동부하를 점진적으로 증가하는 것이 좋다.

**07** 휠체어 스포츠의 경기 방법에 관한 설명으로 옳은 것은?

① 휠체어 농구 : 공을 잡고 4회까지 휠체어를 밀고 이동할 수 있다.
② 휠체어 럭비 : 한 팀은 남녀 구분 없이 4명이 경기에 출전할 수 있다.
③ 휠체어 컬링 : 팀원 중 한 사람이라도 투구하는 사람의 휠체어에 닿으면 안 된다.
④ 휠체어 테니스 : 투 바운드가 허용되나 두 번째 바운드가 코트를 벗어나면 실점한다.

해설
① 휠체어 농구 : 공을 잡고 휠체어를 2회 밀면 드리블을 해야 한다. 3회 이상 휠체어를 밀고 이동하면 바이얼레이션이다.
③ 휠체어 컬링 : 모든 선수는 고정된 휠체어에서 스톤을 투구해야 하며 발이 얼음에 닿으면 안 된다.
④ 휠체어 테니스 : 투 바운드는 허용되며, 두 번째 바운드는 코트의 바깥 부분도 무방하나 신체를 이용한 중심이동은 금지된다.

**08** 〈보기〉에서 설명하는 체력운동의 원리는?

┤보기├
달리기를 지루해하는 지적 장애 학생을 위해 줄넘기와 달리기를 혼합하여 실시하고, 중간에 휴식을 적절히 제공하였다.

① 다양성의 원리
② 특수성의 원리
③ 전면성의 원리
④ 가역성의 원리

해설
① 다양성의 원리 : 운동이 몸에 적절한 자극으로 작용하고, 프로그램이 지루해지지 않도록 다양하고 새로운 트레이닝 프로그램을 개발해야 한다.
② 특수성(특이성)의 원리 : 운동의 효과는 운동 중 사용한 특정 근육 및 부위에만 적용되므로, 운동을 하고자 하는 목적에 알맞게 해야 한다.
③ 전면성의 원리 : 다양한 체력 요소가 골고루 발전되도록 운동해야 한다.
④ 가역성의 원리 : 운동으로 인해 초래된 인체의 변화는 훈련을 중지하면 운동 전의 상태로 돌아간다.

## 09 특수체육 평가도구에 관한 설명으로 옳은 것은?

① PDMS-2(Peabody Developmental Motor Scale-2) : 2~7세까지 운동 기술을 종합적으로 검사한다.
② BOT-2(Bruininks-Oseretsky Test of Motor Proficiency-2) : 2~10세까지 감각 운동과 기본 운동 기술을 검사한다.
③ PAPS-D(Physical Activity Promotion System for Students With Disabilities) : 심폐기능, 근 기능, 유연성, 민첩성, 장애 수용 정도를 검사한다.
④ BPFT(Brockport Physical Fitness Test) : 장애 유형에 따라 항목별 검사 방법이 구분되며 최소 건강 기준과 권장 기준을 제시한다.

**해설**
① PDMS-2 : 0~72개월 아동의 대상으로 하며, 아동의 전반적인 운동 발달을 대운동과 소운동을 나누어 평가한다.
② BOT-2 : 만 4~21세를 대상으로 하며, 8영역(소근육의 정밀함, 소근육의 통합, 정교함, 양측 협응, 균형, 달리기 속도와 민첩성, 상지 협응, 근력)으로 나누어 검사한다.
③ PAPS-D : 특수교육대상 학생의 장애 유형과 특성을 고려하여 건강체력을 평가하는 검사이다. 검사는 필수평가[심폐 지구력, 유연성, 근력·근지구력, 순발력, 신체구성(비만)]와 선택평가(비만평가, 자기신체평가, 자세 평가)로 구분된다.

## 10 그림의 순서대로 공 던지기를 지도하는 과정에 적용한 행동 관리 기법은?

> 던지기 자세를 설명하며 몸통과 팔꿈치를 잡고 교정함
> ↓
> 던지기 자세를 설명하고 시범으로 보여주며 연습하게 함
> ↓
> 언어 지시로만 던지기를 수행하게 함

① 용암법(Fading)
② 과다 교정(Overcorrection)
③ 행동 계약(Behavior Contract)
④ 프리맥 원리(Premack Principle)

**해설**
① 용암법 : 어떤 행동이 다른 상황에서도 발생할 수 있도록 연속적인 시도를 통해 반응을 유도하는 어떤 식별 자극이나 촉구를 점진적으로 줄이는 기법
② 과다 교정 : 문제행동을 일으킨 경우 교정에 관한 행동을 강제로 반복하게 하여 문제행동을 수정하는 기법
③ 행동 계약 : 목표 행동을 달성하기 위해 개인과 관련자 간에 서면 또는 구두로 합의된 계약을 체결하는 기법
④ 프리맥 원리 : 빈도가 높은 행동을 빈도가 낮은 행동의 강화물로 사용하여 행동을 촉진하는 기법

## 11. 표의 지침과 준거를 사용하는 검사 도구에 관한 설명으로 옳은 것은?

| 기술 | 지침 | 수행 준거 | 1차 | 2차 | 점수 |
|---|---|---|---|---|---|
| 두 손으로 정지된 공 치기 | • 배팅 티 위에 아동의 허리 높이로 공을 올려놓는다.<br>• 아동에게 공을 세게 치라고 지시한다. | 잘 쓰는 손을 위쪽에, 잘 안 쓰는 손은 아래쪽에 가도록 하여 배트를 잡는다. | | | |
| | | 아동이 잘 쓰지 않는 어깨와 엉덩이가 앞쪽으로 가도록 바라본다. | | | |
| | | 스윙하는 동안 어깨와 엉덩이를 회전한다. | | | |
| | | 잘 쓰지 않는 발을 공쪽으로 내딛는다. | | | |
| | | 공을 쳐서 앞쪽으로 보낸다. | | | |

① 준거지향적 방식과 규준지향적 방식 모두 활용 가능하다.
② 5가지 이동 운동 기술과 6가지 공(Ball) 조작 운동 기술을 측정한다.
③ 수행 준거를 어느 정도 성취했느냐에 따라 1점 또는 2점을 부여한다.
④ 발달장애 아동을 위한 검사 도구로 관찰과 면담을 통해 운동능력을 평가한다.

**해설**
〈표〉의 지침과 준거를 사용하는 검사도구는 TGMD이다.
② 6가지 이동 운동 기술과 6가지 공(Ball) 조작 운동 기술을 측정한다.
③ 각 기술은 정확하게 수행하지 못했을 경우 0점, 정확하게 수행했을 경우 1점을 부여한다.
④ 비장애인 유아·아동을 표본으로 개발된 검사 도구이다.

## 12. 〈보기〉의 장애 유형에 관한 설명으로 옳은 것은?

| 보기 |
|---|
| 중추신경계 손상에 의한 근육마비, 협응성 장애, 근육 약화, 기타 운동기능 장애를 보이는 비진행성 신경 장애이다. |

① 발작이 발생하면 움직임을 제한하고 곧바로 물을 마시게 한다.
② 단마비(Monoplegia)는 양팔이나 양다리에 마비가 있는 경우이다.
③ 비정상적 반사 발달과 신체 협응의 어려움, 가위 보행을 보이는 경우가 많다.
④ 운동실조증(Ataxia)은 대뇌 기저핵의 손상으로 불수의적 움직임과 머리 조절에 어려움을 보인다.

**해설**
〈보기〉는 뇌성마비에 대한 설명이다. 뇌성마비는 뇌의 손상 부위에 따른 운동능력의 제한 정도에 따라 경직성, 무정위운동성, 운동실조성으로 나눌 수 있으며 효율적인 움직임이 어려울 수 있다.
① 발작이 발생하면 억지로 누르거나 팔다리를 붙잡지 않아야 하며, 입안에 물이나 약 등을 넣지 않아야 한다.
② 단마비는 하나의 상지 혹은 하지에 마비가 있는 경우이다.
④ 운동실조증 뇌성마비는 동작의 평응성, 협응 능력을 제어하는 소뇌 손상으로 발생, 비연속 걸음걸이 특징을 가진다.

**정답** 11 ① 12 ③

13 그림은 특수체육 프로그램 서비스 전달체계이다. ㉠~㉢에 들어갈 용어를 바르게 나열한 것은?

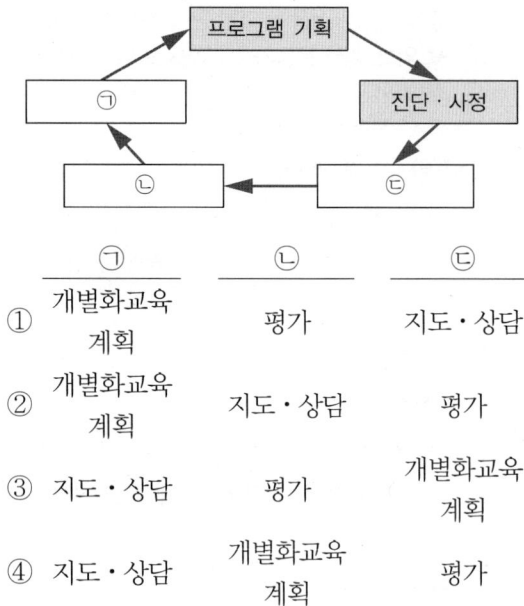

| | ㉠ | ㉡ | ㉢ |
|---|---|---|---|
| ① | 개별화교육 계획 | 평가 | 지도·상담 |
| ② | 개별화교육 계획 | 지도·상담 | 평가 |
| ③ | 지도·상담 | 평가 | 개별화교육 계획 |
| ④ | 지도·상담 | 개별화교육 계획 | 평가 |

해설
쉐릴(C. Sherrill)의 특수체육 서비스 전달체계
계획 → 진단·사정 → 개별화교육계획 → 교수·상담·지도 → 평가

14 〈보기〉가 설명하는 이동 운동 기술은?

보기

• 정면을 보고 서서 한 발을 다른 쪽 발 앞에 놓는다.
• 뒤쪽 발을 앞발 쪽으로 미끄러지듯 옮긴다.
• 그런 다음 앞쪽 발을 옮겨 놓는다.
• 양팔을 아래위로 움직이거나 교대로 움직인다.

① 호핑(Hopping)
② 갤러핑(Galloping)
③ 리핑(Leaping)
④ 슬라이딩(Sliding)

해설
② 갤러핑 : 한 발을 앞이나 옆으로 디디며 다른 발을 빨리 끌어와 부딪히며 걷는 동작
① 호핑 : 한 발을 사용하여 뛰어오른 후 동일한 발로 착지를 하는 점핑의 발달된 동작
③ 리핑 : 무릎을 펴면서 뛰어올라 공중에서는 두 무릎이 모두 펴지도록 다리를 벌리며 멀리 뛰는 동작
④ 슬라이딩 : 한 발을 옆으로 놓으며 미끄러지듯이 다른 발을 재빨리 붙이고 미는 동작

**15** 〈보기〉에서 청각 장애인에게 체육 활동을 지도할 때 고려할 사항으로 옳은 것만을 모두 고른 것은?

| 보기 |
| --- |
| ㉠ 체육관이나 운동장의 소음을 최소화한다.<br>㉡ 대화 중에 입을 가리거나 껌을 씹지 않는다.<br>㉢ 시범과 시각적 지도 단서를 활용하여 설명한다.<br>㉣ 공을 패스하기 전에 서로 눈을 맞추고 패스한다. |

① ㉠, ㉡
② ㉠, ㉡, ㉢
③ ㉠, ㉡, ㉣
④ ㉠, ㉡, ㉢, ㉣

**해설**
〈보기〉 모두 청각 장애인에게 체육 활동을 지도할 때 고려할 사항에 해당한다.

**16** 지적 장애인을 위한 체육 활동의 변형 방법으로 옳지 않은 것은?

① 배구 : 네트 높이를 낮춘다.
② 수영 : 레인의 폭을 축소한다.
③ 소프트볼 : 티 위에 공을 올려놓고 친다.
④ 줄넘기 : 양손에 각각 짧은 줄을 잡고 돌리며 점프한다.

**해설**
지적 장애인의 경우 발달 속도, 근지구력 활동 부족 등의 이유로 수영 활동 시 레인의 길이를 축소하는 것이 좋다.

**17** 장애학생 체육 활동 지도를 위한 개별화교육프로그램(IEP)의 목표 진술 3요소가 아닌 것은?

기출 ▶ 15 · 19 · 22 · 23 · 24

① 행동(Action)
② 기준(Criterion)
③ 언어(Language)
④ 조건(Condition)

**해설**
개별화교육프로그램은 개인의 발달에 적합한 교육프로그램을 계획하고 시행하는 것으로 목표 진술 요소에는 조건, 기준, 행동이 있다.

**18** 그림의 로고를 사용하는 국제장애인경기대회에 관한 설명으로 옳지 않은 것은?

① 창시자는 구트만(L. Guttmann)이다.
② 제1회 하계대회는 1960년 로마에서 개최되었다.
③ 주관 단체는 ISOD(International Sports Organization for the Disabled)이다.
④ 참가 대상은 척수손상, 절단 및 기타 장애, 뇌성마비, 시각 장애, 지적 장애이다.

**해설**
패럴림픽
- 1948년 영국의 구트만 박사 주도로 상이군인 재활을 목적으로 척수 장애인 체육대회를 조직
- 1960년 이탈리아 로마에서 제1회 하계 패럴림픽대회 개최
- 창설 당시 하반신 마비를 의미하는 'Paraplegia'와 'Olympic'을 합성하여 만든 용어였으나 신체가 불편한 모든 장애인을 대상으로 범위가 확대됨
- 국제장애인올림픽위원회(IPC)가 주최하며 4년 주기로 개최되는 신체 장애인들의 국제 경기 대회

**19** 장애인을 위한 체육 활동 변형 방법에 관한 설명으로 적절하지 않은 것은?

① 참여를 유도하는 방향으로 변형한다.
② 활동의 본질을 변형하여 새로운 활동으로 구성한다.
③ 장애로 인한 참여 제한이 발생하지 않도록 변형한다.
④ 변형된 활동이 효과적이지 못하면 다시 수정하거나 보완한다.

**해설**
체육 활동 변형은 활동의 본질적인 특성을 변형하지 않는 선에서 체육 환경, 경기장, 용기구, 참여 인원, 활동 유형, 교수 유형, 기타 사항들을 수정 및 보완하여 사용하는 것이다.

**20** 저시력을 가진 시각 장애인에게 체육 활동을 지도할 때 고려할 사항으로 적절하지 않은 것은?

① 안전을 고려하여 모든 수행을 직접적으로 보조한다.
② 단순하고 명확하게 디자인된 시각 자료를 사용한다.
③ 활동 경계선을 쉽게 알 수 있도록 바닥에 테이프를 붙여 준다.
④ 운동 장비에 음향 신호를 추가하여 위치 파악이 쉽도록 돕는다.

**해설**
체육 활동 시 스스로 움직일 수 있도록 지도하는 등 학생의 현재 수행 능력을 판단하고, 자립심을 키우는 방법을 사용한다.

## 제2과목 | 유아체육론

**01** 기본운동 기술 범주에서 안정성 기술에 속하는 움직임 양식(Movement Pattern)이 아닌 것은?

① 굽히기(Bending)
② 스키핑(Skipping)
③ 늘리기(Stretching)
④ 직립 균형(Upright Balance)

**해설**
기본움직임기술과 주요 움직임 양식
- 안정성 기술 : 굽히기, 늘리기, 비틀기, 돌기, 흔들기, 직립 균형, 거꾸로 균형, 구르기, 멈추기, 피하기
- 이동 기술 : 걷기, 호핑, 스키핑, 점핑, 갤러핑, 슬라이딩
- 조작 기술 : 치기, 던지기, 차기, 공 멈추기, 던지기, 튀기기, 되받아치기

**02** 다음 '움직임 분류' 일차원 모델에서 ㉠~㉣에 들어갈 용어가 바르게 나열된 것은?

| 움직임의 (㉠) | 움직임의 (㉡) | 움직임의 (㉢) | 움직임의 (㉣) |
|---|---|---|---|
| 대근 운동 기술 | 불연속 운동 기술 | 개방형 운동 기술 | 안정 과제 |
| 소근 운동 기술 | 연속 운동 기술 | 폐쇄형 운동 기술 | 이동 과제 |
|  | 지속 운동 기술 |  | 조작 과제 |

|   | ㉠ | ㉡ | ㉢ | ㉣ |
|---|---|---|---|---|
| ① | 근육 | 환경 | 맥락 | 기능 |
| ② | 근육 | 시간적 연속성 | 환경 | 기능 |
| ③ | 의도 | 시간적 연속성 | 맥락 | 환경 |
| ④ | 기능 | 의도 | 시간적 연속성 | 근육 |

**해설**
운동 기술의 일차원적 분류

| 움직임의 근육 | 대근 운동 기술 | 큰 근육을 사용하며, 주로 큰 동작 |
|---|---|---|
|  | 소근 운동 기술 | 비교적 작은 근육을 사용하며, 정확하고 세밀한 움직임 |
| 움직임의 시간적 연속성 | 불연속 운동 기술 | • 동작의 시작과 끝이 분명하게 나타남 예 던지기, 슈팅<br>• 동작이 빠르고 짧은 시간에 끝남 |
|  | 계열적 (지속) 운동 기술 | 불연속 운동 기술이 연속적으로 연결되어 하나의 운동 기술로 표현 예 체조 연기, 야구 기술 |
|  | 연속적 운동 기술 | • 특정 움직임이 계속 반복<br>• 시작과 끝을 알 수 없음 예 걷기, 수영, 사이클 |
| 움직임의 환경 | 개방형 운동 기술 | • 계속 변하는 환경에서 수행<br>• 환경 예측이 불가능하고(동적), 여러 상황에서 대처할 수 있는 다양하고 정확한 동작 패턴 |
|  | 폐쇄형 운동 기술 | • 환경이 변하지 않는 안정된 상태에서 수행<br>• 환경 예측이 가능하고(정적), 정확하고 일관성 있는 동작 패턴 |
| 움직임의 기능 | 안정 과제 | 이동하지 않고 서거나 앉아서 균형감각을 기르는 운동 |
|  | 이동 과제 | 위치를 이동하는 운동 |
|  | 조작 과제 | 물체를 다루는 능력을 기르는 운동 |

**정답** 01 ② 02 ②

## 03 〈보기〉에서 건강 및 수행 관련 체력 요소에 관한 설명으로 옳은 것만을 모두 고른 것은?

┌ 보기 ┐
- ㉠ 평형성 – 신체의 자세를 유지하는 능력
- ㉡ 유연성 – 신체 내외의 자극에 대응하는 운동 능력
- ㉢ 민첩성 – 자극에 반응하여 속도·방향을 신속하게 전환하는 능력
- ㉣ 협응성 – 각각의 운동 체계와 다양한 감각 양식을 효율적인 운동 패턴으로 통합하는 능력

① ㉠, ㉡, ㉢
② ㉠, ㉡, ㉣
③ ㉠, ㉢, ㉣
④ ㉡, ㉢, ㉣

**해설**
㉡ 유연성은 신체를 부드럽게 움직일 수 있는 능력을 의미한다.

## 04 〈보기〉에서 설명하는 원시반사 유형에 관한 내용으로 옳지 않은 것은?

┌ 보기 ┐
- 출생 후 몸을 보호하는 데 필요한 반사 유형이다.
- 신경적인 변이나 손상 예측에 사용되는 대표적인 반사이다.
- 이 반사 유형이 비대칭적으로 나타날 경우 신경적인 변이나 손상을 추측할 수 있다.

① 시기 : 출생부터 4~7개월까지 나타난다.
② 반응 : 특정한 자극에 팔과 다리가 신전되며 팔을 벌리고 손가락을 편다.
③ 유발자극 : 놀라거나 아래로 떨어지는 자극에는 발생하지 않는다.
④ 기타 : 소멸 시기 이후에도 지속되면 감각운동 장애의 발생을 추측할 수 있다.

**해설**
〈보기〉는 모로반사에 대한 설명이다. 모로반사는 누워있는 상태에서 큰 소리가 나거나, 머리나 몸의 위치가 갑자기 변하면 팔과 다리를 벌렸다가 다시 움츠리는 반사로 원시반사에 해당하며, 모로반사 검사로 신경적인 변이나 손상을 추측할 수 있다.

## 05 〈보기〉가 설명하는 운동발달 프로그램의 구성 원리는?

┌ 보기 ┐
- 유소년의 연령, 성별, 신체 특성의 변화와 순서를 고려해야 함
- 유소년의 발달단계를 고려하여 운동프로그램을 계획하는 것이 중요함
- 간단한 동작에서 복잡한 동작으로, 쉬운 활동에서 어려운 활동으로 지도해야 함

① 다양성의 원리
② 안전성의 원리
③ 특이성의 원리
④ 연계성의 원리

**해설**
유아발달 프로그램의 기본 원리
- 연계성의 원리 : 운동발달, 인지발달, 사회성 및 정서발달의 상호작용을 통한 발달이 이루어지도록 프로그램을 연계적으로 구성해야 한다.
- 안전성의 원리 : 안전을 최우선으로 고려하여 프로그램을 구성해야 한다.
- 적합성의 원리 : 결정적 시기를 고려하여 적합한 운동을 프로그램에 구성해야 한다.
- 방향성의 원리 : 신체발달의 방향성을 고려하여 적절한 운동을 프로그램에 구성해야 한다.
- 특이성의 원리 : 유전과 환경요인에 따른 개인차를 고려하여 프로그램을 구성해야 한다.
- 다양성의 원리 : 전체적인 신체발달을 돕는 다양한 프로그램을 구성해야 한다.

## 06 〈보기〉에서 설명하는 에릭슨(E. Erikson)의 심리사회발달단계는?

| 보기 |
|---|
| • 기초적인 인지 기술과 사회적 기술의 습득이 중요함 |
| • 소속된 사회, 문화를 습득하여 실수나 실패를 접하는 것이 중요함 |
| • 타인과 자신을 비교하여 긍정적, 부정적 경험을 할 수 있음 |

① 2단계(자율성 또는 수치심 발달)
② 3단계(주도성 또는 죄의식 발달)
③ 4단계(근면성 또는 열등감 발달)
④ 5단계(정체감 또는 역할혼미 발달)

**해설**
에릭슨의 심리사회발달단계 중 4단계(근면성 또는 열등감 단계)
• 학령기(5~12세)로, 또래 집단과 교사 등의 주위 환경이 지지 기반
• 기초적인 인지 기술과 사회적 기술을 습득하는 것이 중요한 시기임

## 07 하비거스트(R. Havighurst)의 발달 과제 이론에서 ㉠~㉢에 들어갈 내용을 바르게 나열한 것은?

| 발달단계 | 1단계 (0~6세) | 2단계 (7~12세) | 3단계 (13~18세) |
|---|---|---|---|
| 성취과업 | 걷기 학습 | 개인적 독립심 획득 | 자신의 체격 수용 |
| | 옳고 그름을 구별하는 학습의 발달 | 일상 놀이에 필요한 신체적 기술의 학습 | 성숙한 관계 형성 및 사회적 역할 획득 |
| | ( ㉠ ) | ( ㉡ ) | ( ㉢ ) |

| | ㉠ | ㉡ | ㉢ |
|---|---|---|---|
| ① | 사회적·물리적 실체 묘사를 위한 개념 습득 | 자신에 대한 건전한 태도 확립 | 행동을 이끄는 가치 체계 획득 |
| ② | 자신에 대한 건전한 태도 확립 | 행동을 이끄는 가치 체계 획득 | 사회적·물리적 실체 묘사를 위한 개념 습득 |
| ③ | 일상생활에 필요한 개념 발달 | 자신에 대한 건전한 태도 확립 | 사회적·물리적 실체 묘사를 위한 개념 습득 |
| ④ | 사회적·물리적 실체 묘사를 위한 개념 습득 | 자신에 대한 건전한 태도 확립 | 일상생활에 필요한 개념 발달 |

**해설**
하비거스트는 발달 과제 이론에서 영·유아기 – 아동기 – 청년기 – 장년기 – 중년기 – 노년기의 발달과업을 제시하였다.

하비거스트의 발달과업 이론
• 영·유아기 : 사회적·물리적 실체 묘사를 위한 개념 습득 – ㉠
• 아동기 : 자신에 대한 건전한 태도 확립 – ㉡
• 청년기 : 행동을 이끄는 가치 체계 획득 – ㉢
• 장년기 : 가족 형성, 직장생활 시작, 시민으로서의 책임 인식
• 중년기 : 성인 시민으로서의 사회적 책임 성취, 중년기 신체적 변화 수용·적응
• 노년기 : 감소되는 체력·건강에의 적응, 동년배 집단과 긴밀한 관계 형성

정답 06 ③ 07 ①

08 그림에 제시된 동작의 시작 단계 특징으로 옳지 않은 것은?

〈치기 동작의 시작 단계〉

① 양발은 고정한다.
② 몸통 회전이 없다.
③ 엉덩이를 회전시킨다.
④ 팔꿈치를 완전히 굽힌다.

**해설**
공 치기(Ball Striking) 동작의 시작 단계
• 동작은 등 뒤에서 앞으로 치는 형태를 보임
• 발은 움직임 없이 고정되어 있고, 몸통은 공이 오는 방향을 향하며, 회전이 없음
• 모든 치기 동작은 팔꿈치가 굽혀진 상태에서 이루어짐

09 초보 움직임 시기의 '반사 억제 단계(Reflexive Inhibition Stage)'에 관한 설명으로 옳지 않은 것은?

① 운동 피질의 발달과 특정 환경적 억제 요인의 감소 현상이 일어난다.
② 반사 억제 수준에서 수의적 움직임의 분화와 통합은 낮은 수준을 보인다.
③ 이 단계에 발생하는 수의적인 움직임들은 대부분 제어가 힘들고 정교함이 떨어진다.
④ 뇌하부 중추가 운동 피질보다 이전 단계에 비해 상대적으로 더 많이 발달하며 이 시기의 움직임 제어에 필수적으로 작용한다.

**해설**
④ 반사 움직임 시기의 '정보부호화 단계'에 대한 설명이다.
정보부호화 단계
• 태아기를 거쳐 생후 약 4개월까지 관찰될 수 있는 불수의적 움직임의 특징을 보임
• 뇌 중추는 다양한 강도와 지속시간을 가진 여러 자극에 대해 불수의적 반응을 유발할 수 있음
• 뇌하부 중추는 운동 피질보다 더 많이 발달하며 태아와 신생아의 움직임을 제어하는 데 필수

**10** 유소년기 발달에 관한 검사 도구와 목적의 연결이 옳지 않은 것은?

| 검사 도구 | 목 적 |
|---|---|
| ① TGMD-3 (Test of Gross Motor Development-3) | 신체, 언어, 인지, 적응 행동의 기능 발달 검사 |
| ② BOTMP-2 (Bruininks-Oseretsky Test of Motor Proficiency-2) | 다양한 발달 문제의 진단 및 선별, 대근·소근운동 발달 검사 |
| ③ PDMS-2 (Peabody Developmental Motor Scale-2) | 유아기 기본 운동 기술의 훈련 또는 개선 검사 |
| ④ K-DST (Korean Denver Development Screening) | 발달에 문제가 있는 영유아를 선별하기 위한 부모 보고식 검사 |

**해설**
TGMD-3(Test of Gross Motor Development-3)
· 3~10세의 아동들을 대상으로 대근운동능력을 평가한다.
· 규준지향검사와 준거지향검사 방식을 모두 적용한다.
· 6가지 이동 기술(달리기, 질주하기, 뛰어오르기, 한 발로 뛰기, 수직점프, 슬라이딩) 검사와 6가지 공 기술(정지한 공 치기, 드리블, 차기, 붙잡기, 던지기, 굴리기) 검사를 포함한다.

**11** 〈보기〉에서 설명하는 모스턴과 애쉬워드(M. Mosston & S. Ashworth)의 교수-학습 전략(Strategies)은?

기출 > 22

┌─ 보기 ─────────────────────────┐
· 수업 시 공간과 장비의 제약을 보완해 줄 수 있다.
· 학습자들이 서로 다른 과제들을 동시에 익히도록 하는 데 효과적이다.
· 학습자들이 이미 배운 적이 있는 기술을 실행하거나 자신을 평가할 때 효과적이다.
└────────────────────────────┘

① 스테이션 교수(Station Teaching)
② 동료교수(Peer Teaching)
③ 협동 학습(Cooperative Learning)
④ 전술게임(Tactical Games)

**해설**
스테이션 교수
교사 한 명이 둘 이상의 과제가 동시에 진행되도록 스테이션(학습환경)을 설계하여 지도하는 수업 방법이다. 기구가 부족한 상황에서 적용할 수 있고, 학습자가 자신의 수업 내용을 능동적으로 선택할 수 있다.

**12** 계획적인 유아체육 프로그램을 구성할 때 고려해야 할 사항으로 옳지 않은 것은?

① 유아의 참여가 어려운 게임은 되도록 배제한다.
② 프로그램 사전 계획 시 대상자 연령, 인원, 장소, 도구 등을 미리 파악한다.
③ 다양한 교보재와 활동 지시문을 활용해 유아가 스스로 순환하면서 활동하도록 유도한다.
④ 설치하는 기구는 유아 개개인의 다양한 발달 수준을 고려하지 않고 획일적으로 활용한다.

**해설**
유아체육 프로그램 구성 시 유아 간 개인차를 이해하고 유아 개개인의 발달 속도에 맞춘 설치기구를 활용해야 한다.

**정답** 10 ① 11 ① 12 ④

**13** 그림은 얼릭(D. Ulrich)이 제시한 대근운동발달의 시기와 단계이다. ㉠, ㉡에 들어갈 내용을 바르게 나열한 것은? 기출 24

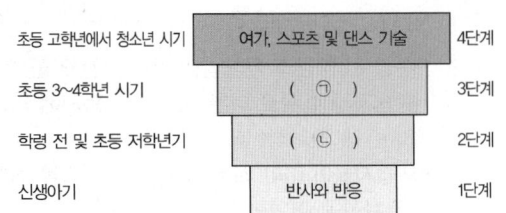

|   | ㉠ | ㉡ |
|---|---|---|
| ① | 기본 대근운동 기술과 양식(Patterns) | 리드-업(Lead-up) 게임과 기술 |
| ② | 자세조절 기술 | 운동감각 지각(Kinesthetic Perception) |
| ③ | 운동감각 지각(Kinesthetic Perception) | 자세조절 기술 |
| ④ | 리드-업(Lead-up) 게임과 기술 | 기본 대근운동 기술과 양식(Patterns) |

**해설**
얼릭의 대근운동발달의 시기와 단계

| 구분 | 시기 | 내용 |
|---|---|---|
| 1단계 | 신생아기 | 반사와 반응 |
| 2단계 | 학령 전 및 초등 저학년기 | 기본 대근운동 기술과 양식 |
| 3단계 | 초등 3~4학년 시기 | 리드-업(Lead-up) 게임과 기술 |
| 4단계 | 초등 고학년에서 청소년 시기 | 여가 활동, 스포츠 및 댄스 기술 |

**14** 〈보기〉는 「국민체육진흥법」 시행령 제2조의 제9호 '유소년스포츠지도사' 정의에 관한 내용이다. ㉠, ㉡에 들어갈 용어로 옳은 것은? 기출 15·22

> **보기**
> '유소년스포츠지도사'란 유소년의 ( ㉠ ), ( ㉡ ) 등에 대한 지식을 갖추고 제9조의6에 따른 자격 종목에 대하여 유소년을 대상으로 체육을 지도하는 사람을 말한다.

|   | ㉠ | ㉡ |
|---|---|---|
| ① | 행동양식 | 인지발달 |
| ② | 방관적 행동 | 신체발달 |
| ③ | 방관적 행동 | 인지발달 |
| ④ | 행동양식 | 신체발달 |

**해설**
정의(「국민체육진흥법」 시행령 제2조 제9호)
'유소년스포츠지도사'란 유소년의 행동양식, 신체발달 등에 대한 지식을 갖추고 법령상의 자격 종목에 대하여 유소년을 대상으로 체육을 지도하는 사람을 말한다.

**15** ㉠, ㉡에 해당하는 교수-학습 방법을 바르게 나열한 것은?

기출 16·17·19·23

| ㉠ | • 지도자가 다양한 동작 과제나 질문을 학습자에게 제시함<br>• 지도자는 학습자가 제안한 해결 방법이 무엇이든 인정하고 받아들임<br>• 학습의 결과가 아니라 학습 과정 그 자체에 우선적인 초점을 둠 |
|---|---|
| ㉡ | • 학습자의 구체적인 동작 경험을 위해 지도자나 또래의 활동을 관찰할 수 있는 기회를 제공함<br>• 학습자가 여러 가지 방법을 사용할 수 있는 충분한 시간을 제공해야 함<br>• 지도자는 계속해서 더 구체적인 질문을 하여 원하는 반응이 나오도록 유도함 |

|  | ㉠ | ㉡ |
|---|---|---|
| ① | 안내-발견적 (Guide-discovery) 방법 | 탐색적 (Exploratory) 방법 |
| ② | 탐색적 (Exploratory) 방법 | 학습자 설계 (Child-designed) |
| ③ | 탐색적 (Exploratory) 방법 | 안내-발견적 (Guide-discovery) 방법 |
| ④ | 학습자 설계 (Child-designed) | 안내-발견적 (Guide-discovery) 방법 |

**해설**
유아 주도적 교수 방법
• 탐색적 방법 : 시범이나 언어적 설명 없이 유아가 자신에게 적합하다고 생각하는 활동 과제를 수행하는 방법으로 학습의 결과보다 과정에 중점을 두는 방법 - ㉠
• 안내-발견적 방법 : 유아에게 교사의 활동을 관찰할 기회를 주고 유아가 또래나 교사의 동작을 관찰함으로써 과제 수행의 방법을 이해하도록 하는 방법 - ㉡

**16** 갤러휴(D. Gallahue)의 움직임 기술 2차원 분류법에서 이동 기술의 움직임 양식에 속하지 않는 것은?

① 잡기(Catching)
② 걷기(Walking)
③ 달리기(Running)
④ 점프하기(Jumping)

**해설**
잡기는 조작 기술의 움직임 양식에 속한다.
기본움직임기술(FMS)과 주요 움직임 양식
• 안정성 운동 : 굽히기, 늘리기, 비틀기, 돌기, 흔들기, 직립 균형, 거꾸로 균형, 구르기, 멈추기, 재빨리 피하기 등
• 이동 운동 : 걷기, 달리기, 리핑, 호핑, 점핑, 갤러핑, 슬라이딩, 스키핑 등
• 조작 운동 : 던지기, 차기, 치기, 받기, 때리기, 튀기기, 되받아치기 등

정답 15 ③  16 ①

**17** 유소년스포츠에서 활용될 수 있는 게임수업 방법과 설명의 연결이 옳지 않은 것은?

① 기능중심 게임수업(Technical Model) : 교사가 제시한 '왜(Why)' 중심의 문제해결 수업을 진행한다.
② 기능중심 게임수업(Technical Model) : 행동주의에 근거하며, 기술을 자동화하기 위한 기능 숙달이 중심이다.
③ 이해중심 게임수업(Teaching Games For Understanding) : '무엇을 할 것인가(What to Do)'를 고민하며 인지적 학습이 선행된다.
④ 이해중심 게임수업(Teaching Games For Understanding) : 구성주의 인식론에 근거하며, 게임에 대한 '이해'를 중심으로 문제해결 능력을 기른다.

**해설**
'왜(Why)' 중심의 문제해결 수업은 이해중심 게임수업에 대한 설명이다.
이해중심 게임수업의 기본 가정
- '어떻게(기술)'를 가르치기 전에 '왜, 무엇(전술)'을 가르친다.
- 학생 중심의 학습 교육과정으로, 게임 상황과 유사한 환경에서 학습한다.
- 학습자 스스로 이해를 바탕으로 의미를 구성하며, 학생의 총체적 경험을 중요시한다.

**18** 유아기 걷기 동작의 기술 단계 분류에서 시작 단계의 특징은?

① 보폭이 커지고 안정된다.
② 발바닥 전체로 바닥과 접촉한다.
③ 팔 흔들기가 반사적으로 이루어진다.
④ 발끝이 바깥쪽으로 향하는 현상이 줄어든다.

**해설**
유아기 걷기 동작의 단계
- 시작 단계 : 팔을 올리고 발바닥으로 터벅거리며, 기저면이 넓고 다리가 중심선에서 외전된다.
- 초보 단계 : 보폭이 길어지고 팔 흔들림이 적으며, 발뒤꿈치가 힐-토우(Heel Toe) 모양이다.
- 성숙 단계 : 발이 신체 중심선에서 움직이고 뚜렷한 힐-토우(Heel Toe) 모양이 나타난다.

**19** 피아제(J. Piaget)가 제시한 인지발달단계와 특징의 연결이 옳지 않은 것은?

| | 단 계 | 특 징 |
|---|---|---|
| ① | 감각운동기 | 학습자는 감각경험과 움직임의 상호작용을 통하여 학습하게 된다. |
| ② | 전조작기 | 활동적인 놀이를 통한 지적 실험으로 가역성을 갖게 된다. |
| ③ | 구체적 조작기 | 보존개념이 형성되고 분류, 서열화 등의 수학적 조작능력이 나타난다. |
| ④ | 형식적 조작기 | 인지적 과정을 통하여 추상적, 논리적, 체계적 사고를 할 수 있다. |

**해설**
②는 구체적 조작기의 특징이다. 전조작기에는 자기중심성이 강하여 다른 사람의 관점에서 사물을 이해할 수 없고 비가역성을 갖는다. 예를 들어 '보존개념'의 실험에서 같은 컵에 있는 같은 양의 물을 보여준 뒤, 한 컵의 물을 폭이 좁고 긴 다른 컵에 부으면(물높이가 올라감), 긴 컵의 물이 더 많다고 말한다.

피아제의 인지발달 4단계
- 감각운동기(0~2세) : 감각을 사용하여 주변을 탐색하고, 새로운 경험을 찾기 위한 신체 활동을 한다(연습놀이).
- 전조작기(2~7세) : 지각 운동 시기로 사물과 사건의 관계를 인식하는 사고 능력의 진보가 이루어지지만 자기중심성이 강하여 다른 사람의 관점에서 사물을 이해할 수 없다.
- 구체적 조작기(7~11세) : 탈중심적 사고에 들어서고 사회지향적인 특징을 보이며, 구체적인 문제에 대한 논리적 사고가 가능하다(규칙이 있는 게임).
- 형식적 조작기(청소년~성인) : 가설적·연역적 사고가 가능하고, 논리적 사고에 의해서 문제를 해결한다.

**20** 〈보기〉에서 설명하는 발달 이론은?

┤보기├
- 직접 행동이 아니어도 사회적 상황에서 타인의 행동을 관찰하며 학습이 가능하다.
- 유아 주변의 인물, 특히 부모의 언어 형태, 성역할, 사회적 행동을 모방한다.

① 비고츠키(L. Vygotsky)의 상호작용 이론
② 반두라(A. Bandura)의 사회학습 이론
③ 매슬로(A. Maslow)의 욕구위계 이론
④ 프로이드(S. Freud)의 정신분석 이론

**해설**
② 반두라의 사회학습 이론 : 인간은 다른 사람의 행동을 관찰·모방하면서 발달한다는 이론
① 비고츠키의 상호작용 이론 : 인간의 발달은 사회적·문화적 환경의 영향을 받는다는 이론
③ 매슬로의 욕구위계 이론 : 인간은 욕구를 가지고 태어나고 욕구 충족을 위해 행동하며, 각각의 욕구는 위계적이어서 기본적인 욕구 충족이 이루어져야 상위 욕구 충족에 관심을 가지고 달성할 수 있다는 이론
④ 프로이드의 정신분석 이론 : 인간의 사고·감정·행동은 심리적 원인에 의해 결정된다는 이론

## 제3과목 | 노인체육론

**01** 활동 이론을 옳게 설명한 것은? `기출` 16·18

① 활성산소의 증가가 노화를 촉진한다.
② 노화와 관련한 대표적 생물학적 이론이다.
③ 사회에서 점진적 역할 배제가 노화의 핵심이다.
④ 노인의 사회활동 참여 정도가 높을수록 생활만족도가 높아진다.

**해설**
④ 활동 이론은 일생에 걸쳐 일상생활의 정신적·신체적 활동을 지속하는 사람은 건강하고 행복하게 늙는다는 이론으로 노인의 사회활동 참여 정도가 높을수록 생활만족도가 높아진다.
① 활성산소에 의한 세포 손상의 누적이 각종 질병의 위험과 노화를 증가시킨다는 이론은 손상 이론에 포함되는 자유기 이론의 주장이다.
② 대표적인 생물학적 노화 이론에는 유전적 이론, 손상 이론, 점진적 불균형 이론 등이 있으며, 활동 이론은 노화의 사회학적 이론이다.
③ 노인의 사회적 역할 배제를 설명하는 것은 분리 이론이다.

**02** 근감소증(Sarcopenia)에 관한 설명 중 옳지 않은 것은? `기출` 18·23

① 호흡근의 마비를 유발할 수 있다.
② 노화와 관련한 대표적인 증상 또는 질환이다.
③ 근위축(Muscle Atrophy)으로도 알려져 있다.
④ 유산소 능력, 골밀도, 인슐린 민감성 및 신진대사율 감소를 유발할 수 있다.

**해설**
① 호흡근의 마비를 유발하거나 악화를 초래하는 것은 만성폐쇄성 폐질환자의 기도저항과 관련된 특징이다.

**03** 〈보기〉에서 생물학적 노화의 특성으로 옳은 것만 모두 고른 것은?

| 보기 |
| --- |
| ㉠ 노화는 치료가 가능하다. |
| ㉡ 모든 사람에게 보편적으로 일어난다. |
| ㉢ 시간의 흐름에 따라 점진적으로 일어난다. |
| ㉣ 환경적 요인을 배제한 내재적 요인에 의해 발생한다. |

① ㉠, ㉣
② ㉡, ㉢
③ ㉠, ㉡, ㉢
④ ㉡, ㉢, ㉣

**해설**
㉠ 현대 의학에서 노화는 치료할 수 없다.
㉡·㉢·㉣ 생물학적 노화는 모든 사람들이 보편적으로 겪는 생물학·심리·사회·점진적 변화이며, 노화의 속도와 기능의 저하 정도는 개인차가 존재한다. 또한 환경적 요인을 배제한 내재적인 요인에 의해 발생한다.

01 ④  02 ①  03 ④  **정답**

## 04 <보기>에서 체중부하 운동으로 옳은 것만 모두 고른 것은?

┌─ 보기 ─────────────────┐
│ ㉠ 등 산
│ ㉡ 스케이팅
│ ㉢ 테니스
│ ㉣ 고정식 자전거 타기
│ ㉤ 암 에르고미터(Arm Ergometer)
│ ㉥ 수 영
└────────────────────────┘

① ㉠, ㉡, ㉤
② ㉠, ㉡, ㉢
③ ㉢, ㉤, ㉥
④ ㉢, ㉣, ㉥

**해설**
㉠·㉡·㉢ 체중부하 운동은 뼈에 적당한 충격을 주어 골밀도를 높이고 근기능 강화에 도움이 되는 운동으로 걷기, 계단 오르기, 줄넘기, 등산, 댄스, 테니스, 스케이팅 등이 있다.
㉣·㉥ 고정식 자전거 타기와 수영은 근골격계 질환이 있는 경우 체중에 대한 부담을 감소할 수 있는 운동이며, 심폐지구력을 향상할 수 있다.
㉤ 암 에르고미터는 팔의 힘으로 전신적인 일의 양을 측정하는 장비로 근지구력과 심폐지구력을 동시에 향상하는 운동이다.

## 05 노인의 운동 빈도에 관한 설명으로 옳지 않은 것은?

① 운동 빈도는 규칙적이어야 한다.
② 신체적으로 무리가 없는 경우 주 5일 이상도 권장된다.
③ 운동 의욕이 높은 노인의 경우 매일 강도 높은 운동이 권장된다.
④ 운동 효과와 피로도를 고려했을 때 주 3회 정도가 가장 적절하다.

**해설**
③ 건강한 고령자들은 운동의 강도를 낮추어 1시간 정도 운동을 지속해야 효과적이다.
① 노인의 경우 운동 빈도를 규칙적으로 하고 활동량은 적절하게 배분할 것을 권장한다.
② 운동 초기에는 근피로 회복, 뼈와 관절의 손상 방지를 위해 격일제 운동을 하고 이후에는 일주일에 4~5일 정도의 운동 자극이 효과적이다.
④ 노인 질병 예방 운동프로그램에서는 운동 빈도를 주 3회 이상으로 정하고 있다.

## 06 만성질환 노인의 운동 효과로 옳지 않은 것은?

기출 ▶ 18 · 19 · 20 · 23

① 비만 노인의 체지방량이 감소하고 근육량은 유지되거나 증가된다.
② 골다공증 노인의 골밀도 감소가 개선되고 낙상과 골절이 예방된다.
③ 당뇨 노인의 혈당량이 감소하고 근육의 인슐린 민감성이 감소된다.
④ 퇴행성관절염 노인의 유연성이 향상되고 관절의 가동 범위가 증가된다.

**해설**
당뇨 노인의 운동 효과로는 혈당량 감소와 인슐린 감수성 향상 등이 있다.

**정답** 04 ② 05 ③ 06 ③

**07** 뇌졸중 노인을 위한 운동 지도 시 고려해야 할 사항은?  기출▶ 17

① 우측 마비 노인의 경우 언어지시보다 행동적 시범을 보인다.
② 마비가 없는 쪽에 집중적으로 스트레칭 운동을 실시하도록 한다.
③ 낙상 위험이 있으므로 균형감각과 기동성 향상을 위한 운동을 실시하지 않는다.
④ 장애 정도가 심한 노인의 경우 똑바로 선 상태에서 스테핑 운동을 빠르게 하도록 한다.

**해설**
우측 마비는 주로 좌측 뇌 손상으로 발생하는데, 좌측 뇌는 언어 이해, 논리적 사고를 주로 담당한다. 그러므로 우측 마비 노인의 경우, 언어지시만으로는 이해가 어려울 수 있어 직접적인 행동 시범을 함께 보여주는 것이 효과적이다.

**08** 〈보기〉에서 관절염 노인을 위한 운동 관련 설명으로 옳은 것만 모두 고른 것은?  기출▶ 19 · 23

┤보기├
㉠ 체중부하운동을 실시한다.
㉡ 운동 시 느끼는 통증은 고려하지 않는다.
㉢ 운동 전후에 냉찜질 또는 온찜질을 한다.
㉣ 수중운동 시 물의 온도는 29~32°C를 유지한다.
㉤ 특정 관절의 과사용을 피하기 위해 크로스트레이닝을 실시한다.

① ㉠, ㉡, ㉢
② ㉡, ㉣, ㉤
③ ㉢, ㉣, ㉤
④ ㉠, ㉢, ㉣

**해설**
㉠ 체중 부하 시 관절에 무리가 갈 수 있어 저강도로 진행하고, 통증을 관찰하면서 조절해야 한다.
㉡ 운동 중 통증은 반드시 고려해야 하며, 통증이 발생하면 즉시 조정하거나 중단해야 한다.

**09** 〈보기〉에서 설명하는 노화 이론은?

┤보기├
통계에 따르면 전문체육인이 일반인에 비해 퇴행성 관절염 발병률이 더 높다고 보고되고 있다. 그뿐만 아니라 전문체육 종목 중에서도 상대적으로 몸을 더 많이 사용하는 축구나 미식축구 선수들의 은퇴 시기가 골프, 야구 선수에 비해 빠른 것으로 나타났다.

① 면역반응 이론
② 교차결합 이론
③ 세포노화 이론
④ 사용마모 이론

**해설**
④ 사용마모 이론 : 〈보기〉는 노화의 생물학적 이론 중 세포적 관점의 이론으로 인체가 마치 기계처럼 사용에 따라 점차 마모되어 노화가 진행된다는 것이다.
① 면역반응 이론 : 항체의 이물질에 대한 식별능력이 저하되어 이물질이 계속 체내에 있으면서 부작용을 일으켜 노화 촉진, 즉 면역 기능이 저하되어 노화가 발생한다.
② 교차결합 이론 : 결합조직의 커다란 분자에 교차결합이 일어나면서 노화가 발생한다.
③ 세포노화 이론 : 세포적 관점에서 노화가 어떻게 일어나는지를 설명하는 이론이다.

**10** 〈보기〉의 ㉠, ㉡에 들어갈 용어로 옳은 것은?

─┤보기├─
- ( ㉠ ) 길이가 감소하면서 노화가 일어난다.
- 노화로 인한 대표적 관절 질환은 ( ㉡ )이다.

| | ㉠ | ㉡ |
|---|---|---|
| ① | 텔로미어 | 퇴행성 관절염 |
| ② | 글루코스 | 퇴행성 관절염 |
| ③ | 텔로미어 | 류마티스 관절염 |
| ④ | 글루코스 | 류마티스 관절염 |

**해설**
㉠ 텔로미어 : 유전인자 텔로미어는 염색체 말단의 보호 구조에 해당하는 것으로, 세포 분열 시 유전 정보를 대신하여 사라지는 보호막 역할을 수행한다. 텔로미어의 길이가 일정 수준 이하로 짧아지면 세포는 분열을 멈추는 세포 노화 상태로 접어들게 된다.
㉡ 퇴행성 관절염 : 노화로 인한 대표적인 관절 질환으로 관절을 오랫동안 빈번히 사용하여 관절 연골이 마모되어 발생한다.

**11** 노인 운동 시 준비운동과 정리운동의 이점에 관한 다음 표에서 ㉠, ㉡에 들어갈 용어로 옳은 것은?

| 준비운동 | 정리운동 |
|---|---|
| • 손상 위험 감소<br>• 움직이는 동작 범위 향상<br>• 사용되는 근육으로의 혈액 순환 ( ㉠ ) | • 체내 온도 감소<br>• 젖산 농도 감소<br>• 혈액의 카테콜아민 수치 ( ㉡ ) |

| | ㉠ | ㉡ |
|---|---|---|
| ① | 증가 | 증가 |
| ② | 증가 | 감소 |
| ③ | 감소 | 증가 |
| ④ | 감소 | 감소 |

**해설**
㉠ 사용되는 근육으로의 혈액 순환이 증가한다.
㉡ 혈액의 카테콜아민 수치가 감소한다.

**12** 〈보기〉의 노인 운동 지도 시 손상 방지 및 응급상황에 관한 안전관리 예방지침 중 옳은 것만 모두 고른 것은?

─┤보기├─
㉠ 운동 중에 적정한 실내 온도가 유지되는지 확인한다.
㉡ 운동 시작 전에 모든 참여자에게 사전 검사를 하여 현재 상태를 파악한다.
㉢ 실외 운동 시작 전에 모든 참여자에게 선글라스와 모자 등을 착용하도록 안내한다.
㉣ 심장질환자의 경우 운동 전후 혈당을 확인하고, 저혈당에 대비해서 당 섭취가 가능한 간식을 준비한다.
㉤ 운동 중 가슴 통증, 불규칙한 심박수, 호흡곤란, 현기증 등이 나타나면 곧바로 운동을 중단하고 병원으로 이동한다.

① ㉠, ㉢, ㉣
② ㉡, ㉣, ㉤
③ ㉠, ㉡, ㉢, ㉤
④ ㉠, ㉡, ㉢, ㉣, ㉤

**해설**
㉣은 당뇨병 환자의 예방지침이다.

**13** <보기>에서 설명하는 노화를 보는 관점은?

| 보기 |
| 발테스(P. Baltes et al.)와 그 동료들은 노화를 손실(Loss)과 이득(Gain)이 함께 일어나는 과정이라고 하였다. 노화로 인해 신체적 기능 손실이 있는 반면에 경험으로 얻은 환경에 대한 적응력, 지혜와 같은 이득도 있다. 그들은 인간 발달을 두 단계로 나누었는데 첫 단계는 초기 발달단계로 급속한 신체적 발달이 나타나고 이후의 단계에서는 신체적 발달은 더디나 환경에 적응하는 능력은 지속적으로 발달한다.

① 1차적 노화(Primary Aging)
② 2차적 노화(Secondary Aging)
③ 생태학적 발달(Ecological Development)
④ 전 생애적 발달(Life-span Development)

해설
발테스는 성공적인 노화를 비롯한 인간의 전 생애 발달이 3가지 전략과 관련된 과정이라고 설명하였다. 성공적 노화는 노화에 따른 손실이 있더라도 개인의 능력에 적합한 활동을 선택하고 최적화하며 손실한 것을 보상함으로써 성공적 노화에 이를 수 있다는 것이다.

**14** <보기>에서 청각적 문제가 있는 박 할아버지가 안전한 환경에서 효과적인 운동을 지도받기 위한 안전관리 지침 중 옳은 것만 모두 고른 것은?

| 보기 |
㉠ 운동 장소는 소음이 적은 조용한 곳을 선정한다.
㉡ 운동 장소는 눈이 부실 정도로 조명을 밝게 한다.
㉢ 운동 지도 시 잘 들리는 귀 쪽으로 가서 설명한다.
㉣ 운동 지도 시 입술 모양이나 표정을 활용해 지도한다.
㉤ 복잡한 운동 방법이나 기술을 설명할 때는 시범이나 사진과 같은 보조물을 활용한다.

① ㉠, ㉡, ㉢
② ㉡, ㉣, ㉤
③ ㉡, ㉢, ㉣, ㉤
④ ㉠, ㉢, ㉣, ㉤

해설
㉡ 운동 장소의 적절한 조명과 거울로 된 벽, 방향 표시를 하여야 하는 것은 청각보다 시각적 문제가 있는 경우에 해당한다.

**15** 노인의 평형성 향상 운동으로 옳지 않은 것은?

① 자기 체중을 이용한 한 발 들기
② 앉아서 허리 앞으로 구부리기
③ 일렬로 걷기
④ 짐볼 앉기

해설
②는 유연성 운동에 해당한다.

**16** 저항성 운동이 노인에게 미치는 효과로 옳지 않은 것은?

① 근육량 증가
② 혈중지질 증가
③ 인슐린 감수성 증가
④ 젖산에 대한 내성 증가

해설
저항성 운동을 할 경우 혈중지질이 감소한다.

**17** 운동의 사회적 관계 형성에서 노인 운동 참여로 얻을 수 있는 사회적 효과로 옳지 않은 것은?

① 새로운 운동 기술을 습득한다.
② 새로운 친구를 만나 교류를 촉진한다.
③ 역할 유지 및 새로운 역할 부여에 도움이 된다.
④ 세대 간 연결 기회를 제공하여 교류를 확대한다.

해설
노인 운동 참여의 사회적 효과
사회적 통합 증진의 역할, 새로운 친구 맺기, 사회문화적 네트워크 확장, 역할 유지 및 새로운 역할 습득, 세대 간 연결 기회 제공과 교류 확대, 원만한 인간관계 유지

**18** 노인의 지속적인 운동 참여를 위한 효과적인 목표의 특징과 실제 목표 설정이 옳지 않은 것은?

| | 특징 | 실제 목표 설정 |
|---|---|---|
| ① | 측정 가능한 | "나는 1년 동안 주 3회 1시간씩 걷기를 할 것이다." |
| ② | 구체적 | "나는 월, 수, 금요일 오전 10시 수영 수업에 참여할 것이다." |
| ③ | 현실적 | "나는 운동 참여를 통해 치매를 고칠 것이다." |
| ④ | 행동적 | "나는 주 3회 걷기와 주 2회 밴드 운동을 할 것이다." |

해설
운동을 통한 질병 치유는 비현실적이다. 운동 참여를 통해 성취할 수 있는 현실적인 목표를 설정해야 한다.

**19** 노인을 대상으로 한 운동 시 주의 사항으로 옳지 않은 것은?

① 평형성 운동 시 모든 균형의 이동은 천천히 그리고 신중하게 수행할 수 있도록 한다.
② 유산소 운동 시 과부하를 증가시키기 전에 최소 2주의 적응 기간을 준다.
③ 유연성 운동 시 정적 스트레칭은 효과를 위해 최대의 통증이 있을 때까지 신장할 수 있도록 실시한다.
④ 저항성 운동 시 부하를 사용하는 경우가 있기 때문에 운동 중의 노인들은 세심하게 감독하고 관찰한다.

해설
노인을 대상으로 한 정적 스트레칭은 천천히 부드럽게 신장되는 느낌이 들도록 실시하며, 통증을 유발하지 않는 범위까지만 한다.

**20** 효과적인 노인 운동 지도를 위한 노인스포츠지도사의 마음가짐으로 옳지 않은 것은?

① 친근함을 위해 반말을 사용해도 된다고 생각한다.
② 과제 해결을 위한 문제 의식과 사명감을 가지고 임해야 한다.
③ 노인 운동 참여자의 운동 몰입 및 지속을 이끌어 내는 마음가짐이 필요하다.
④ 기능 제한이 있는 노인에게는 처한 상황을 극복할 수 있게 조력자가 되어야 한다.

해설
노인들과 사교적 관계를 조성하여 우호적인 운동환경을 유지하되, 노인들을 존중하는 태도와 언어 사용은 필수적이므로 반말 등은 피하는 것이 좋다.

정답 17 ① 18 ③ 19 ③ 20 ①

# 2024년 선택과목 기출문제

## 제1과목 | 스포츠사회학

**01** 〈보기〉에서 훌리한(B. Houlihan)이 제시한 '정부(정치)의 스포츠 개입 목적'에 관한 사례인 것을 모두 고른 것은? 기출 21

―보기―
㉠ 시민들의 건강 및 체력유지를 위해 체육단체에 재원을 지원한다.
㉡ 체육을 포함한 교육 현장의 양성평등을 위해 Title IX을 제정했다.
㉢ 공공질서를 보호하기 위해 공원에서 스케이트보드 금지, 헬멧 착용 등의 도시 조례가 제정되었다.

① ㉠
② ㉠, ㉢
③ ㉡, ㉢
④ ㉠, ㉡, ㉢

**해설**
〈보기〉의 내용 모두 정치적・경제적, 사회・문화적 목적에 대한 정부의 스포츠 개입에 대한 예시이다.

정부가 스포츠에 개입하는 목적(B. Houlihan)
• 공공질서 보호
• 시민들의 건강 및 체력 유지
• 지역사회・국가적 명성 고취
• 정체성과 소속감 증진
• 지배적인 정치 이데올로기와 관련된 가치 재생산
• 정치 지도자와 정부에 대한 시민 지지 증대

**02** 스포츠클럽법의 내용으로 옳지 않은 것은?

① 지정스포츠클럽은 전문선수 육성 프로그램을 운영할 수 없다.
② 스포츠클럽의 지원과 진흥에 필요한 사항을 규정하고 있다.
③ 국민체육진흥과 스포츠 복지 향상 및 지역사회 체육발전에 기여함을 목적으로 한다.
④ 국가 및 지방자치 단체는 스포츠클럽의 지원 및 진흥에 필요한 시책을 수립・시행하여야 한다.

**해설**
「스포츠클럽법」에 '지정스포츠 클럽은 전문선수 육성 프로그램을 운영할 수 없다'는 조항은 없다. 다만, 제13조(선수의 육성 지원)에 우수선수 발굴, 육성을 위해 행정적, 재정적 지원을 할 수 있음을 명시한다.

01 ④ 02 ①

## 03 〈보기〉에서 스티븐슨(C. Stevenson)과 닉슨(J. Nixon)이 구조기능주의 관점으로 설명한 스포츠의 사회적 기능 중 옳은 것만을 모두 고른 것은?

기출 > 19

┌ 보기 ┐
- ㉠ 사회·정서적 기능
- ㉡ 사회갈등 유발 기능
- ㉢ 사회 통합 기능
- ㉣ 사회계층 이동 기능

① ㉠, ㉡
② ㉠, ㉢
③ ㉡, ㉣
④ ㉠, ㉢, ㉣

**해설**
'사회갈등 유발 기능'은 갈등론적 관점에서 스포츠의 사회적 기능을 논하였을 때의 사항이다. 갈등론에서는 스포츠가 갈등, 대립, 경쟁, 투쟁의 도구로서, 사회가 변화 또는 발전하게 하는 원동력이라고 논한다.

## 04 〈보기〉의 ㉠~㉢에 해당하는 스포츠 육성 정책 모형이 바르게 제시된 것은?

기출 > 25

┌ 보기 ┐
- ㉠ 학생들의 스포츠 참여 저변이 확대되면, 이를 기반으로 기량이 좋은 학생선수가 배출된다.
- ㉡ 우수한 학생선수들을 육성하면 그들의 영향으로 학생들의 스포츠 참여가 확대된다.
- ㉢ 스포츠 선수들의 우수한 성과는 청소년의 스포츠 참여를 촉진하고, 이를 통해 형성된 스포츠 참여 저변 위에서 우수한 스포츠 선수들이 성장한다.

| | ㉠ | ㉡ | ㉢ |
|---|---|---|---|
| ① | 선순환 모형 | 낙수효과 모형 | 피라미드 모형 |
| ② | 피라미드 모형 | 선순환 모형 | 낙수효과 모형 |
| ③ | 피라미드 모형 | 낙수효과 모형 | 선순환 모형 |
| ④ | 낙수효과 모형 | 피라미드 모형 | 선순환 모형 |

**해설**
- ㉠ 피라미드 모형 : 법령·시설·제도 등이 확충되어 스포츠 참여 저변이 확대되면, 세계 수준의 선수가 배출될 수 있다고 본다.
- ㉡ 낙수효과 모형 : 엘리트 스포츠로서 세계적 수준의 선수를 육성하게 되면 그 영향으로 대중이 스포츠에 참여하는 수준이 더욱 확대된다고 본다.
- ㉢ 선순환 모형 : 엘리트 스포츠 발전으로 인해 학생선수들이 우수한 성과를 내면, 일반 청소년들의 스포츠 참여 확대가 일어나고, 그 결과 대중의 스포츠 참여가 확대되어 우수한 스포츠 선수를 육성할 수 있다고 본다.

**정답** 03 ④ 04 ③

## 05
〈보기〉에서 스포츠 세계화의 동인으로 옳은 것만을 모두 고른 것은? 기출 16·17·19·20·21·22·23

┌ 보기 ┐
- ㉠ 민족주의
- ㉡ 제국주의 확대
- ㉢ 종교 전파
- ㉣ 과학기술의 발전
- ㉤ 인종차별의 심화

① ㉠, ㉡, ㉢
② ㉡, ㉢, ㉤
③ ㉠, ㉡, ㉢, ㉣
④ ㉠, ㉢, ㉣, ㉤

**해설**
인종차별의 심화는 다양한 방면에서 갈등을 일으켜 스포츠 세계화를 저해하는 요인이 된다.

## 06
투민(M. Tumin) 제시한 사회계층의 특성을 스포츠에 적용한 설명으로 옳은 것은? 기출 16·18·23

① 보편성 : 대부분의 스포츠 현상에는 계층 불평등이 나타난다.
② 역사성 : 현대 스포츠에서 계층은 종목 내, 종목 간에서 나타난다.
③ 영향성 : 스포츠에서 계층 불평등은 역사발전 과정을 거치며 변천해 왔다.
④ 다양성 : 스포츠 참여에서 나타나는 사회적 불평등은 일상생활에도 유사하게 나타난다.

**해설**
② 역사성(고래성) : 스포츠 계층은 역사 발전과정을 거치며 변천한다.
③ 영향성 : 스포츠 계층은 생활 기회와 생활 양식의 변화에 영향을 미친다.
④ 다양성 : 스포츠 계층은 다양한 기준으로 나뉜다.

## 07
스포츠에서 나타나는 사회계층 이동에 대한 설명으로 옳지 않은 것은? 기출 19·20·22·25

① 스포츠는 계층 이동을 위한 수단으로 활용된다.
② 사회계층의 이동은 사회적 상황과 개인적 상황을 반영한다.
③ 사회 지위나 보상 체계에 차이가 뚜렷하게 발생하는 계층 이동은 '수직 이동'이다.
④ 사회계층의 이동 유형은 이동 방향에 따라 '세대 내 이동', '세대 간 이동'으로 구분한다.

**해설**
세대 간·세대 내 이동은 시간적 거리에 따라 구분한 것이다. 한편, 사회계층을 이동 방향에 따라 구분하면 수직·수평 이동으로 구분할 수 있다.

## 08
〈보기〉에서 설명하는 스포츠 일탈과 관련된 이론은? 기출 19·20

┌ 보기 ┐
- 스포츠 일탈을 상호작용론 관점으로 설명한다.
- 일탈 규범을 내면화하는 사회화 과정이 존재한다.
- 다른 사람과 상호작용을 통해 스포츠 일탈 행동을 학습한다.

① 문화규범이론
② 차별교제이론
③ 개인차이론
④ 아노미이론

**해설**
②·④는 일탈이론에 속하지만, ①·③은 스포츠 미디어 이론에 속한다.
① 문화규범이론 : 미디어가 스포츠를 보도하는 형태에 따라서 스포츠에 대한 태도가 바뀐다는 이론이다.
③ 개인차이론 : 대중들은 능동적 수용자로서 특수한 심리적 욕구를 만족시키기 위해 매스 미디어를 적극 이용한다는 이론이다.
④ 아노미이론 : 목표와 수단 간의 괴리, 무규범·이중규범으로 인한 혼란 등으로 일탈을 설명하는 이론이다.

**09** 스미스(M. Smith)가 제시한 경기장 내 신체 폭력 유형 중 〈보기〉의 설명에 해당하는 것은?

| 보기 |
- 경기의 규칙을 위반하는 행위지만, 대부분의 선수나 지도자들이 용인하는 폭력 행위의 유형이다.
- 이 폭력 유형은 경기 전략의 하나로 활용되며, 상대방의 보복 행위를 유발할 수 있다.

① 경계 폭력
② 범죄 폭력
③ 유사 범죄 폭력
④ 격렬한 신체 접촉

**해설**
경계 폭력은 격렬한 신체 접촉보다 그 강도가 강한 폭력으로, 종목의 규칙에 위배되지만 스포츠 규범에는 부합한다는 특성 탓에 경기의 전략으로 사용되는 폭력의 유형 중 하나이다.

**10** 코클리(J. Coakley)가 제시한 상업주의와 관련된 스포츠 규칙 변화에 따른 결과로 옳지 않은 것은?
기출 22 · 23 · 25

① 극적인 요소가 늘어났다.
② 득점이 감소하게 되었다.
③ 상업 광고 시간이 늘어났다.
④ 경기의 진행 속도가 빨라졌다.

**해설**
② 흥미를 증진하기 위해 득점 요소를 다양화하는 과정에서 득점이 늘 수 있다.

**11** 파슨즈(T. Parsons)의 AGIL 이론에 관한 설명으로 옳지 않은 것은?
기출 21 · 22

① 상징적 상호작용론 관점의 이론이다.
② 스포츠는 체제 유지 및 긴장 처리 기능을 한다.
③ 스포츠는 사회구성원을 통합시키는 기능을 한다.
④ 스포츠는 사회구성원이 사회체제에 적응하게 하는 기능을 한다.

**해설**
파슨즈의 AGIL 이론은 거시적 관점 중 구조기능주의적 관점에서 스포츠를 조망한 이론이다.

**12** 에티즌(D. Eitzen)과 세이지(G. Sage)가 제시한 스포츠의 정치적 속성 중 〈보기〉의 설명에 해당하는 것은?
기출 20 · 22 · 23

| 보기 |
- 국가대표 선수는 스포츠를 통해 국위를 선양하고 국가는 선수에게 혜택을 준다.
- 국가대표 선수가 올림픽에 출전하여 메달을 획득하면 군복무 면제의 혜택을 준다.

① 보수성
② 대표성
③ 상호의존성
④ 권력투쟁

**해설**
① 보수성 : 스포츠는 기존 질서와 권력구조 유지에 기여하며 변화를 지양한다.
② 대표성 : 스포츠 경기 참가자는 조직을 대표하며, 조직에 대해 강한 충성심을 품는다.
④ 권력투쟁 : 스포츠 조직에서 불평등하게 배분된 자원과 권한으로 인하여 대립적 갈등이 발생한다.

정답 09 ① 10 ② 11 ① 12 ③

## 13
〈보기〉의 ㉠~㉣에 들어갈 스트랭크(A. Strenk)의 '국제정치 관계에서 스포츠 기능'을 바르게 제시한 것은?

기출 22·23

**보기**
- ( ㉠ ) : 1936년 베를린 올림픽
- ( ㉡ ) : 1971년 미국 탁구팀의 중화인민공화국 방문
- ( ㉢ ) : 1972년 뮌헨올림픽에서의 검은구월단 사건
- ( ㉣ ) : 남아프리카공화국의 아파르트헤이트에 대한 국제사회의 대응

| | ㉠ | ㉡ | ㉢ | ㉣ |
|---|---|---|---|---|
| ① | 외교적 도구 | 외교적 항의 | 정치이념 선전 | 갈등 및 적대감의 표출 |
| ② | 정치이념 선전 | 외교적 도구 | 갈등 및 적대감의 표출 | 외교적 항의 |
| ③ | 갈등 및 적대감의 표출 | 정치이념 선전 | 외교적 항의 | 외교적 도구 |
| ④ | 외교적 항의 | 갈등 및 적대감의 표출 | 외교적 도구 | 정치이념 선전 |

**해설**
㉠ 올림픽을 나치 정권 선전의 목적으로 사용한 것은 '정치적 이념 선전'의 대표적인 사례이다.
㉡ 핑퐁외교(Ping-pong Diplomacy)는 '외교적 도구'의 대표적인 사례이다.
㉢ 검은 구월단 사건은 '국가 간 갈등 및 적대감의 표출'의 대표적인 사례이다.
㉣ 아파르트헤이트 사건은 '외교적 항의'의 대표적인 사례이다.

## 14
베일(J. Bale)이 제시한 스포츠 세계화의 특징에 관한 설명으로 옳지 않은 것은?

① IOC, FIFA 등 국제스포츠 기구가 성장하였다.
② 다국적 기업의 국제적 스폰서십 및 마케팅이 증가하였다.
③ 글로벌 미디어 기업의 스포츠에 관한 개입이 증가하였다.
④ 외국인 선수 증가로 팀, 스폰서보다 국가의 정체성이 강화되었다.

**해설**
스포츠 세계화로 인해 스포츠 노동 이주가 증가하면, 선수의 국적(국가)보다는 스폰서에 초점이 이동하게 되고, 정체성보다는 다양성이 더욱 강화하게 된다.

## 15
스포츠의 교육적 역기능에 해당하는 것은?

기출 15·18·21

① 정서 순화
② 사회선도
③ 사회화 촉진
④ 승리 지상주의

**해설**
스포츠의 교육적 기능

| | |
|---|---|
| 순기능 | • 사회통합 : 학교 내 통합, 학교와 지역사회 통합<br>• 전인교육 : 학업 활동 격려, 사회화 촉진, 사회 적응력 향상<br>• 사회선도 : 여권 신장, 장애인의 삶의 질 향상, 평생체육과 연계 |
| 역기능 | • 교육목표 훼손 : 학문적 성취 저하, 승리 지상주의, 참여기회 제한<br>• 스포츠윤리 : 학원 스포츠의 상업화, 학업에 대한 편법과 관행, 일탈과 부정행위<br>• 편향된 인재 양성 : 비인간적 훈련, 독재적 코치 |

13 ② 14 ④ 15 ④

**16** 스포츠미디어가 생산하는 성차별 이데올로기에 관한 설명으로 옳지 않은 것은?

① 경기의 내용보다는 성(性)적인 측면을 강조한다.
② 여성 선수를 불안하고 취약한 존재로 묘사한다.
③ 여성들이 참여하는 경기를 '여성 경기'로 부른다.
④ 여성성보다 그들의 성과에 더 많은 관심을 보인다.

**해설**
선수의 여성성보다 성과에 초점을 두는 것은 오히려 성차별 이데올로기에 반하는 사례이다.

**17** 〈보기〉의 사례에 관한 스포츠 일탈 유형과 휴즈(R. Hughes)와 코클리(J. Coakley)가 제시한 윤리 규범이 바르게 연결된 것은? 기출▶ 19·21·22·23

┤보기├
- 2002년 한일월드컵 당시 황선홍 선수, 김태영 선수의 부상 투혼
- 2022년 카타르 월드컵에서 손흥민 선수의 마스크 투혼

| | 스포츠 일탈 유형 | 스포츠 윤리 규범 |
|---|---|---|
| ① | 과소동조 | 한계를 이겨내고 끊임없이 도전해야 한다. |
| ② | 과소동조 | 경기에 헌신해야 한다. |
| ③ | 과잉동조 | 위험을 감수하고 고통을 인내해야 한다. |
| ④ | 과잉동조 | 탁월성을 추구해야 한다. |

**해설**
- 과잉동조 : 선수들의 부상 투혼과 과훈련, 태클, 벤치클리어링 등은 과잉동조의 대표적인 사례이다. 과잉동조에 빠지면, 선수가 집단에서 만들어진 규범·관습·목표에 무비판적으로 동조하게 된다.
- 과소동조 : 선수들의 범죄와 일탈은 과소동조의 대표적인 사례이다. 과소동조에 빠지면, 집단에서 만들어진 규범·관습·목표를 무시·거부하게 된다.

**18** 레오나르드(W. Leonard)의 사회학습이론에서 〈보기〉의 설명과 관련된 사회화 기제는? 기출▶ 19·21·22·23

┤보기├
- 새로운 운동기능과 반응이 학습된다.
- 학습자에게 동기를 부여할 수 있게 된다.
- 지도자가 적합하다고 생각하는 새로운 지식을 알게 된다.

① 강 화
② 코 칭
③ 보 상
④ 관찰학습

**해설**
① 강화 : 상과 벌을 통해 행동이 변화한다.
③ 보상 : 사회학습이론의 구성요소가 아니다.
④ 관찰학습 : 다른 사람의 행동을 관찰하여 모방이 일어난다.

**19** 스포츠로부터의 탈사회화에 관한 설명으로 옳은 것은? 기출 17·22

① 부상, 방출 등의 자발적 은퇴로 탈사회화를 경험한다.
② 스포츠 참여를 통한 행동의 변화를 스포츠로부터의 탈사회화라고 한다.
③ 개인의 심리상태, 태도에 의해 참여가 제한되는 것을 내재적 제약이라고 한다.
④ 재정, 시간, 환경적 상황에 의해 참여가 제한되는 것을 대인적 제약이라고 한다.

**해설**
② 스포츠 참여를 통한 행동의 변화는 스포츠 '로'의 사회화라고 한다.
④ 환경(재정, 시간, 성별, 계층, 교육수준, 직업 등)에 의한 제한은 외재적 제약이다. 대인적 제약은 말 그대로 물리적·심리적인 거리에 있는 사람들에 의한 제약으로 참가에 영향을 미친 중요한 사람이나 기관(주요 타자 : 가족, 좋아하는 운동선수, 또래집단, 동료 등)을 대표적인 사례로 들 수 있다.

※ 출제오류로 최종정답에서 복수 정답 처리되었다.

**20** 과학기술의 발전에 따른 스포츠의 변화에 관한 설명으로 옳지 않은 것은? 기출 15·21

① IoT, 웨어러블 디바이스 발전으로 경기력 측정의 혁신을 가져왔다.
② 프로야구 경기에서 VAR 시스템 적용은 인간심판의 역할을 강화시켰다.
③ 4차 산업혁명에 따른 초지능, 초연결은 스포츠 빅데이터의 활용을 확대시켰다.
④ VR, XR 디바이스의 발전으로 가상현실 공간을 활용한 트레이닝이 가능해졌다.

**해설**
VAR 시스템의 적용은 심판의 객관성과 공정성의 향상을 기할 뿐이지, 스포츠 자체에 변화를 기한 것이 아니기 때문에, 과학의 기술적 발전에 따른 스포츠 변화의 사례로 적절하지 않다.

## 제2과목 | 스포츠교육학

**01** 슐만(L. Shulman)의 '교사 지식 유형' 중 가르칠 교과목 내용에 관한 지식에 해당하는 것은?

기출▶ 17·18·21

① 내용 지식(Content Knowledge)
② 내용교수법 지식(Pedagogical Content Knowledge)
③ 교육환경 지식(Knowledge of Educational Contexts)
④ 학습자와 학습자 특성 지식(Knowledge of Learners and Their Characteristics)

**해설**
슐만(Shulman)의 7가지 교사 지식
- 교육과정 지식 : 참여자 발달단계에 적합한 내용과 프로그램에 관한 지식
- 교육환경 지식 : 수업에 영향을 미치는 환경에 관한 지식
- 교육목적 지식 : 교육목적·목표·교육시스템 구조에 관한 지식
- 내용 지식 : 교과 내용에 관한 지식
- 내용교수법 지식 : 교과나 주제를 참여자 특성에 맞게 지도할 수 있는 방법에 관한 지식
- 지도방법 지식 : 모든 교과에 적용되는 지도법에 관한 지식
- 학습자와 학습자 특성에 관한 지식 : 수업에 참여하는 학습자에 관한 지식

**02** 동료평가(peer assessment)에 관한 설명으로 적절하지 않은 것은?

① 학생들의 비평 능력이 향상될 수 있다.
② 교사는 학생에게 평가의 정확한 방법을 숙지시킨다.
③ 학생은 교사에게 받은 점검표를 통해 서로 평가한다.
④ 교사와 학생 간 대화를 통해 심층적인 정보를 수집한다.

**해설**
동료평가는 학생이 교사에게 받은 점검표(Checklist)로써 서로를 평가하는 방법이다. 교사와 학생 간의 대화를 통해 심층정보를 수집하는 것은 인터뷰에 대한 설명이다.

**03** 〈보기〉에서 설명하는 박 코치의 '스포츠 지도 활동'에 해당하는 용어는?

기출▶ 19

┤보기├
박 코치는 관리시간을 줄이기 위해서 다음과 같이 지도 활동을 반복한다. 출석 점검은 수업 전에 회원들이 스스로 출석부에 표시하게 한다. 이후 건강에 이상이 있는 회원들을 파악한다. 수업 중에는 대기시간을 최소화하기 위해 모둠별로 학습 활동 구역을 미리 지정한다. 수업 후에는 일지를 회수한다.

① 성찰적 활동
② 적극적 활동
③ 상규적 활동
④ 잠재적 활동

**해설**
상규적(常規的, Routine) 활동은 말 그대로 항상(常), 수업시간마다, 규칙(規)과 같이 지키는 활동을 말한다. 집합, 출석 및 준비물 점검, 과제 제시, 유인물의 배부 및 취합 등과 같이 정해진 수업관이 이에 해당한다. 상규적 활동은 학습시간이 아니므로 이 활동에 소비하는 시간을 최소화해야 하며, 상규적 활동의 비중을 줄이는 것은 수업 중 학습자의 부주의하고 파괴적인 행동을 억제하는 효과가 있다.

**정답** 01 ① 02 ④ 03 ③

## 04

글로버(D. Glover)와 앤더슨(L. Anderson)이 인성을 강조한 수업모형 중 〈보기〉의 ㉠, ㉡에 해당하는 것을 바르게 제시한 것은?

┤보기├
㉠ '서로를 위해 서로 함께 배우기'를 통해 팀원 간 긍정적 상호의존, 개인의 책임감 수준 증가, 인간관계 기술 및 팀 반성 등을 강조한 수업
㉡ '통합, 전이, 권한 위임, 교사와 학생의 관계'를 통해 타인의 권리와 감정 존중, 자기 목표 설정 가능, 훌륭한 역할 본보기 되기 등을 강조한 수업

|   | ㉠ | ㉡ |
|---|---|---|
| ① | 스포츠교육모형 | 협동학습모형 |
| ② | 협동학습모형 | 개인적·사회적 책임감지도모형 |
| ③ | 협동학습모형 | 스포츠교육모형 |
| ④ | 개인적·사회적 책임감지도모형 | 협동학습모형 |

**해설**
글로버(D. Glover)-앤더슨(L. Anderson)의 인성을 강조한 수업모형
- 협동학습모형 : 서로를 위해 함께 배우기 – ㉠
- 개인적·사회적 책임감지도모형 : 통합, 전이, 권한 위임, 교사와 학생의 관계 – ㉡
- 스포츠교육모형 : 유능하고 박식하며 열정적인 스포츠인으로 성장하기

## 05

〈보기〉의 ㉠~㉢에 들어갈 교사 행동에 관한 용어가 바르게 제시된 것은?  기출▶ 17·20

┤보기├
- ( ㉠ )은 안전한 학습 환경, 피드백 제공
- ( ㉡ )은 학습 지도 중에 소방 연습과 전달 방송 실시
- ( ㉢ )은 학생의 부상, 용변과 물 마시는 활동의 권리

|   | ㉠ | ㉡ | ㉢ |
|---|---|---|---|
| ① | 직접기여행동 | 간접기여행동 | 비기여행동 |
| ② | 직접기여행동 | 비기여행동 | 간접기여행동 |
| ③ | 비기여행동 | 직접기여행동 | 간접기여행동 |
| ④ | 간접기여행동 | 비기여행동 | 직접기여행동 |

**해설**
교사의 기여행동

| | |
|---|---|
| 직접기여 | 직접 가르치는 행동, 수업 시 중요한 역할을 하는 행동<br>예 동작설명과 시범, 과제명료화와 강화, 긍정적 학습 환경 유지, 피드백 제공, 개인과 소집단을 위한 과제변화, 수정, 학습자 반응의 관찰 분석 |
| 간접기여 | 수업과 관련 있지만 수업에 직접 기여하지 않는 행동<br>예 시설보수, 과제 외 문제토론에 참여, 용변과 물 마시는 행동 처리, 부상 학생의 처리 |
| 비기여행동 | 학습지도에 부정적 역할<br>예 소방 연습, 전달 방송, 교실을 방문한 손님과의 대화 |

정답 04 ② 05 ②

## 06 〈보기〉의 ㉠~㉢에 들어갈 기본 움직임 기술을 바르게 제시한 것은?

| 기본 움직임 | 예 시 |
|---|---|
| ( ㉠ ) | 걷기, 달리기, 뛰기, 피하기 등 |
| ( ㉡ ) | 서기, 앉기, 구부리기, 비틀기 등 |
| ( ㉢ ) | 치기, 잡기, 배팅하기 등 |

|  | ㉠ | ㉡ | ㉢ |
|---|---|---|---|
| ① | 이동 움직임 | 비이동 움직임 | 표현 움직임 |
| ② | 전략적 움직임 | 이동 움직임 | 표현 움직임 |
| ③ | 전략적 움직임 | 이동 움직임 | 조작 움직임 |
| ④ | 이동 움직임 | 비이동 움직임 | 조작 움직임 |

**해설**
움직임 기술의 분류

| 구 분 | | 내 용 |
|---|---|---|
| 이동성 운동 | 이동 | 공간상의 이동이 있고, 물체 및 도구를 사용하지 않는 운동기능<br>예) 걷기, 달리기, 피하기 |
| | 비이동 | 공간상의 이동이 없고, 물체 및 도구를 사용하지 않는 운동기능<br>예) 균형 잡기, 구부리기, 비틀기 |
| 조작성 운동 | 물체 조작 | 물체 및 도구를 사용하나, 그것을 몸에 고정하지 않고 사용하는 운동기능<br>예) 던지기, 토스하기, 차기 |
| | 도구 조작 | 물체 및 도구를 사용하나, 하나를 사용하여 다른 하나를 움직이게 만드는 운동기능<br>예) 라켓 휘둘러 공 맞히기 |
| 전략적 움직임 기술 | | 역동적 상황에 적용되는 움직임<br>예) 농구 수비하기, 축구공 뺏기 |
| 표현 및 해석적 움직임 기술 | | 느낌, 개념, 생각, 주제를 표현하기 위한 움직임<br>예) '아리랑'을 듣고 몸으로 느낌 표현하기 |
| 움직임 주제 | | 복잡한 패턴을 발전시키기 위해 운동기능(비이동, 이동, 조작)과 움직임(신체, 노력, 공간, 관계)을 결합<br>예) 테니스 경기 |

## 07 「학교체육진흥법」 제10조 '학교스포츠클럽 운영'의 내용에 해당하지 않는 것은? 기출▶ 19·22

① 학교스포츠클럽을 운영하는 경우 전담교사를 지정해야 한다.
② 전담교사에게 학교 예산의 범위에서 소정의 지도수당을 지급한다.
③ 활동 내용은 학교생활기록부에 기록하지만, 상급학교 진학자료로 활용할 수 없다.
④ 학교의 장은 학교스포츠클럽을 운영하여 학생들의 체육활동 참여 기회를 확대해야 한다.

**해설**
학교스포츠클럽의 운영(「학교체육진흥법」 제10조 제4항)
학교의 장은 학교스포츠클럽 활동내용을 학교생활기록부에 기록하여 상급학교 진학자료로 활용할 수 있도록 하여야 한다.

## 08 다음 중 모스턴(M. Moston) 상호학습형 교수 스타일에 관한 설명으로 적절하지 않은 것은?
기출▶ 18·19·20·21·22·23·25

① 학습자는 교과내용을 선정한다.
② 학습자는 수행자나 관찰자의 역할을 수행한다.
③ 관찰자는 지도자가 제시한 수행 기준에 따라 피드백을 제공한다.
④ 지도자는 관찰자의 질문에 답하고, 관찰자에게 피드백을 제공한다.

**해설**
상호학습형 교수 스타일에서 수업 참가자의 역할
• 지도자(교사) : 모든 교과의 내용과 기준 및 운영절차를 결정하고, 관찰자에게 피드백을 제공함
• 학습자 : 주어진 과제를 수행함
• 관찰자(동료교수) : 즉각적·지속적 피드백을 학습자에게 제공함

**정답** 06 ④ 07 ③ 08 ①

**09** 〈보기〉에서 '학교체육 전문인 자질'로 ㉠~㉢에 들어갈 용어를 바르게 제시한 것은?

| ( ㉠ ) | ( ㉡ ) | ( ㉢ ) |
|---|---|---|
| 학습자 이해<br>교과지식 | 교육과정 운영 및 개발<br>수업 계획 및 운영<br>학습 모니터 및 평가<br>협력관계 구축 | 교직 인성<br>사명감 전문성 개발 |

| | ㉠ | ㉡ | ㉢ |
|---|---|---|---|
| ① | 교 수 | 기 능 | 태 도 |
| ② | 지 식 | 수 행 | 태 도 |
| ③ | 지 식 | 기 능 | 학 습 |
| ④ | 교 수 | 수 행 | 학 습 |

**해설**
㉠ 학습자의 특성과 교과 내용을 아는 것은 지식(인지)적 측면의 자질에 속한다.
㉡ 교육과정을 운영 및 개발하고 이와 연계된 사람들과 협력관계를 구축하는 것은 수행(기능)적 측면의 자질에 속한다.
㉢ 교직 이행 시 필수적인 인성과 사명감 등은 태도(인성)적 측면의 자질에 속한다.

**10** 〈보기〉에서 설명하는 모스턴(M. Moston)의 교수 스타일의 '인지(사고)과정' 단계는?

보기
- 학습자가 해답을 찾고자 하는 욕구가 있는 단계이다.
- 학습자에 대한 자극(질문)이 흥미, 욕구, 지식수준과 적합할 때 이 단계가 발생한다.
- 학습자에게 알고자 하는 욕구를 실행에 옮기도록 동기화시키는 단계이다.

① 자극(Stimulus)
② 반응(Response)
③ 사색(Meditation)
④ 인지적 불일치(Dissonance)

**해설**
의식적 사고과정의 일반 모형 'SDMR'

| 단 계 | 내 용 |
|---|---|
| 자극<br>(Stimulus) | • 자극은 질문을 유발함<br>• 질문은 인지적 불일치를 유도하여 해답을 찾음 |
| 인지적 불일치<br>(Dissonance) | • 불안정하거나 흥분한 상태<br>• 주로 해답을 찾고자 하는 욕구에 의해 나타남 |
| 사색<br>(Meditation) | 구체적인 인지 작용의 탐색 |
| 반응<br>(Response) | • 인지작용 사이에서의 상호작용이 (다양한) 반응을 유도함<br>• 발견, 기억, 창조의 결과로 나타남 |

11 〈보기〉에서 「국민체육진흥법」 제11조의 '스포츠윤리교육 과정'에 관한 내용으로 옳은 것만을 모두 고른 것은?

┌ 보기 ┐
㉠ 도핑 방지 교육
㉡ 성폭력 등 폭력 예방 교육
㉢ 교육부장관령으로 정하는 교육
㉣ 스포츠 비리 및 체육계 인권침해 방지를 위한 예방 교육
└─────────┘

① ㉠, ㉡
② ㉡, ㉢, ㉣
③ ㉠, ㉡, ㉣
④ ㉠, ㉡, ㉢, ㉣

**해설**
체육지도자의 양성(「국민체육진흥법」 제11조 제3항)
연수과정에는 다음의 사항으로 구성된 스포츠윤리교육 과정이 포함되어야 한다.
• 성폭력 등 폭력 예방교육
• 스포츠비리 및 체육계 인권침해 방지를 위한 예방교육
• 도핑 방지 교육
• 그 밖에 체육의 공정성 확보와 체육인의 인권보호를 위하여 문화체육관광부령으로 정하는 교육

12 〈보기〉의 '수업 주도성 프로파일'에 해당하는 체육 수업 모형은? 기출▶ 17·22

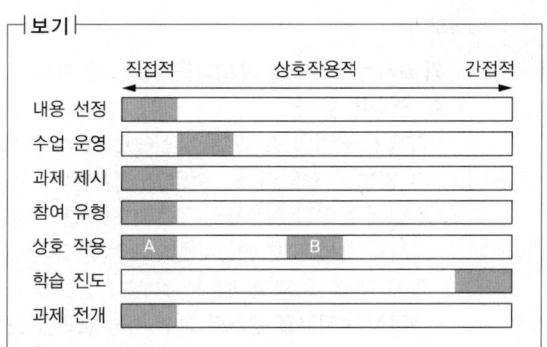

① 동료교수모형
② 직접교수모형
③ 개별화지도모형
④ 협동학습모형

**해설**
〈보기〉의 프로파일을 보면, 내용 선정·과제 제시·참여 유형·과제 전개를 교수자가 직접 주도하지만, 학습 진도는 학습자가 (간접적으로) 조절하는 것을 알 수 있다. 그와 더불어 상호작용은 교수자(A)가 관찰자(B)에게 피드백을 전달하고 이를 다시 관찰자가 학습자에게 제공하는 것이기 때문에 직접적이면서 상호작용적이라는 것을 알 수 있다. 따라서 교사-관찰자-학습자가 상호작용하는 동료교수모형임을 알 수 있다.

**13** 〈보기〉에서 설명하는 시덴탑(D. Siedentop)의 교수(Teaching) 기능 연습법에 해당하는 용어는?

┌─보기─────────────────────────────┐
김 교사는 교수 기능의 향상을 위해 다음과 같은 절차로 연습을 했다.
- 학생 6~8명의 소집단을 대상으로 학습 목표와 평가 방법을 설명한 후, 수업을 진행한다.
- 수업에 참여한 학생들의 질문지 자료를 토대로 김 교사와 학생, 다른 관찰자들이 모여 김 교사의 교수법에 대해 '토의'를 한다.
- 객관적인 자료를 근거로 교수 기능 효과를 살핀다.
└──────────────────────────────────┘

① 동료 교수
② 축소 수업
③ 실제 교수
④ 반성적 교수

**해설**
〈보기〉는 교사에 대한 평가를 통해 반성의 자료를 제공하는 방법으로 반성적 수업(교수)에 대한 설명이다.
① 동료 교수 : 적합한 발문, 피드백, 시범, 매체의 사용과 같은 몇 가지 교수 기능에만 초점을 맞추어 짧은 시간 동안 동료들을 대상으로 연습하는 방법이다.
② 축소 수업(마이크로티칭) : 제한된 범주 안에서 한가지 구체적인 내용으로 소수의 학생들을 대상으로 하는 방법이다.
③ 실제 교수 : 교생실습을 달리 이르는 말로, 교사가 일정한 기간 동안 여러 학급에 대해서 전면적인 책임을 지고 실제로 수행하는 방법이다.

**14** 스포츠강사의 자격조건에 관한 설명으로 옳은 것은?

기출 19

① 「초·중등교육법」 제2조 제2호에 따른 초등학교에 스포츠강사를 배치할 수 없다.
② 「국민체육진흥법」 제2조 제6호에 따른 체육지도자 중에서 스포츠강사를 임용할 수 있다.
③ 「학교체육진흥법」 제2조 제6항 학교에 소속되어 학교운동부를 지도·감독하는 사람을 말한다.
④ 「학교체육진흥법」 제4조 재임용 여부는 강사로서의 자질, 복무 태도, 학생의 만족도, 경기 결과에 따라 결정하여야 한다.

**해설**
① "스포츠강사"란 「초·중등교육법」 제2조 제2호에 따른 초등학교에서 정규 체육수업 보조 및 학교스포츠클럽을 지도하는 체육전문강사를 말한다(「학교체육진흥법」 제2조 제7호).
③ "학교운동부지도자"란 학교에 소속되어 학교운동부를 지도·감독하는 사람을 말한다(「학교체육진흥법」 제2조 제6호).
④ 학교의 장은 학교운동부지도자를 재임용할 때에는 직무수행 실적, 복무 태도, 학교운동부 운영 성과, 학생선수의 학습권 및 인권 침해 여부를 평가한 후 그 결과에 따라 재임용 여부를 결정해야 한다(「학교체육진흥법 시행령」 제3조 제4항).

**15** 메츨러(M. Metzler)가 제시한 '체육 학습활동' 중 정식 게임을 단순화하고 몇 가지 기능에 초점을 두며 진행하는 것은?

① 역할 수행(Role-playing)
② 스크리미지(Scrimmage)
③ 리드-업 게임(Lead-up Game)
④ 학습센터(Learning Centers)

**해설**
① 역할 수행 : 학습자들이 스포츠 활동 내에서 심판, 기록자, 코치, 선수 등을 경험하게 하는 방법
② 스크리미지 : 언제든지 게임을 멈출 수 있는 특징을 가진 완전게임의 형태로 지도하는 방법
④ 학습센터(학습스테이션) : 학습자를 소집단으로 나눠서 연습장소 주변에 지정된 몇 개의 센터(스테이션)를 순회하게 하는 방법

13 ④  14 ②  15 ③

**16** 〈보기〉는 시덴탑(D. Siedentop)이 제시한 '스포츠 교육 모형'의 특징을 설명한 것이다. ㉠~㉢에 들어갈 용어가 바르게 제시된 것은?

┤보기├
- 이 모형의 주제 중에 ( ㉠ )은 스포츠를 참여하는 태도와 관련된 정의적 영역이다.
- 시즌 중 심판으로서 역할을 할 때 학습영역 중 우선하는 것은 ( ㉡ ) 영역이다.
- 학습자 수준에 적합하게 경기 방식을 ( ㉢ )해서 참여를 유도한다.

|   | ㉠ | ㉡ | ㉢ |
|---|---|---|---|
| ① | 박 식 | 정의적 | 고 정 |
| ② | 열 정 | 인지적 | 변 형 |
| ③ | 열 정 | 정의적 | 변 형 |
| ④ | 박 식 | 인지적 | 고 정 |

**해설**
스포츠 교육 모형은 수업을 하나의 스포츠 '시즌'으로 구성하여 유능하고(심동적), 박식하고(인지적), 열정적인(정의적) 전인적 스포츠인을 양성하는 것을 목적으로 한다. 참가자의 태도인 열정은 정의적인 측면을, 게임의 규칙을 이해해야 하는 심판의 경우는 인지적인 측면을 강조한 것이다. 한편, 해당 모형은 수업 시 교사가 학습자의 수준에 맞게 경기방식을 변형하여 참여를 유도하거나 학생이 자신의 발달단계에 맞는 스포츠를 직접 설계할 수 있다는 특징이 있다.

**17** 〈보기〉에서 설명하는 체육수업 연구 방법으로 적절한 것은?

┤보기├
- 연구의 특징은 집단적(협동적), 역동적, 연속적으로 이루어짐
- 연구의 절차는 문제 파악-개선계획-실행-관찰-반성 등으로 순환하는 과정임
- 연구의 주체는 지도자가 동료나 연구자의 도움을 받아 자신의 수업을 탐구함

① 문헌(Literature)연구
② 실험(Experiment)연구
③ 현장개선(Action)연구
④ 근거이론(Grounded Theory)연구

**해설**
〈보기〉는 현장개선연구의 특징을 나열한 것이다. 현장개선연구는 현장교사·동료교사·대학연구자의 도움을 받아 자신의 지도 행동을 스스로 체계적·반성적으로 탐구하여 개선하는 것이다.
① 문헌연구 : 연구주제에 관한 서적, 논문 등을 종합하고 분석하는 연구 방법
② 실험연구 : 다른 변수를 통제한 후 연구 대상자에게 교육적인 처치를 가하고, 그로 인해 나타나는 변화를 파악하는 연구 방법
④ 근거이론연구 : 질적연구방법 중 하나로, 자료를 수집하고 이를 체계적으로 분석하여, 자료를 근거로 한 이론을 생성하는 연구 방법

**18** 학습자 비과제 행동을 예방하고 과제 지향적인 수업을 유지하기 위한 교수 기능 중 쿠닌(J. Kounin)이 제시한 '동시처리(Overlapping)'에 해당하는 것은?

① 수업의 흐름을 유지하면서 수업 이탈 행동 학생을 제지하는 것이다.
② 학생들의 행동을 항상 인지하고 있다는 것을 알리는 것이다.
③ 학생의 학습 활동을 중단시키고 잠시 퇴장시키는 것이다.
④ 모든 학생에게 과제에 몰입하도록 경각심을 주는 것이다.

**해설**
쿠닌(J. Kounine)의 교수 기능
- 상황파악 : 학생들의 행동을 항상 인지하고 있다는 것을 알리는 것
- 동시적 처리 : 수업의 흐름을 유지하면서 동시에 수업 이탈 행동 학생을 제지하는 것
- 여세 유지 : 학습 활동 및 수업의 흐름을 늦추거나 끊지 않고 활력 있게 이어나가는 것
- 유연한 수업전개 : 수업의 흐름을 늦추거나 끊지 않고 유연하게 이어나가는 것
- 집단경각 : 모든 학생에게 과제에 몰입하도록 경각심을 주는 것
- 개인책무성 : 교사가 학생에게 과제수행에 대한 책임감을 부여하는 것

**19** 〈그림〉은 '국민체력100'의 운영 체계이다. 체력인증센터가 이용자에게 제공하는 서비스가 아닌 것은?

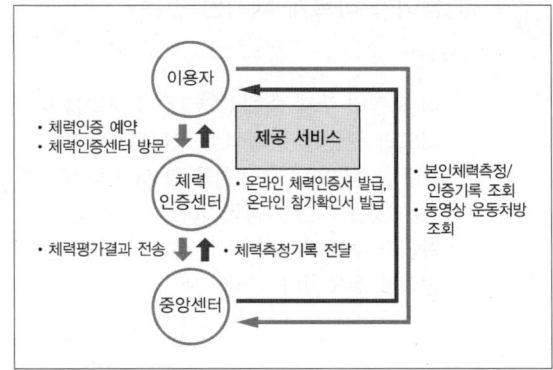

① 체력측정 서비스
② 맞춤형 운동처방
③ 국민 체력 인증서 발급
④ 스포츠클럽 등록 및 운영지원

**해설**
체력인증센터는 이용자에게 체력측정 서비스를 제공하고, 내담자 개별 특성에 맞게 운동 프로그램을 처방하며, 국민체력인증서를 발급한다. 스포츠클럽 등록 및 운영지원은 체력인증센터에서 제공하는 서비스가 아니다.

**20** 〈보기〉에서 해당하는 평가기법으로 적절한 것은?

|보기|
- 운동 수행을 평가하는 데 자주 사용하는 평가 방법이다.
- 운동 수행의 질적인 면을 파악하여 수준이나 숫자를 부여하는 평가 방법이다.

① 평정척도   ② 사건기록법
③ 학생저널   ④ 체크리스트

**해설**
평정척도는 질적인(정성적인, 수치화할 수 없는) 가치가 있는 정보를 양적인(정량적인, 수치화한) 점수로 기록하는 것으로, 운동 수행을 평가하는 데에 자주 사용하는 평가방법이다.

## 제3과목 | 스포츠심리학

**01** 〈보기〉가 설명하는 성격 이론은?

기출 19·21·22·23

┤보기├
자기가 좋아하는 국가대표선수가 무더위에서 진행된 올림픽 마라톤 경기에서 불굴의 정신력으로 완주하는 모습을 보고, 자기도 포기하지 않는 정신력으로 10km 마라톤을 완주하였다.

① 특성이론
② 사회학습이론
③ 욕구위계이론
④ 정신역동이론

**해설**
〈보기〉는 사회학습이론의 요소 중 타인의 행동을 관찰하여 개인의 과제를 학습·수행하는 '관찰학습'의 사례이다.

**02** 개방운동기술(Open Motor Skills)에 해당하지 않는 것은?

기출 19

① 농구 경기에서 자유투하기
② 야구 경기에서 투수가 던진 공을 타격하기
③ 자동차 경주에서 드라이버가 경쟁하면서 운전하기
④ 미식축구 경기에서 쿼터백이 같은 팀 선수에게 패스하기

**해설**
개방운동기술은 계속 변화하는 환경 속에서 수행하는 운동기술이다. 농구에서 반칙을 당했을 때 얻을 수 있는 공격 수단인 자유투와 같이 관중을 제외한 누구의 방해도 받지 않는, 변화가 없는 환경에서 공을 던지는 것은 폐쇄 운동기술에 해당한다.

**03** 〈보기〉의 ㉠~㉢에 들어갈 개념을 바르게 나열한 것은?

기출 18·21·24·25

┤보기├
- ( ㉠ ) : 노력의 방향과 강도로 설명된다.
- ( ㉡ ) : 스포츠 자체가 좋아서 참여한다.
- ( ㉢ ) : 보상을 받거나 처벌을 피하고자 스포츠에 참여한다.

|   | ㉠ | ㉡ | ㉢ |
|---|---|---|---|
| ① | 동 기 | 외적 동기 | 내적 동기 |
| ② | 동 기 | 내적 동기 | 외적 동기 |
| ③ | 귀 인 | 내적 동기 | 외적 동기 |
| ④ | 귀 인 | 외적 동기 | 내적 동기 |

**해설**
동기는 인간행동의 선택, 방향, 강도 및 지속을 결정짓는 심리학적 개념을 말한다. 동기는 내적 동기와 외적 동기로 나뉜다. 내적 동기는 기쁨이나 만족감을 추구하며 스스로 활동에 참여하는 것이고, 외적 동기는 외적 보상을 위해서 참여하거나 경기 결과에 따른 상·벌·칭찬을 위해 참여하는 것을 말한다.

정답 01 ② 02 ① 03 ②

## 04 〈보기〉의 ㉠, ㉡에 들어갈 정보처리 단계를 바르게 나열한 것은?

기출▶ 18·19·20·21

┌─보기─────────────────────────┐
- ( ㉠ ) : 테니스 선수가 상대 코트에서 넘어오는 공의 궤적, 방향, 속도에 관한 환경정보를 탐지한다.
- ( ㉡ ) : 환경정보를 토대로 어떤 종류의 기술로 어떻게 받아쳐야 할지 결정한다.
└───────────────────────────┘

|   | ㉠ | ㉡ |
|---|---|---|
| ① | 반응 선택 | 자극 확인 |
| ② | 자극 확인 | 반응 선택 |
| ③ | 반응/운동 프로그래밍 | 반응 선택 |
| ④ | 반응/운동 프로그래밍 | 자극 확인 |

**해설**
㉠ 자극 확인 단계는 자극이 발생된 것을 인지하고 확인하는 단계이다. 이 단계에서 감각기로 감지된 환경정보와 운동정보를 확인한다.
㉡ 반응 선택 단계는 자극 확인이 끝난 뒤 어떠한 반응을 할 것인지 결정하는 단계이다. 감각기로 감지된 환경정보와 운동정보를 토대로 어떤 종류의 기술로 반응해야 하는지 결정한다.

## 05 〈보기〉에서 설명하는 심리기술훈련 기법은?

기출▶ 20

┌─보기─────────────────────────┐
- 멀리뛰기의 도움닫기에서 파울을 할 것 같은 부정적인 생각이 든다.
- 부정적인 생각은 그만하고 연습한 대로 구름판을 강하게 밟자고 생각한다.
- 스스로 통제할 수 있는 것에 집중하자고 다짐한다.
└───────────────────────────┘

① 명 상    ② 자생 훈련
③ 인지 재구성    ④ 인지적 왜곡

**해설**
인지재구성은 부정적인 생각을 긍정적인 생각으로 대체하는 방법과 관련된 인지적 기법이다. 자기가 어떤 것에 대해 부정적으로 생각하는 것(도움닫기를 할 때 파울을 할 것 같은 생각)이 과연 자신이 통제할 수 있는가를 인식한 다음 자신이 통제할 수 있는 것(구름판을 밟는 방법)에만 신경을 쓰고 그렇지 못한 것은 신경을 쓰지 않는 것을 말한다.

## 06 운동발달의 단계가 순서대로 바르게 제시된 것은?

기출▶ 18·21

① 반사단계 → 기초단계 → 기본움직임단계 → 성장과 세련단계 → 스포츠기술단계 → 최고수행단계 → 퇴보단계
② 기초단계 → 기본움직임단계 → 반사단계 → 스포츠기술단계 → 성장과 세련단계 → 최고수행단계 → 퇴보단계
③ 반사단계 → 기초단계 → 기본움직임단계 → 스포츠기술단계 → 성장과 세련단계 → 최고수행단계 → 퇴보단계
④ 기초단계 → 기본움직임단계 → 반사단계 → 성장과 세련단계 → 스포츠기술단계 → 최고수행단계 → 퇴보단계

**해설**
반사단계(출생~1세 신생아기) → 기초단계(1~2세 영아기) → 기본움직임단계(2~6세 유아기) → 스포츠기술단계(7~14세 아동기) → 성장과 세련단계(청소년 시기) → 최고수행단계(20~30세 성인 초기) → 퇴보단계(30세 이후)

04 ②  05 ③  06 ③

## 07 반두라(A. Bandura)가 제시한 4가지 정보원에서 자기효능감에 가장 큰 영향력을 미치는 것은?

기출▶ 15 · 18 · 19

① 대리 경험
② 성취 경험
③ 언어적 설득
④ 정서적/신체적 상태

**해설**
반두라가 제안한 자기효능감 강화법 중 제일 중요한 것은 성공적인 경험을 통해 자신감을 얻는 것이다.

## 08 〈보기〉에서 연습방법에 관한 설명으로 옳은 것만을 모두 고른 것은?

기출▶ 16 · 17 · 18 · 20 · 21

┌ 보기 ┐
㉠ 집중연습은 연습 구간 사이의 휴식시간이 연습시간보다 짧게 이루어진 연습방법이다.
㉡ 무선연습은 선택된 연습과제들을 순서에 상관없이 무작위로 연습하는 방법이다.
㉢ 분산연습은 특정 운동기술과제를 여러 개의 하위 단위로 나누어 연습하는 방법이다.
㉣ 전습법은 한 가지 운동기술과제를 구분 동작 없이 전체적으로 연습하는 방법이다.

① ㉠, ㉡
② ㉢, ㉣
③ ㉠, ㉡, ㉣
④ ㉠, ㉢, ㉣

**해설**
분산연습은 휴식시간을 충분히 갖고 여러 번 걸쳐 연습하는 방법이다. 운동기술과제를 여러 개의 하위 단위로 나누어 연습하는 방법은 분습법이다.

## 09 미국 응용스포츠심리학회(AAASP)의 스포츠심리상담 윤리 규정이 아닌 것은?

기출▶ 15 · 17 · 19 · 20 · 21

① 스포츠에 참여하는 모든 사람과 전문적인 상담을 진행한다.
② 직무수행상 자신의 한계를 인식하고 한계를 넘는 주장과 행동은 하지 않는다.
③ 회원 스스로 윤리적인 행동을 실천하고 남에게 윤리적 행동을 하도록 적극적으로 권장한다.
④ 다른 전문가에 의한 서비스 수행 촉진, 책무성 확보, 기관이나 법적 의무 완수 등의 목적을 위해 상담이나 연구 결과를 기록으로 남긴다.

**해설**
「AAASP 윤리 원칙 및 표준」
① 정의된 전문적 또는 과학적 관계 또는 역할의 맥락에서만 진단, 치료, 교육(teaching), 교육(educational), 감독, 멘토링 또는 기타 컨설팅 서비스를 제공한다(일반 윤리 기준 : 제1조 제a항).
② 자신의 과학적 작업의 한계를 인식하고 이러한 한계를 초과하는 주장을 하거나 조치를 취하지 않는다(일반 윤리 기준 : 제2조 제e항).
③ 학생, 멘티, 감독자, 직원 및 동료의 윤리적 행동을 적절하게 장려한다(전문 3문단).
④ 과학 및 연구 활동을 수행하는 사람은 다른 전문가와의 작업 공유를 촉진하고 책임을 보장하며 기관 또는 기관의 기타 요구사항을 충족하기 위해 적절한 경우 기관 윤리 위원회의 승인을 포함하여 자신의 과학적 작업 및 연구를 적절하게 문서화해야 한다(일반 윤리 기준 : 제14조 제b항).

**정답** 07 ② 08 ③ 09 ①

## 10 〈보기〉가 설명하는 기억의 유형은?

┌보기┐
- 학창 시절 자전거를 타고 학교에 등하교 했던 A는 오랜 기간 자전거를 타지 않았음에도 불구하고 여전히 자전거를 탈 수 있다.
- 어린 시절 축구선수로 활동했던 B는 축구의 슛 기술을 어떻게 수행하는지 시범 보일 수 있다.

① 감각 기억(Sensory Memory)
② 일화적 기억(Episodic Memory)
③ 의미적 기억(Semantic Memory)
④ 절차적 기억(Procedural Memory)

**해설**
절차적 기억은 특정 기술과 습관을 수행하는 방법에 대한 정보를 저장하는 기억으로, 특정한 기술과 습관을 의식적으로 생각하지 않고 수행할 수 있게 한다. 예를 들어 오랜만에 자전거를 탄다거나, 은퇴한 선수가 자신이 수행했던 기술을 선보인다거나, 오랫동안 손대지 않았던 악기를 연주한다거나, 작업할 때 키보드를 보지 않고 정확한 글쇠를 두드리는 것 등이 있다.

## 11 〈보기〉는 피들러(F. Fiedler)의 상황부합 리더십 모형이다. 〈보기〉의 ㉠, ㉡에 들어갈 내용을 바르게 나열한 것은?

┌보기┐
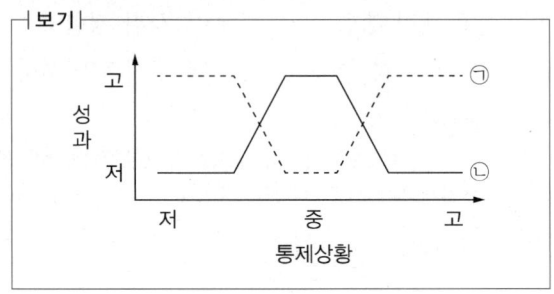

|   | ㉠ | ㉡ |
|---|---|---|
| ① | 관계지향형리더 | 과제지향형리더 |
| ② | 과제지향형리더 | 관계지향형리더 |
| ③ | 관계지향형리더 | 민주주의리더 |
| ④ | 과제지향형리더 | 권위주의리더 |

**해설**
㉠ 과제지향리더는 통제상황이 매우 유리할 경우 혹은 매우 불리할 경우에 적합한 리더이다. 과제지향리더는 언어적 강화 및 집단의식의 필요성을 인식하며, 과제의 성취도가 구성원의 관계 유지에 중요한 요소로 작용한다고 여긴다.
㉡ 관계지향리더는 통제상황이 중간일 때 적합한 리더이다. 관계지향리더는 과제보다 상호 협조 및 긍정적 상호 관계를 중요시한다.

## 12 운동학습에 의한 인지역량의 변화에 관한 설명으로 옳지 않은 것은?

① 정보를 처리하는 속도가 빨라진다.
② 주의집중 역량을 활용하는 주의 체계의 역량이 좋아진다.
③ 운동과제 수행의 수준과 환경의 요구에 대한 근골격계의 기능이 효율적으로 좋아진다.
④ 새로운 정보와 기존의 정보를 연결하여 정보를 쉽게 보유할 수 있는 기억체계 역량이 좋아진다.

**해설**
근골격계의 기능은 스포츠심리학적 처치보다는 운동역학적 처치나 운동생리학적 처치를 시행했을 때 그 효율성이 높아진다.

**13** 〈보기〉는 아이젠(I. Ajzen)의 계획행동이론이다. 〈보기〉의 ㉠~㉣에 들어갈 개념을 바르게 나열한 것은?  기출▶ 17·21

┤보기├
( ㉠ )는 행동을 수행하는 것에 대한 개인의 정서적이고 평가적인 요소를 반영한다. ( ㉡ )은/는 어떤 행동을 할 것인지 또는 안 할 것인지에 대해 개인이 느끼는 사회적 압력을 말한다. 어떠한 행동은 개인의 ( ㉢ )에 따라 그 행동 여부가 결정된다. ( ㉣ )은/는 어떤 행동을 하기가 쉽거나 어려운 정도에 대한 인식 정도를 의미한다.

| | ㉠ | ㉡ | ㉢ | ㉣ |
|---|---|---|---|---|
| ① | 태도 | 의도 | 주관적 규범 | 행동통제 인식 |
| ② | 의도 | 주관적 규범 | 행동통제 인식 | 태도 |
| ③ | 태도 | 주관적 규범 | 의도 | 행동통제 인식 |
| ④ | 의도 | 태도 | 행동통제 인식 | 주관적 규범 |

**해설**
계획행동이론
- 행동에 대한 태도와 주관적 규범은 행동에 간접적인 영향을 주지만, 행동통제인식은 의도뿐만 아니라 행동에 직접 영향을 준다.
- 운동 방해 요인을 극복하고 자신이 계획한 운동을 통제할 수 있다는 생각은 운동의 지속적 실천에 꼭 필요하다.
- 구성요인으로는 태도(Attitude), 의도(Intention), 주관적 규범(Subjective Norm), 행동통제 인식(Perceived Behavioral Control) 등이 있다.

**14** 〈보기〉에서 정보처리이론에 관한 설명으로 옳은 것만을 모두 고른 것은?  기출▶ 16·19·20·21

┤보기├
㉠ 정보처리이론은 인간을 능동적인 정보처리자로 설명한다.
㉡ 도식이론은 기억흔적과 지각흔적의 작용으로 움직임을 생성하고 제어한다고 설명한다.
㉢ 개방회로이론은 대뇌피질에 저장된 운동프로그램을 통해 움직임을 생성하고 제어한다고 설명한다.
㉣ 폐쇄회로이론은 정확한 동작에 관한 기억을 수행 중인 움직임과 비교한 피드백 정보를 활용하여 움직임을 생성하고 제어한다고 설명한다.

① ㉠, ㉡   ② ㉢, ㉣
③ ㉠, ㉡, ㉣   ④ ㉠, ㉢, ㉣

**해설**
도식이론은 일반화된 운동프로그램을 근거로 하여 운동행동의 원리를 설명한다.

정답 13 ③ 14 ④

## 15 〈보기〉의 ㉠~㉢에 들어갈 개념을 바르게 나열한 것은?

| 보기 |
| --- |
| • ( ㉠ ) : 타인의 존재가 과제수행에 미치는 영향을 말한다. |
| • ( ㉡ ) : 타인의 존재만으로도 각성과 욕구가 생긴다. |
| • ( ㉢ ) : 타인의 존재가 운동과제에 대한 집중을 방해하기도 하지만, 수행자의 욕구 수준을 증가시키기도 한다. |

| | ㉠ | ㉡ | ㉢ |
|---|---|---|---|
| ① | 사회적 촉진 | 단순존재 가설 | 주의 분산/갈등 가설 |
| ② | 사회적 촉진 | 단순존재 가설 | 평가우려설 |
| ③ | 단순존재 가설 | 관중효과 | 주의 분산/갈등 가설 |
| ④ | 단순존재 가설 | 관중효과 | 평가우려설 |

**해설**
스포츠수행의 사회심리적 요인
- 사회적 촉진 : 타인의 존재가 과제수행에 미치는 영향력을 말하는데, 사회적 추동이론과 자아 이론 등이 이에 해당한다. - ㉠
- 단순존재가설 : 타인이 존재하는 것만으로도 수행이 달라진다고 보는 이론이다. 수행기능이 단순할수록, 학습이 잘 되어 있을수록, 각성이 증가할수록 수행이 향상되며 그 반대일 경우에는 수행이 저하된다고 설명한다. - ㉡
- 주의 분산/갈등 가설 : 관중으로 인한 집중의 방해 효과가 잘하려는 노력의 효과보다 크면 수행이 손상되고, 작으면 수행이 향상된다는 이론이다. - ㉢
- 평가우려가설 : 자신의 수행을 지켜보는 타인의 전문성을 평가하여 수행력이 결정된다는 이론이다. 수행자가 관찰자의 전문성을 높게 평가하면 욕구가 상승하고, 수행자가 관찰자의 전문성을 낮게 평가하면 욕구가 저하된다고 설명한다.
- 관중 효과 : 운동 수행 중에 그것을 타인이 보고 있음으로써 그 수행의 양이나 속도, 질 등에 영향을 받는 현상이다.

## 16 힉(W. Hick)의 법칙에 관한 설명으로 옳은 것은?

기출 22

① 자극-반응 대안의 수가 증가할수록 반응시간은 길어진다.
② 근수축을 통해 생성한 힘의 양에 따라 움직임의 정확성이 달라진다.
③ 두 개의 목표물 간의 거리와 목표물의 크기에 따라 움직임 시간이 달라진다.
④ 움직임의 속력이 증가하면 정확도가 떨어지는 속력-정확성 상쇄(Speed-Accuracy Trade-Off) 현상이 나타난다.

**해설**
힉의 법칙은 고를 수 있는 자극반응의 대안 수(Number of Stimulus-response Alternatives)가 증가함에 따라 선택반응시간(Choice Reaction Time)이 길어지는 현상을 말한다.

## 17 〈보기〉의 ㉠에 들어갈 용어는?

| 보기 |
| --- |
| • 복싱선수가 상대의 펀치를 맞고 실점하는 장면이 계속해서 떠오른다. |
| • 이 선수는 ( ㉠ )을/를 높이는 훈련이 필요하다. |

① 내적 심상
② 외적 심상
③ 심상 조절력
④ 심상 선명도

**해설**
심상 조절력은 심상을 조정하여 내가 원하는 대로 심상이 이루어지도록 연습하는 것이다. 심상 조절력은 실패하는 것을 심상하는 대신에 성공적인 것을 심상할 수 있도록 돕는다.

정답 15 ① 16 ① 17 ③

**18** ⟨보기⟩의 ㉠, ㉡에 들어갈 운동 수행에 관한 개념이 바르게 제시된 것은?

┌ 보기 ┐
- 운동 기술 과제가 너무 쉬울 때 ( ㉠ )가 나타난다.
- 운동 기술 과제가 너무 어려울 때 ( ㉡ )가 나타난다.

|   | ㉠ | ㉡ |
|---|---|---|
| ① | 학습 고원 (Learning Plateau) | 슬럼프 (Slump) |
| ② | 천장 효과 (Ceiling Effect) | 바닥 효과 (Floor Effect) |
| ③ | 웜업 감소 (Warm-up Decrement) | 수행 감소 (Performance Decrement) |
| ④ | 맥락 간섭 효과 (Contextual-Interference Effect) | 부적 전이 (Negative Transfer) |

**해설**
운동 행동을 설명하는 이론
- 천장 효과 : 운동 기술 과제의 난도가 너무 낮아서 검사에 응한 모든 대상자가 매우 높은 점수를 얻는 현상이다. (㉠)
- 바닥 효과 : 운동 기술 과제의 난도가 너무 높아서 검사에 응한 모든 대상자가 매우 낮은 점수를 얻는 현상이다. (㉡)
- 학습 고원 : 연습을 하는데도 운동기능의 수준이 발달하지 않고 일시적으로 제자리에 머물러 있는 상태이다.
- 슬럼프 : 기능 수준이 오히려 전보다 퇴보된 채로 머무는 현상이다.
- 웜업 감소 : 연습을 마치고 휴식 후 운동과제를 수행할 때 수행이 감소하는 현상이다. 이 현상은 기억의 손실 또는 망각에 의한 것이 아니라 적응적 조율과정으로 인해 일시적으로 발생되는 현상으로 인식된다.
- 수행 감소 : 모종의 사유에 의해 운동기능의 양적·질적 수준이 퇴보하는 현상이다.
- 맥락 간섭 효과 : 학습과 학습 사이, 한 학습 도중에 개입된 사건이나 경험에 의하여 학습이나 기억에 방해를 받는 현상이다.
- 부적 전이 : 한 가지 과제수행이 다른 과제수행을 간섭하거나 제지하는 현상이다.

**19** ⟨보기⟩에서 운동 실천을 위한 환경적 영향요인을 모두 고른 것은? 기출▶ 16·17

┌ 보기 ┐
㉠ 지도자    ㉡ 교육수준
㉢ 운동집단   ㉣ 사회적 지지

① ㉠, ㉡
② ㉢, ㉣
③ ㉠, ㉡, ㉣
④ ㉠, ㉢, ㉣

**해설**
운동 실천을 위한 환경적 영향요인으로 다음과 같은 것이 있다.
- 운동지도자의 영향 : 리더십 스타일
- 운동집단의 영향 : 집단 응집력
- 물리적 환경의 영향 : 날씨, 접근성
- 사회와 문화의 영향 : 신념, 운동규범의 변화
- 사회적 지지의 영향 : 도구적 지지, 정서적 지지, 정보적 지지, 동반자 지지, 비교확인지지

**20** ⟨보기⟩가 설명하는 개념은? 기출▶ 22

┌ 보기 ┐
농구 경기에서 수비수가 공격수의 첫 번째 페이크 슛 동작에 반응하면서, 바로 이어지는 두 번째 실제 슛 동작에 제대로 반응하지 못하는 현상이 발생한다.

① 스트룹 효과(Stroop Effect)
② 무주의 맹시(Inattention Blindness)
③ 지각 협소화(Perceptual Narrowing)
④ 심리적 불응기(Psychological-Refractory Period)

**해설**
심리적 불응기란 1차 자극에 대한 반응을 수행하고 있을 때 2차 자극을 제시할 경우 2차 자극에 대한 반응시간이 느려지는 현상이다.

## 제4과목 | 한국체육사

**01** 〈보기〉에서 한국체육사에 관한 설명으로 옳은 것만을 모두 고른 것은? 기출▶ 15·16·17·22

┌ 보기 ┐
- ㉠ 한국 체육과 스포츠의 시대별 양상을 연구한다.
- ㉡ 한국 체육과 스포츠를 역사학적 방법으로 연구한다.
- ㉢ 한국 체육과 스포츠에 관한 역사 기술은 사실 확인보다 가치평가가 우선한다.
- ㉣ 한국 체육과 스포츠의 과거를 살펴보고, 이를 통해 현재를 직시하고 미래를 조망한다.

① ㉠, ㉡, ㉢
② ㉠, ㉡, ㉣
③ ㉠, ㉢, ㉣
④ ㉡, ㉢, ㉣

**해설**
역사 기술(記述, Description)의 1차적인 과정은 사실 확인이다. 이를 위해 가치평가보다는 사료를 바탕으로 사실(史實)을 객관적으로 기술하는 것이 우선되어야 한다.

**02** 〈보기〉에서 신체활동이 행해진 제천의식과 부족국가가 바르게 연결된 것만을 모두 고른 것은? 기출▶ 17·19·22

┌ 보기 ┐
- ㉠ 무천–신라
- ㉡ 가배–동예
- ㉢ 영고–부여
- ㉣ 동맹–고구려

① ㉠, ㉡
② ㉢, ㉣
③ ㉠, ㉡, ㉣
④ ㉡, ㉢, ㉣

**해설**
부족국가별 제천의식
부여(영고), 고구려(동맹), 동예(무천), 삼한(계절제), 신라(가배)

**03** 〈보기〉에 해당하는 부족국가시대 신체활동의 목적은? 기출▶ 20

┌ 보기 ┐
중국 역사 자료인 『위지·동이전魏志·東夷傳』에 따르면, "나이 어리고 씩씩한 청년들의 등가죽을 뚫고 굵은 줄로 그곳을 꿰었다. 그리고 한 장(一丈) 남짓의 나무를 그곳에 매달고 온종일 소리를 지르며 일을 하는데도 아프다고 하지 않고, 착실하게 일을 한다. 이를 큰사람이라 부른다."

① 주술의식
② 농경의식
③ 성년의식
④ 제천의식

**해설**
『위지·동이전』에 따르면 등가죽을 뚫어 줄을 꿰고 나무를 꽂는 의식 거행 후 통과하면 '큰사람'이라고 불렀으며, 이는 성인식과 주술의 신체 문화를 보여 주는 방증이다.

**04** 〈보기〉에서 삼국시대의 무예에 관한 설명으로 옳은 것만을 모두 고른 것은? 기출▶ 15·16·17·22

┌ 보기 ┐
- ㉠ 신라 : 궁전법(弓箭法)을 통해 인재를 등용하였다.
- ㉡ 고구려 : 경당(扃堂)에서 활쏘기 교육이 이루어졌다.
- ㉢ 백제 : 훈련원(訓鍊院)에서 무예 시험과 훈련이 행해졌다.

① ㉠, ㉡
② ㉠, ㉢
③ ㉡, ㉢
④ ㉠, ㉡, ㉢

**해설**
훈련원은 조선시대에 등장한 무예교육기관이다.

정답 01 ② 02 ② 03 ③ 04 ①

## 05 고려시대 최고 교육기관과 무학(武學) 교육이 바르게 연결된 것은? 기출▶ 16·21·22

① 성균관(成均館) - 대빙재(待聘齋)
② 성균관(成均館) - 강예재(講藝齋)
③ 국자감(國子監) - 대빙재(待聘齋)
④ 국자감(國子監) - 강예재(講藝齋)

해설
국자감은 고려시대의 국립교육기관으로 산하에 전문7재를 두었으며, 그중 강예재에서 무예를 관장하게 하였다.

## 07 석전(石戰)의 성격에 관한 설명으로 옳지 않은 것은? 기출▶ 16·19·22

① 관료 선발에 활용되었다.
② 명절에 종종 행해지던 민속놀이였다.
③ 전쟁에 대비한 군사훈련에 활용되었다.
④ 실전 부대인 석투군(石投軍)과 관련이 있었다.

해설
석전은 세시의 민속놀이, 군사훈련, 관람 스포츠, 운동경기의 수단으로 사용되었지만, 무관의 선발에는 활용되지 않았다.

## 06 고려시대의 신체활동에 관한 설명으로 옳지 않은 것은? 기출▶ 15·17·18·20·21·22·23

① 기격구(騎擊毬) : 서민층이 유희로 즐겼다.
② 궁술(弓術) : 국난을 대비하여 장려되었다.
③ 마술(馬術) : 무인의 덕목 중 하나로 장려되었다.
④ 수박(手搏) : 무관이나 무예 인재의 선발에 활용되었다.

해설
기격구(騎擊毬)
• 서양의 폴로 경기와 유사하며, 말을 타고(기, 騎) 채를 이용하여 공(구, 毬)을 치는(격, 擊) 경기이다.
• 귀족들 사이에서 성행한 대표적인 오락 및 여가활동이다.
• 전시에는 보격구(步擊毬)와 더불어 군사훈련의 수단으로도 사용되었다.
• 사치성으로 인한 폐단이 발생하기도 하였다.

## 08 조선시대 서민층이 주로 행했던 민속놀이와 설명으로 옳지 않은 것은? 기출▶ 17·21

① 추천(鞦韆) : 단오절이나 한가위에 즐겼다.
② 각저(角觝), 각력(角力) : 마을 간의 겨룸이 있었는데, 풍년 기원의 의미도 있었다.
③ 종정도(從政圖), 승경도(陞卿圖) : 관직 체계의 이해와 출세 동기 부여의 뜻이 담겨 있었다.
④ 삭전(索戰), 갈전(葛戰) : 농경사회의 대표적인 민속놀이로서 농사의 풍흉(豐凶)을 점치는 의미도 있었다.

해설
종정도·승경도는 오늘날의 보드게임과 유사한 놀이이다. 여러 관직의 이름을 높낮이 순서로 써 놓고 1~5의 숫자가 새겨진 윤목을 던져 나온 숫자에 따라 말을 놓아 하위직부터 차례로 승진하여 고위관직에 먼저 오르는 사람이 승리한다. 주로 귀족층에서 즐기던 놀이이다.

정답 05 ④ 06 ① 07 ① 08 ③

## 09 조선시대의 무예서에 관한 설명으로 옳지 않은 것은?
기출 20 · 23

① 『무예도보통지(武藝圖譜通志)』: 정조의 명에 따라 24기의 무예가 수록, 간행되었다.
② 『무예신보(武藝新譜)』: 사도세자의 주도 하에 18기의 무예가 수록, 간행되었다.
③ 『권보(拳譜)』: 광해군의 명에 따라 『무예제보』에 수록되지 않은 4기의 무예가 수록, 간행되었다.
④ 『무예제보(武藝諸譜)』: 선조의 명에 따라 전란 중에 긴급하게 필요했던 단병기 6기가 수록, 간행되었다.

해설
『권보(拳譜)』는 광해군(1604) 때에 맨손무예인 권법을 위해 편찬된 무예서이다.

## 10 〈보기〉에서 조선시대의 궁술에 관한 설명으로 옳은 것만을 모두 고른 것은?
기출 15 · 16 · 21 · 22

┌ 보기 ┐
㉠ 군사훈련의 수단이었다.
㉡ 무과(武科) 시험의 필수과목이었다.
㉢ 심신 수련을 위한 학사사상(學射思想)이 강조되었다.
㉣ 불국토사상(佛國土思想)을 토대로 훈련이 이루어졌다.

① ㉠, ㉡
② ㉢, ㉣
③ ㉠, ㉡, ㉢
④ ㉡, ㉢, ㉣

해설
불교의 사상인 불국토사상을 토대로 훈련이 이루어진 것은 고대 신라의 화랑도이다. 조선시대에는 학사사상(學射思想)을 토대로 궁술 훈련이 이루어졌다.

## 11 고종(高宗)의 교육입국조서(敎育立國詔書)에서 삼양(三養)이 표기된 순서는?
기출 16 · 17 · 23

① 덕양(德養), 체양(體養), 지양(智養)
② 덕양(德養), 지양(智養), 체양(體養)
③ 체양(體養), 지양(智養), 덕양(德養)
④ 체양(體養), 덕양(德養), 지양(智養)

해설
고종은 교육입국조서에서 '덕양-체양-지양' 순으로 3양에 힘쓸 것을 주장하였다.

> 이제 짐이 교육의 강령(綱領)을 보이노니 헛이름을 물리치고 실용을 취할지어다. 곧, 덕(德)을 기를지니, 오륜의 행실을 닦아 속강(俗綱)을 문란하게 하지 말고, 풍교를 세워 인세의 질서를 유지하며, 사회의 행복을 증진시킬지어다. 다음은 몸(體)을 기를지니, 근로와 역행(力行)을 주로 하며, 게으름과 평안함을 탐하지 말고, 괴롭고 어려운 일을 피하지 말며, 너희의 근육을 굳게 하고 뼈를 튼튼히 하여 강장하고 병 없는 낙을 누려받을지어다. 다음은, 지(知)를 기를지니 사물의 이치를 끝까지 추궁함으로써 지를 닦고 성(性)을 이룩하고, 아름답고 미운 것과 옳고 그른 것과, 길고 짧은 데서 나와 남의 구역을 세우지 말고, 정밀히 연구하고 널리 통하기를 힘쓸지어다. 그리고 한 몸의 사(私)를 꾀하지 말고, 공중의 이익을 도모할지어다.

**12** ⟨보기⟩에서 설명하는 개화기의 기독교계 학교는?

기출 ▶ 19

┌보기┐
- 헐벗(H.B. Hulbert)이 도수체조를 지도하였다.
- 1885년 아펜젤러(H.G. Appenzeller)가 설립하였다.
- 과외활동으로 야구, 축구, 농구 등의 스포츠를 실시하였다.

① 경신학당  ② 이화학당
③ 숭실학교  ④ 배재학당

**해설**
① 경신학당(1886) : 언더우드가 설립하였으며, 1891년 이후 체조를 정식교과목으로 편성하였다.
② 이화학당(1886) : 스크랜턴이 설립한 최초 여성교육기관으로, 1890년 이후 체조를 교과목으로 편성하였다.
③ 숭실학교(1897) : 윌리엄 베어드가 평양에 세운 중·고등교육기관이다.

**13** 개화기 학교 운동회에 관한 설명으로 옳지 않은 것은?

기출 ▶ 17 · 20

① 민족의식을 고취하는 역할을 하였다.
② 초기에는 구기 종목이 주로 이루어졌다.
③ 사회 체육 발달의 촉진제 역할을 하였다.
④ 근대 스포츠의 도입과 확산에 기여하였다.

**해설**
개화기 초기에 실시한 운동회에서는 주로 단체 경기와 육상 종목(특히 달리기)이 실시되었다. 이후 점차 근대 스포츠가 도입되면서 구기와 투기 종목이 실시되었다.

**14** 다음 중 개화기에 설립된 체육단체가 아닌 것은?

기출 ▶ 15 · 16 · 18 · 21 · 23

① 대한체육구락부
② 조선체육진흥회
③ 대동체육구락부
④ 황성기독교청년회운동부

**해설**
조선체육진흥회는 일제강점기 시기인 1942년에 일본의 주관으로 설립된 단체로 광복이 되기까지 체육을 통제하였다.

**15** ⟨보기⟩의 활동을 주도한 체육사상가는?

┌보기┐
- 체조 강습회 개최
- 체육 활동의 저변 확대를 위해 대한국민체육회 창립
- 체육 활동을 통한 애국심 고취를 위해 광무학당 설립

① 서재필  ② 문일평
③ 김종상  ④ 노백린

**해설**
⟨보기⟩는 노백린에 대한 설명이다.
① 서재필 : 이승만과 함께 구한말 체육언론인으로 활동하였으며 근대 스포츠를 도입하는 데 일조하였다.
② 문일평 : 태극학보에 '체육론'을 게재하였으며, 체육이 국가를 작동한다고 주장하였다.
③ 김종상 : YMCA의 초대 간사로, 회원들에게 체조·아령·곤봉을 지도하였다.

**정답** 12 ④  13 ②  14 ②  15 ④

**16** 일제강점기의 체육사적 사실에 관한 설명으로 옳지 않은 것은?  
기출▶ 20·21·22·23

① 원산학사가 설립되었다.
② 체조교수서가 편찬되었다.
③ 학교에서 체조가 필수 과목이 되었다.
④ 황국신민체조가 학교체육에 포함되었다.

**해설**
원산학사는 함경남도 원산에서 관과 민의 주도하에 개화기(1883)에 설립된 최초의 근대학교로, 무사 양성을 위해 무예가 정규교육과정에 포함되어 있었다.

**해설**
조선체육회
- 1920년 동아일보의 주도 하에 국내 운동가, 일본 유학 출신자 등이 설립하였다.
- 첫 사업으로 제1회 '전조선야구대회'를 개최하였다.
- 전조선축구대회라는 명칭으로 한국축구 최초의 전국 규모 축구 대회를 창설하였다.
- 조선체육회 창립 10주년을 기념하여 최초의 종합 대회인 전조선경기대회를 개최하였다.
- 1938년 일제에 의해 강제 해산되어 조선체육협회로 통합·흡수되었다.

**17** 〈보기〉에서 일제강점기의 조선체육회에 대한 설명으로 옳은 것만을 모두 고른 것은?  
기출▶ 16·19·20·22·23

┤보기├
㉠ '전조선축구대회'를 창설하였다.
㉡ 조선체육협회에 강제로 흡수되었다.
㉢ 국내 운동가, 일본 유학 출신자 등이 설립하였다.
㉣ 종합체육대회 성격의 전조선종합경기대회를 개최하였다.

① ㉠, ㉡
② ㉢, ㉣
③ ㉡, ㉢, ㉣
④ ㉠, ㉡, ㉢, ㉣

**18** 〈보기〉의 괄호 안에 들어갈 일제강점기의 체육사상가는?

┤보기├
( )은/는 '체육 조선의 건설'이라는 글에서 사회를 강하게 하는 것은 구성원의 힘을 강하게 하는 것이며, 그 방법은 교육이며, 여러 교육의 기초는 체육이라고 강조하였다.

① 박은식
② 조원희
③ 여운형
④ 이 기

**해설**
① 박은식 : 체육의 강화를 통해 강건한 인재 육성을 주장하고, 선진외국의 체조교육을 제시하였다.
② 조원희 : 휘문의숙 체육 교사로 신식체조법을 발간하였다.
④ 이기 : 대한자강회(1906)를 조직하였으며, 지덕체의 균형적 교육과 체육의 필요성을 강조하였다.

**19** 대한민국 정부의 체육정책 담당 부처의 변천 순서가 옳은 것은?   기출 15·20·21

① 체육부 → 문화체육관광부 → 문화체육부
② 체육부 → 문화체육부 → 문화체육관광부
③ 문화체육부 → 체육부 → 문화체육관광부
④ 문화체육부 → 문화체육관광부 → 체육부

**해설**
체육 정책 담당 부처의 변천 과정
문교부 → 문화공보부 → 체육부 → 체육청소년부 → 문화체육부 → 문화관광부 → 문화체육관광부

**20** 〈보기〉는 국제대회에서 한국 여자 대표팀이 거둔 성과를 나타낸 것이다. 〈보기〉의 ㉠~㉢에 들어갈 종목이 바르게 제시된 것은?

┤보기├
- ( ㉠ ) : 1973년 사라예보 세계선수권대회에서 단체전 우승 달성
- ( ㉡ ) : 1976년 몬트리올 올림픽대회에서 구기 종목 사상 최초의 동메달 획득
- ( ㉢ ) : 1988년 서울 올림픽대회에서 당시 최강국을 이기고 금메달 획득

|   | ㉠ | ㉡ | ㉢ |
|---|---|---|---|
| ① | 배구 | 핸드볼 | 농구 |
| ② | 배구 | 농구 | 핸드볼 |
| ③ | 탁구 | 핸드볼 | 배구 |
| ④ | 탁구 | 배구 | 핸드볼 |

**해설**
㉠ 1973년 사라예보 세계선수권대회의 여자 탁구 종목에서 최초로 단체전에서 우승하였다.
㉡ 1976년 몬트리올 올림픽의 배구 종목에서 여자 구기 종목 사상 최초로 동메달을 획득하였다.
㉢ 1988년 서울 올림픽대회의 핸드볼 종목에서 당시 최강국인 소련을 이기고 한국 여자 구기 종목 사상 첫 금메달을 획득하였다.

### 제5과목 | 운동생리학

**01** 지구성 훈련에 의한 지근섬유(Type I)의 생리적 변화로 옳지 않은 것은? 기출▶ 19·21

① 모세혈관 밀도 증가
② 마이오글로빈 함유량 감소
③ 미토콘드리아의 수와 크기 증가
④ 절대 운동강도에서의 젖산 농도 감소

**해설**
지구성 훈련은 오랜 시간에 걸쳐 운동할 수 있는 능력을 기르는 훈련법이다. 지구성 훈련으로 발달된 지근섬유는 이전보다 미토콘드리아가 많아서 산화 능력(유산소 능력)이 우세하며 이전보다 더 많은 모세혈관에 둘러싸이게 된다. 또한, 마이오글로빈의 농도도 더 높아지게 된다.

**02** 유산소성 트레이닝을 통한 근육 내 미토콘드리아 변화와 관련된 설명으로 옳지 않은 것은? 기출▶ 19·20·21·22·23

① 근원섬유 사이의 미토콘드리아 밀도 증가
② 근육 내 젖산과 수소 이온($H^+$)생성 감소
③ 손상된 미토콘드리아 분해 및 제거율 감소
④ 근육 내 크레아틴 인산(Phosphocreatine) 소모량 감소

**해설**
손상된 미토콘드리아가 스스로 사멸하는 과정을 '미토파지(Mitophagy)'라고 하는데 이 과정에 관여하는 단백질 인자가 유산소성 트레이닝 수행 시 일정 수준으로 증가한다고 한다. 따라서 유산소성 트레이닝 시 손상된 미토콘드리아 분해 및 제거율이 증가한다.

**03** 운동 중 지방분해를 촉진하는 요인으로 옳지 않은 것은? 기출▶ 19·20

① 인슐린 증가
② 글루카곤 증가
③ 에피네프린 증가
④ 순환성(Cyclic) AMP 증가

**해설**
인슐린은 당원의 합성에 관여하는 호르몬이다. 인슐린은 혈액에 있는 포도당을 여러 세포가 사용하게 하고, 간에서 포도당을 글리코겐으로 합성하게 하여 혈당을 낮추는 기능을 한다. 다만, 간글리코겐과 근글리코겐의 양이 일정 수준을 넘으면 중성지방으로 전환되어 결과적으로 지방의 '합성'이 촉진되므로 인슐린을 '지방 저장 호르몬'이라고 부르기도 한다.

**04** 운동에 대한 심혈관 반응에 관한 설명으로 옳은 것은? 기출▶ 16·18·19·20

① 점증 부하 운동 시 심근산소소비량 감소
② 고강도 운동 시 내장기관으로의 혈류 분배 비율 증가
③ 일정한 부하의 장시간 운동 시 시간 경과에 따른 심박수 감소
④ 고강도 운동 시 활동근의 세동맥(Arterioles) 확장을 통한 혈류량 증가

**해설**
① 점증 부하 운동 시 이전보다 운동의 강도가 높아지므로 심근산소소비량이 증가한다.
② 고강도 운동 시 내장기관보다는 근육으로 혈액을 많이 보내야 하기 때문에 내장기관으로의 혈류 분배 비율이 감소하게 된다.
③ 일정한 부하라도 장시간 운동하게 되면 운동기관에 점차 더 많은 산소와 에너지를 전달해야 하기 때문에 시간 경과에 따라 심박수가 증가하게 된다.

정답 01 ② 02 ③ 03 ① 04 ④

## 05 〈보기〉의 ㉠, ㉡에 들어갈 용어가 바르게 나열된 것은?

기출 22

┤보기├
- 심장의 부담을 나타내는 심근산소소비량은 심박수와 ( ㉠ )을 곱하여 산출한다.
- 산소섭취량이 동일한 운동 시 다리 운동이 팔 운동에 비해 심근산소소비량이 더 ( ㉡ ) 나타난다.

|   | ㉠ | ㉡ |
|---|---|---|
| ① | 1회 박출량 | 높게 |
| ② | 1회 박출량 | 낮게 |
| ③ | 수축기 혈압 | 높게 |
| ④ | 수축기 혈압 | 낮게 |

**해설**
㉠ 심근산소소비량은 심박수와 수축기 혈압을 곱하여 산출한다.
㉡ 팔 운동이 다리 운동보다 교감신경 자극이 더 크기 때문에 심박수가 늘어나고, 팔 쪽으로 이동하는 동맥이 더 좁기 때문에 혈압이 높아진다. 따라서 다리 운동이 팔 운동에 비해 심근산소소비량이 더 낮게 나타난다.

## 06 골격근의 수축 특성을 결정하는 요인에 대한 설명 중 〈보기〉의 ㉠, ㉡에 들어갈 용어가 바르게 연결된 것은?

┤보기├
- 특이장력 = 근력 / ( ㉠ )
- 근파워 = 힘 × ( ㉡ )

|   | ㉠ | ㉡ |
|---|---|---|
| ① | 근횡단면적 | 수축속도 |
| ② | 근횡단면적 | 수축시간 |
| ③ | 근파워 | 수축속도 |
| ④ | 근파워 | 수축시간 |

**해설**
골격근의 수축 특성

| 특이장력 | • 단위면적당 근육에서 발생하는 힘으로, 근육마다 다르다.<br>• 특이장력 = 근력 / 근횡단면적 |
|---|---|
| 근파워 | • 근육의 일률(파워)로, 순발력이라고도 하며 근육이 힘을 폭발적으로 빠르게 발휘할 수 있는 능력을 말한다.<br>• 파워 = 힘 × 속도 = 근력 × 수축속도 = 근육이 한 일 × 수축시간 |

정답 05 ④ 06 ①

## 07 〈보기〉의 ㉠~㉢에 들어갈 용어가 바르게 나열된 것은?

기출 17 · 19 · 23

| 수용기 | 역할 |
|---|---|
| 근방추 | ( ㉠ ) 정보 전달 |
| 골지건기관 | ( ㉡ ) 정보 전달 |
| 근육의 화학수용기 | ( ㉢ ) 정보 전달 |

|   | ㉠ | ㉡ | ㉢ |
|---|---|---|---|
| ① | 근육의 길이 | 근육 대사량 | 힘 생성량 |
| ② | 근육 대사량 | 힘 생성량 | 근육의 길이 |
| ③ | 근육 대사량 | 근육의 길이 | 힘 생성량 |
| ④ | 근육의 길이 | 힘 생성량 | 근육 대사량 |

**해설**
근육 내 수용기

| 근방추 | 근섬유의 길이 변화를 감지하여 근수축 유발함 |
|---|---|
| 건방추 (골지건기관) | 건(힘줄)의 장력 변화(힘 생성량)를 감지하여 근육을 이완시킴 |
| 관절수용기 | 관절의 각도, 가속도, 압력으로 변형된 정보를 중추신경계로 전달함 |
| 화학수용기 | 근육의 대사량, 근육 내 pH, 세포 외 칼륨 농도, $O_2$와 $CO_2$의 압력 변화를 감지하여 중추신경계에 정보를 전달함 |

## 08 〈그림〉은 도피반사(Withdrawal Reflex)와 교차신전반사(Crossed-Extensor Reflex)를 나타낸 것이다. 이에 관한 설명으로 옳지 않은 것은?

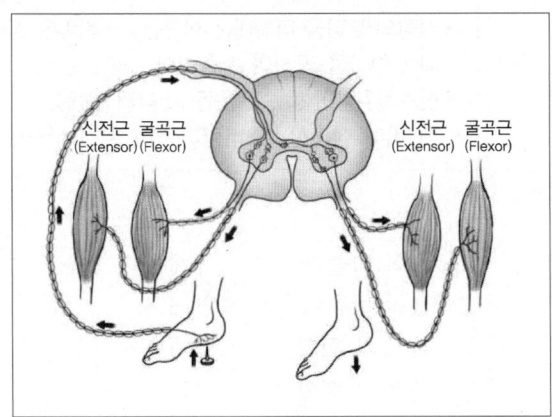

① 반사궁 경로를 통해 통증 자극에 대한 빠른 반사가 일어난다.
② 통증 수용기로부터 활동전위가 발생하여 척수로 전달된다.
③ 신체 균형을 유지하기 위해 반대편 대퇴의 굴곡근 수축이 억제된다.
④ 통증을 회피하기 위해 통증 부위 대퇴의 굴곡근과 신전근이 동시에 수축된다.

**해설**
④ 통증을 회피하기 위해 통증 부위 대퇴의 굴곡근은 수축하며, 같은 쪽 대퇴의 신전근 수축은 억제된다.
도피반사는 굴곡근의 수축으로써 다리를 위해성 자극으로부터 멀리하게 하려는 반사이다. 교차신전반사는 통증과 같은 위해 자극을 회피하고 신체를 지탱하기 위해 통증을 느낀 부위의 반대쪽 대퇴의 신전근이 수축하는 것이다.

**09** 〈보기〉에서 고온 환경의 장시간 최대하 운동 시 운동수행능력을 저하시키는 요인으로 옳은 것만을 모두 고른 것은? (단, 심각한 탈수 현상은 발생하지 않는 환경)   기출▶ 15·17·18

┌ 보기 ┐
㉠ 글리코겐 고갈 가속
㉡ 근혈류량 감소
㉢ 1회 박출량 감소
㉣ 운동단위 활성 감소

① ㉠, ㉢
② ㉠, ㉡, ㉣
③ ㉡, ㉢, ㉣
④ ㉠, ㉡, ㉢, ㉣

[해설]
고온 환경으로 인한 열 자극은 피부 혈류량을 증가시키고 근혈류량을 줄어들게 한다. 줄어든 근혈류량은 운동단위 활성 역시 감소시킨다.

**11** 에너지 대사 과정과 속도조절효소의 연결이 옳지 않은 것은?   기출▶ 15·17·18·21·22

| 에너지 대사 과정 | 속도조절효소 |
|---|---|
| ① ATP-PC 시스템 | 크레아틴 키나아제 (Creatine Kinase) |
| ② 해당작용 | 젖산 탈수소효소 (Lactate Dehydrogenase) |
| ③ 크랩스회로 | 이소시트르산탈수소효소 (Isocitrate Dehydrogenase) |
| ④ 전자전달체계 | 사이토크롬산화효소 (Cytochrome Oxidase) |

[해설]
해당작용은 포스포프룩토키나아제(PFK)로써 그 속도를 조절한다.

**10** 〈보기〉의 조건으로 트레드밀 운동 시 운동량은?

┌ 보기 ┐
• 체중 = 50kg
• 트레드밀 속도 = 12km/h
• 운동시간 = 10분
• 트레드밀 경사도 = 5%
 (단, 운동량(일) = 힘 × 거리)

① 300kpm
② 500kpm
③ 5,000kpm
④ 30,000kpm

[해설]
트레드밀 에르고미터와 운동량
• 체중 = 50kp(kp는 정상적인 중력 가속도에서 1kg의 질량에 힘을 가하는 것)
• 트레드밀 속도 = 12km/h = 12,000m/60min = 200m/min
• 이동거리 = 200m/min × 10min = 2000m
• 경사진 트레드밀에서의 이동거리 = 2000m × 0.05(경사도) = 100m
• 운동량 = 힘 × 거리
    = 50kp × 100m
    = 5,000kpm

**12** 〈보기〉에서 근육의 힘, 파워, 속도의 관계에 대한 설명 중 옳은 것만을 모두 고른 것은?

기출 20·21

┌보기┐
㉠ 단축성(Concentric) 수축 시 수축 속도가 빨라짐에 따라 힘(장력) 생성은 감소한다.
㉡ 신장성(Eccentric) 수축 시 신장 속도가 빨라짐에 따라 힘(장력) 생성은 증가한다.
㉢ 근육이 발현할 수 있는 최대 근파워는 등척성(Isometric) 수축 시에 나타난다.
㉣ 단축성 수축 속도가 동일할 때 속근섬유가 많을수록 큰 힘을 발휘한다.

① ㉠, ㉡, ㉢
② ㉠, ㉡, ㉣
③ ㉡, ㉢, ㉣
④ ㉡, ㉢, ㉣

**해설**
근육의 힘·파워·속도

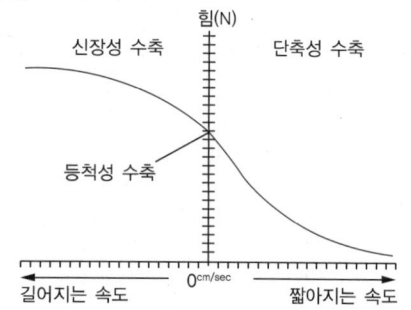

㉢ 근육이 발현할 수 있는 최대 근파워는 근력과 수축 속도의 크기가 가장 큰 신장성(Eccentric) 수축 시에 나타난다.

**13** 카테콜라민에 대한 설명으로 옳지 않은 것은?

기출 15

① 부신피질에서 분비
② 교감신경의 말단에서 분비
③ α1 수용체 결합 시 기관지 수축
④ β1 수용체 결합 시 심박수 증가

**해설**
① 카테콜라민은 부신수질(부신속질)에서 분비되는 신경전달물질이자 호르몬이다. 에피네프린(아드레날린), 노르에피네프린(노르아드레날린), 도파민 등이 이에 해당한다.
③ α1 수용체에 결합하면 혈관이 수축한다. 기관지 수축은 β2 수용체에 결합을 차단했을 때이다.

※ 출제오류로 최종정답에서 복수 정답 처리되었다.

**14** 〈보기〉의 에너지 대사 과정에 관한 설명 중 옳은 것만을 모두 고른 것은? 기출 17·18·19·20·21·25

┌보기┐
㉠ 해당과정 중 NADH는 생성되지 않는다.
㉡ 크렙스 회로와 베타산화는 미토콘드리아에서 관찰되는 에너지 대사 과정이다.
㉢ 포도당 한 분자의 해당과정의 최종산물은 ATP 2분자와 피루브산염 2분자(또는 젖산염 2분자)이다.
㉣ 낮은 운동강도(예 $VO_2max$ 40%)로 30분 이상 운동 시 점진적으로 호흡교환율이 감소하고 지방 대사 비중은 높아진다.

① ㉠, ㉡
② ㉠, ㉣
③ ㉡, ㉢
④ ㉡, ㉢, ㉣

**해설**
해당과정은 당원을 분해하는 과정이다. 해당과정으로써 1단위의 포도당을 분해할 때 2단위의 ATP를 이용하여 2분자의 NADH와 4분자의 ATP, 2분자의 피루브산을 생성하게 된다.

## 15. 운동 중 혈중 포도당 농도를 유지하기 위한 호르몬에 대한 설명으로 옳지 않은 것은?

기출 15·16·17·18·19·20·21·23

① 성장호르몬 – 간에서 포도당신생합성 증가
② 코티솔 – 중성지방으로부터 유리지방산으로 분해 촉진
③ 노르에피네프린 – 골격근 조직 내 유리지방산 산화 억제
④ 에피네프린 – 간에서 글리코겐 분해 촉진 및 조직의 혈중 포도당 사용 억제

**해설**
노르에피네프린은 스트레스 상황에서 골격근 조직 내의 유리지방산의 산화를 촉진하는 역할을 한다.

## 16. 운동 중 수분과 전해질 균형에 관한 설명으로 옳은 것만을 모두 고른 것은?

기출 16·17·18·21·22

보기
㉠ 장시간의 중강도 운동 시 혈장량과 알도스테론 분비는 감소한다.
㉡ 땀 분비로 인한 혈장량 감소는 뇌하수체 후엽의 항이뇨호르몬 분비를 유도한다.
㉢ 충분한 수분 섭취 없이 장시간 운동 시 체내 수분 재흡수를 위해 레닌-안지오텐신Ⅱ 호르몬이 분비된다.
㉣ 운동에 의한 땀 분비는 수분 상실을 초래하며 혈중 삼투질 농도를 감소시킨다.

① ㉠, ㉡  ② ㉠, ㉣
③ ㉡, ㉢  ④ ㉡, ㉣

**해설**
㉡ 운동 강도가 증가하면서 땀을 흘려 혈장량이 감소하면, 체내 삼투압을 조절하기 위해 부신에서 알도스테론 분비량을 늘려 물과 나트륨의 흡수를 촉진하고 칼륨을 분비하게 한다.
㉣ 땀 분비로 인한 수분의 상실은 혈중 삼투질(무기염류)의 농도를 높여 이 이상의 체수분 유출을 막기 위해 항이뇨호르몬을 분비하게 함으로써 수분의 재흡수를 촉진한다.

## 17. ⟨표⟩는 참가자의 폐환기 검사 결과이다. ⟨보기⟩에서 옳은 것만을 모두 고른 것은?

기출 22

| 참가자 | 1회 호흡량 (mL) | 호흡률 (회/min) | 분당 환기량 (mL/min) | 사강량 (mL) | 폐포 환기량 (mL/min) |
|---|---|---|---|---|---|
| 주은 | 375 | 20 | ( ) | 150 | ( ) |
| 민재 | 500 | 15 | ( ) | 150 | ( ) |
| 다영 | 750 | 10 | ( ) | 150 | ( ) |

보기
㉠ 세 참가자의 분당환기량은 동일하다.
㉡ 다영의 폐포 환기량은 분당 6L/min이다.
㉢ 주은의 폐포 환기량이 가장 크다.

① ㉠, ㉡
② ㉠, ㉢
③ ㉡, ㉢
④ ㉠, ㉡, ㉢

**해설**
폐환기 검사의 실시
㉠ 분당환기량(VE)은 1회 호흡량과 호흡률의 곱으로 산출한다. 공식을 활용하여 산출하면, 아래와 같이 세 참가자 모두 7,500mL/min으로 나온다.

| 주은 | 375 × 20 = 7,500mL/min |
| 민재 | 500 × 15 = 7,500mL/min |
| 다영 | 750 × 10 = 7,500mL/min |

㉡·㉢ 폐포 환기량은 1회 호흡량에서 사강량을 뺀 값을 호흡률과 곱하여 산출한다. 공식을 활용하여 산출하면, 다영의 폐포 환기량은 6L/min으로 나오며, 세 사람 중 다영의 폐포 환기량이 가장 크고, 주은의 폐포 환기량이 가장 작은 것을 알 수 있다.

| 주은 | (375-150) × 20 = 225 × 20 = 4,500mL/min = 4.5L/min |
| 민재 | (500-150) × 15 = 350 × 15 = 5,250mL/min = 5.25L/min |
| 다영 | (750-150) × 10 = 600 × 10 = 6,000mL/min = 6L/min |

정답 15 ③  16 ③  17 ①

**18** 1회 박출량(Stroke Volume) 증가 요인으로 옳지 않은 것은?   기출 18·19·21·22·23

① 심박수 증가
② 심실 수축력 증가
③ 평균 동맥혈압(MAP) 감소
④ 심실 이완기말 혈액량(EDV) 증가

**해설**
1회 박출량은 심장이 한 번 박동하여 짜내는 혈액의 양을 말하는데, 심박수가 증가하면 오히려 혈액이 충만되는 시간이 짧아져 1회박출량은 상대적으로 감소한다.

**19** 골격근 섬유에 관한 설명으로 옳은 것은?
기출 16·17·18·19·20·21·23

① 근수축에 필요한 칼슘($Ca^{2+}$)은 근형질세망에 저장되어 있다.
② 운동단위(Motor Unit)는 감각뉴런과 그것이 지배하는 근섬유의 결합이다.
③ 신경근 접합부(Neuromuscular Junction)에서 분비되는 근수축 신경전달물질은 에피네프린이다.
④ 지연성 근통증은 골격근의 신장성(Eccentrik) 수축보다 단축성(Concentric) 수축 시 더 쉽게 발생한다.

**해설**
② 운동단위는 감각뉴런이 아니라 '운동뉴런'이 지배하는 근섬유의 결합이다.
③ 신경근 접합부(시냅스)에서 분비되는 신경전달물질은 아세틸콜린이다.
④ 지연성 근통증은 근육의 신장성 수축을 과도하게 하고 나면 발생한다.

**20** 지근섬유(Type I)와 비교되는 속근섬유(Type II)의 특성으로 옳은 것은?   기출 17·19·20·21·25

① 높은 피로 저항력
② 근형질세망의 발달
③ 마이오신 ATPase의 느린 활성
④ 운동신경세포(뉴런)의 작은 직경

**해설**
속근섬유는 수축이 빠른 섬유로, 근형질세망이 발달해 근수축에 관여하는 칼슘이온이 많이 분비되어 수축 속도가 빠른 대신, 유산소 능력이 낮아 피로에 오래 못 견디는 특성이 있다.

## 제6과목 | 운동역학

**01** 뉴턴(I. Newton)의 3가지 법칙과 관련이 없는 것은?

기출▶ 15 · 18 · 19 · 21

① 외력이 가해지지 않으면, 정지하고 있는 물체는 계속 정지하려 한다.
② 가속도는 물체에 가해진 힘에 비례한다.
③ 수직 점프를 할 때, 지면을 강하게 눌러야 높게 올라갈 수 있다.
④ 외력이 가해지지 않으면, 물체가 가진 각운동량은 변하지 않는다.

**해설**
뉴턴의 법칙에는 만유인력의 법칙과 운동법칙이 있다.
- 만유인력의 법칙 : 모든 물체 사이에는 서로 끌어당기는 힘이 작용하고, 그 크기는 두 물체의 질량의 곱에 비례하며 두 물체 사이 거리의 제곱에 반비례한다는 법칙
- 운동 제1법칙(관성의 법칙) : 외력을 받지 않으면 물체는 정지 또는 등속도 운동 상태를 계속한다는 법칙 (①)
- 운동 제2법칙(가속도의 법칙) : 운동하는 물체의 가속도는 힘이 작용하는 방향으로 일어나며, 그 힘의 크기에 비례한다는 법칙 (②)
- 운동 제3법칙(작용-반작용의 법칙) : 모든 작용력에 대하여 항상 방향이 반대이고 크기가 같은 반작용 힘이 따른다는 법칙 (③)
- 각운동량 보존의 법칙 : 외부로부터 회전력이 작용하지 않는 한 회전체의 각운동량은 일정하게 보존된다는 법칙. 뉴턴의 운동법칙에서 도출된 것이다. (④)

※ 출제오류로 최종정답에서 전항 정답 처리되었다.

**02** <보기>에서 힘(Force)에 관한 설명으로 옳은 것을 모두 고른 것은?

기출▶ 17 · 20 · 22

┤보기├
㉠ 움직임을 일으키는 원인으로 에너지이다.
㉡ 질량과 가속도의 곱으로 결정된다.
㉢ 단위는 N(Newton)이다.
㉣ 크기를 갖는 스칼라(Scalar)이다.

① ㉠, ㉡
② ㉠, ㉣
③ ㉡, ㉢
④ ㉢, ㉣

**해설**
㉠ 힘과 에너지는 그 개념이 다르다. 힘은 운동을 일으키거나 운동 상태를 변하게 하는 요인이고, 에너지는 물리적 일을 할 수 있는 능력을 말한다.
㉣ 힘은 크기와 방향을 갖는 벡터(Vector)이다.

03 쇼트트랙 경기에서 원운동을 할 때 원심력과 구심력에 관한 설명으로 옳은 것은?
기출▶ 17·20

① 원심력과 구심력은 크기가 같고, 방향이 반대이다.
② 원심력은 원운동을 하는 선수의 질량과 관계가 없다.
③ 원심력을 극복하는 방법으로 반지름을 작게 하여 원운동을 한다.
④ 신체를 원운동 중심의 방향으로 기울이는 것은 접선속도를 크게 만들기 위함이다.

**해설**

원심력(遠心力)과 구심력(求心力)
- 원심력은 원운동(회전운동)을 하는 물체나 입자에 작용하는, 회전 중심(心)에서 멀어지려는(遠) 힘(力)이다.

$$F = \frac{m \times v^2}{r}$$

m은 물체의 질량, r은 회전반경(반지름), v는 선속도를 나타낸다.

- 구심력은 원운동(회전운동)을 하는 물체나 입자에 작용하는, 회전 중심(心)으로 가까워지려는, 원의 중심으로 운동을 추구(求)하는 힘(力)이다.

$$F = m \times r \times \omega^2$$

m은 물체의 질량, r은 회전반경(반지름), ω는 각속도를 나타낸다.

- 원심력과 구심력은 크기가 같고 방향이 반대이다. (①)
- 쇼트트랙이나 스피드스케이팅, 계주와 같은 운동에서 원심력을 극복하기 위해서는 원심력은 작게, 구심력은 크게 해야 한다. 따라서 회전반지름을 크게 해야 한다. (③)
② 구심력은 물체의 질량이 클수록, 물체의 회전속도가 빠를수록, 회전반경이 클수록 커진다.
④ 신체를 원운동 중심의 방향으로 기울이는 것은 접선속도를 크게 하는 것이 아니라 구심력을 크게 만들기 위해 무게중심을 회전중심으로 옮기기 위함이다.

04 선운동량 또는 충격량에 관한 설명으로 옳은 것은?
기출▶ 17·18·20

① 선운동량은 질량과 속도를 더하여 결정되는 물리량이다.
② 충격량은 충격력과 충돌이 가해진 시간의 곱으로 결정되는 물리량이다.
③ 시간에 따른 힘 그래프에서 접선의 기울기는 충격량을 의미한다.
④ 충격량이 선운동량으로 전환되기 위해서는 먼저 충격량이 토크로 전환되어야 한다.

**해설**

① 선운동량(p)은 질량(m)과 선속도(v)의 곱으로 결정되는 물리량이다.
③ 시간에 따른 힘 그래프에서 접선의 기울기가 아니라 밑넓이가 충격량을 의미한다.
④ 토크와 관련된 것은 선운동량과 (선)충격량이 아니라 각운동량과 회전충격량이다.

## 05 운동학적(Kinematic)분석과 운동역학적(Kinetic) 분석에 관한 설명으로 옳지 않은 것은?

기출 ▶ 16 · 17 · 18 · 20 · 21 · 22

① 일률, 속도, 힘은 운동역학적 분석요인이다.
② 운동학적 분석은 움직임을 공간적·시간적으로 분석한다.
③ 근전도 분석, 지면반력 분석은 운동역학적 분석 방법이다.
④ 신체중심점의 위치변화, 관절각의 변화는 운동학적 분석요인이다.

**해설**
운동학적 분석은 운동의 변위, 속도, 가속도, 무게중심, 관절각 등 운동 형태에 관해 분석하는 것이다.

## 06 〈보기〉에서 물리량에 대한 설명으로 옳은 것만 고른 것은?

기출 ▶ 18 · 22

**보기**

㉠ 압력은 단위면적당 가해지는 힘이며 벡터이다.
㉡ 일은 단위 시간당 에너지의 변화율이며 벡터이다.
㉢ 마찰력은 두 물체의 마찰로 발생하는 힘이며 스칼라이다.
㉣ 토크는 회전을 일으키는 효과이며 벡터이다.

① ㉠, ㉡
② ㉠, ㉣
③ ㉡, ㉢
④ ㉢, ㉣

**해설**
㉡ 일은 물체에 힘이 작용하여 물체가 힘의 방향으로 일정한 거리만큼 움직였을 때에, 힘과 거리를 곱한 양으로 이동 방향이 있으므로 벡터이다. 단위 시간당 에너지의 변화율은 일률이다.
㉢ 마찰력은 두 물체의 마찰로 발생하는 '힘'이므로 크기와 방향을 갖는 벡터이다.

## 07 〈보기〉에서 항력과 관련된 설명으로 옳은 것만 고른 것은?

**보기**

㉠ 육상의 원반 투사 시, 최적의 공격각(Attack Angle)은 $\frac{항력}{양력}$ 이 최대일 때의 각도이다.
㉡ 야구에서 투구 시 공에 회전을 넣어 커브 구질을 만든다.
㉢ 파도와 같이 물과 공기의 접촉면에서 형성된 난류에 의하여 발생하기도 한다.
㉣ 날아가는 골프공의 단면적(유체의 흐름방향에 수직인 물체의 면적)에 비례한다.

① ㉠, ㉡
② ㉠, ㉣
③ ㉡, ㉢
④ ㉢, ㉣

**해설**
유체에서 투사체의 운동

㉠ 육상의 원반 투사 시, 최적의 공격각은 양항비 $\left(\frac{양력}{항력}\right)$ 가 최대일 때의 각도이다.
㉡ 커브볼은 마그누스의 힘(마그누스의 효과)을 이용한 것이다. 마그누스 효과는 물체가 회전하면서 유체 속을 지나갈 때 물체의 외부에 압력이 발생하는데, 발생한 압력 차이에 의해 물체의 이동 경로가 변화한다는 이론이다.

**08** 2차원 영상분석에서 배율법(Multiplier Method)에 관한 설명으로 옳지 않은 것은?

① 동작이 수행되는 평면에 직교하게 카메라를 설치한다.
② 분석대상이 운동평면에서 벗어나면 투시오차(Perspective Error)가 발생할 수 있다.
③ 체조의 공중회전(Somersault)과 트위스트(Twist)와 같은 운동 동작을 분석하는 데 주로 활용된다.
④ 기준자(Reference Ruler)는 영상평면에서의 분석대상 크기를 실제 운동 평면에서의 크기로 조정하기 위해 사용된다.

**해설**
2차원 영상분석은 2차원인 평면에서 동작이 일어나는 것으로 가정하여 운동 정보를 얻는 방법이다. 공중회전이나 다이빙, 트위스트와 같은 운동 동작들은 대부분 3차원에서 일어나므로 영상 왜곡을 줄이기 위해 보조기법으로 활용하는 것이다. 배율법은 주로 철봉, 역도와 같은 종목에서 활용된다.

**09** 〈보기〉에서 각운동에 관한 설명으로 옳은 것만 고른 것은?

기출▶ 16 · 19 · 20 · 22

┤보기├
㉠ 각속력은 벡터이고, 각속도(Angular Velocity)는 스칼라이다.
㉡ 각속력(Angular Speed)은 시간당 각거리(Angular Distance)이다.
㉢ 각가속도(Angular Acceleration)는 시간당 각속도의 변화량이다.
㉣ 각거리는 물체의 처음과 마지막 각위치의 변화량이다.

① ㉠, ㉡
② ㉠, ㉣
③ ㉡, ㉢
④ ㉢, ㉣

**해설**
㉠ 각속력은 크기만 갖는 각거리를 다루므로 스칼라이고, 각속도(Angular Velocity)는 크기와 방향을 갖는 각변위를 다루므로 벡터이다.
㉣ 각변위가 물체의 처음과 마지막 각위치의 변화량이다.

## 10 〈보기〉의 ㉠~㉣에 들어갈 내용이 바르게 제시된 것은?

┌ 보기 ┐
- ( ㉠ )가 커질수록 부력도 커진다.
- ( ㉡ )가 올라갈수록 부력은 작아진다.
- ( ㉢ )는 수중에서의 자세 변화에 따라 달라진다.
- ( ㉣ )은 물에 잠긴 신체의 부피에 비례하여 수직으로 밀어 올리는 힘이다.

| | ㉠ | ㉡ | ㉢ | ㉣ |
|---|---|---|---|---|
| ① | 신체의 밀도 | 신체의 온도 | 무게중심의 위치 | 부력 |
| ② | 유체의 밀도 | 신체의 온도 | 무게중심의 위치 | 항력 |
| ③ | 신체의 밀도 | 물의 온도 | 부력중심의 위치 | 항력 |
| ④ | 유체의 밀도 | 물의 온도 | 부력중심의 위치 | 부력 |

**해설**

부력(浮力, Buoyancy)

㉣ 물체가 유체 속에 잠겨있을 때 중력의 반대 방향으로 물체를 밀어 올리려는 힘이다.
- 부력은 액체와 기체 같은 유체에서 작용하는 힘이기 때문에 유체의 이학적 성질을 결정하는 온도·부피에 영향을 받는다.
- 주위의 유체보다 밀도가 작은 물체는 같은 부피의 유체보다 무게가 가벼워 부력(유체의 무게)에 의해 그대로 놓으면 떠오른다. 물체와 유체의 밀도가 같은 경우엔 물체가 위치 그대로 정지해 있고, 물체의 밀도가 유체보다 클 경우엔 가라앉게 된다.

㉠ 부력은 유체의 밀도에 비례한다. 따라서 유체의 밀도가 커질수록 부력도 커진다.

$$F = -\rho V g$$

$\rho$는 유체의 밀도, $V$는 유체에 잠긴 만큼의 물체의 부피, $g$는 중력 가속도, 음의 부호는 중력의 반대 방향으로 작용한다는 것을 나타낸다.

㉡ 온도가 올라갈수록 유체는 부피가 커진다. 밀도는 부피에 반비례하므로 그 값이 작아지고, 부력도 밀도에 비례하므로 그 값이 작아진다.

$$\rho = d = \frac{m}{V'}$$

$\rho$는 유체의 밀도, $d$는 일반적으로 나타내는 밀도, $m$은 유체의 질량, $V'$는 유체의 부피를 나타낸다.

㉢ 부력중심은 부력의 작용점이다. 물 위에 떠 있는 몸에서는 물 아래에 잠긴 부분의 기하학적 중심이 된다. 부력중심은 물체의 모양, 떠 있는 위치와 방향에 따라 달라진다.

**정답** 10 ④

**11** 〈보기〉와 같이 조건을 (A)에서 (B)로 변경하였을 때, ㉠~㉢에 들어갈 내용으로 바르게 나열한 것은? (단, 각운동량 그리고 줄과 공의 질량은 변화가 없는 것으로 가정) 기출 17·18·21·22·23

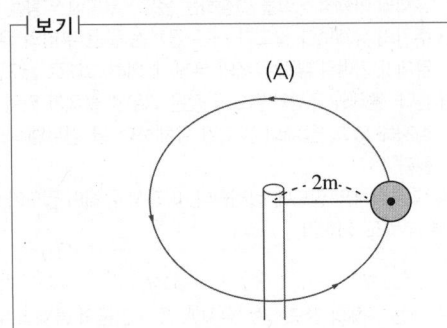

┌ 보기 ┐
(A)
• 회전축에서 공의 중심까지 거리 : 2m
• 회전속도 : 1회전/sec
⇩
(B)
회전축에서 공까지의 거리를 1m로 줄이면, 회전반경이 ( ㉠ )로 줄어들고 관성모멘트가 ( ㉡ )로 감소하기 때문에 공의 회전속도는 ( ㉢ )로 증가한다.

|   | ㉠ | ㉡ | ㉢ |
|---|---|---|---|
| ① | $\frac{1}{2}$ | $\frac{1}{2}$ | 2회전/sec |
| ② | $\frac{1}{2}$ | $\frac{1}{4}$ | 2회전/sec |
| ③ | $\frac{1}{4}$ | $\frac{1}{2}$ | 4회전/sec |
| ④ | $\frac{1}{2}$ | $\frac{1}{4}$ | 4회전/sec |

**해설**
관성모멘트와 각운동량의 보존
• 관성모멘트는 회전하는 물체가 계속해서 회전을 지속하려는 성질을 유지하지 않으려는 성질로, 운동하는 물체의 질량에 비례하고 회전반지름의 제곱에 비례한다.

$$I = m \times r^2$$

I는 관성모멘트, m은 물체의 질량, r은 회전반경(반지름)을 나타낸다.

• 각운동량은 회전하는 물체의 운동량으로, 관성모멘트와 각속도에 비례한다.

$$L = I \times \omega = m \times r^2 \times \omega$$

L은 각운동량, I는 관성모멘트, ω는 각속도, m은 물체의 질량, r은 회전반경(반지름)을 나타낸다.

문제의 단서에서 물체의 질량은 일정하다고 하였으므로 임의의 질량 1kg으로 설정하여 계산하면 다음과 같다.

| 구 분 | (A) 변화 전 | (B) 변화 후 | 차 이 |
|---|---|---|---|
| 회전 반경 | 2m | 1m | $\frac{1}{2}$로 감소 |
| 관성 모멘트 | $I_{(A)}$ $= 1kg \times (2m)^2$ $= 4kg \cdot m^2$ | $I_{(B)}$ $= 1kg \times (1m)^2$ $= 1kg \cdot m^2$ | $\frac{1}{4}$로 감소 |

(A)의 경우로 각운동량을 구할 수 있다. 또, 문제의 단서에서 각운동량은 보존된다고 하였으므로
(B)의 경우에도 각운동량 4가 나와야 하므로 회전속도(각속도)는 '4회전/sec'임을 알 수 있다.

| 구 분 | (A) 변화 전 | (B) 변화 후 | 차 이 |
|---|---|---|---|
| 각 운동량 | $L_{(A)}$ $= 4kg \cdot m^2 \times$ 1회전 /sec $= 4$ | $L_{(B)}$ $= 1kg \cdot m^2 \times x$회전 /sec $= 4$ | 보존 |
| 회전 속도 | 1회전/sec | 4회전/sec | 4배 증가 |

11 ④ 정답

**12** 인체에 적용되는 지레(Levers)의 원리에 관한 설명으로 옳지 않은 것은? 기출> 18·20·22·23

① 1종 지레에서 축(받침점)은 힘점과 저항점(작용점) 사이에 위치하고 역학적 이점이 1보다 크거나 작을 수 있다.
② 2종 지레는 저항점이 힘점과 축 사이에 위치하고 역학적 이점이 1보다 크다.
③ 3종 지레에서 힘점은 축과 저항점 사이에 위치하고 역학적 이점이 1보다 크다.
④ 지면에서 수직 방향으로 발뒤꿈치를 들고 서는 동작(Calf Raise)은 2종 지레이다.

**해설**
3종 지레에서 힘점은 축과 저항점 사이에 위치하고 역학적 이점이 항상 1보다 작다.

**13** <그림>의 수직점프(Vertical Jump) 동작에 관한 운동역학적 특성을 바르게 설명한 것은? (단, 외력과 공기 저항은 작용하지 않는 것으로 가정) 기출> 15·16·17·19·20·21·22·23

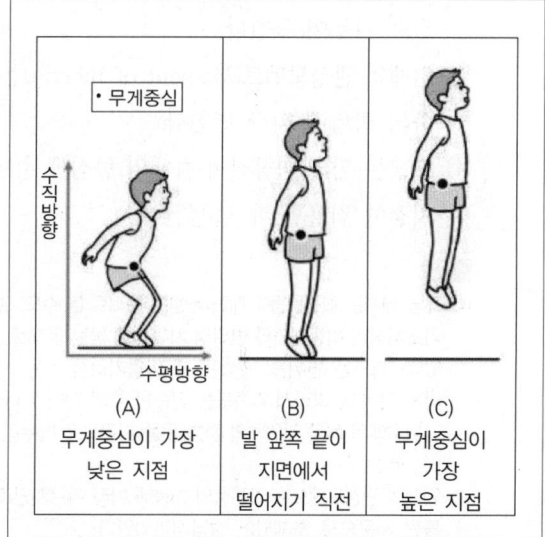

① (A)부터 (B)까지 한 일(Work)은 위치에너지의 변화량과 같다.
② (A)부터 (B)까지 넙다리네갈레근(대퇴사두근, Quadriceps)은 신장성 수축(Eccentric Contraction)을 한다.
③ (B)부터 (C)까지 무게중심의 수직가속도는 증가한다.
④ (C)지점에서 인체 무게중심의 수직속도는 0m/sec이다.

**해설**
① (A)부터 (B)까지 한 일(Work)은 위치에너지와 운동에너지의 변화량과 같다.
② (A)부터 (B)까지 넙다리네갈레근(대퇴사두근)은 단축성 수축을 한다.
③ (B)부터 (C)까지 무게중심의 수직가속도는 중력가속도의 영향으로 감소한다.

**정답** 12 ③ 13 ④

**14** 회전운동에 관한 설명으로 옳지 않은 것은?

① 회전하는 물체의 접선속도는 각속도와 반지름의 곱으로 구한다.
② 회전하는 물체의 각속도는 호의 길이를 소요시간으로 나누어 구한다.
③ 인체의 관성모멘트(Moment of Inertia)는 회전축의 방향에 따라 변한다.
④ 토크는 힘의 연장선이 물체의 중심에서 벗어난 지점에 작용할 때 발생한다.

**해설**
② 해당 선지는 회전운동에 대해서 묻는 문제로 볼 수도, 물리학의 기초지식인 이동거리와 변위의 차이점을 묻는 문제로 볼 수도 있다. 속도는 변위를, 속력은 총 이동거리를 운동 시간으로 나눈 것이다. 따라서 각속도는 단순한 호의 길이가 아닌 나중 각위치에서 처음 각위치의 차를 운동 시간으로 나누어 산출해야 한다.
③ 인체의 관성모멘트는 회전축의 방향에 따라 다르지만 B형에서 틀린 지문으로 출제되어 정답처리되었다.
※ 출제오류로 최종정답에서 복수 정답 처리되었다.

**15** 인체의 무게중심에 관한 설명으로 옳지 않은 것은?

기출▶ 15 · 16 · 17 · 19 · 20 · 21 · 22 · 23

① 무게중심은 인체 외부에 위치할 수 있다.
② 무게중심의 위치는 안정성에 영향을 준다.
③ 무게중심은 토크의 합이 '0'인 지점이다.
④ 무게중심의 위치는 동작의 변화와 관계없이 일정하다.

**해설**
무게중심의 위치(높이)는 성별, 나이, 체형, 인체의 자세에 따라 달라진다.

**16** 중력가속도의 개념에 관한 설명으로 옳지 않은 것은?

기출▶ 18

① 중력가속도의 크기는 $9.8m/sec^2$이다.
② 중력가속도는 지구 중심방향으로 작용한다.
③ 인체의 무게는 질량과 중력가속도의 곱으로 산출한다.
④ 토스한 배구공이 상승하는 과정에서는 중력가속도의 영향을 받지 않는다.

**해설**
토스한 공은 포물선 운동을 하게 된다. 이때, 상하축($y$축)방향으로는 중력가속도의 영향을 받아 등가속도($9.8m/s^2$)직선운동을, 좌우축($x$축)방향으로는 등속도운동을 한다. 따라서 상승할 때에도 하강할 때에도 중력가속도의 영향을 받는다고 설명할 수 있다.

**17** 인체의 근골격계에 관한 설명으로 옳은 것은?

① 골격근의 수축은 관절에서 회전운동을 일으키지 못한다.
② 인대(Ligament)는 골격근을 뼈에 부착시키는 역할을 한다.
③ 작용근(주동근, Agonist)은 의도한 운동을 발생시키는 근육이다.
④ 팔꿈치관절에서 굽힘근(굴근, Flexor)의 수축은 관절의 각도를 커지게 한다.

**해설**
① 골격근이 수축하고 이완함으로써 우리 몸은 수의적으로 움직일(듦, 내림, 엎침, 뒤집음, 굽힘, 폄, 비틂, 돌림 등) 수 있다.
② 인대(Ligament)는 뼈와 뼈를 연결한다. 골격근과 뼈를 연결하는 것은 건(힘줄, Tendon)이다.
④ 팔꿈치관절에서 굽힘근(굴근, Flexor)의 수축이 일어난다는 것은 '팔을 굽힌다' 내지 '팔이 굽는다'라는 말과 같다. 따라서 관절의 각도가 작아진다.

**18** 기저면의 변화를 통해 안정성을 증가시킨 동작으로 옳지 않은 것은?   기출▶ 15 · 17 · 18 · 21 · 23

① 산에서 내려오며 산악용 스틱을 사용하여 지면을 지지하기
② 씨름에서 상대방이 옆으로 당기자 다리를 좌우로 벌리기
③ 평균대 외발서기 동작에서 양팔을 좌우로 벌리기
④ 스키점프 착지 동작에서 다리를 앞뒤로 교차하여 벌리기

해설
③ 기저면은 인체 또는 물체 등이 지면과 접촉하는 각 점으로 이루어진 전체 면적으로, 양팔을 좌우로 벌리는 동작은 지면과 접촉하지 않으므로 기저면의 변화를 통해 안정성을 증가한 동작이 아니다.

**19** 역학적 일(Work)과 일률(Power)의 개념을 바르게 설명한 것은?   기출▶ 15 · 16 · 17 · 18 · 19 · 21 · 23

① 일의 단위는 watt 또는 joule/sec이다.
② 일률은 힘과 속도의 곱으로 산출한다.
③ 일률은 이동한 거리를 고려하지 않는다.
④ 일은 가해진 힘의 크기에 반비례한다.

해설
① 일의 단위는 joule과 N·m이다. 일률의 단위가 watt 또는 joule/sec이다.
③ 일률은 일의 양을 단위 시간(1초)으로 나눈 것이다. 일의 양은 힘과 이동거리의 곱으로 나타내기 때문에 이동 거리를 고려하지 않을 수 없다. 이를 공식으로 나타내면 아래와 같다.

$$일률(P) = \frac{일의\ 양(W)}{걸린시간(T)} = \frac{힘(F) \times 이동거리(S)}{걸린시간(T)} = 힘(F) \times 속도(V)$$

④ 일은 가해진 힘의 크기에 비례한다.

**20** 운동역학을 스포츠 현장에 적용한 사례로 적절하지 않은 것은?   기출▶ 15 · 16 · 17 · 19 · 20 · 21 · 22 · 23

① 멀리뛰기에서 도약력 측정을 위한 지면반력 분석
② 다이빙에서 각운동량 산출을 위한 3차원 영상분석
③ 축구에서 운동량 측정을 위한 웨어러블 센서(Wearable Sensor)의 활용
④ 경기장 적응을 위해 가상현실을 활용한 양궁 심상훈련 지원

해설
경기장 적응을 위해 가상현실을 활용한 양궁 심상훈련을 지원하는 것은 스포츠심리학을 스포츠 현장에 적용한 사례이다.

## 제7과목 | 스포츠윤리

**01** 〈보기〉에서 설명하는 법령은?

> ─┤보기├─
> 이 법은 국민 모두가 스포츠 및 신체활동에 자유롭고 평등하게 참여하여 건강하고 행복한 삶을 영위할 수 있도록 스포츠의 가치가 교육, 문화, 환경, 인권, 복지, 정치, 경제, 여가 등 우리 사회 영역 전반에 확산될 수 있게 국가와 지방자치단체가 그 역할을 다하며, 개인이 스포츠 활동에서 차별받지 아니하고, 스포츠의 다양성, 자율성과 민주성의 원리가 조화롭게 실현되도록 하는 것을 기본 이념으로 한다.

① 스포츠클럽법
② 스포츠기본법
③ 국민체육진흥법
④ 학교체육진흥법

**해설**
〈보기〉는 '스포츠기본법의 기본이념(「스포츠기본법」제2조)'을 인용한 것이다.

**02** 〈보기〉에서 스포츠에서 발생하는 폭력의 유형과 특징으로 옳은 것만을 모두 고른 것은?

> ─┤보기├─
> ㉠ 직접적 폭력은 가시적, 파괴적이다.
> ㉡ 직접적 폭력은 상해를 입히려는 의도가 있는 행위이다.
> ㉢ 구조적 폭력은 비가시적이며 장기간 이루어진다.
> ㉣ 구조적 폭력은 의도가 노골적이지 않지만 관습처럼 반복된다.
> ㉤ 문화적 폭력은 언어, 행동양식 등의 상징적 행위를 통해 가해진다.
> ㉥ 문화적 폭력은 위해를 '옳은 것'이라 정당화하여 '문제가 되지 않게' 만들기도 한다.

① ㉠, ㉢, ㉤
② ㉠, ㉢, ㉣, ㉥
③ ㉠, ㉡, ㉢, ㉣, ㉤
④ ㉠, ㉡, ㉢, ㉣, ㉤, ㉥

**해설**
스포츠 상황에서의 폭력

| 유형 | 특징 |
| --- | --- |
| 직접적 폭력 | • 상해를 입히려는 의도가 있는 행위<br>• 가시적이고 파괴적임 |
| 구조적 폭력 | • 의도가 노골적이지 않지만 관습처럼 반복됨<br>• 비가시적이며 장기간 이루어짐 |
| 문화적 폭력 | • 언어, 행동양식 등의 상징적 행위를 통해 가해짐<br>• 위해를 옳은 것이라 정당화하여 문제가 되지 않게끔 만들기도 함 |

정답 01 ② 02 ④

## 03 스포츠에서 여성에 대한 차별이 발생하거나 심화되는 원인으로 볼 수 없는 것은?
기출 16·17·20·23

① 생물학적 환원주의
② 남녀의 운동 능력 차이
③ 남성 문화에 기반한 근대스포츠
④ 여성 참정권

**해설**
여성 참정권의 보장은 성차별이 완화되는 요소 중 하나이다.

## 04 〈보기〉에서 (가)의 문제를 해결하기 위해 생명중심주의 입장에서 (나)를 제시한 학자는?
기출 20

┤보기├

(가)
스포츠에서 환경문제가 발생하는 근본 원인은 스포츠의 사회문화적 가치와 환경 혹은 자연의 보전 가치 사이의 충돌이다.

(나)
• 불침해의 의무 : 다른 생명체에 해를 끼쳐서는 안 된다.
• 불간섭의 의무 : 생태계에 간섭해서는 안 된다.
• 신뢰의 의무 : 낚시나 덫처럼 동물을 기만하는 행위를 해서는 안 된다.
• 보상적 정의의 의무 : 부득이하게 해를 끼친 경우 피해를 보상해야 한다.

① 테일러(P. Taylor)
② 베르크(A. Berque)
③ 콜버그(L. Kohlberg)
④ 패스모어(J. Passmore)

**해설**
(나)는 테일러의 4가지 의무(불침해·불간섭·신뢰·보상적 정의)이다. 테일러는 자연 내 존재는 지각력 없이는 스스로 고유한 선을 가질 수 있으나 그것이 반드시 살아 있어야 함을 명시하였다. 즉, 인간 외 동물뿐만 아니라 식물을 비롯한 낮은 단계의 유기체들의 선에 대해서도 관심을 가져야 한다고 주장하였다.

## 05 〈보기〉의 ㉠~㉢에 들어갈 용어로 바르게 묶인 것은?
기출 15·18·19·20·21·23

┤보기├
• ( ㉠ ) : 생물학적, 형태학적 특징에 따라 분류된 인간 집단
• ( ㉡ ) : 특정 종목에 유리하거나 불리한 인종이 실제로 존재한다는 사고 방식
• ( ㉢ ) : 선수의 능력 차이를 특정 인종의 우월이나 열등으로 과장하여 차등을 조장하는 것

|   | ㉠ | ㉡ | ㉢ |
|---|---|---|---|
| ① | 인 종 | 인종주의 | 인종차별 |
| ② | 인 종 | 인종차별 | 젠더화 과정 |
| ③ | 젠 더 | 인종주의 | 인종차별 |
| ④ | 젠 더 | 인종차별 | 젠더화 과정 |

**해설**
인종·인종주의·인종차별

| 인 종 | 생물학적, 형태학적 특징에 따라 분류된 인간 집단<br>예) 백인, 황인, 흑인 등 |
|---|---|
| 인종주의 | 인종의 특징에 따라 불평등한 억압을 합리화하는 비과학적인 사고방식<br>예) 흑인이 백인보다 수영과 육상 경기에서 기록이 우세한 것은 사지가 긴 인종적 특성에서 비롯된 것이나, 백인이 흑인보다 그 기록이 우세한 경우에는 노력에 의한 것으로 보는 의견 |
| 인종차별 | 인종 집단에 따라 행동 특성의 차이나 우열이 존재한다는 신념, 또는 이에 기반한 행위<br>예) 2023년 5월 라리가 35R에서의 비니시우스 사건 |

정답 03 ④ 04 ① 05 ①

## 06 〈보기〉의 축구 경기 비디오 판독(VAR)에서 심판 B의 판정 견해를 지지하는 윤리 이론에 가장 부합하는 것은?

기출 ▶ 16 · 17 · 18 · 19 · 20 · 22 · 23

┤보기├
심판 A : 상대 선수가 부상을 입었지만 퇴장은 가혹하다.
심판 B : 그 선수가 충돌을 피할 수 있는 시간은 충분했다. 그러나 그는 피하려 하지 않았다. 따라서 퇴장의 처벌은 당연하다.

① 최대다수의 최대행복
② 의무주의
③ 쾌락주의
④ 좋음은 옳음의 근거

**해설**
- 상대 선수가 부상을 입었지만 퇴장은 가혹하다는 심판 A의 말은 선수들의 운동행동을 분석할 수 있는 단서가 없기에 어느 윤리이론이라 단정할 수 없다.
- 선수가 충돌을 피할 수 있었으나 피하지 않은 이유를 퇴장 조치를 받을 만한 부도덕한 목적(행위에 대한 동기)이 있음으로 판단하였기 때문에 심판 B의 말은 윤리이론 중 옳고 그름을 판단하는 기준이 행위에 대한 동기임을 주장하는 의무론적 윤리체계를 바탕으로 한 것이라 할 수 있다.

## 07 〈보기〉에 담긴 윤리적 규범과 관련이 없는 것은?

기출 ▶ 18 · 19 · 21 · 23

┤보기├
나는 운동선수로서 경기의 규칙을 숙지하고 준수하여 공정하게 시합을 한다.

① 페어플레이(Fair Play)
② 스포츠딜레마(Sport Dilemma)
③ 스포츠에토스(Sport Ethos)
④ 스포츠퍼슨십(Sportpersonship)

**해설**
〈보기〉의 내용은 페어플레이, 스포츠퍼슨십, 스포츠에토스를 포괄하는 것이다. 스포츠 딜레마는 스포츠 상황에서 발생하는 두 선택지 중 어느 하나를 택해야 하는데, 그 어느 쪽을 택해도 바람직하지 못한 결과가 나오게 되는 곤란한 상황을 가리키는 것이므로 제시문과는 무관한 용어이다.

## 08 〈보기〉의 사례로 나타나는 품성으로 스포츠인에게 권장하지 않는 것은?

| 보기 |
| --- |
| • 경기 규칙의 위반은 옳지 않음을 알면서도 불공정한 파울을 행하기도 한다.<br>• 도핑이 그릇된 일이라는 점을 알고 있지만, 기록갱신과 승리를 위해 도핑을 강행한다. |

① 테크네(Techne)
② 아크라시아(Akrasia)
③ 에피스테메(Episteme)
④ 프로네시스(Phronesis)

**해설**

아리스토텔레스는 3가지 지적 덕목을 주장하였으며, 이는 아래와 같이 구성되어 있다.

| 에피스테메<br>(Episteme) | 과학적·기술적·전문적 지식 등의 지식 |
| --- | --- |
| 테크네<br>(Techne) | • 솜씨나 손재주 등의 일반적인 기술부터 의술이나 변증술 같은 전문적인 기술까지 총칭하는 말<br>• 어떠한 대상의 근본적인 원인과 작동·작용 원리까지 정확히 알 때에 사용할 수 있음 |
| 프로네시스<br>(Phronesis) | • 도덕적인 앎으로, 지식을 도덕적인 차원에서 다룰 수 있는 수준을 의미함<br>• 실제, 경험과 연관된 실천적 지혜에 사용할 수 있음 |

아크라시아(Akrasia)는 '자제하지 못함'이라는 뜻으로, 실천지가 덕성과 불일치할 경우를 이르는 말이다. 카키아(Kakia, 악덕), 테리오테스(Theriotes, 짐승과 같은 품성상태)와 함께 피해야 할 품성들에 속한다.

## 09 〈보기〉의 내용과 가장 밀접한 것은?

| 보기 |
| --- |
| • 정정당당하게 경기에 임하라.<br>• 어떠한 경우에도 최선을 다해라.<br>• 운동선수는 페어플레이를 해야 한다. |

① 모방욕구
② 가언명령
③ 정언명령
④ 배려윤리

**해설**

정언명령(定言命令)은 어떠한 조건이나 결과와 무관하게 그 행위 자체가 선(善)하므로 절대적이고 의무적으로 행해야 하는 (행하도록 정해진) 도덕 법칙을 말한다. 스포츠 참여 시 모든 선수는 페어플레이 원칙에 따라 정정당당하게 경기에 임해야 하므로 〈보기〉의 내용은 스포츠 선수에게 정언명령으로 작용할 수 있다. 한편, 가언명령(假言命令, 조건부 명령)은 어떠한 가설·조건에 달성하기 위한 수단으로서 내리는 명령이다. '동료 선수에게 좋은 대접을 받고 싶으면, 먼저 그 선수에게 좋은 대접을 하라'와 같은 것을 예로 들 수 있다. 가언명령은 정언명령과는 달리 그 목적에 동의하고 수긍하는 사람에게만 의미가 있을 뿐, 모든 이에게 보편타당하지 않다는 특성이 있다.

## 10 〈보기〉의 내용에 해당하는 윤리적 태도는?

기출 17·18·21

> **보기**
> 나는 경기에 참여할 때마다, 나의 행동 하나하나가 가능한 많은 사람이 만족하는데 기여할 수 있도록 노력한다.

① 행위 공리주의
② 규칙 공리주의
③ 제도적 공리주의
④ 직관적 공리주의

**해설**
행위 공리주의는 개별적 행위가 최대의 유용성을 낳는가에 초점을 두는 관점이다. 〈보기〉의 '나'는 경기에 참여 시 행동(개별 행위) 하나하나가 가능한 한 많은 사람이 만족(최대의 유용성)하는 데에 기여토록 노력하므로 행위 공리주의적 태도를 취함을 알 수 있다.

## 11 〈보기〉의 설명에 해당하는 스포츠에서의 정의(Justice)는?

기출 17·20·22

> **보기**
> 정의는 공정과 준법을 요구한다. 모든 선수에게 동등한 기회를 보장해야 한다는 공정의 원칙은 지켜지지 않을 때가 있다. 스포츠에서는 완전한 통제가 어려운 불평등을 줄이기 위해 공수교대, 전후반 진영 교체, 홈·원정 경기, 출발 위치 제비뽑기 등을 한다.

① 자연적 정의
② 평균적 정의
③ 분배적 정의
④ 절차적 정의

**해설**
〈보기〉에서는 모든 선수에게 동등한 기회를 보장하기 위해 공수교대, 전후반 진영교체 등과 같은 절차적 공정성을 강조하고 있다. 이는 분배의 원칙을 합의해 나가는 절차에서 공정성을 실천하는 절차적 정의에 부합하는 설명이다.

## 12 〈보기〉의 ㉠~㉢에 해당하는 용어가 바르게 제시된 것은?

기출 19·21

> **보기**
> 공자의 사상은 ( ㉠ )(으)로 설명할 수 있다. ( ㉡ )은/는 마음이 중심을 잡아 한쪽으로 치우치지 않는 상태를 의미하고, ( ㉢ )은/는 나와 타인의 마음이 서로 다르지 않다는 뜻으로 배려와 관용을 나타낸다. 공자는 ( ㉢ )에 대해 "내가 원하지 않는 일을 남에게 하지 말라(己所不欲 勿施於人)"는 정언명령으로 규정한다. 이는 스포츠맨십과 상통한다.

|   | ㉠ | ㉡ | ㉢ |
|---|---|---|---|
| ① | 충효(忠孝) | 충(忠) | 효(孝) |
| ② | 정의(正義) | 정(正) | 의(義) |
| ③ | 정명(正名) | 정(正) | 명(名) |
| ④ | 충서(忠恕) | 충(忠) | 서(恕) |

**해설**
공자의 도덕론, 충(忠)과 서(恕)

| 충(忠) | • 자신의 양심(도덕적 기준)에 충실한 것<br>• 마음(心)이 중심(中)을 잡아 한쪽으로 치우치지 않는 상태 |
|---|---|
| 서(恕) | • 충을 바탕으로 다른 사람의 마음을 헤아리는 것(배려와 관용)<br>• 나와 타인의 마음(心)이 서로 다르지 않음(如) |

정답 10 ① 11 ④ 12 ④

## 13 〈보기〉의 주장과 가장 밀접한 관련이 있는 것은?

기출 17·18·21

┤보기├

스포츠 경기에서 승자의 만족도는 '1'이고, 패자의 만족도는 '0'이라고 말하는 사람이 있다. 그러나 스포츠 경기에서 양자의 만족도 합은 '0'에 가까울 수 있고, '2'에 가까울 수도 있다. 승자와 패자의 만족도가 각각 '1'에 가까울 수 있기 때문이다.

① 칸트
② 정언명령
③ 공정시합
④ 공리주의

**해설**

〈보기〉의 내용은 승자와 패자의 만족도는 항상 1과 0으로 정해진 값은 아니며, 공리주의적 관점에서 바라봤을 때 패자여도 결과적으로 다수가 행복하다고 생각한다면 만족도는 1이 될 수 있다고 해석할 수 있다. 이와 더불어 칸트의 의무론적 윤리설에 따르면, 의무적 성격을 띤 정언명령은 공정경쟁을 꾀하는 스포츠에서 중요한 윤리요소이기 때문에 스포츠 경기의 내용을 다룬 〈보기〉와 일치한다고 볼 수 있다.

※ 출제오류로 최종정답에서 전항 정답 처리되었다.

## 14 〈보기〉의 설명에 해당하는 반칙의 유형은?

기출 21

┤보기├

- 동기, 목표가 뚜렷하다.
- 스포츠의 본질적인 성격을 부정하는 의미로 해석할 수 있다.
- 실격, 몰수패, 출전 정지, 영구 제명 등의 처벌이 따른다.

① 의도적 구성 반칙
② 비의도적 구성 반칙
③ 의도적 규제 반칙
④ 비의도적 규제 반칙

**해설**

반칙의 유형

| 구분 | | 스포츠의 본질적인 성격 | |
|---|---|---|---|
| | | 해침 | 해지지 않음 |
| 반칙의 동기와 목표 | 분명 | 의도적 구성 반칙 | 의도적 규제 반칙 |
| | 불분명 | 비의도적(무지적) 구성 반칙 | 비의도적(무지적) 규제 반칙 |

## 15 〈보기〉의 대화에서 '윤성'의 윤리적 관점은?

기출▶ 17·18

┌ 보기 ┐
진서 : 나 어젯밤에 투우 중계방송 봤는데, 스페인에서 엄청 인기더라구! 그런데 동물을 인간 오락의 대상으로 삼는 것은 윤리적으로 허용될 수 없는 거 아니야?
윤성 : 난 다르게 생각해! 스포츠 활동은 인간의 이상을 추구하기 위한 것이고, 그 이상의 실현을 위해 동물은 수단으로 활용될 수 있는 거 아닐까? 승마의 경우 인간과 말이 훈련을 통해 기량을 향상시키고 결국 사람 간의 경쟁에 동물을 도구로 활용한다고 볼 수 있잖아.
└─────┘

① 동물해방론
② 동물권리론
③ 종차별주의
④ 종평등주의

[해설]
〈보기〉의 대화를 미루어보아 윤성은 스포츠 현장에서 동물의 도구화에 찬성하는 입장을, 진서는 스포츠 현장에서 동물의 도구화에 반대하는 입장을 견지함을 알 수 있다. 이를 윤리학적으로 각각 종차별주의와 종평등주의로 표현할 수 있다.

## 16 〈보기〉의 사례에서 나타나는 윤리적 태도와 가장 밀접한 관련이 있는 것은?

기출▶ 17·18·19·23

┌ 보기 ┐
선수는 윤리적 갈등을 겪을 때면, 우리 사회에서 오랫동안 본보기가 되어온 위인들을 떠올린다. 그리고 그 위인들처럼 행동하려고 노력한다.
└─────┘

① 맥킨타이어(A. MacIntyre)
② 의무주의(Deontology)
③ 쾌락주의(Hedonism)
④ 메타윤리(Metaethics)

[해설]
〈보기〉의 내용은 훌륭한 수준에 이른 위인처럼 행동하고자 노력하는 것으로 덕윤리에 해당하는 것이며 덕윤리 학자인 맥킨타이어와 밀접한 연관이 있다. 맥킨타이어는 개인의 내적 품성과 관련된 도덕성을 강조하였다.

## 17 스포츠윤리의 특징으로 적절하지 않은 것은?

기출▶ 18·19·20·21·23

① 스포츠 경쟁의 윤리적 기준이다.
② 올바른 스포츠 경기의 방향이 된다.
③ 보편적 윤리로는 다룰 수 없는 독자성이 있다.
④ 스포츠인의 행위, 실천의 기준이다.

[해설]
스포츠윤리의 목적에는 일반 윤리학이 제시한 윤리적 원리와 덕목을 고찰하는 것도 포함되기 때문에 보편적인 윤리로 다룰 수 없는 독자성이 있다고 보기는 어렵다.

**18** 〈보기〉에서 학생운동선수의 학습권 보호와 관련된 것으로 옳은 것만 모두 고른 것은?

기출 ▶ 15 · 16 · 18 · 22

┌ 보기 ┐
⊙ 최저 학력 제도
ⓒ 리그 승강 제도
ⓒ 주말 리그 제도
ⓔ 학사 관리 지원 제도
└─────┘

① ⊙, ⓒ, ⓒ
② ⊙, ⓒ, ⓔ
③ ⊙, ⓒ, ⓔ
④ ⓒ, ⓒ, ⓔ

[해설]
리그 승강 제도는 스포츠 리그에서 팀들을 실력 단위로 상위 리그와 하위 리그로 분할해 놓고, 시즌 결과에 따라 일정한 수의 리그의 위치를 맞바꾸는 것이다. 팀 창단이 계속됨에 따라 경기 개최 일정이 리그의 수를 수용할 수 없고, 창단된 리그도 경기력의 수준을 유지할 수 없기 때문에 발생한 제도이다. 해당 제도는 학생운동선수의 학습권 보호보다는 선수들의 경기력 및 체력 보호와 관련이 있는 제도이다.

**19** 〈보기〉의 주장에 나타난 윤리적 관점은? 기출 ▶ 20

┌ 보기 ┐
스포츠 행위의 도덕적 가치는 사회에 따라, 또는 사람에 따라 다를 수 있다. 물론 도덕적 준거가 없는 것은 아니다.
└─────┘

① 윤리적 절대주의
② 윤리적 회의주의
③ 윤리적 상대주의
④ 윤리적 객관주의

[해설]
스포츠 행위의 도덕적 가치는 절대적인 것이 아니라 사람에 따라 달라질 수 있음을 시사하는 윤리적 상대주의에 대한 설명이다.

**20** 〈보기〉의 대화에서 논란이 되고 있는 도핑의 종류는?

기출 ▶ 23

┌ 보기 ┐
지원 : 스포츠 뉴스 봤어? 케냐의 마라톤 선수 킵초게가 1시간 59분 40초의 기록을 세웠대!
사영 : 우와! 2시간의 벽이 드디어 깨졌네요! 인간의 한계는 끝이 없나요?
성현 : 그런데 이번 기록은 특수 제작된 신발을 신고 달렸으니 킵초게 선수의 능력만으로 달성했다고 볼 수 없는 거 아니야? 스포츠에 과학기술의 도입은 필요하지만 이러다가 스포츠에서 탁월성의 근거가 인간에서 기술로 넘어가는 거 아니야?
혜름 : 맞아! 수영의 전신 수영복, 야구의 압축 배트가 금지된 사례도 있잖아!
└─────┘

① 약물 도핑(Drug Doping)
② 기술 도핑(Technology Doping)
③ 브레인 도핑(Brain Doping)
④ 유전자 도핑(Gene Doping)

[해설]
기술 도핑은 약물이 아닌 장비나 도구로 경기력 향상을 꾀하여 공정한 경쟁을 방해하는 도핑이다. 그 예로 킵초게의 특수제작 신발이나, 수영의 전신수영복, 야구의 압축배트 등이 있다.

# 2024년 필수과목 기출문제

### 제1과목 | 특수체육론

**01** 「장애인복지법」(1989)에 근거하여 최초로 설립된 장애인 체육 행정조직은?

① 대한장애인체육회
② 대한민국상이군경회
③ 한국장애인복지체육회
④ 한국소아마비아동특수보육협회

**[해설]**
한국장애인복지체육회는 1989년 「장애인복지법」에 근거하여 설립된 기구로 장애인 복지연구·복지진흥·체육진흥 사업을 관장한다. 1989년 설립된 이래로 한국장애인복지진흥회(2000), 한국장애인개발원(2008)으로 명칭이 변경되었다.

**02** 장애인스포츠지도사의 역할로 옳지 않은 것은?

① 장애인의 독특한 요구(Unique Needs)를 확인한다.
② 장애인의 기능 회복을 위한 치료 서비스를 제공한다.
③ 장애인에게 적합한 지도환경과 지도내용을 결정한다.
④ 스포츠와 관련된 과제, 환경 등을 장애인의 요구에 맞게 변형한다.

**[해설]**
장애인의 기능 회복을 위한 치료(의료) 서비스는 「의료법」에서 지정한 병원급 의료기관이 담당한다.

**03** <보기>의 ㉠~㉣에 들어갈 용어를 옳게 나열한 것은?

┤보기├
- ( ㉠ ) : 개인의 행동특성을 다양한 형태의 증거를 근거로 종합적으로 판단(예 배치)하는 과정
- ( ㉡ ) : 수집된 자료에 근거하여 가치 판단을 내리는 과정
- ( ㉢ ) : 행동특성을 수량화하는 과정
- ( ㉣ ) : 운동기술과 지식 등을 측정하기 위한 도구

| | ㉠ | ㉡ | ㉢ | ㉣ |
|---|---|---|---|---|
| ① | 사정 | 평가 | 검사 | 측정 |
| ② | 평가 | 사정 | 측정 | 검사 |
| ③ | 사정 | 평가 | 측정 | 검사 |
| ④ | 평가 | 사정 | 검사 | 측정 |

**[해설]**
각 용어의 차이점

| 사정 | · 측정 활동으로 특정 목적을 달성하기 위한 증거 및 근거 자료를 수집하는 과정<br>· 목적의 달성에 필요한 증거·근거를 수집하는 데 초점 |
|---|---|
| 평가 | · 수집된 자료에 근거하여 판단을 내리고 의사를 결정하는 과정<br>· 의사를 결정하는 데 초점 |
| 측정 | · 양적 또는 질적 자료를 수집하는 과정<br>· 자료를 수집하는 데 초점 |
| 검사 | · 표준화된 도구로 집단 또는 개인의 특성(trait)을 양적으로 밝히는 과정<br>· 대상의 특성을 밝히는 데 초점 |

정답 01 ③ 02 ② 03 ③

## 04 TGMD-3(Test of Gross Motor Development-3)에 대한 설명으로 옳은 것은?
기출▶ 17·18·21·23

① 3세~6세 아동만을 대상으로 한다.
② 규준참조평가도구로 사용할 수 없다.
③ 6가지의 이동기술 검사항목과 5가지의 공(ball) 기술 항목을 검사한다.
④ 각 검사항목의 수행 준거를 정확하게 수행하면 1점, 정확하게 수행하지 못하면 0점을 부여한다.

**해설**
① 3~10세의 아동들을 대상으로 한다.
② 규준지향검사와 준거지향검사 방식을 모두 적용한다.
③ 6가지 이동기술(달리기, 질주하기, 뛰어오르기, 한 발로 뛰기, 수직점프, 슬라이딩) 검사와 6가지 공 기술(정지한 공 치기, 드리블, 차기, 붙잡기, 던지기, 굴리기) 검사를 포함한다.

## 05 미국 장애인교육법(IDEA, 1997)에서 요구하고 있는 개별화교육프로그램(IEP)의 필수 구성 요소가 아닌 것은?
기출▶ 19·22·23

① 부모의 동의
② 학생의 현재 수행 수준
③ 학생에게 정기적으로 통지하는 방법
④ 측정할 수 있고 구체적인 연간계획과 장기목표

**해설**
개별화교육프로그램(IEP)의 필수 구성요소
• 학생의 현행 수준 평가
• 연간교육목표(장기목표)와 단기교육목표
• 교육 서비스(또래 교수, 부모상담 등)와 교재·교구
• 교육 시작 날짜와 교육기간
• 기타 : 부모의 동의, 교육 프로그램의 책임자, 목표달성 기준과 평가절차

## 06 〈보기〉에서 설명하는 원시반사(Primitive Reflex)는?
기출▶ 21·23

┤보기├
• 누운 자세에서 머리를 좌우로 돌렸을 때 나타나는 반응이다.
• 뒤통수 쪽의 팔과 다리는 굽혀지고, 얼굴 쪽의 팔과 다리는 펴진다.
• 뇌성마비 장애인은 반사가 사라지지 않고 남아 있다.

① 비대칭 긴장성 목반사
② 모로 반사
③ 긴장성 미로 반사
④ 대칭성 긴장성 목반사

**해설**
② 모로 반사(Moro Reflex) : 갑자기 건드리거나 큰 소리에 자극을 받은 아기가 팔과 다리를 벌리고 손가락을 폈다가 다시 몸쪽으로 팔과 다리를 움츠리는 것이다.
③ 긴장성 미로반사(Tonic Labyrinthine Reflex) : 신체의 균형이 깨져 내이(內耳)의 세반고리관이 자극되었을 때, 몸 전체의 신전근의 긴장도가 증가하여 팔다리가 움츠러들거나 뻗어지는 것이다.
④ 대칭성 긴장성 목반사(Symmetrical Tonic Neck Reflex) : 머리를 뒤로 젖히면 척추가 과도하게 전만하면서 팔은 펴지고 다리는 구부러지는 것이다.

정답  04 ④  05 ③  06 ①

## 07 〈보기〉에서 설명하는 특수체육 수업방식은?

기출 18

> **보기**
> 지도자는 효과적인 농구 수업을 위해 체육관의 각기 다른 구역에 여러 가지의 과제를 준비했다. 한 가지 과제에서 시작하여 주어진 활동을 마치거나 지도자가 신호하면 학습자들은 다음 과제의 수행장소로 이동한다. 지도자는 각각의 과제를 수행하는 곳을 돌며 도움이 필요한 학습자를 지도한다.

① 스테이션 수업
② 대그룹 수업
③ 협력학습 수업
④ 또래교수 수업

**해설**
② 대그룹 수업 : 교사가 40명 이상의 학생을 대상으로 진행하며 정해진 시간 안에 일정한 내용을 동시에 전달할 수 있지만, 학습자가 수동적으로 정보를 수용할 수밖에 없는 단점이 있는 수업이다.
③ 협동학습 수업 : 서로를 위해 함께 배우기를 주제로 하며, 모든 학생이 동시에 학습에 참여하고 학습과정 및 결과와 팀의 상호작용을 평가하는 방식의 수업이다.
④ 또래교수 수업 : 학생은 개인교사 역할과 학습자 역할을 번갈아가며 수행하기 때문에 교사는 개인교사로서 간접적인 형태로 상호작용하는 방식의 수업이다.

## 08 〈보기〉는 D. Ulrich(1985)이 제시한 대근운동발달 단계이다. ㉠에 들어갈 내용으로 옳은 것은?

기출 25

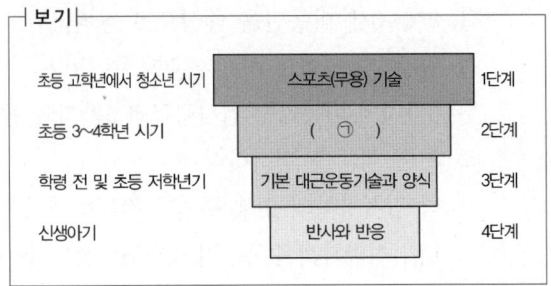

① 자세조절기술
② 물체조작기술
③ 감각지각운동기술
④ 리드-업 게임과 기술

**해설**
얼릭(D. Ulrich, 1985)의 대근운동발달단계

| 구분 | 시기 | 내용 |
|---|---|---|
| 1단계 | 신생아기 | 반사와 반응 |
| 2단계 | 학령 전 및 초등 저학년기 | 기본 대근운동기술과 양식 |
| 3단계 | 초등 3~4학년 시기 | 리드-업(lead-up) 게임과 기술 |
| 4단계 | 초등 고학년에서 청소년 시기 | 여가, 스포츠 및 댄스 기술 |

※ 출제오류로 최종정답에서 전항 정답 처리되었다.

**09** 운동발달의 관점에서 조작성 운동양식에 관한 설명으로 옳지 않은 것은?

① 3세에는 몸으로 끌어안으며 공을 받는다.
② 2~3세에는 다리를 펴고 제자리에 서서 공을 찬다.
③ 2~3세에는 앞을 보고 상하 방향으로 공을 친다.
④ 4~5세에는 던지는 팔과 반대쪽 발을 앞으로 내밀며 공을 던진다.

**해설**
기본운동기에 속하는 4~5세에는 물체를 손으로 쥐고 어깨 위로 던지는 자세를 취하며, 던지는 팔과 같은 쪽 발을 앞으로 내밀며 공을 던진다. 던지는 팔과 반대쪽 발을 앞으로 내밀며 공을 던지는 단계는 기본운동기보다 더욱 높은 단계인 숙달단계(7~14세)에서 발견되는 자세이다.

**10** T6(흉추 6번) 이상의 손상이 있는 선수의 체력운동 시 고려사항으로 옳지 않은 것은?
기출 17, 18, 22, 23

① 근육량이 적은 선수는 유산소 운동보다는 무산소 운동이 적절하다.
② 유산소 운동 중 젖산이 급격히 생성되므로 긴 휴식시간과 에너지원 보충이 필요하다.
③ 땀을 흘리는 피부 면적이 좁아 더위에서 운동하면 체온이 급격히 올라가는 것을 고려해야 한다.
④ 교감신경에 손상이 있는 경우, 심박수를 운동과정과 회복과정 그리고 운동처방에 사용한다.

**해설**
① 상부 흉추가 손상된 경우 호흡 기능에 장애가 생길 수 있으므로 폐활량 증가 및 호흡기 질환의 예방을 위해 적절한 유산소 운동이 필수적이다.
④ T6 이상, 특히 교감신경계 손상이 있는 척수 손상 환자의 경우, 안정 시와 운동 시의 심박수 반응이 일반적인 경우와 다를 수 있으며, 자율신경반사이상 등의 위험이 있으므로 주의가 필요하다.

※ 출제오류로 최종정답에서 복수 정답 처리되었다.

**11** 〈표〉의 ㉠~㉢에 해당하는 행동관리 기법을 바르게 나열한 것은?
기출 17, 18

| 성별(나이) | 남자(14세) | 장소 | 수영장 |
|---|---|---|---|
| 장애유형 | 지적장애 | 프로그램 | 수영하기 |
| 문제행동 | 멈춰 서서 친구 방해하기 | | |
| 상황 | 지도자 A – 한국(가명)이는 수영할 때 반복적으로 멈춰 서서 친구들을 방해해요. 그때마다 잘못된 행동이라고 지적을 해도 계속하네요.<br>지도자 B – 우선 ㉠ 문제행동이 발생하면 바로 일정 시간 동안 물 밖에 있도록 하세요. 물과 좀 멀리요.<br>지도자 A – 알겠습니다. 한국이는 수중 활동을 좋아하고 물에 있으면 행복해하거든요.<br>지도자 B – 다른 기법도 있어요. ㉡ 문제행동을 했을 때 한국이에게 이미 주어진 정적강화물을 상실하게 하는 방법도 있어요. ㉠과 ㉡ 기법으로 문제행동의 빈도가 감소한다면, 큰 틀에서 ( ㉢ )이 됩니다. | | |

|   | ㉠ | ㉡ | ㉢ |
|---|---|---|---|
| ① | 타임아웃 | 반응대가 | 부적 벌 |
| ② | 타임아웃 | 용암 | 정적 벌 |
| ③ | 소거 | 반응대가 | 정적 벌 |
| ④ | 소거 | 용암 | 부적 벌 |

**해설**
㉠ 타임아웃 : 학습자가 교사의 시야 내에 위치하지만, 수업에 참가하지 못하게 하는 것이다.
㉡ 반응대가 : 나쁜 행동이 발생했을 시 좋아하는 것(정적 강화물)을 빼앗는 것이다.
㉢ 부적(처)벌 : 어떤 행동의 빈도를 줄이기 위해 유쾌한 자극을 박탈하는 것이다.

**12** 미국지적장애및발달장애협회(AAIDD, 2021)의 지적장애 정의에 근거하여 〈보기〉의 ㉠~㉢에 들어갈 내용이 바르게 나열된 것은? 기출▶ 20·22

┤보기├
- 표준화 검사를 통해 산출된 지능지수 점수가 ( ㉠ ) 표준편차 이하이다.
- 적응행동의 ( ㉡ ) 기술은 식사, 옷 입기, 작업 기술, 건강과 안전, 일과 계획, 전화사용 등이 포함된다.
- ( ㉢ ) 이전에 발생한다.

|   | ㉠ | ㉡ | ㉢ |
|---|---|---|---|
| ① | -2 | 실제적 | 20세 |
| ② | -2 | 개념적 | 20세 |
| ③ | -2 | 실제적 | 22세 |
| ④ | -2 | 개념적 | 22세 |

**해설**
미국지적장애및발달장애협회(AAIDD, 2021)의 지적장애 정의 지적장애는 지적 기능성과 개념적, 사회적, 및 실제적 적응기술들로 표현되는 적응행동 양쪽에서 심각한 제한성으로 특징화된다. 이 장애는 개인이 22세에 도달하기 전으로 조작적으로 정의되는 발달기 동안에 진행되며, -2 표준편차 이하의 지적기능을 나타낸다.

**13** 〈보기〉가 설명하는 장애유형에 관한 설명으로 옳지 않은 것은? 기출▶ 18

┤보기├
- 21번 염색체가 삼염색체(Trisomy 21)이다.
- 의학적 문제(선천성 심장질환, 근시 등)가 있을 수 있다.
- 인종, 국적, 종교, 사회적 지위 등과 관계없이 발생하는 보편성을 지니고 있다.

① 염색체 중 상염색체(Autosome Chromosome)에 문제가 있다.
② 대부분 포만 중추의 문제로 저체중 발생 빈도가 매우 높다.
③ 근육 저긴장성 때문에 지도자의 관리하에 근력 운동이 필요하다.
④ 경추 정렬(Atlantoaxial instability)의 문제 때문에 운동 참여시 척수손상에 대해 특히 주의한다.

**해설**
〈보기〉에서 설명하는 장애유형은 다운증후군이다. 다운증후군 환자는 당분을 조절하는 기능이 낮아서 비만이 되기 쉽고 당뇨병 발병 확률이 높다.

## 14. <보기>가 설명하는 스페셜 올림픽 종목은?

**보기**
- 경기장은 3.66m × 18.29m 크기의 직사각형이다.
- 공식 경기는 단식 경기, 복식 경기, 팀 경기 등이 있다.
- 한 팀당 4개의 공을 소유하고, 표적구에 가까이 던진 팀이 점수를 획득하는 경기이다.

① 보체(Bocce)
② 플로어볼(Floorball)
③ 보치아(Boccia)
④ 넷볼(Netball)

**해설**
② 플로어볼 : 누구나 하키의 재미를 즐길 수 있도록 만든 종목으로, 농구코트보다 약간 넓은 플로어에서 부드러운 플라스틱 재질의 스틱과 볼을 사용하여 두 팀이 시합을 치러 정해진 시간 동안 상대 팀보다 더 많은 점수를 얻은 팀이 승리하는 경기이다.
③ 보치아 : 뇌성마비 및 이에 준하는 운동기능 장애인들을 위한 종목으로, 가죽 공을 던지거나 차고, 굴려 표적구와의 거리를 비교하여 점수를 매겨 경쟁하는 패럴림픽 정식 종목이다.
④ 넷볼 : 여성이 경기할 수 있도록 농구의 규칙을 개량한 종목이다.

## 15. <표>는 운동기능에 따른 뇌성마비의 분류체계이다. <표>의 ㉠~㉢에 들어갈 내용을 바르게 나열한 것은?

| 구 분 | 경직형 (Spastic) | 운동실조형 (Ataxia) | 무정위운동형 (Athetoid) |
|---|---|---|---|
| 손상 부위 | 운동피질 | ( ㉠ ) | ( ㉡ ) |
| 근 긴장도 | 과긴장성 | 저긴장성 | 근 긴장의 급격한 변화 |
| 운동 특성 | • 관절 가동 범위의 제한<br>• 가위 보행 | • 평형성 부족<br>• 협응력 부족 | • ( ㉢ ) 움직임<br>• 머리 조절의 어려움 |

|   | ㉠ | ㉡ | ㉢ |
|---|---|---|---|
| ① | 소 뇌 | 기저핵 | 불수의적 |
| ② | 기저핵 | 중 뇌 | 수의적 |
| ③ | 소 뇌 | 연 수 | 불수의적 |
| ④ | 기저핵 | 소 뇌 | 수의적 |

**해설**
㉠ 운동실조형 뇌성마비는 소뇌의 기능 장애에서 기인한다. 소뇌는 평형감각기로부터 오는 정보에 따라 몸의 평형감각을 유지하고, 대뇌에서 시작된 수의 운동이 정교하고 원활하게 이루어지도록 하는 기능을 담당한다.
㉡ 무정위운동형 뇌성마비는 대뇌의 기저핵의 기능 장애에서 기인한다. 기저핵은 뇌의 여러 부분으로 전기적 신호와 신경전달물질을 주고받아 수의 운동 및 안구 운동, 기억과 감정 조절 등의 기능을 수행한다.
㉢ 대뇌의 기저핵이 손상되면 사지의 수의 운동이 조절되지 않아 불수의적(의지로 조절할 수 없는) 움직임이 발생한다.

**정답** 14 ① 15 ①

## 16 〈보기〉에 근거하여 밑줄 친 ㉠에 대한 지도전략으로 옳지 않은 것은?

기출▶ 17

**보기**
- 틀에 박힌 일이나 의례적인 행동에 집착한다.
- 발달 수준에 맞게 친구 관계를 형성하지 못한다.
- 지도자가 "공을 던져라"라고 지시하면, "공을 던져라"라는 말을 반복한다.
- ㉠ 정해진 경로로 이동하지 않거나 시간이나 장소의 갑작스러운 변화에 저항한다.

① 체육활동에 대한 시각적 일과표를 제공한다.
② 체육활동을 일정한 규칙과 순서로 진행한다.
③ 지도할 때 그림 카드, 의사소통 보드 등을 활용한다.
④ 참여자의 선호도보다는 지도자의 의도대로 진행한다.

**해설**
자폐성 장애인의 운동 지도 전략
〈보기〉에 해당하는 특성이 있는 장애는 자폐성 장애이다. 자폐성 장애인들은 ㉠처럼 새롭거나 기존 환경과 다른 정보가 무작위적 또는 무계획적으로 제공될 때 부적절한 행동으로 반응할 때가 있다. 이때 처음부터 끝까지 일상적 과제를 수행하게 하면, 과제의 숙달과 완성에 대한 교사의 기대치를 높일 수 있다.
※ 출제오류로 최종정답에서 전항 정답 처리되었다.

## 17 척수 손상 장애인의 특성에 관한 지도자의 대처로 옳지 않은 것은?

기출▶ 16 · 18 · 19 · 20 · 22

① 욕창이 생기지 않도록 자세를 자주 바꾸게 한다.
② 기립성 저혈압의 경우 압박 스타킹을 착용하도록 한다.
③ 자율신경 반사이상(Autonomic Dysreflexia)이 발생할 때 고강도 순환 운동으로 전환한다.
④ 운동 중에 과도하게 체온이 상승하는 것을 예방하기 위해 물을 분무해 주면서 휴식을 취하도록 한다.

**해설**
자율신경의 반사에 이상 징후가 발견되면 그 즉시 운동을 중단해야 한다. 경축(본인의 의지와 무관하게 발생하는 갑작스러운 근육의 수축 현상)으로 인해 크게 다칠 수 있기 때문이다.

## 18 시각 장애인의 지도전략으로 옳지 않은 것은?

기출▶ 15 · 16 · 17 · 18 · 19 · 20 · 21 · 23

① 스포츠 참여는 안전을 위해 개인 종목만 지도한다.
② 시범은 잔존시력 범위에서 보이면서 언어적 설명을 병행하는 것이 효과적이다.
③ 지도자는 지도할 때 시각장애인에게 신체 접촉의 형태, 방법, 이유 등을 구체적으로 안내한다.
④ 전맹의 경우 스포츠 동작에 대한 이해도를 높이기 위해 관절이 굽어지는 인체 모형을 사용할 수 있다.

**해설**
시각 장애인도 시각 정보를 보강하거나 청각 정보를 부가적으로 제공하는 방법으로 축구나 농구와 같은 단체 종목을 지도할 수 있다.

16 전항 정답  17 ③  18 ①

## 19. 진행성 근이영양증(Muscular Dystrophy : MD)에 관한 설명으로 옳지 않은 것은?

기출 18·20·21

① 디스트로핀(Dystrophin) 단백질 결손과 관련된 유전질환이다.
② 근위축은 규칙적인 근력 및 근지구력 운동으로 예방할 수 있다.
③ 듀센형(Duchenne MD) 장애인은 대부분 평균 이상의 지적 능력을 보인다.
④ 듀센형 장애인은 종아리 근육에 가성비대(Pseudohypertrophy)가 나타난다.

**해설**
② 근이영양증에서 발생하는 근위축에는 수영, 걷기 등의 유산소 운동 외에 가벼운 스트레칭 등이 효과적이다.
③ 듀센 근이영양증(DMD) 환자의 약 3분의 1은 인지 장애는 거의 없지만 학습 장애가 있는데, 주로 주의집중·언어 학습 및 기억·정서적 상호작용의 세 가지 영역에서 발생한다.
※ 출제오류로 최종정답에서 복수 정답 처리되었다.

## 20. 제시어와 〈보기〉의 수어 ㉠~㉢을 바르게 나열한 것은?

기출 19·22·23

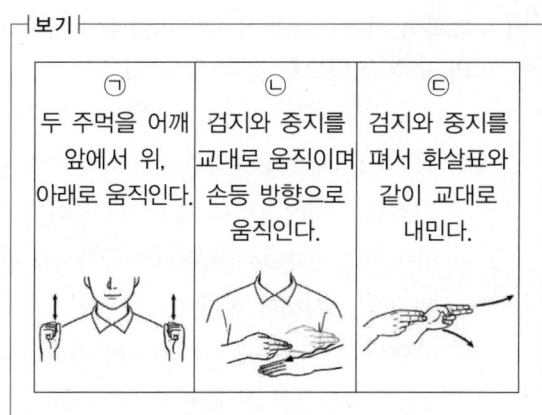

| | 수영 | 운동 | 스케이트 |
|---|---|---|---|
| ① | ㉠ | ㉡ | ㉢ |
| ② | ㉠ | ㉢ | ㉡ |
| ③ | ㉡ | ㉠ | ㉢ |
| ④ | ㉢ | ㉠ | ㉡ |

**해설**
스포츠와 관련 있는 수어
㉠ 운동 : 두 주먹을 어깨 앞에서 위, 아래로 움직인다.
㉡ 수영 : 검지와 중지를 교대로 움직이며 손등 방향으로 움직인다.
㉢ 스케이트 : 검지와 중지를 펴서 화살표와 같이 교대로 내민다.

## 제2과목 | 유아체육론

**01** 효과적 학습경험의 설계를 위한 유아체육 지도자의 교수 전략으로 옳지 않은 것은?

기출 16・18・20・21・22

① 각 유아에게 적합한 수준에서 연습할 수 있도록 개별화된 학습경험을 제공해야 한다.
② 유아의 실제학습시간(ALT)을 증가시킬 수 있는 환경을 조성해야 한다.
③ 유아의 능력 수준을 고려한 학습과제를 제공하고, 연습시간을 최대한 확보해 준다.
④ 새로운 기능 학습 시에는 수업 초반에 제시한 과제 수준을 일관되게 유지한다.

해설
기초(간단한 과제)부터 향상된 운동(난도 있는 동작)까지 조직된 프로그램을 제공하여 학습의 순서와 발달단계의 변화에 따를 수 있도록 조직적으로 연계되도록 하여야 한다.

**02** 유아의 운동기술 연습 시 지도자의 적합한 시범으로 옳지 않은 것은? 기출 22

① 시범에서 언어적 표현을 보다 많이 활용할 때 더 효과적이다.
② 시범은 추가적 학습단서(Learning Cue)와 함께 제공될 때 더 효과적이다.
③ 다양한 각도에서 이루어진 시범을 통해 정확한 정보를 제공한다.
④ 자주 실수하는 동작에 대해 반복적인 시범을 보여 준다.

해설
과제를 지도할 때는 언어적 표현보다는 동작과 표정으로 시범을 보이면서 설명하면, 유아들이 동작에 대해 이해를 못해서 발생하는 안전사고가 줄어든다.

**03** 유아 신체활동의 내적 참여동기를 증진시키는 효과적 교수 전략으로 옳지 않은 것은? 기출 21

① 유아의 능력과 과제 난이도를 고려한 프로그램 제공을 통해 몰입을 돕는다.
② 학습과제 범위 내에서 유아에게 자율적 선택권을 부여한다.
③ 활동적으로 참여하는 유아를 격려하고 칭찬한다.
④ 프로그램 내 과제 수준을 동일하게 제공한다.

해설
유아의 운동기술 수준에 맞는 도전적인 프로그램을 제공하며, 유아가 과제 성취에 들인 노력에 대해 격려하여야 신체 활동 참여 동기가 증진된다.

**04** 유아의 지각-운동 발달에 관한 설명으로 옳지 않은 것은? 기출 16・17・18・19・20・21・23

① 유아기는 지각-운동 발달의 최적기이다.
② 지각이란 감각수용세포가 자극으로 들어온 정보를 뇌로 전달하는 것을 뜻한다.
③ 지각-운동 발달은 아동의 운동능력을 나타내는 중요 요소 중 하나이다.
④ 유아기의 지각-운동 학습경험이 많을수록 다양한 운동상황에 반응하는 적응력이 발달된다.

해설
'지각'은 감각 체계로부터 자극 정보를 획득하고 뇌로 전달하여 그 정보의 의미를 해석하고 통합하는 능동적인 과정을 총체적으로 의미한다. 감각수용세포가 자극으로 들어온 정보를 뇌로 전달하는 것은 '전달과 전도'이다.

## 05 <보기>가 설명하는 것은?

┌ 보기 ┐
- 체온이 40℃ 이상으로 오른다.
- 땀을 전혀 흘리지 않거나 과도하게 많이 흘린다.
- 신체 내 열을 외부로 발산하지 못해 고체온 발생 및 중추신경계의 이상을 보인다.
- 신속한 체온감소 조치와 병원 후송이 필요하다.

① 일사병
② 열사병
③ 고체온증
④ 열경련

**해설**
열사병의 특징과 대응

| | |
|---|---|
| 특 징 | • 체내 체온조절 중추가 열 자극을 견디지 못해 그 기능을 상실하는 질환이다.<br>• 다발성 장기손상 및 기능장애와 같은 합병증을 동반할 수 있고 치사율이 높아 온열질환 증상 중 가장 위험한 질환이다. |
| 응급<br>처치법 | • 119에 즉시 신고한 후 환자를 시원한 곳으로 옮겨서 옷을 끌러 주고 시원한 물을 적시거나, 부채나 선풍기 등으로 몸을 식힌다.<br>• 얼음주머니가 있으면 목, 겨드랑이 밑, 사타구니 같은 접촉 부위에 대어 체온을 낮춘다.<br>• 의식이 없을 경우 음료를 마시게 하는 것은 기도 폐쇄를 일으킬 수 있으므로 절대 해서는 안 된다. |

## 06 <보기>의 ㉠~㉢에 해당하는 설명과 유아체육 프로그램의 구성원리가 올바르게 제시된 것은?

기출▶ 17 · 20 · 21

┌ 보기 ┐
㉠ 차기(Kicking)의 개념 학습 후, 정지된 공에서 빠르게 움직이는 공의 순으로 수업을 설계한다.
㉡ 대근육 운동에서 소근육 운동으로 확장된 움직임 수업을 설계한다.
㉢ 발달단계에 따른 민감기를 고려한 움직임 수업을 설계한다.

| | ㉠ | ㉡ | ㉢ |
|---|---|---|---|
| ① | 연계성 | 전면성 | 특이성 |
| ② | 다양성 | 방향성 | 적합성 |
| ③ | 연계성 | 방향성 | 적합성 |
| ④ | 다양성 | 적합성 | 개별성 |

**해설**
유아발달 프로그램의 기본원리
- 안전성의 원리 : 안전을 최우선으로 고려하여 프로그램을 구성해야 한다.
- 적합성의 원리 : 결정적 시기를 고려하여 적합한 운동을 프로그램에 구성해야 한다.
- 방향성의 원리 : 신체발달의 방향성을 고려하여 적절한 운동을 프로그램에 구성해야 한다.
- 특이성의 원리 : 유전과 환경요인에 따른 개인차를 고려하여 프로그램을 구성해야 한다.
- 다양성의 원리 : 전체적인 신체발달을 돕는 다양한 프로그램을 구성해야 한다.
- 연계성의 원리 : 운동발달, 인지발달, 사회성 및 정서발달의 상호작용을 통한 발달이 이루어지도록 프로그램을 연계적으로 구성해야 한다.

운동 프로그램의 기본원리
- 전면성의 원리 : 다양한 체력 요소가 골고루 발전되도록 운동해야 한다.
- 개별성의 원리 : 개인의 건강정도나 체력 등의 운동 능력 수준에 따라 운동의 종류나 강도를 조절해야 한다.

**07** 〈보기〉의 ⊙~ⓒ에 들어갈 용어가 바르게 제시된 것은?

| | |
|---|---|
| ⊙ | • 일정 시기가 되면 자연히 발생되는 양적인 변화과정이다.<br>• 신장, 체중, 신경조직, 세포증식의 확대에 의한 증가를 뜻한다. |
| ⓒ | • 신체, 운동, 심리적 측면에서 전 생애에 걸쳐 일어나는 체계적이고 연속적인 변화를 뜻한다.<br>• 변화하는 속도에는 개인차가 있으며, 상승적 변화뿐 아니라 하강적 변화도 포함한다. |
| ⓒ | • 기능을 더 높은 수준으로 발전할 수 있도록 하는 질적 변화를 뜻한다.<br>• 신체적, 생리적 변화뿐 아니라 행동 변화까지 포함한다. |

|   | ⊙ | ⓒ | ⓒ |
|---|---|---|---|
| ① | 성 숙 | 발 달 | 성 장 |
| ② | 발 달 | 성 숙 | 성 장 |
| ③ | 성 장 | 발 달 | 성 숙 |
| ④ | 발 달 | 성 장 | 성 숙 |

**해설**
성장 · 발달 · 성숙

| 성 장 | • 생물체의 크기 · 무게 · 부피가 증가하는 일<br>• 신체 조직의 비대와 증가에 초점 |
|---|---|
| 발 달 | • 성장하여 완전한 형태에 가까워짐<br>• 신체 조직, 운동 기능, 심리 상태의 진전과 분화에 초점 |
| 성 숙 | • 생물의 발육이 완전히 이루어짐<br>• 몸과 마음이 자라서 어른스럽게 됨<br>• 신체적 · 생리적 · 심리적 상태의 진전에 초점 |

**08** 〈보기〉는 대근운동발달검사-Ⅱ(Test of Gross Motor Development-Ⅱ; TGMD-Ⅱ)의 영역별 검사항목이다. ⊙, ⓒ에 들어갈 항목이 바르게 연결된 것은?

기출▶ 22 · 23

| 구 분 | 영 역 | 세부 검사항목 |
|---|---|---|
| 대근<br>운동<br>기술 | 이동 기술 | 달리기, 제자리멀리뛰기, 외발뛰기(Hop), ( ⓒ ), 립(Leap), 슬라이드(Slide) |
| | ( ⊙ )기술 | 공 던지기(Over-hand Throw), 공 받기, 공 치기(Striking), 공 차기, 공 굴리기, 공 튕기기(Dribble) |

|   | ⊙ | ⓒ |
|---|---|---|
| ① | 안정성 | 갤롭(Gallop) |
| ② | 물체 조작 | 피하기(Dodging) |
| ③ | 안정성 | 피하기(Dodging) |
| ④ | 물체 조작 | 갤롭(Gallop) |

**해설**
대근운동발달검사(TGMD)-Ⅱ의 영역별 검사항목
• 이동 기술 영역 : 달리기, 갤롭, 외발뛰기(홉), 립, 제자리멀리뛰기, 슬라이드
• (물체) 조작 기술 영역 : 치기, 튀기기(튕기기), 받기, 차기, 던지기, 굴리기

07 ③  08 ④

## 09 〈보기〉는 인지발달 관점에 따른 주요 이론의 내용이다. ㉠~㉣에 들어갈 용어가 바르게 제시된 것은?

기출 ▶ 17 · 18 · 19 · 20 · 21 · 22

| 이론 | 발달단계 | 주요 개념 | 인지발달의 방향 |
|---|---|---|---|
| 인지발달단계 이론 | 감각운동기 전조작기 구체적 조작기 ( ㉡ ) | ( ㉢ ) 동화 조절 | 내부 → 외부 |
| ( ㉠ ) | 연속적 발달단계 | 내면화 ( ㉣ ) 비계설정 | 외부 → 내부 |

|  | ㉠ | ㉡ | ㉢ | ㉣ |
|---|---|---|---|---|
| ① | 정보처리 이론 | 형식적 조작기 | 부호화 | 기억기술 |
| ② | 사회문화적 이론 | 형식적 조작기 | 평형화 | 근접발달 영역 |
| ③ | 정보처리 이론 | 성숙적 조작기 | 부호화 | 근접발달 영역 |
| ④ | 사회문화적 이론 | 성숙적 조작기 | 평형화 | 기억기술 |

**해설**

피아제(Piaget)의 인지발달 4단계
- 인간은 타고난 발달 단계와 학습을 통해 환경에 대해 지각하고 이해하는 인지적 발달이 이루어진다. 도식은 환경을 이해하는 틀을 말하며 동화, 조절, 평형화는 도식을 발달시키는 방법이다.
- 감각운동기(0~2세) : 감각을 사용하여 주변을 탐색하고, 새로운 경험을 찾기 위한 신체 활동을 한다(연습놀이).
- 전조작기(2~7세) : 지각운동시기로 사물과 사건의 관계를 인식하는 사고 능력의 진보가 이루어지지만 자기중심성이 강하여 다른 사람의 관점에서 사물을 이해할 수 없다(상징놀이).
- 구체적조작기(7~11세) : 탈중심적 사고에 들어서고 사회지향적인 특징을 보이며, 구체적인 문제에 대한 논리적 사고가 가능하다(규칙이 있는 게임).
- 형식적조작기(청소년~성인) : 가설적 · 연역적 사고가 가능하고, 논리적 사고에 의해서 문제를 해결한다.

비고츠키(Vygotsky)의 사회문화적 이론
- 피아제(Piaget)의 인지발달이론에 사회 · 문화적인 접근을 시도함으로써 새로운 인지발달이론을 전개하였다. 즉 인간의 발달은 사회적 · 문화적 환경의 영향을 받는다는 이론이다.
- 학습은 아동 스스로 학습하려는 노력과 함께 부모나 교사 또는 좀 더 능력이 있는 또래와의 상호작용을 통해서 이루어진다고 주장하였다.
- 환경에 능동적으로 대응하며 운동기능을 발달시키며 지도사, 부모, 또래집단은 운동발달에 영향을 미치므로 집단 활동의 구성은 운동발달의 효과적인 교수법이다.
- 근접발달영역(Zone Proximal Development) : 성인이 이끌어 줄 수 있는 학습영역 내에 위치하는 개발 가능한 영역이다.
- 비계설정 : 성인 교사의 역할을 집을 지을 때 임시로 설치하는 '비계(飛階)'에 비유한다

## 10 반사 움직임 시기의 '정보 부호화 단계(Information Encoding Stage)'에 대한 설명으로 옳지 않은 것은?

① 피질의 발달과 특정 환경적 억제 요인의 감소 현상이 일어난다.
② 태아기를 거쳐 생후 약 4개월까지 관찰될 수 있는 불수의적 움직임의 특징을 보인다.
③ 뇌 중추는 다양한 강도와 지속시간을 가진 여러 자극에 대해 불수의적 반응을 유발할 수 있다.
④ 뇌하부 중추는 운동 피질보다 더 많이 발달하며 태아와 신생아의 움직임을 제어하는 데 필수적이다.

**해설**

운동피질은 생후 6개월 전후를 기점으로 하여 발달하기 시작한다. 생후 6개월은 정보해독 단계(4개월~1세)에 해당한다.

## 11. 체육과 교육과정(2022)에서 추구하는 핵심적인 신체활동 역량의 내용이 아닌 것은?

기출▶ 23

① 움직임 수행 역량 : 운동, 스포츠, 표현 활동 과정에서 동작에 필요한 지식, 기능, 태도를 다양한 상황에 적용하며 발달한다.
② 건강관리 역량 : 체육과 내용 영역에서 학습한 신체활동을 일상생활에서 실천하며 함양한다.
③ 신체활동 문화 향유 역량 : 각 신체활동 형식의 특성을 이해하고 인류가 축적한 문화적 소양을 내면화하여 공동체 속에서 실천하면서 길러진다.
④ 자기 주도성 역량 : 신체적으로 활동적인 삶을 사는 데 필요한 움직임을 다양한 환경에서 수행하고 적용함으로써 길러진다.

**해설**
자기 주도성 역량은 교육과정에 제시되지 않은 내용이다.
2022년 개정 체육과 교육과정이 추구하는 세 가지 신체활동 역량
- 움직임 수행 역량 : 신체활동 형식에 적합한 움직임의 기능과 방법을 효율적, 심미적으로 발휘할 수 있는 능력으로 운동, 스포츠, 표현 활동 과정에서 움직임에 필요한 지식, 기능, 태도를 다양한 상황에 적용하며 발달한다.
- 건강 관리 역량 : 체력 및 신체적, 정신적, 사회적 건강을 유지하고 증진하는 능력으로 체육과 내용 영역에서 학습한 신체활동을 일상생활에서 실천하고, 개인과 사회적 측면에서 건강을 저해하는 요소에 적극적으로 대처하며 함양된다.
- 신체활동 문화 향유 역량 : 다양한 신체활동 문화를 전 생애 동안 즐기며 타인과 상호작용할 수 있는 능력으로 각 신체활동 형식의 특성을 이해하고 인류가 축적한 문화적 소양을 내면화하여 공동체 속에서 실천하면서 길러진다.

## 12. 〈보기〉의 지도자별 교수 방법이 바르게 연결된 것은?

기출▶ 15 · 16 · 17 · 19 · 23 · 25

┌ 보기 ┐
- A 지도자 : 콘을 지그재그로 통과하면서 드리블하는 시범을 보이고 따라 하게 유도한다. 실수하거나 느린 아이들은 지적하면서 동작을 수정해 준다.
- B 지도자 : 아이들이 개별적으로 볼을 가지고 놀면서 자유롭게 드리블을 하게 한다. 모든 공간을 쓸 수 있게 허용한다. 어떠한 신체 부위를 사용하든지 관여하지 않는다.
- C 지도자 : 인사이드 드리블, 아웃사이드 드리블 등 다양한 유형의 기술을 시범 보인다. 이후에 아이들이 자신이 좋아하거나 잘하는 기술 위주로 자유롭게 선택하여 연습할 수 있도록 유도한다.
- D 지도자 : 활동 전 아이들에게 어떻게 하면 콘을 건드리지 않고 드리블해 나갈 수 있을지 질문한 후 실제 활동을 하게 한다. 이후 다양한 수준을 가진 아이들의 수행을 관찰하게 한다.

① A 지도자 - 탐색적(Exploratory) 방법
② B 지도자 - 과제 중심 접근(Task-Oriented) 방법
③ C 지도자 - 지시적 교수법(Command Style Teaching)
④ D 지도자 - 안내-발견적(Guide-Discovery) 방법

**해설**
유아체육의 교수-학습 방법
① 지시적 교수법, ② 탐색적 방법, ③ 과제 제시 방법에 해당한다.

정답 11 ④  12 ④

**13** <보기>는 퍼셀(M. Purcell)이 제시한 동작교육과정에 관한 내용이다. ㉠~㉢에 해당하는 용어가 바르게 연결된 것은?

┌ 보기 ┐
- ( ㉠ ) : 전신의 움직임, 신체 부분의 움직임
- ( ㉡ ) : 수준, 방향
- ( ㉢ ) : 시간, 힘
- ( 관계 ) : 파트너/그룹, 기구·교수 자료

|   | ㉠ | ㉡ | ㉢ |
|---|---|---|---|
| ① | 공간 인식 | 노력 | 신체 인식 |
| ② | 신체 인식 | 공간 인식 | 노력 |
| ③ | 노력 | 신체 인식 | 공간 인식 |
| ④ | 신체 인식 | 노력 | 공간 인식 |

**해설**
- 신체 인식(움직임을 위해 필요한 것, 무엇을 움직이는가) : 전신의 움직임, 신체 각 부분의 움직임, 신체의 모양 – ㉠
- 공간 인식(몸을 움직이는 데 필요한 것, 어디로 움직이는가) : 개인공간, 일반공간, 수준, 방향, 경로, 범위 – ㉡
- 노력(몸을 움직이려는 마음, 어떻게 움직이는가) : 시간, 힘, 흐름 – ㉢
- 관계(몸을 움직이면서 이루는 것, 누구와 혹은 무엇과 움직이는가) : 파트너/그룹, 기구/교구

**14** <보기>는 인간행동의 '역학적 요인'이다. ㉠~㉢에 들어갈 용어가 바르게 연결된 것은?

┌ 보기 ┐
- 안정성 요인 : 중력 중심, 중력선, ( ㉠ )
- 힘을 가하는 요인 : 관성, ( ㉡ ), 작용/반작용
- 힘을 받는 요인 : 표면적, ( ㉢ )

|   | ㉠ | ㉡ | ㉢ |
|---|---|---|---|
| ① | 지지면 | 가속도 | 거리 |
| ② | 가속도 | 거리 | 지지면 |
| ③ | 지지면 | 거리 | 가속도 |
| ④ | 거리 | 가속도 | 지지면 |

**해설**
㉠ 안정성은 중력 중심이 지지면(기저면)의 중앙에 가까울수록, 중력선이 일직선에 가까울수록 증가한다.
㉡ 관성이 크면 물체에 가해야 하는 힘의 크기가 커진다. 물체의 질량이 같으면 가속도가 클수록 힘의 크기가 커진다. 한 물체에 큰 힘을 작용하면 그 반작용으로 인한 힘의 크기도 크다.
㉢ 표면적이 좁을수록, 거리가 가까울수록 받는 힘의 크기가 커진다.

## 15
〈표〉는 미국스포츠의학회(ACSM, 2022)의 '어린이와 청소년을 위한 FITT(빈도, 강도, 시간, 형태) 권고사항'이다. ㉠~㉢에 들어갈 용어가 바르게 연결된 것은?

기출 23

| 구분 | 유산소 운동 | 저항 운동 | 뼈 강화 운동 |
|---|---|---|---|
| 형태 | 여러 가지 스포츠를 포함한 즐겁고 (㉠)에 적절한 활동 | 신체활동은 (㉡)되지 않은 활동이나 (㉡)되고 적절하게 감독할 수 있는 활동으로 구성 | 달리기, 줄넘기, 농구, 테니스 등과 같은 활동 |
| 시간 | 하루 (㉢) 이상의 운동시간이 포함되도록 함 | | |

|  | ㉠ | ㉡ | ㉢ |
|---|---|---|---|
| ① | 기술 향상 | 분절화 | 60분 |
| ② | 성장 발달 | 분절화 | 40분 |
| ③ | 성장 발달 | 구조화 | 60분 |
| ④ | 기술 향상 | 구조화 | 40분 |

**해설**

ACSM 제11판(2022)에는 아래와 같이 제시되어 있다.
㉠ Enjoyable and developmentally appropriate activities : 즐겁고 성장발달에 적절한 활동
㉡ Physical activities can be unstructured or structured and appropriately supervised : 신체활동은 구조화되지 않은 활동이나 구조화되고 적절하게 감독할 수 있는 활동
㉢ As part of ≥ 60 min/day of exercise : 하루 60분(1시간) 이상의 운동시간

## 16
기본 움직임 과제들의 '기술 내 발달 순서(Intraskill Sequences)'에 관한 설명으로 옳지 않은 것은?

기출 22·23

① 기본 움직임 패턴에서 신체 부위들의 발달 속도는 서로 다를 수 있다.
② 기본 움직임 기술의 습득 및 성숙은 과제·개인·환경 요인들에 영향을 받는다.
③ 움직임 기술의 발달단계 구분은 움직임 패턴의 특수성이나 관찰자의 정교함에 영향을 받지 않는다.
④ 갤러휴(D. Gallahue)와 클렐랜드(F. Cleland)는 운동기술의 발달 순서에 대해 시작, 초보, 성숙으로 분류하였다.

**해설**

움직임 패턴의 특수성과 관찰자의 정교함은 기술 내 발달단계를 구분하는 데 중요한 역할을 한다.

| 움직임 패턴의 특수성 | 관찰자의 정교함 |
|---|---|
| • 초기 단계에서는 움직임 패턴이 특수하고 고립되어 있다.<br>• 발달이 진행될수록 움직임 패턴들이 협응되고 일반화되어 나타난다. | • 초기 단계에서는 관찰자가 움직임의 개별적인 요소들만을 인지할 수 있다.<br>• 발달이 진행될수록 관찰자가 움직임 패턴을 더 정교하게 지각할 수 있게 된다. |

**17** '국민체력100'에서 제시하는 유아기 체력측정에 관한 설명으로 옳은 것만을 모두 고른 것은?

기출 ▶ 16·18·20·21·23

┌보기┐
㉠ 체력측정은 건강체력과 운동체력 항목으로 나뉜다.
㉡ 건강체력 측정의 세부항목으로는 10m 왕복 오래달리기, 상대악력, 윗몸말아올리기, 앉아윗몸앞으로굽히기 등이 있다.
㉢ 운동체력 측정의 세부항목으로는 5m × 4 왕복달리기, 제자리멀리뛰기, 3 × 3 버튼누르기 등이 있다.

① ㉠, ㉡
② ㉠, ㉢
③ ㉡, ㉢
④ ㉠, ㉡, ㉢

**해설**
모두 옳은 설명이며, 이 외에도 아래와 같은 특징이 있다.
• 만4세~6세(48개월~83개월)의 유아를 대상으로 한다.
• 체력의 수준별로 종목을 달리 실시하고, 씨앗-새싹-꽃-열매의 4단계로 구분한다.
• 특히 새싹 단계에는 신체조성을 측정하기 위해 BMI를 측정한다.

**18** 유소년 운동프로그램 구성의 기본원리에 대한 설명으로 옳은 것만을 모두 고른 것은?

기출 ▶ 15·17·18·19·20·21·22·23

┌보기┐
㉠ 가역성의 원리 : 운동을 중단하면 운동의 효과가 없어지므로 꾸준히 지속하는 것이 중요하다.
㉡ 전면성의 원리 : 운동을 부상 없이 효과적으로 수행하기 위해서는 운동강도 및 운동량을 점차적으로 증가시켜야 한다.
㉢ 점진성의 원리 : 신체의 특정 부위에 치중하지 않고, 전신 운동을 통해 신체를 균형 있게 발달시킨다.
㉣ 과부하의 원리 : 운동 강도가 일상적인 활동보다 높아야 체력이 증진된다.

① ㉠, ㉣
② ㉡, ㉢
③ ㉠, ㉢, ㉣
④ ㉡, ㉢, ㉣

**해설**
'점진성의 원리'와 '전면성의 원리'의 설명이 바뀌어 제시되었다.
㉡ 전면성의 원리 : 다양한 체력 요소가 골고루 발전되도록 운동해야 한다.
㉢ 점진성의 원리 : 운동 강도를 조금씩 점진적으로 증가시켜야 한다.

**19** 〈표〉는 갤러휴(D. Gallahue)의 운동에 대한 2차원 모델이다. ㉠~㉢에 들어갈 내용이 바르게 연결된 것은?

| 운동발달 단계 | 움직임 과제의 의도된 기능 | | |
|---|---|---|---|
| | 안정성 | 이 동 | 조 작 |
| 반사 움직임 단계 | 직립 반사 | 걷기 반사 | ( ㉢ ) |
| 초보 움직임 단계 | ( ㉠ ) | 포복하기 | 잡 기 |
| 기본 움직임 단계 | 한발로 균형잡기 | 걷 기 | 던지기 |
| 전문화 움직임 단계 | 축구 페널티킥 막기 | ( ㉡ ) | 야구 공치기 |

| | ㉠ | ㉡ | ㉢ |
|---|---|---|---|
| ① | 포복하기 | 축구 골킥하기 | 손바닥 파악반사 |
| ② | 머리와 목 제어 | 육상 허들 넘기 | 손바닥 파악반사 |
| ③ | 포복하기 | 육상 허들 넘기 | 목 가누기 반사 |
| ④ | 머리와 목 제어 | 축구 골킥하기 | 목 가누기 반사 |

**해설**
㉠ 초보 움직임 단계(생후 1~2년)는 수의적인 신체운동이 시작되는 시점이자 반사행동이 줄어들고 불완전한 기본 움직임이 나타나는 시기이며, 안정성 운동은 이동하지 않고 서서 또는 앉아서 몸의 한 축이나 관절을 축으로 하여 균형감각을 기르는 운동이다. 따라서 목의 관절을 한 축으로 하여 머리와 목의 균형감각을 기르는 '머리와 목 제어'가 이에 해당한다.
㉡ 전문화 움직임 단계(7~14세 이상)는 운동능력이 세분되며 복합된 동작 기술이 나타나는 단계이자 동작을 서로 연관시켜 일련의 동작으로 완성하는 단계이며, 이동성 운동은 자신의 위치를 이동하는 운동이다. 따라서 달리기, 리핑, 호핑 등의 동작이 일련의 동작으로 연결된 '육상 허들 넘기'가 이에 해당한다.
㉢ 반사 움직임 단계(생후 1년)는 태아와 신생아에게서 나타나는 최초의 운동 단계이며, 조작성 운동은 자신의 신체 이외의 물체를 조작하는 운동이다. 따라서 영아의 손바닥에 무엇을 올려놓으면, 손가락을 쥐는 것과 같은 반응을 하는 '손바닥 파악반사(쥐기반사)'가 이에 해당한다.

**20** 〈보기〉의 동작에서 성숙단계로 발달하도록 지도하는 방법으로 적절하지 않은 것은?

시작 단계의 드리블 동작

① 두 발을 벌리고, 내민 발의 반대편 손을 앞으로 내밀어 드리블하도록 지도한다.
② 허리 높이에서 몸통을 약간 앞으로 기울여 드리블하도록 지도한다.
③ 공을 튀길 때 손목 스냅을 이용하여 공을 바닥 쪽으로 밀어내도록 지도한다.
④ 공을 튀길 때 손바닥으로 공을 때리도록 지도한다.

**해설**
드리블 동작은 손을 이용하여 바닥에 공을 미는 동작을 반복하는 동작이므로, 공을 때리는 것이 아니라 밀도록 지시해야 한다.

## 제3과목 | 노인체육론

**01** 노화에 따른 생리적 변화로 옳은 것은?

기출 ▶ 15 · 17 · 18 · 19 · 20 · 21 · 22 · 23

① 1회 박출량 증가
② 동·정맥산소차 감소
③ 근육의 산화능력 증가
④ 심장근육의 수축시간 감소

**해설**
② 심장근 반응 감소, 운동하는 근육으로의 혈액 흐름 감소, 동·정맥 산소 차이 감소, 근육의 미토콘드리아 수와 크기 감소 등의 현상이 나타난다.
①·④ 동맥과 좌심실 수축성이 저하되기 때문에 심장근의 수축 시간이 길어지고, 1회 박출량과 심박출량이 감소한다.
③ 노화가 진행되면서 근육은 감소하고, 산화능력이 저하된다.

**02** 〈보기〉가 설명하는 노화이론은?

기출 ▶ 19

| 보기 |
| 항체의 이물질에 대한 식별능력이 저하되어 이물질이 계속 체내에 있으면서 부작용을 일으켜 노화 촉진 |

① 유전적 노화이론
② 교차연결이론
③ 사용마모이론
④ 면역반응이론

**해설**
① 유전적 노화이론 : 일정한 시기가 도래하면 노화를 일으키는 특정 유전자가 적극적으로 작용하여 세포를 노화시키면서 노화가 진행된다는 이론이다.
② 교차결합이론 : 결합조직의 커다란 분자에 교차결합이 일어나면서 노화가 발생한다는 이론이다.
③ 사용마모이론 : 인체가 마치 기계처럼 사용에 따라 점차 마모되어 노화가 진행된다는 이론이다.

**03** 〈보기〉가 설명하는 노화의 특징은?

기출 ▶ 19 · 23

| 보기 |
| • 노화는 신체기능에 부정적 영향을 미쳐 사망을 초래한다.
• 나이가 들면서 신체기능이 더 좋아지면 노화가 아니다. |

① 보편성
② 내인성
③ 점진성
④ 쇠퇴성

**해설**
① 보편성 : 노화는 누구나 보편적으로 겪는 현상이다.
② 내인성 : 노화는 생체 내에서 일방적으로 진행되는 현상이다.
③ 점진성 : 노화는 시간의 경과에 따라서 서서히 진행되는 현상이다.

**04** 〈보기〉에서 설명하는 노인의 행동 변화 이론은?

기출 ▶ 17

| 보기 |
| • 인간의 행동 변화는 환경의 영향, 개인의 내적 요인, 행동 요인에 영향을 받는다.
• 자아효능감은 행동 변화와 밀접한 관련이 있다.
• 운동지도자의 격려를 통해 지속적으로 운동프로그램에 참여한다. |

① 지속성이론(Continuity Theory)
② 건강신념모형(Health Belief Theory)
③ 사회인지이론(Social Cognitive Theory)
④ 계획행동이론(Planned Behavior Theory)

**해설**
① 지속성이론 : 노년기에 자신의 고유한 생활습관을 유지하는 것은 자아존중감과 생활만족도를 증가시킨다는 이론이다.
② 건강신념모형 : '신념'이 건강을 추구하는 행동에 중요한 역할을 한다고 가정하는 이론이다.
④ 계획행동이론 : 개인의 행동을 자신의 신념과 행동 간의 연결로 설명하는 이론이다.

**정답** 01 ② 02 ④ 03 ④ 04 ③

**05** 노인 폐질환에 관한 설명으로 옳지 않은 것은?

① 천식의 증상은 운동으로 악화되지 않는다.
② 만성폐쇄성폐질환자의 기도저항은 호흡근 약화를 초래한다.
③ 만성폐쇄성폐질환의 주요 증상은 호흡곤란, 가래, 만성적인 기침이다.
④ 천식 환자의 운동유발성 기관지수축은 추운 환경, 대기오염, 스트레스에 의해 촉발된다.

[해설]
천식을 앓는 노인이 운동 후에 오히려 폐활량이 줄어들 수가 있는데, 이를 운동유발성 천식이라 한다.

**06** 한국형 노인체력검사(국민체력100)의 측정항목과 측정방법의 연결이 옳지 않은 것은? 기출 23

| | 측정항목 | 측정방법 |
|---|---|---|
| ① | 협응력 | 8자 보행 |
| ② | 심폐지구력 | 6분 걷기 |
| ③ | 상지 근기능 | 덤벨 들기 |
| ④ | 유연성 | 앉아 윗몸 앞으로 굽히기 |

[해설]
국민체력100에서 노인의 상지 근 기능은 상대악력으로 측정한다.

**07** 노인의 생활 기능 분류에서 도구적 일상생활 활동(Instrumental Activities of Daily Living ; IADLs)에 해당하는 것은?

① 요 리
② 목 욕
③ 옷 입기
④ 화장실 사용

[해설]
ADL과 IADL
• 일상생활능력(ADL) : 옷 입기, 걸어서 이동하기, 목욕, 식사하기, 침대에서 의자·휠체어로 이동하기, 화장실 사용
• 도구적 일상생활능력(IADLs) : 요리, 집안일, 빨래, 시장보기, 전화 통화, 약 먹기, 금전 관리, 대중교통 이용

**08** 미국스포츠의학회(ACSM, 2022)가 제시한 노인의 운동지침으로 옳지 않은 것은?

기출 19·20·21·22

① 유연성 운동 : 약간의 불편감이 느껴질 정도로 30~60초 동안의 정적 스트레칭
② 유산소 운동 : 중강도로 주 5일 이상 또는 고강도로 주 3일 이상의 대근육 운동
③ 파워 운동 : 빠른 속도로 1 RM의 60% 이상의 고강도 근력운동을 10~14회 반복
④ 저항 운동 : 8~10종의 대근육군 운동, 초보자는 1 RM의 40~50% 강도의 체중부하운동

[해설]
ACSM 제11판(2022)에는 아래와 같이 제시되어 있다.

> Power training : light-to-moderate loading (30%-60% of 1-RM)

파워운동은 저강도에서 중강도의 부하로, 1 RM의 30~60% 수준의 근력운동을 실시한다.

**09** 노인의 신체기능검사에 관한 설명으로 옳지 않은 것은?   기출▶ 16·17·19·20·21·22

① 6분 걷기 검사는 6분 동안 걸을 수 있는 최대거리(m)로 심폐지구력을 평가하고, 장거리 보행이나 계단 오르기 등의 일상생활 동작과 관련이 있다.
② 기능적 팔 뻗기 검사(FRT)는 균형을 잃지 않고 팔이 닿을 수 있는 최대거리를 측정하여 동적 평형성을 평가하고, 노인의 낙상 위험도 범주 분류에 사용된다.
③ 노인체력검사(SFT)의 어깨 유연성을 평가하는 '등 뒤에서 손잡기' 검사는 머리 위로 옷을 벗거나, 자동차에서 안전벨트를 매는 동작과 관련된 항목이다.
④ 단기신체기능검사(SPPB)는 보행 속도, 균형 능력 및 의자 앉았다 일어나기 시간의 점수를 합산하여 평가하고 점수가 높을수록 더 낮은 기능을 의미한다.

**해설**
SPPB 검사
- 하지기능을 평가하는 수행검사로 직립균형검사, 보행속도, 의자에서 일어나기 3가지 항목으로 구성된다.
- 과제마다 수행불능은 0점, 수행차이에 따라 최저 1점에서 최고 4점까지 점수를 부여해 과제당 4점씩 모두 성공했을 경우 12점 만점으로 한다.

**10** 〈보기〉에서 〈표〉의 특성을 가진 노인의 운동처방에 관한 설명으로 옳은 것만을 모두 고른 것은? (단, ACSM, 2022 기준)   기출▶ 19·20·21·22

- 나이 – 68세    ■ 성별 – 남    ■ 흡연
- 신장 – 170cm   ■ 체중 – 65kg   ■ BMI – 22.5kg/m²
- 혈압 – SBP 129mmHg, DBP 88mmHg
- LDL-C – 123mg/dL, HDL-C – 41mg/dL
- 공복시 혈당 – 98mg/dL    ■ 근력운동의 경험 없음
- 지난 3개월 동안 주 2회, 20분 정도의 천천히 걷기 운동
- 걷기 운동 시 별다른 신체적 증상 없으나 가끔 종아리 통증이 느껴짐.

─보기─
㉠ 심혈관질환 위험요인의 양성 위험요인은 1개이다.
㉡ 선별알고리즘에 따라 중강도 운동 시 의료적 허가가 권장되지 않는다.
㉢ 운동자각도(10점 척도) 5~6의 빠르게 걷는 유산소 운동을 한다.
㉣ 1RM의 40~50%의 강도로 대근육군을 활용한 근력 강화 운동을 한다.
㉤ 과체중이므로 체중감량을 위한 운동처방을 해야 한다.

① ㉠, ㉡, ㉢
② ㉠, ㉣, ㉤
③ ㉡, ㉢, ㉣
④ ㉢, ㉣, ㉤

**해설**
㉠ ACSM 제11판(2022)에 따르면 심혈관질환 위험요인의 양성 위험요인은 4개이다. (남자 45세 이상, 흡연자, 지난 3개월 동안 주 2회 20분 정도의 천천히 걷기 운동, HDL-C 40mg/dL 이상)
㉤ ACSM 제11판(2022)에 따르면 BMI 지수가 23kg/m² 이상이면 과체중으로 판별하는데, 22.5kg/m²이므로 과체중에 해당하지 않는다.

**11** 페르브뤼헌과 예터(L. Verbrugge & A. Jette, 1994)의 장애과정 모델에서 장애에 이르는 과정을 옳게 나열한 것은?

① 손상 → 기능적 제한 → 병 → 장애
② 병 → 손상 → 기능적 제한 → 장애
③ 손상 → 병 → 기능적 제한 → 장애
④ 병 → 기능적 제한 → 손상 → 장애

[해설]
장애과정 모델

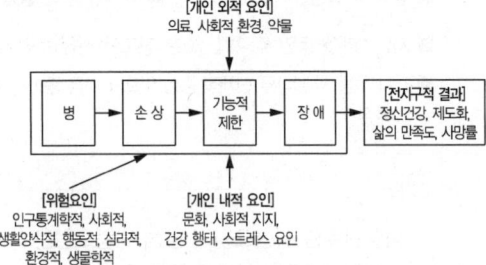

[해설]
심리사회적 발달단계

| 연령대 | 발달과업 단계 | 긍정적인 결과 |
|---|---|---|
| 13~18세 | 정체성 대 역할혼돈 | 자신이 누구인지 그리고 어떻게 삶을 살기 원하는지에 대한 느낌을 발달시킨다. |
| 젊은 성인 | 친분 대 고독 | 친밀한 대인관계를 형성할 수 있다. |
| 중년 성인 | 생산성 대 침체성 | 가족의 부양 또는 어떤 형태의 일을 하는 등 생산적이다. |
| 노년기 | 자아통합 대 절망 | 자부심과 만족을 느끼면서 자기 삶을 되돌아보며 죽음을 위엄있게 받아들인다. |

**12** 에릭슨(Erikson, 1986)의 심리사회적 단계가 옳게 나열된 것은?  기출 16·17·21·22·23

연령 증가 →

① 생산적 대 정체 → 자아 주체성 대 절망 → 친분 대 고독
② 친분 대 고독 → 생산적 대 정체 → 자아 주체성 대 절망
③ 자아 주체성 대 절망 → 생산적 대 정체 → 친분 대 고독
④ 생산적 대 정체 → 친분 대 고독 → 자아 주체성 대 절망

**13** 〈보기〉에서 설명하는 것은?

┤보기├
- 죽상동맥경화 병변이 특징인 질환이다.
- 위험요인은 연령, 흡연, 고혈압, 당뇨병, 이상지질혈증이다.
- 주요 증상은 체중부하 움직임 시 하지의 간헐적 파행이다.

① 뇌졸중(Stroke)
② 근감소증(Sarcopenia)
③ 신장질환(Kidney Disease)
④ 말초동맥질환(Peripheral Arterial Disease)

[해설]
말초동맥질환은 일반적으로 죽상경화증으로 인해 사지의 동맥(말초기관의 동맥)이 막히거나 좁아져서 혈류가 감소하는 질환이다.

**14** 노화에 따른 호흡계 변화로 옳은 것은?

기출▶ 18·20·21

① 잔기량의 감소
② 흉곽의 경직성 감소
③ 생리학적 사강의 감소
④ 호흡기 중추신경 활동에 대한 민감성 감소

해설
노화에 따라 폐포와 폐포관 주위의 탄력조직이 약화되고 석회화가 진행되어 흉곽의 경직성이 증가해 일명 '통가슴'이 되고, 잔기량 및 생리학적 사강의 증가 양상을 보인다.

**15** <보기>에서 노인 당뇨병 환자의 운동 효과로 옳은 것만을 모두 고른 것은?

기출▶ 19·23

┌─보기─────────────────┐
│ ㉠ 인슐린 저항성 증가            │
│ ㉡ 체지방 감소                  │
│ ㉢ 죽상동맥경화 합병증 위험 감소 │
│ ㉣ 인슐린 민감성 감소            │
│ ㉤ 골격근의 포도당 수송 능력 감소│
│ ㉥ 당뇨병 전단계에서 제2형 당뇨병으로의 진행 예방 │
└─────────────────────┘

① ㉠, ㉡, ㉥
② ㉡, ㉢, ㉣
③ ㉡, ㉢, ㉥
④ ㉣, ㉤, ㉥

해설
운동과 혈당 조절
당뇨병 환자에게 인슐린과 혈당은 떼려야 뗄 수 없는 동전의 앞뒤와 같은 것이다. 췌장에서 분비되는 인슐린은 혈중 포도당량을 줄이는 역할을 한다. 인슐린이 이 역할을 제대로 하는지 아닌지를 따지는 것이 인슐린 저항성과 민감성이다. 쉽게 말해 인슐린 저항성이라는 것은 인슐린이 둔감하게 작용하는 정도를 말하고, 인슐린 민감성은 이와 반대로 인슐린이 민감하게 반응하는 정도를 의미한다. 따라서 당뇨병 환자가 운동을 하면 근육에 필요한 당 수송이 활발히 일어나야 되므로 인슐린 저항성은 감소하고(㉠), 인슐린 민감성은 증가하며(㉣), 골격근의 포도당 수송 능력이 향상(㉤)하게 된다.

**16** 세계보건기구(World Health Organization)가 제시한 노인의 신체활동에 대한 심리적 단기 효과는?

기출▶ 19·22

① 이완(Relaxation)
② 기술 획득(Skill Acquisition)
③ 인지 향상(Cognitive Improvement)
④ 운동제어와 수행(Motor Control and Performance)

해설
WHO에서는 노인이 신체활동을 적절히 수행하면, 불안·우울·스트레스 수준이 낮아진다고 한다. 한편, 운동 기술의 획득·제어·수행이나 인지 능력의 향상과 같은 효과는 6개월 이상 꾸준히 운동을 해야 얻을 수 있는 것이라고 한다.

**17** 노화에 따른 인지기능 변화로 옳지 않은 것은?

기출▶ 15

① 유동성 지능의 감소
② 결정성 지능의 감소
③ 단기 기억력의 감소
④ 인지 처리 속도의 지연

해설
결정성 지능(Crystallized Intelligence)은 개인이 학습과 경험을 통해 습득한 지식과 기술의 총합을 의미한다. 이는 특정 분야에서 장기간 축적된 지각적 능력과 이해도를 나타내며, 교육, 경험, 환경, 문화 등 다양한 요인에 의해 형성된다. 따라서 결정성 지능은 연령과 학습 수준에 비례하여 발달하는 경향이 짙다. 좀 더 쉽게 말하자면, '연륜은 무시하지 못한다'는 말을 전문용어로 표현한 것이라고 할 수 있다.

정답  14 ④  15 ③  16 ①  17 ②

**18** 노인의 근·골격계 질환에 관한 권장 운동으로 옳지 않은 것은? 기출 18·22

① 골다공증 – 골밀도 증가를 위한 수영
② 관절염 – 관절 부담을 적게 주는 자전거 운동
③ 척추질환 – 단축된 결합조직을 이완시키는 유연성 운동
④ 근감소증 – 넘어짐을 예방하기 위한 체중부하 근력 운동

**해설**
수영과 같이 뼈에 체중 부하가 적은 운동은 골다공증 환자보다는 비만이나 당뇨병환자에게 좋다. 골다공증의 치료와 예방을 위해 골밀도를 높이고 싶다면, 뼈에 일정한 체중부하를 가하는 운동을 해야 한다. 그와 더불어 꾸준한 단백질과 칼슘의 섭취, 낙상 및 부상의 방지를 위한 평형성·민첩성·유연성 운동도 추가적으로 실시해야 한다.

**19** <보기>에서 치매 노인에게 적합한 운동 형태로 옳은 것만을 모두 고른 것은? 기출 15·17·19

| 보기 |
|---|
| ㉠ 계단 오르내리기 |
| ㉡ 밴드를 이용한 저항 운동 |
| ㉢ 물건 들고 안전하게 보행하기 |
| ㉣ 대근육군을 사용하는 자전거 타기 |

① ㉠, ㉡, ㉢, ㉣
② ㉡, ㉢, ㉣
③ ㉢, ㉣
④ ㉣

**해설**
ACSM 제11판(2022)에는 아래와 같이 제시되어 있다.
• 유산소 운동 : 대근육군을 이용한 장기간의 리듬 활동(걷기, 자전거 타기, 수영, 춤 등)
• 저항성 운동 : 중량 기계 및 기타 부하 장치(밴드, 체중)를 이용한 운동
• 유연성 운동 : 모든 주요 근육군을 이용하는 느린 정적 스트레칭
※ 출제오류로 최종정답에서 전항 정답 처리되었다.

**20** 노인 운동 시 위험관리에 관한 지침으로 옳은 것만을 모두 고른 것은? 기출 15·16·17·19·20·22·23

| 보기 |
|---|
| ㉠ 신체활동 프로그램 시작 전에 신체적 기능에 따라 참여자들을 선별한다. |
| ㉡ 심정지 노인의 심폐소생술 시행 중에는 자동심장충격기를 사용하지 않는다. |
| ㉢ 시각적 문제가 있는 경우 적절한 조명과 거울로 된 벽, 방향 표시를 한다. |
| ㉣ 청각적 문제가 있는 경우 잘 들리지 않는 귀 쪽으로 큰 소리로 이야기하며 지도한다. |
| ㉤ 심장질환의 징후인 가슴통증, 호흡곤란, 불규칙한 심박수가 나타나면 운동을 바로 중단한다. |

① ㉠, ㉡, ㉣
② ㉠, ㉢, ㉤
③ ㉡, ㉢, ㉤
④ ㉢, ㉣, ㉤

**해설**
㉡ 심정지 노인의 심폐소생술 시행 시 의식이 돌아올 때까지 흉부압박, 인공호흡, 자동심장충격기(AED)를 반드시 시행하여야 한다.
㉣ 청각적으로 문제가 있다 하더라도 소리 지르듯 이야기하지 말아야 한다. 청각의 사용에 제한이 있다면 다른 감각을 이용해야 한다. 시각을 이용할 때는 시범을 보일 때 천천히 여러 번 반복하거나, 노인들이 익히 알고 있는 물체나 도식을 이용해 이미지를 떠올리게 하는 지시를 사용하는 방법을 사용하면 좋다. 한편 촉각을 이용하는 방법도 있다. 스킨십을 적절히 활용해 천천히 해당 동작에 사용되는 신체 부위가 어떻게 움직이는지 노인이 느끼게 하는 방법을 사용하면 좋다.

# 2023년 선택과목 기출문제

## 제1과목 | 스포츠사회학

**01** 〈보기〉에서 스포츠의 교육적 순기능으로만 묶인 것은? 기출▶ 15·17·20·22

┤보기├
㉠ 학교와 지역사회의 통합
㉡ 평생체육의 연계
㉢ 스포츠의 상업화
㉣ 학업활동의 격려
㉤ 참여기회의 제한
㉥ 승리지상주의

① ㉠, ㉡, ㉣
② ㉠, ㉢, ㉤
③ ㉡, ㉢, ㉣
④ ㉡, ㉤, ㉥

**해설**
스포츠의 교육적 순기능
㉠·㉡·㉣ 스포츠의 교육적 순기능으로 각각 사회통합, 사회선도, 전인교육에 해당한다.

**02** 〈보기〉에서 코클리(J. Coakley)의 상업주의에 따른 스포츠의 변화에 관한 설명으로 옳은 것을 모두 고른 것은? 기출▶ 15·17·18·19·21·22·24

┤보기├
㉠ 스포츠 조직의 변화 – 스포츠 조직은 경품 추첨, 연예인의 시구와 같은 의전행사에 관심을 갖게 되었다.
㉡ 스포츠 구조의 변화 – 스포츠의 심미적 가치보다 영웅적 가치를 중시하게 되었다.
㉢ 스포츠 목적의 변화 – 아마추어리즘보다 흥행에 입각한 프로페셔널리즘을 추구하게 되었다.
㉣ 스포츠 내용의 변화 – 프로 농구의 경우, 전·후반제에서 쿼터제로 변경되었다.

① ㉠, ㉡
② ㉠, ㉢
③ ㉡, ㉢, ㉣
④ ㉠, ㉢, ㉣

**해설**
상업주의에 따른 스포츠의 변화
㉡ 스포츠의 심미적 가치보다 영웅적 가치를 중시하는 것은 스포츠 내용의 변화에 해당한다.
㉣ 전·후반제에서 쿼터제로 변경하는 것과 같이 경기의 방식 또는 구성을 변경하는 것은 스포츠 구조의 변화에 해당한다.

## 03 〈보기〉에서 설명하는 스포츠 세계화의 원인은?
기출▶ 16・19・21・22

┤보기├
'코먼웰스 게임(Commonwealth Games)'은 영연방 국가들이 참가하는 스포츠 메가 이벤트로, 영연방국가의 통합에 기여하는 측면이 있다. 영국의 스포츠로 알려진 크리켓과 럭비는 대부분 영국의 식민지였던 영연방국가에서 인기가 있다.

① 제국주의
② 민족주의
③ 다문화주의
④ 문화적 상대주의

**해설**
스포츠 세계화 : 제국주의
〈보기〉는 영국이 식민 지배를 강화하기 위해 크리켓과 럭비를 활용한 사례이다. 이는 스포츠 세계화의 원인 중에서 제국주의의 한 사례이다. 과거 영국과 같은 제국주의 국가들은 자국 식민지의 국민을 자국민으로 동화시키기 위해 스포츠를 이용했다. 이러한 접근은 스포츠의 세계화에도 영향을 미쳤다. 오늘날에도 영연방국가에서 크리켓과 럭비가 여전한 인기를 누리는 것은 바로 이러한 제국주의의 영향이라고 볼 수 있다.

## 04 〈보기〉에 해당하는 케년(G. Kenyon)의 스포츠 참가유형은?
기출▶ 17

┤보기├
• 특정 선수의 사인 볼 수집
• 특정 스포츠 관련 SNS 활동
• 특정 스포츠 물품에 대한 애착

① 일탈적 참가
② 행동적 참가
③ 정의적 참가
④ 인지적 참가

**해설**
② 행동적 참가 → 특정 선수의 사인 볼 수집
③ 정의적 참가 → 특정 스포츠 물품에 대한 애착
④ 인지적 참가 → 특정 스포츠 관련 SNS 활동

케년(G. Kenyon, 1970)의 스포츠 참가유형
• 행동적 참가 : 선수로서 경기에 직접 참가(1차적 참가), 코치・심판・생산자・소비자 등으로 경기에 참가(2차적 참가)
• 인지적 참가 : 공공기관이나 미디어를 통해 스포츠 관련 정보를 수용하는 참가
• 정의적 참가 : 특정 선수나 팀에 대해 감성적 성향을 표출하는 간접적 참가
• 일탈적 참가 : 직업을 등한시하고 대부분의 시간을 스포츠 참가에 할애하는 것(1차적 일탈), 경기 결과에 금전을 걸고 스포츠를 관람하는 것(2차적 일탈 = 도박, 탐닉)

## 05 〈보기〉의 ㉠, ㉡에 해당하는 거트만(A. Guttmann)의 근대 스포츠 특징은?
기출▶ 16

┤보기├
• ( ㉠ ) – 국제스포츠조직은 규칙의 제정, 대회의 운영, 종목 진흥 등의 역할을 담당한다.
• ( ㉡ ) – 투수라는 같은 포지션 내에서도 선발, 중간, 마무리 등으로 구분된다.

|   | ㉠ | ㉡ |
|---|---|---|
| ① | 관료화 | 평등성 |
| ② | 합리화 | 평등성 |
| ③ | 관료화 | 전문화 |
| ④ | 합리화 | 전문화 |

**해설**
근대 스포츠의 특징(A. Guttmann, 1978)
• 관료화 : 규칙을 정하고 경기를 조직적으로 운영함 – ㉠
• 전문화 : 포지션 분화와 리그의 세분화를 촉진함 – ㉡
• 세속화 : 경제적・사회적 가치와 같은 세속적 관심의 충족을 추구함
• 평등화(평등성) : 참가 대상, 게임 규칙, 경쟁 조건의 측면에서 평등함을 추구함
• 합리화 : 규칙・전략과 같은 합리적인 수단으로 구성됨
• 수량화(계량화) : 시간, 기록, 거리 등 경기에 수반되는 모든 것을 측정할 수 있는 수치로 표현함
• 기록화 : 기록을 수립하고 경신하는 것을 추구함

**06** 스나이더(E. Snyder)가 제시한 스포츠 사회화의 전이 조건이 아닌 것은? 기출▶ 17

① 참가의 가치
② 참가의 정도
③ 참가의 자발성 여부
④ 사회화 주관자의 위신과 위력

**해설**
스포츠 사회화의 전이 조건
스포츠를 통한 사회화의 전이 조건(E. Snyder, 1970)에는 참가의 정도, 참가의 자발성, 사회화 주관자의 위신, 스포츠 조직 내 사회적 관계, 참가자의 개인적·사회적 특성이 있다.

**07** 〈보기〉는 버렐(S. Birrell)과 로이(J. Loy)의 스포츠 미디어를 통해 충족할 수 있는 욕구에 관한 설명이다. ㉠~㉢에 해당하는 용어가 바르게 연결된 것은? 기출▶ 19·21·22

┤보기├
• ( ㉠ ) 욕구 – 스포츠 경기의 결과, 선수와 팀에 대한 통계적 지식을 제공해 준다.
• ( ㉡ ) 욕구 – 스포츠에 대한 흥미와 흥분을 제공해 준다.
• ( ㉢ ) 욕구 – 다른 사회집단과 경험을 공유하게 하며 공동체 의식을 갖게 한다.

|   | ㉠ | ㉡ | ㉢ |
|---|---|---|---|
| ① | 정의적 | 인지적 | 통합적 |
| ② | 인지적 | 통합적 | 정의적 |
| ③ | 정의적 | 통합적 | 인지적 |
| ④ | 인지적 | 정의적 | 통합적 |

**해설**
㉠ 인지적 욕구 : 경기의 결과, 선수와 팀에 대한 통계적 지식과 같이 스포츠에 대한 정보와 지식을 제공하는 욕구
㉡ 정의적 욕구 : 스포츠에서 느낄 수 있는 재미와 흥분을 통해 각성적 기능을 제공하는 욕구
㉢ 통합적 욕구 : 스포츠를 매개로 타인 및 사회집단과 경험을 공유하며, 친밀감을 형성케 하는 욕구

스포츠 미디어 이론 : 스포츠 미디어를 통해 충족할 수 있는 욕구 유형(Birrell-Loy, 1979)
버렐과 로이가 제시한 스포츠 미디어를 통해 충족할 수 있는 욕구 유형에는 위의 세 가지 말고도 '도피적 욕구'가 있다. 스포츠를 통해 불안, 우울, 초조, 욕구불만, 좌절 등의 부정적인 감정을 해소해 주는 기능을 제공한다.

**08** 〈보기〉의 ㉠, ㉡에 해당하는 용어가 바르게 연결된 것은? 기출▶ 15·16·17·18·19·20·22

┤보기├
• ( ㉠ ) – 국민의 관심이 높은 스포츠 경기를 무료 혹은 저렴한 비용으로 시청할 수 있는 권리를 말한다.
• ( ㉡ ) – 선수 개인의 사생활을 중심으로 대중을 자극하고 호기심에 호소하는 흥미 위주의 스포츠 관련 보도를 지칭한다.

|   | ㉠ | ㉡ |
|---|---|---|
| ① | 독점 중계권 | 뉴 저널리즘 (New Journalism) |
| ② | 보편적 접근권 | 옐로 저널리즘 (Yellow Journalism) |
| ③ | 독점 중계권 | 옐로 저널리즘 (Yellow Journalism) |
| ④ | 보편적 접근권 | 뉴 저널리즘 (New Journalism) |

**해설**
스포츠 미디어 이론, 스포츠 저널리즘
• 보편적 접근권 : 정보를 누구나 평등하게 누릴 수 있는 환경을 제공하는 것 – ㉠
• 독점 중계권 : 스포츠 경기에 대한 방송권을 한 방송사에서 독점하는 것
• 옐로 저널리즘(황색 언론) : 상업적인 목적으로 선수의 사생활과 같은 흥미 위주의 보도를 하는 저널리즘의 양식 – ㉡
• 뉴 저널리즘 : 전통적인 저널리즘의 객관성과 단편성을 거부하고, 언론사의 의견을 더하거나 심층적이고 해설적인 보도를 추구하는 저널리즘의 양식

**정답** 06 ① 07 ④ 08 ②

## 09 〈보기〉에서 설명하는 프로스포츠의 제도는?

기출▶ 19 · 22

┌ 보기 ┐
- 프로스포츠 구단이 소속 선수와의 계약을 해지하고 다른 구단에게 해당 선수를 양도받을 의향이 있는지 공개적으로 묻는 제도이다.
- 기량이 떨어지거나 심각한 부상을 당한 선수를 방출하는 수단으로 이용하고 있다.

① 보류 조항(Reserve Clause)
② 웨이버 조항(Waiver Rule)
③ 선수대리인(Agent)
④ 자유계약(Free Agent)

**해설**
프로스포츠 제도 : 웨이버 조항(웨이버 공시)
프로스포츠 구단이 소속 선수와 계약을 일방적으로 해지하고, 다른 구단에 해당 선수를 양도받을 의향이 있는지 공개적으로 통보하는 제도

## 10 스포츠 일탈의 순기능에 관한 사례로 적절하지 않은 것은?

기출▶ 19 · 21 · 22

① 승부조작 사례를 보고 많은 선수들이 경각심을 갖는다.
② 아이스하키 경기에서 허용된 주먹다짐은 잠재된 공격성을 해소시켜 준다.
③ 스포츠에서 선수들의 약물복용이 지속되면 경기의 공정성이 훼손된다.
④ 높이뛰기에서 배면뛰기 기술의 창안은 기록 경신에 기여하고 있다.

**해설**
선수들의 도핑으로 인해 경기에서의 공정성이 훼손되는 것은 스포츠 일탈의 역기능에 해당하는 사례이다.

스포츠 일탈의 순기능
- 규범을 재확인함으로써 규범에 대한 동조를 강화함 - ①
- 사회적 안전판의 역할을 수행함 - ②
- 사회적 개혁의 계기를 제공함
- 스포츠 상황에 창의성을 부여해 변화의 기회를 제공함 - ④

스포츠 일탈의 역기능
- 사회적 긴장을 초래함
- 스포츠 참가자의 사회화에 부정적 영향을 끼침
- 스포츠 체계의 질서(스포츠맨십, 공정성 등)를 위협함 - ③
- 부정적 행동에 대한 내면화

## 11 〈보기〉는 스트렌크(A. Strenk)가 제시한 국제정치에서 스포츠의 기능에 관한 설명이다. ㉠~㉢에 해당하는 내용이 바르게 연결된 것은?

기출▶ 15 · 18 · 19 · 20 · 22 · 24

┌ 보기 ┐
- ( ㉠ ) - 2002년 한일월드컵 4강 진출로 대한민국이 축구 강국으로 인식
- ( ㉡ ) - 1980년 모스크바올림픽에서 서방 국가들의 보이콧 선언
- ( ㉢ ) - 1936년 베를린올림픽에서 나치즘의 정당성과 우월성 과시

|   | ㉠ | ㉡ | ㉢ |
|---|---|---|---|
| ① | 외교적 도구 | 정치이념 선전 | 국위선양 |
| ② | 국위선양 | 외교적 항의 | 정치이념 선전 |
| ③ | 국위선양 | 외교적 도구 | 외교적 항의 |
| ④ | 외교적 도구 | 외교적 항의 | 정치이념 선전 |

**해설**
스포츠의 정치적 기능
㉠ 월드컵 4강 진출로 대한민국이 축구 강국으로 인식된 것은 스포츠가 국위선양의 수단으로 기능한 사례이다.
㉡ 구소련의 아프가니스탄 침공을 문제 삼아 서방 국가들이 모스크바올림픽을 보이콧 선언한 것은 스포츠가 외교적 항의 수단으로 기능한 사례이다.
㉢ 베를린 올림픽에서 스포츠를 나치즘의 정당성과 우월성을 과시하기 위한 수단으로 이용한 것은 스포츠가 정치이념 선전의 수단으로 기능한 사례이다.

## 12 〈보기〉에서 설명하는 부르디외(P. Bourdieu)의 문화자본 유형은?
기출▶ 17·19

┌─보기─────────────────────────┐
- 테니스의 경기 기술뿐만 아니라 경기 매너도 습득하게 된다.
- 스포츠 활동처럼 몸으로 체득하게 되는 성향을 의미한다.
- 획득하는 데 시간이 오래 걸리고, 타인에게 양도나 전이, 교환이 어렵다.
└─────────────────────────────┘

① 체화된(Embodied) 문화자본
② 객체화된(Objectified) 문화자본
③ 제도화된(Institutionalized) 문화자본
④ 주체화된(Subjectified) 문화자본

**해설**
〈보기〉의 설명과 같이 체득과 체화, 개인의 특성의 키워드로 설명할 수 있는 것은 체화된 문화자본이다. 체화된 문화자본은 말 그대로 '체화(몸에 배어서 자기 것이 됨)'되어서 타인에게 양도 및 전이될 수 없고, 타인과 교환하기 어렵다.

문화자본론(P. Bourdieu, 1986)
부르디외는 문화자본을 체화된 문화자본, 객관화된 문화자본, 제도화된 문화자본의 세 가지 유형으로 구분했다.

## 13 〈보기〉에서 투민(M. Tumin)이 제시한 스포츠계층의 특성 중 보편성(편재성)에 해당하는 것으로만 묶인 것은?
기출▶ 18·20·21·22

┌─보기─────────────────────────┐
㉠ 스포츠는 인기 종목과 비인기 종목으로 구분된다.
㉡ 과거에 비해 운동선수들의 지위가 향상되고 있다.
㉢ 종합격투기는 체급에 따라 대전료와 중계권료 등에 차등이 있다.
㉣ 계층에 따라 스포츠 참여 빈도, 유형, 종목이 달라지며, 이러한 차이는 개인의 삶에 영향을 미친다.
└─────────────────────────────┘

① ㉠, ㉡  ② ㉠, ㉢
③ ㉡, ㉣  ④ ㉢, ㉣

**해설**
스포츠계층의 특성
- 보편성(편재성): 스포츠계층은 장소와 시간을 불문하고 존재하며, 종목 간이나 종목 내에서도 나타남 – ㉠·㉢
- 역사성: 스포츠계층은 역사발전 과정을 거치며 변천해 왔음 – ㉡
- 영향성: 스포츠계층은 생활기회와 생활양식의 변화에 영향을 미침 – ㉣
- 사회성: 스포츠계층은 다양한 사회문화적 현상을 반영함
- 다양성: 스포츠계층은 소득, 교육, 직업 등 다양한 기준으로 나뉨

## 14 〈보기〉의 밑줄 친 ㉠, ㉡을 설명하는 집합행동 이론이 바르게 연결된 것은?
기출▶ 20 21

┌─보기─────────────────────────┐
- 이 코치: 어제 축구 봤어? 경기 도중 관중폭력이 발생했잖아.
- 김 코치: ㉠ 나는 그 경기를 경기장에서 직접 봤는데 관중들의 야유 소리가 점점 커지면서 관중폭력이 일어났어.
- 이 코치: ㉡ 맞아! 그 경기 이전에 이미 관중의 인종차별 사건이 있었잖아. 만약 인종차별이 먼저 발생하지 않았다면, 어제 경기에서 그런 관중폭력은 없었을 거야.
└─────────────────────────────┘

|   | ㉠ | ㉡ |
|---|---|---|
| ① | 전염이론 | 규범생성이론 |
| ② | 수렴이론 | 부가가치이론 |
| ③ | 전염이론 | 부가가치이론 |
| ④ | 수렴이론 | 규범생성이론 |

**해설**
관중폭력을 설명하는 이론
- 전염이론: 특정 관중들의 행동에 전체 관중이 동조·전염되어 집단 폭력이 일어난다는 이론 – ㉠
- 부가가치이론: 인종차별 사건에 부정적인 가치가 부가되어 집단적 폭력행위로 이어진다는 이론 – ㉡
- 수렴이론: 군중 속 개인의 잠재적 본성(폭력성)이 익명성을 바탕으로 표출된다는 이론
- 규범생성이론: 군중의 폭력 행위에 동조하지 않고 군중 속의 개인이 이성적으로 판단하여 행동할 수 있다는 이론

**정답** 12 ① 13 ② 14 ③

**15** 메기(J. Magee)와 서덴(J. Sugden)이 제시한 스포츠 노동이주의 유형에 관한 설명 중 적절하지 않은 것은?　기출▶ 21

① 개척자형 – 스포츠 보급을 통해 금전적 보상을 추구하는 유형
② 정착민형 – 영구적으로 정착할 수 있는 곳을 찾는 유형
③ 귀향민형 – 해외에서의 스포츠 경험을 바탕으로 자국으로 복귀하는 유형
④ 유목민형 – 개인의 취향대로 흥미로운 장소를 돌아다니면서 스포츠에 참여하는 유형

**해설**
스포츠 노동이주를 통해 경제적인 보상을 꾀하는 유형은 용병형이다. 개척자형은 새로운 스포츠 기회를 찾아 미개발 지역으로 이주하는 유형이다.

**해설**
코클리(J. Coakley)의 스포츠 일탈
- 상대론적 접근 : 특정 행위가 사회구조에서 바라보는 인간관계의 상호작용을 기반으로 일탈의 범위가 결정되는 것을 말하며, 이를 통해 과잉동조를 설명할 수 있다. 상대론적 접근에 따르면 스포츠 일탈은 개인의 윤리적 문제가 아닌 사회 구조적인 문제이다. – ㉠
- 절대론적 접근 : 사회규범은 불변한다는 주장에 근거하여 사회가 요구하는 절대적 기준에서 벗어나는 것을 일탈로 보는 것이다. 개인의 특정 행동이 일탈이냐 아니냐 하는 것은 사회적으로 보편타당한, 절대 불변한 가치 체계ㆍ규범에 따라 판단되는 것이다. 코클리는 개인의 특정 행동이 이러한 사회규범에 어긋난다면, 이는 개인의 일탈행동에 해당된다고 본다.
- 과잉동조 : 집단에서 만들어진 규범, 관습, 목표에 무비판적으로 동조하는 행위이다. – ㉡
- 과소동조 : 집단에서 만들어진 규범, 관습, 목표를 무시ㆍ거부하는 행위이다.

**16** 〈보기〉는 코클리(J. Coakley)가 제시한 스포츠 일탈에 관한 설명이다. ㉠, ㉡에 해당하는 용어가 바르게 연결된 것은?　기출▶ 19ㆍ21ㆍ22ㆍ24

┤보기├
- ( ㉠ )에 따르면 스포츠 일탈이 용인되는 범위는 사회적으로 타협하는 과정을 통해 구성된다.
- ( ㉡ )는 과훈련(Over-training), 부상 투혼 등을 거부감 없이 무비판적으로 수용하는 것이다.

|   | ㉠ | ㉡ |
|---|---|---|
| ① | 상대론적 접근 | 과소동조 |
| ② | 절대론적 접근 | 과잉동조 |
| ③ | 절대론적 접근 | 과소동조 |
| ④ | 상대론적 접근 | 과잉동조 |

**17** 스포츠사회화를 이해하기 위한 사회학습이론의 관점으로 적절하지 않은 것은?　기출▶ 17ㆍ19ㆍ21ㆍ22ㆍ24

① 상과 벌을 통해 행동이 변화한다.
② 다른 사람의 행동을 관찰하여 모방이 일어난다.
③ 사회화 주관자의 가르침을 통해 행동이 변화한다.
④ 개인은 자신이 처해있는 상황을 스스로 학습하고 변화한다.

**해설**
역할이론에 관한 설명이다. 역할이론은 개인이 처한 환경에 스스로를 맞추기 위해 변화하는 과정에서 사회화가 이루어짐을 강조한다.

**사회학습이론**
사회학습이론은 개인이 사회적 행동을 습득하고 수행하는 방법을 분석하고 규명하는 이론으로, 강화, 코칭, 관찰학습으로 사회화가 이루어진다고 본다.

**18** 〈보기〉에서 설명하는 스포츠의 정치적 속성은?

기출▶ 20・21・24

┌ 보기 ┐
에티즌(D. Eitzen)과 세이지(G. Sage)에 의하면 다양한 팀, 리그, 선수 단체 및 행정 기구는 각각의 특성에 따라 불평등하게 배분된 자원과 권한을 갖게 되고, 더 많은 권한을 갖기 위해 대립적 갈등을 겪게 된다.
└─────┘

① 보수성
② 긴장 관계
③ 권력투쟁
④ 상호의존성

**해설**
스포츠의 정치적 속성 : 권력투쟁
스포츠 조직 내에서 불평등하게 배분된 자원과 권한 때문에 더 많은 권한과 자원을 차지하기 위해 대립과 갈등을 겪는 것을 권력투쟁이라고 한다.

**19** 〈보기〉에서 설명하는 맥퍼슨(B. McPherson)의 스포츠 미디어 이론은?

기출▶ 19・21・22

┌ 보기 ┐
• 대중매체를 통한 개인의 스포츠 소비 형태는 중요 타자의 가치와 소비행동에 의해 영향을 받는다.
• 스포츠 수용자 역할로의 사회화는 스포츠에 참여하는 가족 구성원으로부터 받은 스포츠 소비에 대한 승인 정도가 중요하게 작용한다.
└─────┘

① 개인차이론
② 사회범주이론
③ 문화규범이론
④ 사회관계이론

**해설**
사회관계이론(B. McPherson)
사회관계이론은 대중매체를 통한 개인의 스포츠 소비 형태가 중요 타자의 가치관과 행동에 의해 다양하게 영향을 받는다는 이론이다. 가족, 친구, 동료 등과 같은 비공식적 사회관계는 개인이 대중매체의 메시지에 대해 반응하는 태도를 수정하게 하는 중요한 역할을 한다.

**20** 〈보기〉에서 설명하는 스포츠사회학 이론은?

기출▶ 17・19・20・21・22

┌ 보기 ┐
• 일상에서 특정 물건을 소비하는 것은 자신의 계급 위치를 상징화하는 행위이다.
• 자원과 시간의 소비가 요구되는 스포츠에 참여하는 것은 계급 표식 행위이다.
• 고가의 스포츠 용품, 골프 회원권 등의 과시적 소비 양상이 나타난다.
└─────┘

① 갈등이론
② 구조기능이론
③ 비판이론
④ 상징적 상호작용론

**해설**
유한계급론
〈보기〉에서 설명하는 스포츠사회학 이론은 베블런의 유한계급론이다. 유한계급(有閑階級, Leisure Class)은 생산 활동에 무관심하고 과시적인 소비를 하는 계층을 말한다. 베블런은 유한계급이 그들의 사회적 지위를 유지하고 과시하기 위해 과시적인 소비를 하지만 이것이 생산성 향상이나 사회 발전에 기여하지는 않는다고 주장했다.

※ 〈보기〉의 내용은 유한계급론에 해당하여 최종 정답에서 전 항 정답 처리되었습니다.

정답 18 ③  19 ④  20 전항 정답

## 제2과목 | 스포츠교육학

**01** 〈보기〉에서 설명하는 스포츠 교육 평가의 신뢰도 검사 방법은?  기출▶ 15·16·17·19·22

┤보기├
- 동일한 검사에 대해 시간 차이를 두고 2회 측정해서 측정값을 비교해 차이가 작으면 신뢰도가 높고, 크면 신뢰도가 낮은 것으로 판단한다.
- 첫 번째와 두 번째 측정 사이의 시간 차이가 너무 길거나 짧으면 신뢰도가 낮게 나올 수 있다.

① 검사-재검사
② 동형 검사
③ 반분 신뢰도 검사
④ 내적 일관성 검사

**해설**
검사-재검사
검사-재검사 방법은 동일한 검사를 같은 집단에 두 번 실시하여 두 검사 간의 결과값을 바탕으로 신뢰도를 측정하는 방법이다. 검사 과정에서 첫 번째 검사와 두 번째 검사의 시간적 간격이 너무 길거나 짧으면 신뢰도가 낮게 측정될 수 있다.

**02** 〈보기〉의 수업 장면에서 활용한 모스턴(M. Mosston)의 교수 스타일에 관한 설명으로 적절하지 않은 것은?  기출▶ 16·18·19·20·21·22

┤보기├

| 신체활동 | 축구 |
|---|---|
| 학습목표 | 인프런트킥으로 상대방 수비수를 넘겨 동료에게 패스할 수 있다. |

| 수업장면 |
|---|

- 지도자 : 네 앞에 상대방 수비수가 있을 때, 수비수를 넘겨 동료에게 패스하려면 어떻게 공을 차야 할까?
- 학습자 : 상대방 수비수를 넘길 수 있을 정도의 높이로 공을 띄워야 해요.
- 지도자 : 그럼, 발의 어느 부분으로 공의 밑 부분을 차면 수비수를 넘길 수 있을까?
- 학습자 : 발등과 발 안쪽의 중간 지점이요. (손가락으로 엄지발가락을 가리킨다)
- 지도자 : 좋은 대답이야. 그럼, 우리 한 번 상대방 수비수를 넘기는 킥을 연습해 볼까?

① 지도자는 논리적이며 계열적인 질문을 설계해야 한다.
② 지도자는 질문에 대한 학습자의 해답을 검토하고 확인한다.
③ 지도자는 학습자에게 예정된 해답을 즉시 알려준다.
④ 지도자는 학습자와 지속적으로 상호작용하며 의사결정을 한다.

**해설**
지도자는 학습자에게 해답을 즉시 알려주기보다는 학습자가 수업 내용에 대해 호기심이 생기게 하고 답변을 준비하는 데 추리력을 활용케 하기 위해 탐구 시간을 제공한다.

모스턴(M. Mosston)의 교수 스타일 : 수렴발견형 교수 스타일
〈보기〉에서 활용한 모스턴의 교수 스타일은 수렴발견형이다. 수렴발견형이 적용된 수업에서 지도자는 교과 내용을 결정하고 질문을 계획하여 학습자에게 예정된 해답을 발견하게 하고, 이와 같은 수렴적 과정을 통해 학습자는 지식을 깨치게 된다.

## 03 로젠샤인(B. Rosenshine)과 퍼스트(N. Furst)가 제시한 학습성취와 관련된 지도자 변인에 해당하지 않는 것은?

① 지도자의 경력
② 명확한 과제 제시
③ 지도자의 열의
④ 프로그램의 다양화

**해설**
직접교수모형
• 로젠샤인과 퍼스트가 제시한 학습성취와 관련된 지도자 변인
 - 명확한 과제 제시 : ②
 - 프로그램의 다양화 : ④
 - 과제지향적·능률적 지도행동
 - 지도자의 열의 : ③
 - 프로그램 내용의 적절성

## 04 링크(J. Rink)가 제시한 교수 전략(Teaching Strategy) 중 한 명의 지도자가 수업에서 공간을 나누어 두 가지 이상의 과제를 동시에 진행하는 것은? 기출▶ 15·19·21·22

① 자기 교수(Self Teaching)
② 팀 티칭(Team Teaching)
③ 상호 교수(Interactive Teaching)
④ 스테이션 교수(Station Teaching)

**해설**
스테이션 교수
스테이션 교수(Station Teaching)는 교사 한 명이 둘 이상의 과제가 동시에 진행되도록 스테이션(학습 환경)을 설계하여 지도하는 수업 방법이다. 기구가 부족한 상황에서 적용할 수 있으며, 학습자가 자기가 수행할 수업 내용을 선택할 때 능동적으로 선택할 수 있다는 장점이 있다.

## 05 〈보기〉는 국민체육진흥법 제18조의3「스포츠윤리센터의 설립」에 관한 내용이다. ㉠, ㉡에 들어갈 용어가 바르게 연결된 것은? 기출▶ 22

┌ 보기 ┐
체육의 ( ㉠ ) 확보와 체육인의 ( ㉡ )를 위하여 스포츠윤리센터를 설립한다.
└────┘

|  | ㉠ | ㉡ |
|---|---|---|
| ① | 정당성 | 권리 강화 |
| ② | 정당성 | 인권 보호 |
| ③ | 공정성 | 권리 강화 |
| ④ | 공정성 | 인권 보호 |

**해설**
스포츠윤리센터의 설립(국민체육진흥법 제18조의3)
체육의 공정성 확보와 체육인의 인권 보호를 위하여 스포츠윤리센터를 설립한다.

**정답** 03 ① 04 ④ 05 ④

## 06 스포츠 교육 프로그램의 지도 원리에 관한 설명이 적절하지 않은 것은? 기출 16·19·22

① 개별성의 원리 – 개인차를 고려한 다양한 수준별 지도
② 효율성의 원리 – 학습자 스스로 내용을 파악하고 문제 해결
③ 적합성의 원리 – 지도자의 창의적인 지도 활동의 선정과 활용
④ 통합성의 원리 – 교수·학습 내용의 다양화와 신체활동의 총체적 체험

**해설**
학습자 스스로 내용을 파악하고 문제를 해결하는 것은 자발성의 원리에 해당한다.
스포츠 교육 프로그램의 지도 원리
스포츠 교육 프로그램의 지도원리에는 ① 개인차를 고려하고 다양한 수준별 지도를 제공해 학습자의 소외현상을 막는 개별성의 원리, ③ 지도자의 창의적인 지도 활동의 선정과 다양한 전략의 활용을 도모하는 적합성의 원리, ④ 교수·학습 내용의 다양화와 신체 활동의 총체적 체험을 추구하는 통합성의 원리가 있다.

## 07 직접교수모형에 관한 설명으로 적절하지 않은 것은? 기출 22

① 학습 영역의 우선순위는 심동적 영역이다.
② 스키너(B. Skinner)의 조작적 조건화 이론에 근거한다.
③ 지도자 중심으로 의사결정이 이루어져 학습자의 과제참여 비율이 감소한다.
④ 수업의 단계는 전시과제 복습, 새 과제 제시, 초기과제 연습, 피드백과 교정, 독자적 연습, 본시 복습의 순으로 진행된다.

**해설**
직접교수모형
직접교수모형에서는 지도자 중심으로 의사결정이 이루어지므로 수업 시간을 효과적으로 이용할 수 있다. 이때, 교사는 학습자가 연습 과제와 기능 연습에 많이 참여토록 안내하며, 학습자가 연습하는 것을 관찰하고 피드백을 제공하기 때문에 학습자의 과제 참여 비율이 높다.

## 08 스포츠기본법 제7조 「스포츠 정책 수립·시행의 기본원칙」 중 국가와 지방자치단체의 스포츠 정책에 관한 고려사항에 해당하지 않는 것은? 기출 22

① 스포츠 활동을 존중하고 사회 전반에 확산되도록 할 것
② 스포츠 대회 참가 목적을 국위선양에 두어 지원할 것
③ 스포츠 활동 참여와 스포츠 교육의 기회가 확대되도록 할 것
④ 스포츠의 가치를 존중하고 스포츠의 역동성을 높일 수 있을 것

**해설**
스포츠 정책 수립·시행의 기본원칙(스포츠기본법 제7조)
국가와 지방자치단체는 스포츠에 관한 정책을 수립하고 시행할 때에는 다음의 사항을 충분히 고려하여야 한다.
• 스포츠권을 보장할 것
• 스포츠 활동을 존중하고 사회전반에 확산되도록 할 것
• 국민과 국가의 스포츠 역량을 높이기 위한 여건을 조성하고 지원할 것
• 스포츠 활동 참여와 스포츠 교육의 기회가 확대되도록 할 것
• 스포츠의 가치를 존중하고 스포츠의 역동성을 높일 수 있을 것
• 스포츠 활동과 관련한 안전사고를 방지할 것
• 스포츠의 국제 교류·협력을 증진할 것

**09** 모스턴(M. Mosston)의 포괄형(Inclusion) 교수 스타일에 관한 설명으로 적절하지 않은 것은?

기출 16·18·19·20·21·22

① 지도자는 발견 역치(Discovery Threshold)를 넘어 창조의 단계로 학습자를 유도한다.
② 지도자는 기술 수준이 다양한 학습자들의 개인차를 수용한다.
③ 학습자가 성취 가능한 과제를 선택하고 자신의 수행을 점검한다.
④ 과제 활동 전, 중, 후 의사결정의 주체는 각각 지도자, 학습자, 학습자 순서이다.

**해설**
유도발견형 스타일은 교사가 제시한 논리적 질문에 대해 학습자가 스스로 답을 찾는 방식으로, 교사는 학습자가 발견해야 할 해답에 대한 계열적 질문을 제공하여 학습자 스스로 발견 역치를 넘어 창조 단계로 넘어오도록 유도한다.
모스턴(M. Mosston)의 교수 스타일 : 포괄형 교수 스타일
포괄형 교수 스타일은 학습자가 자신의 수준을 인식하고 수행할 수 있는 난이도의 과제를 선택해 수업을 진행하는 방법이다.

**10** 〈보기〉에서 설명하는 링크(J. Rink)의 학습 과제 연습 방법은?

기출 15·19·21·22

┤보기├
- 복잡한 운동 기술의 경우, 기술의 주요 동작이나 마지막 동작을 초기 동작보다 먼저 연습하게 한다.
- 테니스 서브 과제에서 공을 토스하는 동작을 연습하기 전에 공을 라켓에 맞추는 동작을 먼저 연습한다.

① 규칙 변형
② 역순 연쇄
③ 반응 확대
④ 운동 수행의 목적 전환

**해설**
링크(J. Rink)의 학습 과제 연습 방법 : 역순 연쇄
동작이 일어나는 순서에 따라 가르치지 않고 주요 동작이나 마지막 동작부터 먼저 교수하는 것을 역순 연쇄라 한다.

**11** 〈보기〉에 해당하는 쿠닌(J. Kounin)의 교수 기능은?

기출 24

┤보기├
- 지도자가 자신의 머리 뒤에도 눈이 있다는 듯이 학습자들의 행동을 파악하는 것
- 지도자가 학습자들 간에 발생하는 사건을 인지하는 것

① 접근통제(Proximity Control)
② 긴장 완화(Tension Release)
③ 상황이해(With-it-ness)
④ 타임아웃(Time-out)

**해설**
쿠닌(J. Kounin)의 교수 기능 : 상황이해
상황이해(With-it-ness)는 지도자가 수업 환경에서 일어나는 모든 일을 알고 있는 것처럼 알리고 행동하는 것이다.

정답 09 ① 10 ② 11 ③

## 12 〈보기〉에서 활용된 스포츠 지도 행동의 관찰기법은?

기출 15 · 16 · 17 · 19 · 22

| 보기 |

- 지도자 : 강 감독
- 수업내용 : 농구 수비전략
- 관찰자 : 김 코치
- 시 간 : 19:00 ~ 19:50

| 구 분 | 피드백의 유형 | 표기(빈도) | 비 율 |
|---|---|---|---|
| 대 상 | 전 체 | ∨∨∨∨∨ (5회) | 50% |
| | 소집단 | ∨∨∨ (3회) | 30% |
| | 개 인 | ∨∨ (2회) | 20% |
| 성 격 | 긍 정 | ∨∨∨∨∨∨∨∨ (8회) | 80% |
| | 부 정 | ∨∨ (2회) | 20% |
| 구체성 | 일반적 | ∨∨∨ (3회) | 30% |
| | 구체적 | ∨∨∨∨∨∨∨ (7회) | 70% |

① 사건 기록법(Event Recording)
② 평정 척도법(Rating Scale)
③ 일화 기록법(Anecdotal Recording)
④ 지속시간 기록법(Duration Recording)

**해설**
사건기록법은 특정 행동이 발생할 때마다 그 사건을 기록하는 방법이다.

평가의 기법과 사례
- 평정 척도법 : 정성적인 특성을 지닌 정보를 정량적 수치로 환산하여 기록하는 방법 – ②
- 일화 기록법 : 교사가 수업을 관찰한 후에 관찰한 사항을 기록하는 방법 – ③
- 지속시간 기록법 : 특정 행동이 지속되는 시간을 기록하는 방법 – ④

## 13 배구 수업에서 운동기능이 낮은 학습자의 참여 증진을 위한 스포츠 지도 방법으로 적절하지 않은 것은?

기출 21 · 22

① 네트 높이를 낮춘다.
② 소프트한 배구공을 사용한다.
③ 서비스 라인을 네트와 가깝게 위치시킨다.
④ 정식 게임(Full-sided Game)으로 운영한다.

**해설**
지도방법론
운동 기능이 낮은 학습자의 참여를 증진시키고 학습자의 흥미를 이끌어내기 위해 게임에 참여시킬 수 있다. 이때, 정식 게임에 먼저 참여케 하기보다는 변형 게임에 먼저 참여케 하는 것이 적절하다. 선지의 ① · ② · ③은 ④의 정식 규칙을 변형한 규칙이다.

## 14 메이거(R. Mager)가 제시한 학습 목표 설정의 요소가 아닌 것은?

① 설정된 운동 수행 기준
② 운동 수행에 필요한 상황과 조건
③ 학습자에게 기대되는 성취행위
④ 목표 달성이 불가능할 경우의 대처방안

**해설**
메이거(R. Mager)의 학습 목표 설정 요소 ABCD
- 학습 대상자(Audience)
- 학습자에게 기대되는 성취행위(Behavior) – ③
- 운동 수행에 필요한 상황과 조건(Condition) – ②
- 운동 수행의 기준 및 수준(Degree) – ①

12 ① 13 ④ 14 ④

## 15
〈보기〉에서 메츨러(M. Metzler)의 탐구수업모형에 관한 설명으로 옳은 것을 모두 고른 것은?

|보기|
㉠ 모형의 주제는 '문제해결자로서의 학습자'이다.
㉡ 학습 영역의 우선순위는 심동적, 인지적, 정의적 순이다.
㉢ 지도자는 학습자가 '생각하고 움직이기'를 할 수 있도록 과제를 제시한다.
㉣ 지도자의 질문에 학습자가 바로 대답하지 못하는 경우 즉시 답을 알려준다.

① ㉠, ㉢
② ㉡, ㉢
③ ㉠, ㉡, ㉢
④ ㉠, ㉡, ㉣

**해설**
㉡ 학습영역의 우선순위는 인지적 > 심동적 > 정의적 순이다.
㉣ 학습자가 질문에 바로 대답하지 못할 경우, 즉시 답을 알려주기보다는 사고를 정교화할 수 있게 단서나 피드백을 제공하여 스스로 답을 찾을 수 있게 한다.

## 16
스포츠 참여자 평가에서 심동적(Psychomotor) 영역에 해당하는 것은?

① 몰 입
② 심폐지구력
③ 협동심
④ 경기 규칙 이해

**해설**
스포츠 참여자 평가
• 심동적 영역 : 신체적 기능 및 능력의 발달에 관한 영역 – ②
• 인지적 영역 : 지식, 사고 등의 정신 능력을 포함하는 행동 특성의 영역 – ①・④
• 정의적 영역 : 행동과 관련한 동기, 감정, 가치 등을 포함하는 영역 – ③

## 17
〈보기〉에 해당하는 운동기능의 학습 전이(Transfer) 유형은?

|보기|
야구에서 배운 오버핸드 공 던지기가 핸드볼에서 오버핸드 공 던지기 기능으로 전이되는 경우이다.

① 대칭적 전이
② 과제 내 전이
③ 과제 간 전이
④ 일상으로의 전이

**해설**
과제 전이 유형 : 과제 간 전이
과제 간 전이는 한 과제의 학습이 다른 과제의 수행에 영향을 미치는 것이다. 일상으로의 전이는 헬리슨(D. Hellison)이 제시한 개인적・사회적 책임감 수준의 단계로 과제 전이 유형과는 무관하다.
과제 전이 유형
• 대칭적 전이 : 사지의 어느 쪽을 학습하는 것과 상관없이 양쪽 모두에 대한 전이효과가 유사하게 나타나는 것 – ①
• 과제 내 전이 : 같은 과제를 수행할 때 서로 다른 조건에서 수행에 영향을 받는 것 – ②
• 비대칭 전이 : 한쪽 사지의 학습이 다른 쪽 사지의 운동기술 학습에 영향을 주는 것

## 18
스포츠 교육 프로그램의 구성요소에 관한 설명으로 적절하지 않은 것은?

① 평가 – 프로그램을 개선하는 데 도움을 준다.
② 내용 – 스포츠 지도의 철학, 이념 또는 비전이다.
③ 지도법 – 프로그램을 체계적으로 전달하는 방법이다.
④ 목적 및 목표 – 일반적인 목표와 구체적인 목표로 구분할 수 있다.

**해설**
스포츠 교육 프로그램의 구성요소
'내용'은 스포츠 프로그램이 추구하는 교육 목표를 구체화한 것이다. 스포츠 지도의 철학・이념・비전을 담은 것은 '목적'이다.

**정답** 15 ① 16 ② 17 ③ 18 ②

**19** 메츨러(M. Metzler)의 개별화지도모형의 주제로 적절한 것은? 기출▶ 21·22

① 지도자가 수업 리더 역할을 한다.
② 나는 너를, 너는 나를 가르친다.
③ 유능하고, 박식하며, 열정적인 스포츠인으로 성장한다.
④ 학습자가 가능한 한 빨리, 필요한 만큼 천천히 학습 속도를 조절한다.

**해설**
개별화지도모형
메츨러의 개별화지도모형은 '수업진도는 학생이 결정한다'를 주제로 교수학습이 진행되며, 해당 모형에서는 학습자가 가능한 한 빨리, 필요한 만큼 천천히 자기주도적 연습을 수행할 수 있다.
다양한 지도모형들의 주제
- 직접교수모형 : 지도자가 수업 리더 역할을 한다. – ①
- 동료교수모형 : 나는 너를, 너는 나를 가르친다. – ②
- 스포츠교육모형 : 유능하고, 박식하며, 열정적인 스포츠인으로 성장한다. – ③

**20** 학교체육진흥법 시행령 제3조 '학교운동부지도자의 자격기준 등'에서 제시한 학교운동부지도자 재임용의 평가 내용이 아닌 것은? 기출▶ 16·17·18·19·20·21·22

① 복무 태도
② 학교운동부 운영 성과
③ 인권교육 연 1회 이상 이수 여부
④ 학생선수의 학습권 및 인권 침해 여부

**해설**
학교운동부지도자의 자격기준 등(학교체육진흥법 시행령 제3조 제4항)
학교의 장은 학교운동부지도자를 재임용할 때에는 다음의 사항을 평가한 후 그 결과에 따라 재임용 여부를 결정해야 한다.
- 직무수행 실적
  – 학생선수에 대한 훈련계획 작성, 지도 및 관리
  – 학생선수의 각종 대회 출전 지원 및 인솔
  – 훈련 및 각종 대회 출전 시 학생선수의 안전관리
  – 경기력 분석 및 훈련일지 작성
  – 훈련장의 안전관리
- 복무 태도 – ①
- 학교운동부 운영 성과 – ②
- 학생선수의 학습권 및 인권 침해 여부 – ③

정답 19 ④ 20 ③

## 제3과목 | 스포츠심리학

**01** 스포츠심리학의 주된 연구의 동향과 영역에 포함되지 않는 것은? 기출▶ 21

① 인지적 접근과 현장 연구
② 경험주의에 기초한 성격 연구
③ 생리학적 항상성에 관한 연구
④ 사회적 촉진 및 각성과 운동 수행의 관계 연구

**해설**
생리학적 항상성에 관한 연구는 운동생리학의 연구영역이다.
스포츠심리학의 연구 동향과 영역
스포츠심리학은 심리적·사회적 요인이 경기력에 미치는 영향과 현상을 논하는 학문이다.

**02** 데시(E. Deci)와 라이언(R. Ryan)이 제시한 자기결정이론(Self-determination Theory)에서 외적 동기 유형으로 분류되지 않는 것은? 기출▶ 16·19·21

① 무동기(Amotivation)
② 확인규제(Identified Regulation)
③ 통합규제(Integrated Regulation)
④ 의무감규제(Introjected Regulation)

**해설**
자기결정이론(자기결정성이론)
자기결정이론은 동기 형태에 따라 인간의 성취 행동이 달라진다고 보는 관점으로, 인간의 행동을 자율성의 정도에 따라 개념화한다. 데시와 라이언이 분류한 여러 동기 중 외적 동기에는 확인규제, 통합규제, 의무감규제가 있다. 무동기는 외적 동기에 해당하지 않는다.

**03** 〈보기〉에서 설명하는 개념은? 기출▶ 20·21

┤보기├
체육관에서 관중의 함성과 응원 소리에도 불구하고, 작전타임에서 코치와 선수는 서로 의사소통이 가능하다.

① 스트룹 효과(Stroop Effect)
② 지각협소화(Perceptual Narrowing)
③ 무주의 맹시(Inattention Blindness)
④ 칵테일파티 효과(Cocktail Party Effect)

**해설**
칵테일파티 효과
우리는 소란스러운 상황에서도 자신과 관련된 정보를 선택적으로 받아들일 수 있는데 이를 칵테일파티 효과라 한다. 칵테일파티 효과는 뇌의 선택적 청취 능력으로 인해 발생하는 현상으로, 응원과 함성 소리로 인해 소란스러운 상황에서도 선수들이 코치와 의사소통이 가능한 이유를 설명할 수 있다.

**정답** 01 ③  02 ①  03 ④

04 〈표〉는 젠타일(A. Gentile)의 이차원적 운동기술 분류이다. 야구 유격수가 타구된 공을 잡아서 1루로 송구하는 움직임이 해당하는 곳은?

기출 17 · 18 · 19

| 구 분 | | | 동작의 요구(기능) | | | |
|---|---|---|---|---|---|---|
| | | | 신체 이동 없음 (신체의 안정성) | | 신체 이동 있음 (신체의 불안정성) | |
| | | | 물체 조작 없음 | 물체 조작 있음 | 물체 조작 없음 | 물체 조작 있음 |
| 환경적 맥락 | 안정적인 조절 조건 | 동작 시도 간 환경 변이성 없음 | | | | |
| | | 동작 시도 간 환경 변이성 | | | | |
| | 비안정적 조절 조건 | 동작 시도 간 환경 변이성 없음 | ① | | ③ | |
| | | 동작 시도 간 환경 변이성 | | ② | | ④ |

해설
야구에서 유격수가 타구된 공을 잡아 1루로 송구하기 위해 움직일 때에는 신체가 송구를 위해 경기장 내를 이동해야 하고(환경적 맥락 – 비안정적 조절 조건 – 동작 시도 간 환경 변이성), 공을 던지는 물체 조작이 존재하므로(동작의 요구 – 신체 이동 있음 – 물체 조작 있음) 표 내에서 ④에 해당한다.

05 뉴웰(K. Newell)이 제시한 움직임 제한(Constraints) 요소의 유형이 다른 것은?

① 운동능력이 움직임을 제한한다.
② 인지, 동기, 정서상태가 움직임을 제한한다.
③ 신장, 몸무게, 근육형태가 움직임을 제한한다.
④ 과제목표와 특성, 규칙, 장비가 움직임을 제한한다.

해설
움직임 제한 요소(K. Newell, 1986)
• 과제 : 움직임 형태에 제한을 주는 과제의 특성 – ④
• 환경 : 물리적 · 사회적 · 문화적 환경
• 유기체 : 인간의 물리적 · 인지적 · 심리적 · 정서적 특성 – ① · ② · ③

**06** 〈보기〉에서 설명하는 게셀(A. Gesell)과 에임스(L. Ames)의 운동발달의 원리가 아닌 것은?

기출 16·17·19·21

보기
- 머리에서 발 방향으로 발달한다.
- 운동발달은 일련의 방향성을 갖는다.
- 운동협응의 발달순서가 있다.
  양측 : 상지 혹은 하지의 양측을 동시에 움직이는 형태를 보인다.
  동측 : 상하지를 동시에 움직이는 형태를 보인다.
  교차 : 상하지를 동시에 움직이는 형태를 보인다.
- 운동기술의 습득 과정에서 몸통이나 어깨 근육을 조절하는 능력을 먼저 갖추고, 이후에 팔, 손목, 손, 그리고 손가락 근육을 조절하는 능력을 갖춘다.

① 머리-꼬리 원리(Cephalocaudal Principle)
② 중앙-말초 원리(Proximodistal Principle)
③ 개체발생적 발달 원리(Ontogenetic Development Principle)
④ 양측-동측-교차 운동협응의 원리(Bilateral-unilateral(Ipsilateral)-crosslateral Principle)

해설
게셀은 운동발달에서 학습보다는 성장과 성숙을 강조했다. 개체발생적 발달 원리는 학습(연습, 경험 등)에 의한 운동 행동에 의해 이루어지는 발달이므로 게셀의 운동발달 원리로 볼 수 없다.
게셀(A. Gesell)과 에임스(L. Ames)의 운동발달 원리
- 머리-꼬리 원리(두미 발달경향) : 머리에서 발 방향으로 발달한다. 운동발달은 일련의 방향성을 갖는다.
- 중앙-말초 원리(근원 발달 경향) : 운동발달은 일련의 방향성을 갖는다.
- 양측-동측-교차 운동협응의 원리(기능적 비대칭의 원리) : 운동협응의 발달에는 일정한 순서가 있다.

**07** 스포츠를 통한 인성 발달 전략에 대한 설명으로 옳지 않은 것은?

① 상황에 맞는 바람직한 행동을 설명한다.
② 도덕적으로 적절한 행동에 대하여 설명한다.
③ 바람직한 행동을 강화하고, 적대적 공격행동은 처벌한다.
④ 격한 상황에서 자신의 감정을 공격적으로 표출하도록 격려한다.

해설
④ 격한 상황에서 자신의 감정을 공격적으로 표출하도록 격려하는 것은 스포츠를 통한 인성 발달 전략이 아니다.
①·② 스포츠에 참가함으로써 도덕적·사회적 가치를 체험하고 배울 수 있다. 이를 통해 협동, 존중, 정직, 공정, 최선, 성실 등의 다양한 가치와 덕목 또한 배울 수 있다.
③ 페어플레이, 스포츠맨십 등의 스포츠 정신은 적대적이고 부도덕한 행동에 대한 처방이 될 수 있다.

## 08 〈보기〉에서 설명하는 목표의 유형은? 기출 18·19

> **보기**
> - 운동기술을 잘 수행하기 위해서 필요한 핵심 행동에 중점을 둔다.
> - 자기효능감과 자신감을 높이고 인지 불안을 낮추는 데 도움이 된다.
> - 자신의 운동 수행에 대한 목표를 달성하는 데 중점을 두는 목표로 달성의 기준점이 자신의 과거 기록이 된다.

① 과정목표와 결과목표
② 수행목표와 과정목표
③ 수행목표와 객관적목표
④ 객관적목표와 주관적목표

**해설**
목표 설정
- 과정목표 : 배팅 연습 전에 사이드 플랭크를 15회 3세트 수행하기, 배팅 연습 후에 30분간 근막 이완 스트레칭하기처럼 어떻게 과제를 수행할 것인지를 나타내는 목표이다. 성과를 기준으로 삼는 목표로 운동기술을 잘 수행하기 위해 필요한 핵심 행동에 중점을 두며, 자기효능감과 자신감을 높이고 인지 불안을 낮추는 데 도움이 된다.
- 수행목표 : 팔꿈치를 완전히 펴서 스윙하기, 자유투 성공률과 같이 운동 수행을 성취 기준으로 삼는 목표이다. 자신의 운동 수행에 대한 목표를 달성하는 데 중점을 두는 목표로 달성의 기준점이 자신의 과거 기록이 된다.

## 09 스미스(R. Smith)와 스몰(F. Smol)이 개발한 유소년 지도자 훈련 프로그램인 CET(Coach Effectiveness Training)의 핵심 원칙이 아닌 것은?

① 자기관찰
② 운동도식
③ 상호지원
④ 발달모델

**해설**
유소년 지도자 훈련 프로그램(CET)
유소년 지도자 훈련 프로그램(CET)의 핵심 원칙에는 ① 자기관찰, ③ 상호지원, ④ 발달모델, 선수참여, 긍정적 접근이 있다.

## 10 균형유지와 사지협응 및 자세제어에 주된 역할을 하는 뇌 구조(영역)는? 기출 16·22

① 소뇌(Cerebellum)
② 중심고랑(Central Sulcus)
③ 대뇌피질의 후두엽(Occipital Lobe of Cerebrum)
④ 대뇌피질의 측두엽(Temporal Lobe of Cerebrum)

**해설**
소뇌의 기능
소뇌는 빠른 동작의 정확한 수행을 위한 통합적인 조절을 담당하며, 고유 수용기로부터 유입되는 정보를 활용하여 동작을 제어하는 역할을 한다. 그와 더불어 평형감각기로부터 오는 신호에 따라 몸의 평형을 유지하는 역할을 하며, 신체가 어떠한 동작을 취할 때 제 부분이 협응하게 한다.

**11** 골프 퍼팅 과제를 100회 연습한 뒤, 24시간 후에 동일 과제에 대해 수행하는 검사는?

기출 16 · 17 · 19

① 속도검사(Speed Test)
② 파지검사(Retention Test)
③ 전이검사(Transfer Test)
④ 지능검사(Intelligence Test)

**해설**
파지검사
한 과제를 연습한 뒤, 일정 시간 후에 동일 과제를 수행하는 것은 파지검사로, 연습으로 향상된 수행력이 일정 시간 후에도 유지되는가를 확인하기 위해 사용한다.

**12** 〈보기〉에서 설명하는 일반화된 운동프로그램(Generalized Motor Program)의 불변 특성(Invariant Feature) 개념은?

기출 22

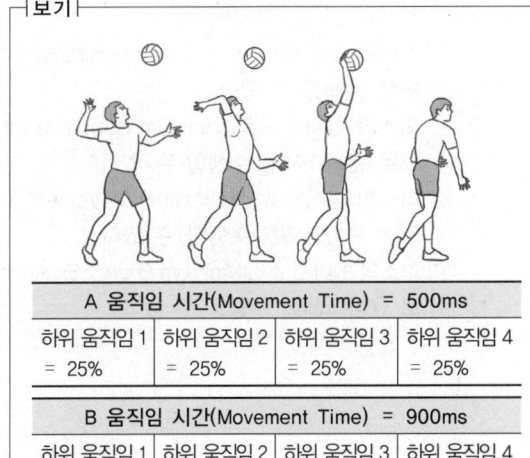

┤보기├
| A 움직임 시간(Movement Time) = 500ms | | | |
|---|---|---|---|
| 하위 움직임 1 = 25% | 하위 움직임 2 = 25% | 하위 움직임 3 = 25% | 하위 움직임 4 = 25% |

| B 움직임 시간(Movement Time) = 900ms | | | |
|---|---|---|---|
| 하위 움직임 1 = 25% | 하위 움직임 2 = 25% | 하위 움직임 3 = 25% | 하위 움직임 4 = 25% |

• A 움직임 시간은 500ms, B 움직임 시간은 900ms로 서로 다르다.
• 4개의 하위 움직임 구간의 시간적 구조 비율은 변하지 않는다.
• 단, A와 B 움직임은 모두 동일인이 수행한 동작이며, 하위 움직임 구성도 4개로 동일하다.

① 어트랙터(Attractor)
② 동작유도성(Affordance)
③ 상대적 타이밍(Relative Timing)
④ 절대적 타이밍(Absolute Timing)

**해설**
일반화된 운동프로그램
일반화된 운동프로그램에서 불변 특성은 변하지 않고 동일하게 유지되는 자극의 유형을 의미하며, 이는 순서, 시상, 상대적 힘, 상대적 타이밍 등의 요소로 구성된다. 그 중 〈보기〉처럼 전체 움직임의 시간을 각 하위 움직임에 분배하는 과정을 상대적 타이밍이라고 한다.

정답 11 ② 12 ③

**13** 〈보기〉에서 구스리(E. Guthrie)가 제시한 '운동기술 학습으로 인한 변화'에 관한 설명으로 옳은 것을 모두 고른 것은?

┤보기├
㉠ 최대의 확실성(Maximum Certainty)으로 운동과제를 수행할 수 있다.
㉡ 최소의 인지적 노력(Minimum Cognitive Effect)으로 운동과제를 수행할 수 있다.
㉢ 최소의 움직임 시간(Minimum Movement Time)으로 운동과제를 수행할 수 있다.
㉣ 최소의 에너지 소비(Minimum Energy Expenditure)로 운동과제를 수행할 수 있다.

① ㉠, ㉡, ㉢
② ㉠, ㉢, ㉣
③ ㉡, ㉢, ㉣
④ ㉠, ㉡, ㉢, ㉣

**해설**
운동기술 학습으로 인한 변화
구스리(E. Guthrie, 1952)는 운동기술을 '최소한의 ㉢ 시간과 ㉣ 에너지를 소비하여 ㉠ 최대의 확실성을 갖고 과제의 목표를 달성하는 능력'이라고 정의하며, 기술 학습으로 이러한 변화를 꾀할 수 있다고 보았다.

**14** 〈보기〉에 제시된 공격성에 관한 설명과 이론(가설)이 바르게 연결된 것은?

기출 17

┤보기├
• ( ㉠ ) 환경에서 관찰과 강화로 공격행위를 학습한다.
• ( ㉡ ) 인간의 내부에는 공격성을 유발하는 에너지가 존재한다.
• ( ㉢ ) 좌절(예, 목표를 추구하는 행위가 방해받는 경험)이 공격 행동을 유발한다.
• ( ㉣ ) 좌절이 무조건 공격행동을 유발하지 않고, 공격행동이 적절하다는 외부적 단서가 있을 때 나타난다.

| | ㉠ | ㉡ | ㉢ | ㉣ |
|---|---|---|---|---|
| ① | 사회학습이론 | 본능이론 | 좌절-공격 가설 | 수정된 좌절-공격 가설 |
| ② | 사회학습이론 | 본능이론 | 수정된 좌절-공격 가설 | 좌절-공격 가설 |
| ③ | 본능이론 | 사회학습이론 | 좌절-공격 가설 | 수정된 좌절-공격 가설 |
| ④ | 본능이론 | 사회학습이론 | 수정된 좌절-공격 가설 | 좌절-공격 가설 |

**해설**
㉠ 환경에서 관찰과 강화로 공격행위를 학습하는 이론은 사회학습이론이다.
㉡ 인간의 내부에 공격성을 유발하는 에너지가 존재한다는 이론은 본능이론이다.
㉢ 좌절이 공격 행동을 유발하는 것은 좌절-공격 가설이다.
㉣ 수정된 좌절-공격 가설은 좌절-공격 가설과 사회학습이론이 결합된 이론으로, 좌절과 학습 모두 공격의 원인이 될 수 있고, 공격은 학습에 의해 수정될 수 있다고 보았다.

15 〈보기〉에서 하터(S. Harter)의 유능성 동기이론 모형에 관한 설명으로 옳은 것을 고른 것은?

　보기
　㉠ 심리적 요인과 관련된 단일차원의 구성개념이다.
　㉡ 실패 경험은 부정적 정서를 갖게 하여 유능성 동기를 낮추고, 결국에는 운동을 중도 포기하게 한다.
　㉢ 성공 경험은 자기효능감과 긍정적 정서를 갖게 하여 유능성 동기를 높이고, 숙달(Mastery)을 경험하게 한다.
　㉣ 스포츠 상황에서 성공하기 위한 능력이 있다는 확신의 정도나 신념으로 특성 스포츠 자신감과 상태 스포츠 자신감으로 구분한다.

① ㉠, ㉡
② ㉠, ㉣
③ ㉡, ㉢
④ ㉡, ㉣

**해설**
㉠ 하터의 유능성 동기이론 모형은 단일차원이 아닌 다차원적으로 구성되어 있다.
㉣ 스포츠 자신감 모형에 대한 설명이다.

유능성 동기이론
유능성 동기이론(S. Harter, 1978)은 지각된 유능성, 통제감, 동기 지향성의 3가지 심리적 변인과 관련된 다차원적 동기이론이다.

16 〈보기〉에서 설명하는 용어는?

　보기
　번스타인(N. Bernstein)은 움직임의 효율적 제어를 위해 중추신경계가 자유도를 개별적으로 제어하지 않고, 의미 있는 단위로 묶어서 조절한다고 설명하였다.

① 공동작용(Synergy)
② 상변이(Phase Transition)
③ 임계요동(Critical Fluctuation)
④ 속도-정확성 상쇄 현상(Speed-accuracy Trade-off)

**해설**
공동작용
공동작용은 번스타인(N. Bernstein, 1967)이 제시한 용어로, 관절 및 골격근과 같은 신체 각부의 움직임을 효율적으로 제어하기 위해 중추신경계가 자유도를 개별적으로 제어하지 않고, 유의미한 단위로 묶어서 조절하는 것을 가리키는 말이다.

**17** 〈보기〉에서 연구 결과를 통해 확인할 수 있는 목표설정에 관한 설명으로 옳은 것을 고른 것은?

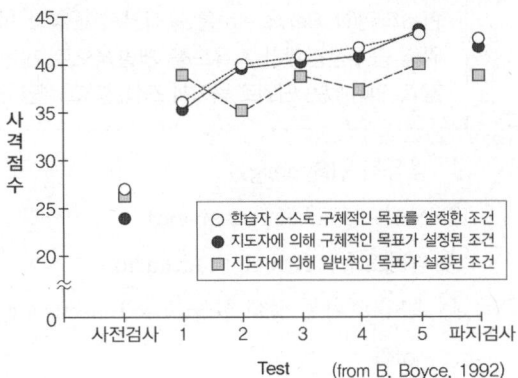

┌ 보기 ┐
㉠ 목표설정이 운동의 수행과 학습에 효과적이다.
㉡ 학습자에게 어려운 목표를 설정하도록 조언해야 한다.
㉢ 구체적인 목표를 설정했던 집단에서 더 높은 학습 효과가 나타났다.
㉣ 구체적이고 도전적인 목표를 향해 전념하도록 격려하는 것은 운동의 수행과 학습의 효과를 감소시킨다.

① ㉠, ㉡
② ㉠, ㉢
③ ㉡, ㉢
④ ㉡, ㉣

**해설**
목표설정의 원리
그림의 그래프에서 ㉠ 목표를 설정하지 않았을 때보다 설정했을 때, ㉢ 일반적인 목표를 설정했을 때보다 구체적인 목표를 설정했을 때 수행력이 개선된 것을 알 수 있다. 특히, 지도자에 의한 목표설정보다 스스로에 의한 목표설정에서 더 나은 수행력을 보였는데, 이를 통해 스스로 설정한 구체적인 목표가 수행력 개선에 더 효과적이라는 사실을 알 수 있다.

**18** 〈보기〉에서 설명하는 피드백 유형은?

기출 ▶ 16·18·20·21

┌ 보기 ┐
높이뛰기 도약 스텝 기술을 연습하게 한 후에 지도자는 학습자의 정확한 도약 기술 습득을 위해 각 발의 스텝번호(지점)을 바닥에 표시해주었다.

① 내적 피드백(Intrinsic Feedback)
② 부적 피드백(Negative Feedback)
③ 보강 피드백(Augmented Feedback)
④ 부적합 피드백(Incongruent Feedback)

**해설**
피드백의 유형
보강 피드백(외재적 피드백)은 지도자나 동료의 충고에 의한 피드백으로, 운동의 기술과 같은 수행 지식과 수행 결과나 성적과 같은 결과 지식을 주고받을 수 있다. 〈보기〉는 운동 기술과 같은 수행 지식에 대해 정보를 주고받은 것으로 보강 피드백의 사례에 해당한다.

**19** <보기>는 칙센트미하이(M. Csikszentmihalyi)가 주장한 몰입의 개념이다. ㉠~㉣에 들어갈 개념이 바르게 연결된 것은?  기출 17·19

┌─보기─────────────────────────┐
• ( ㉠ )과 ( ㉡ )이 균형을 이루는 상황에서 운동 수행에 완벽히 집중하는 것을 몰입(Flow)이라 한다.
• ( ㉡ )이 높고, ( ㉠ )이 낮으면 ( ㉢ )을 느낀다.
• ( ㉡ )이 낮고, ( ㉠ )이 높으면 ( ㉣ )을 느낀다.
└──────────────────────────┘

|   | ㉠ | ㉡ | ㉢ | ㉣ |
|---|---|---|---|---|
| ① | 기술 | 도전 | 불안 | 이완 |
| ② | 도전 | 기술 | 각성 | 무관심 |
| ③ | 기술 | 도전 | 각성 | 불안 |
| ④ | 도전 | 기술 | 이완 | 지루함 |

**해설**
몰입

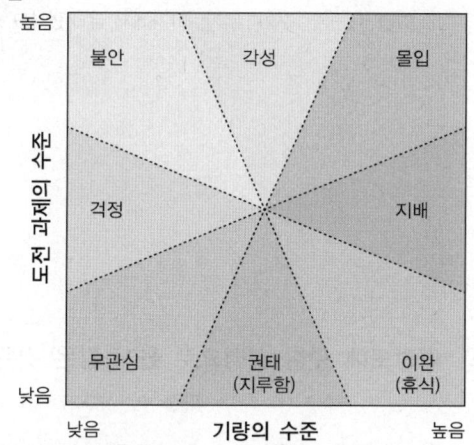

칙센트미하이는 기량의 수준과 도전 과제의 수준이 균형을 이루는 상황에서 운동 수행에 완벽히 집중하는 것을 몰입(Flow)이라 주장했다. 그의 주장에 따르면 수행자가 자신의 기량 수준과 도전할 과제의 수준을 인식할 때, 도전 과제의 수준이 높고 기량의 수준이 낮으면 불안을 느끼고, 도전 과제의 수준이 낮고 기량의 수준이 높으면 이완을 느낀다.

**20** 학습된 무기력(Learned Helplessness) 상태에 있는 학습자에게 귀인 재훈련(Attribution Retraining)을 위한 적절한 전략은?  기출 17·19·20·22

① 실패의 원인을 외적 요인에서 찾게 한다.
② 능력의 부족을 긍정적으로 받아들이게 한다.
③ 운이 따라 준다면 다음에 성공할 수 있다고 지도한다.
④ 실패의 원인을 노력 부족이나 전략의 미흡으로 받아들이게 한다.

**해설**
귀인 훈련
귀인 (재)훈련은 성공의 원인을 자기 능력에서 찾고, 실패의 원인은 자기 노력 부족이나 전략적인 실수로 여기도록 학습자를 변화시키는 훈련이다. 학습된 무기력에 빠진 학습자는 실패를 능력 부족에 귀인하거나, 성공을 운이나 쉬운 과제 난이도에 귀인하게 된다. 따라서 ④ 실패의 원인을 노력 부족이나 전략의 미흡으로 수용케 해야 하며, 미래에 성공할 수 있다는 기대감과 긍정적인 정서 체험을 통해 수행력을 향상시켜야 한다.

정답 19 ① 20 ④

## 제4과목 | 한국체육사

**01** 체육사 연구에서 사관(史觀)에 관한 설명으로 적절하지 않은 것은? 기출 19·21·22

① 유물사관, 관념사관, 진보사관, 순환사관 등이 있다.
② 체육 역사에 대한 견해, 해석, 관념, 사상 등을 의미한다.
③ 체육 역사가의 관점으로 다양한 과거의 역사적 사실을 해석한다.
④ 과거 체육과 관련된 사실을 담고 있는 역사자료를 의미한다.

**[해설]**
사관과 사료
과거의 체육과 관련된 사실을 담고 있는 역사자료는 사료이다. 이러한 사료를 바라보는 다양한 관점들을 사관이라 한다.

**02** 〈보기〉의 ㉠~㉢에 들어갈 용어가 바르게 연결된 것은? (단, 시대구분은 나현성의 방식을 따름) 기출 18·22

┤보기├
- ( ㉠ ) 이전은 무예를 중심으로 한 무사 체육 등의 ( ㉡ ) 체육을 강조하였다.
- ( ㉠ ) 이후는 「교육입국조서(敎育立國詔書)」를 통한 학교 교육에 기반을 둔 ( ㉢ ) 체육을 강조하였다.

|   | ㉠ | ㉡ | ㉢ |
|---|---|---|---|
| ① | 갑오경장(1894) | 전통 | 근대 |
| ② | 갑오경장(1894) | 근대 | 전통 |
| ③ | 을사늑약(1905) | 전통 | 근대 |
| ④ | 을사늑약(1905) | 근대 | 전통 |

**[해설]**
개화기 체육의 특징
갑오경장(갑오개혁, 1894) 이전에는 무예를 중심으로 한 무사 체육 등의 전통체육을 강조하였고, 갑오경장 이후에는 교육입국조서(1895)를 통해 학교 교육을 근간으로 한 근대체육을 강조하였다.

**03** 〈보기〉에서 설명하는 민속놀이는? 기출 16·19·22

┤보기├
- 사희(柶戲)라고도 불리었다.
- 부여의 사출도(四出道)라는 관직명에서 유래되었다.
- 남녀노소 누구나 즐길 수 있으며, 장소에 크게 구애받지 않은 놀이였다.

① 바둑
② 장기
③ 윷놀이
④ 주사위

**[해설]**
사희
사희는 윷가락(柶)을 가지고 노는 놀이(戲)라 하여 척사(擲柶)라고도 하는 민속놀이로, 오늘날의 윷놀이이다. 윷가락을 던져 그 결과에 따라 말을 놓아 승부를 겨루는 놀이이다. 도(돼지)·개(개)·걸(양)·윷(소)·모(말)의 명칭 중 도, 개, 윷, 모는 각각 부여의 사출도 이름인 저가, 구가, 우가, 마가에서 유래됐다고 한다.

**04** 화랑도에 관한 설명으로 옳지 않은 것은? 기출 15·16·17·18·20·21·22

① 진흥왕 때에 조직이 체계화되었다.
② 세속오계는 도의교육(道義敎育)의 핵심이었다.
③ 신체미 숭배 사상, 국가주의 사상, 불국토 사상이 중시되었다.
④ 서민층만을 대상으로 한 청소년단체로서 문무겸전(文武兼全)을 추구하였다.

**[해설]**
화랑도
화랑도는 신라의 귀족 청소년 조직으로 화랑과 낭도로 구성되었다. 진흥왕 때에 국가적 조직으로 체계화되었으며, 원광 법사의 세속오계를 정신적 기반으로 삼아 귀족 자제들에게 문무와 도의를 교육하였다.

정답 01 ④ 02 ① 03 ③ 04 ④

## 05 〈보기〉에서 설명하는 신체활동은? 기출▶ 16·19·22

┌보기─────────────────────────┐
- 가죽 주머니로 공을 만들어 발로 차는 놀이였다.
- 한 명, 두 명, 열 명 등 다양한 형식으로 실시되었다.
- 〈삼국사기(三國史記)〉와 〈삼국유사(三國遺事)〉에 따르면 김유신과 김춘추가 이 신체활동을 하였다.
└───────────────────────────┘

① 석전(石戰)
② 축국(蹴鞠)
③ 각저(角抵)
④ 도판희(跳板戲)

**해설**
축 국
가죽 공(鞠)을 발로 차고(蹴) 노는 놀이는 축국이다. 편을 나누어 돌을 던져 승부를 가르는 석전은 돌싸움, 각저는 씨름, 판자 위에서 번갈아 뛰어오르는 놀이인 도판희는 널뛰기이다.

## 06 〈보기〉에서 민속놀이와 주요 활동 계층이 바르게 연결된 것으로만 묶인 것은? 기출▶ 18·19·20·21·22

┌보기─────────────────────────┐
㉠ 풍연(風鳶) - 귀족   ㉡ 격구(擊毬) - 서민
㉢ 방응(放鷹) - 귀족   ㉣ 추천(鞦韆) - 서민
└───────────────────────────┘

① ㉠, ㉡
② ㉢, ㉣
③ ㉠, ㉣
④ ㉡, ㉢

**해설**
고려시대의 계층별 민속놀이
- 귀족의 민속놀이 : 격구, 방응(매 사냥), 투호
- 서민의 민속놀이 : 각저(씨름), 추천(그네 뛰기), 축국, 석전(돌싸움), 풍연(연날리기)

## 07 고려시대 수박(手搏)에 관한 설명으로 옳지 않은 것은? 기출▶ 16·19·22·24

① 관람형 무예 경기로 성행되었다.
② 응방도감(鷹坊都監)에서 관장하였다.
③ 무인 선발의 기준과 수단이 되었다.
④ 무예 수련과 군사훈련 등의 목적으로 활용되었다.

**해설**
응방도감은 고려시대 때 매(鷹)를 관리하는 임시 관청으로, 매를 놓아 작은 동물을 사냥하는 방응을 주관하였다.
수 박
수박은 한국 전통 무예로, 맨손으로 상대를 공격하거나 수련하는 기술이다. 무예 수련과 군사훈련 등의 목적으로 활용되었으며, 이후 체계화된 운동 경기로 발전하여 많은 사람들이 관전하기도 했었다. 고려 말기에는 인재 등용 시 중요한 과목이었다.

## 08 〈보기〉에서 조선시대의 훈련원에 관한 설명으로 옳은 것을 모두 고른 것은? 기출▶ 18·25

┌보기─────────────────────────┐
㉠ 성리학 교육을 담당하였다.
㉡ 활쏘기, 마상무예 등의 훈련을 실시하였다.
㉢ 무인 양성과 관련된 공식적인 교육기관이었다.
㉣ 〈무경칠서(武經七書)〉, 〈병장설(兵將說)〉 등의 병서 습득을 장려하였다.
└───────────────────────────┘

① ㉠, ㉡
② ㉢, ㉣
③ ㉡, ㉢, ㉣
④ ㉠, ㉡, ㉢, ㉣

**해설**
훈련원
훈련원은 병조와 더불어 무예를 주관하는 국가기관으로, 무예의 시험과 훈련, 병서의 강습을 담당하던 공식 교육 기관이다. 활쏘기와 마상무예에 중점을 두고 훈련을 실시하였으며 전술을 연구하기도 하였다. 조선시대에 성리학 교육을 담당한 교육기관은 성균관, 향교, 서원이다.

**정답** 05 ② 06 ② 07 ② 08 ③

## 09 조선시대 궁술(弓術)에 관한 설명으로 옳지 않은 것은?
기출▶ 16 · 18 · 19 · 22 · 24

① 육예(六藝) 중 어(御)에 해당하였다.
② 무관 선발을 위한 무과 시험의 한 과목이었다.
③ 대사례(大射禮), 향사례(鄕射禮) 등으로 행해졌다.
④ 왕, 무관, 유학자 등 다양한 계층에서 실시하였다.

**해설**
궁 술
조선시대의 육예에는 예(禮, 예법), 악(樂, 음악), 사(射, 궁술), 어(御, 말타기), 서(書, 서예), 수(數, 수학)이 있었다. 그 중에서 궁술은 무과의 한 과목이었으며, 성균관·향교·서원 등에서 의례로도 행해졌다. 또한 왕과 사대부들 사이에서 교양으로서 향유되던 스포츠이기도 했다.

## 10 〈보기〉에서 설명하는 조선시대의 무예서는?
기출▶ 16 · 24

┌ 보기 ┐
• 24종류의 무예가 기록되어 있다.
• 정조의 명령하에 국가사업으로 간행되었다.
• 한국, 중국, 일본의 관련 문헌 145권이 참조되었다.

① 무예제보(武藝諸譜)
② 무예신보(武藝新譜)
③ 무예도보통지(武藝圖譜通志)
④ 무예제보번역속집(武藝諸譜飜譯續集)

**해설**
무예도보통지
무예도보통지는 1790년 정조의 명으로 박제가, 이덕무, 백동수에 의해 간행된 병서이다. 무예제보 6기와 무예신보 18기를 바탕으로 24기의 기예를 그림과 글로 해설한 것이 특징이다. 왜란의 영향으로 기예와 창술의 내용을 강화하였으며 궁술에 관한 내용은 수록되어 있지 않다.

## 11 〈보기〉에서 설명하는 개화기 민족사립학교는?
기출▶ 16 · 19 · 21

┌ 보기 ┐
• 1907년에 이승훈이 설립하였다.
• 대운동회를 매년 1회 실시하였다.
• 체육은 주로 군사훈련의 성격을 띠었다.

① 오산학교
② 대성학교
③ 원산학사
④ 숭실학교

**해설**
오산학교
오산학교는 1907년 이승훈이 애국 계몽 운동 단체인 신민회의 민족 운동 노선에 따라 민족운동의 인재를 양성할 목적으로 평안북도 정주에 세운 학교이다. 대운동회를 매년 1회 실시하였으며 이곳의 체육 활동은 주로 군사 훈련의 성격을 띠었다.

## 12 개화기의 체육사적 사실에 관한 설명으로 옳은 것은?
기출▶ 16 · 17 · 18 · 19 · 21 · 22 · 24

① 동래무예학교는 문예반 50명, 무예반 200명을 선발하였다.
② 개화기 최초의 운동회는 일본인 학교에서 주관한 화류회(花柳會)였다.
③ 양반들이 주도하여 배재학당, 이화학당, 경신학당 등 미션스쿨을 설립하였다.
④ 고종은 「교육입국조서」를 반포하고, 덕양·체양·지양을 강조하였다.

**해설**
① 문예반 50명, 무예반 200명으로 운영된 학교는 원산학사이다.
② 화류회는 체육사상 첫 운동회로, 1896년 한성영어학교에서 개최하였다.
③ 기독교 선교 단체의 영향하에 배재학당, 이화학당, 경신학교 등과 같은 미션스쿨이 설립되었다.

09 ① 10 ③ 11 ① 12 ④

**13  개화기의 체육단체에 관한 설명으로 옳은 것은?**
기출 ▶ 16 · 18 · 19 · 22 · 24

① 청강체육부 – 탁지부 관리들이 친목 도모를 위해 1902년에 조직하였고, 최초로 연식정구를 도입하였다.
② 회동구락부 – 최성희, 신완식 등이 1910년에 조직하였고, 정례적으로 축구 시합을 하였다.
③ 무도기계체육부 – 우리나라 최초 기계체조 단체로서 이희두와 윤치오가 1908년에 조직하였다.
④ 대동체육구락부 – 체조 교사인 조원희, 김성집, 이기동 등이 주축이 되어 보성중학교에서 1909년에 조직하였고, 병식체조를 강조하였다.

**해설**
① 청강체육부 : 1910년 최성희를 주도로 중동학교 학생이 조직한 축구 클럽으로 최초의 교내 체육단체이다.
② 회동구락부 : 탁지부(재경부)에서 관리한 최초의 직장 체육단체로, 최초로 연식 정구 경기를 진행하였다.
④ 대동체육구락부 : 권성연의 주도로 조직되었으며, 사회진화론적 자강론에 입각하여 체육의 가치를 국가 부강과 존폐의 근간으로 인식하여 체육 계몽운동을 주도하였다.

**14  일제강점기 체육에 관한 사실로 옳지 않은 것은?**
기출 ▶ 17 · 20 · 22 · 24

① 박승필은 1912년에 유각권구락부를 설립해 권투를 지도하였다.
② 조선체육협회는 1920년에 동아일보사 후원으로 설립되었다.
③ 서상천은 1926년에 일본체육회 체조학교를 졸업하고, 역도를 소개하였다.
④ 손기정은 1936년에 베를린올림픽경기대회 마라톤 종목에서 우승하였다.

**해설**
② 조선체육협회는 일본인 주도로 설립된 체육단체이다. 동아일보는 1920년 7월 13일 이에 대항하여 우리 민족의 체육통합단체인 조선체육회를 설립하였다.
③ 서상천은 1923년 일본체육회 체조학교를 졸업하고, 1926년 휘문고등보통학교에서 교편을 잡았다.
※ 출제오류로 복수 정답 처리되었다.

**15  〈보기〉에서 설명하는 단체는?**
기출 ▶ 16 · 19 · 22

┤보기├
- 외국인 선교사가 근대 스포츠인 야구, 농구, 배구를 도입하였다.
- 1916년에 실내체육관을 준공하여, 다양한 실내스포츠를 활성화하였다.

① 황성기독교청년회
② 대한체육구락부
③ 조선체육회
④ 조선체육협회

**해설**
황성기독교청년회
황성기독교청년회는 1903년 서울에서 창설된 단체이다. 총무였던 YMCA 선교사 질레트를 주축으로 하여 서구 스포츠의 보급과 한국 민속스포츠의 부활에 기여했다.

정답  13 ③  14 ②, ③  15 ①

## 16. 〈보기〉에서 박정희 정부 때 실시한 체력장 제도에 관한 설명으로 옳은 것을 모두 고른 것은?

기출▶ 20 · 21 · 22

┤보기├
㉠ 1971년부터 실시되었다.
㉡ 1973년부터는 대학입시에 체력장 평가가 포함되었다.
㉢ 국제체력검사표준회위원회에서 정한 기준과 종목을 대상으로 하였다.
㉣ 시행 종목에는 100m 달리기, 제자리멀리뛰기, 팔굽혀 매달리기(여자), 턱걸이(남자), 윗몸일으키기, 던지기가 있었다.

① ㉠, ㉡
② ㉢, ㉣
③ ㉠, ㉡, ㉢
④ ㉠, ㉡, ㉢, ㉣

**해설**
체력장 제도
체력장 제도는 1971년부터 10~17세 학생들을 대상으로 교육부에서 실시하는 기초체력 향상을 위한 체력검정이다. 1973년부터는 대학입시에 체력장 평가를 포함하였으며, 국제체력검사표준위원회의 기준과 종목을 기반으로 표집 및 실시되었다. 주요 시행 종목으로는 100m 달리기, 제자리멀리뛰기, 팔굽혀 매달리기(여자), 턱걸이(남자), 윗몸일으키기, 던지기가 있었다.

## 17. 〈보기〉에서 설명하는 스포츠 경기 종목은?

기출▶ 16 · 18 · 19 · 20 · 21 · 22

┤보기├
• 1988년 제24회 서울올림픽경기대회에서 시범 종목으로 채택되었다.
• 2000년 제27회 시드니올림픽경기대회에서 정식 종목으로 채택되었다.
• 2007년에 정부는 이 종목을 진흥하기 위한 법률을 제정하였다.

① 유 도
② 복 싱
③ 태권도
④ 레슬링

**해설**
태권도
태권도는 서울올림픽대회(1988)에서 시범 종목으로 채택되었고, 시드니올림픽대회(2002)에서 정식 종목으로 채택되었다. 2007년에 정부에서 태권도를 진흥하기 위해 「태권도 진흥 및 태권도 공원 조성 등에 관한 법률」을 제정하였다.

## 18. 1948년 제5회 동계올림픽경기대회에 관한 설명으로 옳지 않은 것은?

기출▶ 16 · 18 · 19 · 20 · 21 · 22

① 개최지는 스위스 생모리츠였다.
② 제2차 세계대전을 일으킨 독일과 일본도 출전하였다.
③ 광복 이후 최초로 태극기를 단 선수단이 파견되었다.
④ 이효창, 문동성, 이종국 선수는 스피드스케이팅 종목에 출전하였다.

**해설**
스위스 생모리츠 동계올림픽
• 스위스 생모리츠 동계올림픽은 제2차 세계대전 이후 최초의 올림픽으로 독일과 일본은 전쟁을 일으킨 나라로 출전이 거부되었다. - ②
• 우리나라에서는 스피드스케이팅 종목에 이효창, 문동성, 이종국 선수 등이 참가하였다. 다만 문동성 선수가 경기 중 노르웨이 선수와 부딪혀 입은 부상으로 최용진 감독이 대신 500m 경기에 출전했다. - ④

**정답** 16 ④ 17 ③ 18 ②, ④

**19** 대한민국에서 개최된 하계아시아경기대회가 아닌 것은? 기출 17·18·19·21

① 1986년 제10회 서울아시아경기대회
② 2002년 제14회 부산아시아경기대회
③ 2014년 제17회 인천아시아경기대회
④ 2018년 제18회 평창아시아경기대회

**해설**
하계아시아경기대회
2018년 대한민국에서 개최된 국제경기는 평창동계올림픽이며, 2018년 18회 하계 아시안게임은 자카르타와 팔렘방에서 개최되었다.

**20** 1991년에 남한과 북한이 단일팀으로 탁구 종목에 참가한 국제경기 대회는? 기출 17·18·19·21

① 제41회 지바세계선수권대회
② 제27회 시드니올림픽경기대회
③ 제28회 아테네올림픽경기대회
④ 제6회 포르투갈세계청소년선수권대회

**해설**
남북체육교류
남북은 1991년 남북한 단일팀 구성 합의를 통해 일본 지바에서 열린 제41회 세계탁구선수권대회에 단일팀 '코리아'로 출전하였다.

정답 19 ④  20 ①

## 제5과목 | 운동생리학

**01** ATP를 합성하는 데 사용되는 에너지원이 아닌 것은?　기출▶ 16·17·18·19

① 근중성지방
② 비타민C
③ 글루코스
④ 젖 산

**해설**
대사와 에너지원
인체가 ATP를 합성하는 데 사용되는 대표적인 에너지원은 화학에너지인 탄수화물(당질), 지방(지질), 단백질이다. 따라서 당질인 글루코스와 젖산, 지질인 근중성지방은 에너지원에 해당되지만 비타민C는 해당되지 않는다.

**02** 근수축에 필수적인 $Ca^{2+}$ 이온을 저장, 분비하는 근육세포 내 소기관은?　기출▶ 15·21·22·24

① 근형질세망(Sarcoplasmic Reticulum)
② 위성세포(Satellite Cell)
③ 미토콘드리아(Mitochondria)
④ 근핵(Myonuclear)

**해설**
근형질세망
근수축에 필수적인 근형질세망은 근육의 근형질 내 근원섬유와 나란하게 붙어 있는 막 채널 연결망으로 칼슘 이온의 저장소의 역할을 하는데, 칼슘 이온의 농도를 조절함으로써 근수축을 제어한다.

**03** 운동 후 초과산소섭취량(EPOC)에 영향을 미치는 요인으로 적절하지 않은 것은?　기출▶ 19

① 운동 중 증가한 체온
② 운동 중 증가한 젖산
③ 운동 중 증가한 호르몬(에피네프린, 노르에피네프린)
④ 운동 중 증가한 크레아틴인산(Phosphocreatine, PC)

**해설**
초과산소섭취량(EPOC)
초과산소섭취량은 운동 후에 $VO_2$가 안정 시 수준으로 회복되는 과정에서 발생하는 산소섭취량으로, 운동 시간과 강도에 비례하여 나타난다. 일반적으로 운동 후 일정 시간 동안은 평상시보다 더 많은 양의 산소가 소비되는데, 운동 중에 발생한 체온의 상승 및 호르몬 농도의 증가에 대한 강하, 근육 내 PC 재합성, 젖산 제거, 근육과 혈액의 산소 저장 등의 작용에서 기인한 것이다. 따라서 정답은 ④ 운동 중 증가한 크레아틴인산이다.

**04** 수중 운동 시 체온 유지를 위한 요인으로 옳지 않은 것은?　기출▶ 16·18·19·21

① 폐활량
② 체지방량
③ 운동 강도
④ 물의 온도

**해설**
수중 환경과 항상성
수중 운동 시 체온 유지에 영향을 주는 요소에는 물의 온도, 체지방량, 운동 강도 등이 있다. 인체의 체온은 열 발생량과 열 방출량이 균형을 이룰 때 유지되는데, 물의 온도가 높을수록, 체지방량이 많을수록 열 방출량이 감소하고, 운동 강도가 높을수록 열 발생량이 증가해 체온을 유지할 수 있게 된다. 그러나 폐활량은 호흡계의 가스교환 기능을 나타내는 지표로, 체온 유지와는 무관하다.

정답　01 ②　02 ①　03 ④　04 ①

**05** 운동 강도 증가에 따라 동원되는 근섬유 순서로 옳은 것은?
기출▶ 16·17·18·19·21·24

① TypeⅡa 섬유 → TypeⅡx 섬유 → TypeⅠ 섬유
② TypeⅡx 섬유 → TypeⅡa 섬유 → TypeⅠ 섬유
③ TypeⅠ 섬유 → TypeⅡa 섬유 → TypeⅡx 섬유
④ TypeⅠ 섬유 → TypeⅡx 섬유 → TypeⅡa 섬유

**해설**
근섬유의 동원

| 운동 강도 | 저강도 | ◀━━▶ | 고강도 |
|---|---|---|---|
| 근섬유 | TypeⅠ 섬유 | TypeⅡa 섬유 | TypeⅡx(TypeⅡb) |
| | • 유산소대사<br>• 지근 | • 유산소대사·<br>  무산소대사<br>• 중간근(지근·<br>  속근) | • 무산소대사<br>• 속근 |

저강도에서 TypeⅠ 섬유부터 동원되어 운동 강도가 올라갈수록 TypeⅡa 섬유, TypeⅡx(TypeⅡb)순으로 동원된다. TypeⅡx 섬유는 TypeⅡb 섬유라고도 한다.

**06** 장기간 규칙적 유산소 훈련의 결과로 최대 운동 시 나타나는 심폐기능의 적응으로 옳은 것을 모두 고른 것은?
기출▶ 17·20·21·25

┌─────────────────────────┐
│ ㉠ 최대산소섭취량 증가         │
│ ㉡ 심장용적과 심근수축력 증가   │
│ ㉢ 심박출량 증가              │
└─────────────────────────┘

① ㉠, ㉡
② ㉠, ㉢
③ ㉡, ㉢
④ ㉠, ㉡, ㉢

**해설**
운동과 순환계·호흡계의 적응
장기간 규칙적으로 유산소 훈련을 하면 심폐기능의 적응 현상으로 혈액량이 증가하게 된다. 이로 인해 혈액을 전신으로 내보내는 ㉡ 좌심실의 심장용적이 증가하고 좌심실의 근육이 강해져 좌심실에서의 심근수축력이 증가하게 된다. 따라서 ㉢ 심박출량이 증가하고, ㉠ 최대산소섭취량도 증가하게 된다.

**07** 항상성 유지를 위한 신체 조절 중 부적피드백 (Negative Feedback)이 아닌 것은?
기출▶ 16·17·18·19·22

① 세포 외액의 $CO_2$ 조절
② 체온 상승에 따른 땀 분비 증가
③ 혈당 유지를 위한 호르몬 조절
④ 출산 시 자궁 수축 활성화 증가

**해설**
출산할 때 옥시토신이 분비되어 자궁 수축이 촉진되는 것은 부적피드백이 아닌 정적피드백(양성피드백)에 해당한다.
호르몬과 항상성의 조절
• 음성피드백 : 결과가 원인을 억제하는 피드백 작용
  예 티록신의 TSH, TRH 분비 조절
• 양성피드백 : 결과가 원인을 강화하는 피드백 작용
  예 옥시토신의 자궁 수축 작용

**정답** 05 ③  06 ④  07 ④

## 08 운동 중 1회 박출량(Stroke Volume) 증가 원인으로 옳지 않은 것은? 기출▶ 16·17·18·19·22·24

① 대동맥압 증가에 따른 후부하(After Load) 증가
② 호흡펌프작용에 의한 정맥회귀(Venous Return) 증가
③ 골격근 수축에 의한 근육 펌프작용 증가
④ 교감신경 자극에 의한 심근 수축력 증가

**해설**
1회 박출량
1회 박출량을 결정하는 요소에는 정맥혈회귀량, 심실의 수축력, 그리고 대동맥압이 있다. 대동맥압이 상승하면 후부하도 증가하게 되는데, 이는 좌심실에서 혈액을 전신으로 보내는 과정에서 혈류가 대동맥판막을 통과할 때의 저항이 증가하기 때문이다. 이러한 후부하의 증가로 인해 1회박출량은 상대적으로 감소하게 된다.
후부하(後負荷, After Load)
후부하는 심장이 수축한 후에 발생하는 부하로, 수축기에 심장이 혈액을 내보내기 위해 얼마나 강하게 수축해야 하는가에 관한 것이다. 후부하가 클수록 심박출량이 적어진다. 판막이 제대로 기능하지 않아 혈액이 역류할 때, 동맥이 막혀있거나 혈액의 점도가 높아 혈압이 상승할 때 혈액을 내보내기 위해 심장이 더 강하게 수축해야 한다.

## 09 〈보기〉의 ㉠, ㉡에 들어갈 내용이 바르게 연결된 것은? 기출▶ 19

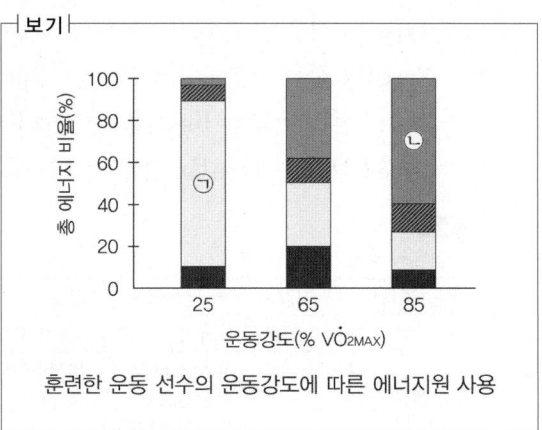

훈련한 운동 선수의 운동강도에 따른 에너지원 사용

|   | ㉠ | ㉡ |
|---|---|---|
| ① | 혈중 포도당 | 근중성지방 |
| ② | 혈중 유리지방산 | 근글리코겐 |
| ③ | 근글리코겐 | 혈중 포도당 |
| ④ | 근중성지방 | 혈중 유리지방산 |

**해설**
운동 강도에 따른 에너지원의 사용
인체는 운동 강도에 따라 지방, 탄수화물, 단백질 순으로 에너지원으로 사용한다. 저강도에서는 대부분의 에너지원으로 ㉠ 혈중의 유리지방산을 사용하고, 고강도에서는 대부분의 에너지원으로 빠르게 분해해 사용할 수 있는 ㉡ 근육 속 글리코겐을 사용한다.

**10** 운동 중 소뇌의 기능에 대한 설명으로 옳은 것을 모두 고른 것은?  기출 15·22

┌─────────────────────────────────────┐
│ ㉠ 골격근 운동 조절의 최종 단계 역할 │
│ ㉡ 빠른 동작의 정확한 수행을 위한 통합 조절 │
│ ㉢ 고유 수용기로부터 유입되는 정보를 활용하여 동작 수정 │
└─────────────────────────────────────┘

① ㉠, ㉡   ② ㉠, ㉢
③ ㉡, ㉢   ④ ㉠, ㉡, ㉢

**해설**
골격근 운동과 같은 수의근을 최종적으로 조절하는 것은 대뇌이다.
소뇌의 기능
소뇌는 ㉡ 빠른 동작의 정확한 수행을 위한 통합적인 조절을 담당하며, ㉢ 고유 수용기로부터 유입되는 정보를 활용하여 동작을 수정하는 역할을 한다. 그와 더불어 평형감각기로부터 오는 정보에 따라 몸의 평형을 유지하는 역할을 하며, 신체가 어떠한 동작을 취할 때 제 부분이 협응하게 한다.

**11** 운동에 따른 환기량의 변화로 옳은 것을 모두 고른 것은?  기출 18·21·24

┌─────────────────────────────────────┐
│ ㉠ 운동 시작 직전에는 운동 수행에 대한 기대감으로 환기량이 증가할 수 있다. │
│ ㉡ 운동 초기 환기량 변화의 주된 요인은 경동맥에 위치한 화학수용기 반응이다. │
│ ㉢ 운동 강도가 증가하면 1회 호흡량은 감소하고 호흡수는 현저히 증가한다. │
│ ㉣ 회복기 환기량은 운동 중 생성된 체내 수소이온 및 이산화탄소 농도와 관련 있다. │
└─────────────────────────────────────┘

① ㉠, ㉡   ② ㉠, ㉢
③ ㉠, ㉣   ④ ㉡, ㉢, ㉣

**해설**
㉡ 운동 초기에 환기량을 변화하게 하는 요인은 근육 활동에서 비롯된 관절의 자극이다.
㉢ 운동 강도가 증가할수록 1회 호흡량과 호흡수 모두 증가한다.

**12** <보기>의 ㉠, ㉡에 들어갈 내용이 바르게 연결된 것은?  기출 17·22·24

┌─보기──────────────────────────────┐

| 1개의 포도당 분해에 따른 유산소성 ATP 생성 ||| 
|---|---|---|
| 대사적 과정 | 고에너지 생산 | ATP 누계 |
| 해당작용 | 2 ATP | 2 |
|  | 2 NADH | 7 |
| 피루브산에서 아세틸조효소A까지 | 2 NADH | 12 |
| ㉠ | 2 ATP | 14 |
|  | 6 NADH | 29 |
|  | 2 FADH₂ |  |
| 합 계 || ㉡ ATP |

└─────────────────────────────────┘

|  | ㉠ | ㉡ |
|---|---|---|
| ① | 크렙스 회로 | 32 |
| ② | β 산화 | 32 |
| ③ | 크렙스 회로 | 35 |
| ④ | β 산화 | 35 |

**해설**
크렙스(TCA) 회로
• 산화적 인산화 과정에서 아세틸 조효소A단계의 다음 과정은 ㉠ 크렙스 사이클이다.
• 글루코스 분자 1개에서 조효소 NADH 1분자는 2.5 ATP를 생성하고(2.5×6=15), FADH₂ 1분자는 1.5 ATP를 생성하므로(1.5×2=3) 총 ATP의 누계는 ㉡ 32 ATP이다.

13. 체중이 80kg인 사람이 10METs로 10분간 달리기 했을 때 소비 칼로리는? (단, 1MET = 3.5mL · kg⁻¹ · min⁻¹, O₂ 1L 당 5kcal 소비)

① 130kcal
② 140kcal
③ 150kcal
④ 160kcal

**해설**

대사당량(METs)과 열량 소비
체중이 80kg인 사람이 10METs로 10분간 달리기했을 때 소비한 칼로리는 1METs 공식으로 산출할 수 있다.

$$1METs = 3.5mL/kg/min$$

- 소비한 산소량 계산 : 10METs × 3.5mL × 80kg × 10min = 28,000mL
- mL를 L로 환산 : 28000mL/1000 = 28.0L
- 소모한 칼로리 계산 : 산소 1L 당 5kcal를 소비하므로 28.0L × 5kcal = 140kcal
∴ 이 사람이 소비한 총 칼로리는 140kcal이다.

14. 〈보기〉는 신경 세포의 안정 시 막전위에 영향을 주는 $Na^+$과 $K^+$에 대한 그림이다. ㉠~㉣에 들어갈 내용이 바르게 연결된 것은? 기출▶ 17·18·21

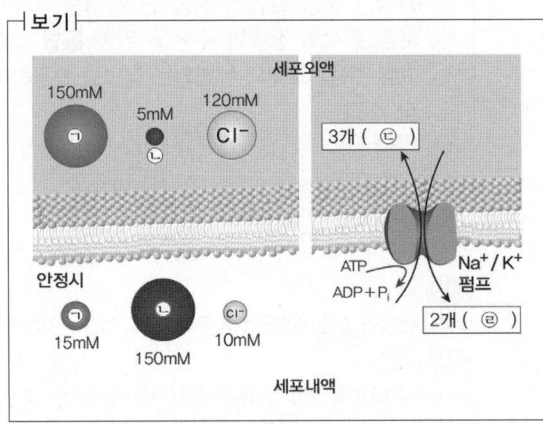

|  | ㉠ | ㉡ | ㉢ | ㉣ |
|---|---|---|---|---|
| ① | $K^+$ | $Na^+$ | $Na^+$ | $K^+$ |
| ② | $Na^+$ | $K^+$ | $Na^+$ | $K^+$ |
| ③ | $K^+$ | $Na^+$ | $K^+$ | $Na^+$ |
| ④ | $Na^+$ | $K^+$ | $K^+$ | $Na^+$ |

**해설**

세포의 전기적 활동
분극 상태(세포의 안정 시 막전위 상태)에서 세포 안은 칼륨이온($K^+$)이 많아 음전하를 띠고, 세포 밖은 나트륨이온($Na^+$)이 많아 양전하를 띤다. 세포는 항상 전위차를 유지하기 위해 세포막에서 에너지(ATP)를 써서 나트륨-칼륨펌프를 가동하는데, 세포 밖으로는 나트륨이온($Na^+$)을 3개씩 내보내고 세포 안으로는 칼륨이온($K^+$)을 2개씩 들여보내며 일정한 전위차를 유지한다.

**15** 〈보기〉의 최대산소섭취량 공식에서 장기간 지구성 훈련에 의해 증가되는 요소를 모두 고른 것은?

기출▶ 16·17·18·19·22

┌ 보기 ┐
최대산소섭취량 = ㉠ 최대1회박출량 × ㉡ 최대심박수 × ㉢ 최대 동-정맥 산소차
└─────┘

① ㉠
② ㉠, ㉡
③ ㉠, ㉢
④ ㉡, ㉢

**해설**
㉡ 최대심박수는 약간 감소하거나 변화가 없다.
㉠ 심실의 팽창력 및 수축력이 증가하거나, 동맥압이 하강하거나, 정맥혈 회귀량이 증가할 때 최대1회박출량이 증가한다.
㉢ 모세혈관 밀도의 증가로 인해 산소와 이산화탄소 교환이 활발해져 최대 동-정맥 산소차가 증가한다.

**16** 〈보기〉의 내용이 모두 증가되었을 때 향상되는 건강체력 요소는?

기출▶ 16·19·22

┌ 보기 ┐
- 모세혈관의 밀도
- 미토콘드리아의 수와 크기
- 동-정맥 산소차(Arterial-venous Oxygen Difference)
└─────┘

① 유연성
② 순발력
③ 심폐지구력
④ 근력

**해설**
심폐지구력
모세혈관 밀도와 미오글로빈 함량, 미토콘드리아의 수와 크기가 증가하면, 산소와 이산화탄소 교환이 활발해져 동-정맥 산소차가 증가하게 된다. 동-정맥 산소차가 증가했다는 것은 호흡계와 순환계의 상호작용이 잘 일어나고 있다는 증거이다. 따라서 〈보기〉의 내용이 모두 증가되었을 때 향상되는 건강체력은 심폐지구력이다.

**17** 1시간 이내의 중강도 운동 시 시간 경과에 따라 혈중 농도가 점차 감소하는 호르몬은?

기출▶ 16·17·18·19

① 에피네프린(Epinephrine)
② 인슐린(Insulin)
③ 성장호르몬(Growth Hormone)
④ 코르티솔(Cortisol)

**해설**
대사와 에너지에 미치는 호르몬의 영향
인슐린은 혈중 글루코스의 양을 감소시키는 역할을 한다. 그러나 운동 중에는 에너지 공급을 위해 혈중 글루코스의 양이 증가해야 한다. 이때, 혈중 에피네프린·성장호르몬·코르티솔의 농도가 증가하지만, 인슐린의 농도는 감소한다. 따라서, 1시간 이내의 중강도 운동을 하는 동안 혈중 농도가 점차 감소하는 호르몬은 인슐린이다.

**18** 〈보기〉에서 설명하는 고유 수용기는?

기출▶ 24

┌ 보기 ┐
- 감각 및 운동신경의 말단이 연결되어 있다.
- 감마 운동 뉴런을 통해 조절된다.
- 근육의 길이 정보를 중추신경계로 보낸다.
└─────┘

① 근방추(Muscle Spindle)
② 골지건기관(Golgi Tendon Organ)
③ 자유신경종말(Free Nerve Ending)
④ 파치니안 소체(Pacinian Corpuscle)

**해설**
근방추
근방추는 근섬유에 나란히 부착되어 근육 길이의 변화를 감지하는 기관으로 근육이 과도하게 길어지지 않도록 억제하는 역할을 한다. 감마 운동 뉴런을 통해 조절되고 큰 근육보다는 상대적으로 미세한 움직임이 요구되는 작은 근육에 많이 분포되어 있다.

**19** 근력 결정요인으로 옳지 않은 것은?

① 근육 횡단면적
② 근절의 적정 길이
③ 근섬유 구성비
④ 근섬유막 두께

**해설**
근력의 결정 요인
근력은 ① 근조직의 양이 증가해 근육의 횡단면적이 넓어질수록, ② 근수축 시 액틴과 마이오신의 결합수가 많을수록, ③ 지근섬유보다 속근섬유의 구성비가 높을수록 커진다. 그러나 ④ 근섬유막의 두께는 근섬유를 감싸는 막 조직의 두께로, 근력과는 무관하다.

**20** 상완이두근의 움직임에 대한 근육 수축 형태로 옳지 않은 것은? 기출▶ 18·20·21·22

① 자세를 유지할 때 – 등척성 수축
② 턱걸이 올라갈 때 – 단축성 수축
③ 턱걸이 내려갈 때 – 신장성 수축
④ 공을 던질 때 – 등속성 수축

**해설**
근육의 수축 형태와 기능
등속성 수축은 관절각이 일정한 속도로 수축하는 것이다. 일반적으로 공을 던지는 동작은 관절의 각속도, 즉 취하는 동작에서의 관절각마다 속도가 일정치 않기 때문에 등속성 수축으로 볼 수 없다.

정답 19 ④ 20 ④

## 제6과목 | 운동역학

**01** 운동역학(Sports Biomechanics)의 내용으로 적절한 것은? 기출 15·16·17·18·19·21·22

① 스포츠 현상을 사회학적 연구 이론과 방법으로 설명하는 학문이다.
② 운동에 의한 생리적·기능적 변화를 기술하고 설명하는 학문이다.
③ 스포츠 수행에 영향을 주는 심리적 요인을 설명하는 학문이다.
④ 스포츠 상황에서 인체에 발생하는 힘과 그 효과를 설명하는 학문이다.

**해설**
④ 운동역학에 대한 설명이다.
① 스포츠사회학에 대한 설명이다.
② 운동생리학에 대한 설명이다.
③ 스포츠심리학에 대한 설명이다.

**02** 근육의 신장성(원심성) 수축(Eccentric Contraction)이 아닌 것은? 기출 19·21

① 스쿼트의 다리를 굽히는 동작에서 큰볼기근(대둔근, Gluteus Maximus)의 수축
② 팔굽혀펴기의 팔을 펴는 동작에서 위팔세갈래근(상완삼두근, Triceps Brachii)의 수축
③ 턱걸이의 팔을 펴는 동작에서 넓은등근(광배근, Latissimus Dorsi)의 수축
④ 윗몸일으키기의 뒤로 몸통을 펴는 동작에서 배곧은근(복직근, Rectus Abdominis)의 수축

**해설**
근수축의 형태
팔굽혀펴기의 팔을 펴는 동작에서 위팔세갈래근의 수축은 근육의 길이가 짧아지며 장력이 발생하는 움직임으로 단축성(구심성) 수축에 해당한다.

신장성(원심성) 수축
근육의 신장성(원심성) 수축은 근육의 길이가 늘어나며 장력이 발생하는 수축이다. 다리를 굽힐 때의 대둔근, 턱걸이할 때 팔을 펴는 동작에서의 광배근, 윗몸일으키기할 때 뒤로 몸을 펴는 동작에서의 복직근은 그 길이가 늘어나며 장력이 발생한다.

**03** 단위 시간당 이동한 변위(Displacement)를 나타내는 벡터양은? 기출 16·18·22

① 속도(Velocity)
② 거리(Distance)
③ 가속도(Acceleration)
④ 각속도(Angular Velocity)

**해설**
속력과 속도
속도는 단위 시간당 변위의 변화율로, 크기와 방향을 갖는 벡터양이다.

정답 01 ④ 02 ② 03 ①

**04** 지면반력기(Force Plate)를 통해 얻을 수 있는 변인이 아닌 것은?  기출▶ 16·17·18·20·21·22

① 걷기 동작에서 디딤발에 가해지는 힘의 방향
② 외발서기 동작에서 디딤발 압력중심(Center of Pressure)의 이동 거리
③ 서전트 점프 동작에서 발로 지면에 힘을 가한 시간
④ 달리기 동작의 체공기(Non-supporting Phase)에서 발에 작용하는 힘의 크기

**해설**
운동 시 힘의 분석
지면반력기는 주로 서기, 걷기, 달리기, 뛰어오르기 등의 동작에서 인체가 주고받는 힘인 인체에 작용하는 힘, 땅과 주고받는 힘인 충격력, 추진력 등을 분석하는 기구이다. 따라서 달리기 동작에서의 체공기와 같이 발이 땅에 닿지 않는 동작에서 인체에 작용하는 힘은 지면반력기가 측정할 수 없다.

**05** 인체의 시상(전후)면(Sagittal Plane)에서 수행되는 움직임이 아닌 것은?  기출▶ 16·18·19·21

① 인체의 수직축(종축)을 중심으로 회전하는 피겨스케이팅 선수의 몸통분절 움직임
② 페달링하는 사이클 선수의 무릎관절 굴곡/신전 움직임
③ 100m 달리기를 하는 육상 선수의 발목관절 저측/배측굴곡 움직임
④ 앞구르기를 하는 체조 선수의 몸통분절 움직임

**해설**
운동면과 운동
• 수평면(횡단면) 운동 : 피겨스케이팅 선수의 몸통분절 움직임처럼 몸을 위아래로 나누는 가상의 면인 수평면(횡단면)에서 발생하는 운동이다. - ①
• 시상면(전후면) 운동 : 인체를 좌우로 나누는 가상의 면인 시상면에서 일어나는 운동이다. - ②·③·④

**06** 〈보기〉에서 복합운동(General Motion)에 해당하는 것을 모두 고른 것은?

┌보기┐
㉠ 커브볼로 던져진 야구공의 움직임
㉡ 페달링하면서 직선구간을 질주하는 사이클 선수의 대퇴(넙다리) 분절 움직임
㉢ 공중회전하면서 낙하하는 다이빙 선수의 몸통 움직임
└─────┘

① ㉠
② ㉠, ㉢
③ ㉡, ㉢
④ ㉠, ㉡, ㉢

**해설**
복합운동
복합운동은 선운동인 병진운동과 회전운동인 각운동이 함께 일어나는 운동 형태이다. 〈보기〉에 제시된 사례를 병진운동과 회전운동으로 나누면 아래와 같다.

| 구 분 | 병진운동(선운동) | 회전운동(각운동) |
| --- | --- | --- |
| ㉠ | 앞으로 나아가는 야구공 | 던질 때 커브를 주어 회전하는 야구공 |
| ㉡ | 직선 구간으로 나아가는 자전거 | 페달링하는 사이클 선수의 무릎관절 |
| ㉢ | 공중에서 낙하하는 다이빙 선수의 몸체 | 공중에서 회전하는 다이빙 선수의 몸체 |

정답  04 ④  05 ①  06 ④

**07** 인체 무게중심에 대한 설명으로 옳은 것은? (단, 공기저항은 무시함)

기출 ▶ 15 · 16 · 17 · 19 · 20 · 21 · 22 · 24

① 무게중심은 항상 신체 내부에 위치한다.
② 체조 선수는 공중회전하는 동안 무게중심을 지나는 축을 중심으로 회전하게 된다.
③ 지면에 선 상태로 팔을 위로 올리면 무게중심은 아래로 이동한다.
④ 서전트 점프 이지(Take-off) 후, 공중에서 팔을 위로 올리면 무게중심은 위로 이동한다.

**해설**
① 무게중심은 취하는 자세에 따라 신체 내부, 외부 어디로든 이동할 수 있다.
③ 지면에 선 상태로 팔을 위로 들면 무게중심은 배꼽 부근에서 상체 쪽으로 이동한다.
④ 서전트 점프에서 이지(離地, Take-off)한 후, 공중에서 팔을 위로 들면 무게중심은 중력의 영향으로 아래로 이동한다.

**08** 농구 자유투에서 투사된 농구공의 운동에 대한 설명으로 옳은 것은? (단, 공기저항은 무시함)

① 농구공 질량중심의 수직속도는 일정하다.
② 최고점에서 농구공 질량중심의 수평속도는 0m/s가 된다.
③ 최고점에서 농구공 질량중심은 수평방향으로 등속도 운동을 한다.
④ 최고점에서 농구공 질량중심은 수직방향으로 등속도 운동을 한다.

**해설**
① 농구공 질량중심의 수직속도는 중력가속도(약 9.8m/s²)의 영향으로 일정하게 증가하므로 투사된 농구공은 등가속도 운동을 하게 된다.
② 최고점에서 농구공 질량중심의 수직속도는 0m/s다.
④ 최고점에서 농구공 질량중심은 수평방향으로 등속도 운동을 한다.

**09** 〈그림〉과 같이 공이 지면(수평고정면)에 충돌하는 상황에 관한 설명으로 옳은 것은? (단, 공의 충돌 전 수평속도 및 수직속도는 같음)

기출 ▶ 20 · 22

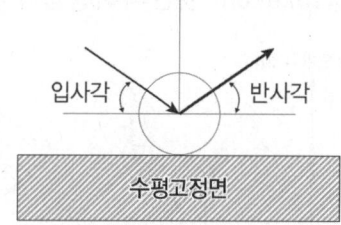

① 충돌 후, 무회전에 비해 백스핀된 공의 수평속도가 크다.
② 충돌 후, 무회전에 비해 톱스핀된 공의 수직속도가 크다.
③ 충돌 후, 무회전에 비해 톱스핀된 공의 반사각이 크다.
④ 충돌 후, 무회전된 공과 백스핀된 공의 리바운드 높이는 같다.

**해설**
투사체의 운동
회전하는 공이 지면에 충돌하면 운동 방향과 속도가 변한다. 백스핀된 공은 마찰력과 반대 방향으로 회전하므로 수평속도의 크기가 작아져 반사각이 작아진다. 반면 톱스핀된 공은 마찰력과 같은 방향으로 회전하기 때문에 수평속도의 크기가 커져 반사각이 커진다. 따라서 충돌 후 회전하지 않은 공과 백스핀된 공의 수평방향의 힘은 공의 수직운동에 영향을 주지 않기 때문에, 공이 리바운드되는 높이가 같다.

**10** 〈그림〉에서 달리기 선수의 질량은 60kg이며 오른발 착지 시 무게중심의 수평속도는 2m/s이다. A와 B의 면적이 각각 80N·s와 20N·s일 때, 오른발 이지(Take-off) 순간 무게중심의 수평속도는?

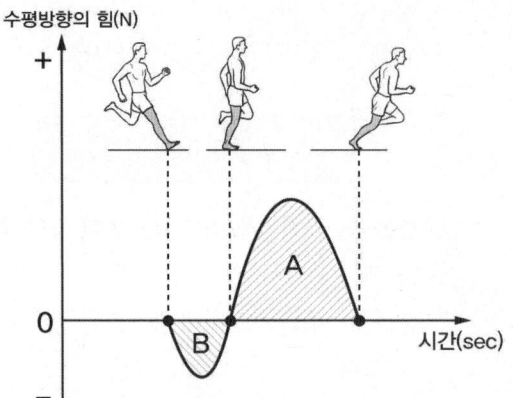

① 3m/s
② 4m/s
③ 5m/s
④ 6m/s

**해설**
충격량과 충돌
- 운동량은 운동하는 물체가 갖는 물리량으로 질량($m$)과 운동속도($v$)의 곱으로 나타낸다.
 따라서 달리기 선수의 운동량은 60kg×2m/s=120kg·m/s이다.
- 충격량($I$)은 운동량의 변화량으로, 〈그림〉에서 제시된 그래프의 면적에 해당한다.
 이지 순간의 충격량은 충돌 후 운동량에서 충돌 전 운동량을 뺀 것이다.
 ∴ 80N·s − 20N·s = 60N·s
- $I = mv_{충돌\ 후} - mv_{충돌\ 전}$이므로 (60kg × 이지 순간 수평속도) − (120kg·m/s) = 60N·s이어야 한다.
 ∴ 오른발 이지 순간의 수평속도는 3m/s이다.

**11** 〈보기〉의 ㉠, ㉡에 들어갈 용어가 바르게 연결된 것은?

기출 18·21·22

|보기|
농구선수는 양손 체스트패스 캐치 동작에서 공을 몸쪽으로 당겨 받는다. 그 과정에서 공을 받는 ( ㉠ )은 늘리고 ( ㉡ )은 줄일 수 있다.

| | ㉠ | ㉡ |
|---|---|---|
| ① | 시 간 | 충격력(Impact Force) |
| ② | 충격력 | 시 간 |
| ③ | 충격량(Impulse) | 시 간 |
| ④ | 충격력 | 충격량 |

**해설**
충격량과 충돌
충격량은 운동량의 변화량으로, 충격력과 작용한 시간의 곱 ($\vec{I} = m\vec{v'} - m\vec{v_0} = \vec{F} \cdot \triangle t$)이다.

이때, $F = ma = m\dfrac{\Delta v}{\Delta t} = \dfrac{\Delta p}{\Delta t}$ 이므로 충격을 받는 시간이 증가할수록 충격력의 크기가 작아진다. 농구선수가 양손 체스트패스 캐치 동작에서 공을 몸 쪽으로 당겨 받는 것은 공을 받는 충격 시간을 늘려 자신이 받는 충격력을 줄이기 위한 것이다.

## 12 역학적 일(Work)을 하지 않은 것은?

기출 ▶ 17 · 18 · 19 · 22

① 역도 선수가 바닥에 있던 100kg의 바벨을 1m 높이로 들어 올렸다.
② 레슬링 선수가 상대방을 굴려서 1m 옆으로 이동시켰다.
③ 체조 선수가 철봉에 매달려 10초 동안 정지해 있었다.
④ 육상 선수가 달려서 100m를 이동했다.

**해설**
역학적 일
역학적 일은 물체에 작용한 힘과 이동 거리의 곱이다. 이때, 가해진 힘과 이동거리의 방향이 일치해야 일을 한 것이 된다. 따라서 작용한 힘이 0인 경우, 이동 거리가 0인 경우, 힘과 이동 방향이 수직인 경우는 역학적 일을 하지 않은 것이 된다. 따라서 ③ 체조 선수가 철봉에 매달려 10초 동안 정지해 있는 경우는 이동 거리가 0이므로 역학적 일을 한 것으로 볼 수 없다.

## 13 마그누스 효과(Magnus Effect)에 관한 내용이 아닌 것은?

기출 ▶ 18 · 21 · 22

① 레인에서 회전하는 볼링공의 경로가 휘어지는 현상
② 커브볼로 투구된 야구공의 경로가 휘어지는 현상
③ 사이드스핀이 가해진 탁구공의 경로가 휘어지는 현상
④ 회전(탑스핀)이 걸린 테니스공이 아래로 빠르게 떨어지는 현상

**해설**
레인에서 회전하는 볼링공의 경로가 휘어지는 것은 유체 내에서의 회전운동이 아닐뿐더러 운동하는 물체에 양력이 작용하여 경로가 휘어지는 것이 아니므로 마그누스 효과와는 무관한 사례이다.

마그누스 효과
마그누스 효과는 공기나 물과 같은 유체 속에서 물체가 회전하면서 특정 방향으로 운동하게 될 때, 물체가 그 이동속도의 수직 방향으로 힘(압력)을 받아 경로가 휘어지는 현상을 말한다.

## 14 스키점프 동작의 역학적 에너지에 대한 설명으로 옳지 않은 것은? (단, 공기저항은 무시함)

기출 ▶ 16 · 17 · 18 · 20 · 21

① 운동에너지는 지면 착지 직전에 가장 크다.
② 위치에너지는 수직 최고점에서 가장 크다.
③ 운동에너지는 스키점프대 이륙 직후부터 지면 착지 직전까지 동일하다.
④ 역학적 에너지는 스키점프대 이륙 직후부터 지면 착지 직전까지 보존된다.

**해설**
역학적 에너지의 전환
운동에너지는 스키점프대 이륙 직후부터 지면 착지 직전까지 점점 증가하는데, 이는 스키점프대에서 지면까지의 위치에너지가 감소하여 운동에너지로 전환되었기 때문이다.

역학적 에너지 보존의 법칙
역학적 에너지 보존의 법칙은 운동하는 물체에 공기의 저항력이나 마찰력이 작용하지 않는다면 역학적 에너지의 형태가 바뀌더라도 그 총량은 항상 일정하게 보존된다는 법칙이다.

**15** 〈보기〉의 그림에 제시된 덤벨 컬(Dumbbell Curl) 운동에서 팔꿈치관절 각도($\theta$)와 팔꿈치관절에 발생되는 회전력(Torque)의 관계를 옳게 나타낸 그래프는? (단, 덤벨 컬 운동은 등각속도 운동임)

─┤보기├─

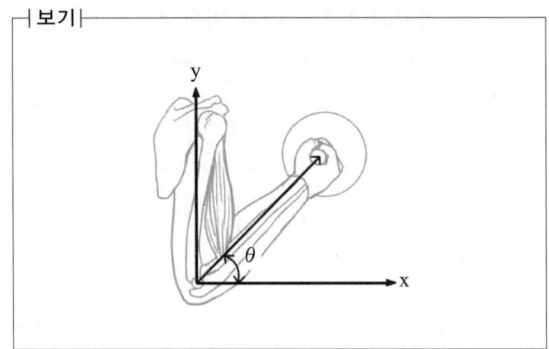

① 회전력(N·m)

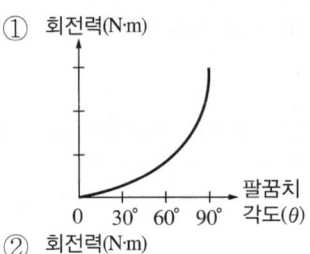

② 회전력(N·m)

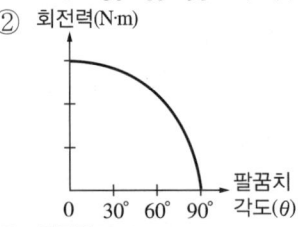

③ 회전력(N·m)

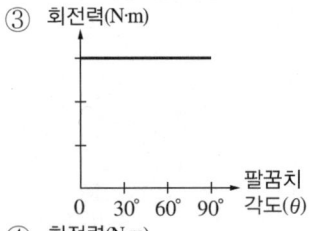

④ 회전력(N·m)

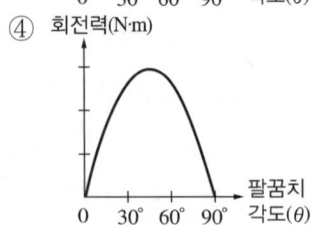

**해설**
회전력
회전력은 물체를 회전시켜 각운동량을 생성하는 힘이다. 〈보기〉의 덤벨 컬이 등각속도 운동이라는 조건은 어떤 각에서도 항상 같은 속도로 팔꿈치가 굽혀진다는 뜻으로, 팔꿈치 각이 90°에서 0°로 줄어들수록 편심력이 증가하여 회전력도 증가하게 된다.

**16** 인체 지레에 대한 설명 중 옳은 것은?

기출 ▶ 15·17·18·19·20·21·22·24

① 지레에서 저항팔이 힘팔보다 긴 경우에는 힘에 있어서 이득이 있다.
② 1종 지레는 저항점이 받침점과 힘점 사이에 있는 형태로, 팔굽혀펴기 동작이 이에 속한다.
③ 2종 지레는 받침점이 힘점과 저항점 사이에 있는 형태로, 힘에 있어서 이득이 있다.
④ 3종 지레는 힘점이 받침점과 저항점 사이에 있는 형태로, 운동의 범위와 속도에 있어서 이득이 있다.

**해설**
인체의 지레
3종 지레는 받침점이 지레의 한쪽 끝에 있고, 받침점과 저항점 사이에 힘점이 있는 지레이다. 3종 지레는 힘팔의 길이보다 저항팔의 길이가 더 길어서 힘의 효율은 떨어지지만 운동 범위나 운동 속도의 측면에서는 이득이 있다.

**17** 〈보기〉의 ㉠~㉣에 들어갈 내용을 바르게 연결한 것은? 기출▶ 16·18·19·21·22

┌ 보기 ┐
다이빙 선수의 공중회전 동작에서는 다이빙 플랫폼 이지(Take-off) 직후에 다리와 팔을 회전축 가까이 위치시켜 관성모멘트를 ( ㉠ )시킴으로써 각속도를 ( ㉡ )시켜야 한다. 입수 동작에서는 팔과 다리를 최대한 펴서 관성모멘트를 ( ㉢ )시킴으로써 각속도를 ( ㉣ )시켜야 한다.

| | ㉠ | ㉡ | ㉢ | ㉣ |
|---|---|---|---|---|
| ① | 증가 | 감소 | 증가 | 감소 |
| ② | 감소 | 증가 | 증가 | 감소 |
| ③ | 감소 | 감소 | 증가 | 증가 |
| ④ | 증가 | 증가 | 감소 | 감소 |

**해설**
관성모멘트
관성모멘트는 물체가 회전 운동을 유지하려는 성질로, 이는 물체의 질량과 회전반지름의 제곱의 곱으로 표현된다. 다이빙 선수가 공중 회전 동작에서 팔다리를 회전축 가까이 위치시키는 이유는 회전반지름을 줄여 관성모멘트를 감소시키고, 각속도를 증가시켜 더 빠르게 회전하려는 이유에서다. 반면에 입수 동작에서 팔다리를 최대한 펴는 이유는 회전반지름을 늘려서 관성모멘트를 증가시키고, 각속도를 감소시켜 수면으로의 저항을 줄여 더 쉽게 입수하려는 이유에서다.

**18** 30m/s의 수평투사속도로 야구공을 던질 때, 야구공의 체공시간이 2초라면 투사거리는? (단, 공기저항은 무시함)

① 15m    ② 30m
③ 60m    ④ 90m

**해설**
속력과 속도
속도는 단위 시간 동안 변위의 변화율로, 변위($D$)를 소요된 시간으로 나눈 것이다. 해당 공식을 변형하여 속도와 시간을 곱하면 투사된 거리를 구할 수 있다.
투사된 거리($D$) = 30m/s × 2s = 60m
∴ 야구공이 투사된 거리는 60m이다.

**19** 일률(Power)의 단위가 아닌 것은? 기출▶ 17·18·21

① N·m/s
② kg·m/s²
③ Joule/s
④ Watt

**해설**
일률
일률은 단위 시간 동안 수행한 일의 양으로 스포츠에서는 순발력이라고도 한다. 일률의 단위에는 일의 단위인 N·m와 Joule을 단위 시간으로 나눈 N·m/s와 Joule/s 그리고 Watt가 있다. kg·m/s²은 힘의 단위로, 물체의 질량과 가속도를 곱한 값이다.

**20** 〈보기〉의 ㉠~㉢에 들어갈 내용을 바르게 연결한 것은? 기출▶ 15·16·17·18·19·20·21·22·24

┌ 보기 ┐
신체의 정적 안정성을 높이기 위해서는 기저면(Base of Support)을 ( ㉠ ), 무게중심을 ( ㉡ ), 수직 무게 중심선을 기저면의 중앙과 ( ㉢ ) 위치시키는 것이 효과적이다.

| | ㉠ | ㉡ | ㉢ |
|---|---|---|---|
| ① | 좁히고 | 높이고 | 가깝게 |
| ② | 좁히고 | 높이고 | 멀게 |
| ③ | 넓히고 | 낮추고 | 가깝게 |
| ④ | 넓히고 | 낮추고 | 멀게 |

**해설**
안정성
신체 안정성을 높이려면 기저면을 넓게, 무게중심을 낮게, 수직의 무게 중심선을 기저면의 정중앙과 최대한 가깝게 위치시켜야 한다. 그 외에도 신체의 중량을 늘리거나, 접촉면과의 마찰력을 크게 하는 방법을 사용하여 신체 안정성을 높일 수 있다.

**정답** 17 ② 18 ③ 19 ② 20 ③

## 제7과목 | 스포츠윤리

**01** 스포츠맨십(Sportsmanship) 행위가 아닌 것은?

기출▶ 15 · 16 · 17 · 18 · 19 · 21 · 22

① 패자에게 승리의 우월성 과시
② 악의 없는 순수한 경쟁
③ 패배에 대한 겸허한 수용
④ 승자에 대한 아낌없는 박수

**해설**
패자에게 승리의 우월성을 과시하는 것은 스포츠맨십에 해당하는 행위가 아니다.

**스포츠맨십**
스포츠맨십은 스포츠인이 지켜야 할 준칙과 실천해야 할 행동지침으로, 이상적인 신사의 인간상이 스포츠에 적용된 가치이다. 정정당당한 경쟁, 경기 규정 준수, 승부 결과에 승복하는 자세, 패자에 대한 격려, 승자에 대한 환호 등이 이에 해당한다.

**02** 〈보기〉에서 스포츠에 관한 결과론적 윤리관에 해당하는 것으로만 고른 것은?

기출▶ 16 · 17 · 18 · 19 · 20 · 22

┌─ 보기 ─────────────────
│ ㉠ 경기에서 지더라도 경기규칙은 반드시 준수해야
│    한다.
│ ㉡ 개인의 최우수선수상 수상보다 팀의 우승이 더
│    중요하다.
│ ㉢ 운동선수는 훈련과정보다 경기에서 승리하는 것
│    이 더 중요하다.
│ ㉣ 스포츠 경기는 페어플레이를 중시하기 때문에 승
│    리를 위한 불공정한 행위를 해서는 안 된다.
└─────────────────────

① ㉠, ㉢   ② ㉠, ㉣
③ ㉡, ㉢   ④ ㉢, ㉣

**해설**
㉠ 경기규칙을 준수하는 것에 윤리적 옳음을 설정하는 것은 의무론적 윤리관이다.
㉣ 페어플레이와 같은 도덕적 탁월성을 추구하는 윤리이론은 덕 윤리이다.

**결과론(목적론)적 윤리관**
결과론적 윤리관은 ㉢ 행위의 결과가 중시되는 윤리이론으로, 목적의 달성과 일의 효용성을 강조하기 때문에 ㉡ 팀이 우승하는 것과 경기에서 승리하는 것이 윤리적으로 타당하다고 판단한다.

**03** 스포츠에서 나타나는 인종차별에 관한 설명으로 적절하지 않은 것은?

기출▶ 15 · 18 · 19 · 20 · 21 · 22 · 24

① 경기실적 향상을 위해 우수한 외국 선수를 귀화시키기도 한다.
② 개인의 운동기량을 인종 전체로 일반화시켜 편견과 차별이 심화되기도 한다.
③ 스포츠미디어는 인종에 대한 편견과 차별을 재생산하기도 한다.
④ 일부 관중들은 노골적으로 특정 인종을 비하하는 모욕 행위를 표출하기도 한다.

**해설**
**스포츠 불평등(인종차별)**
경기 실적을 향상시키기 위해 우수한 선수를 자국민으로 귀화시키는 것은 인종차별을 극복한 사례이다.

**04** 스포츠윤리 이론 중 덕윤리의 특징으로 적절하지 않은 것은?

① 스포츠 상황에서의 행위의 정당성보다 개인의 인성을 강조한다.
② 비윤리적 행위는 궁극적으로 스포츠인의 올바르지 못한 품성에서 비롯된다.
③ '어떠한 행위를 하는 선수가 되어야 하는가'보다 '무엇이 올바른 행위인지'를 판단하는 데 더 주목한다.
④ 스포츠인의 미덕을 드러내는 행동은 옳은 것이며, 악덕을 드러내는 행동은 그릇된 것으로 간주한다.

**해설**
덕윤리
덕윤리는 행위자의 인품이나 덕성을 강조하므로 '어떠한 행위를 하는 선수가 되어야 하는가'에 더 주목한다. 어떤 행위의 도덕성을 판단할 때 무엇이 올바른 행위인지, 행위 자체가 도덕적 의무를 준수하였는지에 주안점을 두는 윤리관은 의무론적 윤리관이다.

**05** 〈보기〉에서 스포츠윤리의 역할로 적절한 것으로만 고른 것은?

┌보기┐
㉠ 스포츠 상황에서 행동의 옳고 그름을 판단할 수 있는 원리 탐구
㉡ 스포츠 현상을 사실적으로 기술하는 방법 탐구
㉢ 스포츠 현상의 미학적 탐구
㉣ 윤리적 원리와 도덕적 덕목에 기초하여 스포츠인에게 요구되는 행위 탐구

① ㉠, ㉡
② ㉠, ㉣
③ ㉡, ㉢
④ ㉡, ㉣

**해설**
스포츠윤리
스포츠윤리는 윤리적 원리와 덕목을 바탕으로 스포츠 상황에서 옳고 그름을 판단하고, 스포츠인에게 요구되는 행동을 탐구하는 데 목적을 두고 있다. 그와 더불어 스포츠 참여자들이 도덕적 가치를 따르는 행동을 촉진하기 위한 규칙을 세우는 데 중요한 역할을 하는 학문이다.

**06** 〈보기〉의 괄호 안에 공통으로 들어갈 용어는?

┌보기┐
• 칸트(I. Kant)에게 도덕성의 기준은 ( )이다.
• 칸트에 의하면, 페어플레이도 ( )이/가 없으면 도덕적이라 볼 수 없다.
• ( )은/는 도덕적인 선수가 갖추어야 할 내적인 태도이자 도덕적 행위의 필요충분조건이다.

① 행 복
② 선의지
③ 가언명령
④ 실 천

**해설**
선의지
선의지는 도덕적인 선수가 갖추어야 할 내적인 태도이자 도덕적 행위의 필요충분조건이다. 칸트에게 도덕성의 기준은 선의지이다. 칸트의 의무론적 윤리관은 선의지가 수반되지 않은 페어플레이를 부도덕한 행위로 판단한다.

**07** 〈보기〉에서 스포츠 선수의 유전자 도핑을 반대해야 하는 이유로 적절한 것을 모두 고른 것은?

기출▶ 16·17·18·19

┌─보기─────────────────────────┐
│ ㉠ 선수의 신체를 실험 대상화하여 기계나 물질로 이해하도록 만들기 때문
│ ㉡ 유전자조작 인간과 자연적 인간 사이에 갈등을 초래하기 때문
│ ㉢ 생명체로서 인간의 본질을 훼손하고 존엄성을 부정하기 때문
│ ㉣ 선수를 우생학적 개량의 대상으로 만들기 때문
└──────────────────────────────┘

① ㉠, ㉢　　② ㉡, ㉢
③ ㉠, ㉡, ㉣　　④ ㉠, ㉡, ㉢, ㉣

**해설**
유전자 도핑
유전자 도핑은 질병을 치료하기 위해 사용하는 것이 아니라 선수의 운동 수행력을 향상시키기 위해 사용하는 것이기 때문에 인간 존엄성 경시, 생명과 건강의 위험, 생명의 상품화, 스포츠의 본질적 가치와 공정성 훼손, 해당 선수와 타 선수 간의 갈등을 유발할 수 있다.

**08** 〈보기〉의 괄호 안에 들어갈 정의(Justice)의 유형은?

기출▶ 17·18·20·21·22·25

┌─보기─────────────────────────┐
│ 운동선수의 신체는 훈련으로 만들어지기도 하지만 유전적 요인으로 결정되는 경우가 많다. 농구와 배구 선수의 키는 타고난 우연성에 해당한다. 일반적으로 스포츠 경기에서는 이러한 불평등 문제에 (　) 정의를 적용하지 않는다. 왜냐하면 스포츠는 전적으로 개인의 자발적인 선택의 문제이기 때문이다.
└──────────────────────────────┘

① 자연적　　② 절차적
③ 분배적　　④ 평균적

**해설**
평균적(평등적, 형식적) 정의
평균적 정의는 분배적 정의의 한 갈래로, 모두에게 절대적으로 공평하게 적용되는 정의이다. 스포츠 상황에서는 선수에게 신장, 체중, 체력과 같은 신체적 조건과 능력을 동등하게 맞출 것을 요구하는 평균적 정의를 적용하지 않는다.

**09** 〈보기〉에서 A선수의 판단 근거가 되는 윤리이론의 난점에 관한 설명으로 적절한 것은?

기출▶ 16·17·18·19·20·22·24

┌─보기─────────────────────────┐
│ 농구경기 4쿼터 종료 3분 전, 감독에게 의도적 파울을 지시받은 A선수는 의도적 파울이 팀 승리에 기여할 수 있지만, 상대 선수에게 위협을 가하거나 자칫 부상을 입힐 수 있기 때문에 도덕적으로 옳지 않다고 판단했다.
└──────────────────────────────┘

① 사회 전체의 이익을 고려하지 않는 경우가 발생한다.
② 상식적이고 보편적인 도덕직관과 충돌하는 판단을 내릴 수 있다.
③ 행위의 결과를 즉각 산출하기 어려울 경우에 명료한 지침을 제시하지 못할 수 있다.
④ 도덕을 수단적으로 인식한다는 점에서 근본적인 도덕개념들과 양립하기 어렵다.

**해설**
②·④ 결과론적 윤리관의 난점이다.
③ 덕윤리적 관점의 난점이다.
의무론적 윤리
자신이 받은 지시에 대해 행위 자체가 도덕에 어긋나는 것이라 부도덕하다고 판단한 것으로 보아 A선수의 도덕 판단 근거가 되는 윤리 이론은 의무론적 윤리관임을 알 수 있다. 의무론적 윤리관은 다수의 이익을 간과할 수 있고 서로 다른 도덕 규칙이 상충될 수 있다는 난점이 있다.

## 10 〈보기〉의 괄호 안에 공통으로 들어갈 용어는?
기출▶ 18 · 20 · 21 · 22 · 24

┤보기├
- 예진 : 스포츠에는 규칙으로 통제된 (　　)이 존재해. 대표적으로 복싱과 태권도와 같은 투기 종목은 최소한의 안전장치가 마련되고, 그 속에서 힘의 우열이 가려지는 것이지. 따라서 스포츠 내에서 폭력은 용인된 폭력과 그렇지 않은 폭력으로 구분할 수 있어!
- 승현 : 아니, 내 생각은 달라! 스포츠 내에서의 폭력과 일상생활에서의 폭력은 본질적으로 동일하지. 그래서 (　　)은 존재할 수 없어.

① 합법적 폭력　② 부당한 폭력
③ 비목적적 폭력　④ 반사회적 폭력

**해설**
스포츠와 폭력
〈보기〉는 격투 스포츠의 윤리적 논쟁에 대한 내용이다. 테러나 학대, 사적제재와 같은 폭력은 불법적인 폭력이지만, 격투기와 같이 스포츠 규칙에 의해 통제된 힘의 사용은 합법적(정당한) 폭력으로 인정된다. 이처럼 정당성의 기준에 따라 폭력의 적법성이 가변적이기 때문에 폭력을 절대악으로 간주할 수만은 없다.

## 11 〈보기〉에서 국제수영연맹(FINA)이 기술 도핑을 금지한 이유는?
기출▶ 16 · 17 · 18 · 19

┤보기├
2008년 베이징올림픽 수영종목에서는 25개의 세계신기록이 쏟아져 나왔다. 주목할 만한 것이 23개의 세계신기록이 소위 최첨단 수영복이라 불리는 엘지알 레이서(LZR Racer)를 착용한 선수들에 의해 수립되었다는 것이다. 그러나 이 같은 수영복을 하나의 기술 도핑으로 간주한 국제수영연맹은 2010년부터 최첨단 수영복의 착용을 금지하였다.

① 효율성 추구
② 유희성 추구
③ 공정성 추구
④ 도전성 추구

**해설**
기술 도핑
도핑은 선수의 스포츠 기능 향상을 위해 약물을 사용하거나 특수한 이학적 처리를 행하는 것이다. 도핑은 공정성 위배, 부정적 역할모델, 건강상 부작용, 자연성의 훼손 등의 이유로 스포츠 상황에서 사용을 엄금하고 있다. 〈보기〉는 경기의 공정성을 추구하기 위해 전신 수영복의 착용을 기술 도핑으로 간주한 사례이다. 개인의 실력을 바탕으로 공정하게 경쟁한 것이 아니라 기구나 장비에 의존해 경쟁한 것이므로 이 같은 판단을 한 것이다.

## 12 〈보기〉에서 나타난 현준과 수연의 공정시합에 관한 관점이 바르게 연결된 것은?
기출▶ 18

┤보기├
- 현준 : 승부조작은 경쟁적 스포츠의 본래적 가치를 훼손시키는 행위지만, 경기규칙을 위반하지 않았다면 윤리적으로 문제없는 것이 아닌가?
- 수연 : 나는 경기규칙을 위반하지 않았다 하더라도, 스포츠의 역사적·사회적 보편성과 정당성 속에서 형성되고 공유된 에토스(Shared Ethos)에 충실해야 한다고 생각해! 그래서 스포츠의 가치를 근본적으로 훼손시키는 승부조작은 추구해서도, 용인되어서도 절대 안 돼!

|   | 현 준 | 수 연 |
|---|---|---|
| ① | 물질만능주의 | 인간중심주의 |
| ② | 형식주의 | 비형식주의 |
| ③ | 비형식주의 | 형식주의 |
| ④ | 인간중심주의 | 물질만능주의 |

**해설**
페어플레이의 유형
페어플레이의 유형에는 형식적 페어플레이와 비형식적 플레이가 있다. 형식적 페어플레이는 〈보기〉 속 현준의 논지처럼 규칙 내에서 행하는 경쟁이고, 비형식적 페어플레이는 〈보기〉 속 수연의 논지처럼 참여자 간의 존중과 공정한 가치 태도를 바탕으로 경기의 관습을 지키며 행하는 경쟁이다.

**정답** 10 ① 11 ③ 12 ②

## 13 〈보기〉의 ㉠, ㉡과 관련된 맹자(孟子)의 사상이 바르게 연결된 것은?
기출▶ 19·25

┌─보기─────────────────────────┐
㉠ 농구 경기에서 자신과 부딪쳐서 부상을 당해 병원으로 이송되는 상대 선수를 걱정해 주는 마음
㉡ 배구 경기에서 자신의 손에 맞고 터치 아웃된 공을 심판이 보지 못해서 자기 팀이 득점을 했을 때 스스로 부끄러워하는 마음
└─────────────────────────────┘

|   | ㉠ | ㉡ |
|---|---|---|
| ① | 수오지심(羞惡之心) | 측은지심(惻隱之心) |
| ② | 측은지심(惻隱之心) | 수오지심(羞惡之心) |
| ③ | 사양지심(辭讓之心) | 시비지심(是非之心) |
| ④ | 측은지심(惻隱之心) | 사양지심(辭讓之心) |

**해설**
맹자의 사단(四端)
맹자의 사단에는 측은지심, 수오지심, 사양지심, 시비지심이 있다. 이 중 타인을 불쌍히 여기는 마음은 측은지심에 해당하며, 자신이나 타인의 불의를 부끄러워하고 선하지 못함을 미워하는 마음은 수오지심이다.

## 14 장애인의 스포츠 참여를 지원하는 방법으로 적절하지 않은 것은?
기출▶ 16·17·18·20·21

① 장애인이 접근 가능한 장소의 확보
② 활동에 필요한 장비 및 기구의 안정적 지원
③ 비장애인과의 통합수업보다 분리수업 지향
④ 일회성 체험이 아닌 지속적인 클럽활동 보장

**해설**
스포츠 불평등 : 장애
- 비장애인과의 통합수업보다 분리수업 지향(장애인차별금지법 제25조 제1항) : 체육 활동을 주최·주관하는 기관이나 단체, 체육 활동을 목적으로 하는 체육시설의 소유·관리자는 체육활동의 참여를 원하는 장애인을 장애를 이유로 제한·배제·분리·거부하여서는 아니 된다. – ③
- 장애인이 접근 가능한 장소의 확보(장애인차별금지법 시행령 제16조 제1항 제1호) : 장애인의 체육 활동에 필요한 시설 설치 및 체육용 기구 배치 – ①
- 활동에 필요한 장비 및 기구의 안정적 지원(장애인차별금지법 시행령 제16조 제1항 제7호) : 장애인들이 사용할 수 있는 체육용 기구 생산 장려 – ②
- 일회성 체험이 아닌 지속적인 클럽활동 보장(장애인차별금지법 시행령 제16조 제1항 제2호) : 장애인이 참여할 수 있는 체육 활동 프로그램 운영 – ④

## 15 스포츠의 지속 가능한 발전에 관한 설명으로 적절하지 않은 것은?
기출▶ 16

① 새로운 스포츠 시설의 개발 금지
② 스포츠 시설의 개발과 자연환경의 공존
③ 건강한 인간과 건강한 자연환경의 공존
④ 스포츠만의 환경 운동이 아닌 국가적, 국제적 협력과 공조

**해설**
스포츠의 지속가능한 발전
스포츠의 지속가능한 발전을 위해 새로운 스포츠 시설의 개발을 무조건 금지하는 것보다는 인간과 자연 환경의 건강한 공존을 목표로 개발하는 것이 좋으며, 이를 위해 국가적·국제적 협력이 필요하다.

**16** 〈그림〉은 스포츠윤리규범의 구조이다. ㉠~㉢에 해당하는 용어가 바르게 연결된 것은?

기출 ▶ 15·16·17·18·19·21·22

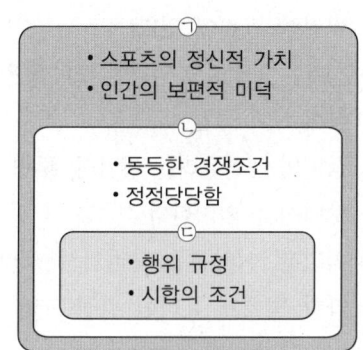

|   | ㉠ | ㉡ | ㉢ |
|---|---|---|---|
| ① | 규칙준수 | 스포츠맨십 | 페어플레이 |
| ② | 스포츠맨십 | 페어플레이 | 규칙준수 |
| ③ | 페어플레이 | 규칙준수 | 스포츠맨십 |
| ④ | 스포츠맨십 | 규칙준수 | 페어플레이 |

**해설**
㉠ 스포츠맨십 : 인간의 보편적인 미덕이 스포츠에 적용되어 정신적 가치로 실현된 것
㉡ 페어플레이 : 공평한 조건에서의 공정한 경쟁을 의미하는 보편적인 스포츠 윤리
㉢ 규칙준수 : 스포츠 행위의 규정과 경기의 조건을 지키는 것

**17** 「국민체육진흥법」 제18조의3 '스포츠윤리센터의 설립'에 관한 사항으로 옳지 않은 것은?

기출 ▶ 21·22

① 스포츠윤리센터는 문화체육관광부 장관이 감독한다.
② 스포츠윤리센터의 정관에 기재할 사항은 국무총리령으로 정한다.
③ 스포츠윤리센터가 아닌 자는 스포츠윤리센터 또는 이와 비슷한 명칭을 사용하지 못한다.
④ 스포츠윤리센터의 장은 문화체육관광부 장관의 승인을 받아 관계 행정기관 소속 임직원의 파견 또는 지원을 요청할 수 있다.

**해설**
스포츠윤리센터의 설립(국민체육진흥법 제18조의3)
• 체육의 공정성 확보와 체육인의 인권보호를 위하여 스포츠윤리센터를 설립한다.
• 스포츠윤리센터의 운영, 이사회의 구성 및 권한, 임원의 선임, 감독 등 스포츠윤리센터의 정관에 기재할 사항은 대통령령으로 정한다. - ②
• 스포츠윤리센터의 장은 업무 수행에 필요하다고 인정될 때에는 문화체육관광부장관의 승인을 받아 관계 행정기관 소속 공무원이나 관계 기관·단체 소속 임직원의 스포츠윤리센터 파견 또는 지원을 요청할 수 있다. - ④
• 스포츠윤리센터가 아닌 자는 스포츠윤리센터 또는 이와 비슷한 명칭을 사용하지 못한다. - ③
• 스포츠윤리센터는 문화체육관광부장관이 감독한다. - ①

정답 16 ② 17 ②

## 18. 〈보기〉에서 국제육상경기연맹(IFFA)이 출전금지를 판단한 이유는?

기출▶ 24

┤보기├
2011년 대구세계육상선수권대회에서 남아프리카공화국의 의족 스프린터 피스토리우스(O. Pistorius)는 비장애인육상경기에 참가 신청을 했으나, 국제육상경기연맹은 경기에 사용되는 의족의 탄성이 피스토리우스에게 유리하다는 이유로 출전을 허용하지 않았다고 한다.

① 인종적 불공정
② 성(性)적 불공정
③ 기술적 불공정
④ 계급적 불공정

**해설**
기술 도핑 · 기술 불공정
장애인들이 경기 시 착용하는 의족의 재료적 특성(탄성력)으로 인해 비장애인들과의 경쟁에서 기록 및 성적의 측면에서 불공정이 발생할 것이므로 국제육상경기연맹이 이 같은 판단을 한 것이다.

## 19. 스포츠에서 나타나는 성차별의 원인이 아닌 것은?

기출▶ 16 · 17 · 24

① 사회적 성 역할의 고착화
② 차이를 차별로 정당화하는 논리
③ 신체구조와 운동능력에 대한 편견
④ 여성성을 해치는 스포츠에의 여성 참가 옹호

**해설**
스포츠 불평등 : 성
스포츠에서의 성차별은 여성에게 스포츠 참여 기회와 권리를 제한하거나 스포츠 경기 시 불이익을 주는 제반 행위이다. 여성성을 해치는 스포츠에 여성이 참가할 수 있도록 옹호하는 것은 여성의 스포츠 참여 기회를 보장하고 여성의 신체적 능력에 대해 공정한 평가를 받을 수 있게 하는 것이므로 성차별의 극복방안이라고 볼 수 있다.

## 20. 스포츠에서 심판윤리에 관한 설명으로 옳지 않은 것은?

기출▶ 17 · 18 · 19

① 심판의 사회윤리는 협회나 종목단체의 도덕성과 밀접한 관련이 있다.
② 심판은 공정하고 엄격한 도덕적 원칙을 적용해야 한다.
③ 심판의 개인윤리는 청렴성, 투명성 등의 인격적 도덕성을 의미한다.
④ 심판은 '이익동등 고려의 원칙'에 따라 전력이 약한 팀에게 유리한 판정을 할 수 있다.

**해설**
심판윤리
심판은 스포츠 정신을 바탕으로 도덕적으로 엄격하고, 공정한 판정으로 승패를 결정해야 한다. 전력이 약한 팀에 유리한 판정을 내리는 것은 공정하지 않으므로 심판윤리에 어긋나는 행동이다.

# 2023년 필수과목 기출문제

## 제1과목 | 특수체육론

**01** 국제 기능·장애·건강 분류(International Classification Functioning, Disability and Health ; ICF)에 제시된 장애에 대한 개념적 특징이 아닌 것은?

기출▶ 20 · 21

① 환경적 요인에 의하여 누구나가 장애인이 될 수 있음을 강조한다.
② 유형과 정도가 같은 장애인들이 동일한 활동에 참여하도록 한다.
③ 기능과 장애는 건강 상태와 개인적·환경적 요인들의 상호작용이다.
④ 장애는 개인, 주변의 태도, 환경적 장벽 사이 상호작용의 결과이다.

**해설**
① 환경적 요인뿐만 아니라 개인적 요인에 의하여 누구나가 장애인이 될 수 있음을 강조한다.
② 유형과 정도가 같은 장애인들이라도 상황이나 필요에 따라 다른 활동에 참여하도록 한다.
※ 출제오류로 최종 정답에서 복수 정답 처리되었다.

**02** 〈보기〉에서 미국 관보(Federal Register, 1977)가 체육을 정의한 내용에 해당하는 것을 모두 고른 것은?

기출▶ 20

┤보기├
㉠ 건강과 운동 체력의 발달
㉡ 특수체육, 적응체육, 움직임교육, 운동발달을 포함
㉢ 수중활동, 무용, 개인과 집단의 게임과 스포츠에서의 기술 발달
㉣ 기본운동기술과 양식(Fundamental Motor Skills and Patterns)의 발달

① ㉠, ㉡
② ㉡, ㉢
③ ㉠, ㉢, ㉣
④ ㉠, ㉡, ㉢, ㉣

**해설**
체육에 대한 정의
미국 관보(Federal Register, 1977.8.23.)에 따르면 체육을 다음과 같이 정의할 수 있다.
(2) "Physical education" is defined as follows:
 (i) The term means the development of:
  (A) Physical and motor fitness; (㉠ 건강과 운동 체력의 발달)
  (B) Fundamental motor skills and patterns; and (㉣ 기본운동기술과 양식의 발달)
  (C) Skills in aquatics, dance, and individual and group games and sports. (㉢ 수중활동, 무용, 개인과 집단의 게임과 스포츠에서의 기술 발달)
 (ii) The term includes special physical education, adapted physical education, movement education, and motor development. (㉡ 특수체육, 적응체육, 움직임교육, 운동발달을 포함)

## 03
블룸(B. Bloom)이 분류한 교육 목표 영역에 따라 장기목표를 제시하고자 한다. 〈보기〉의 요인과 교육 목표 영역이 바르게 연결된 것은? 기출▶ 19

┌ 보기 ┐
㉠ 긍정적 자아, 사회적 능력, 즐거움과 긴장 이완
㉡ 운동의 기술과 양식, 체력, 여가활동에 필요한 기술
㉢ 놀이와 게임 행동, 창조적 표현, 인지-운동기능과 감각통합

| | ㉠ | ㉡ | ㉢ |
|---|---|---|---|
| ① | 인지적 영역 | 정의적 영역 | 심동적 영역 |
| ② | 인지적 영역 | 심동적 영역 | 정의적 영역 |
| ③ | 정의적 영역 | 심동적 영역 | 인지적 영역 |
| ④ | 정의적 영역 | 인지적 영역 | 심동적 영역 |

**해설**
블룸의 교육목표 영역
㉠ 정의적 영역 : 신체 활동의 참여를 통해 자아개념과 신체상 강화하는 것을 목적으로 한다.
㉡ 심동적 영역 : 기본운동기술과 운동양식 습득·발달을 목적으로 한다.
㉢ 인지적 영역 : 다양한 신체 활동을 안전하게 수행할 수 있는 지식 습득을 목적으로 한다.

## 04
개별화전환계획(Individualized Transition Plan ; ITP)에 관한 설명으로 적절하지 않은 것은?

① 장애학생과의 인터뷰를 통해 신체활동 선호도를 알아본다.
② 지역사회 체육시설을 활용하여 사회적응기술을 가르친다.
③ 장애학생을 위한 신체활동 프로그램이 지역사회에도 있는지를 확인한다.
④ 장애학생의 현재 및 미래의 기대치를 논하기보다는 과거의 활동에 주안점을 둔다.

**해설**
개별화전환계획
개별화전환계획은 장애 학생이 졸업 후 사회생활에 효과적으로 적응할 수 있도록 재학 중에 특별히 중점을 두어야 할 일들에 대해 문서화한 계획이다. 따라서 장애학생이 학교를 졸업한 이후 장애학생의 과거의 활동을 논하기보다는 현재 및 미래의 기대치에 주안점을 두어야 한다.

## 05
〈보기〉에서 설명하는 장애학생건강체력평가(Physical Activity Promotion System for Student with Disabilities ; PAPS-D)에 해당하는 것은?
기출▶ 17·19·21

┌ 보기 ┐
장애학생건강체력평가는 개인의 건강 체력이 동일 장애조건을 가진 사람들 중 어느 정도인지에 대한 정보를 제공한다.

① 비형식적 검사
② 비표준화 검사
③ 규준 참조 검사
④ 준거 참조 검사

**해설**
규준 참조 검사
규준 참조 검사는 개인의 점수나 측정치를 규준집단의 수치분포와 비교하여 해당 값이 표본집단에서 어느 위치에 있는지 상대적으로 판단하는 평가방법이다.

## 06
<보기>는 피바디 운동발달 검사-2(Peabody Development Motor Scales-2 ; PDMS-2)의 평가영역이다. ㉠에 해당하는 것은?

┌보기┐
㉠ (     )          ㉡ 움켜쥐기
㉢ 시각-운동 통합    ㉣ 비이동 운동
㉤ 이동 운동         ㉥ 물체적 조작

① 반사
② 손-발 협응
③ 달리기
④ 블록 쌓기

**해설**
PDMS-2 검사
PDMS-2는 0~72개월 아동의 운동 능력을 평가하고 측정하는 검사도구이다. 0~72개월의 영유아 시기에는 반사 작용의 발생 여부로 신체 기능·발달 이상을 진단할 수 있기 때문에 평가 영역에 '반사' 영역이 포함되어 있다.

## 07
갤러휴(D. Gallahue)와 오즈먼(J. Ozmun)이 제시한 운동발달의 단계가 아닌 것은?

① 지각운동
② 기본운동
③ 기초운동
④ 전문화된 운동

**해설**
갤러휴(D. Gallahue) - 오즈먼(J. Ozmun)의 운동발달 단계
갤러휴와 오즈먼은 운동발달 단계를 반사운동 - 초보운동 - 기본운동 - 전문화된 운동으로 구분했다.

## 08
쉐릴(C. Sherrill)이 제시한 특수체육 서비스 전달체계의 실천요소에 대한 설명이 아닌 것은?

기출 22

① 계획 – 개인의 요구는 물론 학교와 지역사회의 철학에 따라 적절한 체육의 목적을 설정하는 것을 의미한다.
② 사정 – 개인과 환경에 대한 검사, 측정, 평가로 구성되는 과정이다.
③ 교수/상담/지도 – 최적의 운동 수행을 도모하기 위해 심리·운동적 요소들을 변화시키는 과정이다.
④ 평가 – 장애인의 학습 정도와 프로그램의 효과를 확인하는 비연속적인 과정이다.

**해설**
특수체육 서비스 전달체계
(사후)평가 단계는 장애인의 학습 정도, 프로그램의 효과 확인 및 평가를 목적으로 시행되는 단계로 프로그램의 종료 이후에 발생할 상황에 대해 의사를 결정하는 연속적인 과정이다.

## 09
개별화교육계획(Individualized Education Program ; IEP)의 기능 중 <보기>의 설명에 해당하는 것은?

기출 19 · 22 · 24

┌보기┐
계획된 목표와 학생의 진보가 어느 정도 일치하고 있는가를 확인하기 위한 기능

① 의사소통 기능    ② 통합 기능
③ 평가 기능        ④ 관리 기능

**해설**
③ 평가 기능 : 장애 학생의 진보 상황을 알게 하는 기능
① 의사소통 기능 : 개별적인 교육의 필요성과 서비스에 관한 교사 간, 교사-부모 간 의사소통을 가능하게 하는 기능
② 통합 기능 : 서비스 제공의 효율성 및 자원의 효과적인 사용을 점검하고 통합하는 기능
④ 관리 기능 : 개별 학생에게 필요한 교육과 관련 서비스를 받도록 관리하는 기능

**정답** 06 ① 07 ① 08 ④ 09 ③

**10** 〈보기〉의 ㉠~㉢을 블룸(B. Bloom)의 교육 목표 영역과 바르게 연결한 것은? 기출 19

┌ 보기 ┐
㉠ 지각(Perception)
㉡ 가치화(Valuing)
㉢ 반사적 운동(Reflex movement)
㉣ 적용(Application)

① 정의적 영역 – ㉡, ㉣
② 심동적 영역 – ㉠, ㉢
③ 인지적 영역 – ㉠, ㉡
④ 정의적 영역 – ㉢, ㉣

**해설**
블룸(B. Bloom)의 교육목표 영역
- 정의적 영역 : 수용, 반응, 가치화, 조직화, 인격화
- 심동적 영역 : 지각, 태세, 유도반응, 기계화, 복잡 외현 반응, 적응, 반사적 운동, 초보적 기초 동작, 운동 지각 능력, 신체적 기능, 숙련된 운동 기능
- 인지적 영역 : 지식, 이해, 적용, 분석, 종합, 평가

**11** 〈보기〉에서 설명하는 장애 유형은? 기출 17·21

┌ 보기 ┐
㉠ 또래 친구와 인사를 하거나 함께 놀지 않는다.
㉡ 출석을 불러도 반응하지 않거나 눈을 맞추지 않는다.
㉢ 비닐과 같은 특정 물건을 반복적으로 만지거나 냄새를 맡는 행동을 한다.
㉣ '공을 차'라고 지시했지만, 지시를 이해하지 못하고 '공을 차'라는 말만 반복한다.

① 청각 장애        ② 지적 장애
③ 뇌병변 장애      ④ 자폐성 장애

**해설**
자폐성 장애의 특성
- 주위 사람들과의 애착 형성이 되어 있지 않음, 하루의 대부분을 혼자서 보냄 – ㉠
- 타인과의 눈맞춤이 결여되어 있음 – ㉡
- 특정한 사물에 강한 집착을 보임 – ㉢
- 기능적인 언어의 발달을 이루지 못함 – ㉣

**12** 〈표〉에서 제시된 수업목표가 추구하는 지각운동 영역은?

| 프로그램 | 골볼 교실 | 장애 유형 | 시각 장애 | 장애 정도 | 1급 |
|---|---|---|---|---|---|
| 내용 | 참여를 위한 사전 교육 | | | | |
| 목표 | • 자신의 포지션을 찾아갈 수 있다.<br>• 팀 벤치에어리어를 찾아갈 수 있다.<br>• 상대 팀 골라인의 위치를 찾을 수 있다. | | | | |

① 신체상(Body Image)
② 방향정위(Orientation)
③ 신체 정렬(Physical Alignment)
④ 동측협응(Ipsilateral Coordination)

**해설**
방향정위
방향정위는 위치를 파악하기 위해 주위 환경이나 단서와 같은 감각적 정보를 활용하는 정신적 과정이다. 시각 장애인은 해당 과정으로 자신의 현재 위치나 목표물의 위치를 파악할 수 있다.

**13** 〈보기〉에서 설명하는 청각 장애의 유형은? 기출 18

┌ 보기 ┐
㉠ 청력 손실이 60~70dB을 넘지 않는다.
㉡ 소리를 외이에서 내이로 전달하는 과정에서 문제가 생긴다.
㉢ 중이염, 고막 손상, 외이도 염증 등에 의해서 발생하기도 한다.
㉣ 후천적인 원인에 의해 발생하는 경우가 많으며, 보청기 착용의 효과가 좋다.

① 혼합성 난청(Mixed Hearing Loss)
② 감소성 난청(Reductive Hearing Loss)
③ 전음성 난청(Conductive Hearing Loss)
④ 감각신경성 난청(Sensorineural Hearing Loss)

**해설**
전음성 난청
전음성 난청은 이름처럼 음파가 정상적으로 전달되지 않아 발생하는 난청이다. 전음 기관(외이, 고막, 중이 등)의 손상이나, 장애, 꽉 찬 귀지로 인해 발생하며 내과적, 외과적 치료로써 대부분 청력 회복이 가능하며, 보청기로도 개선될 수 있다.

정답  10 ②  11 ④  12 ②  13 ③

**14** ⟨표⟩는 피아제(J. Piaget)가 제시한 인지발달단계에 따른 지도 목표를 기술한 것이다. 지도 목표가 적절한 것을 모두 고른 것은?

| 프로그램 | 축구 교실 | 장애 유형 | 지적 장애 | 장애 정도 | 1~3급 |
|---|---|---|---|---|---|
| 목 적 | 슛과 패스 기술 익히기 ||||||
| 인지발달 단계 | 지도 목표 |||||
| 감각 운동기 | ㉠ 다양한 종류의 공을 다루면서 공에 대한 도식이 형성되도록 한다. |||||
| 전 조작기 | ㉡ 공을 세워놓고 차기 기술을 지도한다. |||||
| 구체적 조작기 | ㉢ 공 차기를 슛과 패스로 구분하여 지도한다. |||||
| 형식적 조작기 | ㉣ 전략과 전술을 지도한다. |||||

① ㉠
② ㉠, ㉡
③ ㉠, ㉡, ㉢
④ ㉠, ㉡, ㉢, ㉣

**해설**

피아제(J. Piaget)의 인지발달단계
- 감각운동기(0~2세)는 오감을 사용하여 주변을 탐색하고, 새로운 경험을 찾기 위한 신체 활동을 하는 연습놀이 단계이므로 공의 형태와 역학적 특성을 인지해 학습자가 공에 익숙해지도록 지도해야 한다. – ㉠
- 전조작기(2~7세)는 지각운동시기로 자기중심적이어서 타인의 관점에서 사물을 이해할 수 없기 때문에 공에 조작을 가한 후의 상황을 타인의 입장에서 이해할 수 있게 공을 세워놓고 차기 기술을 지도해야 한다. – ㉡
- 구체적 조작기(7~11세)는 사회지향적인 특징을 보이는 단계이다. 슛과 패스는 같은 공 차기 동작이지만 선수들 간 상호 작용의 측면에서 그 목적이 다르므로 분리해서 지도해야 한다. – ㉢
- 형식적 조작기(청소년~성인)는 논리적 사고로 문제를 해결할 수 있는 단계여서 전략과 전술을 지도해 학습자가 실제 경기에 투입될 수 있도록 해야 한다. – ㉣

**15** ⟨표⟩는 동호회 야구선수를 관찰한 기록이다. 관찰 내용에서 나타나는 장애 유형의 설명으로 옳지 않은 것은? 기출▶ 18

| 이 름 | 홍길동 | 나 이 | 만 42세 | 성 별 | 남 |
|---|---|---|---|---|---|
| 날 짜 | 2023년 4월 29일(토) | 장 소 || 잠실야구장 ||
| 관찰 내용 | • 손과 발을 가만히 두지 못하고 여기저기 돌아다닌다.<br>• 대기타석에서 안절부절못하며 뛰어다닌다.<br>• 옆 선수에게 끊임없이 말을 한다.<br>• 코치의 질문이 끝나기도 전에 불쑥 말을 한다.<br>• 자신의 타격 순서를 기다리지 못한다.<br>• 다른 선수의 연습 스윙을 방해하거나 참견한다. |||||

① 장애인복지법에서는 지적 장애로 분류된다.
② 다양한 상황에서도 동일한 문제행동이 나타난다.
③ 주의력결핍, 과잉행동 또는 충동성이 7세 이전에 나타난다.
④ 주의력결핍, 과잉행동 또는 충동성의 평가항목 중에서 6개 이상의 항목이 최소 6개월 이상 지속된다.

**해설**

주의력결핍 과잉행동 장애
- 주의력결핍 과잉행동 장애는 장애인복지법에서 장애로 분류하지 않는다. – ①
- 주의력결핍, 과잉행동 또는 충동성이 12세 이전에 나타난다. – ③

※ 출제오류로 최종 정답에서 복수 정답 처리되었다.

정답 14 ④  15 ①, ③

**16** 〈보기〉에서 설명하는 시각 장애 발생의 원인은?

기출▶ 20

┌─보기─────────────────────────┐
│ ㉠ 두통, 눈의 통증, 구토 등의 증상이 나타날 수 있다. │
│ ㉡ 시야가 좁아져서 주변 상황에 대한 정보 습득이 │
│    어렵다. │
│ ㉢ 안압이 높아지면서 시신경이 눌리거나, 혈액 공급 │
│    이 원활하지 않아서 발생할 수 있다. │
└─────────────────────────────┘

① 백내장   ② 녹내장
③ 황내장   ④ 황반변성

**해설**
녹내장
녹내장은 안압의 상승으로 인해 시신경이 눌리거나 혈액 공급에 장애가 생겨 시신경의 기능에 이상을 초래하는 질환이다. 녹내장이 발생하면 시야가 좁아지고, 상승된 안압으로 인해 두통, 눈의 통증, 구토 증상이 발생한다.

**해설**
수어
㉠ 농구 : 왼손을 반쯤 구부려 손끝이 오른쪽으로 향하게 하여 가슴 앞에 놓은 다음, 손등이 밖으로 향하게 쥔 오른 주먹을 왼손의 1·2·3·4지와 5지 사이로 내린다.
㉡ 고맙습니다 : 왼손을 손등이 위로 가게 해서 둔 다음 오른손을 세워 손등을 두세 번 두드린다.
㉢ 반갑습니다 : 약간 구부린 양손을 가슴에서 엇갈리게 위아래로 두 번 흔든다.

**17** 제시어와 〈보기〉의 수어 ㉠~㉢을 바르게 연결한 것은?

기출▶ 19·22·24

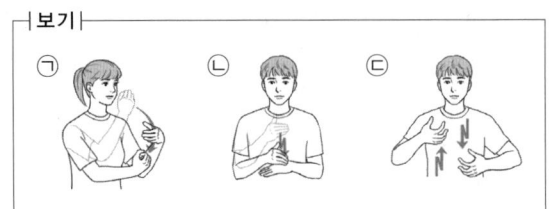

|  | 반갑습니다 | 농 구 | 고맙습니다 |
|---|---|---|---|
| ① | ㉡ | ㉠ | ㉢ |
| ② | ㉡ | ㉢ | ㉠ |
| ③ | ㉢ | ㉠ | ㉡ |
| ④ | ㉠ | ㉡ | ㉢ |

**18** 〈표〉의 FITT 구분에 따른 운동 계획 중에서 틀린 것은?

| 프로그램 | 건강관리 교실 | 장애 유형 | 지체 장애 | 장애 정도 | 3급 |
|---|---|---|---|---|---|
| 운동 참여 경험 | 최근 3개월 동안 주 3회, 회당 30분씩 운동했다. |||||
| 의료적 문제 | 최근 종합검진에서 심혈관 질환을 비롯한 의료적 문제가 없다고 진단받았다. |||||
| FITT 구분 | 운동 계획 |||||
| ① 빈도(Frequency) | 운동을 주 3회(월, 수, 금) 실시한다. |||||
| ② 강도(Intensity) | 최대산소섭취량의 50% 수준으로 달리기한다. |||||
| ③ 시간(Time) | 준비운동 10분, 본운동 20분, 정리운동 5분으로 구성한다. |||||
| ④ 시도(Trial) | 본운동을 5회 반복한다. |||||

**해설**
FITT 구분
FITT 구분은 빈도, 강도, 종류, 시간의 요소로 구성되어 있다. FITT 구분에 따라 운동계획을 아래와 같이 수정할 수 있다.

| FITT 구분 | 운동 계획 |
|---|---|
| 빈도(Frequency) | 운동을 주 3회(월, 수, 금) 실시한다. |
| 강도(Intensity) | 최대산소섭취량의 50% 수준으로 5회 반복한다. |
| 시간(Time) | 준비운동 10분, 본운동 20분, 정리운동 5분으로 구성한다. |
| 종류(Type) | 달리기 |

16 ② 17 ③ 18 ④

**19** ⟨표⟩는 척수 손상 위치에 따라 휠체어농구 교실 참여가 가능한지를 결정한 내용이다. ㉠~㉣ 중에서 참여 가능 여부의 결정이 옳지 않은 것은?

기출▶ 21·22

| 프로그램 | 장애 유형 | 장애 정도 |
|---|---|---|
| 휠체어농구 교실 | 척수 장애 | 1~3급 |

| 손상 위치 | 잠재적 능력을 고려한 참여 가능 여부 | |
|---|---|---|
| | 가 능 | 불가능 |
| ㉠ 흉추 1번~2번 사이 | | ○ |
| ㉡ 흉추 2번~3번 사이 | ○ | |
| ㉢ 흉추 11번~12번 사이 | ○ | |
| ㉣ 흉추 12번~13번 사이 | ○ | |

① ㉠
② ㉡
③ ㉢
④ ㉣

**해설**
척수 손상
흉추 1번과 2번은 심혈관계와 호흡계의 장애를 초래하는데, 심폐 기능에 무리가 가지 않는 선에서 프로그램에 참여할 수 있다.

**20** ⟨보기⟩에서 보치아 경기 규칙으로 옳은 것만을 모두 고른 것은?

┤보기├
㉠ 보치아의 세부 경기종목으로는 개인전, 2인조(페어), 단체전이 있다.
㉡ 공 1세트는 적색 구 6개, 청색 구 6개, 흰색 표적구 1개로 구성된다.
㉢ 경기에 참여하기 위해서는 반드시 휠체어를 사용해야 한다.
㉣ 보조자의 도움을 받아서 투구할 수 있다.

① ㉠
② ㉠, ㉡
③ ㉠, ㉡, ㉢
④ ㉠, ㉡, ㉢, ㉣

**해설**
㉢ 경기에 참여하기 위해 장애의 정도에 따라 휠체어를 선택적으로 사용할 수 있다.
㉣ 보조자는 휠체어의 위치 조정, 선수의 자세 조정, 투구 전후의 일상적인 행동, 공의 회수 등에만 관여할 수 있다.

정답 19 ① 20 ②

### 제2과목 | 유아체육론

**01** 영유아기 뇌 발달에 대한 설명으로 옳지 않은 것은?

① 대뇌피질은 출생 이후에도 발달한다.
② 3세의 뇌 무게는 성인의 75% 정도이다.
③ 6세경 뇌 무게는 성인의 90% 정도에 도달한다.
④ 뇌는 영유아기까지 완만하게 발달하다 이후에는 급격히 발달한다.

**해설**
뇌의 발달
뇌의 발달과 성숙은 장년기에도 계속되는데, 그 속도가 특히 빠른 시기는 영유아기와 청소년기이다.

**02** 영유아의 시지각(Visual Perception)에서 '형태(Form)지각'에 대한 설명으로 옳지 않은 것은?

① 신생아는 형태를 지각할 수 있으며, 직선보다 곡선을 더 선호하는 것으로 알려졌다.
② 모양을 구별하고 여러 가지 양식들을 분간할 수 있는 능력이다.
③ 자신으로부터 대상이 떨어져 있는 거리를 판단하는 능력이다.
④ 생후 6개월경에 급속히 발달한 후에 정교해진다.

**해설**
위치와 거리 등을 정확하게 파악하고 몸의 움직임을 이해하는 것은 공간지각이다.

**03** 기본움직임기술(Fundamental Movement Skills ; FMS)과 움직임 양식과의 연결이 옳지 않은 것은?
기출▶ 17·19·20·21

① 조작 운동 – 굽히기(Bending), 늘리기(Stretching), 직립균형(Upright Balance)
② 조작 운동 – 때리기(Striking), 튀기기(Bouncing), 되받아치기(Volleying)
③ 이동 운동 – 걷기(Walking), 호핑(Hopping), 스키핑(Skipping)
④ 이동 운동 – 점핑(Jumping), 갤러핑(Galloping), 슬라이딩(Sliding)

**해설**
기본움직임기술
• 조작 운동 : 치기, 던지기, 차기, 공 멈추기, 던지기, 튀기기, 되받아치기
• 이동 운동 : 걷기, 호핑, 스키핑, 점핑, 갤러핑, 슬라이딩
• 안정성 운동 : 굽히기, 늘리기, 비틀기, 돌기, 흔들기, 직립균형, 거꾸로 균형, 구르기, 멈추기, 피하기

**04** 유아체육 지도환경 조성 원칙에 따른 내용이 옳지 않은 것은?
기출▶ 21

| 원 칙 | 내 용 |
|---|---|
| ① 흥미성 | 호기심, 모험심 등을 표현할 수 있는 지도환경 조성 |
| ② 안전성 | 부드러운 마감재나 바닥 재질, 공간의 벽 등을 고려한 지도환경 조성 |
| ③ 필요성 | 음향시설, 냉난방시설, 활동공간의 크기 등을 고려한 지도환경 조성 |
| ④ 경제성 | 설비나 용구로 인한 건강 저해나 활동의 위험성이 없도록 지도환경 조성 |

**해설**
유아체육의 지도환경의 조성 원칙
'설비나 용구로 인한 건강 저해나 활동의 위험성이 없도록 지도환경 조성'은 안전성에 관한 설명이다. 경제성은 지도환경 조성 시 주어진 자원을 얼마나 효용성 있게 사용하느냐에 관한 것이다.

정답  01 ④  02 ③  03 ①  04 ④

## 05 전문화된(Specialized) 움직임 시기의 '적용(Application) 단계'에 대한 설명으로 옳지 않은 것은?

① 특정 활동을 찾거나 기피하기 시작한다.
② 움직임 수행의 정확성과 더불어 양적 측면이 강조된다.
③ 다양한 과제, 개인, 환경 요인 등을 토대로 어떤 활동에 참여할 것인지를 결정한다.
④ 인지능력이 저하되고 경험 토대가 축소되면서 많은 것을 학습하기가 어려워진다.

### 해설
전문화된 움직임
전문화된 운동단계 중 적용 단계는 11~13세에 해당하는 단계이다. 이 단계는 인지능력과 운동 능력이 발달하는 단계로 경험적 토대가 확대되면서 많은 것을 학습하기 쉬워진다.

## 06 〈보기〉에서 유소년 신체 활동을 통한 자기개념(Self-concept) 발달에 대한 설명으로 옳은 것을 모두 고른 것은?

─ 보기 ─
㉠ 움직임은 긍정적인 자기개념을 촉진시킬 수 있는 최상의 방법이다.
㉡ 유소년에게 용기를 북돋아 주고, 생활에 모험활동이 포함되도록 한다.
㉢ 자신들의 한계 내에서 합리적인 수행목표를 세울 수 있도록 도와준다.
㉣ 실패의 가능성을 높이고, 실패와 실패지향적 경험들을 많이 제공한다.

① ㉠
② ㉠, ㉣
③ ㉡, ㉢
④ ㉡, ㉢, ㉣

### 해설
자기개념의 발달
㉡ 유소년기는 신체가 유연하고, 호기심과 모험심이 왕성한 시기이므로 다양한 운동 기능을 발달시키기 좋다. 이 시기의 스포츠 활동은 유소년에게 용기를 북돋아 주고, 일상 속에서 체험할 수 있는 모험 활동의 기회가 된다.
㉢ 유소년기 신체 활동은 유소년이 자신들의 한계 내에서 성공적으로 목적을 달성하기 위해 합리적인 수행 목표를 세울 수 있도록 돕는다.

## 07 〈보기〉의 ㉠~㉢에 들어갈 용어를 옳게 나열한 것은?

─ 보기 ─
• 피카(R. Pica)는 동작요소를 ( ㉠ ), 형태, ( ㉡ ), 힘, 흐름, 리듬으로 구성된다고 하였다.
• 퍼셀(M. Purcell)은 ( ㉠ ) 인식, 신체 인식, 노력, ( ㉢ ) 같은 동작요소에 대한 이해를 바탕으로 이를 응용영역에 적용시킬 수 있어야 한다고 하였다.

| | ㉠ | ㉡ | ㉢ |
|---|---|---|---|
| ① | 공간 | 시간 | 관계 |
| ② | 저항 | 속도 | 무게 |
| ③ | 공간 | 관계 | 시간 |
| ④ | 무게 | 속도 | 저항 |

### 해설
다양한 학자들이 정의한 동작의 구성요소
• Gilliom(1970) : 공간, 신체 인식, 힘, 시간, 흐름
• North(1973) : 시간, 힘, 무게, 공간, 흐름
• Slater(1993) : 신체, 공간, 노력, 관계
• Purcell(1994) : 신체 인식, 공간 인식, 노력, 관계
• Pica(1995) : 공간, 형태, 시간, 힘, 흐름, 리듬

정답 05 ④ 06 ③ 07 ①

## 08

〈표〉의 ㉠, ㉡에 들어갈 기본움직임기술의 발달 단계를 바르게 제시한 것은? 기출 17·19·20·21·24

| 단계 | ( ㉠ ) | ( ㉡ ) |
|---|---|---|
| 움직임 기술 | 물구나무서기 | 공 차기 |
| 설 명 | • 삼각지지를 통한 물구나무서기 가능<br>• 일정하지 않은 균형점을 보이고, 간헐적으로 자세를 오랫동안 유지함<br>• 감각적으로 사지의 위치를 살피려고 노력함 | • 차기동작 동안 양팔 흔들기가 나타남<br>• 팔로우 스로우가 이루어지는 동안 몸통이 허리까지 굽혀짐<br>• 다리 스윙이 길어지고, 달리거나 껑충 뛰어서 공에 다가감 |

|  | ㉠ | ㉡ |
|---|---|---|
| ① | 시 작 | 시 작 |
| ② | 시 작 | 성 숙 |
| ③ | 초 보 | 초 보 |
| ④ | 초 보 | 성 숙 |

**해설**
기본움직임기술
㉠ 초보 단계에 해당한다. 삼각지지, 자세 유지, 사지의 위치 파악 등 기본 움직임에 대한 제어와 협응력은 향상되었지만, 자세 유지의 시간이 짧은 것으로 보아 신체 사용이 비효율적임을 알 수 있다.
㉡ 성숙단계에 해당한다. 움직임의 수행이 역학적으로 효율성을 갖게 되어 공이 움직이는 속도와 이동 거리에 맞추어 다리 스윙을 이전보다 길게 하는 것과 같이 협응과 제어가 더욱 향상되었음을 알 수 있다.

## 09

에릭슨(E. Erikson)이 제시한 심리사회발달단계에 대한 내용의 연결이 적절하지 않은 것은?

기출 20·21

| | 단계 | 내용 |
|---|---|---|
| ① | 신뢰감 대 불신감 | 정체감을 확립하지 못한 경우 자신감을 가지지 못함 |
| ② | 자율성 대 수치·회의 | 근육 발달을 조절할 수 있으며 자기 주위를 탐색함 |
| ③ | 주도성 대 죄의식 | 목표나 계획을 세워 성공하고자 노력함 |
| ④ | 근면성 대 열등감 | 기초적인 인지 기술과 사회적 기술을 습득함 |

**해설**
심리사회발달단계(E. Erikson, 1975)
정체감 확립을 중심으로 하는 발달단계는 정체성 대 역할혼돈 단계이다. 신뢰감 대 불신감 단계에서는 양육자의 태도가 성격 발달의 결과를 좌우한다. 양육자의 포용적인 태도는 영아가 사람에 대해 신뢰감과 희망을 품게 하지만, 거부적인 태도는 영아가 사람에 대해 불신감을 품게 한다.

## 10 〈보기〉에서 동일한 유형의 반사(Reflex)나 반응(Reaction)인 것을 고른 것은?

기출 ▶ 17 · 18 · 19 · 21 · 22

┌ 보기 ┐
- ㉠ 모로(Moro)
- ㉡ 당김(Pull-up)
- ㉢ 목가누기(Neck Righting)
- ㉣ 바빈스키(Babinski)
- ㉤ 비대칭목경직(Asymmetrical Tonix Neck)
- ㉥ 낙하산(Parachute)

① ㉠, ㉡, ㉥
② ㉠, ㉣, ㉤
③ ㉡, ㉢, ㉣
④ ㉡, ㉢, ㉤

**해설**
반사와 반응의 유형
㉠ 모로 반사, ㉣ 바빈스키 반사, ㉤ 비대칭목경직 반사는 반사의 유형 중 원시반사(원초반사)에 해당한다.

## 11 〈보기〉에서 '영유아 기도폐쇄' 응급처치에 관한 설명으로 옳은 것을 모두 고른 것은?

┌ 보기 ┐
- ㉠ 1세 미만의 경우 등 두드리기 및 흉부압박이 권장된다.
- ㉡ 의식이 없는 경우 혀에 의한 기도폐쇄가 있는지 확인한다.
- ㉢ 등 두드리기를 할 때 머리를 가슴보다 낮게 하고, 안은 팔을 허벅지에 고정시킨다.
- ㉣ 흉부를 압박할 때 등을 받치고 머리를 가슴보다 낮게 하여, 안은 팔을 무릎 위에 놓는다.

① ㉠, ㉡
② ㉠, ㉢
③ ㉡, ㉢, ㉣
④ ㉠, ㉡, ㉢, ㉣

**해설**
㉠ 1세 미만의 영아는 하임리히법을 사용하는 것보다는 등을 두드리거나 흉부를 압박하는 것이 더욱 효과적이다.
㉡ 의식이 없는 경우, 혀 근육이 이완되어 기도를 막는 경우가 있기 때문에 필히 확인해야 한다.
㉢ 등을 두드릴 때 머리를 가슴보다 낮게 하고, 안은 팔을 허벅지에 고정시킨다. 이때 턱과 머리를 지지한 손이 입이나 기도를 막지 않게 유의해야 한다.
㉣ 흉부를 압박할 때 등을 받치고 머리를 가슴보다 낮게 하여, 안은 팔을 무릎 위에 놓는다. 흉부를 압박할 때는 손바닥이 아닌 두 손가락으로 해야 한다.

## 12. 〈표〉에서 체력의 구분 및 요소, 검사방법의 연결이 옳은 것을 고른 것은?
기출▶ 18 · 19 · 20 · 21

| | 구 분 | 체력요소 | 검사방법 |
|---|---|---|---|
| ㉠ | 건강체력 | 순발력 | 모둠 발로 멀리뛰기 |
| ㉡ | 건강체력 | 심폐지구력 | 셔틀런(페이서, PACER) |
| ㉢ | 운동체력 | 평형성 | 평균대 위에서 한 발로 서기 |
| ㉣ | 건강체력 | 유연성 | 1분간 앉았다 일어나기 |

① ㉠, ㉢
② ㉠, ㉣
③ ㉡, ㉢
④ ㉡, ㉣

**[해설]**
체력의 요소와 평가 방법
- 유연성 : 앉아서 윗몸 앞으로 굽히기
- 근력 : 윗몸일으키기, 턱걸이, 팔씨름
- (근·심폐)지구력 : 오래매달리기, 오래달리기, 계단 오르기, 줄넘기, 셔틀런 – ㉡
- 평형성 : 한 발로 서기, 줄 따라 걷기, 회전 후 중심 잡기, 평균대 위에서 한 발로 서기 – ㉢
- 순발력 : 제자리멀리뛰기, 높이뛰기, 단거리 빨리 달리기
- 민첩성 : 왕복 달리기, 신호 따라 방향 바꾸기, 장애물 빠져나가 달리기

## 13. 초등체육 교육과정의 3~4학년군 성취기준에 대한 내용으로 옳지 않은 것은?

① 체력운동이나 스포츠활동보다 신체를 인식하고 움직이는 기초적인 이동운동을 한다.
② 기본 체력운동의 방법과 절차를 익히며 자신의 수준에 맞는 운동을 시도한다.
③ 기본 움직임 기술의 의미와 종류를 이해하고 스포츠와의 관계를 파악한다.
④ 움직임의 심미적 표현에 대한 호기심과 감수성을 나타낸다.

**[해설]**
신체를 인식하고 움직이는 기초적인 이동운동보다 체력운동이나 스포츠 활동을 수행한다.
2022 개정 초등교육과정
- 3~4학년군 운동 영역에서는 자신의 체력 수준에 맞는 운동을 하며 즐거움을 느끼고, 체력과 건강을 증진하면서 정서적, 사회적 건강을 유지할 수 있도록 운동과 일상 생활에서의 건강 활동을 체험하도록 한다. 체력 운동에서는 학습자가 자신의 신체 특성과 수준을 고려한 운동 방법을 다양하게 탐색하고 실천하도록 운영한다. 단순한 흥미 위주의 활동을 지양하고 자신의 체력 수준을 점검하며 체력의 중요성을 인식할 수 있는 활동을 선정한다.
- 3~4학년군 스포츠 영역에서는 스포츠의 개념을 이해하고 다양한 유형의 스포츠 활동을 수행하는 데 요구되는 기본 움직임과 복합적인 움직임을 탐색하고 간단한 게임 상황에서 시도하도록 한다.

## 14. 스포츠 기술에 반영된 조작운동과 지각운동 구성 요소의 연결이 옳은 것은?
기출▶ 17 · 18 · 19 · 20 · 21

| | 스포츠 기술 | 조작운동 | 지각운동 구성요소 |
|---|---|---|---|
| ① | 골프공 때리기, 축구공 차기 | 추 진 | 안 정 |
| ② | 농구패스 잡기, 핸드볼패스 잡기 | 추 진 | 공 간 |
| ③ | 티볼 펀팅, 탁구공 되받아치기 | 흡 수 | 시 간 |
| ④ | 축구패스공 멈추기, 야구 공중볼 받기 | 흡 수 | 공 간 |

**[해설]**
조작운동과 지각운동 구성요소
- 추진 운동 : 공 던지기, 공 치기, 공 차기, 공 튀기기
  예) 골프공 때리기, 축구공 차기, 티볼 펀팅, 탁구공 되받아치기
- 흡수 운동 : 공 멈추기, 공 받기
  예) 농구패스 잡기, 핸드볼 패스 잡기, 축구 패스 공 멈추기, 야구 공중볼 받기
- 공간 지각 : 과제와 상황에 따라 움직임의 범위를 조절하는 방법 익히기
  예) 축구패스공 멈추기, 야구 공중볼 받기, 골프공 때리기, 축구공 차기, 티볼 펀팅, 탁구공 되받아치기
- 시간 지각 : 다양한 속도로 날아오는 공을 받는 방법 익히기
  예) 농구패스잡기, 핸드볼패스 잡기

**15** 〈보기〉의 대화에서 ㉠, ㉡에 들어갈 유아체육 프로그램 기본원리와 교수방법은? 기출 17·19·20·21

┌─보기─────────────────────────────┐
- A 지도자 : 저는 수업에서 유아 간에 체력이나 소질 같은 개인차가 발생하는 부분이 늘 고민이었어요. 운동프로그램 구성을 위한 원리 같은 것이 있을까요?
- B 지도자 : ( ㉠ )의 원리 같은 경우가 적용될 수 있을 것 같아요. 이 원리는 일반화된 특성뿐만 아니라 유전과 환경요인 같은 개인차를 고려하는 것을 말해요.
- A 지도자 : 그렇다면 유아가 창의성 있게 자발적으로 참여하게 하는 지도방법은 어떤 것이 있을까요?
- B 지도자 : ( ㉡ ) 방법이 효과적일 것 같아요. 이 방법은 유아 스스로의 실험과 문제해결, 자기 발견을 통해 학습이 일어나는 과정을 강조하는 방법이에요.
└─────────────────────────────┘

| | ㉠ | ㉡ |
|---|---|---|
| ① | 특이성 | 탐색적(Exploratory) |
| ② | 특이성 | 과제 중심 접근(Task-oriented) |
| ③ | 연계성 | 탐색적(Exploratory) |
| ④ | 연계성 | 과제 중심 접근(Task-oriented) |

**해설**
유아체육 프로그램의 기본원리
㉠ 일반적인 발달 특성뿐만 아니라 개개인의 유전과 환경요인에 따른 개인차를 고려하여 프로그램을 구성하는 것은 특이성의 원리에 따른 것이다.
㉡ 유아 스스로의 실험과 문제해결, 자기 발견을 통해 학습이 일어나는 과정을 강조하는 방법은 탐색적 방법이다.

**16** 기본움직임기술에 대한 대근운동발달검사(TGMD)에서 검사항목과 수행기준이 적절하지 않은 것은? 기출 22

| | 기본움직임 기술 | 검사항목 | 수행기준 |
|---|---|---|---|
| ① | 이동운동 | 달리기(15m) | 팔꿈치를 구부리고 팔과 다리는 엇갈려 움직인다. |
| ② | 이동운동 | 제자리 멀리뛰기 | 던지는 팔의 반대쪽 발을 내딛으며 무게를 이동시킨다. |
| ③ | 조작운동 | 던지기 (Over-hand Throw) | 엉덩이와 어깨를 목표지점을 향하여 회전시킨다. |
| ④ | 조작운동 | 공 차기 | 디딤발로 외발 뛰기를 하면서 차는 발을 길게 뻗는다. |

**해설**
'던지는 팔의 반대쪽 발을 내딛으며 무게를 이동시킨다'는 조작운동 중 던지기의 수행기준이다.

대근운동발달검사 – 제자리멀리뛰기의 수행기준
- 준비 동작은 팔을 몸 뒤로 편 다음 두 무릎을 구부린다.
- 앞쪽 위로 힘껏 팔을 펴며 머리 위로 팔을 최대한 든다.
- 양발에 탄력을 주어 뛰도록 한다.
- 양팔을 아래로 내리며 착지한다.

**17** 미국 질병통제예방센터(CDC)가 제시한 연령별 신체 활동 가이드라인으로 옳지 않은 것은?

기출> 18 · 20 · 21

① 미취학 아동에게 성장과 발달을 위해 일정 시간 이상의 신체활동이 권장된다.
② 미취학 아동의 보호자는 제한적인 활동유형의 소근육 위주 놀이를 장려해야 한다.
③ 어린이와 청소년에게 매일 60분 이상의 중강도 신체활동을 장려해야 한다.
④ 어린이와 청소년들에게 연령에 적합하며, 즐겁고 다양한 신체활동에 참여할 수 있는 기회와 격려의 제공이 권장된다.

**해설**
연령별 신체 활동 가이드라인
미취학 아동들은 대근육의 발달이 이루어진 다음에 소근육이 발달하기 때문에 보호자는 제한적인 활동유형의 대근육 위주 놀이를 장려해야 한다.

**18** 유치원 체육수업에서 실제학습시간(ALT)을 증가시킬 수 있는 공간 구성 전략으로 옳지 않은 것은?

기출> 20 · 21

① 유아의 호기심 및 모험심 등을 표현할 수 있는 환경 조성을 추구한다.
② 유아의 주의 집중을 위해 체육시설이나 기구를 효율적으로 배치한다.
③ 운동이 익숙해지는 시기에는 순환식보다 병렬식 위주로 기구를 배치한다.
④ 수업 중인 신체활동과 관련 없는 놀잇감 배치를 지양한다.

**해설**
공간구성 전략
아이들이 병렬식 배치로 기구 사용에 익숙해지면 순환식 배치로 바꾸어서 여러 운동기구를 한꺼번에 접하게 하여야 아이들이 체육수업에 흥미와 만족감을 느끼게 되므로 실제 학습시간이 늘어난다.

**19** 〈표〉는 미국스포츠의학회(ACSM)의 '어린이와 청소년을 위한 FITT(빈도, 강도, 시간, 형태) 권고사항' 이다. ㉠~㉢에 들어갈 용어를 바르게 연결한 것은?

기출▶ 24

| 구분 | ( ㉠ ) 운동 | ( ㉡ ) 운동 | ( ㉢ ) 운동 |
|---|---|---|---|
| 빈도 | 고강도 운동을 최소 주 3일 이상 포함되도록 함 | 주 3일 이상 | 주 3일 이상 |
| 강도 | 중강도에서 고강도 | 체중 또는 8~15회 반복 가능한 무게 | 충격이나 기계적 부하와 같이 부하를 주는 신체활동이나 운동자극 |

|   | ㉠ | ㉡ | ㉢ |
|---|---|---|---|
| ① | 무산소 | 심폐체력 | 평형성 |
| ② | 유산소 | 저항 | 평형성 |
| ③ | 유산소 | 저항 | 뼈 강화 |
| ④ | 유산소 | 뼈 강화 | 저항 |

**해설**
어린이와 청소년을 위한 FITT 권고사항
㉠ 유산소 운동 : 주 3일 이상, 중·고강도로 걷기, 달리기, 수영, 자전거 타기, 줄넘기, 격렬한 댄스 등을 수행할 것
㉡ 저항 운동 : 주 3일 이상, 체중 또는 8~15회 반복 가능한 무게로 클라이밍, 요가, 줄다리기, 웨이트 트레이닝, 밴드 운동을 수행할 것
㉢ 뼈 강화 운동 : 주 3일 이상, 부하를 주는 신체 활동이나 자극을 수행하되 달리기, 줄넘기, 농구, 테니스 등을 포함할 것

**20** 유소년 체육 활동에서 체온조절과 관련된 내용으로 지도자가 고려해야 할 사항으로 옳지 않은 것은?

① 적당한 온도 및 습도가 유지된 환경을 조성해야 한다.
② 체온조절을 위해 가능한 더운 공간에서의 활동을 장려한다.
③ 더운 여름철의 체육 활동에는 적절한 수분 보충을 장려한다.
④ 유소년은 체육 활동 시 성인에 비해 열을 빨리 획득하게 된다는 것을 인지한다.

**해설**
체육 활동 시 체온조절
유소년은 성인에 비해 체온이 높기 때문에 더운 공간에서 장시간 활동하게 되면 체온이 과도하게 올라 온열 질환이 발생할 수 있다. 따라서 더운 공간에서의 활동은 자제하는 것이 좋다.

정답 19 ③ 20 ②

### 제3과목 | 노인체육론

**01** 기대수명(Life Expectancy)에 대한 설명으로 옳지 않은 것은?  기출 18·22

① 나이가 증가함에 따라 변화한다.
② 기대수명과 평균수명은 동일한 개념이다.
③ 대부분의 나라에서 꾸준히 증가하고 있다.
④ 평균적으로 여성의 기대수명이 남성의 기대수명보다 높다.

**해설**
기대수명
평균수명은 일정한 지역 주민들의 수명을 평균한 것으로 1년 사이에 죽은 사람의 나이를 총합하여 죽은 사람의 수로 나누어 계산한다. 한편, 기대수명은 특정 국가나 지역에서 태어난 인구가 향후 생존할 것으로 기대되는 평균 생존 연수를 의미하는 것이다. 평균수명은 특정 시점에서 전체 인구의 평균적인 삶의 기간을 나타내는 반면, 기대수명은 출생 시점에서 기대할 수 있는 평균적인 삶의 기간을 나타내는 것이므로 둘은 동일한 개념이 아니다.

**02** 무릎골관절염 노인의 운동을 지도할 때 고려사항으로 옳지 않은 것은?  기출 19·25

① 저항성 운동할 때 통증을 유발하는 운동은 등척성 운동으로 대체할 수 있다.
② 불편함을 느끼기 시작하는 강도보다 낮은 강도로 운동을 시작한다.
③ 수중운동의 경우 물의 온도는 약 29~32°C를 권장한다.
④ 무릎관절에 충격이 큰 체중부하 운동을 권장한다.

**해설**
무릎골관절염과 운동 지도
무릎골관절염은 무릎관절을 오랫동안 빈번히 사용함으로 인해 관절 연골이 마모되어 발생하는 질환이다. 움직일 때 통증이 많이 발생하므로 무릎관절에 부담을 주지 않는 선에서 저강도 걷기, 자전거 타기, 수중운동, 밴드 운동 등의 저·중강도 운동으로 통증의 완화를 꾀해야 한다.

**03** 〈보기〉에서 설명하는 운동 원리는?

| 보기 |
| 노인스포츠지도사는 일상적인 환경에서의 움직임과 연관된 동작을 포함하는 운동프로그램을 설계하고 실행해야 한다. |

① 기능 관련성 원리
② 난이도 원리
③ 점진성 원리
④ 과부하 원리

**해설**
운동의 원리 : 기능 관련성 원리
〈보기〉에서 설명하는 운동원리는 기능 관련성의 원리이다. 기능 관련성의 원리에 따르면 운동 지도 시 일상 생활에서 수행하는 동작들을 모방한 기능 활동에 초점을 두어야 한다.

기타 운동의 원리
• 난이도 원리 : 운동은 개인의 고유능력에 따라 난이도를 조정해야 한다.
• 점진성 원리 : 운동 지도 시 운동 강도를 조금씩 점진적으로 증가시켜야 한다.
• 과부하 원리 : 기능 향상을 위해서는 신체의 적응능력 이상의 부하로 수준을 높여야 한다.

정답 01 ② 02 ④ 03 ①

## 04 〈보기〉에서 설명하는 것은?

기출 18·25

**보기**
- 노화와 관련한 대표적인 증상 또는 질환이다.
- 근육 위축(Muscle Atrophy)으로도 알려져 있다.
- 유산소 능력, 골밀도, 인슐린 민감성 및 신진대사율 감소를 유발할 수 있다.

① 근감소증(Sarcopenia)
② 근이영양증(Muscular Dystrophy)
③ 루게릭병(Amyotrophic Lateral Sclerosis)
④ 근육저긴장증(Muscle Hypotonia)

**해설**
근감소증
유산소 능력·골밀도·인슐린 민감성·대사율 감소를 유발하는 근골격계 질환은 근감소증이다. 근감소증을 겪고 있는 노인이 일상 생활에서 할 수 있는 근육증강훈련으로는 근력 수준에 적합한 체중부하 운동과 저항성 근력 운동이 있는데, 체중부하 운동이 불가능한 경우에는 수중 걷기 및 수중부하 운동을 처방할 수 있다.

## 06 '국민체력100'에서 제시한 노인 체력에 대한 측정 방법과 운동 방법의 연결이 옳지 않은 것은?

기출 17·21·24

| | 체력 | 측정 방법 | 운동 방법 |
|---|---|---|---|
| ① | 동적 평형성 | 의자에 앉아 3m 표적 돌아오기 | 베개 등 다양한 지지면 위에서 균형 걷기 |
| ② | 유연성 | 앉아 윗몸 앞으로 굽히기 | 스트레칭 |
| ③ | 하지 근기능 | 30초간 의자에 앉았다가 일어서기 | 밴드 잡고 앉아서 다리 밀기 |
| ④ | 심폐지구력 | 8자 보행 | 고정식 자전거 타기 |

**해설**
노인체력의 측정
국민체력100에서 제시한 심폐지구력의 측정 방법은 6분 걷기와 2분 제자리 걷기이다. 심폐지구력은 수영, 물속에서 걷기 등의 운동으로 기를 수 있다.

## 05 〈보기〉에서 체중부하 운동을 모두 고른 것은?

**보기**
㉠ 걷기
㉡ 등산
㉢ 고정식 자전거
㉣ 스케이트
㉤ 수영

① ㉠, ㉢
② ㉠, ㉡, ㉣
③ ㉡, ㉢, ㉣
④ ㉡, ㉢, ㉣, ㉤

**해설**
체중부하 운동
체중부하 운동은 자신의 체중을 이용해 특정 부위에 자극이나 부하를 주는 운동으로 걷기, 달리기, 조깅, 등산, 스케이트, 맨손체조, 가벼운 근력 운동 등이 이에 해당된다.

## 07 노인이 규칙적인 유산소 운동을 통해 얻을 수 있는 효과로 옳지 않은 것은?

기출 18·22

① 최대산소섭취량과 1회 박출량 증가
② 분당 환기량 증가와 안정 시 호흡수 감소
③ 말초혈관의 저항 감소와 혈관 탄력성 증가
④ 복부지방 감소와 안정 시 인슐린 분비의 증가

**해설**
복부지방의 감소 효과가 있다는 설명은 옳으나, 안정 시 인슐린 분비가 증가한다는 설명이 틀렸다. 유산소 운동은 인슐린 민감성을 높여 적은 양으로도 인슐린이 혈당량을 조절할 수 있게 하는 효과가 있기 때문에, 규칙적으로 유산소 운동을 하면 안정 시 인슐린 분비가 감소한다.

유산소 운동의 효과
유산소 운동은 심폐 기능의 향상과 관련된 운동이다. 규칙적인 유산소 운동은 심혈관계를 건강하게 하고 당뇨병 발병 위험을 감소시키고 비만을 예방한다.

**정답** 04 ① 05 ② 06 ④ 07 ④

**08** 〈보기〉는 만성질환 노인의 운동 효과이다. ㉠~㉢에 들어갈 용어를 바르게 연결한 것은?

기출 18·19·20

┌ 보기 ┐
- 비만 노인의 체지방량이 ( ㉠ )하고, 근육량은 유지 및 증가된다.
- 당뇨 노인의 혈당량이 감소하고, 근육의 인슐린 민감성이 ( ㉡ )된다.
- 골다공증 노인의 골밀도 ( ㉢ )가 개선되고, 낙상과 골절이 예방된다.

|   | ㉠ | ㉡ | ㉢ |
|---|---|---|---|
| ① | 감소 | 증가 | 감소 |
| ② | 증가 | 증가 | 감소 |
| ③ | 감소 | 증가 | 증가 |
| ④ | 증가 | 감소 | 증가 |

해설
만성질환에 대한 운동의 효과
- 근육량 증가 및 체지방량 감소로 인해 비만에서 비롯된 대사성 질환이 개선된다.
- 골밀도 증가 및 근육량 증가로 인해 골절을 예방할 수 있다.
- 인슐린 민감성 증가 및 혈당량 감소로 인해 당뇨 증상을 개선할 수 있다.

**09** 운동프로그램의 원리 중 '특수성의 원리(Specificity Principle)'에 대한 설명으로 옳은 것은?

기출 18·25

① 훈련 자극 및 강도를 지속적으로 증가시켜야 한다.
② 신체의 기능 향상을 위해서는 더 강한 부하를 주어야 한다.
③ 운동의 효과는 운동 중 사용한 특정 근육 및 부위에서 나타난다.
④ 노인의 개인 특성과 운동능력 및 체력 수준을 고려하여 운동 형태를 결정해야 한다.

해설
운동프로그램의 원리 : 특수성의 원리
특수성의 원리는 '특정성의 원리, 특이성의 원리'라고도 하며, 운동의 효과는 운동 중 사용한 특정 근육 및 부위에서 나타남을 설명하는 원리이다.
기타 운동프로그램의 원리
- 점진성의 원리 : 훈련 자극 및 강도를 지속적으로 증가시켜야 한다. – ①
- 과부하의 원리 : 신체의 기능 향상을 위해서는 더 강한 부하를 주어야 한다. – ②
- 개별성의 원리 : 노인의 개인 특성(운동 능력, 체력 수준)을 고려하여 운동 형태를 결정해야 한다. – ④

**10** 건강한 노인의 걷기운동을 지도할 때 주의사항으로 옳지 않은 것은?

기출 17

① 팔은 자연스럽게 앞뒤 교대로 흔들면서 걷게 한다.
② 안전한 보행을 위하여 앞꿈치, 발바닥, 뒤꿈치 지지순서로 걷게 한다.
③ 기립 안정성을 위해 배를 내밀지 않은 상태에서 허리를 바로 세우고 걷게 한다.
④ 발바닥 전체로 내딛거나 보폭을 너무 크게 하면 피로가 빨리 오고 발바닥에 통증이 발생하므로 주의시킨다.

해설
안전한 보행을 위하여 뒤꿈치-발바닥-앞꿈치 지지순서로 걷게 해야 한다.

08 ① 09 ③ 10 ②

## 11. 〈보기〉에서 설명하는 노화와 관련된 유전인자는?

┌ 보기 ┐
- 세포의 분열수명을 제어
- 조로증(Progeria)의 원인

① 마이오카인(Myokine)
② 사이토카인(Cytokine)
③ 글루코오스(Glucose)
④ 텔로미어(Telomere)

**해설**
노화와 유전인자
텔로미어는 염색체 말단의 보호 구조에 해당하는 것으로, 세포 분열 시 유전 정보를 대신하여 사라지는 보호막 역할을 수행한다. 텔로미어의 길이가 일정 수준 이하로 짧아지면 세포는 분열을 멈추는 세포 노화 상태로 접어들게 된다.

## 12. 〈보기〉에서 설명하는 이론은? 기출▶ 21·22

┌ 보기 ┐
85세의 마이클 조던은 노화로 인한 신체기능 저하로 더 이상 예전의 농구 기량을 보여줄 수 없게 되었다. 농구를 계속하고 싶었던 마이클 조던은 다음과 같은 전략을 수립했다.
- 농구를 계속하기로 함
- 풀 코트 대신 하프 코트, 40분 정규시간 대신 20분만 뛰기로 함
- 동일한 연령대의 그룹과 경기하기로 함

① 반두라(A. Bandura)의 자기효능감 이론
② 로우(J. Rowe)와 칸(R. Kahn)의 성공적 노화 이론
③ 펙(R. Peck)의 발달과업 이론
④ 발테스와 발테스(M. Baltes & P. Baltes)의 보상이 수반된 선택적 적정화 이론

**해설**
보상이 수반된 선택적 적정화 이론
발테스와 발테스(M. Baltes & P. Baltes, 1990)는 성공적 노화를 비롯한 인간의 전 생애 발달이 선택, 적정화, 보상의 세 가지 전략과 관련된 과정이라고 설명한다. 〈보기〉에서 마이클 조던은 농구를 계속하기, 하프 코트에서 20분만 운동하기, 동일한 연령대의 그룹과 경기하기와 같은 '선택'의 전략을 사용해 자신의 목표를 달성하였다.

**정답** 11 ④ 12 ④

## 13 〈보기〉의 ㉠, ㉡에 들어갈 내용을 바르게 연결한 것은?

|보기|
- 폐경으로 인한 ( ㉠ ) 감소로 골다공증 위험 증가
- 대사작용의 산물인 ( ㉡ )의 증가가 여러 노화 관련 질환 유발

|   | ㉠ | ㉡ |
|---|---|---|
| ① | 테스토스테론 | 활성산소 |
| ② | 테스토스테론 | 젖 산 |
| ③ | 에스트로겐 | 활성산소 |
| ④ | 에스트로겐 | 젖 산 |

**해설**

에스트로겐, 활성산소
- 노화와 에스트로겐 : 폐경은 나이가 들어 난소가 노화하면 배란과 여성 호르몬(에스트로겐, 프로게스테론)의 생산이 더 이상 이루어지지 않아 발생하는 현상이다. 에스트로겐 농도의 저하는 골밀도의 감소로 이어져 골다공증과 골절의 위험을 높인다.
- 노화와 활성산소 : 활성산소는 활성도가 일반적인 산소보다 높고 불안정하여, 높은 에너지를 갖고 있는 산소이다. 세포소기관 중 미토콘드리아에서 주로 생성되는데, 이것이 체내의 다양한 분자와 결합하면 세포와 조직이 손상을 입게 되어 노화와 다양한 질환을 일으키게 된다.

## 14 〈보기〉에서 설명하는 행동 변화 이론 또는 모형은?

|보기|
- 자신의 신념(Belief)과 행동(Behavior)을 연결하는 이론
- 구성 요인은 태도, 주관적 규범, 지각된 행동통제, 의도, 행동통제인식

① 학습이론(Learning Theory)
② 건강신념모형(Health Belief Model)
③ 계획행동이론(Theory of Planned Behavior)
④ 행동변화단계모형(Behavior Change Model)

**해설**

행동 변화 이론 : 계획행동이론
계획행동이론(Icek Ajzen, 1990)은 개인의 행동을 자신의 신념과 행동 간의 연결로 설명한다. 이 이론에서 개인의 행동은 태도, 주관적 규범, 지각된 행동통제, 의도, 행동통제인식으로 구성되며, 태도와 주관적 규범은 행동에 간접적인 영향을 주지만 행동통제인식은 직접적인 영향을 준다고 보았다.

**15** 〈보기〉에서 노인과의 원활한 의사소통 방법으로 옳은 것을 모두 고른 것은? 기출▶ 19·21·22

|보기|
㉠ 참여자의 정면에 선다.
㉡ 시선을 한곳에 고정한다.
㉢ 적절한 눈맞춤을 한다.
㉣ 참여자를 향해 몸을 약간 기울인다.
㉤ 손은 계속 움직이며 손가락으로 지적한다.

① ㉠, ㉡
② ㉡, ㉤
③ ㉠, ㉢, ㉣
④ ㉠, ㉢, ㉣, ㉤

해설
노인과의 의사소통 방법
노인과의 의사소통 시 ㉠ 참여자의 정면에 서서, ㉣ 참여자를 향해 몸을 약간 기울이고, ㉢ 눈을 맞추며, 일상적인 단어를 사용하여 간결하고 명확하게 소통해야 한다. 어린아이를 다루듯이 하거나 소리 지르듯 말해서는 안된다.

**16** 대사당량(METs)에 대한 설명으로 옳지 않은 것은?

① 안정 시 MET값은 연령에 따라 다르다.
② 중강도의 신체활동 기준은 3.0~6.0METs이다.
③ 노인의 유산소 운동 시 안전한 운동강도 설정 지표로 활용된다.
④ 1MET는 휴식상태에서 체중 1kg당 1분 동안 사용하는 산소량이다.

해설
안정 시 MET값에 영향을 주는 요소는 연령이 아니라 체중이다.

**17** 〈표〉는 노인이 운동할 때 응급상황에 대한 응급처치 방법과 목적을 제시한 것이다. ㉠~㉢에 들어갈 용어를 바르게 연결한 것은? 기출▶ 17·19·24

| 방법 | 목적 |
|---|---|
| ( ㉠ ) | 추가적 손상 방지 |
| Rest(휴식) | 심리적 안정 |
| Ice(냉찜질) | ( ㉡ ) |
| Compression(압박) | 부종 감소 |
| Elevation(거상) | 부종 감소 |
| Stabilization(고정) | ( ㉢ ) |

| | ㉠ | ㉡ | ㉢ |
|---|---|---|---|
| ① | Posture (자세) | 근 경련 감소 | 마비 예방 |
| ② | Posture (자세) | 통증, 부종, 염증 감소 | 마비 예방 |
| ③ | Protection (보호) | 통증, 부종, 염증 감소 | 근 경련 감소 |
| ④ | Protection (보호) | 마비 예방 | 근 경련 감소 |

해설
운동 시의 응급상황과 응급처치
㉠ 응급상황 발생 시 손상이 발생한 부위를 보호해 추가적인 손상을 방지해야 한다.
㉡ 골절, 염좌, 타박상, 온열 질환이 발생하면, 냉찜질을 하여 통증, 부종, 염증, 발열 증상을 줄여 주어야 한다.
㉢ 근 경련(쥐)이나 탈구, 골절이 발생하면 해당 부위를 고정시켜 통증이나 추가적인 손상을 방지해야 한다.

정답 15 ③ 16 ① 17 ③

**18** 노화로 인한 낙상의 원인으로 옳은 것은?

기출 20·21

① 보행속도의 증가
② 자세 동요의 감소
③ 발목의 발등굽힘 증가
④ 보폭이 좁은 오리걸음 패턴

해설
낙 상
신경계의 노화로 인해 보행 시 좁은 보폭으로 걷게 되는데 이러한 걸음 패턴은 파킨슨병 보행이라고도 하며, 문턱과 같은 작은 장애물에도 낙상을 입게 하는 원인이 된다.

**19** 노화로 인한 체력 저하에 대한 설명으로 옳지 않은 것은?

기출 21·22

① 근력은 20대에 최대치를 이루고 그 후 점차적으로 저하된다.
② 순발력은 10대에 최대치를 이루고 근력에 비해 빠르게 저하된다.
③ 평형성은 20대에 최대치를 이루고 그 후 급속히 저하된다.
④ 지구력은 근력, 순발력에 비해 느리게 저하된다.

해설
평형성은 25세에 최대치를 이루고 그 후 완만히 저하되는데, 일반적으로 남성보다는 여성의 감소세가 더 급속하다.

**20** 생물학적 노화의 특징으로 옳지 않은 것은?

기출 17·18·19·20·21·22·24

① 노화로 인한 변화는 점진적이다.
② 모든 사람에게 보편적으로 나타난다.
③ 발달과 쇠퇴를 모두 포함하는 변화이다.
④ 환경적 요인을 배제한 내재적 요인에 의해 발생한다.

해설
생물학적 노화는 나이가 들어가면서 발생하는 신체 전반의 퇴행 현상이다.

정답 18 ④  19 ③  20 ③

# 2022년 선택과목 기출문제

## 제1과목 | 스포츠사회학

**01** 〈보기〉에서 스포츠의 사회적 기능을 설명한 파슨즈(T. Parsons) AGIL모형의 구성요소로 옳은 것은?

기출▶ 21

―보기―
- 스포츠는 사회구성원에게 현실에 적합한 사고, 감정, 행동양식 등을 학습할 수 있는 장을 마련해준다.
- 스포츠는 개인의 체력 및 건강증진을 도모하여 효율적으로 사회활동에 참여할 수 있게 한다.

① 적응
② 목표성취
③ 사회통합
④ 체제유지 및 관리

**해설**
파슨즈(T. Parsons)의 AGIL모형 구성요소 중 적응은 스포츠가 사회구성원들에게 현실에 적합한 사고, 감정, 행동양식 등을 학습할 수 있는 기회를 제공해주는 것을 뜻한다.

파슨즈의 AGIL모형 구성요소
- 적응(Adaptation) : 스포츠가 사회구성원들에게 현실에 적합한 사고, 감정, 행동양식 등을 학습할 수 있는 기회를 제공하며, 생산조직(민간기업)에 초점을 맞춘다.
- 목표성취(Goal Attainment) : 스포츠는 대중에게 사회의 일반화된 목표와 가치를 내면화시키며, 정치조직(정부, 정당 등)에 초점을 맞춘다.
- 통합(Integration) : 스포츠를 통해 사회구성원들을 결속시키고 갈등을 해소하며, 통합조직(법원, 경찰 등)에 초점을 맞춘다.
- 체제유지(Latency) : 스포츠는 사회의 문화와 가치를 보존하고 전승하며, 유형유지조직(교육기관, 문화단체 등)에 초점을 맞춘다.

**02** 에티즌(D. Eitzen)과 세이지(G. Sage)가 제시한 스포츠의 정치적 속성으로 옳지 않은 것은?

기출▶ 20 · 23 · 24

① 보수성
② 대표성
③ 권력투쟁
④ 상호배타성

**해설**
④ 에티즌(D. Eitzen)과 세이지(G. Sage)는 스포츠 경기와 정치적 상황 간에 상호작용이 발생하는데, 정부기관이 개입될 경우 스포츠와 정치의 결합이 커진다고 보았다. 따라서 상호배타성은 옳지 않다.
① 보수성 : 스포츠는 기존 질서와 권력구조 유지에 기여하며 변화를 지양한다.
② 대표성 : 스포츠 경기 참가자는 조직을 대표하며, 조직에 대해 강한 충성심을 품는다.
④ 권력투쟁 : 스포츠 조직에서 불평등하게 배분된 자원과 권한으로 인하여 대립적 갈등이 발생한다.

**정답** 01 ① 02 ④

## 03 〈보기〉에서 설명하는 사회학습이론의 구성요소로 옳은 것은?

기출 ▶ 17 · 19 · 21 · 23 · 24

┤보기├
상과 벌은 행동의 학습과 수행에 긍정적·부정적 영향을 미친다. 스포츠 현장에서 스포츠에 내재된 가치, 태도, 규범에 그릇된 행위는 벌을 통해 중단되거나 회피된다.

① 강 화
② 코 칭
③ 관찰학습
④ 역할학습

**해설**
사회학습이론은 코칭, 강화, 관찰학습을 통해 사회화가 이루어진다고 보았다. 그 중 강화는 상과 벌 같은 외적 보상으로 인해 사회적 역할을 습득하는 것을 의미한다.

레오나르드(W. Leonard II)의 사회학습이론
개인이 사회적 행동을 어떻게 습득하고 수행하는지 분석하고 밝히는 이론이다.
• 강화 : 상과 벌 같은 외적보상으로 사회적 역할을 습득한다.
• 코칭 : 사회화 주관자에 의하여 새로운 지식과 기능을 학습한다.
• 관찰학습 : 타인의 행동을 관찰하여 개인의 과제 학습·수행을 진행한다.

## 04 〈보기〉에 해당하는 스포츠사회화 과정이 연결된 것으로 옳은 것은?

기출 ▶ 15 · 18 · 19 · 20 · 21

┤보기├
㉠ – 손목수술 후유증으로 인해 골프선수를 그만두게 되었다.
㉡ – 골프의 매력에 빠져 골프선수가 되어 사회성, 체력, 준법정신이 함양되었다.
㉢ – 아빠와 함께 골프연습장에 자주 가면서 골프를 배우게 되었다.
㉣ – 골프선수 은퇴 후 골프아카데미 원장으로 부임하면서 골프꿈나무를 양성하게 되었다.

| | ㉠ | ㉡ | ㉢ | ㉣ |
|---|---|---|---|---|
| ① | 스포츠로의 재사회화 | 스포츠를 통한 사회화 | 스포츠로의 사회화 | 스포츠 탈사회화 |
| ② | 스포츠로의 재사회화 | 스포츠로의 사회화 | 스포츠를 통한 사회화 | 스포츠 탈사회화 |
| ③ | 스포츠 탈사회화 | 스포츠를 통한 사회화 | 스포츠로의 사회화 | 스포츠로의 재사회화 |
| ④ | 스포츠 탈사회화 | 스포츠로의 사회화 | 스포츠를 통한 사회화 | 스포츠로의 재사회화 |

**해설**
㉠ 스포츠 탈사회화는 선수 은퇴를 의미한다. 은퇴는 자발적 은퇴와 비자발적 은퇴로 나뉘는데, 새로운 직업에 대한 기회가 많고 교육수준이 높은 운동선수일수록 자발적 은퇴를 선택한다.
㉡ 스포츠를 통한 사회화는 스포츠 참여를 통해 학습한 기능, 특성, 가치, 태도, 지식 등이 다른 사회현상으로 전이되는 과정이다.
㉢ 스포츠로의 사회화는 스포츠 참가를 의미한다. 스포츠사회화의 주관자로는 가정, 또래집단, 학교, 지역사회, 대중매체 등이 있다.
㉣ 스포츠로의 재사회화는 스포츠 활동을 중단하고 있던 비참가자가 새로운 종목이나 위치로 활동을 재개하는 것을 의미한다. 모든 은퇴선수의 재사회화가 이루어지는 것은 아니다.

03 ① 04 ③

## 05 학원 엘리트 스포츠를 지지하는 입장으로 옳지 않은 것은?

① 애교심을 강화시킬 수 있다.
② 학교의 자원 및 교육시설을 독점할 수 있다.
③ 지위 창출의 수단, 사회이동의 기제로 작용할 수 있다.
④ 사회에서 요구되는 책임감, 성취감, 적응력 등을 배양시킬 수 있다.

**해설**
학교의 자원 및 교육시설을 독점할 수 있는 것은 학원 엘리트 스포츠의 단점에 해당한다.

## 06 〈보기〉의 내용과 관련이 깊은 사회학 이론으로 옳은 것은?

기출▶ 20·21·23·24

┌ 보기 ┐
- 미시적 관점의 이론이다.
- 인간은 사회제도나 규칙에 대해 능동적으로 사고하고 의미를 부여하며 행동한다.
- 스포츠 팀의 주장은 리더십이 필요하기 때문에 점차 그 역할에 맞는 리더십을 발휘한다.

① 갈등이론
② 교환이론
③ 상징적 상호작용론
④ 기능주의이론

**해설**
상징적 상호작용론
- 인간은 대상과 상황을 주관적으로 해석하고 그것에 의미를 부여한다.
- 인간은 자신의 행위를 능동적으로 구성해 나가는 존재이기 때문에 비행, 공격성, 낙인 등과 같이 주어진 상황에 대한 개인의 경험의 해석을 강조한다.

사회·문화현상을 해석하는 다양한 이론

| | |
|---|---|
| 갈등이론 | 마르크스가 제시하였으며 사회구성원의 경제적 요인을 기준으로 지배계급(부르주아)과 피지배계급(프롤레타리아)을 구분하였다. 갈등이론에서는 스포츠가 권력집단의 기득권 유지를 위한 수단으로 이용되어 불평등한 사회적 배분구조를 반영하고 있으며, 이를 강화시킨다고 하였다. |
| 기능주의 이론 | 사회를 유기체에 비유하면서 사회는 본질적으로 상호 관련되어 있다고 보는 기능론적 관점에 해당한다. 스포츠는 대중에게 사회의 기본적 가치와 규범을 가르쳐 사회의 체제유지 및 사회적 긴장을 처리하는 기능을 한다는 것에 중점을 둔다. |
| 교환이론 | 타인에게 행한 자신의 행동이 그에 상응하는 결과를 가져다 줄 것이라는 기대에서 사회적 행동이 이루어진다고 보았다. 이때, 비용보다 보상이 크면 사람들이 사회적 행동을 지속하고, 비용보다 보상이 작으면 사람들이 사회적 행동을 그만 둔다고 보았다. |

## 07 정치의 스포츠 이용 방법에 관한 설명으로 옳은 것은?

기출▶ 15·18·19·20

① 태권도를 보면 대한민국 국기(國技)라는 동일화가 일어난다.
② 정부의 3S(Sports, Screen, Sex) 정책은 스포츠를 이용하는 상징의 대표적인 방법이다.
③ 스포츠 이벤트에서 국가 연주, 선수 복장, 국기에 대한 의례 등은 상징의식에 해당한다.
④ 올림픽에서 금메달 수상 장면을 보면서 내가 획득한 것처럼 눈물을 흘리는 것은 상징화에 해당한다.

**해설**
상징은 스포츠 경기에서의 승리를 개인의 성취보다 인종, 지역, 국가의 승리로 해석하는 것이다. 이를 위해 대표팀이 소속 국가의 국기를 유니폼에 부착한다거나, 경기 시작 전에 국가를 연주하기도 한다. ①은 상징, ②은 조작, ④은 동일화의 예시이다.

**정답** 05 ② 06 ③ 07 ③

## 08 〈보기〉에서 설명하는 투민(M. Tumin)의 스포츠계층 형성 과정으로 옳은 것은? 기출▶ 18·20·21·23

┤보기├
- 스포츠 종목에서 요구되는 우수한 운동수행능력을 갖추어야 한다.
- 뛰어난 경기력뿐만 아니라 탁월한 개인적 특성을 갖추어야 한다.
- 스포츠 팀 구성원으로 자신의 능력이 팀 승리에 미치는 영향력이 커야 한다.

① 평가
② 지위의 분화
③ 보수부여
④ 지위의 서열화

**해설**
투민(M. Tumin)의 스포츠계층 형성 과정은 '지위의 분화 → 지위의 서열화 → 평가 → 보수부여' 순으로 이루어진다.
- 지위의 분화 : 사회적 지위에 따라 특정한 역할이 주어짐으로써 타 지위와 구별되는 과정을 의미한다.
- 지위의 서열화 : 분화된 지위를 상호 비교하는 것이다. 지위의 서열화는 개인적 특성, 개인의 기능이나 능력, 역할의 사회적 기능에 의해 이루어진다.
- 평가 : 가치 유용성 정도에 따라 상이한 각 위치에 지위를 적절하게 배열하는 일이다.
- 보수부여 : 서열화된 각 지위에 대해서 사회적 희소가치의 자원이 차별적으로 배분되는 과정이다.

## 09 〈보기〉의 내용과 관련 있는 용어로 옳은 것은?

┤보기├
- 로버트슨(R. Robertson)이 제시한 용어이다.
- LA 다저스팀이 박찬호 선수를 영입하여 좋은 경기력을 펼치면서 메이저리그 경기가 한국에서 인기가 높아졌다.
- 맨체스터 유나이티드팀이 박지성 선수를 영입하면서 프리미어리그 경기가 한국에서 인기가 높아졌다.

① 세방화(Glocalization)
② 스포츠화(Sportization)
③ 미국화(Americanization)
④ 세계표준화(Global Standardization)

**해설**
세방화(Glocalization)는 어떤 지역이 지닌 고유한 전통이 경쟁력을 높여서 세계적인 보편성을 획득하는 현상을 의미한다. 〈보기〉에서는 미국의 메이저리그와 영국의 프리미어리그가 한국에서 인기가 높아지는 사례를 세방화의 예시로 들었다.

**10** 국제사회에서 발생한 스포츠 사건에 관한 설명으로 옳은 것은? 기출▶ 17

① 남아프리카공화국은 아파르트헤이트(Apartheid)로 인해 국제대회 참여가 거부되었다.
② 구소련의 아프가니스탄 침공을 이유로 1984년 LA올림픽경기대회에 많은 자유 진영 국가가 불참하였다.
③ 2018년 평창동계올림픽경기대회에서 메달 획득을 위해 여자아이스하키 남북 단일팀이 결성되었다.
④ 1936년 베를린올림픽경기대회에서 검은구월단 무장단체가 선수촌에 침입하여 이스라엘 선수를 살해하였다.

**해설**
아파르트헤이트는 1990년대까지 지속된 남아프리카공화국의 인종차별 정책이다. 이 정책으로 인해 남아프리카공화국은 IOC와 FIFA에서 추방당하여 1960년대부터 30여년간 국제대회 참가가 금지되었다.
② 구소련의 아프가니스탄 침공을 이유로 자유 진영 국가들이 불참한 올림픽은 1980년 모스크바올림픽이다. 1984년 LA올림픽에서는 공산 진영 국가들이 불참하였다.
③ 2018년 평창동계올림픽에서는 민족화합을 위한 목적으로 여자아이스하키 남북 단일팀이 결성되었다.
④ 검은구월단 무장단체가 이스라엘 선수들을 살해한 사건은 1972년 뮌헨올림픽에서 발생하였다. 1936년 베를린올림픽은 나치 정권의 선전의 장으로 이용된 올림픽으로, 우리나라 손기정 선수가 마라톤에서 금메달을 획득한 올림픽이기도 하다.

**11** 〈보기〉는 머튼(R. Merton)의 아노미(Anomie) 이론에 대한 설명인데, ㉠~㉢에 해당하는 적응유형으로 옳은 것은? 기출▶ 18·21

┌보기┐
- 도피주의 – 스포츠에 내재된 비인간성, 승리지상주의, 상업주의, 학업 결손 등에 염증을 느껴 스포츠 참가 포기
- ( ㉠ ) – 승패에 집착하지 않고 참가에 의의를 두는 것, 결과보다는 경기 내용 중시
- ( ㉡ ) – 불법 스카우트, 금지 약물 복용, 경기장 폭력, 승부조작 등
- ( ㉢ ) – 전략적 시간 끌기 작전, 경기규칙이 허용하는 범위 내에서의 파울 행위 등

| | ㉠ | ㉡ | ㉢ |
|---|---|---|---|
| ① | 혁신주의 | 동조주의 | 의례주의 |
| ② | 의례주의 | 혁신주의 | 동조주의 |
| ③ | 의례주의 | 동조주의 | 혁신주의 |
| ④ | 혁신주의 | 의례주의 | 동조주의 |

**해설**
- 의례주의 : 목표는 거부하지만 수단은 수용하는 행위로 경기의 승패보다 규칙을 지키는 것이 중요하다고 생각한다.
- 혁신주의 : 목표는 수용하지만 수단은 거부하는 행위로 승리하기 위해서 수단과 방법을 가리지 않는다.
- 동조주의 : 목표와 수단을 모두 인정하는 행위로 스포츠 규칙을 준수하면서 이기는 것이 중요하다고 생각한다.
- 도피주의 : 목표와 수단을 모두 거부하는 행위로 스포츠에 내재된 비인간성에 염증을 느껴 스포츠 참가 중단 또는 포기를 한다.
- 반역주의 : 목표와 수단을 모두 거부하고, 새로운 목표와 방법을 모색하는 행위로 기존 스포츠를 거부하고 새로운 스포츠를 개발해야 한다고 생각한다.

정답 10 ① 11 ②

## 12. 〈보기〉의 내용을 기든스(A. Giddens)의 사회계층 이동 준거와 유형으로 연결한 것 중 옳은 것은?

기출▶ 15 · 19 · 20

┤보기├
- K는 가난한 가정에서 태어나 끊임없는 훈련을 통해 축구 월드스타가 되었다.
- 월드스타가 되고 난 후, 축구장학재단을 만들어 개발도상국에 축구학교를 설립하여 후진양성에 큰 역할을 하고 있다.

| | 이동 주체 | 이동 방향 | 시간적 거리 |
|---|---|---|---|
| ① | 개 인 | 수직이동 | 세대 내 이동 |
| ② | 개 인 | 수평이동 | 세대 간 이동 |
| ③ | 집 단 | 수직이동 | 세대 간 이동 |
| ④ | 집 단 | 수평이동 | 세대 내 이동 |

### 해설
**사회이동의 유형**

| | | |
|---|---|---|
| 이동 주체 | 개 인 | 개인의 능력과 노력에 의하여 사회적 상승의 기회가 실현되는 경우 |
| | 집 단 | 유사한 조건을 갖추고 있는 집단이 어떤 촉매적 계기를 통하여 집단적으로 이동하는 현상 |
| 이동 방향 | 수직이동 | 집단 또는 개인이 지녔던 종전의 계층적 지위가 상하로 변화하는 경우 |
| | 수평이동 | 계층적 지위의 변화가 없는 단순한 자리바꿈 |
| 시간적 거리 | 세대 내 이동 | 개인의 생애주기 가운데 발생하는 지위의 변화로 경력이동이라고도 함 |
| | 세대 간 이동 | 한 세대로부터 다음 세대로 이어지는 과정에서 발생하는 사회·경제적 지위의 변화 |

## 13. 〈보기〉에서 설명하는 스포츠 미디어 이론으로 옳은 것은?

기출▶ 19 · 21 · 23

┤보기├
대중들은 능동적 수용자로서 특수한 심리적 욕구를 만족시키기 위해 매스미디어를 적극 이용한다. 이에 미디어 수용자는 인지적, 정의적, 도피적, 통합적 욕구를 충족시키기 위해 스포츠를 주제로 다루는 매스미디어를 이용한다.

① 사회범주이론
② 개인차이론
③ 사회관계이론
④ 문화규범이론

### 해설
**개인차이론**
대중매체가 관람자의 개인적 특성에 호소하는 메시지를 제공하여 개인의 욕구 충족을 제공한다는 이론.
- 정보적 욕구 : 대중매체는 스포츠에 대한 지식을 제공해 준다.
- 각성적·정의적 욕구 : 대중매체는 스포츠에 대한 흥미와 흥분을 제공해 준다.
- 통합적 욕구 : 대중매체는 공동체 의식을 갖게 한다.
- 도피적 욕구 : 대중매체는 스포츠를 통해 불안, 초조 등의 감정을 해소하게 준다.

**스포츠 미디어 이론**
- 사회범주이론 : 미디어의 영향력이 서로 다른 하위집단의 구성원에게 획일적으로 미치지 않을 수 있다는 것을 가정하는 디 플로어(M. de Fleur)의 이론이다.
- 사회관계이론 : 개인의 대중매체 스포츠 소비 유형은 다른 사람의 가치와 행동에 의해 다양하게 영향을 받는다는 이론이다.
- 문화규범이론 : 개인의 대중매체 스포츠 소비 유형은 스포츠 취급 양태에 따라서 다양하게 영향을 받는다는 이론이다.

**14** 〈보기〉에서 코클리(J. Coakley)가 제시한 상업주의와 관련된 스포츠 규칙 변화의 충족 조건으로 옳은 것을 모두 고른 것은? 기출▶ 15·17·18·19·21·23·24

┌ 보기 ┐
㉠ 경기의 속도감 향상
㉡ 관중의 흥미 극대화
㉢ 득점 방법의 단일화
㉣ 상업적인 광고 시간 할애

① ㉠, ㉡
② ㉢, ㉣
③ ㉠, ㉡, ㉢
④ ㉠, ㉡, ㉣

**해설**
상업주의로 인해 스포츠의 본질적 요소보다 비본질적 요소를 중시하여 득점과 승리만을 추구하게 된다. 득점을 위해서는 득점 방법을 단일화하는 것이 아니라 다양화해야 한다.

**15** 〈보기〉에서 설명하는 프로스포츠의 제도로 옳은 것은? 기출▶ 19·23

┌ 보기 ┐
• 프로스포츠리그의 신인선수 선발 방식 중 하나이다.
• 신인선수 쟁탈에 따른 폐단을 막기 위해 도입되었다.
• 계약금 인상 경쟁을 막기 위한 방법으로 고안되었다.

① FA(Free Agent)
② 샐러리 캡(Salary Cap)
③ 드래프트(Draft)
④ 최저연봉(Minimum Salary)

**해설**
드래프트(Draft)는 구단들이 정해진 순서대로 신인선수를 지명하는 선수 선발방법이다.
• FA(Free Agent) : 계약기간이 만료된 선수가 다른 팀과 자율적으로 계약할 수 있는 제도이다.
• 샐러리 캡(Salary Cap) : 한 팀 선수들의 연봉 총액을 제한하는 제도이다.
• 최저연봉(Minimum Salary) : 선수들의 기본적인 생활권을 위하여 선수의 연봉에 하한선을 둔 것이다.

**16** 〈보기〉에서 대중매체가 스포츠에 미치는 영향에 해당되는 것으로 옳은 것을 모두 고른 것은?

기출▶ 15・16・17・18・19・20

┌ 보기 ┐
ⓐ 대중매체의 기술이 발전한다.
ⓑ 스포츠 인구가 증가한다.
ⓒ 새로운 스포츠 종목이 창출된다.
ⓓ 미디어 콘텐츠를 제공한다.
ⓔ 경기규칙과 경기일정이 변경된다.
ⓕ 스포츠 용구가 변화한다.

① ⓐ, ⓑ, ⓒ
② ⓐ, ⓒ, ⓓ
③ ⓑ, ⓒ, ⓓ, ⓔ
④ ⓑ, ⓒ, ⓔ, ⓕ

**해설**

| 스포츠가 대중매체에 미치는 영향 | 대중매체가 스포츠에 미치는 영향 |
|---|---|
| • 미디어 기술의 발달<br>• 미디어의 보급 및 확산에 기여<br>• 미디어 콘텐츠를 제공 | • 경기규칙과 경기일정의 변경<br>• 스포츠 인구 증가로 인한 관심 증가 및 대중화<br>• 스포츠의 상품화<br>• 스포츠용 기구의 변화<br>• 새로운 종목의 창출 |

**17** 스포츠의 교육적 순기능 중 사회선도 기능으로 옳지 않은 것은?

기출▶ 15・17・20・23

① 여권신장
② 학교 내 통합
③ 평생체육과의 연계
④ 장애인의 삶의 질 향상

**해설**
• 여권신장 : 스포츠는 남녀평등의 가치를 실현시킬 수 있도록 사회 전반에 대한 관심을 환기시킨다.
• 평생체육과의 연계 : 스포츠는 평생 동안 즐길 수 있는 신체활동 지식을 전수한다.
• 장애인의 삶의 질 향상 : 장애인의 스포츠 활동은 국민으로서의 기본 권리에 해당하며, 스포츠는 장애인이 원만한 사회생활을 하도록 돕는다.

**18** 다음 ⓐ~ⓓ에서 코클리(J. Coakley)가 제시한 일탈적 과잉동조를 유발하는 스포츠 윤리규범의 유형과 특징으로 옳은 것을 모두 고른 것은?

기출▶ 19・21・23・24

| 구 분 | 유 형 | 특 징 |
|---|---|---|
| ⓐ | 구분짓기규범 | 다른 선수와 구별되기 위해 탁월성을 추구해야 한다. |
| ⓑ | 인내규범 | 위험을 받아들이고 고통 속에서도 경기에 참여해야 한다. |
| ⓒ | 몰입규범 | 경기에 헌신해야 하며 이를 그들의 삶에서 우선순위에 두어야 한다. |
| ⓓ | 도전규범 | 스포츠에서 성공을 위해 장애를 극복하고 역경을 헤쳐 나가야 한다. |

① ⓐ, ⓑ
② ⓑ, ⓒ
③ ⓐ, ⓒ, ⓓ
④ ⓐ, ⓑ, ⓒ, ⓓ

**해설**
코클리(J. Coakley)의 일탈적 과잉동조를 일으키는 윤리규범
• 구분짓기규범 : 승리를 성취하고자 하는 노력을 의미하는 탁월성을 추구한다.
• 인내규범 : 경쟁에서 발생하는 고통을 스포츠의 일부분으로 받아들인다.
• 몰입규범 : 스포츠를 삶의 우선순위로 두고 팀의 승리를 위해 자신을 희생한다.
• 도전규범(가능성규범) : 목표를 달성하기 위한 의무감으로 고난과 역경을 극복한다.

**19** 맥루한(M. McLuhan)의 매체이론에 관한 설명으로 옳지 않은 것은?

기출▶ 15・16・20

① 핫(Hot) 미디어 스포츠는 관람자의 감각 참여성이 낮다.
② 쿨(Cool) 미디어 스포츠는 관람자의 감각 몰입성이 높다.
③ 핫(Hot) 미디어 스포츠는 경기 진행 속도가 빠르다.
④ 쿨(Cool) 미디어 스포츠는 메시지의 정의성이 낮다.

16 ④  17 ②  18 ④  19 ③

**해설**

맥루한(M. McLuhan)의 매체이론

| 구분 | 유형 | 정의성 | 감각참여성 | 감각몰입성 |
|---|---|---|---|---|
| 핫 미디어 | 신문, 잡지, 라디오, 영화 | 높음 | 낮음 | 낮음 |
| 핫 미디어 스포츠 | 수영, 야구, 태권도, 검도, 육상 등 | 높음 | 낮음 (정적 스포츠, 공격과 수비의 전환이 없음) | 낮은 몰입 수준 (경기 진행이 느림) |
| 쿨 미디어 | TV, 만화 | 낮음 | 높음 | 높음 |
| 쿨 미디어 스포츠 | 농구, 축구, 핸드볼 등 | 낮음 | 높음 (동적 스포츠, 공격과 수비의 전환이 빠름) | 높은 몰입 수준 (경기 진행이 빠름) |

## 제2과목 | 스포츠교육학

**01** 「스포츠기본법」의 용어 정의에 관한 설명으로 옳지 않은 것은?  기출 23

① '학교스포츠'란 건강과 체력 증진을 위하여 행하는 자발적이고 일상적인 스포츠 활동을 말한다.
② '스포츠산업'이란 스포츠와 관련된 재화와 서비스를 통하여 부가가치를 창출하는 산업을 말한다.
③ '장애인스포츠'란 장애인이 참여하는 스포츠 활동(생활스포츠와 전문스포츠를 포함한다)을 말한다.
④ '전문스포츠'란 「국민체육진흥법」 제2조 제4호에 따른 선수가 행하는 스포츠 활동을 말한다.

**해설**
「스포츠기본법」 제3조(정의)에 의하면 '학교스포츠'란 학교에서 이루어지는 스포츠 활동을 말한다. 건강과 체력 증진을 위하여 행하는 자발적이고 일상적인 스포츠 활동은 '생활스포츠'이다.

**20** 스포츠 세계화의 특징으로 옳지 않은 것은?
기출 16·19·21·24

① 스포츠 시장의 경계가 국경을 초월해 전 세계로 확대되었다.
② 모든 나라의 전통 스포츠(Folk Sports)가 세계적으로 확대되었다.
③ 세계인이 표준화된 스포츠 상품과 스포츠 문화를 소비하게 되었다.
④ 프로스포츠 시장의 이윤 극대화로 빈익빈 부익부 현상이 심화되었다.

**해설**
스포츠 세계화를 통해 스포츠 시장의 경계가 국경을 초월하여 전 세계로 확대되어 일부 스포츠가 세계적으로 유명해진 것은 맞지만, 모든 나라의 전통 스포츠가 확대된 것은 아니다.

## 02 〈보기〉의 ㉠, ㉡에 해당하는 취약계층 생활스포츠 지원사업으로 옳은 것은?

기출 16·19·21

┤보기├
㉠ 스포츠복지 사회 구현의 일환으로 저소득층 유·청소년(만5~18세)과 장애인(만12~23세)에게 스포츠강좌 혜택을 받을 수 있는 일정 금액의 이용권을 제공하는 사업이다.
㉡ 소외계층 청소년을 대상으로 다양한 체육활동 참여기회를 제공함으로써 참여 형평성을 높이고 사회 적응력을 배양하는 것을 목적으로 시행되는 사업이다.

|   | ㉠ | ㉡ |
|---|---|---|
| ① | 여성체육활동 지원 | 국민체력100 |
| ② | 국민체력100 | 스포츠강좌이용권 지원 |
| ③ | 스포츠강좌이용권 지원 | 행복나눔스포츠교실 운영 |
| ④ | 행복나눔스포츠교실 운영 | 여성체육활동 지원 |

해설
국가적 차원의 스포츠 지원 사업
- 스포츠강좌이용권 지원 : 기초생활수급가정 유·청소년들에게 스포츠강좌이용권 카드(체크카드)를 지급하여 이용권 지정 시설에서 강좌비를 일정 부분 지원받을 수 있도록 하는 복지사업이다. - ㉠
- 행복나눔생활체육교실 운영 : 소외계층 청소년을 대상으로 한 스포츠 체험기회를 제공하며 건전한 여가활동 환경 조성과 다양한 종목을 대상으로 하는 체험교실을 운영한다. - ㉡
- 국민체력100 : 국민의 체력 및 건강 증진에 목적을 두고 개인별 체력진단 및 맞춤형 운동처방을 제공해주는 사업이다.
- 여성체육활동 지원 : 찾아가는 맞춤형 여성체육활동은 체육 활동 참여율이 저조한 임신, 출산, 육아, 갱년기 여성을 대상으로 생활체육 참여기회를 제공하는 사업이다.

## 03 〈보기〉의 발달특성을 가진 대상을 위한 스포츠 프로그램 구성 시 고려사항으로 옳지 않은 것은?

┤보기├
- 신체적·정서적·사회적 발달이 뚜렷하다.
- 개인의 요구와 흥미가 뚜렷하게 나타난다.
- 2차 성징이 나타난다.

① 생활패턴 고려
② 개인의 요구와 흥미 고려
③ 정적운동 위주의 프로그램 구성
④ 스포츠 프로그램의 지속적 참여 고려

해설
〈보기〉는 청소년의 특징을 나타낸 글이다. 청소년들은 학교 체육활동만으로는 성장단계에 필요한 신체 활동의 양이 부족하므로 스포츠 프로그램 구성 시 학교체육을 기초로 하여 수영, 등산, 야영 등 야외활동을 병행하는 것이 바람직하다.

## 04 〈보기〉에서 생활스포츠 프로그램의 교육목표 진술에 관한 설명으로 옳은 것을 모두 고른 것은?

기출 15·16·17·19

┤보기├
㉠ 프로그램의 목표는 추상적으로 진술한다.
㉡ 학습 내용과 기대되는 행동을 동시에 진술한다.
㉢ 스포츠 참여자에게 기대하는 행동의 변화에 따라 동사를 다르게 진술한다.
㉣ 해당 스포츠 활동이 끝났을 때 참여자에게 나타난 최종 행동 변화 용어로 진술한다.

① ㉠, ㉡
② ㉢, ㉣
③ ㉠, ㉡, ㉢
④ ㉡, ㉢, ㉣

해설
생활스포츠 프로그램 교육목표 진술 시 목표는 구체적·세부적으로 진술해야 한다.

## 05 〈보기〉의 교수 전략을 포함하는 체육수업모형으로 옳은 것은?

기출▶ 18 · 21 · 23

┌ 보기 ┐
- 모든 팀원은 자신의 팀에 할당된 과제를 익힌 후, 교사가 되어 다른 팀에게 자신이 학습한 내용을 지도한다.
- 각 팀원들이 서로 다른 내용을 배운 다음, 동일한 내용을 배운 사람끼리 모여 전문가 집단을 구성한다. 이들은 자신이 배운 내용을 공유하며, 원래 자신의 집단으로 돌아가 배운 것을 다른 팀원들에게 지도한다.

① 직접교수모형 ② 개별화지도모형
③ 협동학습모형 ④ 전술게임모형

**해설**
협동학습모형의 주제는 '서로를 위해 함께 배우기'이다. 모든 학생이 동시에 학습과정에 참여하며, 학생들 간 상호의존 관계에 있다.
- 직접교수모형 : 수업시간을 가장 효과적으로 이용할 수 있도록 의사 결정의 중심이 교사에게 있는 교사 주도적 참여 형태의 모형이다.
- 개별화지도모형 : 내용 선정과 과제 제시는 교사가 하지만, 수업 진도를 학생이 결정하여 학습자의 능력에 따라 학습진도가 상이하다. 학습자의 자기주도적 연습이 가능하다.
- 전술게임모형 : 이해중심의 게임 지도 모형으로 게임 구조에 대한 학생의 흥미를 활용하여 게임에 필요한 전술적 지식, 기술을 학습한다.

## 06 메츨러(M. Metzler)의 교수·학습 과정안(수업계획안) 작성 시 고려해야 할 구성요소 중 〈보기〉에서 설명하는 것으로 옳은 것은?

기출▶ 21 · 23

┌ 보기 ┐
- 학생의 흥미를 유발시킬 수 있는 수업 도입
- 과제 제시에 적합한 모형과 단서 사용
- 학생에게 방향을 제시할 과제 구조 설명
- 다양한 과제의 계열성과 진도(차시별)

① 학습 목표
② 수업 맥락의 간단한 기술
③ 시간과 공간의 배정
④ 과제 제시와 과제 구조

**해설**
메츨러(M. Metzler)의 교수·학습 과정안의 구성요소 중 '과제 제시와 과제 구조'는 학생에게 방향을 제시할 수 있어야 하며 흥미를 불러일으키거나 과제 제시에 적합한 모형과 단서를 사용해야 한다.

## 07 〈보기〉에서 안전한 학습환경 유지에 관한 설명으로 옳은 것을 모두 고른 것은?

기출▶ 21

┌ 보기 ┐
㉠ 위험한 상황이 예측되더라도 시작한 과제는 끝까지 수행한다.
㉡ 안전한 수업운영에 필요한 절차를 분명히 전달하고 상기시켜야 한다.
㉢ 사전에 안전 문제를 예측하고 교구·공간·학생 등을 학습에 도움이 되는 방향으로 배열 또는 배치한다.
㉣ 새로운 연습과제나 게임을 시작할 때 지도자는 학생들의 활동을 주시하고 적극적으로 감독한다.

① ㉠, ㉡
② ㉡, ㉢
③ ㉠, ㉢, ㉣
④ ㉡, ㉢, ㉣

**해설**
체육 활동은 신체적 움직임이 많으므로 무엇보다 안전이 중요하다. 따라서 참가자들에게 안전규칙에 대해 확실하게 숙지시킨 후 프로그램을 진행해야 한다. 또한 위험한 상황 발생 시 즉시 프로그램을 중단해야 한다.

## 08 헬리슨(D. Hellison)이 제시한 개인적·사회적 책임감 수준과 사례로 옳지 않은 것은? 기출▶ 17·20

| | 수 준 | 사 례 |
|---|---|---|
| ① | 타인의 권리와 감정 존중 | 타인에 대해 상호 협력적이고 다른 학생들을 돕고자 한다. |
| ② | 참여와 노력 | 새로운 과제에 도전하며 노력하면 성공할 수 있다고 여긴다. |
| ③ | 자기 방향 설정 | 지도자가 없는 상황에서도 자신이 수립한 목표를 달성한다. |
| ④ | 일상생활로의 전이 | 체육 수업을 통해 학습한 배려를 일상생활에 실천한다. |

**해설**

헬리슨(D. Hellison)의 개인적·사회적 지도모형의 책임감 수준에서 '타인의 권리와 감정 존중'은 타인을 방해하지 않는 수준에 그친다. 타인에 대해 상호 협력적이고 다른 학생들을 돕고자 하는 것은 가장 높은 단계인 '전이'에 해당한다.

헬리슨(D. Hellison, 2003)의 책임감 수준 단계
- 0단계(무책임감) : 참여의지 없이 타인을 방해한다.
- 1단계(타인의 권리와 감정 존중) : 타인을 방해하지 않고 고려하면서 참여한다.
- 2단계(참여와 노력) : 동기를 가지고 의무감 없이 자발적으로 참여한다.
- 3단계(자기방향 설정) : 스스로 목표를 설정하고 교사 없이 과제를 완수할 수 있다.
- 4단계(돌봄과 배려) : 먼저 모범을 보이며 다른 사람의 요구를 경청하고 대응할 수 있다.
- 5단계(전이) : 같은 상황에 처한 타인에게 피드백을 제공하고 본보기가 될 수 있다.

## 09 〈보기〉의 ㉠, ㉡에 해당하는 평가 방법을 연결한 것으로 옳은 것은? 기출▶ 15·16·17·19

┤보기├
㉠ 수업 전 학습목표에 따른 참여자 수준을 결정하고, 학습과정에서 참여자가 계속적인 오류 상황을 발생시킬 때 적절한 의사결정을 하도록 한다.
㉡ 학생들에게 자신의 높이뛰기 목표와 운동계획을 수립하게 한 다음 육상 단원이 끝나는 시점에서 종합적 목표 달성여부 확인을 위해 평가를 실시한다.

| | ㉠ | ㉡ |
|---|---|---|
| ① | 진단평가 | 형성평가 |
| ② | 진단평가 | 총괄평가 |
| ③ | 형성평가 | 총괄평가 |
| ④ | 총괄평가 | 형성평가 |

**해설**
- 진단평가 : 수업시작 전 참여자의 수준과 상태를 파악하고, 효과적인 교수·학습전략을 수립하기 위해 실시하는 평가이다.
- 총괄평가 : 모든 수업과정을 마친 뒤 학습목표달성도를 알아보기 위해 실시하는 평가이다.
- 형성평가 : 수업 중 수업 진행 상황을 파악하기 위한 평가이다.

## 10 다음에 해당하는 평가기법에 대한 설명으로 옳지 않은 것은? 기출▶ 18·19

| 테니스 포핸드 스트로크 과정 | 운동수행 |
|---|---|
| 두 발이 멈춘 상태에서 스트로크를 시도하는가? | Y/N |
| 몸통 회전을 충분히 활용하는가? | Y/N |
| 임팩트까지 시선을 공에 고정하는가? | Y/N |
| 팔로우스로우를 끝까지 유지하는가? | Y/N |

① 쉽게 제작이 가능하며 사용이 편리하다.
② 운동수행과정의 질적 평가가 불가하다.
③ 어떤 사건이나 행동의 발생 여부를 신속히 확인할 때 주로 사용한다.
④ 관찰행동을 구체적으로 정의하고 그 행동의 발생 시점을 확인할 수 있다.

**해설**
위에서 설명하는 평가기법은 체크리스트이다. 체크리스트는 어떤 사건이 벌어졌는지 체크하여 확인하는 도구로 자신의 동작을 확인하기 위해 자신 또는 타인이 평가하는 방법이다. 객관적 관찰이 가능하기에 질적 평가가 가능하다.

**11** 「학교체육진흥법」의 제10조에서 규정하고 있는 학교장의 역할에 관한 내용으로 옳지 않은 것은?

기출▶ 16 · 17 · 18 · 19 · 20 · 21 · 23 · 24

① 학생들이 신체활동 프로그램에 참여할 수 있도록 학교스포츠클럽을 운영하여 학생들의 체육활동 참여기회를 확대하여야 한다.
② 학교스포츠클럽을 운영하는 경우 전문코치를 지정하여야 한다.
③ 학교스포츠클럽 활동 내용을 학교생활기록부에 기록하여 상급학교 진학자료로 활용할 수 있도록 하여야 한다.
④ 교육부령으로 정하는 바에 따라 일정 비율 이상의 학교스포츠클럽을 해당 학교의 여학생들이 선호하는 종목으로 운영하여야 한다.

**해설**
학교스포츠클럽 운영(「학교체육진흥법」 제10조)
• 학교의 장은 학생들이 신체 활동 프로그램에 참여할 수 있도록 학교스포츠클럽을 운영하여 학생들의 체육 활동 참여기회를 확대하여야 한다. – ①
• 학교의 장은 제1항에 따라 학교스포츠클럽을 운영하는 경우 학교스포츠클럽 전담교사를 지정하여야 한다. – ②
• 제2항에 따른 학교스포츠클럽 전담교사에게는 학교 예산의 범위에서 소정의 지도수당을 지급한다.
• 학교의 장은 학교스포츠클럽 활동내용을 학교생활기록부에 기록하여 상급학교 진학자료로 활용할 수 있도록 하여야 한다. – ③
• 학교의 장은 교육부령으로 정하는 바에 따라 일정 비율 이상의 학교스포츠클럽을 해당 학교의 여학생들이 선호하는 종목의 학교스포츠클럽으로 운영하여야 한다. – ④

**12** 다음 ㉠~㉤에서 「체육시설법」 시행규칙 제22조 '체육지도자 배치기준'으로 옳은 것을 모두 고른 것은?

| 체육시설업의 종류 | 규 모 | 배치인원 |
|---|---|---|
| ㉠ 스키장업 | 슬로프 10면 이하 | 1명 이상 |
| | 슬로프 10면 초과 | 2명 이상 |
| ㉡ 승마장업 | 말 20마리 이하 | 1명 이상 |
| | 말 20마리 초과 | 2명 이상 |
| ㉢ 수영장업 | 수영조 바닥면적이 400m² 이하인 실내 수영장 | 1명 이상 |
| | 수영조 바닥면적이 400m²를 초과하는 실내 수영장 | 2명 이상 |
| ㉣ 골프연습장업 | 20타석 이상 50타석 이하 | 1명 이상 |
| | 50타석 초과 | 2명 이상 |
| ㉤ 체력단련장업 | 운동전용면적 200m² 이하 | 1명 이상 |
| | 운동전용면적 200m² 초과 | 2명 이상 |

① ㉠, ㉡, ㉢, ㉣
② ㉠, ㉡, ㉣, ㉤
③ ㉠, ㉢, ㉣, ㉤
④ ㉡, ㉢, ㉣, ㉤

**해설**
체육지도자 배치기준(「체육시설의 설치·이용에 관한 법률 시행규칙」 [별표 5])
㉠ 스키장업 : 슬로프 10면 이하 1명 이상, 슬로프 10면 초과 2명 이상
㉡ 승마장업 : 말 20마리 이하 1명 이상, 말 20마리 초과 2명 이상
㉢ 수영장업 : 수영조 바닥면적이 400m² 이하인 실내 수영장 1명 이상, 수영조 바닥면적이 400m²를 초과하는 실내수영장 2명 이상
㉣ 골프연습장업 : 20타석 이상 50타석 이하 1명 이상, 50타석 초과 2명 이상
㉤ 체력단련장업 : 운동전용면적 300m² 이하 1명 이상, 운동전용면적 300m² 초과 2명 이상

**정답** 11 ② 12 ①

**13** 「국민체육진흥법」에서 규정하는 생활스포츠지도사의 자격으로 옳지 않은 것은? 기출 23

① 체육지도자의 자격은 19세 이상인 사람에게 부여한다.
② 생활스포츠지도사는 1급, 2급으로 구분한다.
③ 2급 생활스포츠지도사는 2급 생활스포츠지도사 자격검정에 합격하고, 연수과정을 이수한 사람으로 한다.
④ 1급 생활스포츠지도사는 자격 종목의 2급 생활스포츠지도사 자격을 취득한 후 3년 이상 해당 자격 종목의 지도경력이 있는 사람으로 한다.

해설
① 「국민체육진흥법」 시행령 제8조(체육지도자의 양성과 자질향상) 제2항에 따르면 체육지도자의 자격은 18세 이상인 사람에게 부여한다.
④ 「국민체육진흥법」 시행령 제9조(스포츠지도사) 제5항에 따르면 1급 생활스포츠지도사는 해당 자격 종목의 2급 생활스포츠지도사 자격을 취득한 후 3년 이상 해당 자격 종목의 지도경력이 있는 사람으로서 동일 자격 종목에 대하여 1급 생활스포츠지도사 자격을 취득하기 위한 자격검정에 합격하고, 연수과정을 이수한 사람으로 한다.
※ 출제오류로 최종 정답에서 복수 정답 처리되었다.

**14** 〈보기〉의 ㉠, ㉡에 들어갈 말로 옳은 것은? 기출 17

| 보기 |
| --- |
| 마튼스(R. Martens)가 제시한 전문체육 프로그램 개발 6단계는 ( ㉠ ), 선수 이해, 상황 분석, 우선순위 결정 및 목표 설정, ( ㉡ ), 연습계획 수립이다. |

| | ㉠ | ㉡ |
| --- | --- | --- |
| ① | 스포츠에 대한 이해 | 공간적 맥락 고려 |
| ② | 선수 발달단계에 대한 이해 | 전술 선택 |
| ③ | 선수단(훈련) 규모 설정 | 체력상태의 이해 |
| ④ | 선수에게 필요한 기술 파악 | 지도 방법 선택 |

해설
마튼스(R. Martens)의 전문체육 프로그램 지도 개발 단계
• 1단계: 선수에게 필요한 기술파악 - 코치는 선수에게 필요한 스포츠 기술뿐만 아니라 바람직한 인성도 함께 가르쳐야 한다.
• 2단계: 선수 이해 - 선수들의 신체적·심리적·사회적 발달단계를 파악한다.
• 3단계: 상황 분석 - 지도계획을 수립하기 전 주변 상황에 대한 분석을 실시한다.
• 4단계: 우선순위 결정 및 목표 설정 - 우선순위를 결정한 뒤 목표를 설정한다. 목표는 구체적이고 성취 가능한 것이어야 한다.
• 5단계: 지도방법 선택 - 목표를 효과적으로 지도할 수 있는 지도방법을 선택한다.
• 6단계: 연습계획 수립 - 지도 방법이 결정되었으면 연습계획을 수립한다.

**15** ㉠, ㉡에 들어갈 말로 옳은 것은? 기출 16·19

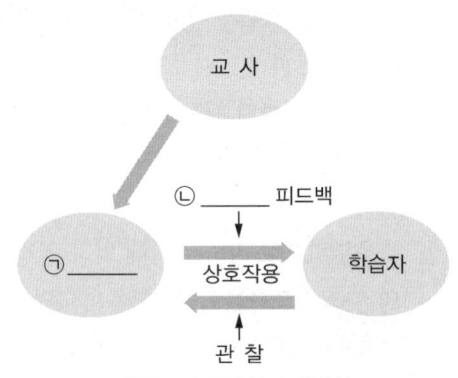

동료교수모형의 수업방식

| | ㉠ | ㉡ |
| --- | --- | --- |
| ① | 관찰자 | 교정적 |
| ② | 개인교사 | 중립적 |
| ③ | 개인교사 | 교정적 |
| ④ | 교사 | 가치적 |

해설
동료교수모형의 특징은 주기적으로 개인교사와 학습자의 역할이 바뀌는 것이다. 따라서 학습자와 상호작용하는 ㉠은 개인교사이다. 교사는 개인교사에게 간접적인 형태로만 상호작용하고 개인교사가 학습자에게 직접적인 교정적 피드백을 제공한다. 따라서 ㉡은 교정적 피드백이다.

**16** 그리핀(L. Griffin), 미첼(S. Mitchell), 오슬린(J. Oslin)의 이해중심게임모형에서 변형게임 구성 시 반영해야 할 2가지 핵심 개념으로 옳은 것은?

① 전술과 난이도
② 연계성과 위계성
③ 공간의 특성과 학습자
④ 대표성과 과장성

**해설**
이해중심게임모형은 다른 말로 '전술게임모형'이라고도 한다. 전술게임모형은 변형게임과 정식게임으로 수업을 이끌어 가는 모형으로 새로 구성할 변형게임은 게임의 대표성, 상황에 대한 과장성을 띠어야 한다.

**17** 〈보기〉의 ㉠, ㉡에 해당하는 젠틸(A. Gentile)의 스포츠 기술로 옳은 것은?

┤보기├
( ㉠ )은 환경의 변화나 상태에 의해 변화되는 기술을 말한다. ( ㉡ )은 상대적으로 환경적 조건이 안정적이며 외부 조건이 대부분 변하지 않는 속성이 있다.

|   | ㉠ | ㉡ |
|---|---|---|
| ① | 개별기술 | 복합기술 |
| ② | 개방기술 | 폐쇄기술 |
| ③ | 시작형 기술 | 세련형 기술 |
| ④ | 부분기술 | 전체기술 |

**해설**
㉠ 개방기술 : 환경의 변화에 영향을 받아 요구조건이 변화하는 기술로, 축구·농구 등 팀 스포츠가 이에 해당된다.
㉡ 폐쇄기술 : 환경의 변화에 영향을 받지 않는 기술로, 양궁·사격·볼링 등이 해당된다.

**18** 〈보기〉와 같이 종목을 구분하는 근거로 옳은 것은?

┤보기├
• 영역형 – 농구, 축구, 하키, 풋볼
• 네트형 – 배드민턴, 배구, 탁구
• 필드형 – 야구, 소프트볼, 킥볼
• 표적형 – 당구, 볼링, 골프

① 포지션의 수
② 게임전술의 전이 가능성
③ 기술(Skill)의 특성
④ 선수의 수

**해설**
전술게임모형에서는 게임전술의 전이 가능성에 따라 종목을 구분한다.
• 영역형 : 상대팀 영역을 침범하여 득점하는 경기이다.
• 네트형 : 네트를 사이에 두고 공격 또는 수비를 하는 경기이다.
• 필드형 : 넓은 공간에서 치고 달리기, 던지고 받기 등을 하면서 목표 지점으로 돌아오는 횟수를 겨루는 경기이다.
• 표적형 : 표적을 맞히는 것을 중점으로 두는 경기이다.

## 19 〈보기〉의 설명에 해당하는 피드백 유형으로 옳은 것은?   기출▶ 19·21

|보기|
- 모스턴(M. Mosston)이 제시한 피드백 유형이며, 사실적으로 행동을 기술한다.
- 판단이나 수정 지시를 하지 않으나, 피드백 진술의 의미를 변경할 수 있다.
- 다른 피드백 형태로 옮겨가는 특징을 가지고 있다.

① 교정적 피드백(Corrective Statements)
② 가치적 피드백(Value Statements)
③ 중립적 피드백(Neutral Statements)
④ 불분명한 피드백(Ambiguous Statements)

**해설**
- 교정적 피드백 : 긍정 또는 부정이 아닌 수정에 대한 피드백이다.
  예 야구배트는 끝까지 휘둘러라.
- 가치적 피드백 : 긍정 또는 부정적 내용에 대한 피드백으로 느낌을 표현하는 단어를 포함한다.
  예 아주 훌륭한 움직임이었어.
- 중립적 피드백 : 주관적 판단이나 수정 지시가 결여된 사실적인 행동진술이다.
  예 모든 과제를 완료했으면 다음으로 넘어가라.
- 불분명한 피드백 : 잘못 해석될 여지가 있는 피드백으로 정확한 정보를 제공해주지 못한다.
  예 다시 해라.

## 20 링크(J. Rink)의 내용발달 단계가 순서대로 연결된 것은?   기출▶ 15·19·21

① 시작과제 → 확대과제 → 세련과제 → 적용과제
② 적용과제 → 시작과제 → 확대과제 → 세련과제
③ 세련과제 → 적용과제 → 시작과제 → 확대과제
④ 확대과제 → 세련과제 → 적용과제 → 시작과제

**해설**
링크(J. Rink)의 학습과제 발달단계
- 시작형(전달) 과제 : 기초 단계의 학습과제
- 확장형(확대) 과제 : 난이도와 복잡성이 추가된 과제
- 세련형(세련) 과제 : 자세나 기분 등 기능의 질적 측면에 집중된 과제
- 적용형(응용) 과제 : 운동기능을 실제 상황에 활용할 수 있도록 제작한 과제

### 제3과목 | 스포츠심리학

**01** 〈보기〉의 레빈(K. Lewin, 1935)이 주장한 내용 중 ㉠, ㉡에 들어갈 개념으로 옳은 것은?

| 보기 |
| --- |
| • 인간의 행동은 ( ㉠ )과 ( ㉡ )에 의해 결정된다.<br>• ( ㉠ )과 ( ㉡ )의 상호작용으로 행동은 변화한다. |

| | ㉠ | ㉡ |
| --- | --- | --- |
| ① | 개인(Person) | 환경(Environment) |
| ② | 인지(Cognition) | 감정(Affect) |
| ③ | 감정(Affect) | 환경(Environment) |
| ④ | 개인(Person) | 인지(Cognition) |

**해설**
레빈(K. Lewin)은 모든 행동은 개인 요인과 환경 요인이 상호작용해서 결정된다고 보았다. 이를 공식으로 나타내면 다음과 같다.

$$B = f(P \times E)$$
$B$(Behavior) : 인간행동
$f$(Function) : 함수관계
$P$(Person) : 인적요인(사람)
$E$(Environment) : 외적요인(환경)

**02** 아동의 운동발달을 평가할 때 심리적 안정을 도모하기 위한 평가 방법으로 옳은 것은?

① 평가장소에 도착하면 환경에 대한 탐색 시간을 주지 말고 평가를 바로 진행한다.
② 아동의 평가 민감성을 높이기 위해 평가라는 단어를 강조한다.
③ 운동 도구를 사용하여 평가할 때 탐색할 기회를 제공한다.
④ 아동과 공감대를 형성하지 않는다.

**해설**
아동에게는 환경과 운동 도구에 대해 탐색할 시간과 기회를 제공해야 한다. 또한 평가라는 단어를 강조하는 것보다 신체 활동을 하는 동안 평가를 위한 관찰을 수행하며 아동과 공감대를 형성하는 것이 좋다.

**03** 〈보기〉에 제시된 일반화된 운동프로그램(Generalized Motor Program ; GMP)에 관한 설명으로 옳은 것은?

기출 23

| 보기 |
| --- |
| ㉠ 인간의 운동은 자기조직(Self-organization)과 비선형성(Nonlinear)의 원리에 의해 생성되고 변화한다.<br>㉡ 불변매개변수(Invariant Parameter)에는 요소의 순서(Order of Element), 시상(Phasing), 상대적인 힘(Relative Force)이 포함된다.<br>㉢ 가변매개변수(Variant Parameter)에는 전체 동작지속시간(Overall Duration), 힘의 총량(Overall Force), 선택된 근육군(Selected Muscles)이 포함된다.<br>㉣ 환경정보에 대한 지각 그리고 동작의 관계(Perception-action Coupling)를 강조한다. |

① ㉠, ㉡
② ㉠, ㉢
③ ㉡, ㉢
④ ㉢, ㉣

**해설**
㉠ 다이나믹시스템이론, ㉣ 생태학적이론에 대한 설명이다.

일반화된 운동프로그램(Generalized Motor Program ; GMP) 일반화된 운동프로그램에서는 매개변수에 의하여 운동프로그램이 바뀌게 된다. 매개변수는 특정한 환경적 요구에 적응하기 위하여 움직임의 형태를 조절하는 데 관여하는 변수로, 불변매개변수와 가변매개변수로 구분할 수 있다.

• 불변매개변수 : 동작이나 반응 요소의 순서를 의미한다. 반응 생성 과정에서 선택되었거나 인출된 반응 단위들의 순서를 배열하는 과정으로, 근수축의 시간적 구조이다. 근육이 활동하는 데 필요한 전체 힘의 양을 선택된 각 근육에 적절한 비율로 분배하는 과정이다. 요소의 순서, 시상, 상대적인 힘이 포함된다.
• 가변매개변수 : 동작의 시상과는 달리 매 동작마다 일정하지 않고, 동원되는 근수축에 의해 발휘되는 힘의 양을 조절한다. 동작 생성에 관련된 개별 근육들이 운동프로그램에 저장되어 있지 않고 동작에 따라 다르게 선택된다. 전체 시간, 전체 힘, 근육 선택이 포함된다.

## 04 〈보기〉에서 설명하는 개념으로 옳은 것은?

기출 24

―보기―
- 자극반응 대안 수가 증가할수록 선택반응시간도 증가한다.
- 투수가 직구와 슬라이더 구종에 커브 구종을 추가하여 무작위로 섞어 던졌을 때 타자의 반응시간이 길어졌다.

① 피츠의 법칙(Fitts' Law)
② 파워 법칙(Power Law)
③ 임펄스 가변성 이론(Impulse Variability Theory)
④ 힉의 법칙(Hick's Law)

**해설**
반응시간의 유형으로는 변별반응시간, 단순반응시간, 선택반응시간이 있다. 〈보기〉와 같이 자극반응 대안 수가 증가할수록 선택반응시간도 증가하는 것은 힉의 법칙이다.

## 05 〈보기〉에 제시된 번스타인(N. Bernstein)의 운동학습 단계에 대한 설명으로 옳은 것은?

―보기―
㉠ 스케이트를 탈 때 고관절, 슬관절, 발목관절을 활용하여 추진력을 갖게 한다.
㉡ 체중 이동을 통해 추진력을 확보하며 숙련된 동작을 실행하게 한다.
㉢ 스케이트를 신고 고관절, 슬관절, 발목관절을 하나의 단위체로 걷게 한다.

|   | ㉠ | ㉡ | ㉢ |
|---|---|---|---|
| ① | 자유도 풀림 | 반작용 활용 | 자유도 고정 |
| ② | 반작용 활용 | 자유도 풀림 | 자유도 고정 |
| ③ | 자유도 풀림 | 자유도 고정 | 반작용 활용 |
| ④ | 반작용 활용 | 자유도 고정 | 자유도 풀림 |

**해설**
번스타인(N. Bernstein)은 운동학습의 단계를 '자유도 고정 → 자유도 풀림 → 반작용 활용'으로 구분하였다.
㉠ 자유도 풀림 : 고정된 자유도를 풀어 사용 가능한 자유도의 수를 늘리는 단계이다. 동작과 관련된 근육, 관절 등에 변화가 나타난다.
㉡ 반작용 활용 : 더 효율적인 동작을 형성하기 위해 자유도 풀림보다 더 많은 자유도를 활용하는 단계이다. 학습자는 변하는 환경에 대처하여 숙련된 동작을 행할 수 있다.
㉢ 자유도 고정 : 새로운 동작을 수행하는 데 동원되는 신체의 자유도를 고정하는 단계이다.

## 06 레이데크와 스미스(T. Raedeke & A. Smith, 2001)의 운동선수 탈진 질문지(Athlete Burnout Questionnaire ; ABQ)의 세 가지 측정 요인으로 옳지 않은 것은?

① 성취감 저하(Reduced Sense of Accomplishment)
② 스포츠 평가절하(Sport Devaluation)
③ 경쟁상태불안(Competitive State Anxiety)
④ 신체적·정서적 고갈(Physical, Emotional Exhaustion)

**해설**
레이데크와 스미스(T. Raedeke & A. Smith)의 운동선수 탈진 질문지의 세 가지 측정 요인은 성취감 저하, 스포츠 평가절하, 신체적·정서적 고갈이다.
- 성취감 저하 : 수행에 대한 통제 상실, 실력 발휘를 하지 못함
- 스포츠 평가절하 : 운동이 더 이상 즐겁지 않음, 시합에 대한 무관심
- 신체적·정서적 고갈 : 무기력감

**07** 웨이스와 아모로스(M. Weiss & A. Amorose, 2008)가 제시한 스포츠 재미(Sport Enjoyment)의 영향 요인으로 옳지 않은 것은?

① 인지능력
② 사회적 소속
③ 동작 자체의 감각 체험
④ 숙달과 성취

**해설**
웨이스와 아모로스(M. Weiss & A. Amorose)는 숙달과 성취, 사회적 소속, 동작 자체의 감각 체험이 스포츠 재미에 영향을 주며, 스포츠 재미는 스포츠 전념에 영향을 주게 되고, 스포츠 전념은 스포츠 행동에 영향을 미친다고 하였다.

**08** 〈보기〉에 제시된 도식이론(Schema Theory)에 관하여 옳은 설명으로 묶인 것은? 기출▶ 18

┤보기├
㉠ 빠른 움직임과 느린 움직임을 구분하여 설명한다.
㉡ 재인도식은 피드백 정보가 없는 빠른 운동을 조절하는 역할을 한다.
㉢ 회상도식은 과거의 실제결과, 감각귀결, 초기조건의 관계를 바탕으로 형성된다.
㉣ 200ms 이상의 시간이 필요한 느린 운동 과제의 제어에는 회상도식과 재인도식이 모두 동원된다.

① ㉠, ㉡
② ㉡, ㉢
③ ㉠, ㉣
④ ㉢, ㉣

**해설**
㉡ 재인도식은 피드백 정보를 통하여 잘못된 동작을 수정하는 역할을 한다. 피드백 정보가 없는 빠른 운동을 조절하는 역할을 하는 것은 회상도식이다.
㉢ 과거의 실제결과, 감각귀결, 초기조건의 관계를 바탕으로 형성되는 것은 재인도식이다.

**09** 〈보기〉에 제시된 심리적 불응기(Psychological Refractory Period ; PRP)에 관하여 옳은 설명으로 묶인 것은? 기출▶ 24

┤보기├
㉠ 1차 자극에 대한 반응을 수행하고 있을 때 2차 자극을 제시할 경우, 2차 자극에 대해 반응시간이 느려지는 현상이다.
㉡ 1차 자극과 2차 자극간의 시간차가 10ms 이하로 매우 짧을 때 나타난다.
㉢ 페이크(Fake) 동작의 사용 빈도를 높일 때 효과적이다.
㉣ 1차와 2차 자극을 하나의 자극으로 간주하는 현상을 집단화라고 한다.

① ㉠, ㉡
② ㉡, ㉢
③ ㉢, ㉣
④ ㉠, ㉣

**해설**
심리적 불응기란 1차 자극에 대한 반응을 수행하고 있을 때 2차 자극을 제시할 경우 2차 자극에 대한 반응시간이 느려지는 현상이다. 자극간 시간차가 40ms 이하로 매우 짧은 경우에는 1차 자극과 2차 자극을 동일한 자극으로 간주하여 심리적 불응기가 나타나지 않는데 이를 집단화라고 한다.

**10** 인간 발달의 특징에 관한 설명으로 옳지 않은 것은?

① 개인적 측면은 발달에 영향을 미치는 요인이 개인마다 달라서 나타나는 현상이다.
② 다차원적 측면은 개인의 신체적·정서적 특성과 같은 내적 요인 그리고 사회 환경과 같은 외적 요인으로 나눌 수 있다.
③ 계열적 측면은 기기와 서기의 단계를 거친 후에야 자신의 힘으로 스스로 걸을 수 있게 되는 것이다.
④ 질적 측면은 현재 나타나고 있는 움직임 양식이 과거 움직임의 경험이 축적되어 나타나는 것이다.

해설
인간 발달의 특징
- 개인적 측면 : 발달에 영향을 미치는 요인은 개인마다 다르다.
- 다차원적 측면 : 발달에 영향을 미치는 요인은 내적 요인과 외적 요인 등 다양하다.
- 계열적 측면 : 순차적인 발달 과정을 보인다.
- 질적 측면 : 움직임을 반복하면 효율성이 향상되는 등 질적인 변화가 생긴다.
- 종합적 측면 : 현재의 움직임은 과거의 경험이 축적되어 나타나는 것이다.

해설
전환이론(반전이론)
- 각성 수준을 어떻게 해석하느냐에 따라 각성 수준과 정서의 관계가 달라진다는 이론이다.
- 각성 수준이 높은 상태를 기분 좋은 흥분 상태나 불쾌한 정서로 해석할 수 있다.
- 우수한 선수일수록 불안한 상황을 긍정적으로 해석하는 경향이 있다.
- 운동수행의 개인차를 이해하는 데 많은 기여를 하였다.

## 11 시각탐색에 사용되는 안구 움직임의 형태로 옳지 않은 것은?

기출▶ 20

① 지각의 협소화(Perceptual Narrowing)
② 부드러운 추적 움직임(Smooth Pursuit Movement)
③ 전정안구반사(Vestibulo-ocular Reflex)
④ 빠른 움직임(Saccadic Movement)

해설
시각탐색에 사용되는 안구의 움직임은 빠른 움직임, 부드러운 추적 움직임, 전정안구반사, 빠른 움직임과 추적 움직임이 적절하게 조화를 이루는 움직임의 네 가지 형태로 나타난다. 지각의 협소화는 각성 수준이 높아짐에 따라 주의를 기울일 수 있는 초점의 폭이 점차 줄어드는 현상이다.

## 12 〈보기〉에 제시된 불안과 운동수행의 관계를 설명하는 이론으로 옳은 것은?

기출▶ 15 · 16 · 18 · 19 · 21

┤보기├
- 선수가 불안을 어떻게 '해석'하느냐에 따라 운동수행이 달라질 수 있다.
- 선수는 각성이 높은 상태를 기분 좋은 흥분상태로 해석할 수도 있지만 불쾌한 불안으로 해석할 수도 있다.

① 역U가설(Inverted-U Hypothesis)
② 전환이론(Reversal Theory)
③ 격변이론(Catastrophe Theory)
④ 적정기능지역이론(Zone of Optimal Functioning Theory)

## 13 〈보기〉의 ㉠과 ㉡에 들어갈 용어로 옳은 것은?

기출▶ 19 · 20 · 21

┤보기├
- ( ㉠ )은 불안을 감소시키기 위해 자기최면을 사용하여 무거움과 따뜻함을 실제처럼 느끼도록 유도하는 방법이다.
- ( ㉡ )은/는 불안을 유발하는 자극의 목록을 작성한 후, 하나씩 차례로 적용하여 유발 감각 자극에 대한 민감도를 줄여 불안 수준을 감소시키는 방법이다.

| | ㉠ | ㉡ |
|---|---|---|
| ① | 바이오피드백 (Biofeedback) | 체계적 둔감화 (Systematic Desensitization) |
| ② | 자생훈련 (Autogenic Training) | 바이오피드백 (Biofeedback) |
| ③ | 점진적 이완 (Progressive Relexation) | 바이오피드백 (Biofeedback) |
| ④ | 자생훈련 (Autogenic Training) | 체계적 둔감화 (Systematic Desensitization) |

11 ① 12 ② 13 ④

**해설**

심리기술훈련

- 자생훈련 : 최면 상태가 될 때 일반적으로 체온이 상승하고 신체가 무거워지는 증상에서 착안한 훈련법으로, 자신의 감각에 주의를 기울이면서 스스로 명상하는 기법이다. – ㉠
- 체계적 둔감화 : 불안이나 스트레스를 유발하는 자극에 노출될 때 불안반응 대신 이완반응을 보임으로써 불안이나 스트레스에 대해 점차 둔감하게 되는 훈련법이다. – ㉡
- 바이오피드백 : 불안을 느끼는 선수에게 가슴과 어깨 부분에 센서를 부착하여 불안감이 높아질 때 근육의 긴장도가 함께 증가한다는 것을 시각적으로 보여주어 각성조절능력을 향상시키는 방법이다.
- 점진적 이완 : 몸 전체의 근육을 하나씩 순서대로 이완시키는 절차로, 신체 모든 부위를 인위적으로 긴장시키고 긴장 상태에서 이완시키는 과정을 통해 근육의 수축과 이완의 느낌을 체험하게 하는 기법이다.

**14** 와이너(B. Weiner)의 경기 승패에 대한 귀인이론에 관한 설명으로 옳지 않은 것은?

기출▶ 17·19·20·23

① 노력은 내적이고 불안정하며 통제 가능한 요인이다.
② 능력은 내적이고 안정적이며 통제 불가능한 요인이다.
③ 운은 외적이고 불안정하며 통제 불가능한 요인이다.
④ 과제난이도는 외적이고 불안정하며 통제할 수 있는 요인이다.

**해설**

와이너(B. Weiner)의 귀인 요소에 대한 분류

| 귀인 요소 | 안정성 차원 | 내외 인과성 차원 | 통제성 차원 |
|---|---|---|---|
| 운 | 불안정 | 외 적 | 통제 불가능 |
| 노력 | 불안정 | 내 적 | 통제 가능 |
| 과제난이도 | 안 정 | 외 적 | 통제 불가능 |
| 능력 | 안 정 | 내 적 | 통제 불가능 |

**15** 〈보기〉에 제시된 심상에 대한 이론과 설명이 옳게 묶인 것은?

기출▶ 18

┤보기├

㉠ 심리신경근이론에 따르면 심상을 하는 동안에 실제 동작에서 발생하는 근육의 전기 반응과 유사한 전기 반응이 근육에서 발생한다.
㉡ 상징학습이론에 따르면 심상은 인지 과제(바둑)보다 운동 과제(역도)에서 더 효과적이다.
㉢ 생물정보이론에 따르면 심상은 상상해야 할 상황조건인 자극 전제와 심상의 결과로 일어나는 반응 전제로 구성된다.
㉣ 상징학습이론에 따르면 생리적 반응과 심리 반응을 함께하면 심상의 효과는 낮아진다.

① ㉠, ㉡
② ㉠, ㉢
③ ㉡, ㉢
④ ㉢, ㉣

**해설**

㉠ 심리신경근이론에 따르면, 심상을 하는 동안에 뇌와 근육에는 실제 동작을 할 때와 매우 유사한 전기자극이 발생한다.
㉡ 상징학습이론에 따르면, 심상은 어떤 동작을 뇌에 부호로 만들어 그 동작을 잘 이해할 수 있도록 하거나 자동화시킨다. 따라서 인지적 요소가 거의 없는 운동 과제보다 인지적 요소가 많은 인지 과제를 대상으로 할 때 더욱 효과적이다.
㉢ 생물정보이론에 따르면, 자극 전제는 무엇을 상상할 것인지에 관한 내용을 설명해주는 것이고, 반응 전제는 심상의 결과로 일어나는 반응을 나타내는 것이다.
㉣ 생물정보이론에 따르면, 심상은 특정 상황뿐만 아니라 그 상황에 대한 행동 반응, 심리 반응, 생리적 반응 등을 포함시켜야 한다.

**16** 〈보기〉에 제시된 첼라두라이(P. Chelladurai)의 다차원리더십 모델에 관한 설명으로 옳게 묶인 것은?

기출> 18

┌─보기─────────────────────────┐
│ ㉠ 리더의 특성은 리더의 실제 행동에 영향을 준다. │
│ ㉡ 규정 행동은 선수에게 규정된 행동을 말한다. │
│ ㉢ 선호 행동은 리더가 선호하거나 바라는 선수의 │
│    행동을 말한다. │
│ ㉣ 리더의 실제 행동과 선수의 선호 행동이 다르면 │
│    선수의 만족도가 낮아진다. │
└─────────────────────────────┘

① ㉠, ㉡
② ㉠, ㉣
③ ㉡, ㉢
④ ㉢, ㉣

**해설**
㉡ 규정 행동은 조직 내에서 리더가 해야만 하는 행동 즉, 리더로서 기대되는 행동을 말한다.
㉢ 선호 행동은 선수들이 선호하거나 바라는 리더의 행동을 말한다.

**17** 〈보기〉에서 설명하는 운동심리이론(모형)으로 옳은 것은?

┌─보기─────────────────────────┐
│ • 지역사회가 여성 전용 스포츠 센터를 확충한다. │
│ • 정부가 운동 참여에 대한 인센티브 정책을 수립한다. │
│ • 가정과 학교에서 운동 참여를 지지해주는 분위기를 │
│   만든다. │
└─────────────────────────────┘

① 사회생태모형(Social Ecological Model)
② 합리적행동이론(Theory of Reasoned Action)
③ 자기효능감이론(Self-efficacy Theory)
④ 자결성이론(Self-determination Theory)

**해설**
운동심리이론 : 사회생태모형
사회생태모형은 운동과 관련된 환경이나 정책은 개인 수준을 넘는 것으로 개인의 운동에 영향을 준다는 이론이다. 개인 차원의 역할도 중요하지만 물리적 환경, 지역사회, 정부 등 다른 차원의 요인도 고려해야 한다고 본다.

다양한 운동심리이론
• 합리적행동이론 : 열심히 하려는 의지에 따라 개인의 행동이 직접적으로 결정된다는 이론이다.
• 자기효능감이론 : 자기효능감이 높을 경우 역경에 잘 대처한다는 이론이다.
• 자결성이론 : 동기 형태에 따라 인간의 성취행동이 달라진다고 보는 이론이다.

**18** 프로차스카(J. O. Prochaska)의 운동변화단계 모형(Transtheoretical Model)에 관한 설명으로 옳은 것은?

기출> 15 · 18 · 20 · 21

① 변화 단계와 자기효능감과의 관계는 U자 형태다.
② 인지적·행동적 변화과정을 통해 운동 단계가 변화한다.
③ 변화 단계가 높아짐에 따라 운동에 대해 기대할 수 있는 혜택은 점진적으로 감소한다.
④ 무관심 단계는 현재 운동에 참여하지 않지만, 6개월 이내에 운동을 시작할 의도가 있다.

**해설**
① 행동을 변화시키는 데는 자기효능감, 의사결정균형, 변화과정의 3가지 요인이 영향을 준다.
③ 변화 단계가 높아짐에 따라 기대 혜택은 증가한다.
④ 무관심 단계는 현재 운동을 하지 않으며, 6개월 이내에 운동을 시작할 의도가 없는 단계이다.

프로차스카(J. O. Prochaska)의 변화단계이론
운동행동의 변화가 마음먹은 순간에 단번에 이루어지는 것이 아니라 여러 단계를 거치면서 점진적으로 변화한다고 본다. 무관심, 관심, 준비, 실천, 유지의 5단계가 있다.
• 무관심 : 현재 운동을 하지 않으며 6개월 이내에 시작할 의도도 없다.
• 관심 : 현재 운동을 하지 않지만 6개월 이내에 시작할 의도는 있다.
• 준비 : 규칙적으로 운동을 하진 않지만 1개월 이내에 시작할 의도가 있다.
• 실천 : 운동을 하고 있지만 6개월이 지나지는 않았다.
• 유지 : 매일 30분씩 6개월 이상 운동을 유지하고 있다.

**19** 한국스포츠심리학회가 제시한 스포츠심리상담사 상담윤리에 대한 설명으로 옳지 않은 것은?

기출 15 · 17 · 19 · 20 · 21 · 24

① 스포츠심리상담사는 자신의 전문영역과 한계영역을 명확하게 인식해야 한다.
② 스포츠심리상담사는 상담 과정에서 얻은 정보를 이용할 때 고객과 미리 상의해야 한다.
③ 스포츠심리상담사는 상담 효과를 알리기 위해 상담에 참여한 사람으로부터 좋은 평가나 소감을 요구해야 한다.
④ 스포츠심리상담사는 타인에게 역할을 위임할 때는 전문성이 있는 사람에게만 위임하여야 하며 그 타인의 전문성을 확인해야 한다.

해설
한국스포츠심리학회에서 제시하는 스포츠심리상담사의 상담윤리 제6조 제2항에 따르면 스포츠심리상담사는 상담에 참여한 사람으로부터 좋은 평가나 소감(증언)을 요구해서는 안 된다.

**20** 〈보기〉에 제시된 폭스(K. Fox)의 위계적 신체적 자기개념 가설(Hypothesized Hierarchical Organization of Physical Self-perception)에 관한 설명으로 옳게 묶인 것은?

┌보기┐
㉠ 신체적 컨디션은 매력적 신체를 유지하는 능력이다.
㉡ 신체적 자기가치는 전반적 자기존중감의 상위영역에 속한다.
㉢ 신체 매력과 신체적 컨디션은 신체적 자기가치의 하위영역에 속한다.
㉣ 스포츠 유능감은 스포츠 능력과 스포츠 기술 학습 능력에 대한 자신감이다.

① ㉠, ㉡
② ㉠, ㉢
③ ㉡, ㉣
④ ㉢, ㉣

해설
폭스(K. Fox, 1989)의 위계적 신체적 자기개념 가설

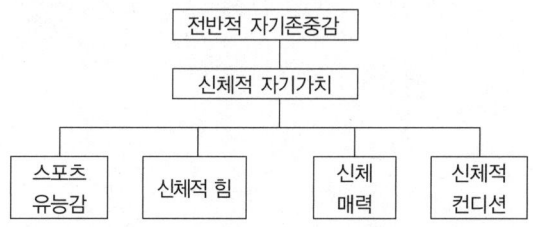

㉠ 매력적 신체를 유지하는 능력은 '신체 매력'이다.
㉡ '신체적 자기가치'는 신체적 자아에 대한 행복·만족·자부심 같은 일반적인 느낌을 말하며 '전반적 자기존중감'의 하위영역에 속한다.

## 제4과목 | 한국체육사

**01** 체육사에 관한 설명으로 옳지 않은 것은?

기출▶ 17 · 24

① 연구대상은 시간, 인간, 공간 등이 고려된다.
② 체육과 스포츠를 역사적 방법으로 연구하는 학문이다.
③ 연구내용은 스포츠문화사, 전통스포츠사 등을 포함한다.
④ 체육과 스포츠의 도덕적 가치판단에 대한 근거를 탐구한다.

**해설**
④ 도덕적 가치판단은 스포츠 윤리에서 다루어야 한다.
체육사의 연구 목적은 과거 체육학적 사실에 대한 분석을 통해 체육사를 재구성하는 것이다. 이를 위해 주관적인 가치판단에 대한 근거를 탐구하기보다는 객관적인 사료를 연구해야 한다.

**해설**
사료의 종류

| 구분법 | 사료명 | | 내용 |
|---|---|---|---|
| 사료의 형태 | 물적 사료 | | 유물, 유적 등 현존하는 모든 물질적 유산 |
| | 기록 사료 | 문헌 사료 | 공문서, 사문서, 출판물 등 문서로 남은 사료 |
| | | 구전 사료 | 석판, 민요, 시가 등 입에서 입으로 전해져 내려오는 사료 |
| 작성한 주체 | 국가 사료 | | 국가나 기관에서 기록한 사료로 통치이념 확인 가능 |
| | 기관 사료 | | |
| | 개인 사료 | | 개인이 기록한 사료로 당시 시대 상황 확인 가능 |
| 작성한 시기 | 1차 사료 | | 당대에 기록한 사료 |
| | 2차 사료 | | 1차 사료를 기반으로 정리한 사료 |
| | 3차 사료 | | 2차 사료를 취합하여 정리한 사료 |

**02** 〈보기〉에서 체육사 연구의 사료(史料)에 관한 설명으로 옳은 것을 모두 고른 것은?

기출▶ 19 · 21

┤보기├
㉠ 기록 사료는 문헌 사료와 구전 사료가 있다.
㉡ 물적 사료는 물질적 유산인 유물과 유적이 있다.
㉢ 기록 사료 중 민요, 전설, 시가, 회고담 등은 문헌 사료이다.
㉣ 전통적인 분류 방식에 따르면, 물적 사료와 기록 사료로 구분된다.

① ㉠, ㉡
② ㉡, ㉢
③ ㉠, ㉡, ㉣
④ ㉡, ㉢, ㉣

**03** 부족국가와 삼국시대의 신체활동이 포함된 제천의식에 관한 설명으로 옳지 않은 것은?

기출▶ 17 · 19 · 24

① 신라 - 가배
② 부여 - 동맹
③ 동예 - 무천
④ 마한 - 10월제

**해설**
부여의 제천의식은 '영고'로 섣달에 지내던 추수감사제이다. '동맹'은 고구려의 제천의식이다.

## 04 <보기>에서 화랑도에 관한 설명으로 옳은 것만을 모두 고른 것은?
기출▶ 15 · 16 · 17 · 18 · 20 · 21 · 23

┌ 보기 ┐
㉠ 법흥왕 때에 종래 화랑도 제도를 개편하여 체계화 되었다.
㉡ 한국의 전통사상과 세속오계(世俗五戒)를 근간으로 두었다.
㉢ 국선도(國仙徒), 풍류도(風流徒), 원화도(源花徒) 라고도 불리었다.
㉣ 편력(遍歷), 입산수행(入山修行), 주행천하(周行天下) 등의 활동을 했다.

① ㉠, ㉡
② ㉡, ㉢
③ ㉠, ㉡, ㉣
④ ㉡, ㉢, ㉣

해설
화랑도는 진흥왕 때에 종래의 제도를 개편하여 체계화되었는데, 이는 신라의 세력 확장에 따른 인재 양성의 필요성 때문이었다.

## 05 <보기>의 ㉠에 들어갈 말로 옳은 것은?
기출▶ 15 · 16 · 17

┌ 보기 ┐
『구당서(舊唐書)』에 따르면, "고구려의 풍속은 책 읽기를 좋아하며, 허름한 서민의 집에 이르기까지 거리에 큰 집을 지어 이를 ( ㉠ )이라고 하고, 미혼의 자제들이 여기에서 밤낮으로 독서하고 활쏘기를 익힌다." 라고 되어 있다.

① 태 학
② 경 당
③ 향 교
④ 학 당

해설
고구려의 교육기관으로는 태학과 경당이 있었다. 태학은 귀족 자제들을 교육하는 관학이고 경당은 평민들의 교육기관이었다. 경당에서는 경서와 활쏘기 교육을 진행하였다.

## 06 고려시대의 무학(武學) 전문 강좌인 강예재(講藝齋)가 개설된 교육기관으로 옳은 것은?
기출▶ 16 · 21

① 국자감(國子監)
② 성균관(成均館)
③ 응방도감(鷹坊都監)
④ 오부학당(五部學堂)

해설
국자감은 고려시대 대표적인 국립교육기관으로 7재에 강예재를 두어 무예를 교육하던 기관이다.
② 성균관 : 조선시대 교육기관으로 덕의 함양을 위해 활쏘기를 교육하기도 했다.
③ 응방도감 : 고려시대 매를 사육하던 기관이다.
④ 오부학당 : 고려 말 정몽주가 개경에 설립한 학교이다.

## 07 <보기>에서 고려시대 무예의 특징으로 옳은 것을 모두 고른 것은?
기출▶ 18 · 19 · 20 · 21 · 24

┌ 보기 ┐
㉠ 격구(擊毬)는 군사훈련의 수단이었다.
㉡ 수박희(手搏戲)는 무인 인재 선발의 중요한 방법이었다.
㉢ 마술(馬術)은 육예(六藝) 중 어(御)에 속하며, 군자의 중요한 덕목 중 하나였다.
㉣ 궁술(弓術)은 문인과 무인의 심신 수양과 인격도야의 방법으로 중시되었다.

① ㉠
② ㉡, ㉢
③ ㉡, ㉢, ㉣
④ ㉠, ㉡, ㉢, ㉣

해설
㉠ 격구는 귀족사회의 스포츠로 말을 타고 채를 이용하여 공을 치는 경기이다. 군사훈련의 수단으로도 사용되었지만 사치성으로 인한 폐단이 발생하기도 하였다.
㉡ 수박희는 손과 발을 이용한 격투 기술로 무신정권 시기 무관 채용 방법 중 하나였다.
㉢ 마술은 육예 중 하나로 군자가 되려면 육예를 모두 교육받아야 하였다.
㉣ 문무를 겸비한 인재의 양성 목적으로, 국가에서도 병사나 관료들에게 궁술을 익히도록 장려하였다.

정답 04 ④ 05 ② 06 ① 07 ④

**08** 조선시대 무과제도에 관한 설명으로 옳지 않은 것은?  
기출 15 · 18 · 20

① 초시, 복시, 전시 3단계로 실시되었다.
② 무과는 강서와 무예 시험으로 구성되었다.
③ 증광시, 별시, 정시는 비정규적으로 실시되었다.
④ 선발 정원은 제한이 없었으며, 누구나 응시할 수 있었다.

**해설**
조선시대 무과의 선발 정원은 식년 무과 시험에 28명이 대체로 지켜졌으나, 후기에는 만과(萬科)라 하여 수천 명씩 뽑기도 하였고, 응시 자격은 천민을 제외한 양인 이상의 신분이면 가능하였다.

**09** 〈보기〉에 해당하는 신체활동으로 옳은 것은?  
기출 16 · 19 · 23 · 24

┤보기├
- 군사훈련의 성격을 지니고 실시된 무예 활동
- 조선시대 왕이나 양반 또는 대중에게 볼거리 제공
- 나라의 풍속으로 단오절이나 명절에 행해졌던 활동
- 승부를 결정 짓는 놀이로서 신체적 탁월성을 추구하는 경쟁적 활동

① 투호(投壺)
② 저포(樗蒲)
③ 석전(石戰)
④ 위기(圍碁)

**해설**
석전은 돌을 들고 싸우는 집단 놀이로 변전 혹은 편싸움이라고도 하였다. 석전은 전쟁에 대비하는 전투적 유희이기도 하였다.
- 투호 : 일정한 거리에 항아리를 놓고 화살과 같은 것을 던져 넣는 오락이다.
- 저포 : 오늘날 윷놀이로 정월 초하루부터 보름날까지 행해졌다.
- 위기 : 오늘날의 바둑을 뜻한다.

**10** 〈보기〉에서 조선시대 체육사상에 관한 설명으로 옳은 것을 모두 고른 것은?  
기출 18

┤보기├
㉠ 유교의 영향으로 숭문천무(崇文賤武) 사상이 만연했다.
㉡ 심신 수련으로 활쏘기가 중시되었고, 학사사상(學射思想)이 강조되었다.
㉢ 활쏘기를 통해서 문무겸전(文武兼全) 혹은 문무겸일(文武兼一)에 도달하고자 했다.
㉣ 국토 순례를 통해 조선에 대한 애국심을 가지게 하는 불국토사상(佛國土思想)이 중시되었다.

① ㉠, ㉡
② ㉡, ㉢
③ ㉠, ㉡, ㉢
④ ㉡, ㉢, ㉣

**해설**
불국토사상은 신라 화랑도와 연관된 사상으로 국토를 신성하고 존엄하게 여겨 목숨을 걸고 지켜야 한다는 뜻이다.

**11** 일제강점기에 설립된 체육 단체로 옳지 않은 것은?  
기출 16 · 18 · 19 · 21 · 23

① 대한국민체육회(大韓國民體育會)
② 관서체육회(關西體育會)
③ 조선체육협회(朝鮮體育協會)
④ 조선체육회(朝鮮體育會)

**해설**
대한국민체육회는 개화기인 1907년 노백린이 설립한 단체이다. 병식체조 일부에 국한된 학교 체육을 비판하였고 올바른 국민교육의 일환으로 체육의 중요성을 역설하였다.

**정답** 08 ④  09 ③  10 ③  11 ①

## 12. 〈보기〉의 ㉠, ㉡에 해당하는 여성 스포츠인으로 옳은 것은?

┤보기├
- 박봉식은 1948년 런던올림픽경기대회에 출전한 첫 여성 원반던지기 선수
- ( ㉠ )은/는 1967년 세계여자농구선수권대회에 출전해 최우수선수로 선정
- ( ㉡ )은/는 2010년 밴쿠버동계올림픽경기대회에 출전해 피겨스케이팅 금메달 획득

|   | ㉠ | ㉡ |
|---|---|---|
| ① | 박신자 | 김연아 |
| ② | 김옥자 | 김연아 |
| ③ | 박신자 | 김옥자 |
| ④ | 김옥자 | 박신자 |

**해설**
㉠ 박신자: 1967년 체코슬로바키아에서 열린 FIBA 세계여자농구선수권대회에 출전하여 우리나라를 준우승으로 이끌었고 대회 최우수선수로 선정되었다.
㉡ 김연아: 피겨스케이팅 종목에서 2010년 밴쿠버동계올림픽 금메달, 2014년 소치동계올림픽 은메달을 획득하였다.

## 13. 〈보기〉의 ㉠, ㉡에 해당하는 개최지로 옳은 것은?

┤보기├
우리나라는 1986년 서울아시아경기대회, 2002년 ( ㉠ ) 아시아경기대회, 2014년 ( ㉡ )아시아경기대회를 성공적으로 개최했다.

|   | ㉠ | ㉡ |
|---|---|---|
| ① | 인천 | 부산 |
| ② | 부산 | 인천 |
| ③ | 평창 | 충북 |
| ④ | 충북 | 평창 |

**해설**
우리나라는 1986년 서울아시아경기대회, 2002년 부산아시아경기대회, 2014년 인천아시아경기대회를 개최하였다.

## 14. 〈보기〉에서 설명하는 인물로 옳은 것은?

┤보기├
- 제6회, 제7회 아시아경기대회에서 수영 종목 400m, 1,500m 2관왕 2연패
- 2008년 독도 33바퀴 회영(回泳)
- 2020년 스포츠영웅으로 선정되어 2021년 국립묘지에 안장

① 조오련
② 민관식
③ 김 일
④ 김성집

**해설**
조오련
- 1970년 방콕아시아경기대회 자유형 400m, 1,500m 금메달
- 1974년 테헤란아시아경기대회 자유형 400m, 1,500m 금메달
- 2009년 8월 4일 사망 후 2021년 대전현충원 안장

## 15. 개화기에 도입된 근대 스포츠 종목으로 옳지 않은 것은?

기출▶ 16·18·19·20·21

① 농구
② 역도
③ 야구
④ 육상

**해설**
역도는 일제강점기인 1926년 서상천에 의해 도입되었다. 농구와 야구는 황성기독교청년회의 총무였던 질레트(P. Gillett)에 의해, 육상은 1896년 최초의 운동회인 화류회에서 등장하였다.

**정답** 12 ① 13 ② 14 ① 15 ②

**16** 광복 이전 조선체육회에 관한 설명으로 옳지 않은 것은?
　　기출▶ 16 · 18 · 19

① 조선체육협회보다 먼저 창립되었다.
② 조선의 체육을 지도, 장려하는 것이 목적이었다.
③ 첫 사업인 제1회 전조선야구대회는 전국체육대회의 효시이다.
④ 고려구락부를 모태로 하였고, 조선체육협회에 강제 통합되었다.

해설
조선체육회는 일본인이 중심이 되어 창립한 조선체육협회에 대응하기 위해 동아일보사의 후원하에 1920년 설립되었다.

**17** 〈보기〉에서 설명하는 올림픽경기대회로 옳은 것은?
　　기출▶ 16 · 18 · 19 · 20 · 21

┌ 보기 ┐
• 우리 민족이 일장기를 달고 출전한 대회
• 마라톤의 손기정이 금메달, 남승룡이 동메달을 획득한 대회

① 1924년 제8회 파리올림픽경기대회
② 1928년 제9회 암스테르담올림픽경기대회
③ 1932년 제10회 로스앤젤레스올림픽경기대회
④ 1936년 제11회 베를린올림픽경기대회

해설
1936년 베를린올림픽경기대회에서 손기정 선수가 마라톤 종목 금메달을 획득한 후 동아일보 이길용 기자에 의해 일장기 말소사건이 발생하였다.

**18** 〈보기〉의 ㉠, ㉡에 들어갈 말로 옳은 것은?

┌ 보기 ┐
• ( ㉠ )경기대회는 우리나라 여성이 최초로 금메달을 획득한 대회로, 서향순이 양궁 개인전에서 금메달을 획득했다.
• ( ㉡ )경기대회는 우리나라가 광복 후 최초로 마라톤에서 금메달을 획득한 대회로, 황영조가 마라톤에서 금메달을 획득했다.

|   | ㉠ | ㉡ |
|---|---|---|
| ① | 1984년 로스앤젤레스올림픽 | 1988년 서울올림픽 |
| ② | 1984년 로스앤젤레스올림픽 | 1992년 바르셀로나올림픽 |
| ③ | 1988년 서울올림픽 | 1988년 서울올림픽 |
| ④ | 1988년 서울올림픽 | 1992년 바르셀로나올림픽 |

해설
㉠ 1984년 로스앤젤레스올림픽 : 공산주의 진영 국가들이 불참한 대회로 우리나라는 금메달 6개를 획득하여 공동10위를 달성하였다. 서향순 선수가 양궁 개인전에서 우리나라 여성 최초로 금메달을 획득했다.
㉡ 1992년 바르셀로나올림픽 : 1976년 몬트리올올림픽에서부터 시작된 보이콧이 종식된 대회로 동서 양 진영 간의 대립 없이 치러진 대회이다. 우리나라는 금메달 12개를 획득하여 종합 7위를 달성하였으며 황영조 선수가 마라톤 종목에서 금메달을 획득하였다.

1988년 서울올림픽
우리나라에서 개최된 최초의 올림픽으로 냉전 종식의 밑거름이 된 대회이다. 우리나라는 금메달 12개를 획득하며 종합 4위를 달성하였다.

**19** 〈보기〉의 정책들과 관련 있는 정권으로 옳은 것은?

기출 20·21

┌보기┐
- 호돌이 계획 시행
- 국민생활체육회(구 국민생활체육협의회) 창설
- 1988년 서울올림픽경기대회의 성공적인 개최
- 제41회 지바 세계탁구선수권대회 남북단일팀 출전

① 박정희 정권
② 전두환 정권
③ 노태우 정권
④ 김영삼 정권

**해설**
노태우 정권은 전두환 정권 시절 유치에 성공한 1988년 서울올림픽을 성공적으로 개최하였으며 호돌이 계획의 일환으로 1990년 국민생활체육진흥 3개년 종합계획을 추진하고 1991년 국민생활체육협의회를 창립하였다. 또한 1991년 남북체육회담을 통해 제41회 지바 세계탁구선수권대회와 제6회 포르투갈 세계청소년축구대회에 남북단일팀을 구성하여 참가하기도 했다.

**20** 2002년 제17회 월드컵축구대회에 관한 설명으로 옳지 않은 것은?

① 한국은 4강에 진출했다.
② 한국과 일본이 공동으로 개최했다.
③ 한국과 북한이 단일팀을 구성하여 출전했다.
④ 한국의 길거리 응원은 온 국민 문화축제의 장이었다.

**해설**
남북단일팀 사례
- 1991년 지바 세계탁구선수권대회
- 1991년 포르투갈 세계청소년축구선수권대회
- 2018년 평창 동계올림픽 여자아이스하키 종목
- 2018년 할름스타드 세계탁구선수권대회
- 2018년 자카르타·팔렘방 아시안게임
- 2018년 세계유도선수권대회
- 2018년 자카르타 장애인아시안게임
- 2019년 세계남자핸드볼선수권대회

## 제5과목 | 운동생리학

**01** 〈보기〉에서 설명하는 트레이닝의 원리로 옳은 것은?

기출 19

┌보기┐
- 트레이닝의 효과는 운동에 동원된 근육에서만 발생한다.
- 근력 향상을 위해서는 저항성 트레이닝이 적합하다.

① 특이성의 원리
② 가역성의 원리
③ 과부하의 원리
④ 다양성의 원리

**해설**
특이성(특수성)의 원리란 훈련의 효과가 운동 중에 사용된 근육에만 영향을 미친다는 것이다. 특이성의 원리에 의하면 주로 활용되는 에너지 대사 체계 또는 근육 수축의 형태에 따라서도 운동효과는 달라질 수 있다.

**02** 체온 저하 시 생리적 반응으로 옳은 것은?

기출 15·17·18

① 심박수 증가
② 피부혈관 확장
③ 땀샘의 땀 분비 증가
④ 골격근 떨림(Shivering) 증가

**해설**
체온이 저하될 경우 심부 온도 저하로 인한 심박수가 감소하며, 피부혈관이 수축하여 피부혈류가 감소하고 떨림이 발생한다. 또한 신경전달 비율이 감소하고 피부의 열 손실이 차단되어 땀 분비가 억제된다.

정답 19 ③ 20 ③ / 01 ① 02 ④

## 03 지구성 트레이닝 후 최대 동-정맥 산소차(Maximal Arterial-venous Oxygen Difference) 증가에 기여하는 요인으로 적절하지 않은 것은? 기출▶ 17

① 미토콘드리아 크기 증가
② 미토콘드리아 수 증가
③ 모세혈관 밀도 감소
④ 총 혈액량 증가

**해설**
동-정맥 산소차는 동맥과 정맥 사이의 산소 함량 차이를 말한다. 동-정맥 산소차는 근육세포의 산소소비량에 비례하는데 고강도 운동 시 동-정맥 산소차는 증가한다. 지구성 트레이닝을 통해 모세혈관의 밀도를 증가시키면 산소소비량이 늘어나서 동-정맥 산소차가 증가한다.

## 04 〈보기〉에서 운동유발성 근육경직(Exercise-associated Muscle Cramps)을 방지하기 위한 방법으로 옳은 것을 모두 고른 것은?

┤보기├
㉠ 발생하기 쉬운 근육을 규칙적으로 스트레칭 한다.
㉡ 필요 시 운동 강도와 지속 시간을 감소시킨다.
㉢ 수분과 전해질의 균형을 유지한다.
㉣ 탄수화물 저장량을 낮춘다.

① ㉠
② ㉠, ㉡
③ ㉠, ㉡, ㉢
④ ㉠, ㉡, ㉢, ㉣

**해설**
전해질 부족에 따른 운동유발성 근육경직을 예방하기 위해서는 탄수화물 저장량을 적정 수준으로 유지해야 한다.

## 05 1회 박출량(Stroke Volume)에 관한 설명으로 옳지 않은 것은? 기출▶ 16·17·18·19·23·24

① 심실 수축력이 증가하면 1회 박출량은 증가한다.
② 평균 동맥혈압이 감소하면 1회 박출량은 증가한다.
③ 심장으로 돌아오는 정맥혈 회귀(Venous Return)가 감소하면 1회 박출량은 감소한다.
④ 수축기말 용적(End-systolic Volume)에서 확장기말 용적(End-diastolic Volume)을 뺀 값이다.

**해설**
1회 박출량
- 1회 박출량은 심장이 1회 수축하면서 내뿜는 혈액의 양으로, 확장기말 용적에서 수축기말 용적을 뺀 값이다. 1회 박출량을 결정하는 요인으로는 정맥환류량, 심장의 수축력, 혈압 등이 있다.
- 확장기말 용적 : 확장기가 끝날 때부터 수축기가 시작되기 직전까지의 심실 용적
- 수축기말 용적 : 수축기가 끝난 후 이완기가 시작되기 전까지의 심실 용적

## 06 〈보기〉에서 설명하는 중추신경계 기관으로 옳은 것은? 기출▶ 15

┤보기├
- 시상과 시상하부로 구성된다.
- 시상은 감각을 통합·조절한다.
- 시상하부는 심박수와 심장 수축, 호흡, 소화, 체온, 식욕 및 음식 섭취를 조절한다.

① 간뇌(Diencephalon)
② 대뇌(Cerebrum)
③ 소뇌(Cerebellum)
④ 척수(Spinal Cord)

**해설**
간뇌는 시상과 시상하부로 구성된다. 시상은 감각 조절 중추이고 시상하부는 체온, 혈당, 물질대사 등 항상성 조절 중추이다.
- 대뇌 : 운동 조직화, 학습 내용 저장, 지각 정보 수용
- 소뇌 : 골격근 조절, 근육 운동 협응
- 척수 : 뇌와 말초신경 사이 자극을 전달하는 통로, 무조건 반사의 중추

**07** 직립 상태에서 폐-혈액 간 산소확산 능력은 안정 시와 비교하여 운동 시 증가하는데, 이에 기여하는 요인으로 옳은 것은?

① 폐포와 모세혈관 사이의 호흡막(Respiratory Membrane) 두께 증가
② 증가한 혈압으로 인한 폐 윗부분(상층부)으로의 혈류량 증가
③ 폐정맥 혈액 내 높은 산소분압
④ 폐동맥 혈액 내 높은 산소분압

**해설**
운동 시 심박출량이 증가하여 혈압이 올라 폐 윗부분으로의 혈류량이 증가하게 된다. 이 경우 표면적이 늘어나 산소확산 능력이 증가한다.

**08** 건강체력 요소 측정으로 옳지 않은 것은?

기출 ▶ 16 · 19

① 오래달리기 측정, 생체전기저항분석(Bioelectric Impedance Analysis)
② 앉아윗몸앞으로굽히기 측정, 윗몸일으키기 측정
③ 배근력 측정, 제자리높이뛰기 측정
④ 팔굽혀펴기 측정, 악력 측정

**해설**
③ 제자리높이뛰기는 순발력을 측정하는 것으로 건강체력 요소가 아닌 운동체력 요소에 해당한다.
건강체력의 요소와 측정
건강체력은 사람이 활동하기 위해 필요한 능력으로 근력, 근지구력, 심폐지구력, 신체 조성, 유연성 등이 있다.
• 근력·근지구력 : 윗몸일으키기, 팔굽혀펴기, 악력 측정
• 심폐지구력 : 오래달리기
• 유연성 : 앉아윗몸앞으로굽히기
• 신체조성 : 생체전기저항분석

**09** 운동하는 근육으로의 혈류량을 증가시키는 국소적 내인성(Intrinsic) 자율조절 요소로 옳지 않은 것은?

① 수소이온, 이산화탄소, 젖산 등 대사 부산물
② 부신수질로부터 분비된 카테콜아민(Catecholamine)
③ 혈관 벽에 작용하는 압력에 따른 근원성(Myogenic) 반응
④ 혈관내피세포(Endothelial Cell)에서 생성된 산화질소, 프로스타글란딘(Prostaglandin), 과분극인자(Hyperpolarizing Factor)

**해설**
내인성 자율조절이란 산소 분압 증가, $CO_2$ 감소, 칼륨 증가, 아데노신 증가 같은 조직 내에서 대사물질의 변화를 통해 혈류량을 조절하는 것을 뜻한다. 카테콜아민은 부신수질에서 분비되는 호르몬으로 외인성 조절 요소에 해당한다.

**10** 〈보기〉의 ㉠~㉢에 들어갈 용어로 옳은 것은?

기출 ▶ 17 · 18 · 19 · 20

┌보기┐
근육수축 과정
• 골격근막의 활동전위는 가로세관(T-tubule)을 타고 이동하여 근형질세망(Sarcoplasmic Reticulum)으로부터 ( ㉠ ) 유리를 자극한다.
• 유리된 ( ㉠ )은 액틴(Actin) 세사의 ( ㉡ )에 결합하고, ( ㉡ )은 ( ㉢ )을 이동시켜 마이오신(Myosin) 머리가 액틴과 결합할 수 있도록 한다.

| | ㉠ | ㉡ | ㉢ |
|---|---|---|---|
| ① | 칼륨 | 트로포닌 | 트로포마이오신 |
| ② | 칼슘 | 트로포마이오신 | 트로포닌 |
| ③ | 칼륨 | 트로포마이오신 | 트로포닌 |
| ④ | 칼슘 | 트로포닌 | 트로포마이오신 |

**해설**
근형질세망은 근섬유에 붙어있는 연결망으로 칼슘의 저장소 역할을 한다. 골격근막에서 활동전위가 발생하면 신경자극에 의해 아세틸콜린이 분비되어 근형질세망으로부터 칼슘이 나온다. 칼슘은 트로포닌과 결합하여 마이오신과의 결합부위를 막고 있던 트로포마이오신의 위치를 변화시켜 액틴과 마이오신의 결합을 만든다.

**정답** 07 ② 08 ③ 09 ② 10 ④

**11** 〈그림〉은 폐활량계를 활용하여 측정한 폐용적(량)을 나타낸 것이다. ㉠~㉣에서 안정 시와 비교하여 운동 시 변화에 대한 설명으로 옳은 것은?

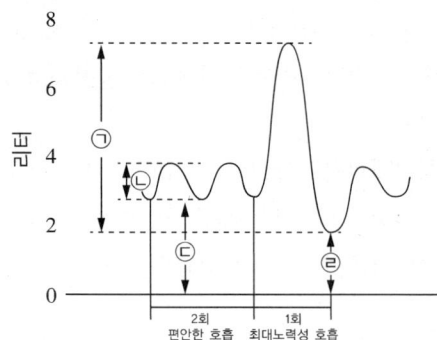

① ㉠ - 증가  ② ㉡ - 감소
③ ㉢ - 감소  ④ ㉣ - 증가

[해설]
㉠ 폐활량(VC) : 최대 흡기 후 최대 호기량, 운동 시 변함없다. (장기간 운동 훈련으로 폐활량은 증가시킬 수 있다.)
㉡ 1회 호흡량(TV) : 안정 시 1회 흡기와 호기량, 운동 시 증가한다.
㉢ 기능적 잔기량(FRC) : 정상 호흡에서 호기 후 남아있는 공기량, 운동 시 감소한다.
㉣ 잔기량(RV) : 최대 호기 후 폐에 남아있는 공기량, 운동 시 변함없다.

**12** 〈보기〉 중 저항성 트레이닝 후 생리적 적응으로 옳은 것을 모두 고른 것은?  기출▶ 20

┤보기├
㉠ 골 무기질 함량 증가
㉡ 액틴(Actin) 단백질 양 증가
㉢ 시냅스(Synapse) 소포 수 감소
㉣ 신경근접합부(Neuromuscular Junction) 크기 감소

① ㉠  ② ㉠, ㉡
③ ㉠, ㉡, ㉢  ④ ㉠, ㉡, ㉢, ㉣

[해설]
㉠ 골 무기질은 뼈에 존재하는 무기 성분으로 저항성 트레이닝을 하면 골 무기질 함량이 증가하여 뼈의 강도를 강하게 한다.
㉡ 저항성 트레이닝은 액틴과 마이오신의 단백질 양을 증가시킨다.
㉢·㉣ 저항성 트레이닝을 할 경우 신경근접합부의 크기와 시냅스 소포 수가 증가하여 뉴런이 활동전위를 더욱 자주 전달한다.

**13** 〈보기〉 중 지구성 트레이닝 후 1회 박출량(Stroke Volume) 증가에 기여하는 요인으로 옳은 것만 나열된 것은?  기출▶ 16·17·18·19·23·24

┤보기├
㉠ 동일한 절대 강도 운동 시 확장기말 용적(End-diastolic Volume) 감소
㉡ 동일한 절대 강도 운동 시 수축기말 용적(End-systolic Volume) 증가
㉢ 동일한 절대 강도 운동 시 확장기(Diastolic) 혈액 충만 시간 증가
㉣ 동일한 절대 강도 운동 시 심박수 감소

① ㉠, ㉡  ② ㉠, ㉢
③ ㉡, ㉢  ④ ㉢, ㉣

[해설]
1회 박출량은 심장이 1회 수축하면서 내뿜는 혈액의 양으로 확장기말 용적에서 수축기말 용적을 뺀 값이다. 지구성 트레이닝 후에는 1회 박출량이 늘어나게 되므로 확장기말 용적은 증가하고 수축기말 용적은 감소한다.

**14** 〈보기〉의 ㉠, ㉡에 들어갈 내용으로 옳은 것은?  기출▶ 18·20·21·23

┤보기├
• 골격근의 신장성 수축은 수축 속도가 ( ㉠ ) 더 큰 힘이 생성된다.
• 동일 골격근에서 단축성 수축은 신장성 수축에 비해 같은 속도에서 더 ( ㉡ ) 힘이 생성된다.

|   | ㉠ | ㉡ |
|---|---|---|
| ① | 빠를수록 | 작은 |
| ② | 느릴수록 | 작은 |
| ③ | 느릴수록 | 큰 |
| ④ | 빠를수록 | 큰 |

[해설]
㉠ 신장성 수축은 수축 속도가 빠를수록 근력이 증가하고, 단축성 수축은 수축 속도가 빠를수록 근력이 감소한다.
㉡ 동일 골격근에서 단축성 수축은 신장성 수축에 비해 같은 속도에서 더 작은 힘이 생성되는데, 이는 액틴과 마이오신의 교차연결의 부착, 재부착을 하는 데 속도 제한이 있기 때문이다.

**15** 혈액순환 시 혈압의 감소가 가장 크게 발생하는 혈관으로 옳은 것은?

① 모세혈관(Capillary)
② 세동맥(Arteriole)
③ 세정맥(Venule)
④ 대동맥(Aorta)

**해설**
세동맥은 대동맥과 모세혈관을 이어주는 혈관으로 혈압은 세동맥의 수축으로 조절할 수 있다. 대동맥에서 세동맥으로 이어지는 구간에서 혈관의 굵기가 급격하게 감소하면서 혈압이 가장 크게 감소한다.

**16** 스프린트 트레이닝 후 나타나는 생리적 적응으로 옳은 것은?  기출▶ 19·20

① 속근섬유 비대 – 해당과정을 통한 ATP 생산능력 향상
② 지근섬유 비대 – 해당과정을 통한 ATP 생산능력 향상
③ 속근섬유 비대 – 해당과정을 통한 ATP 생산능력 저하
④ 지근섬유 비대 – 해당과정을 통한 ATP 생산능력 저하

**해설**
스프린트 트레이닝은 무산소적 대사능력이 좋은 속근섬유를 주로 사용한다. 따라서 스프린트 트레이닝 후에는 속근섬유가 비대해지고 이에 따라 ATP 생산능력이 향상된다.

**17** 〈보기〉의 ㉠, ㉡에 들어갈 용어로 옳은 것은?  기출▶ 17·23

**보기**
지방의 베타($\beta$) 산화는 중성지방으로부터 분리된 ( ㉠ )이 미토콘드리아 내에서 여러 단계를 거쳐 ( ㉡ )(으)로 전환되는 과정을 뜻한다.

|  | ㉠ | ㉡ |
|---|---|---|
| ① | 유리지방산 (Free Fatty Acid) | 아세틸 조효소-A (Acetyl CoA) |
| ② | 유리지방산 (Free Fatty Acid) | 젖 산 (Lactic Acid) |
| ③ | 글리세롤 (Glycerol) | 아세틸 조효소-A (Acetyl CoA) |
| ④ | 글리세롤 (Glycerol) | 젖 산 (Lactic Acid) |

**해설**
베타 산화는 지방산이 분해되는 이화 과정이다. 중성지방은 글리세롤과 유리지방산으로 되어있는데 이 중 글리세롤은 해당 과정에 투입되고 유리지방산은 베타 산화 과정을 통해 아세틸 조효소-A로 전환된다.

**18** 〈보기〉의 ㉠, ㉡에 들어갈 용어로 옳은 것은?  기출▶ 17·18·19·20

**보기**
운동 시 교감신경계가 활성화되면, 골격근으로의 혈류량은 ( ㉠ )하고 내장기관으로의 혈류량은 ( ㉡ )한다.

|  | ㉠ | ㉡ |
|---|---|---|
| ① | 감 소 | 증 가 |
| ② | 감 소 | 감 소 |
| ③ | 증 가 | 감 소 |
| ④ | 증 가 | 증 가 |

**해설**
교감신경계는 신체를 활성화하는 방향으로 작용하므로 골격근으로의 혈류량을 증가시켜 앞으로 있을 움직임에 대비하는 한편, 운동에 필요하지 않은 소화기관 같은 내장기관으로의 혈류량은 감소시킨다.

**정답** 15 ② 16 ① 17 ① 18 ③

## 19 〈보기〉 중 옳은 것으로만 나열된 것은?

기출▶ 17 · 18 · 19 · 20 · 21 · 23

┤보기├
㉠ 인슐린(Insulin)은 혈당을 증가시킨다.
㉡ 성장호르몬(Growth Hormone)은 단백질 합성을 감소시킨다.
㉢ 에리스로포이에틴(Erythropoietin)은 적혈구 생산을 촉진시킨다.
㉣ 항이뇨호르몬(Antidiuretic Hormone)은 수분손실을 감소시킨다.

① ㉠, ㉡
② ㉠, ㉢
③ ㉡, ㉣
④ ㉢, ㉣

[해설]
㉠ 인슐린 : 췌장의 랑게르한스섬에서 분비되는 호르몬으로 당을 세포 내로 유입시켜 혈당량을 낮춘다.
㉡ 성장호르몬 : 뇌하수체 전엽에서 분비되는 호르몬으로 단백질 합성을 증가시켜 뼈와 근육을 발달시킨다.
㉢ 에리스로포이에틴 : 신장에서 분비되는 호르몬으로 미분화된 골수세포에서 적혈구 생산을 촉진시킨다.
㉣ 항이뇨호르몬 : 뇌하수체 후엽에서 분비되는 호르몬으로 수분 재흡수를 촉진하여 체내 수분량을 조절한다.

## 20 막 전위의 변화를 나타낸 그림에서 ㉠~㉣ 중 탈분극(Depolarization)에 해당하는 시점으로 옳은 것은?

기출▶ 18 · 23

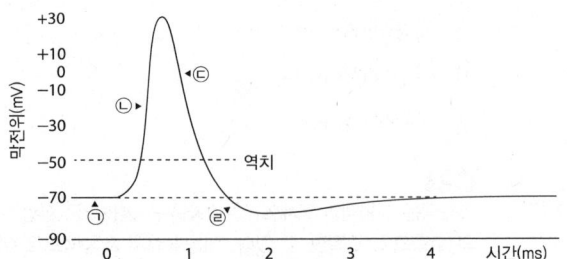

① ㉠
② ㉡
③ ㉢
④ ㉣

[해설]
㉠ 안정 막전위 : 자극을 받지 않았을 때, 세포 내외의 전위로 약 -70mV 정도이다.
㉡ 탈분극 : 막 사이의 전위 차이가 안정 막전위인 -70mV보다 적어졌을 때 세포 밖의 양이온인 나트륨이 세포 내로 확산되어 들어와 세포 안쪽이 양전하를 띠게 되어 +30mV까지 뛰어 오르는 현상이다.
㉢ 재분극 : 탈분극에 이어서 전위 변화에 민감한 세포막의 칼륨통로가 열리고 세포 안의 양이온인 칼륨이 세포 밖으로 빠져나가면 다시 세포 안쪽이 음극(-70mV 정도)으로 돌아가는 현상이다.
㉣ 과분극 : 재분극 후 안정 막전위로 돌아가기 전에 세포막 전위가 안정 막전위보다 약간 더 감소하는 현상이다.

## 제6과목 | 운동역학

**01** 운동역학(Sports Biomechanics) 연구의 목적과 내용으로 옳지 않은 것은?

기출 15·16·17·18·19·21·23

① 동작분석
② 운동장비 개발
③ 부상 기전 규명
④ 운동 유전자 검사

**해설**
운동역학은 운동을 통한 생체시스템의 원리를 역학적으로 연구하는 학문으로 운동 유전자 검사는 운동역학 연구의 목적과는 거리가 멀다.

**02** 인체의 움직임을 표현하는 용어로 옳지 않은 것은?

기출 16·17·18·19·23

① 굽힘(굴곡, Flexion)은 관절을 형성하는 뼈들이 이루는 각이 작아지는 움직임이다.
② 폄(신전, Extension)은 관절을 형성하는 뼈들이 이루는 각이 커지는 움직임이다.
③ 벌림(외전, Abduction)은 뼈의 세로축이 신체의 중심선으로 가까워지는 움직임이다.
④ 발등굽힘(배측굴곡, Dorsi Flexion)은 발등이 정강이뼈(경골, Tibia) 앞쪽으로 향하는 움직임이다.

**해설**
벌림(외전)은 좌우면(Frontal Plane)에서의 관절 운동으로 신체의 중심에서 멀어지는 동작이다. 신체의 중심으로 가까워지는 동작은 모음(내전, Adduction)이다.
• 굽힘 : 두 개 이상의 인접한 관절의 각도가 가까워지는 동작
• 폄 : 두 개 이상의 인접한 관절의 각도가 서로 멀어지는 동작
• 발등굽힘 : 발목관절에서만 사용되며 발이 발등 쪽으로 가까워지는 동작

**03** 인체의 무게중심에 관한 설명으로 옳지 않은 것은?

기출 15·16·17·19·20·21·23·24

① 무게중심의 높이는 안정성에 영향을 준다.
② 무게중심은 인체를 벗어나 위치할 수 없다.
③ 무게중심은 토크(Torque)의 합이 '0'인 지점이다.
④ 무게중심의 위치는 자세의 변화에 따라 달라진다.

**해설**
무게중심은 회전력의 합이 0인 지점으로 인체의 무게중심은 성별, 나이, 인종에 따라 달라진다. 주로 몸을 휜 움직임일 경우 무게중심이 인체 외부에 위치한다.

**04** 〈그림〉에서 인체 지레의 구성으로 옳은 것은?

기출 15·17·18·19·20·21·23

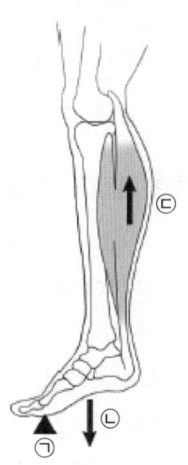

| | ㉠ | ㉡ | ㉢ |
|---|---|---|---|
| ① | 받침점 | 힘 점 | 저항점 |
| ② | 저항점 | 받침점 | 힘 점 |
| ③ | 받침점 | 저항점 | 힘 점 |
| ④ | 힘 점 | 저항점 | 받침점 |

**해설**
2종 지레는 물체의 저항점(㉡)이 힘점(㉢)과 받침점(회전축)(㉠) 사이에 있으며, 힘팔이 저항팔보다 항상 긴 구조이다. 2종 지레의 예시로는 발뒤꿈치 들기, 팔굽혀펴기 등이 있다.

**정답** 01 ④ 02 ③ 03 ② 04 ③

**05** 운동학적(Kinematic) 및 운동역학적(Kinetic) 변인에 대한 설명으로 옳지 않은 것은? 기출▶ 16·18

① 질량(Mass)은 크기만을 갖는 물리량이다.
② 시간(Time)은 크기만을 갖는 물리량이다.
③ 힘(Force)은 크기만을 갖는 물리량이다.
④ 거리(Distance)는 시작점에서 끝점까지 이동한 궤적의 총합으로 크기만을 갖는 물리량이다.

**해설**
힘(Force)은 벡터 물리량으로 크기와 방향을 모두 가진다. 벡터란 크기와 방향을 모두 가지고 있는 양으로 무게, 힘, 속도 등이 있다.

**07** 투사체 운동에 대한 설명으로 옳은 것은?(단, 공기저항은 고려하지 않음) 기출▶ 17·19·23

① 투사체에 작용하는 외력은 존재하지 않는다.
② 투사체의 수평속도는 초기속도의 수평성분과 크기가 같다.
③ 투사체의 수직속도는 9.8m/s로 일정하다.
④ 투사높이와 착지높이가 같을 경우, 38.5°의 투사각도로 던질 때 최대의 수평거리를 얻을 수 있다.

**해설**
투사체 운동에서는 수직 방향으로는 중력이, 수평 방향으로는 공기저항이라는 외력이 영향을 미친다. 투사체의 수직속도는 중력에 영향을 받는데 위로 올라갈 때는 중력에 의해 점점 느려지고, 아래로 내려올 때는 중력에 의해 점점 빨라진다. 투사높이와 착지높이가 같을 경우 최대의 수평거리를 얻을 수 있는 경우는 45° 각도로 투사하였을 경우이다.

**06** 각운동에 대한 설명으로 옳지 않은 것은? 기출▶ 16·20

① 각속도(Angular Velocity)는 각변위를 소요시간으로 나눈 값이다.
② 각가속도(Angular Acceleration)는 각속도의 변화를 소요시간으로 나눈 값이다.
③ 1라디안(Radian)은 원(Circle)에서 반지름과 호의 길이가 같을 때의 각으로 57.3°이다.
④ 시계 방향으로 회전된 각변위(Angular Displacement)는 양(+)의 값으로 나타내고, 반시계 방향으로 회전된 각변위는 음(-)의 값으로 나타낸다.

**해설**
각변위는 회전하는 물체의 각위치 변화량으로 방향을 가지는 벡터양이다. 이 때 시계 방향은 음(-)의 값을, 반시계 방향은 양(+)의 값을 나타낸다.

**08** 골프 스윙 동작에서 임팩트 시 클럽헤드의 선속도를 증가시키는 방법으로 옳지 않은 것은? 기출▶ 17·20

① 스윙 탑에서부터 어깨관절을 축으로 회전반지름을 최대한 크게해서 빠른 몸통회전을 유도한다.
② 임팩트 전까지 손목 코킹(Cocking)을 최대한 유지하여 빠른 몸통회전을 유도한다.
③ 임팩트 시점에는 팔꿈치를 펴서 회전반지름을 증가시킨다.
④ 임팩트 시점에는 언코킹(Uncocking)을 통해 회전반지름을 증가시킨다.

**해설**
선속도는 각속도와 회전반지름을 곱한 값이므로, 각속도와 회전반지름이 모두 증가하면 선속도도 빨라진다. 회전반지름은 왼팔을 쭉 뻗어 골프 클럽을 길게 잡아 증가시키고, 각속도는 스윙 탑에서부터 어깨관절을 축으로 오른쪽 팔꿈치를 몸통에 붙이는, 즉 회전반지름을 줄이는 동작을 해 줌으로써 회전속도를 빠르게 만들어 증가시켜야 한다.

## 09 힘(Force)의 개념에 대한 설명으로 옳지 않은 것은?

기출 ▶ 16 · 17 · 20 · 24

① 힘의 단위는 N(Newton)이다.
② 힘은 합성과 분해가 가능하다.
③ 힘이 작용한 반대 방향으로 가속도가 발생한다.
④ 힘의 크기가 증가하면 그 힘을 받는 물체의 가속도가 증가한다.

**해설**
가속도의 방향은 합력의 방향과 항상 같으므로 힘이 작용한 방향으로 가속도가 발생한다.

## 10 압력과 충격량에 관한 설명 중 옳지 않은 것은?

기출 ▶ 18 · 21 · 23

① 유도에서 낙법은 신체가 지면에 닿는 면적을 넓혀 압력을 증가시키는 기술이다.
② 권투에서 상대방의 주먹을 비켜 맞도록 동작을 취하여 신체가 받는 압력을 감소시킨다.
③ 높은 곳에서 뛰어내릴 때 무릎관절 굽힘을 통해 충격 받는 시간을 늘리면 신체에 가해지는 충격력의 크기는 감소된다.
④ 골프 클럽헤드와 볼의 접촉구간에서 충격력을 유지하면서 접촉시간을 증가시키면 충격량은 증가하게 된다.

**해설**
낙법은 신체가 지면에 닿는 면적을 넓혀 충격량을 분산시키기 위한 기술이다. 지면에 닿는 면적이 좁을 경우 충격량이 분산되지 않아 부상의 위험이 있다.

## 11 마찰력($F_f$)에 대한 설명으로 옳은 것은?

기출 ▶ 18 · 19 · 21

① 아스팔트 도로에서 마찰계수는 구름 운동보다 미끄럼 운동일 때 더 작다.
② 마찰력은 물체 표면에 수직으로 작용하는 힘과 관계가 있다.
③ 최대정지마찰력은 운동마찰력보다 작다.
④ 마찰력은 물체의 이동 방향과 같은 방향으로 작용한다.

**해설**
① 아스팔트 도로에서의 마찰계수는 물체가 굴러가는 구름 운동일 때보다 미끄럼 운동일 때 더 크다.
③ 최대정지마찰력은 정지되어 있던 물체가 움직이기 시작하는 순간의 마찰력이다. 운동마찰력은 물체가 움직이는 동안 작용하는 마찰력으로 최대정지마찰력은 운동마찰력보다 항상 크다.
④ 마찰력은 물체의 이동 방향과 반대 방향으로 작용한다.

## 12 양력에 대한 설명으로 옳지 않은 것은?

기출 ▶ 18 · 21

① 양력은 물체가 이동하는 방향의 반대 방향으로 작용한다.
② 양력은 베르누이 원리(Bernoulli Principle)로 설명된다.
③ 양력은 형태의 비대칭성, 회전(Spin) 등에 의해 발생한다.
④ 양력은 물체의 중심선과 진행하는 방향이 이루는 공격각(Angle of Attack)에 의해 발생한다.

**해설**
양력은 물체의 이동 방향에 수직 방향으로 작용하는 힘으로 비행기나 새의 날개에 작용하여 하늘을 날 수 있게 하는 힘이다. 양력은 베르누이 원리로 설명할 수 있는데 이동하는 물체의 윗부분의 압력이 아랫부분보다 낮아져서 물체가 위로 힘을 받는다는 것이다.

**정답** 09 ③  10 ①  11 ②  12 ①

## 13 충돌에 관한 설명으로 옳지 않은 것은?

① 탄성(Elasticity)은 충돌하는 물체의 재질, 온도, 충돌 강도 등에 따라 그 정도가 달라진다.
② 탄성은 어떠한 물체에 힘이 가해졌을 때, 그 물체가 변형되었다가 원래 상태로 되돌아가려는 성질을 말한다.
③ 복원계수(반발계수, Coefficient of Restitution)는 단위가 없고 0에서 1 사이의 값을 갖는다.
④ 농구공을 1m 높이에서 떨어뜨려 지면으로부터 64cm 높이까지 튀어 올랐을 때의 복원계수는 0.64이다.

**해설**
복원계수는 물체의 충돌 전의 상대속도에 대한 충돌 후의 상대속도의 비율로 다음과 같은 공식을 사용하여 계산할 수 있다.

$$e = \sqrt{\frac{h'}{h}}$$

여기서 $e$는 복원계수, $h'$는 튕겨져 올라간 높이, $h$는 떨어진 높이이다. $h'$에 0.64(m), $h$에 1(m)를 대입하면 복원계수는 0.80이다.

## 14 다이빙 공중회전 동작을 수행할 때 신체 좌우축(Mediolateral Axis)을 기준으로 회전속도를 가장 크게 만드는 동작으로 옳은 것은?(단, 해부학적 자세를 기준으로)

① 두 팔을 머리 위로 올리고, 머리를 뒤로 최대한 젖힌다.
② 신체를 최대한 좌우축에 가깝게 모으는 자세를 취한다.
③ 상체와 두 다리를 최대한 폄 시킨다.
④ 두 팔을 머리 위로 올리고, 두 다리는 최대한 곧게 뻗는 자세를 취한다.

**해설**
관성모멘트는 회전운동에서 외부에서 가해진 회전력에 대해 물체의 운동 상태를 변화시키지 않으려는 특성 즉 회전하는 물체가 계속해서 회전하려는 것을 막는 저항 특성이다. 관성모멘트의 크기는 물체의 질량과 회전반지름이 클수록 증가한다. 다이빙 공중회전 동작에서 회전속도를 크게 하려면 회전반지름을 줄여야 하므로 신체를 최대한 좌우축에 가깝게 모으는 자세를 취해야 한다.

## 15 일률(파워, Power)에 대한 설명으로 옳은 것은?

① 단위는 J(Joule)이다.
② 힘과 속도의 곱으로 구한다.
③ 이동거리는 고려하지 않는다.
④ 소요시간을 길게 하면 증가한다.

**해설**
일률은 단위시간에 수행한 일의 양으로 단위는 W(Watt)를 사용하며 1W는 1초 동안 1J의 일을 하는 경우를 뜻한다. 일률을 구하는 공식은 다음과 같다.

$$\text{일률}(P) = \text{일의 양}(W) \div \text{걸린시간}(t),$$
$$\text{일률}(p) = \text{힘}(F) \times \text{속도}(v)$$

## 16 〈그림〉의 장대높이뛰기에서 역학적 에너지의 변화 과정을 순서대로 나열한 것은?

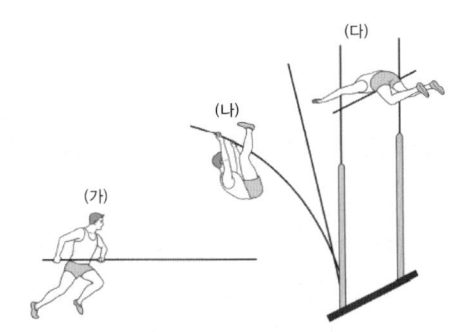

| | (가) | (나) | (다) |
|---|---|---|---|
| ① | 탄성에너지 → | 운동에너지 → | 위치에너지 |
| ② | 탄성에너지 → | 위치에너지 → | 운동에너지 |
| ③ | 위치에너지 → | 운동에너지 → | 탄성에너지 |
| ④ | 운동에너지 → | 탄성에너지 → | 위치에너지 |

정답 13 ④ 14 ② 15 ② 16 ④

**해설**
(가): 장애물까지 달리는 과정으로 운동에너지가 적용된다.
(나): 장대의 탄력을 이용해 중력을 거슬러 올라가는 과정으로 탄성에너지가 적용된다.
(다): 꼭대기에 이르러서 장대를 버리게 되면 탄성에너지가 위치에너지로 전환된다.

## 17 〈보기〉의 ㉠, ㉡ 안에 들어갈 내용으로 옳은 것은?

**보기**
( ㉠ )은 다양한 장비를 활용하여 동작 및 힘 정보를 수치화하고 분석하는 방법이다. ( ㉡ )을 통해 객관적이고 정확한 정보를 획득할 수 있으며, 주관적인 판단을 배제할 수 있다.

| | ㉠ | ㉡ |
|---|---|---|
| ① | 정성적 분석 | 정량적 분석 |
| ② | 정량적 분석 | 정성적 분석 |
| ③ | 정성적 분석 | 정성적 분석 |
| ④ | 정량적 분석 | 정량적 분석 |

**해설**
다양한 장비를 활용하여 동작을 수치화하고 분석하는 것은 정량적 분석이다. 정량적 분석을 통해 객관적이고 정확한 정보를 얻을 수 있다. 정성적 분석은 연구자의 경험과 지식을 바탕으로 진행하므로 주관적인 판단이 개입될 수 있다.

## 18 달리기 출발구간 분석에서 〈표〉의 ㉠, ㉡, ㉢에 들어갈 측정장비로 옳은 것은?

| 측정장비 | 분석 변인 |
|---|---|
| ㉠ | 넙다리곧은근(대퇴직근, Rectus Femoris)의 활성도 |
| ㉡ | 압력중심의 위치 |
| ㉢ | 무릎 관절 각속도 |

| | ㉠ | ㉡ | ㉢ |
|---|---|---|---|
| ① | 동작분석기 | GPS 시스템 | 지면반력기 |
| ② | 동작분석기 | 지면반력기 | 지면반력기 |
| ③ | 근전도분석기 | GPS 시스템 | 동작분석기 |
| ④ | 근전도분석기 | 지면반력기 | 동작분석기 |

**해설**
㉠ 근전도분석기: 근육의 수축을 유발하는 전기적 신호를 측정하는 기기로 근육의 활성도를 측정하기 위해서는 근전도분석기를 사용해야 한다.
㉡ 지면반력기: 발이 지면에 가하는 족압력에 대한 지면의 반발인 지면반력을 측정하는 기기이다. 전후·좌우·수직방향의 힘을 모두 측정할 수 있어 압력중심의 위치를 구할 수 있다.
㉢ 동작분석기: 인체의 움직임을 분석하는 기기로 무릎관절의 각속도를 측정하기 위해서는 동작분석기를 사용해야 한다.

## 19 지면반력의 측정과 활용에 관한 설명으로 옳은 것은?

① 지면반력기는 수직 방향으로 작용하는 힘만 측정할 수 있다.
② 지면반력기에서 산출된 힘은 인체의 근력으로 지면에 가하는 작용력이다.
③ 높이뛰기 도약 동작분석 시 지면반력기에 작용한 힘의 소요시간을 측정할 수 있다.
④ 보행 분석에서 발이 지면에 착지하면서 앞으로 미는 힘은 추진력, 발 앞꿈치가 지면으로부터 떨어지기 전에 뒤로 미는 힘은 제동력을 의미한다.

**해설**
① 지면반력기는 전후·좌우·수직방향의 힘을 모두 측정할 수 있다.
② 지면반력기에서 산출된 힘은 발이 지면에 가하는 족압력에 대한 지면의 반발력이다.
④ 보행 분석에서 제동력은 발 뒤꿈치가 땅에 닿았을 때 발생하는 힘이며, 추진력은 발끝으로 땅을 밀 때의 힘이다.

**정답** 17 ④  18 ④  19 ③

20 〈그림〉과 같이 팔꿈치 관절을 축으로 쇠공을 들고 정적(Static) 동작을 유지하기 위해서 위팔두갈래근(상완이두근, Biceps Brachii)이 발생시켜야 할 힘($F_B$)의 크기로 옳은 것은?

⊢보기⊢

조 건
- 손, 아래팔(전완), 쇠공을 합한 무게는 50N이다.
- 팔꿈치 관절점($E_J$)에서 위팔두갈래근의 부착점까지의 거리는 2cm이다.
- 팔꿈치 관절점에서 손, 아래팔, 쇠공을 합한 무게중심($C_G$)까지의 거리는 20cm이다.
- 위팔두갈래근은 아래팔에 90°로 부착되었다고 가정한다.

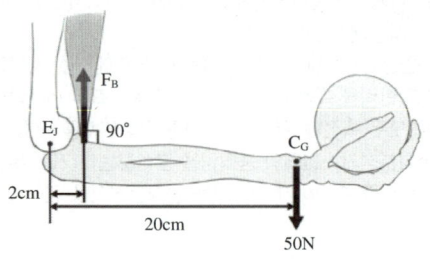

① 100N
② 400N
③ 500N
④ 1,000N

해설
위 그림은 인체 지레를 나타낸 것이다. 그림에서 축(받침점)은 팔꿈치, 힘점은 위팔두갈래근, 작용점(저항점)은 쇠공이다. 지레에 작용한 힘을 구하는 방법은 다음과 같다.

$F$(힘) = 저항점 무게 × 축에서 작용점과의 거리 ÷ 축에서 힘점과의 거리

따라서 $F$(힘) = 50N × 20cm ÷ 2cm = 500N이다.

---

제7과목 | 스포츠윤리

01 '도덕적 선(善)'의 의미를 내포한 것으로 옳은 것은?

기출▶ 19 · 23

① 축구 경기에서 득점과 연결되는 '좋은' 패스
② 피겨스케이팅 경기에서 고난도의 '좋은' 연기
③ 농구 경기에서 상대 속공을 차단하는 수비수의 '좋은' 반칙
④ 경기에 패배했음에도 불구하고 상대팀에게 박수를 보내는 '좋은' 매너

해설
'도덕적 선'이란 사람으로서 마땅히 행해야 하는 도리를 뜻하며, 스포츠에서는 '스포츠맨십'으로 표현하기도 한다. 좋은 패스, 좋은 연기, 좋은 반칙은 스포츠맨십이라기보다는 뛰어난 기술을 뜻한다.

02 〈보기〉에서 ㉠, ㉡에 들어갈 용어로 옳은 것은?

⊢보기⊢

롤스(J. Rawls)는 ( ㉠ )이 인간 발전의 조건이며, 모든 이의 관점에서 선이 된다고 하였다. 스포츠는 신체적 ( ㉡ )을 훈련과 노력으로 극복하며, 기회의 균등이 정의로 작용하고 있음을 보여준다. 즉 인간이 갖는 신체적 능력의 ( ㉡ )은 오히려 ( ㉠ )을 개발할 기회를 마련해주며, 이를 통해 스포츠 전체의 선(善)이 강화된다.

| | ㉠ | ㉡ |
|---|---|---|
| ① | 탁월성 | 평 등 |
| ② | 규범성 | 조 건 |
| ③ | 탁월성 | 불평등 |
| ④ | 규범성 | 불평등 |

해설
롤스는 탁월성은 인간 발전의 조건이며 모든 이의 관점에서 선이 된다고 하였다. 스포츠는 신체적 불평등을 훈련과 노력으로 극복하며, 기회의 균등이 정의로 작용하고 있음을 보여준다.

**03** 〈보기〉에서 가치판단으로 옳은 것을 모두 고른 것은?
기출 ▶ 16·17·18·20·21·25

┌─ 보기 ─────────────────────────┐
│ ㉠ 체조경기에서 선수들의 연기는 아름답다. │
│ ㉡ 건강을 위해서는 고지방 음식을 피해야 한다. │
│ ㉢ 시합이 끝난 후 상대방에게 인사를 하는 것은 옳은 행위이다. │
│ ㉣ 이상화는 2010년 밴쿠버동계올림픽경기대회에서 금메달을 획득하였다. │
└────────────────────────────┘

① ㉠, ㉢
② ㉡, ㉢
③ ㉠, ㉡, ㉢
④ ㉠, ㉡, ㉢, ㉣

**해설**
가치판단은 마땅히 그렇게 돼야 할 것을 지시하거나 어떤 기준·규범에 따르는 것으로 개인의 가치관이 개입되는 주관적인 판단이다. ㉠·㉡·㉢은 개인의 가치관이 개입된 주관적 판단이며, ㉣은 실제 사건과 현상에 대한 진술을 나타내는 사실판단이다.
※ 출제오류로 복수 정답 처리되었다.

**04** 〈보기〉에서 설명하는 윤리 이론으로 옳은 것은?
기출 ▶ 17·18·24

┌─ 보기 ─────────────────────────┐
│ • 모든 스포츠인의 권리는 동등하게 보장되어야 한다. │
│ • 스포츠 규칙 제정은 공평성과 평등의 원칙에 근거해야 한다. │
│ • 선수의 행동이 좋은 결과를 얻었다면 도덕적으로 옳은 것이다. │
└────────────────────────────┘

① 공리주의
② 의무주의
③ 덕윤리
④ 배려윤리

**해설**
공리주의는 최대 다수가 최대의 행복을 느낀다면 그것은 옳은 행동임을 주장하는 이론이다. 행위의 옳고 그름을 판단할 때 행위의 의도나 수단보다는 행위의 결과를 중시하는 결과론(목적론)적 윤리이론에 포함된다. 강등 위기에 처한 팀의 선수가 상대팀 선수에게 부상을 입혀 결과적으로 팀을 강등 위기에서 구했다면 그것은 소속팀 전체에 이득을 가져다 준 도덕적으로 옳은 행동이라는 것이다.

**05** 아곤(Agon)과 아레테(Arete)에 관한 설명으로 옳지 않은 것은?
기출 ▶ 15·16·17·18·20·21

① 아곤은 경쟁과 승리를 추구한다.
② 아곤은 타인과의 비교를 전제하지 않는다.
③ 아레테는 아곤보다 더 포괄적인 개념이다.
④ 아레테는 신체적·도덕적 탁월성을 추구한다.

**해설**
아곤은 자기중심적인 개념으로 이기고자 하는 욕구를 뜻한다. 타인과의 경쟁을 통해 자신의 능력을 과시하고 타인보다 뛰어나려는 열망이다. 따라서 타인과 비교를 전제하지 않는다는 것은 틀린 말이다. 아레테는 운동선수가 갖추어야 할 덕목으로 노력, 과정, 탁월성 등이다. 최고의 실력을 정당하게 발휘하고자 하는 마음가짐과 태도로 경쟁의 개념을 포함하면서 스포츠에서의 탁월성을 추구하는 것을 뜻한다.

**06** 스포츠 경기에 적용되는 과학기술에 관한 설명으로 옳지 않은 것은?
기출 ▶ 21·23

① 유전자 치료를 통한 스포츠 수행력의 향상은 일종의 도핑에 해당한다.
② 야구의 압축배트, 최첨단 전신수영복 등은 경기의 공정성 확보에 기여한다.
③ 도핑 시스템은 선수의 불공정한 행위를 감시하고 적발하는 데 도움이 된다.
④ 태권도의 전자호구, 축구의 비디오 보조 심판(VAR ; Video Assistant Referees)은 기록의 객관성과 신뢰성을 높인다.

정답 03 ①, ②, ③  04 ①  05 ②  06 ②

해설
스포츠는 기술의 우월성으로 경쟁하는 것이 아니라 신체의 탁월성을 겨루는 것이다. 야구의 압축배트, 최첨단 전신수영복 등 과도한 과학기술의 사용은 경기 결과에 영향을 미쳐 공정성을 훼손한다.

해설
의무론적 도덕 추론은 결과의 좋고 나쁨이 아니라 행위 자체의 옳고 그름을 판단하며 정언적 도덕 추론이라고도 한다. 행위 주체에 초점을 맞춰서 도덕적 의도로 행동하였다면 행위의 결과와 상관없이 도덕적이라고 판단한다.
※ 출제오류로 복수 정답 처리되었다.

## 07 〈보기〉에서 ㉠, ㉡에 들어갈 용어로 옳은 것은?

┌ 보기 ┐
독일의 철학자 ( ㉠ )는 인간의 행위에 대한 탐구를 통해 성공적인 삶을 실현하는 사회적 조건으로 ( ㉡ )을 들고 있다. 인간은 누구나 타인에게 ( ㉡ )을 받고 싶은 욕구가 있다. 스포츠에서 승리에 대한 욕구는 가장 원초적인 ( ㉡ )투쟁이라고 할 수 있다.

| | ㉠ | ㉡ |
|---|---|---|
| ① | 호네트(A. Honneth) | 인 정 |
| ② | 호네트(A. Honneth) | 보 상 |
| ③ | 아렌트(H. Arendt) | 인 정 |
| ④ | 아렌트(H. Arendt) | 보 상 |

해설
독일의 철학자 악셀 호네트는 사회의 인정 부재가 개인의 자아실현을 막고 이것이 사회적 갈등을 유발한다는 '인정 투쟁 이론'을 주장했다.

## 08 〈보기〉에서 의무론적 도덕 추론에 해당하는 것만을 모두 고른 것은? 기출 16·17·18·19·20·23·24

┌ 보기 ┐
㉠ 의무론적 도덕 추론은 가언적 도덕 추론이라고도 한다.
㉡ 스포츠지도자, 선수 등의 행위 주체에 초점을 맞추고 있다.
㉢ 행위의 결과에 상관없이 절대적인 도덕규칙에 따라 판단을 내린다.
㉣ 선의지는 도덕적인 선수가 갖추어야 할 내적인 태도이자 도덕적 행위의 필요충분조건이다.
㉤ 정정당당하게 경기에 임하려는 선수의 착한 의지는 경기결과에 상관없이 그 자체로 선한 것이다.

① ㉠, ㉡, ㉢  ② ㉠, ㉢, ㉣
③ ㉡, ㉣, ㉤  ④ ㉢, ㉣, ㉤

## 09 〈보기〉의 ㉠~㉢에 해당하는 정의의 유형으로 옳은 것은? 기출 17·18·20·21·23

┌ 보기 ┐
㉠ 유소년 축구 생활체육지도자 A는 남녀학생 구분 없이 경기에 참여하도록 했다. 또한 장애학생에게도 비장애 학생과 동일한 참여 시간을 보장했다.
㉡ 테니스 경기에서는 공정한 경기를 위해 코트를 바꿔가며 게임을 하도록 규칙을 적용한다.
㉢ B지역 체육회는 당해 연도에 소속 선수의 경기실적에 따라 연봉을 차등 지급하기로 결정했다.

| | ㉠ | ㉡ | ㉢ |
|---|---|---|---|
| ① | 평균적 | 절차적 | 분배적 |
| ② | 평균적 | 분배적 | 절차적 |
| ③ | 절차적 | 평균적 | 분배적 |
| ④ | 분배적 | 절차적 | 평균적 |

해설
㉠ 평균적 정의 : 모든 인간은 동등한 가치를 지녔으므로 똑같이 대우해야 한다는 절대적 평등이론이다. 〈보기〉에서는 성별, 장애유무에 따라 차별하지 않고 모든 인간에게 동일한 참여 시간을 보장했다.
㉡ 절차적 정의 : 공정한 절차를 따르기만 하면 내용에 상관없이 결과도 공정한 것으로 간주한다. 〈보기〉에서는 테니스 코트를 바꾸어 가며 경기하는 절차에 따라 경기를 진행했다.
㉢ 분배적 정의 : 개인은 서로 다른 능력과 가치를 지녔으므로 집단에 기여하는 공헌도와 능력에 맞게 대우해야 한다는 실질적 평등이론이다. 〈보기〉에서는 체육회에 기여하는 순서에 따라 연봉을 차등지급하기로 했다.

**10** 셸러(M. Scheler)의 가치 서열 기준과 이를 스포츠에 적용한 사례로 연결이 옳지 않은 것은?

① 지속성 – 도핑으로 메달을 획득하는 것보다 지속적으로 훈련을 하여 경기에 참여하는 것이 가치가 더 높다.
② 만족의 깊이 – 자신의 실수를 인정하여 패배하는 것이 속임수를 쓰고 승리하여 메달을 획득하는 것보다 가치가 더 높다.
③ 근거성 – 올림픽 경기에서 메달 획득으로 병역 혜택을 받는 것보다 올림픽 정신을 토대로 세계적인 선수들과 정정당당하게 겨루는 것이 가치가 더 높다.
④ 분할 향유 가능성 – 상위 팀이 상금(몫)을 독점하는 것보다는 적더라도 보다 많은 팀이 상금(몫)을 받도록 하는 것이 가치가 더 높다.

**해설**
셸러는 가치들 사이에는 서열이 있는데 두 가치 중 높은 가치를 실현하는 것이 선이고, 낮은 가치를 실현하는 것이 악이라고 주장했다. 그는 가치들 사이의 서열을 정하는 몇 가지 기준을 제시하였다.
• 지속적인 가치가 변화하는 가치보다 높다.
• 많은 사람에게 분할하지 않고 향유할 수 있는 가치가 높다.
• 다른 가치에 덜 의존할수록 높다.
• 만족의 정도가 클수록 높은 가치다.
• 독립적일수록 높은 가치다.
④의 경우, 셸러는 상금을 나누지 않고 상위 팀이 독점하는 것이 더 가치가 높다고 생각하였다.

**11** 〈보기〉의 ㉠에 해당하는 레스트(J. Rest)의 도덕성 구성요소로 옳은 것은? 기출 19·21

**보기**
( ㉠ )은/는 스포츠 현장에서 발생하는 특정 상황 속에 내포된 도덕적 이슈들을 감지하고 그 상황에서 어떠한 행동을 할 수 있으며 그 행동들이 관련된 사람들에게 어떤 영향을 미칠 수 있는가를 상상하는 것을 말한다.

① 도덕적 감수성(Moral Sensitivity)
② 도덕적 판단력(Moral Judgement)
③ 도덕적 동기화(Moral Motivation)
④ 도덕적 품성화(Moral Character)

**해설**
도덕성 4구성요소(J. Rest, 1994)
• 도덕적 감수성(Moral Sensitivity) : 스포츠 상황에서 도덕적 딜레마를 지각하게 하는 것이다.
• 도덕적 판단력(Moral Judgement) : 스포츠 상황에서 옳고 그름을 판단하게 하는 것이다.
• 도덕적 동기화(Moral Motivation) : 다른 가치보다 정정당당하게 경기하는 것에 가치를 두게 하는 것이다.
• 도덕적 품성화(Moral Character) : 스포츠 상황에서 장애 요인을 극복하여 실천할 수 있는 강한 의지, 용기, 인내 등의 품성을 갖게 하는 것이다.

**12** 〈보기〉의 설명과 관계있는 자연중심주의 사상가로 옳은 것은?  
기출▶ 16 · 24

┌ 보기 ┐
- 생태윤리에 대한 규칙 – 불침해, 불간섭, 신뢰, 보상적 정의
- 스포츠에 의한 환경오염 발생 시 스포츠 폐지 권고
- 인간의 욕구를 위해 동물의 생존권을 유린하는 스포츠 금지

① 베르크(A. Berque)
② 테일러(P. Taylor)
③ 슈바이처(A. Schweitzer)
④ 하이젠베르크(W. Heisenberg)

**해설**
테일러의 생태윤리 네 가지 의무
- 불침해(비상해)의 의무 : 소극적 의무로서, 인간이 다른 생명체에 해를 끼치지 않아야 한다.
- 불간섭의 의무 : 각 생명이 가지는 생명으로서의 목적에 간섭하지 않아야 한다는 의무로, 생태계의 자유로운 발전에 제한을 가하면 안 된다.
- 신뢰(성실)의 의무 : 자연 상태의 야생동물에게 위해를 가해 신뢰를 훼손해서는 안 된다.
- 보상적 정의의 의무 : 인간이 고의든 과실이든 어느 생명에게 해를 끼쳤다면, 자연 상태로 회복하기 위해 노력해야 한다.

**13** 〈보기〉에서 설명하는 사건과 거리가 먼 것은?  
기출▶ 15 · 18 · 19 · 20 · 21

┌ 보기 ┐
- 1964년 리마에서 개최된 페루 · 아르헨티나의 축구 경기에서 경기장 내 폭력으로 300여 명 사망
- 1969년 온두라스와 엘살바도르의 축구 전쟁
- 1985년 벨기에 헤이젤 경기장에서 열린 리버풀과 유벤투스의 경기에서 응원단이 충돌하여 39명 사망

① 경기 중 관중의 폭력
② 아파르트헤이트(Apartheid)
③ 위협적 응원문화
④ 훌리거니즘(Hooliganism)

**해설**
아파르트헤이트는 남아프리카공화국에서 시행되었던 인종차별 정책으로 사회 모든 영역에서 인종 간 차별을 두는 정책이었다. 이 정책으로 인해 남아프리카공화국은 전세계적인 비난을 받아 국제 스포츠대회 참가가 금지되었다.

**14** 폭력을 설명한 학자의 개념과 그에 대한 설명으로 옳은 것은?  
기출▶ 18 · 20 · 21

① 푸코(M. Foucault)의 '분노' – 스포츠 현장에서 인간 내면의 분노로 시작된 폭력은 전용되고 악순환을 반복하는 경향이 있다.
② 아리스토텔레스(Aristotle)의 '규율과 권력' – 스포츠계에서 위계적 권력 관계는 폭력으로 변질되어 표출된다.
③ 홉스(T. Hobbes)의 '악의 평범성' – 폭력이 관행화 된 스포츠계에서는 폭력에 대한 죄책감이 없어진다.
④ 지라르(R. Girard)의 '모방적 경쟁' – 자신이 닮고자 하는 운동선수를 모방하게 되듯이 인간 폭력의 원인을 공격 본능이 아닌 모방적 경쟁관계에서 찾는다.

**해설**
폭력을 설명한 학자들
- 푸코의 '규율과 권력' : 스포츠계에서 위계적 권력 관계는 폭력으로 변질되어 표출된다.
- 아리스토텔레스의 '분노' : 스포츠 현장에서 인간 내면의 분노로 시작된 폭력은 전용되고 악순환을 반복한다.
- 홉스의 '폭력론' : 통제의 질서가 없는 자연 상태에서 사람은 늑대와 같은 존재가 된다.
- 아렌트의 '악의 평범성' : 스포츠계에서는 폭력에 길들여진 위계 질서와 문화가 폭력을 폭력으로 인식하지 못하게 하고 있다.
- 지라르의 '모방적 욕망' : 특정 매개에 대한 모방적 욕망에서 시작한 모방적 경쟁관계가 폭력을 발생시킨다.

## 15 〈보기〉의 ㉠~㉢에 해당하는 용어로 옳은 것은?

**보기**

스포츠 조직에서 ( ㉠ )은/는 기업의 가치경영을 넘어 정성적 규범기준까지 확장된 스포츠 사회·윤리적 가치체계를 의미한다. 이러한 체계가 실효성 있게 작동되기 위해서는 경영자의 윤리적 ( ㉡ )와 경영의 ( ㉢ ) 확보가 선행되어야 한다.

|   | ㉠ | ㉡ | ㉢ |
|---|---|---|---|
| ① | 기업윤리 | 공동체 | 투명성 |
| ② | 윤리경영 | 실천의지 | 투명성 |
| ③ | 기업윤리 | 실천의지 | 공정성 |
| ④ | 윤리경영 | 공동체 | 공정성 |

**해설**

윤리경영은 조직 경영 및 활동에 있어 윤리를 최우선 가치로 여기고, 투명하고 공정하며 합리적인 업무 수행을 추구하는 경영정신을 말한다. 스포츠 조직의 윤리 선진화 방안은 다음과 같다.
- 국가조직 및 지도층의 실천의지
- 예산집행과 회계 과정의 투명성 확보
- 스포츠단체가 자력으로 실천할 수 있는 제도적 장치와 윤리프로그램 시행
- 시민단체와 체육단체의 연대
- 민주적 의사결정구조 확립 및 단체장 선출의 공정성 강화
- 체육단체 관련 법규 및 제도의 정비

## 16 체육의 공정성 확보와 체육인의 인권보호를 위해 설립된 스포츠윤리센터의 역할로 옳지 않은 것은?

기출 ▶ 21·23·25

① 스포츠비리 및 체육계 인권침해에 대한 실태조사
② 스포츠비리 및 체육계 인권침해 방지를 위한 예방교육
③ 신고자 및 가해자에 대한 치료와 상담, 법률 지원, 임시보호 연계
④ 체육계 인권침해 및 스포츠비리 등에 대한 신고 접수와 조사

**해설**

스포츠윤리센터는 「국민체육진흥법」 제18조의3에 따라 체육인의 인권보호와 스포츠 비리 근절을 위해 설립된 문화체육관광부 산하 독립 법인이다. 스포츠윤리센터의 역할은 다음과 같다.
- 체육계 인권침해 및 스포츠비리 등에 대한 신고 접수와 조사
- 신고자 및 피해자에 대한 치료 및 상담, 법률 지원, 임시보호 및 연계
- 긴급보호가 필요한 신고자 및 피해자를 위한 임시보호시설 운영
- 체육계 현장의 인권침해 조사·조치 상황 등을 상시 점검할 수 있는 인권보호관 운영
- 스포츠비리 및 체육계 인권침해에 대한 실태조사 및 예방을 위한 연구
- 스포츠비리 및 체육계 인권침해 방지를 위한 예방교육
- 그 밖에 체육의 공정성 확보 및 체육인의 인권보호를 위하여 필요한 사업

## 17 〈보기〉의 내용과 관련 있는 용어로 옳은 것은?

기출 ▶ 15·17·18·19·21·23·24

**보기**

- 상대 존중, 최선, 공정성 등을 포함
- 경쟁이 갖는 잠재적 부도덕성의 제어
- 스포츠 참가자가 마땅히 따라야 할 준칙과 태도
- 스포츠의 긍정적 가치를 유지하려는 도덕적 기제

① 테크네(Techne)
② 젠틀맨십(Gentlemanship)
③ 스포츠맨십(Sportsmanship)
④ 리더십(Leadership)

**해설**

스포츠맨십은 스포츠인이 지켜야 할 준칙과 실천해야 할 행동지침으로 스포츠를 즐기는 사람들 상호 간에 입장을 존중하고 규칙을 준수하는 가장 포괄적인 도덕규범이다. 이상적인 신사의 인간상이 스포츠에 적용되면서 만들어졌다.
- 테크네 : 유용성과 효율성을 지향하는 기술·능숙함이다.

정답 15 ② 16 ③ 17 ③

**18** 〈보기〉의 대화에서 나타나는 스포츠 차별로 옳은 것은?  기출▶ 15·18·19·20·21·23·24

┌ 보기 ┐
- 영은 : 저 백인 선수는 성공하기 위해서 얼마나 많은 노력과 땀을 흘렸을까.
- 상현 : 자기를 희생하면서도 끝없는 자기관리와 투지의 결과일 거야.
- 영은 : 그에 비해 저 흑인 선수가 구사하는 기술은 누구도 가르칠 수 없는 묘기이지.
- 상현 : 아마도 타고나지 않으면 할 수 없는 거지. 천부적인 재능이야.

① 성차별
② 스포츠 종목 차별
③ 인종차별
④ 장애차별

**해설**
스포츠에서의 승패여부는 인종적·민족적·생물학적으로 의미가 없음에도 불구하고 〈보기〉에서는 인종에 따라 결과를 정당화하고 있다. 이런 현상은 미디어에서 많이 보이는데 대표적으로 흑인 선수가 수영종목에 적합하지 않은 신체조건을 갖고 있다고 설명하는 것이다.

**19** 〈보기〉의 설명과 관련 있는 제도로 옳은 것은?  기출▶ 15·19

┌ 보기 ┐
학생선수가 일정 수준의 학력기준에 도달하지 못한 경우에는 별도의 기초학력보장 프로그램을 운영한다. 학교의 장은 필요한 경우 학생선수의 경기대회 출전을 제한할 수 있다.

① 최저학력제
② 체육특기자 제도
③ 운동부의 인권보장제
④ 학생선수의 생활권 보장제도

**해설**
학교의 장은 학생선수가 일정 수준의 학력기준(이하 "최저학력"이라 한다)에 도달하지 못한 경우에는 교육부령으로 정하는 경기대회의 참가를 허용하여서는 아니 된다. 다만, 학생선수가 제2항에 따른 기초학력보장 프로그램을 이수한 경우에는 그 참가를 허용하여야 한다.

**20** 〈보기〉에서 스포츠 인권에 대한 내용으로 옳은 것을 모두 고른 것은?  기출▶ 16·18·19·23

┌ 보기 ┐
㉠ 모든 사람은 평등하게 스포츠와 신체활동에 참여할 권리를 가진다.
㉡ 국가 차원에서 체계적인 스포츠 인권 정책을 마련해야 한다.
㉢ 스포츠의 종목이나 대상에 따라 권리가 상대적으로 보장되어야 한다.
㉣ 국가는 장애인이 스포츠 활동 참여의 권리를 동등하게 보장받도록 노력해야 한다.

① ㉠, ㉢
② ㉠, ㉣
③ ㉠, ㉡, ㉢
④ ㉠, ㉡, ㉣

**해설**
스포츠 인권이란 인종이나 성별에 관계없이 누구나 스포츠를 동등하게 누릴 수 있는 권리이다. 따라서 권리가 상대적으로 보장되어야 하는 것이 아니라 절대적으로 보장되어야 한다.

정답 18 ③  19 ①  20 ④

# 2022년 필수과목 기출문제

### 제1과목 | 특수체육론

**01** 축구 경기에서 발목을 삔 지적 장애인에게 응급처치를 하였을 때, RICE 절차와 내용의 연결로 옳지 않은 것은?

① 휴식(Rest) – 즉각적으로 부상 부위를 움직이지 않게 한다.
② 냉찜질(Ice) – 얼음으로 부상 부위를 차게 해준다.
③ 압박(Compression) – 붕대로 부상 부위를 감아서 혈액응고 및 부종을 예방한다.
④ 올림(Elevation) – 부상 부위를 잡아당겨서 고정한다.

**해설**
RICE 요법은 근육이나 골격계에 손상을 입었을 때 즉시 실시하는 대표적인 응급처치 방법이다. 그 중 마지막 단계인 Elevation(올림, 환부 높임)은 부상 부위를 심장보다 높은 곳에 위치시켜 중력으로 인해 혈액이 몰리는 것을 방지하여 부기를 완화시키는 것을 뜻한다.

**02** 절단 장애인의 환상통증(Phantom Pain)에 대한 설명으로 옳지 않은 것은?

① 궤양과 같은 고통스러운 통증을 느낄 수 있다.
② 절단 후 남아 있는 부위에서는 근육 경련이 일어나지 않는다.
③ 절단된 부위가 아직 남아 있는 것처럼 생각하고 그 부위에서 통증을 느낀다.
④ 인공 의지(Prosthesis)나 보조기를 착용해도 통증을 느낄 수 있다.

**해설**
환상통증 또는 헛통증은 절단으로 인한 제거, 또는 선천적인 이유 등 몸의 한 부위가 없는 상태임에도 있는 것처럼 감각을 느끼는 것을 말한다. 원인은 아직 밝혀지지 않았으며 스트레스, 불안 등 정신적인 이유로 악화될 수 있다. 통증뿐 아니라 근육 경련까지 발생하기에 절단 장애인들이 큰 고통을 겪는 이유 중 하나이다.

**03** 척수 장애인의 운동지도 지침으로 옳지 않은 것은?
기출▶ 16 · 17 · 19 · 20

① 자율신경 반사 이상의 위험을 줄이기 위해 운동 전에 장과 방광을 비우게 한다.
② 유산소성 운동 후 체온을 낮추어 주기 위해 시원한 압박붕대를 사용한다.
③ T6 이상에 손상을 입은 경우, 유산소성 훈련 효과를 극대화하기 위해 최대심박수를 150회/분까지 증가시킨다.
④ 심장으로 들어가는 혈액량의 감소로 인한 저혈압의 위험을 줄이기 위해, 충분한 준비운동을 하게 하고 운동부하를 점진적으로 증가시킨다.

**해설**
척수 장애인의 경우 심혈관, 호흡기 등에 장애를 보이기 때문에 최대심박수를 급격히 증가시키는 운동은 절대로 하면 안 된다.

**정답** 01 ④ 02 ② 03 ③

## 04 〈보기〉에서 설명하는 장애유형으로 옳은 것은?

기출▶ 23

> **보기**
> - 의사소통 – 유창한 말하기와 풍부한 어휘 능력을 가지고 있다.
> - 사회적 상호작용 – 대화 중에 눈을 마주치거나 고개를 끄덕이는 행동을 어려워한다.
> - 관심사와 특이행동 – 특정한 사물에 강한 관심을 나타내는 경향이 있다.
> - 관계 형성 – 가족과의 애착이 형성될 수는 있으나 또래와의 관계형성은 어려울 수 있다.

① 아스퍼거증후군
② 뇌병변 장애
③ 지체 장애
④ 시각 장애

**해설**
① 아스퍼거증후군 : 자폐 스펙트럼 장애의 일종으로 공감 능력의 결여, 교우관계 구축 능력 결여, 일방으로 경도된 대화, 특정한 흥미에 강하게 몰두, 어색한 동작 등의 증상이 나타난다.
② 뇌병변 장애 : 뇌성마비, 외상성 뇌손상, 뇌졸중 등 뇌의 기질적 병변으로 인하여 발생한 신체적 장애로 보행이나 일상 생활의 동작 등에 상당한 제약을 받는다.
③ 지체 장애 : 팔·다리·몸통 등의 기능에 영구적인 장애가 있는 사람으로 절단 장애, 관절 장애, 지체기능 장애, 신체변형 장애 등을 모두 포함한다.
④ 시각 장애 : 시력이 현저히 낮거나 완전히 보이지 않는 사람으로 최대 교정 시력을 기준으로 장애등급을 결정한다.

## 05 〈보기〉에서 ㉠~㉢에 들어갈 장애인 스포츠 프로그램 서비스 전달 단계로 옳은 것은?

> **보기**
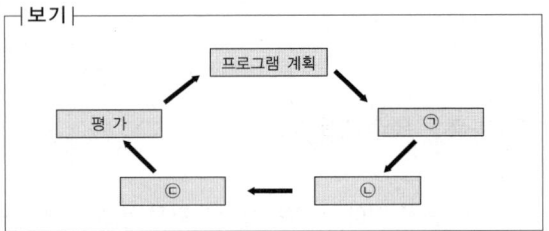

|   | ㉠ | ㉡ | ㉢ |
|---|---|---|---|
| ① | 사정 | 개별화교육계획 | 교수·코칭·상담 |
| ② | 개별화교육계획 | 교수·코칭·상담 | 사정 |
| ③ | 개별화교육계획 | 사정 | 교수·코칭·상담 |
| ④ | 교수·코칭·상담 | 개별화교육계획 | 사정 |

**해설**
스포츠 프로그램 서비스 전달 단계
- 프로그램 계획 : 장애인과 함께 스포츠 활동을 하기 전에 프로그램에 대한 전반적인 내용을 준비하는 과정이다.
- 사정과 배치 : 사정은 대상자의 수준을 파악하는 선별, 진단, 평가를 모두 포함하는 개념이다. 배치는 의료시설부터 완전히 통합된 일반인 프로그램까지의 수준별 단계에 배치하는 것을 의미한다.
- 개별화교육계획 : 각 학습자의 능력과 수준을 고려하여 적절한 교육목표와 방법을 선택하는 것이다.
- 교수·코칭·상담 : 프로그램의 시행과 직접적으로 관련된 부분으로, 운동기술, 체력, 기타 신체 활동 영역을 지도하는 것이다. 지도 이외에 상담도 매우 중요한데 필요한 경우에는 전문가와의 심층적인 상담을 통해 개인의 내적 어려움에 도움을 줄 수도 있다.
- 평가 : 프로그램의 효과와 학습자의 성취도를 판단하는 지속적인 과정, 교육에 의한 향상 또는 변화 정도를 파악하는 과정이다.

**06** <보기>에서 설명하는 장애인스키 장비로 옳은 것은?

┌보기├
- 절단 등의 장애 때문에 균형 유지가 어려운 장애인이 사용한다.
- 스키 폴(Pole) 하단에 짧은 플레이트를 붙여서 만든 보조장치이다.

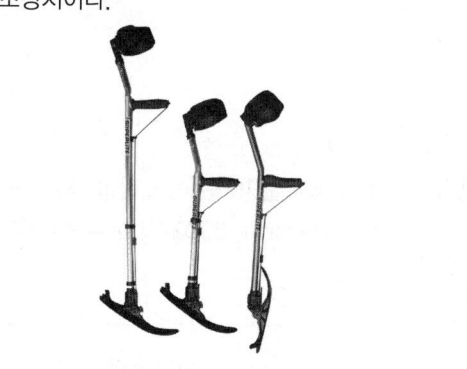

① 아웃리거(Outriggers)
② 듀얼리거(Dualriggers)
③ 바이리거(Biriggers)
④ 인리거(Inriggers)

**[해설]**
아웃리거는 절단 장애 및 지체 장애인들의 경기인 3트랙스키·4트랙스키에 활용되는 보조장치이다. 척수 장애인과 뇌성마비 장애인들의 경기에는 앉아서 탈 수 있는 좌석스키를 활용하기도 한다.

**07** 장애인 스포츠와 관련된 긍정적인 변화를 위한 사회적 노력으로 잔스마와 프랜치(P. Jansma & R. French, 1994)가 제시한 "4L"의 방법으로 옳지 않은 것은?

① 장애인 스포츠와 관련된 지식의 창출과 보급(Literature)
② 장애인 스포츠 관련 단체 등의 목표를 성취하기 위한 집단행동(Leverage)
③ 장애인 스포츠에 대한 법률관계 확정을 위한 소송(Litigation)
④ 장애인 스포츠에 대한 장애인의 학습(Learning)

**[해설]**
잔스마와 프랜치가 제시한 4L
- 장애인 스포츠와 관련된 지식의 창출과 보급(Literature)
- 장애인 스포츠 관련 단체 등의 목표 성취를 위한 집단행동(Leverage)
- 장애인 스포츠의 권리 주장을 위한 소송(Litigation)
- 장애인 스포츠의 실행을 보장하는 입법(Legislation)

**08** 위닉스(J. Winnick, 1987)의 장애인 스포츠 통합 연속체에서 <보기>의 내용에 해당하는 단계로 옳은 것은?

┌보기├
- 시각 장애 볼링선수가 가이드 레일(Guide Rail)의 도움을 받아 비장애선수와 함께 경쟁하였다.
- 희귀성 다리순환 장애 골프선수가 카트를 타고 비장애선수와 함께 경쟁하였다.

① 일반 스포츠(Regular Sport)
② 편의를 제공한 일반 스포츠(Regular Sport with Accommodation)
③ 일반 스포츠와 장애인 스포츠(Regular Sport & Adapted Sport)
④ 분리된 장애인 스포츠(Adapted Sport Segregated)

**[해설]**
위닉스의 5단계 스포츠 통합 연속 체계
- 일반 스포츠 : 규칙의 변형이나 보조 도구의 사용 없이, 장애인 선수가 일반 스포츠에 통합적으로 참여하는 단계
- 편의를 제공한 일반 스포츠 : 장애인을 위한 보조 도구가 약간 필요하지만, 장애인 선수가 일반 스포츠에 규칙 변형 없이 통합적으로 참여하는 단계
- 일반 스포츠와 장애인 스포츠 : 장애인 선수가 비장애인 선수와 협동하거나 경쟁하는 단계
- 통합 환경의 장애인 스포츠 : 규칙의 변형과 용기구의 사용을 통해 장애인과 비장애인이 함께 참여할 수 있는 단계
- 분리 환경의 장애인 스포츠 : 장애인이 비장애인과 완전히 분리되어 스포츠에 참여하는 단계

**09** 미국스포츠의학회(ACSM)의 '운동 참여 전 건강검진 알고리즘'을 적용할 때, 〈보기〉에서 의료적 허가가 필요하지 않은 시각장애인으로 옳은 것은?

┤보기├
대한장애인체육회에서는 생활체육 골볼교실에 참가하는 시각장애인에게 운동참여 전 건강 문진을 통해서 다음의 결과를 얻었다.

| 문항 \ 시각장애인 | ㉠ | ㉡ | ㉢ | ㉣ |
|---|---|---|---|---|
| 현재 규칙적으로 운동에 참여하는가? | 예 | 예 | 아니오 | 예 |
| 심혈관 질환, 대사 질환 또는 신장 질환이 있는가? | 예 | 아니오 | 예 | 아니오 |
| 질병을 암시하는 징후 또는 증상이 있는가? | 아니오 | 예 | 아니오 | 아니오 |
| 원하는 운동강도가 있는가? | 고강도 | 중강도 | 고강도 | 고강도 |

① ㉠
② ㉡
③ ㉢
④ ㉣

**해설**
규칙적으로 운동에 참여하고 있으며 심혈관 질환 및 기타 질병을 암시하는 징후가 없는 경우에는 의료적 허가가 필요하지 않다.

**10** 미국 장애인교육법(Individuals with Disabilities Education Act ; IDEA, 2004)에서 명시한 통합교육과 관련된 용어로 옳은 것은?  기출▶ 17

① 통합(Inclusion)
② 정상화(Nomalization)
③ 주류화(Mainstreaming)
④ 최소한으로 제한된 환경(Least Restrictive Environment)

**해설**
최소제한환경(Least Restrictive Environment ; LRE)은 장애인의 개인적 요구에 따라 서비스를 제공하는 것으로, 점진적·단계적 통합교육을 제공한다.

**11** 〈보기〉에서 설명하는 모스턴과 애쉬워드(M. Mosston & S. Ashworth, 2002)의 교수 스타일로 옳은 것은?  기출▶ 25

┤보기├
- 장애인스포츠지도자가 수업 운영과 관련된 모든 사항을 결정한다.
- 지도자는 장애인에게 운동과제에 대한 설명과 시범을 보이고, 연습하게 하고 피드백을 제공한다.
- 수업에서 장애인의 안전을 확보하는 데 효과적인 교수 스타일이다.

① 지시형 스타일(Command Style)
② 연습형 스타일(Practice Style)
③ 상호학습형 스타일(Reciprocal Style)
④ 유도발견형 스타일(Guided Discovery Style)

**해설**
모스턴과 애쉬워드의 교수 스타일
- 지시형 스타일 : '정확한 수행'이라고 할 수 있다. 지도자의 역할은 과제활동 전·중·후의 모든 사항을 결정하는 것이며, 학습자의 역할은 지도자가 내린 결정 사항들에 대하여 지도자가 지시하는 대로 따르는 것이다.
- 연습형 스타일 : 지도자는 과제활동 전과 후의 내용을 결정하며 과제활동 중 특정한 9가지 의사결정사항은 학습자가 스스로 결정한다.
- 상호학습형 스타일 : 파트너를 선정하여 학습자와 관찰자 역할을 교대로 진행한다. 지도자는 세부운영 절차와 내용을 결정하고 관찰자에게 피드백을 제공하지만 학습자에게는 간섭하지 않는다.
- 유도발견형 스타일 : 지도자는 미리 정해져 있는 답을 학습자가 발견하도록 수업시간에 사용할 질문을 계열적으로 설계한다. 논리적인 질문 위주로 프로그램이 진행되며 학습자는 질문에 대한 대답을 한다.

**12** <보기>의 수어가 나타내는 스포츠 종목으로 옳은 것은?  기출 19·23·24

┌ 보기 ┐
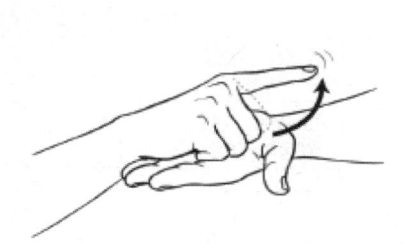
왼 손바닥을 위로 향하게 펴고, 오른 주먹의 손등이 위로 향하게 하여 왼 손바닥 위에 올려놓고, 오른손의 검지를 튕기며 편다.

① 휠체어농구
② 권 투
③ 탁 구
④ 축 구

**해설**
스포츠와 관련 있는 수어
- 축구 : 손바닥이 위로 향하게 편 왼 손바닥에 오른 주먹의 바닥을 대며 1지를 힘주어 튕겨 편다. - ④
- 농구 : 왼손을 반쯤 구부려 손끝이 오른쪽으로 향하게 하여 가슴 앞에 놓은 다음, 손등이 밖으로 향하게 쥔 오른 주먹을 왼손의 1·2·3·4지와 5지 사이로 내린다. - ①
- 권투 : 두 주먹을 가슴 앞으로 올려 번갈아 내지른다. - ②
- 탁구 : 손가락 끝을 모아 끝이 위로 향하게 쥔 왼손을 오른 손바닥으로 쳐내는 동작을 한다. - ③
- 야구 : 오른 주먹의 1지를 펴서 끝이 위로 향하게 세우고 왼손으로 오른 팔꿈치를 받치고 오른손을 반원을 그리며 안으로 돌린다.
- 배구 : 두 손을 펴서 눈앞에서 위로 비스듬히 올린다.
- 체육·스포츠 : 두 주먹을 어깨 위로 동시에 두 번 올렸다 내린다.
- 경기 : 5지를 펴서 세운 두 주먹을 전후로 엇갈리게 두 번 움직인다.

**13** 국제 뇌성마비 스포츠 레크리에이션 협회(Cerebral Palsy-International Sports and Recreation Association ; CPISRA)의 등급 분류 체계에 관한 설명으로 옳지 않은 것은?  기출 20

① 5등급은 다시 5-A와 5-B로 세분화된다.
② 뇌성마비뿐만 아니라 뇌병변 장애인을 포함하고 있다.
③ 1~4등급은 보행이 가능한 등급이며, 5~8등급은 휠체어로 이동하는 등급이다.
④ 경기의 승패가 손상이 아니라 노력의 정도에 의해 결정되도록 하는 것을 목적으로 한다.

**해설**
국제 뇌성마비 스포츠 레크리에이션 협회의 기능적 등급 분류에 의하면 1~2등급은 휠체어에 의존하여 생활하는 수준, 3~5등급은 휠체어를 이용하지만 보조기를 착용하고 걸을 수 있는 수준, 6~8등급은 불편함이 있으나 도움 없이 걸을 수 있는 수준이다.

**14** 미국 지적 및 발달장애협회(AAIDD, 2010)의 지적 장애 정의에 대한 설명 중 옳지 않은 것은?  기출 20·24

① 만 20세 이후에 시작된다.
② 적응행동에서의 명백한 제한이 나타난다.
③ 지능 지수가 평균에서 2 표준편차 이하이다.
④ 적응행동은 개념적, 사회적, 실제적 적응기술에서 명백한 제한이 나타난다.

**해설**
미국지적장애 및 발달장애협회(AAIDD)의 지적 장애 정의
- 마이너스 2 표준편차 이하의 지적기능
- 개념적·사회적·실제적 영역에서 적응 행동의 제한
- 기존에는 18세 이전, 2021년 개정 시 22세 이전에 시작되는 것으로 변경

**15** 데이비스와 버튼(W. Davis & A. Burton, 1991)이 제시한 생태학적 과제분석의 실행과정으로 옳은 것은?

기출 17·19·20·21

① 변인 선택 → 관련 변인 조작 → 과제 목표 → 지도
② 과제 목표 → 관련 변인 조작 → 변인 선택 → 지도
③ 변인 선택 → 과제 목표 → 관련 변인 조작 → 지도
④ 과제 목표 → 변인 선택 → 관련 변인 조작 → 지도

**해설**
생태학적 과제분석
- 학생의 특성이나 선호도를 고려하면서, 동시에 운동기술이나 움직임 수행에 영향을 줄 수 있는 환경 요소를 함께 고려한다.
- 대상 학생을 중심으로 체육현장에서 실제적으로 평가하는 방법이다.
- 인지적·정의적·심동적 발달을 위해 과제를 세분화한다.
- 과제수행을 정확히 수행하는 데 그 목적이 있다.
- 학생이 할 수 없는 운동기술과 움직임 구성요소 또는 학생이 할 수 있는 운동기술과 움직임의 구성요소를 명확히 제시하는 것이 중요하다.
- '과제 목표 → 변인 선택 → 관련 변인 조작 → 지도' 순으로 실행된다.

**16** 〈보기〉의 ㉠~㉣에 들어갈 개념으로 옳은 것은?

┤보기├

| 목표 | 절차의 형태 | |
|---|---|---|
| | 후속자극 제시 | 후속자극 제거 |
| 바람직한 행동의 증가 | ㉠ | ㉡ |
| 바람직하지 않은 행동의 감소 | ㉢ | ㉣ |

| | ㉠ | ㉡ | ㉢ | ㉣ |
|---|---|---|---|---|
| ① | 정적강화 | 부적강화 | 정적처벌 | 부적처벌 |
| ② | 부적강화 | 정적강화 | 부적처벌 | 정적처벌 |
| ③ | 정적강화 | 정적처벌 | 부적강화 | 부적처벌 |
| ④ | 부적강화 | 부적처벌 | 정적처벌 | 정적강화 |

**해설**
㉠ 정적강화 : 바람직한 행동의 증가를 위해, 보상을 제공하는 것이다.
㉡ 부적강화 : 바람직한 행동의 증가를 위해, 처벌에서 제외해주는 것이다.
㉢ 정적처벌 : 바람직하지 않은 행동의 감소를 위해, 처벌하는 것이다.
㉣ 부적처벌 : 바람직하지 않은 행동의 감소를 위해, 보상을 제공하지 않는 것이다.
※ 복수 정답 처리된 이유는 시험지 인쇄 오류이며 실제 정답은 ①입니다.

**17** 척수 장애의 장애 정도가 가장 심한 것으로 옳은 것은?

기출 23·24

① 목뼈(경추, Cervical Vertebrae) 1번과 2번 사이 손상
② 목뼈(경추, Cervical Vertebrae) 6번과 7번 사이 손상
③ 등뼈(흉추, Thoracic Vertebrae) 1번과 2번 사이 손상
④ 등뼈(흉추, Thoracic Vertebrae) 11번과 12번 사이 손상

**해설**
경추 1번, 2번의 경우 자율신경계의 중추 기능을 하는 연수가 위치하고 있는 매우 중요한 부위이다. 경추 1번과 2번 사이의 손상은 감각신경, 운동신경, 자율신경의 이상을 야기하여 사지마비로 진행될 수 있는 심각한 손상이다.

**18** 개별화교육프로그램(IEP)의 목표 진술 3요소로 옳지 않은 것은?

① 조건(Condition)
② 기준(Criterion)
③ 행동(Action)
④ 비용(Cost)

**해설**
개별화교육프로그램(IEP)
- 현재 운동 수행 수준을 정확히 파악하기 위해서는 실제 상황에서의 평가가 유용하다.
- 목표 진술에는 조건(Condition), 기준(Criterion), 행동(Action)이 포함된다.
- 지도에 필요한 용기구, 변형 방법, 관련 서비스, 보조 인력의 활용 등을 명시한다.
- 개인차를 고려하여 개인의 발달에 적합한 교육 프로그램을 계획하고 시행한다.

**해설**
체육지도자의 연수과정(「국민체육진흥법」시행령 [별표 4])
나. 2급 장애인스포츠지도사 과정
- 스포츠 윤리 : 선수·지도자·심판 윤리, 선수와 인권, (성)폭력 방지, 공정 경쟁, 도핑 방지, 스포츠와 법
- 장애특성 이해 : 인지·정서 장애인 특성에 따른 스포츠지도, 지체 장애인 특성에 따른 스포츠지도, 시·청각 장애인 특성에 따른 스포츠지도
- 지도역량 : 장애특성별 운동프로그램, 운동기술과 체력의 진단 및 평가, 통합체육 이해와 적용 방안, 스포츠 심리 및 트레이닝 실무, 체육지도 방법
- 스포츠 매니지먼트 : 스포츠 지도를 위한 한국수어, 스포츠시설 및 용품 관리, 생활체육 프로그램 운영 및 관리, 커뮤니케이션 및 상담기법, 스포츠 행정 실무
- 현장실습
- 그 밖에 문화체육관광부장관이 필요하다고 인정하여 고시하는 사항

**19** 다음 〈보기〉 중 「국민체육진흥법」 시행령의 '장애인스포츠지도사 2급 연수과정'으로 옳지 않은 것은?

┌보기┐
ㄱ. 스포츠 윤리
ㄴ. 선수 관리
ㄷ. 지도역량
ㄹ. 스포츠 매니지먼트
ㅁ. 장애특성 이해
ㅂ. 코칭 실무

① ㄱ, ㅁ
② ㄷ, ㄹ
③ ㄴ, ㅂ
④ ㅁ, ㅂ

**20** 스포츠를 처음 배우는 중도(重度) 지적 장애인을 위한 지도전략으로 옳지 않은 것은?

① 배구에서 배구공을 가볍고 큰 공으로 변형한다.
② 기본운동기술을 높은 수준의 스포츠 기술로 변형한다.
③ 골프에서 골프공을 가볍고 큰 공으로 변형한다.
④ 평균대 위 걷기에서 안전바(Safety Bar)를 잡고 걷게 한다.

**해설**
기본운동기술을 높은 수준의 스포츠 기술로 변형하기 보다는 계속해서 반복적으로 연습하도록 지도해야 한다. 지적 장애인은 학습한 운동기술의 일반화 수준이 낮으므로 다양한 환경에서 기본운동기술을 연습하는 것이 좋다.

**정답** 18 ④  19 ③  20 ②

## 제2과목 | 유아체육론

**01** 영·유아기의 발달에 대한 설명으로 옳지 않은 것은?
기출 16·17·19·21

① 말초신경이 먼저 발달한 다음 중추신경이 발달한다.
② 특정 능력이나 행동의 발달에 최적인 시기가 존재한다.
③ 발달은 일정한 순서로 이루어지지만, 발달속도에는 개인차가 있다.
④ 소근육 운동의 발달은 눈과 손이 협응하여 손기술을 정확하게 구사하는 능력으로, 중추신경계통의 성숙을 의미한다.

**해설**
유아기 신체발달의 특성으로는 '신체발달의 방향성'이 있다. 신체발달의 방향성이란 신체가 일정한 순서와 방향성을 갖고 발달한다는 것인데 머리 부분에서 하체 부분으로, 중추신경에서 말초신경으로, 대근육에서 소근육 순으로 발달한다.

**02** 유아기의 운동프로그램 구성을 위해 고려해야 할 사항으로 옳지 않은 것은?
기출 16·17·18·19·20·21

① 다양한 기본움직임 경험보다 복합적이고 정교한 동작수행에 중점을 두어 구성한다.
② 협응성 운동 시, 속도나 민첩성의 요소가 연계되지 않도록 한다.
③ 운동수행의 성공 빈도를 높일 수 있도록 프로그램을 구성한다.
④ 간단한 움직임에서 복잡한 움직임으로 진행되도록 구성한다.

**해설**
유아기 운동프로그램의 목표는 다양한 신체 활동을 통해 기본 운동 기술을 이해하고 자신의 감정을 표현할 수 있는 기회를 제공하는 것 등이 있다. 따라서 정교한 동작수행에 중점을 두는 것보다는 다양한 기본움직임을 경험하는 것이 좋다.

**03** 발달단계에 따른 유소년체육 프로그램 구성 시, 고려해야 할 사항으로 옳지 않은 것은?
기출 19

① 대근육에서 소근육으로의 발달단계를 고려하여 구성한다.
② 기본움직임 단계에서는 다양한 안정성, 이동 및 조작 움직임을 습득하도록 구성한다.
③ 기본움직임 단계는 협응력이 발달되는 중요한 시기이므로, 다양한 움직임 경험을 갖도록 구성한다.
④ 기본움직임에서 전문화된 움직임으로의 전환(Transition)단계에서는 움직임 수행의 형태, 기술, 정확성과 더불어 양적 측면을 강조하여 구성한다.

**해설**
전문화된 움직임 단계는 총 3단계로 나뉘는데 7~10세는 전환 단계, 11~13세는 적용 단계, 14세 이상은 전 생애에 걸친 사용 단계로 구분한다. 이 중 전환 단계에서는 움직임 수행의 양적 측면보다는 정확성에 중점을 두어야 한다.

**04** 다음 ㉠, ㉡, ㉢에 들어갈 인지발달 이론의 요소로 옳은 것은?
기출 18·21·24

┌─보기─────────────────────────┐
㉠ - 새로운 경험과 자극이 유입되었을 때, 기존에 가지고 있는 도식을 사용하여 해석한다.
㉡ - 기존의 도식으로는 새로운 사물이나 사건을 이해할 수 없을 때, 새로운 사물이나 대상에 맞도록 기존의 도식을 변경한다.
㉢ - 현재의 조직들이 서로 상호작용하며 효율적인 체계로 결합하여 더 복잡한 수준의 지적 구조를 이루는 과정이다.
└─────────────────────────────┘

|   | ㉠ | ㉡ | ㉢ |
|---|----|----|----|
| ① | 조절 | 동화 | 적응 |
| ② | 적응 | 조절 | 조직화 |
| ③ | 동화 | 조절 | 조직화 |
| ④ | 동화 | 조직화 | 적응 |

정답 01 ① 02 ① 03 ④ 04 ③

**해설**
㉠ 동화 : 외부 사물을 인지할 때 기존 개념의 범위 안에서 인지하는 것으로, 예를 들어 느린 속도로 굴러오는 공을 차던 아이가 빠른 속도로 공이 굴러올 때도 동일하게 차기 동작을 하는 것이다.
㉡ 조절 : 새로운 인지구조를 만들거나 낡은 도식을 고치는 것으로, 예를 들어 느린 속도로 굴러오는 공만 잡을 수 있던 아이가 빠른 속도로 굴러오는 공에 새로운 잡기 기술로 반응하는 것이다.
㉢ 조직화 : 체제나 구조를 통합시키는 것으로, 예를 들어 보는 동작과 잡는 동작을 동시에 수행하는 것이다.

**05** 〈보기〉에서 유소년의 전문화된 운동기술 연습 시, 인지 단계(Cognitive Stage)의 지도전략에 해당하는 것으로 가장 옳은 것은? 기출▶ 23·24

┤보기├
㉠ 스스로 자신의 운동수행을 평가할 기회를 제공한다.
㉡ 복잡한 운동기술은 여러 단계로 구분하여 지도한다.
㉢ 운동의 목적과 요구되는 기술을 명확히 설명해준다.
㉣ 다양한 기술과 연계지어 동작의 형태를 바꾸는 전략을 찾게 한다.

① ㉡, ㉢  ② ㉠, ㉣
③ ㉡, ㉣  ④ ㉠, ㉢

**해설**
운동학습의 단계
• 인지 단계 : 운동과제를 수행하는 방법을 배우는 단계로 움직임을 인지한다. 운동의 목적과 필요한 기술을 배우고 복잡한 운동은 여러 단계로 구분하여 학습한다. 시행착오가 가장 많이 발생하는 단계이다.
• 연합 단계 : 시행착오가 점점 적어지는 단계로 일관되고 효율적인 움직임을 만드는 단계이다. 학습자가 독립적인 수행을 하고 자신의 운동 수행을 평가하여 오류를 수정한다.
• 자동화 단계 : 운동학습의 마지막 단계로 학습한 움직임이 무의식적으로 실행되는 단계이다. 좀 더 어려운 운동을 수행할 수 있으며 원래의 운동을 변화시켜 학습한다.

**06** 다음 ㉠, ㉡, ㉢에 들어갈 유아의 기본움직임 발달 단계로 옳은 것은? 기출▶ 15·16·19·24

┤보기├
㉠ - 기본적인 움직임을 보이지만, 협응이 원활하지 않아 움직임이 매끄럽지 못하다.
㉡ - 기본 움직임에 대한 제어와 협응이 향상되지만, 신체사용이 비효율적이다.
㉢ - 움직임의 수행이 역학적으로 효율성을 갖게 되어 협응과 제어가 향상된다.

|   | ㉠ | ㉡ | ㉢ |
|---|---|---|---|
| ① | 시작 단계 | 전환 단계 | 전문화 단계 |
| ② | 초보 단계 | 성숙 단계 | 전문화 단계 |
| ③ | 시작 단계 | 초보 단계 | 성숙 단계 |
| ④ | 초보 단계 | 적용 단계 | 성숙 단계 |

**해설**
㉠ 시작 단계 : 미숙하고 협응성이 부족한 단계로 움직임이 과장되거나 위축되어 있다.
㉡ 초보 단계 : 협응 능력이 상당히 향상되었지만 동작 연결이 자연스럽지 못하고 어색하다.
㉢ 성숙 단계 : 성인의 운동 형태와 유사하지만 유아 간 성장 배경에 따라 개인차가 많다.

**07** 안정성(Stability) 운동기술 중 축성(Axial) 움직임으로 옳은 것은? 기출▶ 18

① 구르기(Rolling), 늘리기(Stretching), 흔들기(Swinging)
② 늘리기(Stretching), 비틀기(Twisting), 흔들기(Swinging)
③ 구르기(Rolling), 비틀기(Twisting), 거꾸로 균형(Inversed Balance)
④ 비틀기(Twisting), 흔들기(Swinging), 거꾸로 균형(Inversed Balance)

**해설**
축성 평형성은 굽히기, 늘리기, 비틀기, 돌기, 흔들기 등과 같이 몸 가운데를 축으로 하는 좌우 움직임이나 어깨 또는 고관절을 축으로 하는 움직임을 말한다.

**08** 운동발달에 대한 검사와 평가에 관한 설명으로 옳지 않은 것은?

① 운동발달 검사는 전반적인 운동발달 상황을 확인할 수 있는 유용하고 객관적인 지표를 제공한다.
② 평가는 내용에 따라 규준지향 평가와 준거지향 평가로 나뉘고, 기준에 따라 결과지향 평가와 과정지향 평가로 나뉜다.
③ 평가 결과는 특정 기술수행에서 결여된 부분을 확인하고 그 원인을 파악해 프로그램의 구체적인 목표를 설정할 수 있게 한다.
④ 대근운동발달검사(Test of Gross Motor Development)는 만 3~10세 아동을 대상으로 한 이동 및 조작 운동기술에 대한 검사도구이다.

**해설**
평가는 기준에 따라 결과지향 평가와 과정지향 평가로 나뉘는 것이 아니라 규준지향 평가(상대평가)와 준거지향 평가(절대평가)로 나뉜다.

**09** 국립중앙의료원(2010)이 제시한 어린이·청소년 신체활동 권장사항으로 옳지 않은 것은?

① 인터넷, TV, 게임 등을 위해 앉아서 보내는 시간은 하루 2시간 이내로 한다.
② 일주일에 3일 이상 유산소운동, 근육강화운동, 뼈 강화운동을 한다.
③ 운동강도 조절을 위해 놀이공간의 안전성은 고려하지 않는다.
④ 매일 1시간 이상 운동을 한다.

**해설**
놀이공간의 안전성은 언제나 최우선적으로 고려해야 할 사항이다.

**10** 유아 운동프로그램의 지도 원리로 옳지 않은 것은?
기출▶ 18·19·23

① 추상적인 것에서 시작하여 구체적인 것으로 운동을 지도한다.
② 유아 간 연령별 체력의 차이, 운동소질 및 적성의 차이를 고려하여 지도한다.
③ 기초체력, 기본운동기술과 지각운동의 발달이 통합적으로 이루어지도록 지도한다.
④ 다양한 감각을 통해 구체적 경험이 형성되도록 프로그램을 구성하여 지도한다.

**해설**
구체적인 것에서 시작하여 유아 개개인이 자발적으로 신체의 가능성과 한계를 탐구하며, 추상적인 것을 발견할 수 있도록 학습해야 한다.

**11** 유아운동 지도 시 교구배치 방법과 그 효과에 대한 설명으로 옳지 않은 것은?
기출▶ 23

① 공간 활용성을 높인 교구배치로 안전사고를 예방한다.
② 시각적 효과를 높인 교구배치로 학습자의 시선을 분산한다.
③ 순환식 교구배치로 대기시간을 줄여 실제학습시간을 늘려준다.
④ 병렬식 교구배치로 교구 사용을 반복하여 자신감을 갖도록 유도한다.

**해설**
시각적 효과를 높인 배치는 학습자의 시선을 집중시키고 흥미와 만족을 줄 수 있다.

**12** 다음 ㉠~㉢에 들어갈 발달이론으로 옳은 것은?

기출 15 · 17 · 18 · 19 · 20 · 21 · 24 · 25

| 구 분 | 발달이론 |
|---|---|
| ㉠ | • 인간의 발달은 환경에 따른 훈련으로 이루어진다.<br>• 학습에 의한 긍정적 행동의 촉진을 강조한다. |
| ㉡ | • 유아의 다양한 경험을 토대로 동화, 조절, 평형화의 과정을 통해 도식이 발달된다.<br>• 조직화와 적응을 강조한다. |
| ㉢ | • 타인을 관찰하는 것만으로 새로운 행동을 획득할 수 있다.<br>• 모방학습의 중요성을 강조한다. |

| | ㉠ | ㉡ | ㉢ |
|---|---|---|---|
| ① | 스키너의 행동주의 이론 | 게셀의 성숙주의 이론 | 에릭슨의 심리사회발달 이론 |
| ② | 반두라의 사회학습 이론 | 피아제의 인지발달 이론 | 비고스키의 상호작용 이론 |
| ③ | 에릭슨의 심리사회발달 이론 | 게셀의 성숙주의 이론 | 반두라의 사회학습 이론 |
| ④ | 스키너의 행동주의 이론 | 피아제의 인지발달 이론 | 반두라의 사회학습 이론 |

**해설**
㉠ 스키너의 행동주의이론 : 발달을 위해서는 환경을 변화시켜 바람직한 행동을 형성하고, 피드백을 통해 바람직한 행동을 촉진시켜야 한다.
㉡ 피아제의 인지발달이론 : 인간은 타고난 발달 단계와 학습을 통해 환경에 대해 지각하고 이해하는 인지적 발달이 이루어진다. 도식은 환경을 이해하는 틀을 말하며 동화, 조절, 평형화는 도식을 발달시키는 방법이다.
㉢ 반두라의 사회학습이론 : 인간은 다른 사람의 행동을 관찰·모방하면서 발달하므로 관찰학습의 과정은 매우 중요하다.

**13** 성인체육과 비교 시 유아체육의 특징으로 옳지 않은 것은?

① 집중력 저하를 고려한 놀이 중심의 신체활동과 지적 활동을 병행한다.
② 신체활동에 의한 성장과 발달을 통해 전인적 인간 육성을 지향한다.
③ 스포츠 활동에 필요한 전문화된 기술 습득을 강조한다.
④ 발육과 발달에 중점을 둔다.

**해설**
유아체육은 스포츠 활동에 필요한 전문화된 기술 습득보다는 일상 생활과 연결된 체험을 통해 체육 활동을 하는 것을 지향한다.

**14** 〈보기〉의 ㉠, ㉡에 들어갈 용어로 옳은 것은?

기출 16 · 17 · 18 · 19 · 20 · 21

**보기**
• 유아교육 교사 : 유아는 다양한 기본움직임 기술이나 기초체력 향상에 관한 활동을 스스로 익히기 어렵습니다. 유아가 이와 같은 요소들을 자연스럽게 익히려면 어떻게 해야 할까요?
• 스포츠지도사 : 네. 유아는 징검다리 걷기, 네발로 걷기 등의 놀이중심 신체활동 프로그램을 통해 기본움직임기술과 기초체력 요소를 향상시킬 수 있어요.

| 구 분 | 징검다리 걷기 | 네발로 걷기 |
|---|---|---|
| 기본 움직임 기술 요소 | ( ㉠ ) 운동 | 이동 운동 |
| 기초체력 요소 | 평형성 | ( ㉡ ) |

| | ㉠ | ㉡ |
|---|---|---|
| ① | 안정성 | 민첩성 |
| ② | 안정성 | 근력/근지구력 |
| ③ | 조 작 | 근력/근지구력 |
| ④ | 조 작 | 민첩성 |

**정답** 12 ④  13 ③  14 ②

### 해설
- 징검다리 걷기는 무게중심이 이동할 때 평형을 유지하는 능력인 동적 평형성을 기르는 운동이다. 동적 평형성은 안정성 운동에 속한다.
- 네발로 걷기는 근육 수축으로 생기는 힘인 근력과 그것을 지속적으로 유지하는 힘인 근지구력을 기르는 운동이다. 또한 위치를 이동하는 운동인 이동 운동에 포함된다.

## 15 〈보기〉에서 「국민체육진흥법」의 유소년스포츠지도사 자격제도에 관한 설명으로 옳은 것을 모두 고른 것은?

기출 ▶ 18·25

─┤보기├─
- ㉠ 유소년은 만 3세부터 중학교 취학 전까지를 말한다.
- ㉡ '유소년스포츠지도사'란 유소년을 대상으로 체육을 지도하는 사람을 말한다.
- ㉢ 유소년스포츠지도사는 유소년의 행동양식, 신체 발달 등에 대한 지식을 갖춘다.

① ㉠, ㉡  ② ㉠, ㉢
③ ㉡, ㉢  ④ ㉠, ㉡, ㉢

### 해설
「국민체육진흥법」에서 사용하는 용어의 정의(「국민체육진흥법」 시행령 제2조 제9호)
"유소년스포츠지도사"란 유소년(만 3세부터 중학교 취학 전까지를 말한다. 이하 같다)의 행동양식, 신체발달 등에 대한 지식을 갖추고 [제9조의6]에 따른 자격 종목에 대하여 유소년을 대상으로 체육을 지도하는 사람을 말한다.

## 16 영아의 반사에 관한 설명으로 적절하지 않은 것은?

기출 ▶ 17·19·21·23

① 비대칭목경직 반사(Asymmetric Tonic Neck Reflex) 검사로 눈·손의 협응과 좌·우측 인식의 발달 수준을 추측할 수 있다.
② 신경적 장애 진단을 위한 반사의 출현과 소멸 간의 관계 검사는 전문가의 도움이 필요하다.
③ 걷기 반사(Stepping Reflex) 검사로 불수의적 운동행동의 발달을 추측할 수 있다.
④ 모로 반사(Moro Reflex) 검사로 신경적인 변이나 손상을 추측할 수 있다.

### 해설
③ 걷기 반사는 아이를 세워 발바닥을 바닥에 닿게 하면 걷는 듯한 반응을 보이는 반사로 이동반사에 속한다. 불수의적 운동행동의 발달은 원초반사 검사를 통해 추측할 수 있는데, 이러한 걷기 반사의 검사는 원초반사 검사가 아닌 이동반사 검사에 속한다.
① 비대칭목경직 반사는 누워 있는 상태에서 머리가 돌아간 방향과 같은 방향의 팔과 다리가 신전되고 반대편 팔과 다리가 굽혀지는 반사로 원초반사에 해당한다.
② 신경적 장애 진단을 위한 반사의 출현과 소멸 간의 관계 검사는 전문가의 도움이 필요하다.
④ 모로 반사는 누워있는 상태에서 큰 소리가 나거나, 머리나 몸의 위치가 갑자기 변하면 팔과 다리를 벌렸다가 다시 움츠리는 반사로 원초반사에 해당한다.

정답 15 ④ 16 ③

**17** 〈그림〉의 동작에서 성숙 단계로 발달하도록 지도하는 방법이 옳지 않은 것은? 기출▶ 17·20·21

〈시작 단계의 구르기 동작〉

① 이마가 지면에 닿게 지도한다.
② 머리가 동작을 리드할 수 있도록 지도한다.
③ 구르는 힘을 생성할 수 있도록 양팔의 움직임을 지도한다.
④ 몸이 구르는 내내 압축된 C자 모양을 유지할 수 있도록 지도한다.

**해설**
구르기 동작의 성숙 단계에서는 이마나 정수리가 아닌 뒤통수가 지면에 닿아야 한다. 이렇게 해야만 몸이 C자 모양으로 압축되어서 부드럽게 앞으로 구를 수 있다.

**18** 유아체육 지도 방법 중 '탐구적 방법'에 해당되는 내용으로 옳은 것은?

① 도입, 동작 습득, 창의적 표현, 평가의 단계별 활동 전개하기
② 학습환경에 자유와 융통성을 도입하여 더 많은 책임 부여하기
③ 시범 보이기, 연습해보기, 언급해주기, 보충 설명하기, 시범 다시 보이기
④ 동작 과제나 질문을 제시하고 유아들이 제안한 다양한 해결방법을 인정하고 받아들이기

**해설**
유아체육의 지도원리 중 유아가 스스로 움직임의 개념을 탐색하고 발견하도록 학습시키는 것을 탐구 학습의 원리라고 한다. 이런 탐구 학습의 원리를 반영한 체육 지도로 인하여 유아들이 발견하고 제안하는 다양한 해결방법을 인정하고 받아들이는 지도 방법을 탐구적 방법이라고 한다.

**19** 고강도 운동 시 성인과 비교하여 유소년에게 나타나는 생리적 반응으로 옳지 않은 것은? 기출▶ 19

① 1회 박출량 – 성인에 비하여 낮음
② 호흡 수 – 성인에 비하여 높음
③ 수축기 혈압 – 성인에 비하여 낮음
④ 심박수 – 성인에 비하여 낮음

**해설**
유아의 최대심박수는 성인에 비하여 높다. 유아의 심박수 정상수치는 분당 100~140회인데 반해 성인의 심박수 정상수치는 분당 60~90회이다.

**20** 〈보기〉의 ㉠, ㉡에 들어갈 용어로 옳은 것은?

┌보기┐
• 특정 능력이나 행동의 발달에 최적인 시기를 ( ㉠ )라고 한다.
• 각 시기에 따른 유아의 발달은 특정 시기에 도달해야 할 ( ㉡ )을 갖기 때문에 시기를 놓쳐버리면 올바른 성장이 저해될 수 있다.

|   | ㉠ | ㉡ |
|---|---|---|
| ① | 민감기 | 통합성 |
| ② | 민감기 | 발달과업 |
| ③ | 감각운동기 | 발달과업 |
| ④ | 전조작기 | 병변현상 |

**해설**
적합성의 원리
아이에게는 영역별 발달이 활발하게 일어나는 시기가 있다. 이 시기에 아이들은 각 영역에 맞는 다양한 정보를 습득하고 조작하면서 배우고 익혀 나가는데, 이를 '결정적 시기' 또는 '민감기'라고 한다. 민감기는 6세까지의 시기에 대부분 진행되며, 적절한 자극을 주면 아이는 제대로 발달할 수 있지만 이 시기를 놓쳐 발달과업을 달성하지 못하게 되면 그 영역의 발달이 더뎌진다. 유아들의 운동프로그램을 구성할 때에는 민감기를 고려해서 적절한 운동을 경험할 수 있도록 해야 한다.

**정답** 17 ① 18 ④ 19 ④ 20 ②

## 제3과목 | 노인체육론

**01** 〈보기〉에서 설명하는 연령지표로 옳은 것은?

기출 16 · 19 · 23

┌ 보기 ┐
- 연령적 노화라고 일컬어지는 출생 이후의 햇수인 역연령과 대비되는 개념이다.
- 연령과 성을 기준으로 하는 기능적 체력과 관련이 있다.
- 신체 연령이라고도 말한다.

① 기능적(Functional) 연령
② 주관적(Subjective) 연령
③ 심리적(Psychological) 연령
④ 연대기적(Chronological) 연령

**해설**
연령지표
- 기능적 연령 : 시각, 청각 등의 건강상태와 특정 작업을 수행할 수 있는지의 여부를 기준으로 나이를 구분하는 것을 뜻한다. 달력상의 연령인 역연령과 대비되는 개념으로 역연령이 많아도 기능적 연령은 낮을 수 있고, 반대로 건강이 좋지 않아 역연령이 낮아도 기능적 연령은 높을 수 있다.
- 주관적 연령 : 자신이 스스로 지각하여 판단한 연령이다.
- 심리적 연령 : 심리적 성숙 정도, 스트레스 대처 능력, 환경 변화에 대한 적응 정도 등의 지표로 측정하는 연령이다.
- 연대기적 연령 : 가장 보편적인 지표로 출생 이후 살아온 시간 즉, 잉태, 성장, 사춘기를 지나 성년기를 거쳐 생리적으로 노화되어 사망에 이르기까지의 노화과정을 의미한다.

**02** 건강수명에 대한 설명으로 옳지 않은 것은?

① 건강과 일상생활의 기능을 유지하는 기간을 뜻한다.
② 질병이나 신체장애 없이 생존한 삶의 기간을 뜻한다.
③ 성별·연령별로 몇 년을 더 살아갈 것인지 통계적으로 추정한 기대치로 생존 연수를 뜻한다.
④ 신체적·정서적·인지적 활력 또는 기능적 웰빙을 유지할 것으로 예상되는 삶의 기간을 뜻한다.

**해설**
건강수명이란 심각한 질병이나 신체적 장애 없이 생존한 삶의 기간을 말한다. 앞으로 몇 년을 더 살아갈 것인지 추정한 기대치는 기대수명이다. 건강수명과 기대수명의 차이 기간은 약 10년 이상으로, 노인체육지도사는 건강수명의 기간을 최대한 늘리는 것이 중요하다.

**03** 〈보기〉의 ⊙, ⓒ에 해당하는 노화와 관련된 심리학적 이론으로 옳은 것은?

기출 21 · 24

┌ 보기 ┐

| | |
|---|---|
| ⊙ | • 자부심과 만족을 느끼면서 자신의 삶을 되돌아볼 수 있으며 죽음을 위엄있게 받아들인다.<br>• 삶에서 달성해야 하는 것들을 달성하지 못했다고 느끼며, 삶의 종말이 다가오는 것에 대해 좌절감을 느낀다. |
| ⓒ | • 성공적 노화는 신체적·정신적·사회적 손실에 적응하는 노인의 능력과 관련이 있다.<br>• 기능적 능력을 향상함으로써 노화로 인한 손실을 보완하도록 도움을 준다. |

| | ⊙ | ⓒ |
|---|---|---|
| ① | 하비거스트의<br>발달과업 이론 | 로우와 칸의<br>성공적 노화 이론 |
| ② | 하비거스트의<br>발달과업 이론 | 펙의<br>발달과업 이론 |
| ③ | 에릭슨의<br>심리사회발달단계<br>이론 | 로우와 칸의<br>성공적 노화 이론 |
| ④ | 에릭슨의<br>심리사회발달단계<br>이론 | 발테스와 발테스의<br>보상이 수반된<br>선택적<br>적정화 이론 |

**정답** 01 ① 02 ③ 03 ④

해설
㉠ 에릭슨의 심리사회발달단계 이론
〈보기〉는 에릭슨의 심리사회발달단계 이론 중 8단계(노년기, 자아통합 대 절망의 단계)이다. 노년기에는 자부심과 만족을 느끼면서 자기 삶을 되돌아보며 죽음을 위엄 있게 받아들이거나, 삶에서 달성해야 하는 것들을 달성하지 못했다고 느끼며 삶의 종말이 다가오는 것에 대해 좌절감을 느낀다.
㉡ 발테스와 발테스의 보상이 수반된 선택적 적정화 이론
성공적 노화를 비롯한 인간의 전 생애 발달이 선택, 적정화, 보상의 세 가지 전략과 관련된 과정이라고 설명한다. 또한 노화에 따른 손실이 있더라도 개인의 능력에 적합한 활동을 선택하고 최적화하며 손실한 것을 보상함으로써 성공적 노화에 이를 수 있다고 설명한다.

## 04 〈보기〉에서 설명하는 노화와 관련된 사회학적 이론으로 옳은 것은?   기출 16·18

보기
- 노화와 관련된 사회학적 이론에서 가장 널리 인정되는 이론이다.
- 노인의 사회활동 참여 정도가 높을수록 생활만족도가 높아진다.
- 지속적인 활동이 성공적 노화의 핵심이다.

① 분리이론
② 활동이론
③ 현대화이론
④ 하위문화이론

해설
② 활동이론 : 일생에 걸쳐 일상생활의 정신적·신체적 활동을 지속하는 사람은 건강하고 행복하게 늙는다는 이론이다.
① 분리이론 : 노인이 삶의 현장에서 벗어나 사회적 역할이 감소하고 사회로부터 자발적으로 물러나 사회적으로 분리되어 소극적인 노후생활에 만족하는 과정을 설명하는 이론이다.
③ 현대화이론 : 한 사회의 현대화 정도와 노인의 지위는 반비례 관계에 있다는 이론이다.
④ 하위문화이론 : 공통된 특성을 가진 노인들이 집단을 형성하고 빈번한 상호작용을 통해 그들 특유의 행동양식을 만든다는 이론이다.

## 05 〈보기〉의 ㉠, ㉡에 들어갈 용어로 옳은 것은?   기출 15·16·18·21

보기
- 노인은 사회적 역할의 상실 등으로 인하여 자신감을 잃기 쉬우며, 점점 고립되어 고독감을 느끼게 되기 때문에, 다른 사람이나 사회로부터의 보살핌, 존중, 도움을 받는 ( ㉠ )이/가 필요하다.
- 노인은 일정 수준의 목표를 성취할 수 있다는 자신의 역량에 대한 믿음을 뜻하는 ( ㉡ )을 가져야 한다.

|   | ㉠ | ㉡ |
|---|---|---|
| ① | 사회적 지지 | 자기효능감 |
| ② | 사회적 설득 | 자기효능감 |
| ③ | 사회적 설득 | 자부심 |
| ④ | 사회적 지지 | 자부심 |

해설
㉠ 사회적 지지 : 사회적 지지는 정서적 지지, 물질적 지지, 정보적 지지 등이 있다. 사회적 지지가 높을수록 노인의 우울 수준이 낮아진다.
㉡ 자기효능감 : 반두라의 자기효능감이론에 의하면 행동변화에 대한 기대, 결과에 대한 기대, 설득 등이 자기효능감을 발달시킨다.

## 06 〈보기〉에서 운동이 노인에게 미치는 심리적 효과로 옳은 것을 모두 고른 것은?   기출 19

보기
㉠ 운동 기술 습득
㉡ 우울증 감소
㉢ 심리적 웰빙 향상
㉣ 사회적 연결망 확장

① ㉠, ㉡
② ㉠, ㉢
③ ㉡, ㉢
④ ㉢, ㉣

해설
㉠은 노인 운동의 신체적 효과에 대한 설명이고 ㉣은 노인 운동의 사회적 효과에 대한 설명이다.

정답 04 ② 05 ① 06 ③

노인운동의 효과

| 신체적 효과 | 심리적 효과 | 사회적 효과 |
|---|---|---|
| • 조기사망률 감소<br>• 건강체중 유지<br>• 면역기능 강화<br>• 뼈 조직 노화 지연<br>• 생활기능 향상<br>• 인지능력 향상 | • 전반적인 삶의 질 향상<br>• 정신건강에 긍정적인 영향<br>• 자아통찰력 증가<br>• 우울증 해소 | • 사회적 통합<br>• 새로운 친구 관계 형성<br>• 사회문화적 네트워크 확장<br>• 새로운 역할 습득<br>• 세대 간의 연결 기회 제공 |

**해설**
㉠ 유산소 운동을 할 경우 인슐린 민감도가 증가, 즉 인슐린 내성이 감소한다.
㉤ 유산소 운동을 할 경우 심폐지구력이 증가되어 심박수가 감소한다.
㉥ 유산소 운동을 할 경우 고밀도지단백콜레스테롤(HDL-C)이 증가한다.

**07** 노화와 관련된 신체적 변화로 옳지 않은 것은?
기출 ▶ 18 · 19 · 20 · 21 · 23 · 24

① 근 질량 감소
② 관절 유연성 감소
③ 폐 탄력성과 흉곽 경직성 증가
④ 수축기혈압과 이완기혈압 증가

**해설**
노화로 인한 신체적 변화
• 체지방 비율 증가
• 근육량과 근력 감소
• 최대산소섭취량 감소
• 혈관경직도, 혈압 증가
• 동-정맥 산소차 감소
• 관절 유연성 감소
• 폐, 신장, 혈관, 소화계 근육 등의 탄력성 감소

**08** 〈보기〉에서 운동이 노인에게 미치는 생리적 효과로 옳은 것을 모두 고른 것은? 기출 ▶ 15 · 17 · 18 · 19 · 20 · 21 · 23

┌─보기──────────────────┐
㉠ 인슐린 내성 증가
㉡ 체지방 감소
㉢ 인슐린 감수성 증가
㉣ 안정 시 심박수 감소
㉤ 주어진 절대 강도에서 심박수 증가
㉥ 고밀도지단백콜레스테롤(HDL-C) 감소
└──────────────────────┘

① ㉠, ㉡, ㉥
② ㉡, ㉢, ㉣
③ ㉡, ㉢, ㉥
④ ㉣, ㉤, ㉥

**09** 체력요인에 따른 노인의 운동 방법과 효과로 옳지 않은 것은? 기출 ▶ 17 · 19

| | 체력요인 | 운동 방법 | 효과 |
|---|---|---|---|
| ① | 심폐지구력 | 고정식 자전거 타기 | 심혈관계 질환의 위험률 감소 |
| ② | 근력 | 덤벨 들고 앉았다 일어서기 | 근육 및 뼈 강화로 인한 일상생활 수행능력 향상 |
| ③ | 유연성 | 앉아서 윗몸 앞으로 굽히기 | 신체활동 시 기능적 제한 예방 |
| ④ | 평형성 | 의자 잡고 옆으로 한발 들기 | 신체 각 부위가 조화를 이루면서 원활히 움직일 수 있는 능력 향상 |

**해설**
신체 각 부위가 조화를 이루면서 원활히 움직일 수 있는 능력은 협응력이다. 평형성은 정적 또는 동적 상태에서 몸의 균형을 얼마나 잘 유지하는지를 뜻한다.

07 ③  08 ②  09 ④

**10** <보기>의 ㉠, ㉡에 들어갈 목표심박수 범위로 옳은 것은?

기출 20

┌보기┐
- 나이 – 70세
- 성별 – 남성
- 안정 시 심박수 – 80회/분
- 최대심박수 – 150회/분
- 의사는 심폐지구력 운동 시 목표심박수 40~50% 강도를 권고
- 카보넨(Karvonen) 공식을 활용한 목표심박수의 범위는 ( ㉠ )%HRR에서 ( ㉡ )%HRR이다.

| | ㉠ | ㉡ |
|---|---|---|
| ① | 108 | 115 |
| ② | 115 | 122 |
| ③ | 122 | 129 |
| ④ | 129 | 136 |

**해설**
- 여유심박수 = 최대심박수 – 안정 시 심박수 = 150 – 80 = 70
- 목표심박수 = 여유심박수 × 운동 강도 + 안정 시 심박수
  70 × 0.4 + 80 = 108
  70 × 0.5 + 80 = 115
∴ 목표심박수는 108%HRR에서 115%HRR이다.

**11** 노인운동 시의 위험 관리 항목과 방법으로 옳은 것은?

기출 16 · 20

① 환경과 장소 안전 – 참가자 중 당뇨 환자가 있을 경우, 사탕이나 초콜릿을 준비해 둔다.
② 시설 안전 – 운동장비의 사용방법과 사용 시 주의사항을 적절한 장소에 게시해야 한다.
③ 환경과 장소 안전 – 운동 동선을 파악하여 시설과 장비를 배치한다.
④ 시설 안전 – 무덥고 다습한 곳은 피해야 한다.

**해설**
①·③은 시설 안전에 해당하고 ④은 환경 안전에 해당한다.

**12** <보기>에서 고혈압 질환이 있는 노인의 운동 지도 시 고려해야 할 사항으로 옳은 것을 고른 것은?

기출 16 · 18

┌보기┐
㉠ 등척성 운동을 권장한다.
㉡ 나트륨 섭취 제한, 체중조절, 유산소 운동을 권장한다.
㉢ 저항성 운동 시 발살바 메뉴버에 의한 혈압 상승에 주의한다.
㉣ 이뇨제, 칼슘채널차단제, 혈관확장제 등의 약물에 의한 운동 후 혈압 상승에 주의한다.

① ㉠, ㉡
② ㉠, ㉢
③ ㉡, ㉢
④ ㉢, ㉣

**해설**
㉠ 중량 운동이나 등척성 운동을 하는 것은 심박수와 혈압이 증가되기에 가급적 삼가야 한다.
㉣ 이뇨제, 칼슘채널차단제, 혈관확장제는 모두 혈압을 낮추는 역할을 한다. 따라서 갑작스러운 혈압 하강을 주의해야 한다.

정답 10 ① 11 ② 12 ③

## 13. 노인체력검사(Senior Fitness Test) 항목에서 2.4m 왕복 걷기와 관련된 활동으로 옳은 것은?

기출 ▶ 16 · 17 · 19 · 20 · 21 · 23

① 자동차나 목욕탕에 들어가고 나오기
② 손자 안기, 식료품 가방 들기
③ 장거리 보행, 계단 오르기
④ 버스 빠르게 타고 내리기

**해설**

미국형 노인체력검사(SFT)

| | |
|---|---|
| 2.4m 왕복 걷기 | • 앉은 자세에서 일어나 가능한 한 빨리 2.4m 지점을 걸어갔다가 와서 다시 앉은 자세로 돌아오는 데 걸리는 시간을 측정한다.<br>• 관련된 일상 활동 : 갑자기 버스에서 내리기, 일어서서 화장실 가기, 전화 받기 등 |
| 의자에 앉았다 일어서기 테스트 | • 양팔을 가슴 앞에 모은 상태로 의자에 앉아있다가 일어서는 동작을 30초 동안 반복하여 횟수를 기록한다.<br>• 관련된 일상 활동 : 계단 오르기, 걷기, 의자에 앉았다 일어서기, 차에서 내리기 등 |
| 상완이두근 테스트 | • 의자에 앉아서 2.27kg의 덤벨을 들어올리고 내리는 동작을 반복하여 횟수를 기록한다.<br>• 관련된 일상 활동 : 장보기, 가방 나르기, 물건 들어올리기 등 |
| 6분 걷기 또는 2분 제자리 걷기 테스트 | • 45.7m 코스를 6분 동안 걸어서 이동한 거리를 기록하거나 2분 동안 제자리 걷기를 하면서 무릎을 90도 가까이 구부린 횟수를 기록한다.<br>• 관련된 일상 활동 : 걷기, 계단 오르기, 쇼핑 등 |
| 의자에 앉아 유연성 테스트 | • 의자 끝에 앉은 후 다리를 펴고 양손을 발끝을 향해 뻗어 발끝과 손가락 사이의 거리를 측정한다.<br>• 관련된 일상 활동 : 정상적인 걸음걸이 유지하기, 욕조나 차에 들어가고 나오기 등 |
| 상지 유연성 테스트 | • 한 손은 어깨 위에, 다른 한 손은 등의 가운데로 뻗은 상태에서 두 손의 거리를 측정한다.<br>• 관련된 일상 활동 : 머리 위로 옷 입기, 머리 빗기, 안전벨트 매기 등 |

## 14. 〈보기〉에서 노화로 인한 평형성과 기동성(Balance and Mobility) 변화에 영향을 미치는 요인으로 옳은 것을 모두 고른 것은?

기출 ▶ 21

**보기**

㉠ 체성감각계
㉡ 시각계
㉢ 전정계
㉣ 운동계

① ㉠, ㉡, ㉢, ㉣
② ㉡, ㉢, ㉣
③ ㉢, ㉣
④ ㉣

**해설**

노화로 인한 평형성과 기동성의 변화
평형성은 신체를 일정한 자세로 유지하는 능력을 말하고 기동성은 상황에 따라 움직이거나 대처하는 능력을 말한다. 체성감각계, 시각계, 전정계, 운동계 모두 평형성과 기동성에 영향을 미치는 요인이다.
㉠ 체성감각계 : 촉각, 온도, 몸의 위치, 통각 등의 감각을 수용하는 감각기관으로 전신에 퍼져있다.
㉡ 시각계 : 시각을 담당하는 중추신경계이다.
㉢ 전정계 : 신체의 균형과 위치를 파악하여 평형감각을 담당하는 기관으로 귓속에 위치한다.
㉣ 운동계 : 근육의 활동을 조절하는 신경계이다.

**정답** 13 ④  14 ①

**15** <보기>에서 근골격계 질환이 있는 노인에게 적합한 운동으로 옳은 것은?

> 보기
> ㉠ 등 산
> ㉡ 수 영
> ㉢ 테니스
> ㉣ 수중 운동
> ㉤ 스케이팅
> ㉥ 고정식 자전거 타기

① ㉠, ㉡, ㉢
② ㉡, ㉣, ㉥
③ ㉢, ㉣, ㉤
④ ㉣, ㉤, ㉥

**해설**
근골격계 질환이 있는 경우 체중의 부하에 대한 부담을 감소시키는 수중 운동이나 저강도 유산소 운동을 권장한다. 등산, 테니스, 스케이팅은 고강도 유산소 운동이자 체중의 부하를 감당할 만한 기구가 없어 추천하지 않는다.

**16** 건강신념모형에서 건강신념행동을 구성하는 요소로 옳지 않은 것은? 기출 18

① 지각된 장애
② 지각된 이익
③ 지각된 심각성
④ 지각된 자기 인식

**해설**
건강신념모형에서는 신념이 건강을 추구하는 행동에 중요한 역할을 한다고 가정한다. 여기서 신념은 '지각된 취약성, 지각된 심각성, 지각된 이점, 지각된 장애물'이다.

**17** <보기>의 ㉠, ㉡에 해당하는 노인운동 교육의 원리와 설명으로 옳은 것은? 기출 18·19·20

> 보기
> ㉠ - 지적 능력, 학력, 흥미, 성격, 경험, 건강상태 등 개개인의 학습 욕구를 충족시켜줄 수 있는 방법을 모색한다.
> ㉡ - 지도자와 학습자 간의 동등한 관계에서 출발하여 교육활동 전반에서 상호 간의 합의를 이루도록 한다.

|   | ㉠ | ㉡ |
|---|---|---|
| ① | 다양화의 원리 | 사회화의 원리 |
| ② | 개별화의 원리 | 사제동행의 원리 |
| ③ | 개별화의 원리 | 사회화의 원리 |
| ④ | 다양화의 원리 | 사제동행의 원리 |

**해설**
노인운동 교육의 원리
- 자발성의 원리 : 노인의 자율성에 기초하여 교육해야 한다.
- 경로의 원리 : 노인을 존중하는 경로사상을 가지고 교육해야 한다.
- 사제동행의 원리 : 지도자와 학습자 간의 기본 관계는 대등하다는 전제하에 교육해야 한다.
- 생활화의 원리 : 노인교육은 일상 생활에서 발생하는 문제 해결을 중심으로 이루어져야 한다.
- 다양화의 원리 : 다양한 활동을 통해 교육이 이루어져야 한다.
- 직관의 원리 : 복잡한 자료보다는 직관적인 자료를 활용하여 교육해야 한다.
- 개별화의 원리 : 노인의 개인차를 고려하여 학습 욕구를 충족시켜줄 수 있는 방법으로 교육해야 한다.
- 경험의 원리 : 추상적인 방법보다는 직접 경험할 수 있는 방법으로 교육해야 한다.
- 사회화의 원리 : 변화하는 사회 환경에 맞춰 사회화하는 방법을 교육해야 한다.

**정답** 15 ② 16 ④ 17 ②

**18** 〈보기〉에서 미국스포츠의학회(ACSM)의 노인을 위한 유산소운동 지침으로 옳은 것을 모두 고른 것은?

기출 16 · 18 · 19 · 20 · 21 · 24

┌ 보기 ┐

| ㉠ | 운동<br>빈도(F) | • 중강도 시 5일/주<br>• 고강도 시 3일/주 |
|---|---|---|
| ㉡ | 운동 강도(I) | • 중강도 시 5~6(RPE 10점 만점 도구 기준)<br>• 고강도 시 7~8(RPE 10점 만점 도구 기준) |
| ㉢ | 운동<br>시간(T) | • 중강도 시 150~300분/주<br>• 고강도 시 75~100분/주 |
| ㉣ | 운동<br>형태(T) | 앉았다 일어서기(스쿼트), 스트레칭 |

① ㉠, ㉡, ㉢
② ㉠, ㉡, ㉣
③ ㉠, ㉢, ㉣
④ ㉡, ㉢, ㉣

**해설**

미국스포츠의학회(ACSM)에서 제시한 노인의 신체 활동 권고지침 중 유산소 운동 지침은 다음과 같다.
• 빈도 : 중강도 운동으로 일주일에 최소 5일, 고강도 운동으로 일주일에 최소 3일
• 강도 : RPE 10점 도구를 기준으로 중강도 운동은 5~6, 고강도 운동은 7~8
• 시간 : 중강도 운동은 일주일에 150~300분, 고강도 운동은 일주일에 75~100분
• 유형 : 골격계에 낮은 스트레스를 주는 활동
따라서 스쿼트같이 골격계에 높은 스트레스를 주는 활동을 삼가야 한다.

**19** 〈보기〉에 해당하는 대상자의 운동참여 동기유발을 위한 노인스포츠지도사의 상담 내용으로 옳지 않은 것은?

기출 20

┌ 보기 ┐
• 68세 어르신은 체중조절과 건강관리를 위한 운동에 관심이 있다.
• 운동 참여 경험은 없지만, 지속적으로 운동에 참여하고 싶다.

① 가족, 친구들과 함께 운동하며, 사회적 교류 기회가 확대됨을 설명한다.
② 스트레스 해소와 활력감 증진에 도움이 됨을 설명한다.
③ 건강 및 체중 관리에 도움이 됨을 설명한다.
④ 질병치료에 대한 기대감을 갖도록 설명한다.

**해설**

노인의 운동 참여를 위한 동기유발 요소로 질병치료에 대한 기대감을 갖게 하는 것은 잘못된 것이다. 운동은 질병이 발생할 위험을 감소시켜주는 것이지 질병을 치료하기 위한 직접적인 수단은 아니라는 것을 설명해야 한다.

정답 18 ① 19 ④

**20** 노인운동 지도 시 의사소통에 관한 설명으로 옳은 것은?  기출▶ 15·19·20·21

① 어린아이를 다루듯 말한다.
② 스킨십은 사용하지 않는다.
③ 소리를 질러가며 말하지 않는다.
④ 대상자를 정면에서 쳐다보는 언어적 기술을 사용한다.

**해설**

노인과의 의사소통

| | |
|---|---|
| 해야할 것 | • 자신을 소개한다.<br>• 노인에게 존칭을 사용한다.<br>• 천천히 이야기하고 노인의 말을 경청한다.<br>• 스킨십을 적절히 이용한다.<br>• 모든 참여자가 이해할 수 있는 용어를 사용한다.<br>• 요점만 설명하고 시각적 이미지를 활용한다. |
| 하지 말아야 할 것 | • 어린아이 다루듯 하지 않는다.<br>• 소리 지르듯 말하지 않는다.<br>• 노인에 대한 선입견을 가지지 않는다.<br>• 접촉을 두려워하지 않는다. |

정답 20 ③

# 2021년 선택과목 기출문제

## 제1과목 | 스포츠사회학

**01** 스포츠사회학에 관한 설명으로 옳지 않은 것은?
  기출▶ 15 · 16 · 17 · 19 · 24

① 스포츠 현장의 사회구조와 사회과정을 설명하는 학문이다.
② 운동참여자의 운동수행능력과 관련된 직접적인 원인을 설명한다.
③ 사회학의 하위 분야로 스포츠 현장의 인간행동을 예측하고 이해한다.
④ 스포츠는 사회영역과 밀접한 관계를 맺고 있어 통찰과 분석이 필요하다.

**해설**
스포츠사회학은 스포츠 장면에서 일어나는 행동유형과 사회과정을 일반 사회구조의 측면에서 설명하는 학문이다. 운동 참여자의 운동 능력과 관련된 직접적인 원인을 설명하는 학문은 운동역학에 가깝다.

스포츠사회학의 개념과 연구 영역
- 스포츠 현장의 사회구조와 사회과정을 설명하는 학문이다.
- 사회학의 하위 분야로 스포츠 현장의 인간 행동을 예측하고 이해한다.
- 사회행동의 과정과 유형을 스포츠 맥락에서 설명하는 학문이다.
- 스포츠에서 나타나는 행동유형과 사회과정에 초점을 두고, 이를 스포츠 활동이 존재하는 일반 사회구조의 측면에서 설명한다.
- 스포츠사회학의 연구 사례에는 종교가 스포츠 보급에 미치는 영향 분석, 운동선수들의 은퇴 후 사회적응과정 분석, 스포츠 활동과 생활 만족도 간의 관계 연구 등이 있다.

**02** 〈보기〉에서 설명하는 스포츠의 국제 정치적 사건으로 옳은 것은?
  기출▶ 20

┌ 보기 ┐
- 온두라스와 엘살바도르 간의 갈등 심화
- 1969년 중남미 월드컵 지역 예선 경기에서 발생

① 축구전쟁
② 헤이젤 참사
③ 검은 구월단
④ 핑퐁외교

**해설**
① 축구전쟁: 1969년 6월 15일 열린 멕시코 월드컵 중남미 예선전을 계기로 발생한 엘살바도르와 온두라스 간의 전쟁이다.
② 헤이젤 참사: 1985년 5월 29일 벨기에의 헤이젤 스타디움에서 열린 유러피언 컵 결승전에서 리버풀 팬과 유벤투스 팬들의 충돌로 39명이 사망하고 600여 명이 부상당한 사건이다.
③ 검은 구월단: 1972년 제20회 뮌헨올림픽에서 발생한 팔레스타인 테러조직에 의한 이스라엘 선수단 인질 사건으로, 국가 간 갈등이 올림픽을 통해 표출된 테러 사건이다.
④ 핑퐁외교: 탁구를 통한 스포츠외교로, 1971년 일본의 나고야에서 열린 제31회 세계 탁구 선수권 대회를 계기로 냉전 상황이었던 미국과 중국의 관계가 개선된 스포츠 외교를 말한다.

01 ② 02 ①

## 03 파슨즈(T. Parsons)의 AGIL 모형에 근거한 스포츠의 사회적 기능으로 옳지 않은 것은?

기출 ▶ 22 · 24

① 적응
② 통합
③ 목표성취
④ 상업주의

**해설**
파슨즈(T. Parsons)의 AGIL 조직 유형

| 사회적 기능 | 초점을 맞추는 조직 |
|---|---|
| 적응<br>(Adaptation) | • 생산조직(민간기업 등)<br>• 사회구성원이 소비하는 자원, 상품, 재화 등을 생산하는 조직 |
| 목표성취<br>(Goal Attainment) | • 정치조직(정부, 정당 등)<br>• 사회적 목표와 가치를 결정하고, 사회자원을 동원하여 목표를 달성하는 역할을 수행하는 조직 |
| 통합<br>(Integration) | • 통합조직(법원, 경찰 등)<br>• 일탈을 규제하고 통합상태를 유지하며, 사회구성원 간의 갈등을 해소하는 역할을 수행하는 조직 |
| 체제유지<br>(Latency) | • 유형유지조직(교육기관, 문화단체, 종교단체 등)<br>• 문화와 가치를 보존하고 전승하며, 사회의 규범을 구성원들에게 내면화시키는 기능을 수행하는 조직 |

## 04 훌리한(B. Houlihan)이 제시한 정부(정치)가 스포츠에 개입하는 목적으로 옳지 않은 것은?

기출 ▶ 24

① 시민들의 건강 및 체력유지를 위해 반도핑 기구에 재원을 지원한다.
② 스포츠 현장에서 인종차별을 해소하기 위해 Title IX 법안을 제정했다.
③ 게르만족의 우월성을 강조하기 위해 1936년 베를린 올림픽을 개최하였다.
④ 공공질서를 보호하기 위해 공원에서 스케이트보드 금지, 헬멧 착용 등의 도시 조례가 제정되었다.

**해설**
엘리슨과 훌리한이 제시한 정부가 스포츠에 개입하는 목적은 공공질서 보호, 시민들의 건강 및 체력 유지, 지역사회·국가적 명성 고취, 정체성과 소속감 증진, 지배적인 정치 이데올로기와 관련된 가치 재생산, 정치 지도자와 정부에 대한 시민 지지 증대 등이 있다. 타이틀 나인(Title IX) 법안은 1972년 미국에서 제정된 법률로, 모든 교육 프로그램에서 성별에 의한 차별을 금지하기 위해 제정되었다.

## 05 〈보기〉에서 프로스포츠의 순기능으로 옳은 것을 모두 고른 것은?

기출 ▶ 16

┌ 보기 ┐
㉠ 스포츠의 대중화
㉡ 생활의 활력소 역할
㉢ 지역사회 연대감 증대
㉣ 아마추어 스포츠의 활성화

① ㉠
② ㉠, ㉡
③ ㉠, ㉡, ㉢
④ ㉠, ㉡, ㉢, ㉣

**해설**
프로스포츠의 사회적 기능

| 프로스포츠의 순기능 | 프로스포츠의 역기능 |
|---|---|
| • 개인의 여가 선용 및 생활의 활력소<br>• 지역사회 연대감 증대<br>• 지역경제 활성화<br>• 스포츠의 대중화<br>• 아마추어 스포츠의 활성화<br>• 진로 개척<br>• 선수의 사기 양양<br>• 사회적 긴장감 해소<br>• 스포츠 참여 증가 | • 스포츠의 물질만능주의 확대<br>• 인기종목과 비인기종목의 불균형 초래<br>• 우수선수의 스카우트 경쟁 심화<br>• 국민의 사행심 조장<br>• 내면적 만족보다 외형적 이익 중시 |

정답 03 ④ 04 ② 05 ④

## 06 〈보기〉에서 스포츠 상업화에 따른 변화로 옳은 것을 모두 고른 것은?
기출▶ 15 · 17 · 18 · 19 · 22

┤보기├
㉠ 프로페셔널리즘 추구
㉡ 심미적 가치의 경시
㉢ 직업선수의 등장
㉣ 아마추어리즘의 강조
㉤ 스포츠조직의 세계화
㉥ 농구 쿼터제 도입

① ㉠, ㉡, ㉢, ㉥
② ㉠, ㉢, ㉤, ㉥
③ ㉡, ㉢, ㉣, ㉤
④ ㉡, ㉣, ㉤, ㉥

**해설**
㉡ 심미적 가치보다 영웅적 가치를 선호하지만, 심미적 가치가 경시된다고 볼 수는 없다.
㉣ 아마추어리즘은 상업주의의 대두, 금전적·물질적 이익을 추구하는 프로스포츠의 발달로 퇴보하기 시작하였다.

스포츠의 상업화로 인한 변화
• 스포츠 제도·규칙의 변화
• 아마추어리즘의 퇴조
• 프로스포츠의 출현과 가속화
• 스포츠의 직업화
• 스포츠 경기의 쇼(Show)화

## 07 〈보기〉에서 투민(M. Tumin)의 스포츠계층 형성과정의 서열화에 관한 설명 중 옳은 것을 모두 고른 것은?
기출▶ 18 · 20 · 22 · 23

┤보기├
㉠ 특정 선수를 선망의 대상으로 생각하거나 팬으로서 특정 선수를 좋아한다.
㉡ 스포츠 팀 구성원으로 자신의 능력이 팀의 승리에 미치는 영향력이 커야 한다.
㉢ 뛰어난 운동신경과 능력뿐만 아니라 탁월한 개인적 특성을 갖추고 있어야 한다.
㉣ 특정 스포츠 영역에서 요구되는 운동기술이 특출한 기량을 발휘해야 한다.

① ㉠, ㉡
② ㉠, ㉢
③ ㉠, ㉡, ㉢
④ ㉡, ㉢, ㉣

**해설**
투민(M. Tumin)의 스포츠계층 형성과정

| 지위의 분화 | 사회적 지위에 따라 특정한 역할이 주어짐으로써 타 지위와 구별되는 과정을 의미한다. |
|---|---|
| 지위의 서열화 | 서열화의 중요한 목적은 각 지위를 적재적소에 배치하는 것으로, 서열화는 개인적 특성, 개인의 기능이나 능력, 역할의 사회적 기능에 의해 이루어진다. |
| 평가 | 가치 유용성 정도에 따라 상이한 각 위치에 지위를 적절하게 배열하는 것을 의미하며, 평가 요소에는 권위, 호감, 인기 등이 있다. |
| 보수 부여 | 서열화된 각 지위에 대해서 사회적 희소가치의 자원이 차별적으로 배분되는 과정이다. |

## 08 로이(J. Loy)와 레오나르드(G. Leonard)가 제시한 사회이동 기제로서 스포츠 역할의 근거로 옳지 않은 것은?

① 프로스포츠 선수들은 다양한 형태의 후원 및 광고출연의 기회가 있다.
② 조직적인 스포츠 참가는 직·간접적으로 교육적 성취도를 향상시킨다.
③ 스포츠의 참가 기회 및 결과는 공정하기 때문에 상승이동에 기여한다.
④ 사회생활을 하는 데 가치 있다고 여겨지는 태도 및 행동 양식을 학습시킨다.

**해설**

사회이동 기제로서 스포츠의 역할

| | |
|---|---|
| 긍정적 역할 | • 조직적인 스포츠 참가는 다양한 형태의 직업적 후원을 받을 수 있는 기회를 제공한다.<br>• 조직적인 스포츠 참가는 직접적이든 간접적이든 교육적 성취도를 향상시킨다.<br>• 스포츠 참가는 일반 직업영역에서 가치 있게 여겨지는 태도 및 행동양식의 발달을 유도하여 사회적 상승이동을 촉진하는 수단이 된다.<br>• 어린 시절부터 조직적인 스포츠에 참가하게 되면 프로스포츠와 같은 전문 직종에 입문할 수 있는 신체적 기량 및 능력이 고도로 발달한다. |
| 부정적 역할 | • 불평등한 사회현실을 은폐하기 위해 스포츠를 이용한다.<br>• 누구나 노력하면 성공할 수 있다는 일종의 성공 이데올로기를 대중에게 확신시킨다. |

## 09 스포츠 미디어 이론에 관한 설명으로 옳지 않은 것은?

① 문화규범이론 - 문화적 차이에 의해 핫 미디어와 쿨 미디어로 나누어진다.
② 사회범주이론 - 미디어의 영향력은 성, 연령, 계층 등에 따라 다르게 반영된다.
③ 개인차이론 - 대중들은 능동적 수용자로서 심리적 욕구를 만족하기 위해 매스미디어를 활용한다.
④ 사회관계이론 - 미디어를 통한 개인의 스포츠 소비 형태는 중요타자의 가치와 소비행동에 의해 영향을 받는다.

**해설**

맥루한의 매체이론에 관한 설명이다. 문화규범이론은 대중매체는 현존하는 사상이나 가치를 선택적으로 제시하며 강조하고, 개인의 대중매체 스포츠 소비 유형은 스포츠 취급 양태에 따라서 다양하게 영향을 받는다는 이론이다.

맥루한(McLuhan)의 매체이론

| | |
|---|---|
| 핫 매체(Hot Media) | • 유형 : 신문, 잡지, 라디오, 화보, 영화 등<br>• 핫 매체 스포츠 : 수영, 야구, 태권도, 검도, 육상 등 |
| 쿨 매체(Cool Media) | • 유형 : TV, 만화, 인터넷 등<br>• 쿨 매체 스포츠 : 농구, 축구, 핸드볼 등 |

## 10 〈보기〉의 ㉠~㉣에 해당하는 머튼(R. Merton)의 아노미이론에서 제시한 일탈행동 유형으로 옳은 것은?

기출 ▶ 18·25

┤보기├
㉠ 벤 존슨은 불법약물복용으로 올림픽 금메달을 박탈당했다.
㉡ 승리에 대한 집념보다는 규칙을 지키며 최선을 다해 경기에 참여한다.
㉢ 스스로 실력의 한계를 느끼고 운동부에서 탈퇴한다.
㉣ 학생선수의 학습권을 보장하기 위해 최저학력제를 도입하였다.

|   | ㉠ | ㉡ | ㉢ | ㉣ |
|---|---|---|---|---|
| ① | 혁신주의 | 반역주의 | 도피주의 | 의례주의 |
| ② | 반역주의 | 혁신주의 | 의례주의 | 도피주의 |
| ③ | 혁신주의 | 의례주의 | 도피주의 | 반역주의 |
| ④ | 의례주의 | 반역주의 | 혁신주의 | 도피주의 |

**해설**
머튼(R. Merton)의 아노미이론
- 혁신주의 : 목표는 수용하지만 수단은 거부하는 행위로, 승리하기 위해서 수단과 방법을 가리지 않는다. - ㉠
- 의례주의 : 목표는 거부하지만 수단은 수용하는 행위로, 경기의 승패보다 규칙을 지키는 것이 중요하다고 생각한다. - ㉡
- 도피주의 : 목표와 수단을 모두 거부하는 행위로, 스포츠 참가를 중단 또는 포기한다. - ㉢
- 반역주의 : 목표와 수단을 모두 거부하고 새로운 목표와 방법을 모색하는 행위로, 기존 스포츠를 거부하고 새로운 스포츠를 개발해야 한다고 생각한다.
- 동조주의 : 목표와 수단을 모두 인정하는 행위로, 스포츠 규칙을 준수하면서 이기는 것이 중요하다고 생각한다. - ㉣

## 11 〈보기〉의 ㉠~㉣에 해당하는 집합행동 이론으로 옳은 것은?

기출 ▶ 20·23

┤보기├
㉠ 군중은 피암시성, 순환적 반작용에 의해 폭력적 집단행동이 나타난다.
㉡ 군중들의 반사회적 성향이 익명성, 몰개성화에 의해 집합행동으로 나타난다.
㉢ 특정 사회적 상황에서의 공유의식은 구성원의 감정과 정숙 정도, 수용성 등에 영향을 준다.
㉣ 선행적 사회구조적·문화적 요인으로 인한 단계적 절차는 집합행동을 생성, 발전 및 소멸시킨다.

|   | ㉠ | ㉡ | ㉢ | ㉣ |
|---|---|---|---|---|
| ① | 전염이론 | 수렴이론 | 규범생성이론 | 부가가치이론 |
| ② | 수렴이론 | 전염이론 | 부가가치이론 | 규범생성이론 |
| ③ | 규범생성이론 | 부가가치이론 | 수렴이론 | 전염이론 |
| ④ | 부가가치이론 | 규범생성이론 | 전염이론 | 수렴이론 |

**해설**
관중 폭력을 설명하는 집합행동 이론
- 전염이론 : 군중심리로, 개인의 행동이 타인에 영향을 주어 동조하게 만들고, 폭력적 성향이 전염되어 집단적 폭력행위로 이어진다는 이론이다.
- 수렴이론 : 군중 속 개인의 잠재적 본성이 익명성을 바탕으로 표출된다는 이론으로, 비사회적·반사회적 기질이 표출된다.
- 규범생성이론 : 군중 속에서 개인의 차이와 군중의 이질성을 인정하는 것으로, 군중폭력 행위의 전염성과 모방성을 동조하지 않고 이성적으로 판단할 수 있다는 이론이다.
- 부가가치이론 : 집단행동을 야기하는 요인들이 연속적 행동을 한계화·특성화한다고 보는 이론으로, 기본적 전제는 집합행동이 일어난 사회적 상황과 관련된 많은 발생요인들이 사건의 발생 이전에 나타나야 한다는 것이다.

정답 10 ③ 11 ①

**12** <보기>는 코클리(J. Coakley)가 제시한 일탈적 과잉동조를 유발하는 스포츠 윤리규범의 유형과 특징에 관한 설명이다. ㉠~㉢에 들어갈 내용으로 옳은 것은?

기출 19 · 23 · 24

┤보기├
- ( ㉠ ) - 운동선수는 위험을 받아들이고 고통 속에서도 경기에 참여해야 한다.
- ( ㉡ ) - 운동선수는 장애물을 극복하고 역경을 헤쳐 나가는 노력을 해야 한다.
- ( ㉢ ) - 운동선수는 경기에 헌신해야 하며 이를 그들의 삶에서 우선순위에 두어야 한다.
- 구분짓기규범 - 다른 선수와의 차별성을 강조하며, 운동선수는 경기에서 탁월함을 추구해야 한다.

| | ㉠ | ㉡ | ㉢ |
|---|---|---|---|
| ① | 몰입규범 | 도전규범 | 인내규범 |
| ② | 몰입규범 | 인내규범 | 도전규범 |
| ③ | 인내규범 | 도전규범 | 몰입규범 |
| ④ | 인내규범 | 몰입규범 | 도전규범 |

**해설**
코클리(J. Coakley)의 일탈적 과잉동조를 유발하는 스포츠 윤리규범 유형
- 인내규범 : 운동선수는 스포츠 상황에서 발생하는 다양한 위험과 고통을 감내하고 경기에 임해야 한다.
- 도전규범(가능성규범) : 운동선수는 불가능은 없다는 긍정적인 마음가짐으로, 역경과 장애물을 극복하기 위해 도전해야 한다.
- 몰입규범 : 운동선수는 경기에 헌신해야 한다.
- 구분짓기규범 : 운동선수는 다른 선수들보다 뛰어난 모습을 보이기 위하여 노력해야 한다.

**13** <보기>에서 매기(J. Magee)와 서덴(J. Sugden)이 제시한 스포츠의 노동이주 유형으로 옳은 것은?

기출 23

┤보기├
- 종목의 특성으로 인해 국가 간 이동이 발생한다.
- 개인의 취향에 의해 선택하는 경우도 발생한다.
- 흥미로운 장소를 돌면서 스포츠를 즐기는 유형이다.

① 유목민형
② 정착민형
③ 개척자형
④ 귀향민형

**해설**
매기(J. Magee)와 서덴(J. Sugden)이 제시한 스포츠의 노동이주 유형
- 유목민형 : 종목의 특성으로 인하여 노동이주가 발생하고, 개인의 취향에 의한 선택도 자주 나타난다.
- 정착민형 : 경제적 보상 이외의 다른 요인으로 의하여 정착하게 되고, 보다 나은 사회적·교육적 환경에서 거주하고자 한다.
- 개척자형 : 경제적 보상을 최고의 가치로 생각하지 않고, 이주한 국가와 친밀한 관계를 형성한다.
- 귀향민형 : 다른 나라로 이주했다가 다시 자국으로 귀향하는 유형으로, 해외 경험을 바탕으로 복귀하게 된다.
- 용병형 : 경제적 보상이 결정적인 요인이 되며, 보다 나은 경제적 보상이 주어진다면 다시 이주할 가능성이 매우 높다.

정답 12 ③  13 ①

## 14 〈보기〉에서 설명하는 스포츠일탈이론의 관점으로 옳은 것은?

기출 ▶ 20 · 24

┌ 보기 ┐
- 동일한 행위도 상황에 따라 일탈로 규정되거나 그렇지 않을 수 있다.
- 경기장에도 다양한 일탈 행동으로 낙인찍힌 선수들이 있다.

① 갈등론적 관점
② 구조기능주의 관점
③ 상징적 상호작용론적 관점
④ 비판론적 관점

**해설**
상징적 상호작용론적 관점은 구조보다 개인의 역량을 높이 평가한다. 스포츠사회학의 연구범위 중 미시적 관점으로서, 인간은 대상과 상황을 주관적으로 해석하고, 그것에 의미를 부여하며, 그것에 따라 자신의 행위를 능동적으로 구성해 나가는 존재라고 본다. 때문에 비행, 공격성 낙인 등과 같이 주어진 상황에 대한 개인의 경험의 해석을 강조한다.
① 갈등론적 관점 : 스포츠가 일부 지배집단에 의해 조작되고, 지배집단의 이익을 증진시키는 데 이용되며, 운동선수의 재능과 능력을 착취하여 권력과 이익을 보존하는 수단으로 활용한다는 이론이다.
② 구조기능주의적 관점 : 일탈이 가치관의 혼란으로 인해 발생한다고 보는 한편, 일탈이 규범을 재확인하는 기회가 되어 사회기능 유지에 긍정적인 영향을 미친다고 본다.
④ 비판론적 관점 : 사회적 권력이 이데올로기에 의해 구성되며, 이데올로기가 사회를 어떻게 재생산하거나 변화시키는지에 관심을 가진다. 스포츠가 사회 불평등과 억압을 재생산한다고 보았으며, 그 과정을 비판적으로 고찰한다.

## 15 〈보기〉의 ㉠~㉢에 해당하는 스포츠사회화 과정으로 옳은 것은?

기출 ▶ 15 · 18 · 19 · 20

┌ 보기 ┐
- ( ㉠ ) – 테니스 지도자가 되어 초등학교에서 테니스를 가르치게 되었다.
- ( ㉡ ) – 부모님의 권유로 테니스를 배우게 되었다.
- ( ㉢ ) – 테니스 참여를 통해 사회성, 준법정신이 강한 선수가 되었다.
- 스포츠 탈사회화 – 무릎인대 손상으로 테니스선수 생활을 그만두었다.

|   | ㉠ | ㉡ | ㉢ |
|---|---|---|---|
| ① | 스포츠 재사회화 | 스포츠를 통한 사회화 | 스포츠로의 사회화 |
| ② | 스포츠로의 사회화 | 스포츠 재사회화 | 스포츠를 통한 사회화 |
| ③ | 스포츠를 통한 사회화 | 스포츠로의 사회화 | 스포츠 재사회화 |
| ④ | 스포츠 재사회화 | 스포츠로의 사회화 | 스포츠를 통한 사회화 |

**해설**
스포츠사회화의 과정
- 스포츠로의 사회화 : 스포츠에 참가하는 그 자체를 의미한다. – ㉡
- 스포츠를 통한 사회화 : 스포츠 장면에서 학습된 기능, 특성, 가치, 태도, 지식, 성향(인성, 도덕적 성향) 등이 다른 사회현상으로 전이·일반화되는 과정이다. – ㉢
- 스포츠로부터의 탈사회화 : 참여중단, 중도탈락, 은퇴(자발적·비자발적) 등 스포츠 참가를 중단하는 것을 의미한다.
- 스포츠 재사회화 : 스포츠 참가를 중단하고 스포츠의 장으로부터 이탈해 있던 비참가자가 새롭게 흥미를 느끼는 종목이나 포지션 및 타 지역에서 다시 스포츠 활동을 재개하게 되는 경우를 의미한다. – ㉠

**16** 〈보기〉에서 신자유주의 시대 스포츠 세계화의 특징에 해당하는 것 중 옳은 것을 모두 고른 것은?

기출▶ 16·19

┌보기┐
㉠ 스포츠 시장의 경계가 국경을 초월해 전 세계로 확대되었다.
㉡ 프로스포츠의 이윤 극대화로 인해 빈익빈 부익부 현상이 해소되었다.
㉢ 세계인들에게 표준화된 스포츠 상품과 스포츠 문화를 소비하게 만들었다.
㉣ 각 나라의 전통스포츠가 전 세계로 보급되어 새로운 스포츠 시장을 개척할 수 있게 되었다.

① ㉠, ㉡
② ㉠, ㉢
③ ㉡, ㉢
④ ㉡, ㉣

**해설**
신자유주의에 의한 스포츠 세계화
- 신자유주의는 시장 경제에 대한 국가의 개입을 최소화하여 민간의 자유로운 활동을 중시하는 경제이론이다.
- 자유경쟁을 주장하며 자유시장의 건전한 발전을 위해 정부의 역할이 축소되는 결과를 가져왔다.
- 신자유주의의 가장 중요한 가치관은 이윤추구이므로, 이윤의 극대화가 어려운 전통스포츠보다 이윤추구가 용이한 인기 스포츠들의 보급이 뚜렷하게 나타난다.
- 스포츠 시장의 경계가 국경을 초월해 전 세계로 확대되었다.
- 다국적 기업과 자본의 힘이 매우 중요시되며, 상업적인 성향을 크게 지니게 되었다.
- 스포츠 시장의 크기가 커지면서 프로스포츠의 이윤이 극대화되고, 자유경쟁으로 인해 빈익빈 부익부 현상이 초래되었다.

**17** 〈보기〉의 ㉠, ㉡에 해당하는 용어로 옳은 것은?

기출▶ 18

┌보기┐
- 미디어는 스포츠 중계를 통해 시청자들의 상품 소비를 촉진시키는 ( ㉠ ) 이데올로기를 생산한다.
- 미디어는 남성스포츠 경기를 역사적 중요성을 갖고 있는 것처럼 묘사하며, 여성스포츠를 실력보다 외모를 부각시키는 ( ㉡ ) 이데올로기를 생산한다.

| | ㉠ | ㉡ |
|---|---|---|
| ① | 합리주의 | 젠더 |
| ② | 자본주의 | 젠더 |
| ③ | 합리주의 | 성공 |
| ④ | 자본주의 | 성공 |

**해설**
스포츠미디어에 내포된 이데올로기
- 국가주의 이데올로기 : 민족주의나 국민적 일체감을 강조한다.
- 젠더 이데올로기 : 여성선수의 외모를 더 부각시켜 성차별 이데올로기를 조장한다.
- 자본주의 이데올로기 : 경제적 가치를 중시하여 스포츠의 소비를 유도한다.
- 개인주의 이데올로기 : 사회적 모순을 개인의 노력에 의해 극복할 수 있다는 심리를 조장한다.

**18** 교육현장에서 스포츠의 역기능에 관한 설명으로 옳지 않은 것은?

기출▶ 16·17·19·20·24

① 비과학적 훈련 방법은 학생선수를 혹사시킨다.
② 승리지상주의 심화로 인해 교육목표를 결핍시킨다.
③ 참여기회의 제한으로 장애인의 적응력을 배양시킨다.
④ 학교와 팀의 성공을 위해 학생선수의 의도적 유급, 성적 위조 등을 조장한다.

정답 16 ② 17 ② 18 ③

해설
교육현장에서 스포츠의 역기능
- 교육목표의 훼손
- 승리지상주의(일탈 조장)
- 일반 학생의 참가기회 제한(엘리트의식 조장)
- 성차별의 간접 교육
- 부정행위 조장
- 위선과 착취
- 무조건적 복종을 강조하는 독재적 코치
- 비인간적 훈련(목적 달성을 위한 도구)

**19** 〈보기〉에서 설명하는 스포츠사회화이론으로 옳은 것은?  기출▶ 17 · 19

┌ 보기 ┐
- 상과 벌을 통해 행동의 변화가 일어난다.
- 사회화 주관자의 가르침을 통해 행동이 변화한다.
- 다른 사람의 행동을 관찰하여 모방이 일어난다.

① 사회학습이론
② 역할이론
③ 준거집단이론
④ 문화규범이론

해설
사회학습이론(W. Leonard II)
사회학습이론은 개인이 사회적 행동을 어떻게 습득하고 수행하는지 분석하고 밝히는 이론이다. 코칭 · 강화 · 관찰학습을 통해 사회화가 이루어진다고 보았다.
- 강화 : 상과 벌 같은 외적보상으로 사회적 역할을 습득한다.
- 코칭 : 사회화 주관자에 의하여 새로운 지식과 기능을 학습한다.
- 관찰학습 : 타인의 행동을 관찰하여 개인의 과제를 학습하고 수행한다.

다양한 스포츠사회학이론
- 역할이론 : 개인이 사회구조 속에 처한 상황을 인식하여 자기 역할을 완전하게 수행하려고 시도하면서 사회화가 이루어진다는 스포츠사회화이론이다.
- 준거집단이론 : 타인이나 어떤 준거가 되는 집단의 행동, 감정, 태도 등을 자신의 준거 척도로 삼는다는 스포츠사회화이론이다.
- 문화규범이론 : 미디어가 스포츠를 보도하는 형태에 따라서 스포츠에 대한 태도가 바뀐다는 대중매체이론이다.

**20** 미래 스포츠의 변화와 전망에 관한 설명으로 옳지 않은 것은?  기출▶ 16

① 정보통신기술의 발달로 스포츠 관람형태가 다양해진다.
② '기술 도핑(Technical Doping)'은 스포츠의 공정성을 훼손한다.
③ 다양한 신소재의 개발은 스포츠의 용품 및 장비 개발에 활용된다.
④ 통신 및 전자매체의 발달로 스포츠에서 미디어의 영향력이 감소된다.

해설
미래 스포츠의 변화
- 건강에 대한 관심과 환경에 대한 책임감으로 자연친화적인 스포츠에 대한 관심이 증가한다.
- 개방적이고 즉흥적인 활동으로 경기의 승리보다 내재적 만족이 강조된다.
- 과학기술의 발달로 용품 · 장비 · 시설 등 스포츠 환경이 개선되고 스포츠 기술이 발달한다.
- 전자매체 발달로 관람스포츠 형태로 변화하고, 스포츠에서 미디어의 영향력이 증가한다.
- 새로운 형태의 스포츠가 지속적으로 발생한다.
- 노인, 여성 등 스포츠 참여계층이 다양해진다.

## 제2과목 | 스포츠교육학

**01** 시덴탑(D. Siedentop)이 제시한 스포츠교육 모형의 6가지 핵심적인 특성으로 옳지 않은 것은?

기출▶ 16 · 20

① 축제화(Festivity)
② 팀 소속(Affiliation)
③ 유도연습(Guided Practice)
④ 공식경기(Formal Competition)

**해설**
스포츠 교육모형의 6가지 핵심적인 특성(D. Siedentop)
- 시즌 : 연습 기간, 시즌 전 기간, 정규시즌 기간, 최종경기를 포함한다.
- 팀 소속 : 시즌 동안 한 팀의 일원으로 참여한다.
- 공식경기 : 경기의 공정성과 더 나은 경기 참여를 위해 시즌을 조직하고 의사결정에 참여한다.
- 결승전 행사 : 시즌은 팀 경쟁, 개인 경쟁 등 다양한 형태로 마무리한다.
- 기록 보존 : 경기수행에 대해 기록하고 분석한다.
- 축제화 : 시즌 동안 경기는 축제 분위기 속에서 진행된다.

**02** 〈보기〉의 방과 후 학교 체육활동 프로그램 개발 시 고려사항에 관한 설명 중 옳은 것으로만 묶인 것은?

기출▶ 17

┤보기├
㉠ 학습자의 적성과 흥미를 고려한다.
㉡ 구체적인 목표와 미래 지향적 방향을 설정한다.
㉢ 교육과정과의 연계보다 프로그램의 특성을 고려한다.
㉣ 학교체육시설, 지도 인력, 예산 등은 제약 없이 사용이 가능하므로 이를 반영한다.

① ㉠, ㉡   ② ㉠, ㉢
③ ㉡, ㉢   ④ ㉡, ㉣

**해설**
㉢ 방과 후 학교 체육 활동 또한 학교체육 프로그램에 속하므로 교육과정과의 연계를 고려해야 한다.
㉣ 학교체육시설, 지도 인력, 예산 등은 정해진 범위 내에서 사용 가능하므로 프로그램 개발 시 이를 반영해야 한다.

**03** 〈보기〉의 ㉠, ㉡에 해당하는 용어로 옳은 것은?

기출▶ 16

┤보기├
1960년대 중반 미국을 중심으로 전개된 ( ㉠ )은 스포츠교육학이 체육학의 하위학문 분야로 성장하는 데 촉매제 역할을 하였다. 결국 신체 활동을 지도할 때 학문을 기반으로 한 ( ㉡ )지식을 스포츠 참여자에게 가르쳐야 한다는 주장이 본격적으로 제기되기 시작했다.

|   | ㉠ | ㉡ |
|---|---|---|
| ① | 체육 학문화 운동 | 이론적 |
| ② | 체육 학문화 운동 | 경험적 |
| ③ | 체육 과학화 운동 | 경험적 |
| ④ | 체육 과학화 운동 | 이론적 |

**해설**
체육 학문화 운동은 1960년대 중반, 미국을 중심으로 시작되어 스포츠교육의 과학화와 영역의 확장에 기여하였다. 체육 학문화 운동으로 체육을 하나의 학문영역으로 만들려는 노력이 이루어졌고, 스포츠교육학이 이론적으로 체계화되었다.

**04** 체육활동에서 안전한 학습환경 유지에 관한 설명으로 옳지 않은 것은?

① 활동 전에 안전 문제를 예측하고 교구를 배치한다.
② 위험한 상황이 예측되더라도 시작한 과제는 끝까지 수행한다.
③ 안전한 수업운영에 필요한 절차를 학습자들에게 명확히 전달한다.
④ 새로운 연습과제나 게임을 시작할 때 지도자는 지속적으로 학습자를 감독한다.

**해설**
지도자는 학습자의 과제 수행을 지속적으로 관찰해야 하는데 이는 안전한 상황이 유지되고 있는지를 확인하기 위함이 가장 기본적인 목적이다. 위험한 상황이 예측될 경우 진행하던 과제를 중단해야 한다.

**정답** 01 ③  02 ①  03 ①  04 ②

## 05 〈보기〉의 성장단계별 스포츠 프로그램의 목적 중 옳은 것을 모두 고른 것은?

┌ 보기 ┐
- ㉠ 유소년스포츠 – 유아와 아동의 신체적·인지적 발달 도모, 기본적인 사회관계 형성
- ㉡ 청소년스포츠 – 운동기능 습득, 삶의 즐거움과 활력 찾기, 또래친구와의 여가활동 참여
- ㉢ 성인스포츠 – 신체적 건강 유지, 사교, 흥미확대, 사회적 안정 추구

① ㉠
② ㉠, ㉡
③ ㉡, ㉢
④ ㉠, ㉡, ㉢

**해설**
- ㉠ 유소년스포츠 프로그램의 목적은 다양한 신체 활동을 통해 유아와 아동의 신체적·인지적 발달을 도모하고 '사회화'를 진행하는 것이다. 이를 위해 자발적으로 스포츠 활동에 참여할 수 있도록 프로그램을 구성해야 하고 다양한 스포츠 활동을 경험할 수 있도록 해야 한다.
- ㉡ 청소년스포츠 프로그램의 목적은 체력 저하가 심화된 학생들에게 체육 활동의 기회를 제공하고 운동기능 습득 방법을 전수하는 것 등이 있다. 이를 통해 활기찬 학교 분위기를 조성하고 또래들과의 여가활동을 통해 성실·건강·협동심·배려심 등 사회적인 가치를 배울 수 있다.
- ㉢ 성인스포츠 프로그램의 목적은 신체적 건강을 유지하고 사교와 욕구 충족을 위한 흥미와 매력을 제공하는 것 등이 있다. 성인스포츠 프로그램이 원활하게 진행되기 위해서는 스포츠 활동의 다양성뿐만 아니라 전문성 또한 고려해야 한다.

## 06 〈보기〉에서 설명하는 스포츠지도자가 고려해야 할 학습자 특성으로 옳은 것은? 기출▶ 19

┌ 보기 ┐
학습자의 성별, 연령, 환경적 요인 등 학습자의 개인차를 고려해서 학습 단계를 결정하는 것이 중요하다.

① 감정 조절
② 발달 수준
③ 공감 능력
④ 동기유발 상태

**해설**
성별, 연령, 환경적 요인 등은 모두 학습자의 발달 수준을 나타내는 요인이다. 학습자의 상태는 효율적인 학습을 위해 매우 중요하다. 학습자의 내적 요인으로는 기능 수준, 체격 및 체력, 동기유발 수준, 인지 능력 및 감정코칭 능력, 발달 수준 등을 들 수 있다.

## 07 스포츠지도자의 자질과 지도방법에 관한 내용으로 옳지 않은 것은? 기출▶ 16

① 지도자는 높은 성품 수준을 유지하며 모범을 보여야 한다.
② 선수가 수단과 방법을 가리지 않고 승리할 수 있도록 지도한다.
③ 지도자는 재능의 차원과 인성적 차원의 자질을 고루 갖추어야 한다.
④ 선수가 올바른 도덕적 의식을 가지고 자율적으로 실천하도록 지도한다.

**해설**
상대를 존중하고 규칙을 준수하여 정정당당하게 승리할 수 있도록 지도한다. 승리하기 위해 수단과 방법을 가리지 않는 것은 스포츠 일탈에 해당한다.

## 08

〈보기〉에서 설명하는 수업 주도성 프로파일의 특성을 나타내는 체육수업 모형으로 옳은 것은?

기출 ▶ 16·17·18

┌ 보기 ┐
- 학습자는 각 과제의 수행 기준에 도달할 책임이 있다.
- 학습자는 많은 피드백과 높은 수준의 언어적 상호작용의 기회를 갖는다.
- 지도자는 내용선정과 과제제시를 주도하고, 학습자는 수업 진도를 결정한다.

① 전술게임 모형
② 협동학습 모형
③ 개별화지도 모형
④ 개인적·사회적 책임감 지도 모형

**해설**
③ 개별화지도 모형 : 학습자가 수업진도를 결정한다. 지도자는 과제제시 및 학습과 동기유발을 위해 학습자들과 상호작용하는 역할을 하고, 학습자는 교사 도움 없이 자율적으로 학습하며 학습과제를 계열성에 따라 자신에게 맞는 속도로 배운다.
① 전술게임 모형 : 학습자가 자신이 이해한 것을 게임에 적용하여 수행하며, 교육 내용은 항상 기술이 아닌 전술적 문제에 근거해야 한다.
② 협동학습 모형 : 서로를 위해 서로 함께 배우기로, 팀의 성공을 위해 자신의 잠재능력을 최대한 개발해 공헌하는 것에 의의를 둔다. 교사에 의한 과제제시는 없고 학습자 스스로 주어진 과제를 조직해서 문제를 해결한다.
④ 개인적·사회적 책임감 지도 모형 : 체육에서 가르쳐야 하는 내용 대부분을 통해 학생 스스로와 타인에 대한 책임을 어떻게 져야 하는지의 방법을 연습하고 배우는 기회를 제공한다. 교사에 의해 학습목표 및 우선순위가 결정된다.

## 09

〈보기〉에서 스포츠 활동 참여자의 행동 수정 전략을 잘못 이해하고 있는 지도자들로만 묶인 것은?

기출 ▶ 17

┌ 보기 ┐
- 송 코치 – 저는 지도자가 일관성 있게 지도하는 것이 중요하다고 생각해요.
- 이 코치 – 학습자의 행동수정에도 그 단계를 설정할 필요가 있는 것 같아요.
- 김 코치 – 과거의 행동 수준부터 한 번에 많은 변화가 있도록 지도해야 해요.
- 박 코치 – 목표행동은 간단히 진술하고 그에 따른 결과는 고려하지 않아도 돼요.

① 송 코치, 이 코치
② 이 코치, 김 코치
③ 박 코치, 송 코치
④ 김 코치, 박 코치

**해설**
- 김 코치 : 행동 수정 체계는 일관성이 있어야 하며, 학습자의 행동을 단계적으로 변화시켜야 한다.
- 박 코치 : 목표행동은 확실히 주지시키고, 행동수정의 결과를 명시해야 한다.

행동 수정 전략
- 현재 수준에서 출발한다.
- 학습자의 행동을 점진적·단계적으로 변화시킨다.
- 수반되는 행동 수정의 결과를 명시한다.
- 적절한 행동에 대한 보상 체계를 마련한다.
- 일관성을 유지한다.

**정답** 08 ③  09 ④

## 10 다음 〈보기〉에 적힌 박 코치의 수업 일지 내용 중 ㉠, ㉡에 해당하는 용어로 옳은 것은? [기출] 18·23

**보기**

골프 수업에 참여한 학습자들이 골프 규칙을 비롯해, 골프와 유사한 스포츠의 개념적 특징을 비교·분석할 수 있도록 ( ㉠ ) 목표를 제시하였다. … (중략) … 또한 각 팀의 1등은 다른 팀의 1등끼리, 2등은 다른 팀의 2등끼리 점수를 비교하여 같은 등수에서 높은 점수를 얻은 학습자에게 정해진 상점을 부여했다. 이와 같이 협동학습 모형의 과제구조 중 ( ㉡ )전략을 사용하였다.

| | ㉠ | ㉡ |
|---|---|---|
| ① | 정의적 | 직소(Jigsaw) |
| ② | 정의적 | 팀-보조 수업 (Team-Assisted Instruction) |
| ③ | 인지적 | 팀 게임 토너먼트 (Team Games Tournament) |
| ④ | 인지적 | 학생 팀-성취 배분 (Student Teams-Achievement Division) |

**해설**

협동학습모형의 학습 영역

| 인지적 영역 | 논리, 지식, 개념, 이론적 원리 등을 포함하는 영역이다. |
|---|---|
| 정의적 영역 | 감정이나 가치, 태도, 인성 등 보이지 않는 것들이 포함된 영역이다. |

협동학습모형의 과제 구조

| 팀 게임 토너먼트 (팀 경쟁 학습, TGT) | • 학생을 팀별로 나누고, 할당된 학습 과제를 1차 연습하며 모든 팀의 팀원들은 1차 연습이 끝나면 팀별로 시험을 본다.<br>• 각 팀에서 1등, 2등, 3등, 4등 점수를 받은 사람은 다른 팀에서 같은 등수인 학생의 점수와 비교한다. 같은 등수에서 높은 점수를 얻은 학생에게 일정한 상점을 부여한 후 2차 연습을 한다.<br>• 2차 연습을 한 후 1차 평가 때와 마찬가지로 같은 등수끼리 점수를 비교한다.<br>• 게임이 끝난 후에 가장 높은 점수를 받은 팀이 승리 팀이 된다. |
|---|---|
| 직소 (Jigsaw) | • 교사는 팀을 나누고 기술, 지식 또는 게임 등의 여러 과제에 팀을 배정한다.<br>• 모든 팀원들은 자신의 팀에 할당된 과제를 익힌 후, 교사가 되어 다른 팀에게 그 내용을 가르쳐 준다.<br>• 평가는 다른 팀을 지도하는 지도 능력에 기초하여 이루어진다. |
| 팀-보조 수업 (TAI) | • 교사는 팀을 선정한 후 학생에게 수행 기준과 학습 과제가 제시된 목록을 제공한다. 목록에는 학생이 학습해야 할 기술과 지식 영역이 쉬운 것에서 어려운 단계로 나누어 제시되어 있다.<br>• 팀원들은 혼자 또는 다른 팀원들의 도움을 받으면서 그 과제를 연습하게 된다. 학생이 수행 기준에 따라 과제를 완수하면 다른 팀원이 과제 수행 여부를 체크하고, 학생은 다음 과제로 이동한다.<br>• 팀 성적은 매주 각 팀들이 수행한 과제 수를 점수로 환산하거나 개인별로 시험을 본 후 개인 점수를 합산하여 계산한다. |
| 학생 팀-성취 배분 (STAD) | • 모든 팀에게 동일한 학습 과제와 필요한 자원을 제공한다.<br>• 교사는 과제를 명료화하고 팀에게 필요한 다른 자원을 제공하며 1차 연습 시간을 제시하고 팀별로 연습하도록 한다. 이 시기가 끝나면 각 팀의 모든 팀원들은 학습한 지식이나 기능에 대해 평가를 받는다. 모든 팀원들의 점수가 합쳐져서 팀 점수가 된다. 팀은 동일한 과제를 다시 반복해서 연습하는 2차 연습 시간을 갖는다.<br>• 이때 팀은 협동심을 강조하고 모든 팀원들의 점수를 높이는 데 중점을 둔다. |

**정답** 10 ③

## 11. 「학교체육진흥법」의 제12조에서 규정하고 있는 내용으로 옳지 않은 것은?

기출 ▶ 16·17·18·19·20·23

① 교육감은 학교운동부지도자의 자질 향상 및 전문성 강화를 위하여 연수교육 계획을 수립하고, 이를 실시하여야 한다.
② 학교의 장은 학교운동부지도자가 학생선수의 학습권을 박탈하거나 폭력, 금품·향응 수수 등의 부적절한 행위를 하였을 경우 학교운영위원회의 심의를 거쳐 계약을 해지할 수 있다.
③ 국가 및 지방자치단체는 학교운동부지도자의 급여에 필요한 경비를 지원하도록 노력해야 한다.
④ 학교운동부지도자의 자격기준, 임용, 급여, 신분, 직무 등에 필요한 사항은 대통령령으로 정한다.

**해설**
학교운동부지도자(「학교체육진흥법」 제12조 제2항)
국가는 학교운동부지도자의 자질 향상 및 전문성 강화를 위하여 연수교육 계획을 수립하고, 이를 실시하여야 한다. 이 경우 연수교육을 관련 단체에 위탁할 수 있다.

## 12. 〈보기〉의 「국민체육진흥법」 제12조의3의 내용 중 ㉠, ㉡에 해당하는 용어로 옳은 것은?

┤보기├─
문화체육관광부장관은 체육지도자 및 체육단체의 책임이 있는 자가 체육계 인권침해 및 ( ㉠ )와/과 관련하여 ( ㉡ )이/가 확정되는 경우에는 운영위원회의 심의·의결을 거쳐 그 인적사항 및 비위 사실 등을 공개할 수 있다.

|   | ㉠ | ㉡ |
|---|---|---|
| ① | 폭행 | 자격정지 |
| ② | 스포츠비리 | 유죄판결 |
| ③ | 폭행 | 행정처분 |
| ④ | 스포츠비리 | 자격취소 |

**해설**
체육계 인권침해 및 스포츠비리 관련 명단 공개(「국민체육진흥법」 제12조의3 제1항)
문화체육관광부장관은 체육지도자 및 체육단체의 책임이 있는 자가 체육계 인권침해 및 스포츠비리와 관련하여 유죄판결이 확정되는 경우에는 운영위원회의 심의·의결을 거쳐 그 인적사항 및 비위 사실 등을 공개할 수 있다.

## 13. 〈보기〉의 ㉠~㉥ 중 모스턴(M. Mosston)의 '자기점검형(Self-check Style)' 교수 스타일 특징으로 옳은 것은?

기출 ▶ 16·18·19·20

┤보기├─
㉠ 지도자는 감환과정의 준거를 제시한다.
㉡ 지도자는 학습자의 능력과 독립성을 존중한다.
㉢ 지도자는 학습자가 활용할 평가기준을 마련한다.
㉣ 학습자는 과제활동 전 결정군에서 내용을 정한다.
㉤ 학습자는 스스로 자신의 과제를 확인하고 교정한다.
㉥ 학습자는 동료와 피드백을 주고받으며 연습하는 데 중점을 둔다.

① ㉠, ㉢, ㉥
② ㉡, ㉢, ㉤
③ ㉠, ㉣, ㉤
④ ㉡, ㉤, ㉥

**해설**
모스턴(M. Mosston) 교수 스타일 : 자기점검형 스타일
㉡ 본 스타일은 개인연습과 자기평가라는 두 측면을 강조하며, 의사결정 과정에서 학습자가 많은 책임감을 갖게 된다.
㉢ 교사는 교과내용, 평가기준, 수업 운영절차 등을 결정하며, 학습자는 과제를 독립적으로 수행하고 교사가 마련한 평가기준에 따라 자신의 과제수행을 점검하는 역할을 수행한다.
㉤ 학습자가 과제를 수행하고 스스로 평가한다는 특징이 있다.
모스턴(M. Mosston) 교수 스타일 : 확산발견형 스타일과 상호학습형 스타일
• 확산발견형 스타일 : 지도자는 감환과정의 준거를 제시한다.
• 상호학습형 스타일 : 학습자는 동료와 피드백을 주고받으며 연습하는 데 중점을 둔다.

**정답** 11 ① 12 ② 13 ②

## 14 <보기>에서 설명하는 알몬드(L. Almond)의 게임 유형으로 옳은 것은?

┌─ 보기 ─────────────────────────┐
• 야구, 티볼, 크리켓, 소프트볼 등 팀 구성원 모두가 공격과 수비에 번갈아 참여한다.
• 개인의 역할 수행이 경기에 중요한 영향을 미치므로, 자신의 역할에 대한 이해와 책임감이 강조된다.
└────────────────────────────────┘

① 영역(침범)형  ② 네트형
③ 필드형       ④ 표적형

**해설**
알몬드(L. Almond)의 전술게임모형에 따른 스포츠의 유형

| | |
|---|---|
| 필드형 스포츠 | • 넓은 공간에서 치고 달리기, 던지고 받기 등을 하면서 목표 지점을 많이 돌아오는가를 겨루는 경기이다. 예) 야구, 소프트볼, 티볼 등<br>• 공격과 수비가 번갈아 진행되므로 경기상황에 맞는 자기 역할을 수행하도록 지도한다.<br>• 자기 역할에 대한 책임감이 무엇보다 중요하다.<br>• 공격하는 팀의 공격 기회가 일정하게 보장된다. |
| 영역형 스포츠 | • 상대팀 영역을 침범하여 득점하거나 상대방 공격을 막아내는 경기이다. 예) 축구, 농구, 핸드볼, 하키 등<br>• 공을 가진 팀이 공격하고 그렇지 않은 팀은 수비한다.<br>• 잦은 신체 접촉과 거친 플레이를 이겨낼 수 있는 강한 체력과 정신력, 지구력이 필요하다.<br>• 공격과 수비가 수시로 바뀌기 때문에 경기상황에 따른 자기 역할을 빠르게 인지·수행해야 하고, 공간을 효율적으로 사용할 줄 알아야 한다. |
| 네트형 스포츠 | • 네트를 사이에 두고 공격 또는 수비하는 경기이다. 예) 배드민턴, 탁구, 테니스, 배구 등<br>• 공격수는 상대방이 받지 못할 공간으로 공을 보내는 전략을 습득하고, 수비수는 빈 공간을 주지 않고 공격을 막아내는 기능과 전략을 습득해야 한다.<br>• 상대팀과의 신체 접촉이 없고, 공격과 수비가 수시로 바뀌기 때문에 다음 경기상황을 예측하는 것이 필요하다. |
| 표적형 스포츠 | 표적을 맞히는 것을 중점으로 두며, 경기성적에서 정확도가 가장 중요한 스포츠이다. 예) 당구, 골프, 볼링, 크로켓 등 |

## 15 체육 수행평가에 관한 설명으로 옳은 것은?

① 학습의 과정보다 결과를 중시한다.
② 일시적이며 단편적인 관찰에 의존한다.
③ 개인보다 집단에 대한 평가를 강조한다.
④ 아는 것과 실제 적용 능력을 모두 강조한다.

**해설**
수행평가
학생들로 하여금 학습과제를 수행하도록 요구하고 그 과정과 결과를 통하여 보여 주는 지식, 기능, 태도 등의 다양한 측면을 관찰하고 판단하는 평가방식이다. 평가 시 학생 개개인의 성격·학습방법·성취 수준 등을 고려해야 하며, 결과뿐만 아니라 수행 과정 중 향상도와 발달과정을 모두 판단해야 한다.

14 ③  15 ④

**16** 메츨러(M. Metzler)의 스포츠 지도를 위한 교수·학습 과정안(지도계획안) 작성요소와 방법으로 옳은 것은? 기출 23

| | 작성 요소 | 작성 방법 |
|---|---|---|
| ① | 학습목표 | 학습목표는 추상적으로 작성 |
| ② | 수업정리 | 과제의 내용을 구조화하고, 제시 방법을 기술 |
| ③ | 학습평가 | 평가 시기, 평가의 관리 및 절차상의 고려사항을 제시 |
| ④ | 수업맥락 기술 | 과제의 중요도에 따라 학습활동 목록을 작성 |

**해설**
① 교사와 학습자 모두 학습목표를 명확하게 인식하고 있어야 학습 효과가 높아지므로 학습목표는 구체적이고 분명하게 작성한다.
② 수업정리 단계에서는 학습한 내용을 요약·정리하고 강화시킨다.
④ 과제의 내용·단원의 맥락에 맞게 작성한다. 학습자가 부분적으로 이해하는 학습 내용을 전체적인 맥락에서 이해시킬 수 있게 한다.

**17** 〈보기〉에서 세 명의 축구 지도자가 활용한 질문 유형으로 옳은 것은? 기출 15·19

┤보기├
• 이 코치 – 지난 회의에서 설명했던 오프사이드 규칙 기억나니?
• 윤 코치 – (작전판에 그림을 그리면서) 상대 팀 선수가 중앙으로 드리블해서 돌파하고자 할 때, 수비하는 방법들은 무엇이 있을까?
• 정 코치 – 상대팀 선수가 너에게 반칙을 하지 않았는데 심판이 상대팀 선수에게 반칙 판정을 했어. 너는 이런 상황에서 어떻게 하겠니?

| | 이 코치 | 윤 코치 | 정 코치 |
|---|---|---|---|
| ① | 회상형 (회고형) | 확산형 (분산형) | 가치형 |
| ② | 회상형 (회고형) | 수렴형 (집중형) | 가치형 |
| ③ | 가치형 | 수렴형 (집중형) | 회상형 (회고형) |
| ④ | 가치형 | 확산형 (분산형) | 회상형 (회고형) |

**해설**
과제 전달 시의 질문 유형
• 회상형(회고적) 질문 : 기억 수준의 질문이다.
• 확산형(분산적) 질문 : 경험한 적 없는 문제 상황을 해결하는 데 필요한 질문이다.
• 가치형(가치적) 질문 : 가치판단에 따른 선택·태도·의견을 표현하는 질문이다.
• 수렴형(집중적) 질문 : 경험했던 내용을 분석·통합하는 데 필요한 질문이다.

## 18 〈보기〉에 해당하는 링크(J. Rink)의 내용 발달 과제로 옳은 것은?

기출 15 · 19 · 23

┌ 보기 ┐
- 과제의 난이도와 복잡성에 따른 점진적 발달에 관심을 갖는다.
- 복잡한 기술을 가르치기 전에 기능을 세분화한다.

① 세련과제
② 정보(시작)과제
③ 적용(평가)과제
④ 확대(확장)과제

**해설**
링크(J. Rink)의 학습과제 발달단계
- '시작형 – 확장형 – 세련형 – 적용형' 과제 순서로 전개
- 시작형(전달) 과제 : 기초적인 단계의 학습과제
- 확장형 과제 : 난이도와 복잡성이 덧붙여진 형태의 학습과제
- 세련형(세련) 과제 : 자세나 기분 등 기능의 질적 측면에 집중된 학습과제
- 적용형(응용) 과제 : 학습한 운동기능을 실제 상황에 활용할 수 있도록 제작한 학습과제

## 19 〈보기〉에서 설명하는 슐만(L. Shulman)의 교사 지식으로 옳은 것은?

기출 16 · 17 · 18 · 24

┌ 보기 ┐
- 노인의 신체적·정신적 변화 등에 관한 지식
- 장애 유형에 따른 운동방법 등에 관한 지식
- 유소년의 행동양식, 신체발달 등에 관한 지식

① 교육과정(Curriculum) 지식
② 교육환경(Educational Context) 지식
③ 지도방법(General Pedagogical) 지식
④ 학습자와 학습자 특성(Learners and their Characteristics) 지식

**해설**
체육수업 프로그램 결정을 위한 슐만의 7가지 지식
- 교육과정 지식 : 참여자 발달단계에 적합한 내용과 프로그램에 대한 지식
- 교육환경 지식 : 수업에 영향을 미치는 환경에 대한 지식
- 교육목적 지식 : 교육 목적·목표·교육시스템 구조에 대한 지식
- 내용 지식 : 교과 내용에 대한 지식
- 내용교수법 지식 : 교과나 주제를 참여자 특성에 맞게 지도할 수 있는 방법에 대한 지식
- 지도방법 지식 : 모든 교과에 적용되는 지도법에 대한 지식
- 학습자에 대한 지식 : 수업에 참여하는 학습자에 대한 지식

18 ④ 19 ④

**20** 〈보기〉에서 두 명의 수영 지도자가 활용한 평가 유형으로 옳은 것은?   기출▶ 20

┌─보기─────────────────────────┐
• 박 코치 – 우리반은 초급이라서 25m 완주를 목표한다고 공지했어요. 완주한 회원들에게는 수영모를 드렸어요.
• 김 코치 – 저는 우리 클럽의 특성을 고려해서 모든 회원의 50m 평영 기록을 측정했습니다. 그리고 상위 15%에 해당하는 회원들께 '박태환' 스티커를 드렸습니다.
└──────────────────────────────┘

|  | 박 코치 | 김 코치 |
|---|---|---|
| ① | 절대평가 | 상대평가 |
| ② | 상대평가 | 절대평가 |
| ③ | 동료평가 | 자기평가 |
| ④ | 자기평가 | 동료평가 |

**해설**
박 코치의 평가 유형은 사전에 설정된 목표 달성도를 평가하는 방식인 절대평가이고, 김 코치의 평가 유형은 집단 내 다른 학생들과의 상대적인 비교를 통해 평가하는 상대평가이다.

**체육 평가 유형**
• 절대평가(준거지향 평가) : 학생들의 교과별 학업성취도를 평가할 때 집단 내의 다른 학생들의 성취 정도와 비교하여 평가하는 것이 아니라, 사전에 설정된 교수·학습목표를 준거로 하여 그 목표의 달성도를 평가하는 방식이다.
• 상대평가(규준지향 평가) : 교육성취도를 평가할 때 집단 내의 상대적인 서열을 중심으로 이루어지는 평가 방식으로서 선발, 분류, 배치 상황에서 유용하게 사용된다.
• 자기지향 평가 : 개인이 자기 자신의 행동을 스스로 평가하는 방식이다.
• 동료평가 : 동기, 동료 간에 서로 평가하게 하는 방식이다.

## 제3과목 | 스포츠심리학

**01** 스포츠와 운동의 참여가 개인의 심리적 발달에 미치는 영향에 관한 연구주제로 옳지 않은 것은?   기출▶ 23

① 달리기는 우울증을 조절하는가?
② 스포츠클럽 활동은 사회성과 집중력을 높이는가?
③ 태권도 수련은 아동의 인성 발달에 도움이 되는가?
④ 수영에 대한 자신감이 수영 학습에 어떤 영향을 주는가?

**해설**
④는 심리적 요인이 스포츠 활동에 미치는 영향에 관한 연구주제이다.

**스포츠심리학의 연구 영역**
스포츠심리학은 스포츠 상황에서의 인간행동을 분석·이해·통제·예측하기 위한 심리학의 다양한 방법 및 원리를 제공하는 학문이며 성격, 동기, 불안, 공격성, 집단응집성, 리더십, 사회적 촉진, 상담기술 및 방법 등을 연구한다. 특히 '스포츠와 운동의 참여가 개인의 심리적 발달에 미치는 영향'을 규명하는 것은 스포츠 심리학의 목적 중 하나이며, ①·②·③은 이러한 스포츠심리학의 연구주제에 해당한다.

**02** 보강적 피드백(Augmented Feedback)의 유형에 해당하는 것으로 옳은 것은?   기출▶ 16·18·20·23

① 시각(Visual)
② 촉각(Tactile)
③ 청각(Auditory)
④ 결과지식(Knowledge of Result)

**해설**
보강적 피드백(Augmented Feedback)
외부로부터 제공되는 정보를 의미하며 학습자의 기술수행을 위한 동기를 유발시키는 것에 목표를 둔다. 보강적 피드백의 유형으로는 결과지식과 수행지식이 있다.

정답  20 ① / 01 ④  02 ④

| 결과<br>지식 | 동작의 결과에 대한 정보를 학습자에게 제공하는 것이다.<br>예 골프 스윙 정확성을 분석한 결과, 목표지점에서 오른쪽으로 10m 벗어났고 거리도 20m 짧게 나왔다. |
|---|---|
| 수행<br>지식 | 동작의 유형에 대한 정보, 폼에 대한 질적 정보, 동작 패턴과 속도와 관련된 운동학적 정보를 학습자에게 제공하는 것이다.<br>예 정확한 골프 스윙을 하기 위해서는 백스윙에서 머리가 움직이지 않도록 하면서, 어깨의 회전과 함께 체중이 오른쪽으로 이동하도록 해야 한다. 이러한 골프 스윙이 비거리와 정확성을 높일 수 있다. |

**03** 나이데퍼(R. Nideffer)의 주의초점모형을 근거로, 〈보기〉의 내용에 해당하는 주의의 폭과 방향으로 옳은 것은? 기출▶ 17·18

┌─보기─────────────────────────┐
│ 배구 선수가 서브를 준비하면서 상대 진영을 살핀 후, 빈 곳을 확인하여 그곳으로 공을 서브하였다. │
└──────────────────────────────┘

① 광의·외적에서 협의·외적으로
② 광의·내적에서 광의·외적으로
③ 협의·내적에서 광의·외적으로
④ 협의·외적에서 협의·외적으로

**해설**
나이데퍼(R. Nideffer)의 주의초점모형

| 유 형 | 내 용 | 예 골프 경기 |
|---|---|---|
| 광의·외적 | 상황을 재빠르게 평가함 | 골프장의 바람, 코스 상황, 관중 |
| 광의·내적 | 분석하고 계획함 | 정보분석(이전 경험 추출), 계획 수립, 클럽 선택 |
| 협의·내적 | 수행에 대한 정신적 연습 및 정서를 조절함 | 머릿속으로 퍼팅 연습, 깊은 숨 들이마시기 |
| 협의·외적 | 하나 또는 두 개의 단서에 전적으로 주의 집중함 | 공 자체를 보고 샷, 사격선수의 표적 조준 |

**04** 아이젠(I. Ajzen)의 계획된 행동이론(Theory of Planned Behavior)의 구성요인으로 옳은 것은? 기출▶ 17·24

① 태도(Attitude), 의도(Intention), 주관적규범(Subjective Norm), 동기(Motivation)
② 태도(Attitude), 의도(Intention), 주관적규범(Subjective Norm), 행동통제인식(Perceived Behavioral Control)
③ 주관적규범(Subjective Norm), 자신감(Confidence), 의도(Intention), 태도(Attitude)
④ 행동통제인식(Perceived Behavioral Control), 자신감(Confidence), 태도(Attitude), 동기(Motivation)

**해설**
계획된 행동이론(I. Ajzen, 1985)
- 행동에 대한 태도와 주관적 규범은 행동에 간접적인 영향을 주지만, 행동통제인식은 의도뿐만 아니라 행동에 직접 영향을 준다.
- 운동방해 요인을 극복하고 자신이 계획한 운동을 통제할 수 있다는 생각은 운동의 지속적 실천에 꼭 필요하다.
- 구성요인으로는 태도(Attitude), 의도(Intention), 주관적규범(Subjective Norm), 행동통제인식(Perceived Behavioral Control) 등이 있다.

**05** 스포츠심리기술 훈련에 관한 설명으로 옳지 않은 것은? 기출▶ 19·20·22

① 경기력 향상에 즉각적 효과를 줄 수 있다.
② 평소 연습과 통합되어 지속적으로 진행되어야 한다.
③ 심상, 루틴, 사고조절 등의 심리기법이 활용된다.
④ 연령, 성별, 경기수준과 관계없이 모든 선수들에게 적용될 수 있다.

**해설**

스포츠심리기술을 적용하여 운동선수들의 정서적 안정과 운동수행 및 경기력을 향상시킬 수 있지만, 이런 효과는 지속적인 훈련을 통해 이루어지는 것이지 즉각 나타나는 것이 아니다.

**06** 캐런(A. V. Carron)의 팀 응집력 모형에서 응집력의 결정요인으로 옳은 것은? 기출 ▶ 15·16·17·19

① 리더십 요인(Leadership Factor), 발달 요인(Development Factor), 환경 요인(Environment Factor), 팀 요인(Team Factor)
② 리더십 요인(Leadership Factor), 팀 요인(Team Factor), 개인 요인(Personal Factor), 발달 요인(Development Factor)
③ 팀 요인(Team Factor), 리더십 요인(Leadership Factor), 환경 요인(Environment Factor), 개인 요인(Personal Factor)
④ 팀 요인(Team Factor), 발달 요인(Development Factor), 환경 요인(Environment Factor), 개인 요인(Personal Factor)

**해설**

캐런(A.V. Carron)의 팀 응집력 모형에서 응집력의 결정요인

| 팀 요인<br>(Team Factor) | • 집단과제<br>• 집단의 성과규범<br>• 성취욕망<br>• 팀의 능력<br>• 집단의 지향성<br>• 팀의 안정성 |
|---|---|
| 리더십 요인<br>(Leadership Factor) | • 지도자행동<br>• 리더십 유형<br>• 코치-선수 대인관계<br>• 코치-팀 관계 |
| 환경 요인<br>(Environment Factor) | • 계약 책임<br>• 조직의 성향 |
| 개인 요인<br>(Personal Factor) | • 개인의 성향<br>• 만 족<br>• 개인차 |

**07** 인지평가이론(Cognitive Evaluation Theory)에서 내적 동기를 높일 수 있는 방법으로 옳지 않은 것은? 기출 ▶ 18·24

① 타인과의 관계성을 높여준다.
② 자신의 능력에 대해 유능감을 높여준다.
③ 행동을 결정하는 데 있어 자율성을 갖게 한다.
④ 행동결과에 대한 보상의 연관성을 강조한다.

**해설**

행동결과에 대한 보상의 연관성을 강조하면 내적 동기가 감소할 수도 있다.

인지평가이론(E. Deci, 1980)
• 행동을 일으키거나 조절하는 외적 사건이 동기 및 동기와 관련된 과정에 미치는 효과를 기술하는 이론이다.
• 개인의 유능성과 자기결정성을 높여주는 활동이나 사건이 개인의 내적 동기를 증가시킨다고 본다.
• 외적 보상은 통제적 측면과 정보적 측면을 모두 가지고 있어서 외적 보상이 내적 동기에 미치는 영향은 보상을 받는 사람이 보상을 어떻게 해석하느냐에 따라 달라진다고 본다. 즉, 보상을 받는 사람은 보상을 통제적으로 볼 수도 있고 정보적으로 해석할 수도 있다는 것이다. 따라서 외적 보상은 내적인 동기를 유발시키는 데 득이 될 수도 있고 실이 될 수도 있다.

## 08 〈보기〉의 정보처리 과정과 반응시간의 관계에서 ㉠~㉢에 들어갈 단계로 옳은 것은?

기출 16·19·20

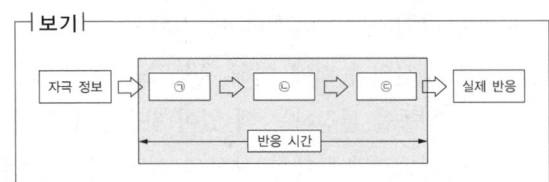

|   | ㉠ | ㉡ | ㉢ |
|---|---|---|---|
| ① | 의사결정 단계 | 반응선택 단계 | 반응실행 단계 |
| ② | 의사결정 단계 | 반응실행 단계 | 반응선택 단계 |
| ③ | 감각·지각 단계 | 반응선택 단계 | 반응실행 단계 |
| ④ | 감각·지각 단계 | 반응실행 단계 | 반응선택 단계 |

**해설**
정보처리 과정과 반응시간의 관계

| 감각·지각 단계 | • 자극을 확인하고 감각기관을 이용하여 자극을 지각하고 수용하는 단계<br>• 정보 자극을 받아들여 그 정보를 분석하고 의미를 부여하는 과정 |
|---|---|
| 반응선택 단계 | • 자극을 확인한 후 환경특성에 맞는 반응 유형을 선택하는 단계<br>• 자극을 확인한 후 자극에 대하여 어떻게 반응할지 결정하는 단계 |
| 반응실행 단계 | • 반응의 실행을 위한 구체적인 체계를 생성하고 조직화하는 단계<br>• 실제로 움직임을 생성하기 위하여 운동체계를 조직하는 단계 |

## 09 운동실천을 위한 행동수정 중재전략으로 옳지 않은 것은?

기출 15·17

① 운동화를 눈에 잘 띄는 곳에 둔다.
② 구체적이고 실현 가능한 목표를 설정한다.
③ 지각이나 결석이 없는 회원에게 보상을 제공한다.
④ 출석상황과 운동수행 정도를 공공장소에 게시한다.

**해설**
구체적이고 실현 가능한 목표를 설정하는 것은 인지전략에 해당한다. 인지전략에서는 구체적이고 측정가능하며 현실적이고 약간 어려운 목표를 설정한다는 원칙을 지켜야 한다는 내용을 포함한다.
운동실천을 위한 행동수정 중재전략
• 의사결정 단서 : 행동의 실천 여부를 결정하게 하는 자극을 말한다.
• 출석상황 게시 : 출석상황과 운동 수행 정도를 공공장소에 게시하면 운동프로그램 참여자의 동기를 유발하는 효과가 있다.
• 보상 제공 : 출석 행동이 강화되는 효과가 있다.
• 피드백 제공 : 운동 기능 향상과 동기부여 측면에서 매우 중요하다.
• 운동계약 : 운동실천에 관한 의사결정 과정에 참여할 기회가 주어지면 운동실천에 대한 책임감이 증대된다.

## 10 〈보기〉의 사례와 관련 있는 데시(E. L. Deci)와 라이언(R. M. Ryan)의 자결성이론(Self-determination Theory)의 구성요인으로 옳은 것은?

기출 16·19·23

**보기**
㉠ 현우는 뛰는 것을 그다지 좋아하지는 않지만, 체중 조절과 건강증진을 위해서 매일 1시간씩 조깅을 한다.
㉡ 승아는 필라테스를 그다지 좋아하지는 않지만, 개인강습비를 지원해 준 부모님에 대한 죄책감 때문에 학원에 다닌다.

|   | ㉠ | ㉡ |
|---|---|---|
| ① | 확인규제 | 의무감규제 |
| ② | 외적규제 | 의무감규제 |
| ③ | 내적규제 | 확인규제 |
| ④ | 의무감규제 | 확인규제 |

정답 08 ③ 09 ② 10 ①

해설
㉠ 현우는 운동 자체가 목표가 아닌 체중조절과 건강증진을 위해 조깅하는 것이므로 확인규제에 해당한다.
㉡ 승아는 죄책감 때문에 학원에 다니는 것이므로 의무감규제에 해당한다.

데시(E. L. Deci)와 라이언(R. M. Ryan)의 자결성이론
- 내적동기, 외적동기, 무동기의 3가지 형태에 따라 인간의 성취행동이 달라진다고 본다.
- 내적동기, 외적동기, 무동기는 자결성의 측면에서 서열화할 수 있다.
- 자결성이 가장 높은 것은 내적동기(감각체험 > 과제성취 > 지식습득)이고, 다음은 외적동기(확인규제 > 의무감규제 > 외적규제)이며, 무동기가 가장 낮다.
- 구성요인

| | | |
|---|---|---|
| 내적동기 | 감각체험 | 운동할 때 느끼는 감각 체험이 즐거워 스포츠 활동에 참여 |
| | 과제성취 | 과제를 성취하는 만족감 때문에 스포츠 활동에 참여 |
| | 지식습득 | 새 지식을 획득하는 즐거움으로 인하여 스포츠 활동에 참여 |
| 외적동기 | 통합규제 | 외적 동기가 가장 내면화된 형태, 자결성 향상 상태에서 스포츠 활동에 참여 |
| | 확인규제 | 건강 증진 또는 다이어트 등의 자기설정 목표달성을 위해 스포츠 활동에 참여 |
| | 외적규제 | 외적 보상을 받으려는 욕구로 스포츠 활동에 참여 |
| | 내적(의무감)규제 | 죄책감・불안감 같은 심적 압박으로 스포츠 활동에 참여 |
| 무동기 | | 스포츠 활동을 하려는 의도나 동기가 없는 상태 |

11 〈보기〉는 성취목표성향 이론에서 자기목표성향(Ego-goal Orientation)과 과제목표성향(Task-goal Orientation)에 관한 예시이다. 이에 대한 해석이 옳은 것은? 기출▶ 19

보기
인호와 영찬이는 수업에서 테니스를 배운다. 이 둘은 실력이 비슷하다. 하지만 수업에서 인호는 테니스 기술을 배우는 것보다 다른 친구와 테니스 게임을 하여 이기는 것을 좋아한다. 반면에 영찬이는 테니스 기술에 중점을 두며 테니스 기술을 연마할 때마다 뿌듯해 한다.

① 영찬이는 실현 불가능한 과제를 자주 선택할 것이다.
② 인호는 자신의 기술향상을 위하여 개인 노력을 중시한다.
③ 인호는 영찬이를 이겼을 때 자신이 잘해서 승리하였다고 생각한다.
④ 인호는 학습의 증진과 연관된 자기-참고적(Self-reference)인 목표를 가진 학생이다.

해설
③ 인호는 이기는 것을 좋아한다고 했으므로 비교 준거가 타인인 자기목표성향이며, 그러한 성향의 특성에 따라 자신이 잘해서 승리하였다고 생각한다는 것을 알 수 있다.
① 영찬이는 기술을 연마할 때마다 뿌듯해한다고 했으므로 비교 준거가 자신인 과제목표성향이며, 그러한 성향의 특성에 따라 실현 가능한 과제를 자주 선택할 것을 알 수 있다.
② 자신의 기술향상을 위하여 개인 노력을 중시하는 학생은 영찬이다.
④ 학습의 증진과 연관된 자기-참고적인 목표를 가진 학생은 영찬이다.

성취목표성향 이론
- 과제목표성향(Task-goal Orientation) : 비교 준거가 자신이 되는 것으로, 기술이 향상되었거나 노력을 많이 했으면 유능한 느낌이 들고 성공했다고 생각한다.
- 자기목표성향(Ego-goal Orientation) : 비교 준거가 타인이 되는 것으로, 능력우월감이나 성취감을 느끼기 위해서는 남보다 더 잘해야 하며, 동일하게 잘했을 경우 노력을 덜한 사람이 뛰어나다고 생각한다.

- 과제목표성향과 자기목표성향이 동시에 나타나는 경우 : 두 가지 목표 성향은 개인의 성격 특성이지만 환경의 영향을 받기도 한다. 따라서 특정 상황에서는 과제목표성향과 자기목표성향이 모두 강하게 나타날 수도 있다.

**해설**

운동기능 연습법

• 연습과제의 분할

| 전습법 | | | 한 가지 운동기술을 한꺼번에 학습하는 방법 |
|---|---|---|---|
| 분습법 | | | 한 가지 운동기술을 하위 단위로 나누어 학습하는 방법 |
| | 분절화 | | 학습할 전체 기술을 특정 시·공간 영역으로 나누어 연습한 후, 각각의 기술이 특정 수준에 도달하면 전체 기술로 결합하여 연습하는 방법 |
| | | 순수 분습법 (Pure-part Practice) | 각 부분을 따로 연습한 후 전체 기술을 종합적으로 연습하는 방법 |
| | | 점진적 분습법 (Progressive -part Practice) | 전체 운동기술 중 첫 번째와 두 번째 요소를 각각 연습한 후 그 두 요소를 결합하고 이후 다음 요소를 다시 연습하는 과정을 거쳐 전체 기술을 습득해가는 방법 |
| | 단순화 | | 운동기술을 수행할 때 과제 요소를 줄여 기술 수행의 난도나 복잡성을 낮추는 방법 |
| | 부분화 | | 운동 과제에 포함되는 하위 요소를 하나 또는 둘 이상으로 분리하여 각각 연습하는 방법 |

• 연습시간의 배분

| 집중연습 | 연습시간이 휴식시간보다 상대적으로 긴 연습법 |
|---|---|
| 분산연습 | 휴식시간을 충분히 갖고 여러 번 연습하는 방법 |
| 구획연습 | • 하나의 기술을 주어진 시간에 연습하는 방법<br>• 운동기술에 포함된 각 변인을 나눈 후 각각 주어진 시간 동안 연습하는 방법<br>• 맥락간섭 효과가 낮기 때문에 연습 수행에 효과적인 연습법 |
| 무선연습 | • 주어진 시간에 여러 운동기술을 연습하는 방법<br>• 운동기술에 포함된 하위 요소들을 무작위로 연습하는 방법<br>• 맥락간섭 효과가 높기 때문에 파지와 전이에 효과적인 연습법 |

**12** ⟨보기⟩에서 설명하는 운동기능 연습법 내용으로 옳은 것은?

기출▶ 16 · 18 · 20 · 24

┤보기├

각 부분을 따로 연습한 후 전체 기술을 종합적으로 연습하는 순수 분습법(Pure-part Practice)과 전체 운동기술 중에 첫 번째와 두 번째 요소를 각각 연습한 후 그 두 요소를 결합하고 이후 다음 요소를 다시 연습하는 과정을 거쳐 전체 기술을 습득해가는 점진적 분습법(Progressive-part Practice)으로 구분된다.

① 분절화
② 부분화
③ 분산연습
④ 집중연습

12 ① **정답**

**13** 특성불안을 측정하는 검사지로 옳은 것은?

① SCQ(Sport Cohesion Questionnaire)
② SCAT(Sport Competitive Anxiety Test)
③ CSAI-2(Competitive State Anxiety Inventory-2)
④ 16PF(Cattell's Sixteen Personality Factor Questionnaire)

**해설**
② 스포츠 상황에서 특성불안을 측정하는 검사지는 Martens가 1977년에 개발한 SCAT(Sport Competitive Anxiety Test, 스포츠경쟁불안 검사지)이다.
① SCQ(Sport Cohesion Questionnaire) : 스포츠 응집력 질문지
③ CSAI-2(Competitive State Anxiety Inventory-2) : 경쟁 상태 불안 검사지
④ 16PF(Cattell's Sixteen Personality Factor Questionnaire) : 카텔(Cattell)의 성격요인 검사

**14** 〈보기〉의 ㉠~㉢에 들어갈 운동발달의 단계를 나열한 것으로 옳은 것은?  기출 16·17·19

보기
반사운동단계 → ( ㉠ ) → ( ㉡ ) → 스포츠기술단계 → ( ㉢ ) → 최고수행단계 → 퇴보단계

| | ㉠ | ㉡ | ㉢ |
|---|---|---|---|
| ① | 초기움직임단계 | 성장과 세련단계 | 기본움직임단계 |
| ② | 초기움직임단계 | 기본 움직임단계 | 성장과 세련단계 |
| ③ | 기본움직임단계 | 성장과 세련단계 | 초기움직임단계 |
| ④ | 기본움직임단계 | 초기움직임단계 | 성장과 세련단계 |

정답 13 ② 14 ②

**해설**
운동발달의 단계

| 반사 움직임 단계 | 출생~1세 신생아기 | 반사란 신경계통의 체계가 완전히 성숙되지 않아 나타나는 불수의적인 움직임이며 유아의 생존을 돕는다. |
|---|---|---|
| 초기 움직임 단계 | 1~2세 영아기 | • 반사 운동이 사라지고 수의적 움직임이 나타난다.<br>• 기어가거나 걷는 이동운동이 발달한다.<br>• 물체를 잡는 물체조작운동이 더욱 발달한다. |
| 기본 움직임 단계 | 2~6세 유아기 | • 자신의 신체에 대한 인식과 균형감이 발달한다.<br>• 이동운동이 더욱 발전한다.<br>• 조작운동인 던지기・차기 등의 운동기술이 나타난다.<br>• 회전하기・비틀기・뻗기・굽히기 등이 다양하게 나타나지만, 아직 운동기술은 어색하다. |
| 스포츠 기술단계 | 7~14세 아동기 | • 동작의 협응력이 발달하며 각각의 움직임 동작을 연관시켜 하나의 동작으로의 형성이 가능하다.<br>• 레크리에이션 활동과 스포츠에 참여한다. |
| 성장과 세련단계 | 청소년 시기 | • 호르몬 분비의 증가로 인해 체격이 커진다.<br>• 운동 능력이 현저하게 발달한다. |
| 최고수행 단계 | 20~30세 성인초기 | • 근력과 심폐기능, 정보처리 능력이 최고조에 이른다.<br>• 최상의 운동 수행력을 보인다. |
| 퇴보단계 | 30세 이후 | • 근력・지구력・유연성・심혈관기능・신경기능 등이 서서히 감퇴한다.<br>• 정보처리 속도의 감소로 신체반응속도가 떨어진다. |

**15** 와인버그(R. S. Weinberg)와 굴드(D. Gould)의 바람직한 처벌 행동 지침에 관한 내용으로 옳지 않은 것은?

① 사람이 아니라 행동을 처벌한다.
② 동일한 규칙위반에 대해서는 동일하게 처벌한다.
③ 연습 중에 실수한 것에 대해서는 가볍게 처벌한다.
④ 규칙위반에 관한 처벌규정을 만들 때 선수의 의견을 반영한다.

**해설**
와인버그(R. S. Weinberg)와 굴드(D. Gould)의 바람직한 처벌 행동 지침
• 사람이 아니라 행동을 처벌한다.
• 동일한 규칙위반에 대해서는 동일하게 처벌한다.
• 연습 중에 실수한 것에 대해서는 처벌하지 않는다.
• 규칙위반에 관한 처벌규정을 만들 때 선수의 의견을 반영한다.
• 운동장을 돌게 하는 등의 신체 활동으로 처벌하지 않는다.
• 개인적인 감정으로 처벌하지 않는다.
• 처벌을 핑계로 사람들이 보는 앞에서 창피를 주지 않는다.
• 처벌해야 할 때는 단호하게 처벌한다.

**16** 스포츠심리상담에서 상담자가 활용할 수 있는 기법에 관한 설명으로 옳지 않은 것은?

기출 ▶ 15・17・19・20

① 적극적 경청 – 내담자의 말에 적절하게 행동으로 반응한다.
② 관심집중 – 내담자의 말이 끝날 때까지 내담자를 계속 관찰한다.
③ 신뢰형성 – 내담자 개인의 정신적 고민이나 감정적 호소에 귀 기울인다.
④ 공감적 이해 – 내담자에게는 생각할 시간을 충분히 주고, 상담자는 반응을 짧게 한다.

15 ③  16 ②

**해설**

관심집중에는 '내담자 향해 앉기, 개방적 자세, 적절한 눈 맞춤, 편안한 몸짓과 표정' 등이 있다. 내담자를 계속해서 관찰하는 것은 내담자에게 부담을 줄 수 있다.

**스포츠심리상담의 적용**
- 라포르 : 내담자와 상담자 사이의 공감적(상호신뢰) 관계를 의미한다.
- 경청 : 상담자가 내담자의 언어적·비언어적 메시지를 듣고 적절하게 반응하는 것을 의미한다.
- 관심집중 : 내담자 향해 앉기, 개방적 자세, 적절한 눈 맞춤, 편안한 몸짓과 표정 등이 있다.
- 신뢰형성 기술 : 적절한 고개 끄덕임, 적절한 반응, 관심어린 질문 등이 있다.
- 공감적 이해 : 내담자의 생각이나 느낌을 내담자 입장에서 이해하고 받아들이는 것이다.

## 17 운동발달에 관한 설명으로 옳지 않은 것은?

기출 ▶ 15 · 16 · 17 · 18

① 운동발달에는 개인차가 존재한다.
② 운동발달 과정에는 민감기(Sensitive Period)가 있다.
③ 운동발달은 운동행동이 연속적으로 변화하는 과정이다.
④ 운동발달 상황에서 공통적으로 나타나는 행동을 개체발생적 운동행동이라고 한다.

**해설**

**계통발생적 운동**
운동발달 상황에서 공통적으로 나타나는 행동은 계통발생적 운동행동이라 하며, 이는 성숙을 통하여 예측이 가능한 형태로 자동으로 이루어진다.

**개체발생적 운동행동**
환경 요인의 영향을 받아 학습을 통하여 얻게 되는 운동행동을 말하며, 이는 성숙을 통해 자동으로 이루어지는 것이 아니라 일정한 시간 동안 꾸준히 연습하고 경험을 쌓으면서 이루어진다.

**운동발달과 운동발달의 기본 가정**
운동발달은 연령에 따라서 계열적·연속적으로 운동기능이 변화해 가는 과정이며, 기능적 분화와 복잡화·통합화를 이루어 환경에 잘 적응하고 하나의 상태에서 다른 상태로 변화하는 과정이다. 운동발달의 기본 가정은 아래와 같다.
- 전 생애에 걸쳐 단계적·지속적으로 진행한다.
- 발달의 속도와 범위에는 개인차가 존재한다.
- 민감기 또는 결정적 시기가 존재한다.
- 환경적 맥락의 영향을 받는다.

## 18 신체활동은 일련의 단계를 거쳐 변화한다는 것을 기본적인 전제로 하는 운동행동이론으로 옳은 것은?

기출 ▶ 15 · 18 · 20

① 계획행동이론(Theory of Planned Behavior)
② 건강신념모형(Health Belief Model)
③ 변화단계이론(Transtheoretical Model)
④ 합리적 행동이론(Theory of Reasoned Action)

**해설**

③ 변화단계이론(Transtheoretical Model) : 운동행동의 변화가 마음먹은 순간 단번에 이루어지는 것이 아니라 여러 단계를 거치면서 점진적으로 변화한다고 보는 이론으로, 무관심·관심·준비·실천·유지의 5단계가 있다고 주장한다.
① 계획행동이론(Theory of Planned Behavior) : 행동에 대한 태도와 주관적 규범은 행동에 간접적인 영향을 주지만, 행동통제 인식은 의도뿐만 아니라 행동에 직접 영향을 준다고 주장하는 이론이다.
② 건강신념모형(Health Belief Model) : 1950년대 미국이 공중보건사업의 일환으로 실시한 프로그램에 사람들이 왜 참여하지 않는가에 대해 설명하기 위해 심리학자들이 개발한 모형으로, 인간은 어떤 목표가 얼마만한 가치(Value)가 있는지와 그 목표에 도달할 수 있을까(가능성) 하는 기대(Expectancy)를 판단하여 행동한다는 내용을 담고 있다.
④ 합리적 행동이론(Theory of Reasoned Action) : 의도는 행동을 예측하는 단 하나의 변인으로, 행동에 대한 태도와 주관적 규범에 의해 형성되며 행동에 대한 태도는 특정 행동의 실천 결과에 대한 신념과 결과에 대한 평가에 영향을 받고 주관적 규범은 타인의 기대에 대한 인식과 기대에 부응하려는 동기에 영향을 받는다고 주장하는 이론이다.

**정답** 17 ④ 18 ③

## 19
<보기>의 내용과 관련 있는 불안이론으로 옳은 것은? 기출▶ 15·16·18·19

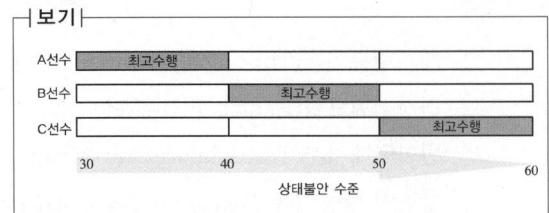

① 적정수준이론(Optimal Level Theory)
② 전환이론(Reversal Theory)
③ 다차원불안이론(Multidimensional Anxiety Model)
④ 최적수행지역이론(Zone of Optimal Functioning Theory)

**해설**
④ 최적수행지역이론(Zone of Optimal Functioning Theory) : 선수들의 상태불안 수준의 개인차가 매우 크며, 최고의 수행을 발휘하는 데 특정한 불안 수준이 필요한 것이 아니라 자신만의 고유한 불안 수준이 있다는 이론이다.
① 적정수준이론(Optimal Level Theory) : 역U 가설(Inverted-U Hypothesis)이라고도 하는 이론으로, 불안이 증가할수록 운동 수행이 증진되다가 적정 수준의 각성상태에서 운동 수행이 극대화되고, 각성수준이 더욱 증가하여 과각성상태가 되면 운동 수행이 저하된다는 이론이다.
② 전환이론(Reversal Theory) : 자신의 각성수준을 어떻게 해석하느냐에 따라 각성수준과 정서의 관계가 달라진다고 보며 각성수준에 따라 기분상태가 긍정에서 부정으로 변하고 그 반대 방향으로도 전환이 가능하다는 이론이다.
③ 다차원불안이론(Multidimensional Anxiety Model) : 인지적 불안은 초조·걱정과 같은 감정으로 주로 운동 수행에 부정적인 영향을 주는 반면, 신체적 불안은 적수준이면 운동 수행에 긍정적인 영향을 준다는 이론이다.

## 20
사회적 태만(Social Loafing) 현상을 극복하기 위한 지도전략으로 옳지 않은 것은? 기출▶ 16·17·18

① 사회적 태만 허용 상황을 미리 설정하지 않게 한다.
② 대집단보다는 소집단(포지션별)을 구성하여 훈련한다.
③ 지도자는 선수 개개인의 노력을 확인하고 이를 인정한다.
④ 선수들이 자신의 포지션뿐만 아니라 다른 역할도 경험하게 한다.

**해설**
사회적 태만
• 혼자일 때보다 집단에 속해 있을 때 더 게을러지는 현상이다.
• 사회적 태만 현상의 발생원인으로는 할당 전략, 최소화 전략, 무임승차 전략, 반무임승차 전략 등이 있다.

사회적 태만을 방지하는 방법
• 누가 얼마나 노력했는지를 확인할 수 있도록 해야 한다.
• 팀 내의 상호작용을 촉진시켜 개인의 책임감을 높여야 한다.
• 목표설정을 할 때 집단 목표와 개인 목표를 모두 설정한다.
• 사회적 태만 허용 상황을 미리 설정해야 한다.
• 대집단보다 소집단을 구성하여 훈련한다.

## 제4과목 | 한국체육사

**01** 한국체육사의 시대구분에 관한 내용으로 옳지 않은 것은? 기출▶ 20

① 고대체육은 부족국가 및 삼국시대로 구분할 수 있다.
② 광복을 전후로 고대체육과 전통체육으로 구분할 수 있다.
③ 갑오경장을 전후로 전통체육과 근대체육으로 구분할 수 있다.
④ 고대체육, 중세체육, 근대체육, 전통체육으로 구분할 수 있다.

**해설**
광복을 전후로 근대체육과 현대체육으로 구분할 수 있다. 고대체육은 부족국가 및 삼국시대 때이며, 전통체육은 갑오경장(갑오개혁) 전의 체육을 말한다.

**02** 체육 관련 사료 중 문헌사료로 옳지 않은 것은? 기출▶ 19

① 고구려 무용총 수렵도(狩獵圖)
② 무예도보통지(武藝圖譜通志)
③ 조선체육계(朝鮮體育界)
④ 손기정 회고록(回顧錄)

**해설**
일반적으로 사료란 문헌에 나온 기록을 의미한다. 고구려 무용총 수렵도는 고구려 무용총에 그려진 고분벽화로, 고구려인들의 역동적인 사냥 모습을 묘사한 그림이다.
② 무예도보통지 : 정조 때 만들어진 무예서로서, 24가지 무(武)에 관한 기예를 그림으로 설명한 종합무예서이다.
③ 조선체육계 : 1933년 조선체육계사에서 야구계의 원로 이원용이 창간한 우리나라 최초의 체육 전문 잡지이다.
④ 손기정 회고록 : 1983년 한국일보사에서 출간한 마라톤의 영웅 손기정의 자서전 '나의 조국, 나의 마라톤'이다.

**03** 부족국가시대의 저포(樗蒲)에 관한 설명으로 옳은 것은? 기출▶ 16·18

① 위기(圍棋)라는 용어로 불리기도 하였다.
② 제천의식과 관련된 대표적인 민속놀이였다.
③ 두 사람이 서로 맞잡고 힘을 겨루는 경기였다.
④ 달리는 말 위에서 여러 가지 동작을 행하는 경기였다.

**해설**
저포(樗蒲, 윷놀이)
• 우리 민족의 전통 오락 중 가장 오래된 놀이로 정월 초하루부터 보름날까지 행해졌다.
• 제천의식과 관련된 놀이이다.
• '도, 개, 걸, 윷, 모'라는 명칭을 붙여 실시하는 놀이로 '돼지, 개, 양, 소, 말'이라는 짐승의 크기와 빠르기에 의해 판 위에서 말들이 나가는 놀이이다.
• 이 놀이에서 사용된 명칭들은 당시 부여의 사출도를 다스리던 관직의 이름에서 유래하였다.

**04** 화랑도의 교육방법에 관한 설명으로 옳지 않은 것은? 기출▶ 15·16·17·18·20·23

① 입산수행은 화랑도 교육활동의 하나였다.
② 심신일체론적 사상을 바탕으로 전인 교육을 지향하였다.
③ 편력(遍歷)은 명산대천을 돌아다니며 수련하는 야외활동이었다.
④ 삼강오륜(三綱五倫)의 붕우유신(朋友有信)을 바탕으로 도의 교육을 실시하였다.

**해설**
화랑도는 원광의 '세속오계'를 바탕으로 충성보국할 수 있는 문무겸비의 인재를 양성하였다.

세속오계(世俗五戒)
• 사군이충(事君以忠) : 임금을 충성으로 섬긴다.
• 사친이효(事親以孝) : 어버이에게 효도를 다한다.
• 교우이신(交友以信) : 벗을 사귈 때는 믿음으로 한다.
• 임전무퇴(臨戰無退) : 싸움에 임해서는 물러서지 않는다.
• 살생유택(殺生有擇) : 산 것을 죽일 때는 가려서 한다.

**정답** 01 ② 02 ① 03 ② 04 ④

## 05 삼국시대 민속놀이의 명칭으로 옳은 것은?

기출▶ 17 · 19 · 20 · 24

① 석전(石戰) - 제기차기
② 마상재(馬上才) - 널뛰기
③ 방응(放鷹) - 매사냥
④ 수박(手搏) - 장기

**해설**
③ 방응(放鷹): 매사냥을 가리키며, 고구려, 백제, 신라 삼국이 모두 매사냥을 실시하였다. 고려시대에는 주로 귀족들이 향유하던 놀이였다.
① 석전(石戰): 돌을 들고 싸우는 집단 놀이, 편전 혹은 편싸움이라고도 한다.
② 마상재(馬上才): 말 위에서 재주를 부리는 놀이로 곡마, 말놀음, 말광대라고 부른다.
④ 수박(手搏): 무기 없이 맨손이나 발로 격투를 벌여 상대방과 승부를 가르는 무예이다.

## 06 〈보기〉의 괄호 안에 들어갈 용어로 옳은 것은?

기출▶ 16 · 24

┌ 보기 ┐
고려시대 최고의 교육기관인 국자감에는 7재(七齋)를 두었는데, 그 중 무학을 공부하는 (    )가 있었다. 이를 통해 고려의 관학에서는 무예교육이 중시되었음을 알 수 있다.

① 강예재(講藝齋)   ② 대빙재(待聘齋)
③ 경덕재(經德齋)   ④ 양정재(養正齋)

**해설**
국자감(國子監)
• 고려시대의 대표적인 국립교육기관으로 귀족의 자제를 대상으로 문무를 겸비한 인재를 양성하는 것이 목적이었다. 문학과 무학을 구분하여 교육하였다.
• 국자감에는 사학12도와 대비를 이루어 전문 7재 즉, 7개의 전문 강좌를 설치하였다.
 - 주역을 공부하는 여택재, 상서를 공부하는 대빙재, 모시를 공부하는 경덕재, 주례를 공부하는 구인재, 대례를 공부하는 복응재, 춘추를 공부하는 영정재, 무학을 공부하는 강예재로 구성되었다.
 - 고려시대에는 무과가 없었기 때문에 무학을 따로 교육하는 강예재가 있다는 점이 특이사항이다.

## 07 〈보기〉의 고려시대 격구(擊毬)에 관한 설명 중 옳은 것으로만 묶인 것은?

기출▶ 18 · 19 · 20

┌ 보기 ┐
㉠ 왕, 귀족, 무인들의 오락이나 스포츠로 발달했다.
㉡ 가죽주머니로 만든 공을 발로 차는 형식의 무예이다.
㉢ 말타기 능력의 향상 및 군사훈련을 위한 수단으로 활용되었다.
㉣ 서민들의 오락적 신체 활동으로 급속히 확산되었다.

① ㉠, ㉡   ② ㉠, ㉢
③ ㉡, ㉣   ④ ㉢, ㉣

**해설**
고려시대의 격구
• 서양의 폴로 경기와 유사하며, 말을 타고 채를 이용하여 공을 치는 경기이다.
• 귀족들 사이에서 성행한 대표적인 귀족사회의 오락 및 여가활동이다.
• 군사훈련의 수단으로도 사용되었다.
• 사치성으로 인한 폐단이 발생하기도 하였다.

## 08 〈보기〉의 ㉠, ㉡에 해당하는 고려시대 무예의 명칭으로 옳은 것은?

기출▶ 18 · 19 · 20 · 23

┌ 보기 ┐
• ( ㉠ )은/는 고려시대 무인들에게 적극 권장되었으며, 명종(明宗, 1170~1197) 때에는 이 무예를 겨루게 하여 승자에게 벼슬을 주었다.
• ( ㉡ )은/는 유교를 치국의 도(道)로 삼았던 고려시대에도 6예의 어(御)에 속하는 것으로 군자의 중요한 덕목 중 하나였다.

|     | ㉠ | ㉡ |
| --- | --- | --- |
| ① | 격구(擊毬) | 수박(手搏) |
| ② | 수박(手搏) | 마술(馬術) |
| ③ | 마술(馬術) | 궁술(弓術) |
| ④ | 궁술(弓術) | 방응(放鷹) |

해설
- 수박(手搏) : 맨손과 발을 이용한 격투 기술이다. 외세의 잦은 침략으로 인해 무신정권의 장기집권 시기에 관리 채용과 출세를 위한 방법으로 수박희라는 형태의 무예 기술이 발달하였다.
- 마술(馬術) : 육예 중 어(御)에 속하는 덕목은 마술(馬術)로서 말을 타는 기술을 말하며 삼국시대에 매우 중요히 여겼다.
- 격구(擊毬) : 말을 탄 채 숟가락처럼 생긴 막대기로 공을 쳐서 상대방 문에 넣는 놀이이다. 군사훈련 수단 및 귀족들의 오락과 여가 활동이었다.
- 궁술(弓術) : 활을 사용하여 화살로 목표물을 맞히는 기술 또는 무술을 통칭하여 부르는 말이다. 문무를 겸비한 인재의 양성 목적으로, 국가에서도 병사나 관료들에게 궁술을 익히도록 장려하였다.
- 방응(放鷹) : 매사냥을 가리키며, 고려시대 때는 이를 관장하는 관청인 응방도감을 설치하였다.

## 09 조선시대 사정(射亭)에 관한 설명으로 옳지 않은 것은?
기출 15 · 17 · 19

① 전국에 사정(射亭)을 설치하고 습사(習射)를 장려하였다.
② 관설사정(官設射亭)과 민간사정(民間射亭)이 있었다.
③ 병서(兵書) 강습과 마상(馬上) 무예 훈련을 주로 하였다.
④ 민간사정(民間射亭)으로 오운정(五雲亭), 등룡정(登龍亭) 등이 있었다.

해설
사정(射亭)은 사장(射場)이라고도 하며 활 쏘는 사람들의 무예 수련을 위하여 도성 내 활터에 세운 정자를 말한다.

## 10 조선시대 줄다리기에 관한 설명으로 옳은 것은?
기출 17 · 19

① 동채싸움으로도 불리며, 동네별로 승부를 겨루는 경기였다.
② 상박(相搏)으로도 불리며, 궁정과 귀족사회의 유희 중 하나였다.
③ 추천(鞦韆)으로도 불리며, 단오절에 많이 행해진 서민들의 민속놀이였다.
④ 삭전(索戰), 갈전(葛戰)으로도 불리며, 촌락공동체의 의례적 연중행사로 성행했다.

해설
① 동채싸움(차전놀이) : 대보름에 하는 민속놀이로, 마을 청년들이 편을 갈라 동채를 서로 부딪쳐 승부를 내는 놀이이다.
② 상박(씨름) : 두 사람이 맨손으로 허리의 띠를 맞잡고 힘과 기술을 이용해 넘어뜨려 승부를 내는 경기이다.
③ 추천(그네놀이) : 여성들의 놀이로 단오절 행사에 두 줄을 붙잡고 온몸을 흔들며, 발의 탄력을 이용해 온몸을 마음껏 날려 보내는 놀이이다.

## 11 개화기 이화학당에 관한 설명으로 옳은 것은?
기출 16 · 19

① 스크랜턴(M. Scranton)이 설립한 학교로 체조를 교과목으로 편성했다.
② 아펜젤러(H. Appenzeller)가 설립한 학교로 각종 서구 스포츠를 도입했다.
③ 이승훈이 설립한 학교로 민족정신의 고취와 체력 단련을 위해 체육을 강조했다.
④ 개화파 관리들이 중심이 되어 설립한 학교로 무사양성을 위한 무예반을 설치했다.

해설
① 이화학당은 한국 최초의 여성교육기관으로 1886년 선교사 스크랜턴이 설립하였다. 정규수업에 체조를 포함시켰고 광복 후에는 체육학과를 설립했다.
② 배재학당에 관한 설명이다. 배재학당은 1885년 미국 감리회 소속 선교사 아펜젤러 목사에 의해 설립되어, 이듬해인 1886년 고종황제로부터 배재학당이란 교명 현판을 하사받았다. 한국최

초의 서양식 대학기관으로 출발한 배재학당은 교육목표를 미국 대학 수준의 고등교육기관으로 두고, 구한말 암울했던 시기에 우리 민족에게 신교육을 실시하였다.
③ 오산학교에 관한 설명이다. 1907년 이승훈이 민족운동의 인재와 국민교육의 사표를 양성할 목적으로 정주에 세운 학교이다. 이승훈이 오산학교를 세운 것은 애국 계몽 운동 단체인 신민회의 민족 운동 노선에 따른 것이었다.
④ 원산학사에 관한 설명이다. 정현석, 어윤중이 추진하여 1883년 정식으로 승인받고 설립된 최초의 근대식 학교이다. 교과과정에 전통무예를 포함하였고 특히 무사양성에 주력하여 무예반에서 별군관을 양성하도록 하였다.

## 13 개화기에 설립된 체육단체로 옳지 않은 것은?

기출▶ 16 · 18 · 19 · 23 · 24

① 조선체육협회  ② 대한체육구락부
③ 대한국민체육회  ④ 대한흥학회운동부

**해설**
① 조선체육협회 : 1919년 일제강점기에 일본인 중심으로 조선의 스포츠 단체를 관리하기 위해 조선신문사의 적극적인 후원으로 창립되었다.
② 대한체육구락부 : 1906년 3월에 김기정, 현양운 등 30여 명에 의해 발족된 우리나라 최초의 근대적 체육단체이다.
③ 대한국민체육회 : 1907년 10월 발족되었으며 체육을 질적으로 보급 및 향상하기 위함이 목적이었다.
④ 대한흥학회운동부 : 일본 유학생 단체를 모태로 1909년 도쿄에서 결성된 단체로 모국에 새로운 스포츠를 보급하고 체육계를 계몽하는 데 힘썼다.

## 12 〈보기〉의 ㉠, ㉡에 들어갈 용어로 옳은 것은?

기출▶ 16 · 18 · 19 · 20 · 23

┤보기├
( ㉠ )은/는 1903년 10월 18일에 발족되었으며, 1906년 운동부를 개설하여 개화기에 가장 활발하게 체육활동을 전개한 체육단체 중 하나였다. 이 단체의 총무였던 ( ㉡ )은/는 야구, 농구 등의 다양한 근대스포츠 문화를 우리나라에 소개하고 확산시키는 노력을 하였다.

| | ㉠ | ㉡ |
|---|---|---|
| ① | 회동구락부 | 언더우드(H. Underwood) |
| ② | 대동체육부 | 노백린 |
| ③ | 무도기계체육부 | 윤치호 |
| ④ | 황성기독교청년회 | 질레트(P. Gillett) |

**해설**
④ 황성기독교청년회 : 1903년 10월에 발족된 기독교 청년단체로 질레트(P. Gillett)가 초대 총무를 역임하면서 우리나라 근대스포츠의 발달에 큰 역할을 담당하였다.
① 회동구락부 : 우리나라에 연식 정구를 처음 도입한 단체이다.
② 대동체육부 : 1908년 권성연, 조상호, 이기환 등이 결성한 사회체육단체이다.
③ 무도기계체육부 : 1908년 당시 무관학교 교장이었던 이희두와 학무국장인 윤치오에 의하여 발기된 단체로, 일반 국민의 체육을 발전시키고자 노력하였다.

## 14 〈보기〉에서 설명하는 인물로 옳은 것은?

기출▶ 17 · 20

┤보기├
• 조선체력증진법연구회를 설립하고, 전국의 역도 보급에 앞장섰다.
• 1926년 휘문고등학교 체육교사로 부임해 역도부를 조직하고 지도했다.
• 대한체조협회 회장, 대한씨름협회 회장을 역임하며 한국 스포츠 발전에 공헌을 했다.

① 서상천
② 백용기
③ 이원용
④ 유억겸

**해설**
② 백용기 : 서상천의 제자로 중앙대학교 체육교수를 역임하였다.
③ 이원용 : 오성학교와 중앙기독청년회 영어반 출신의 야구선수로서 활약하였으며 일제강점기 조선체육회 초대이사, 전조선 야구대회 심판으로 활동한 체육인이다.
④ 유억겸 : 일제강점기 시대에 연희전문학교 교수, 조선체육회 회장 등을 역임한 인물이다.

## 15. 일제강점기에 발생한 체육사적 사실로 옳지 않은 것은?

기출 17·20·24

① 경성운동장이 설립되어 각종 스포츠대회가 개최되었다.
② 덴마크의 닐스 북(Neils Bukh)이 체조강습회를 개최했다.
③ 남승룡이 베를린 올림픽경기대회에서 동메달을 획득했다.
④ 영어학교에서 한국 최초의 운동회인 화류회가 개최되었다.

**해설**

최초의 운동회인 화류회는 개화기에 개최되었다. 1896년 영어교사인 허치슨(Hutchison)이 삼선평(三仙坪)으로 소풍을 가서 개최한 화류회(花柳會)가 운동회의 시초이다. 이 시기에 운동회가 점차 확산되어 학교 간 연합운동회로 발전하였고 운동회를 통해 학교 스포츠가 발달하였다. 초창기 운동회에서 주로 실시된 종목은 육상이었다.

개화기 교육입국조서 반포 이후의 체육사적 사실
• 한국 YMCA가 설립되어 서구 스포츠가 본격적으로 도입되었다.
• 한국 최초의 운동회가 화류회(花柳會)라는 이름으로 개최되었다.
• 우리나라 최초의 근대적인 체육 단체인 대한체육구락부가 결성되었다.

## 16. 〈보기〉에 해당하는 체육단체에 관한 설명으로 옳지 않은 것은?

기출 16·19

**보기**
• 고려구락부를 모체로 설립된 단체이다.
• 1920년 7월 동아일보사의 후원으로 일본유학생과 국내체육인들이 조선인의 체육을 장려할 목적으로 설립하였다.

① 1920년 전조선야구대회를 개최했다.
② 스포츠 보급의 일환으로 운동구점을 설치하고 운영하였다.
③ 1925년 경성운동장 개장을 기념하기 위해 조선신궁경기대회를 개최했다.
④ 육상경기의 연구를 위한 육상경기위원회 조직과 육상경기규칙을 편찬했다.

**해설**

조선에서 최초의 종합경기대회라고 할 수 있는 조선신궁경기대회를 개최한 것은 조선체육협회이다. 조선체육협회는 1919년 일본인 중심으로 조선신문사의 적극적인 후원으로 창립되어, 일본체육협회의 조선지부 역할을 담당하였다.

조선체육회(1920.7.13.)
• 일본 체육 단체에 대한 대응으로 조선인을 중심으로 창립되었다.
• 조선인의 체육을 지도 장려함을 목적으로 하였다.
• 체육에 관한 조사·연구 및 선전, 체육 도서의 발행, 각종 경기대회의 주최 및 후원, 기타 체육 사업 활동 등을 진행하였다.
• 광복 후인 1948년 9월 3일, 대한체육회로 명칭을 변경하였다.

**정답** 15 ④  16 ③

**17** 〈보기〉의 ㉠, ㉡에 해당하는 국제대회로 옳은 것은?

기출▶ 18

┤보기├
1990년 남북체육장관회담의 결과, 1991년 사상 첫 남북 스포츠 단일팀이 구성되었다. ( ㉠ )에 남북단일팀으로 참가한 코리아 팀은 여자단체전에서 세계를 제패했으며, ( ㉡ )에도 청소년대표팀이 남북단일팀으로 참가하여 8강 진출이라는 위업을 달성했다.

① ㉠ - 41회 지바세계탁구선수권대회
   ㉡ - 제4회 멕시코세계청소년축구대회
② ㉠ - 32회 사라예보세계탁구선수권대회
   ㉡ - 제6회 포르투갈세계청소년축구대회
③ ㉠ - 32회 사라예보세계탁구선수권대회
   ㉡ - 제4회 멕시코세계청소년축구대회
④ ㉠ - 41회 지바세계탁구선수권대회
   ㉡ - 제6회 포르투갈세계청소년축구대회

**해설**
일본 지바에서 열린 제41회 세계탁구선수권대회와 포르투갈에서 열린 제6회 세계청소년축구대회에 남북단일팀을 구성하여 '코리아'란 이름으로 출전하였다.

**18** 〈보기〉의 ㉠~㉣을 연대순으로 연결한 것으로 옳은 것은?

기출▶ 17·18·19

┤보기├
㉠ 한국은 동계올림픽경기대회에 최초로 태극기를 단 선수단을 파견하였다.
㉡ 한국은 최초로 하계올림픽경기대회를 개최하였고 종합 4위의 성적을 거두었다.
㉢ 남한과 북한의 선수가 최초로 하계올림픽경기대회에서 동시 입장을 하였다.
㉣ 한국은 광복 후 하계올림픽경기대회에서 최초로 금메달을 획득하였다.

① ㉠ - ㉢ - ㉡ - ㉣
② ㉠ - ㉢ - ㉣ - ㉡
③ ㉠ - ㉣ - ㉡ - ㉢
④ ㉣ - ㉠ - ㉡ - ㉢

**해설**
㉠ 생모리츠올림픽(1948) - ㉣ 몬트리올올림픽(1976) - ㉡ 서울올림픽(1988) - ㉢ 시드니올림픽(2000)

## 우리나라의 올림픽대회 참가 역사

| | | |
|---|---|---|
| 하계 | 베를린(1936) | 손기정 선수가 일장기를 달고 마라톤에서 우승 |
| | 런던(1948) | • 최초로 '코리아'라는 국가 명칭을 사용<br>• 역도에서 김성집 선수가 동메달을 획득, 대한민국 최초의 메달 획득 |
| | 몬트리올(1976) | 레슬링에서 양정모 선수가 대한민국 최초의 금메달 획득 |
| | 서울(1988) | 대한민국 종합 4위의 성적, 북한은 불참 |
| | 바르셀로나(1992) | 마라톤에서 황영조 선수가 우승 |
| | 시드니(2000) | • 태권도가 정식 종목으로 채택<br>• 최초로 남북한 선수단이 동시 입장 |
| 동계 | 생모리츠(1948) | 태극기를 들고 처음으로 참가한 동계올림픽 |
| | 오슬로(1952) | 6.25전쟁으로 인해 불참, 대한민국이 불참한 유일한 동계올림픽 |
| | 알베르빌(1992) | • 스피드스케이팅에서 김윤만 선수가 은메달을 획득, 대한민국 최초의 동계올림픽 메달<br>• 쇼트트랙에서 김기훈 선수가 대한민국 최초의 동계올림픽 금메달 획득 |
| | 토리노(2006) | 남북한 선수단이 동시에 입장한 최초의 동계올림픽 |
| | 평창(2018) | 여자 아이스하키팀이 남북 단일팀으로 참가 |

## 19 〈보기〉에서 설명하는 올림픽경기대회로 옳은 것은?

기출 16 · 17 · 18 · 19 · 20

┤보기├
• 1936년에 개최된 하계올림픽경기대회였다.
• 마라톤경기에서 손기정 선수가 금메달을 획득했다.
• 일장기 말소사건은 국권회복과 민족의식을 일깨워 주는 계기가 되었다.

① 제9회 암스테르담 올림픽경기대회
② 제11회 베를린 올림픽경기대회
③ 제14회 런던 올림픽경기대회
④ 제17회 로마 올림픽경기대회

**해설**
1936년 제11회 베를린 올림픽 마라톤에서 손기정과 남승룡이 입상하였다. 손기정은 세계신기록으로 1위를, 남승룡은 3위를 차지하였으나, 두 명 모두 일장기를 달고 있었다. 이를 계기로 동아일보 이길용 기자에 의해 일장기 말소사건이 발생하였다.

**정답** 19 ②

**20** 〈보기〉의 내용을 실시한 정권의 스포츠 정책으로 옳지 않은 것은?  기출▶ 20

┌ 보기 ┐
1982년 중앙정부행정조직에 체육부를 신설하고, 아시안게임과 올림픽경기대회의 준비, 우수선수육성 및 지도자의 양성 등 스포츠 진흥운동을 전개했다.
└─────┘

① 프로축구의 출범
② 프로야구의 출범
③ 태릉선수촌의 건립
④ 국군체육부대의 창설

**해설**
〈보기〉는 전두환 정권의 체육 정책에 해당되는데, 태릉선수촌의 건립은 1966년 박정희 정권 때의 일이다.

**전두환 정부와 노태우 정부의 스포츠 정책**

| 전두환 정부 | • '엘리트 스포츠' 중심에서 '대중스포츠' 중심으로 전환<br>• 국군체육부대 창설과 '체육부' 신설<br>• 'Sport for All Movement'의 '생활체육' 확산<br>• 1982년 한국프로야구, 1983년 프로축구 출범<br>• 1986년 아시안게임 개최 |
|---|---|
| 노태우 정부 | • 1988년 서울올림픽 개최(공산국가 대거 참여, 생활체육활성화 계기, 엘리트스포츠발전에 획기적 역할)<br>• 1989년 국민체육진흥공단 설립<br>• 1989년 국민생활체육진흥종합계획(호돌이 계획)수립 : 생활체육진흥을 위한 실질적인 정책 기반 마련, 서울올림픽기념 생활관 건립<br>• 1991년 국민생활체육협의회 설립 |

## 제5과목 | 운동생리학

**01** 〈보기〉의 ㉠~㉣에 해당하는 용어로 옳은 것은?  기출▶ 16·17·18·19·23·24

┌ 보기 ┐
• 골격근은 ( ㉠ )신경계의 조절에 의해 ( ㉡ )으로 수축한다.
• 걷기와 같은 저강도 운동 중에는 ( ㉢ ) 섬유가 주로 동원되고 전력 질주와 같은 고강도 운동 중에는 ( ㉣ ) 섬유가 주로 동원된다.
└─────┘

|   | ㉠ | ㉡ | ㉢ | ㉣ |
|---|---|---|---|---|
| ① | 자율 | 수의적 | type I | type II |
| ② | 체성 | 불수의적 | type II | type I |
| ③ | 자율 | 불수의적 | type II | type I |
| ④ | 체성 | 수의적 | type I | type II |

**해설**
• 골격근은 힘줄에 의해 뼈에 붙어있거나 뼈에 직접 붙어서 뼈의 움직임이나 힘을 만들어 내는 근육으로, 체성신경계의 지배를 통해 수의적으로 수축 및 이완할 수 있다.
• 걷기와 같은 저강도 운동 중에는 주로 유산소성 대사 능력이 높은 지근섬유(Type I)가 동원되며, 전력 질주와 같은 고강도 운동 중에는 주로 무산소성 대사 능력이 높은 속근섬유(Type II)가 동원된다.

**02** 안정 시와 운동 중 에너지 소비량 측정 및 추정에 관한 설명으로 옳지 않은 것은?  기출▶ 18·19

① 직접 열량 측정법은 열 생산을 측정함으로써 에너지 소비량을 측정한다.
② 간접 열량 측정법은 산소 소비량과 이산화탄소 배출량을 이용하여 에너지소비량을 추정한다.
③ 호흡교환율은 질소 배출량과 산소 소비량의 비율을 의미하며, 체내 지방과 단백질의 대사 이용 비율을 추정한다.
④ 이중표식수(Doubly Labeled Water) 검사법은 동위원소 기법을 사용해 에너지소비량을 추정한다.

**해설**
호흡교환율은 분당 산소 섭취량($VO_2$)과 이산화탄소 생성량($VCO_2$) 사이의 비율을 의미하며, 체내 지방과 탄수화물 대사의 이용 비율을 추정한다. 에너지 대사의 원료로 지방이 100% 사용될 때의 호흡교환율은 0.70이며, 호흡교환율이 1.0에 가까울수록 고강도 운동으로 혈중 젖산 농도가 증가하고, 에너지 대사의 연료로 탄수화물을 거의 100% 사용한다.

**03** 운동 중 심근(Myocardium)으로 혈액을 공급하는 동맥으로 옳은 것은?

① 관상동맥  ② 폐동맥
③ 하대동맥  ④ 상대동맥

**해설**
심장 근육 자체에 혈액에 공급하는 동맥은 관상동맥이다.

**04** 해수면과 비교하여 고지 환경에서 운동 시 생리적 반응으로 옳지 않은 것은?  기출▶ 16 · 18 · 19

① 최대하 운동 시 폐환기량이 증가한다.
② 최대하 운동 시 심박수와 심박출량은 감소한다.
③ 최대하 운동 시 동맥혈 산화헤모글로빈 포화도는 감소한다.
④ 무산소 운동능력보다 유산소 운동능력이 더 감소한다.

**해설**
고도가 증가할수록 산소분압이 감소하므로 신체 조직들은 충분한 산소를 공급받지 못한다. 따라서 고지 환경에서 운동 시 동맥혈 산화헤모글로빈 포화도는 감소하며, 유산소 운동 능력도 저하된다. 또한, 심박수와 심박출량이 증가하며, 호흡수 증가로 인해 폐환기량 역시 증가한다.

**05** 유산소 트레이닝에 의한 골격근의 적응 현상으로 옳지 않은 것은?  기출▶ 20 · 24

① 모세혈관의 밀도 증가
② Type Ⅱ 섬유의 현저한 크기 증가
③ 마이오글로빈의 함유량 증가
④ 미토콘드리아의 수와 크기 증가

**해설**
Type Ⅰ 섬유(지근섬유)의 크기가 현저히 증가한다.
유산소 트레이닝에 의한 골격근의 적응 현상
• 근섬유를 둘러싼 모세혈관의 밀도 증가
• 지근섬유(Type I)의 비대
• 마이오글로빈의 함유량 증가
• 미토콘드리아의 수와 크기(밀도) 증가

**06** <보기>에서 운동 중 호흡계 전도영역의 기능으로 옳은 것은?

┌보기─────────────────┐
ⓘ 호흡하는 공기에 습기를 제공한다.
ⓛ 폐포의 표면장력을 감소시키는 표면활성제(Surfactant)를 제공한다.
ⓒ 공기를 여과하는 역할을 한다.
ⓔ 호흡가스 확산을 증가시킨다.
└──────────────────────┘

① ㉠, ㉡  ② ㉠, ㉢
③ ㉡, ㉢  ④ ㉢, ㉣

**해설**
• 호흡계 전도영역 : 상기도로부터 종말모세기관지까지 공기의 통로를 말하며, 코·비강·인두·후두·기관·기관지 등이 해당한다. 이 부분은 호흡하는 공기에 습기를 제공하며, 공기의 먼지·세균 등을 여과하는 역할을 한다.
• 호흡계 호흡영역 : 폐와 폐를 구성하는 폐포를 말한다. 폐포의 과립세포에서는 표면활성제(Surfactant)가 분비되어 폐포의 표면장력을 감소시키며 폐포의 붕괴를 방지한다. 또한 폐포는 호흡가스의 확산을 증가시켜 폐에서의 가스교환이 원활히 일어나도록 한다.

정답  03 ①  04 ②  05 ②  06 ②

## 07 〈보기〉의 내용 중 옳은 것으로만 묶인 것은?

기출 ▶ 16 · 18 · 19 · 23 · 24

┌─보기─────────────────────────────┐
㉠ 유산소 시스템 - 장시간의 운동 시 글루코스 외에도 유리지방산을 이용하여 ATP 합성
㉡ 유산소 시스템 - 세포질에서 크렙스회로와 전자전달계를 통해 ATP 합성
㉢ 무산소 해당 시스템 - 혈액 혹은 글리코겐으로부터 얻어진 포도당을 피루브산으로 분해
㉣ 무산소 해당 시스템 - 산화적 인산화를 통해 피루브산을 젖산으로 분해
㉤ ATP-PCr 시스템 - 세포 내 ADP 또는 Pi의 농도가 증가할 때 포스포프록토키나아제(PFK)를 활성화시켜 ATP 합성
㉥ ATP-PCr 시스템 - 단시간의 폭발적인 힘을 발휘하는 운동 시 PCr이 분해되며 발생한 에너지를 이용하여 ATP 합성
└──────────────────────────────────┘

① ㉠, ㉢, ㉥  
② ㉠, ㉣, ㉤  
③ ㉡, ㉢, ㉥  
④ ㉡, ㉣, ㉤  

**해설**
㉡ 유산소 시스템 : 미토콘드리아 내에서 크렙스 회로와 전자전달계를 통해 ATP를 합성한다.
㉣ 무산소 해당 시스템 : 산소가 불충분할 때 수소이온($H^+$)과 피루브산(Pyruvate)이 결합하여 젖산을 형성한다.
㉤ ATP-PCr 시스템 : 세포 내 ADP 또는 Pi의 농도가 증가할 때 크레아틴키나아제(CK)를 활성화시켜 ATP를 합성한다.

## 08 〈보기〉의 ㉠, ㉡에 들어갈 호르몬으로 옳은 것은?

┌─보기─────────────────────────────┐
규칙적인 신체활동을 통해 골형성을 자극하거나 활동부족으로 골손실을 자극하는 칼슘($Ca^{2+}$) 조절 호르몬의 역할에 대한 설명이다.
• ( ㉠ )은 혈중 칼슘 농도가 증가하면 뼈의 칼슘 방출을 감소시킨다.
• ( ㉡ )은 혈중 칼슘 농도가 감소하면 뼈의 칼슘 방출을 증가시킨다.
└──────────────────────────────────┘

|   | ㉠ | ㉡ |
|---|---|---|
| ① | 인슐린 | 부갑상선호르몬 |
| ② | 안드로겐 | 티록신 |
| ③ | 칼시토닌 | 부갑상선호르몬 |
| ④ | 글루카곤 | 티록신 |

**해설**
갑상선에서 분비되는 칼시토닌은 혈중 칼슘 농도가 증가하면 뼈에서 칼슘 유출을 억제하며, 부갑상선에서 분비되는 부갑상선호르몬(파라토르몬)은 혈중 칼슘 농도가 감소하면 뼈에서 칼슘 유출을 촉진한다.

각 호르몬의 특성
• 인슐린 : 췌장에서 분비되며 혈당 조절에 관여한다.
• 부갑상선호르몬 : 혈액 속의 칼슘의 농도가 낮을 경우 분비되어 칼슘 농도를 증가시킨다.
• 안드로겐 : 남성 생식계의 성장과 발달에 영향을 미치는 호르몬으로 남성호르몬이라고도 한다.
• 티록신 : 갑상선에서 분비되며 체내 물질대사를 촉진하여 포도당을 분해하고, 체온을 상승하게 한다.
• 글루카곤 : 췌장에서 분비되며 간에서 글리코겐이 글루코스로 분해되는 것을 촉진시킨다.

**정답** 07 ① 08 ③

## 09 근섬유(Muscle Fiber) 및 근원섬유(Myofibril)에 관한 설명으로 옳은 것은?

① 근섬유는 여러 개의 핵을 가진 다른 세포들과 다르게 단핵세포로 구성된다.
② 근섬유는 결합조직인 근내막(Endomysium)으로 싸여 있다.
③ 근원섬유는 근세포라 불리며, 가는 세사와 굵은 세사로 구성된다.
④ 근원섬유의 막 주위에는 위성세포(Satellite Cells)가 존재한다.

**해설**
① 근섬유(근세포)는 여러 개의 핵을 가진 다핵세포이다.
③ 근세포라 불리는 것은 근섬유이며, 근섬유는 수많은 근원섬유로 이루어져 있다.
④ 근섬유와 기저막 사이에 위성세포(Satellite Cells)가 존재한다. 근육이 손상되었을 때 위성세포는 분열하여 근육의 재생을 가능하게 한다.

## 10 골격근의 수축형태와 기능에 관한 설명으로 옳은 것은?

① 단축성 수축은 동적 수축이며 속도가 빠를수록 더 큰 힘이 생성된다.
② 단축성 수축은 근절의 길이가 짧아지는 수축이며 근절의 길이가 최소일 때 최대 힘이 생성된다.
③ 신장성 수축은 정적 수축이며 속도가 0일 때 최대 힘이 생성된다.
④ 동일 근육에서의 신장성 수축은 단축성 수축에 비해 같은 속도에서 더 큰 힘이 생성된다.

**해설**
① 단축성 수축은 동적 수축이며, 수축 속도가 빠를수록 최대파워(근력)는 감소한다. 이는 근육이 급격하게 짧아지면서 근육 내부에서 큰 점성저항이 발생하여 힘의 일부가 상쇄되기 때문이다.
② 단축성 수축은 근절의 길이가 짧아지는 수축이며, 근절의 길이가 최소일 때 최대 힘은 감소한다.
③ 신장성 수축은 동적 수축이며, 수축 속도가 빠를수록 최대 힘이 생성된다.

## 11 〈보기〉의 심전도(ECG)에 관한 설명 중 옳은 것은?

**보기**
㉠ 심방을 통한 전도속도가 감소하면 P파는 넓어진다.
㉡ PR간격은 심방의 탈분극부터 심실의 탈분극 전까지 걸리는 시간이다.
㉢ QRS복합파를 이용해서 심박수를 측정할 수 없다.
㉣ QRS복합파는 심실에서의 탈분극을 일컫는다.
㉤ ST분절은 심실 재분극에 소요되는 총 시간이다.

① ㉠, ㉡, ㉣
② ㉠, ㉡, ㉤
③ ㉡, ㉢, ㉣
④ ㉢, ㉣, ㉤

**해설**
㉢ QRS복합파의 숫자를 합하여 심박수를 측정할 수 있다.
㉤ ST분절은 QRS파장과 T파장 사이에 위치하며, 심실의 탈분극과 재분극 사이에 전압이 같은 시기의 심전도파의 구역 및 시간을 의미한다.

## 12 운동 시 호르몬이 분비되는 내분비선과 주요기능에 관한 설명으로 옳지 않은 것은?

| | 호르몬 | 내분비선 | 주요기능 |
|---|---|---|---|
| ① | 알도스테론 | 부신피질 | 나트륨($Na^+$) 흡수, 수분 손실 억제 |
| ② | 코티졸 | 부신피질 | 당신생, 유리지방산 동원 증가 |
| ③ | 에피네프린 | 부신수질 | 근육과 간 글리코겐 분해, 유리지방산 동원 증가 |
| ④ | 성장호르몬 | 뇌하수체 후엽 | 단백질 합성 증가, 유리지방산 동원 증가 |

**해설**
성장호르몬은 뇌하수체 전엽에서 분비되며, 단백질 합성 촉진 및 유리지방산 동원율을 증가시킨다.

**정답** 09 ② 10 ④ 11 ① 12 ④

**13** 유산소 운동 중 호흡계의 환기량 증가 요인에 관한 설명으로 옳지 않은 것은? 기출▶ 18

① 중추 화학적 수용체인 경동맥체와 대동맥체는 동맥의 산소 분압 증가에 따라 환기량 증가를 자극한다.
② 근육 내 화학적 수용체는 칼륨($K^+$)과 수소($H^+$)의 농도 증가에 따라 환기량 증가를 자극한다.
③ 근방추나 골지힘줄기관의 구심성 신경자극 증가는 환기량 증가를 자극한다.
④ 사용된 근육의 운동단위 증가는 환기량 증가를 자극한다.

**해설**
동맥 혈관에서 중추 화학적 수용체인 경동맥체와 대동맥체는 동맥의 산소 분압을 감지하여 산소 분압이 감소한 경우 이를 호흡중추로 전달하여 환기량을 증가시킨다.

**14** 〈보기〉에서 설명하는 신경세포 활동전위의 단계로 옳은 것은? 기출▶ 17·18·23

┤보기├
• 칼륨($K^+$) 채널이 열려있고, 칼륨이 세포 외로 이동하면서 세포 내는 음전하를 띠게 되는 단계
• 이 단계 이후 칼륨 채널이 닫히고, 칼륨의 세포 외 유출이 적어짐에 따라 안정막전위로 복귀

① 과분극          ② 탈분극
③ 재분극          ④ 불응기

**해설**
과분극
칼륨($K^+$) 통로가 열린 상태가 유지되어 추가적으로 칼륨이 세포 외로 확산하면서 세포 내는 음전하를 띠게 되는 단계를 뜻한다. 이 단계 이후 칼륨 통로가 닫히고 칼륨의 세포 외 유출이 적어짐에 따라 안정막전위로 복귀하게 된다.

**15** 〈보기〉에서 설명하는 용어로 옳은 것은? 기출▶ 20

┤보기├
• 운동뉴런의 말단과 근섬유가 접합되어 있는 기능적 연결부위
• 신경전달물질이 분비되는 공간
• 시냅스 전 축삭말단, 시냅스 간극, 근섬유 원형질막의 운동종판으로 구성

① 시냅스(Synapse, 연접)
② 운동단위(Motor Unit)
③ 랑비에르 결절(Node of Ranvier)
④ 신경근 접합부(Neuromuscular Junction)

**해설**
신경근 접합부(Neuromuscular Junction)
운동뉴런의 말단과 골격근섬유와의 접합부위로, 근섬유에 신경전달물질(아세틸콜린)을 분비하여 근섬유에 활동 전위를 발생시킨다. 시냅스 전 축삭말단, 시냅스 간극, 근섬유 원형질막의 운동종판으로 구성되어 있다.

**16** 〈보기〉에서 설명하는 열손실 기전으로 옳은 것은? 기출▶ 17

┤보기├
• 피부의 땀이나 호흡을 통하여 체열을 손실시킨다.
• 실내 트레드밀 달리기 중 열손실의 가장 주된 기전이다.
• 대기조건(습도, 온도)과 노출된 피부 표면적의 영향을 받는다.

① 복 사          ② 대 류
③ 증 발          ④ 전 도

**해설**
열손실의 기전 중 땀이나 호흡을 통하여 체열을 손실시키는 기전은 증발(수분의 기화에 따른 열흡수)이다. 증발은 대기조건과 노출된 피부 표면적의 영향을 받는다.
① 복사는 물체 표면에서 다른 물체로의 물리적 접촉이 없는 열의 이동이다.
② 대류는 인체와 공기접촉을 통한 열의 이동이다.
④ 전도는 인체와 물질의 접촉을 통한 열의 이동이다.

**17** 〈보기〉에서 설명하는 것으로 옳은 것은?

| 보기 |
| • 고온환경의 운동 중 극도의 피로, 혼란, 혼미, 현기증, 구토
• 심한 탈수 현상으로 심혈관계가 인체의 요구에 적절히 대처하지 못함
• 심부체온 40℃ 미만

① 열사병  ② 열탈진
③ 열순응  ④ 저나트륨혈증

**해설**
② 열탈진 : 일사병이라고도 하며, 고온 환경에서의 운동 중 땀을 많이 흘려 극도의 피로, 두통, 현기증, 구토 등의 증상이 나타난다. 이때 심부체온은 40℃ 미만이다.
① 열사병 : 고온 환경에서의 운동 중 신체의 열 발산이 원활히 이루어지지 않아 고체온 상태(심부체온 40℃ 이상)가 되면서 발생하는 신체 이상이며, 치사율이 높다.
③ 열순응 : 열에 대한 내성이 증가하는 생리적 적응 현상으로, 발한율 증가, 땀에 의한 전해질의 손실 감소 등이 나타난다.
④ 저나트륨혈증 : 혈액의 나트륨 농도가 135mmol/L 미만으로 낮아진 경우로, 우리 몸의 수분이 과다할 때 발생한다.

**18** 〈보기〉에 제시된 감각-운동 신경계의 인체 운동 반응 조절 과정을 단계별로 바르게 나열한 것은?

| 보기 |
| ㉠ 자극이 감각 뉴런을 통해 중추신경계로 전달된다.
㉡ 운동 자극이 중추신경계에서 운동 뉴런으로 전달된다.
㉢ 운동 자극이 근섬유에 전달되면 운동 반응이 일어난다.
㉣ 중추신경계가 정보를 해석하고 운동 반응을 결정한다.
㉤ 감각 수용기가 감각 자극을 받아들인다.

① ㉠ → ㉤ → ㉡ → ㉢ → ㉣
② ㉠ → ㉤ → ㉣ → ㉢ → ㉡
③ ㉤ → ㉠ → ㉡ → ㉢ → ㉣
④ ㉤ → ㉠ → ㉣ → ㉡ → ㉢

**해설**
감각-운동 신경계의 인체 운동 반응 조절 과정
감각 수용기에서 감각 자극을 수용(㉤) → 자극이 감각 뉴런 통해 중추신경계로 전달(㉠) → 중추신경계에서 정보를 해석, 운동 반응 결정(㉣) → 중추신경계에서 운동 뉴런으로 운동 자극 전달(㉡) → 운동 뉴런에서 근섬유로 운동 자극이 전달되면 근섬유 수축 등 운동 반응이 일어남(㉢)

**19** 저항성 트레이닝에 의한 근력 향상의 요인으로 옳지 않은 것은?

① Type Ⅰ 섬유 수의 증가
② Type Ⅱ 섬유 크기의 증가
③ 동원되는 운동단위 수의 증가
④ 동원되는 십자형교(Cross-bridge) 수의 증가

**해설**
Type Ⅰ 섬유(지근섬유) 수의 증가는 지구력 훈련에 의한 근력 향상의 요인이다.

정답  17 ②  18 ④  19 ①

**20** 고강도 운동 시 심박출량 증가 요인으로 옳지 않은 것은? 기출 17·20

① 혈중 에피네프린 증가에 따른 심박수 증가
② 활동근의 근육펌프 작용에 따른 정맥회귀량 증가
③ 교감신경계의 활성에 따른 심실수축력 증가
④ 부교감신경계의 활성에 따른 심박수 증가

**해설**
고강도 운동을 하면 교감신경계가 흥분하여 심박수가 증가한다. 부교감신경계가 흥분하면 심박수가 감소한다.

## 제6과목 | 운동역학

**01** 운동역학의 연구목적으로 옳지 않은 것은? 기출 15·16·17·18·19·25

① 운동기술 향상
② 운동불안 완화
③ 운동장비 개발
④ 스포츠 손상 예방

**해설**
운동역학의 목적
- 동작의 효율적 수행을 통하여 운동기술을 향상시킨다.
- 동작 수행 시 상해의 원인 규명 및 예방을 통해 안전성 향상을 도모한다.
- 위의 두 가지를 고려한 과학적인 스포츠 장비를 개발한다.

**02** 해부학적 자세에서 몸의 중심을 기준으로 한 방향 용어의 사용이 옳지 않은 것은? 기출 16·18·19

① 복장뼈(흉골, Sternum)는 어깨의 가쪽(외측, Lateral)에 있다.
② 손목관절은 팔꿈치관절보다 먼쪽(원위, Distal)에 있다.
③ 엉덩이는 무릎보다 몸쪽(근위, Proximal)에 있다.
④ 머리는 발보다 위(상, Superior)에 있다.

**해설**
방향 용어

| 상부(Superior) | 두부(Head) 방향 |
|---|---|
| 하부(Inferior) | 족부(Feet) 방향 |
| 근위(Proximal) | 체간이나 기시점(Point of Origin)에 가까운 방향 |
| 원위(Distal) | 체간이나 기시점에서 먼 방향 |
| 내측(Medial) | 인체의 정중 시상면(Midsagittal Plane)이나 인체의 중심선 방향 |
| 외측(Lateral) | 인체의 정중 시상면이나 인체의 중심선과 먼 방향 |
| 전부(Anterior) | 복부(Ventral), 인체의 앞 방향 |
| 후부(Posterior) | 배부(Dorsal), 인체의 뒤 방향 |
| 표층(Superficial) | 인체 표면에서 가까운 방향 |
| 심층(Deep) | 인체 표면에서 먼 방향 |

20 ④ / 01 ② 02 ① **정답**

## 03 운동의 종류에 관한 설명으로 옳은 것은?
기출▶ 19·20·23

① 병진운동에는 직선운동만 있다.
② 곡선운동은 회전운동에 포함되는 운동이다.
③ 복합운동은 병진운동과 회전운동이 혼합된 운동이다.
④ 병진운동은 한 개의 고정된 축을 중심으로 물체가 회전하는 운동이다.

**해설**
운동의 종류

| 병진운동 (선운동) | 직선운동 | 인체나 물체의 각 점이 직선을 따라 움직이는 경우를 뜻한다. |
|---|---|---|
| | 곡선운동 | 각 점의 경로가 평행하게 곡선을 이루는 경우를 뜻한다. |
| 회전운동 (각운동) | | 물체가 하나의 축을 중심으로 원을 그리면서 회전하는 운동이다. 인체 운동에서 대부분의 관절운동은 이러한 회전운동으로 이루어진다. |
| 복합운동 | | 병진운동과 회전운동이 혼합된 운동 형태로 대부분의 스포츠 현장에서의 운동은 이에 해당된다. |

## 04 인체의 물리량과 물리적 특성에 관한 설명으로 옳은 것은?
기출▶ 17·20·24

① kg은 무게의 단위이다.
② 질량은 스칼라(Scalar)이고, 무게는 벡터(Vector)이다.
③ 무게중심의 위치는 자세와 상관없이 항상 인체 내부에 있다.
④ 질량은 인체가 가지고 있는 관성의 척도로 장소에 따라 크기가 변한다.

**해설**
질량과 무게

| 질 량 | • 모든 물체에 존재하고 있는 불변의 물리량이다.<br>• 크기가 변하지 않으며 외부의 힘으로부터 물체를 가속하기 어렵게 만드는 특성이 있다.<br>• 물체가 갖는 관성의 척도이다. |
|---|---|
| 무 게 | • 물체에 작용하는 중력의 크기로, 장소에 따라 달라지는 상대적인 값이다.<br>• 무게는 질량과 중력가속도의 곱으로 이루어진다.<br>• 질량은 스칼라양이고 무게는 벡터양이다. |

## 05 인체의 안정성에 관한 설명으로 옳지 않은 것은?
기출▶ 15·16·17·19·20·23·24

① 기저면의 크기는 안정성에 영향을 미친다.
② 기저면의 형태는 안정성에 영향을 미친다.
③ 무게중심의 높이는 안정성에 영향을 미치지 않는다.
④ 무게중심을 통과하는 수직선(중심선)이 기저면의 중앙에 가까울수록 안정성은 높아진다.

**해설**
인체의 안정성
• 기저면이 넓을수록 안정성이 향상된다.
• 한 발로 지지하고 선 자세보다는 두 발로 지지하는 자세나, 두 발을 넓게 벌리거나 지팡이 등 물체를 이용하여 지면을 지지하는 경우에 안정성이 더욱 높아진다.
• 무게중심 높이가 낮을수록 안정성이 향상된다.
• 수직중심선이 기저면 중앙에 가까울수록 안정성이 향상된다.
• 몸무게가 무거울수록 안정성이 향상된다.

**정답** 03 ③ 04 ② 05 ③

## 06 인체 지레에 관한 설명으로 옳은 것은?

기출 ▶ 15·17·18·19·20·23·24

① 1종 지레는 힘점이 받침점과 작용점 사이에 있다.
② 2종 지레는 작용점이 힘점과 받침점 사이에 있다.
③ 3종 지레는 받침점이 힘점과 작용점 사이에 있다.
④ 인체 지레의 대부분은 2종 지레에 해당되어 힘에서 이득을 본다.

**해설**

지레의 종류

| | | |
|---|---|---|
| 1종<br>지레 | 축(받침점)이 힘점과 작용점(저항점) 사이에 위치하는 지레<br>예) 목관절 신전 | |
| 2종<br>지레 | 축이 있고 그 다음에 작용점과 힘점이 위치하는 지레<br>예) 뒤꿈치 들고 서기 | |
| 3종<br>지레 | 축-힘점-작용점의 순으로 위치하며, 운동의 범위와 속도 면에서 유리<br>예) 팔꿈치 굴곡 | |

## 07 〈그림〉의 야구 투구에서 공의 회전방향과 마그누스 힘(Magnus Force)의 방향으로 옳은 것은?

기출 ▶ 18·23

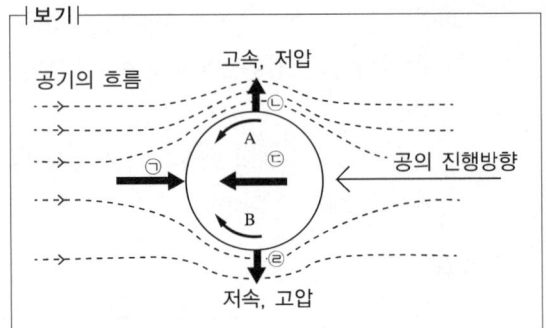

| | 공의 회전방향 | 마그누스 힘의 방향 |
|---|---|---|
| ① | A | ㉠ |
| ② | B | ㉡ |
| ③ | A | ㉢ |
| ④ | B | ㉣ |

**해설**

마그누스 힘

물체가 회전하며 이동할 때 그 진행 방향의 수직 방향으로 힘을 받아 경로가 휘어지는 현상을 마그누스 효과라고 하며 공의 상하에 발생한 압력차에 의해 공을 압력이 높은 곳에서 낮은 곳으로 이동시키는 힘을 마그누스의 힘이라고 한다.

정답 06 ② 07 ②

**08** 〈보기〉는 200m 달리기 경기에서 경과시간에 따른 평균속도 변화이다. 이에 관한 설명으로 옳지 않은 것은?

기출 17·20

┌보기┐

| 경과시간(초) | 평균속도(m/s) |
|---|---|
| 0 | 0 |
| 1 | 2.4 |
| 3 | 8.4 |
| 5 | 10 |
| 7 | 10 |
| 9 | 9.6 |
| 11 | 9.5 |
| 13 | 8.9 |
| 15 | 8.7 |
| 17 | 8.6 |
| 19 | 8.5 |
| 21 | 8.4 |
| 23 | 8.3 |

① 평균가속도가 0인 구간이 존재한다.
② 처음 1초 동안 2.4m를 이동하였다.
③ 후반부의 평균속도는 감속되고 있다.
④ 최대 평균가속도는 5초와 7초 사이에 나타난다.

**해설**
④ 최대 평균가속도는 1초와 3초 사이에 나타난다.
① 5초와 7초 사이에 평균속도에 변함이 없으므로 평균가속도는 0이다.
② 처음 1초 동안 2.4m/s로 움직인 거리는 2.4m이다.
③ 9초 이후로는 평균속도가 줄어들고 있다.

평균가속도

$$평균가속도 = \frac{나중\ 속도 - 처음\ 속도}{운동\ 시간} = \frac{평균속도의\ 변화량}{운동\ 시간}$$

• 물체의 나중 속도와 처음 속도의 차이를 운동 시간으로 나눈 값이다.
• 속도 변화량을 시간 변화량으로 나눈 것으로 속도의 변화율을 나타낸다.
• 구간 벡터로서 방향과 크기를 가진다.

**09** 길이 50m 수영장에서 자유형 100m 경기기록이 100초였을 때 평균속력과 평균속도로 옳은 것은? (단, 출발과 도착 지점이 동일하다고 가정)

기출 15·19·23

① 평균속력 - 1m/s, 평균속도 - 1m/s
② 평균속력 - 0m/s, 평균속도 - 0m/s
③ 평균속력 - 1m/s, 평균속도 - 0m/s
④ 평균속력 - 0m/s, 평균속도 - 1m/s

**해설**
평균속력은 이동거리를 운동 시간으로 나누면 되므로 $\frac{100m}{100s}$ = 1m/s가 되고, 평균속도는 출발점과 도착점이 같으므로 변위가 0이 되어 0m/s이다.

평균속력

$$평균속력 = \frac{이동거리}{걸린시간} \geq 0$$

• 물체의 이동방향에 구애받지 않고 물체의 빠르기를 나타내는 물리량이다.
• 이동한 거리를 시간으로 나눈 값이다.
• 방향을 표시하지 않고 단지 크기만을 나타내며, 항상 0 이상의 양의 값을 갖는 스칼라양이다.

평균속도

$$평균속도 = \frac{변위의\ 변화량}{시간의\ 변화량}$$

• 물체의 나중 속도와 처음 속도의 차이를 운동 시간으로 나눈 값이다.
• 속도 변화량을 시간 변화량으로 나눈 것으로 속도의 변화율을 나타낸다.
• 구간 벡터로서 방향과 크기를 가진다.

## 10 〈보기〉의 ㉠~㉢에 들어갈 용어로 옳은 것은?

기출 19 · 23

| 보기 |
| --- |
| ( ㉠ )에서는 주동근에 의해 발휘되는 ( ㉡ )가 ( ㉢ ) 보다 커서 근육의 길이가 짧아진다. |

| | ㉠ | ㉡ | ㉢ |
|---|---|---|---|
| ① | 단축성 수축 | 저항모멘트 | 힘모멘트 |
| ② | 단축성 수축 | 힘모멘트 | 저항모멘트 |
| ③ | 신장성 수축 | 저항모멘트 | 힘모멘트 |
| ④ | 신장성 수축 | 힘모멘트 | 저항모멘트 |

**해설**

등장성 수축의 종류

| 단축성 수축(구심성 수축) | 신장성 수축(원심성 수축) |
|---|---|
| • 근내 장력이 일정하고, 근 길이가 줄어듦<br>• 관절의 각도에 따라 근력의 장력이 변함<br>• 저항의 중력을 극복하여 장력이 발생함 | • 근내 장력이 일정하고, 근 길이가 늘어남<br>• 저항의 중력을 극복하지 못하여 근 길이가 증가하고 장력이 발생함 |

## 11 마찰력에 관한 설명으로 옳지 않은 것은?

기출 18 · 19

① 마찰력은 추진력으로 작용될 수 없다.
② 최대정지마찰력은 운동마찰력보다 크다.
③ 마찰계수는 접촉면의 형태에 영향을 받는다.
④ 마찰력은 마찰계수와 접촉면에 수직으로 작용한 힘의 곱으로 구한다.

**해설**

마찰력
• 마찰력은 저항력 또는 추진력으로 작용할 수 있다.
• 최대(정지)마찰력은 물체가 움직이기 시작할 때의 마찰력을 말하며 일반적으로 운동마찰력보다 크다.
• 마찰계수는 접촉면의 형태와 성분(재질)에 따라 달라진다.
• 마찰력은 물질의 종류에 따른 특성을 반영하는 마찰계수와 접촉면에 가한 수직의 힘인 전압력의 곱으로 나타낸다.
• 마찰력은 물질이 움직이는 평면과 평행하게 작용하며, 물체의 운동 반대 방향으로 작용한다.

## 12 〈보기〉에서 설명하는 운동법칙으로 옳은 것은?

기출 15 · 18 · 24

| 보기 |
| --- |
| 물체에 작용하는 힘의 크기가 일정할 때, 물체의 질량이 증가하면 가속도는 감소하게 된다. |

① 뉴턴의 제1법칙
② 뉴턴의 제2법칙
③ 뉴턴의 제3법칙
④ 질량 보존의 법칙

**해설**

② 뉴턴의 제2법칙(가속도의 법칙) : 물체가 외부로부터 힘을 받으면 물체는 힘의 방향으로 가속되며, 이때 가속도의 크기는 힘에 비례하고 질량에 반비례한다.
① 뉴턴의 제1법칙(관성의 법칙) : 물체는 외부로부터 받는 힘의 합이 '0'이면 현재의 운동 상태를 그대로 유지하며, 물체의 관성은 그 질량과 비례한다.
③ 뉴턴의 제3법칙(작용과 반작용의 법칙) : 물체에 힘이 작용하면 항상 크기가 같고 방향이 정반대인 반작용의 힘이 동시에 작용한다.
④ 질량 보존의 법칙 : 화학반응의 전후에 반응물질의 전체 질량과 생성물질의 전체 질량이 같은 법칙이다.

**정답** 10 ② 11 ① 12 ②

**13** 〈보기〉는 A 선수와 B 선수가 제자리에서 수직점프 후 착지할 때 착지구간에서 시간에 따른 수직 힘의 변화를 나타내는 그래프이다. 이에 관한 설명으로 옳은 것은? (단, 가와 나의 면적은 동일)

기출▶ 19 · 23 · 25

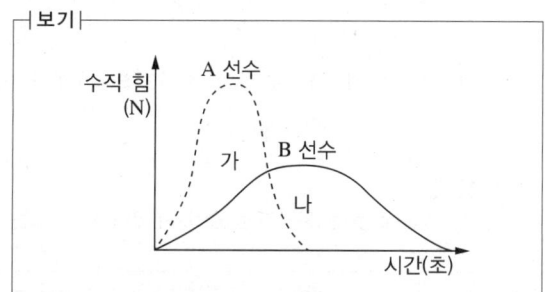

① A 선수와 B 선수의 수직 충격량은 동일하다.
② A 선수와 B 선수에서 수직 운동량의 변화량은 다르다.
③ A 선수와 B 선수의 수직 충격력이 다르기 때문에 수직 충격량이 다르다.
④ A 선수와 B 선수의 수직 힘의 작용시간이 다르기 때문에 수직 충격량이 다르다.

**해설**
그래프의 면적은 '힘×시간=충격량'을 의미하는데, 같다고 하였으므로 A 선수와 B 선수의 수직 충격량은 동일하다.

**충격량**

$$충격량(I) = 충격력(F) \times 충돌시간(t)$$

- 물체에 힘이 작용하여 운동 상태를 바꿀 때 가해진 충격의 물리량을 말한다.
- 충격량은 운동량의 변화량과 같으며 힘의 크기와 그 힘이 작용하는 시간을 곱한 것이다.
- 충격량의 단위 : N·s 또는 kg·m/s

**14** 다이빙선수의 공중동작에서 발생할 수 있는 회전운동에 관한 설명으로 옳은 것은?

기출▶ 16 · 18 · 19 · 23 · 24

① 질량분포가 회전축에서 멀수록 관성모멘트는 작아진다.
② 관성모멘트는 각운동량에 비례하고 각속도에 반비례한다.
③ 회전반경의 길이는 관성모멘트의 크기에 영향을 주지 않는다.
④ 공중자세에서 관성모멘트가 달라져도 각속도는 변하지 않는다.

**해설**
관성모멘트(관성능률, 회전모멘트)는 회전운동에서 외부에서 가해진 회전력에 대해 물체의 운동 상태를 변화시키지 않으려는 저항 특성이다. 관성모멘트의 크기는 물체의 질량이 회전축으로부터 멀리 분포될수록, 회전반지름이 클수록 증가하며 외부에서 힘이 작용하지 않는다면 관성모멘트가 클수록 각속도가 작아지게 된다.

**각운동량**
- 물체의 관성모멘트와 각속도의 함수로서, 회전하는 물체가 가진 운동량이다.
- 더 큰 관성모멘트를 지닌 물체일수록, 또는 더 빠른 각속도로 움직이는 물체일수록 큰 각운동량을 지닌다.

**각속도**
- 벡터양으로 어떤 순간에서 각변위의 변화율을 의미한다.
- $\vec{\omega}$로 표현된다.
- $\Delta t$ 동안 $\vec{\theta}$의 변화율인 평균 각속도를 구하는 공식에서 $\Delta t$를 0에 가깝게 수렴하여 미분한 값이다.
- 그래프에서 각변위 곡선의 접선의 기울기이다.

**15** 1N의 힘으로 1m 거리를 움직였을 때 수행한 일(Work)로 옳은 것은? (단, 힘의 작용방향과 이동방향은 일치함)  기출 19·23

① 1 J(Joule)　　② 1 N(Newton)
③ 1 m3(Cubic meter)　　④ 1 J/s(Joule/sec)

**해설**
1Joule = 1N·m(힘과 거리를 곱한 값) : 일의 단위

**16** 어떤 물체에 200N의 힘을 가해 물체를 10초 동안 5m 이동시켰을 때 일률(Power)로 옳은 것은? (단, 힘의 작용방향과 이동방향은 일치함)  기출 17·18·23

① 100 Watt　　② 400 Watt
③ 1,000 Watt　　④ 10,000 Watt

**해설**
$\frac{200N \times 5m}{10s} = 100Watt$

일률
$$P = \frac{W}{t} = \frac{F \times d}{t} = F \times V$$

- 단위 시간당 수행한 일의 양, 즉 얼마나 빠르게 일을 수행하였는지를 의미한다.
- 스포츠에서는 순발력이라는 용어로도 사용한다.

**17** 에너지에 관한 설명으로 옳지 않은 것은?  기출 19·23

① 에너지의 단위는 Joule이다.
② 일을 수행할 수 있는 능력이다.
③ 운동에너지는 물체의 속도뿐만 아니라 질량과도 관계가 있다.
④ 위치에너지는 물체의 질량과는 관계가 있으나 높이와는 관계가 없다.

**해설**
에너지(Energy)는 운동의 원천으로서, 일을 할 수 있는 능력을 말한다.

| | |
|---|---|
| 운동에너지 | • 운동하고 있는 물체가 갖고 있는 에너지를 운동에너지(Kinetic Energy ; KE)라고 한다.<br>• 질량이 크고 속도가 빠른 물체일수록 더 큰 운동에너지를 갖게 된다.<br>• 운동 중인 물체가 충돌할 때의 힘은 운동에너지에 비례하고, 힘이 작용한 거리에 반비례한다. |
| 위치에너지 | • 높은 곳에 있는 물체가 높이에 따라 갖게 되는 에너지를 위치에너지(Potential Energy ; PE)라고 한다.<br>• 위치에너지의 크기는 질량과 높이에 비례한다. |

**18** 다음 중 가장 큰 역학적 에너지는?  기출 16·17·18·20·23

① 7m/s로 평지를 달리고 있는 질량 90kg인 럭비선수의 운동에너지
② 8m/s로 평지를 달리고 있는 질량 100kg인 럭비선수의 운동에너지
③ 5m 높이에 서 있는 질량 50kg인 다이빙선수의 위치에너지
④ 4m 높이에 서 있는 질량 60kg인 다이빙선수의 위치에너지

**해설**

② $\frac{1}{2} \times 100\text{kg} \times (8\text{m/s})^2 = 3200\text{J}$

① $\frac{1}{2} \times 90\text{kg} \times (7\text{m/s})^2 = 2205\text{J}$

③ $50\text{kg} \times 9.8\text{m/s}^2 \times 5\text{m} = 2450\text{J}$

④ $60\text{kg} \times 9.8\text{m/s}^2 \times 4\text{m} = 2352\text{J}$

역학적 에너지

- 운동에너지 = $\frac{1}{2}mv^2$ ($m$ = 질량, $v$ = 속도)
- 위치에너지 = $mgh$ ($m$ = 질량, $g$ = 중력가속도, $h$ = 높이)
- 중력가속도 = $9.8\text{m/s}^2$

**19** <보기>에서 운동학적(Kinematics) 분석방법으로 옳은 것은? 기출▶ 16·17·18·20

┌─ 보기 ─────────────────┐
ⓐ 영상분석
ⓑ 고니오미터(Goniometer) 각도 분석
ⓒ 스트레인 게이지 힘 분석
ⓓ 지면반력 분석
└────────────────────┘

① ㉠, ㉡        ② ㉠, ㉢
③ ㉡, ㉣        ④ ㉢, ㉣

**해설**
㉠ 동작의 정량적 분석이 가능하다.
㉡ 신체 관절의 각도를 측정하는 분석으로 힘을 직접 측정하는 방법은 아니다.

운동기술 분석

| | |
|---|---|
| 운동학적 분석 | • 운동의 형태에 관한 분석방법이며 힘과는 관계없이 인체운동을 보고 측정하여 분석한다.<br>• 양적 변화 : 운동의 변위, 속도, 가속도, 무게중심, 관절각 등 분석 |
| 운동역학적 분석 | • 운동의 원인이 되는 힘의 분석에 초점을 둔다.<br>• 질적 변화 : 외력(중력, 마찰력, 지면반력), 내력, 역학적 힘, 에너지 등 분석 |

**20** 근전도(EMG ; Electromyogram) 분석을 통하여 얻을 수 있는 정보로 옳지 않은 것은?
기출▶ 15·18·19·20

① 제자리멀리뛰기에서 장딴지근(비복근)의 최대 수축 시점
② 스쿼트에서 넙다리곧은근(대퇴직근)의 근피로도
③ 제자리높이뛰기에서 무게중심의 3차원 위치좌표
④ 팔굽혀펴기에서 위팔세갈래근(상완삼두근)의 근활성도

**해설**
제자리높이뛰기에서 무게중심의 3차원 위치좌표는 3차원 영상분석 등을 통하여 얻을 수 있는 정보이다.

근전도 분석
- 골격근의 근수축과 관련된 전기적 활동을 표면전극 또는 삽입전극으로 검출하여 다양한 정보를 제공한다.
- 근전도 검사를 통해 근육의 동원 순서를 알 수 있고 근피로에 대한 정보를 추정할 수 있다.
- 근전도 신호는 양과 음의 값을 동시에 가진다.

## 제7과목 | 스포츠윤리

**01** 스포츠윤리의 목적으로 옳지 않은 것은?

기출> 15·19·20·23

① 스포츠 행위의 공정한 조건을 제시한다.
② 의도적 반칙에 대한 정당화의 근거를 제시한다.
③ 스포츠를 통한 도덕적 자질과 인격 함양을 추구한다.
④ 스포츠맨십, 페어플레이 등 스포츠윤리 규범을 통한 바람직한 공동체의 모습을 제시한다.

**해설**
의도적 반칙
- 궁극적으로 의도적 파울은 규칙을 준수하지 않는 행위이며, 페어플레이 정신에 위배된다.
- 일부 결과론적 윤리 관점에서 의도적 파울을 용인하고 옹호하여 스포츠 도덕을 손상시킨다.
- 과정을 중시하고 개인의 탁월성을 추구한다면 극복할 수 있다.
- 반칙을 하지 않고 승리하는 것이 명예롭고 스포츠 윤리적인 승리이다.

**02** <보기>에서 ㉠, ㉡에 들어갈 용어로 옳은 것은?

기출> 16·17·18·20

┌ 보기 ┐
스포츠에서 일어나는 사건이나 현상에 대한 사유작용을 판단이라고 한다. 판단은 크게 사실판단과 가치판단으로 구분된다. 사실판단은 실제 스포츠에서 일어난 사건과 현상에 대한 진술을 말한다. 따라서 ( ㉠ )을/를 가릴 수 있다. 이에 비해 가치판단은 옳고 그름 혹은 바람직하거나 그렇지 못한 것 등 가치에 대한 진술로 이루어진다. 가치판단은 주로 ( ㉡ )에 근거한다.

| | ㉠ | ㉡ |
|---|---|---|
| ① | 진위 | 당위 |
| ② | 진위 | 허위 |
| ③ | 진리 | 상상 |
| ④ | 진리 | 선택 |

**해설**
사실판단은 실제 사건과 현상에 대한 진술로, 측정을 통하여 진위(참과 거짓)를 파악할 수 있다. 반면, 가치판단은 마땅히 그렇게 되어야 할 것을 지시하거나 어떤 기준·규범에 따르는 것으로, 당위(당연히 지켜야 할)의 보편적 가치와 다수를 위한 공공의 가치에 근거한다.

**03** <보기>에서 설명하는 스포츠윤리 규범으로 옳은 것은?

기출> 17·18·19·23

┌ 보기 ┐
스포츠의 규범은 근대 스포츠의 탄생과 밀접한 연관을 갖는다. 규칙의 준수가 근대 시민 계급의 도덕성 함양에 기여할 수 있다고 여겨지면서 하나의 윤리규범으로 정착하였다. 특히 진실과 성실의 정신(Spirit of Truth and Honesty)을 바탕으로 경기에 임하는 도덕적 태도와 같은 의미로 쓰이면서 오늘날 스포츠의 보편적인 윤리 규범이 되었다.

① 유틸리티(Utility)
② 테크네(Techne)
③ 젠틀맨십(Gentlemanship)
④ 페어플레이(Fairplay)

**해설**
페어플레이(Fairplay)
- 페어플레이는 보편적이며 고정적인 스포츠윤리이다.
- 규칙 준수, 상대 존중 등 근대적 시민의 도덕규범과 일치한다.
- 규칙의 준수로서 페어플레이는 행위에 대한 요구와 제재를 의미한다.
- 패자 앞에서 과도한 승리 세리모니를 하는 것은 규범으로서의 페어플레이를 위반한 것이다.

## 04 <보기>에서 괄호 안에 들어갈 용어로 옳은 것은?

기출> 15·16·17·18·20

> **보기**
>
> 운동선수로서 아무리 뛰어난 능력을 갖추었더라도 인간의 본질인 도덕성(덕)이 부족하면 훌륭한 선수가 될 수 없다. 이런 까닭에 운동선수에게는 두 가지 (　　)이/가 동시에 요구된다. 즉 신체적 탁월성과 도덕적 탁월성을 겸비하였을 때 비로소 훌륭한 선수가 되는 것이다.

① 아곤(Agon)
② 피시스(Physis)
③ 로고스(Logos)
④ 아레테(Arete)

**해설**

**스포츠 상황의 아레테(Arete)**
운동선수가 갖춰야 할 덕목으로서 '탁월성' 또는 '덕'으로 번역될 수 있는 용어이다. 자신에게 주어진 모든 가능성을 최대한 활용하여 최고의 실력을 정당하게 발휘하고자 하는 마음가짐과 태도를 뜻한다. 스포츠 과정에서 아곤은 목적달성·승리·결과를 중시하고, 아레테는 노력·과정을 중시한다. 스포츠에서 경쟁의 목적은 아곤적 요소와 아레테적 요소가 모두 내재되어 있지만, 아곤(승리추구)보다는 아레테(탁월성 추구)를 더 고려해야 할 필요가 있다.

## 05 <보기>의 괄호 안에 들어갈 용어와 대표적인 사상가가 바르게 연결된 것은?

기출> 16·17·18·19·20·23·24

> **보기**
>
> 스포츠에서 도덕법칙은 "승리를 원한다면 열심히 훈련하라.", "위대한 선수가 되기 위해서는 스포츠맨십에 충실하라." 등과 같이 가언적으로 주어지지 않고, 어떠한 경우에도 선수의 의무로서 반드시 행하라는 (　　) 명령의 형태로 존재한다.

① 공리적 － 칸트(I. Kant)
② 공리적 － 벤담(J. Bentham)
③ 정언적 － 칸트(I. Kant)
④ 정언적 － 벤담(J. Bentham)

**해설**

**정언명령과 가언명령**

| 가언명령 | • 이성을 도구로 활용하는 조건이 따라붙는 명령으로, '승리를 원한다면 열심히 훈련하라'는 식이다.<br>• 어떤 행동이 다른 것의 수단으로만 바람직하다. |
|---|---|
| 정언명령 | • 결과의 좋고 나쁨이 아니라 그 행위 자체가 도덕규칙의 판단기준이 된다.<br>• 반드시 지켜야 할 도덕법칙이 행위의 옳고 그름을 결정한다.<br>• 어떤 행동이 그 자체로 바람직하고 이성에 부합하는 의지에 꼭 필요하다. |

정답  04 ④  05 ③

## 06 〈보기〉에서 설명하는 윤리 이론으로 옳은 것은?

기출▶ 19

┤보기├
- 윤리적 가치의 근거를 페미니즘에서 찾음
- 이성의 윤리가 아닌 감성의 윤리
- 경기에 처음 출전하는 후배를 격려하는 선배의 친절
- 근육 경련을 일으킨 상대 선수를 걱정하고 보살피는 행위
- 타자의 요구와 정서에 공감하고 대응하는 것이 도덕의 출발임

① 공리주의  ② 의무주의
③ 배려윤리  ④ 대지윤리

**해설**
나딩스의 배려윤리
- 기존의 남성중심적이고 정의중심적인 윤리를 보완하기 위해 등장했다.
- 길리건(C. Gilligan)은 여성은 개별적인 관계, 특히 배려(Care)를 중시한다고 주장했다.
- 자연적 배려에 의존, 어머니와 자녀와의 관계를 배려의 원형으로 사용하는 것이 합리적이다.
- 배려하는 사람에게 배려받는 사람이 응답할 때 배려가 완성된다.
- 인간의 타고난 자연스러운 마음이 도덕성의 원천이 될 수 있다고 본다.
- 자연적 배려가 윤리적 배려의 근원이며 최종 귀착점이라고 보았다.

## 07 〈보기〉의 ㉠, ㉡에 해당하는 정의의 유형으로 옳은 것은?

기출▶ 17·18·20·23

┤보기├
- 라우 : 스포츠는 ㉠ 동등한 조건의 참가와 동일한 규칙의 적용이 이루어져야 해. 그렇지 않으면 정의의 원칙에 어긋나게 되거든.
- 형린 : 그런데 모든 것이 동등하지는 않아. 피겨스케이팅과 다이빙에서 ㉡ 높은 난이도의 연기를 펼친 선수는 그렇지 않은 선수보다 더 높은 점수를 받아야 해. 이것도 정의의 원칙이라고 할 수 있어.

|   | ㉠ | ㉡ |
|---|---|---|
| ① | 분배적 | 절차적 |
| ② | 평균적 | 분배적 |
| ③ | 평균적 | 절차적 |
| ④ | 분배적 | 평균적 |

**해설**
정의의 유형

| | |
|---|---|
| 평균적 정의 | 모든 인간은 동등한 가치를 지녔으므로 똑같이 대우해야 한다는 절대적 평등이론이다. 절대적, 산술적, 형식적 평등을 주장한다. |
| 절차적 정의 | 공정한 절차가 있어 그 절차만 제대로 따르면 내용에 상관없이 그 결과도 공정한 것으로 간주하는 분배 방식이다. |
| 분배적 (배분적) 정의 | 개인은 서로 다른 능력과 가치를 지녔으므로 집단에 기여하는 공헌도와 능력에 맞게 대우해야 한다는 실질적 평등이론이다. 상대적, 비례적, 실질적 평등을 주장한다. |
| 법률적 (일반적) 정의 | 사회는 개인의 권리를 존중하고 개인은 구성원으로서 의무를 다해야 한다는 이론이다. 권리와 의무의 내용이 법에 규정되어 있다. |

## 08 스포츠에서 발생하는 인종차별로 옳은 것은?

기출 ▶ 15 · 18 · 19 · 20 · 23 · 24

① 생물학적 환원주의
② 지속가능한 발전
③ 게발트(Gewalt)
④ 아파르트헤이트(Apartheid)

**해설**
아파르트헤이트
아프리칸스어로 '분리'를 뜻하는 아파르트헤이트(Apartheid)는 남아프리카공화국의 소수 백인과 다수 유색인종의 관계를 지배했던 정책이다. 유색인종에게 불리한 인종분리와 정치 및 경제적인 차별대우를 인정한 인종차별 정책으로, 국민을 반투(순수한 아프리카 흑인)와 유색인(혼혈인종) 및 백인으로 구분하는 1950년 주민등록법이 시행되면서 본격화되었다. 스포츠에 나타난 인종차별 사례로는 남아프리카공화국에서는 1960년까지 백인선수만 올림픽에 참가했으며, 남아프리카공화국의 인종차별 정책에 반대하는 많은 국가들이 남아프리카공화국에서 개최된 국제대회에 불참했다.

## 09 〈보기〉의 폭력에 관한 설명과 관계 깊은 사상가로 옳은 것은?

기출 ▶ 18 · 20

┌ 보기 ┐
- 학교 스포츠에서 선수에게 폭력을 가하는 감독도 한 가정의 평범한 가장이다.
- 운동 중 체벌을 가하는 것은 좋은 성적을 거두어야 하는 감독의 직업적 행동이다.
- 후배들에게 체벌을 가한 것은 감독의 지시에 따른 행동으로 나의 책임이 아니다.
- 폭력은 괴물이나 악마처럼 괴이한 존재가 아니라 평범한 일상 속에 함께 있다.
- 악(폭력)을 멈추게 할 유일한 방법은 생각과 반성이다.

① 뒤르켐(E. Durkheim)
② 홉스(T. Hobbes)
③ 지라르(R. Girard)
④ 아렌트(H. Arendt)

**해설**
악의 평범성(Banality of Evil)
1963년 독일의 정치철학자 한나 아렌트(H. Arendt)가 저술한 〈예루살렘의 아이히만〉에 나오는 유명한 구절이다. 아렌트는 홀로코스트와 같은 역사 속 악행은 광신자나 반사회성 인격 장애자들이 아니라, 국가에 순응하며 자신들의 행동을 보통이라고 여기게 되는 평범한 사람들에 의해 행해진다고 주장했다. 스포츠계에서도 폭력과 체벌 같은 잘못된 관행에 복종하는 데 익숙해진 나머지 이를 지속시키는 데 기여하게 된다.

## 10 〈보기〉의 내용에 해당하는 반칙으로 옳은 것은?

기출 ▶ 17 · 18 · 19 · 20 · 24

┌ 보기 ┐
A팀과 B팀의 농구 경기는 종료까지 12초가 남았다. A팀은 4점 차로 지고 있고 팀 파울에 걸렸다. B팀이 공을 잡자 A팀의 한 선수가 B팀 선수에게 반칙을 해서 자유투를 유도한 후, 공격권을 가져오려고 한다.

① 의도적 구성 반칙
② 비의도적 구성 반칙
③ 의도적 규제 반칙
④ 비의도적 규제 반칙

**해설**
〈보기〉의 내용은 경기 중에 전술적 수단으로 행하는 의도적 반칙에 해당된다. 또한 개별 행위에 적용되는 세밀한 규칙인 규제적 규칙 위반이므로 의도적 규제 반칙이다.

규칙의 유형

| 구성적 규칙 | 스포츠의 일반적인 규칙과 경기 진행방식을 말한다. 구성적 규칙이 위반될 경우 스포츠가 성립하지 않는다. 예) 축구경기에서 한 팀은 11명이다. |
|---|---|
| 규제적 규칙 | 개별 행위에 적용하는 세밀한 규칙이다. 구체적이고 강제적으로 개인의 행동을 규제한다. 예) 수영경기에서의 전신수영복은 금지한다. |

의도적 반칙
- 경쟁우위의 수단으로서 보편적으로 행해지는 규칙위반이다.
- 경기 중에 선수가 의지적 계획을 가지고 행하는 규칙위반이다.
- 전술적 수단으로 행하는 규칙위반이다.
- 결과론적 윤리 관점에서는 의도적 반칙을 용인·옹호한다.
- 전술적으로 경쟁우위의 수단으로 사용되기도 하지만, 페어플레이 정신에 위배된다.

**정답** 08 ④ 09 ④ 10 ③

## 11. <보기>의 ㉠, ㉡에 해당하는 유교 사상으로 옳은 것은?

| | |
|---|---|
| ㉠ | 공자는 "내가 원하지 않는 일을 남에게 하지 말라(己所不欲 勿施於人)"는 원리를 인간관계의 기본적인 행위 준칙으로 보았다. 내가 원하지 않는 것은 타인도 원하지 않을 것이라는 동등고려(Equal Consideration)의 원리는 스포츠맨십의 바탕이기도 하다. 스포츠맨십은 하지 말아야 할 행위를 하지 않는 것이 아니라 스스로 원하지 않는 것을 상대 선수에게 행하지 않는 원리를 실천하는 것이다. |
| ㉡ | 사회구성원의 모든 행위가 그 이름(역할)에 적합하도록 행해야 한다는 도덕적 요구를 말한다. "임금은 임금답고 신하는 신하다우며, 아버지는 아버지답고 자식은 자식다워야 한다(君君臣臣 父父子子)"는 주문으로 각자에게 주어진 이름과 역할에 걸맞게 행동하라는 도덕적 명령이다. 스포츠인을 스포츠인답게 만드는 것이 곧 스포츠맨십이다. |

|  | ㉠ | ㉡ |
|---|---|---|
| ① | 충(忠) | 예시예종(禮始禮終) |
| ② | 서(恕) | 정명(正名) |
| ③ | 충(忠) | 절차탁마(切磋琢磨) |
| ④ | 서(恕) | 극기복례(克己復禮) |

**해설**
- 공자의 사상 중 '충'은 '모든 인간관계에서 성실과 신뢰를 중요시하는 것'을 뜻하고, '서'는 '자기가 하고 싶지 않은 것을 남에게 하지 않는 것'을 뜻한다.
- '정명'은 '자신의 신분에 따라 맡은 바 역할을 다하여야 한다'는 것을 뜻한다.

## 12. 「국민체육진흥법」 제18조의3에 의거하여 체육의 공정성 확보와 체육인의 인권보호를 위해 설립된 단체로 옳은 것은?

① 스포츠윤리센터
② 클린스포츠센터
③ 스포츠인권센터
④ 선수고충처리센터

**해설**
스포츠윤리센터의 설립(「국민체육진흥법」 제18조의3 제1항) 체육의 공정성 확보와 체육인의 인권보호를 위하여 스포츠윤리센터를 설립한다.

## 13. <보기>의 ㉠에 해당하는 레스트(J. Rest)의 도덕성 구성요소로 옳은 것은?

- 상빈 : 직업 선수에게 가장 중요한 것은 무엇이라고 생각해?
- 미라 : 연봉이지! 직업 선수의 연봉이 그 선수의 능력을 나타내는 것이라고 생각해. 나는 작년 성적이 좋아서 올해 연봉이 200% 인상되었어.
- 은숙 : 연봉은 매우 중요하지. 하지만 ㉠ <u>나는 연봉, 명예 등의 가치보다 스포츠인으로서 스포츠맨십과 페어플레이가 가장 중요한 가치라고 생각해.</u>

① 도덕적 감수성(Moral Sensitivity)
② 도덕적 판단력(Moral Judgement)
③ 도덕적 동기화(Moral Motivation)
④ 도덕적 품성화(Moral Character)

**해설**
레스트(J. Rest) 도덕성 4구성요소
- 도덕적 감수성(Moral Sensitivity) : 스포츠 상황에서 도덕적 딜레마를 지각하게 하는 것
- 도덕적 판단력(Moral Judgement) : 스포츠 상황에서 옳고 그름을 판단하게 하는 것
- 도덕적 동기화(Moral Motivation) : 다른 가치보다 정정당당하게 경기하는 것에 가치를 두게 하는 것
- 도덕적 품성화(Moral Character) : 스포츠 상황에서 장애 요인을 극복하여 실천할 수 있는 강한 의지, 용기, 인내 등의 품성을 갖게 하는 것

**14** 사상가와 스포츠를 통한 도덕교육 방법을 연결한 내용으로 옳지 않은 것은?

① 루소(J. Rousseau) - 어린 시절부터 다양한 신체활동을 통해 성평등, 동료애, 공동체에서의 협력과 책임을 지는 습관을 길러준다.
② 베닛(W. Benneitt) - 스포츠 상황에서 발생하는 다양한 사건에 대한 논리적 추론과 가치명료화 등을 통해 도덕적 판단 능력을 길러준다.
③ 위인(E. Wynne) - 스포츠 경기의 전통을 이해하고, 규칙 준수 등의 바람직한 행동을 습관화할 수 있도록 가르친다.
④ 콜버그(L. Kohlberg) - 스포츠에서 발생하는 도덕적 딜레마에 대한 토론을 통해 도덕적 갈등 상황을 이해하고, 자율적으로 대처할 수 있도록 가르친다.

**해설**
베닛은 도덕적 사회화 접근을 강조하였고 구체적인 덕의 가르침을 제공해야 한다고 주장했다. 그는 교사들이 미국사회의 전통적 가치(위인에 대한 존중, 애국심, 희생, 용기, 정직, 신뢰 등)에 확신을 가지고 학생들에게 제시하여야 한다고 주장했다.

**15** 〈보기〉의 괄호 안에 들어갈 사상가로 옳은 것은?

| 보기 |
| ( )은/는 "도덕적 가치들은 중요한 타자들(Significant Others)이 어떻게 행동하고 있는가를 관찰하는 것에 의하여 학습된다."고 하였다. 스포츠 도덕교육에서 스포츠지도자는 중요한 타자에 해당된다. 스포츠의 도덕적 가치는 스포츠지도자의 도덕적 모범에 의해 학습되어지며, 참여자는 스포츠지도자를 통해 관찰학습과 사회적 모델링을 하게 된다. |

① 맥페일(P. McPhail)
② 피아제(J. Piajet)
③ 피터스(R. Peters)
④ 콜버그(L. Kohlberg)

**해설**
맥페일(P. McPhail)의 고려모델
맥페일의 이론은 인본주의를 주축으로 약간의 행동주의를 결합한 것으로, 도덕적 가치들은 중요한 타자들(Significant Others)이 우리와 다른 사람들에 대하여 어떻게 행동하고 있는가를 관찰하는 것으로 학습된다고 했다. 그의 이론에 따르면, 도덕적 가치들은 교사의 모범을 포함한 다른 사람들의 모범으로부터 학습되므로, 관찰학습과 모델링이 매우 중요한 위치를 차지하고 있다.

**16** 장애차별 없는 스포츠의 조건으로 옳지 않은 것은?

기출 16·17·18·20·23

① 장애인이 원하는 장소와 시간을 확보해야 한다.
② 대회의 참여와 종목의 선택은 감독에게 맡긴다.
③ 활동에 필요한 장비 및 기구의 재정적인 지원이 확보되어야 한다.
④ 다양한 사람과의 관계를 통해 사회성 함양의 기회를 주어야 한다.

**해설**
스포츠에서 장애차별이란 장애로 인해 스포츠 참여의 권리와 기회를 비장애인과 동등하게 누리지 못하는 불평등을 의미한다. ① 장애인 맞춤의 경기 조건, ③ 대회에 대한 재정적 지원, ④ 대회 개최를 통한 사회성 함양의 장 마련과 같은 사항들은 제도적인 장치나 감독의 권한으로 스포츠에서의 장애차별을 해결할 수 있는 요건이 될 수 있다. 그러나 ② 대회 참가 여부 및 종목의 선택은 장애차별과 관련 없는 것으로, 장애인 스스로가 결정할 일이다.

## 17 〈보기〉의 ㉠, ㉡에 해당하는 도덕 원리의 검토 방법으로 옳은 것은?

| 보기 |
| --- |
| ㉠ '나 혼자 의도적 파울을 하는 것은 괜찮겠지'라는 판단은 '모든 선수가 의도적 파울을 한다면'이라는 원리에 비추어 검토한다.<br>㉡ '부상당한 선수를 무시하고 경기를 진행하라'는 주장의 지시에 '자신이 부상당한 경우를 가정하여 판단해보라'고 이야기한다. |

| | ㉠ | ㉡ |
| --- | --- | --- |
| ① | 포섭검토 | 보편화 결과의 검토 |
| ② | 반증 사례의 검토 | 포섭검토 |
| ③ | 역할 교환의 검토 | 반증 사례의 검토 |
| ④ | 보편화 결과의 검토 | 역할 교환의 검토 |

**해설**
도덕 원리의 검토 방법
- 포섭검토 : 상위의 도덕 원리에 포함시켜 봄으로써 정당화한다.
- 반증 사례의 검토 : 상대방이 제시한 도덕 원리에 부합하지 않는 새로운 사례를 제시한다.
- 역할 교환의 검토 : 상대방의 입장에서 생각해 보고, 입장을 바꿔서 판단한다.
- 보편화 결과의 검토 : 제시된 도덕 원리를 모든 사람에게 적용했을 때 바람직한지 따져본다.

## 18 스포츠에서 공격이 윤리적이어야 하는 이유의 근거로 옳지 않은 것은?

① 타인의 탁월성 발휘를 침해하지 않아야 하기 때문이다.
② 파괴적인 것이 아니라 합리적인 방법과 전술의 개발 등 생산적이어야 하기 때문이다.
③ 공격 당사자의 본능, 감정, 의지를 폭력적인 수단에 의해 관철해야 하기 때문이다.
④ 규칙의 범위 내에서 공격과 방어의 교환이라는 소통의 구조를 가져야 하기 때문이다.

**해설**
스포츠에서의 공격은 윤리적으로 이루어져야 한다. 공격은 공격수의 본능, 감정, 의지를 관철하는 폭력적인 수단으로 사용해서는 안 된다. 그러나 프로스포츠에서의 공격적인 행위는 경기력을 향상시키고 관중들에게 새로운 매력을 제공하는 긍정적인 측면도 있기 때문에 공격은 스포츠의 경쟁과 흥미를 유지하는 데 기여하되 윤리적인 가치와 규칙을 준수하는 선에서 이루어져야 한다.

## 19 스포츠에 도입된 과학기술의 긍정적인 효과로 옳지 않은 것은?

① 운동선수의 인격 형성에 기여한다.
② 기록의 객관성과 신뢰성을 높인다.
③ 운동선수의 안전과 부상 방지에 도움을 준다.
④ 오심과 편파판정을 최소화하여 경기의 공정성을 향상시킨다.

**해설**
'운동선수의 인격 형성에 기여'한다는 것은 스포츠 인성교육의 목적에 해당하는 내용이다.
스포츠 인성교육의 목적
- 스포츠는 스포츠 자체의 운동성과 경기력을 통해 인간의 건강을 증진시킨다.
- 스포츠에 내재된 규칙준수, 존중, 자기절제 등의 특징과 원칙을 통해 인간의 도덕적·사회적 인성을 길러준다.
- 스포츠의 덕목들은 도덕적·사회적 인성발달에 도움이 된다.

17 ④ 18 ③ 19 ①

**20** 스포츠 규칙의 원리로 옳지 않은 것은?

① 편파성
② 임의성(가변성)
③ 제도화
④ 공평성

**해설**
스포츠 규칙은 어느 한쪽으로 치우치는 편파성을 배제하고, 공정성을 실현하는 것이어야 한다.

# 2021년 필수과목 기출문제

## 제1과목 | 특수체육론

**01** 특수체육(Adapted Physical Activity)에 관한 설명 중 옳지 않은 것은?  　기출▶ 15·16·20·25

① 참여촉진의 수단으로 변형을 활용한다.
② 학교체육 및 평생체육을 포함한다.
③ 개인의 장애를 치료하는 데 주목적이 있다.
④ 정상화를 실현하기 위해 통합체육을 강조한다.

**해설**
특수체육은 장애학생들이 일반체육의 활발한 활동 프로그램에 안전하고 성공적으로 참여할 수 있도록 장애학생들의 흥미와 능력을 고려하고, 장애한계에 적합하도록 계획된 발달활동과 게임, 스포츠, 무용 등의 다양한 프로그램을 말한다. 장애를 치료하기 위한 목적이 아니라 장애학생들의 사회성 발달, 흥미로운 활동 경험 등에 목적을 둔 다양한 신체 활동이다.

**02** 〈보기〉는 국제 기능·장애·건강분류(International Classification of Functioning, Disability, and Health ; ICF)에서 어떤 영역에 해당하는가?  　기출▶ 20·23

┌보기┐
A는 스포츠에 독립적으로 참여하는 데 어려움이 있으나 적절한 지원을 받을 경우 문제없이 참여할 수 있다.
└──┘

① 신체기능과 구조　② 참 여
③ 활 동　　　　　　④ 장 애

**해설**
장애는 신체 기능과 구조, 활동, 참여의 세 가지 영역 모두 또는 어느 한 가지 영역에서 겪게 되는 어려움으로 발생하며, 개인적·환경적 요인들에 의해서도 영향을 받는다. 신체기능은 신체 계통의 생리적 기능이며, 신체구조는 기관·팔다리 및 그 구성 요소들과 같은 신체의 해부학적 부위를 뜻한다. 활동은 개인이 과제나 행위를 실행하는 것이고, 참여는 상황에 관여하는 것이다. 〈보기〉에서 설명하는 상황은 참여하는 데 어려움이 있는 것이므로 ICF 영역 중 참여에 해당한다.

**03** 지적 장애인을 위한 체육활동의 변형 방법으로 옳은 것은?  　기출▶ 15·16·17·18·19·20

① 축구 - 경기장의 크기를 확대한다.
② 배구 - 비치볼(Beach Ball)을 사용한다.
③ 농구 - 골대의 높이를 올린다.
④ 수영 - 레인의 폭을 축소한다.

**해설**
장애 학생의 체육 활동이 성공적으로 이루어지기 위해서는 이들의 특성을 정확히 파악한 후 개별 학생에게 적절한 체육 프로그램을 제공해 주는 것이 중요하다. 지적 장애인의 경우 발달 속도, 근지구력 활동 부족 등의 이유로 비장애인보다 근력이 약하기 때문에 치기와 받기에서 더 부드럽고 가볍고 느린 비치볼(Beach Ball)을 사용하는 것이 좋다.

**04** 용어의 시대적 변화를 순서대로 연결한 것으로 옳은 것은?

┌보기┐
㉠ 특수체육(Adapted Physical Activity)
㉡ 교정체육(Corrective Physical Education)
㉢ 의료체조(Medical Gymnastics)
㉣ 특수체육(Adapted Physical Education)
└──┘

① ㉢ → ㉡ → ㉣ → ㉠
② ㉢ → ㉣ → ㉠ → ㉡
③ ㉣ → ㉢ → ㉠ → ㉡
④ ㉣ → ㉢ → ㉡ → ㉠

**해설**
특수체육 용어의 시대별 변화
• 1900년대 초 : 의료체조(Medical Gymnastics)
• 1930~1950년 : 교정체육(Corrective Physical Education)
• 1950~1970년 : 특수체육(Adapted Physical Education)
• 1970년~현재 : 특수체육(Adapted Physical Activity)

**정답** 01 ③　02 ②　03 ②　04 ①

## 05 생태학적 과제분석(Ecological Task Analysis)의 3대 구성요소로 옳지 않은 것은?

기출 17·19·20

① 수행자
② 수행환경
③ 수행평가자
④ 수행과제

**해설**
생태학적 과제분석은 학생의 특성이나 선호도를 고려하면서, 동시에 운동기술이나 움직임 수행에 영향을 줄 수 있는 환경 요소를 함께 고려하는 과제분석 방법이다. 대상 학생(수행자)을 중심으로 체육현장(수행환경)에서 실제적으로 평가하고 인지적·정의적·심동적 발달을 위해 과제(수행과제)를 세분화한다. 따라서 3대 구성요소는 수행자, 수행환경, 수행과제이다.

## 06 〈보기〉에서 기술하는 것과 장애유형이 올바르게 연결된 것은?

기출 16·18·20

**보기**
㉠ - 운동기능에 손상이 있으나 손상이 진행적이지 않다.
㉡ - 호흡기 근육군의 퇴화가 올 수 있다.

| | ㉠ | ㉡ |
|---|---|---|
| ① | 뇌성마비 | 근이영양증 |
| ② | 근이영양증 | 다발성경화증 |
| ③ | 다발성경화증 | 뇌성마비 |
| ④ | 뇌성마비 | 다발성경화증 |

**해설**
장애의 유형별 특징
- 뇌성마비(Cerebral Palsy) : 미성숙한 뇌의 손상으로 운동기능에 이상이 생기는 질환으로 뇌손상은 영구적이지만 자라면서 진행되지는 않는다.
- 근이영양증(Muscular Dystrophy) : 여러 근육군의 퇴화가 서서히 진행되는 유전성 질환으로 호흡 장애와 심장질환 등의 합병증을 유발한다.
- 다발성경화증(Multiple Sclerosis) : 몸의 여러 곳에 동시 다발적으로 염증이 발생하여 근육이 굳어지며 전반적인 무력감이 나타난다.

## 07 〈보기〉에서 설명하는 양호도로 옳은 것은?

기출 20

**보기**
새롭게 개발된 대근 운동발달 수준 측정 도구의 타당도를 확보하기 위해 TGMD-2와 비교 검증하였다.

① 준거타당도(Criterion-referenced Validity)
② 구성타당도(Construct Validity)
③ 내용타당도(Content Validity)
④ 안면타당도(Face Validity)

**해설**
① 준거타당도 : 특정한 측정도구를 준거로 삼아 측정하고자 하는 도구와 준거의 상관관계를 평가하는 것이다.
② 구성타당도 : 측정하려고 하는 대상의 속성·구성개념 등 세부 요소가 적절하게 측정되었는지를 평가하는 것이다.
③ 내용타당도 : 검사내용이 전체 내용을 대표할 수 있을 정도로 대표성을 띠는지 평가하는 것이다.
④ 안면타당도 : 무엇을 측정하는지를 확인하는 것이다.

## 08 평가도구와 목적을 연결한 것으로 옳은 것은?

기출 15·17·19·23

① PDMS-2 : 성인기 대근 및 소근 운동 기능 평가
② TGMD-2 : 신체, 언어, 인지 기능 평가
③ BPFT : 운동수행력과 적응행동 평가
④ PAPS-D : 장애유형을 고려한 장애학생 체력 평가

**해설**
① PDMS-2 : 0~72개월 아동의 운동 능력을 평가하고 측정하는 검사도구이다.
② TGMD-2 : 3~10세 아동의 대근육 운동 능력을 측정하는 검사도구이다.
③ BPFT : 동일 체력요인을 장애유형에 따라 다른 검사로 측정하며, 이는 건강관련 체력을 강화하기 위해 이용된다.

**정답** 05 ③  06 ①  07 ①  08 ④

## 09 〈보기〉에서 설명하는 것으로 옳은 것은? 기출▶ 18

┤보기├
- 과학적으로 반복 검증된 프로그램을 사용한다.
- 프로그램 효과에 대한 예측을 가능하게 한다.
- 프로그램 표준화에 대한 기초자료가 된다.

① 근거기반 프로그램(Evidence-based Program)
② 사례기반 프로그램(Case-based Program)
③ 과제지향 프로그램(Task-oriented Program)
④ 위기관리 프로그램(Risk-management Program)

**해설**
근거기반 프로그램은 무작위 대조군 연구를 실시하거나 축적된 객관적 보고들에 대한 메타분석을 수행하는 작업 등과 같은 체계적인 연구 결과를 통해 얻어진 과학적 근거를 바탕으로 신체 활동 프로그램을 적용하는 것이다.

## 10 참여자에게 종목선택권을 부여하고 의사결정 참여 기회의 폭을 넓혀주는 것으로 옳은 것은? 기출▶ 17

① 몰입(Flow)
② 임파워먼트(Empowerment)
③ 강화(Reinforcement)
④ 사회적 참여(Social Engagement)

**해설**
임파워먼트는 장애인의 주도성·혁신성·창의성 배양, 능력 신장 등을 위한 핵심 개념으로, 장애인들이 자신들의 삶에 영향을 미치는 대인관계와 치료적 활동에 대한 선택은 물론 스포츠 활동이나 신체 활동에 대한 선택을 스스로 하는 자기결정성의 속성을 갖는다.

## 11 〈보기〉는 미국장애인교육법에서 명시한 정의이다. 밑줄 친 '독특한 요구'를 충족시켜 주기 위한 지도 방법으로 옳지 않은 것은? 기출▶ 18·20

┤보기├
특수체육은 장애인의 '독특한 요구(Unique Needs)'를 충족시키기 위해 고안된 체력과 운동체력 ; 기본운동기술과 양식 ; 수중, 무용, 개인 및 집단 게임, 스포츠에서의 기술의 발달을 위한 개별화된 프로그램이다.

① 개인별 목표 성취를 위해 신체활동의 방법을 변형한다.
② 휠체어 사용자를 위해 체육시설의 접근성을 높인다.
③ 동선상의 위험요인을 제거한다.
④ 변형을 위해 활동의 본질을 바꾼다.

**해설**
특수체육은 독특한 요구를 충족시키기 위해 시행되는 다양한 신체 활동을 포함하며, 활동의 본질적인 특성을 변형하지 않는 선에서 체육환경, 경기장, 용기구, 참여인원, 활동유형, 교수유형, 기타 사항들을 수정 및 보완하여 사용하는 것이 바람직하다.

## 12 척수 손상 장애인의 자율신경 반사 이상(Autonomic Dysreflexia)에 관한 내용으로 옳지 않은 것은? 기출▶ 18·23

① 자율신경 반사 이상은 예방할 수 없다.
② 운동 전 방광과 장을 비움으로써 예방할 수 있다.
③ 자율신경 이상이 증가하면 운동을 중단한다.
④ 경추 6번 및 윗 부위의 손상 장애인에게서 발생 가능성이 높다.

**해설**
자율신경 반사 이상은 제6번 등뼈(흉추 T6) 이상의 척수 레벨의 손상을 받은 환자가 유해한 자극을 받아서 교감신경 반사 반응이 급격히 일어나는 경우에 발생하는 증상을 말하며 운동 전에 장과 방광, 혈압의 상태를 점검하여 예방한다.

정답  09 ① 10 ② 11 ④ 12 ①

## 13. <보기>에서 시각장애인을 지도할 때 고려사항으로 옳은 것은?

기출▶ 15 · 16 · 17 · 19 · 24

―보기―
㉠ 경기장을 미리 돌아보게 한다.
㉡ 장비의 모양, 크기, 재질 등을 알 수 있도록 한다.
㉢ 방향정위를 위해 목소리, 나무 방울 혹은 자동 방향 감지기 등을 사용한다.
㉣ 높이뛰기, 멀리뛰기와 같은 도약 경기에 참가하는 선수에게는 걸음걸이를 미리 세어보도록 한다.

① ㉢, ㉣
② ㉠, ㉡, ㉢
③ ㉠, ㉡, ㉣
④ ㉠, ㉡, ㉢, ㉣

**해설**
㉠·㉣ 경기장을 미리 체험할 수 있도록 한다.
㉡ 시각 장애 아동에게 활동을 지도할 때마다 장비의 크기, 소리, 색, 재질감 등을 바탕으로 선택의 기회를 제공하는 것이 중요하다.
㉢ 시각 장애인에게 축구를 지도할 때 구슬이 들어간 공과 소리가 나는 골대를 설치하고 주변 소음을 차단하여 지도할 수 있다.

## 14. 장애인스포츠지도사의 지원강도에 관한 설명으로 옳지 않은 것은?

① 간헐적(Intermittent) 지원 – 일시적이고 단기간에 걸쳐 요구할 때 지원
② 제한적(Limited) 지원 – 제한된 시간 동안 신체활동에서 지원
③ 확장적(Extensive) 지원 – 지도자의 판단에 따른 일시적 지원
④ 전반적(Pervasive) 지원 – 지속적이고 신체활동 내내 지원

**해설**
장애인스포츠지도사의 지원정도척도
- 간헐적 지원 : 필요할 때나 위기 상황에서 일시적으로 제공되는 지원
- 제한적 지원 : 일정 시간 동안 일관성 있게 시간 제한적으로 제공되는 지원
- 확장적 지원 : 몇몇 환경에서 정기적으로 제공되는 지원
- 전반적인 지원 : 전반적인 환경에서 지속적이며 강도 높게 제공되는 지원

## 15. <보기>에서 설명하는 행동수정기법으로 옳은 것은?

기출▶ 16

―보기―
체육 기구를 계속 던지면서 수업을 방해할 때마다 제자리에 돌려놓도록 강제적이고 반복적으로 시켰다.

① 프리맥 원리
② 과잉교정
③ 토큰강화
④ 타임아웃

**해설**
② 과잉교정 : 문제행동을 일으킨 경우 교정에 관한 행동을 강제적으로 반복하여 연습시키는 방법이다.
① 프리맥 원리 : 빈도가 높은 행동(선호행동)을 이용해 바람직한 행동을 강화하는 것이다. 장점은 즉각적 효과와 목표 지향성 향상, 단점은 조건부 행동수행의 습관화를 들 수 있다.
③ 토큰강화 : 인위적 보상인 토큰을 제공하여 행동을 수정하는 기법이다. 대가로 받은 토큰이나 점수는 어떠한 강화물과도 교환할 수 있고 과제의 복잡성에 따라 토큰의 수에 차등을 둔다.
④ 타임아웃 : 행동 수정을 위해 문제를 일으키는 자극 또는 강화물을 얻을 수 있는 기회로부터 제외시키는 것이다. 즉 자극이 없는 장소로 격리시키는 것을 말한다.

## 16. 자폐성 장애인의 특성을 고려한 지도전략으로 옳은 것은?

기출▶ 17 · 18 · 20 · 23

① 자연스러운 단서보다 언어적 단서를 주로 사용한다.
② 그림카드를 활용하여 시각적 단서를 제공한다.
③ 환경의 비구조화를 통해 다양한 신체활동을 제공한다.
④ 신체활동 순서와 절차를 바꾸면서 흥미를 준다.

**해설**
①·③ 체육수업 시 교사는 공간을 구조화하여 예측 가능한 환경을 만들어 자연스럽게 환경 단서를 제공하도록 한다.
④ 자폐성 장애 아동들은 새롭거나 기존 환경과 일치하지 않는 정보가 무작위로 또는 무계획적으로 제공될 때 부적절한 행동으로 반응하기도 한다. 시작부터 끝까지 일상적 과제를 수행하는 것은 과제에 대한 기대치를 향상시킬 수 있다.

**정답** 13 ④  14 ③  15 ②  16 ②

**17** 시각 장애인의 신체활동 지도를 위해 사전에 알아야 할 정보로 옳지 않은 것은?

① 시력 상실의 원인
② 시력 상실의 시기
③ 잔존시력 정도
④ 주거환경

**해설**
①・② 질병으로 인한 시력 상실의 경우 사물에 대한 정보가 남아있어 신체 활동을 준비하는 데 소요되는 시간이 줄어들 수 있지만, 선천성 시각 장애인의 경우 사물과 동작을 유추할 수 없기 때문에 자세한 설명과 많은 시간이 요구된다.
③ 대부분의 시각 장애인은 조도에 변화를 줘서 잔존시력이 최대인 상태에서 수업할 수 있다. 녹내장 또는 백색증을 가진 참가자에게는 낮은 조도의 환경에서 수업을 하는 것이 적합하다.

**18** 청각 장애인에 관한 설명으로 옳지 않은 것은?

기출▶ 15・16・20

① 지필 대화를 할 수 있다.
② 부정확한 발음은 즉시 교정해 준다.
③ 눈을 마주 보고 대화를 한다.
④ 수어통역사가 있더라도 가능하면 직접 대화한다.

**해설**
청각 장애인의 발음이 부정확하거나 말하기가 쉽지 않다면 굳이 말할 것을 강요하지 말고 통역사를 통해 의사소통을 시도한다. 통역사는 교육 현장에서 청각 장애 또는 난청인 사람들이 교사, 서비스 제공자, 동료들과 원활하게 의사소통할 수 있도록 도와주는 역할을 담당한다.

**19** 발작(Seizure)에 대한 지도자의 대처방법으로 옳지 않은 것은?

기출▶ 15・18

① 발작 동안 주변 사물과 충돌하지 않도록 조치한다.
② 발작 이후 즉시 심폐소생술을 실시한다.
③ 발작이 10분 이상 지속할 경우 응급상황으로 판단한다.
④ 발작 이후 호흡 상태 관찰과 필요 시 회복자세를 취하도록 한다.

**해설**
발작이 심한 경우(10분 이상 지속)에는 즉각적인 의학적 처치가 필요하지만 대부분의 발작은 의학적 처치가 필요하지 않다. 발작 발생 시 다치지 않도록 응급처치를 하고 발작이 끝나면 재발작에 대비하여 환자를 살펴보면서 편한 자세를 취할 수 있도록 해준다.

발작에 대한 응급처치
• 안경을 낀 참여자는 안경을 빼주고 바닥에 눕힌다.
• 발작하고 있는 시간을 기록한다.
• 발작의 전조가 보이면 바닥에 눕히고 허리에 쿠션을 대준다.
• 장애인이 체육관에서 운동을 하다가 발작을 일으킨 경우, 몸을 부축하여 천천히 자리에 눕히고 주변에 위험한 물건을 치운다.

**20** 뇌성마비의 유형별 특징으로 옳지 않은 것은?

기출▶ 16・17・20

① 경직성은 대뇌피질의 손상으로 근육의 저긴장 상태를 보인다.
② 운동실조성은 소뇌의 손상으로 균형과 협응에 어려움을 보인다.
③ 무정위운동성은 기저핵의 손상으로 불수의적인 움직임을 보인다.
④ 혼합형은 경직성과 무정위운동성이 혼재하며, 경직성 유형이 좀 더 두드러진다.

**해설**
뇌성마비는 뇌의 손상 부위에 따른 운동 능력의 제한 정도에 따라 경직성, 무정위운동성, 운동실조성으로 나눌 수 있다. 이 중에서 경직성 뇌성마비는 뇌성마비 환자의 약 70%를 차지하며, 관절과 팔다리 근육이 뻣뻣하게 경직되어(고긴장) 움직임에 어려움을 보인다.

17 ④  18 ②  19 ②  20 ①  **정답**

## 제2과목 | 유아체육론

**01** 피아제(J. Piaget)의 도식(Schema) 형성과정으로 옳지 않은 것은?   기출▶ 18

① 동화과정(Assimilation)
② 조절과정(Accommodation)
③ 평형과정(Equilibrium)
④ 가역과정(Reversibility)

**해설**
피아제(J. Piaget)는 인간의 발달을 도식의 조절과 동화를 통한 평형화 과정이라고 주장하였다. 평형이란 새로운 상황에서 일관성과 안정성을 이루려는 시도로 이러한 평형은 계속적인 동화와 조절의 과정을 통해 이루어진다. 동화와 조절에 의해 평형화가 이루어지는 과정은 모든 연령과 인지발달단계에서 동일하다.

**가역성의 원리**
가역성의 원리란 과부하가 이루어지지 않거나 운동이 중지되었을 때 운동 능력이 빠르게 감소된다는 것을 의미한다. 즉, 과부하의 반대의 개념으로 운동을 하지 않으면 그 효과는 감소한다는 의미이다.

**02** 〈보기〉의 영유아 신체 및 운동발달 특징 중 옳은 것은?   기출▶ 16 · 17 · 19

┌ 보기 ┐
㉠ 머리에서 다리 방향으로 발달한다.
㉡ 반사 및 반응 행동은 운동발달에 필수적인 단계이다.
㉢ 근육량의 증가로 안정 시 분당 심박수는 점차 증가한다.
㉣ 연령증가에 따라 상체와 하체의 비율은 변화하지 않는다.

① ㉠, ㉡
② ㉠, ㉢
③ ㉡, ㉢
④ ㉢, ㉣

**해설**
영유아의 신체발달은 일정한 순서와 방향성을 갖고 발달하므로 머리에서 하체 방향으로 발달하며 반사 및 반응 행동은 운동발달의 기초가 된다.
㉢ 영유아가 성장함에 따라 근력이 증가하고 근섬유도 굵어지면서 신체발달이 이루어지지만 안정 시 분당 심박수는 신생아가 아동들보다 높은 것이 특징이고 성인이 될수록 점차 줄어든다.
㉣ 영유아가 성장하면서 신체비율에도 변화가 나타나는데, 몸통과 다리가 길어지고 머리의 비율은 작아지면서 전체적으로 균형이 잡힌다.

**영유아 신체발달의 방향성**
• 신체는 일정한 순서와 방향성을 갖고 발달한다.
• 머리 부분에서 하체 방향으로 발달한다.
• 몸 중심부에서 바깥쪽(말초신경)으로 발달한다.
• 대근육에서 소근육 방향으로 발달한다.

**03** 비대칭목경직 반사(ATNR ; Asymmetric Tonic Neck Reflexes)에 관한 설명으로 옳지 않은 것은?   기출▶ 23 · 24

① 생후 6개월에 나타난다.
② 원시 반사의 한 유형이다.
③ 눈과 손의 협응력 발달에 중요하다.
④ 머리를 오른쪽으로 돌리면 오른쪽 팔과 다리가 펴진다.

**해설**
원시 반사는 생후 6개월 이전에는 자연스럽게 사라지는 것이므로 생후 6개월 이후에도 비대칭 긴장성 경반사가 있거나 계속되면 비정상발달이 있을 수 있으므로 정밀한 검사가 필요하다. 비대칭목경직반사는 원시 반사의 하나로 신생아가 양쪽 다리를 오므리고 있다가, 머리를 한쪽으로 돌리면 같은 쪽의 팔다리의 긴장이 사라져 팔과 다리를 펴는 것이다.

**정답** 01 ④  02 ①  03 ①

**04** 〈보기〉에서 설명하는 발달 이론으로 옳은 것은?

기출 15·17·18·19·20·22·24

┌ 보기 ┐
- 환경을 변화시켜 바람직한 행동을 형성한다.
- 피드백을 통해 유아의 바람직한 행동을 촉진한다.

① 게셀(A. Gesell)의 성숙주의 이론
② 피아제(J. Piaget)의 인지발달 이론
③ 스키너(B. Skinner)의 행동주의 이론
④ 프로이드(S. Freud)의 정신분석 이론

**해설**
스키너(B. Skinner)의 행동주의 이론은 특정한 환경의 변화는 개인의 행동을 적절하게 변화시키는 데 도움이 된다는 입장이다. 특히 스키너는 관찰 가능한 행동의 변화에 초점을 두면서 바람직한 행동으로 수정하는 데 주력하였다.

**05** 성숙단계 드리블동작(Dribbling)의 특징으로 옳은 것은?

기출 17·20·24

① 가슴 높이에서 공을 드리블한다.
② 한발을 앞으로 내밀고 반대편 손으로 드리블한다.
③ 바운드되는 공의 높이가 일정하지 않게 드리블한다.
④ 손목 스냅을 이용하지 않고 손바닥으로 공을 때리면서 드리블한다.

**해설**
① 무릎을 구부리고 낮은 자세를 유지하면서 드리블을 한다.
③ 바운드되는 공의 높이가 일정하고 규칙적인 리듬으로 드리블한다.
④ 손목 스냅을 이용하며, 손가락을 펴서 공을 누른다는 느낌으로 드리블한다.

**06** 안정성 운동기술에 관한 설명으로 옳지 않은 것은?

기출 16·17·18·19·20·23

① 정적, 동적, 축성 안정성으로 구분한다.
② 구르기(Rolling)는 동적 안정성과 관련이 있다.
③ 재빨리 피하기(Dodging)는 동적 안정성과 관련이 있다.
④ 몸통 앞으로 굽히기(Bending)는 정적 안정성과 관련이 있다.

**해설**
안정성 운동기술에는 정적·동적 안정성 운동기술과 축을 중심으로 하는 안정성 운동이 있다. 몸통 앞으로 굽히기(Bending)는 안정성 운동기술 중에서 정적 안정성과 관련이 있는 것이 아니라, 축을 중심으로 하는 안정성 운동에 해당한다.

**07** 에릭슨(E. Erikson)의 심리사회발달 단계 중 주도성 대 죄책감에 관한 설명으로 옳지 않은 것은?

기출 20

① 자기개념 형성이 시작되는 시기이다.
② 놀이를 스스로 시도할 수 있는 시기이다.
③ 취학 전 연령기(만 3~6세)에 해당한다.
④ 놀이를 통한 성공경험은 주도성 형성에 도움이 된다.

**해설**
에릭슨(E. Erikson)의 심리사회발달 단계 중 3단계(주도성 대 죄책감 단계)는 취학 전 연령기(만 3~6세)에 해당되며, 이 시기 유아는 새로운 것을 시도해도 좋다고 느끼지만 반면에 새로운 시도를 두려워하며 이에 대한 실패 또는 비난을 두려워한다. 또한 언어능력과 운동기능이 성숙하면서 호기심이 많아지는 시기이기도 하다. "주도하는가 죄의식을 갖는가"가 쟁점이며 책임감이라 할 수 있는 주도성은 부모가 자녀의 목표를 지지할 때 발달되지만 부모가 너무 자기 억제를 요구하는 경우에 아동은 과도한 죄책감을 느낄 수 있다.

정답 04 ③ 05 ② 06 ④ 07 ①

08 〈보기〉의 ㉠~㉢에 해당하는 지각운동의 요소로 옳은 것은?   기출 16·20·23

| 요소 | 활동 |
|---|---|
| ㉠ | 몸을 구부려 훌라후프 통과하기 |
| ㉡ | 박수 소리에 맞추어 리듬감 있게 점프하기 |
| ㉢ | 신호에 따라 오른쪽으로 회전하기 |

|  | ㉠ | ㉡ | ㉢ |
|---|---|---|---|
| ① | 공간 | 시간 | 방향 |
| ② | 관계 | 시간 | 신체 |
| ③ | 관계 | 방향 | 공간 |
| ④ | 공간 | 방향 | 관계 |

해설
㉠ 공간지각은 위치와 거리 등을 정확하게 파악하고 몸의 움직임을 이해하는 것으로 크기가 다른 훌라후프 터널을 통과하는 방법 익히기 등이 있다.
㉡ 시간지각은 속도, 리듬과 관련된 지각으로 청각적인 다양한 리듬정보가 발달하는 것으로, 속도(빠른 리듬, 느린 리듬)·리듬에 맞춘 동작이 발달하며 악기의 연주 빠르기에 따라 다양한 속도로 이동기술을 연습한다.
㉢ 방향지각은 전후, 좌우, 상하를 지각하는 양측성과 자기 신체를 중심으로 좌우, 앞뒤를 변별하고 두 물체 간의 좌우 변별 등 위치 관계를 이해하는 등의 방향성을 인지하는 것을 의미한다.

09 유아의 체력 요인과 검사 방법으로 옳은 것은?   기출 16·18·20·23

① 순발력 – 모둠발로 멀리 뛴 거리의 측정
② 근지구력 – 왕복달리기(2m) 시간의 측정
③ 평형성 – 1분 간 앉았다 일어나기 동작 횟수의 측정
④ 민첩성 – 평균대 위에서 한 발로 서있는 시간의 측정

해설
② 민첩성 : 왕복달리기(2m) 시간을 측정한다.
③ 근지구력 : 1분간 앉았다 일어나기 동작의 횟수를 측정한다.
④ 평형성 : 평균대 위에서 한 발로 서있는 시간을 측정한다.

10 〈그림〉의 동작이 성숙단계로 발달하도록 지도하는 방법으로 옳지 않은 것은?   기출 17·20

수직점프(Vertical Jump)의 초보단계

① 도약과 착지 지점이 멀리 떨어지도록 지도한다.
② 두 팔을 동시에 위로 올리는 협응동작을 지도한다.
③ 두 발로 동시에 도약하고 착지할 수 있도록 지도한다.
④ 도약 후 공중에서 몸 전체를 뻗을 수 있도록 지도한다.

해설
수직점프의 초보단계에서는 도약과 착지가 같은 지점에서 이루어지지 않고 수평 방향으로 이동하는 경우가 많다. 성숙단계로 발달하기 위해서는 도약과 착지가 같은 지점에서 이루어지도록 지도해야 한다.

## 11 〈보기〉의 ㉠, ㉡에 들어갈 유아체육 프로그램의 구성원리로 옳은 것은? 기출▶ 16·17·18·19·20·23

┌보기─────────────────────────┐
• ( ㉠ ) : 자신의 운동능력을 과대평가하는 경우 안전에 주의하도록 한다.
• ( ㉡ ) : 동일 연령의 유아라도 발육발달의 개인차를 프로그램에 반영한다.
└───────────────────────────┘

|   | ㉠ | ㉡ |
|---|---|---|
| ① | 안전성 | 다양성 |
| ② | 안전성 | 적합성 |
| ③ | 적합성 | 다양성 |
| ④ | 적합성 | 주도성 |

**해설**
㉠ 안전성의 원리 : 신체조정능력과 판단력이 완전히 발달되지 않은 유아에게 우선적으로 고려해야 할 원리로, 자신의 능력을 과대평가하는 아동의 성향을 고려한 운동 환경을 마련하는 등 안전성을 고려하여 프로그램을 구성하여야 한다.
㉡ 적합성의 원리 : 유아체육프로그램은 유아들을 위한 발달지향적이고 적절한 신체 활동들을 고려하여 구성한다. 따라서 같은 연령의 유아라도 신체발달, 체력, 신체 활동의 경험, 운동기술 수준 등을 고려하여 프로그램을 적용한다.

**유아체육 프로그램의 기본원리**
• 적합성의 원리 : 결정적 시기(민감기)를 고려하여 운동 프로그램을 구성한다.
• 방향성의 원리 : 신체발달 방향성을 고려하여 운동 프로그램을 구성한다.
• 특이성의 원리 : 개개인의 유전과 환경요인에 따른 개인차를 고려하여 운동 프로그램을 구성한다.
• 다양성의 원리 : 전체적인 신체발달을 돕고 유아의 집중력이 떨어지지 않도록 다양한 운동 프로그램을 구성한다.
• 안전성의 원리 : 안전을 최우선으로 고려하여 운동 프로그램을 구성한다.
• 연계성의 원리 : 운동·인지·사회성·정서발달의 상호작용이 이루어지도록 운동 프로그램을 연계하여 구성한다.

## 12 〈보기〉에서 설명하는 유아의 기본운동기술 유형으로 옳은 것은? 기출▶ 16·17·18·19·20·23

┌보기─────────────────────────┐
• 물체를 다루는 능력이다.
• 추진운동 기술과 흡수운동 기술로 구분한다.
• 예로는 치기(Striking)와 받기(Catching)가 있다.
└───────────────────────────┘

① 안정성(Stability)
② 지각성(Perception)
③ 이동성(Locomotion)
④ 조작성(Manipulation)

**해설**
유아의 기본운동기술 유형에는 안정성 운동, 이동성 운동, 조작성 운동 등이 있는데 그중 조작성 운동은 기구를 다루는 능력을 기르는 운동으로 배트로 치기(Striking), 날아오르는 공을 발로 잡기(Trapping) 등이 있으며 구체적으로 추진 조작운동과 흡수 조작운동으로 구분된다.
• 추진 조작운동 : 기구를 몸 안쪽에서 바깥쪽으로 내보내는 움직임(예 굴리기, 던지기, 치기, 차기, 튀기기, 펀칭, 맞히기, 되받아 치기 등)
• 흡수 조작운동 : 외부에서 몸을 향해 들어오는 기구를 받는 움직임(예 잡기, 볼 멈추기 등)

## 13 유아운동 프로그램의 구성방법으로 옳지 않은 것은? 기출▶ 17·23·24

① 체력을 고려한 신체활동으로 구성한다.
② 연령과 운동발달 수준을 고려한 신체활동으로 구성한다.
③ 눈과 손의 협응력 향상에 필요한 다양한 활동을 포함한다.
④ 남아와 여아의 흥미가 다르기 때문에 분리활동이 필요하다.

**해설**
유아 시기에는 남녀 유아의 관심과 능력이 비슷하기 때문에 분리해서 활동할 필요는 없다.

11 ② 12 ④ 13 ④

**14** 세계보건기구(WHO, 2020)가 권장한 유아·청소년기 신체활동 지침으로 옳은 것은?

① 만 1세 이전 – 신체활동을 권장하지 않는다.
② 만 1~2세 – 하루 180분 이상의 저·중강도 신체활동을 권장한다.
③ 만 3~4세 – 최소 60분 이상의 중·고강도 신체활동을 포함한 하루 180분 이상의 신체활동을 권장한다.
④ 만 5~17세 – 최소 주 5회 이상의 고강도 근력운동을 포함한 하루 60분 이상의 중·고강도 신체활동을 권장한다.

**해설**
세계보건기구(WHO)는 5세 미만은 하루에 180분 이상 다양한 유형의 신체활동을, 5~17세는 하루에 적어도 60분 이상 땀 나는 신체활동을 권고하였다.

**15** 체육수업 중 유아의 신체활동 참여시간을 증가시키는 방법으로 옳지 않은 것은?

① 활동적 참여에 대해 정적 강화를 한다.
② 과제와 동작을 최대한 자세히 설명한다.
③ 수업 전에 교구를 배치하여 대기시간을 줄인다.
④ 일부 유아들이 어려워하는 활동이나 게임은 피한다.

**해설**
유아 운동 수업 시에는 긴 설명이 필요하거나 움직임을 촉진시키지 못하는 활동이나 게임 등은 피하도록 한다. 또한 유아들은 이해력이 높지 않기 때문에 지시는 간결하고 명료하게 한다.

유아의 신체 활동을 증가시키는 전략
• 발육발달 수준에 맞는 신체 활동 프로그램을 전개한다.
• 아동이 움직이는 방법을 만들어 변화시킨다.
• 활동적으로 참여하는 것에 대해 긍정적인 피드백을 제공한다.
• 유아들의 흥미를 유발할 수 있는 다양한 활동을 제공하며 대기시간을 줄인다.
• 지시는 간결하고 명료하게 하며, 안전에 유의하면서 움직임을 촉진하기 위한 지시를 한다.

**16** 유아의 신체적 자기개념(Self-concept)에 관한 설명으로 옳은 것은?

① 신체적 자기개념은 단일 개념이다.
② 신체적 자기개념은 자기효능감과는 관련이 없다.
③ 스포츠 참여를 통한 성공경험과 스포츠유능감 간의 관련성은 없다.
④ 스포츠 참여는 신체적 능력에 대한 개념을 형성하는 데 도움을 준다.

**해설**
신체적 자기개념(Physical Self-concept)은 자신의 신체적 외모나 매력, 신체적 조건 등과 관련된 신체능력 또는 운동 능력 등에 대한 개인의 지각이나 평가, 감정 등을 의미한다. 이러한 신체적 자기개념은 스포츠 관련 사회성, 즉 리더십과 예절성을 높이는 데 긍정적 영향을 미치므로 유아들은 스포츠에 참여하는 활동을 통해 신체에 대한 올바른 이해와 사용방법 등을 익히고, 자신을 표현하는 과정을 통해 정서적으로 성숙하고 사회성이 촉진될 수 있다.

**17** 유아의 신체활동 참여 동기를 증진시키는 방법으로 옳지 않은 것은?

① 수행력 향상을 위해 역할모델을 활용한다.
② 쉬운 과제를 성취한 경우라도 칭찬해 준다.
③ 과제성취를 운에 의한 것으로 생각하도록 지도한다.
④ 성취경험의 빈도를 높이기 위해 과제 난이도를 조절한다.

**해설**
유아의 운동기술 수준에 맞는 도전적인 프로그램을 제공하고, 무조건적인 칭찬이 아닌 과제성취를 위한 노력에 연계된 격려를 제공하여야 신체 활동 참여 동기를 증진시킬 수 있다.

정답 14 ③ 15 ② 16 ④ 17 ③

## 18 유아대상의 운동 지도방법으로 옳지 않은 것은?

기출> 17 · 19

① 자세한 설명보다는 시범을 자주 보여준다.
② 게임 파트너를 교대하며 다양한 변화를 준다.
③ 미디어를 활용하여 운동참여에 대한 관심을 유도한다.
④ 어렵고 위험한 과제에도 신체적 가이던스(Physical Guidance)를 자제한다.

**해설**
난이도가 있는 과제를 지도할 때는 말보다는 시범을 보이면서 설명하면 유아들의 이해 부족에 따른 안전사고가 감소된다. 시범은 정확하고 반복적으로 실시하여 유아들이 모방을 통해 정확한 동작을 수행할 수 있도록 한다.

## 19 유아체육수업의 환경 조성에 관한 설명으로 옳지 않은 것은?

기출> 18 · 20

① 유아가 선호하는 하나의 교구만을 배치한다.
② 다양한 감각 자극을 제공할 수 있는 환경을 조성한다.
③ 유아가 자유롭게 몸을 움직일 수 있도록 충분한 공간을 확보한다.
④ 적절한 교구 배치를 통해 효과적 지도가 가능한 환경을 조성한다.

**해설**
유아체육수업에서는 발달심리에 적합한 교구와 교재를 준비해야 한다. 특히 유아들은 집중력이 떨어지고 쉽게 흥미를 잃어버리는 특성이 있기 때문에 흥미유발을 위해 다양한 교구를 사용하도록 한다.

## 20 누리과정(2019)에서 '신체운동·건강 영역'의 내용범주로 옳지 않은 것은?

기출> 16 · 18 · 19 · 20

① 신체활동 즐기기
② 건강하게 생활하기
③ 안전하게 생활하기
④ 창의적으로 표현하기

**해설**
2019 개정 누리과정 – 신체운동·건강 영역

| 내용 범주 | 내 용 |
|---|---|
| 신체활동 즐기기 | • 신체를 인식하고 움직인다.<br>• 신체 움직임을 조절한다.<br>• 기초적인 이동운동, 제자리 운동, 도구를 이용한 운동을 한다.<br>• 실내외 신체활동에 자발적으로 참여한다. |
| 건강하게 생활하기 | • 자신의 몸과 주변을 깨끗이 한다.<br>• 몸에 좋은 음식에 관심을 가지고 바른 태도로 즐겁게 먹는다.<br>• 하루 일과에서 적당한 휴식을 취한다.<br>• 질병을 예방하는 방법을 알고 실천한다. |
| 안전하게 생활하기 | • 일상에서 안전하게 놀이하고 생활한다.<br>• TV, 컴퓨터, 스마트폰 등을 바르게 사용한다.<br>• 교통안전 규칙을 지킨다.<br>• 안전사고, 화재, 재난, 학대, 유괴 등에 대처하는 방법을 경험한다. |

정답 18 ④ 19 ① 20 ④

## 제3과목 | 노인체육론

**01** 노화로 인한 생리적 변화로 옳지 않은 것은?

기출 ▶ 18·19·20·23·24

① 최대 산소섭취량의 감소
② 폐의 탄력성과 호흡기 근력의 저하
③ 수축기 및 이완기 혈압수치의 감소
④ 동정맥산소차의 감소

**해설**
노인은 성인에 비해 수축기 혈압과 이완기 혈압이 증가하고 혈압의 수치도 증가하여 심혈관계 질환인 고혈압이 나타난다.

**02** 〈보기〉의 ㉠~㉢에 해당하는 노화의 생물학적 이론으로 옳은 것은?

기출 ▶ 16·17·19

┤보기├
- ㉠ – 유전적 요인이 노화의 속도를 결정한다.
- ㉡ – 세포손상의 누적이 세포의 기능장애에 결정요소로 작용한다.
- ㉢ – 인체기관이 다른 속도로 노화하면서 신경내분비계에 불균형을 초래한다.

| | ㉠ | ㉡ | ㉢ |
|---|---|---|---|
| ① | 유전적 이론 | 손상 이론 | 점진적 불균형 이론 |
| ② | 성공적 노화이론 | 손상 이론 | 점진적 불균형 이론 |
| ③ | 손상 이론 | 점진적 불균형 이론 | 유전적 이론 |
| ④ | 지속성 이론 | 점진적 불균형 이론 | 손상 이론 |

**해설**
노화의 생물학적 이론
㉠ 유전적 이론 : 인간의 세포는 유전학적으로 계획되어 제한된 횟수만큼 분열한다. 즉, 유전적 요인에 의해 노화의 속도는 결정되어 있다.
㉡ 손상 이론 : 자유기에 의한 세포 손상의 누적이 세포의 기능장애와 괴사의 핵심적 결정요소로 노화를 야기한다.
㉢ 점진적 불균형 이론 : 인체의 각 기관이 서로 다른 속도로 노화되면서 중추신경계와 내분비계의 불균형을 초래한다.

**03** 에릭슨(E. Erikson)의 심리사회발달 단계에 관한 내용이 옳은 것은?

기출 ▶ 16·17·24

| | 연령 | 단계 | 긍정적 결과 |
|---|---|---|---|
| ① | 13~18세 | 역량 대 열등감 | 어떻게 살기 원하는지에 대한 생각을 발달시킨다. |
| ② | 젊은 성인 | 독자성 대 역할혼동 | 타인과 밀접한 관계를 형성한다. |
| ③ | 중년 성인 | 친분 대 고독 | 가족의 부양 또는 어떤 형태의 일을 통해 생산적인 생활을 할 수 있다. |
| ④ | 노년기 | 자아주체성 대 절망 | 자부심과 만족을 느끼면서 삶을 되돌아볼 수 있다. |

**해설**
에릭슨(E. Erikson)의 심리사회발달이론

| 연령대 | 발달과업 단계 | 긍정적 결과 |
|---|---|---|
| 13~18세 | 정체성 대 역할혼돈 | 자신이 누구인지 그리고 어떻게 삶을 살기 원하는지에 대한 느낌을 발달시킨다. |
| 젊은 성인 | 친분 대 고독 | 친밀한 대인관계를 형성할 수 있다. |
| 중년 성인 | 생산성 대 침체성 | 가족의 부양 또는 어떤 형태의 일을 하는 등 생산적이다. |
| 노년기 | 자아통합 대 절망 | 자부심과 만족을 느끼면서 자기 삶을 되돌아보며 죽음을 위엄있게 받아들인다. |

**정답** 01 ③  02 ①  03 ④

## 04 〈보기〉에서 설명하는 노화에 관한 심리학적 관점으로 옳은 것은?

기출 16·18·23

┌ 보기 ┐
- 성공적 노화는 신체적, 정신적, 사회적 손실에 대한 적응력과 관련이 있다.
- 기능적 능력의 향상을 통해 노화로 인한 손실을 보완하도록 도움을 준다.

① 성공적 노화 모델
② 분리이론
③ 자아통합 이론
④ 보상이 수반된 선택적 적정화 모델

**해설**
발테스와 발테스(Baltes)의 보상을 수반한 선택적 적정화 이론
- 성공적 노화가 선택, 적정화, 보상이라는 세 가지 전략과 관련된 과정이라고 설명한다.
- 노화에 따른 신체적, 정신적, 사회적 손실이 있더라도, 개인의 능력에 적합한 활동을 선택하고 최적화하며 손실된 것을 보상하고 적응함으로써 성공적 노화에 이를 수 있다고 설명한다.
- 수명, 생물학적 건강, 정신건강, 인지적 효능, 사회적 능력 및 생산성, 개인적 통제, 생활만족 등 7가지를 성공적 노화의 지표로 제시하였다.

## 05 노인체육 관련 용어의 의미가 옳지 않은 것은?

① 신체활동(Physical Activity) - 골격근에 의해 에너지 소비가 이루어지는 신체의 움직임
② 운동(Exercise) - 관찰 가능한 외현적인 움직임
③ 체력(Physical Fitness) - 신체활동을 수행할 수 있는 기능적 특성
④ 건강(Health) - 질병이 없거나 허약하지 않을 뿐만 아니라 신체적, 심리적, 사회적으로 안녕한 상태

**해설**
운동(Exercise)은 체력을 향상시키기 위해 수행되는 계획적·반복적 신체 움직임으로서, 에너지를 소모하는 골격근에 의해 이루어지며 건강과 삶의 질에 영향을 미친다.

## 06 〈보기〉의 대화에서 노인에게 나타날 수 있는 증상으로 옳지 않은 것은?

┌ 보기 ┐
- A : 코로나19로 경로당 운영이 중단돼서 운동도 못하고, 친구들도 못 만나니 너무 두렵고 슬퍼. 예전에 친구들과 함께 운동하던 때가 그립구만…….
- B : 나도 그래. 최근 옆집에 혼자 사는 최 씨가 안보여 찾아가보니 술로 잠을 자려고 하던데 정말 걱정이야. 밖으로 나가 운동도 하고 친구도 만나야 하는데……. 저러다 치매에 걸릴까 겁이 나네.

① 수면 장애
② 불안감 고조
③ 고립감 약화
④ 사고력 약화

**해설**
코로나19로 인해 외부활동이 단절되어 고립감이 증가되었다.
노년기 심리적 특성의 변화
- 우울증 경향 증가 : 신체적 질병, 배우자의 죽음, 경제능력의 약화 등으로 인해 고립감이 증가하고 우울증 경향이 증가한다.
- 내향성 및 수동성 증가 : 스스로의 생각과 감정에 의해서 사물을 판단하게 되는 경향이 많아지고 누군가의 도움을 받아 문제를 해결하려고 하는 수동적 경향이 증가한다.
- 경직성 증가 : 새로운 환경에 적응하기가 어렵고 이로 인하여 학습능력과 문제해결 능력이 저하된다.
- 조심성 증가 : 자신감이 쇠퇴하기 때문에 확실한 경우에만 행동하는 경향이 있다.

04 ④  05 ②  06 ③  **정답**

**07** 노인의 운동참여에서 불안과 두려움을 극복하기 위한 반두라(A. Bandura)의 자기효능감 이론의 변인과 증진전략으로 옳지 않은 것은?

기출▶ 15 · 16 · 18

| | 변 인 | 증진전략 |
|---|---|---|
| ① | 성공수행 경험 | 운동참여에 대한 불안과 두려움을 극복하는 경험을 갖도록 지도한다. |
| ② | 간접경험 | 운동에 함께 참여하는 동료 노인을 통해 간접경험을 갖게 한다. |
| ③ | 언어적 설득 | 운동과 관련된 의사결정을 스스로 내리도록 한다. |
| ④ | 정서적 상태 | 불안과 두려움을 조절할 수 있도록 인지적 훈련을 시킨다. |

해설
언어적 설득 : 타인으로부터 격려의 말을 자주 들을 수 있게 한다.

반두라(A. Bandura)의 자기효능감 이론
개인이 과제를 성공적으로 수행할 수 있을 것이라는 자신감, 자기 능력에 대한 확신을 의미한다. 자기효능감이 낮으면 과제를 회피하고, 자기효능감이 높으면 과제를 적극적으로 수행한다고 보았다.

**08** 노인과의 올바른 의사소통 방법으로 옳지 않은 것은?

기출▶ 15 · 19 · 20 · 23

① 노인이 원하는 존칭을 사용한다.
② 어린아이를 다루듯 말한다.
③ 분명하고 천천히 말한다.
④ 따뜻한 표정으로 비언어적 의사소통을 사용한다.

해설
노인을 대상으로 한 의사소통 방법
• 노인의 말에 공감을 표현하여 경청하고 있음을 드러낸다.
• 분명하고 명확하게, 적절한 속도로 말한다.
• 노인은 인지능력이 저하되므로 한 번에 전달할 정보의 양이 지나치게 많아지지 않도록 조심해야 한다.
• 이해하기 쉬운 시각적 도구를 활용하면 의사소통에 효과적이다.
• 어린아이 다루듯 하지 않고 소리 지르듯 이야기하지 않는다.
• 노인에 대한 선입관으로 미루어 짐작하지 않는다.
• 접촉을 두려워하지 않는다.

**09** 행동주의적 지도방법으로 옳지 않은 것은?

① 개별상담을 통해 운동의 중요성을 인식하게 한다.
② 체육관 복도에 출석률을 게시한다.
③ 성공적인 운동참여에 대해 긍정적 강화를 제공한다.
④ 런닝머신 걷기를 할 때만 좋아하는 연속극을 시청하게 한다.

해설
행동주의 학습지도의 기본원리
• 작은 단계의 원리 : 학습과정을 세부 단계로 나눈 후 난도를 점차 올린다.
• 적극적 반응의 원리 : 학습자가 적극적으로 활동하도록 유도한다(④ 런닝머신 걷기를 할 때만 좋아하는 연속극을 시청하게 한다).
• 즉시 확인의 원리 : 즉각적으로 피드백한다(② 체육관 복도에 출석률을 게시한다).
• 학습자 검증의 원리(즉각적 강화의 원리) : 학습자 자신이 학습한 결과에 대해 알도록 하여 학습의욕을 높인다(③ 성공적인 운동참여에 대해 긍정적 강화를 제공한다).
• 자기 진도의 원리 : 개인차에 따라 진도를 조절한다.

정답 07 ③ 08 ② 09 ①

**10** 〈보기〉의 ㉠, ㉡에 해당하는 노인체력검사(SFT) 항목으로 옳은 것은?   기출 16·17·19·20·23

┌─보기─────────────────────┐
│ ㉠ – 식료품 나르기와 손자 안아주기가 어렵다. │
│ ㉡ – 버스에서 신속하게 내리기가 어렵다.    │
└──────────────────────────┘

| | ㉠ | ㉡ |
|---|---|---|
| ① | 30초 아령 들기 | 등 뒤에서 양손 마주잡기 |
| ② | 30초 아령 들기 | 2.4m 왕복 걷기 |
| ③ | 등 뒤에서 양손 마주잡기 | 2분 제자리 걷기 |
| ④ | 2.4m 왕복 걷기 | 2분 제자리 걷기 |

**해설**
㉠ 30초 아령 들기 : 장보기, 가방 나르기, 물건 들어올리기 같은 활동을 할 때 필요한 상체 근력을 측정한다.
㉡ 2.4m 왕복 걷기 : 갑자기 버스 정거장에서 내리기, 일어서서 화장실 가기, 전화 받기와 같이 빠른 동작을 할 때 필요한 민첩성과 평형성을 측정한다.

**11** 운동경험이 없는 노인이 장기간 저항성 운동을 했을 때 예상되는 변화로 옳은 것은?   기출 15·17·18·19·20

① 골밀도와 낙상 위험의 감소
② 20대의 근비대 수준으로 근력 회복
③ 근력과 제지방량의 증가
④ 혈관 경직도 증가

**해설**
저항성 운동은 근육의 수축과 이완을 하여 근력을 강화하는 무산소 운동이다(덤벨들기, 라벨들기 등). 저항성 운동을 하였을 경우 근력과 제지방량이 증가한다.

**12** 미국스포츠의학회(ACSM)가 제시한 노인을 대상으로 한 운동부하검사의 고려사항으로 옳지 않은 것은?   기출 16

① 시력 손상, 보행 실조, 발의 문제가 있는 경우 자전거 에르고미터 검사를 실시한다.
② 트레드밀 부하는 경사도보다는 속도를 증가시킨다.
③ 균형감과 근력이 낮고, 신경근 협응력이 저조하여 검사의 두려움이 있다면 트레드밀의 양측 손잡이를 잡고 검사를 실시한다.
④ 낮은 체력을 가진 노인은 초기 부하가 낮고(3 METs 이하), 부하 증가량도 작은(0.5~1.0 METs) 노턴(Naughton) 트레드밀 프로토콜을 이용한다.

**해설**
노인이나 허약자, 관상동맥질환자 등을 대상으로 한 트레드밀은 속도를 1.7mph로 고정하고 경사도의 증가 폭은 0%에서 3분 간 실시하고, 3분마다 5%씩 증가시킨다.

**13** 노인을 위한 수중운동 지도방법으로 옳지 않은 것은?

① 안전을 위해 처음 몇 회는 물속에서 자세를 취하는 방법을 가르친다.
② 물에 저항하여 움직이도록 지도하여 에너지 소비를 증가시킨다.
③ 관절염을 앓고 있는 노인은 아픈 관절이 물에 잠기게 한다.
④ 물이 몸통 근육의 역할을 하도록 직립자세로 서서 운동하게 한다.

10 ② 11 ③ 12 ② 13 전항 정답

해설
① 수중운동은 노인에게 나타나는 부상과 관련된 두려움·심리적 문제를 완화시킬 수 있는 재활운동이다. 하지만 수중운동에 익숙지 않은 노인을 위해 처음 몇 회는 물에 익숙해지도록 해야 한다.
② 물의 밀도와 점성으로 인해 신체의 움직임에 저항이 발생하여 에너지 소비가 증가하고 근력이 강화된다.
③ 물의 부력이 체중을 35~90% 정도 감소시켜 관절과 관절 사이 공간을 넓혀주기에 관절염이 있는 노인에게 적합하다.
④ 수중 운동의 종류로는 옆으로 걷기, 발끝 걷기, 뒤꿈치 걷기 등이 있으며 직립자세의 유산소 신체 활동 효과가 있다.
※ 출제오류로 최종정답에서 전항 정답 처리되었다.

**14** 요통을 예방하는 방법으로 옳은 것은?
① 등을 굽히고 선다.
② 등을 굽히고 걷는다.
③ 장시간 계속 서 있는 것을 피한다.
④ 등을 굽히고 앉는다.

해설
바른 자세보다 구부정한 자세가 허리에 부담이 크며, 바로 앉은 자세보다 구부정하게 앞으로 숙여서 앉은 자세가 허리에 통증을 더 많이 유발한다. 또한 서 있는 자세보다 앉은 자세가 허리에 부담이 가중되지만, 서 있는 자세나 앉은 자세를 오래 유지하는 것도 요통을 유발하므로 피하는 것이 좋다.

**15** 〈보기〉의 특성을 보인 노인에게 미국스포츠의학회(ACSM)가 제시한 관상동맥질환의 위험인자로 옳은 것을 모두 고른 것은? 기출▶ 20

┤보기├
- 연령 – 71세, 성별 – 여자, 신장 – 158cm, 체중 – 54kg
- 가족력 – 어머니는 54세에 심혈관 질환으로 돌아가셨다.
- 허리둘레 – 79cm
- 총콜레스테롤 – 200mg/dL
- 고밀도지단백질 콜레스테롤 – 30mg/dL
- 공복혈당 – 135mg/dL
- 안정 시 혈압 – 190mmHg/90mmHg
- 10대 때 흡연(하루에 20개비 이상)
- 평생 전업주부로 생활하고 현재 특별한 신체활동은 하지 않았다.

① 연령, 가족력, 허리둘레, 혈압, 흡연
② 비만, 공복혈당, 혈압, 흡연, 신체활동
③ 가족력, 총콜레스테롤, 고밀도지단백질 콜레스테롤, 혈압, 신체활동
④ 허리둘레, 총콜레스테롤, 고밀도지단백질 콜레스테롤, 공복혈당, 혈압

해설
〈보기〉의 사례에서 관상동맥질환의 위험인자는 다음과 같다.
- 연령 : 고령으로 인한 혈관 약화
- 가족력 : 직계가족이 심혈관질환으로 사망
- 총콜레스테롤 : 200mg/dL 이상인 경우
- 고밀도지단백질 콜레스테롤 : 35mg/dL 미만으로 낮은 경우
- 고혈압 : 140mmHg/90mmHg 이상인 경우
- 흡연 : 현재 흡연(10대부터 하루 20개비 이상)
- 신체활동 : 운동부족

**16** 미국스포츠의학회(ACSM)가 제시한 노인 신체활동 프로그램으로 옳지 않은 것은?

기출▶ 16 · 18 · 19 · 20

① 고강도로 주 3일 이상 또는 중강도로 주 5일 이상의 유산소운동
② 체중부하 유연체조와 계단 오르기를 제외한 근력강화 운동
③ 근육의 긴장과 약간의 불편감이 느껴질 정도의 유연성 운동
④ 저·중강도로 주 2회 이상의 대근육군을 이용한 저항운동

**해설**
미국스포츠의학회(ACSM)가 제시한 노인의 신체활동 권고지침

| 구분 | 빈도 | 강도 (RPE 10점 도구) | 시간 | 유형 |
|---|---|---|---|---|
| 유산소 운동 | • 중강도: 일주일에 최소 5회<br>• 고강도: 일주일에 최소 3회 | • 중강도: 5~6<br>• 고강도: 7~8 | • 중강도: 최소 30분 이상<br>• 고강도: 최소 20분 이상<br>※ 최소 10분은 쉬지 않고 지속해야 함 | 골격계에 낮은 스트레스를 주는 활동 |
| 저항 운동 | 일주일에 최소 2회 | • 중강도: 5~6<br>• 고강도: 7~8 | 8~10개 운동을 각 10~15회 반복<br>※ 처음 시작 시에는 1RM의 40~50%로 실시 | 주근육을 사용하는 운동으로 계단 오르기 등 |
| 유연성 운동 | 일주일에 최소 2회 | 중강도: 5~6 | 최소 10분 | 각주 근육군의 지속적인 정적 스트레칭 |

**17** 노인을 위한 준비 및 정리운동의 생리적 효과에 관한 설명으로 옳지 않은 것은?

기출▶ 16

① 준비운동은 혈중산소포화도를 증가시켜 근육의 산소 이용률을 증가시킨다.
② 준비운동은 폐 혈류의 저항을 증가시켜 폐의 혈액 순환을 향상시킨다.
③ 정리운동은 호흡, 체온, 심박수를 활동 전 수준으로 되돌리는 데 도움을 준다.
④ 정리운동은 혈중젖산농도를 낮추는 데 도움을 준다.

**해설**
노인 준비운동의 효과
• 심장 혈류량이 증가한다.
• 폐 혈류의 저항을 감소시키고, 폐순환을 증가시킨다.
• 신체 협응력이 향상된다.
• 관절의 가동범위가 증가한다.
• 신체 반응시간이 단축된다.

**18** 노인의 걷기 특성으로 옳지 않은 것은?

① 분당 보폭수(Cadence)의 증가
② 보행주기 중 양발 지지기(Double Support Time) 비율의 증가
③ 안정된 걷기를 위한 의식적 관여의 증가
④ 보폭(Step Length)의 증가와 활보장(Stride Length)의 감소

**해설**
인간은 노화가 진행됨에 따라 점차 걸음의 속도가 느려지고 보폭이 짧아지면서, 보행주기에서 두 발로 지탱하는 양발 지지기가 차지하는 비율이 점차 늘어나게 된다. 또한 걸을 때 안정적으로 걷기 위해 양발의 간격은 약간 넓어지고, 구부정한 자세를 유지하려는 경향과 보폭과 활보장이 감소하는 경향을 보인다.
• 활보장(보행주기, Stride Length): 걸을 때 오른발에서 시작해서 다음 오른발을 디뎠을 때의 뒤꿈치까지의 길이를 말한다.
• 보폭(Step Length): 오른발 뒤꿈치부터 왼발 뒤꿈치까지의 거리를 말한다.

**19** 노인의 단기기억 문제를 고려한 지도방법으로 옳지 않은 것은? 기출 16

① 각자의 페이스로 동작을 수행하도록 한다.
② 동작을 단순화하여 반복적으로 시범을 보여준다.
③ 동작의 속도와 방향을 다양하게 한다.
④ 심상훈련을 활용한다.

**해설**
인지력 저하 노인 지도 방법
• 대화와 운동의 템포를 늦춘다.
• 시각자료를 사용한다.
• 적절한 시간 간격을 두고, 반복적으로 학습하는 것이 좋다.

**20** 노인의 균형감에 관한 설명으로 옳은 것은? 기출 23

① 의식적인 노력은 균형감 향상과 무관하다.
② 시력 약화는 균형감을 향상시킨다.
③ 전정계 기능의 저하는 균형감을 향상시킨다.
④ 체성감각 기능의 저하는 균형감을 떨어뜨린다.

**해설**
신체의 균형감을 유지하는 것은 시감각기·전정기관·체성감각 영역의 상호작용을 통해서 이루어진다. 시각은 주변 사물과의 상대적인 위치 정보를 파악하고, 전정감각은 신체의 움직임에 대한 정보를, 체성감각은 신체와 접촉한 사물에 대한 정보를 파악한다. 세 가지 감각 중 하나에 이상이 생길 경우 충분한 정보를 얻지 못해 균형감이 떨어지게 된다. 사람은 노화가 진행됨에 따라 시각·전정·체성감각 기능이 점차 저하되어 균형감이 떨어져 젊은 사람에 비해 낙상사고가 많이 발생한다. 노화로 인한 시력 저하에 대비해 안경을 쓴다거나 병원 등을 찾아 귀의 전정기관·체성감각 이상을 치료하는 의식적인 노력을 통해 균형감을 향상시킬 수 있다.

**정답** 19 ③  20 ④

아이들이 답이 있는 질문을 하기 시작하면 그들이 성장하고 있음을 알 수 있다.

− 존 J. 플롬프 −

## 시대에듀 Win-Q 스포츠지도사 2급 필기 초단기 합격

| | |
|---|---|
| 개정5판1쇄 발행 | 2025년 08월 20일 (인쇄 2025년 06월 20일) |
| 초 판 발 행 | 2021년 01월 05일 (인쇄 2020년 10월 07일) |
| 발 행 인 | 박영일 |
| 책 임 편 집 | 이해욱 |
| 편 저 | 시대스포츠연구소 |
| 편 집 진 행 | 박종옥 · 이수지 |
| 표지디자인 | 하연주 |
| 편집디자인 | 차성미 · 임창규 |
| 발 행 처 | (주)시대고시기획 |
| 출 판 등 록 | 제10-1521호 |
| 주 소 | 서울시 마포구 큰우물로 75 [도화동 538 성지 B/D] 9F |
| 전 화 | 1600-3600 |
| 팩 스 | 02-701-8823 |
| 홈 페 이 지 | www.sdedu.co.kr |
| I S B N | 979-11-383-9430-7 (13690) |
| 정 가 | 29,000원 |

※ 이 책은 저작권법의 보호를 받는 저작물이므로 동영상 제작 및 무단전재와 배포를 금합니다.
※ 잘못된 책은 구입하신 서점에서 바꾸어 드립니다.

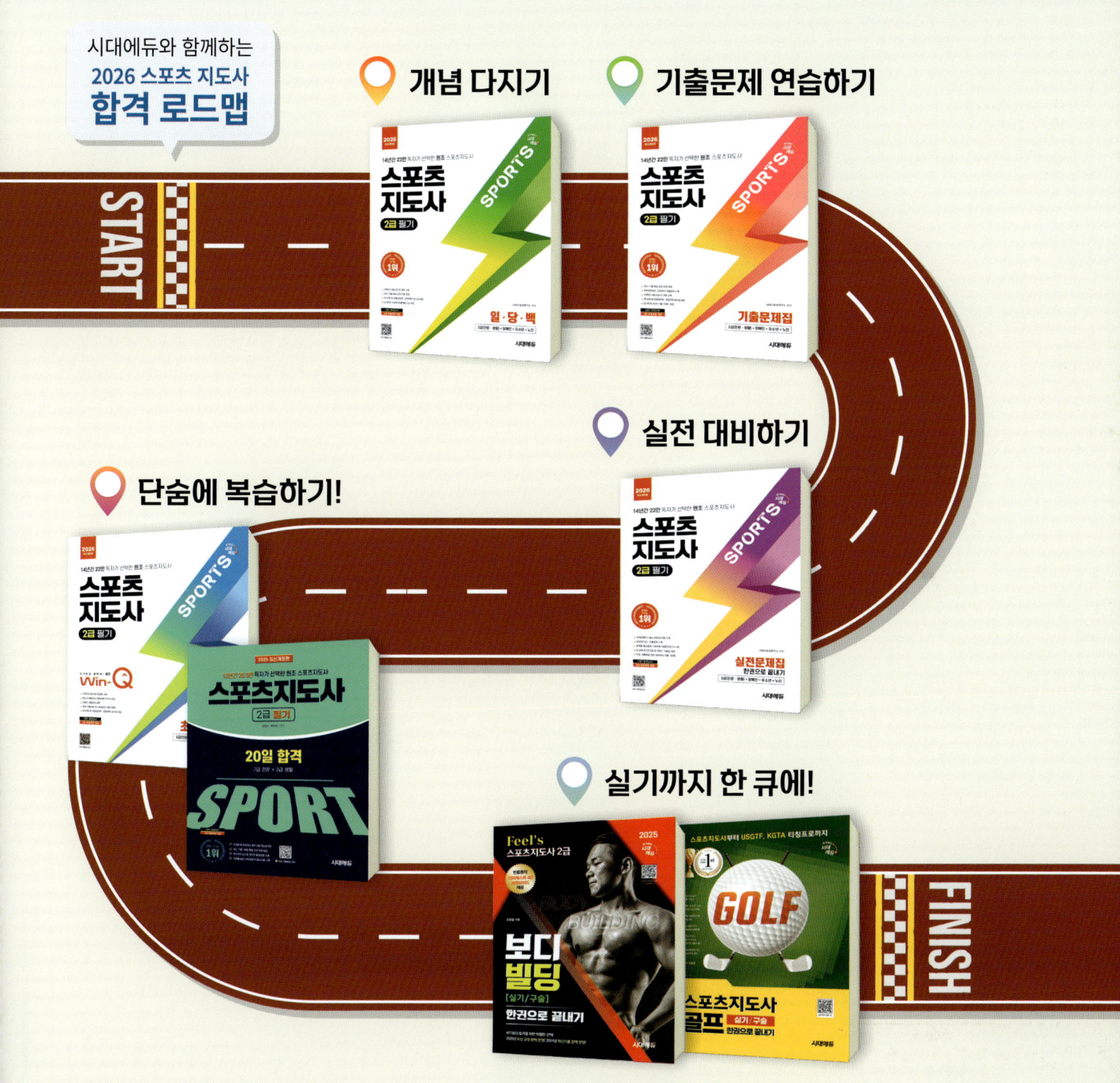

# 선택과목 완벽 대비!
# 스포츠지도사 2급 필기 20일 합격

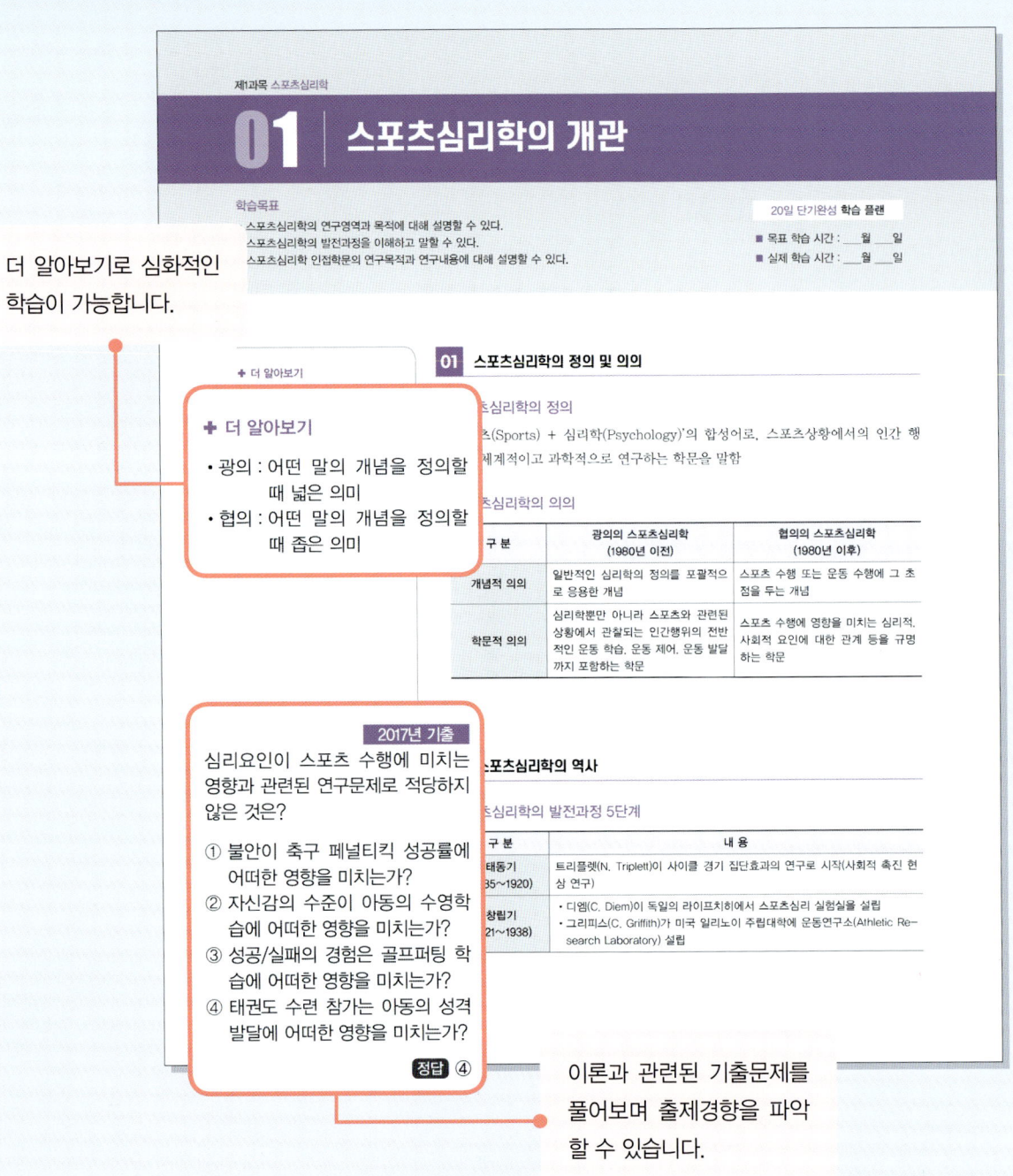

# 스포츠지도사 2급 필기 20일 합격

나에게 맞는 선택과목을 고를 수 있도록 7과목 모두 수록하였습니다.
적중률 높은 이론과 단답형 문제, 출제예상문제와 최신기출 3개년 구성으로
20일간 시대에듀와 함께하며 합격의 문을 넘어보세요!

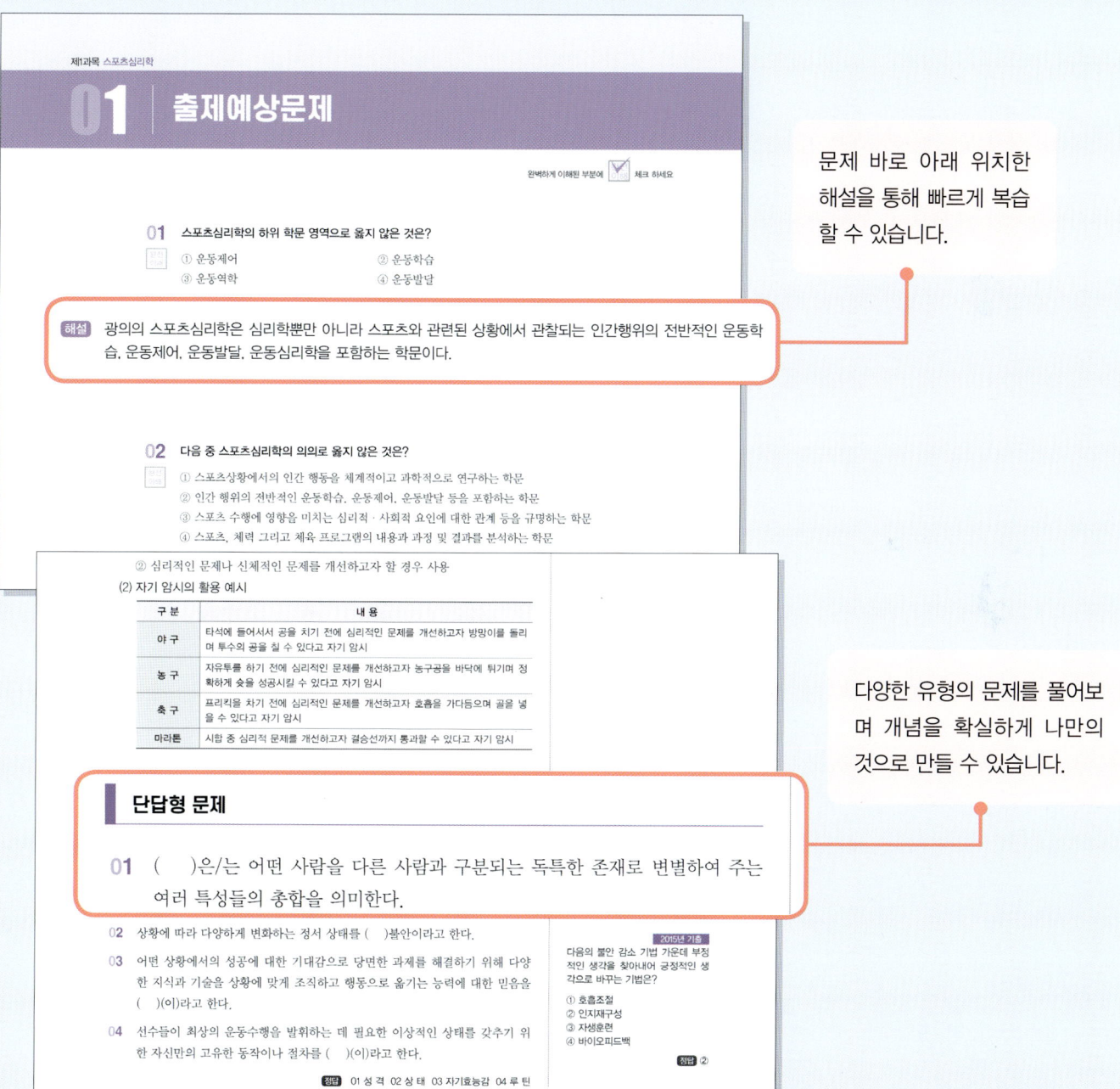

❖ 도서의 이미지 및 구성은 변경될 수 있습니다.

# 나는 이렇게 합격했다

자격명: 위험물산업기사
구분: 합격수기
작성자: 배*상

나는 할 수 있다
69년생 50중반 직장인 입니다. 요즘 자격증을 2개 정도는 가지고 입사하는 젊은 친구들에게 일을 시키고 지시하는 역할이지만 정작 제 자신에게 부족한 점이 많다는 것을 느꼈기 때문에 자격증을 따야겠다고 결심했습니다. 처음 시작할 때는 과연 되겠냐? 하는 의문과 걱정이 한가득이었지만 시대에듀 인강을 우연히 접하게 되었고 잘 차려진 밥상과 같은 커리큘럼은 뒤늦게 시작한 늦깎이 수험생이었던 저를 합격의 길로 인도해 주었습니다. 직장생활을 하면서 취득했기에 더욱 기뻤습니다.

**합격은 시대에듀**

감사합니다! ♥

당신의 합격 스토리를 들려주세요.
추첨을 통해 선물을 드립니다.

**QR코드 스캔하고 ▶▶▶**
이벤트 참여해 푸짐한 경품받자!

| 베스트 리뷰 | 상/하반기 추천 리뷰 | 인터뷰 참여 |
|---|---|---|
| 갤럭시탭/ 버즈 2 | 상품권/ 스벅커피 | 백화점 상품권 |

합격의 공식
시대에듀